Sehen · Staunen · Wissen

DAS VISUELLE LEXIKON

ÄUSSERE MERKMALE EINES SCHMETTERLINGS

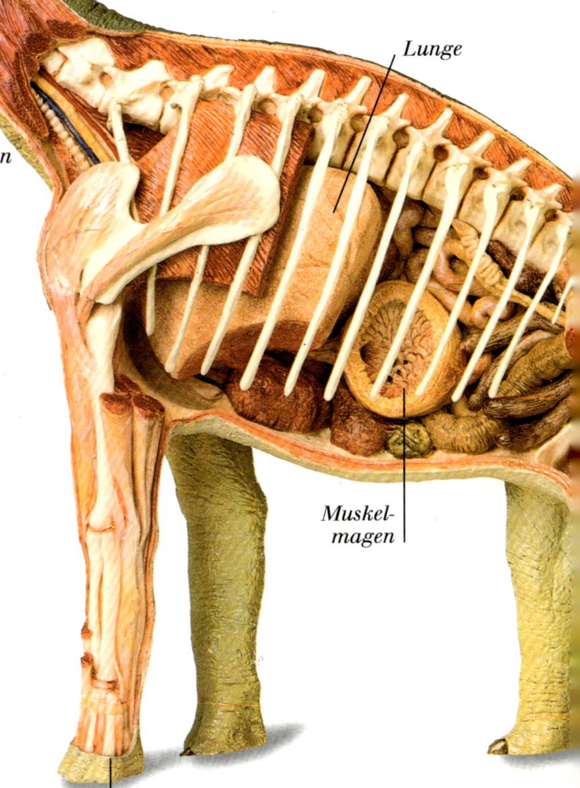

ANATOMIE EINES BRACHIOSAURUS

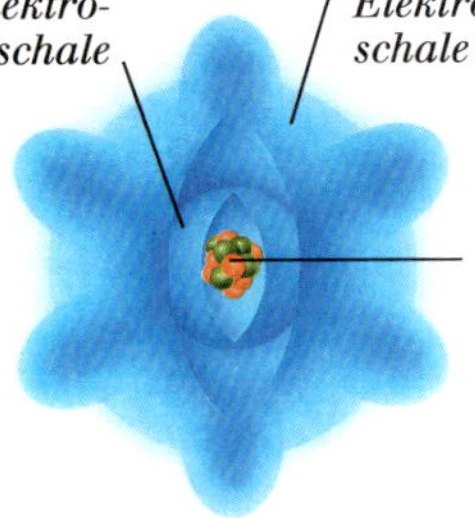

AUFBAU EINES FLUOR-ATOMS

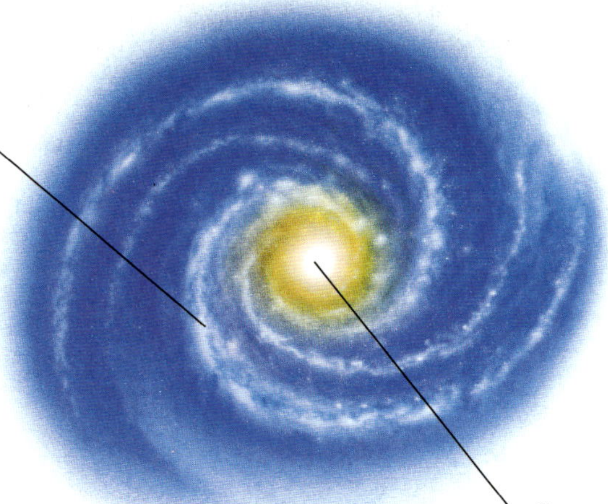

AUFSICHT AUF UNSERE GALAXIS

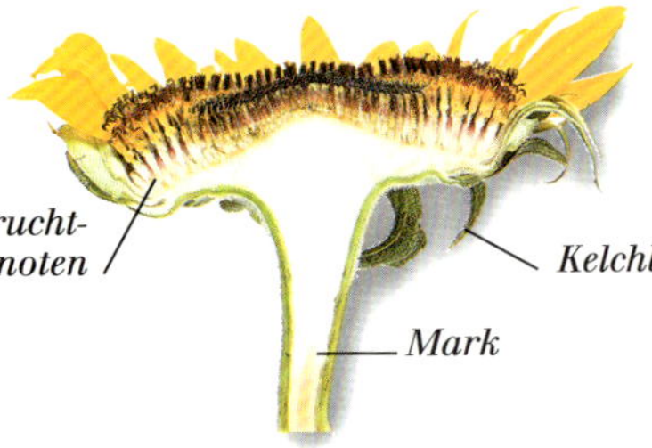

LÄNGSSCHNITT DURCH DEN BLÜTENSTAND EINER SONNENBLUME

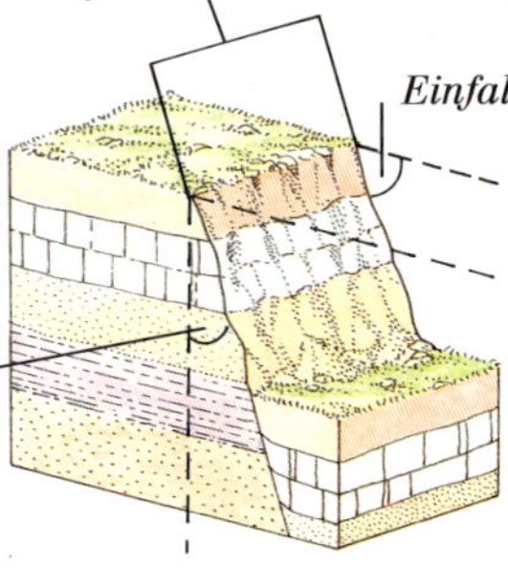

GEOMETRIE EINER VERWERFUNG

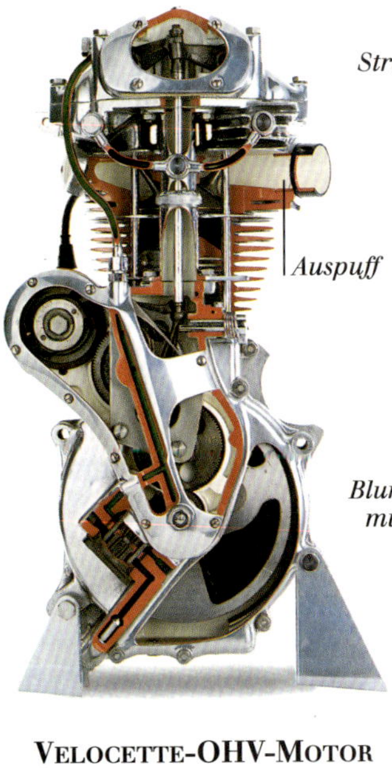

VELOCETTE-OHV-MOTOR

MOSCHEEMOSAIK

Sehen · Staunen · Wissen

DAS VISUELLE LEXIKON

640 Seiten, 6 000 Abbildungen, 20 000 Begriffe

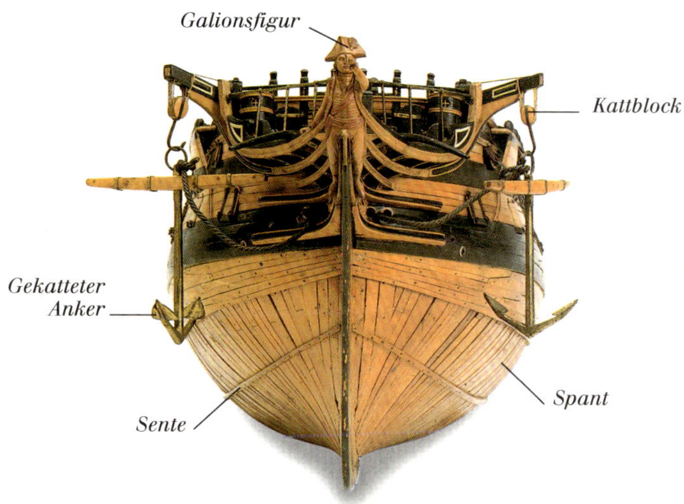

BUG EINES 74-KANONEN-SCHIFFES

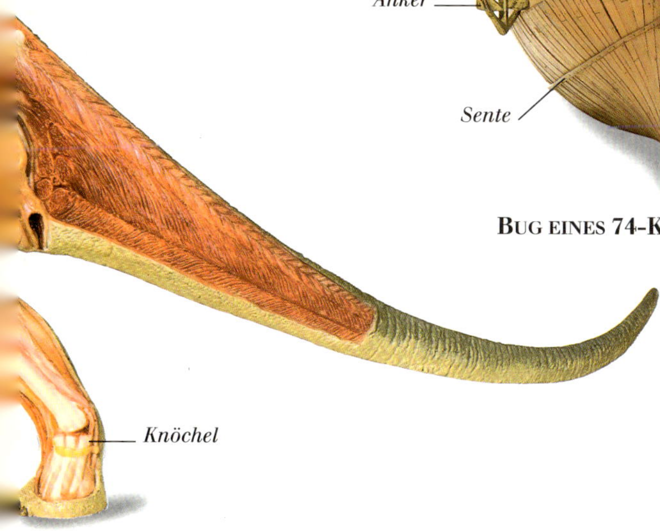

Gerstenberg Verlag

Die Deutsche Bibliothek – CIP-Einheitsaufnahme

Das **visuelle Lexikon** : 20000 Begriffe / [Red.: Luisa Caruso …
Lektorat und Bearb. von Margot Wilhelmi. Aus dem Engl.
übers. von Margot Wilhelmi …]. –
3. Aufl. – Hildesheim : Gerstenberg, 1997
(Sehen, Staunen, Wissen)
Einheitssacht.: Ultimate visual dictionary <dt.>
ISBN 3-8067-4480-7
NE: Caruso, Luisa [Red.]; Wilhelmi, Margot [Bearb.]; EST

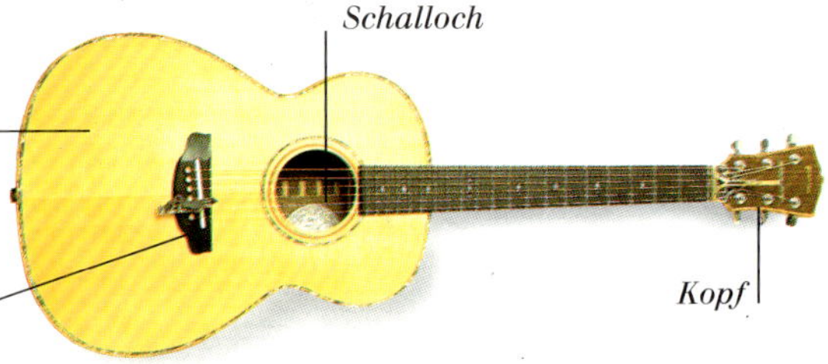

AKUSTISCHE GITARRE

3. Auflage, 40. – 50. Tausend, 1997
Ein Dorling-Kindersley-Buch
Originaltitel: Dorling Kindersley:
Ultimate Visual Dictionary

Redaktion: Luisa Caruso, Jo Evans, Peter Jones,
Jane Mason, Sean Moore, Geoffrey Stalker, Roger Tritton
Layout und Gestaltung: Zirrinia Austin, Toni Kay,
Heather McCarry, Simon Murrell, Johnny Pau,
Chris Walker, Kevin Williams
Bildredaktion: Charlotte Bush
Herstellung: Hilary Stephens
Anatomische und botanische Modelle: Somso-Modelle, Coburg
Lektorat und Bearbeitung von Margot Wilhelmi, Sulingen
Aus dem Englischen wurden folgende Kapitel übersetzt
von Margot Wilhelmi: *Das Universum (S. 54–59),*
Erdgeschichte (S. 70–75, 82–93, 110–115),
Physik und Chemie, Die bildenden Künste,
Dinge des täglichen Lebens, Musik; von Paul Harrison: *Schiene*
und Straße (S. 334–343, 368–377), von Werner Roller: *Sport.*

Satz: Gerstenberg Druck GmbH, Hildesheim
Printed in Spain
ISBN 3-8067-4480-7

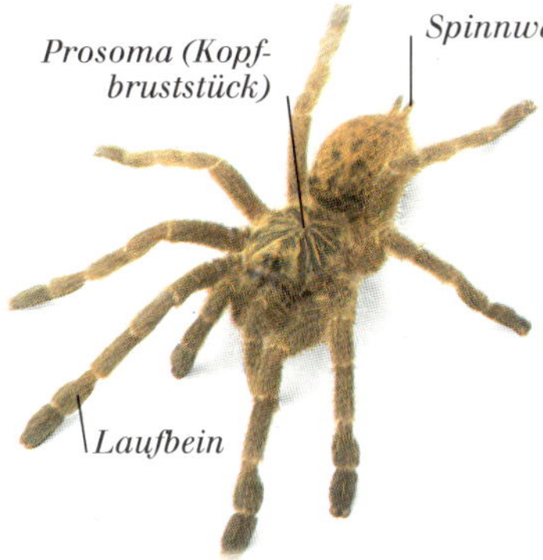

ÄUSSERE MERKMALE EINER SPINNE

ARV-SUPER 2-SPORTFLUGZEUG

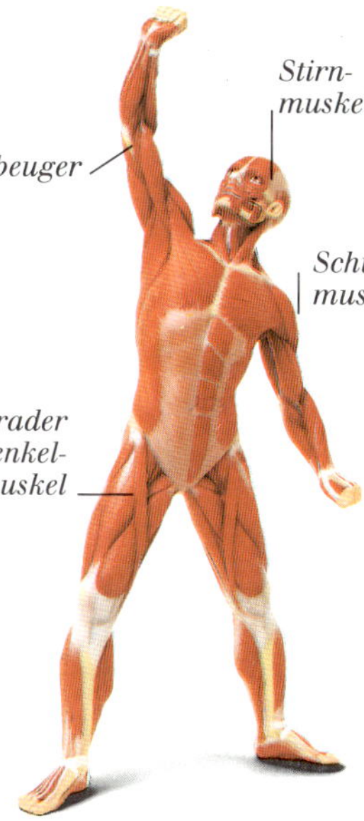

OBERFLÄCHLICHE SKELETTMUSKULATUR

INHALT

EINFÜHRUNG 6

DAS UNIVERSUM 8

ERDGESCHICHTE 60

PFLANZEN 116

TIERE 170

DER MENSCHLICHE KÖRPER 218

DIE ERDE 272

PHYSIK UND CHEMIE 314

SCHIENE UND STRASSE 332

SEE UND LUFT 378

DIE BILDENDEN KÜNSTE 432

ARCHITEKTUR 460

MUSIK 504

SPORT 526

DINGE DES TÄGLICHEN LEBENS 556

ANHANG: DATEN 588

REGISTER 590

FÜLLFEDERHALTER UND TINTE

TEMPEL DER VESTA, TIVOLI, ITALIEN, CA. 80 V.CHR.

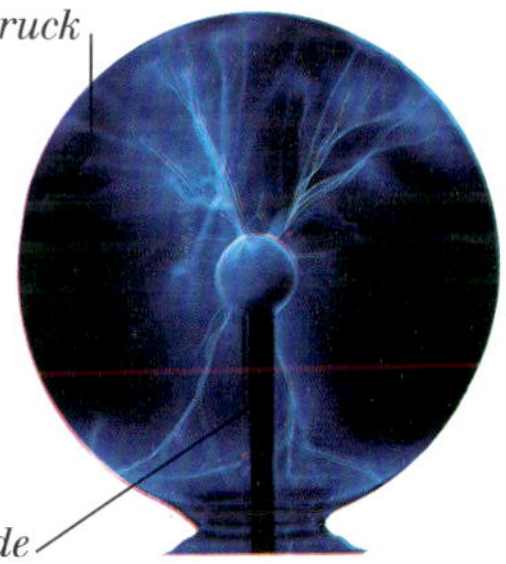

KUGEL MIT EXTREM HEISSEM GAS (PLASMA)

LÄNGSSCHNITT DURCH EINE ERDBEERE

ONYX

EINFÜHRUNG

„Ein Bild sagt mehr als tausend Worte“ lautet ein altes chinesisches Sprichwort. DAS VISUELLE LEXIKON setzt dieses Sprichwort um. Dieses ganz neuartige Nachschlagewerk verbindet Worte und Bilder ganz anders, als man es von einem Lexikon gewohnt ist. Die meisten Lexika erklären mit Worten, was ein anderes Wort bedeutet. DAS VISUELLE LEXIKON zeigt die Bedeutung eines Wortes am Bild. Man braucht keine langen Definitionen zu lesen. Auf einen Blick läßt sich erkennen, was ein Wort bedeutet und worauf es sich bezieht. Gleichzeitig erklärt DAS VISUELLE LEXIKON nicht nur Wörter, sondern auch die unterschiedlichsten Gegenstände anhand ausführlich beschrifteter Bilder. Es ist somit ein doppelt hilfreiches Nachschlagewerk.

Wie benutzt man *DAS VISUELLE LEXIKON?*

Der Umgang mit dem *VISUELLEN LEXIKON* ist ganz einfach. Es ist nicht alphabetisch geordnet, sondern nach Sachgebieten in 14 Kapitel aufgeteilt – DAS UNIVERSUM, ERDGESCHICHTE, PFLANZEN, TIERE, DER MENSCHLICHE KÖRPER usw. Jedem Kapitel ist ein Inhaltsverzeichnis vorangestellt, das die großen Themenbereiche innerhalb eines Sachgebiets auflistet. So findet man z.B. im Kapitel DIE BILDENDEN KÜNSTE die Themengebiete *Zeichnen, Tempera, Fresko, Ölfarben, Aquarell, Pastell, Acrylfarben, Kalligraphie, Druck, Mosaik* und *Bildhauerei.* In einem Einführungstext wird jedes Themengebiet kurz umrissen, die Abbildungen werden in einen allgemeineren Zusammenhang gestellt.

Wenn man weiß, wie etwas aussieht, aber nicht, wie es heißt, muß man nur den Hinweisstrich von der Abbildung zur entsprechenden Bezeichnung verfolgen. Will man dagegen wissen, was mit einem Wort gemeint ist, schlägt man im Register nach, auf welcher Seite das Wort mit der dazugehörigen Abbildung zu finden ist.

Will man z.B. wissen, wie die alten Römer oder Griechen den Steuermann eines Schiffes nannten, so sieht man nach unter *Schiffe der Griechen und Römer* und findet „Kubernetes“ als Bezeichnung bei den Griechen, „Gubernator“ bei den Römern. Gleichzeitig kann man erfahren, daß die Ruder, die der Steuermann bediente, bei den Griechen „Pedalia“ und bei den Römern „Gubernacula“ hießen und wo am Schiff sie angebracht waren.

Möchte man wissen, wie z.B. ein Katalysator aussieht, so sind die meisten üblichen Lexika nicht besonders hilfreich. Sie erläutern, was ein Katalysator ist und wo er Anwendung findet, doch wie er aussieht und woraus er besteht, wissen wir immer noch nicht. Schlägt man dagegen „Katalysator“ im Register des *VISUELLEN LEXIKONS* nach, wird man auf Seite 354 verwiesen (*Moderne Motoren*). Der Eingangstext stellt u.a. den Katalysator und seine Verwendung vor. Außerdem verweist das Register auf Seite 360. Hier sind die mechanischen Bauteile eines Renault Clio zu sehen. Man erfährt, wie ein Katalysator aussieht und wo am Auto er sich befindet. Wofür man auch einen Namen oder ein Bild sucht, mit dem *VISUELLEN LEXIKON* findet man die Antwort schnell und einfach: Wie sieht das Sternbild des Orion aus, und wie heißen die Sterne in diesem Sternbild? Was unterscheidet ein „dreizählig gefingertes“ von einem „dreifach gefiederten“ Blatt? Was ist eine Seegurke, und wie sieht sie aus? Haben Vögel Nasenlöcher? Mit dem *VISUELLEN LEXIKON* sind die Antworten auf diese Fragen und viele, viele mehr leicht zu finden.

DAS VISUELLE LEXIKON bezeichnet nicht nur einfach die einzelnen Teile eines Gegenstandes. Sie sind zudem noch so fotografiert und angeordnet, daß erkennbar wird, wie die Teile zusammengehören und zusammenarbeiten.

DAS VISUELLE LEXIKON dient aber nicht nur zum gezielten Nachschlagen. Es lädt auch zum Stöbern und Blättern ein. Die über 6000 Farbfotos und farbigen Zeichnungen sind nicht nur zum Sehen und Staunen da, sie machen Lust auf Wissen. Die Texte führen ein in die Sprache der Astronomen und Architekten, der Musiker und Techniker, der Naturwissenschaftler und Sportler. So soll dieses Buch nicht die üblichen Lexika oder gar die großen Enzyklopädien ersetzen, sondern ergänzen und zum Nachschlagen und Wissenserwerb anregen.

Die Kapitel des Visuellen Lexikons

Die 14 Kapitel des *Visuellen Lexikons* umfassen insgesamt über 20 000 Begriffe aus einer Vielzahl von Themenbereichen.

- **Das Universum** bezeichnet nicht nur die Namen der Planeten unseres Sonnensystems und die Sternbilder am Abendhimmel, sondern informiert auch über Galaxien, Sternennebel, Kometen, Rote Riesen und Schwarze Löcher.

- Das Kapitel **Erdgeschichte** zeigt und beschreibt die Entwicklung unseres Planeten und seiner Lebewesen seit Anbeginn der Erde. Hier finden wir Fossilien, Modelle und Zeichnungen ausgestorbener Pflanzen- und Tierarten, unter ihnen natürlich auch die Dinosaurier.

- Das Kapitel **Pflanzen** stellt eine Vielzahl von bekannten und exotischen Arten vor. Mikroskopische Aufnahmen enthüllen dem bloßen Auge verborgene Einzelheiten wie die Oberflächenstruktur eines Pollenkorns oder den Feinbau von Stengeln, Blättern und Wurzeln.

- Bis ins kleinste Detail sind die Skelette, anatomischen Zeichnungen und die einzelnen Körperteile im Abschnitt **Tiere** bezeichnet. Eine Reise durch die Tierwelt vom Skelett des Badeschwamms bis zum Fuß des Känguruhs.

- Einblick in die Organe des Menschen vermittelt das Kapitel **Der menschliche Körper**. Lebensnahe dreidimensionale Modelle und hochmoderne Falschfarbenbilder mit einer detaillierten Beschriftung zeigen unser Innenleben.

- **Die Erde** beschreibt den Aufbau unseres Planeten und stellt die Erscheinungen vor, die die Erdoberfläche formen und bestimmen – wie Vulkane, Flüsse, Gletscher und Klima.

- Das Kapitel **Physik und Chemie** veranschaulicht das wissenschaftliche Weltbild vom Aufbau der Materie, zeigt, wie die Vielfalt der Stoffe geordnet werden kann, und erklärt die physikalischen Gesetze für alltägliche Phänomene wie Kraft, Licht, Elektrizität usw.

- **Schiene und Strasse** präsentiert die Verkehrsmittel für die Landwege: von der Dampfeisenbahn, über Auto und Fahrrad bis zum Motorrad.

- **See und Luft** erklärt den Aufbau von zivilen und militärischen, historischen und modernen Schiffen und Flugzeugen.

- **Die bildenden Künste** stellt das Handwerkszeug und die Materialien vor, die Maler, Bildhauer, Drucker und andere Künstler benötigen, und verdeutlicht an bekannten Werken verschiedene Techniken und ihre Wirkung.

- **Architektur** gibt anhand architektonischer Modellbeispiele einen Abriß der Bau- und Stilgeschichte und illustriert Dutzende von Gestaltelementen wie Säulen, Kuppeln und Bögen.

- **Musik** führt in Wort und Bild in Sprache und Schrift der Musik ein. Detailliert beschriftete Fotos erläutern Bau und Einordnung traditioneller Blechblas-, Holzblas-, Saiten- und Schlaginstrumente sowie moderner elektronischer Instrumente.

- Das Kapitel **Sport** erläutert bekannte und beliebte Sportarten, die dazugehörige Ausrüstung, die Spielregeln, Spielfelder und Spieltechniken.

- **Dinge des täglichen Lebens** gewährt im wahrsten Sinne des Wortes Einblicke in Gegenstände, mit denen wir täglich zu tun haben. Schuhe, Uhren, Toaster und vieles mehr ist bis ins letzte Detail, bis zum letzten Faden und zur letzten Schraube, dargestellt und bezeichnet.

Das Universum

Das Universum	10
Galaxien	12
Die Milchstrasse	14
Nebel und Sternhaufen	16
Sterne am Nordhimmel	18
Sterne am Südhimmel	20
Sterne	22
Kleine Sterne	24
Massereiche Sterne	26
Neutronensterne und Schwarze Löcher	28
Das Sonnensystem	30
Die Sonne	32
Merkur	34
Venus	36
Die Erde	38
Der Mond	40
Mars	42
Jupiter	44
Saturn	46
Uranus	48
Neptun und Pluto	50
Asteroiden, Kometen und Meteroiden	52
Die Beobachtung des Weltraums	54
Bemannte Raumfahrt	56
Monderforschung	58

Das Universum

Niemand weiß, wie groß das Universum ist, aber Astronomen schätzen, daß es etwa 100 Milliarden Galaxien enthält, von denen jede durchschnittlich aus 100 Milliarden Sternen besteht. Die von den meisten Wissenschaftlern akzeptierte Theorie über die Entstehung des Universums ist die Urknalltheorie, nach der das Universum vor etwa 10 bis 20 Milliarden Jahren bei einer gewaltigen Explosion – dem Urknall – entstanden ist. Das Universum bestand zunächst aus einem sehr heißen, dichten Feuerball aus Gas, der sich ausdehnte und dabei abkühlte. Nach etwa einer Million Jahren kondensierte das Gas allmählich, so daß Klumpen entstanden, die sogenannten Protogalaxien. Während der nun folgenden fünf Milliarden Jahre kondensierten die Protogalaxien immer weiter und bildeten Galaxien, in denen Sterne entstanden. Heute, viele Milliarden Jahre danach, dehnt sich das gesamte Universum immer noch aus, obwohl die Schwerkraft Gegenstände in manchen Gebieten zusammenhält, so treten beispielsweise viele Galaxien in Haufen auf. Bestätigt wird die Urknalltheorie auch durch die Entdeckung einer schwachen, „kalten“ Hintergrundstrahlung, die uns gleichmäßig aus allen Richtungen erreicht. Man vermutet, daß es sich bei dieser Strahlung um einen Rest der Strahlung handelt, die beim Urknall freigesetzt wurde. Geringfügige Unregelmäßigkeiten in der Temperatur der kosmischen Hintergrundstrahlung weisen möglicherweise auf kleine Schwankungen in der Dichte des frühen Universums hin, die zu der Entstehung der Galaxien führten. Astronomen wissen zur Zeit noch nicht, ob das Universum in sich „geschlossen“ ist, was bedeuten würde, daß es irgendwann einmal aufhört, sich auszudehnen, und anfängt, sich wieder zusammenzuziehen, oder ob es „offen“ ist, sich also ständig weiter ausdehnt.

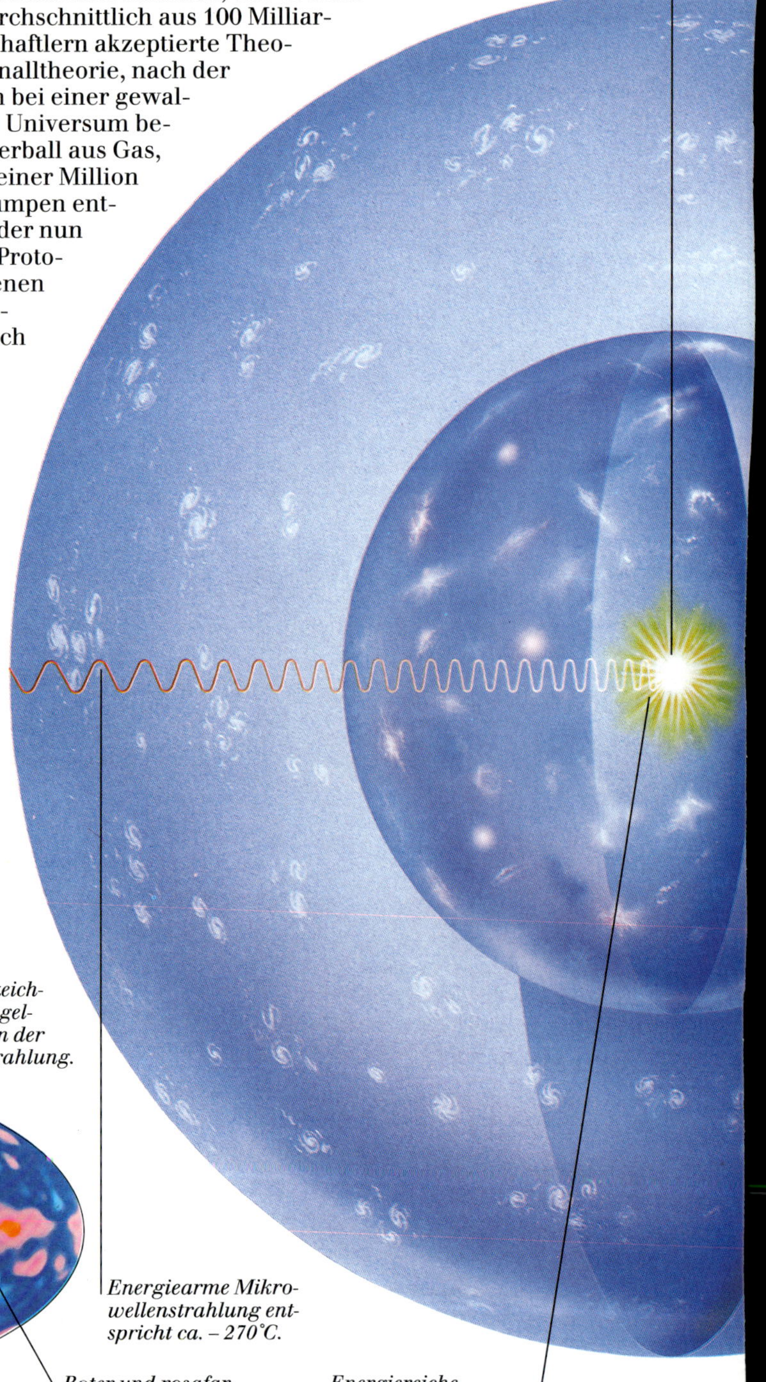

FALSCHFARBEN-MIKROWELLENKARTE DER KOSMISCHEN HINTERGRUNDSTRAHLUNG

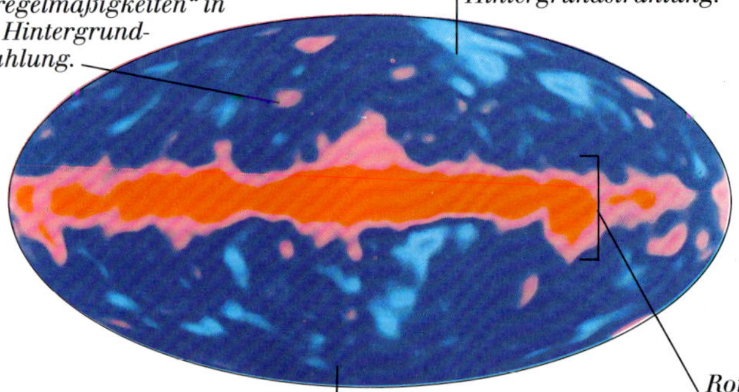

Entstehung und Expansion des Universums

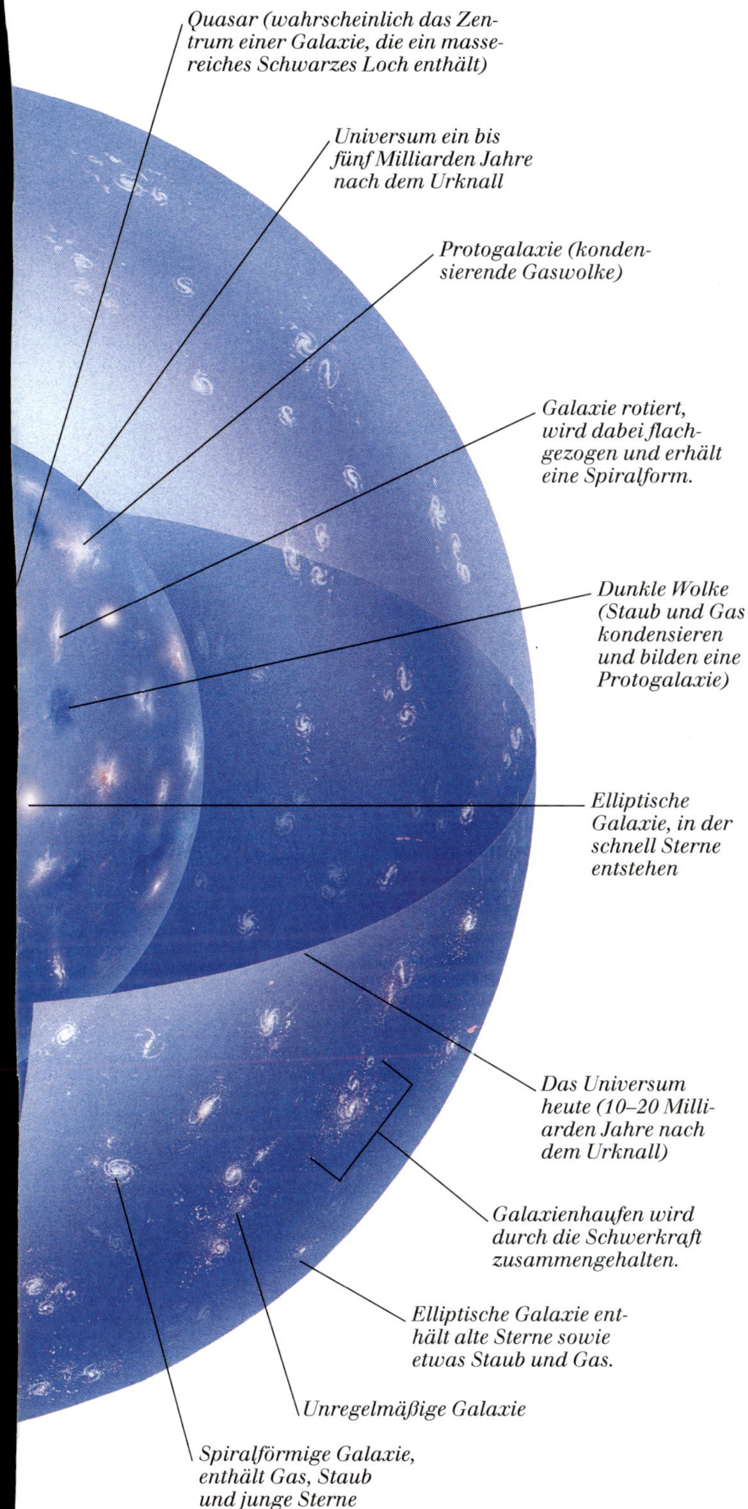

Objekte im Universum

Galaxienhaufen im Sternbild Virgo (Jungfrau)

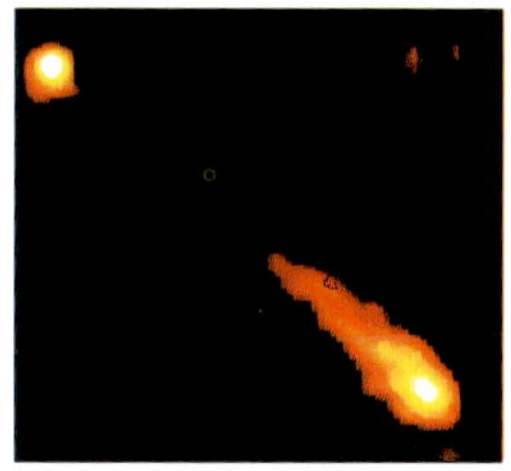

Falschfarbenaufnahme des Quasars 3C273

NGC 4406 (Elliptische Galaxie)

NGC 5236 (Spiralförmige Galaxie)

NGC 6822 (Unregelmäßige Galaxie)

Der Rosettennebel (Emissionsnebel)

Das Schmuckkästchen (Sternhaufen)

Die Sonne (Hauptreihenstern)

Die Erde

Der Mond

Galaxien

Sombrero, eine Spiralgalaxie

Eine Galaxie ist eine riesige Ansammlung von Sternen, Nebeln und interstellarer Materie. Die kleinsten Galaxien enthalten ca. 100 000 Sterne, die größten dagegen bis zu 3 Billionen. Je nach Form unterscheidet man drei Grundarten von Galaxien: elliptische, spiralförmige, die um einen gewölbten Zentralbereich angeordnet sind, und unregelmäßige Galaxien, die gar keine eindeutige Form haben. Manchmal verzerrt sich eine Galaxie durch die Kollision mit einem zweiten Sternensystem. Bei Quasaren (quasistellaren Objekten) handelt es sich vermutlich um die Kerne einzelner Galaxien, aber sie sind so weit weg, daß eine genaue Bestimmung nicht möglich ist. Es handelt sich dabei um kompakte, sehr hell leuchtende Objekte am Rande des uns bekannten Universums: Während die entferntesten uns bekannten „herkömmlichen“ Galaxien etwa 10 Milliarden Lichtjahre weit weg sind, beträgt der Abstand zum entferntesten bekannten Quasar 15 Milliarden Lichtjahre. Aktive Galaxien, wie Seyfert-Galaxien und Radiogalaxien, senden Strahlung aus. Bei einer Seyfert-Galaxie kommt diese Strahlung aus dem Kern der Galaxie, bei einer Radiogalaxie entsteht sie außerdem in gewaltigen, seitlich angeordneten Blasen. Die Strahlung, die von aktiven Galaxien und Quasaren ausgeht, wird vermutlich durch Schwarze Löcher verursacht (siehe S. 28–29).

OPT. AUFNAHME VON NGC 4486 (ELLIPTISCHE GALAXIE)

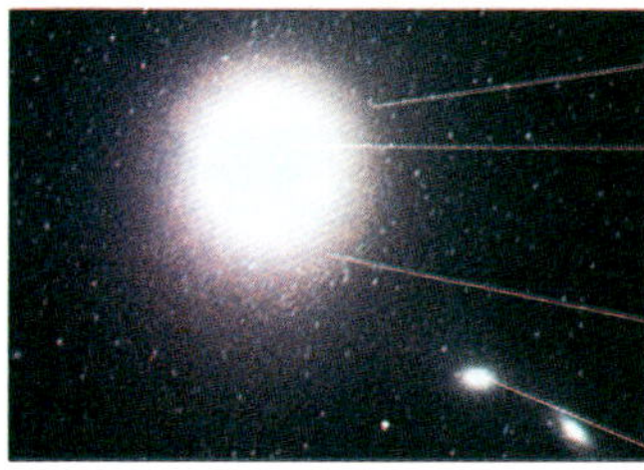

OPT. AUFNAHME DER GROSSEN MAGELLANSCHEN WOLKE (UNREGELMÄSSIGE GALAXIE)

OPTISCHE AUFNAHME VON NGC 2997 (SPIRALGALAXIE)

OPTISCHE AUFNAHME VON CENTAURUS A (RADIOGALAXIE)

FALSCHFARBEN-RADIOWELLENAUFNAHME VON CENTAURUS A

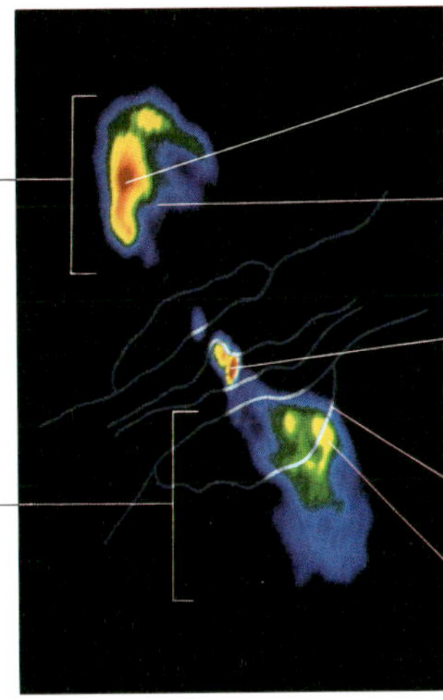

FALSCHFARBEN-RADIOWELLENAUFNAHME VON 3C273 (QUASAR)

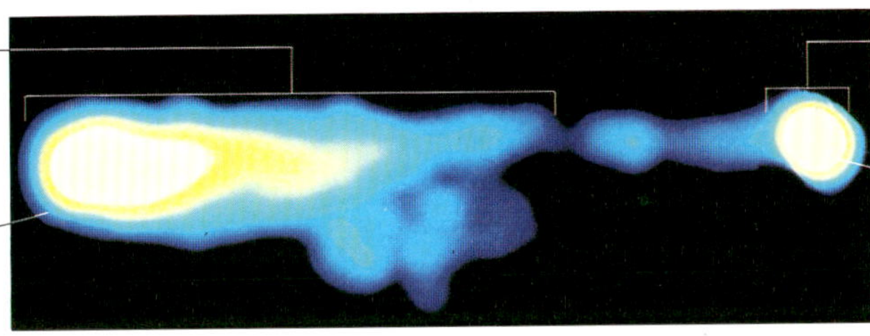

OPTISCHES BILD VON NGC 1566 (SEYFERT-GALAXIE)

OPTISCHE FALSCHFARBENAUFNAHME VON NGC 5754 (ZWEI KOLLIDIERENDE GALAXIEN)

Die Milchstraße

Blick auf das galaktische Zentrum

Das schwach leuchtende Band, das sich über unseren Nachthimmel erstreckt, trägt den Namen Milchstraße. Das Licht stammt von den Sternen und Nebeln in unserer Galaxie, die als das Milchstraßensystem oder einfach als „die Galaxis" bezeichnet wird. Die Galaxis ist spiralförmig und besteht aus einem dichten, gewölbten Zentralbereich, von dem vier Spiralarme ausgehen, sowie einem weniger dichten Halo („Strahlenhof"), der beide umgibt. Wir selbst können diese Spiralform nicht erkennen, weil sich unser Sonnensysten in einem der Spiralarme befindet, dem Orion-Arm (auch Lokaler Arm genannt). Von uns aus gesehen wird die Mitte der Galaxis vollkommen durch Staubwolken verdeckt, deshalb geben optische Karten nur einen begrenzten Einblick in die Galaxis. Ein vollständigeres Bild erhält man jedoch, wenn man zusätzlich Radiowellen, Infrarotstrahlung und andere Strahlungsarten hinzuzieht. Die Wölbung in der Mitte der Galaxis ist eine verhältnismäßig kleine, dichte Kugel, die überwiegend ältere rote und gelbe Sterne enthält. Der Halo ist ein weniger dichter Bereich, in dem sich die ältesten Sterne befinden, einige dieser Sterne sind vielleicht genauso alt wie die Galaxis selbst (vielleicht 15 Milliarden Jahre). In den Spiralarmen befinden sich überwiegend junge, heiße, blaue Sterne sowie Nebel (Wolken aus Staub und Gas, in denen Sterne entstehen). Die Galaxis ist riesig, etwa 100 000 Lichtjahre im Durchmesser (1 Lichtjahr entspricht etwa 9,461 x 10^{12} Kilometer), dagegen mutet unser Sonnensystem, mit seinem Durchmesser von 12 Lichtstunden (etwa 13 Milliarden Kilometer), eher klein an. Die gesamte Galaxis dreht sich um die eigene Achse, obgleich sich die Sterne im Innern schneller drehen als die äußeren. Die Sonne liegt auf etwa zwei Drittel der Strecke vom Zentrum zum äußeren Rand, und sie umrundet die Galaxis einmal etwa alle 220 Millionen Jahre.

Seitenansicht unserer Galaxis

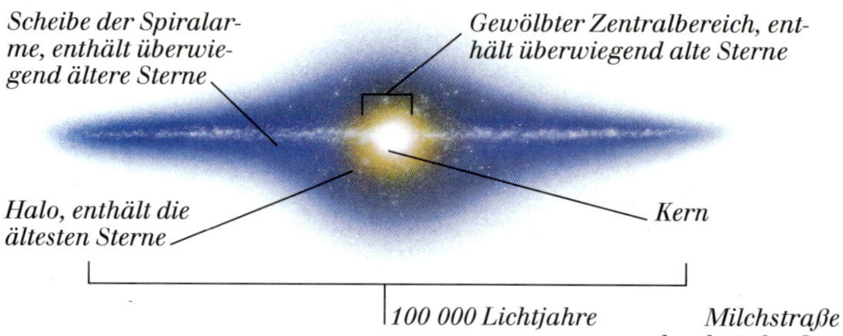

Aufsicht unserer Galaxis

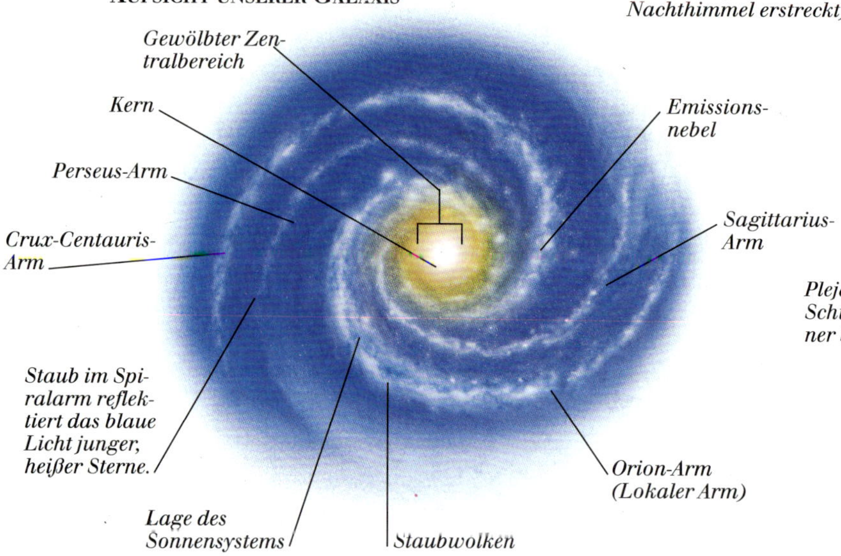

Optische Panoramakarte unserer Galaxis und nahe gelegener Galaxien

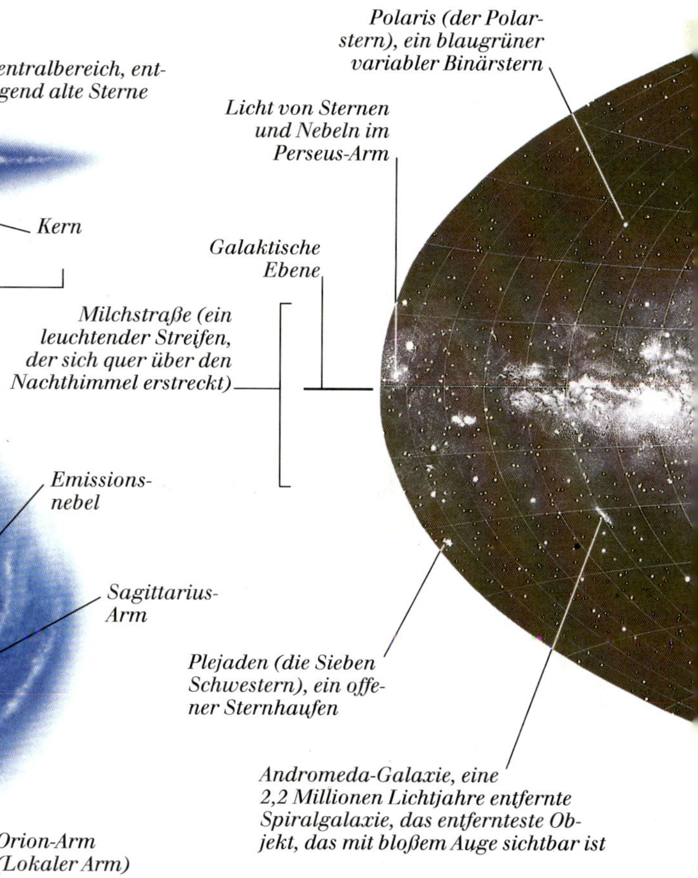

Radio-Panoramakarte unserer Galaxis

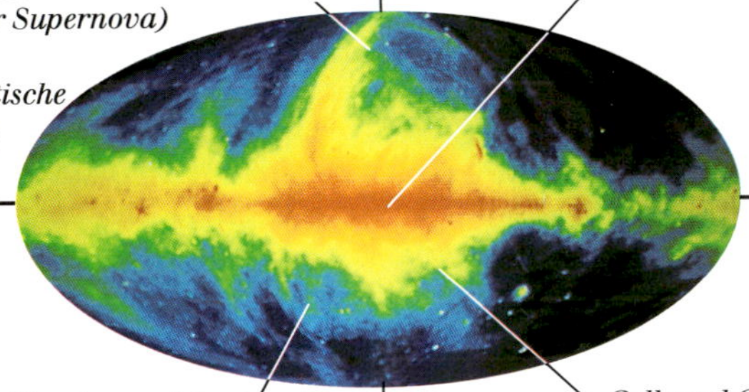

Infrarot-Panoramakarte unserer Galaxis

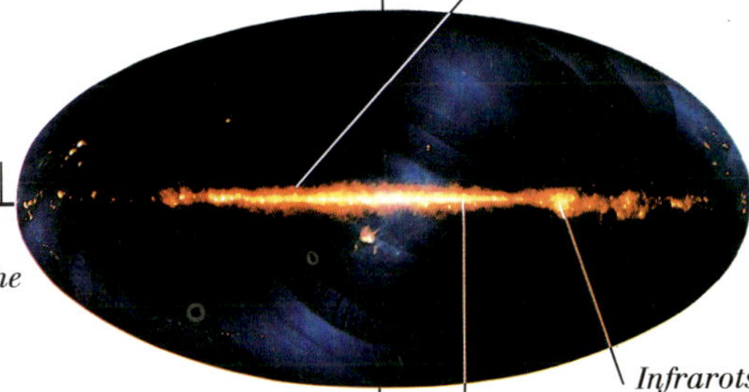

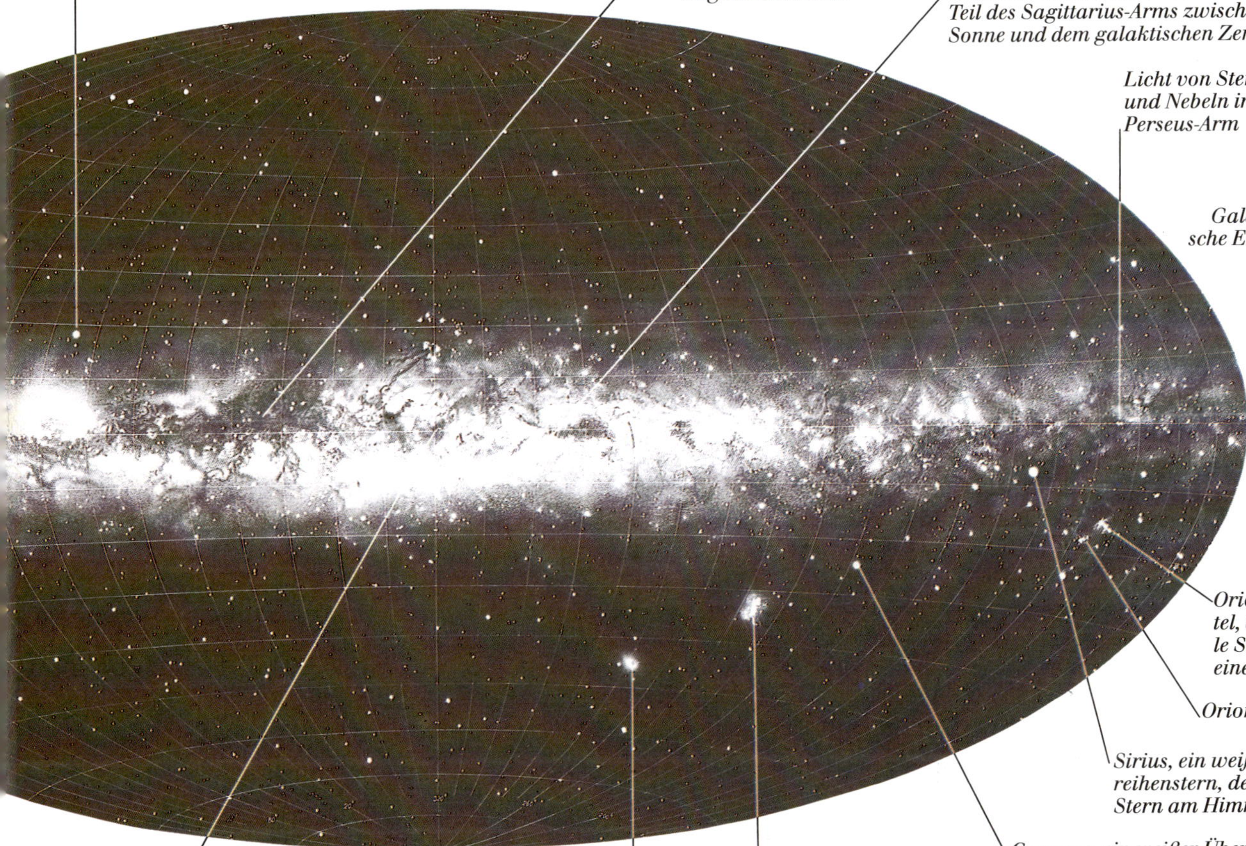

Nebel und Sternhaufen

Hodge 11, Kugelsternhaufen

Ein Nebel ist eine Wolke aus Staub und Gas innerhalb einer Galaxie. Nebel werden sichtbar, wenn ihr Gas leuchtet oder die Wolke das Licht eines Sterns reflektiert oder das Licht dahinterliegender Objekte verdunkelt. Emissionsnebel leuchten, weil das in ihnen enthaltene Gas – durch die Strahlung heißer, junger Sterne angeregt – Licht aussendet. Reflexionsnebel leuchten, weil der in ihnen enthaltene Staub das Licht von Sternen reflektiert, die sich im Nebel oder in seiner Nähe befinden. Dunkelnebel treten als Silhouetten auf, da sie das Licht dahinterliegender Nebel oder Sterne nicht durchlassen. Zwei Arten von Nebel treten in Verbindung mit sterbenden Sternen auf: Planetarische Nebel und Supernovaüberreste, beides expandierende, kugelförmige Gaswolken, die einst die äußeren Schichten eines Sterns bildeten. Ein planetarischer Nebel ist eine Gaswolke, die von einem sterbenden Stern forttreibt. Ein Supernovaüberrest ist eine Gashülle, die sich nach einer gewaltigen Explosion (Supernova, S. 25–26), mit hoher Geschwindigkeit von einem Reststern entfernt. Sterne treten oft in Gruppen auf, als Sternhaufen. Offene Sternhaufen sind lockere Gruppierungen einiger tausend junger Sterne, die der gleichen Wolke entsprungen sind und auseinandertreiben. Kugelhaufen sind dichte, in etwa kugelförmige Ansammlungen von Hunderttausenden von älterer Sterne.

Trifidnebel (Emissionsnebel)

Plejaden (offener Sternhaufen) mit einem Reflexionsnebel

Pferdekopfnebel (Dunkelnebel)

Orionnebel (diffuser Emissionsnebel)

Leuchtende Wolke aus Staub und Wasserstoff, die einen Teil des Orionnebels bildet

Staubwolke

Trapez (Gruppe von vier jungen Sternen)

Rotes Licht von heißem, ionisiertem Wasserstoff

Gaswolke sendet aufgrund der UV-Strahlung der vier jungen Trapezsterne Licht aus.

Grünes Licht von heißem, ionisiertem Sauerstoff

Leuchtender Faden aus heißem, ionisiertem Wasserstoff

Vela-Supernova-Überrest

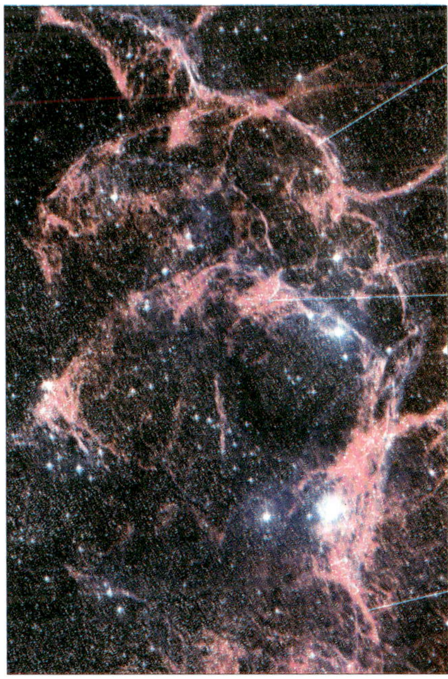

Supernovaüberrest (Gaswolke, bestehend aus den äußeren Schichten eines Sterns, die während einer Supernovaexplosion fortgeschleudert wurden)

Wasserstoff gibt aufgrund der Erhitzung durch die Supernova rotes Licht ab.

Leuchtender Faden aus heißem, ionisiertem Wasserstoff

Helix (planetarischer Nebel)

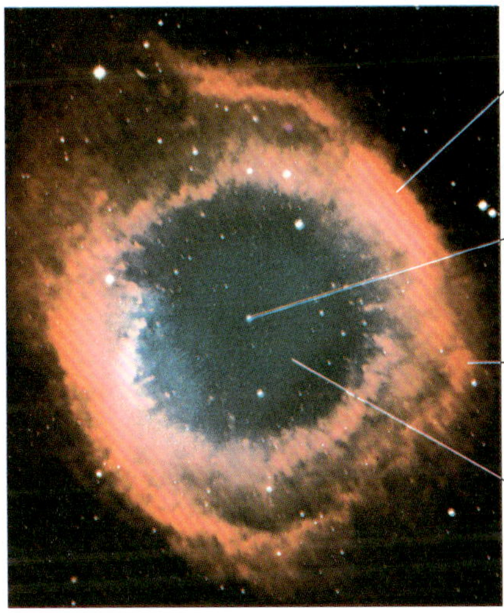

Planetarischer Nebel (expandierende Gaswolke umgibt sterbenden stellaren Kern)

Reststern mit einer Temperatur von ca. 100 000°C

Rotes Licht von heißem, ionisiertem Wasserstoff

Blaugrünes Licht von heißem, ionisiertem Sauerstoff und Stickstoff

Sterne am Nordhimmel

Wenn man auf den Nordhimmel blickt, schaut man dabei vom dichtbesiedelten galaktischen Zentrum weg, so daß der Nordhimmel meist weniger hell erscheint als der Südhimmel (siehe S. 20–21). Zu den bekanntesten Erscheinungen am Nordhimmel gehören die Sternbilder Ursa Major (Großer Bär) und Orion. Im Altertum glaubten manche Völker, die Sterne wären an einer Himmelskugel befestigt, welche die Erde umgibt, und moderne Sternkarten beruhen auf dem gleichen Prinzip. Die Nord- und Südpole dieser gedachten Himmelskugel liegen genau über dem Nord- bzw. Südpol der Erde, dort, wo die verlängerte Erdachse die Kugel durchstößt. Der nördliche Himmelspol befindet sich genau in der Mitte der hier dargestellten Karte, und Polaris (Polarstern) liegt dicht daneben. Der Himmelsäquator ist die Projektion des Erdäquators auf die Himmelskugel. Die Ekliptik bezeichnet die Bahn der Sonne am Himmelsgewölbe, während die Erde um die Sonne wandert. Der Mond und die Planeten bewegen sich im Verhältnis zu den Sternen, weil die Sterne viel weiter entfernt sind, der nächstgelegene Stern außerhalb unseres Sonnensystems (Proxima Centauri) ist 50 000mal weiter weg als der Planet Jupiter.

SICHTBARE STERNE AM NORDHIMMEL

ORION

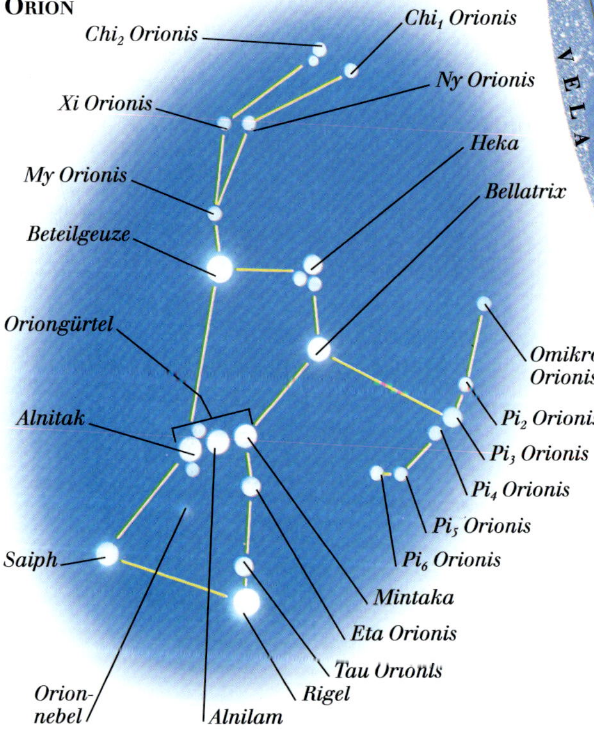

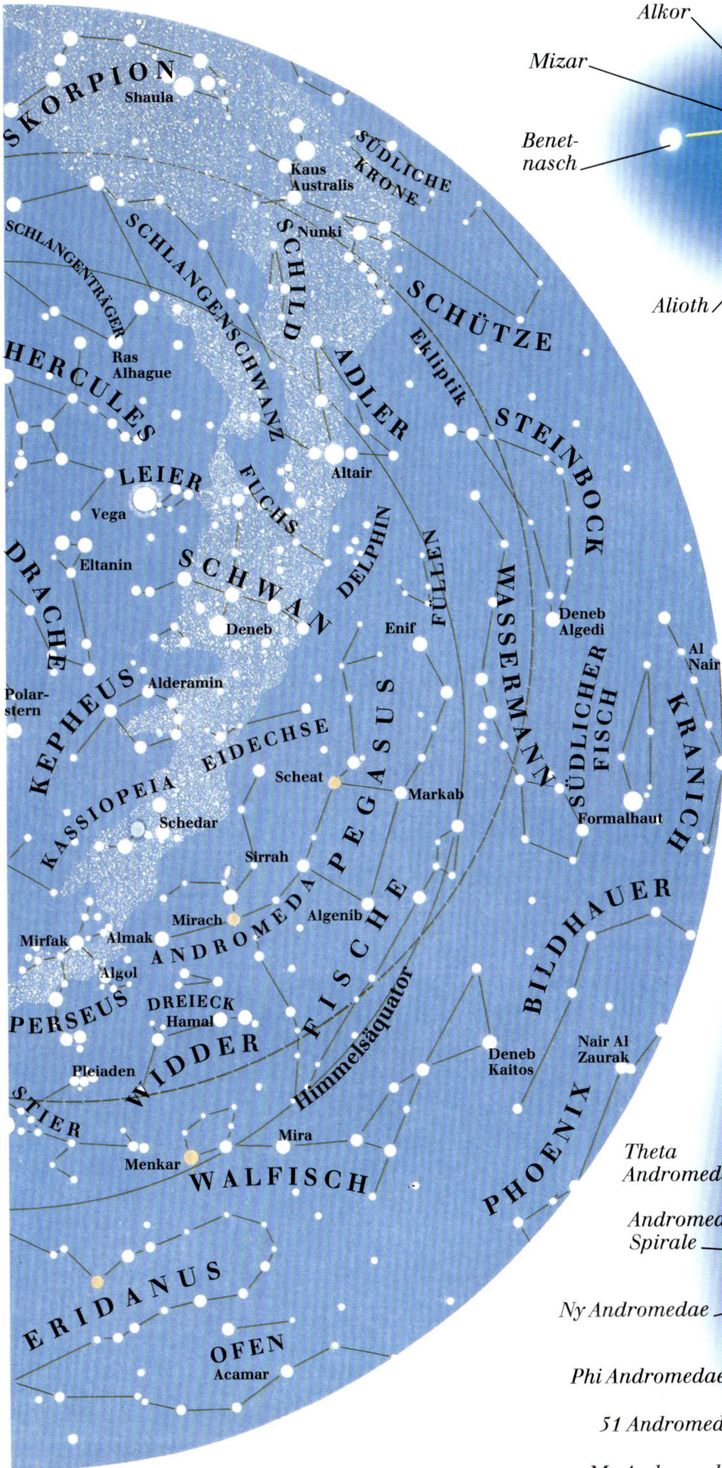

Der Grosse Wagen, Teil von Ursa Major (Grosser Bär)

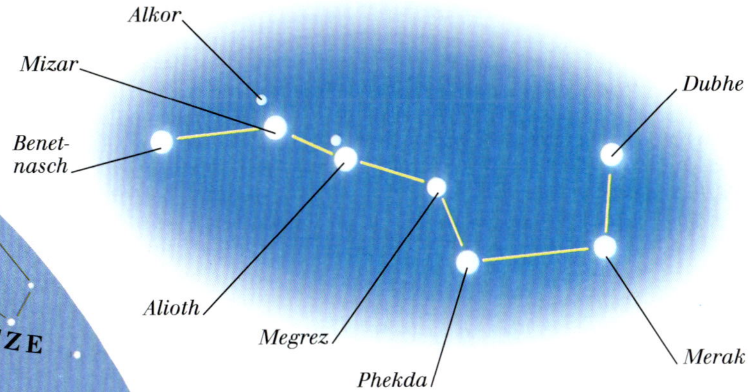

Pegasus und Andromeda

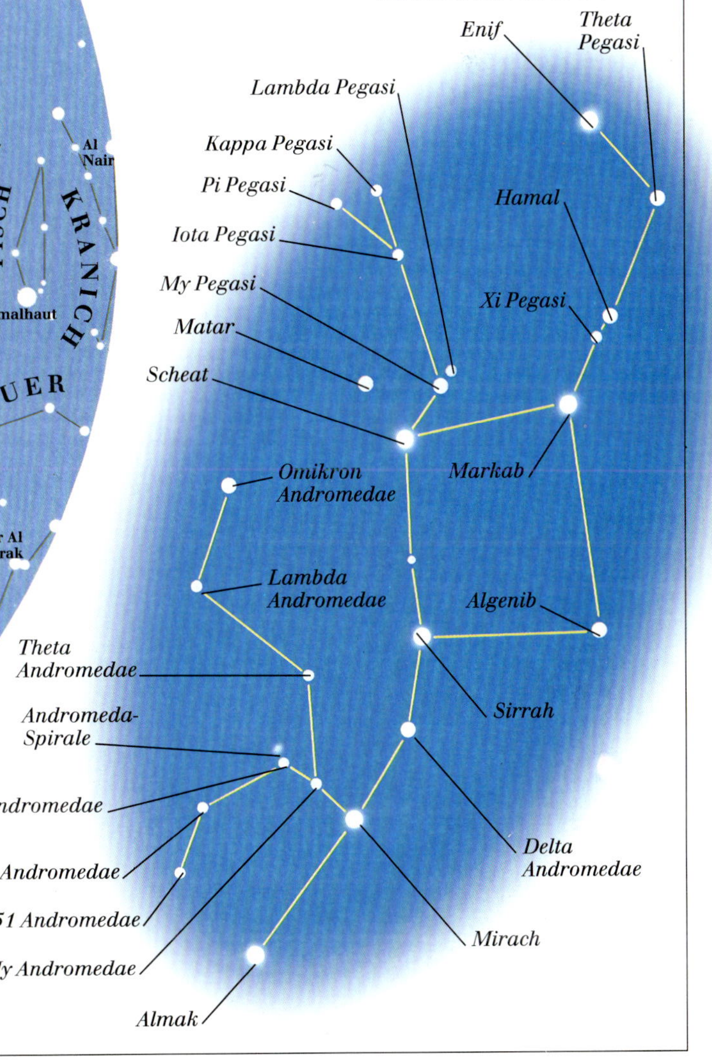

Sterne am Südhimmel

Wenn man auf den Südhimmel blickt, schaut man dabei in Richtung des galaktischen Zentrums. Die Milchstraße erscheint folglich am Südhimmel heller als am Nordhimmel (siehe S. 18–19). Der Südhimmel weist reichliche Nebel und Sternhaufen auf. Er enthält die Große und die Kleine Magellansche Wolke, die beiden nächstgelegenen Galaxien. Die Sterne bilden am Himmel feste Muster, die auch Konstellationen oder Sternbilder genannt werden. Bei diesen Sternbildern handelt es sich jedoch nur scheinbar um Gruppierungen, denn die Entfernung zu den einzelnen Sternen einer Konstellation kann sehr unterschiedlich sein. Ein Sternbild kann im Verlauf von vielen Tausenden von Jahren seine Form verändern, weil sich die Sterne im Verhältnis zueinander bewegen. Die Bewegung der Sternbilder am Himmelsgewölbe sind das Ergebnis der erdeigenen Bewegung. Durch die tägliche Erdrotation bewegen sich die Sternbilder am Himmel von Osten nach Westen, und die Bahn der Erde um die Sonne führt dazu, daß die Bereiche des Himmels zu den verschiedenen Jahreszeiten unterschiedlich sichtbar sind. Ob ein bestimmter Himmelsbereich sichtbar ist, hängt außerdem vom Standort des Beobachters ab. Ein Stern in der Nähe des Himmelsäquators ist für Beobachter auf beiden Halbkugeln zu einer bestimmten Jahreszeit sichtbar, dagegen können Sterne nie von der gegenüberliegenden Halbkugel gesehen werden, die sich in der Nähe eines Himmelspols befinden (der südliche Himmelspol ist auf der nebenstehenden Karte in der Mitte).

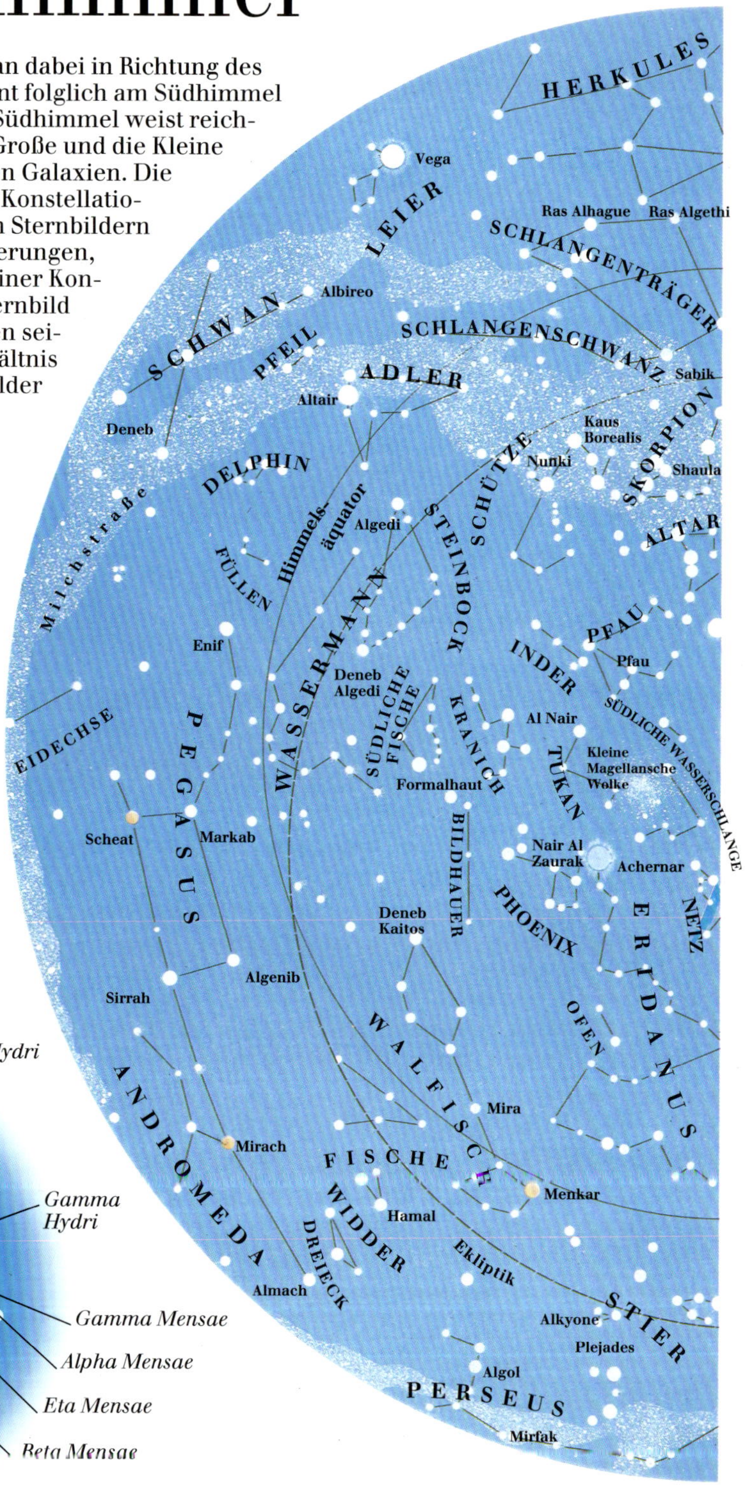

SICHTBARE STERNE AM SÜDHIMMEL

HYDRUS (DIE WASSERSCHLANGE) UND MENSA (DER TISCH)

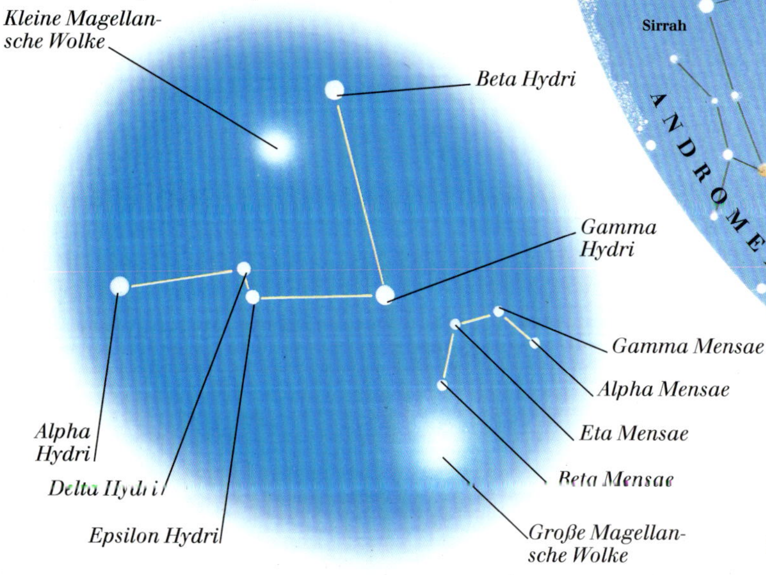

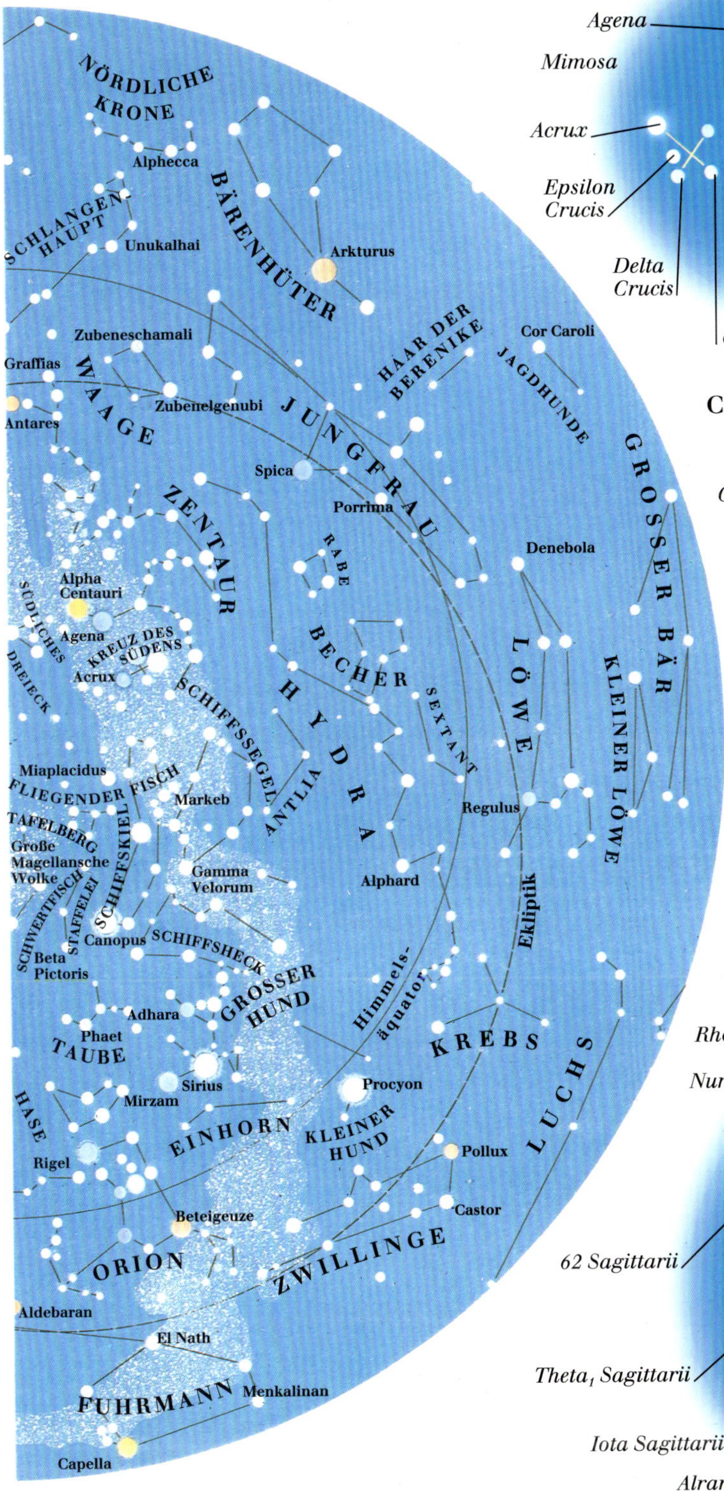

Centaurus (Zentaur) und Crux (Kreuz des Südens)

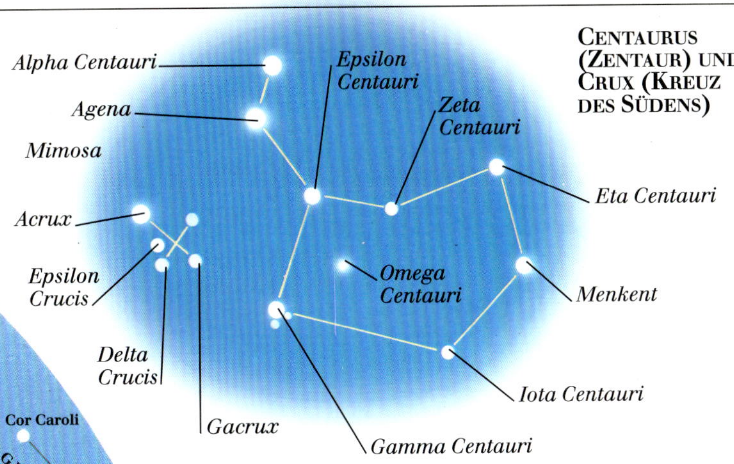

Canis Major (Grosser Hund)

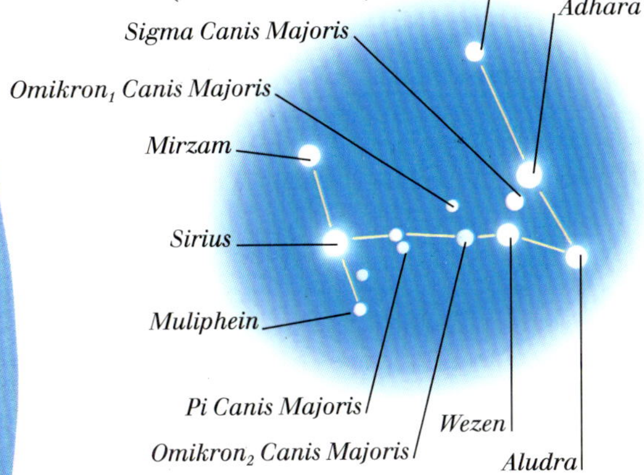

Sagittarius (Schütze)

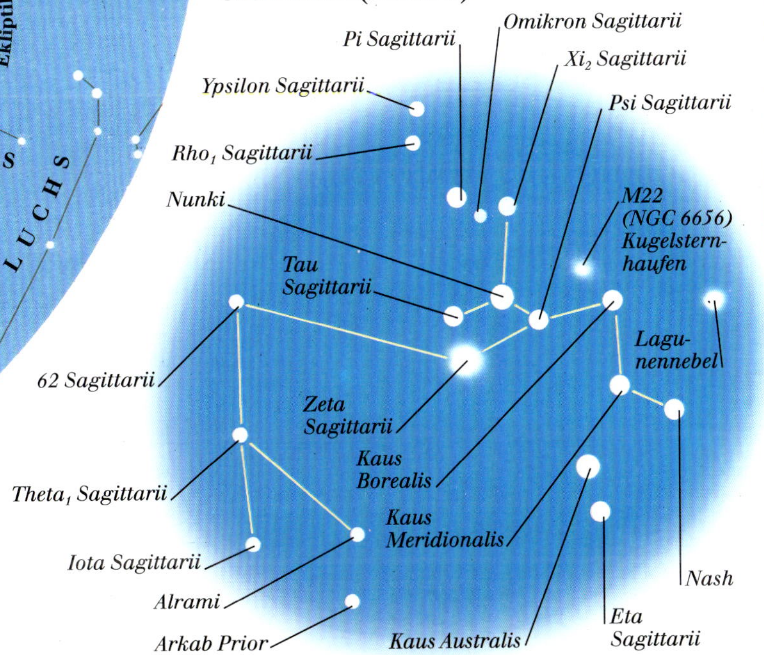

Sterne

Offener Sternhaufen und Staubwolke

Sterne bestehen aus heißem, glühendem Gas und entstehen in Nebeln (siehe S. 24–27). Sie sind von sehr unterschiedlicher Größe, Masse und Temperatur: ihre Durchmesser reichen vom 450stel bis zum über 1000fachen des Sonnendurchmessers, ihre Massen reichen von etwa einem 20stel der Sonnenmasse bis zum über 50fachen, und ihre Temperaturen reichen von etwa 3000°C bis über 50 000°C. Die Temperatur eines Sterns bestimmt seine Farbe: die heißesten Sterne sind blau, die kältesten rot. Die Sonne, deren Oberflächentemperatur 5500°C beträgt, liegt dazwischen und erscheint daher gelb. Die Energie, die ein leuchtender Stern ausstrahlt, wird durch Kernfusion im Innern des Sterns erzeugt. Die Helligkeit eines Sterns wird in Sterngrößen gemessen: Je heller der Stern, desto niedriger die Größenklasse. Man unterscheidet zwei Arten von Helligkeit: die scheinbare richtet sich nach der Helligkeit, die auf der Erde beobachtet wird, und die absolute nach der Helligkeit, die in einer Standardentfernung von 10 Parsec (32,6 Lichtjahre) vom Stern zu beobachten wäre. Das Licht, das ein Stern ausstrahlt, kann in ein Farbspektrum aufgespalten werden, das eine Reihe von dunklen Linien enthält (Absorptionslinien). Das Muster dieser Linien weist auf die Anwesenheit einzelner chemischer Elemente hin und ermöglicht es, die Zusammensetzung der Atmosphäre des jeweiligen Sterns zu bestimmen. Trägt man die Größenklasse einzelner Sterne gegen die Spektralklasse (Farbe) auf, erhält man ein sogenanntes Hertzsprung-Russell-Diagramm. An diesem erkennt man, daß sich die Sterne in mehrere deutlich voneinander abgegrenzte Gruppen aufteilen lassen. Die wichtigsten Gruppen sind Hauptreihensterne (in denen Wasserstoff zu Helium verschmilzt), Riesensterne, Überriesen und Weiße Zwerge.

Die Grösse der Sterne

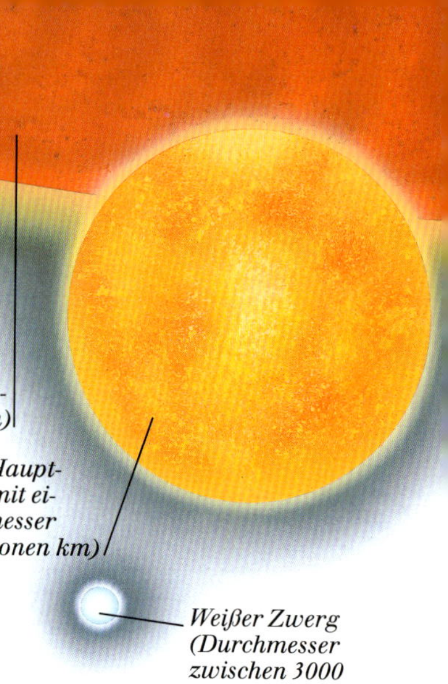

Energieausstoss der Sonne

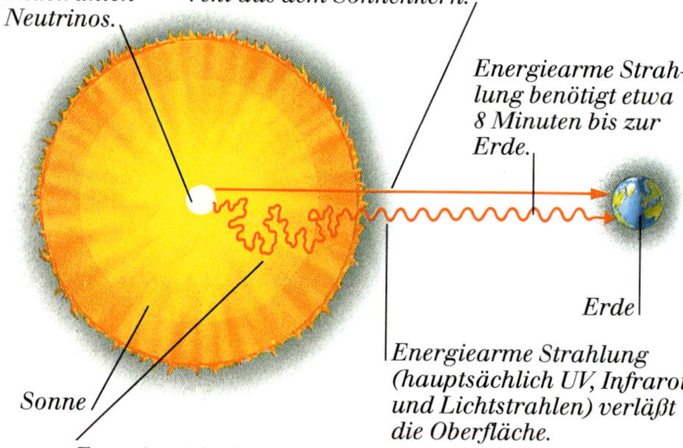

Die Grössenklassen der Sterne

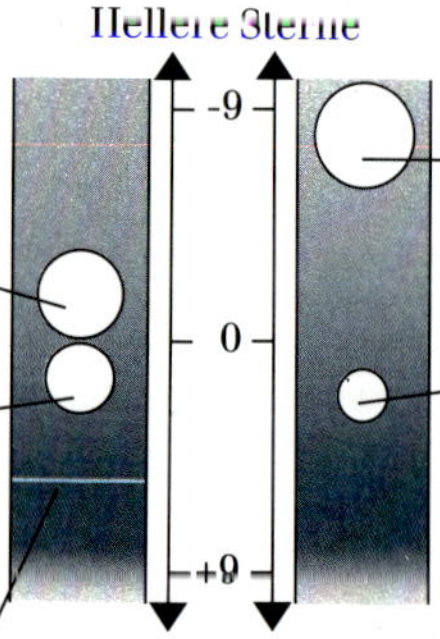

Kernfusion in Hauptreihensternen wie der Sonne

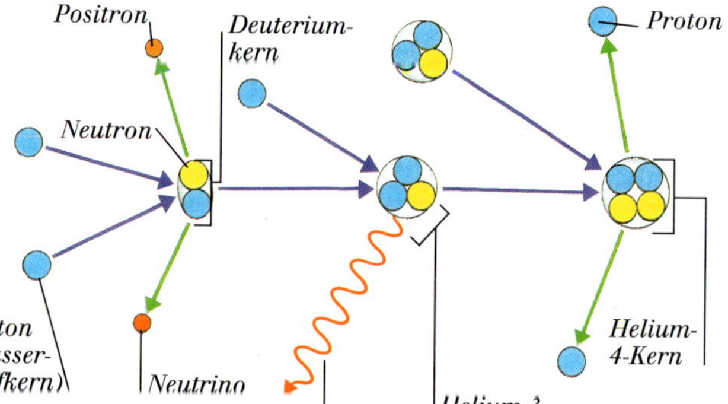

HERTZSPRUNG-RUSSELL-DIAGRAMM

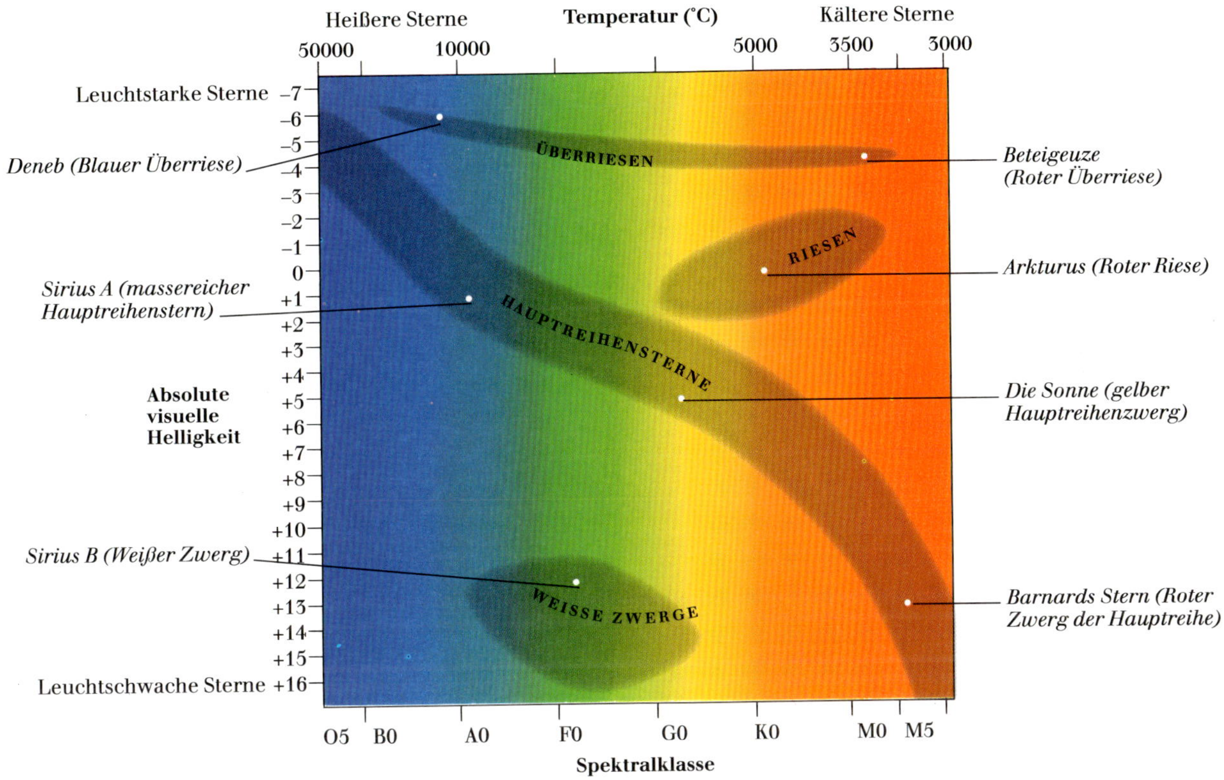

ABSORPTIONSLINIEN IN STELLAREN SPEKTREN

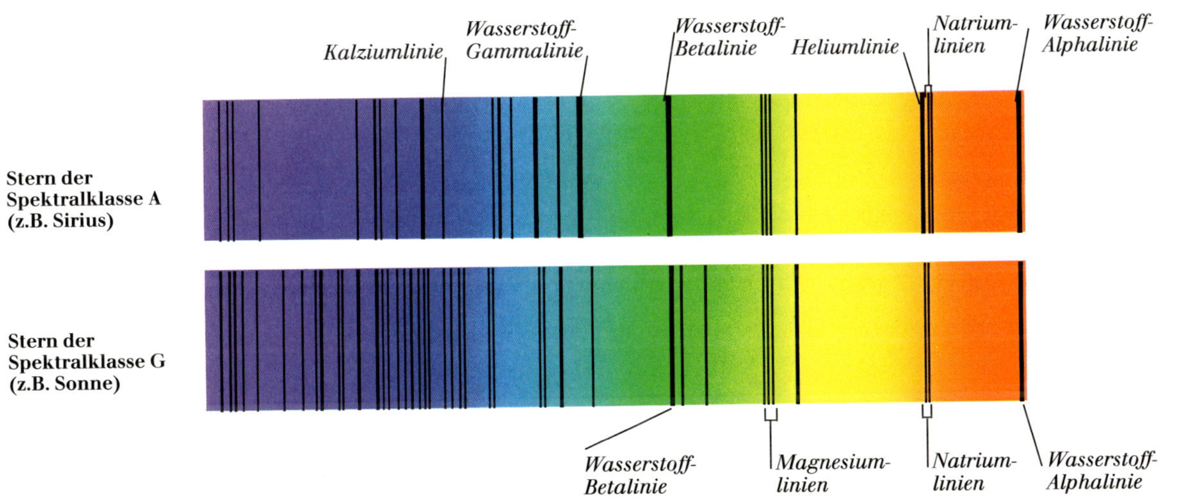

Kleine Sterne

Bereich der Sternbildung im Orion

Kleine Sterne haben eine Masse bis zum 1,5fachen der Sonne. Ihre Entstehung beginnt damit, daß ein Bereich höherer Dichte innerhalb eines Nebels zu einer riesigen Gas- und Staubkugel kondensiert, die sich unter dem Einfluß der eigenen Schwerkraft zusammenzieht. Innerhalb einer solchen Kugel erwärmen sich einzelne Bereiche der kondensierenden Materie und beginnen zu glühen, sie bilden Protosterne. Wenn ein Protostern genügend Materie enthält, kann die Temperatur in seiner Mitte etwa 15 Mio. °C erreichen. Bei dieser Temperatur können die Kernreaktionen beginnen, bei denen Wasserstoff zu Helium verschmilzt. Durch diese Reaktion wird Energie freigesetzt, die verhindert, daß der Stern weiter kollabiert, und die ihn außerdem leuchten läßt. Er ist nun ein Hauptreihenstern. Ein Stern von etwa einer Sonnenmasse bleibt etwa 10 Mrd. Jahre in der Hauptreihe, bis der Wasserstoff in seinem Kern in Helium verwandelt worden ist. Der Heliumkern zieht sich dann erneut zusammen, und die Kernreaktionen gehen in einer Hülle um den Kern weiter. Der Kern wird dabei so heiß, daß das Helium zu Kohlenstoff verschmelzen kann, gleichzeitig dehnen sich die äußeren Schichten des Sterns aus, kühlen ab und leuchten schwächer. Der sich ausdehnende Stern wird als Roter Riese bezeichnet. Ist der Heliumvorrat im Kern erschöpft, treiben die äußeren Schichten u.U. als expandierende Gaswolke (Planetarischer Nebel) auseinander. Der übrigbleibende Kern (etwa 80 % des ursprünglichen Sterns) wird nun zum Weißen Zwerg, der allmählich abkühlt und immer schwächer leuchtet. Wenn er ganz aufhört zu leuchten, ist aus dem toten Stern ein Schwarzer Zwerg geworden.

Struktur eines Hauptreihensterns

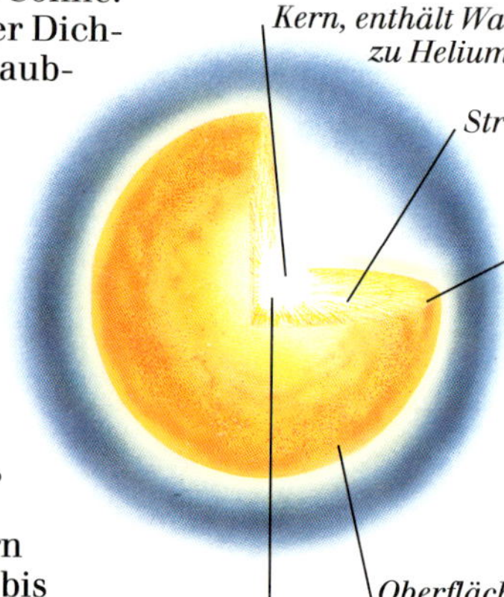

Struktur eines Nebels

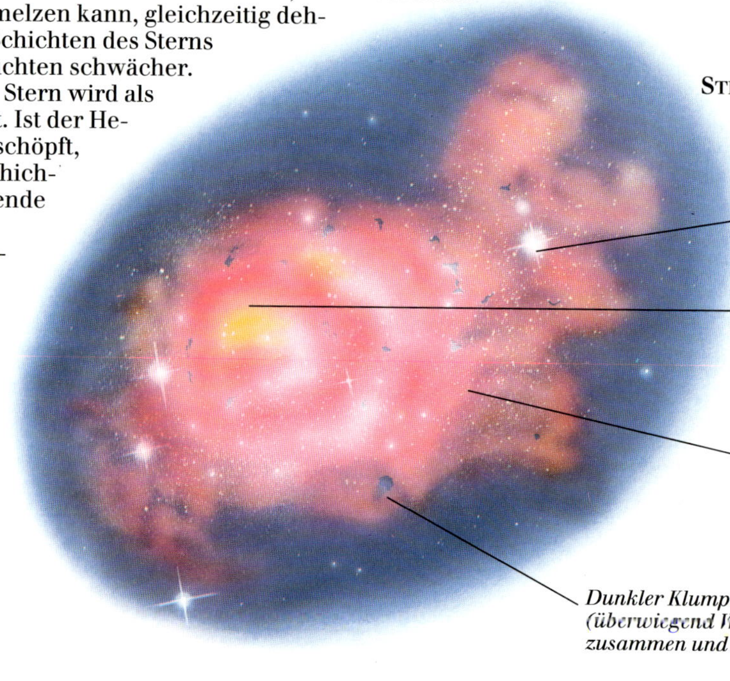

Leben eines kleinen Sterns von etwa einer Sonnenmasse

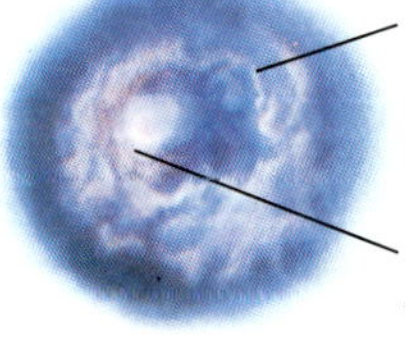

Nebel

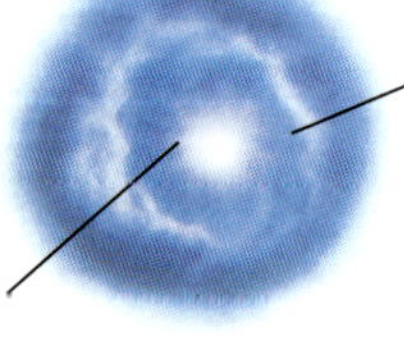

Protostern
Lebensdauer: 50 Millionen Jahre

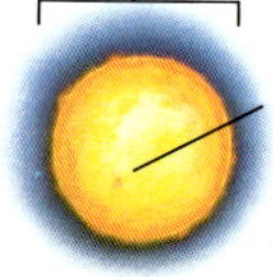

Hauptreihenstern
Lebensdauer: 10 Milliarden Jahre

Struktur eines Roten Riesen

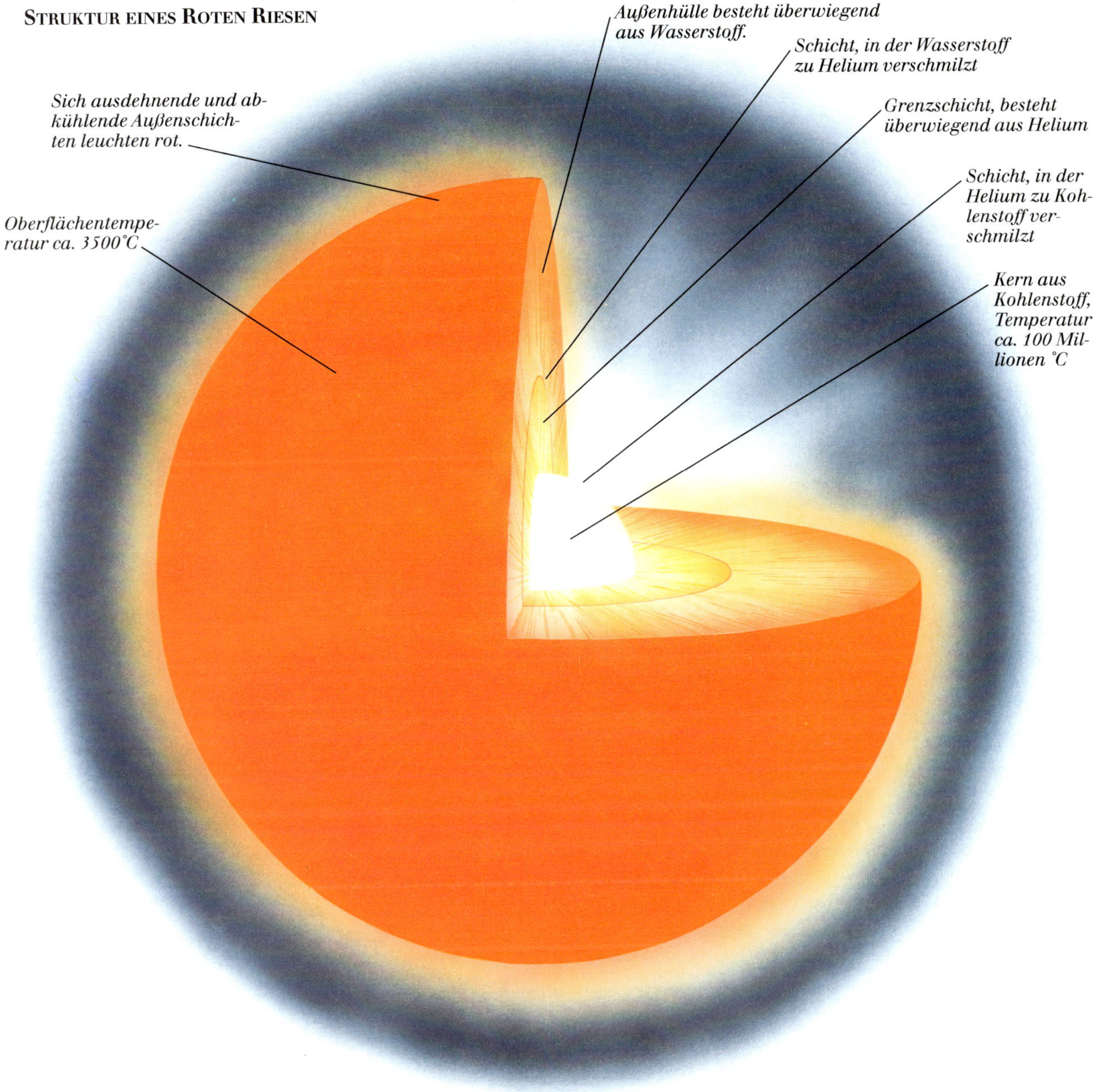

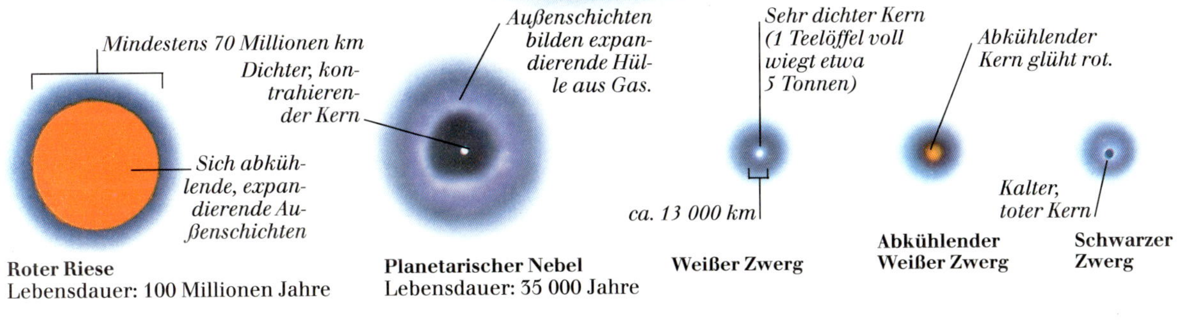

Massereiche Sterne

Massereiche Sterne haben mindestens die dreifache Sonnenmasse, manche sogar etwa die 50fache Sonnenmasse. Ein massereicher Stern entsteht ähnlich wie ein kleiner Stern, bis er die Hauptreihe erreicht (s. S. 24–25). In diesem Stadium leuchtet ein Stern gleichmäßig, bis der Wasserstoff in seinem Kern zu Helium verschmolzen ist. Dieser Vorgang dauert bei einem kleinen Stern einige Milliarden, bei einem massereichen Stern hingegen nur einige Millionen Jahre. Ein massereicher Stern wird dann zum Roten Überriesen. Er besteht zunächst aus einem Heliumkern, der von äußeren, sich abkühlenden und ausdehnenden Gasschichten umgeben ist. Im Verlauf der nächsten Jahrmillionen bilden sich nun durch Kernreaktionen Schichten von verschiedenen Elementen um einen Eisenkern. Der Kern kollabiert schließlich in weniger als einer Sekunde und verursacht eine gewaltige Explosion, die Supernova genannt wird und in der eine Stoßwelle die äußeren Schichten des Sterns fortschleudert. Supernovae leuchten kurze Zeit heller als eine ganze Galaxie. Manchmal überlebt der Kern die Explosion. Beträgt die Masse des Reststerns zwischen anderthalb und drei Sonnenmassen, zieht er sich weiter zusammen und bildet einen winzigen, dichten Neutronenstern. Ist der Kern wesentlich größer als drei Sonnenmassen, zieht er sich zu einem Schwarzen Loch zusammen (s. S. 28–29).

SUPERNOVA

Tarantelnebel vor der Supernova

STRUKTUR EINES ROTEN ÜBERRIESEN

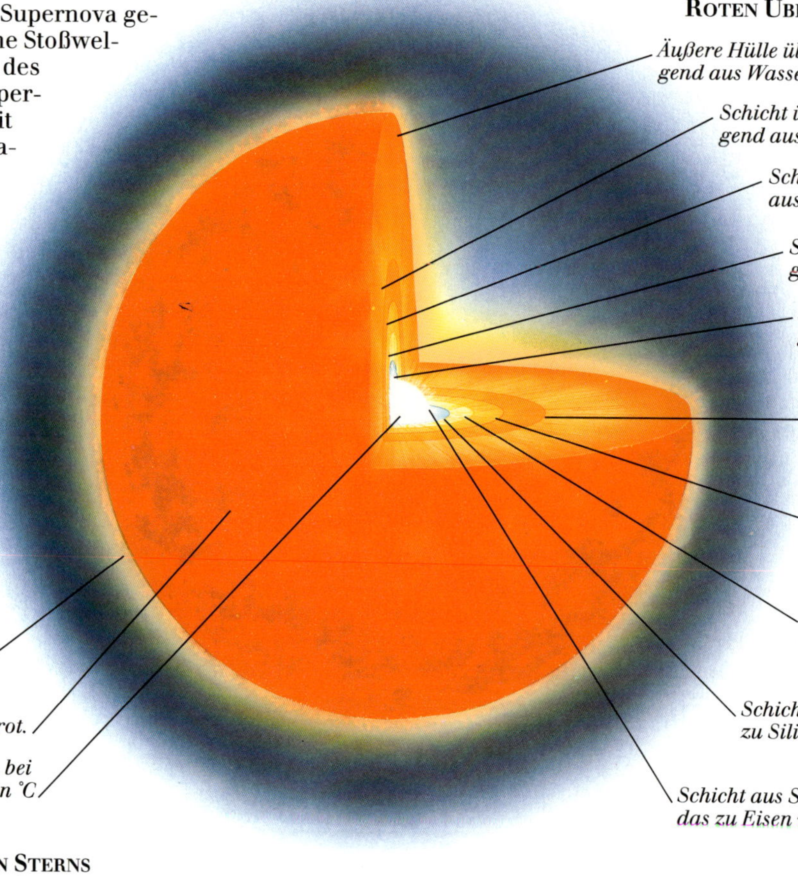

LEBEN EINES MASSEREICHEN STERNS (10FACHE MASSE DER SONNE)

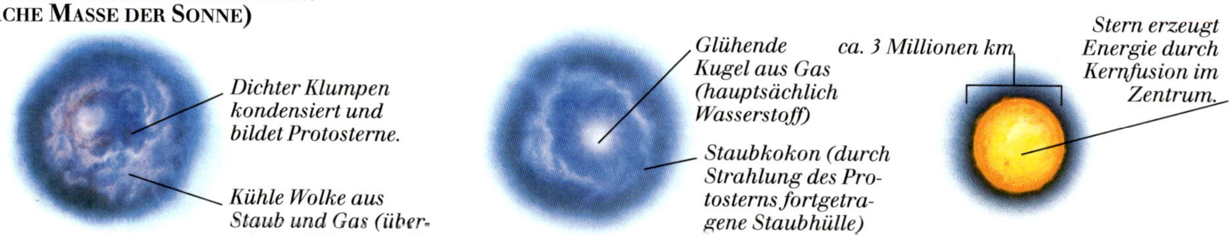

Nebel

Protostern
Lebensdauer: einige hunderttausend Jahre

Hauptreihenstern
Lebensdauer: 10 Millionen Jahre

Merkmale einer Supernova

Tarantelnebel mit Supernova im Jahre 1987

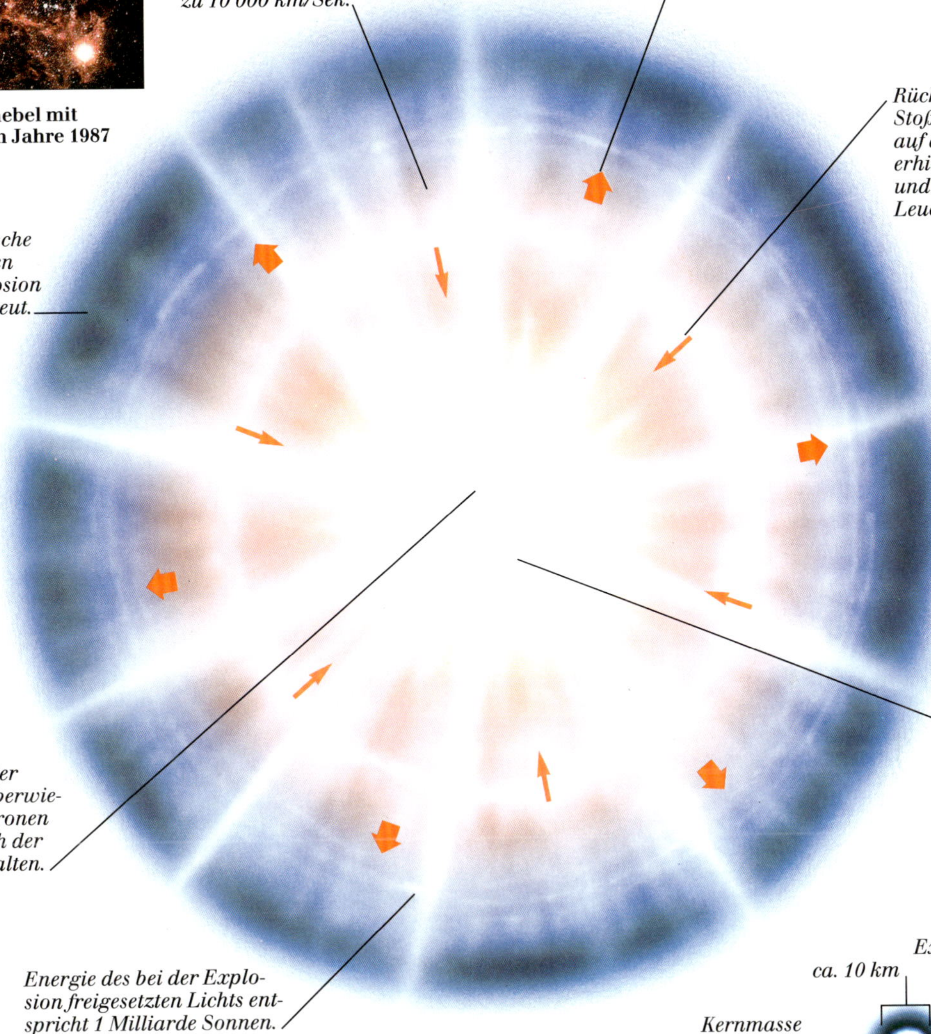

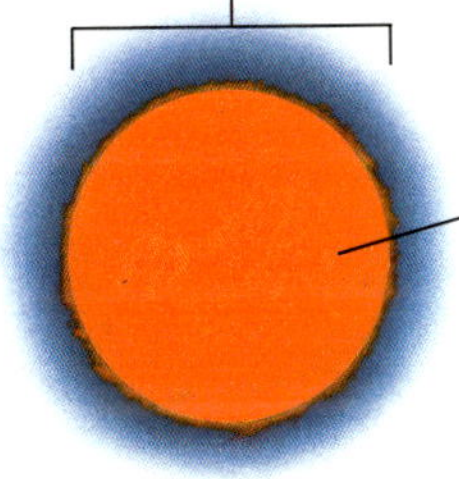

Roter Überriese
Lebensdauer: 4 Millionen Jahre

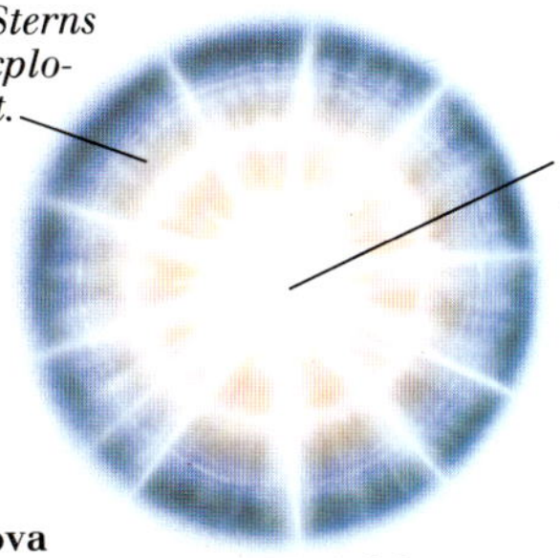

Supernova
Dauer der Sichtbarkeit: 1–2 Jahre

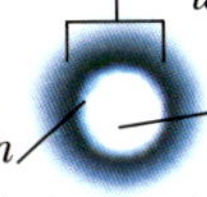

Neutronenstern

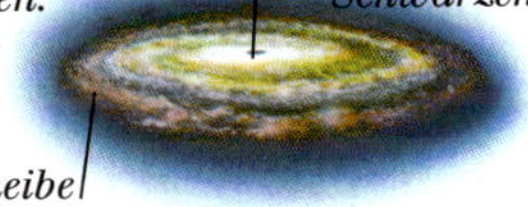

Schwarzes Loch

Neutronensterne und Schwarze Löcher

Neutronensterne und Schwarze Löcher entstehen aus den Kernen von Sternen, die als Supernovae explodiert sind (s. S. 26–27). Hat der Reststern zwischen anderthalb und drei Sonnenmassen, zieht er sich zu einem Neutronenstern zusammen. Ist der Reststern größer als drei Sonnenmassen, zieht er sich zu einem Schwarzen Loch zusammen. Neutronensterne haben normalerweise einen Durchmesser von nur 10 km und bestehen fast nur aus Neutronen. Solche Sterne sind so dicht, daß ein einziger Teelöffel davon etwa 1 Mrd. t wiegen würde. Neutronensterne treten als Pulsare in Erscheinung, deren Name daher rührt, daß sie sehr rasch rotieren und dabei zwei Strahlenbündel von Radiowellen aussenden, die über den Himmel fegen und so als kurze Impulse beobachtet werden. Schwarze Löcher haben eine derart starke Gravitation, daß ihnen nicht einmal Lichtstrahlen entkommen können, infolgedessen sind Schwarze Löcher unsichtbar. Man kann sie allerdings beobachten, wenn sich ganz in ihrer Nähe ein anderer Stern befindet. Das Gas des Begleitsterns wird durch das Gravitationsfeld des Schwarzen Lochs angezogen und bildet eine Akkretionsscheibe, die sich sehr schnell um das Schwarze Loch dreht, dabei heiß wird und Strahlung abgibt. Die Materie in dieser Scheibe nähert sich dem Schwarzen Loch spiralförmig, bis sie schließlich den Ereignishorizont überquert und nicht mehr zu sehen ist.

Röntgenbild des Krabbennebels (Supernovaüberrest)

Pulsar (rotierender Neutronenstern)

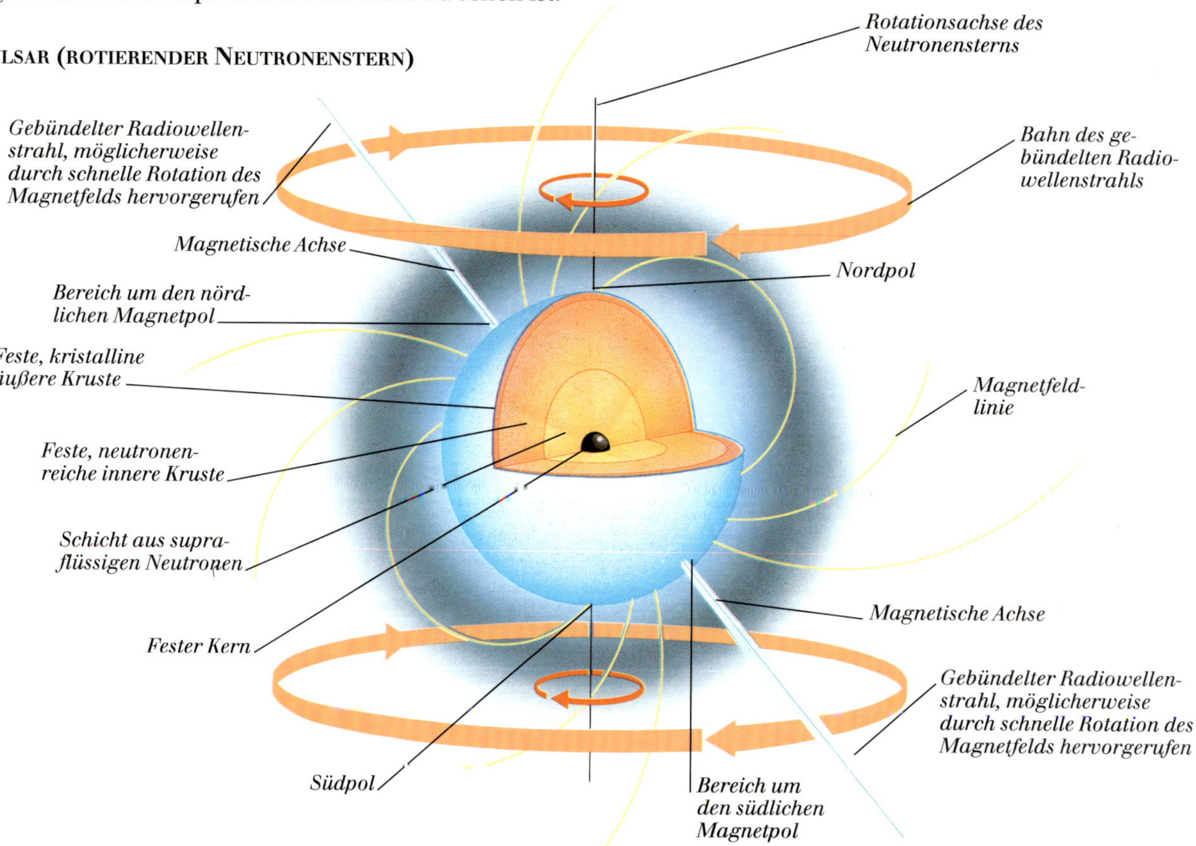

Stellares Schwarzes Loch

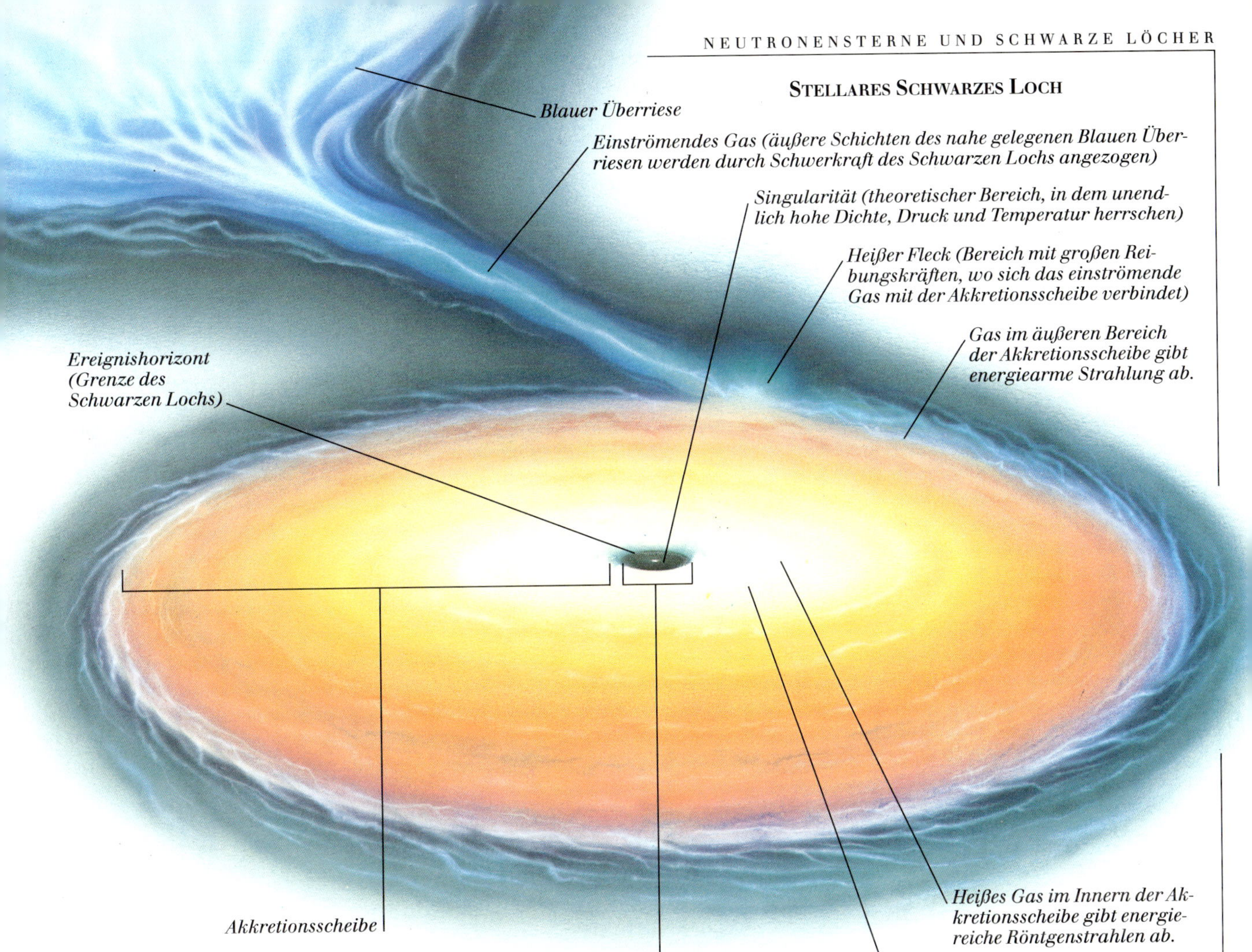

Entstehung eines Schwarzen Lochs

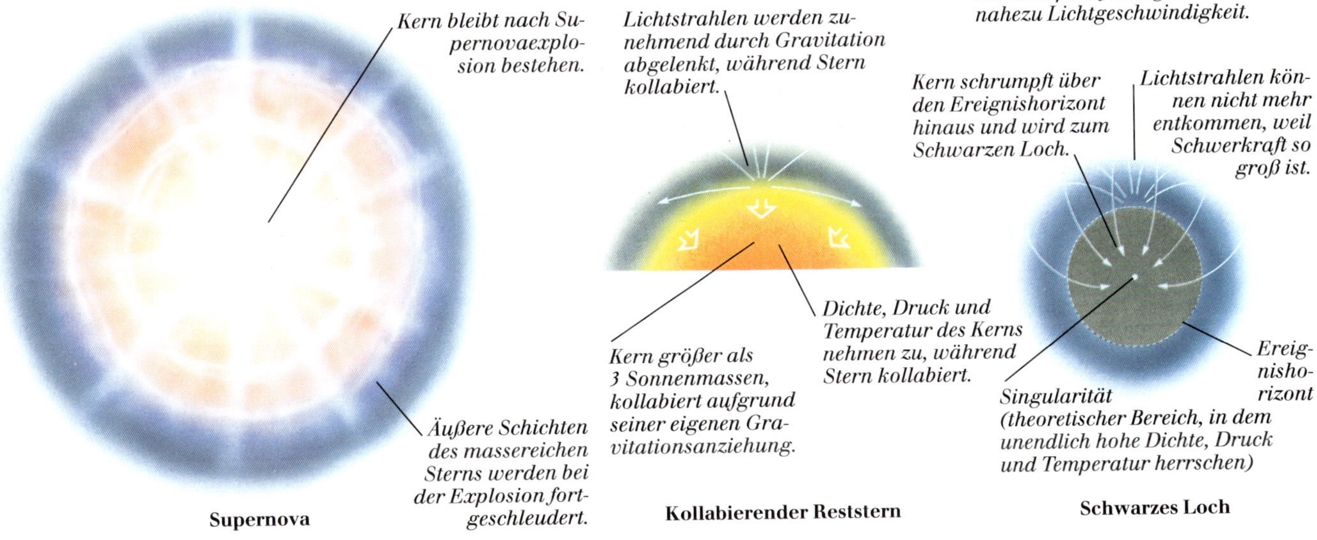

Das Sonnensystem

Die Sonne

Das Sonnensystem besteht aus einem zentralen Stern (Sonne) und den Himmelskörpern, die ihn umkreisen: neun Planeten und ihre 61 bekannten Monde sowie Asteroiden, Kometen und Meteoriten. Das Sonnensystem enthält außerdem interplanetarischen Staub und Gas. Es gibt vier kleine, erdähnliche Gesteinsplaneten nahe der Sonne (Merkur, Venus, Erde und Mars) und vier äußere, gasförmige Riesenplaneten (Jupiter, Saturn, Uranus und Neptun). Pluto (der äußerste Planet, außer wenn er sich kurzzeitig innerhalb der Umlaufbahn Neptuns aufhält) gehört keiner der beiden Gruppen an; er ist sehr klein, fest und vereist. Zwischen den erdähnlichen Planeten und den Riesenplaneten liegt ein Asteroidengürtel mit Tausenden von Gesteinsbrocken, die um die Sonne kreisen. Die meisten Körper im Sonnensystem bewegen sich auf elliptischen Bahnen um die Sonne, wobei diese Bahnen alle innerhalb einer dünnen Scheibe in der Ebene des Sonnenäquators liegen. Alle Planeten kreisen in der gleichen Richtung um die Sonne (von oben gesehen gegen den Uhrzeigersinn), und alle außer Venus, Uranus und Pluto drehen sich auch in dieser Richtung um ihre eigene Achse. Auch die Monde drehen sich um ihre eigene Achse, und sie umkreisen ihre Planeten. Das Sonnensystem umkreist die Milchstraße (s. S. 14–15).

Planetenumlaufbahn

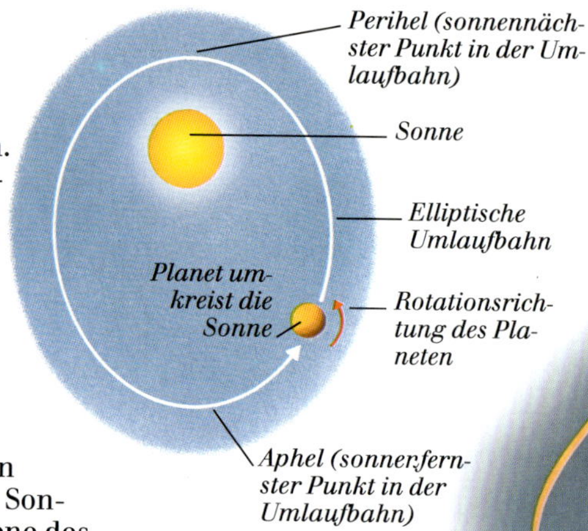

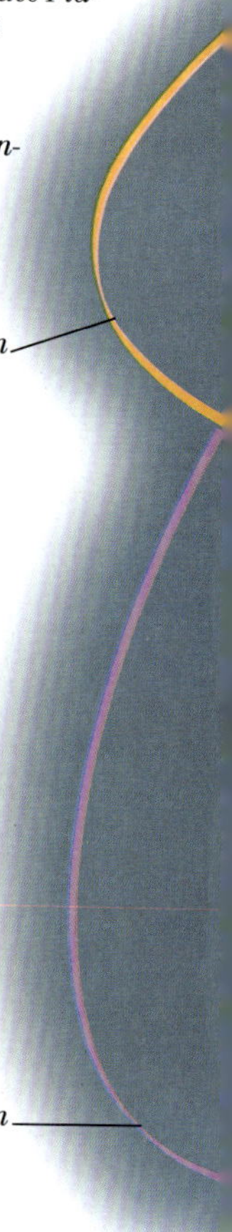

Umlaufbahnen der inneren Planeten

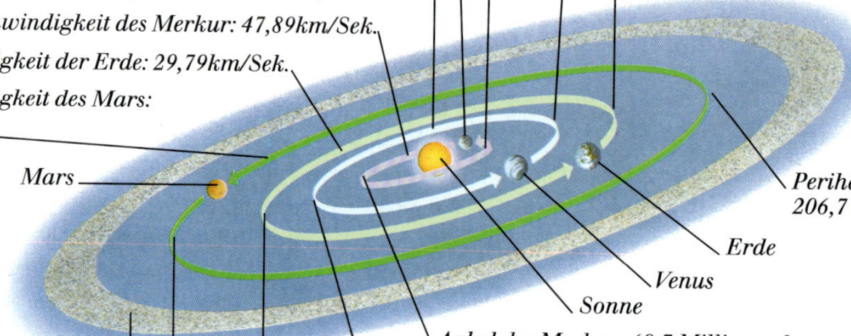

Merkur
Jahr: 87,97 Erdentage
Masse: 0,06 Erdmassen
Durchmesser: 4878 km

Venus
Jahr: 224,7 Erdentage
Masse: 0,81 Erdmassen
Durchmesser: 12 103 km

Erde
Jahr: 365,26 Tage
Masse: 1 Erdmasse
Durchmesser: 12 756 km

Mars
Jahr: 1,88 Erdenjahre
Masse: 0,11 Erdmassen
Durchmesser: 6786 km

Jupiter
Jahr: 11,86 Erdenjahre
Masse: 317,94 Erdmassen
Durchmesser: 142 984 km

Umlaufbahnen der äusseren Planeten

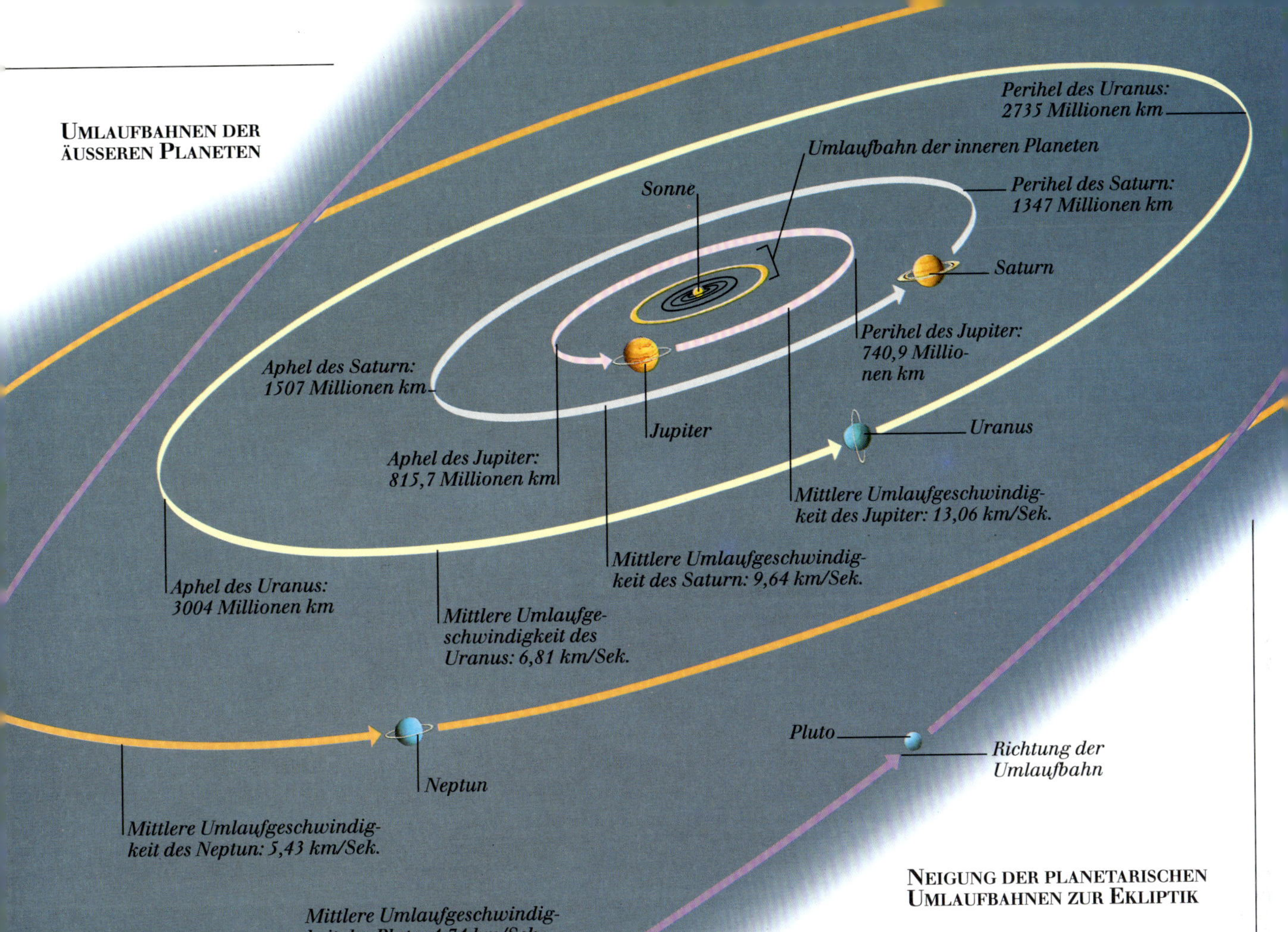

Neigung der planetarischen Umlaufbahnen zur Ekliptik

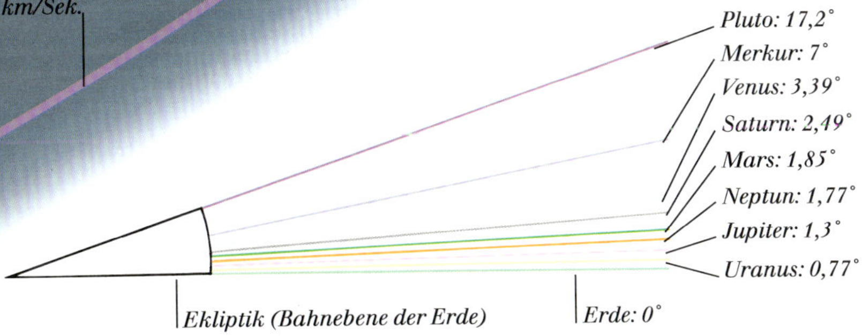

Saturn
Jahr: 29,46 Erdenjahre
Masse: 95,18 Erdmassen
Durchmesser: 120 536 km

Uranus
Jahr: 84,01 Erdenjahre
Masse: 14,54 Erdmassen
Durchmesser: 51 118 km

Neptun
Jahr: 164,79 Erdenjahre
Masse: 17,14 Erdmassen
Durchmesser: 49 528 km

Pluto
Jahr: 248,54 Erdenjahre
Masse: 0,0022 Erdmassen
Durchmesser: 2300 km

Die Sonne

Photosphäre der Sonne

Die Sonne ist der Stern im Zentrum unseres Sonnensystems. Sie ist etwa 5 Mrd. Jahre alt und wird ungefähr noch weitere 5 Mrd. Jahre so leuchten wie bisher. Die Sonne ist ein gelber Hauptreihenstern (s. S. 22–23) mit einem Durchmesser von rund 1,4 Mio. Kilometern. Sie besteht fast ausschließlich aus Wasserstoff und Helium. Im Kern der Sonne wird Wasserstoff durch Kernfusion in Helium umgewandelt, wobei Energie freigesetzt wird. Die Energie wandert vom Kern durch die Strahlungszone und die Konvektionszone zur Photosphäre (sichtbare Oberfläche), wo sie die Sonne als Wärme und Licht verläßt. Auf der Photosphäre befinden sich oft dunkle, verhältnismäßig kalte Bereiche, die Sonnenflecken. Sie treten meist paarweise oder in Gruppen auf und werden wahrscheinlich durch Magnetfelder verursacht. Eine andere Art Sonnenaktivität sind Fackeln (Flares), die meist in Verbindung mit Sonnenflecken auftreten, und Protuberanzen. Fackeln sind plötzliche Ausstöße energiereicher Strahlung und atomarer Teilchen. Protuberanzen sind riesige Gasbögen oder -streifen, die sich in die Sonnenatmosphäre erstrecken, manche halten sich einige Stunden, andere Monate. Jenseits der Photosphäre befindet sich die Chromosphäre (innere Atmosphäre) und die Korona (äußere Atmosphäre). Letztere ist von sehr geringer Dichte und erstreckt sich weit in den interplanetarischen Raum. Winzige Teilchen, die sich von der Korona lösen können, verursachen den Sonnenwind, der sich mit Hunderten von Kilometern in der Sekunde durch den Raum bewegt. Die Chromosphäre und die Korona kann man von der Erde aus sehen, wenn der Mond die Sonnenscheibe bei einer totalen Sonnenfinsternis verdeckt.

Wie es zu einer Sonnenfinsternis kommt

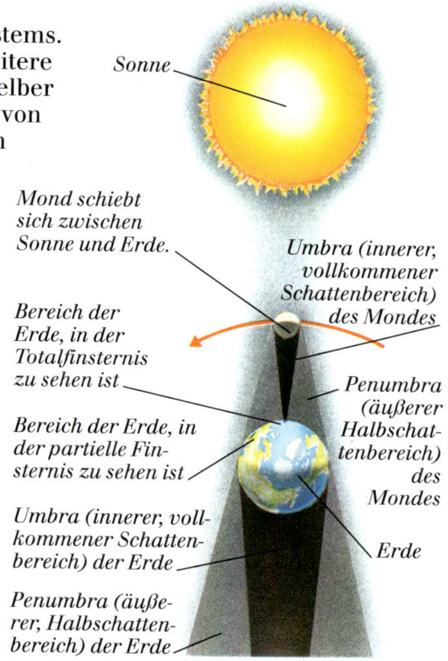

Totale Sonnenfinsternis

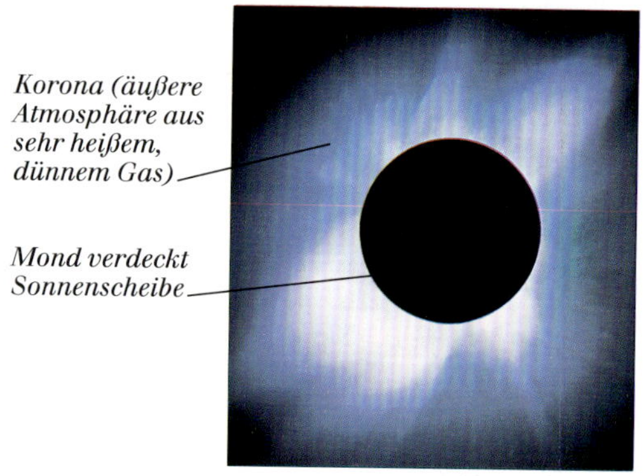

Oberflächenmerkmale

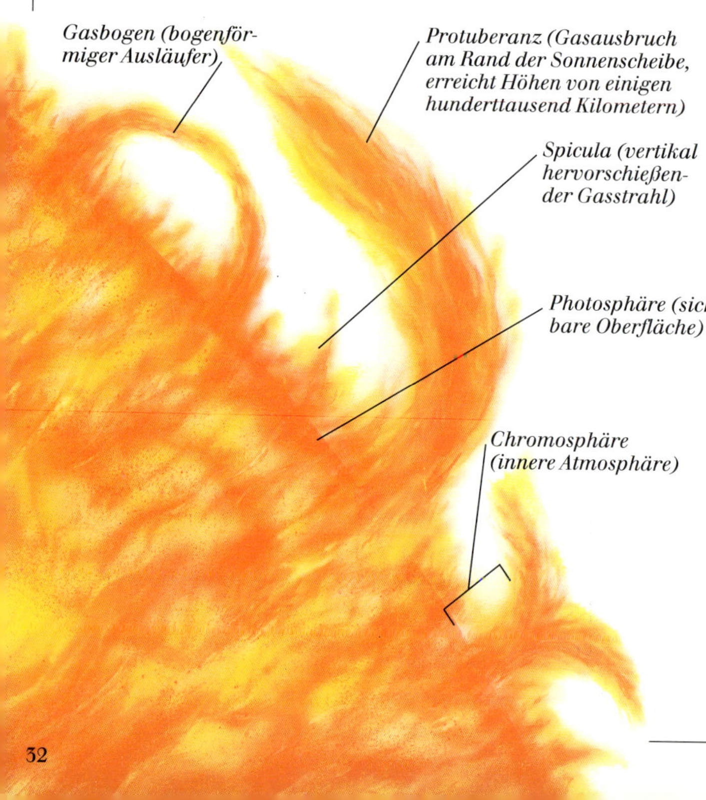

Sonnenflecken

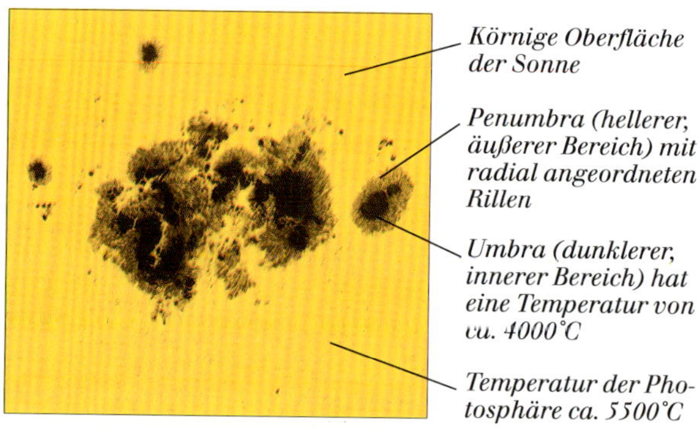

Äussere Merkmale und innere Struktur der Sonne

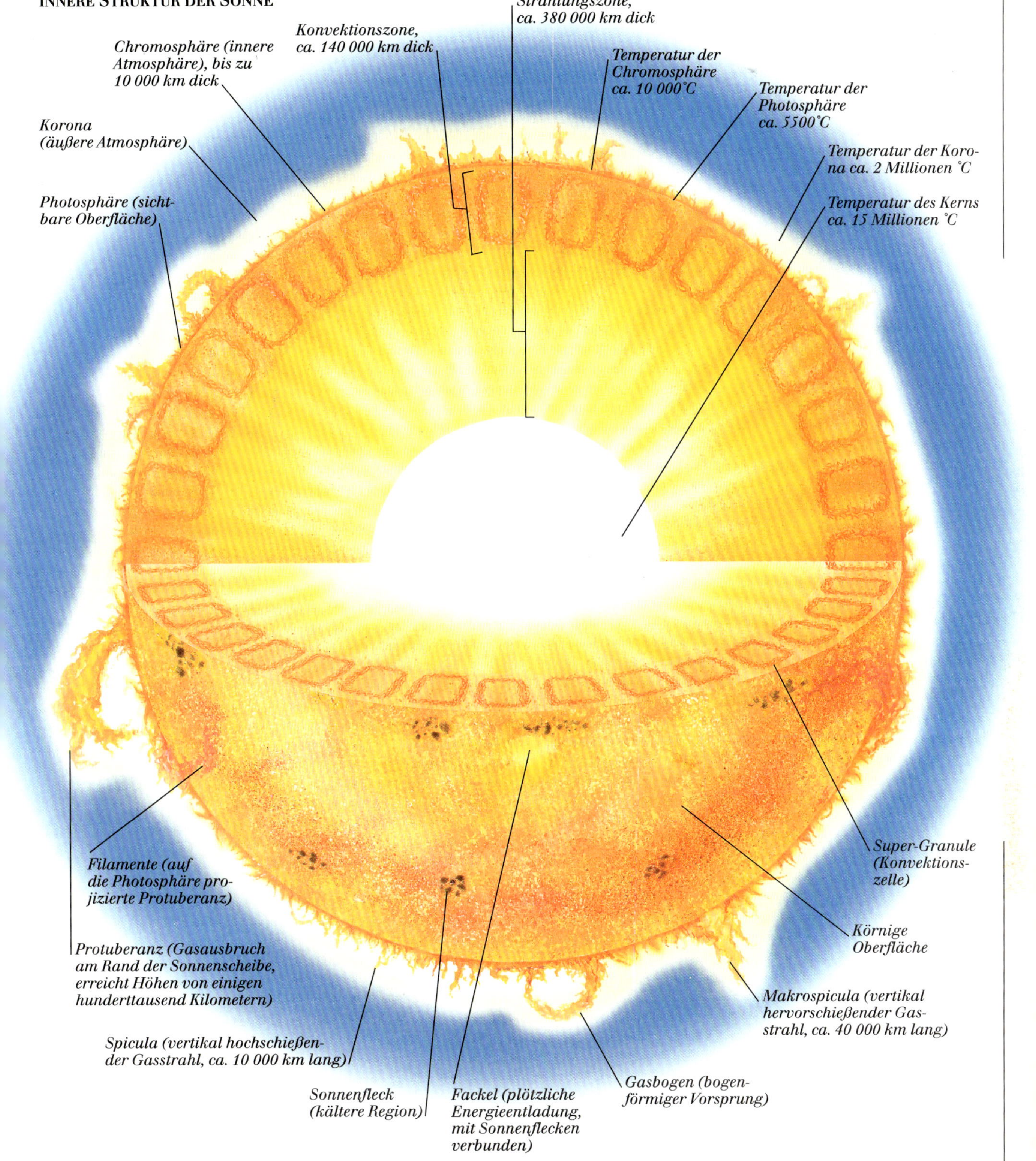

Merkur

Merkur

Merkur ist der Sonne am nächsten und umkreist sie in einer Entfernung von durchschnittlich etwa 58 Millionen Kilometern. Aufgrund seines geringen Abstands zur Sonne bewegt sich der Merkur bei einer mittleren Geschwindigkeit von 48 Kilometern pro Sekunde schneller als alle anderen Planeten und hat eine Umlaufzeit von knapp 88 Tagen. Merkur ist sehr klein (nur Pluto ist noch kleiner) und felsig. Der überwiegende Teil seiner Oberfläche ist, durch den Aufprall von Meteoriten, mit Kratern übersät, obwohl man auch glatte Ebenen mit wenigen Kratern findet. Das Caloris-Becken ist der größte Krater und mißt im Durchmesser etwa 1300 Kilometer. Er ist wahrscheinlich durch den Aufprall eines Gesteinsbrockens von der Größe eines Asteroiden entstanden und ist von konzentrischen Bergringen umgeben, die durch den Aufprall aufgeworfen wurden. Die Oberfläche weist außerdem viele Furchen auf (sogenannte Rupes), die wahrscheinlich entstanden sind, als der heiße Kern des jungen Planeten vor etwa 4 Milliarden Jahren abkühlte und zusammenschrumpfte. Der Planet dreht sich sehr langsam um seine eigene Achse, er benötigt fast 59 Tage für eine Umdrehung. Infolgedessen dauert ein Tag auf Merkur (die Zeit von Sonnenaufgang bis Sonnenaufgang) etwa 176 Erdentage – doppelt so lang wie das 88 Tage lange Merkurjahr. Auf Merkur herrschen extreme Oberflächentemperaturen, von maximal +430°C auf der Sonnenseite bis –170°C auf der dunklen Seite. Bei Anbruch der Nacht sinkt die Temperatur sehr rasch ab, weil der Planet fast keine Atmosphäre hat. Diese besteht lediglich aus winzigen Mengen an Helium und Wasserstoff, die vom Sonnenwind eingefangen werden, und außerdem noch aus Spuren anderer Gase.

Neigung und Rotation des Merkur

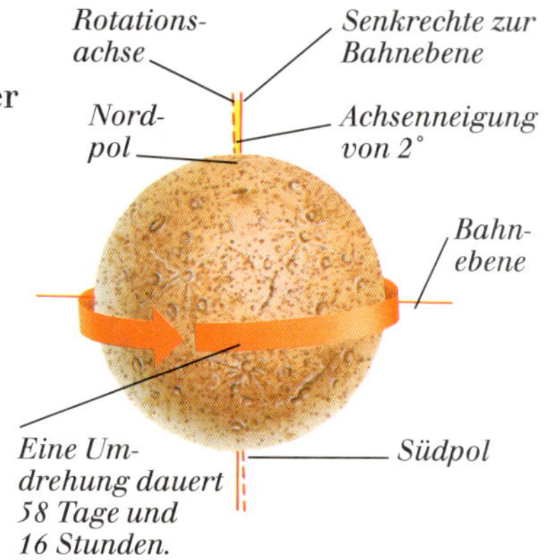

Degas und Brontë (strahlenförmige Krater)

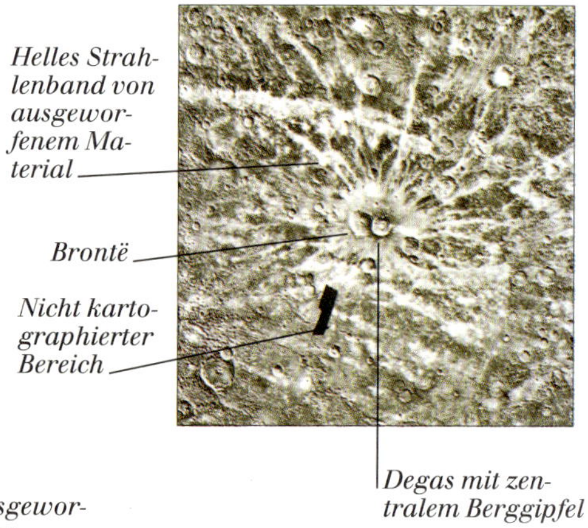

Entstehung eines strahlenförmigen Kraters

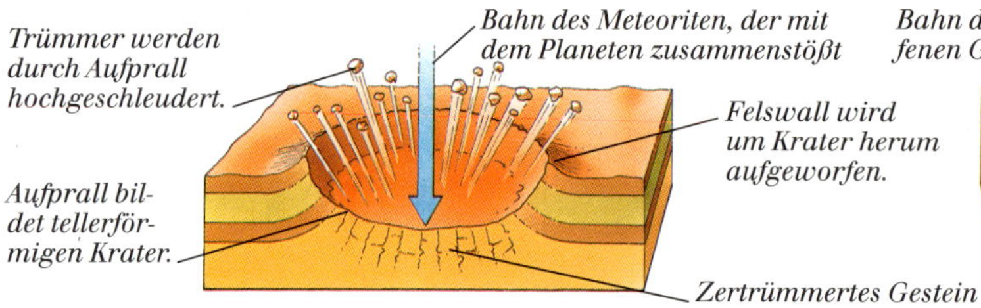

Aufprall des Meteoriten

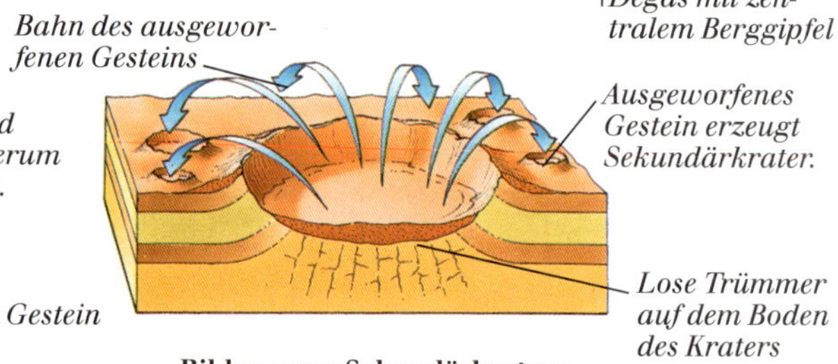

Bildung von Sekundärkratern

Strahlenförmiger Krater

Zusammensetzung der Atmosphäre

Krater und Ebenen im Bereich des Nordpols vom Merkur

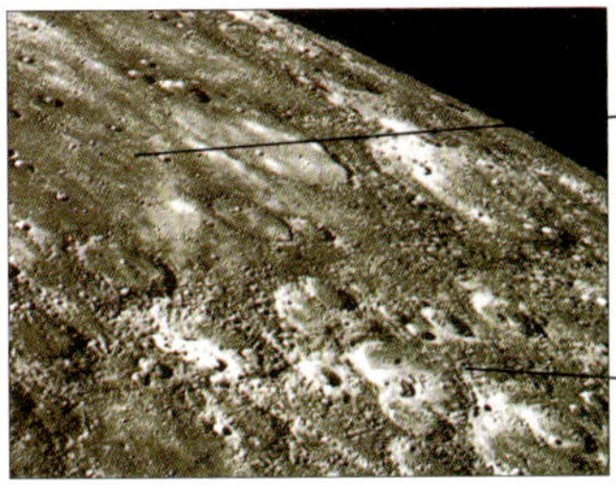

Äussere Merkmale und innere Struktur des Merkur

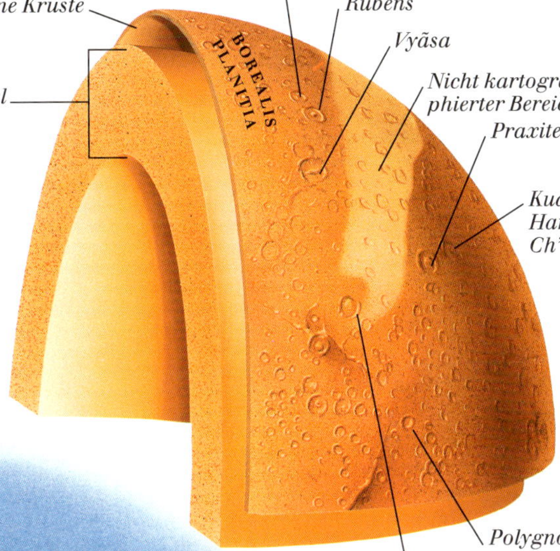

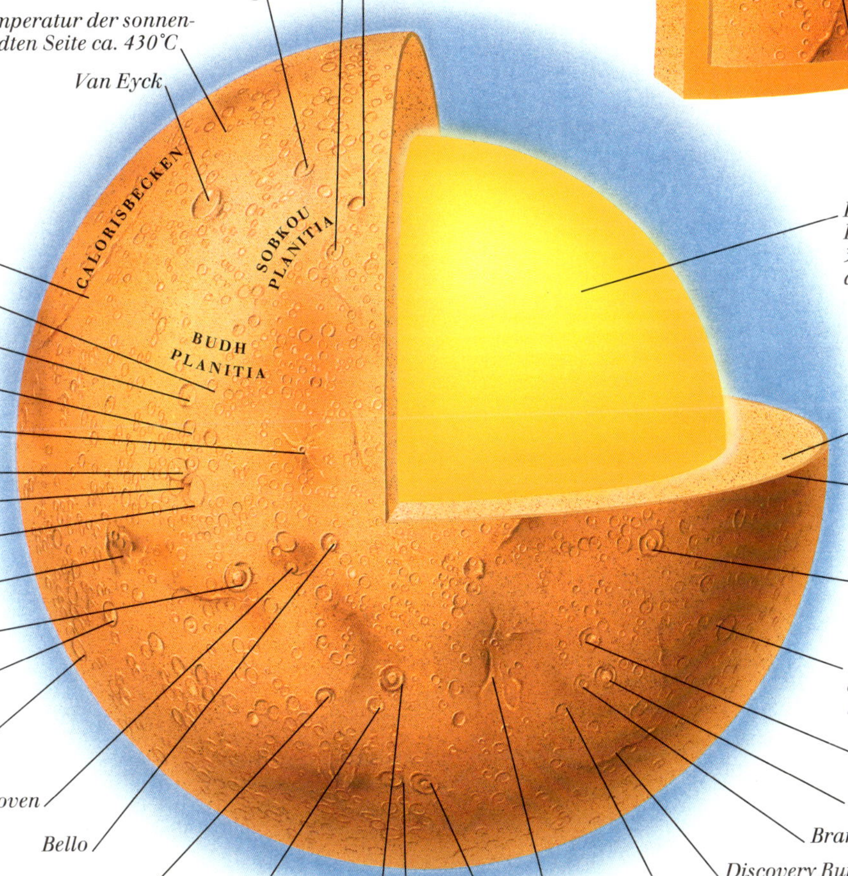

Venus

Radarbild der Venus

Die Venus ist ein Gesteinsplanet und von der Sonne aus gesehen der zweite Planet. Während sie die Sonne umkreist, dreht sich Venus sehr langsam rückläufig. Dadurch ist ihre Rotationszeit mit etwa 243 Erdentagen die längste im Sonnensystem. Venus ist etwas kleiner als die Erde und ähnlich aufgebaut, mit einem halbfesten Metallkern, umgeben von einem Mantel und einer Kruste aus Stein. Sie ist nach Sonne und Mond das hellste Objekt am Himmel, weil ihre Atmosphäre das Sonnenlicht stark reflektiert. Die Atmosphäre besteht hauptsächlich aus Kohlendioxid, das die Wärme durch einen Treibhauseffekt staut, der viel stärker ist als der auf der Erde. Venus ist deshalb der heißeste Planet, mit bis zu 480°C an der Oberfläche. Die dicken Wolkenschichten enthalten Tropfen von Schwefelsäure und wandern, durch den Wind getrieben, mit bis zu 360 km/h um den Planeten. Obwohl der Planet 243 Tage benötigt, um sich einmal um seine eigene Achse zu drehen, ziehen die Wolken aufgrund der schnellen Winde in nur vier Erdentagen um den Planeten. Durch die hohen Temperaturen, die sauren Wolken und den gewaltigen atmosphärischen Druck (etwa 90mal größer als auf der Erdoberfläche) herrschen auf der Venus sehr unwirtliche Bedingungen. Trotzdem konnten Raumsonden auf der Venusoberfläche landen und ihre trockene, staubige Oberfläche fotografieren. Die Oberfläche wurde außerdem durch viele Sonden und durch Radargeräte kartiert, die durch die Wolkenschichten „hindurchsehen" können. Solche Radarkarten zeigen eine Landschaft mit Kratern, Bergen, Vulkanen und Gegenden, in denen Krater durch erstarrte vulkanische Lava zugedeckt wurden. Es gibt zwei große Hochlandregionen, Aphrodite Terra und Ishtar Terra.

NEIGUNG UND ROTATION DER VENUS

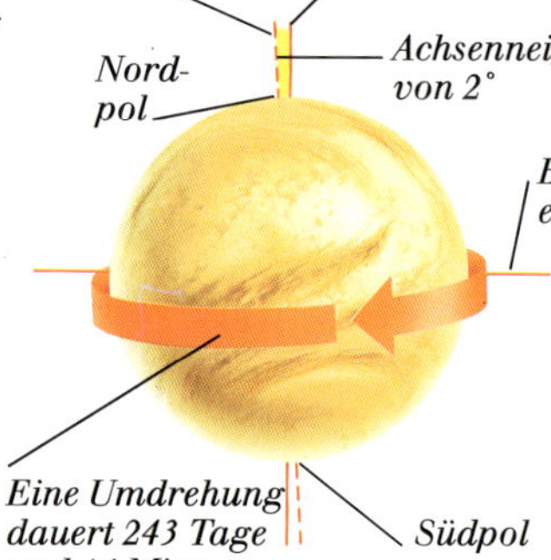

WOLKENSTRUKTUREN

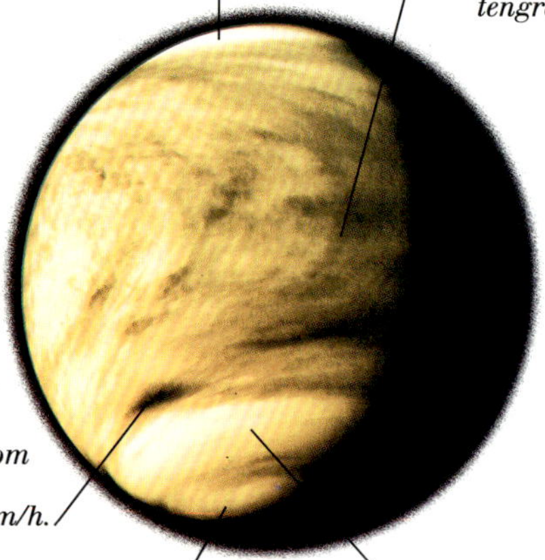

VENUSKRATER

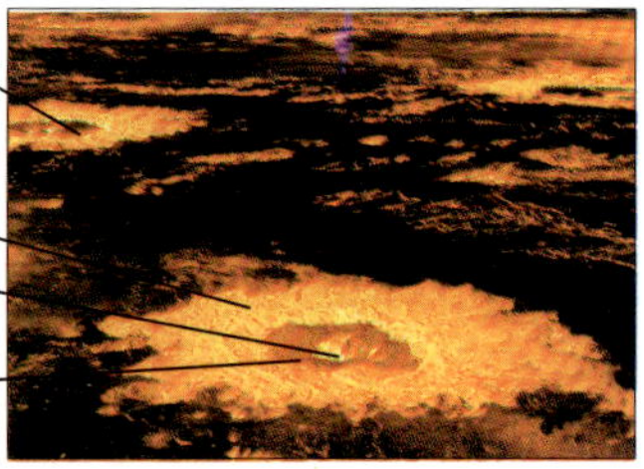

FALSCHFARBEN-RADARKARTE DER VENUSOBERFLÄCHE

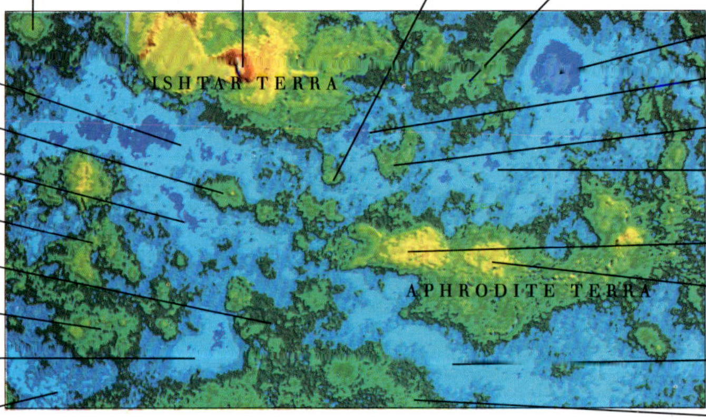

Äussere Merkmale und innere Struktur der Venus

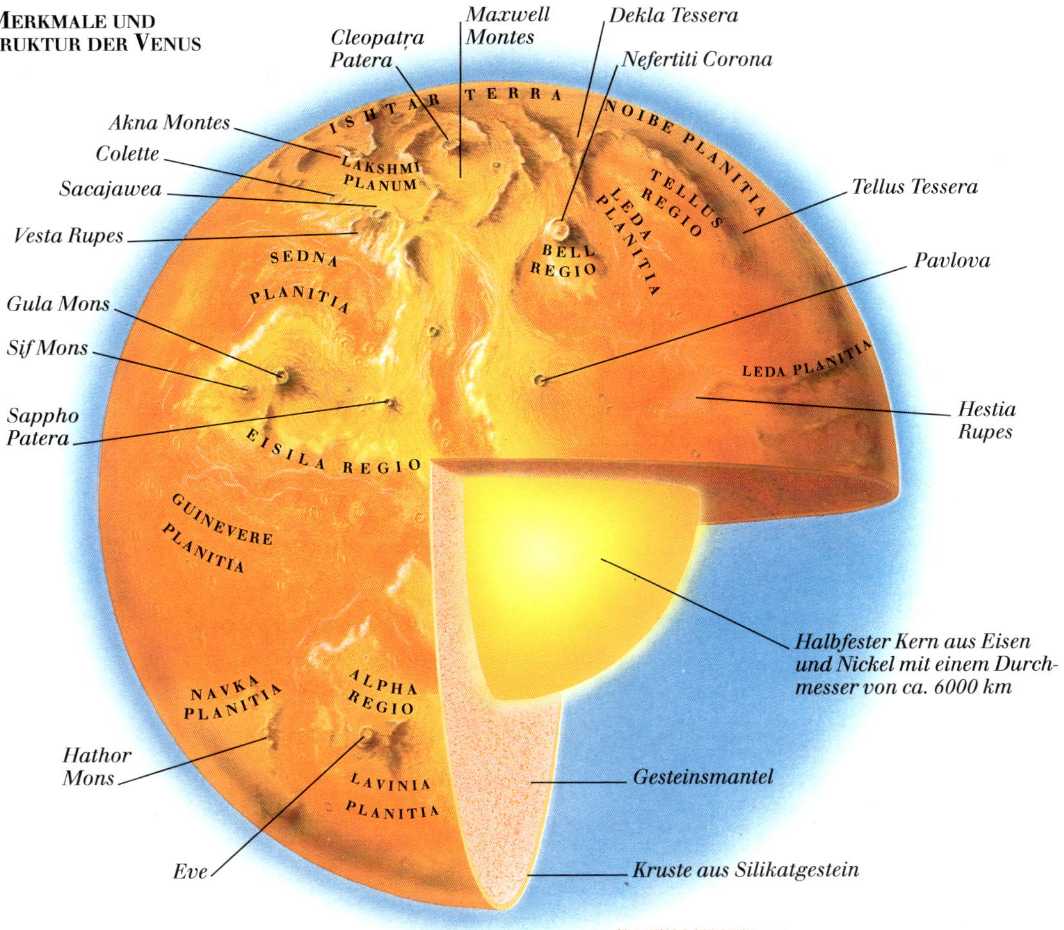

Atmosphäre

Struktur

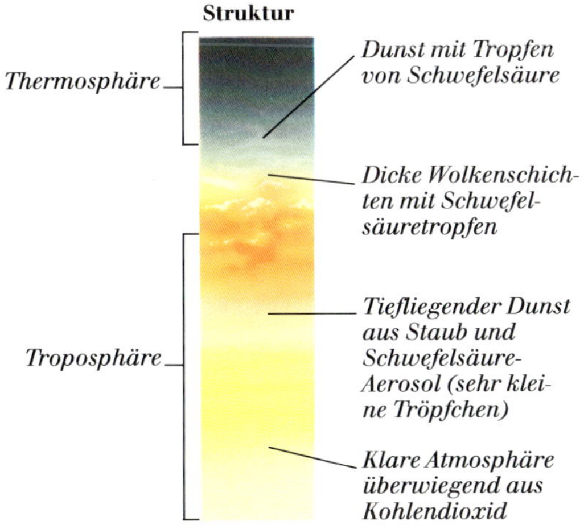

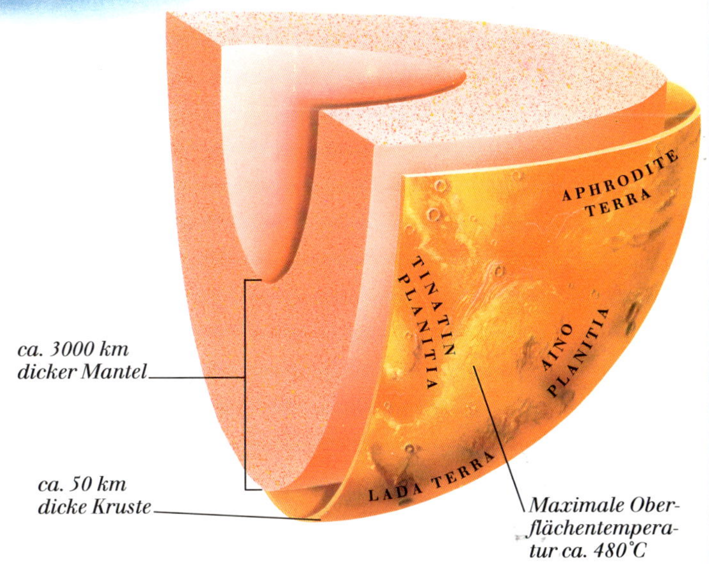

Zusammensetzung

Die Erde

Erde

Die Erde ist von der Sonne aus der dritte Planet, der größte und dichteste der Gesteinsplaneten, und der einzige Planet, von dem wir wissen, daß Leben auf ihm möglich ist. Das Erdinnere besteht aus Gestein und Metall und ist damit typisch für einen Gesteinsplaneten. Doch ist die Kruste ungewöhnlich, da sie aus einzelnen Platten besteht, die sich langsam gegeneinander verschieben. Dort, wo die Platten aufeinandertreffen, kommt es zu Erdbeben und Vulkantätigkeit. Die Erdatmosphäre wirkt wie eine Schutzhülle, indem sie die schädliche Strahlung der Sonne abweist und verhindert, daß Meteoriten die Oberfläche des Planeten erreichen. Gleichzeitig staut sie genug Wärme, um extrem niedrige Temperaturen zu verhindern. Etwa 70 Prozent der Erdoberfläche sind von Wasser bedeckt, das auf keiner anderen Planetenoberfläche im flüssigen Zustand vorkommt. Die Erde besitzt einen natürlichen Satelliten, den Mond, der so groß ist, daß beide Körper als Doppelplanet aufgefaßt werden können.

Neigung und Rotation der Erde

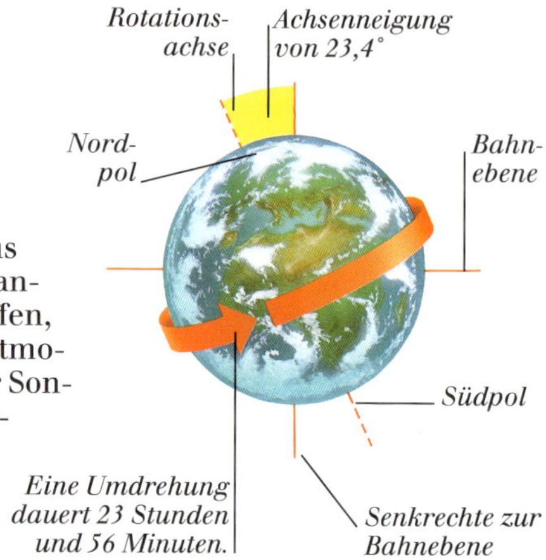

Die Entstehung der Erde

Vor 4,6 Mrd. Jahren entstand das Sonnensystem aus einer Staub- und Gaswolke.

Die Erde entsteht aus aufeinanderprallenden Gesteinsbrocken.

Vor 4,5 Mrd. Jahren kühlte die Erdkruste ab und erstarrte.

Die Urkontinente brachen auseinander und verschmolzen neu. Langsam entstand das Bild der heutigen Erde.

Die Magnetosphäre der Erde

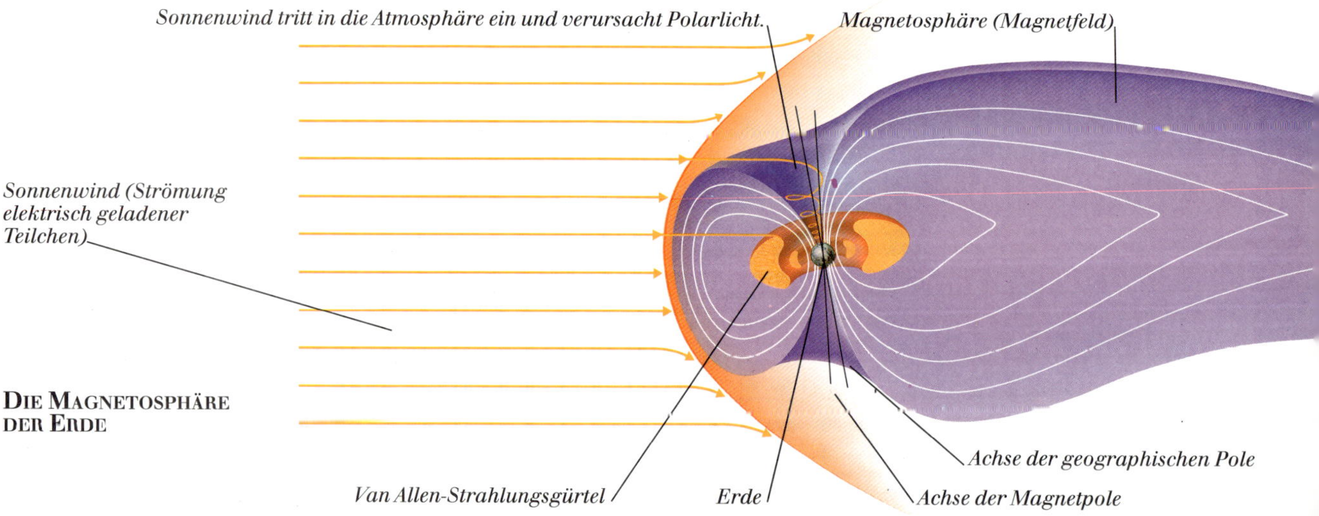

Äussere Merkmale und innere Struktur der Erde

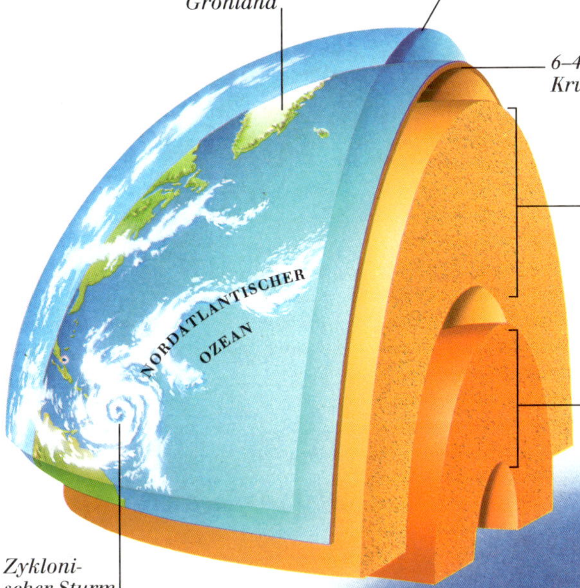

Zusammensetzung der Erde

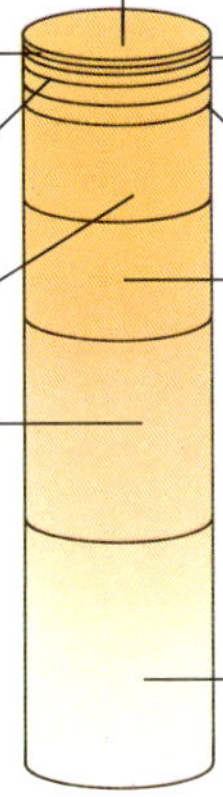

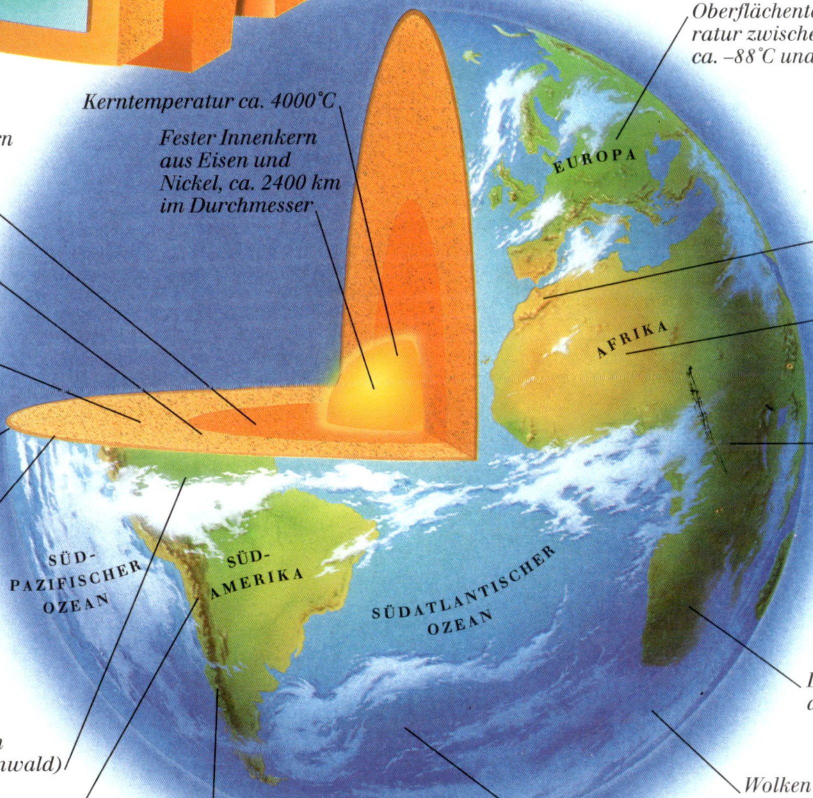

Der Mond

Der Mond von der Erde gesehen

Der Mond ist der einzige natürliche Satellit der Erde. Er ist verhältnismäßig groß für einen Mond. Sein Durchmesser beträgt ca. 3470 Kilometer – etwas mehr als ein Viertel des Erddurchmessers. Der Mond benötigt für die Rotation um seine eigene Achse die gleiche Zeit wie für einen Erdumlauf (27,3 Tage), deshalb ist uns immer die gleiche Mondseite zugewandt. Der Teil, den wir sehen können – die Mondphase – hängt jedoch davon ab, wieviel der erdzugewandten Seite von der Sonne angestrahlt wird. Der Mond ist trocken und öd, ohne Atmosphäre und ohne Wasser. Er besteht hauptsächlich aus festem Gestein, obwohl sein Kern eventuell geschmolzenes Gestein oder Eisen enthält. Die Oberfläche ist staubig, das Hochland übersät mit Kratern, die durch den Aufprall von Meteoriten entstanden sind, während im Tiefland große Krater durch erstarrte Lava gefüllt wurden und dunkle Flächen bilden, „Maria" oder Meere genannt. Meere treten überwiegend auf der erdzugewandten Seite auf, da die Kruste hier dünner ist. Viele Krater sind von Gebirgsketten umsäumt, welche den Kraterrand bilden und viele tausend Meter hoch sein können.

NEIGUNG UND ROTATION DES MONDES

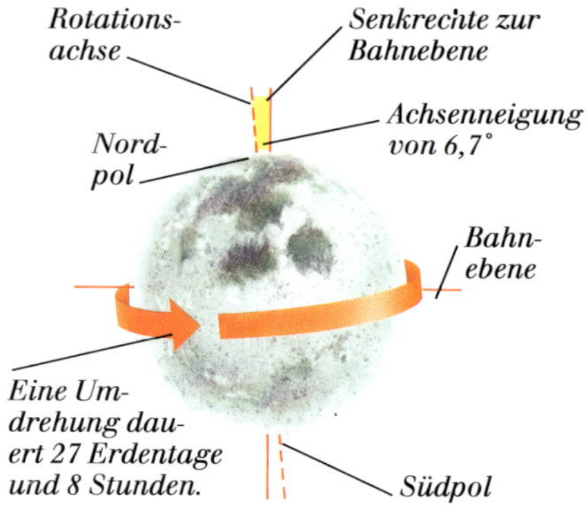

KRATER IM OCEANUS PROCELLARUM

ERDZUGEWANDTE SEITE DES MONDES

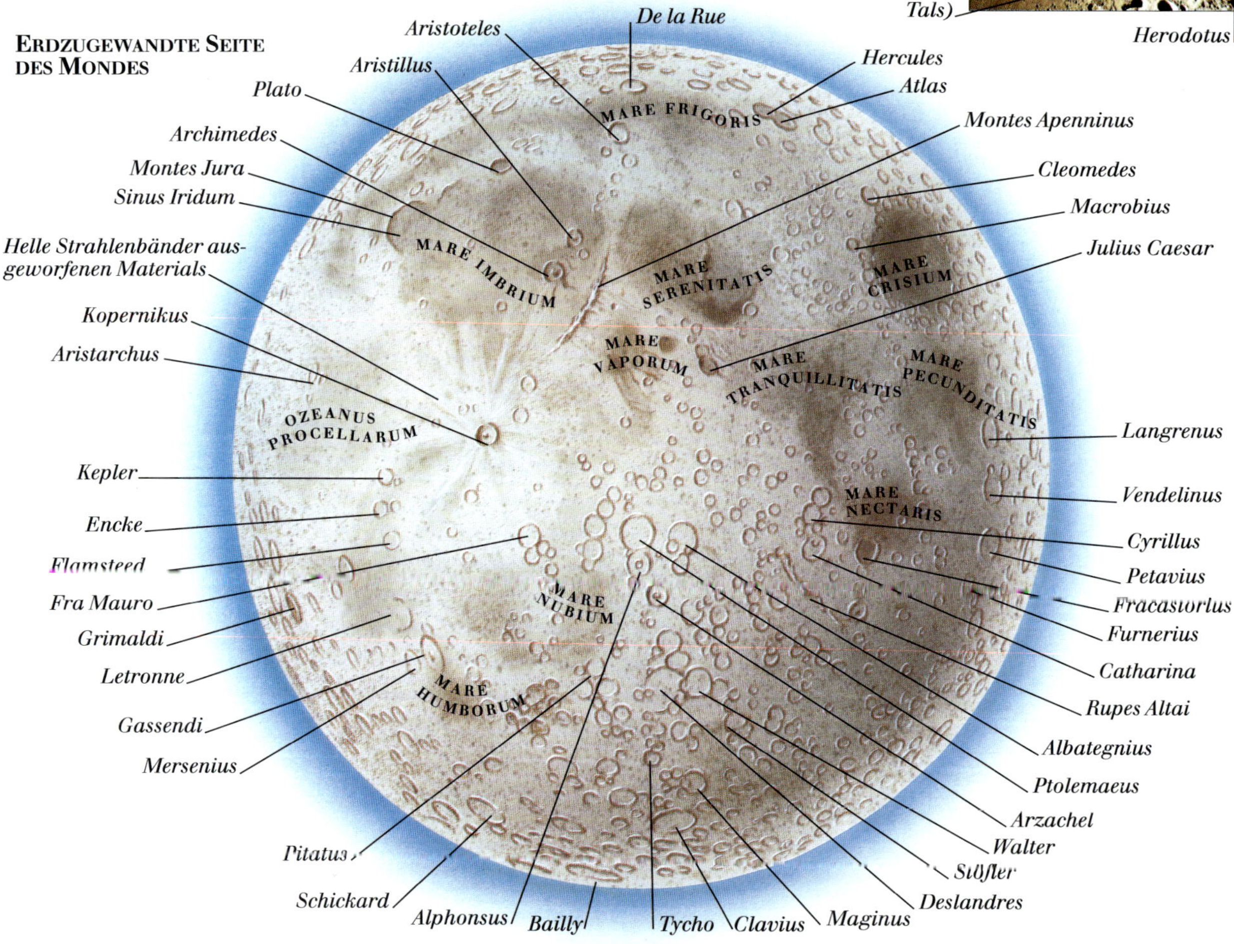

Mondphasen

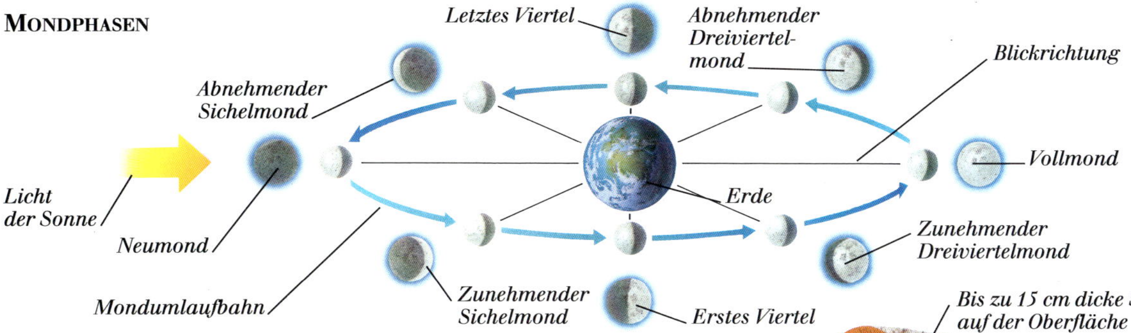

Erdabgewandte Seite des Mondes

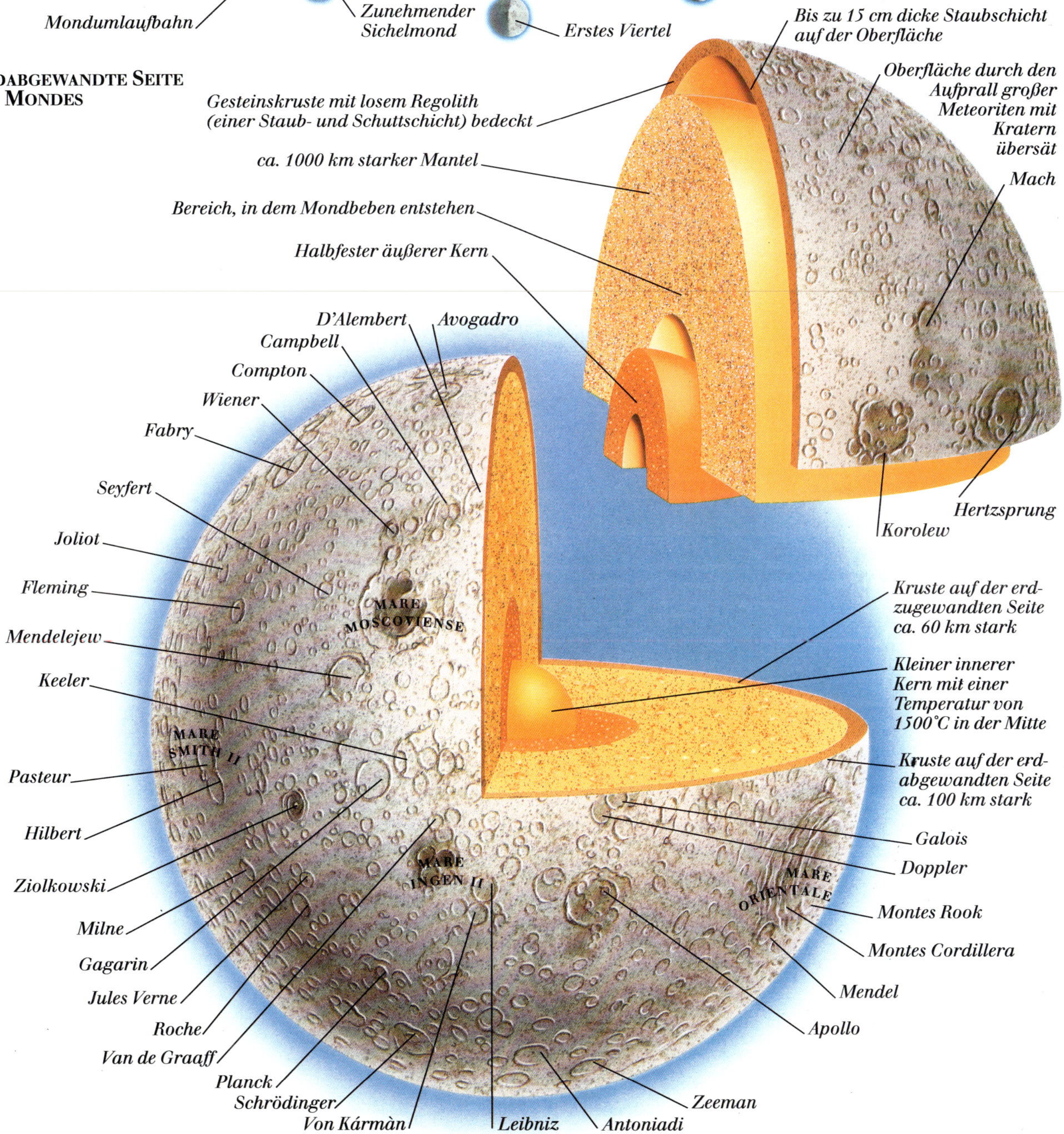

Mars

Mars

Mars, den man auch als Roten Planeten bezeichnet, ist von der Sonne aus der vierte Planet und gleichzeitig der äußerste der erdähnlichen Planeten. Im 19. Jahrhundert wurden von den Astronomen erstmals Zeichen entdeckt, die auf ein Leben auf dem Mars hinzuweisen schienen. Dazu zählten kanalähnliche Gebilde auf der Oberfläche und dunkle Flecken, die man für Vegetation hielt. Inzwischen weiß man, daß es sich bei den „Kanälen“ um eine optische Täuschung handelt und daß die dunklen Flecken Bereiche sind, von denen der rote Staub, der den größten Teil des Planeten bedeckt, fortgeweht wurde. Die feinen Staubpartikel werden oft durch den Wind zu Staubstürmen aufgepeitscht, die manchmal fast die gesamte Oberfläche verdecken. Staubrückstände in der Atmosphäre färben den Marshimmel rosa ein. Die nördliche Hemisphäre des Mars weist viele große Ebenen auf, die aus erstarrter vulkanischer Lava bestehen, während sich auf der südlichen Halbkugel viele Krater und große Einschlagbecken befinden. Außerdem gibt es mehrere riesige erloschene Vulkane, darunter Olympus Mons, der mit einem Durchmesser von 600 Kilometern und einer Höhe von 25 Kilometern der größte bekannte Vulkan im Sonnensystem ist. Die Oberfläche ist außerdem durch viele Schluchten und verzweigte Rinnen unterbrochen. Die Schluchten sind durch Bewegungen der Oberflächenkruste entstanden, aber die Rinnen wurden vermutlich durch fließendes Wasser erzeugt, das inzwischen ausgetrocknet ist. Die Marsatmosphäre ist wesentlich dünner als die der Erde und weist nur wenige Wolken auf sowie etwas Morgendunst. Mars besitzt zwei winzige, unregelmäßig geformte Monde namens Phobos und Deimos. Ihre geringe Größe weist darauf hin, daß es sich bei ihnen um Asteroiden handeln könnte, die vom Gravitationsfeld des Mars eingefangen wurden.

Neigung und Rotation des Mars

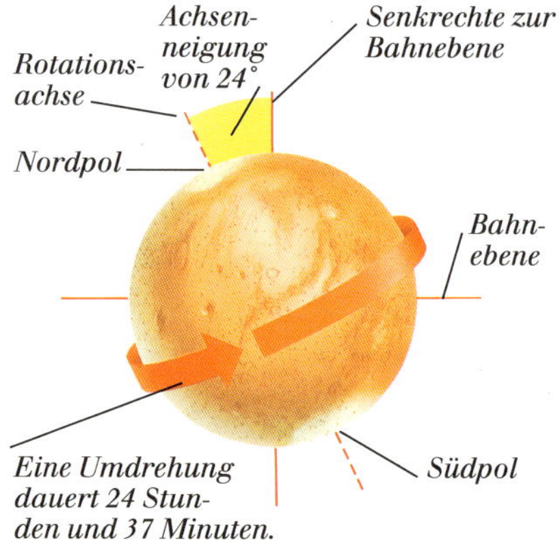

Oberflächenmerkmale des Mars

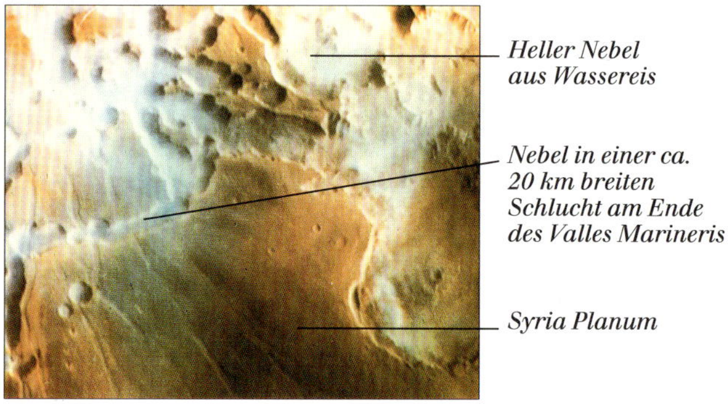

Noctis Labyrinthus (Schluchtensystem)

Olympus Mons (erloschener Schildvulkan)

Die Marsoberfläche

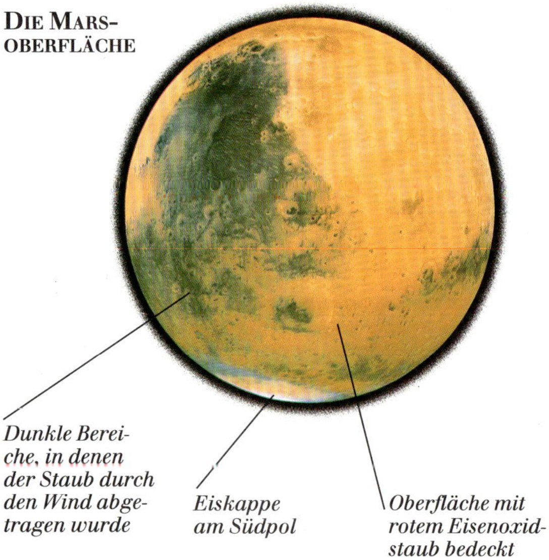

Die Monde des Mars

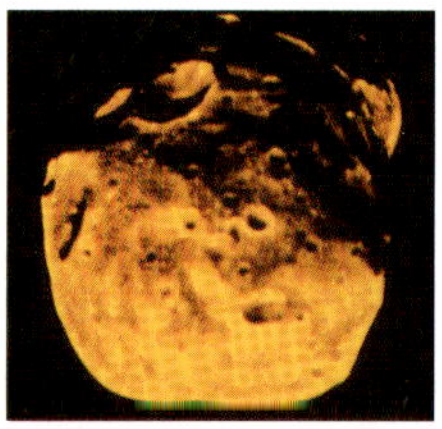

Phobos
Mittlerer Durchmesser: 22 km
Mittlere Entfernung vom Planeten: 9400 km

Deimos
Mittlerer Durchmesser: 13 km
Mittlere Entfernung vom Planeten: 23 500 km

Äussere Merkmale und innere Struktur des Mars

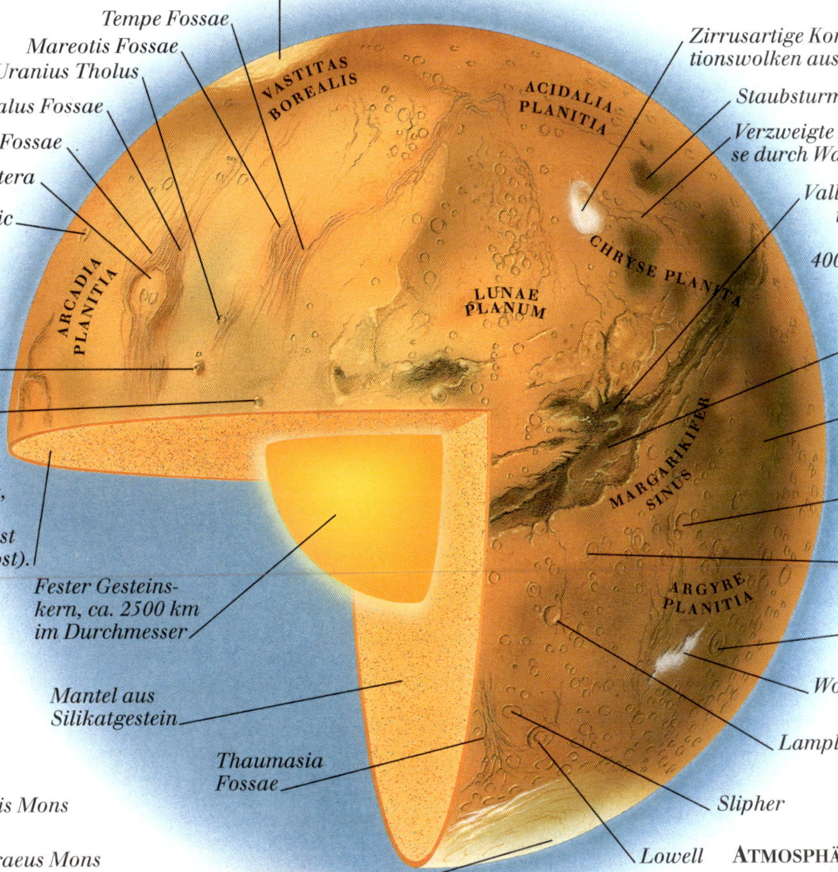

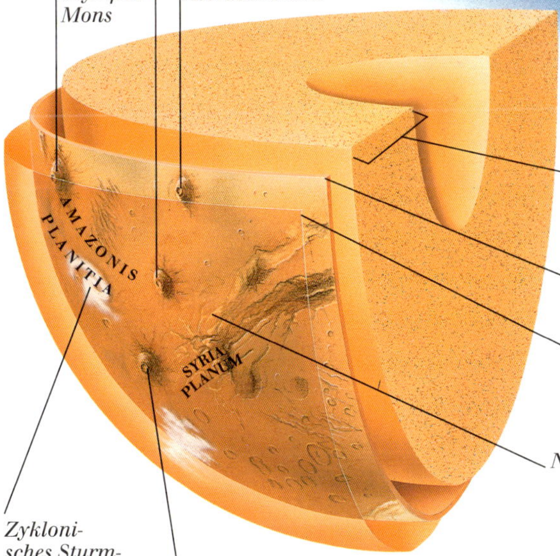

Atmosphäre

Struktur

Zusammensetzung

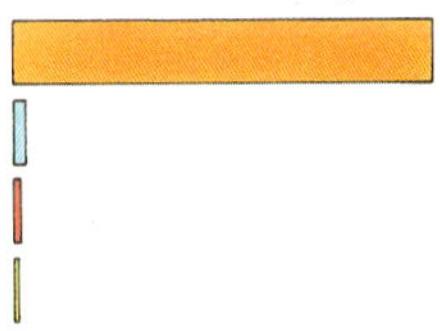

Jupiter

Jupiter

Jupiter ist von der Sonne aus der fünfte Planet und der erste der vier Riesenplaneten. Er ist der größte und zugleich massereichste Planet, sein Durchmesser ist 11mal so groß wie der der Erde, und seine Masse macht etwa das 2,5fache des Gesamtgewichts aller acht übrigen Planeten zusammen aus. Jupiter hat vermutlich einen kleinen Gesteinskern, der von einem inneren Mantel aus metallischem Wasserstoff umgeben ist (flüssiger Wasserstoff mit metallischen Eigenschaften). Außerhalb dieses inneren Mantels befindet sich ein Außenmantel aus flüssigem Wasserstoff und Helium, der in eine gasförmige Atmosphäre übergeht. Jupiters hohe Rotationsgeschwindigkeit bewirkt, daß die Wolken in seiner Atmosphäre Gürtel und Zonen bilden, die den Planeten parallel zum Äquator umspannen. Bei den Gürteln handelt es sich um dunkle, niedrige, verhältnismäßig warme Wolkenschichten, bei den Zonen um helle, höhergelegene, kältere Wolkenschichten. Innerhalb der Gürtel und Zonen führen Turbulenzen zur Bildung von Wolkenformationen wie weiße Ovale und rote Flecken, in beiden Fällen handelt es sich um gewaltige Sturmsysteme. Die hervorstechendste Wolkenformation ist ein Wirbelsturm, der als Großer Roter Fleck bekannt ist und der aus spiralförmig aufsteigenden Wolkensäulen besteht. Diese ragen etwa 8 Kilometer über die oberste Wolkenschicht hinaus und sind dreimal so breit wie die Erde. Jupiter hat einen schmalen, blassen Hauptring und weiter innen einen flüchtigen Haloring aus winzigen Partikeln, der bis an die Planetenatmosphäre heranreicht. Es sind außerdem 16 Jupitermonde bekannt. Die vier größten Monde (Galiläische Monde) heißen Ganymed, Kallisto, Io und Europa. Ganymed und Kallisto sind verkratert und wahrscheinlich vereist. Europa ist glatt und vereist und enthält möglicherweise Wasser. Io ist mit hellroten, orangefarbenen und gelben Flecken bedeckt. Diese Färbung rührt von Schwefelverbindungen aus aktiven Vulkanen her, deren Lavafahnen einige hundert Kilometer über die Oberfläche aufsteigen.

NEIGUNG UND ROTATION DES JUPITER

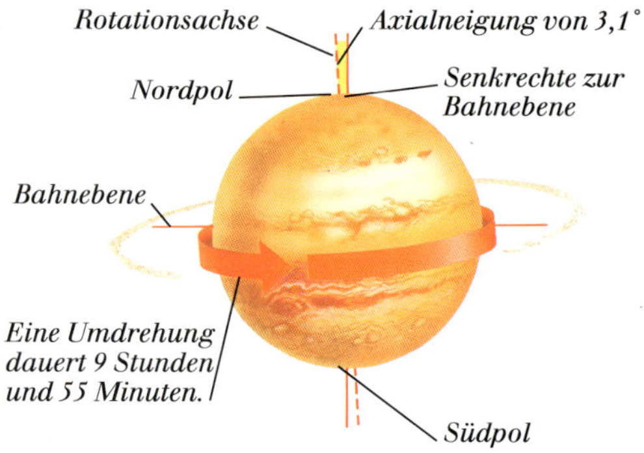

GROSSER ROTER FLECK UND WEISSES OVAL

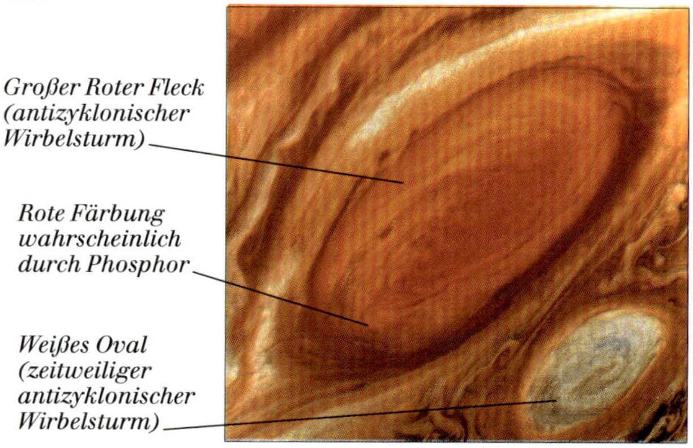

GALILÄISCHE MONDE DES JUPITER

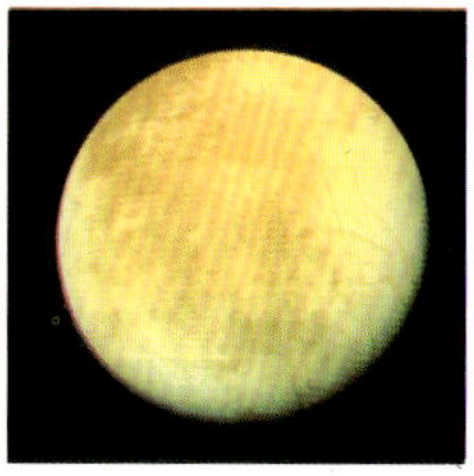

Europa
Durchmesser: 3138 km
Mittlere Entfernung vom Planeten: 670 900 km

Kallisto
Durchmesser: 4800 km
Mittlere Entfernung vom Planeten: 1 880 000 km

Ganymed
Durchmesser: 5262 km
Mittlere Entfernung vom Planeten: 1 070 000 km

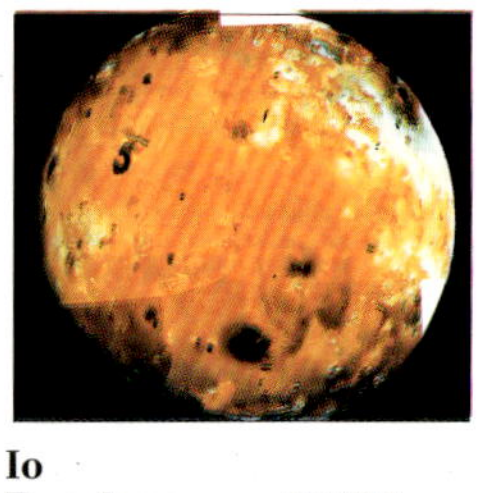

Io
Durchmesser: 3642 km
Mittlere Entfernung vom Planeten: 421 800 km

JUPITERRINGE

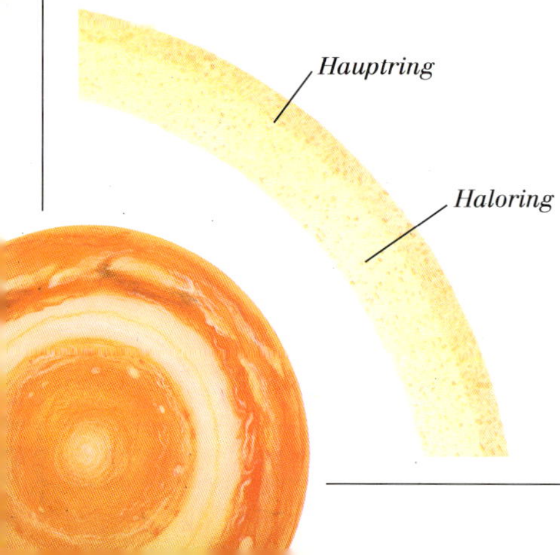

Atmosphäre

Äussere Merkmale und innere Struktur des Jupiter

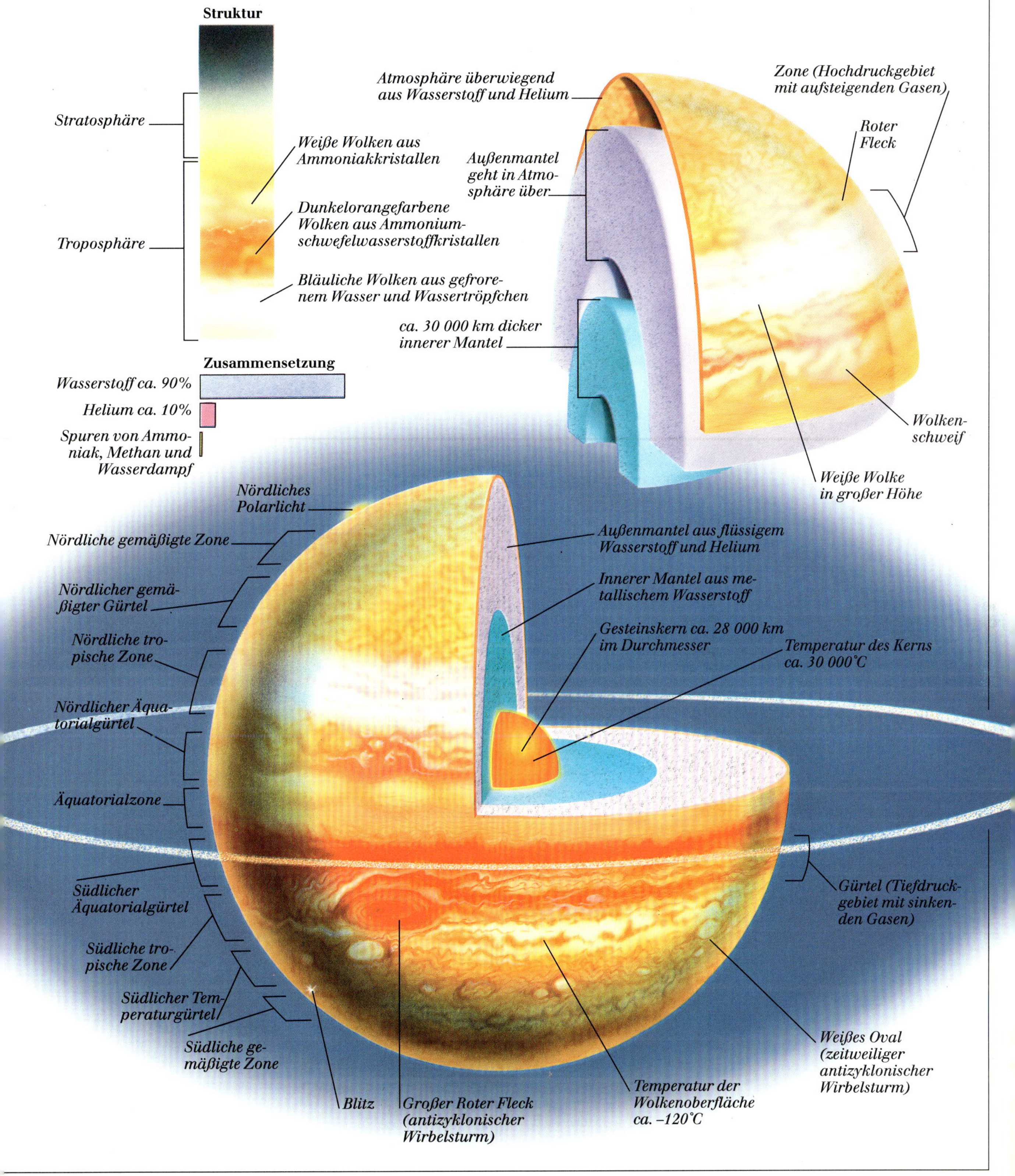

Saturn

Falschfarbenaufnahme des Saturn

Saturn ist von der Sonne aus der sechste Planet. Er gehört zu den Riesenplaneten und ist, mit einem Durchmesser von ca. 120 500 km am Äquator, fast so groß wie Jupiter. Dem Saturn wird ein kleiner Kern aus Eis und Gestein zugeschrieben, um den ein innerer Mantel aus metallischem Wasserstoff (flüssiger Wasserstoff mit metallischen Eigenschaften) liegt. Außerhalb dieses inneren Mantels befindet sich ein Außenmantel aus flüssigem Wasserstoff. Die Wolken des Saturn bilden, wie die des Jupiter, Gürtel und Zonen, die jedoch durch einen Dunstschleier verhüllt sind. In den hohen Wolken kommt es zu Stürmen und Wirbeln, die als rote oder weiße Ovale in Erscheinung treten. Der Saturn hat ein ausgesprochen dünnes, aber breites Ringsystem, das weniger als 1 Kilometer dick ist, aber von der Planetenoberfläche aus ca. 420 000 km in den Raum hinausragt. Die Hauptringe bestehen aus vielen tausend schmalen Ringen. Jeder besteht aus vereisten Klumpen, von winzigen Teilchen bis hin zu Brocken von mehreren Metern Größe. Die Ringe D, E und G sind sehr blaß, der Ring F ist heller, und die Ringe A, B und C sind hell genug, um von der Erde aus mit einem Fernglas gesehen zu werden. Von den insgesamt 18 bekannten Saturnmonden liegt die Umlaufbahn einiger innerhalb der Ringe, so daß diese wahrscheinlich durch ihre Schwerkraft zur Form der Ringe beitragen. Ungewöhnlich ist, daß sieben der Monde koorbital sind – das heißt, sie teilen sich die Umlaufbahn mit einem anderen Mond. Astronomen glauben, diese koorbitalen Monde könnten aus einem einzigen Satelliten entstanden sein, der auseinandergebrochen ist.

Neigung und Rotation des Saturn

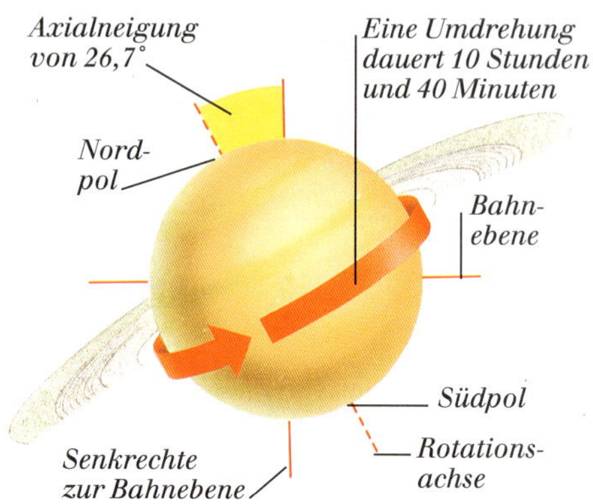

Falschfarbenaufnahme der Wolkenstrukturen des Saturn

Die inneren Ringe des Saturn

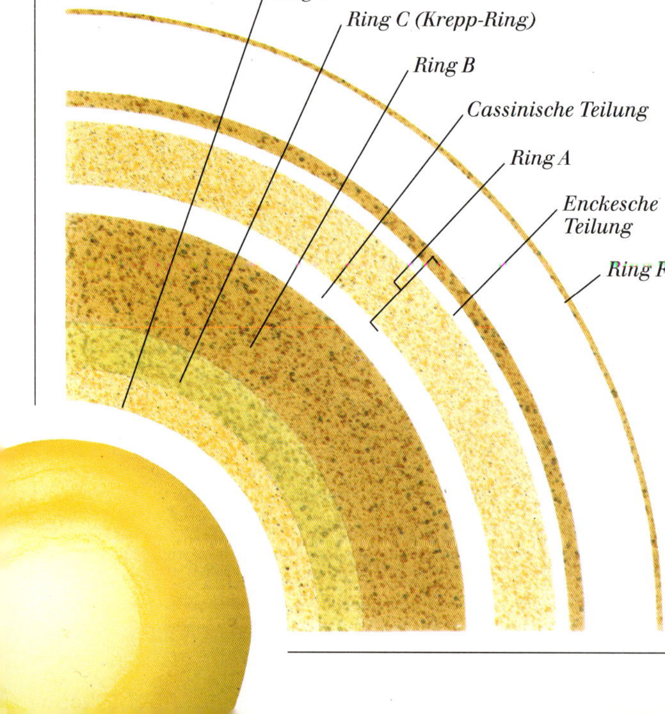

Die Monde des Saturn

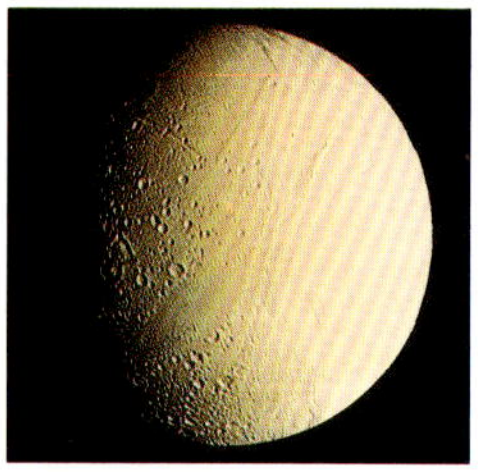

Enceladus
Durchmesser: 498 km
Mittlere Entfernung vom Planeten: 238 000 km

Tethys
Durchmesser: 1050 km
Mittlere Entfernung vom Planeten: 295 000 km

Dione
Durchmesser: 1118 km
Mittlere Entfernung vom Planeten: 377 000 km

Mimas
Durchmesser: 397 km
Mittlere Entfernung vom Planeten: 186 000 km

Äussere Merkmale und innere Struktur des Saturn

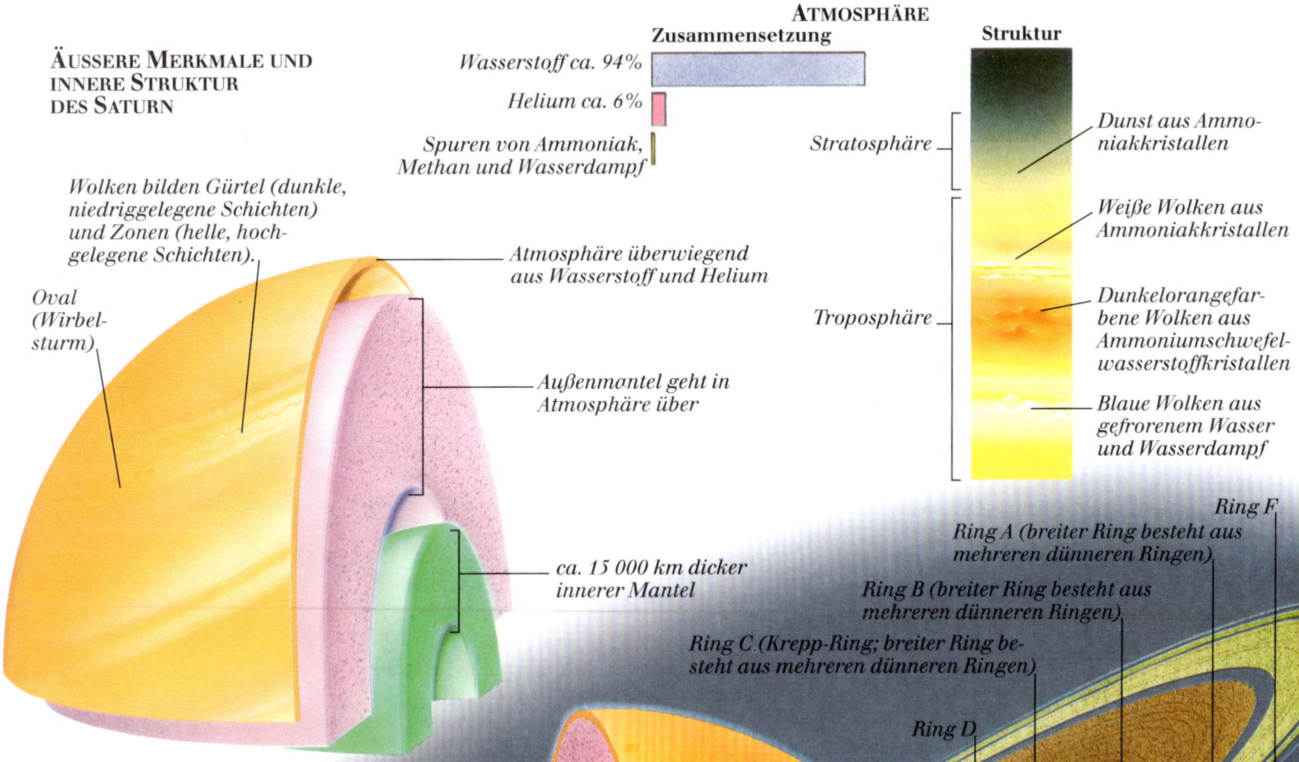

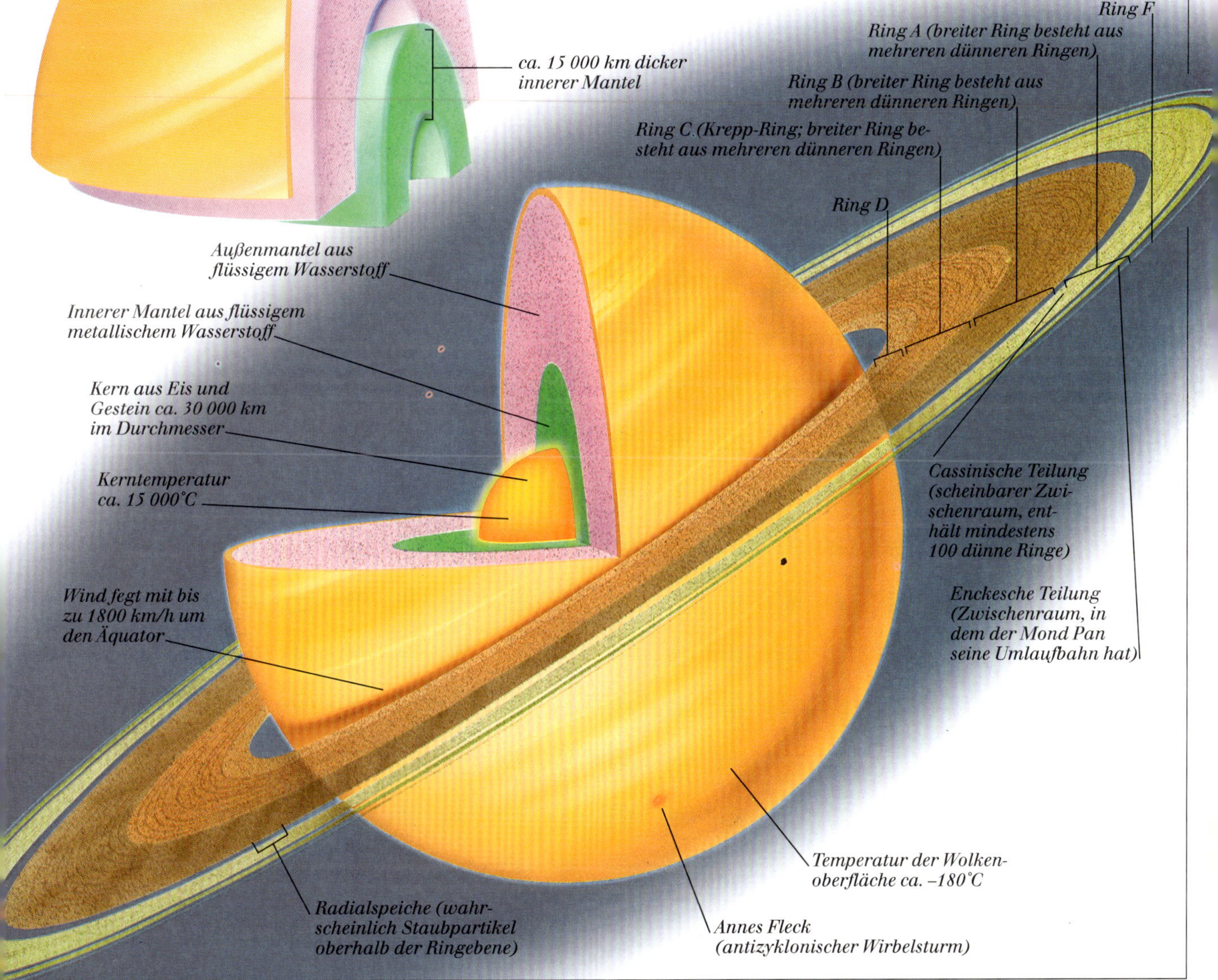

Uranus

Falschfarbenaufnahme des Uranus

Uranus ist von der Sonne aus der siebte Planet, und mit einem Durchmesser von rund 51 000 Kilometern der drittgrößte des Sonnensystems. Er besteht wahrscheinlich aus einer dichten Mischung verschiedener Eis- und Gasarten, die einen festen Kern umgeben. Seine Atmosphäre enthält Spuren von Methan, die dem Planeten seine blaugrüne Farbe verleihen, und die Temperatur beträgt an der Wolkenoberfläche etwa –210°C. Uranus ist von allen Planeten, die aus der Nähe untersucht wurden, derjenige mit den wenigsten auffälligen Merkmalen: bisher wurden lediglich einige Eiswolken aus Methan beobachtet. Uranus ist insofern einmalig unter den Planeten, als seine Rotationsachse dicht neben seiner Bahnebene liegt. Auf Grund dieser stark geneigten Rotationsachse rollt Uranus gewissermaßen seitlich entlang seiner Umlaufbahn um die Sonne, während sich die anderen Planeten mehr oder weniger aufrecht um ihre eigene Achse drehen. Uranus ist von 11 Ringen umgeben, die aus Felstrümmern mit dazwischenliegenden Staubbahnen bestehen. Die Ringe enthalten Materie, die zu der dunkelsten im gesamten Sonnensystem gehört; sie sind ausgesprochen schmal und somit schwierig zu beobachten: neun der Ringe sind weniger als 10 Kilometer breit, wogegen die meisten Saturnringe mehrere tausend Kilometer breit sind. Es sind 15 Uranusmonde bekannt: alle sind vereist, und die meisten von ihnen sind weiter entfernt als die Ringe. Die zehn innersten Monde sind klein und dunkel, mit Durchmessern von weniger als 160 Kilometern, und die fünf äußeren Monde haben Durchmesser zwischen 470 und 1600 Kilometer. Diese äußeren Monde haben sehr unterschiedliche Oberflächenstrukturen. Die Oberfläche des Mondes Miranda weist die verschiedensten Formationen auf, mit verkraterten Gebieten, die durch gewaltige Bergrücken und Klippen von 20 Kilometer Höhe unterbrochen werden.

Neigung und Rotation des Uranus

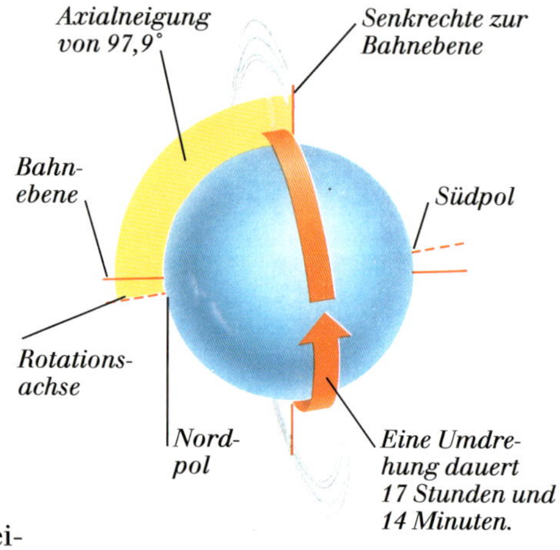

Äussere Monde

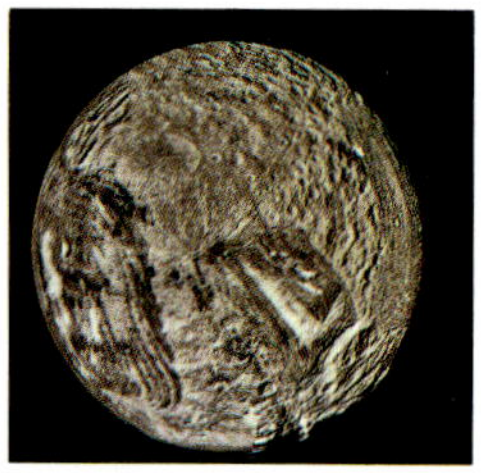

Miranda
Durchmesser: 472 km
Mittlere Entfernung vom Planeten: 129 800 km

Ringe des Uranus

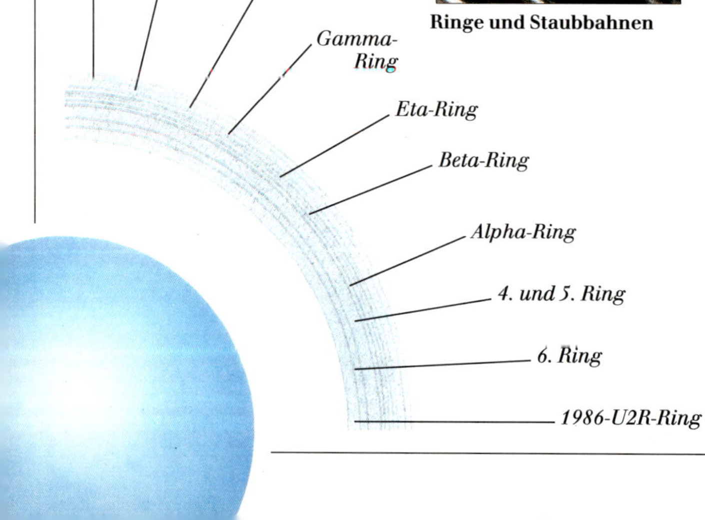

Ringe und Staubbahnen

Ariel
Durchmesser: 1158 km
Mittlere Entfernung vom Planeten: 191 200 km

Titania
Durchmesser: 1578 km
Mittlere Entfernung vom Planeten: 435 900 km

Umbriel
Durchmesser: 1169 km
Mittlere Entfernung vom Planeten: 266 000 km

Oberon
Durchmesser: 1523 km
Mittlere Entfernung vom Planeten: 582 600 km

Äussere Merkmale und innere Struktur des Uranus

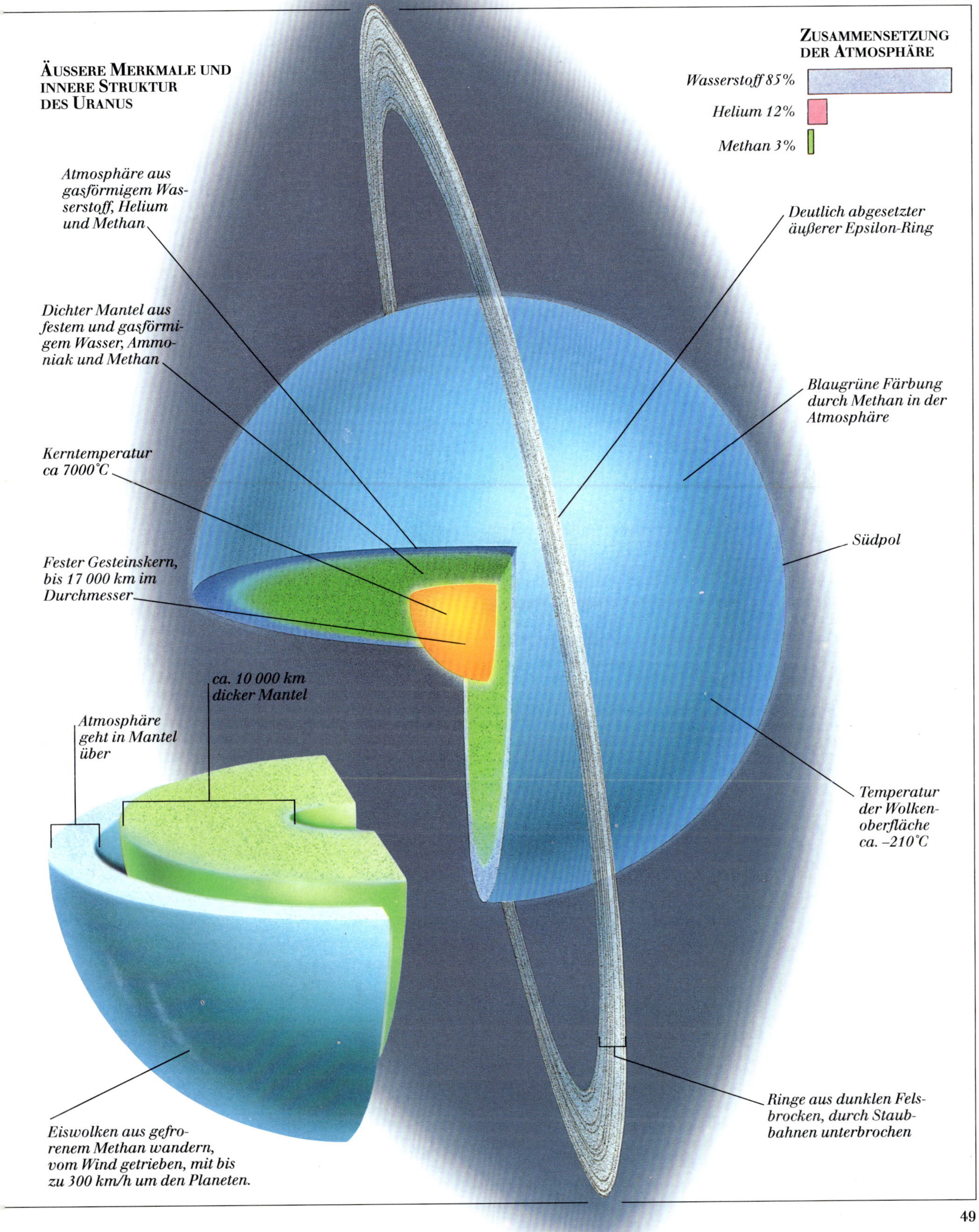

Neptun und Pluto

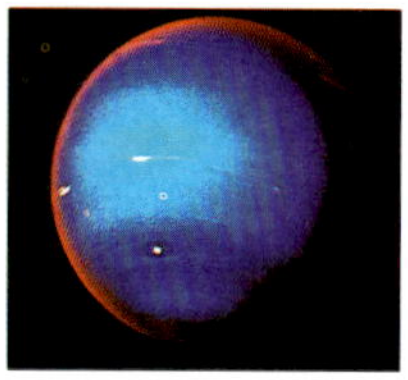

Falschfarbenaufnahme des Neptun

Neptun und Pluto sind von der Sonne aus die beiden äußersten Planeten, mit einer mittleren Entfernung von jeweils 4500 Millionen und 5900 Millionen Kilometern. Neptun gehört zu den Riesenplaneten und besteht vermutlich aus einem kleinen Gesteinskern, der von einer Mischung aus Flüssigkeiten und Gasen umgeben ist. Die Atmosphäre enthält verschiedene auffällige Wolkenformationen. Die größten davon sind der Große Dunkle Fleck, der so breit ist wie die Erde, der Kleine Dunkle Fleck und der Skooter. Der Große und der Kleine Dunkle Fleck sind gewaltige Sturmwirbel, die vom Wind mit einer Geschwindigkeit von ca. 2000 Kilometer pro Stunde um den Planeten getrieben werden. Der Skooter ist ein großes Wolkengebiet aus Zirruswolken. Neptun hat vier dünne Ringe, und es sind acht Monde bekannt. Triton ist der größte Mond Neptuns und gleichzeitig, mit einer Temperatur von –235°C, der kälteste Gegenstand im Sonnensystem. Anders als die meisten Monde im Sonnensystem umkreist Triton seinen Mutterplaneten in entgegengesetzter Richtung zur planeteneigenen Rotation. Pluto ist normalerweise der äußerste Planet, aber aufgrund seiner elliptischen Umlaufbahn verbringt er 20 Jahre seiner insgesamt 248 Jahre langen Umlaufzeit innerhalb der Umlaufbahn von Neptun. Pluto ist so klein und so weit weg, daß nur wenig über diesen Planeten bekannt ist. Er ist ein steiniger Planet, der wahrscheinlich von Eis und gefrorenem Methan bedeckt ist. Der einzige bekannte Mond Plutos, Charon, ist recht groß für einen Mond: halb so groß wie sein Mutterplanet. Aufgrund des geringen Größenunterschiedes werden Pluto und Charon manchmal auch als Doppelplanetensystem betrachtet.

Neigung und Rotation des Neptun

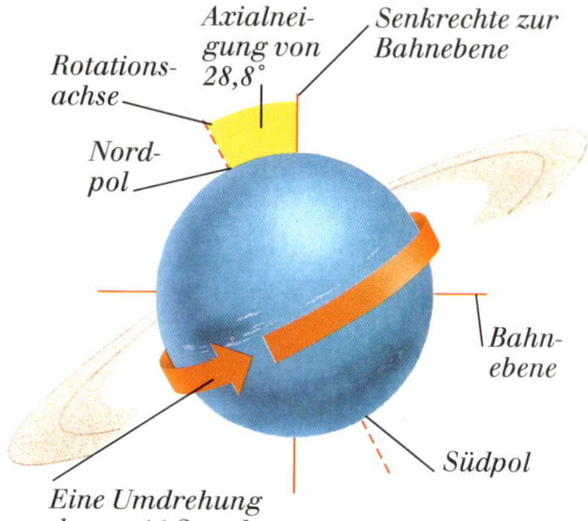

Wolkenformationen auf Neptun

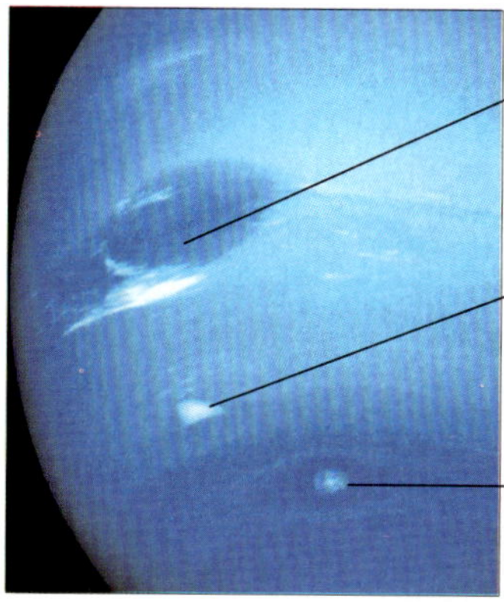

Die Ringe des Neptun

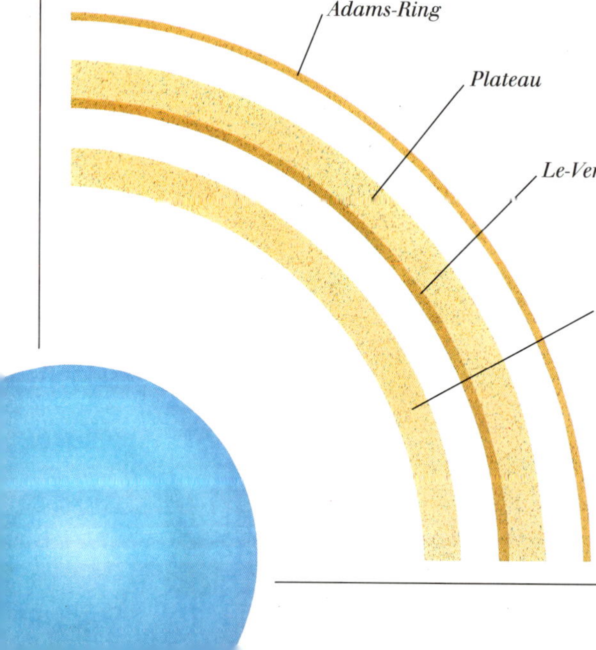

Wolken in grosser Höhe

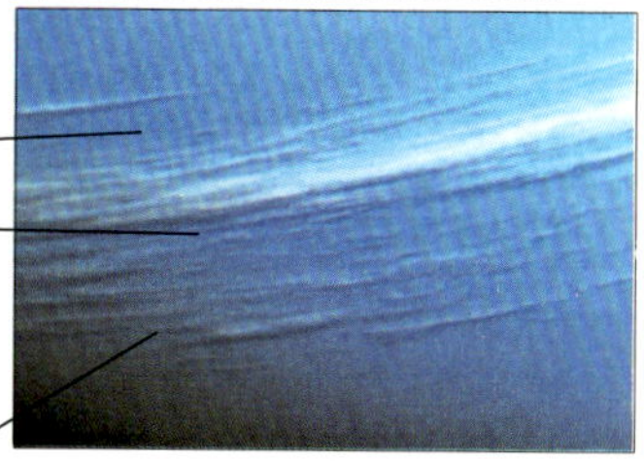

Die Monde des Neptun

Triton
Durchmesser: 2705 km
Mittlere Entfernung vom Planeten: 354 800 km

Proteus
Durchmesser: 416 km
Mittlere Entfernung vom Planeten: 117 600 km

Äussere Merkmale und innere Struktur des Neptun

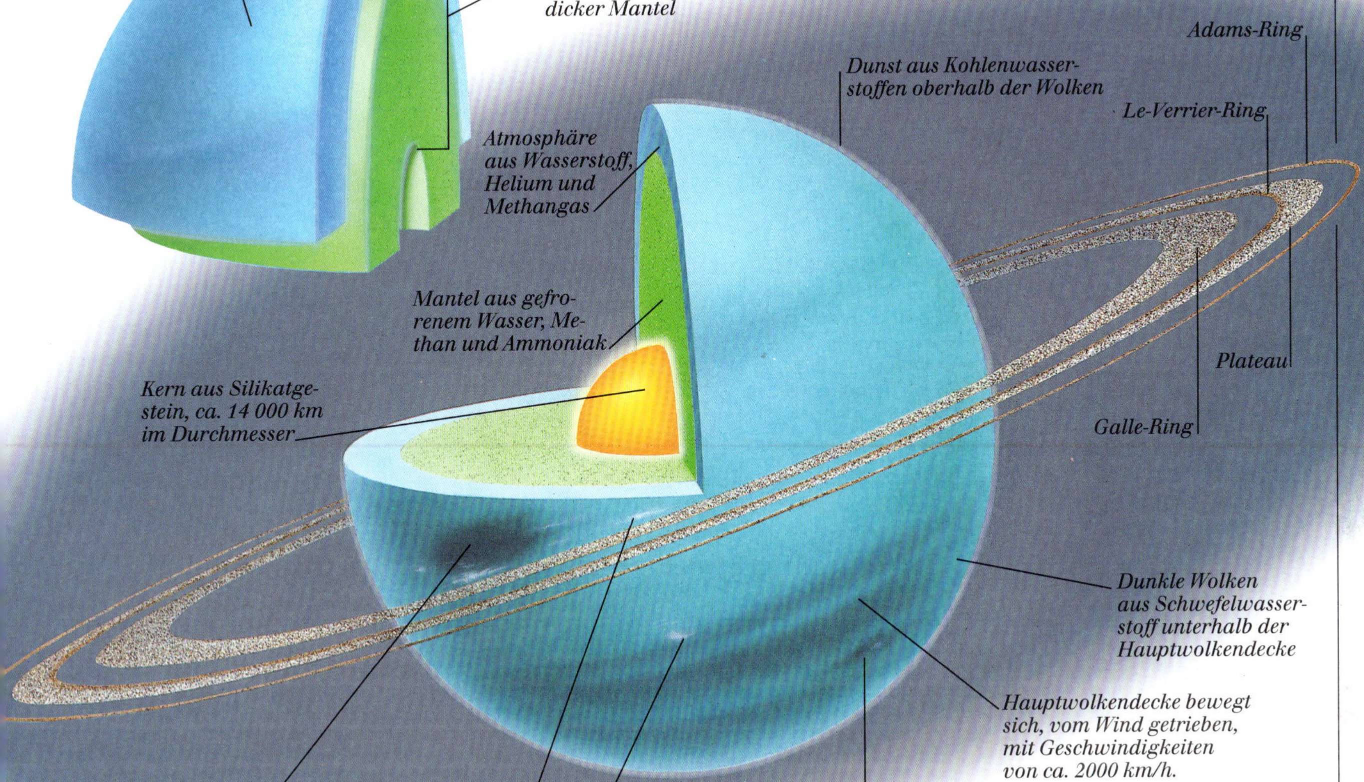

Zusammensetzung der Atmosphäre

Neigung und Rotation des Pluto

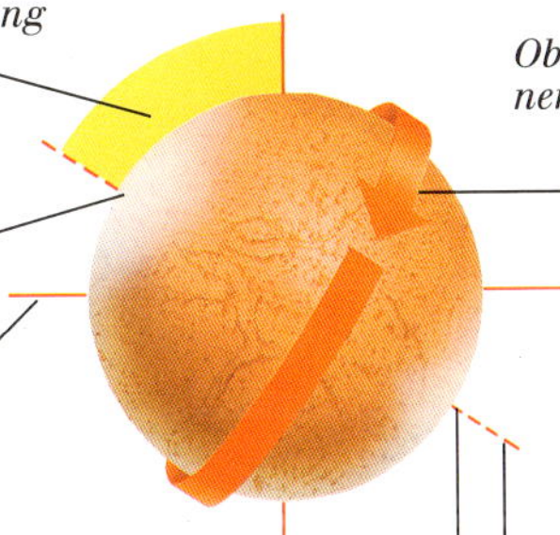

Äussere Merkmale und innere Struktur des Pluto

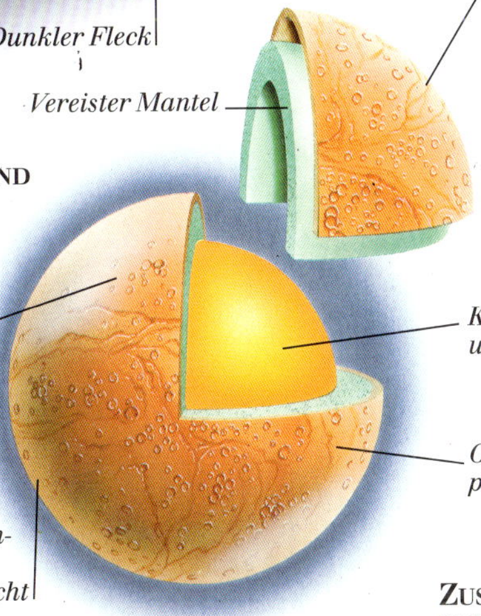

Zusammensetzung der Atmosphäre

Asteroiden, Kometen und Meteoriden

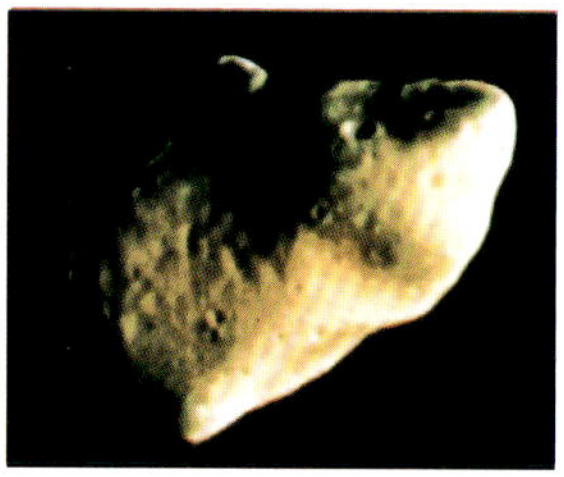

Asteroid 951 Gaspra

Asteroiden, Kometen und Meteoriden sind übriggebliebene Trümmer des Nebels, aus dem das Sonnensystem vor 4,6 Milliarden Jahren entstanden ist. Asteroiden sind Gesteinskörper bis etwa 1000 Kilometer im Durchmesser, obwohl viele wesentlich kleiner sind. Die meisten umkreisen die Sonne im Asteroidengürtel, der zwischen den Bahnen des Mars und des Jupiter liegt. Kometen stammen möglicherweise aus einer riesigen Wolke (Oortsche Wolke genannt), die vermutlich unser Sonnensystem umgibt. Sie bestehen aus gefrorenen Gasen und Staub und sind einige Kilometer im Durchmesser. Hin und wieder wird ein Komet aus der Oortschen Wolke abgelenkt und umkreist die Sonne dann in einer langgezogenen elliptischen Bahn. Wenn sich der Komet der Sonne nähert, beginnt seine Oberfläche aufgrund der Hitze zu verdampfen, und es entstehen eine helleuchtende Koma (eine riesige Kugel aus Gas und Staub, die den Kern umhüllt) sowie ein Plasmaschweif und ein Staubschweif. Meteoriden sind kleine Brocken aus Stein oder Stein und Eisen, von denen einige die Trümmer von Asteroiden oder Kometen darstellen. Die Größe von Meteoriden schwankt zwischen Staubkorngröße und mehreren zehn Metern Durchmesser. Betritt ein Meteorid die Erdatmosphäre, wird er durch die Reibungskräfte erhitzt und erscheint als leuchtender Lichtstreifen am Himmel, den man als Meteor bezeichnet (auch Sternschnuppe genannt). Durchquert die Erde die Staubspur, die ein Komet hinterlassen hat, kommt es zu einem Meteorschauer. Die meisten Meteore verglühen in der Erdatmosphäre. Die wenigen, die groß genug sind, um die Erdoberfläche zu erreichen, werden Meteoriten genannt.

Optische Aufnahme des Halleyschen Kometen

Falschfarbenaufnahme des Halleyschen Kometen

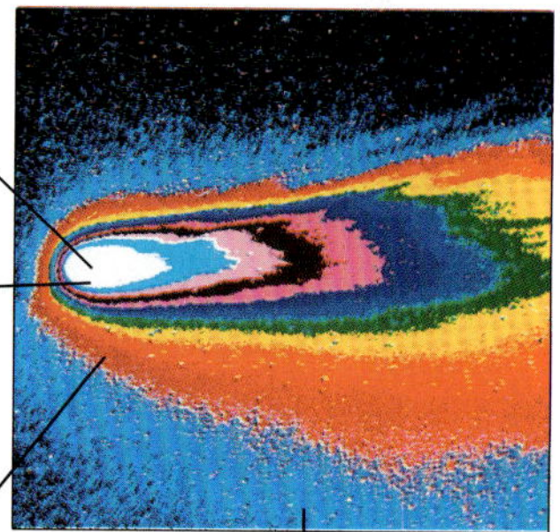

Falschfarbenaufnahme eines Leonid-Meteorschauers

Meteoriten

Entwicklungsstadien eines Kometenschweifs

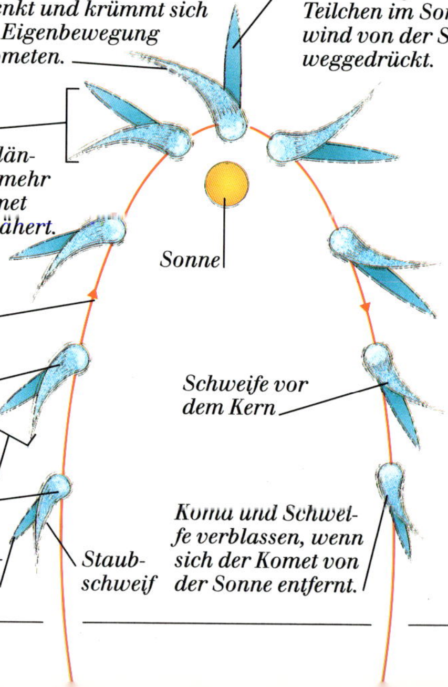

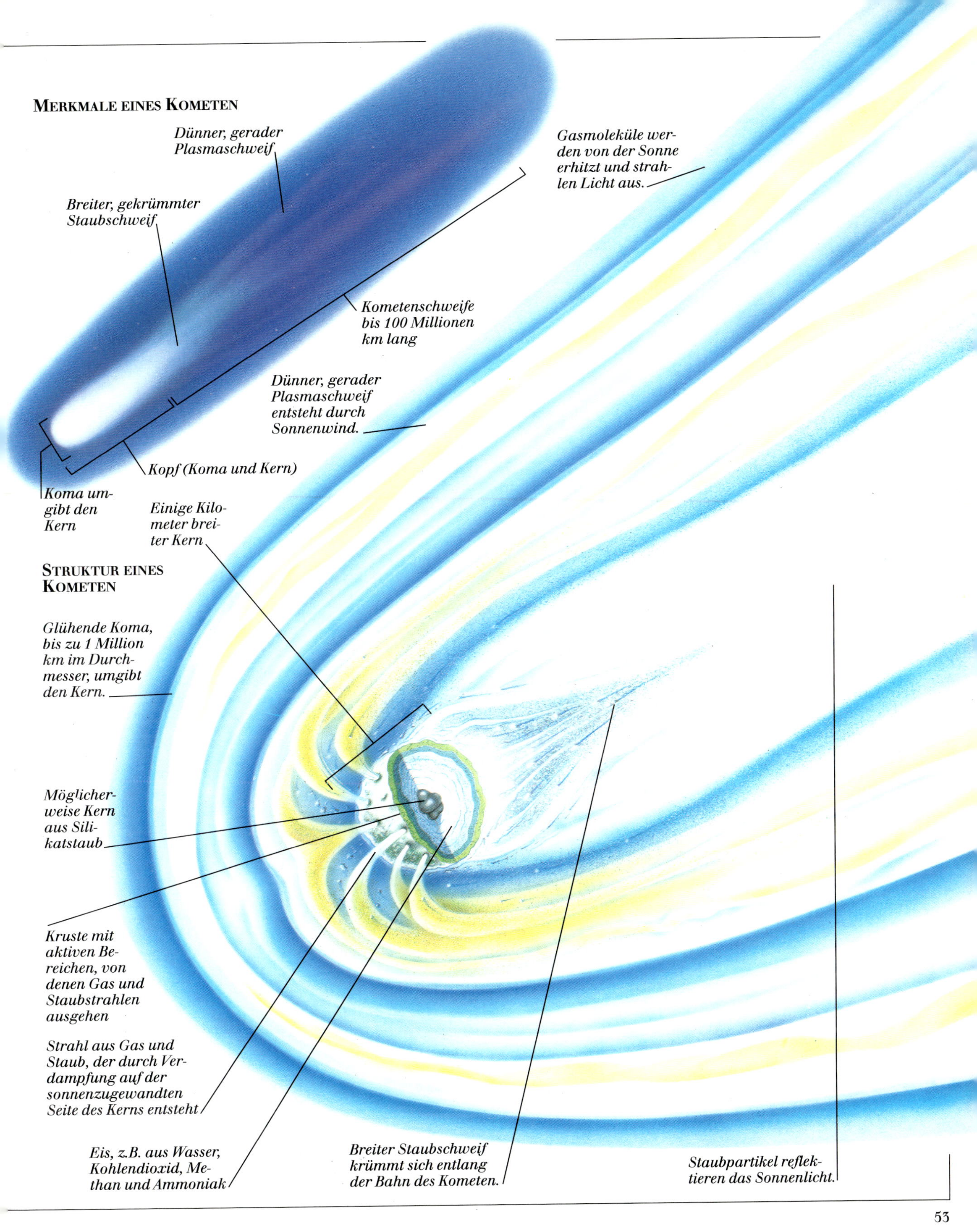
MERKMALE EINES KOMETEN
Dünner, gerader Plasmaschweif
Breiter, gekrümmter Staubschweif
Gasmoleküle werden von der Sonne erhitzt und strahlen Licht aus.
Kometenschweife bis 100 Millionen km lang
Dünner, gerader Plasmaschweif entsteht durch Sonnenwind.
Kopf (Koma und Kern)
Koma umgibt den Kern
Einige Kilometer breiter Kern
STRUKTUR EINES KOMETEN
Glühende Koma, bis zu 1 Million km im Durchmesser, umgibt den Kern.
Möglicherweise Kern aus Silikatstaub
Kruste mit aktiven Bereichen, von denen Gas und Staubstrahlen ausgehen
Strahl aus Gas und Staub, der durch Verdampfung auf der sonnenzugewandten Seite des Kerns entsteht
Eis, z.B. aus Wasser, Kohlendioxid, Methan und Ammoniak
Breiter Staubschweif krümmt sich entlang der Bahn des Kometen.
Staubpartikel reflektieren das Sonnenlicht.

Die Beobachtung des Weltraums

Radioteleskop

Die Menschen beobachten seit jeher den Sternenhimmel, aber erst mit der Erfindung des Fernrohrs im 17. Jh. wurde es möglich, die Himmelskörper vergrößert zu betrachten. Man unterscheidet Reflektoren (Spiegelteleskope), Refraktoren (Linsenteleskope) und Radioteleskope. Reflektoren und Refraktoren sammeln und vergrößern sichtbares Licht. Das Hubble-Weltraumteleskop, das den Weltraum von einer Umlaufbahn um die Erde aus beobachtet, ist ein Reflektor. Weltraumteleskope haben den Vorteil, daß ihr Bild nicht durch die Erdatmosphäre verzerrt wird. Einige können außerdem Strahlung aus dem Weltraum aufzeichnen, die von der Erdatmosphäre aufgenommen wird, wie UV- und Infrarotstrahlung. Radioteleskope sammeln Radiowellen, die von Himmelskörpern ausgestrahlt werden, und verwandeln sie in elektrische Signale, die zu Bildern verarbeitet werden. Seit Ende der fünfziger Jahre setzt man Raumsonden ein. Die sowjetische „Mars 3" erreichte 1971 ihre Umlaufbahn um den Mars. Die amerikanischen „Viking"-Sonden sammelten Wetterdaten, fotografierten die Oberfläche und untersuchten Bodenproben vom Mars. Die US-Sonde „Voyager 2" hat die Planeten Jupiter, Saturn, Uranus und Neptun besucht und wird weiter Daten übermitteln, wenn sie jetzt unser Sonnensystem verläßt.

Das Hubble-Weltraumteleskop

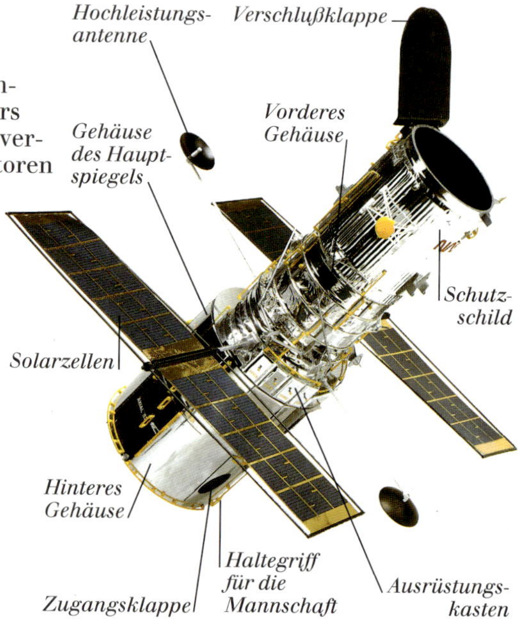

Funktionsweise von Fernrohren

Refraktor

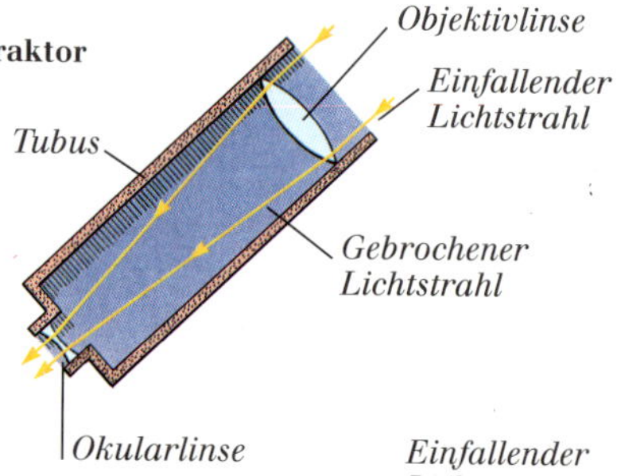

Reflektor

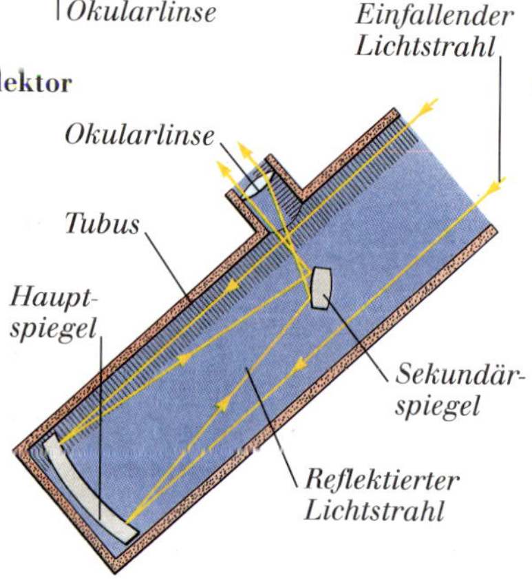

Kleines Linsenfernrohr

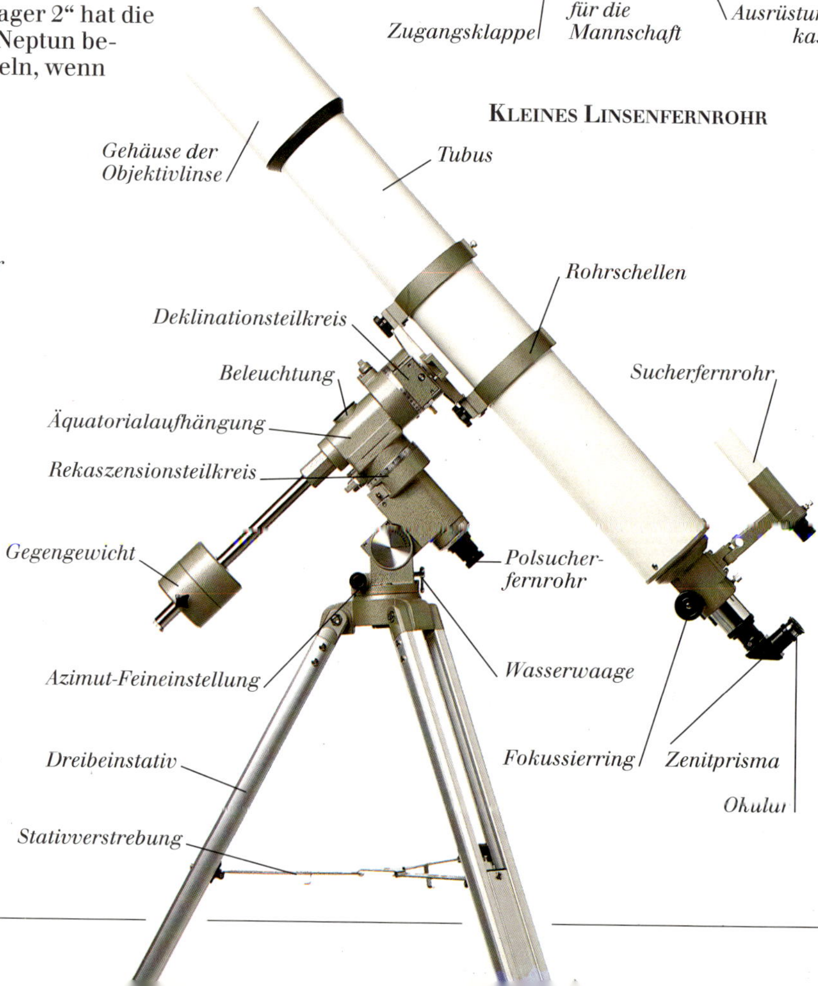

„Mars 3“ – Orbiter und Landeeinheit

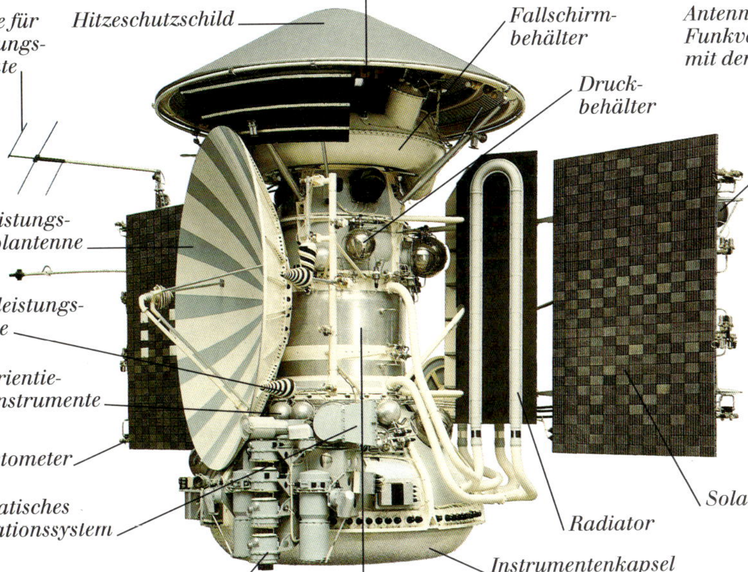

„Voyager 2“

„Viking“ – Orbiter und Landeeinheit

„Viking“ – Landeeinheit

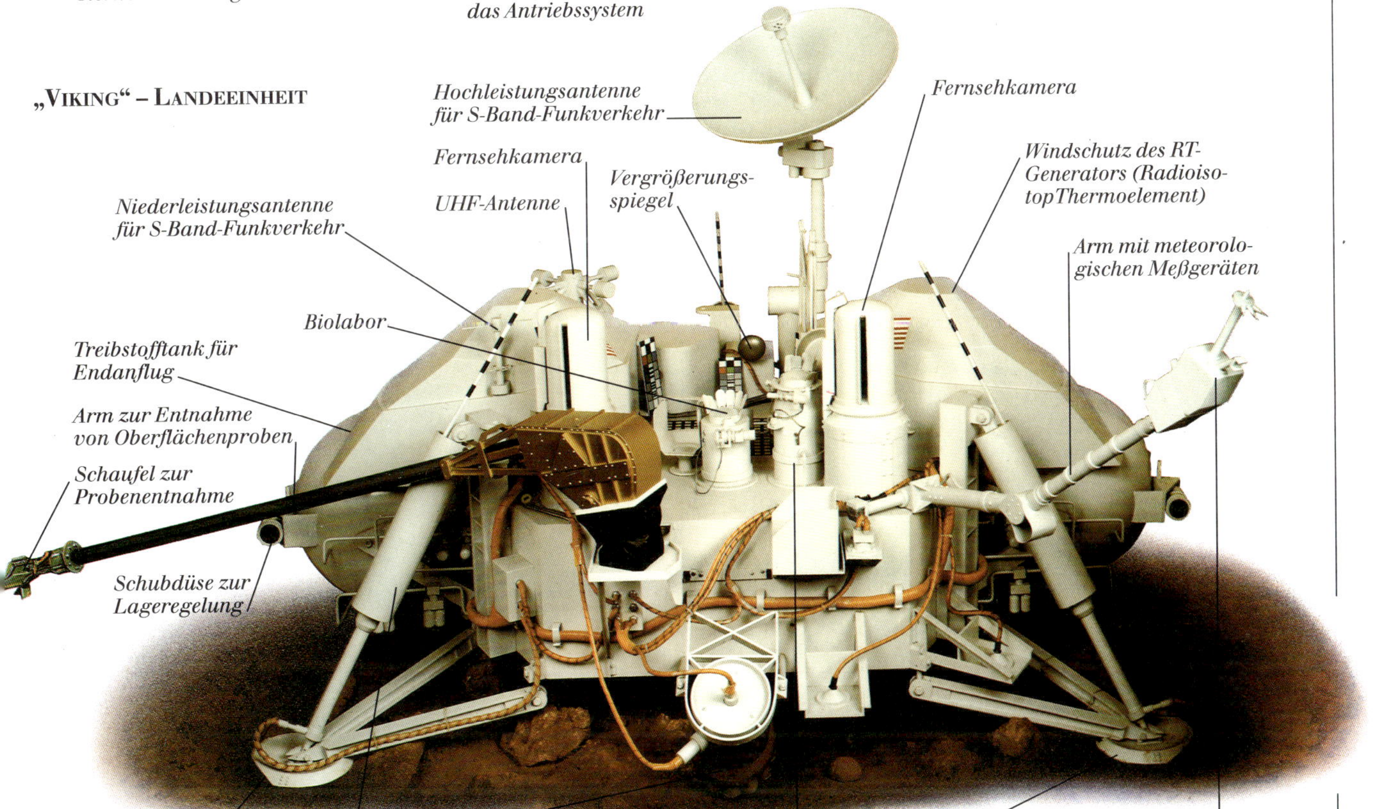

Bemannte Raumfahrt

Space-Shuttle beim Start

Der erste Mensch im Weltall war der sowjetische Kosmonaut Jurij Gagarin, der die Erde am 12. April 1962 in seiner Kapsel „Wostok 1“ einmal umrundete. Damit Astronauten unter den im Weltraum herrschenden lebensfeindlichen Bedingungen überleben können, benötigen sie eine künstliche Umgebung, die innerhalb eines Raumanzugs oder eines Raumfahrzeugs geschaffen werden muß. Diese versorgt den Astronauten mit Druck und Atemluft, schützt ihn vor Strahlung und Mikrometeoriden und reguliert seine Körpertemperatur. Zur Erforschung des freien Weltraums oder der Mondoberfläche schließen Astronauten ein tragbares Lebenserhaltungssystem an ihre Raumanzüge an. Die amerikanische Raumfähre „Space-Shuttle“ ist wahrscheinlich die derzeit bedeutendste Entwicklung in der bemannten Raumfahrt, da sie wiederverwendet werden kann. Lediglich der äußere Treibstofftank geht bei jeder Mission verloren, die Feststoffraketen-Zusatzantriebe werden geborgen, und der Orbiter gleitet zurück zur Erde. „Space-Shuttle“ verfügt über einen Nutzlastraum sowie einen ferngesteuerten Roboterarm, mit dessen Hilfe Satelliten ausgesetzt, geborgen und repariert werden. Im Nutzlastraum können ein Weltraumlaboratorium oder die Bauteile einer Raumstation befördert werden. Auch Weltraumstationen haben in jüngster Zeit in der bemannten Raumfahrt eine wichtige Rolle gespielt, und die Entwicklung von Raumstationen wie „Skylab“ (USA) und „Mir“ (UdSSR) haben bewiesen, daß Astronauten monate- und sogar jahrelang im Weltraum leben und arbeiten können. Das „Apollo“-Mondfahrtprogramm der USA zeigte, daß es möglich ist, Menschen zum Mond zu schicken (siehe S. 58–59). Der nächste Schritt wird sein, bemannte Raumfahrzeuge zu den Planeten zu schicken, um diese zu erkunden, obwohl es bis dahin noch Jahrzehnte dauern kann.

„Wostok 1“

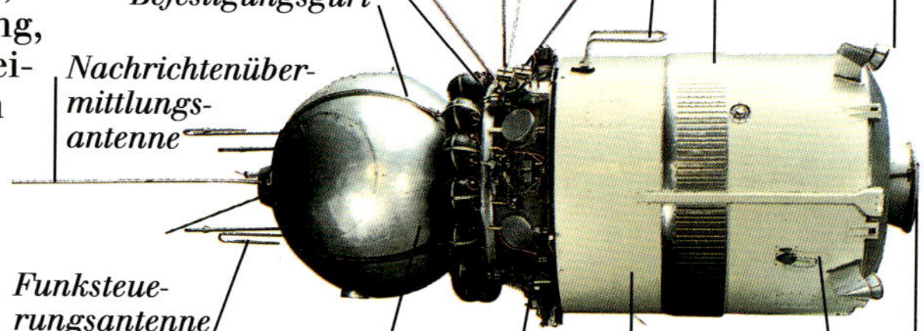

Space-Shuttle im Flug

Space-Shuttle

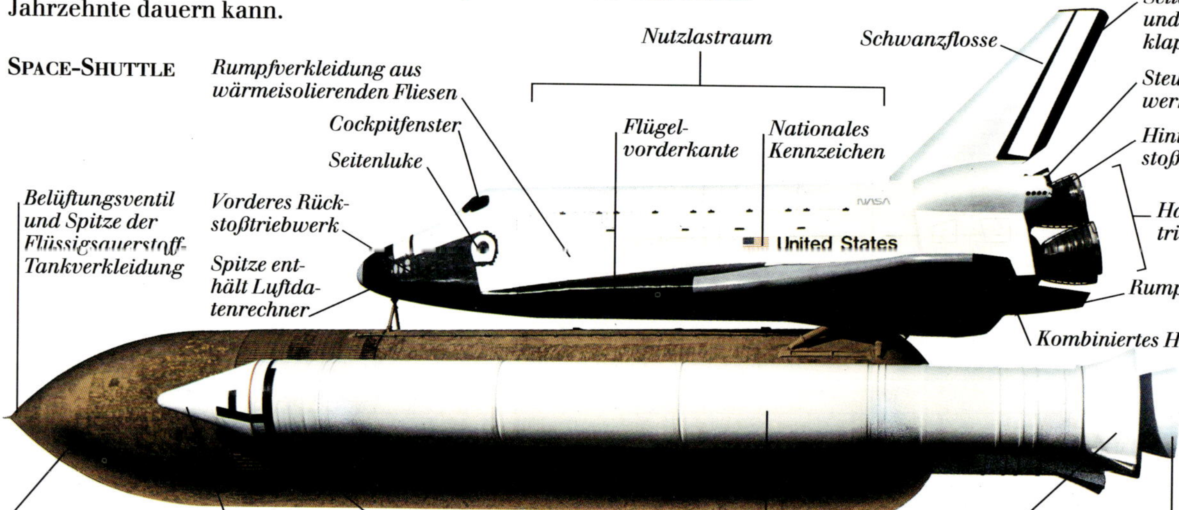

Raumanzüge

„Apollo 9"-Raumanzug

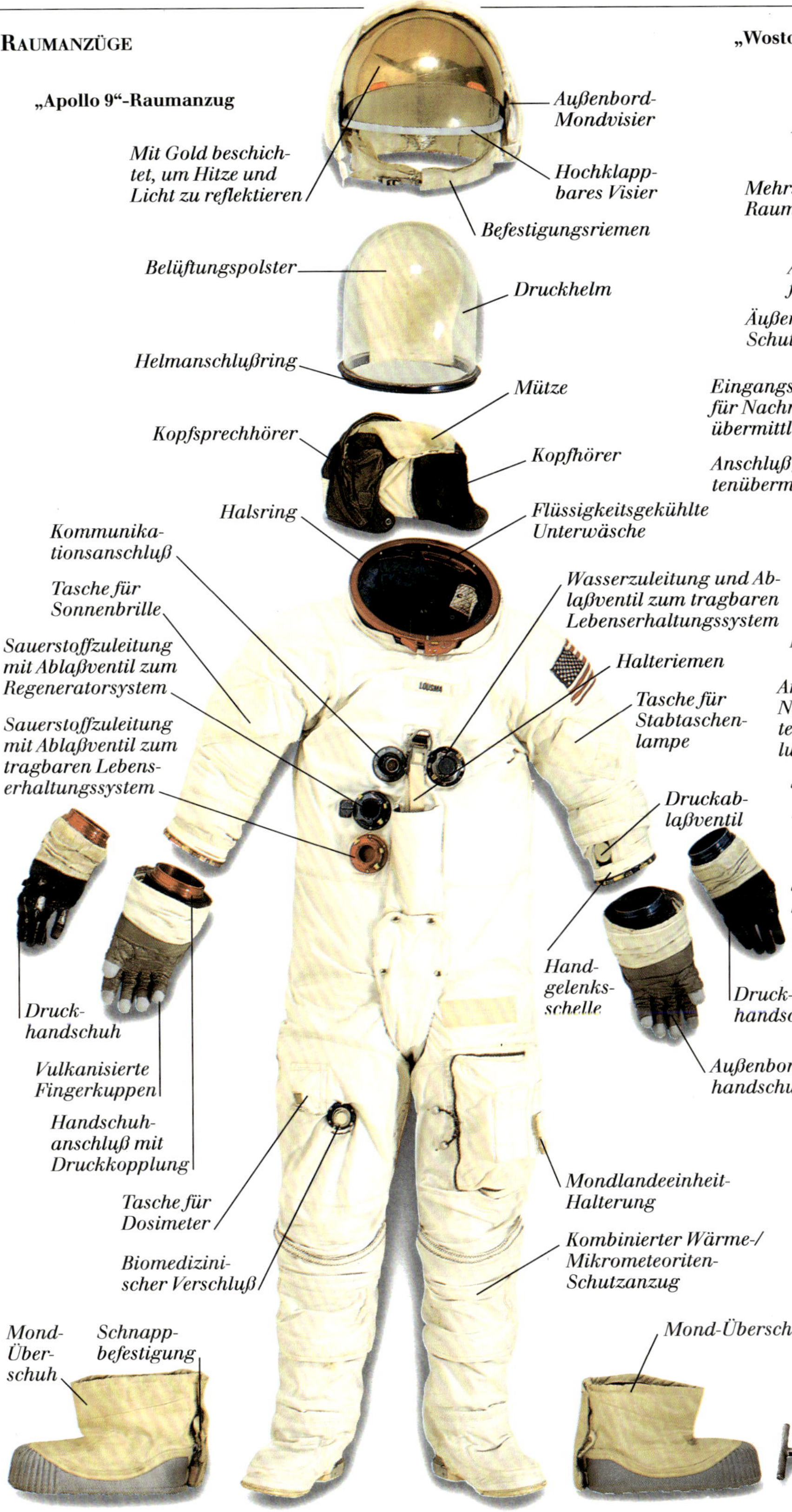

„Wostok"-Raumanzug

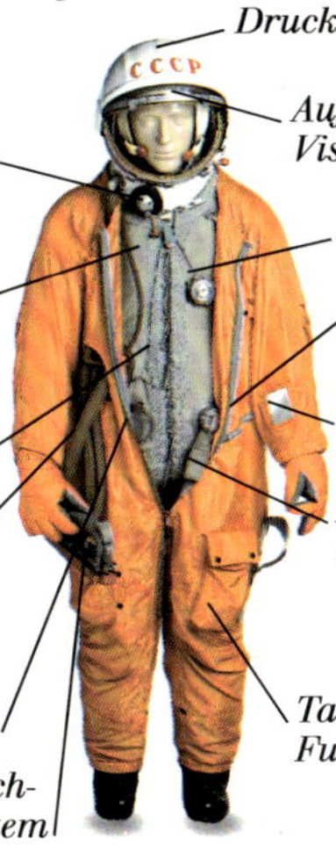

„Orlan D"-Raumanzug

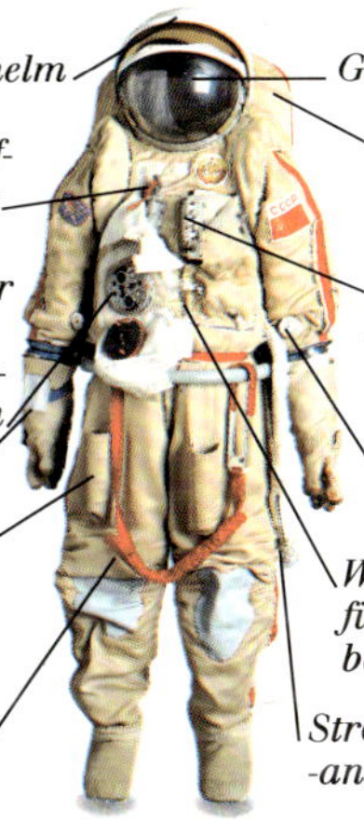

„Apollo" -Probenbehälter

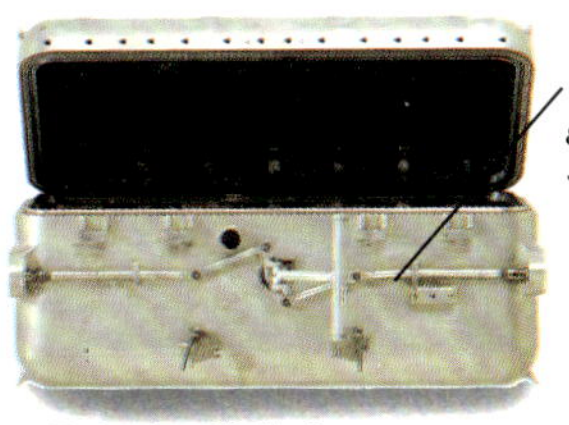

Bei „Apollo" eingesetzte langstielige Zange

Monderforschung

„Apollo 11" beim Start

Der Mond ist von der Erde aus der nächstgelegene Himmelskörper, doch war bis vor kurzem verhältnismäßig wenig über ihn bekannt. Eine ausführliche Auskundschaftung wurde zunächst mit Hilfe unbemannter Sonden vorgenommen. Die sowjetische „Luna 2" erreichte 1959 als erste Sonde den Mond, und 1966 übermittelte „Luna 9" die ersten Bilder von der Oberfläche. Eine der ausgeklügeltsten Mondsonden war das ferngesteuerte sowjetische Mondfahrzeug „Lunochod 1", das auf der Mondoberfläche herumfuhr, Videoaufnahmen machte und Bodenproben untersuchte. Die ersten Menschen landeten am 20. Juli 1969 im Rahmen der amerikanischen „Apollo 11"-Mission auf dem Mond. „Apollo 11" bestand aus drei Teilen: einer Kommandokapsel, einer Betriebs- und Versorgungskapsel und einer Mondlandekapsel. Nachdem sie in einen Orbit um den Mond gegangen war, landete die Mondkapsel mit zwei Astronauten (Neil Armstrong und Edwin „Buzz" Aldrin) auf der Mondoberfläche. Die Astronauten sammelten Gesteinsproben, machten Fotos und stellten Meßgeräte auf. Sie starteten in der Wiederaufstiegsstufe der Landekapsel und dockten an die Kommandokapsel an, um dann die 384 400 Kilometer lange Reise zurück zur Erde anzutreten. Weitere zehn Astronauten erforschten den Mond, bevor das „Apollo"-Programm 1972 beendet wurde. Seither sind nur noch einige wenige unbemannte Raumfahrzeuge auf dem Mond gelandet.

„Luna 9"

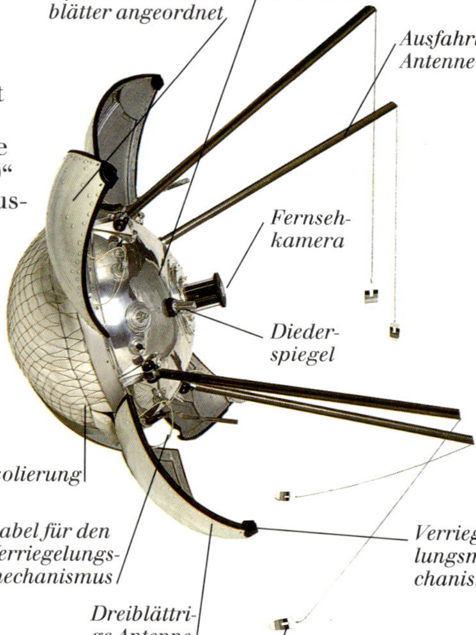

„Lunochod 1"

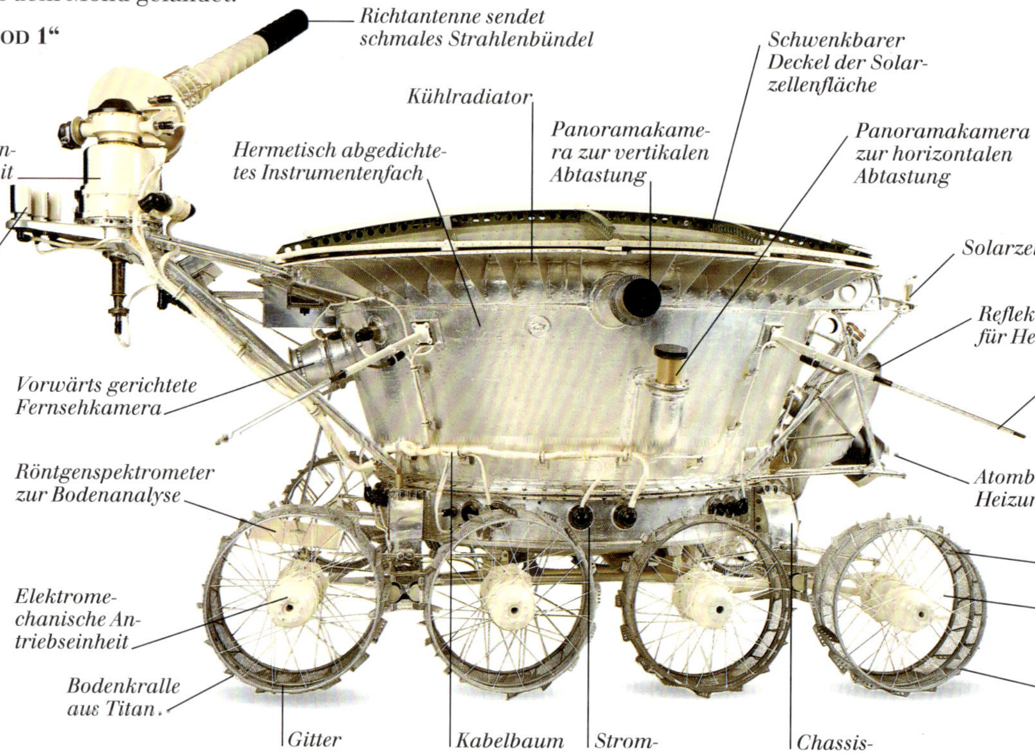

„Apollo 16“-Mondkapsel

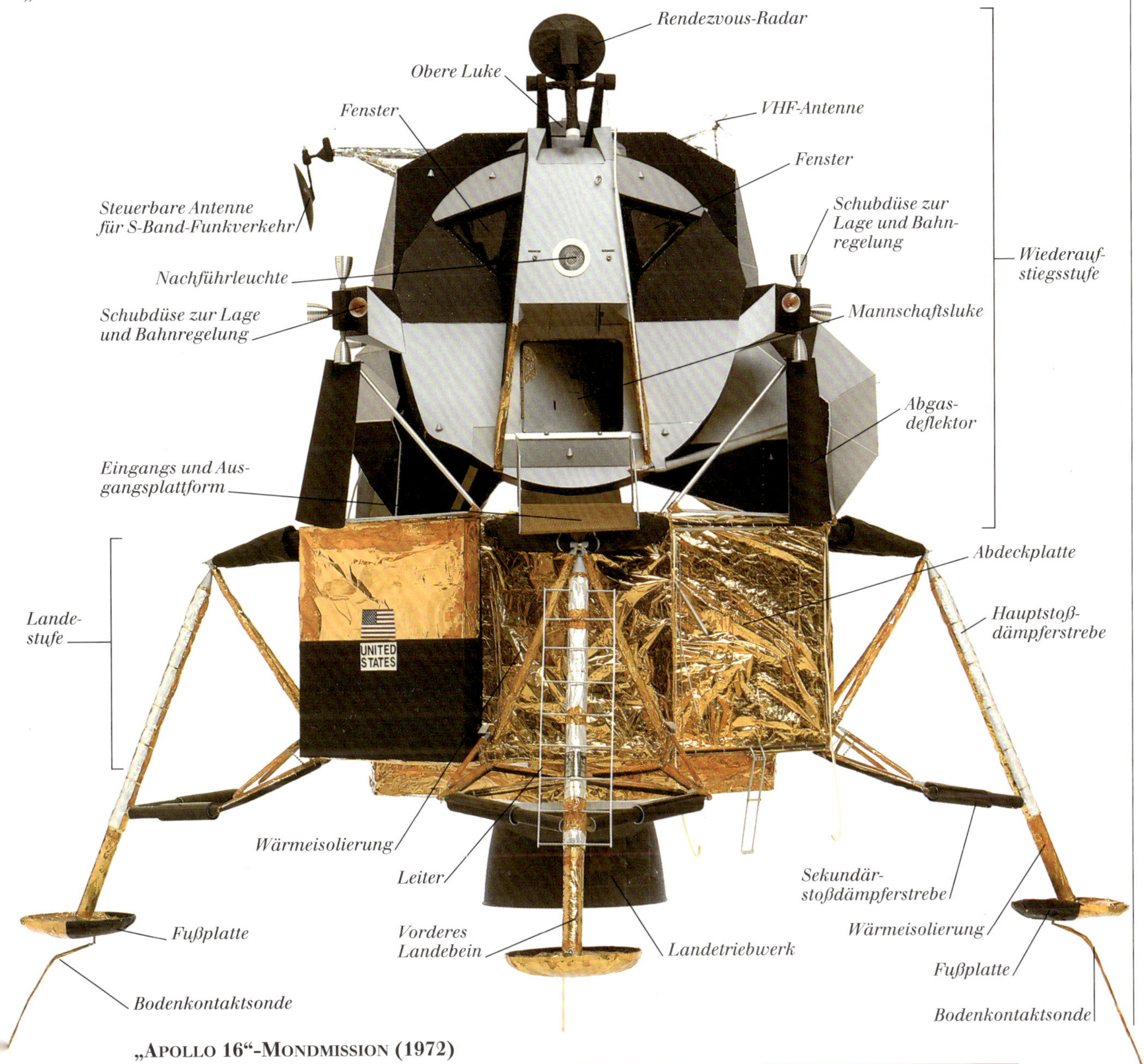

„Apollo 16“-Mondmission (1972)

Kommandoeinheit und Betriebs- und Versorgungseinheit in der Mondumlaufbahn

Mondkapsel bei der Landung

Mondkapsel, Monderkundungsfahrzeug und Astronaut auf der Mondoberfläche

ERDGESCHICHTE

ERDGESCHICHTE 62

DIE ERDKRUSTE 64

VERWERFUNGEN UND FALTEN 66

DIE ENTSTEHUNG VON GEBIRGEN 68

PRÄKAMBRIUM BIS DEVON 70

KARBON BIS PERM 72

DIE TRIAS 74

DER JURA 76

DIE KREIDE 78

DAS TERTIÄR 80

DAS QUARTÄR 82

ERSTE LEBENSSPUREN 84

AMPHIBIEN UND REPTILIEN 86

DINOSAURIER 88

THEROPODEN 1 90

THEROPODEN 2 92

SAUROPODOMORPHEN 1 94

SAUROPODOMORPHEN 2 96

THYREOPHORA 1 98

THYREOPHORA 2 100

ORNITHOPODEN 1 102

ORNITHOPODEN 2 104

MARGINOCEPHALIER 1 106

MARGINOCEPHALIER 2 108

SÄUGETIERE 1 110

SÄUGETIERE 2 112

DIE ERSTEN MENSCHEN 114

Erdgeschichte

Die Erde entstand aus einer Wolke von Staub und Gasen, die vor 4.600 Millionen Jahren durch den Weltraum trieb. Dabei wurde das dichtere Material im Zentrum konzentriert, während weniger dichtes die dünne Erdkruste bildete. Anschließend dauerte es aber immerhin noch 3.500 Millionen Jahre, bis mit den Bakterien die ersten bekannten Lebensformen auftauchten; die komplexer aufgebauten Pflanzen und Tiere entwickelten sich sogar erst vor ungefähr 570 Millionen Jahren. Seither gibt es Tausende von Tieren und Pflanzen, von denen einige noch heute existieren, während andere, beispielsweise die Dinosaurier, ausgestorben sind. Aber nicht nur Pflanzen und Tiere, auch die Erde selbst unterliegt einem ständigen Wandel. So bewegen sich die Kontinente, die ihre jetzige Position vor etwa 50 Millionen Jahren einnahmen, noch immer langsam über die Erdoberfläche. Gebirge wie der Himalaja, dessen Entstehung vor etwa 40 Millionen Jahren begann, türmen sich auch heute noch auf und werden wieder abgetragen. Auch das Klima ist Änderungen unterworfen. So erlebte die Erde immer wieder Eiszeiten (die letzte endete vor ungefähr 20.000 Jahren), die von wärmeren Perioden unterbrochen wurden.

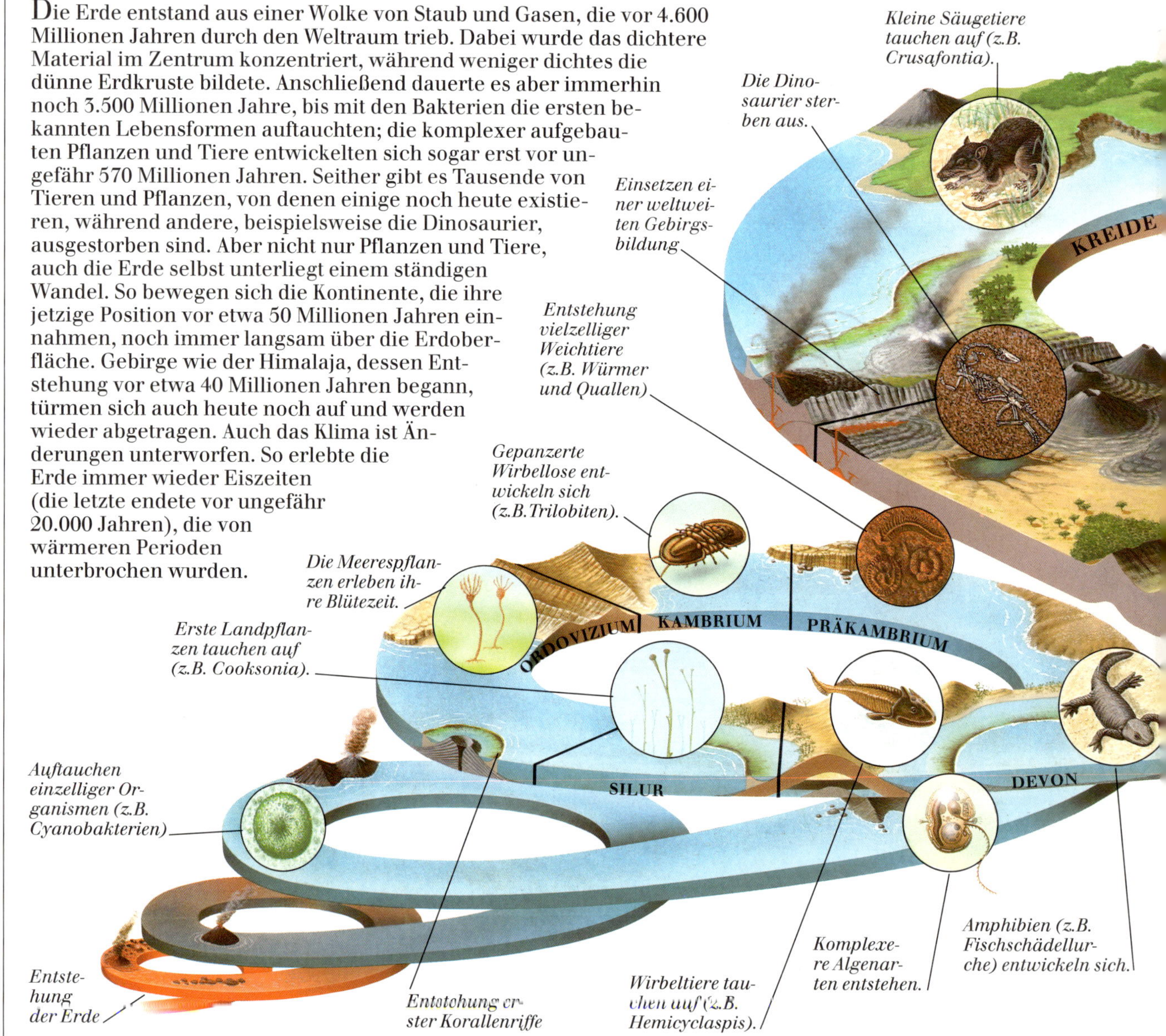

Die geologische Zeittafel

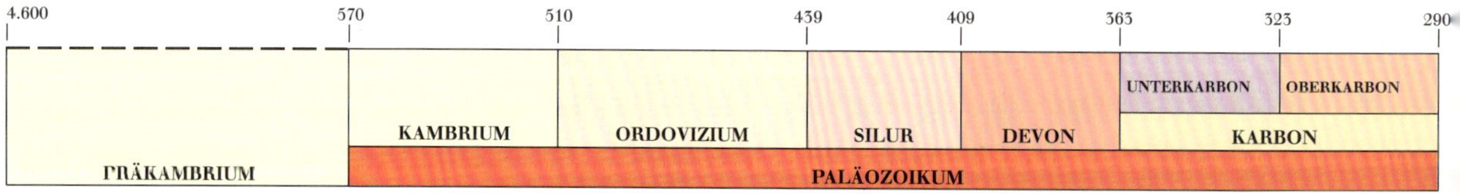

Die Evolution der Erde

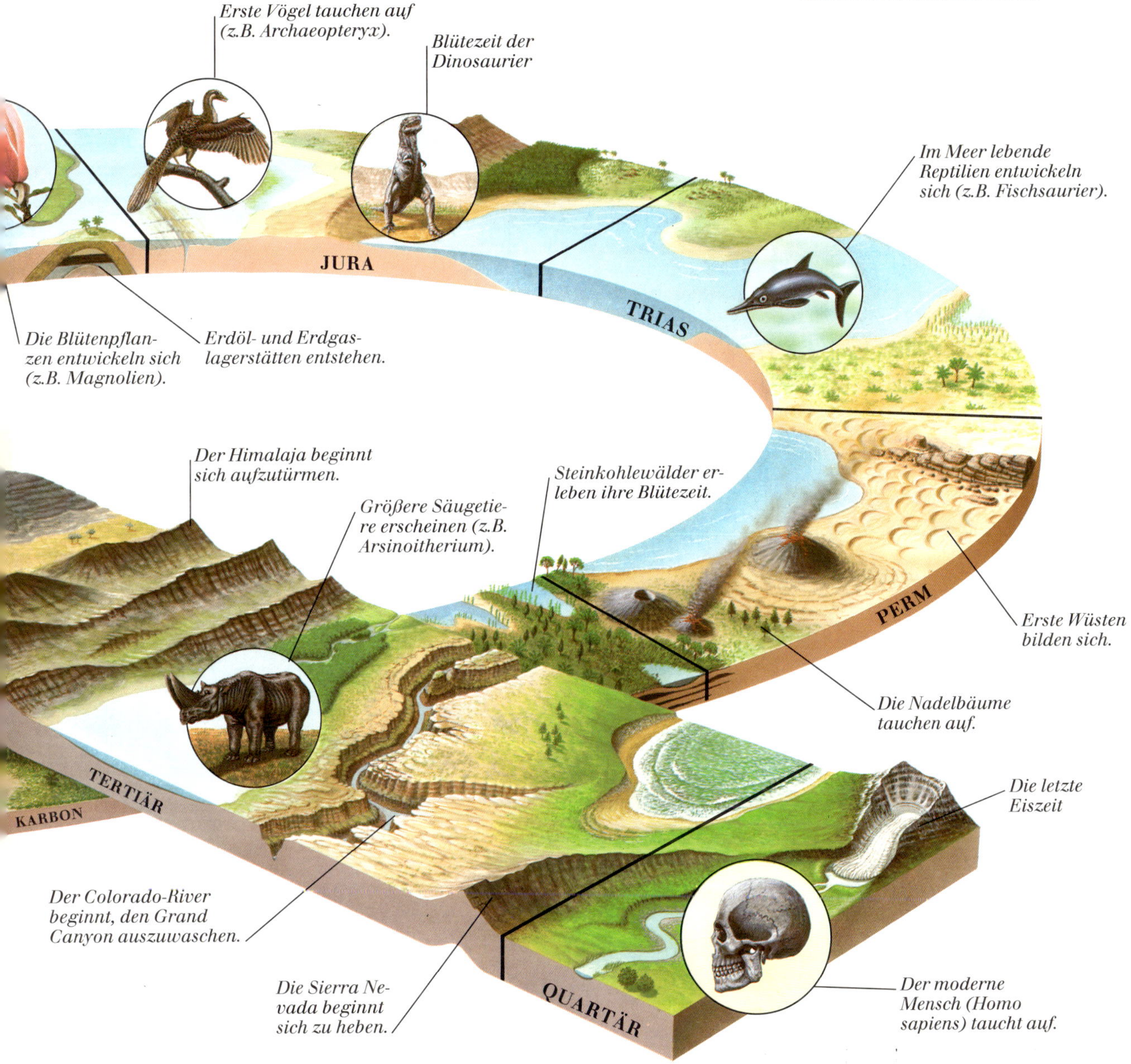

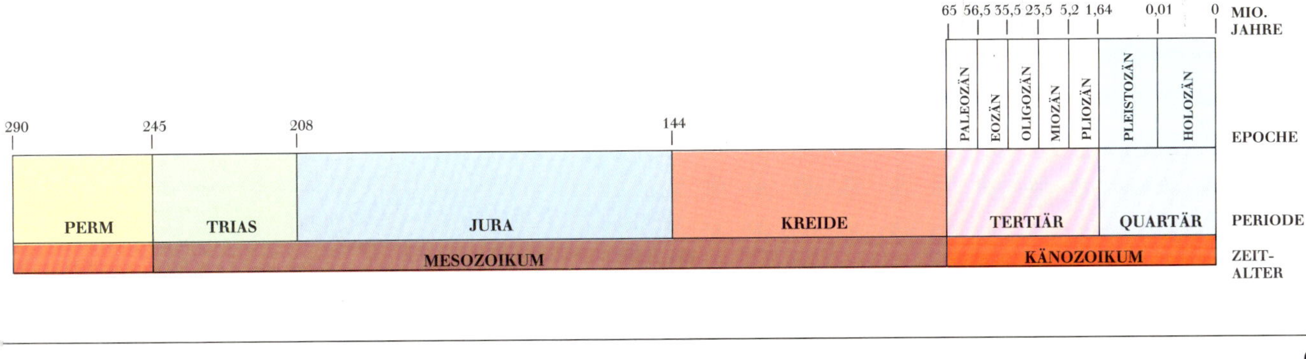

Die Erdkruste

Die Erdkruste stellt die feste äußere Schale der Erde dar und läßt sich in die kontinentale Kruste (etwa 40 km mächtig) und die ozeanische Kruste ca. 6 km dick) untergliedern. Die Kruste und die oberste Mantelschicht bilden die Lithosphäre. Sie besteht aus mehr oder weniger starren Platten, die sich auf der darunter liegenden Asthenosphäre (einer teilweise schmelzflüssigen Schicht des Mantels) bewegen (Plattentektonik). An den Stellen, an denen sich die Platten auseinanderbewegen, entstehen in der Erdkruste des Festlandes Gräben und im Meer mittelozeanische Schwellen. Diese Schwellen werden von einem Zentralgraben durchzogen, in dem Magma ins Wasser gelangt und unterseeische Gebirgsrücken bildet. Wenn zwei Platten aufeinanderstoßen, wird die eine unter die andere gedrückt. Im Meer kann das zur Entstehung von Tiefseegräben, zu seismischer Aktivität und zur Bildung von Vulkaninseln führen. Dort, wo sich die ozeanische Kruste unter die kontinentale Kruste schiebt oder zwei Kontinente zusammenstoßen, können sich Gebirgszüge auffalten (s.S. 68–69). An einigen Stellen, z.B. an der San-Andreas-Verwerfung, reiben zwei Platten aneinander. Mit der Plattentektonik kann auch die Kontinentaldrift erklärt werden.

Die chemischen Elemente der Erdkruste

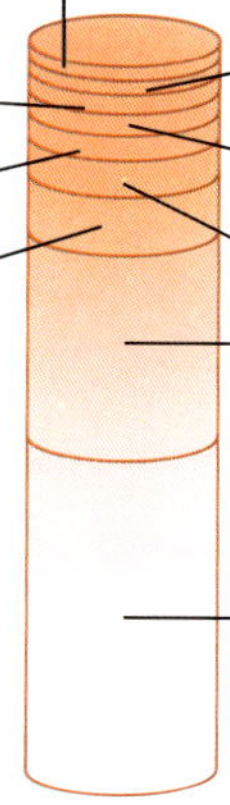

Charakteristische Merkmale der Plattentektonik

Die grössten Platten der Erdkruste

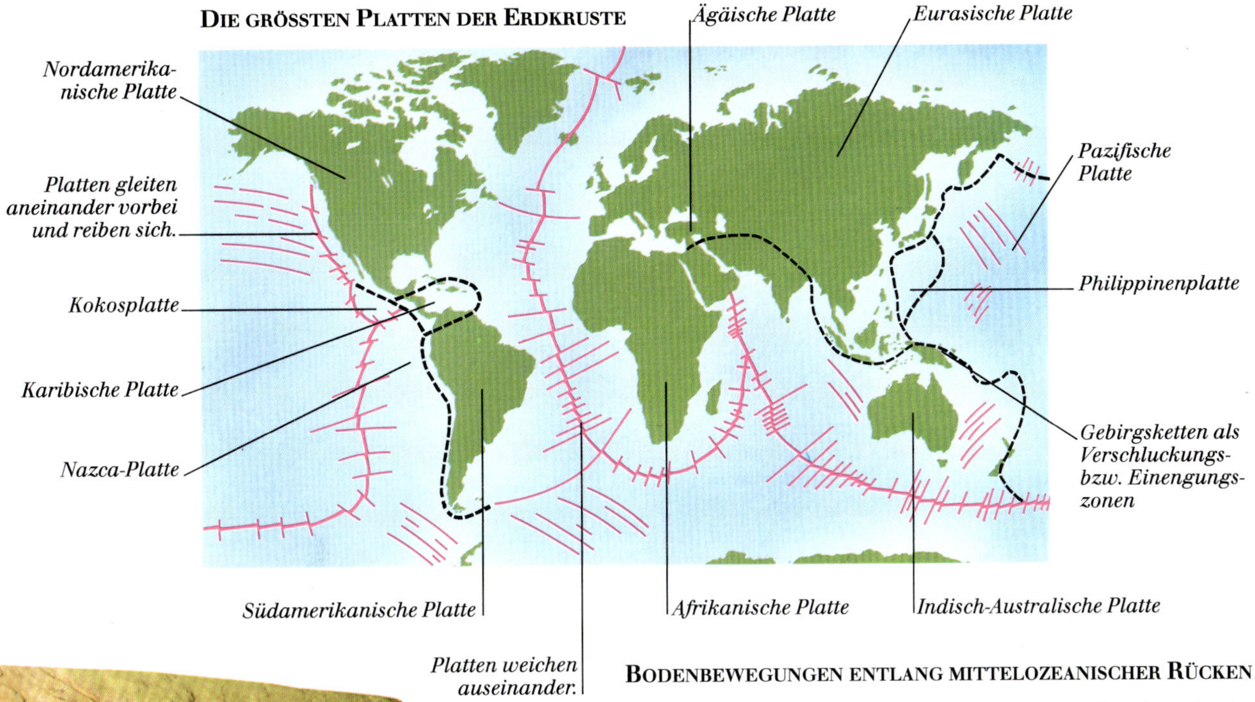

Bodenbewegungen entlang mittelozeanischer Rücken

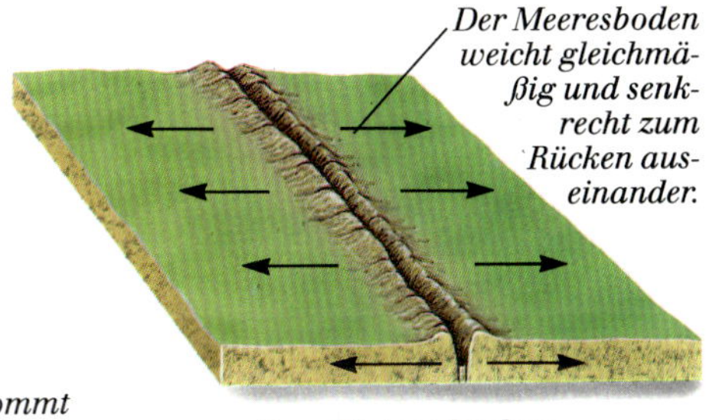

Geradliniger Rücken

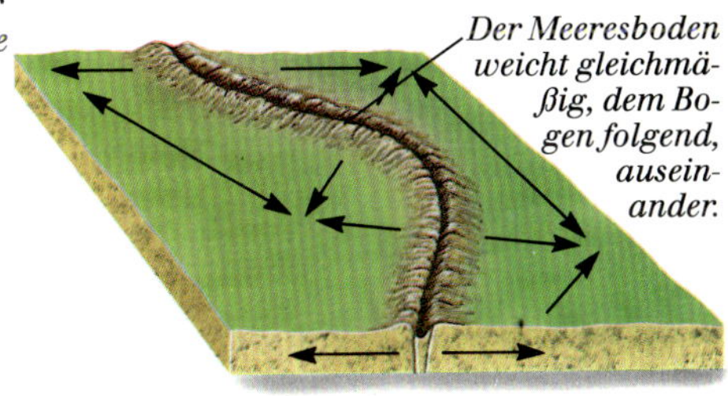

Gebogener Rücken

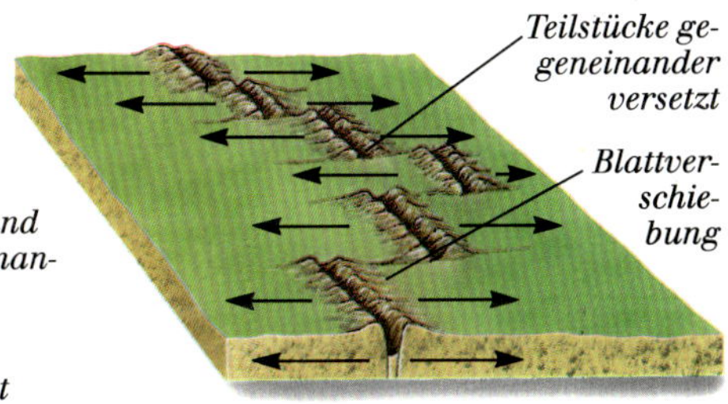

Versatz durch Blattverschiebung

Verwerfungen und Falten

Die stete Bewegung der Erdkrustenplatten (s.S. 64–65) kann dazu führen, daß Gesteinsschichten zusammengepreßt oder gedehnt werden, wodurch Verwerfungen und Falten entstehen. Bei einer Verwerfung, die dadurch entsteht, daß Zug oder Druck auf eine Gesteinsschicht einwirkt, wird ein Gesteinskomplex in zwei Schollen zerbrochen, die dann gegeneinander verschoben werden. Verwerfungen kommen hauptsächlich in harten, wenig flexiblen Gesteinen vor, also solchen, die kaum biegsam sind und daher leicht zerbrechen. Es gibt mikroskopisch kleine Verwerfungen, beispielsweise in mineralischen Kristallen, aber auch sehr große, wie den Ostafrikanischen Graben, der über 9.000 Kilometer lang ist. Die plötzlichen Bewegungen, die an solchen Verwerfungen entstehen können, sind häufig die Ursache für Erdbeben. Falten sind dagegen durch Druck entstandene Biegungen in einer Gesteinsschicht. Sie treten in relativ elastischen Gesteinsschichten auf, die nachgeben, anstatt zu zerbrechen. Die beiden Haupttypen der Falten heißen Sattel (Antiklinale) und Mulde (Synklinale). Falten können eine Größe von nur wenigen Millimetern haben oder sich, wie aufgefaltete Gebirgszüge, viele hundert Kilometer weit erstrecken. Zusätzlich zu den Verwerfungen und Falten gibt es mit Boudinagen, Mullion-Strukturen und Fiederspalten noch weitere Vorgänge, die bei der Veränderung von Gesteinsschichten eine Rolle spielen können.

Geometrie der Falte

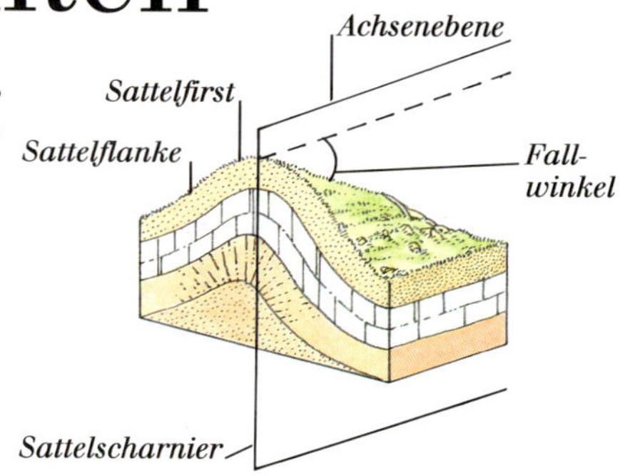

Geometrie der Verwerfung

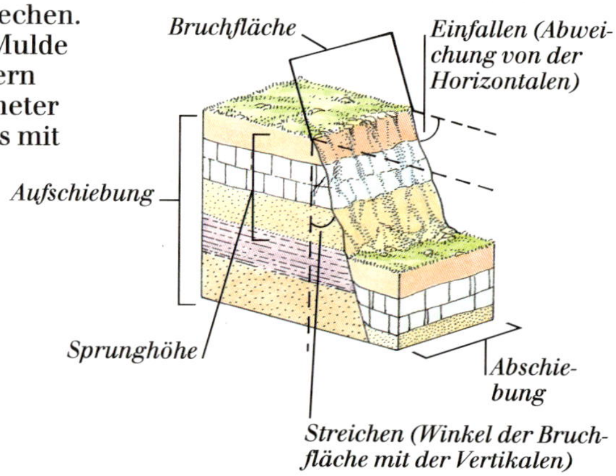

Geometrie des Hanges

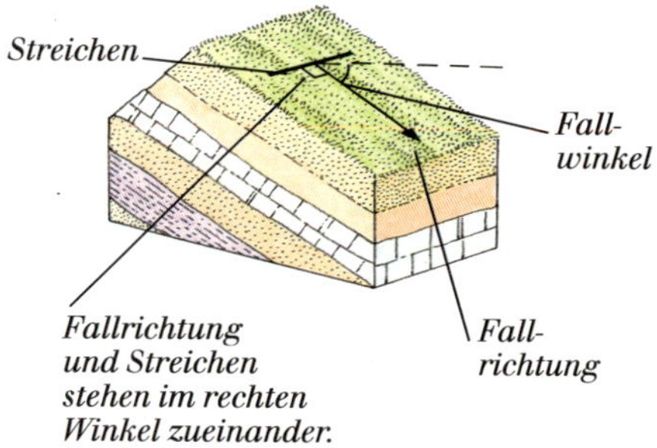

Faltung

Verwitterungsprofil gefalteter Gesteinsschichten

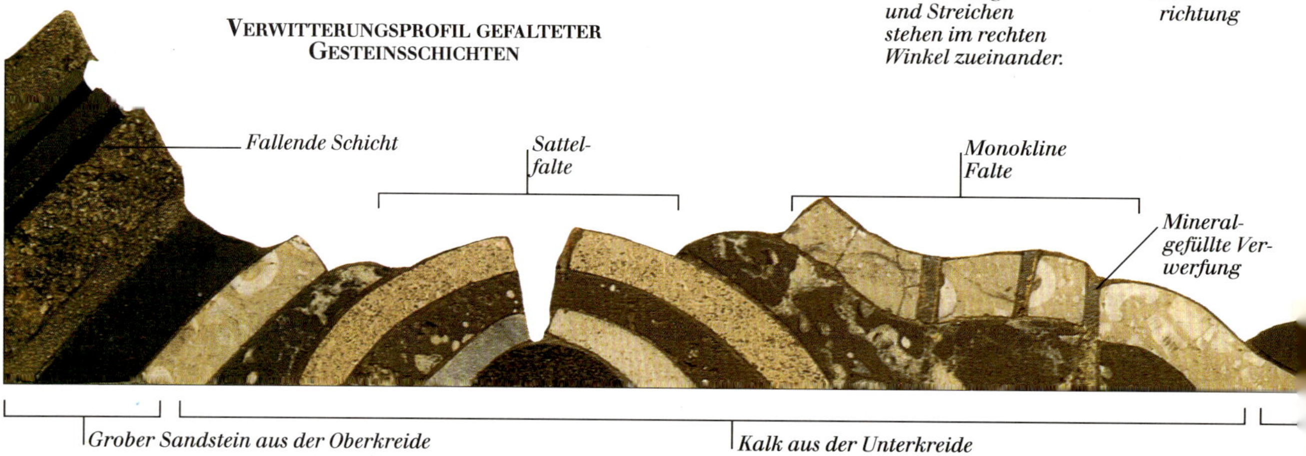

Faltentypen

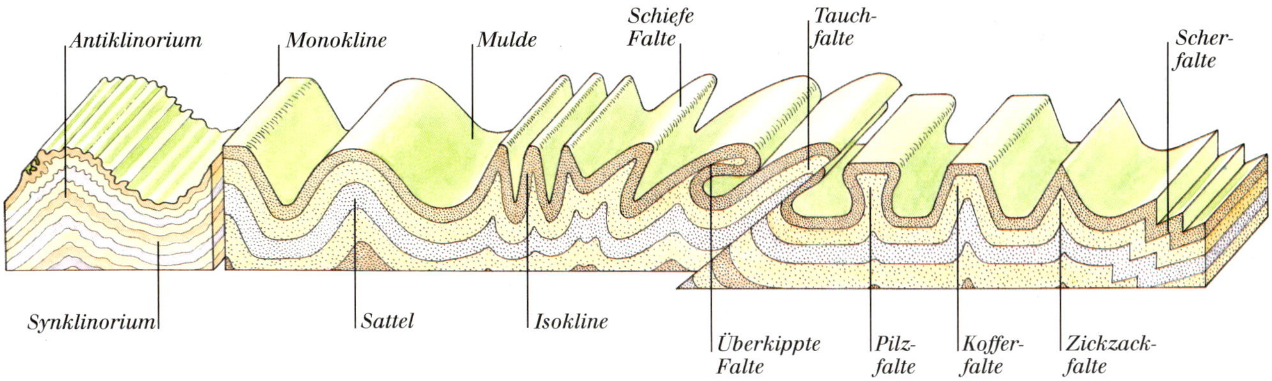

Verwerfungstypen

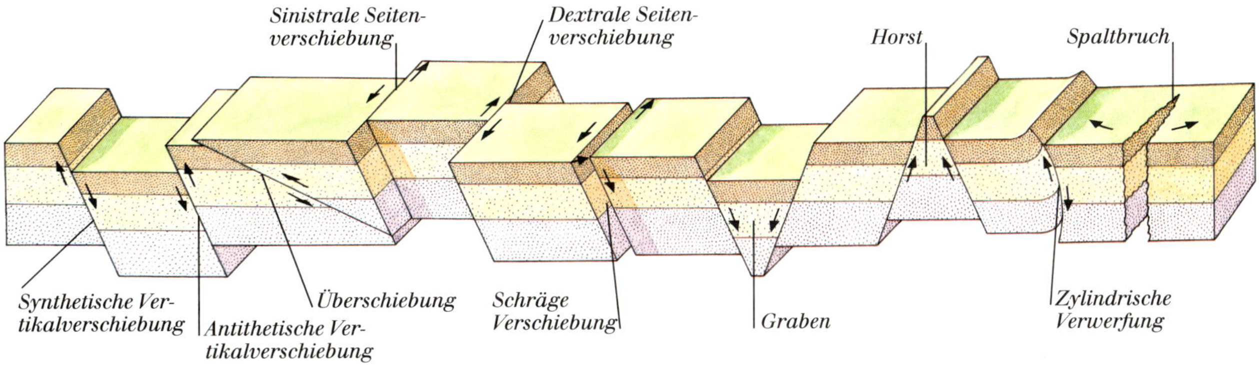

Deformationen in Gesteinen

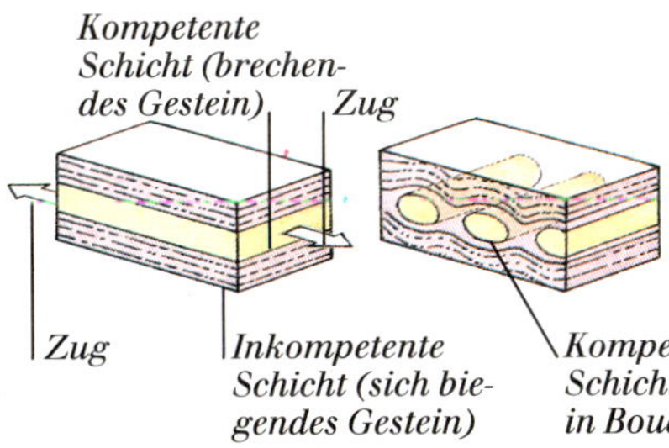

Boudinage

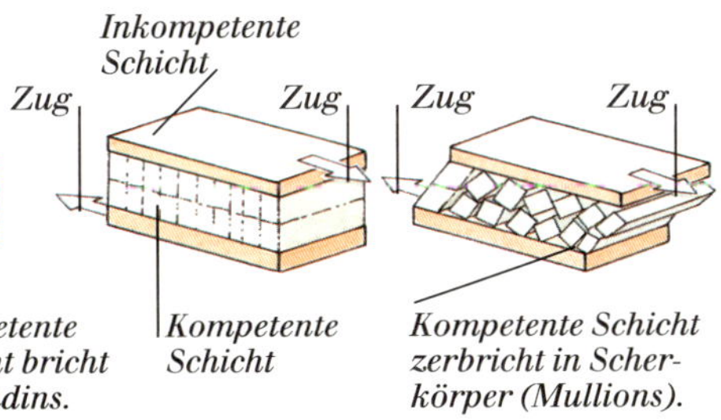

Mullion-Strukturen

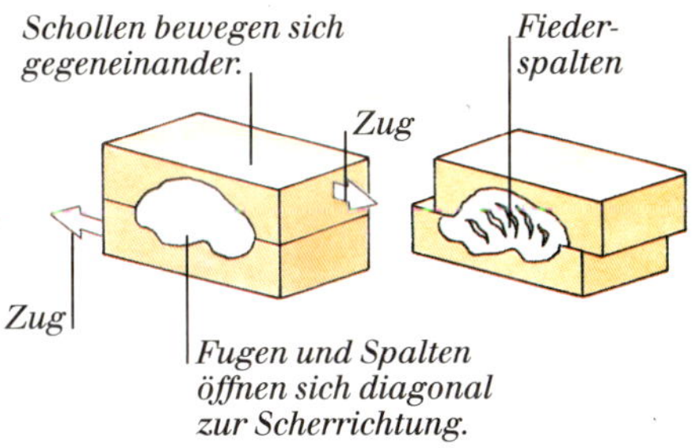

Fiederspalten

Die Entstehung von Gebirgen

Die Gebirgsbildung (Orogenese) ist eine Folge der Plattentektonik (s.S. 64–65). Es gibt drei Haupttypen von Gebirgen: vulkanische Gebirge, Faltengebirge und Schollengebirge. Die meisten vulkanischen Gebirge entstehen, wo Platten aneinanderstoßen oder aneinander entlanggleiten und Lava oder anderes Gesteinsmaterial an die Erdoberfläche gedrückt wird. Die Lava und das übrige Gestein können sich anhäufen und so einen Kegel um den Krater des Vulkans bilden. Faltengebirge entstehen, wo Platten aneinanderstoßen und Gesteinsschichten nach oben gedrückt werden. Das ist z.B. an Stellen der Fall, an denen die ozeanischen Kruste unter die weniger dichte kontinentale Kruste gedrückt wird. Dadurch faltet sich die kontinentale Kruste zu Gebirgen wie den Appalachen in Nordamerika auf. Faltengebirge entstehen auch, wenn zwei Teile der kontinentalen Kruste zusammenstoßen. Hierfür ist der Himalaja ein Beispiel. Er bildete sich durch den Aufprall der Indisch-Australischen auf die Eurasische Platte, bei dem Sedimente und Teile der ozeanischen Kruste sich auftürmten. Schollengebirge entstehen, wenn eine Scholle zwischen zwei Verwerfungen nach oben gedrückt wird (s.S. 66–67). Die Verschiebung kann viele Millionen Jahre dauern. Es kann aber auch zu plötzlichen Bewegungen kommen und damit zu heftigen Erdbeben (Beispiel: San-Andreas-Verwerfung).

Bhagirati Parbat, Himalaja

Entstehung des Himalaja

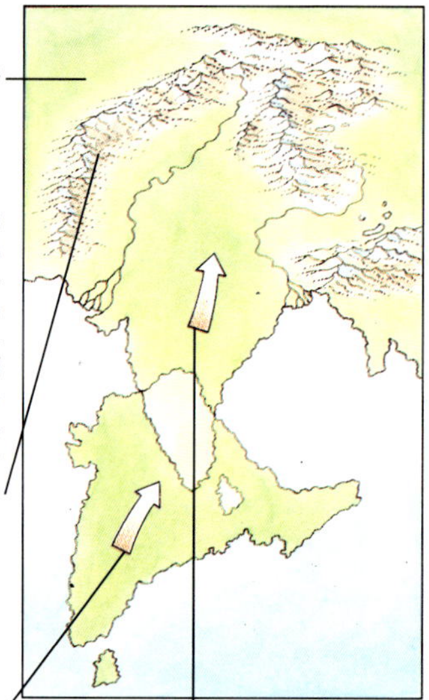

Unterschiedliche Gebirgstypen

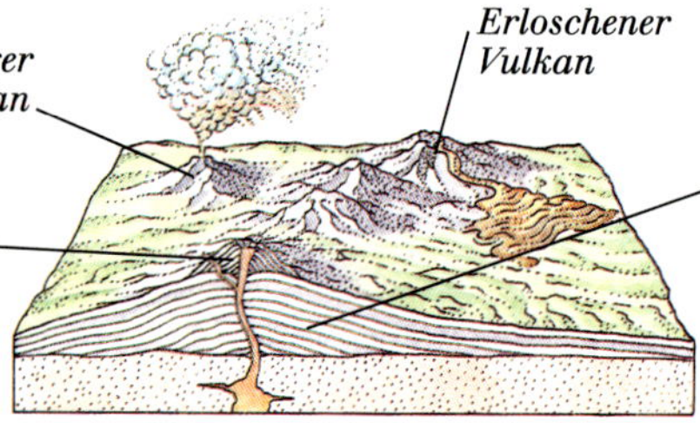

Vulkanisches Gebirge

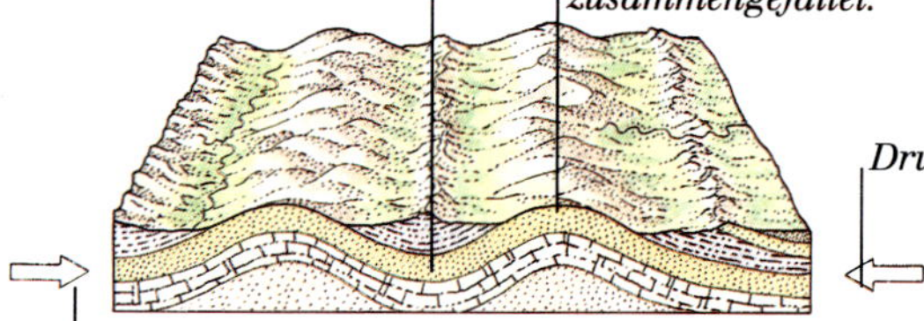

Faltengebirge

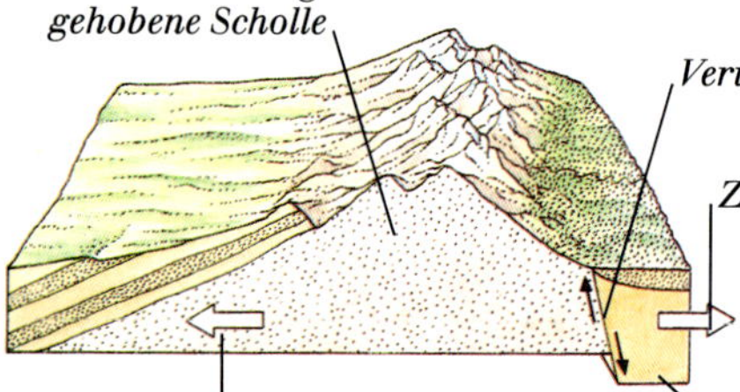

Schollengebirge

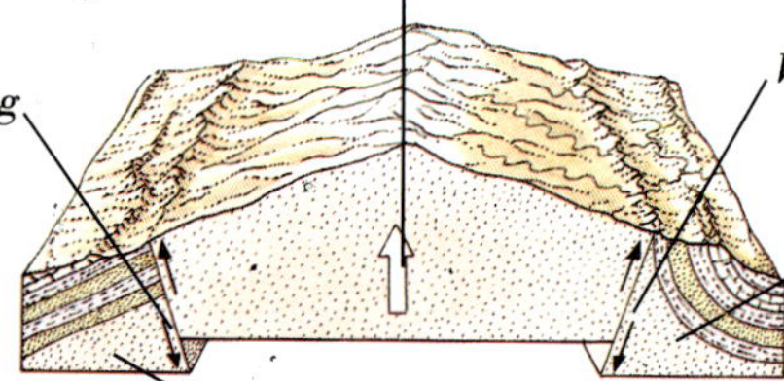

Hochschollengebirge

Stadien in der Bildung des Himalaja

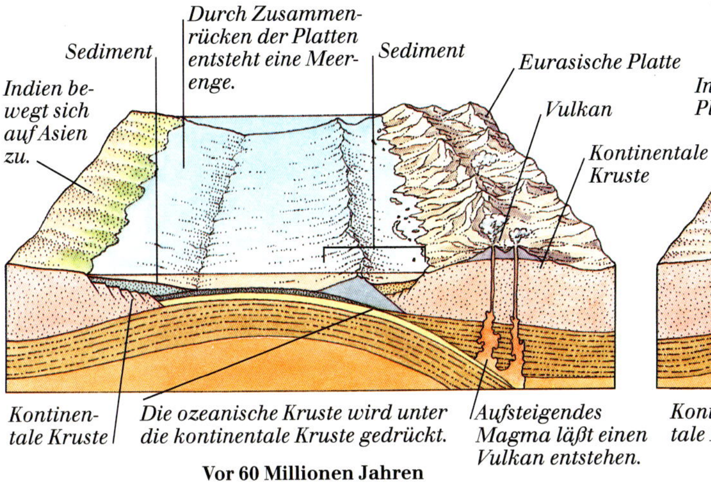

Vor 60 Millionen Jahren

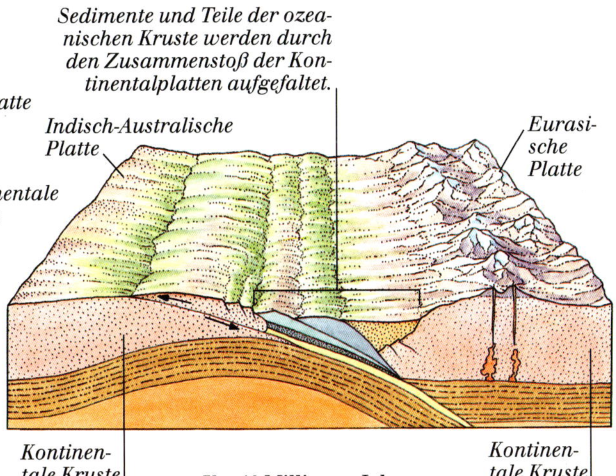

Vor 40 Millionen Jahren

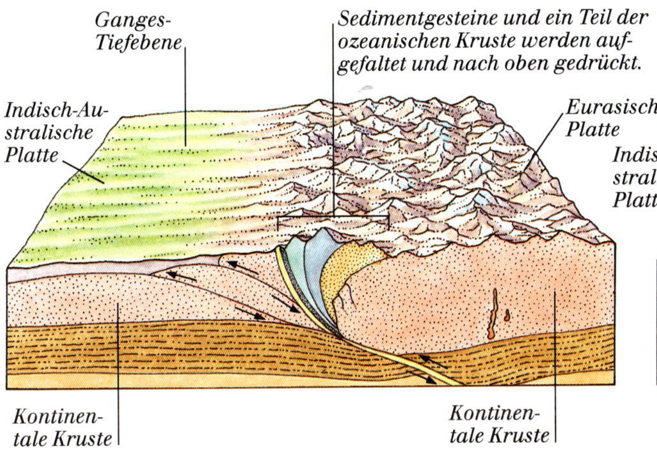

Vor 20 Millionen Jahren

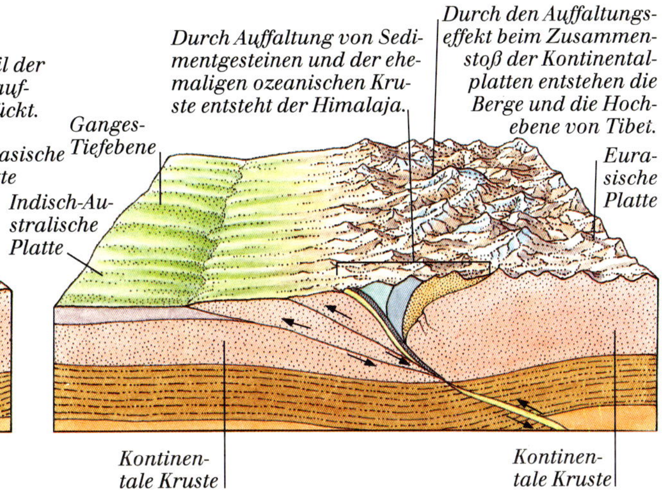

Heute

San-Andreas-Verwerfung

Entlang der Bruchlinie kann es zu Reibungen zwischen zwei Kontinentalplatten und damit zu Erdbeben kommen.

Erdbeben

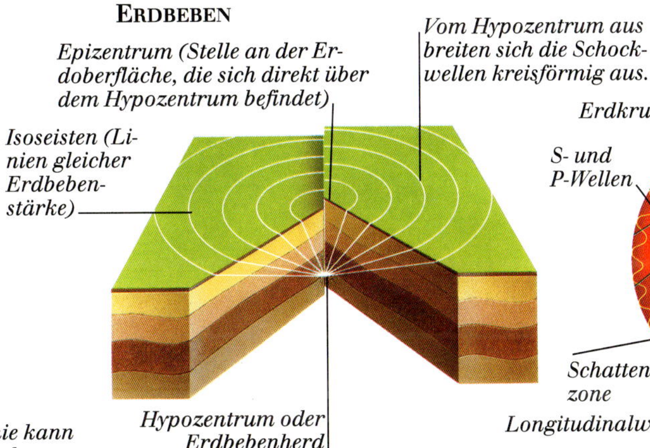

Schematische Darstellung der Ausbreitung seismischer Wellen

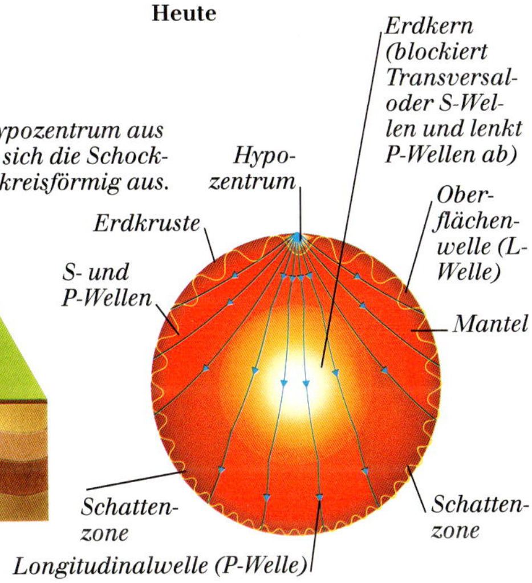

Ausbreitung der Schockwellen durch die Erde

Präkambrium bis Devon

Die Atmosphäre der jungen Erde vor 4,6 Mrd. Jahren enthielt viele verschiedene Gase, aber kaum Sauerstoff. Der gewaltige Superkontinent Gondwanaland bedeckte die Südpolarregion, mehrere kleinere Kontinente waren über die restliche Welt verteilt. Plattenbewegungen der Erdkruste verschoben (und verschieben noch heute) die Kontinente auf dem Erdball. Die ersten einfachen Lebensformen entwickelten sich vor etwa 3,6 Mrd. Jahren in warmen Flachmeeren. Die Entwicklung der Photosynthese führte zu vermehrter Sauerstoffbildung, und es entstand ein Ozonschild rund um die Erde. Dieser schützte die Lebewesen vor der gefährlichen UV-Strahlung und ermöglichte den Aufbau einer Atmosphäre, in der sich Leben entfalten konnte. Die ersten Wirbeltiere traten vor etwa 470 Mio. Jahren im Ordovizium (vor 510–439 Mio. J.) auf, die ersten Landpflanzen vor etwa 400 Mio. Jahren im Devon (vor 409–363 Mio J.), die ersten Landwirbeltiere etwa 30 Mio. Jahre später.

Lage heutiger Landmassen im mittleren Ordovizium

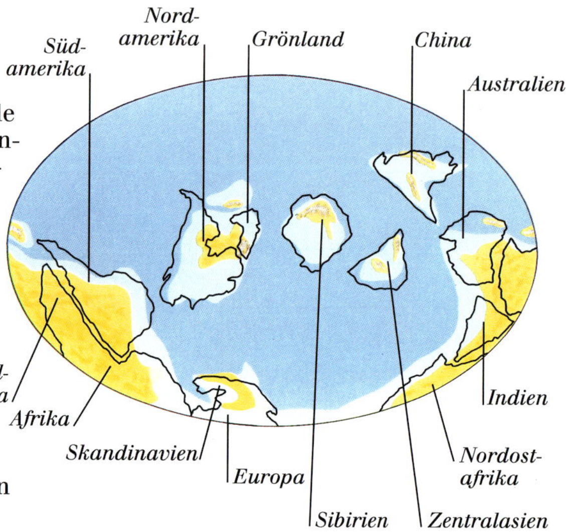

Pflanzengruppen aus der Zeit von Präkambrium bis Devon

Heutiger Bärlapp
(Lycopodium sp.)

Heutige Landpflanze
(Asparagus setaceous)

Fossil einer ausgestorbenen Landpflanze
(Cooksonia hemisphaerica)

Fossil einer ausgestorbenen Sumpfpflanze
(Zosterophyllum llanoveranum)

Beispiele von Trilobiten aus Präkambrium bis Devon

Acadagnostus
Familie: Agnostidae
Länge: 8 mm

Phacops
Familie: Phacopidae
Länge: 4,5 cm

Olenellus
Familie: Olenellidae
Länge: 6 cm

Elrathia
Familie: Ptychopariidae
Länge: 2 cm

Die Erde im mittleren Devon

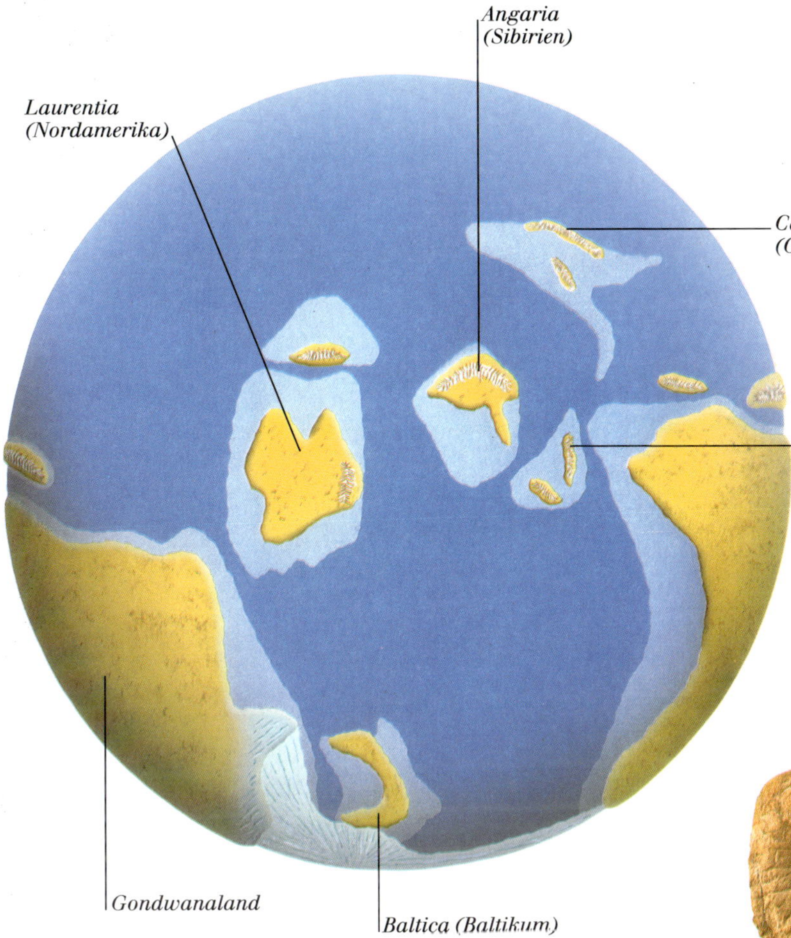

Beispiele früher Meeres-Wirbelloser

Fossiler Nautiloid
(Estonioceras perforatum)

Fossiler Armfüßer
(Dicoelosia bilobata)

Meduse
(Mawsonites spriggi)

Fossiler Graptolith
(Monograptus convolutus)

Beispiele von Fischen aus dem Devon

Rhamphodopsis
Familie: Ptyctodontidae
Länge: 15 cm

Pteraspis
Familie: Pteraspidae
Länge: 25 cm

Coccosteus
Familie: Coccosteidae
Länge: 35 cm

Bothriolepis
Familie: Bothriolepididae
Länge: 40 cm

Cheiracanthus
Familie: Acanthodidae
Länge: 30 cm

Pterichthyodes
Familie: Asterolepididae
Länge: 15 cm

Cheirolepis
Familie: Cheirolepididae
Länge: 17 cm

Cephalaspis
Familie: Cephalaspidae
Länge: 22 cm

Karbon bis Perm

LAGE HEUTIGER LANDMASSEN GEGEN ENDE DER KARBONZEIT

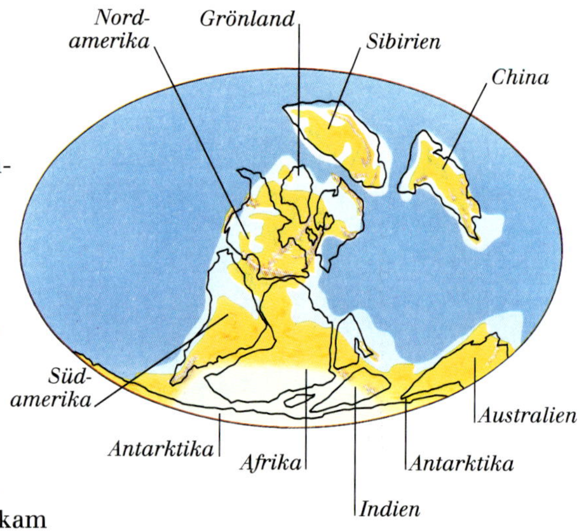

Feuchtwarmes Klima begünstigte im Karbon (vor 363–290 Mio. Jahren) ein reiches Pflanzenwachstum. Auf der Nordhalbkugel und um den Äquator entstanden riesige Sumpfwälder – die Steinkohleformationen von heute. Zu Beginn des Karbon traten die ersten Reptilien auf. Eier mit wasserdichter Schale und eine vor Wasserverlust schützende dicke (Schuppen-)Haut machten diese Tiere vom Wasser weitgehend unabhängig. Gegen Ende der Karbonzeit stießen die beiden großen Kontinente Laurasia (Nordkontinent) und Gondwanaland (Südkontinent) zusammen und verbanden sich zur gewaltigen Landmasse Pangaea. Im Perm (vor 290–245 Mio. Jahren) bedeckten Gletscher weite Teile der Südhalbkugel: Antarktika, Teile Australiens sowie große Gebiete Südamerikas, Afrikas und Indiens. Im Eis war ein Großteil der Wassermassen der Erde gebunden, wodurch auf der Nordhalbkugel der Meeresspiegel sank. Abseits der Pole herrschte trocken-heißes Wüstenklima. Gegen Ende des Perms kam es zum größten Massenaussterben aller Zeiten. Damals starben noch viel mehr Arten aus als bei dem Massensterben Ende der Kreidezeit, das durch den Untergang der Dinosaurier bekannt wurde.

EINIGE PFLANZEN AUS DEM KARBON UND DEM PERM

Heutige Tanne
(Abies concolor)

Fossil eines ausgestorbenen Farns
(Zeilleria frenzlii)

Fossil eines ausgestorbenen Schachtelhalms
(Equisetites sp.)

Fossil eines ausgestorbenen Bärlapps
(Lepidodendron sp.)

EINIGE BÄUME AUS KARBON UND PERM

Pecopteris
Familie: Marattiaceae
Höhe: 4 m

Paripteris
Familie: Medullosaceae
Höhe: 5 m

Mariopteris
Familie: unbekannt
Höhe: 5 m

Medullosa
Familie: Medullosaceae
Höhe: 5 m

DIE ERDE ENDE DER KARBONZEIT

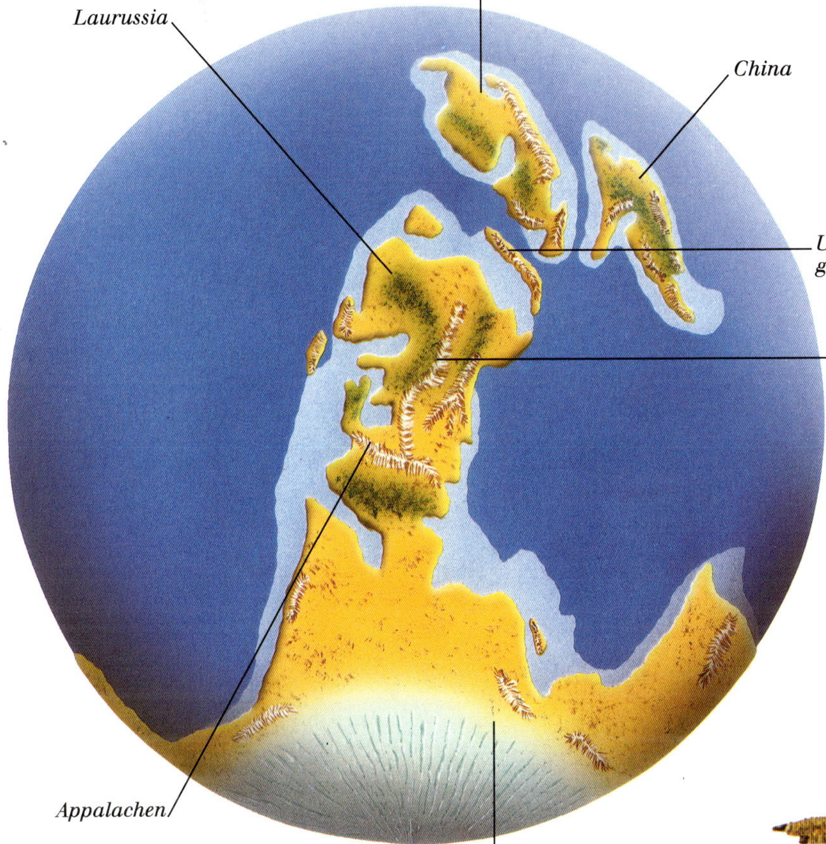

EINIGE TIERE AUS DEM KARBON UND DEM PERM

Schädel eines ausgestorbenen Synapsiden-Reptils
(Dimetrodon loomisi)

Fossile Zähne eines ausgestorbenen Hais
(Helicoprion bessonowi)

Modell eines ausgestorbenen Reptils aus dem Karbon
(Westlothiana lizziae)

Lepidodendron
Familie: Lepidodendraceae
Höhe: 30 m

Cordaites
Familie: Cordaitaceae
Höhe: 10 m

Glossopteris
Familie: Glossopteridaceae
Höhe: 8 m

Alethopteris
Familie: Medullosaceae
Höhe: 5m

Die Trias

Mit der Trias (vor 248 bis 208 Mio. Jahren) begann nicht nur das Mesozoikum, sondern auch das Zeitalter der Dinosaurier. Damals bildeten die heutigen Kontinente eine einzige Landmasse, den Superkontinent Pangaea. Auf Pangaea gab es extrem unterschiedliche Klimazonen: Auf den Küstenstreifen und an den Ufern der Seen und Flüsse wuchs üppige Tropenvegetation, während das Binnenland von heiß-trockenen Wüsten bedeckt war. In der damaligen Vegetation gab es noch keine bedecktsamigen Blütenpflanzen, da diese erst in der Kreide entstanden, sondern nur Nadelgewächse (Koniferen), Farne, Baumfarne und Ginkgos. Typische Vertreter der Landfauna waren u.a. primitive Amphibien und Krokodile sowie Rhynchosaurier, eine weitere Reptiliengruppe. Erst vor etwa 230 Mio. Jahren, gegen Ende der Trias, kamen die ersten Dinosaurier auf, wie z.B. die carnivoren Herrerasaurier und Staurikosaurier (*Herrerasaurus*, *Staurikosaurus*); die ersten pflanzenfressenden Dinosaurier waren u.a. *Plateosaurus* und *Technosaurus*. Am Ende der Trias wurde Pangaea von Dinosauriern beherrscht, die wahrscheinlich viele andere Reptilien verdrängt hatten.

LAGE DER HEUTIGEN KONTINENTE WÄHREND DER TRIAS

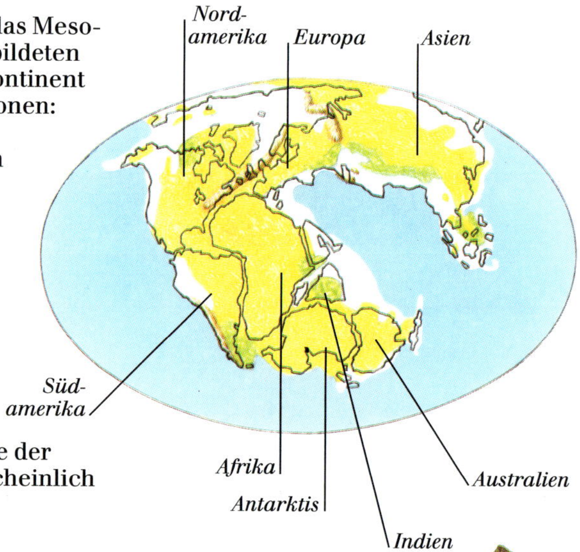

EINIGE PFLANZEN DER TRIAS

Heutiger Baumfarn
(Cycas revoluta)

Heutiger Ginkgo
(Ginkgo biloba)

Heutiger Nadelbaum
(Araucaria araucana)

Fossiler Farn
(Pachypteris sp.)

Fossiler Baumfarn
(Cycas sp.)

EINIGE DINOSAURIER DER TRIAS

Melanorosaurus
Familie: Melanorosauridae
Länge: 12,20 m

Mussaurus
Familie: Plateosauridae
Länge: 2–3 m

Herrerasaurus
Familie: Herrerasauridae
Länge: 3 m

Pisanosaurus
Ein primitiver Ornithischier
Länge: 90 cm

Die Erde während der Trias

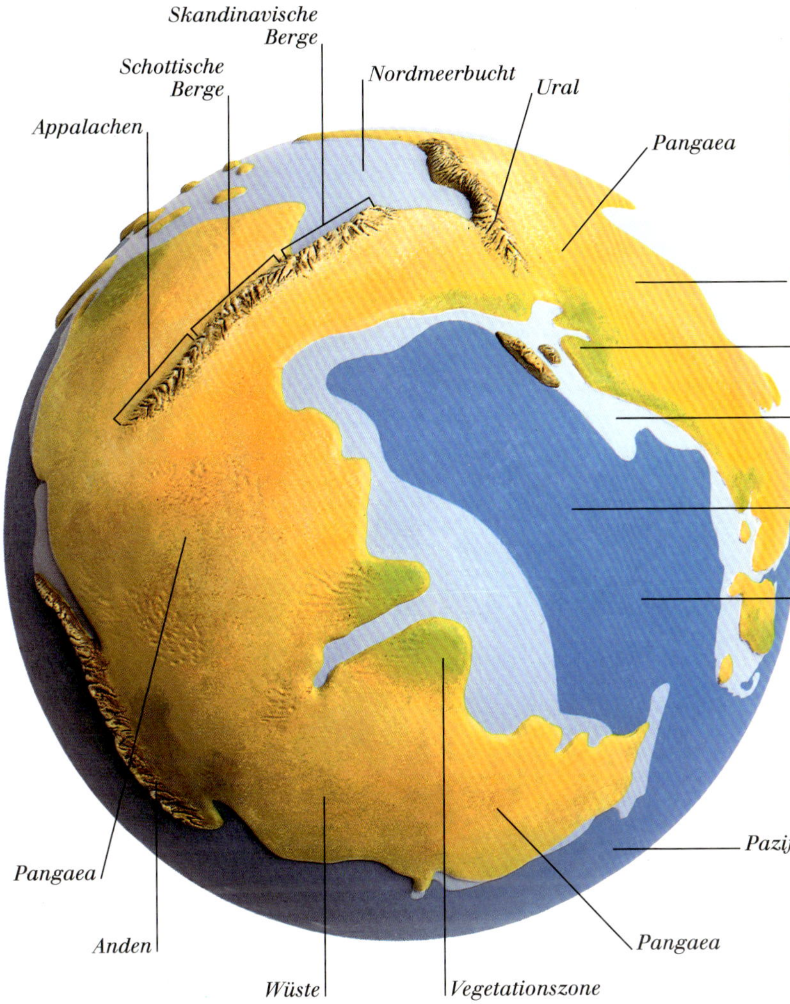

Einige Tiere der Trias

Fossiler Lurch

Perlboot
(Nautilus sp.)

Fossiler Fisch
(Cleithrolepis granulatus)

Fossiler Nothosaurier
(Pachypleurosaurus sp.)

Fossiler Rhynchosaurier
(Scaphonyx fischeri)

Plateosaurus
Familie: Plateosauridae
Länge: ca. 8 m

Technosaurus
Ein primitiver Ornithischier
Länge: 1 m

Coelophysis
Familie: Coelophysidae
Länge: 3 m

Staurikosaurus
Familie: Staurikosauridae
Länge: 2 m

Der Jura

Der Jura, die mittlere Periode des Mesozoikums, dauerte von vor 208 bis vor 144 Mio. Jahren. In dieser Zeit zerfiel Pangaea in die beiden Kontinente Gondwana und Laurasia; auch hob sich der Meeresspiegel, so daß große Tieflandbereiche überflutet wurden. Das Klima war feuchtwarm; die Vegetation wurde vor allem von Nadelgewächsen dominiert, darunter auch Mammutbäume, und und es gab die ersten bedecktsamigen Blütenpflanzen. Der üppige Pflanzenbewuchs machte es möglich, daß zahlreiche herbivore (d.h. pflanzenfressende) Dinosaurier aufkamen, wie etwa die großen Sauropoden (z.B. *Diplodocus*) und Stegosaurier (z.B. *Stegosaurus*). Allerdings gab es auch schon zahlreiche carnivore (also fleischfressende) Dinosaurier (Raubsaurier), z.B. *Allosaurus* und *Compsognathus*, die die pflanzenfressenden Saurier und die damaligen (etwa spitzmausgroßen) Säugetiere jagten. Andere Tiere dieser Periode waren flugfähige Reptilien, die Flugsaurier (Pterosaurier), aber auch Meeresreptilien wie Plesiosaurier und Fischsaurier (Ichtyosaurier).

Lage der heutigen Kontinente während des Jura

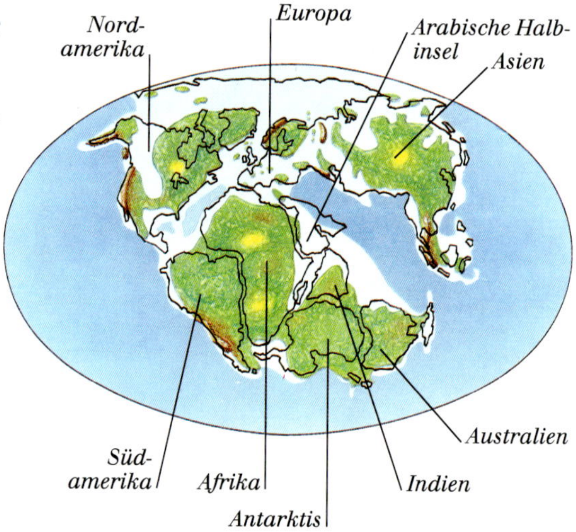

Einige Pflanzen des Jura

Heutiger Farn
(Dicksonia antarctica)

Heutiger Schachtelhalm
(Equisetum arvense)

Heutiger Nadelbaum
(Taxus baccata)

Fossiler Nadelbaum
(Taxus sp.)

Fossiler Mammutbaum
(Sequoiadendron affinis)

Einige Dinosaurier des Jura

Diplodocus
Familie: Diplodocidae
Länge: ca. 27 m

Camptosaurus
Familie: Camptosauridae
Länge: ca. 5–7 m

Dryosaurus
Familie: Dryosauridae
Länge: 3–4 m

Die Erde während des Jura

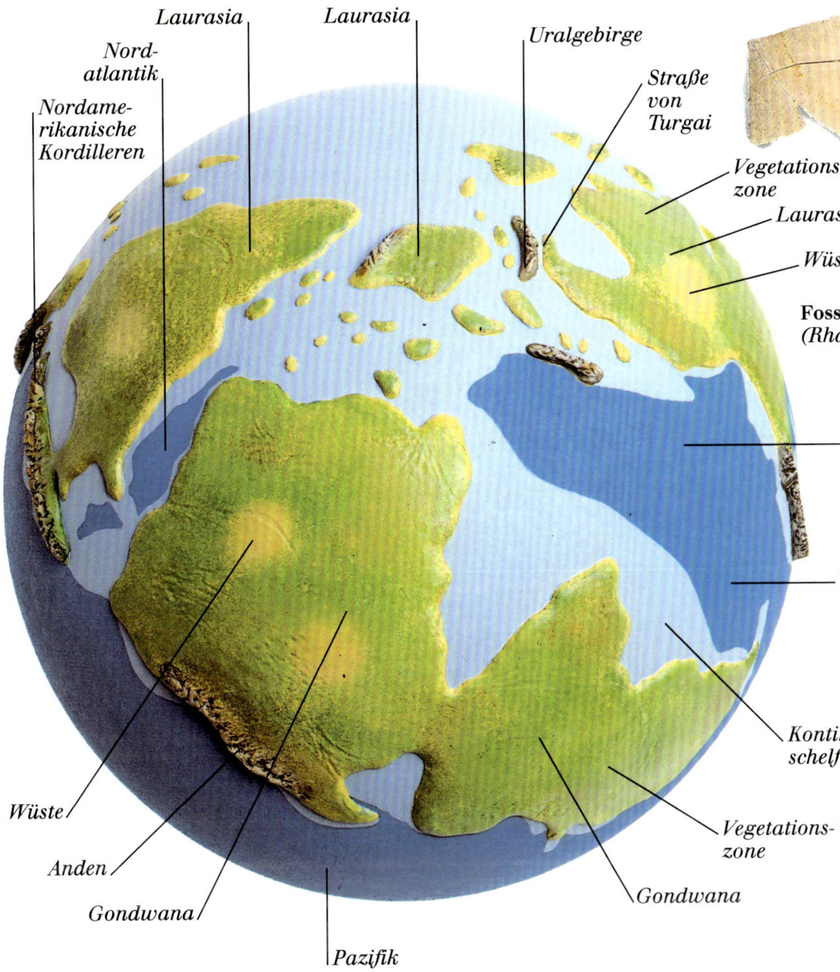

Einige Tiere des Jura

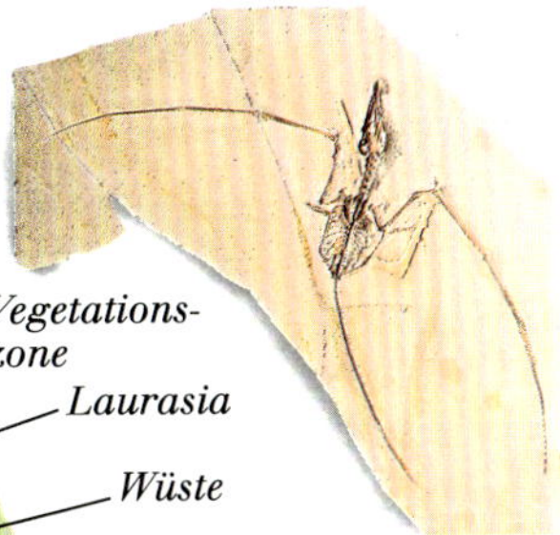

Fossiler Flugsaurier
(Rhamphorhynchus sp.)

Fossiler Belemnit
(Belemnoteuthis sp.)

Fossiler Rhynchosaurier
(Homeosaurus pulchellus)

Fossiler Plesiosaurier
(Peloneustes philarcus)

Fossiler Fischsaurier
(Ichthyosaurus megacephalus)

Allosaurus
Familie: Allosauridae
Länge: 11 m

Scelidosaurus
Familie: Scelidosauridae
Länge: 4 m

Stegosaurus
Familie: Stegosauridae
Länge: ca. 9 m

Die Kreide

Das Mesozoikum endete mit der Kreide (vor 144 bis 65 Mio. Jahren). In dieser Zeit zerbrachen Gondwana und Laurasia in etwa in die heutigen Kontinente. Das Klima blieb weiterhin feuchtwarm, schwankte jedoch stärker in Abhängigkeit von den Jahreszeiten. In der Vegetation wurden viele Palmfarne, Samenfarne und Nadelgewächse durch bedecktsamige Blütenpflanzen, vor allem durch Laubbäume, verdrängt. Auch unter Insekten, Krebstieren, Fischen, Schildkröten und Säugern kamen viele neue Arten auf. Bei den Dinosauriern entwickelten sich in dieser Zeit ebenfalls zahlreiche neue Arten, wie beispielsweise *Iguanodon*, *Deinonychus*, *Tyrannosaurus* und *Hypsilophodon*. Gegen Ende der Kreide starben allerdings alle Dinosaurier aus. Die Ursachen dafür sind unbekannt; wahrscheinlich kam es infolge drastischer Klimaveränderungen, die möglicherweise durch den Einschlag eines riesigen Meteoriten auf die Erde oder durch gewaltige Vulkanausbrüche ausgelöst wurden, zu einem Massenaussterben. Diesem fielen nicht nur die Dinosaurier zum Opfer, sondern u.a. auch Meereslebewesen wie die Fischsaurier (s.S. 76-77) oder die Ammoniten (s.S. 288).

Lage der heutigen Kontinente während der Kreide

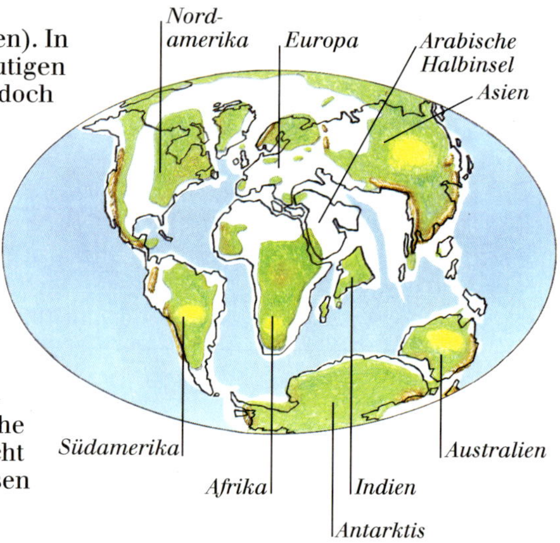

Einige Pflanzen der Kreide

Heutige Kiefer
(Pinus muricata)

Heutige Magnolie
(Magnolia sp.)

Fossiler Farn
(Sphenopteris latiloba)

Fossiler Ginkgo
(Ginkgo pluripartita)

Fossiler Laubbaum
(Cercidyphyllum sp.)

Einige Dinosaurier der Kreide

Saltasaurus
Familie: Titanosauridae
Länge: ca. 12 m

Torosaurus
Familie: Ceratopsidae
Länge: ca. 7,50 m

Hypsilophodon
Familie: Hypsilophodontidae
Länge: ca. 1,50–2,50 m

Die Erde während der Kreide

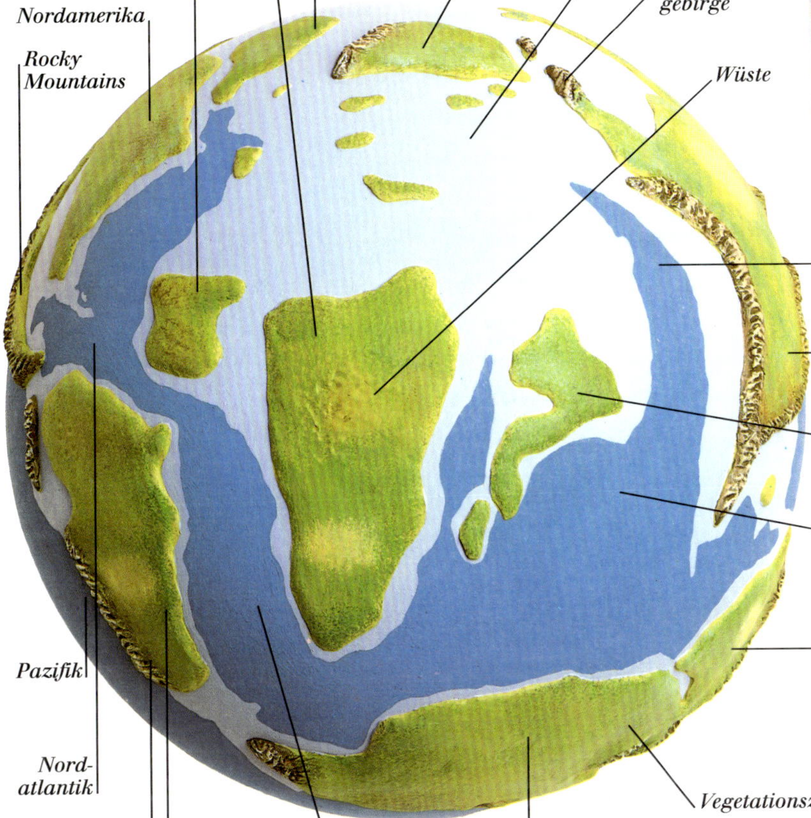

Einige Tiere der Kreide

Fossiles Insekt
(Libellulium longialatum)

Fossile Meeresschildkröte
(Plesiochelys latiscutata)

Fossiler Hummer
(Homarus sp.)

Fossiles Krokodil

Fossiler Knochenfisch
(Lepidotes maximus)

Tyrannosaurus
Familie: Tyrannosauridae
Länge: ca. 12 m

Deinonychus
Familie: Dromaeosauridae
Länge: ca. 2,50–3,50 m

Iguanodon
Familie: Iguanodontidae
Länge: ca. 9 m

Das Tertiär

Dem Untergang der Dinosaurier Ende der Kreidezeit folgte das Tertiär (vor 65–1,6 Mio. J.), das den ersten Abschnitt der Erdneuzeit (Känozoikum, vor 65 Mio. J. bis heute) darstellt. Diese Zeit ist geprägt vom Aufstieg der Säugetiere. Bei den plazentalen Säugetieren wachsen die Jungen im Mutterleib heran und werden über den Mutterkuchen (Plazenta) ernährt. In der Kreidezeit gab es nur drei Gruppen dieser echten Säugetiere, im Tertiär dagegen stieg die Zahl auf 25. Zu einer dieser 25 Ordnungen gehörte auch der afrikanische *Australopithecus,* der erste Hominide (s.S.114–115). Zu Beginn der Tertiärzeit hatten die Kontinente nahezu ihre heutige Lage erreicht. Die Tethys, die die Nordkontinente von Indien und Afrika getrennt hatte, schrumpfte zum Mittelmeer. Nun konnten Tiere von Afrika nach Europa gelangen und umgekehrt. Wo Indien auf Asien prallte, erhob sich der Himalaja. Im mittleren Tertiär wurden waldlebende, laubäsende Säugetiere von Tieren wie den Pferden abgelöst, die besser an ein Leben in der sich nun immer weiter ausbreitenden Grassteppe angepaßt waren. Wiederholte Kälteperioden im Tertiär führten zur Ausprägung des Kontinents Antarktika als Eisinsel.

Lage heutiger Landmassen im Tertiär

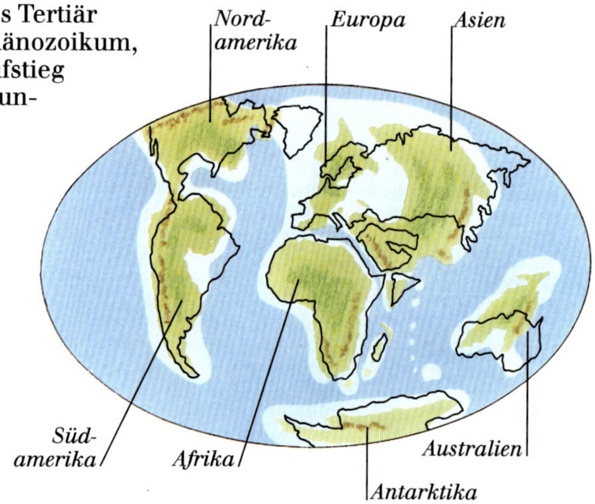

Beispiele von Pflanzengruppen aus dem Tertiär

Eine heutige Eiche
(Quercus palustris)

Eine heutige Birke
(Betula grossa)

Versteinertes Blatt einer ausgestorbenen Birke
(Betulites sp.)

Versteinerter Stamm einer ausgestorbenen Palme
(Palmoxylon sp.)

Beispiele für Tiergruppen aus dem Tertiär

Hyaenodon
Familie: Hyaenodontidae
Länge: 2 m

Titanohyrax
Familie: Pliohyracidae
Länge: 2 m

Phorusrhacus
Familie: Phorusrhacidae
Länge: 1,5 m

Samotherium
Familie: Giraffidae
Länge: 3m

Die Erde im Tertiär

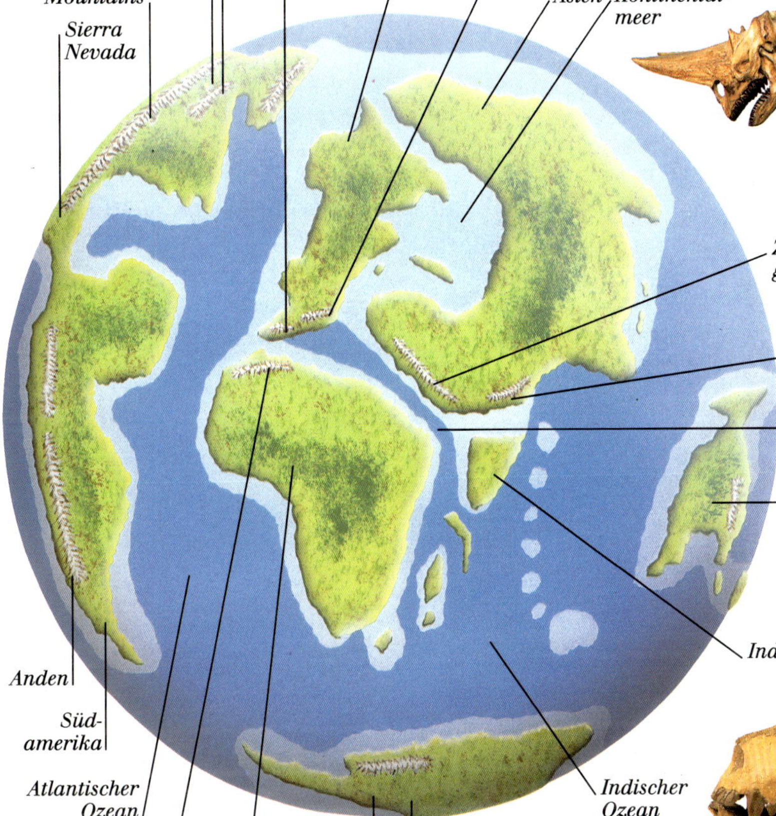

Tiere aus dem Tertiär

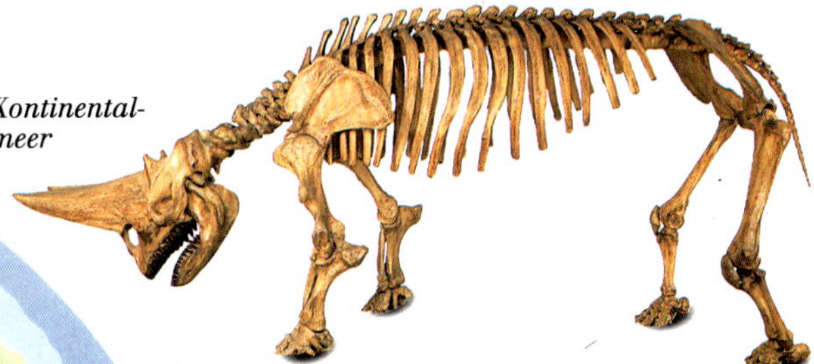

Ein ausgestorbenes Säugetier
(Arsinoitherium)

Ausgestorbener Säuger
(Merycoidodon culbertsonii)

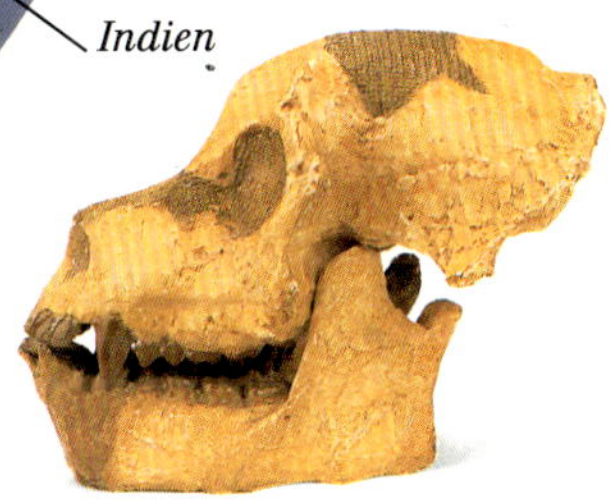

Ausgestorbener Hominide
(Aegyptopithecus sp.)

Eine ausgestorbene Gehäuseschnecke
(Ecphora quadricostata)

Mammut
Familie: Mammutidae
Länge: 2,5 m

Tetralophodon
Familie: Gomphotheriidae
Länge: 2,5 m

Das Quartär

Das Quartär (vor 1,6 Mio. Jahren bis heute), der zweite Abschnitt der Erdneuzeit, ist gekennzeichnet durch einen ständigen Wechsel von Eis- und Warmzeiten (Zwischeneiszeiten). Während der Eiszeiten bedeckten Gletscher weite Teile der Kontinente im Norden und im Süden. Vereisung und Kälte in Nordamerika und Eurasien, in geringerem Maße auch in Südamerika und Australien, führten zum Rückzug vieler Lebensformen in wärmere Gebiete um den Äquator. Lediglich besonders kälteangepaßte Tiere wie Mammut oder Wollnashorn konnten mit ihrem dichten Fell und einer isolierenden Speckschicht in den kalten Regionen überleben. Der Mensch entwickelte sich im Pleistozän (vor 1,6 Mio.– vor 10.000 Jahren) in Afrika und zog nordwärts nach Europa und Asien. Der moderne Mensch, *Homo sapiens*, lebte vor 30.000 Jahren auch im eiszeitlichen Europa und jagte Säugetiere. Das Ende der letzten Eiszeit und die damit verbundenen klimatischen Veränderungen vor etwa 10.000 Jahren führten zum Aussterben vieler Tiere des Pleistozäns, der Mensch aber breitete sich über die ganze Erde aus.

Lage der Kontinente im Pleistozän

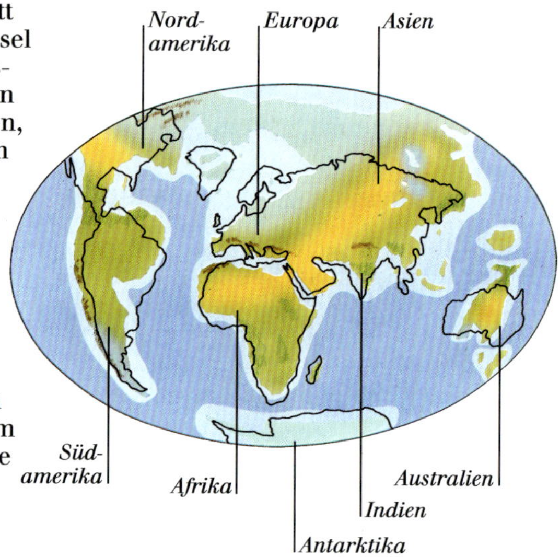

Pflanzengruppen aus dem Quartär

Heutige Birke
(Betula lenta)

Heutiger Amberbaum
(Liquidambar styraciflua)

Fossiles Amberbaumblatt
(Liquidambar europeanum)

Fossiles Birkenblatt
(Betula sp.)

Tiergruppen aus dem Quartär

Procoptodon
Familie: Macropodidae
Länge: 3 m

Diprotodon
Familie: Diprotodontidae
Länge: 3 m

Toxodon
Familie: Toxodontidae
Länge: 3m

Mammuthus
Familie: Elephantidae
Länge: 3 m

Die Erde im Quartär

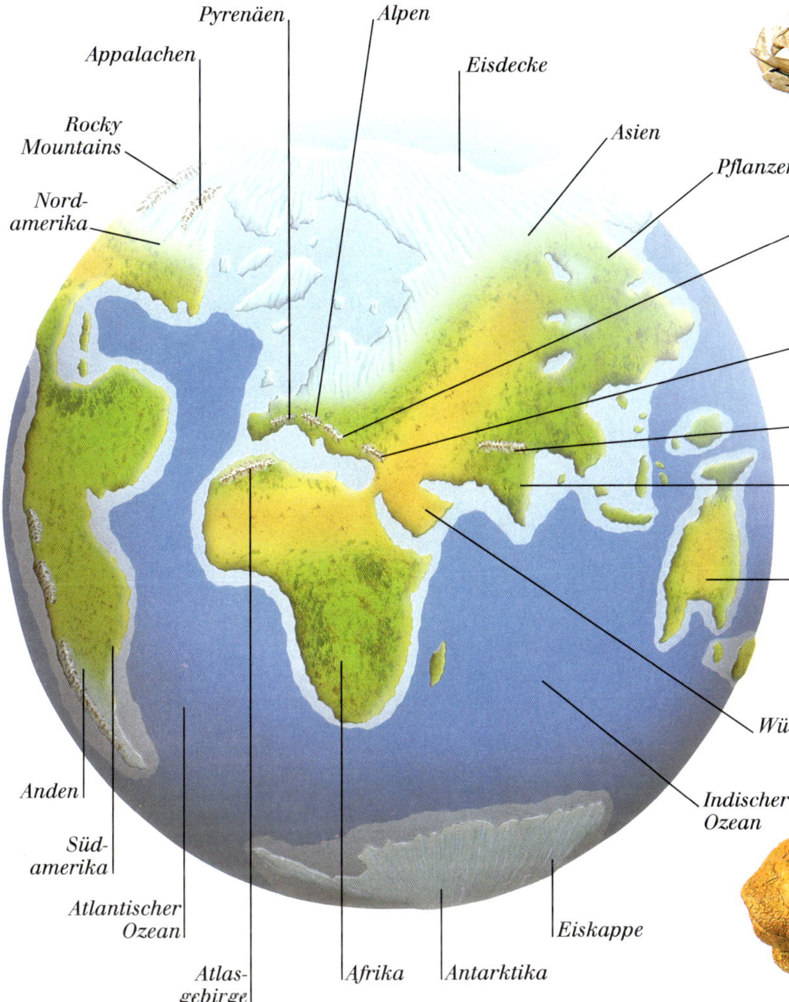

Einige Tiere aus dem Quartär

Ein Säugerskelett
(Hippopotamus amphibius)

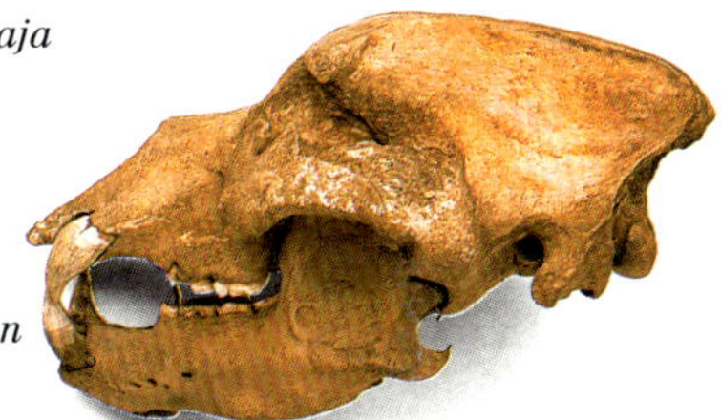

Schädel eines ausgestorbenen Höhlenbären
(Ursus spelaeus)

Schädel einer ausgestorbenen Schildkröte
(Meiolania platyceps)

Zahn eines Mammuts
(Mammuthus primigenius)

Deinotherium
Familie: Deinotheriidae
Länge: 4 m

Coelodonta
Familie: Rhinocerotidae
Länge: 4 m

Australopithecus
Familie: Hominidae
Länge: 1,2 m

Erste Lebensspuren

Als die Erde entstanden war, gab es noch fast 1 Mrd. Jahre lang kein Leben auf ihr. Die ersten bekannten organischen Strukturen entstanden vor etwa 3,4 Mrd. Jahren im Meer. Prokaryonten, einzellige Mikroorganismen wie die Blaualgen, konnten Photosynthese treiben (s.S.144–145) und produzierten auf diese Weise Sauerstoff. Eine weitere Milliarde Jahre später hatte sich in der Erdatmosphäre genügend Sauerstoff angesammelt, daß mehrzellige Lebewesen sich in den Meeren des Präkambriums (vor über 570 Mio. Jahren) ausbreiten konnten. Weiche Quallen, Korallen und Meereswürmer hatten ihre Blütezeit vor etwa 700 Mio. Jahren. Trilobiten, die ersten Tiere mit einem harten Außenskelett, entwickelten sich im Kambrium (vor 570–510 Jahren). Doch erst zu Beginn des Devons (vor 409–363 Mio Jahren) bildeten die ersten Landpflanzen, z.B. *Asteroxylon* eine Cuticula („Blatthaut“) aus, die eine schnelle Wasserverdunstung aus der Pflanze verhinderte. Damit konnten diese Pflanzen das Land erobern. Vor etwa 363 Mio. Jahren gingen die ersten Amphibien (s.S.86–87) an Land, doch sie brauchten das Wasser noch zur Eiablage. Erst die Reptilien konnten auch trockene Lebensräume besiedeln; ihre Jungen entwickelten sich in verdunstungsgeschützten Eiern außerhalb des Wassers.

STROMATOLITHISCHER KALKSTEIN

VERSTEINERTER KIEFERLOSER FISCH

VERSTEINERTER TRILOBIT

VERSTEINERTER SEESTERN

OBERSEITE EINES SEESTERNFOSSILS

UNTERSEITE EINES SEESTERNFOSSILS

VERSTEINERTER EURYPTERIDE (VON UNTEN)

FOSSIL EINER AUSGESTORBENEN GARNELE

NACHBILDUNG EINES ASTEROXYLON

Amphibien und Reptilien

Die ältesten bekannten Amphibien, *Acanthostega* und *Ichthyostega,* lebten vor etwa 363 Mio. Jahren am Ende des Devon (vor 409–363 Mio. Jahren). Ihre Beine entstanden wahrscheinlich aus den muskulösen Flossen von lungenfischartigen Vorfahren. Lungenfische können mit ihren Flossen am Grunde von Gewässern entlang„laufen“, und einige von ihnen können Luft atmen. Amphibien (s. Lurche, S. 188-189) können zwar auf dem Land leben, doch sie sind noch vom Wasser abhängig, weil ihre Haut keinen Schutz vor Wasserverlust bietet und sie zur Eiablage ins nasse Element zurückkehren müssen. Aus Amphibienvorfahren entwickelten sich die Reptilien (s.S.190–193). Sie traten erstmals im Karbon (vor 363–290 Mio Jahren) auf: *Westlothiana,* das älteste bekannte Reptil, besiedelte vor 338 Mio. Jahren das Festland. Die Entwicklung amniotischer Eier, bei denen der Embryo in einer Hülle (Schafshaut oder Amnion) seinen eigenen Wasservorrat hat und in denen er von einer wasserundurchlässigen Schale geschützt ist, machte die Reptilien unabhängig von Gewässern. Eine schuppige Haut bewahrte sie vor dem Austrocknen und ermöglichte somit die Eroberung von Lebensräumen, die ihren Amphibienahnen verwehrt blieben. Zu den Reptilien zählen auch die Dinosaurier, die das Land im Mesozoikum (vor 245–65 Mio. Jahren) beherrschten (s.S. 88–109).

FOSSILER ACANTHOSTEGA-SCHÄDEL

MODELL EINES ICHTHYOSTEGA

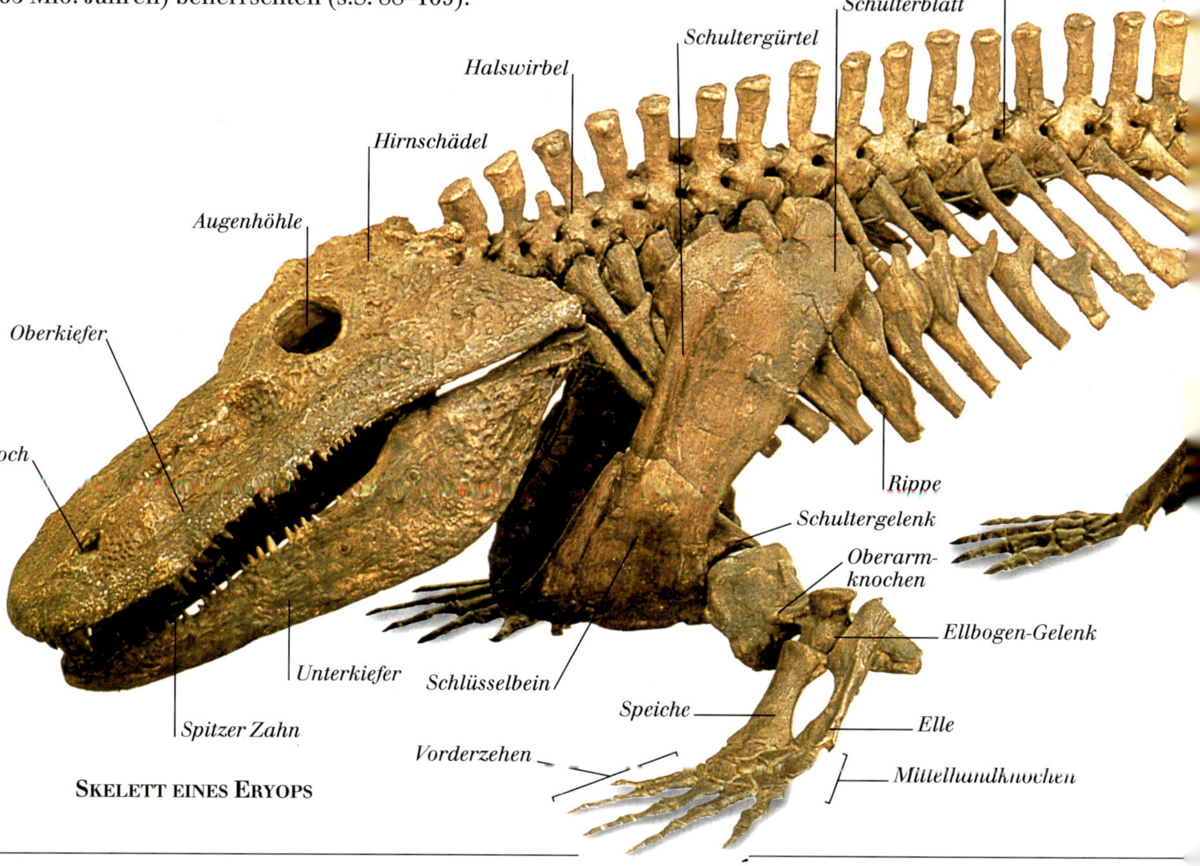

SKELETT EINES ERYOPS

FOSSILES SKELETT VON WESTLOTHIANA

FOSSILES SKELETT EINES PAREIASAURUS

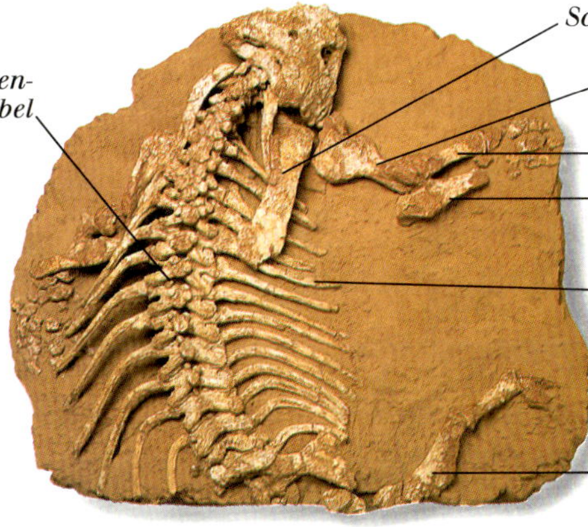

MODELL VON WESTLOTHIANA

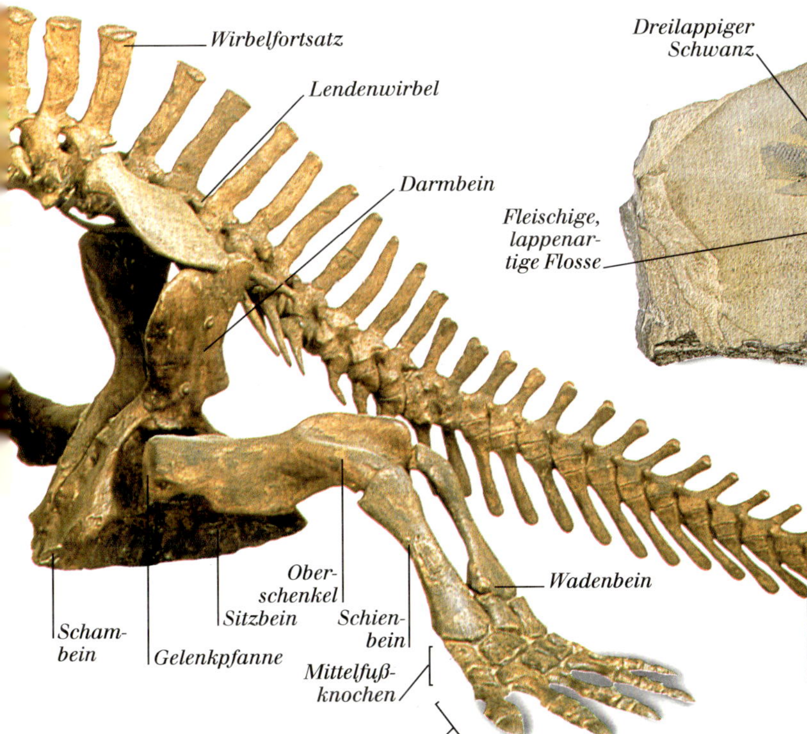

VERSTEINERTER LUNGENFISCH

Dinosaurier

Die Dinosaurier sind die wohl bekannteste und beliebteste Reptiliengruppe. Über 165 Mio. Jahre beherrschten sie im Mesozoikum (vor 245–65 Mio. Jahren) das Land. Die ersten Dinosaurier lebten vor etwa 230 Mio. Jahren. Was diese Gruppe von allen anderen Reptilien unterschied, war ihre Gliedmaßenstellung: Bei den Dinosauriern saßen die Beine wie bei heutigen Säugetieren gerade unter dem Körper. So war der Körper, anders als bei den typischen Kriechtieren, deutlich vom Boden abgehoben. Ein hochentwickeltes Hüftgelenk ermöglichte eine fortschrittliche Fortbewegung. Anhand ihres Beckens unterscheidet man zwei Gruppen: Saurischier (Echsenbeckensaurier) und Ornithischier (Vogelbeckensaurier). Bei den Saurischiern weist das Schambein nach vorn, während es bei den Ornithischern parallel zum Sitzbein nach hinten zeigt. An Formenvielfalt waren die Dinosaurier den heutigen Säugetieren vergleichbar. In allen Lebensräumen, als riesige Räuber, als Rudeljäger, als große und kleine Pflanzenfresser waren sie erfolgreich – bis sie vor 65 Mio. Jahren ausstarben.

SAURISCHIERBECKEN

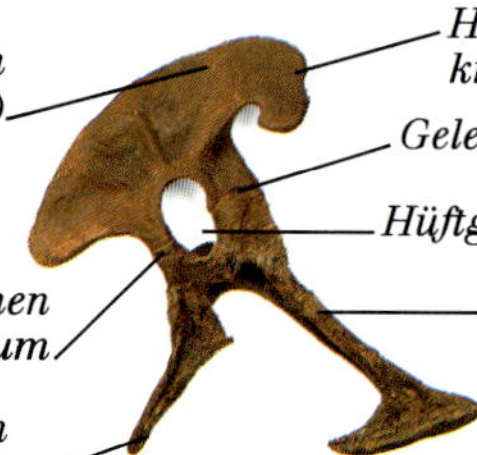

Gallimimus
Ein Echsenbeckensaurier

Lage der Beckenknochen bei einem Echsenbeckensaurier

ORNITHISCHIER-BECKEN

Hypsilophodon
Ein Vogelbeckensaurier

Lage der Beckenknochen bei einem Vogelbeckensaurier

Barosaurus
Ein Echsenbeckensaurier

VERGLEICH DER GLIEDMASSENSTELLUNG

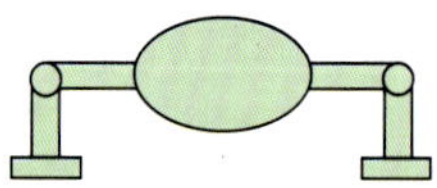

Schubkriechend
Oberschenkel und Oberarme stehen seitlich vom Körper ab, die Unterschenkel bzw. Unterarme sind rechtwinklig nach unten abgeknickt.

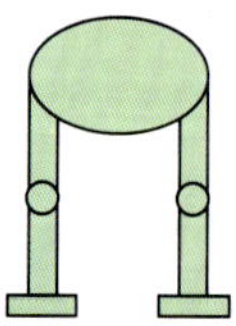

Voll erhoben
Bei allen Dinosauriern standen Arme und Beine gerade unter dem Körper (wie bei Säugetieren).

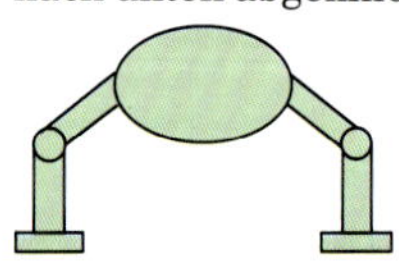

Halb erhoben
Oberschenkel und Oberarme weisen seitlich nach unten. Unterschenkel und Unterarme sind stumpfwinklig abgeknickt.

Grüner Leguan
(Iguana iguana)
Ein heutiges Reptil

Stumpfkrokodil
(Osteolaemus tetraspis)
Ein heutiges Reptil

Dinosaurierklauen

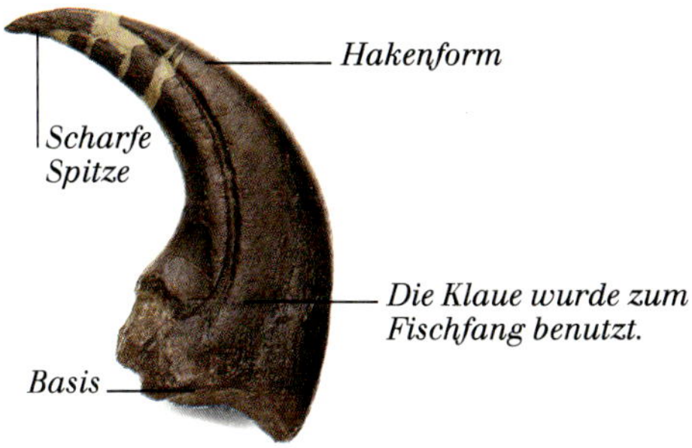

Daumenklaue von Baryonyx

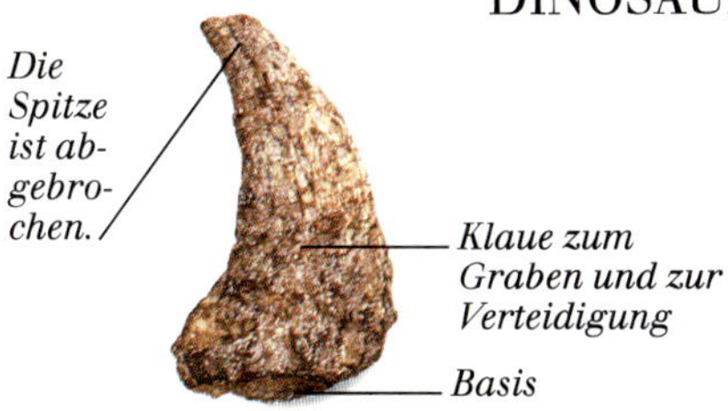

Daumenklaue von Massospondylus

Daumenklaue von Apatosaurus

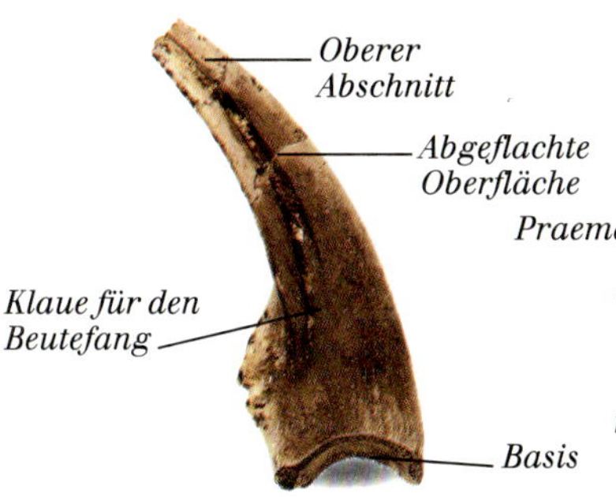

Fingerklaue von Ornithomimus

Dinosaurierstammbaum

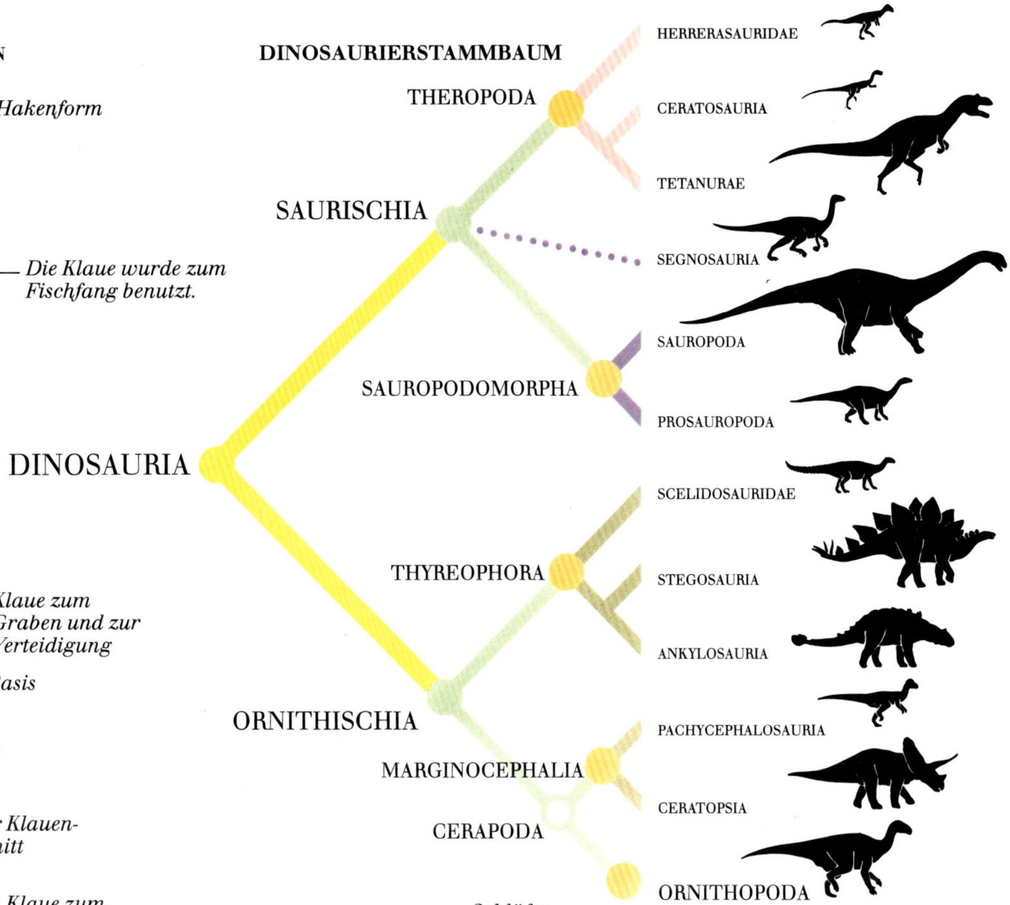

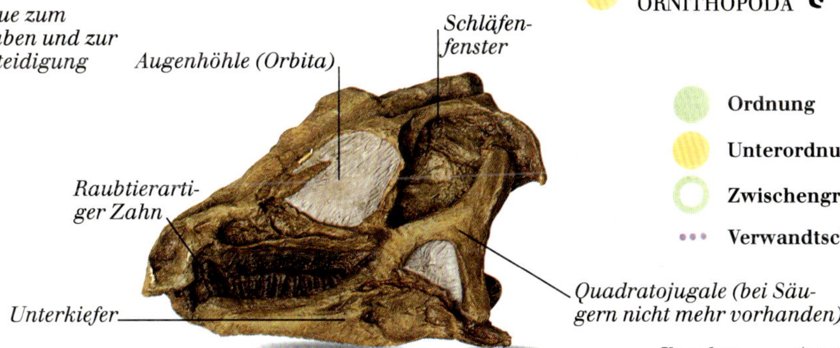

Schädel eines Heterodontosaurus

Schädel eines Baryonyx

Theropoden 1

Vor etwa 230 Mio. Jahren, Ende der Trias, entstand eine besonders erfolgreiche Unterordnung der Echsenbeckensaurier: die zweibeinigen Theropoden („Tierfüßer"). Sie lebten während der gesamten Dinosaurierzeit (vor 230–65 Mio. Jahren). Der älteste Fund stammt aus Südamerika. Zu den Theropoden gehörten die meisten bekannten Raubsaurier. Der typische Theropode hatte kleine Arme mit spitz bekrallten Fingern, kräftige Kiefer mit spitzen Zähnen, einen s-förmigen Hals und lange, muskulöse Hinterbeine mit bekrallten, meist vierzehigen Füßen. Viele waren wahrscheinlich warmblütig, die meisten Räuber. Das Größenspektrum reichte von nur hühnergroßen Arten bis zu Riesen wie *Tyrannosaurus* und *Baryonyx.* Zu dieser Gruppe gehörten aber auch straußenartige Allesfresser und Pflanzenfresser mit zahnlosen Schnäbeln wie *Struthiomimus* und *Ornithomimus.* Die nächsten lebenden Verwandten der Dinosaurier, die Vögel, leiten sich von einem gemeinsamen Vorfahren mit den Theropoden ab. Der Urvogel *Archaeopteryx* lebte zur gleichen Zeit wie seine Dinosaurierverwandten.

MUSKELN UND KONCHEN EINES ALBERTOSAURUSBEINS

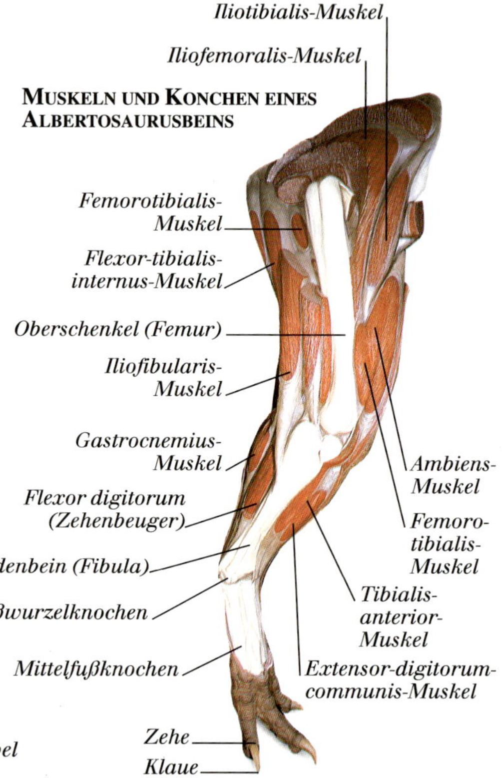

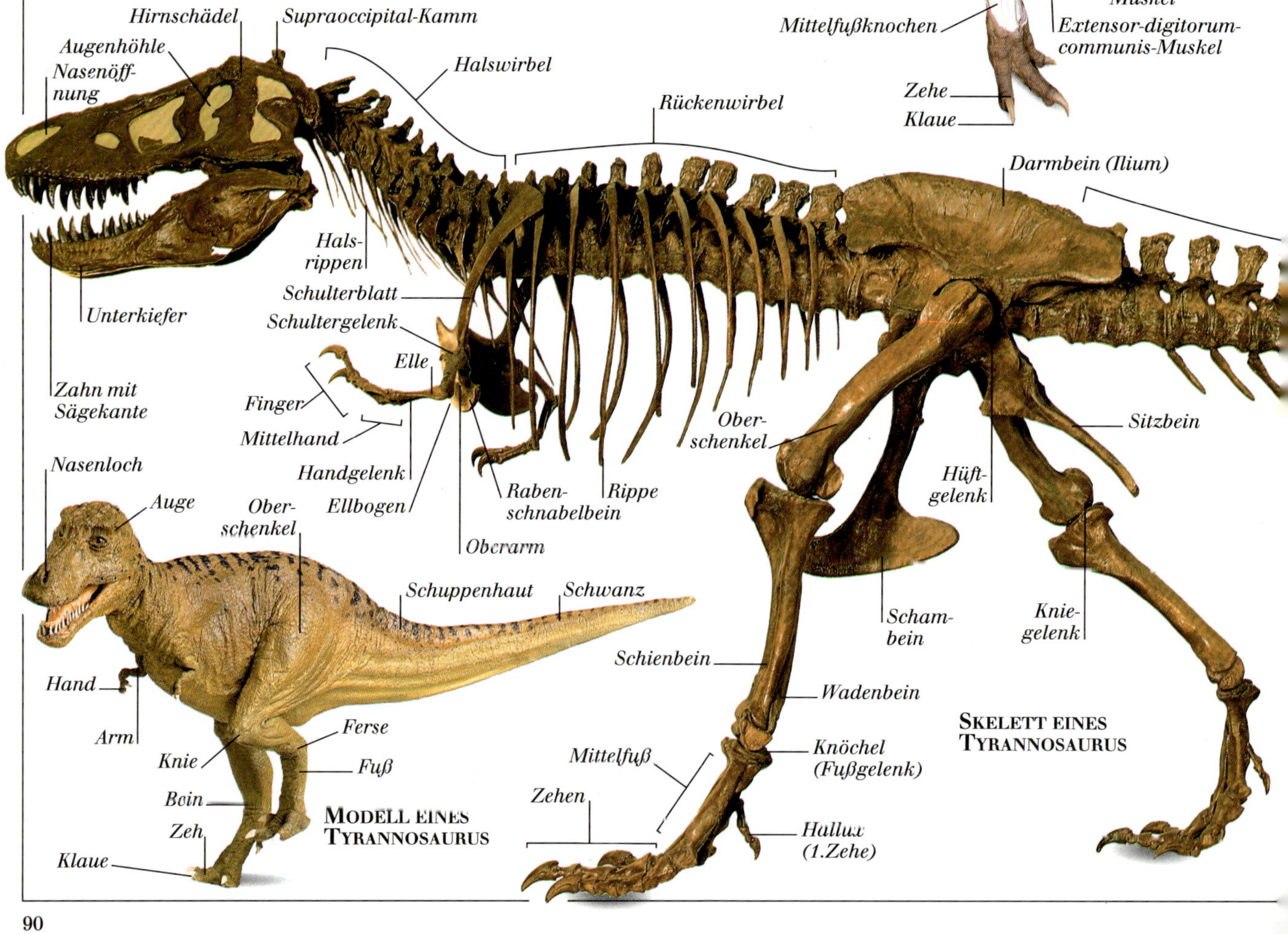

SKELETT EINES TYRANNOSAURUS

MODELL EINES TYRANNOSAURUS

Fossiles Skelett von Archaeopteryx

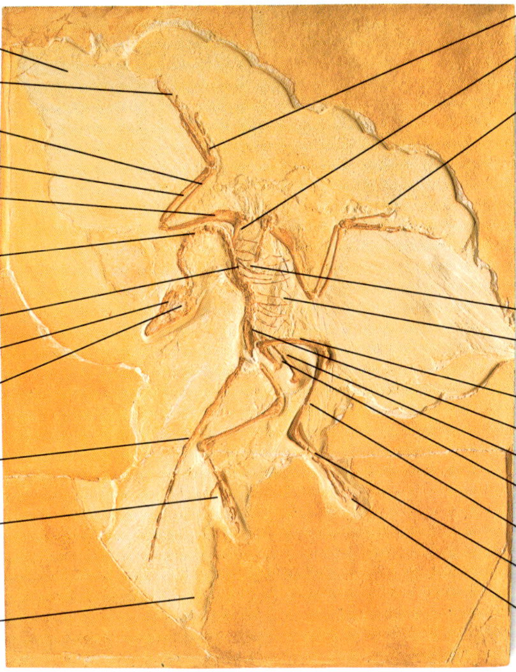

Skelett einer Baryonyx-Hand

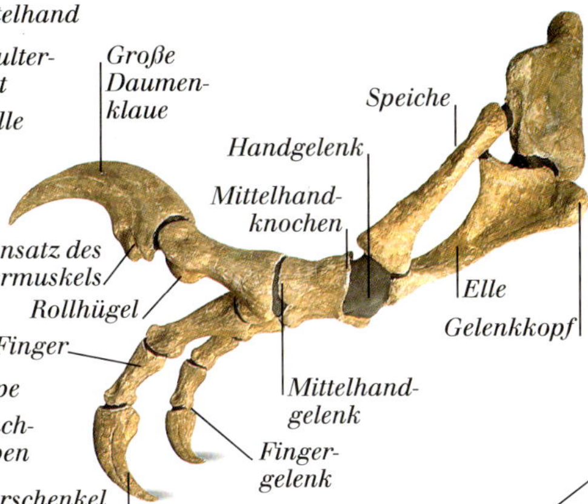

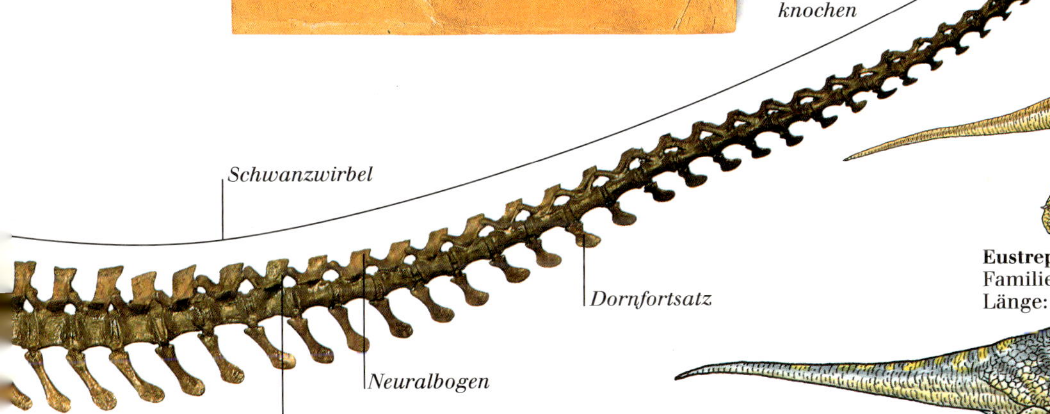

Einige grosse Theropoden

Eustreptospondylus
Familie: Megalosauridae
Länge: 7 m

Baryonyx
Familie: Baryonychidae
Länge: 9,1 m

Yangchuanosaurus
Familie: Ceratosauridae
Länge: 10 m

Kopf eines Allosaurus

Theropoden 2

VERSCHIEDENE ORNITHOMIMOSAURIER

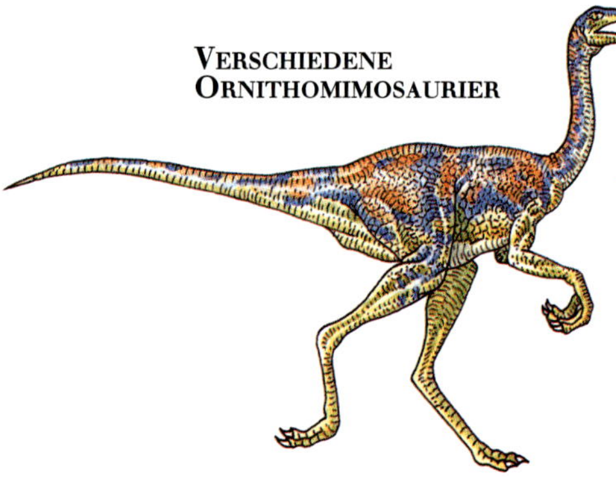

Dromiceiomimus
Länge: 3,50 m

Garudimimus
Länge: 3,50 m

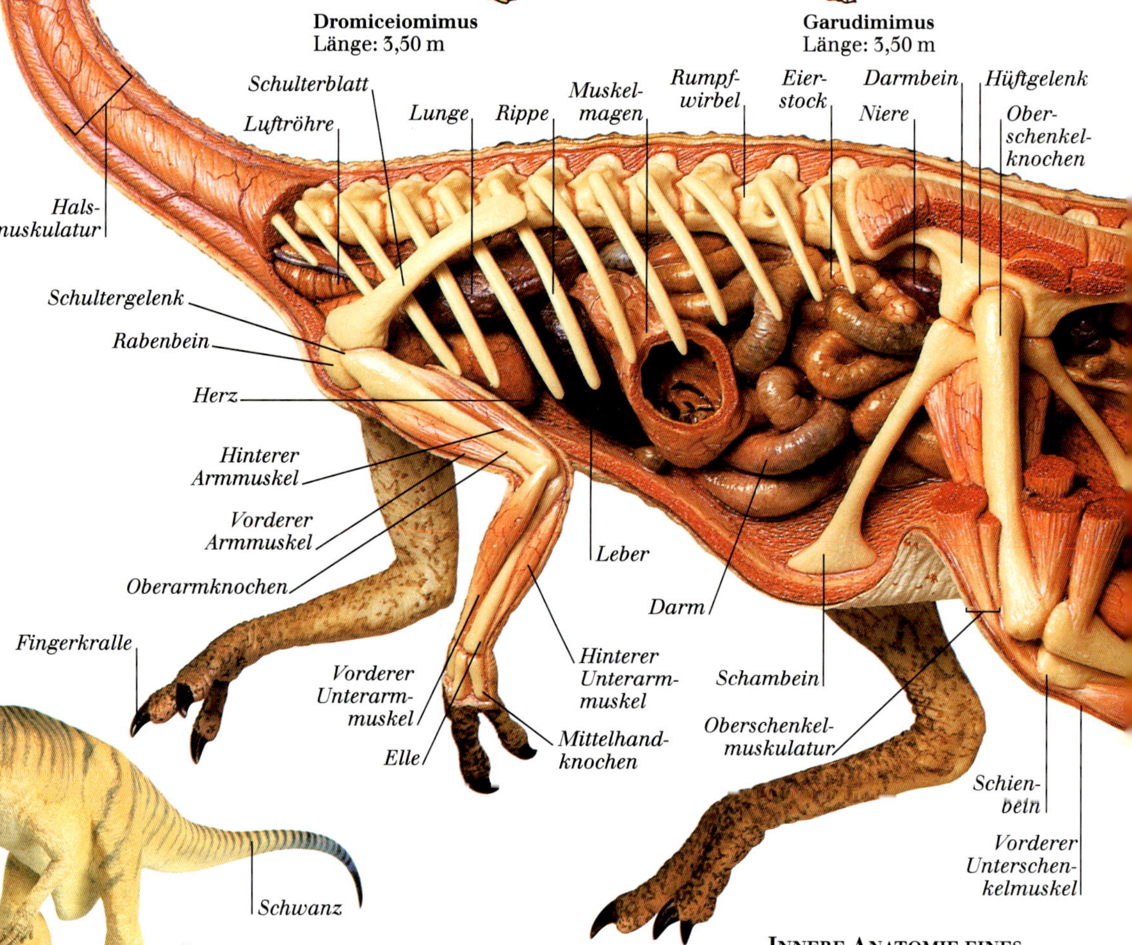

INNERE ANATOMIE EINES GALLIMIMUS-WEIBCHENS

ÄUSSERE MERKMALE EINES FRÜHEN THEROPODEN (HERRERASAURUS)

Verschiedene kleine Theropoden

Struthiomimus
Länge: 3,50 m

Chirostenotes
Länge: 2 m

Avimimus
Länge: 1,5 m

Coelurus
Länge: 1,8 m

Procompsognathus
Länge: 1,2 m

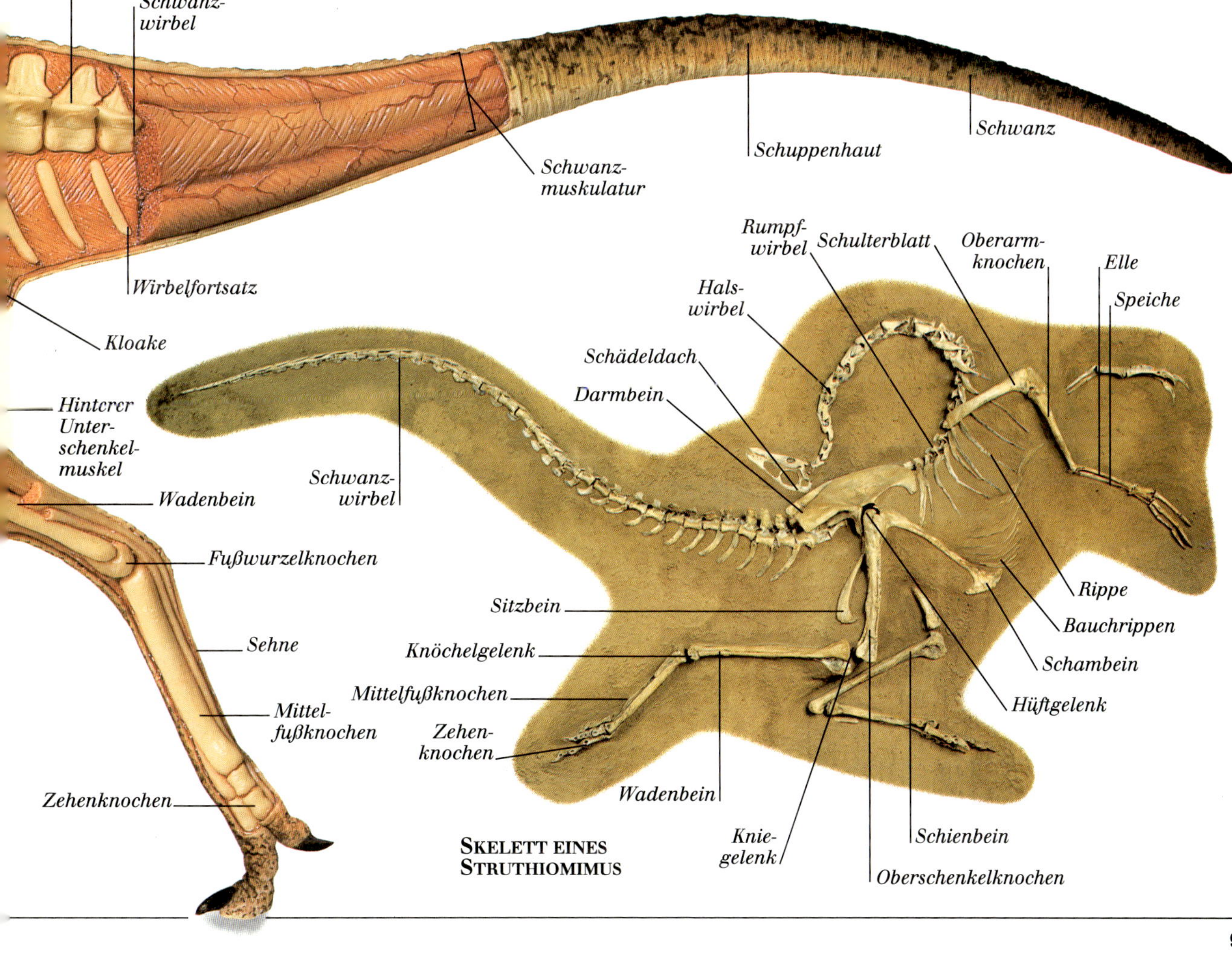

Skelett eines Struthiomimus

Sauropodomorphen 1

Thecodontosaurus

Die Sauropodomorpha bilden eine Unterordnung der Saurischia (Echsenbeckensaurier) und unterscheiden sich wesentlich von der zweiten Unterordnung, den Theropoden (s.S. 90-93). Sie liefen auf allen vieren. Die Sauropodomorphen lassen sich in zwei Zwischenordnungen unterteilen: Frühe Pflanzenfresser (Prosauropoda) und Langhalsige Pflanzenfresser (Sauropoda, s.S. 96-97). Die Prosauropoden bilden eine weltweit verbreitete Saurischiergruppe, die von der Oberen Trias bis zum Unteren Jura (vor 231 bis 188 Mio. Jahren) lebte. Sie waren die ersten großen herbivoren Dinosaurier. Der knapp 2,50 m lange *Anchisaurus* war ein besonders kleiner Vertreter, *Melanchosaurus* mit über 12 m Länge einer der größten Prosauropoden. Charakteristisch für Prosauropoden und Sauropoden waren u.a. ein kleiner Schädel, blattförmige Zähne, lange Hälse und Schwänze. Die Hinterbeine waren bei den Prosauropoden länger als die Arme, bei den Sauropoden war es eher umgekehrt. Zu den Sauropoden gehören die größten Landtiere aller Zeiten, u.a. *Diplodocus* und *Brachiosaurus*.

SCHÄDEL UND UNTERKIEFER EINES PLATEOSAURUS

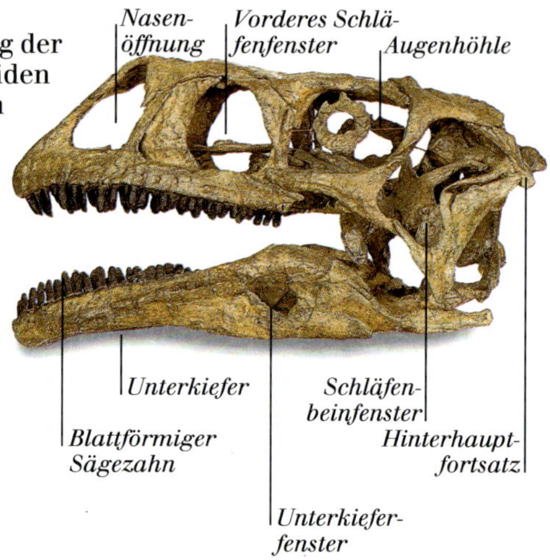

SKELETT EINES PLATEOSAURUS

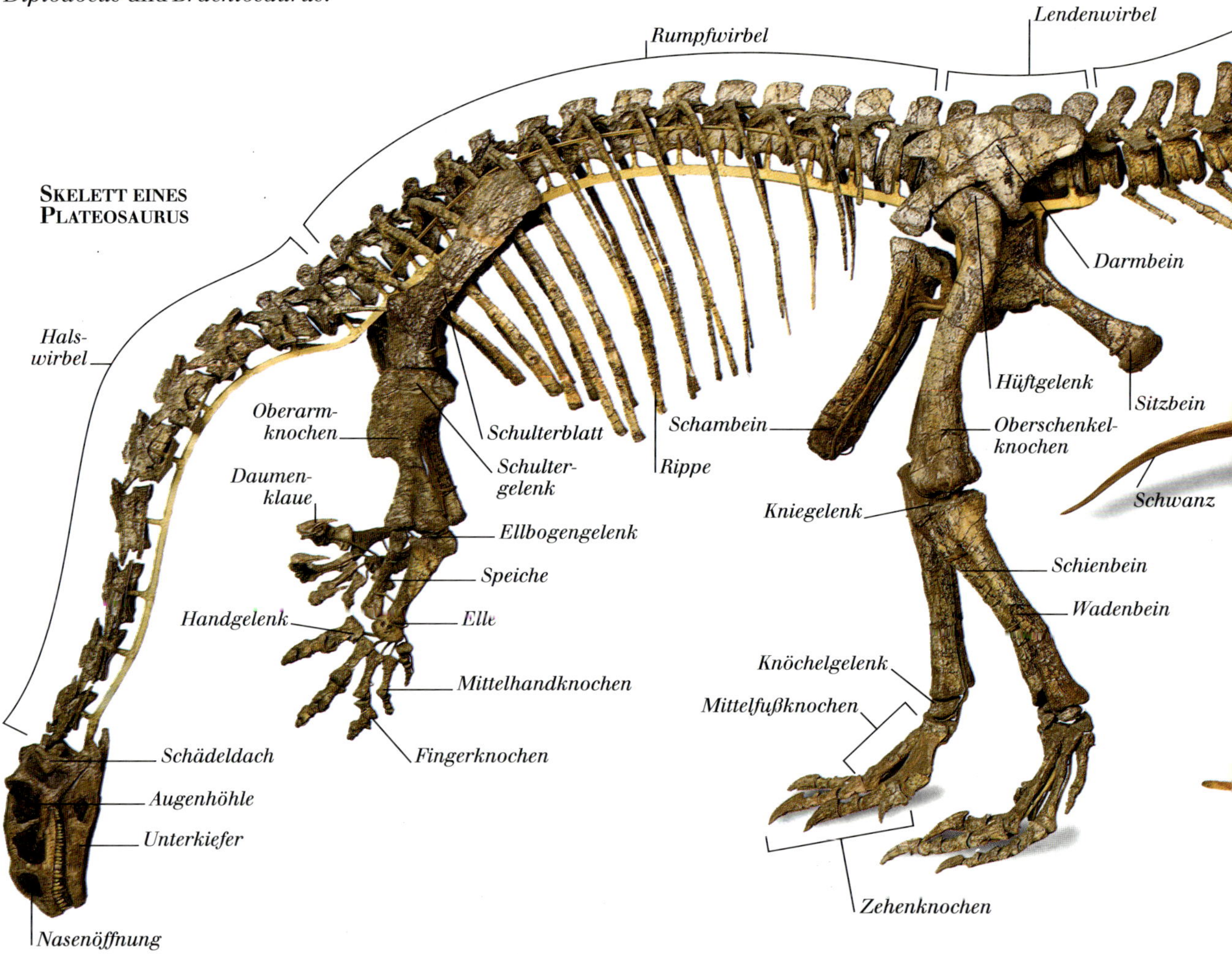

Daumenklaue eines Massospondylus

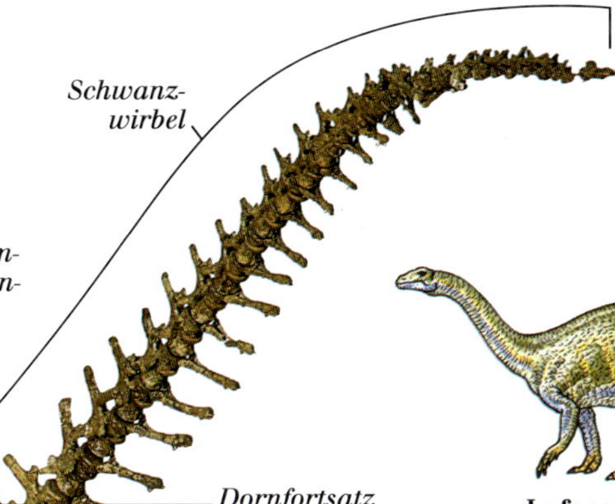
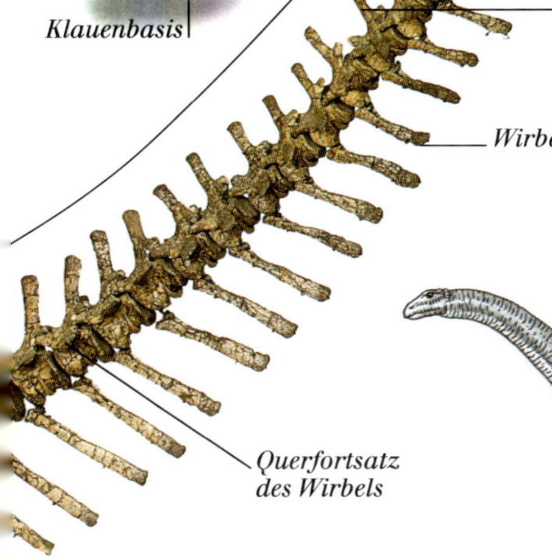

Verschiedene Prosauropoden

Massospondylus
Familie: Massospondylidae
Länge: 4 m

Lufengosaurus
Familie: Plateosauridae
Länge: ca. 6 m

Riojasaurus
Familie: Melanosauridae
Länge: 11 m

Melanosaurus
Familie: Melanosauridae
Länge: ca. 12 m

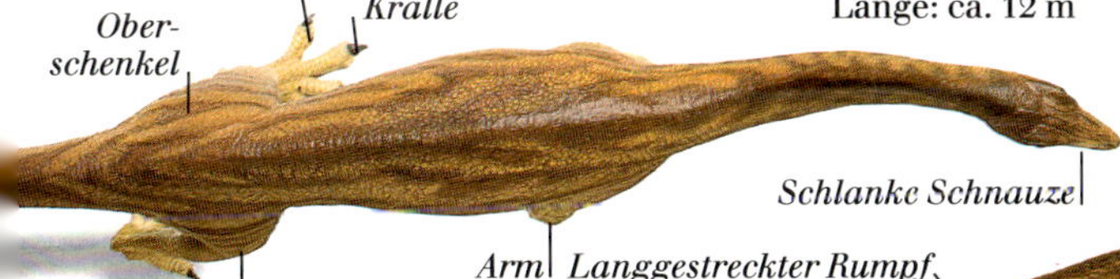

Ansicht eines Anchisaurus von oben

Äussere Merkmale eines Anchisaurus

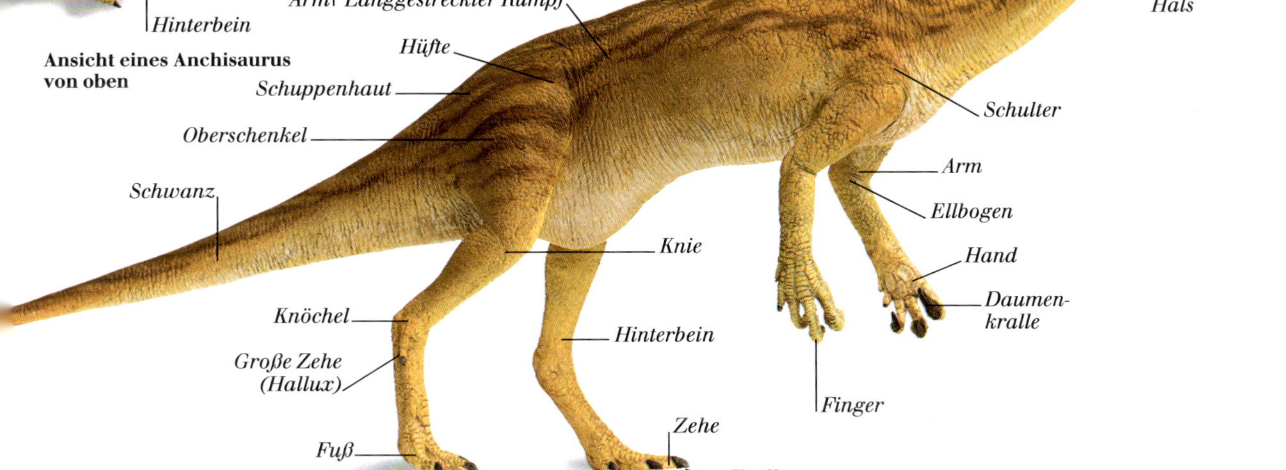

Seitenansicht eines Anchisaurus

Sauropodomorphen 2

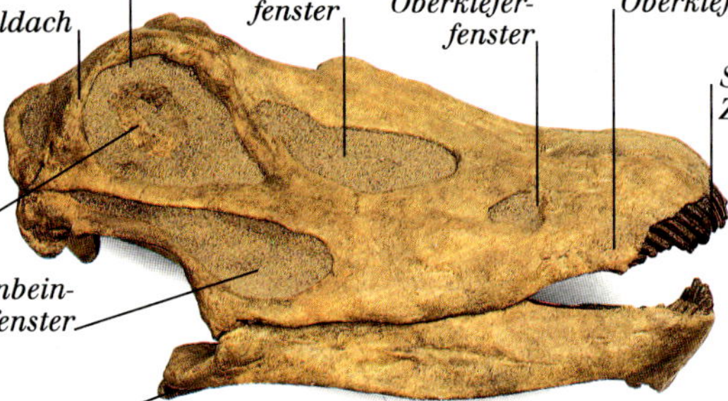

SCHÄDEL UND UNTERKIEFER EINES DIPLODOCUS

Vorderbein eines Elefanten

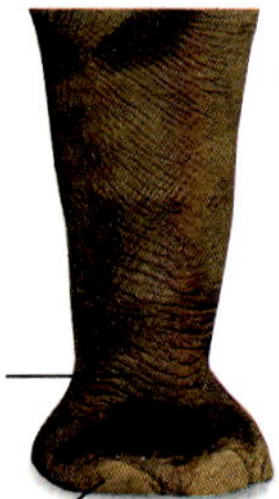

Vorderbeinknochen eines Elefanten

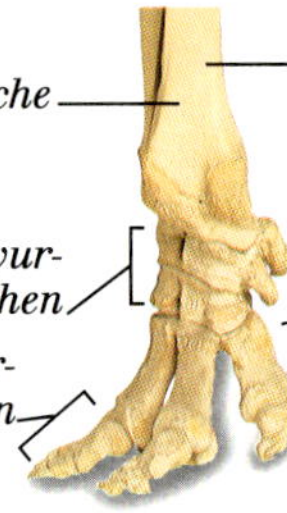

VORDERBEINE EINES ELEFANTEN UND EINES DIPLODOCIDEN IM VERGLEICH

Vorderbeinknochen eines Diplodocus

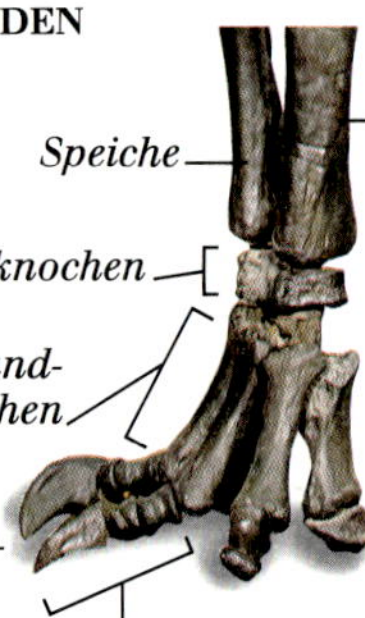

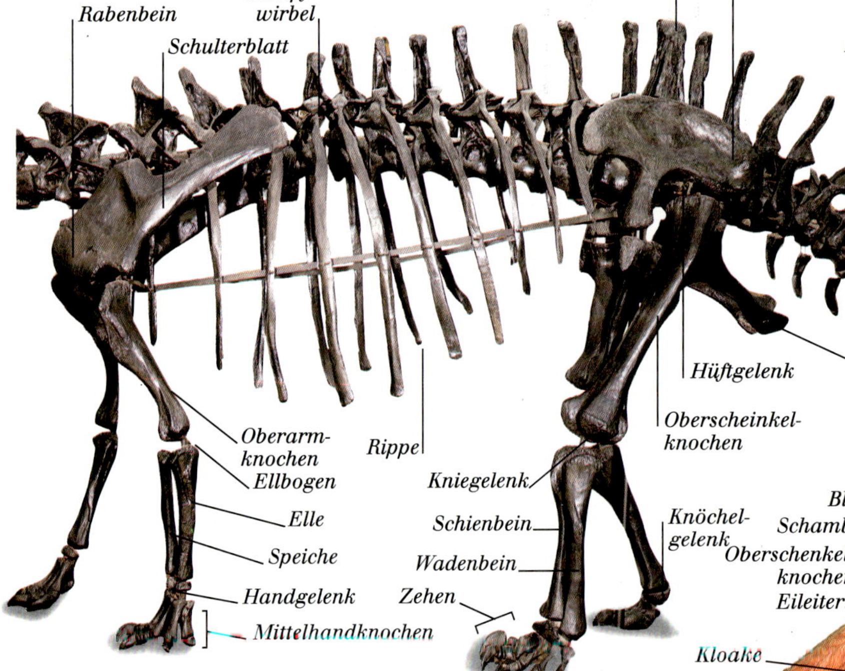

MITTLERER ABSCHNITT EINES DIPLODOCUS-SKELETTS

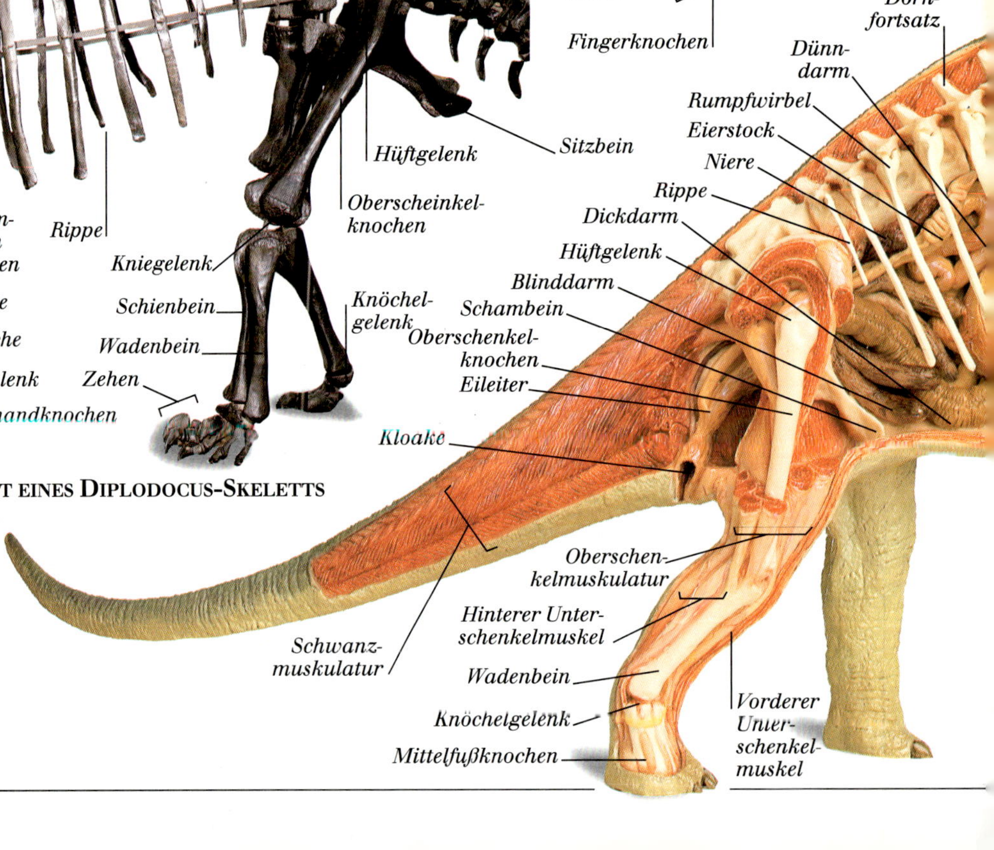

Fossile Eier von Titanosauriern

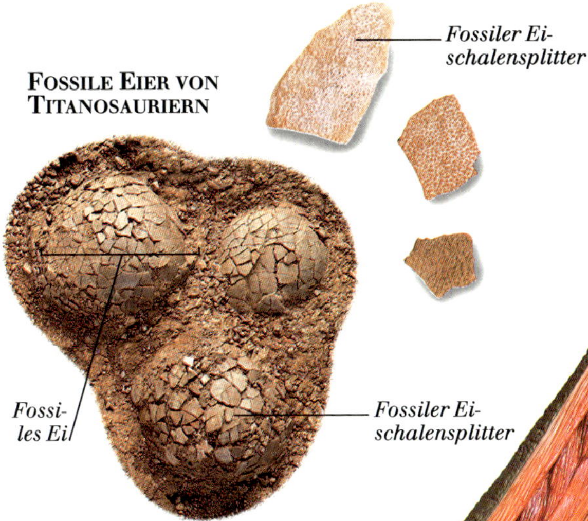

Innere Anatomie eines Brachiosaurus-Weibchens

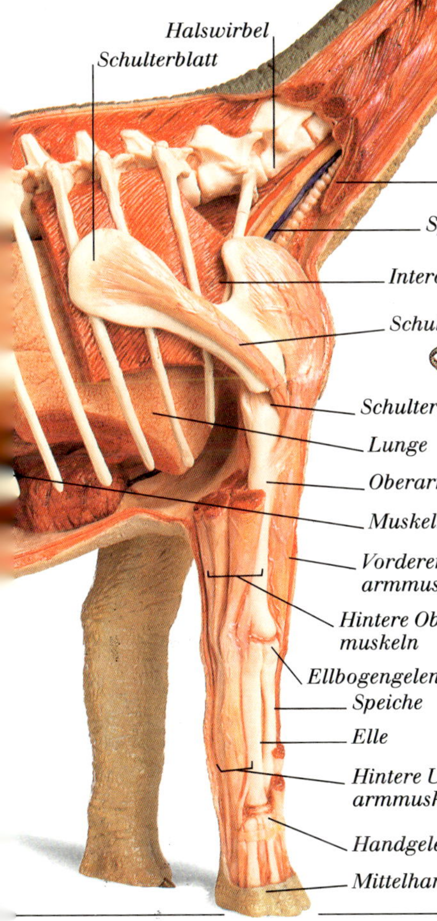

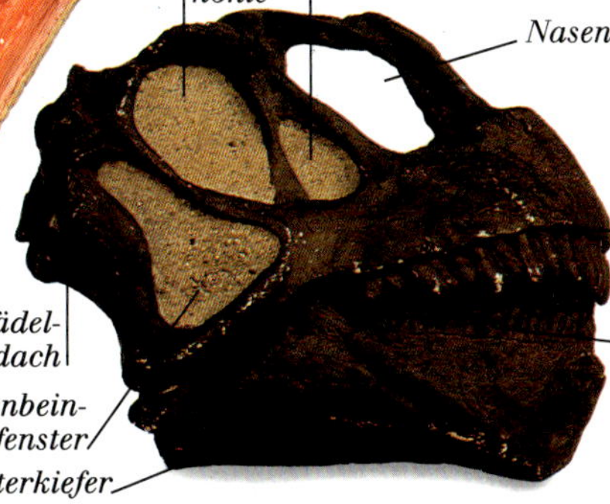

Schädel und Unterkiefer eines Camarasaurus

Cetiosaurus
Familie: Cetiosauridae
Länge: 18 m

Shunosaurus
Familie: Cetiosauridae
Länge: 10 m

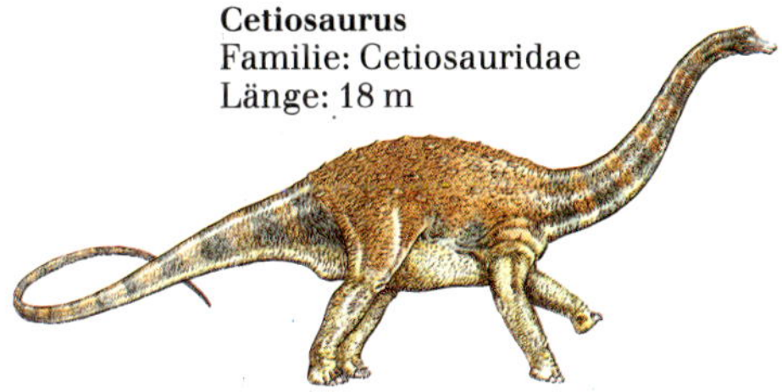

Saltasaurus
Familie: Titanosauridae
Länge: ca. 12 m

Diplodocus
Familie: Diplodocidae
Länge: 27,4 m

Thyreophora 1

Tuojiangosaurus
Familie: Stegosauridae
Länge: 7 m

Zur Ordnung Thyreophora („Schildträger“) zählen Scelidosaurier, Ankylosaurier und Stegosaurier. Die durchschnittlich 1,5 t schweren Stegosaurier (Stachelechsen) bildeten eine Gruppe mittelgroßer Ornithischier (von 3 bis 9 m Länge), die vom Mittleren Jura bis zur Oberkreide (vor 188 bis 65 Mio. Jahren) im heutigen Afrika, in Asien, Europa und Nordamerika vorkamen. Stegosaurier besaßen knöcherne Platten und Stacheln, die in einer Doppelreihe auf ihrem Rücken saßen. Die genaue Funktion dieser Körperanhänge ist unbekannt: Vielleicht dienten sie zur Verteidigung, zur Regulation der Körperwärme, oder sie wurden vielleicht auch bei Paarungsritualen eingesetzt. Stegosaurier verteidigten sich vermutlich auch mit Hilfe zusätzlicher Stacheln, die am Schwanzende, bei einigen Arten auch auf den Schultern saßen. Es gab zwei Familien – zum einen die Stegosauridae (z.B. *Stegosaurus*, *Tuojiangosaurus*), zum anderen die Huayangosauridae mit der einzigen Gattung *Huayangosaurus,* der als ziemlich urtümlicher Stegosaurier gilt. Die Ankylosaurier (Panzerechsen, s.S. 100–101) mit ihren zahnlosen Schnäbeln und den kleinen blattartigen Backenzähnen traten erst später als die Stegosaurier auf, zuerst vor etwa 155 Mio. Jahren in Nordamerika. Sie lebten bis zum Untergang der Dinosaurier vor etwa 65 Mio. Jahren.

Ansicht eines Stegosaurus von oben

ÄUSSERE MERKMALE EINES STEGOSAURUS

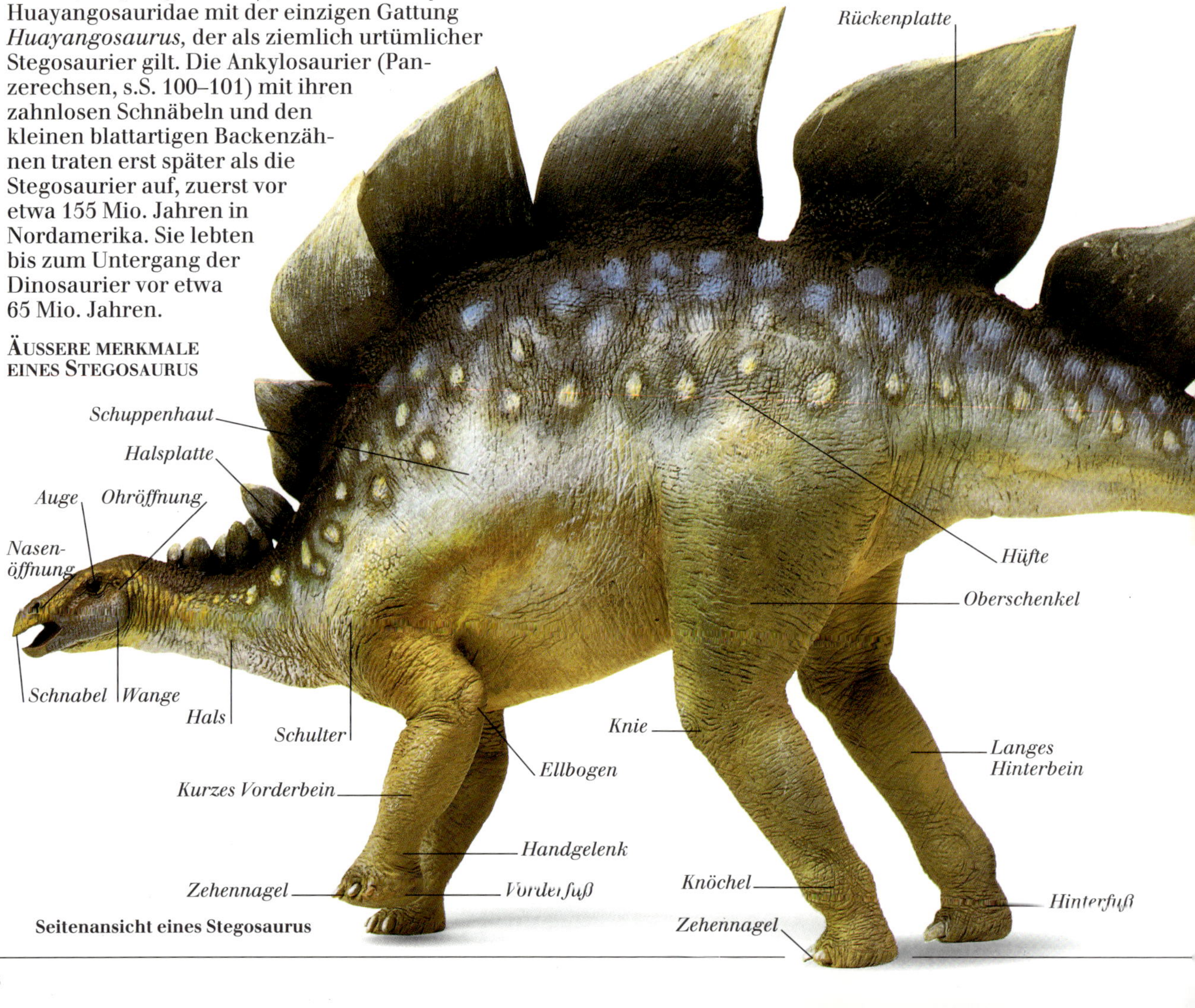

Seitenansicht eines Stegosaurus

Verschiedene Stegosaurier

Huayangosaurus
Familie: Huayangosauridae
Länge: 4 m

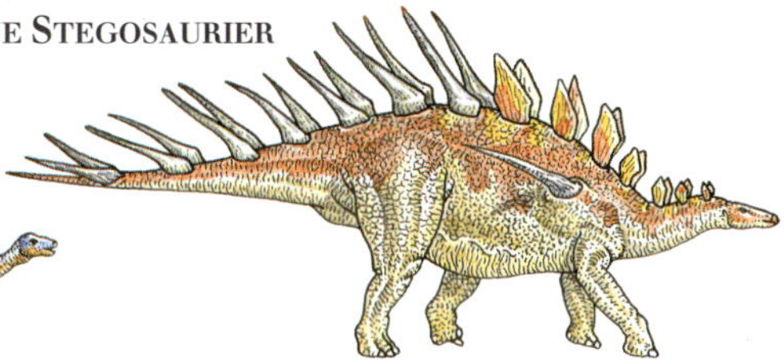

Kentrosaurus
Familie: Stegosauridae
Länge: ca. 5 m

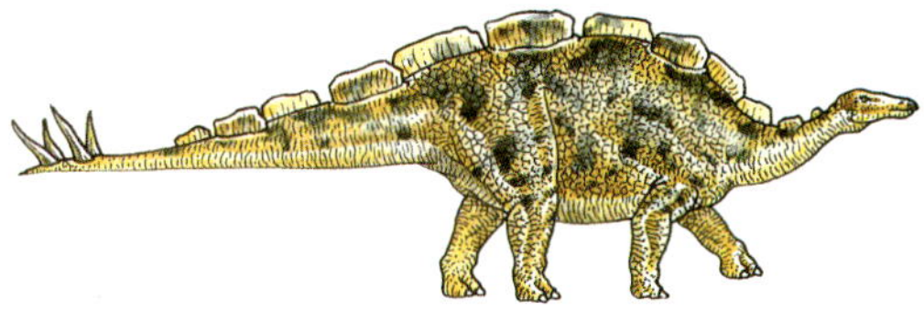

Wuerhosaurus
Familie: Stegosauridae
Länge: ca. 6 m

Rückenplatte eines Stegosauriers

Seitenansicht einer Rückenplatte

Schnitt durch eine Rückenplatte

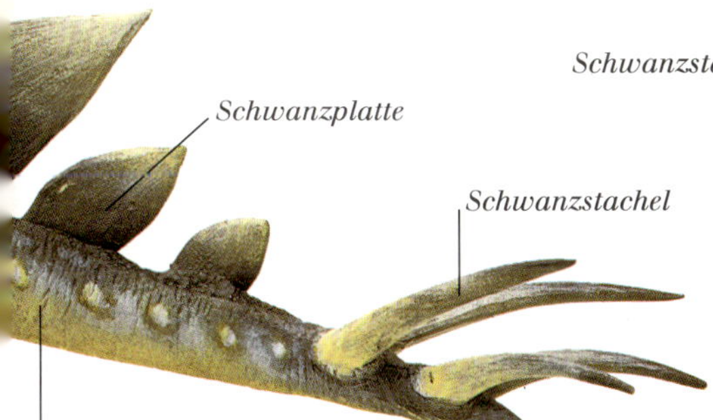

Verschiedene Stegosaurierskelette

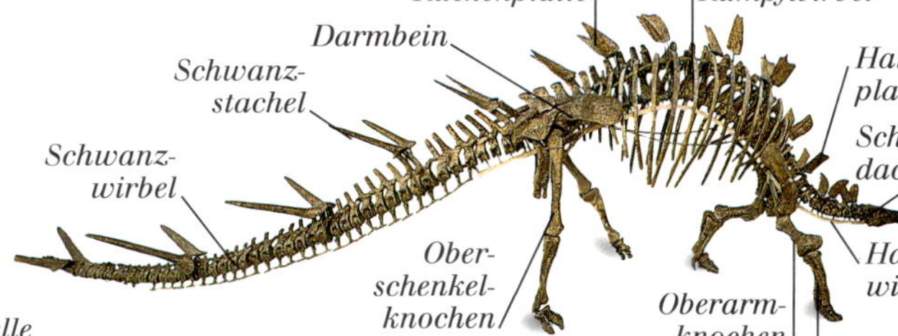

Kentrosaurus

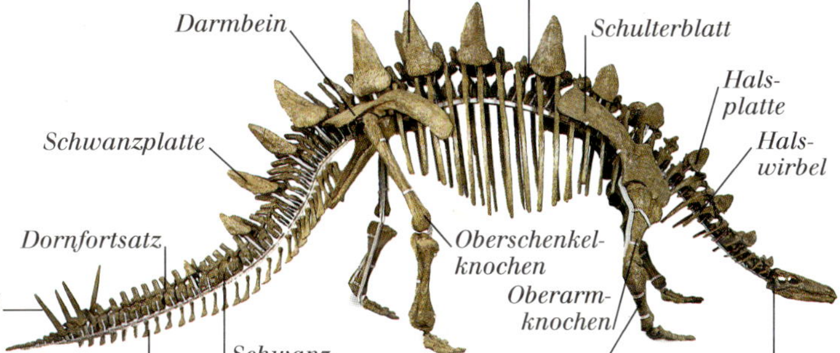

Tuojiangosaurus

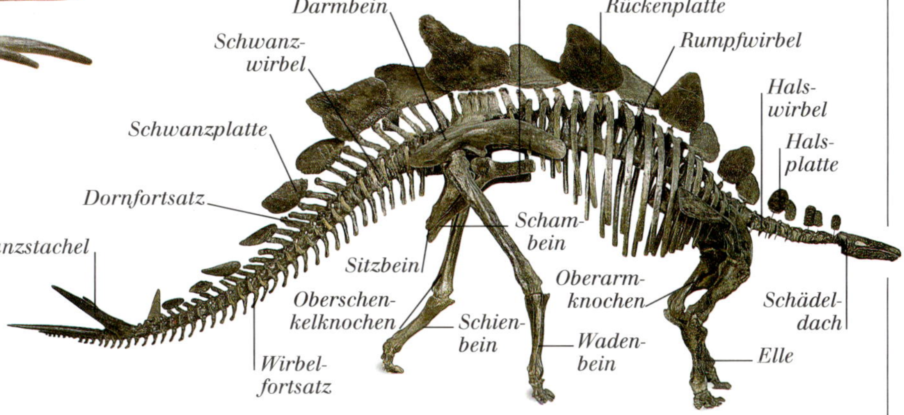

Stegosaurus

Thyreophora 2

VERSCHIEDENE ANKYLOSAURIER-SCHÄDEL

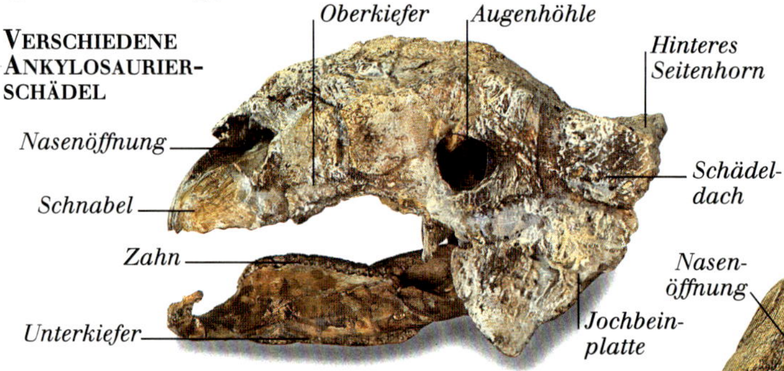

Schädel und Unterkiefer eines Euoplocephalus

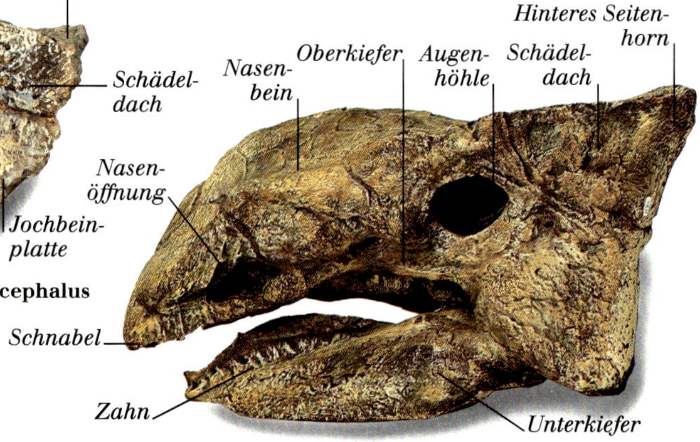

Schädel und Unterkiefer eines Ankylosaurus

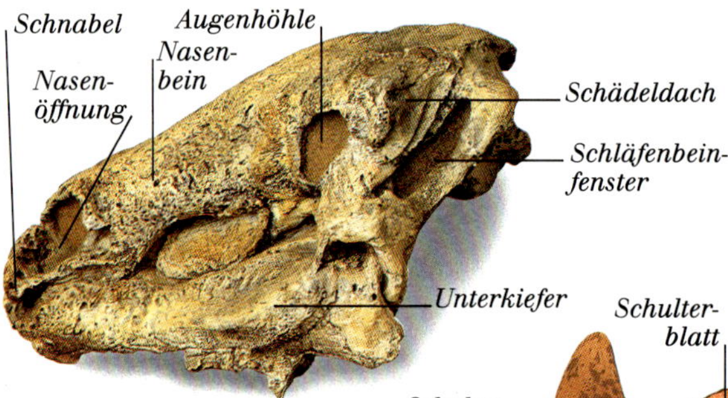

Schädel und Unterkiefer eines Panoplosaurus

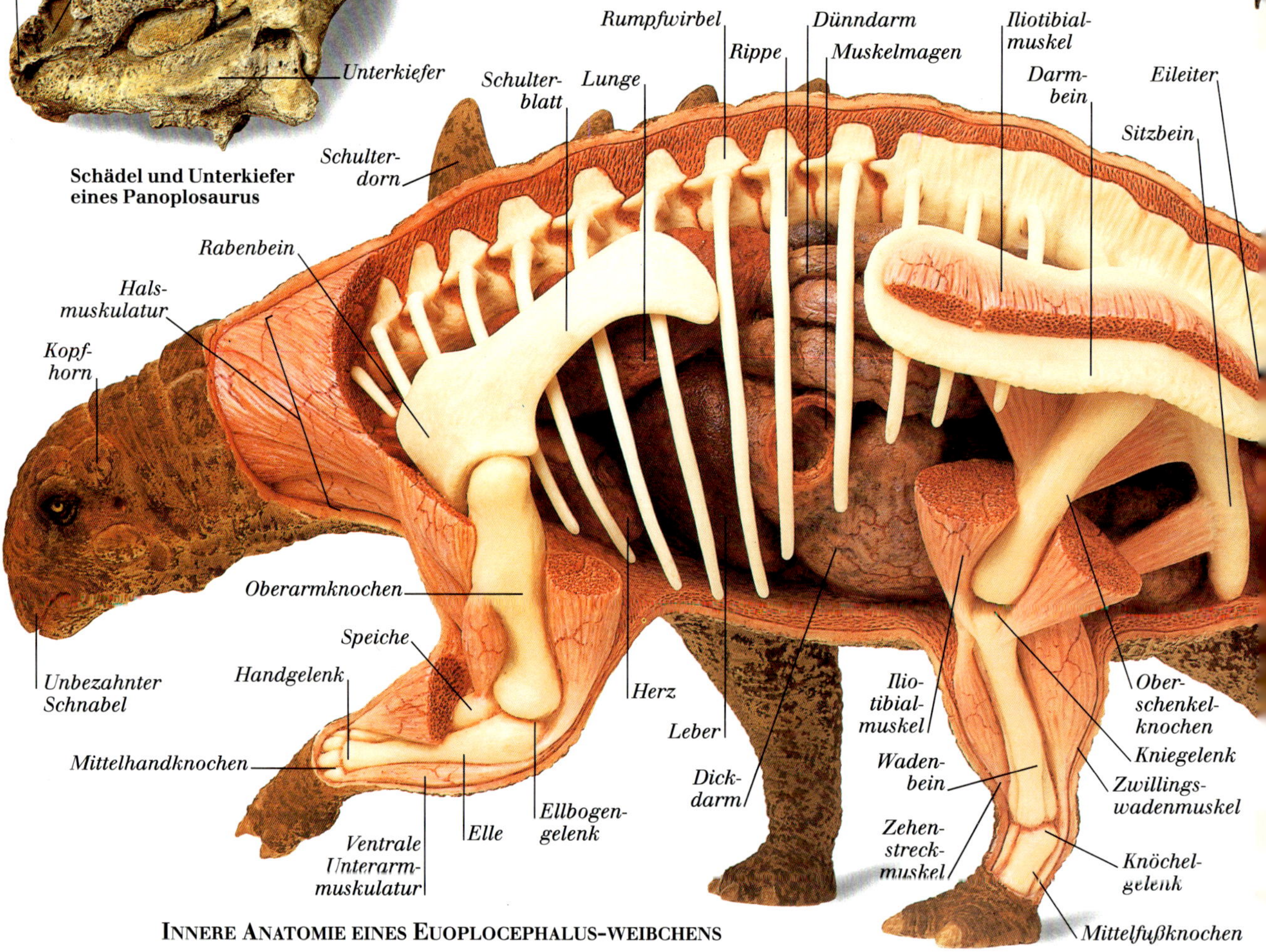

INNERE ANATOMIE EINES EUOPLOCEPHALUS-WEIBCHENS

Äussere Merkmale von Edmontonia

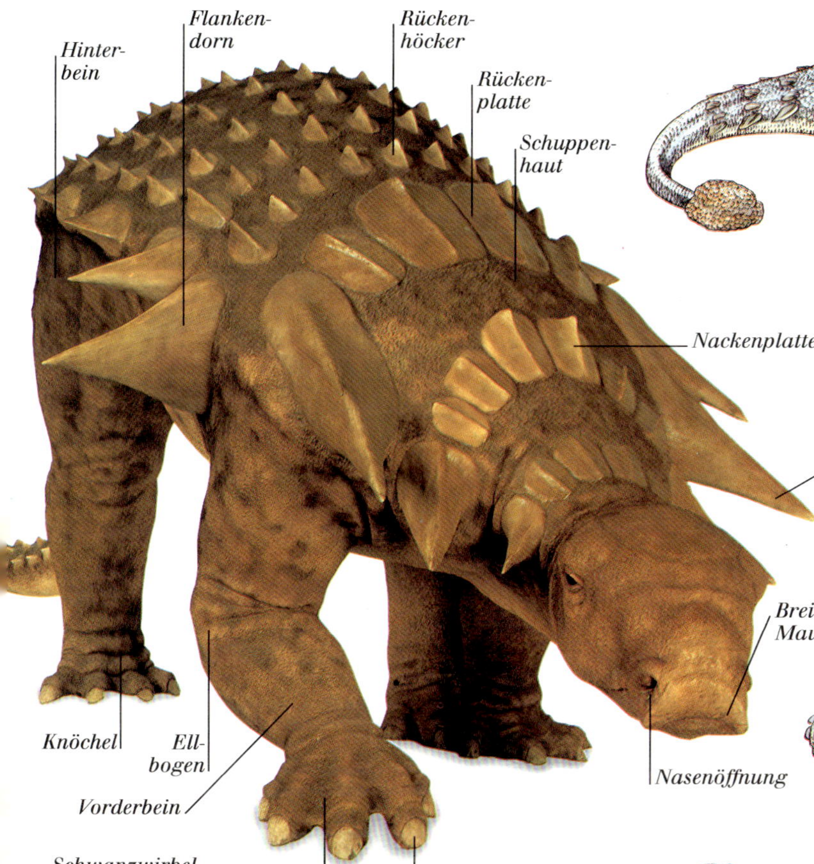

Verschiedene Ankylosaurier

Pinacosaurus
Familie: Ankylosauridae
Länge: 5 m

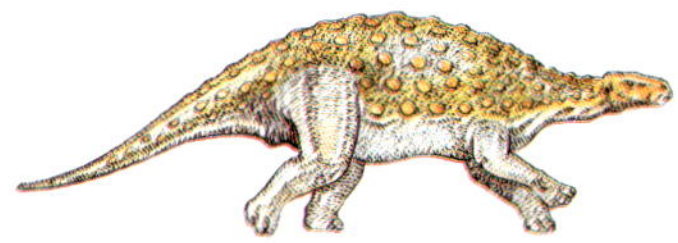

Minmi
Familie: Nodosauridae
Länge: ca. 2,50 m

Polacanthus
Familie: Nodosauridae
Länge: 4 m

Schwanzkeule eines Ankylosauriers

Ornithopoden 1

Zahn eines Iguanodon

Die Ornithopoden (Vogelfuß-Dinosaurier) waren eine Unterordnung der Vogelbecken-Dinosaurier (Ornithischia). Körpergröße, Lebensweise und Verbreitung dieser Pflanzenfresser war recht unterschiedlich, aber wohl sehr erfolgreich. Die ersten Ornithopoden entstanden bereits im Unterjura, und insgesamt hatte die Gruppe eine Lebensspanne von fast 150 Mio. Jahren. Es gab Vertreter der Vogelfuß-Dinosaurier in Nordamerika, Europa, Afrika, China, Australien und in der Antarktis. Die Familie der Iguanodontiden lebte vom Oberjura bis in die Oberkreide (vor 165 bis 70 Mio. Jahren) auf der ganzen Welt (außer Indien, Antarktis und Südamerika). Sie besaßen eine lange Schnauze, die in einen breiten, unbezahnten Schnabel auslief, große Kieferknochen mit dichtgepackten Zahnbatterien, einen massigen Rumpf und einen kräftigen Schwanz, der durch verknöcherte Sehnen stabilisiert wurde. *Iguanodon* und einige andere Iguanodontiden besaßen mächtige Daumendornen, mit denen sie sich gegen Angreifer verteidigen konnten. Die formenreichste Familie war die der Hadrosaurier (Entenschnabel-Dinosaurier, u.a. *Gryptosaurus*, *Hadrosaurus*, *Corythosaurus* und *Lambeosaurus*). Sie traten erst in der Kreide auf (vor 97-65 Mio. Jahren) und wurden in Nordamerika, Asien und Südamerika gefunden.

Skelett eines Iguanodon

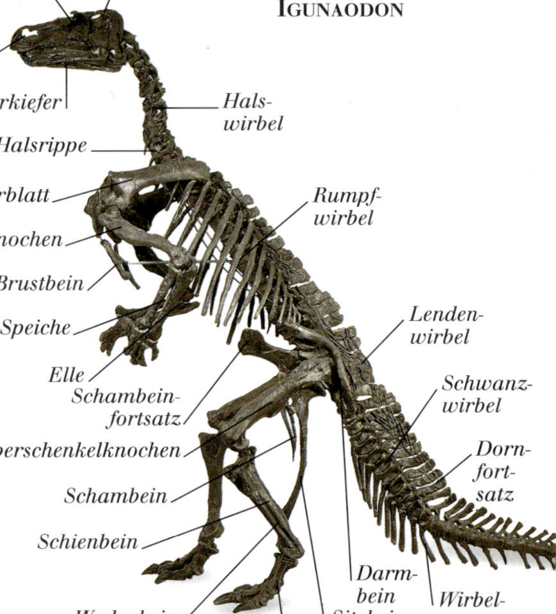

Schädel und Unterkiefer eines jungen Iguanodon

Verschiedene Iguanodontiden

Ouranosaurus
Familie: Iguanodontidae
Länge: 7 m

Camptosaurus
Familie: Camptosauridae
Länge: 5–7 m

Muttaburrasaurus
Familie: Camptosauridae
Länge: 7 m

Probactrosaurus
Familie: Iguanodontidae
Länge: ca. 6 m

Äussere Merkmale eines Iguanodon

Innerer Aufbau des Hinterbeins eines Iguanodon

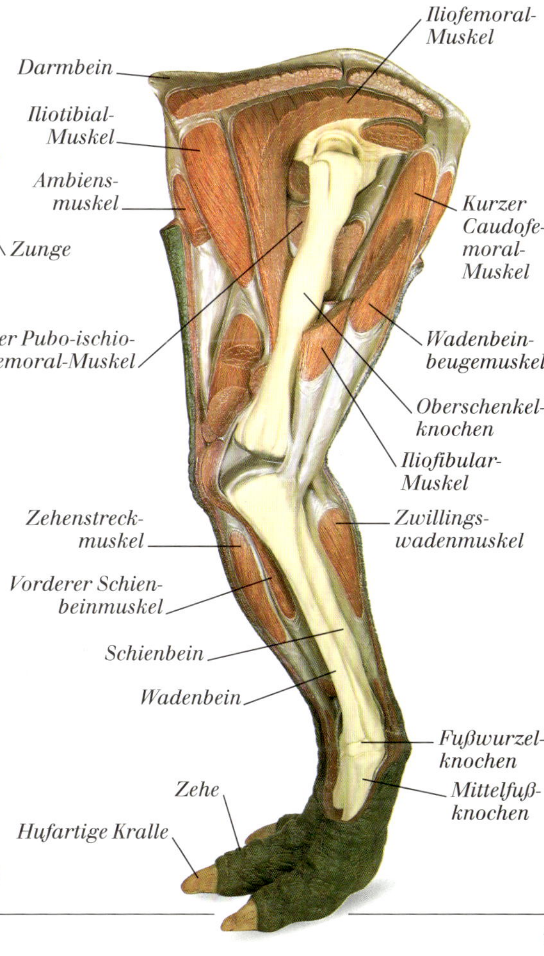

Ornithopoden 2

Brachylophosaurus
Länge 7 m

Lambeosaurus
Länge: ca. 15 m

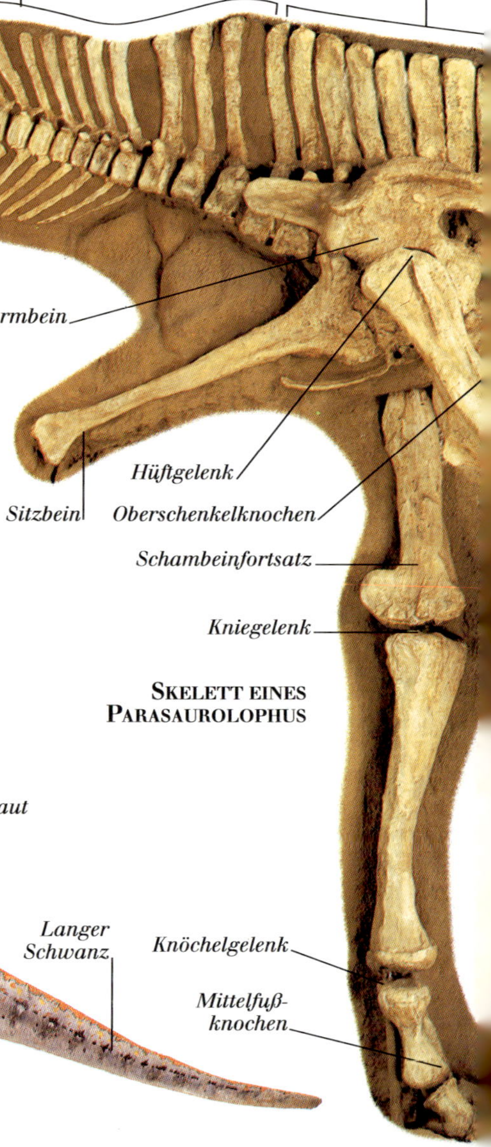

Skelett eines Parasaurolophus

Nest einer Maiasaura

Äussere Merkmale eines Corythosaurus

Verschiedene Hadrosaurier

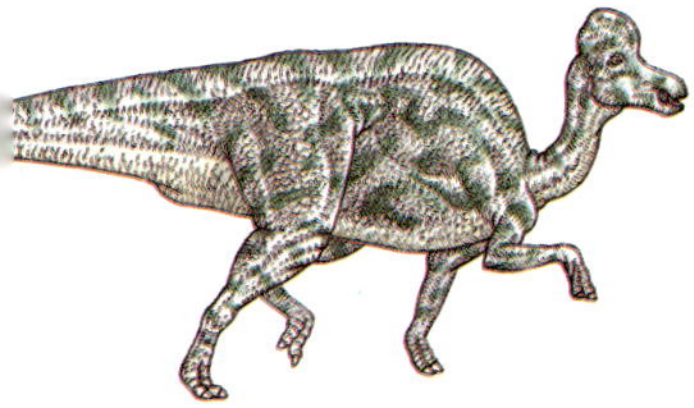

Hypacrosaurus
Länge: ca. 9 m

Hadrosaurus
Länge: ca. 8–10 m

Gryposaurus
Länge: ca. 8–10 m

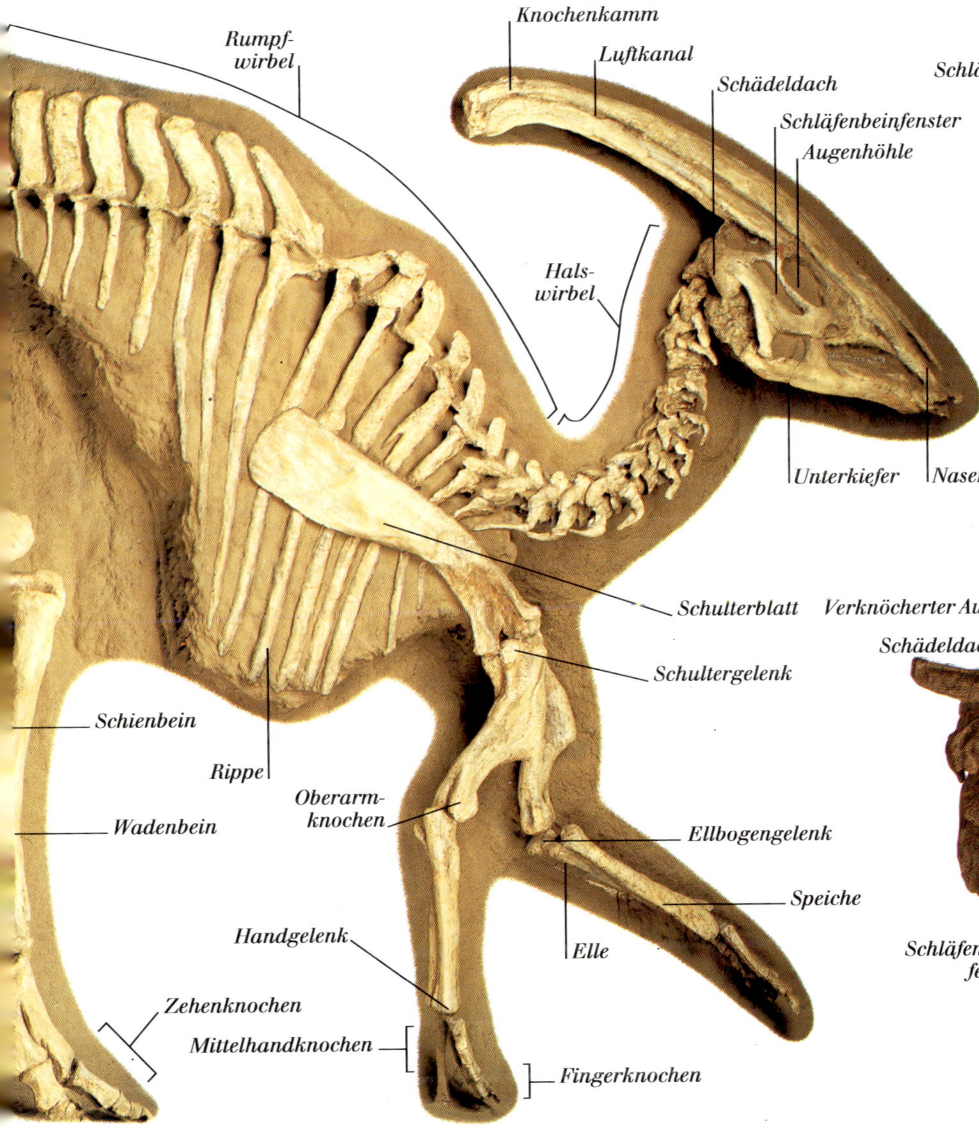

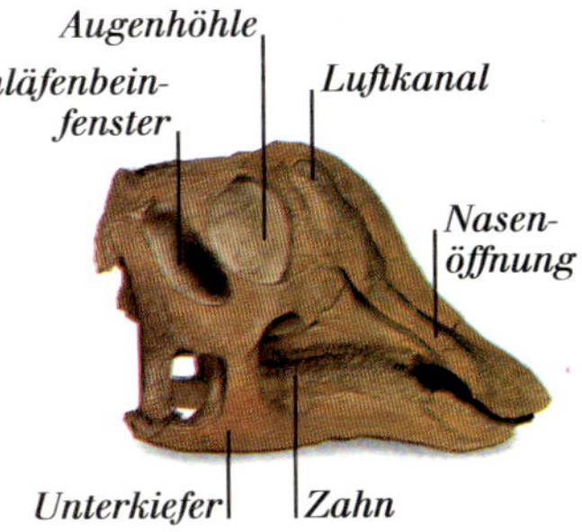

Schädel und Unterkiefer eines jugendlichen Lambeosaurus

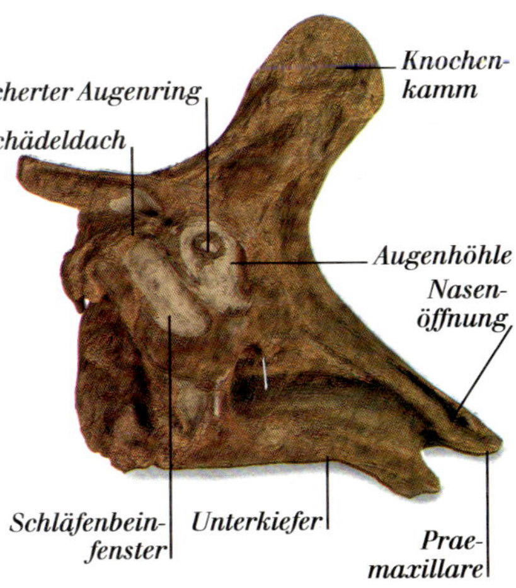

Schädel und Unterkiefer eines erwachsenen Lambeosaurus

Marginocephalier 1

Zwei kämpfende Prenocephale-Männchen

Unter Marginocephaliern (Randkopfechsen) werden hier zwei Gruppen von Dinosauriern mit eigentümlichen Schädelformen zusammengefaßt. Die Pachycephalosaurier (Dickkopfechsen) besaßen eine außerordentlich dicke Schädeldecke (bis 25 cm). Diese Tiere waren pflanzenfressende Ornithischier, die in der Oberkreide (vor 97,5 bis 65 Mio. Jahren) hauptsächlich im heutigen Nordamerika, in China und der Mongolei und auf Madagaskar lebten. Die dicken Schädel spielten eine Rolle bei Zweikämpfen um Reviere und Weibchen (ähnlich wie man es heute bei Schafböcken kennt). Die Protoceratopsiden und Ceratopsiden (Horn-Dinosaurier, s.S. 108-109) wie Protoceratops oder Triceratops waren ebenfalls pflanzenfressende Ornithischier. Sie besaßen eine knöcherne Halskrause, an der mächtige Kaumuskeln ansetzten. Alle hatten einen Papageienschnabel, einige Vertreter auch Hörner oder knöcherne Kopfleisten. Die Ceratopsiden hatten ihre Blütezeit vor 97-65 Mio. Jahren, in der Oberkreide.

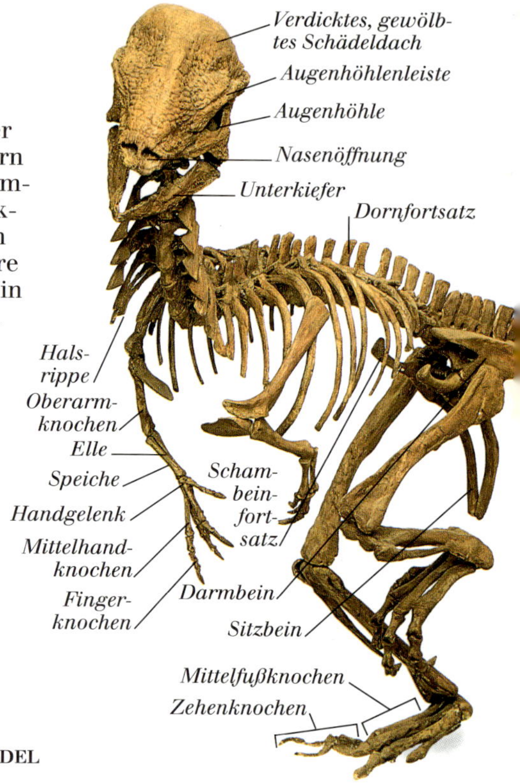

Verschiedene Pachycephalosaurierschädel

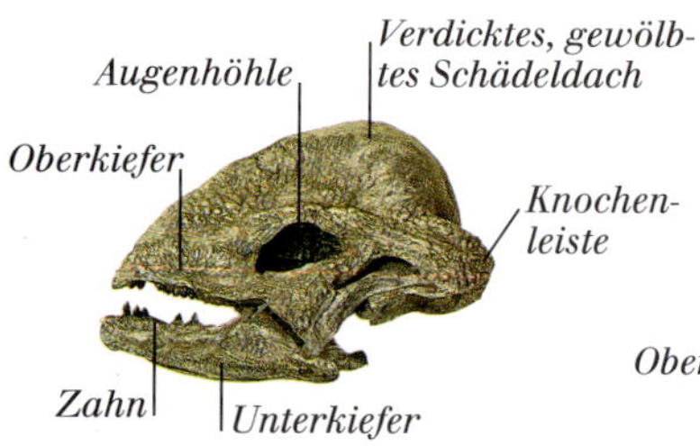

Schädel und Unterkiefer eines Stegoceras

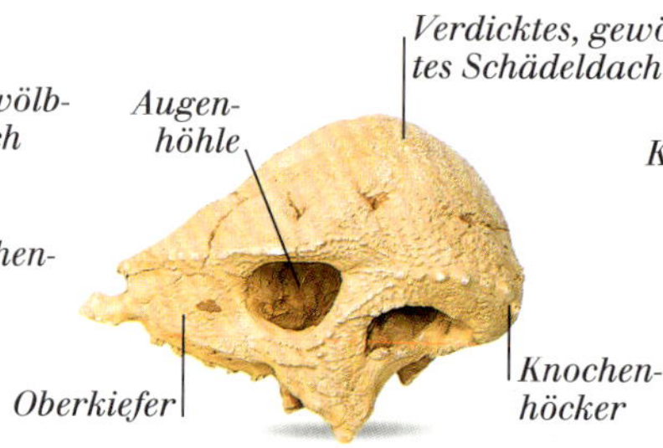

Schädel und Unterkiefer eines Prenocephale

Schädel und Unterkiefer eines Pachycephalosaurus

Äussere Merkmale eines Pachycephalosaurus

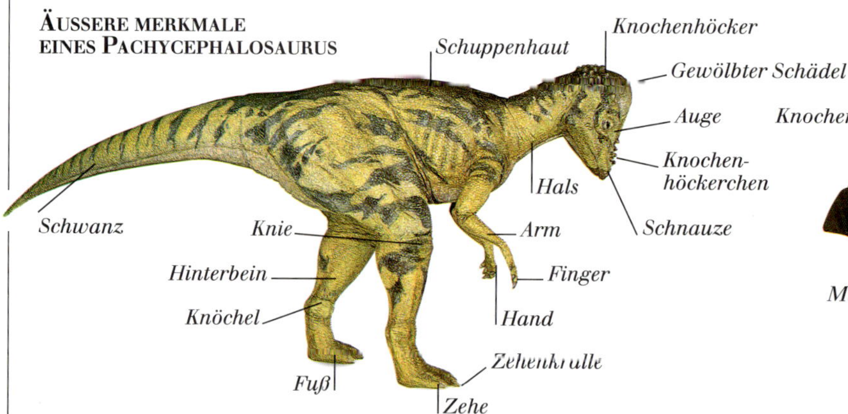

Schnitt durch den Schädel eines Pachycephalosaurus

Verschiedene Pachycephalosaurier

Homalocephale
Länge: 3 m

Wannanosaurus
Länge: 60 cm

Prenocephale
Länge: ca. 2,50 m

Skelette eines Stegoceras

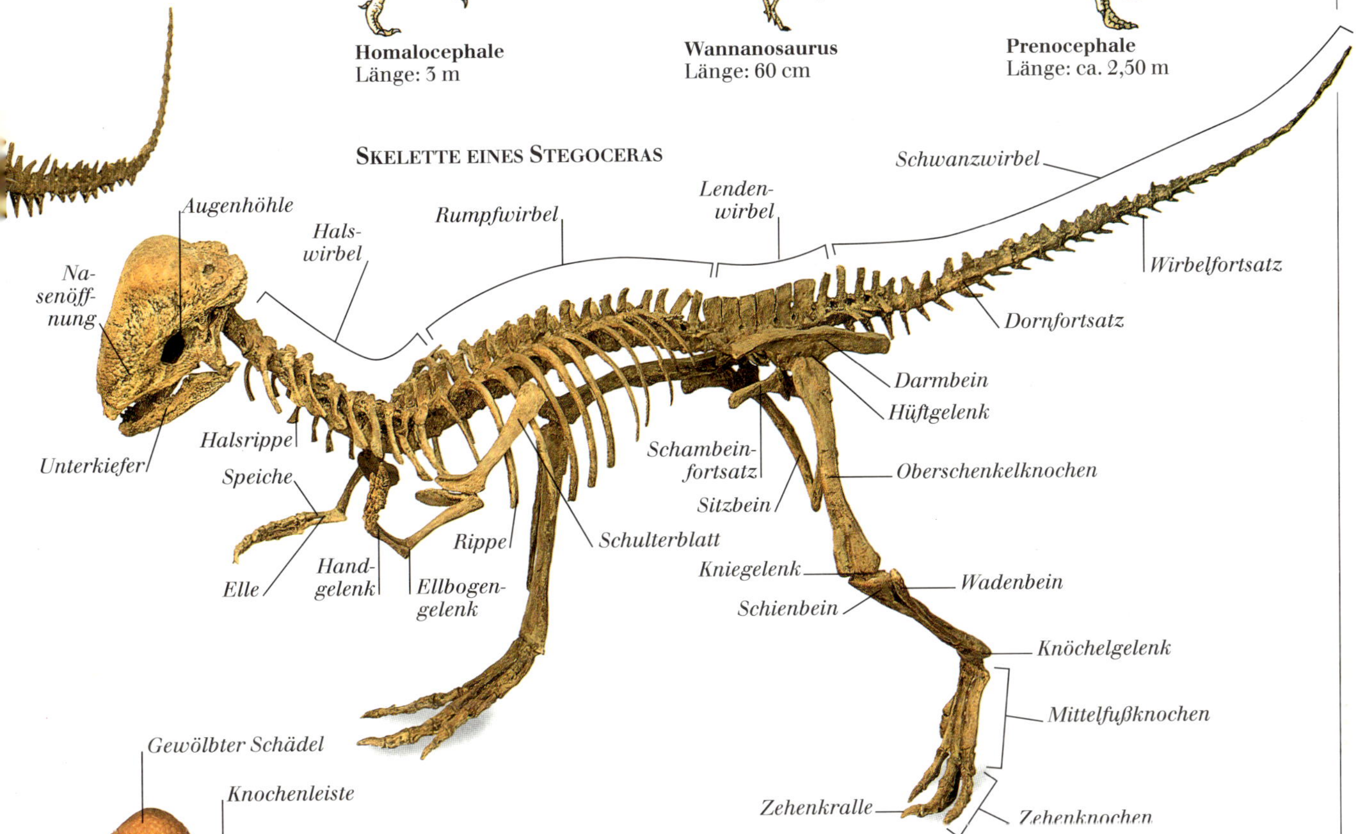

Äussere Merkmale eines Stegoceras

Marginocephalier 2

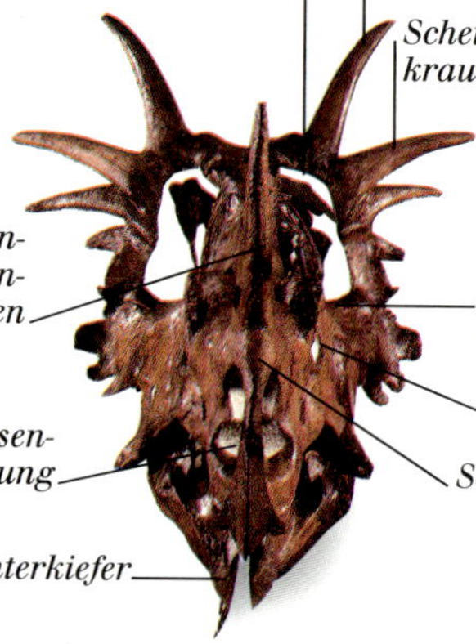

Schädel und Unterkiefer eines Styracosaurus

Äussere Merkmale eines Triceratops

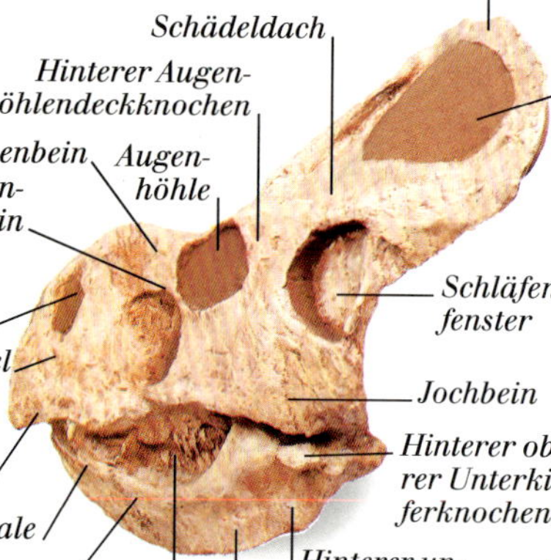

Schädel und Unterkiefer eines Protoceratops

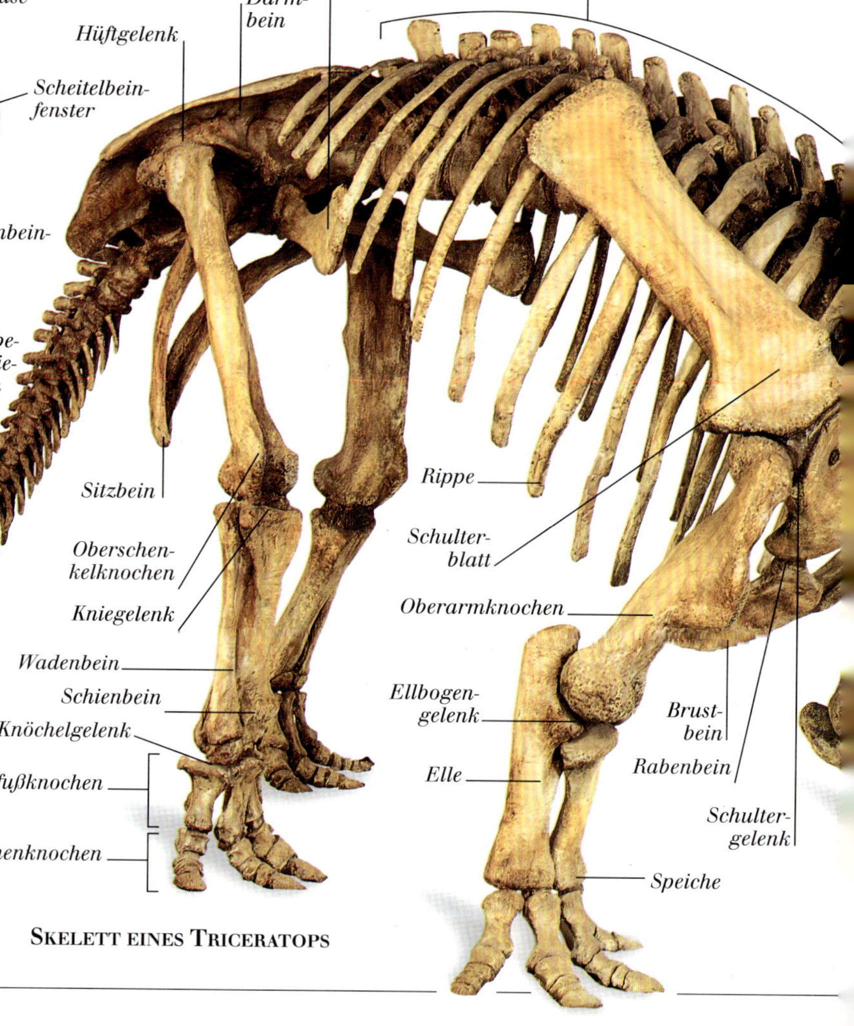

Skelett eines Triceratops

Äussere Merkmale eines Psittacosaurus

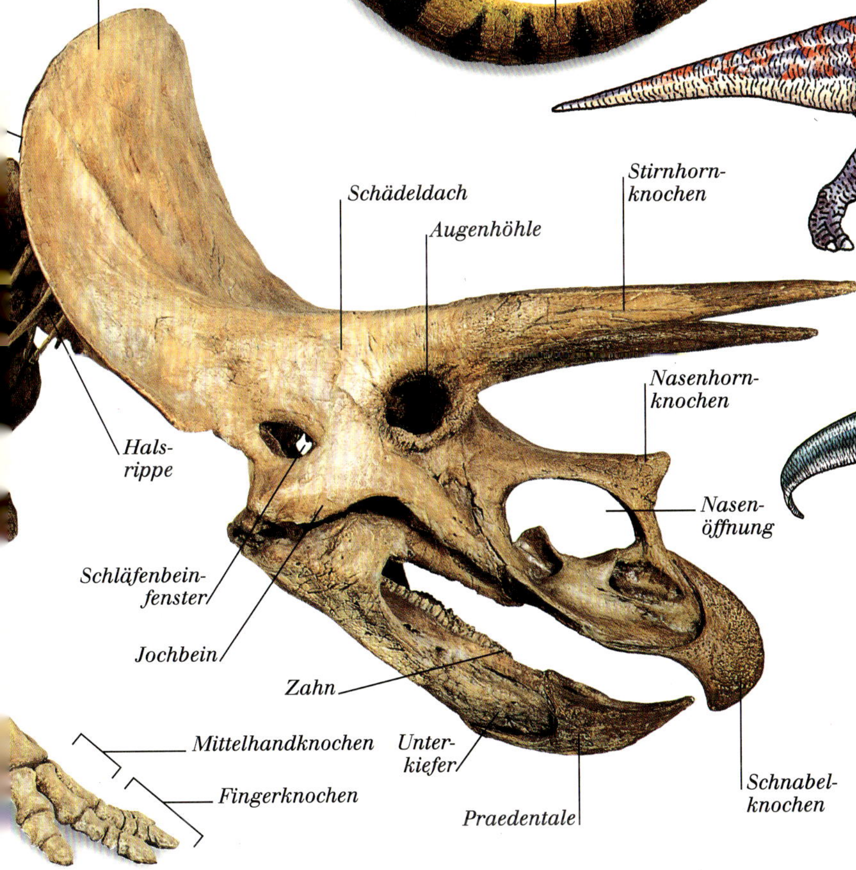

Verschiedene Ceratopsiden

Protoceratops
Familie: Protoceratopsidae
Länge: ca. 3 m

Styracosaurus
Familie: Ceratopsidae
Länge: 5,50 m

Triceratops
Familie: Ceratopsidae
Länge: 9,1 m

Pachyrhinosaurus
Familie: Ceratopsidae
Länge: 5,50 m

Leptoceratops
Familie: Ceratopsidae
Länge: ca. 2 m

Säugetiere 1

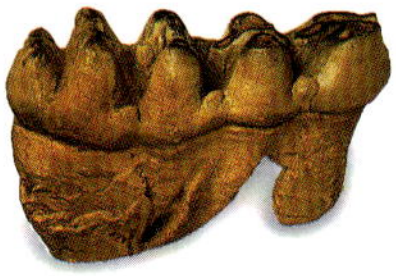

Backenzähne von Tetralophodon

Seit dem Untergang der Dinosaurier vor 65 Mio. Jahren haben die Säugetiere alle Lebensräume – Land, Wasser und sogar die Luft – erobert. Aus den Therapsiden, den Reptilienahnen, entwickelten sich kleine, nachtlebende Säuger, die heutigen Nagern glichen. Zu diesen Ursäugetieren gehörte *Megazostrodon*, das vor über 200 Mio. Jahren während der Trias lebte. Gegenüber ihren Reptilienahnen besaßen die Säugetiere einige vorteilhafte Neuerungen: ein vierkammriges Herz und Lungen mit großer Oberfläche ermöglichten den warmblütigen Tieren körperliche Hochleistungen; ein Haarpelz half, eine gleichmäßige Körpertemperatur aufrechtzuerhalten; eine verbesserte Beinstellung machte die Tiere beweglicher; die Geburt lebender Junge, die mit der Muttermilch sofort eine hochwertige Nahrung zur Verfügung hatten, unterstützte ein schnelles Wachstum. Seit dem Ende des Mesozoikums (vor 65 Mio. Jahren) war die Zahl der Säugerordnungen und die Artenfülle in den einzelnen Ordnungen ständigen Schwankungen unterworfen. So waren zu Beginn der Trias (vor etwa 54 Mio. Jahren) die Unpaarhufer (zu denen *Coelodonta* und die heutigen Pferde gehören) am weitesten verbreitet. Heute sind die größten und artenreichsten Ordnungen die der Nager (mit Ratten und Mäusen), der Raubtiere (mit Bären, Katzen und Hunden) und der Paarhufer (mit Rindern, Hirschen und Schweinen). Die Rüsseltiere dagegen, die einst viele Gattungen umfaßten, u.a. *Phiomia*, *Moeritherium*, *Tetralophodon*, und *Mammuthus*, haben heute nur noch zwei Gattungen: den Asiatischen und den Afrikanischen Elefanten. In Australien und Südamerika führten Jahrmillionen der Isolation zur Artenvielfalt der Beuteltiere, während Plazentatiere (s.S. 80) die übrige Welt eroberten.

MODELL EINES MEGAZOSTRODON

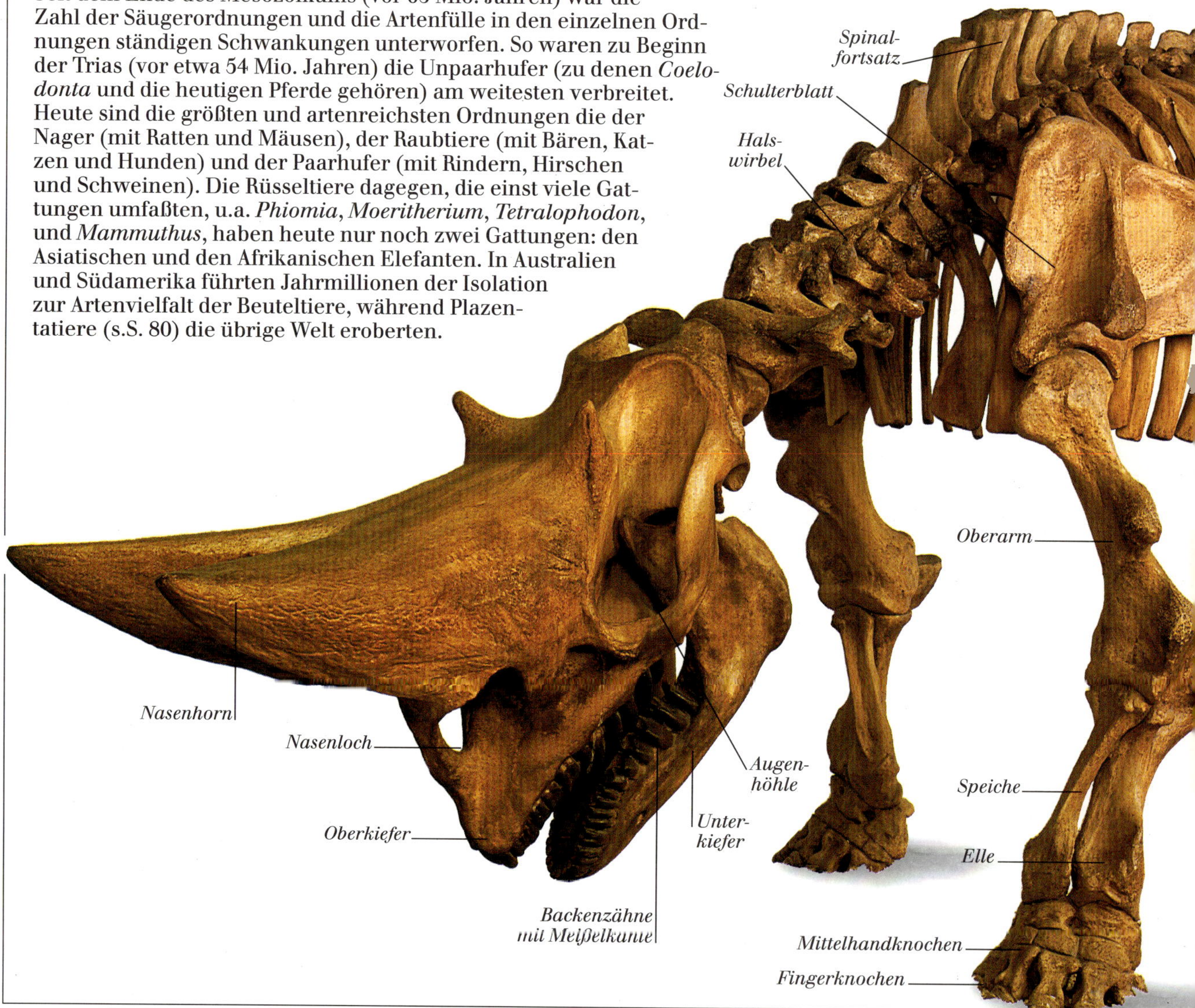

OBERKIEFER EINES PFERDES

HUF (DRITTER FINGER/ZEH) EINES PFERDES

SCHÄDEL VON MOERITHERIUM

SCHÄDEL VON PHIOMIA

MODELL EINER PHIOMIA

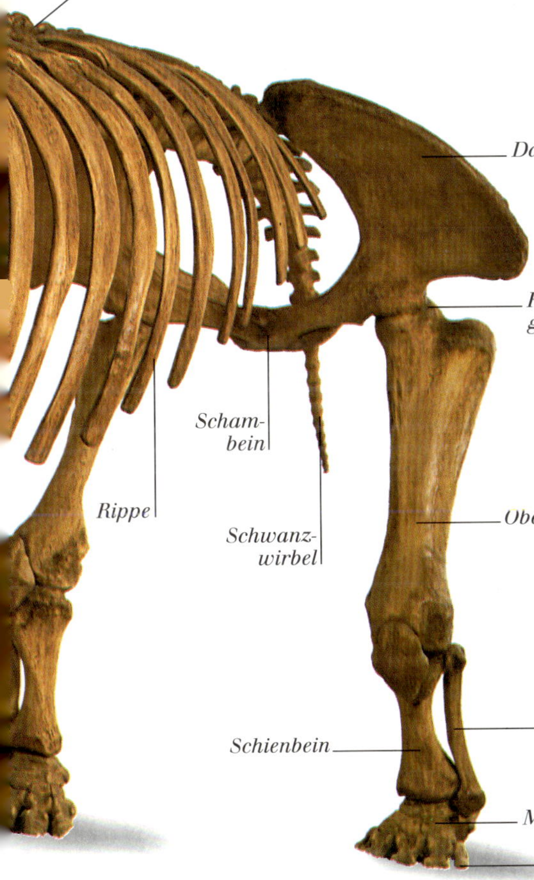

SKELETT VON ARSINOITHERIUM

FOSSILES SKELETT EINER FLEDERMAUS

Säugetiere 2

Unterkiefer eines Bären

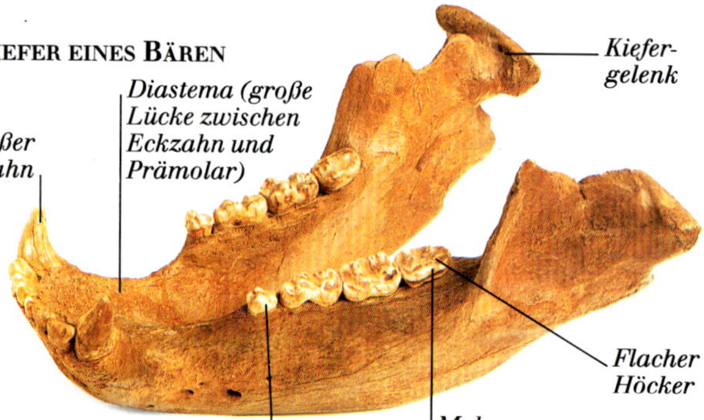

Skelett eines Toxodon

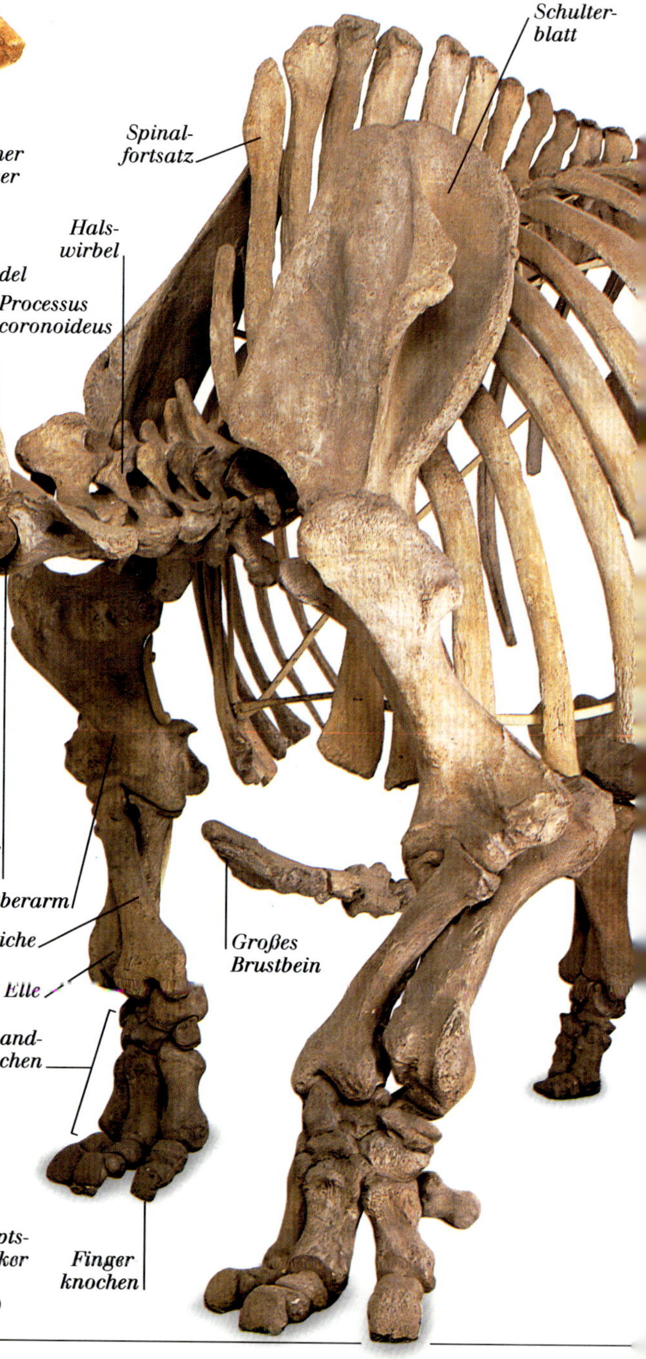
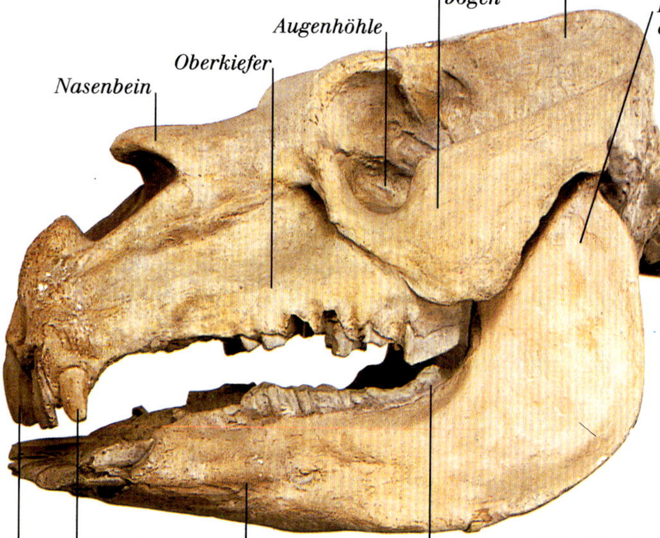

Schädel eines Opossum

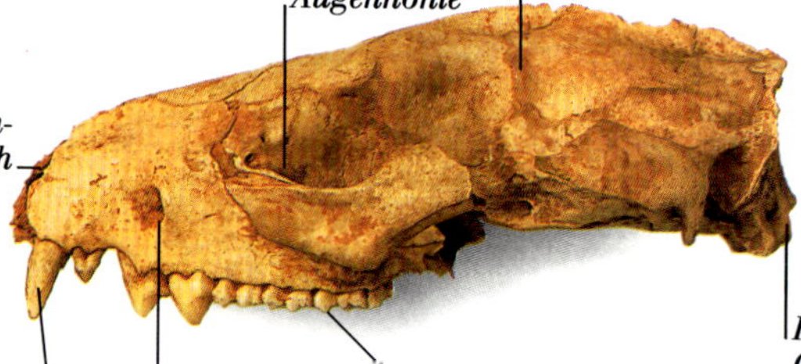

FOSSILER SCHÄDEL VON HYAENODON

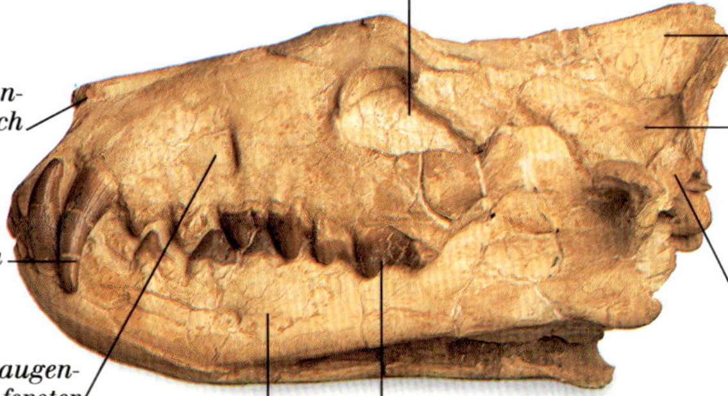

UNTERKIEFER EINES AUSTRALOPITHECUS

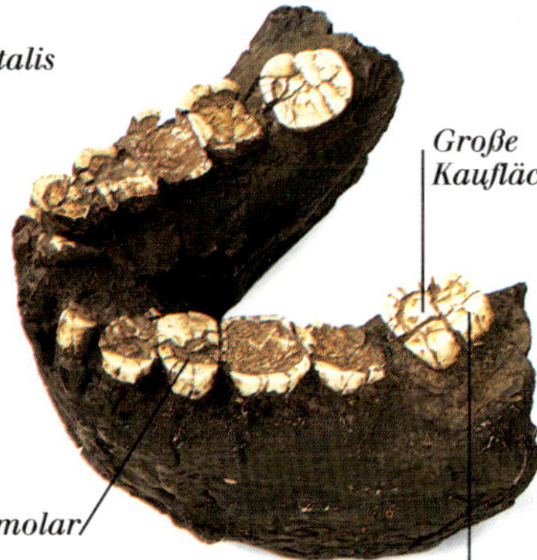

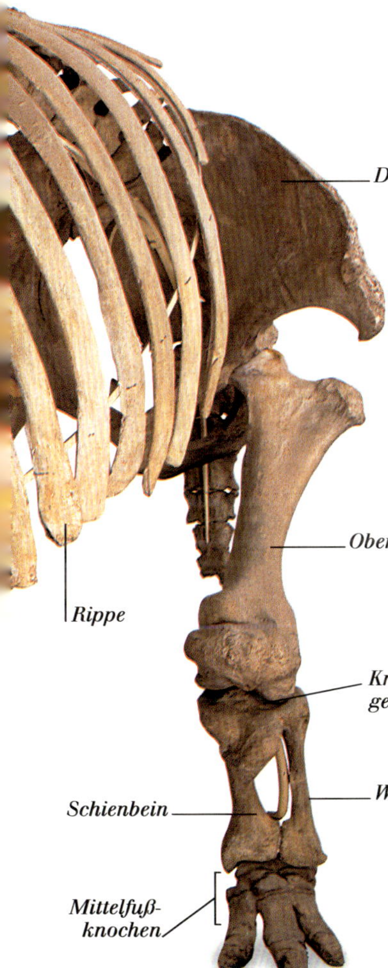

SCHÄDEL EINES SMILODON

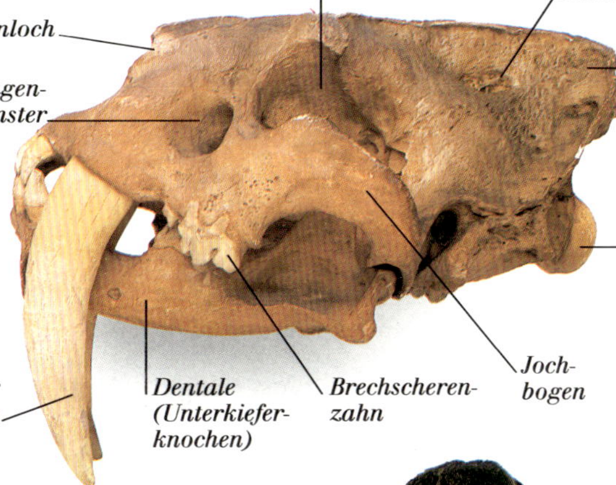

NACHBILDUNG EINES MAMMUTS

Die ersten Menschen

Der Mensch gehört zur Säugerordnung der Primaten (s.S. 212–213), die vor etwa 55 Mio. Jahren entstand. Der moderne Mensch ist der einzige lebende Vertreter der Familie der Hominiden. Der erste Hominide, Bindeglied zwischen Affen und Menschen, war *Australopithecus.* Sein Gehirn war noch relativ klein, aber er beherrschte schon den aufrechten Gang. *Homo habilis,* der erste echte Mensch, lebte vor mindestens 2 Mio. Jahren. Dieser „geschickte Mensch" hatte ein größeres Gehirn und konnte Werkzeuge herstellen. *Homo erectus,* der „aufrechte Mensch", trat vor etwa 1,8 Mio. Jahren in Afrika auf. Etwa 800 000 Jahre später hatte er sich nach Asien ausgebreitet. Er entdeckte die Kunst des Feuermachens. Der Neandertaler, ein naher Verwandter des heutigen Menschen, trat vor etwa 200 000 Jahren in Europa und dem nahen Osten auf und *Homo sapiens sapiens*, der moderne Mensch, vor etwa 100 000 Jahren (in Afrika). Beide lebten Jahrtausende nebeneinander, doch vor etwa 30 000 Jahren starb der Neandertaler aus. Die verwandtschaftliche Zuordnung des *Homo sapiens* zu seinen Vorfahren gestaltet sich schwierig: nicht nur der Knochenbau kennzeichnet den heutigen Menschen, sondern auch sein Verhalten – die Fähigkeit vorauszudenken, Traditionen zu folgen und sich mit Symbolen zu verständigen, wozu auch die Sprachfähigkeit gehört.

KIEFERKNOCHEN VON AUSTRALOPITHECUS

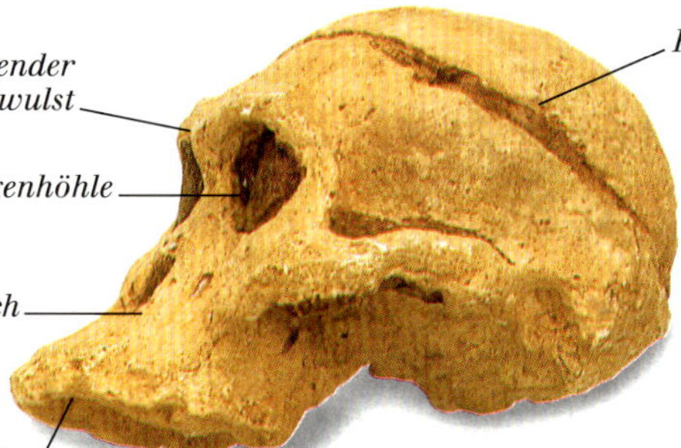

SCHÄDEL EINES AUSTRALOPITHECUS

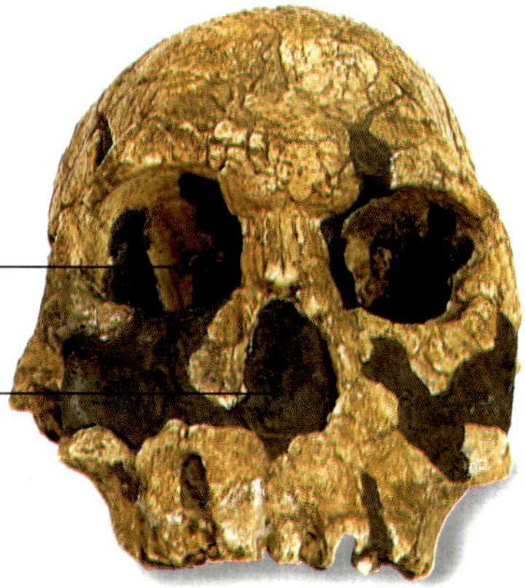

SCHÄDEL EINES HOMO HABILIS (ERSTER BEKANNTER MENSCH)

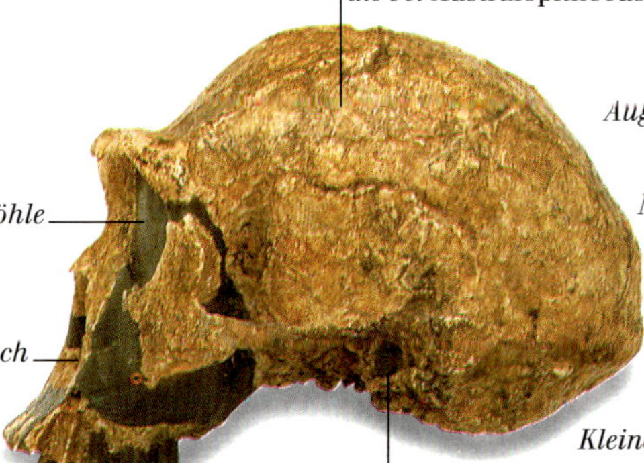

SCHÄDEL VON HOMO ERECTUS

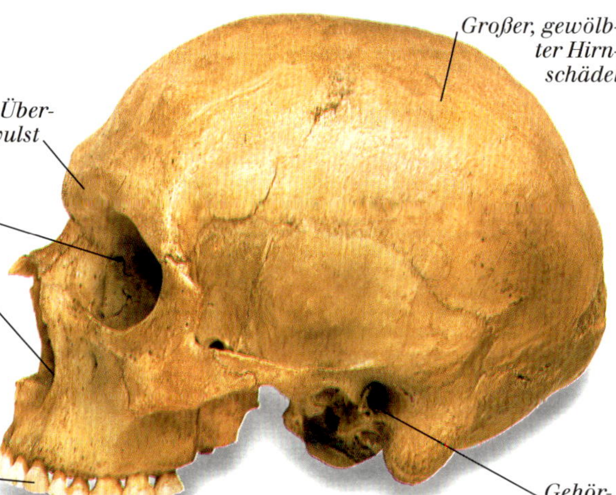

SCHÄDEL VON HOMO SAPIENS (MODERNER MENSCH)

Feuersteinwerkzeug (250.000 Jahre alt)

Faustkeil aus Feuerstein

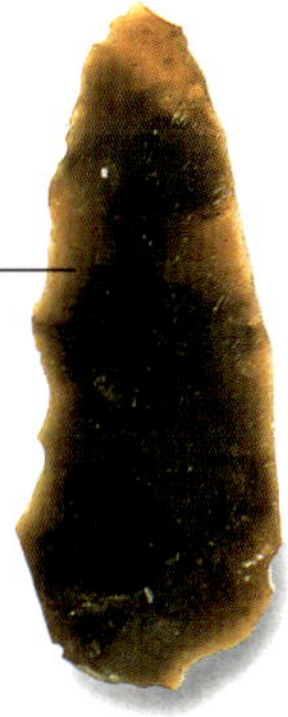

Feuersteinmesser

Geweihhammer

Rothirsch-Geweihhammer

Einige Werkzeuge des frühen Homo sapiens

Axt für Ackerbau

Altes Feuerzeug

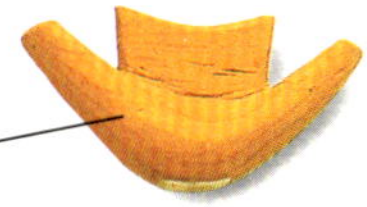

Hölzernes Mundstück

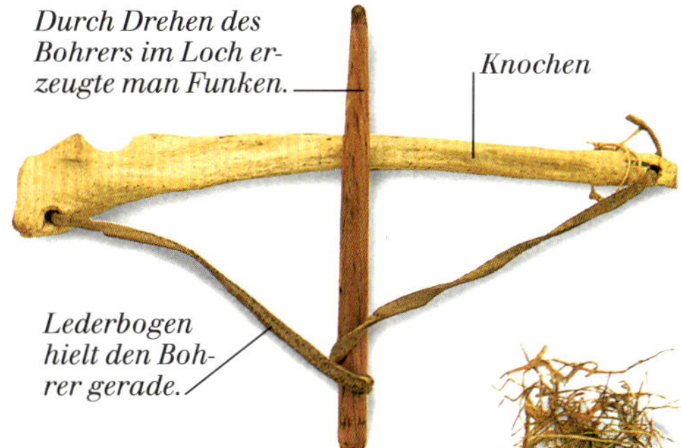

Feuerbohrer

Stroh

Bohrholz

Prähistorische Nahrung

Minze

Weizen

Lachs

Speer- und Pfeilspitzen

Harpunenspitze

Fischspeer

Holzpfeil

Pfeil mit Feuersteinspitze

PFLANZEN

Die Pflanzenvielfalt 118
Pilze und Flechten 120
Algen und Tange 122
Leber- und Laubmoose 124
Schachtelhalme, Bärlappe, Farne 126
Nacktsamer 1 128
Nacktsamer 2 130
Einkeimblättrige und Zweikeimblättrige 132
Krautige Blütenpflanzen 134
Holzige Blütenpflanzen 136
Wurzeln 138
Sprosse 140
Blätter 142
Photosynthese 144
Blüten 1 146
Blüten 2 148
Bestäubung 150
Befruchtung 152
Saftfrüchte 154
Trockenfrüchte 156
Keimung 158
Vegetative Fortpflanzung 160
Trockenpflanzen 162
Wasserpflanzen 164
Fleischfressende Pflanzen 166
Aufsitzer und Schmarotzer 168

Die Pflanzenvielfalt

BLÜTENPFLANZE
Bromelie
(*Acanthostachys strobilacea*)

Es gibt heute mehr als 300 000 Pflanzenarten, deren Formen und Lebensweisen eine erstaunliche Vielfalt aufweisen. Diese reicht von zarten Lebermoosen, die sich an feuchte Lebensräume angepaßt haben, bis zu den Kakteen, die in Wüsten überleben können; von krautigen Pflanzen wie dem einjährigen Mais bis zu dem gigantischen Mammutbaum, der einige tausend Jahre alt werden kann. Diese Vielfalt ist durch die Anpassungen der Pflanzen an die verschiedensten Lebensräume bedingt. Als charakteristisches Beispiel sind hier die Blütenpflanzen (Abteilung Angiospermophyta) mit ihren über 250 000 Arten zu nennen. Von den Tropen bis zu den Polen sind sie über die ganze Erde verbreitet. Trotz ihrer Unterschiede weisen die Pflanzen gemeinsame Merkmale auf: Eine typische Pflanze ist grün, produziert ihre Nährstoffe durch Photosynthese, lebt in oder auf einem Substrat (z.B. Boden) und ist ortsfest. Die höheren Pflanzen gliedern sich in Wurzeln, Stengel und Blätter und unterscheiden sich dadurch von Algen und Pilzen.

GRÜNALGE
Mikroskopische Aufnahme einer Zieralge
(*Micrasterias sp.*)

FARN
Baumfarn
(*Dicksonia antarctica*)

MOOS
Laubmoos
(*Bryum sp.*)

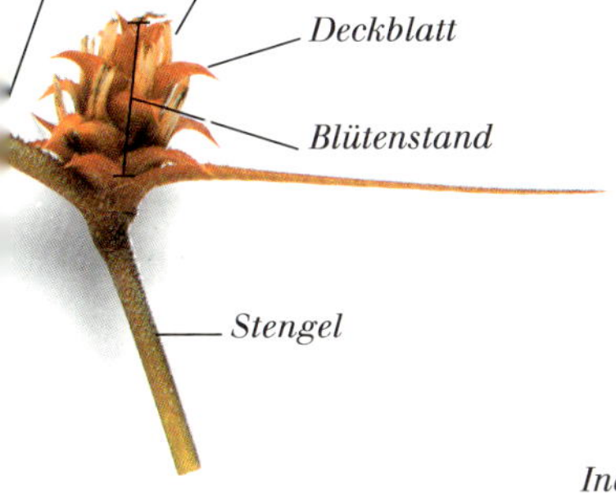

BLÜTENPFLANZE
Sukkulente
(*Kedrostis africana*)

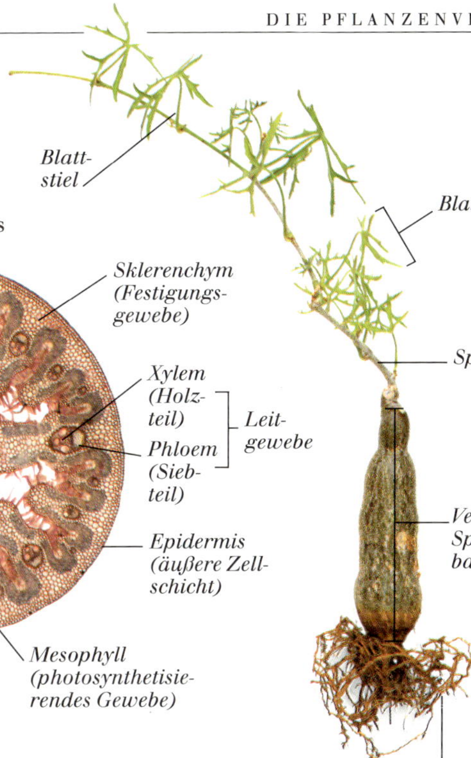

BLÜTENPFLANZE
Mikroskopische Aufnahme eines Blattquerschnitts des Strandhafers
(*Ammophila arenaria*)

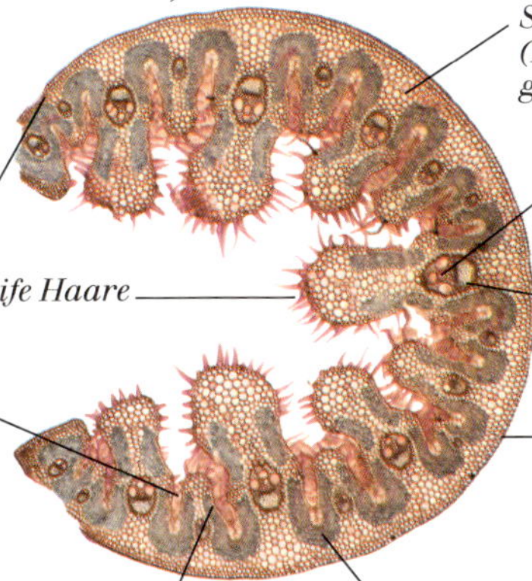

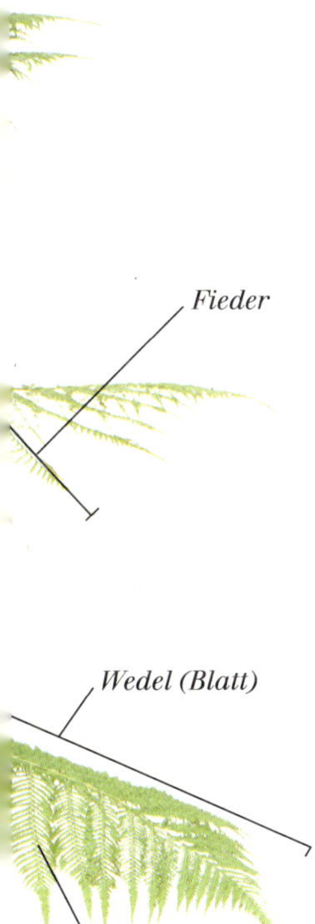

BLÜTENPFLANZE
Quecke
(*Agropyron repens*)

BLÜTENPFLANZE
Schlauchpflanze
(*Sarracenia purpurea*)

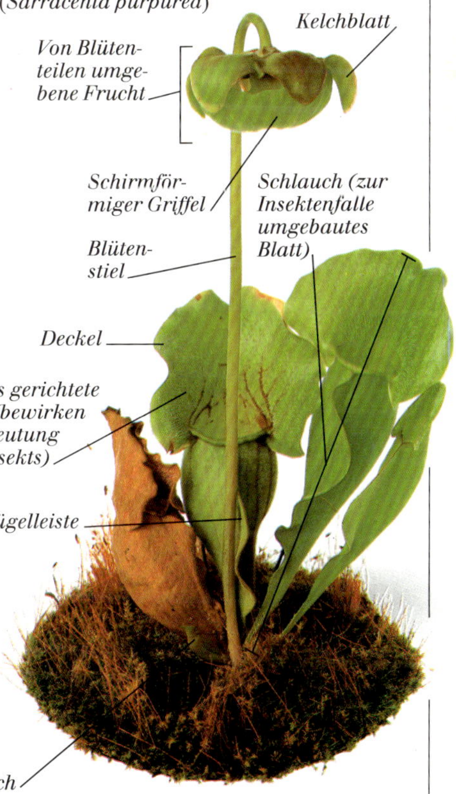

Pilze und Flechten

Die Pilze wurden früher zu den Pflanzen gezählt. Heute führt man sie aber als eigene Gruppe. Zu ihnen gehören nicht nur die Ständerpilze, Boviste, Stinkmorcheln und Schimmelpilze, sondern auch Hefen, Brandpilze und Roste. Die meisten Pilze sind vielzellig und bestehen aus einer Fülle fadenförmiger Hyphen, die zusammen das Myzel bilden. Die einfachen Pilze (z.B. Hefen) sind mikroskopisch kleine, einzellige Organismen. Die Pilze vermehren sich gewöhnlich durch Sporenbildung und ernähren sich meistens von totem und zerfallendem Substrat oder von lebenden Organismen. Einige wenige Pilze beziehen ihre Nährstoffe von Algen oder Pflanzen, mit denen sie in einer symbiontischen (zum gegenseitigen Vorteil) Gemeinschaft leben. Flechten sind Symbiosen aus Algen und Pilzen und werden zu einer eigenen Gruppe zusammengefaßt. Ihre drei bekanntesten der insgesamt sechs Formen sind die Krusten-, Laub- und Strauchflechten. Einige Flechten (z.B. *Cladonia floerkeana*) sind eine Kombination dieser Formen. Flechten vermehren sich durch Sporenbildung oder Soredien (pulverige vegetative Bruchstücke).

Beispiele von Pilzen

Austernseitling
(*Pleurotus pulmonarius*)

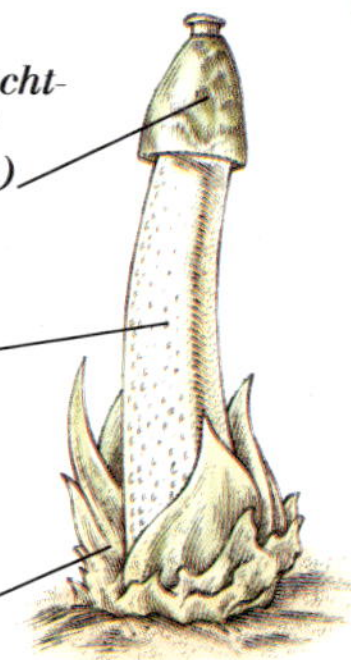

Stinkmorchel
(*Phallus impudicus*)

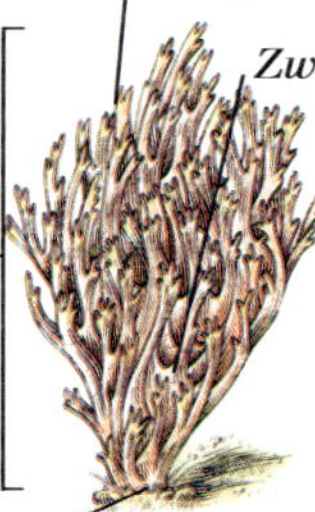

Dreifarbiger Ziegenbart
(*Ramaria formosa*)

Beispiele für Flechten

Strauchartig
Cladonia portentosa

Laubig
Hypogymnia physodes

Schuppiger und strauchartiger Thallus
Cladonia floerkeana

Schnitt durch eine Laubflechte bei der Vermehrung durch Brutkörper

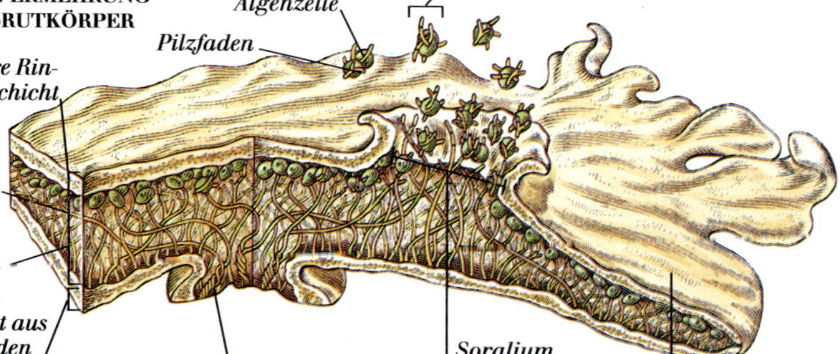

Dickschaliger Kartoffelbovist
(Scleroderma citrinum)

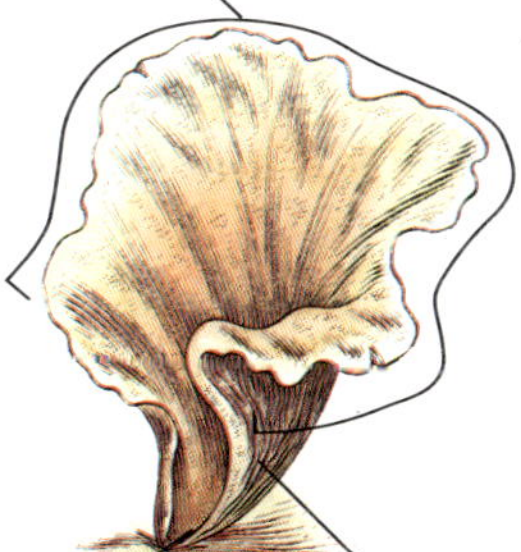

Trichterförmiger Muschelseitling
(Hohenbuehelia petaloides)

Lilablättriger Saumpilz
(Psathyrella candolleana)

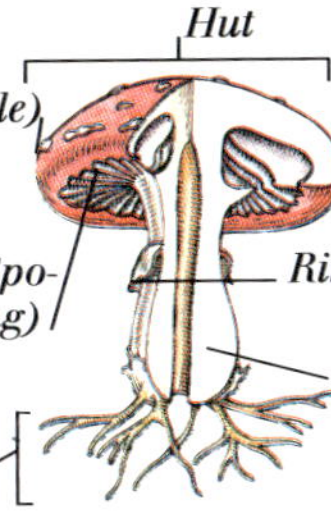

Ausgewachsener Fruchtkörper

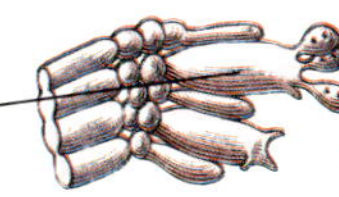

Teil einer Lamelle

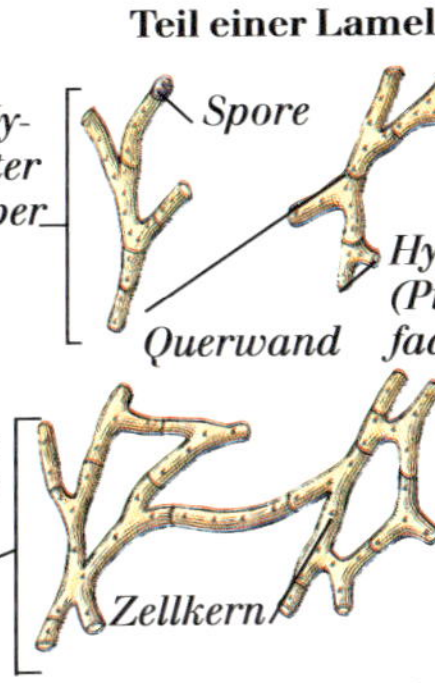

Sporen keimen aus und wachsen zu einem Myzel

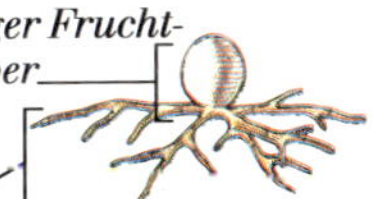

Aus dem Myzel gebildeter Fruchtkörper

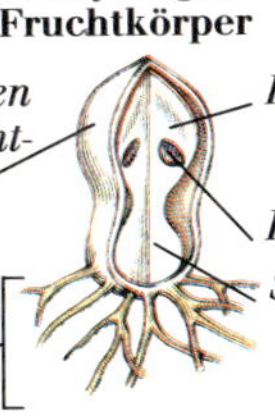

Über der Erde wachsender Fruchtkörper

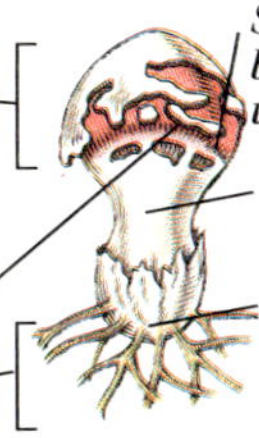

Hülle reißt auf

Algen und Tange

Die Algen bilden eine eigene Abteilung des Pflanzenreichs. Sie besitzen, wie auch die höheren Pflanzen, das grüne Pigment Chlorophyll und bilden ihre eigenen Nährstoffe durch Photosynthese (s.S. 144–146). Viele Algen haben weitere Pigmente, nach denen sie auch klassifiziert werden können. In Braunalgen ist zum Beispiel das braune Pigment Fucoxanthin enthalten. Einige Algengruppen sind ausschließlich einzellig. Andere dagegen bilden Zellfäden oder -kolonien. Große, vielzellige, thallöse Formen sind die marinen Chlorophyta (Grünalgen), Rhodophyta (Rotalgen) und Phaeophyta (Braunalgen). Letztere werden auch als Tange bezeichnet. Die meisten Algen können sich geschlechtlich vermehren. Bei der Braunalge *Fucus vesiculosus* werden die Gameten (Keimzellen) in Konzeptakeln (Kammern) gebildet, die in den fruchtbaren Spitzen der Blattorgane lokalisiert sind. Nach ihrer Freisetzung ins Meer verschmelzen die männlichen und weiblichen Gameten zu einer Zygote. Diese setzt sich auf Gestein fest und entwickelt sich zu einem neuen Tang.

BRAUNALGE
Rinnentang
(*Pelvetia canaliculata*)

BRAUNALGE
Spiraltang
(*Fucus spiralis*)

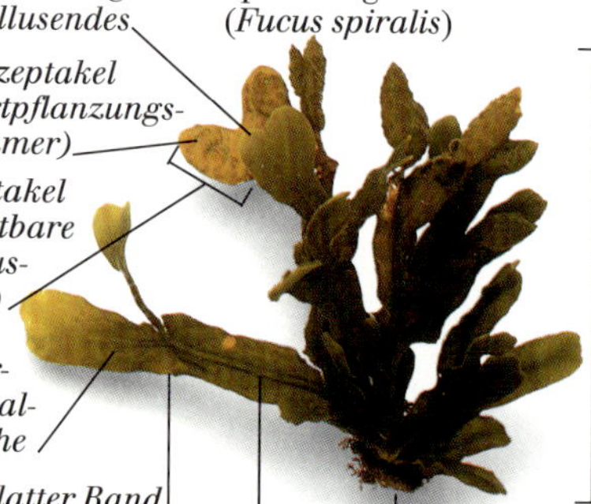

BEISPIELE FÜR ALGEN

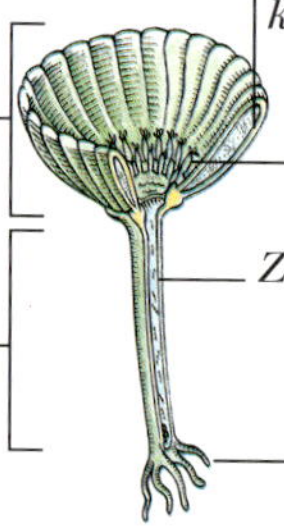

Grünalge
(*Acetabularia sp.*)

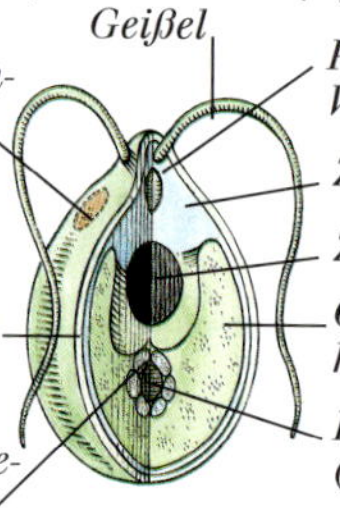

Grünalge
(*Chlamydomonas sp.*)

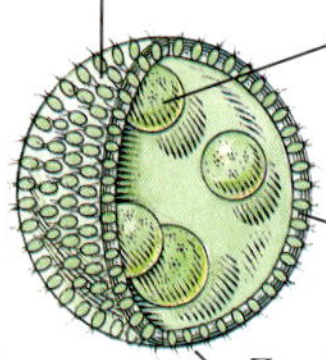

Grünalge
(*Volvox sp.*)

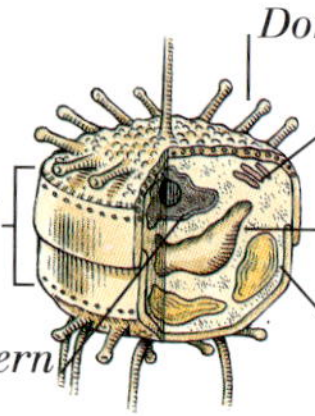

Kieselalge
(*Thalassiosira sp.*)

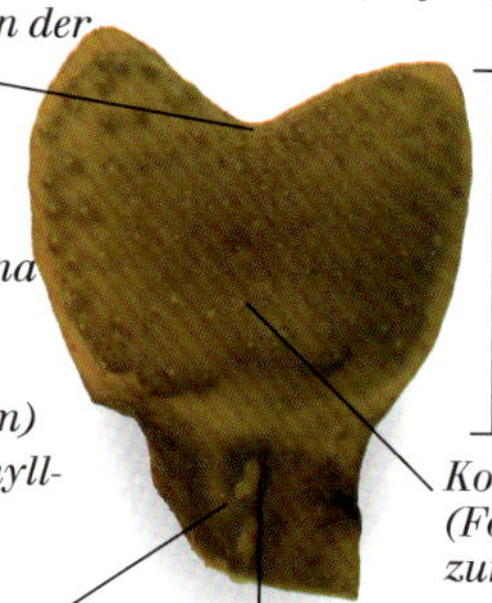

Rezeptakel
Spiraltang
(*Fucus spiralis*)

BRAUNALGE
Fingertang
(*Laminaria digitata*)

GRÜNALGE
(*Enteromorpha linza*)

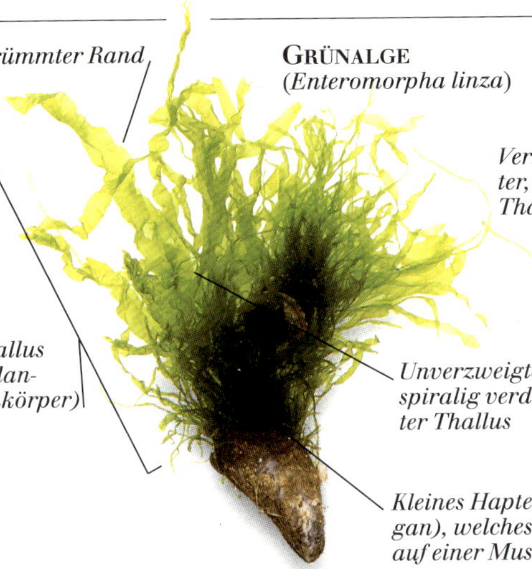

ROTALGE
(*Corallina officinalis*)

ENTWICKLUNG EINER BRAUNALGE
Blasentang
(*Fucus vesiculosus*)

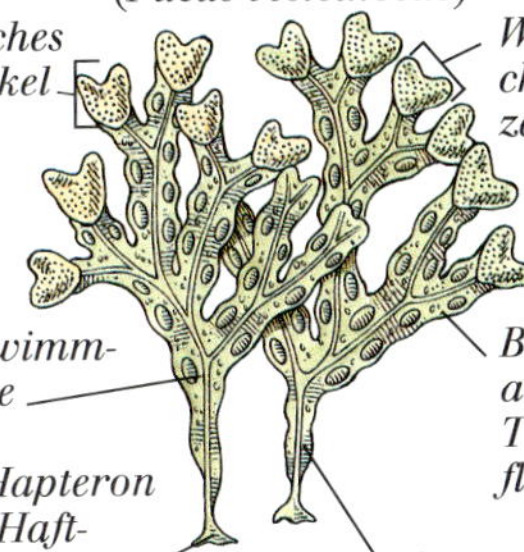

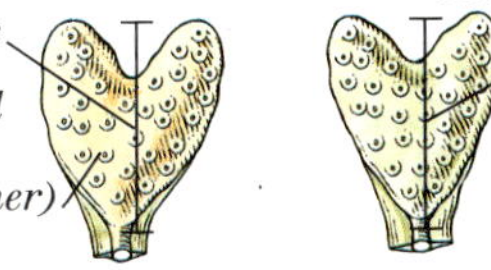

Männliche und weibliche Rezeptakel

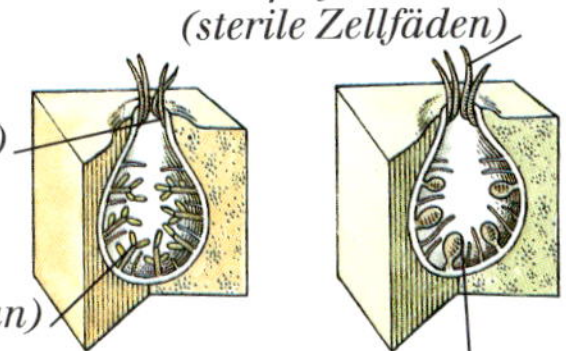

Schnitt durch männliche und weibliche Konzeptakel

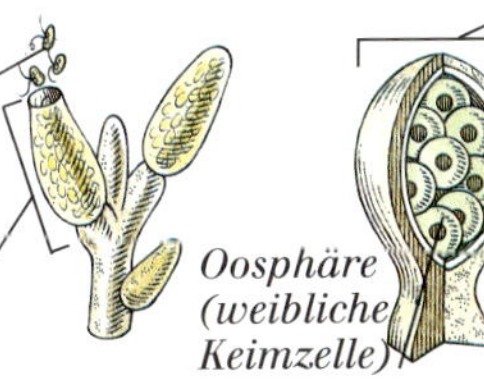

Bildung der Keimzellen

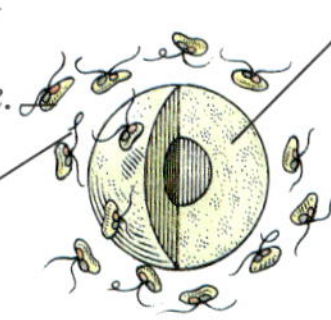

Befruchtung

MEERESROTALGE
(*Dilsea carnosa*)

GRÜNALGE
(*Spirogyra sp.*)

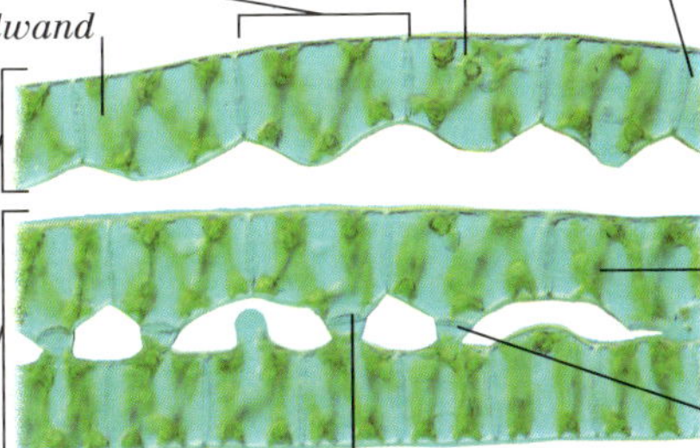

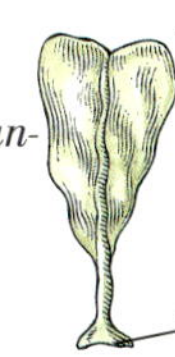

Aus Zygote entwickelter junger Tang

Leber- und Laubmoose

Die Leber- und Laubmoose sind kleine, niederliegende Pflanzen, die zur Abteilung Bryophytha gehören. Die Moose besitzen weder einen richtigen Sproß noch eigentliche Blätter oder Wurzeln (sie sind mit Rhizoiden im Untergrund verankert). Ebenfalls fehlen ein Leitgewebe (Xylem und Phloem), das bei höheren Pflanzen dem Wasser- und Nährstofftransport dient, sowie eine Kutikula, die sie vor dem Austrocknen bewahrt. Deswegen wachsen viele Moose in feuchten Lebensräumen. Die Entwicklung verläuft in zwei Phasen: Zunächst bildet die Moospflanze (Gametophyt) männliche und weibliche Keimzellen (Gameten), die zu einer Zygote verschmelzen. Danach entwickelt sich aus der Zygote die Sporenpflanze (Sporophyt), welche mit dem Gametophyten verbunden bleibt. Die Sporenpflanze bildet Sporen, die zu neuen Moospflanzen heranwachsen. Die Lebermoose (Klasse Hepaticae) wachsen waagerecht und können thallös (flach und bandartig) oder beblättert sein. Die Laubmoose (Klasse Musci) besitzen meist ein aufrechtes Stämmchen mit spiralig angeordneten Blättchen.

BEBLÄTTERTES LEBERMOOS
Scapania undulata

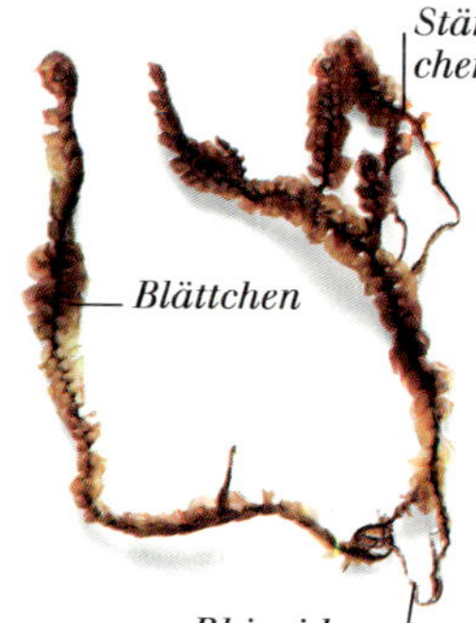

THALLÖSES LEBERMOOS
Marchantia polymorpha

Brutbecher

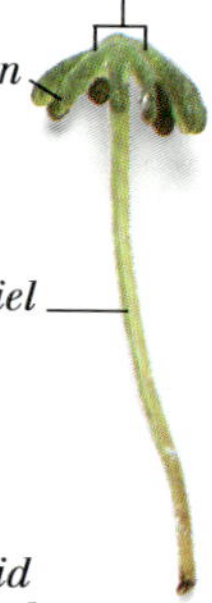

Seitenansicht eines weiblichen Gametangienstandes

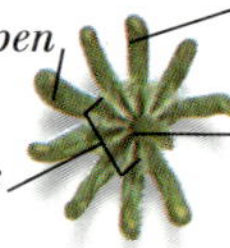

Weiblicher Gametangienstand von unten

Mikrofoto eines Lappens

Weibliche Moospflanze

MIKROFOTO DES THALLUS
Conocephalum conicum

Gewöhnliches Laubmoos
Polytrichum commune

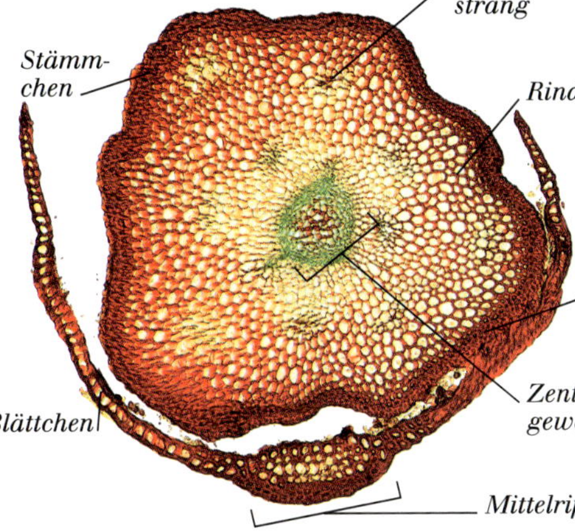

Mikro-Aufnahme eines Querschnitts durch Stämmchen und Blättchen

Mikroskopische Aufnahme einer Moosspore (*Funaria hygrometrica*)

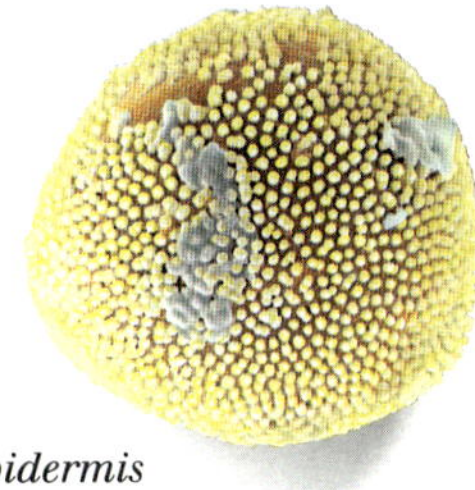

Entwicklung eines Laubmooses *Funaria sp.*

Moospflanze

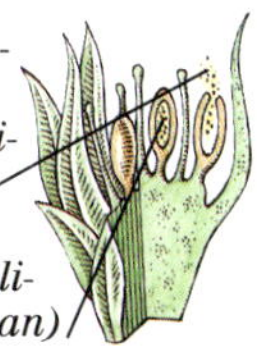

Schnitt männliche Stämmchenspitze

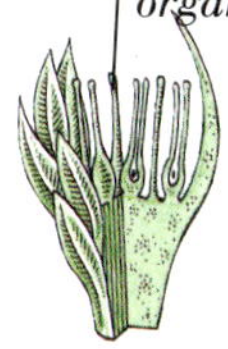

Schnitt weibliche Stämmchenspitze

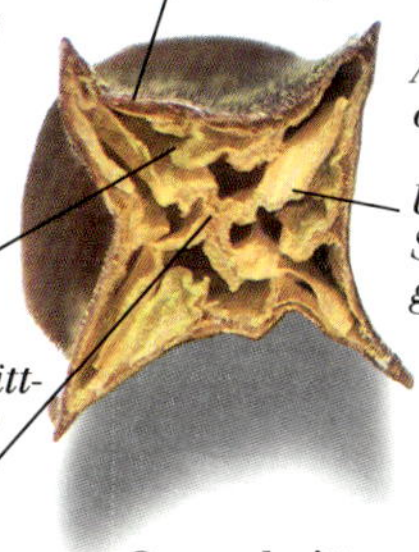

Querschnitt durch eine Kapsel

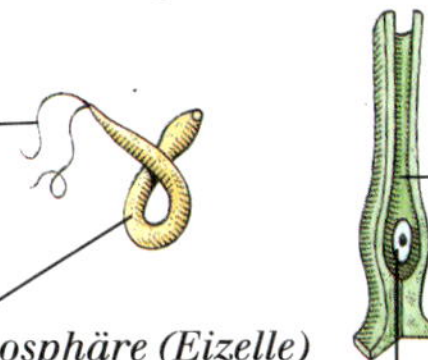

Befruchtung

Laubmoos

Sporophyt

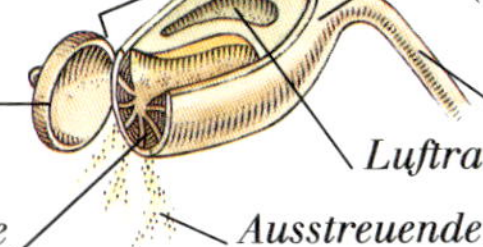

Reife Kapsel

Junges Moospflänzchen

Schachtelhalme, Bärlappe, Farne

WEDEL
Wurmfarn
(*Dryopteris filix-mas*)

Schachtelhalme, Bärlappe und Farne sind primitive Landpflanzen. Wie auch die höheren Pflanzen besitzen sie Sprosse, Wurzeln und Blätter sowie Leitgewebe, die Wasser, Mineral- und Nährstoffe transportieren. Im Gegensatz zu den höheren Pflanzen bilden sie aber bei der Fortpflanzung keine Samen. Ihre Entwicklung verläuft in zwei Phasen: Zunächst produziert die Sporenpflanze in Sporangien Sporen. Danach wachsen die Sporen zu kurzlebigen Gametophyten heran, welche männliche und weibliche Gameten (Keimzellen) bilden. Die Gameten verschmelzen zu einer Zygote, aus der sich ein neuer Sporophyt entwickelt. Die Schachtelhalmgewächse (Abteilung Sphenophyta) haben grüne, aufrecht wachsende Sprosse mit quirlig angeordneten Zweigen. Einige der Sprosse sind fertil und bilden einen Sporophyllstand (Gruppe von Sporangien) an ihrer Spitze aus. Die Bärlappgewächse (Abteilung Lycopodophyta) verfügen gewöhnlich über kleine, schraubig um den Sproß angeordnete Blätter, die mit Sporophyllständen an den Spitzen einiger Sprosse ausgestattet sind. Die Farne (Abteilung Filicophyta) haben meistens große, gefiederte Wedel. Auf der Unterseite von fertilen Wedeln entwickeln sich die zu Sori gehäuften Sporangien.

BÄRLAPP
Lycopodium sp.

BÄRLAPP
Selaginella sp.

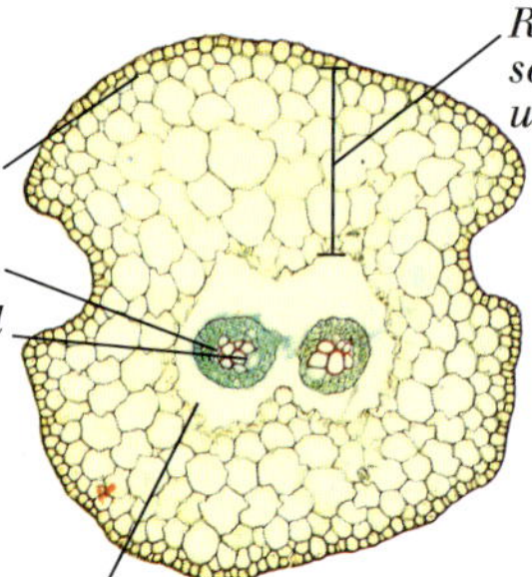

Mikro-Aufnahme eines Bärlappsproßquerschnitts

SCHACHTELHALM
Ackerschachtelhalm
(*Equisetum arvense*)

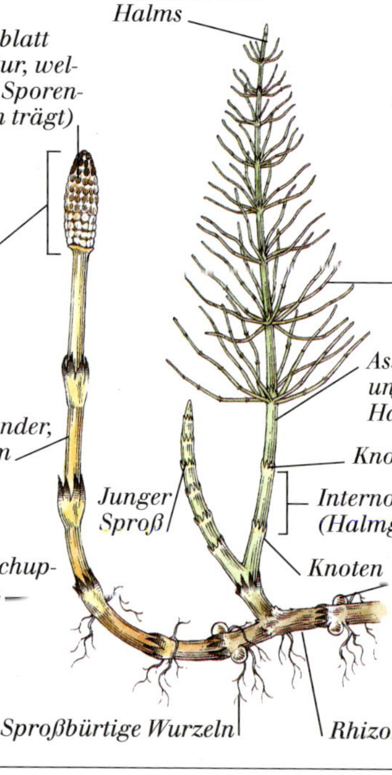

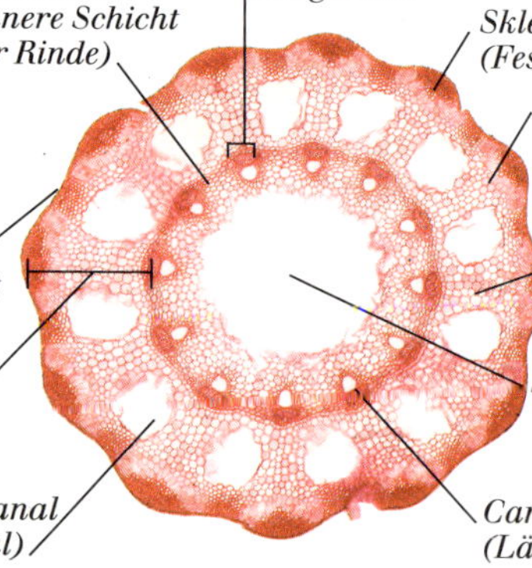

Mikro-Aufnahme eines Schachtelhalmquerschnitts

SPORENBILDUNG IM FARN

Adlerfarn (*Pteridium aquilinum*)

Mikroskopische Aufnahme der Unterseite einer fertilen Fieder

Mikro-Aufnahme von Sporenkapseln auf der Unterseite eines fertilen Fiederblättchens

ENTWICKLUNGSZYKLUS EINES FARNS

Sporenpflanze

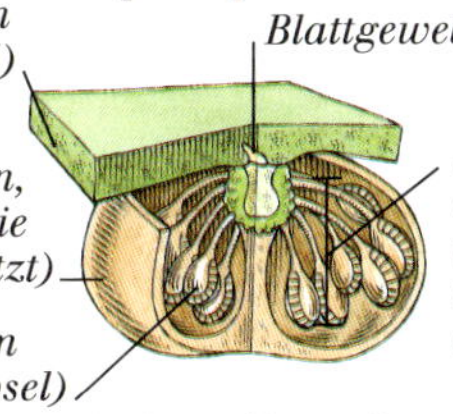

Schnittdarstellung eines ausgewachsenen Wedels

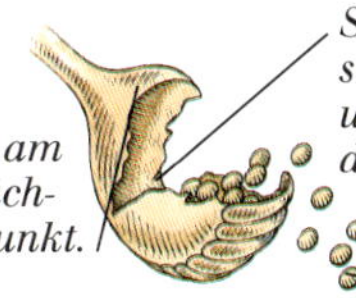

Freisetzung der Sporen aus dem Sporenbehälter

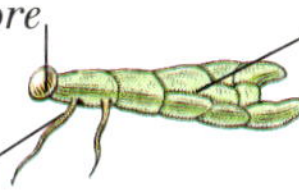

Keimung der Spore

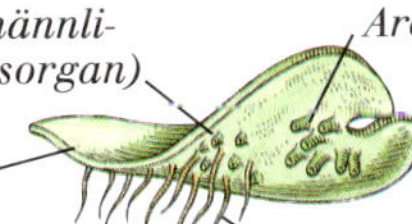

Prothallium (Vorkeim) bildet Keimzellen

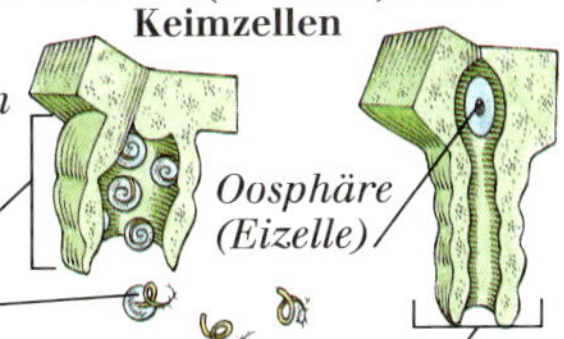

Befruchtung

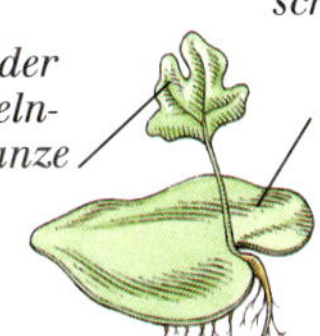

Die befruchtete Eizelle wächst zu einer neuen Farnpflanze heran

FARN

Wurmfarn (*Dryopteris filix-mas*)

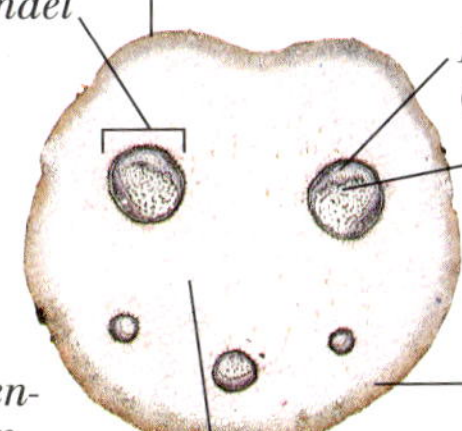

Mikroskopische Aufnahme eines Querschnitts durch eine Farnblattspindel

Nacktsamer 1

Die Gymnospermen umfassen vier verwandte Gruppen samenbildender Pflanzen (Spermatophyta). Im Unterschied zu den Blütenpflanzen fehlt ihren Samen eine schützende, äußere Abdeckung. Vorwiegend sind die Gymnospermen holzige, ausdauernde Sträucher oder Bäume, die mit Sprossen, Blättern und Wurzeln sowie einem hochentwickelten Leitgewebesystem ausgestattet sind. Die Fortpflanzungsorgane der meisten Gymnospermen sind Zapfen. Die männlichen Zapfen bilden Mikrosporen, die weiblichen Megasporen, in denen sich die Gameten entwickeln. Der Wind trägt die Mikrosporen zu den weiblichen Zapfen. Dort verschmelzen die männlichen und weiblichen Keimzellen während der Befruchtung, und ein neuer Same kann entstehen. Die vier Abteilungen der Gymnospermen sind die Nadelhölzer (Coniferophyta), die Palmfarne (Cycadophyta), die Ginkgogewächse (Ginkgophytha) und die Gnetophyten (Gnetophyta). Der Ginkgo oder Fächerblattbaum ist ein großer Baum mit zweilappigen Blättern. Die Gruppe der Gnetophyten ist sehr vielfältig. Neben Sträuchern gehört hierzu auch die waagrecht wachsende Welwitschie.

Entwicklungszyklus der Kiefer
(*Pinus sylvestris*)

Männlicher Zapfen

Junger weiblicher Zapfen

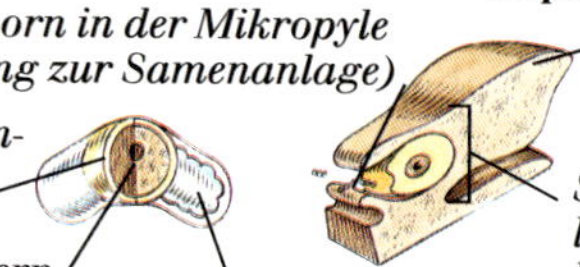

Bestäubung

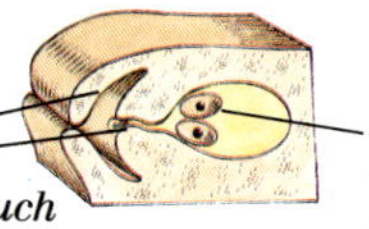

Befruchtung

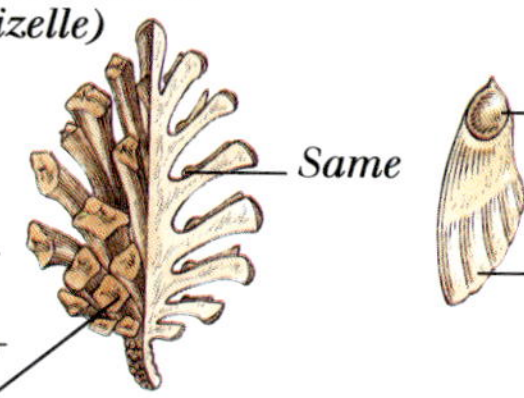

Ausgewachsener weiblicher Zapfen und geflügelter Samen

Keimung eines Kiefernsämlings

Schuppe und Samen
Kiefer
(*Pinus sp.*)

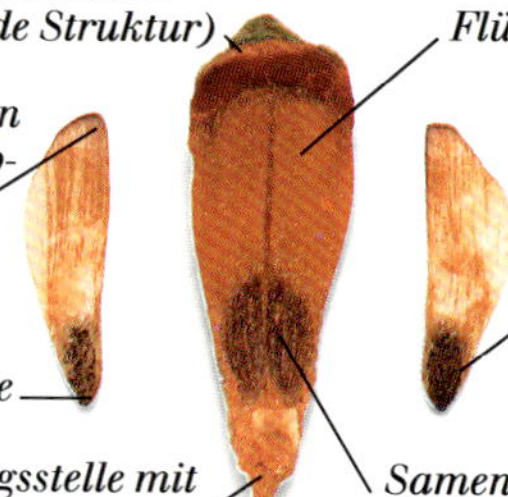

Samenschuppe eines dreijährigen weiblichen Zapfens

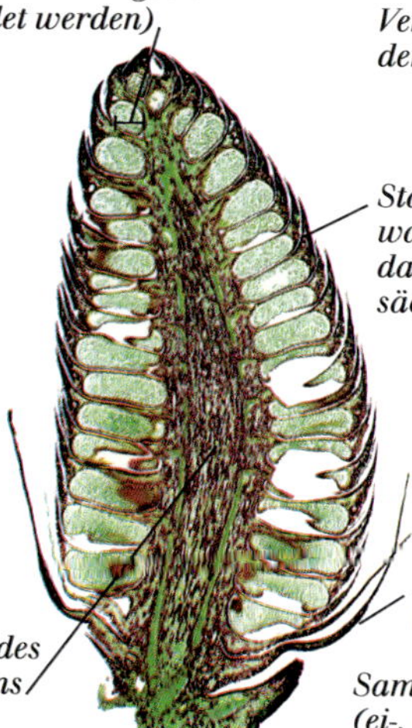

Mikroskopische Aufnahme eines Längsschnitts durch einen jungen männlichen Zapfen

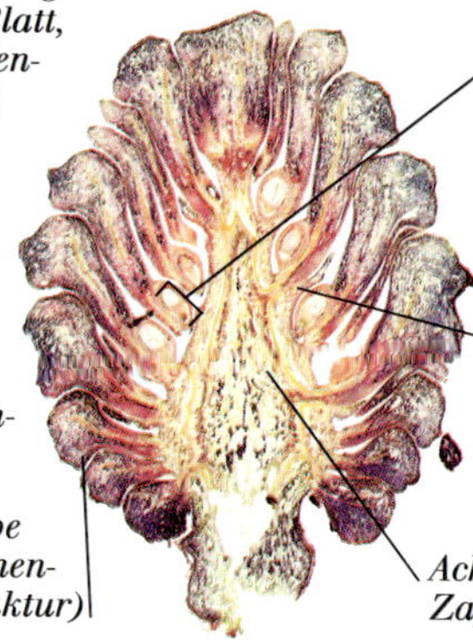

Mikroskopische Aufnahme eines Längsschnitts durch einen zweijährigen weiblichen Zapfens

Welwitschie
(*Welwitschia mirabilis*)

Glatte Arizona-Zypresse
(Cupressus glabra)

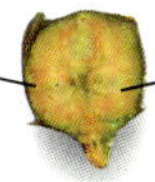

Schnittdarstellung eines jungen Zapfens

Querschnitt durch einen ausgewachsenen Zapfen

Abgefallener Zapfen

Eibe
(Taxus baccata)

Weiblicher „Zapfen" in unterschiedlichen Entwicklungsstufen

Cycadee
Palmfarn
(Cycas revoluta)

Fächerblattbaum
(Ginkgo biloba)

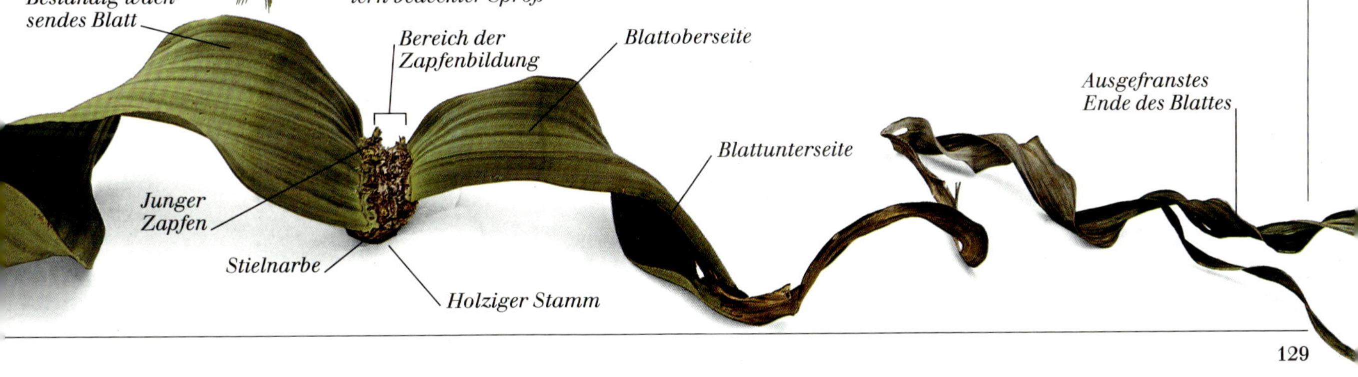

Nacktsamer 2

Zweig einer Bischofskiefer
(*Pinus muricata*)

Weiblicher Zapfen (1. Jahr)

Weiblicher Zapfen (3. Jahr)

Spitzenbereich eines Zweiges

Mikroskopische Aufnahme eines Nadelquerschnitts

Mikroskopische Aufnahme einer Kiefernnadel
(*Pinus sp.*)

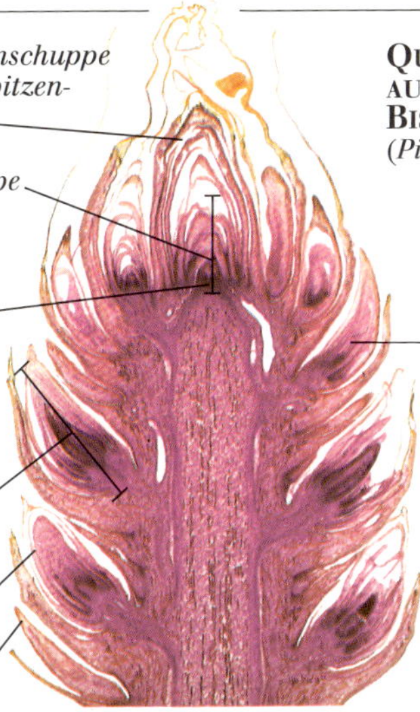

Mikroskopische Aufnahme eines Längsschnitts durch eine Kiefernsproßspitze
(*Pinus sp.*)

Querschnitt durch einen ausgewachsenen Stamm der Bischofskiefer
(*Pinus muricata*)

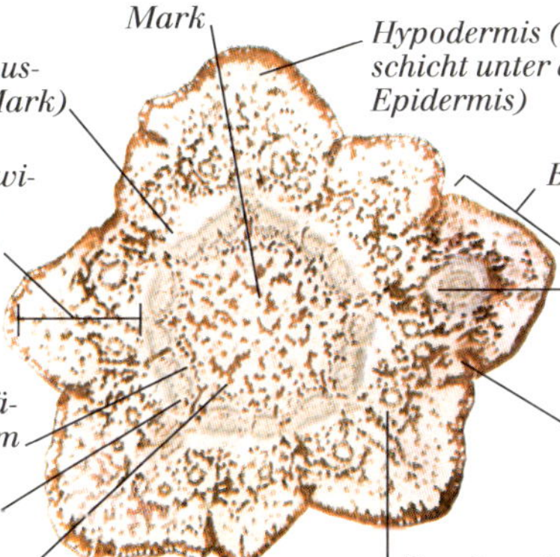

Mikroskopische Aufnahme eines Querschnittes durch einen jungen Kiefernsproß
(*Pinus sp.*)

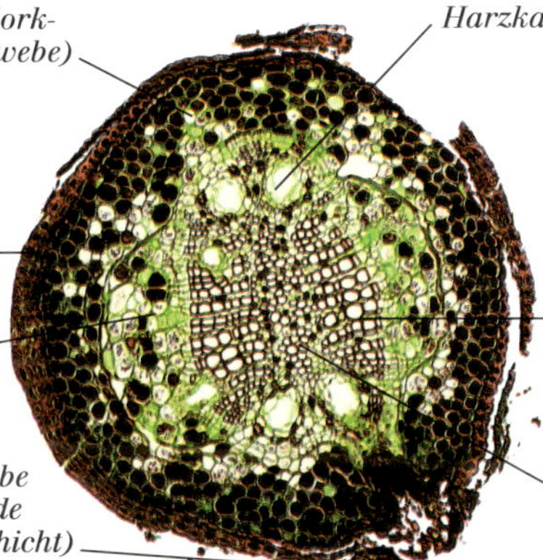

Mikroskopische Aufnahme eines Querschnitts durch eine junge Kiefernwurzel
(*Pinus sp.*)

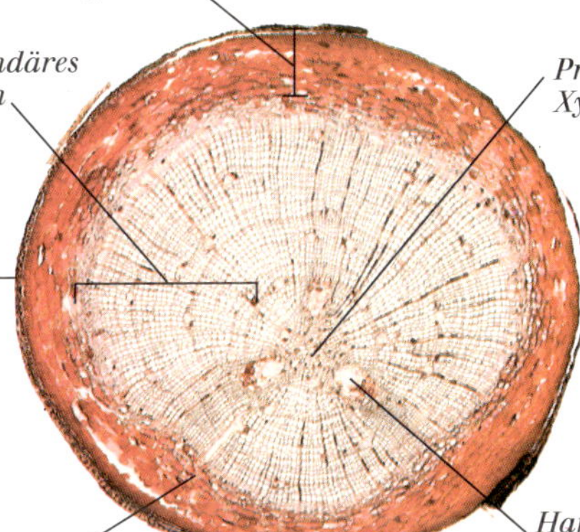

Mikroskopische Aufnahme eines Querschnitts einer ausgewachsenen Kiefernwurzel
(*Pinus sp.*)

Einkeimblättrige und Zweikeimblättrige

Die Blütenpflanzen (Unterabteilung Angiospermae) werden in zwei Klassen eingeteilt: die einkeimblättrigen (Monocotyledoneae) und die zweikeimblättrigen (Dicotyledoneae) Pflanzen. Die Keimlinge der monokotylen Pflanzen haben nur ein Keimblatt. Ihre Blätter sind schmal mit einer parallelen Nervatur. Alle Teile der Blüten kommen in Vielfachen von drei vor. Die Kron- und Kelchblätter sind gleichartig und werden Perigonblätter genannt. Die Leitbündel sind über den ganzen Sproß verteilt. Diese Pflanzen sind meistens krautig, da es ihnen an Sproßkambium mangelt. Die Keimlinge der dikotylen Pflanzen besitzen hingegen zwei Keimblätter. Ihre breiten Blätter haben eine zentrale Mittelrippe und verzweigte Adern. Die Zahl der Blütenteile ist immer ein Vielfaches von fünf oder vier. Im allgemeinen sind die Kelchblätter klein und grün, die Kronblätter dagegen groß und farbenfroh. Die Leitbündel sind ringförmig am Rand des Sprosses angeordnet. Viele dikotyle Pflanzen besitzen auch holzbildendes Sproßkambium, so daß holzige wie auch krautige Formen auftreten.

Schnitt durch die Blattbasis einer monokotylen Pflanze

Vergleich zwischen ein- und zweikeimblättrigen Pflanzen

Eine einkeimblättrige Pflanze
Kentiapalme (*Howea forsteriana*)

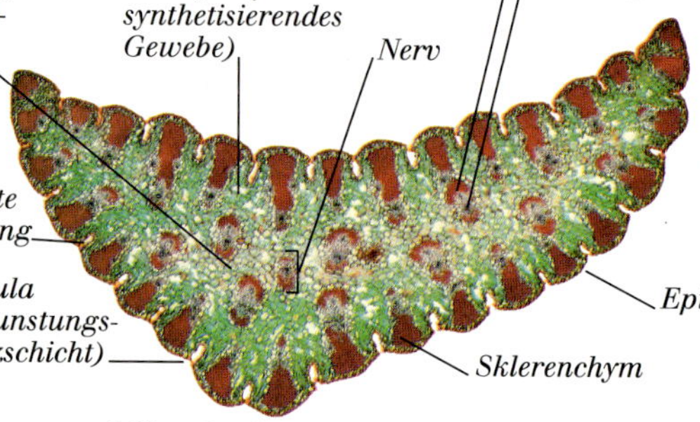

Mikroskopische Aufnahme eines Querschnitts durch ein Monokotylenblatt
Yucca (*Yucca sp.*)

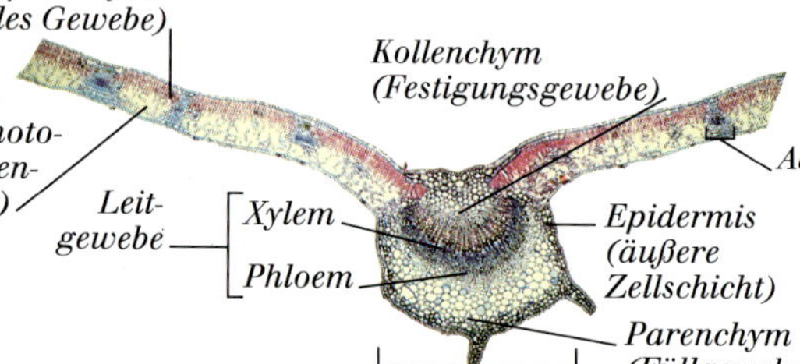

Mikroskopische Aufnahme eines Querschnitts durch ein Dikotylenblatt
Apfel (*Malus sp.*)

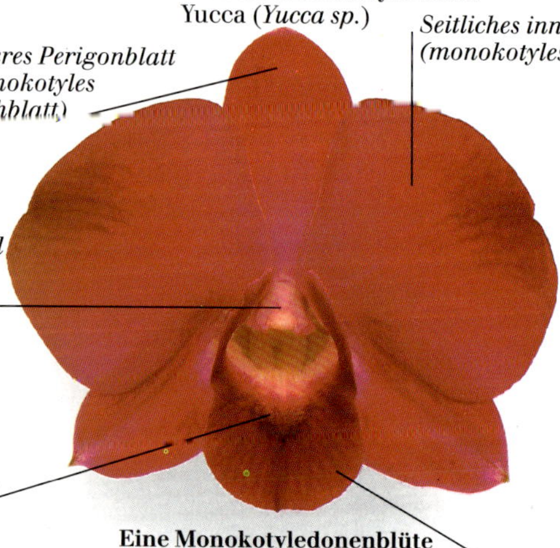

Eine Monokotyledonenblüte
Nachtfalter-Orchidee
(*Phalaenopsis sp.*)

Eine Dikotyledonenblüte
Roseneibisch
(*Hibiscus rosa-sinensis*)

Monokotyle Blattscheiden bilden den Sproß
Hanfpalme (*Trachycarpus fortunei*)

Eine Dikotyledone
Roseneibisch (*Hibiscus rosa-sinensis*)

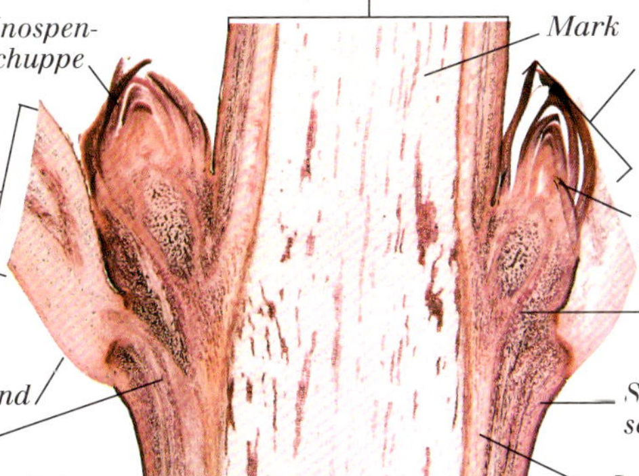

Mikroskopische Aufnahme eines Längsschnitts durch einen holzigen Dikotylensprоss
Ahorn (*Acer sp.*)

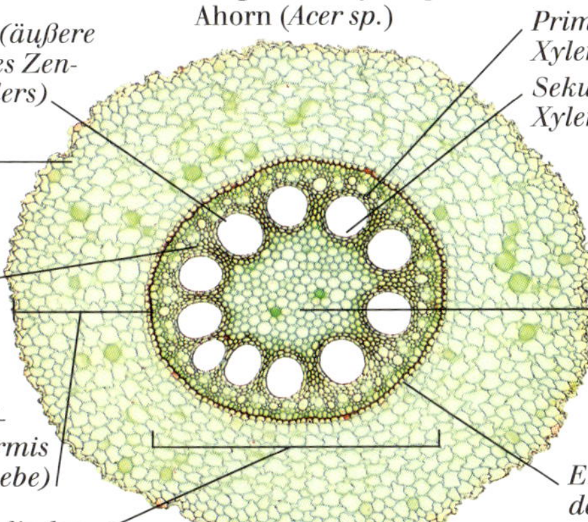

Mikroskopische Aufnahme eines Querschnitts durch eine Monokotyledonenwurzel
Mais (*Zea mays*)

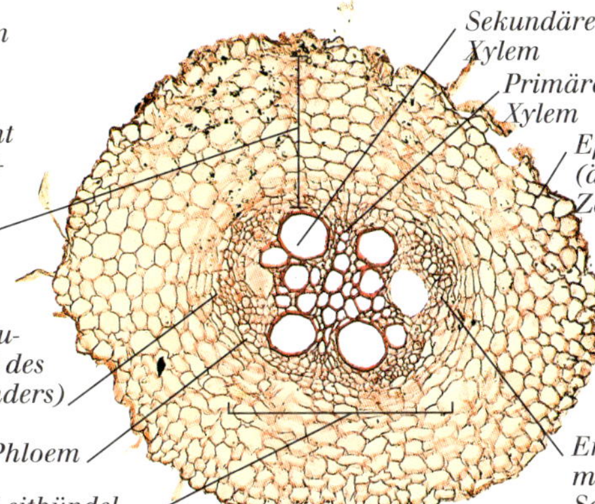

Mikroskopische Aufnahme eines Querschnitts durch eine Dykotyledonenwurzel
Hahnenfuß (*Ranunculus sp.*)

Krautige Blütenpflanzen

Die krautigen Blütenpflanzen zeichnen sich durch grüne, nicht verholzte Sprosse aus. Viele krautige Pflanzen leben nur ein oder zwei Jahre. Die einjährigen Pflanzen (z.B. Wicken) keimen, wachsen und fruchten innerhalb eines Jahres. Die zweijährigen Pflanzen (z.B. Möhren) entwickeln sich aus Samen zu neuen Pflanzen, die Reserven in unterirdischen Speicherorganen anlegen. Im zweiten Jahr bilden sich aus diesen Speicherorganen neue Blätter, Blüten und Früchte. Danach stirbt die Pflanze ab. Einige krautige Pflanzen sind mehrjährig (z.B. Kartoffeln). Jedes Jahr entwickeln sie aus unterirdischen Knollen oder Rhizomen Sprosse und Blüten. Der oberirdische Teil stirbt jährlich ab; die unterirdischen Teile der Pflanze überwintern.

Gartenwicke
(*Lathyrus odoratus*)

Erdbeere
(*Fragaria x ananassa*)

Möhre
(*Daucus carota*)

Kartoffel
(*Solanum tuberosum*)

Ockergelbe Fetthenne
(*Sedum rupestre*)

Teile krautiger Blütenpflanzen

Holzige Blütenpflanzen

Die holzigen Blütenpflanzen sind mehrjährig. Sie haben zahlreiche kleinere Zweige und einen oder mehrere dauerhafte Äste über der Erde. Die Äste und Zweige besitzen zur Stabilisierung einen verholzten Kern und Leitgewebe, das Wasser und Mineralstoffe transportiert. Außerhalb des Holzkerns befindet sich die rauhe, schützende Borke, die über Lentizellen (winzige Öffnungen) den Gasaustausch gewährleistet. Die holzigen Blütenpflanzen weisen verschiedene Wuchsformen auf: Sträucher mit mehreren Leitästen aus dem Wurzelstock; Büsche, d.h. Sträucher mit dichter Belaubung und Verzweigung, sowie Bäume, die einen einzigen, aufrechten Stamm besitzen, der die Äste trägt. Die sommergrünen Holzpflanzen (z.B. Rosen) werfen ihr Laub jährlich ab und überdauern den Winter unbelaubt. Die immergrünen Holzpflanzen (z.B. Efeu) verlieren ihre Blätter vereinzelt im Laufe der Jahre und sind deshalb das ganze Jahr belaubt.

Teile holziger Blütenpflanzen

Wurzeln

Wurzeln sind die unterirdischen Teile der Pflanze. Sie haben drei wichtige Aufgaben: Sie verankern die Pflanze im Boden und nehmen Wasser und Mineralstoffe aus den Räumen zwischen den Bodenteilchen auf und sind Teil des pflanzlichen Transportsystems. Ihre Aufnahmefähigkeit wird durch feine Wurzelhaare unterstützt. Im Holzteil, dem Xylem, werden Wasser und Mineralstoffe von der Wurzel zum Sproß und zu den Blättern befördert. Im Siebteil, dem Phloem, werden Nährstoffe von den Blättern zu allen Teilen des Wurzelsystems geleitet. Einige Wurzeln dienen auch als Reservespeicher (z.B. Möhren). Die Wurzeln besitzen eine Epidermis, welche die Rinde aus Parenchym und den Leitbündelzylinder umgibt. Dank dieser Anordnung können die Wurzeln den sie umgebenden Boden beim Wachstum verdrängen.

Möhre
(Daucus carota)

Mikroskopische Aufnahme der Primärwurzel-Entwicklung
Kohl (*Brassica sp.*)

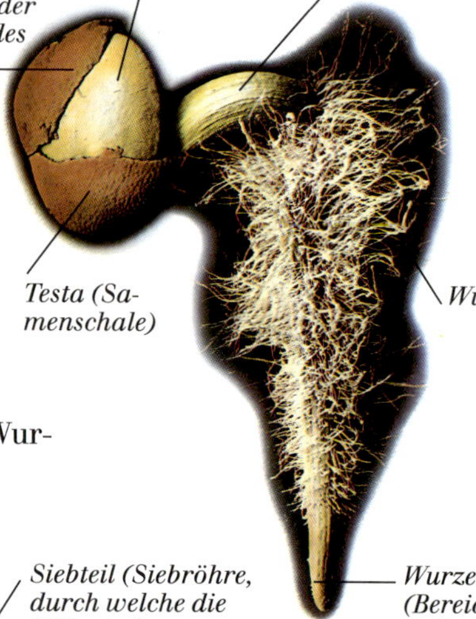

Hauptteile einer typischen Wurzel
Hahnenfuß
(*Ranunculus sp.*)

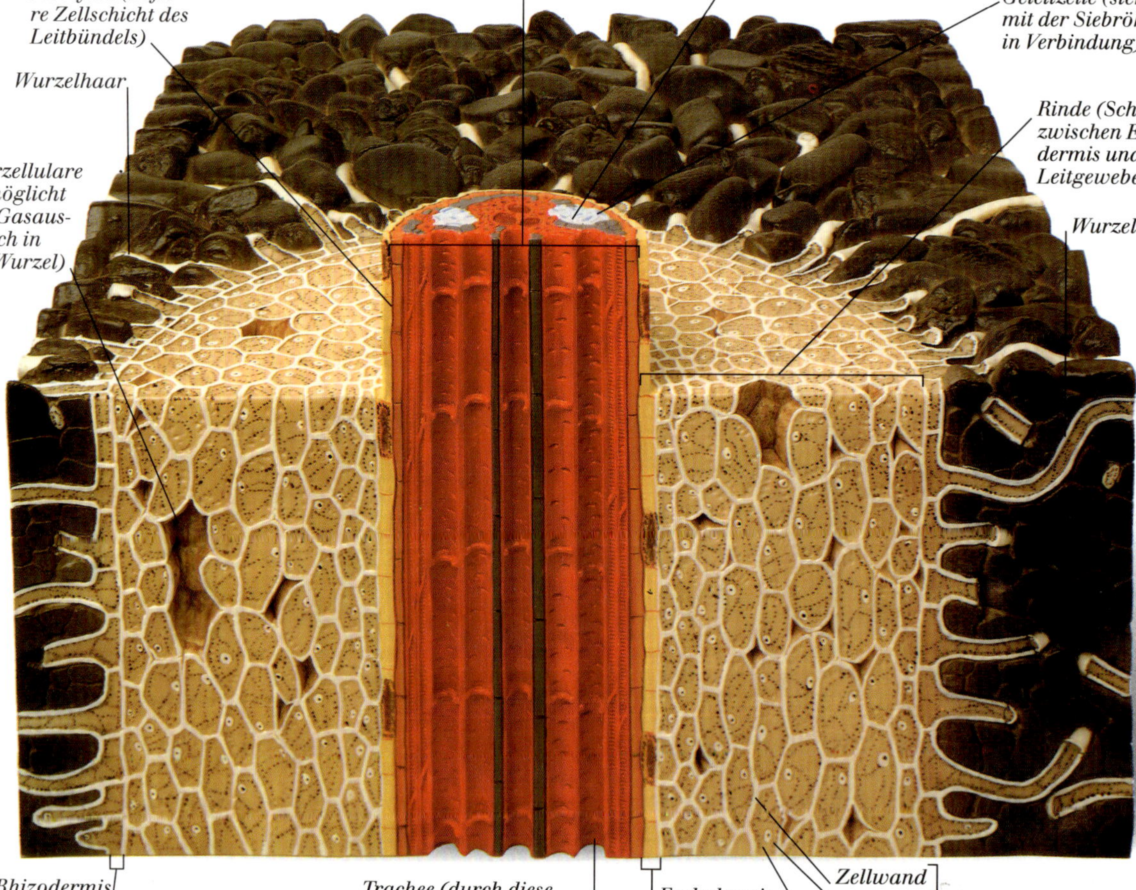

DIE PRIMÄRWURZEL UND MIKROSKOPISCHE AUFNAHMEN VON SCHNITTEN DURCH WURZELN

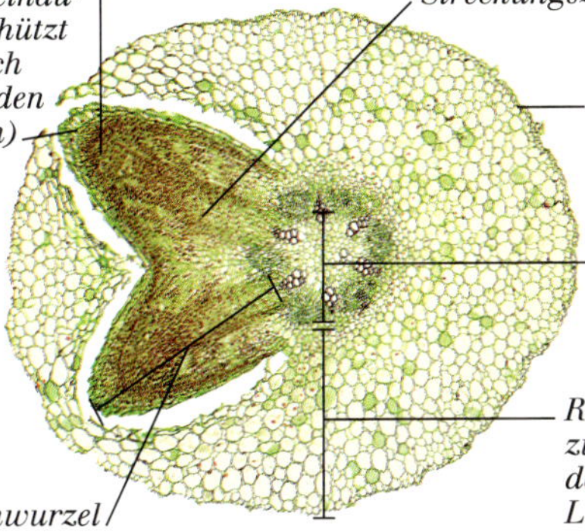

Querschnitt durch die Wurzel der Puffbohne
(*Vicia faba*)

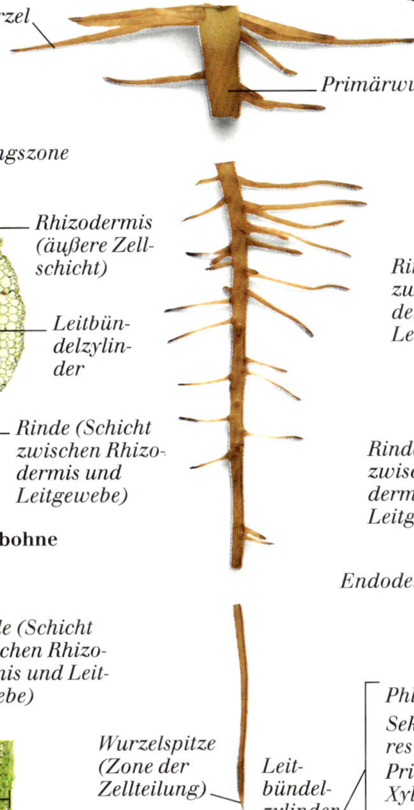

Primärwurzel der Puffbohne
(*Vicia faba*)

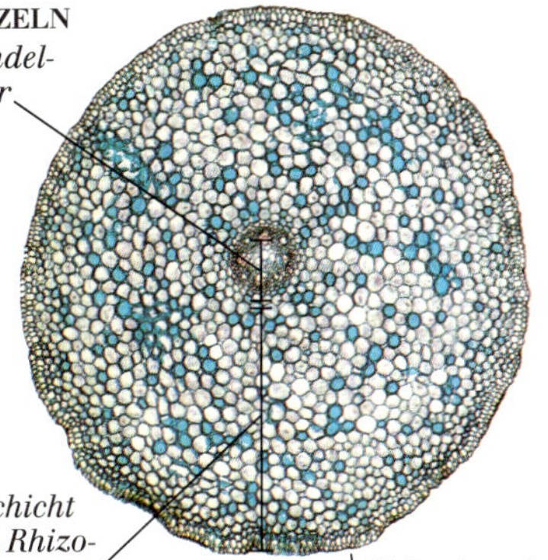

Querschnitt durch eine Wurzel des Hahnenfußes
(*Ranunculus sp.*)

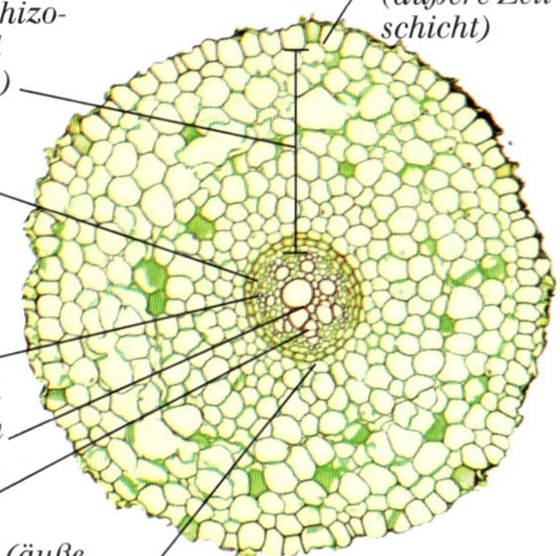

Querschnitt durch die Wurzel der Lilie
(*Lilium sp.*)

Längsschnitt durch die Wurzelspitze der Puffbohne
(*Vicia faba*)

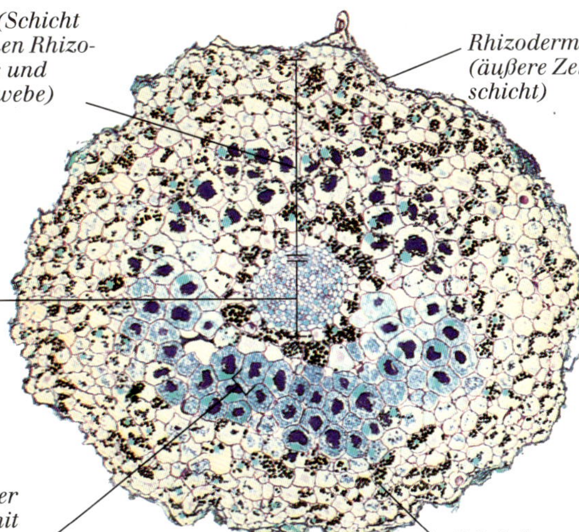

Querschnitt durch die Wurzel einer Orchidee in Symbiose mit einem Pilz

Sprosse

Der Sproß trägt den oberirdischen Teil der Pflanze. An den Sprossen wachsen die Blätter (Photosyntheseorgane) und im Winkel zwischen Blatt und Sproß oder an der Sproßspitze die Knospen und Blüten. Der Sproß stellt einen Teil des pflanzlichen Transportsystems dar. Im Xylem (Holzteil) des Sprosses findet der Wasser- und Mineralstofftransport von den Wurzeln zu den oberirdischen Pflanzenteilen statt. Im Phloem (Siebteil) werden die in den Blättern gebildeten Nährstoffe zu anderen Teilen der Pflanze befördert. Die Sproßgewebe dienen auch der Speicherung von Wasser und Nährstoffen. Krautige (nicht verholzte) Sprosse besitzen eine schützende äußere Epidermis, welche das Grundgewebe, das auch Festigungsgewebe enthält, umgibt. Das Leitgewebe solcher Sprosse ist in Bündeln angeordnet und setzt sich aus dem Xylem und dem Phloem sowie dem Festigungsgewebe zusammen. Verholzte Sprosse sind mit einer schützenden äußeren Schicht aus Borke ausgestattet. Diese ist mit Lentizellen (Öffnungen) durchsetzt, die den Gasaustausch ermöglichen. In der Borke umhüllt ein Ring aus sekundärem Phloem den inneren Kern aus sekundärem Xylem.

MIKROSKOPISCHE AUFNAHME EINES LÄNGSSCHNITTS DURCH EINE SPROSSPITZE
(*Coleus sp.*)

JUNGER HOLZIGER SPROSS
Linde
(*Tilia sp.*)

SICH ENTWICKELNDE KNOSPEN
Platane
(*Platanus x acerifolia*)

Mikroskopische Aufnahmen von Querschnitten

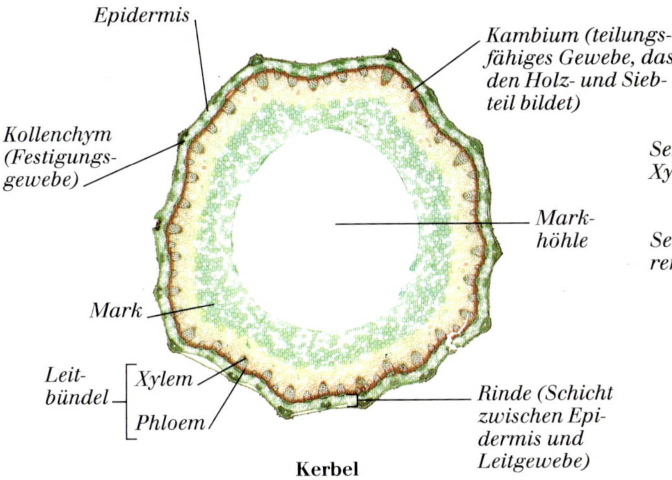

Kerbel
(*Anthriscus sp.*)

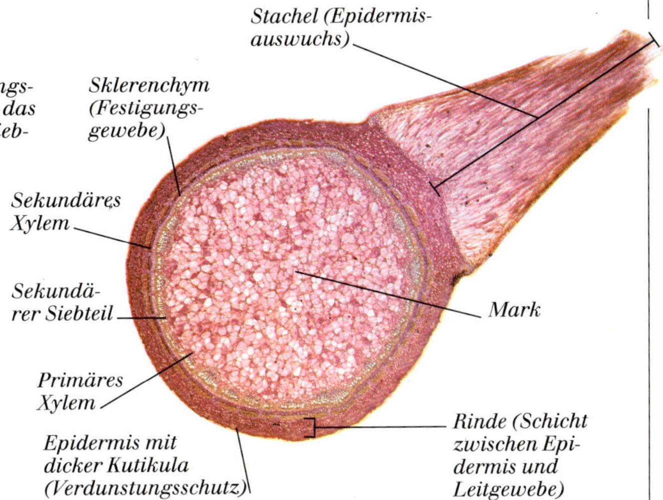

Rose
(*Rosa sp.*)

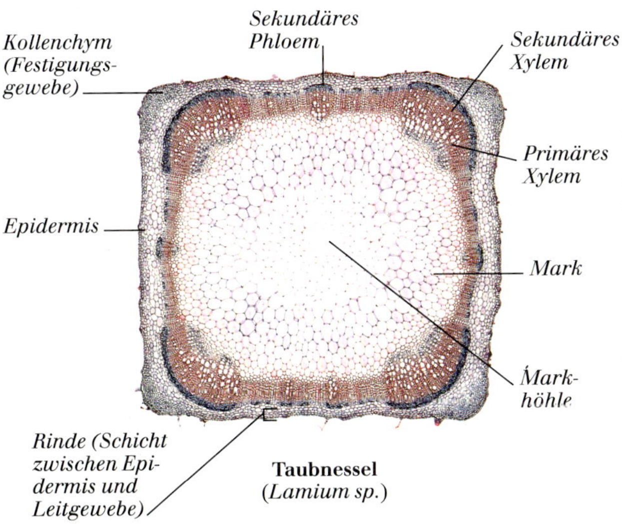

Taubnessel
(*Lamium sp.*)

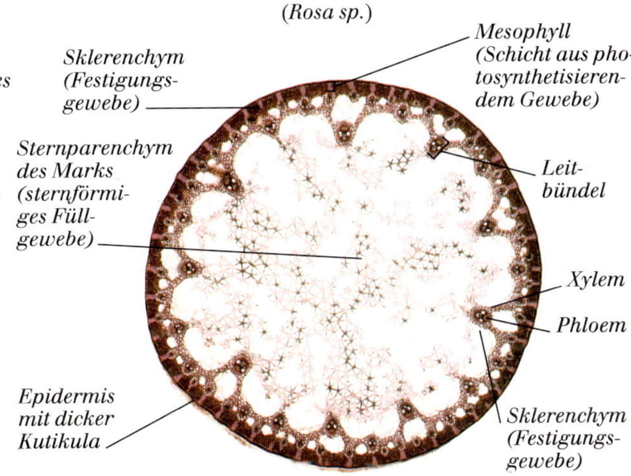

Binse
(*Juncus sp.*)

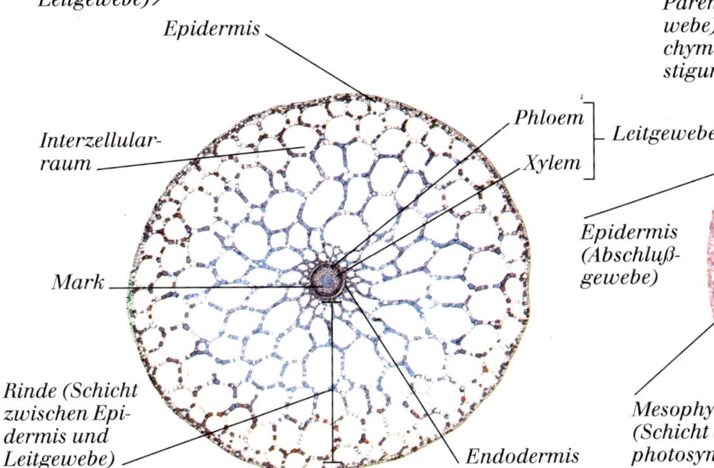

Tannenwedel
(*Hippuris vulgaris*)

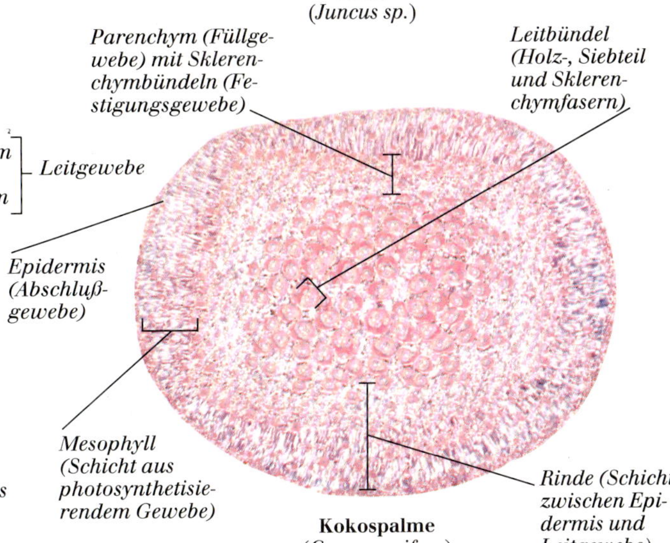

Kokospalme
(*Cocos nucifera*)

Blätter

Präriemalve
(*Sidalcea malviflora*)

Die Blätter sind die Hauptorte der Photosynthese (s.S. 144–145) und der Transpiration (Wasserabgabe durch Verdunstung). Ein typisches Blatt besteht aus einer dünnen, flachen Lamina (Blattspreite), die von einem Netzwerk aus Adern versorgt wird, einem Blattstiel (Petiolus) und dem Blattgrund, der Ansatzstelle des Blattstiels am Sproß. Die Blätter können einfach gebaut (die Blattspreite bildet eine Einheit) oder zusammengesetzt (die Blattspreite ist in getrennte Blättchen geteilt) sein. Zusammengesetzte Blätter sind entweder gefiedert oder gefingert. Fieder setzen an beiden Seiten der Blattspindel (Rhachis) an. Bei gefingerten Blättern gehen die Fieder von einem Punkt des Blattstiels aus. Eine weitere Klassifizierung der Blätter kann auch anhand der Form der Blattspreite und Blattspitze, des Blattrandes und der Blattbasis vorgenommen werden.

Allgemeine Blattmerkmale

Eßkastanie
(*Castanea sativa*)

Einfache Blattformen

Geigenförmig
Wunderstrauch
(*Codiaeum variegatum*)

Lanzettlich
Sanddorn
(*Hippophae rhamnoides*)

Zusammengesetzte Blattformen

Unpaarig gefiedert
Rubinie
(*Robinia pseudoacacia*)

Verkehrt eiförmig
Tupelobaum
(*Nyssa sylvatica*)

Rautenförmig
Kaukasischer Efeu
(*Hedera colchica*)

Ellyptisch
Feige
(*Ficus sp.*)

Kreisrund
Kamelie
(*Camellia japonica*)

Handförmig gelappt
Gemeiner Efeu
(*Hedera helix*)

Dreieckig
Kaukas. Efeu
(*Hedera colchica*)

Linear
Iris
(*Iris lazica*)

Paarig gefiedert
Schwarznußbaum
(*Juglans nigra*)

Gefingert
Roßkastanie
(*Aesculus parviflora*)

Doppelt gefiedert
Lederhülsenbaum
(*Gleditsia triacanthos*)

Doppelt dreizählig
Waldrebe
(*Clematis sp.*)

Dreizählig
Goldregen
(*Laburnum x watereri*)

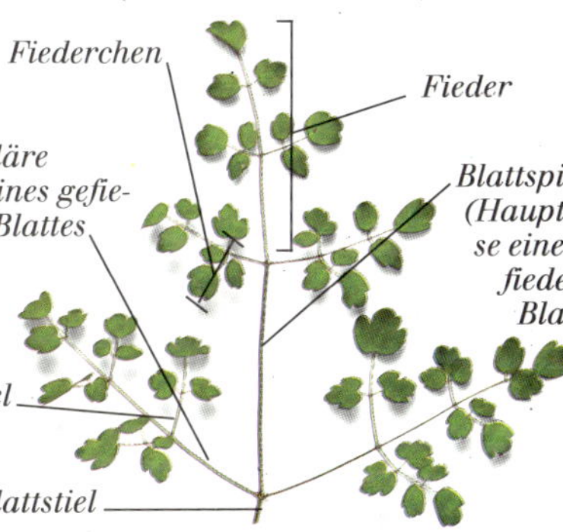

Dreifach gefiedert
Wiesenraute
(*Thalictrum delavayi*)

Photosynthese

Die Photosynthese ist ein Vorgang, bei dem die Pflanze Sonnenenergie in chemische Energie umwandelt. Sie findet in besonderen Strukturen der Blattzellen – den Chloroplasten – statt. Die Chloroplasten enthalten ein grünes Pigment, das Chlorophyll, welches die Sonnenenergie aufnimmt. Mit Hilfe der Energie des Sonnenlichts werden bei der Photosynthese aus Kohlendioxid und Wasser energiereiche Zuckerverbindungen aufgebaut, in denen die für die Pflanzen verfügbare Energie gespeichert ist. Bei diesem Prozeß wird Sauerstoff als Abfallprodukt frei und in die Atmosphäre abgegeben. Die Photosynthese ist die Grundlage für das Leben auf der Erde. Hierbei werden die für die Nahrungskette notwendigen organischen Substanzen und der zum Atmen erforderliche Sauerstoff gebildet. Die Blätter sind die Hauptorte der Photosynthese und haben sich zu diesem Zweck auf vielfältige Weise angepaßt: Flache Blattspreiten bieten eine große Oberfläche zur Lichtaufnahme; die Spaltöffnungen auf der Unterseite gewährleisten den Gasaustausch (Kohlendioxid und Sauerstoff). Ein dichtes Netz von Adern dient der Wasserversorgung sowie dem Transport von Kohlenhydraten in die übrigen Pflanzenteile.

Mikroskopische Aufnahme eines Blattes
Lilie (*Lilium sp.*)

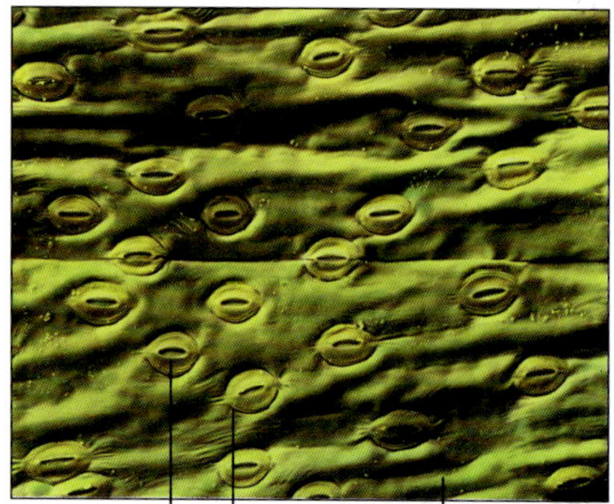

Die Photosynthese

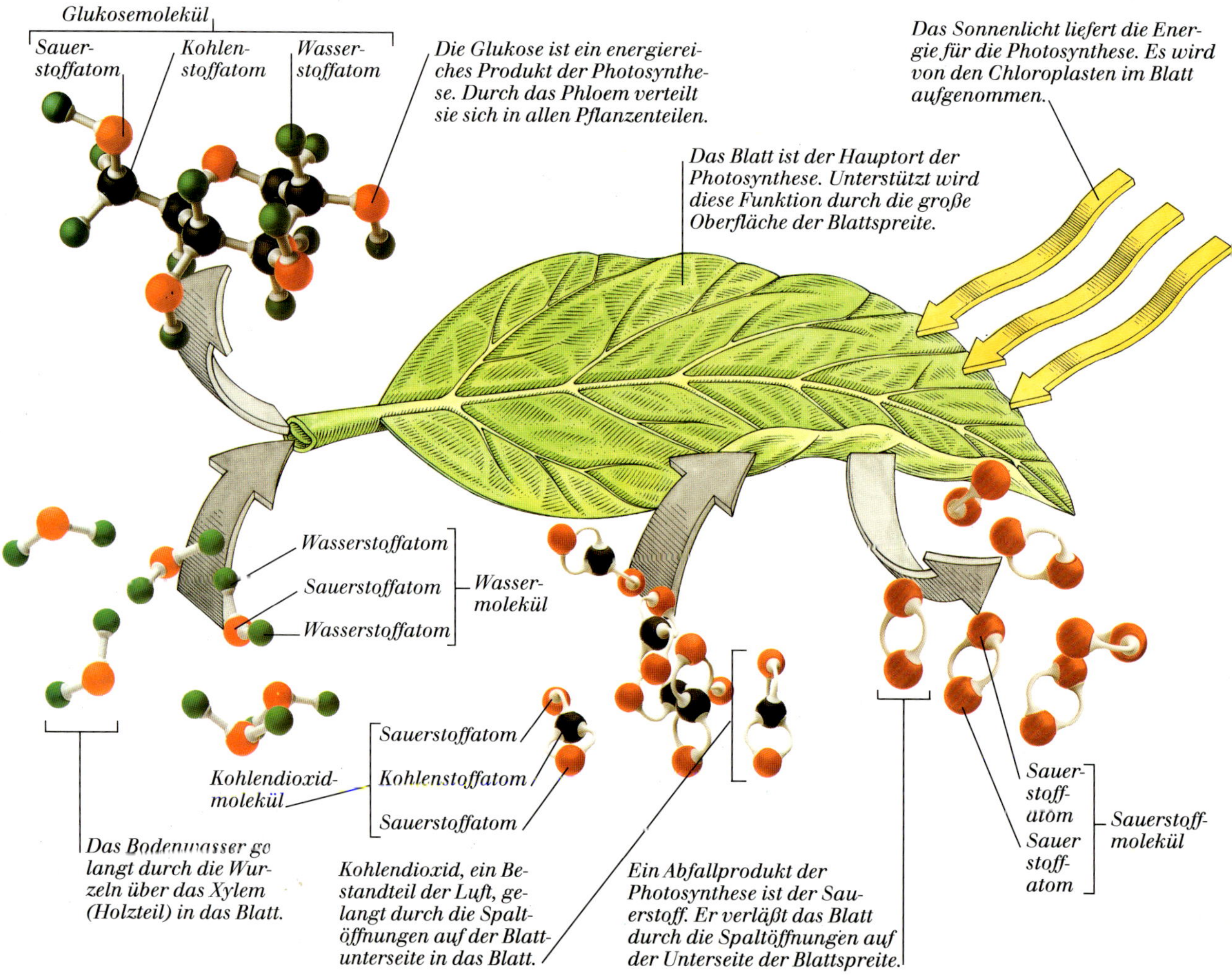

Schnittdarstellung eines Christrosenblattes
(Helleborus niger)

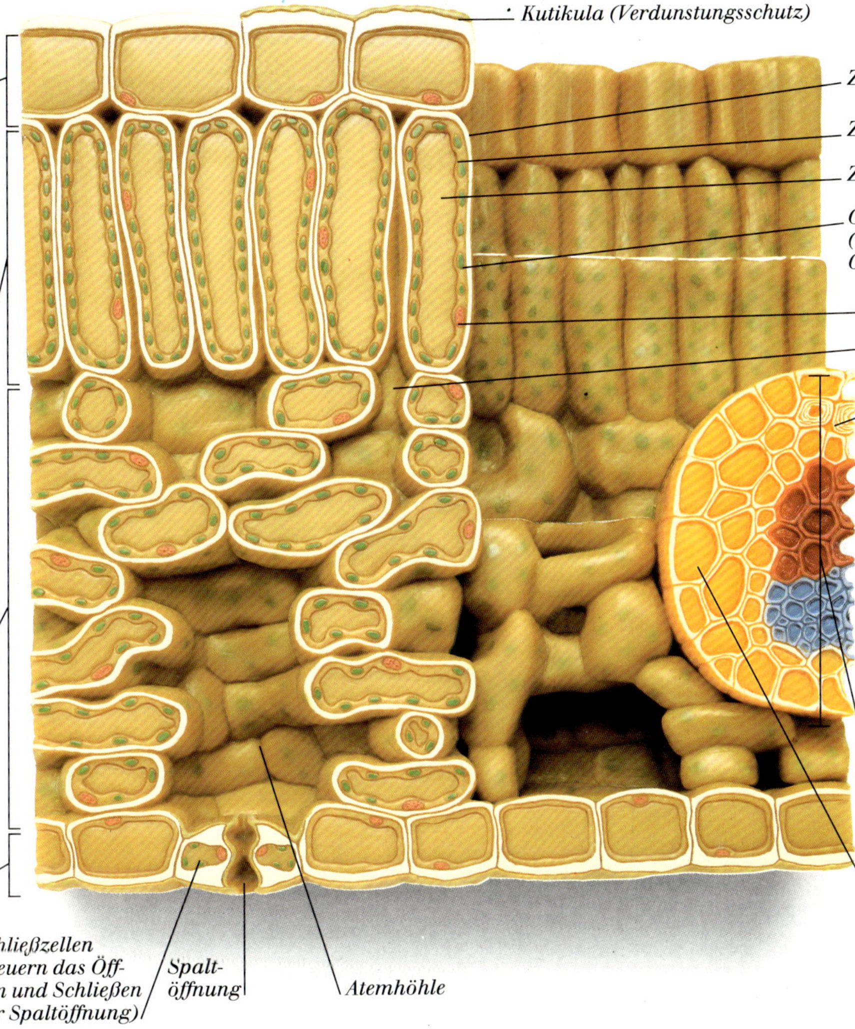

Aufbau eines Chloroplasten

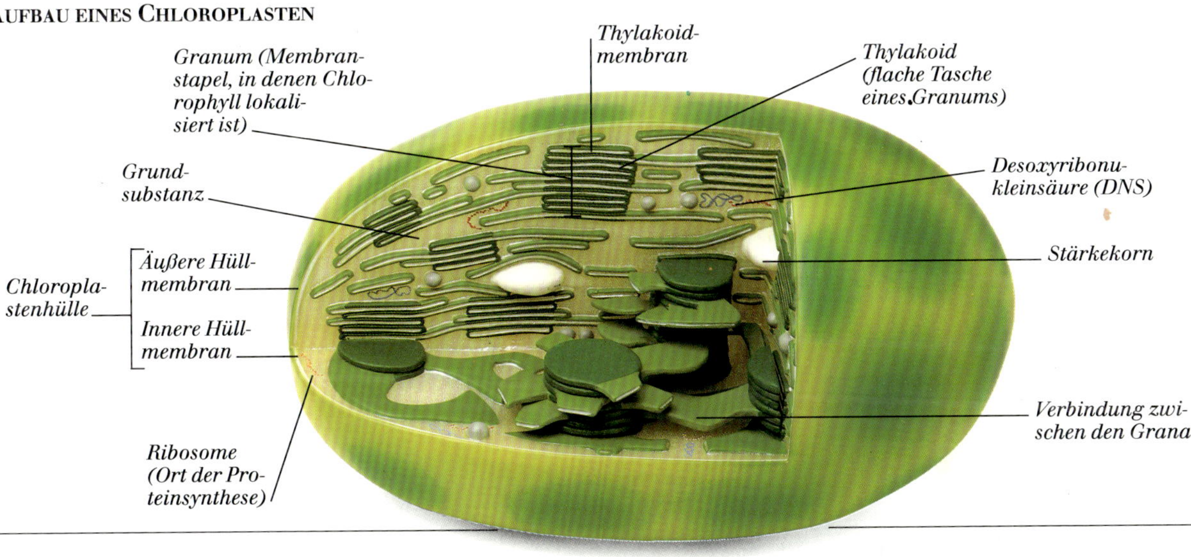

Blüten 1

Die Blüten dienen der geschlechtlichen Fortpflanzung. Ihre Organe sind kreisförmig um den Blütenboden (Spitze des Blütenstiels) angeordnet. Kleine, grüne Kelchblätter schützen die sich entwickelnde Blüte. Die Kronblätter sind meistens groß und leuchtend gefärbt und stehen innerhalb der Kelchblätter. Bei monokotylen Blüten (s.S. 132–133) sind die Kelch- und Kronblätter gleichartig und werden Perigonblätter genannt. Die Kronblätter umgeben die männlichen und weiblichen Fortpflanzungsstrukturen (Androeceum und Gynoeceum). Das Androeceum besteht aus den Staubblättern, wobei jedes Staubblatt (Stamen) aus Staubfaden (Filament) und Staubbeutel (Anthere) aufgebaut ist. Das Gynoeceum weist ein oder mehrere Fruchtblätter (Karpelle) auf. Jedes Fruchtblatt ist aus Fruchtknoten (Ovar), Griffel (Stylum) und Narbe (Stigma) aufgebaut. Einige Blüten, wie z.B. die der Lilien, sitzen einzeln auf einem Blütenstiel. Andere, beispielsweise die des Holunders oder der Sonnenblume, bilden einen Blütenstand (Infloreszenz), der auf einem Blütenstandstiel (Pedunculus) sitzt.

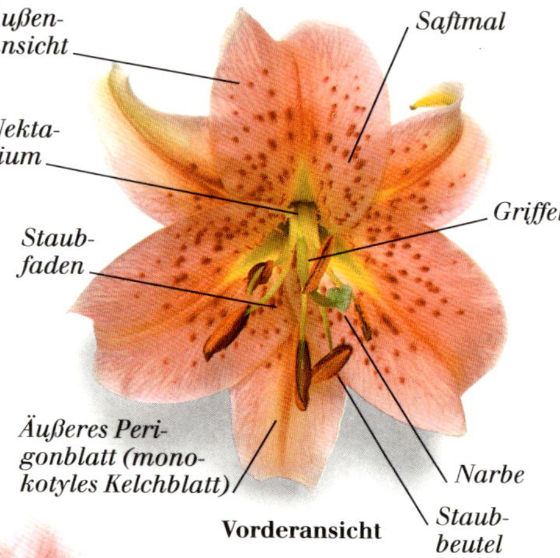

Vorderansicht

MONOKOTYLEDONENBLÜTE
Lilie
(*Lilium sp.*)

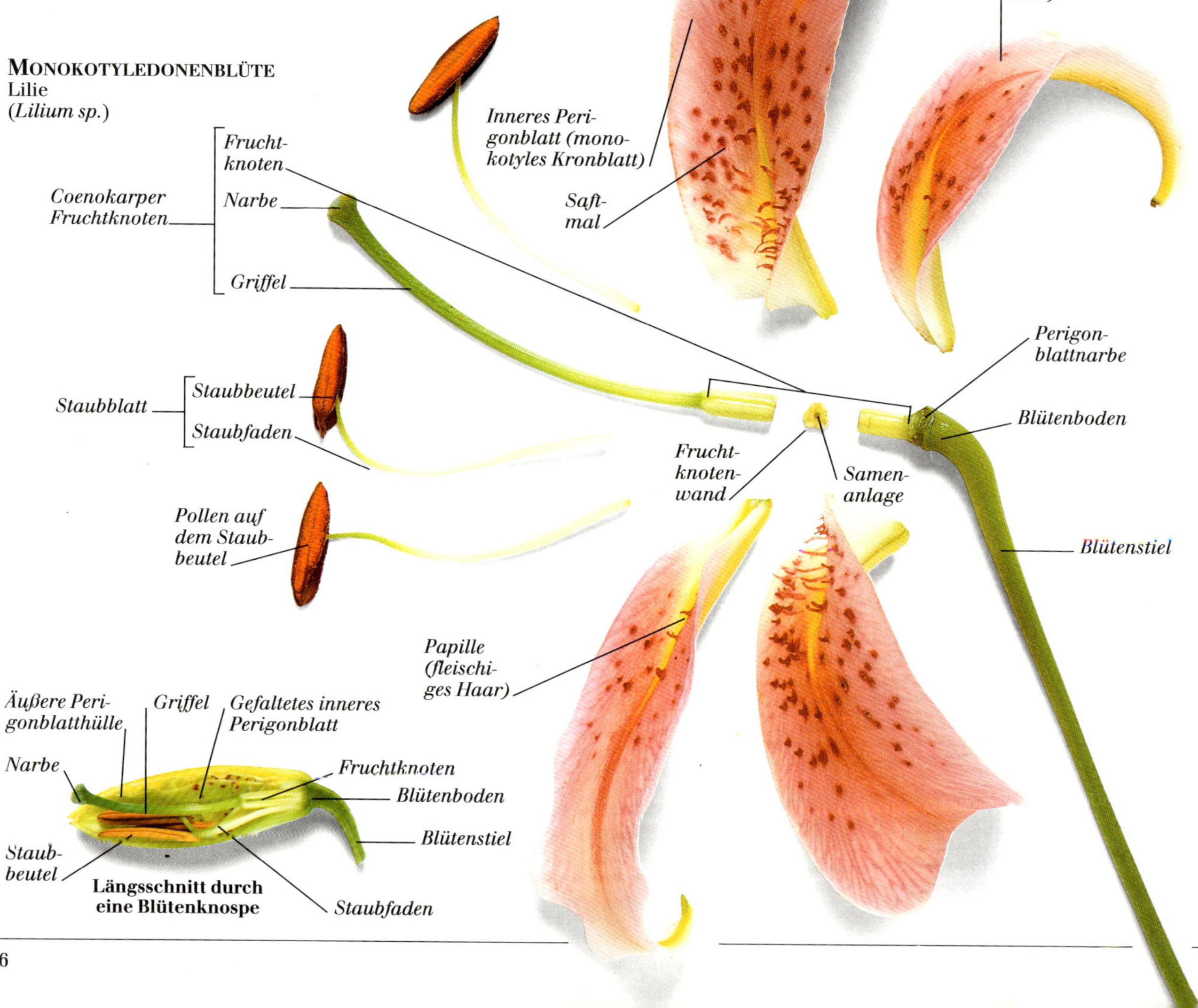

Längsschnitt durch eine Blütenknospe

Eine Dikotylenblüte

Orientalischer Rittersporn
(*Delphinium orientalis*)

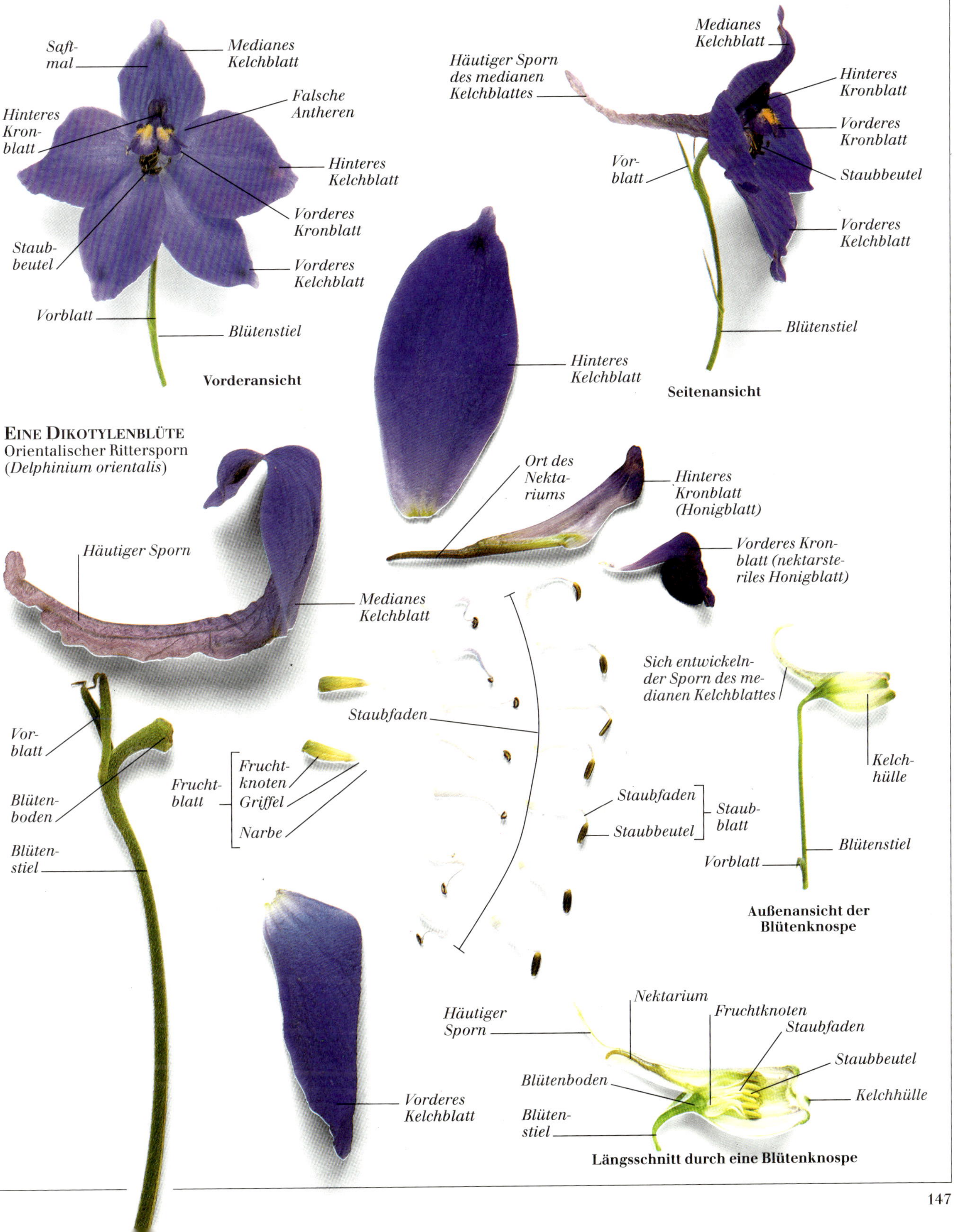

Blüten 2

EINFACHER BLÜTENSTAND (KÖPFCHEN)
Sonnenblume
(*Helianthus annulus*)

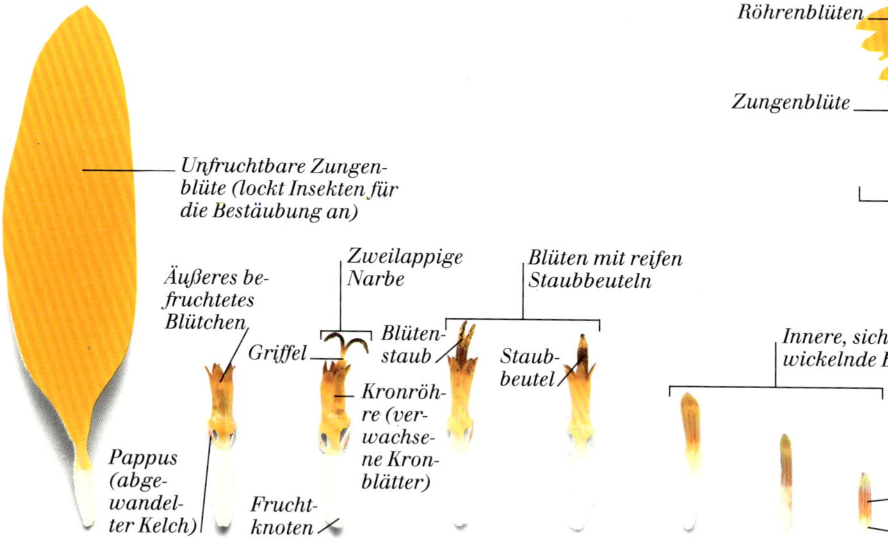

Blütchen einer Sonnenblume

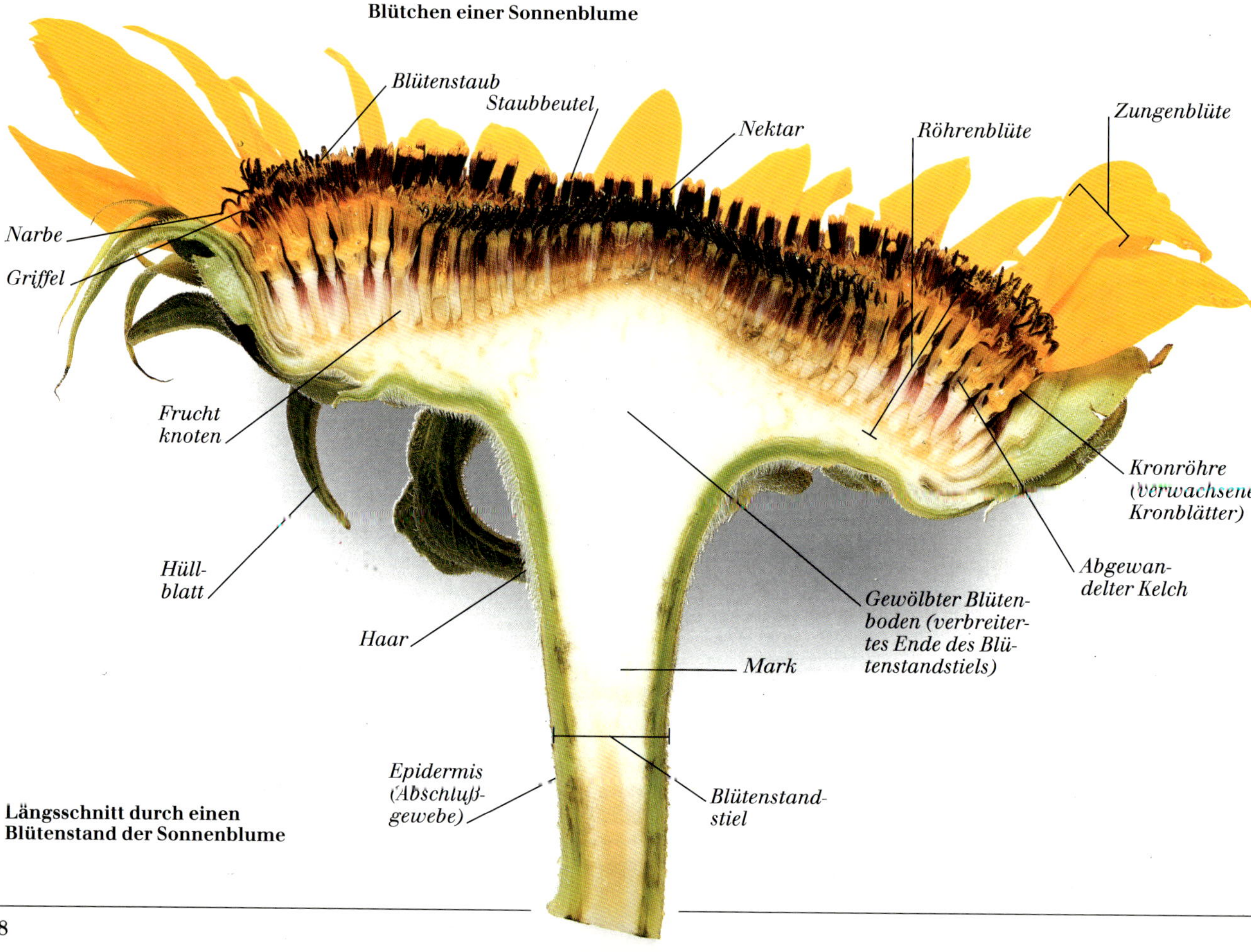

Längsschnitt durch einen Blütenstand der Sonnenblume

Anordnung der Blüten auf dem Spross

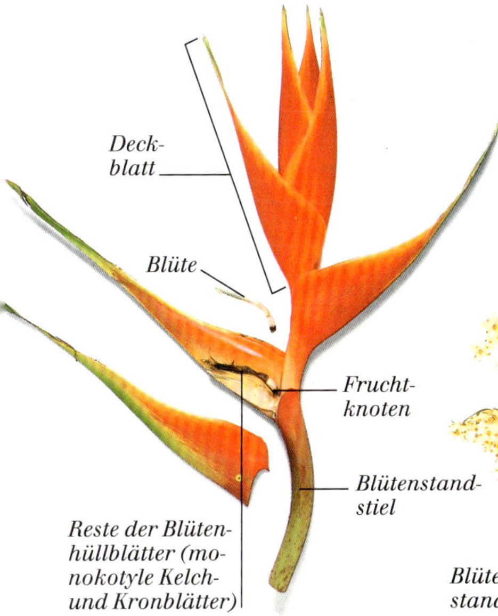

Blütenstand (Ähre)
(Heliconia peruviana)

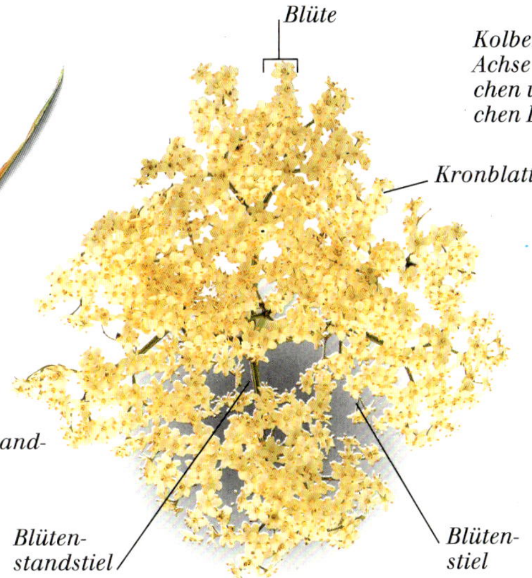

Blütenstand (Schirmrispe)
Holunder
(Sambucus nigra)

Blütenstand (Kolben)
Flamingoblume
(Anthurium andreanum)

Blütenstand (Dichasium)
Winterlinde
(Tilia x europaea)

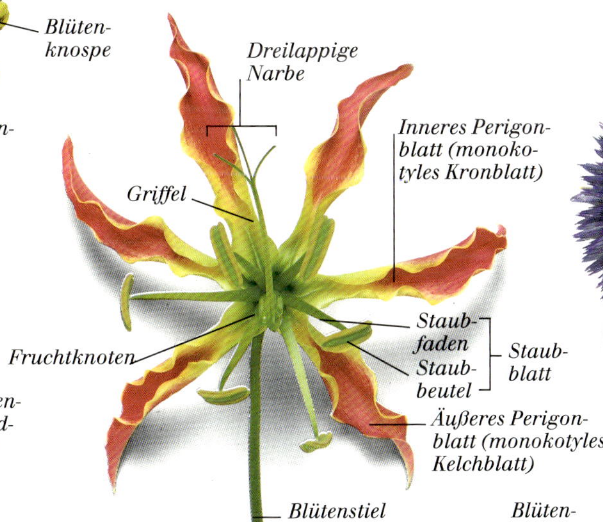

Einzelne Blüte
Ruhmeskrone
(Gloriosa superba)

Einzelne Blüte

Blütenstand (kugelförmige Dolde)
(Allium sp.)

Bestäubung

Unter Bestäubung versteht man die Übertragung von Pollen, welche die männlichen Keimzellen enthalten, auf die Narbe, einen Teil des weiblichen Fortpflanzungsorgans. Die Bestäubung findet vor der Befruchtung (s. S. 152–153) statt. Sie geschieht innerhalb derselben Blüte (Selbstbestäubung) oder zwischen Blüten getrennter Pflanzen gleicher Art (Fremdbestäubung). Die Bestäubung erfolgt hauptsächlich durch Insekten (Entomophilie) oder durch den Wind (Anemophilie), seltener aber auch durch Vögel, Fledermäuse oder das Wasser. Die Insektenblumen sind meist leuchtend, duftend und produzieren Nektar, von dem sich die Insekten ernähren. Diese Blumen können zudem noch mit Mustern ausgestattet sein, die Signalwirkung auf bestimmte Insekten haben, für den Menschen aber nur unter ultraviolettem Licht sichtbar werden. Den durch diese Eigenschaften angelockten Insekten haften die hakigen oder klebrigen Pollen an und werden beim Besuch der nächsten Blüte übertragen. Blüten, die durch den Wind bestäubt werden, sind im allgemeinen sehr klein, unauffällig und geruchlos. Sie produzieren riesige Mengen an schwebefähigen Pollen, die vom Wind auf andere Blüten getragen werden können.

Fortpflanzungsstrukturen bei Blüten, die durch den Wind bestäubt werden

Eßkastanie (*Castanea sativa*)

Weiblich

Männlich

Fortpflanzungsstrukturen bei insektenbestäubten Pflanzen

Mikro-Aufnahme eines Fruchtblattes
Verwachsenblättriger Bitterling
(*Blackstonia perfoliata*)

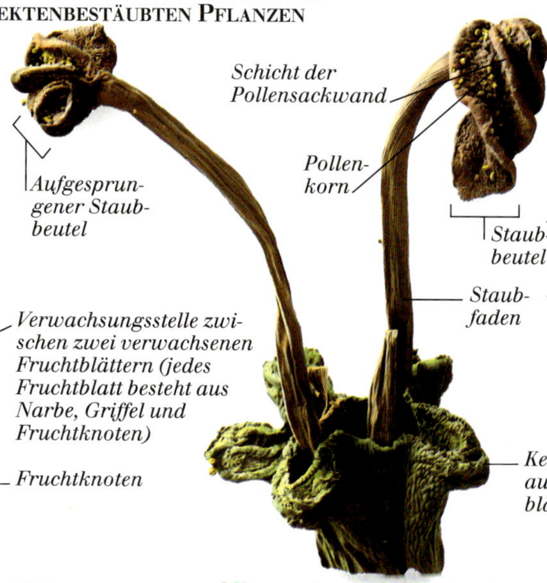

Mikro-Aufnahme eines Staubblattes
Echtes Tausendgüldenkraut
(*Centaurium erythraea*)

Mikroskopische Aufnahme von Pollenkörnern

Feldulme
(*Ulmus minor*)

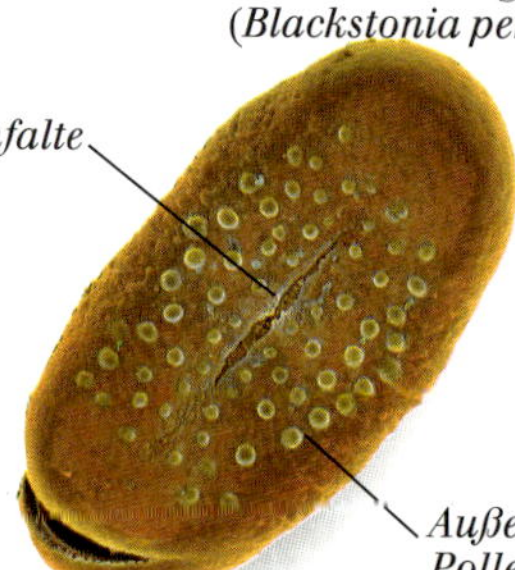

Justicia aurea

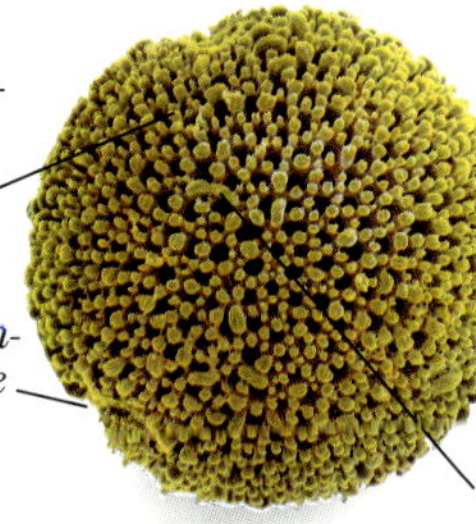

Wiesenstorchschnabel
(*Geranium pratense*)

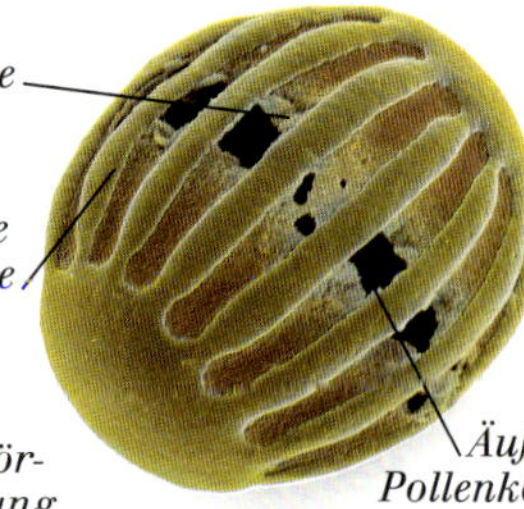

Zwergbuchs
(*Polygala chamaebuxus*)

Insektenbestäubung von Wiesensalbei

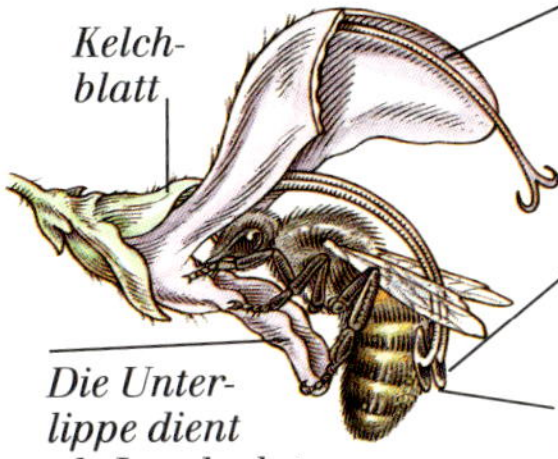

1. Die Biene besucht eine Blüte mit ausgewachsenem Staubbeutel, aber unreifer Narbe.

2. Die Biene fliegt zu einer anderen Blüte.

3. Die Biene besucht eine Blüte mit verwelkten Staubbeuteln und reifer Narbe.

Sonnenblume bei normalem und ultraviolettem Licht

Normales Licht

Ultraviolettes Licht

Johanniskraut unter normalem und ultraviolettem Licht

Normales Licht

Ultraviolettes Licht

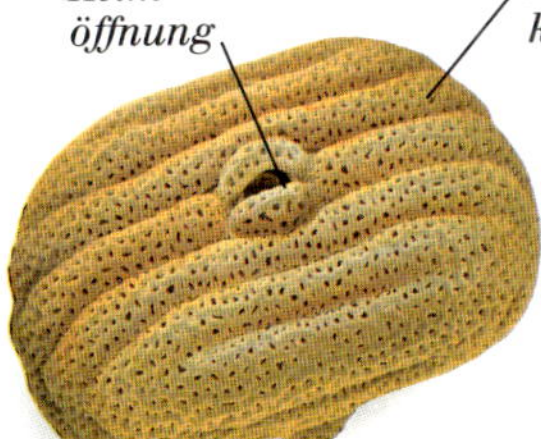

Mimulopsis solmsii

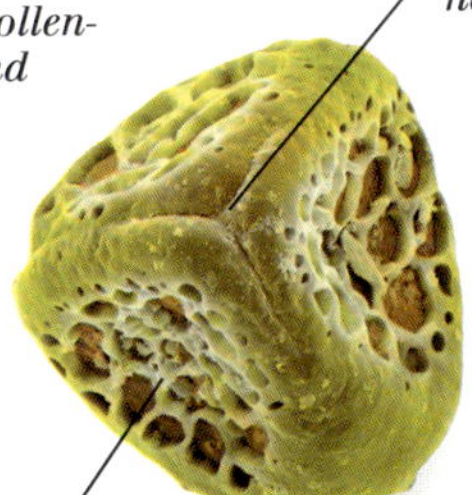

Alpenbergflachs
(*Thesium alpinium*)

Ruellia grandiflora

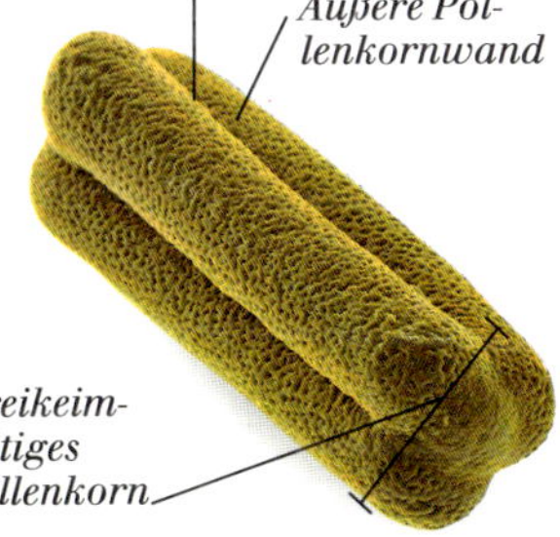

Fransenbeutel
(*Crossandra nilotica*)

Befruchtung

Banane
(*Musa ,lacatan'*)

Die Verschmelzung von männlichen und weiblichen Keimzellen wird Befruchtung genannt. Dabei entsteht die Zygote. Nach der Bestäubung (s.S. 150–151) befindet sich das Pollenkorn, das die männlichen Keimzellen enthält, auf der Narbe. Es ist damit immer noch von der weiblichen Keimzelle getrennt, die in der Samenanlage liegt. Damit eine Befruchtung stattfinden kann, bildet das Pollenkorn einen Pollenschlauch aus. Dieser wächst bis zum Embryosack, dem inneren Teil der Samenanlage, der die Eizelle enthält. Mit dem Pollenschlauch gelangen zwei männliche Keimzellen in den Embryosack. Eine der beiden Keimzellen und die Eizelle verschmelzen zu einer Zygote, die sich zur Keimpflanze entwickelt. Die andere Keimzelle verschmilzt mit zwei Polkernen, und es entsteht das Endosperm. Dieses stellt die Nahrungsquelle für den wachsenden Embryo dar. Die Befruchtung löst noch andere Vorgänge aus: Das Integument (äußerer Teil der Samenanlage) bildet die Testa (Samenhülle) um den Embryo und das Endosperm. Außerdem fallen die Kronblätter ab, während Narbe und Griffel verwelken. Weiterhin bildet die Fruchtknotenwand (Perikarp) eine Hülle um den Samen. Der Same und die Fruchtknotenwand bilden gemeinsam die Frucht, die entweder saftig (s.S. 154–155) oder trocken (s.S. 156–157) sein kann. Bei manchen Arten, z.B. Brombeere, kann Apomixis auftreten. Dies bedeutet, daß sich Same und Frucht ohne Befruchtung entwickeln.

ENTWICKLUNG EINER SAFTFRUCHT
Brombeere
(*Rubus fruticosus*)

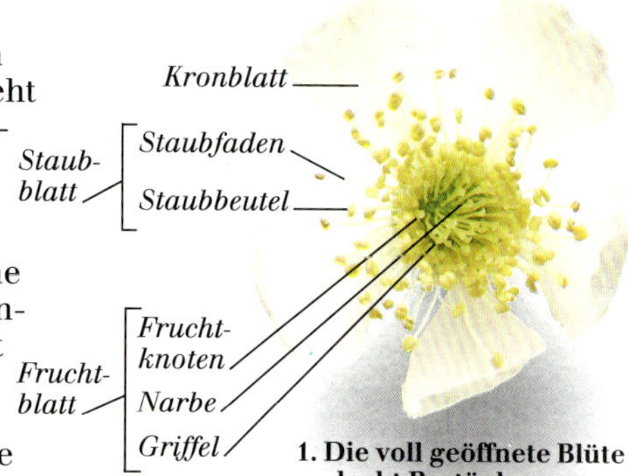

1. Die voll geöffnete Blüte lockt Bestäuber an.

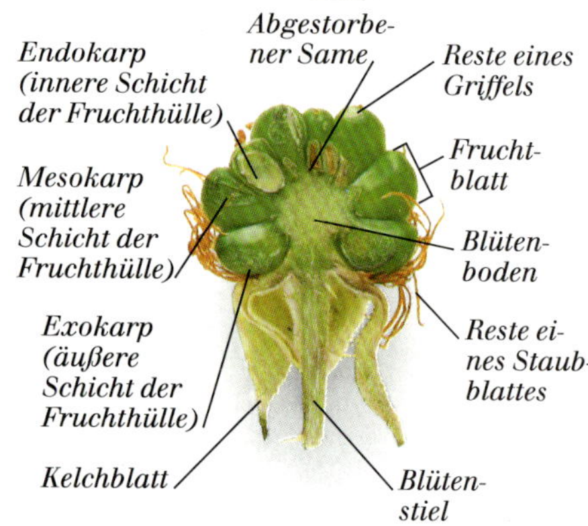

4. Die Fruchthülle bildet Fleisch, Haut und die harte, innere Schicht (Querschnitt).

7. Mesokarp (fleischiger Teil der Fruchthülle) beginnt seine Farbe zu ändern.

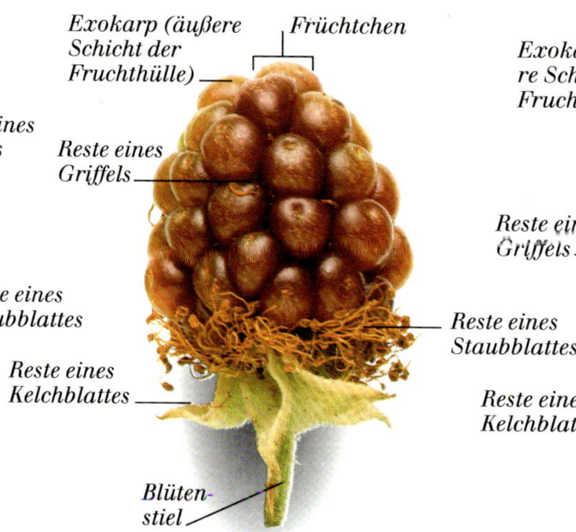

8. Fruchtblätter wachsen zu Steinfrüchten heran (kleine, fleischige Früchte mit einzelnen Samen, von hartem Endokarp umgeben).

9. Das Mesokarp der Steinfrüchtchen wird dunkler und süßer.

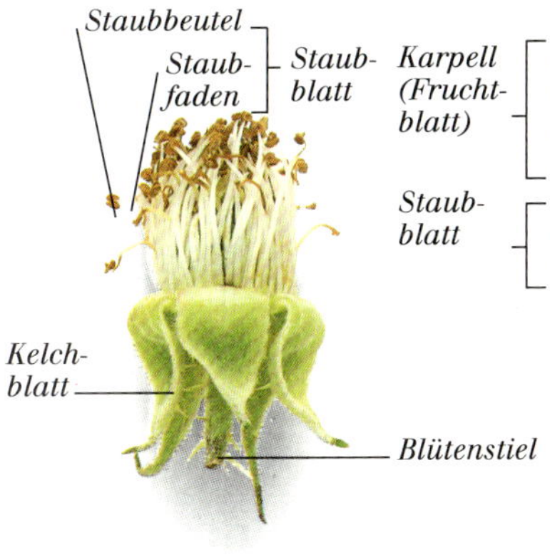

2. **Nach der Befruchtung fallen die Kronblätter ab.**

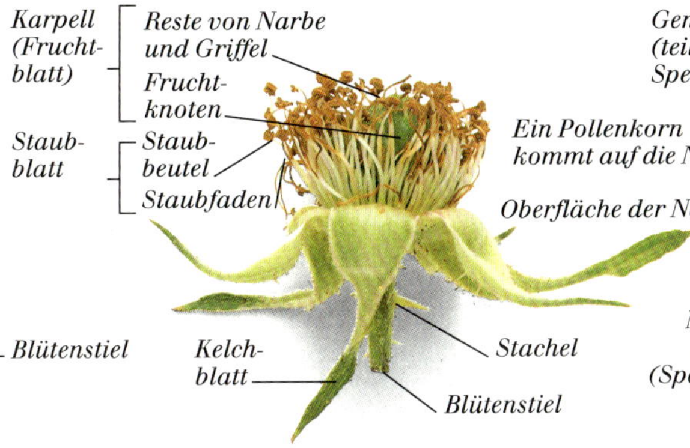

3. **Die Fruchtknoten beginnen zu wachsen; Staubblätter verwelken und fallen ab.**

Ablauf der Befruchtung

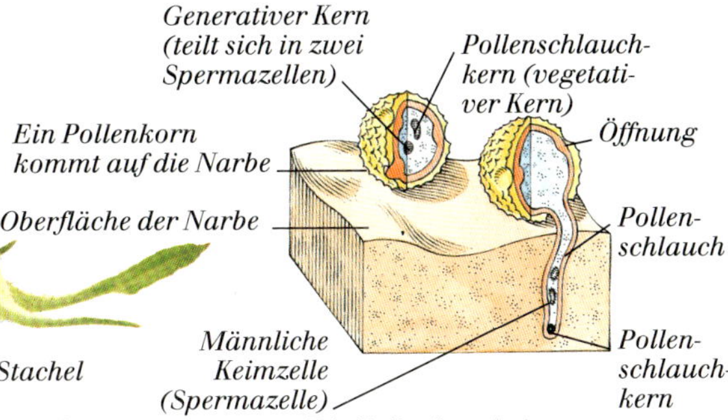

Die Pollenkornkeimung

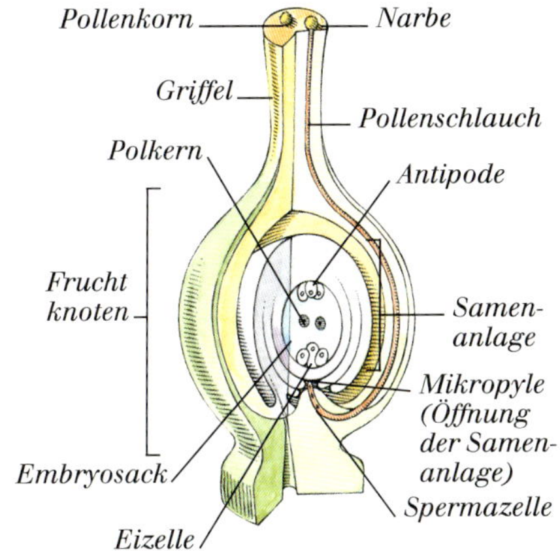

Die Spermazelle gelangt zum Embryosack.

5. **Die Fruchtblätter wachsen und werden fleischiger.**

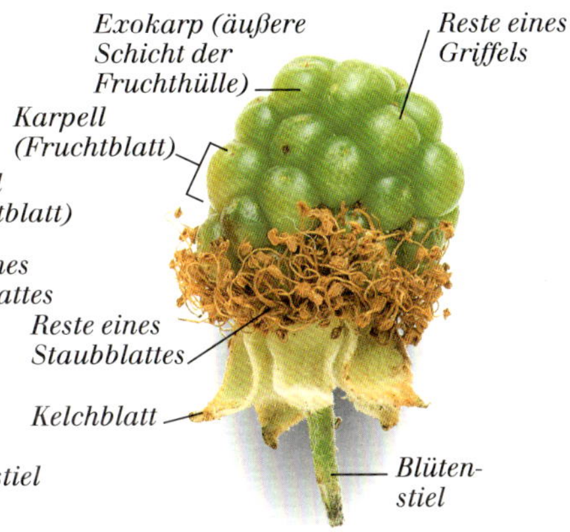

6. **Die Fruchtblätter wachsen weiter.**

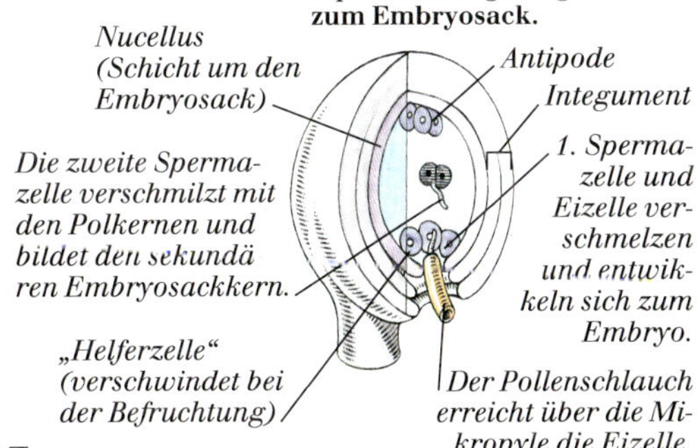

Befruchtung

10. **Steinfrüchtchen (zusammen: Sammelsteinfrucht) wachsen.**

11. **Die Steinfrüchte reifen aus.**

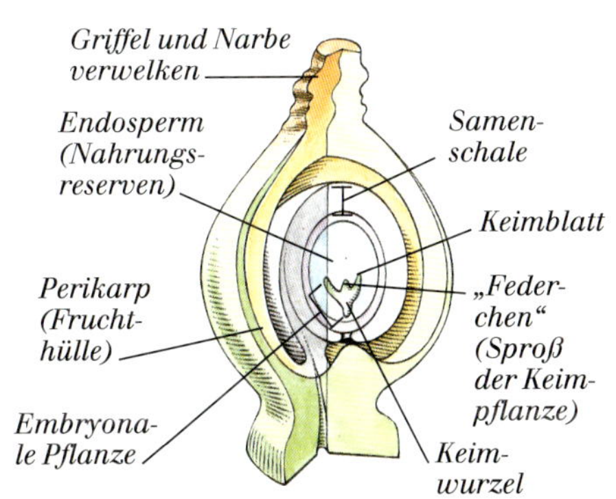

Entwicklung des Embryos

Saftfrüchte

Einen voll entwickelten und gereiften Fruchtknoten (samenbildender Teil des weiblichen Fortpflanzungsorgans) bezeichnet man als Frucht. Früchte können saftig oder trocken sein (s.S. 156–157). Die Saftfrüchte sind fleischig, leuchtend gefärbt und wohlschmeckend. Die Fruchtwand einer Saftfrucht besteht aus drci Schichten: einem äußeren Exokarp, einem mittleren Mesokarp und einem inneren Endokarp. Je nach Fruchttyp variieren diese drei Schichten in Stärke und Struktur; teilweise gehen sie auch ineinander über. Die Einteilung der Saftfrüchte kann unter anderem in Einzel- (aus einem Fruchtknoten entstanden) oder Sammelfrüchte (aus mehreren Fruchtknoten entstanden) erfolgen. Zu den Einzelsaftfrüchten gehören Beeren, die meistens viele Samen haben, und Steinfrüchte, die gewöhnlich nur einen Samen (z. B. Kirsche, Pfirsich) besitzen. Die aus vielen Fruchtblättern zusammengesetzten Sammelsteinfrüchte gehören zu den Sammelfrüchten. Die Früchte eines Blütenstandes können auch zu einem Fruchtstand vereinigt sein. Sind außer den Fruchtblättern weitere Blütenteile am Fruchtaufbau beteiligt, so spricht man von Scheinfrüchten. Als Beispiel ist das Fruchtfleisch des Apfels, das aus dem Blütenboden hervorgeht, zu nennen.

Beere
Kakaobaum
(*Theobroma cacao*)

Beere
Zitrone (*Citrus limon*)

Außenansicht der Frucht | **Längsschnitt durch die Frucht**

Außenansicht und Schnitt durch einen Samen | **Querschnitt durch eine Frucht**

Scheinfrucht
Feige
(*Ficus carica*)

Außenansicht des Fruchtstandes | **Längsschnitt durch einen Fruchtstand**

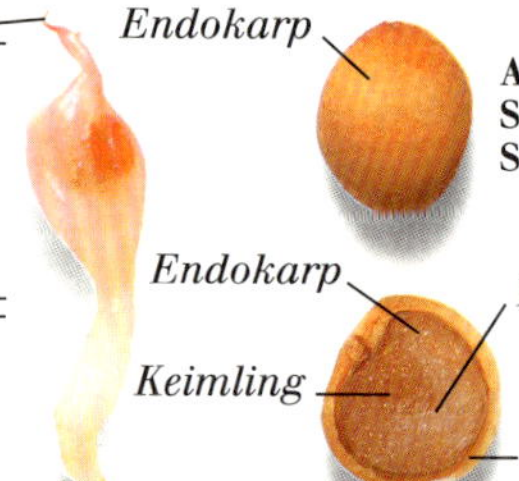

Reste einer weiblichen Blüte

Außenansicht und Schnitt durch einen Steinkern

Frucht mit fleischigem Samenmantel
Litchibaum
(*Litchi chinensis*)

Außenansicht der Frucht | **Längsschnitt durch die Frucht**

BEERE
Kapstachelbeere
(*Physalis peruviana*)

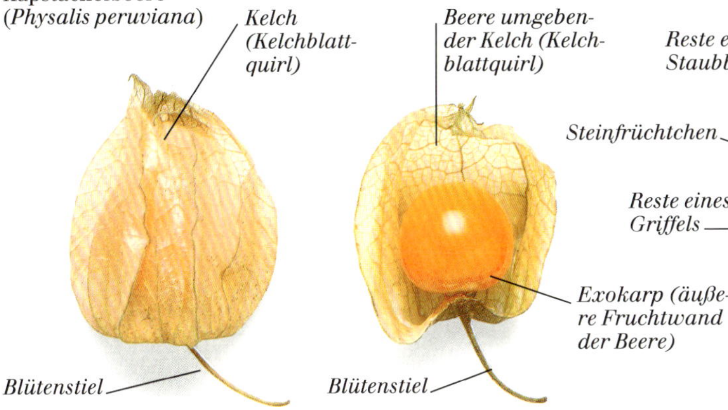

Außenansicht der Frucht **Innenansicht einer Frucht**

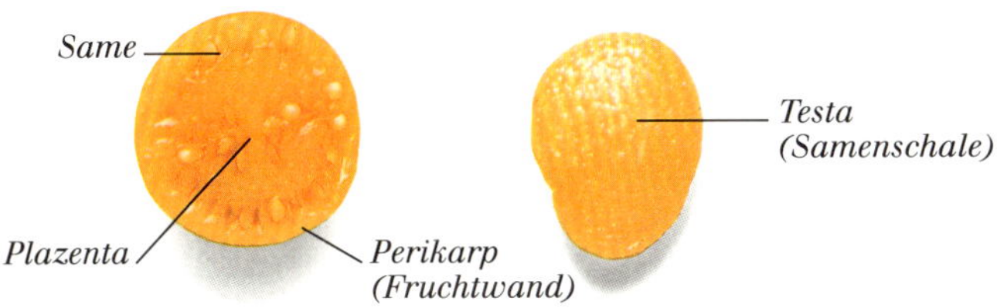

Querschnitt durch eine Frucht **Außenansicht eines Samens**

SAMMELSTEINFRUCHT
Himbeere
(*Rubus idaeus*)

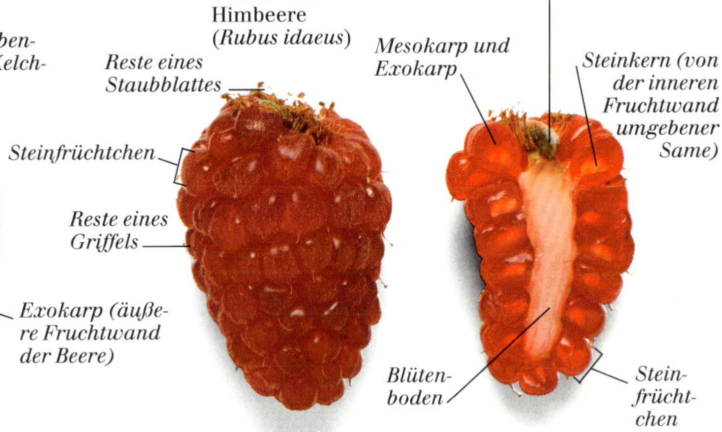

Außenansicht der Frucht **Längsschnitt durch die Frucht**

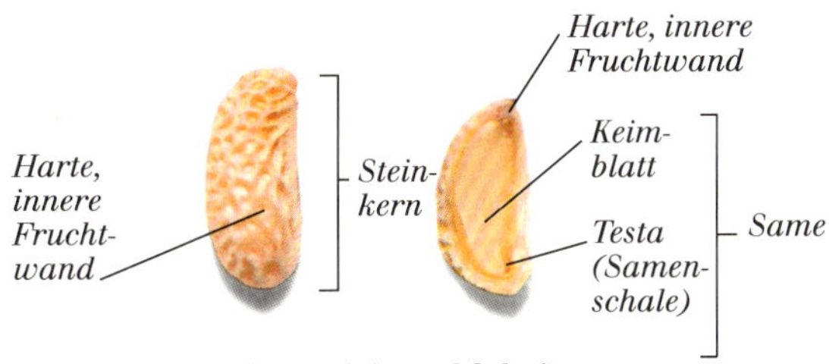

Außenansicht und Schnitt durch einen Steinkern

APFELFRUCHT (SCHEINFRUCHT)
Apfel (*Malus sylvestris*)

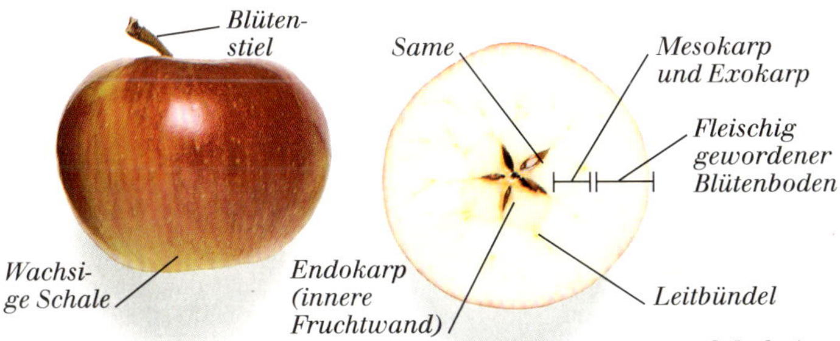

Außenansicht der Frucht **Querschnitt durch eine Frucht**

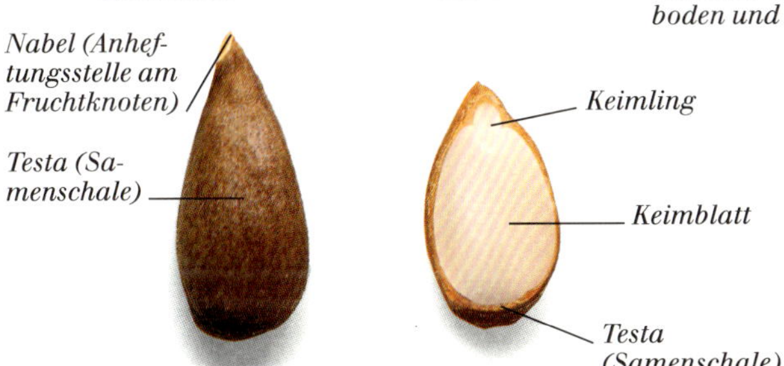

Außenansicht und Schnitt durch einen Samen

MELONE (PANZERBEERE)
Zuckermelone
(*Cucumis melo*)

Außenansicht der Frucht **Querschnitt durch eine Frucht**

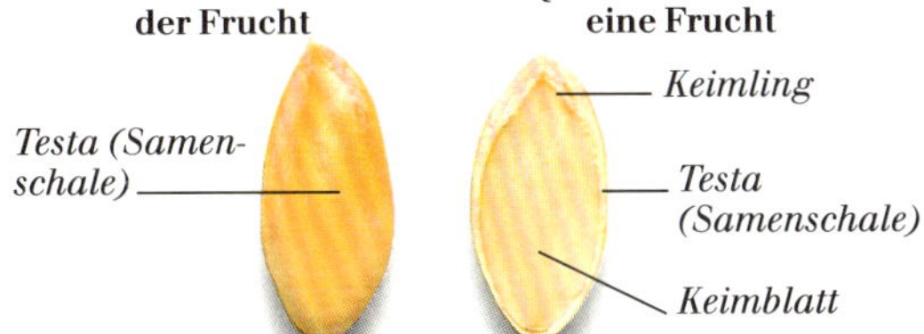

Außenansicht und Schnitt durch einen Samen

Trockenfrüchte

Bei den Trockenfrüchten sind die Samen von einem harten und trockenen Perikarp (Fruchtwand) umgeben. Sie werden in drei Gruppen eingeteilt: die Öffnungsfrüchte, bei denen das Perikarp aufspringt, um die Samen zu entlassen; die Schließfrüchte, die nicht aufreißen, und schließlich die Spaltfrüchte, bei denen die Früchte zerfallen, aber die Samen nicht freigesetzt werden. Zu den sich öffnenden Trockenfrüchten gehören Kapseln (z.B. Jungfer im Grünen), Bälge (z.B. Rittersporn), Hülsen (z.B. Erbse) und Schoten (z.B. Silberblatt). In der Regel werden die Samen der Öffnungsfrüchte durch den Wind transportiert. Die Schließfrüchte umfassen Nüsse (z. B. Edelkastanie), Nüßchen (z.B. Klebkraut), Sammelnußfrüchte (z.B. Erdbeere), Karyopsen (z.B. Weizen), Flügelnüsse (z.B. Ulme) und Achaenen (z.B. Löwenzahn). Einige Schließfrüchte werden durch den Wind verbreitet. „Flügel“ (z.B. Ulme) oder „Fallschirme“ (z.B. Löwenzahn) unterstützen ihre Schwebefähigkeit. Andere hingegen (z.B. Klebkraut) haften mit ihrem hakigen Perikarp an Fellen von Tieren und werden auf diese Weise verbreitet. Die Früchte des Bärenklaus und des Bergahorns gehören zu den Spaltfrüchten.

Nüßchen
Klebkraut
(*Galium aparine*)

HÜLSE
Erbse (*Pisum sativum*)

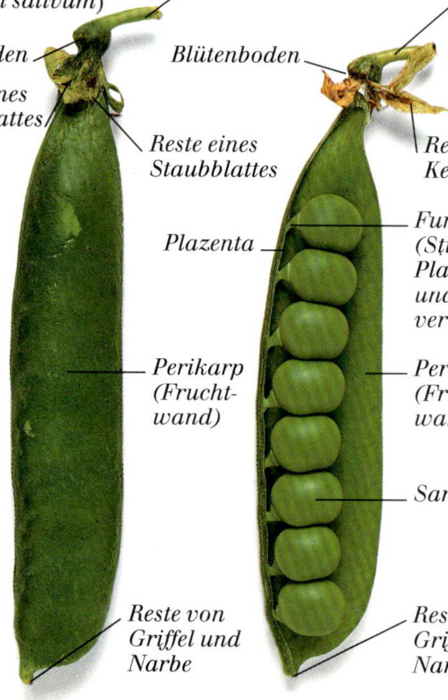

Außenansicht der Frucht **Innenansicht der Frucht**

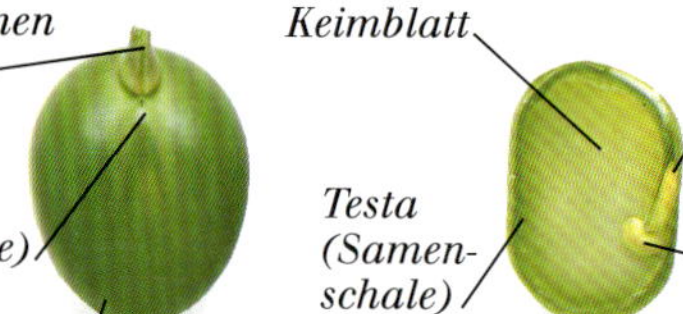

Außenansicht und Schnitt durch den Samen

NUSS
Edelkastanie
(*Castanea sativa*)

Außenansicht einer durch eine Cupula umgebenen Frucht

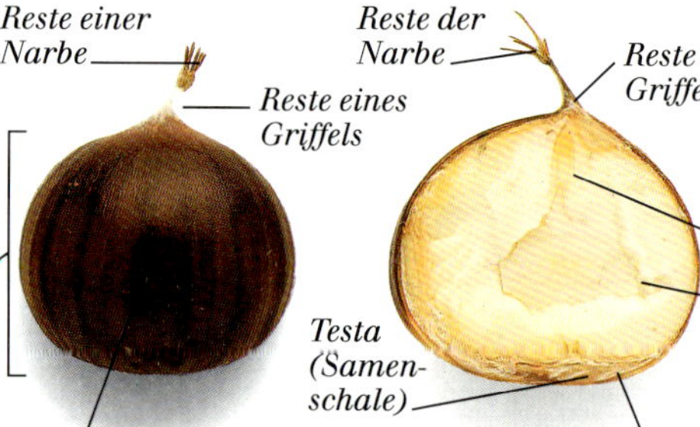

Außenansicht und Schnitt durch eine Frucht

SAMMELNUSSFRUCHT
Erdbeere (*Fragaria x ananassa*)

Außenansicht einer Frucht **Längsschnitt durch eine Frucht**

Außenansicht und Schnitt durch eine Frucht

SPALTFRUCHT
Bergahorn
(*Acer platanoides*)

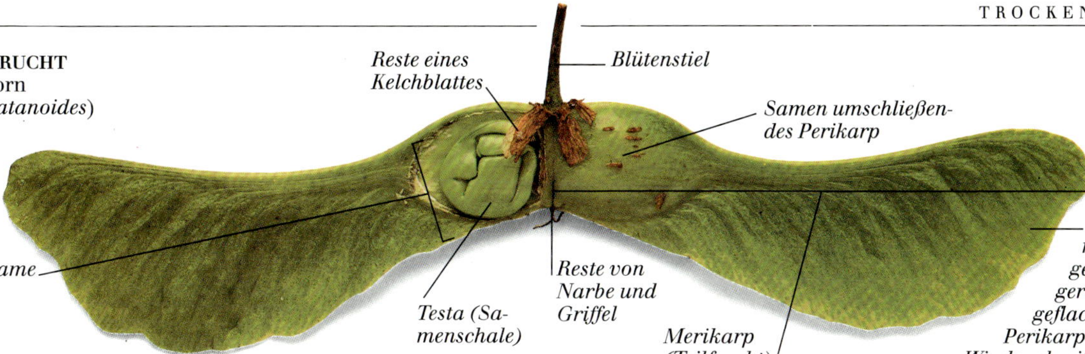

KAPSEL
„Jungfer im Grünen"
(*Nigella damascena*)

Außenansicht einer Frucht

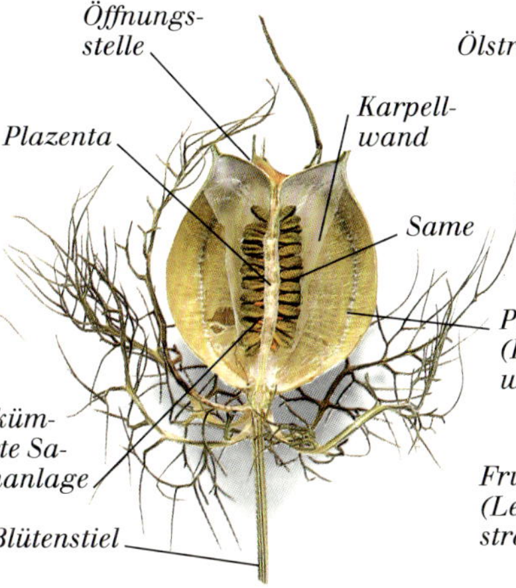

Längsschnitt durch eine Frucht

Querschnitt durch eine Frucht

Außenansicht und Schnitt durch einen Samen

SPALTFRUCHT
Bärenklau
(*Heracleum sp.*)

Außenansicht einer Frucht

Außenansicht eines Samens

Ansicht von getrennten Fruchtblättern

SCHOTE
Silberblatt
(*Lunaria annua*)

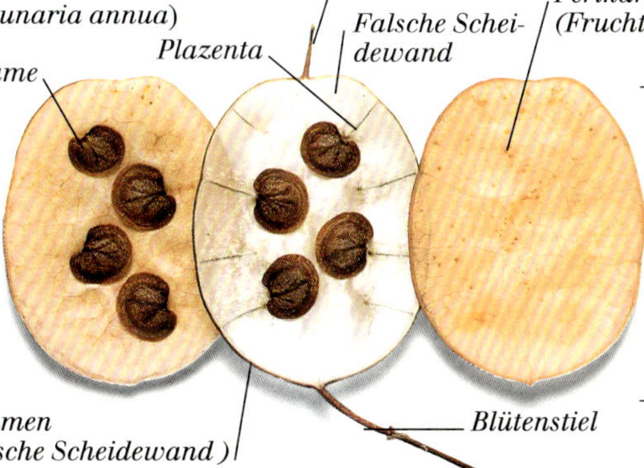

Teile einer geöffneten Frucht

Außenansicht und Schnitt durch einen Samen

BALG
Rittersporn
(*Delphinium sp.*)

Keimung

Den Vorgang, bei dem sich aus einem Samen eine Keimpflanze entwikkelt, bezeichnet man als Keimung. Zu Beginn wird der im Boden ruhende Samen aktiv. Der Keimungsvorgang endet, wenn die ersten Blättchen erscheinen. Ein Same besteht aus einem Embryo und dessen Nährgewebe sowie der umhüllenden Samenschale (Testa). Der Embryo hat gewöhnlich ein oder zwei Keimblätter, die mit einer Hauptachse verbunden sind. Der obere Teil des Achsenkörpers besteht aus einem Epikotyl, an dessen Spitze sich die Plumula (embryonaler Sproß) befindet. Der untere Teil des Achsenkörpers setzt sich aus einem Hypokotyl und der Radicula (Keimwurzel) zusammen. Nach der Trennung von der Mutterpflanze trocknet der Same und durchläuft eine Ruheperiode. Voraussetzungen für den Beginn der Keimung sind Wasser, Wärme, Sauerstoff und manchmal auch Licht. Zunächst nimmt der Same Wasser auf. Danach beginnt der Embryo seine Reserven aufzuzehren. Die Keimwurzel schwillt an, durchbricht die Samenschale und wächst nach unten. Je nach Samen gibt es zwei verschiedene Arten der weiteren Entwicklung. Bei der epigäischen Keimung streckt sich das Hypokotyl des Samens und hebt die Plumula mit ihren schützenden Keimblättern aus der Erde, wohingegen bei der hypogäischen Keimung die Keimblätter im Boden bleiben. Das Epikotyl streckt sich und schiebt die Plumula nach oben.

HYPOGÄISCHE KEIMUNG
Puffbohne
(*Vicia faba*)

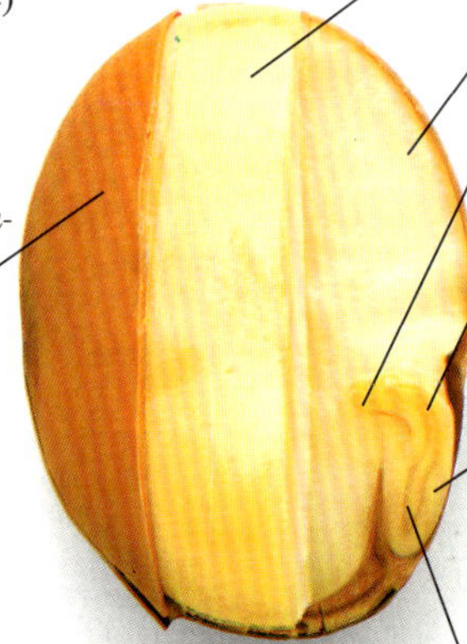

Same zu Beginn der Keimung

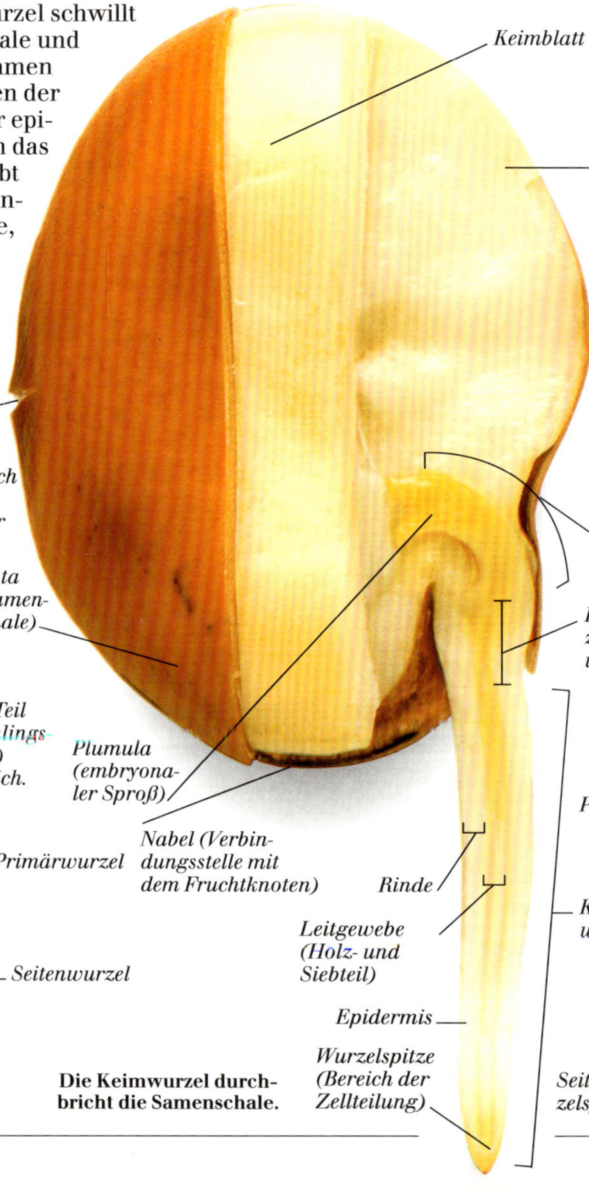

Die Keimwurzel durchbricht die Samenschale.

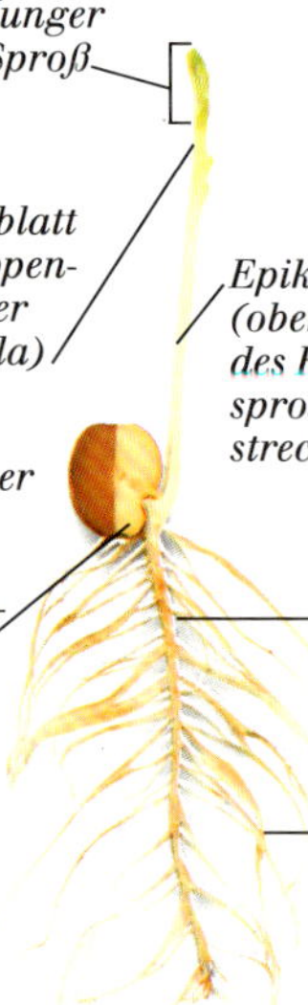

Der Sproß durchbricht den Boden.

Die Laubblätter erscheinen

EPIGÄISCHE KEIMUNG
Bohne
(*Phaseolus sp.*)

Außenansicht eines Samens zu Beginn der Keimung

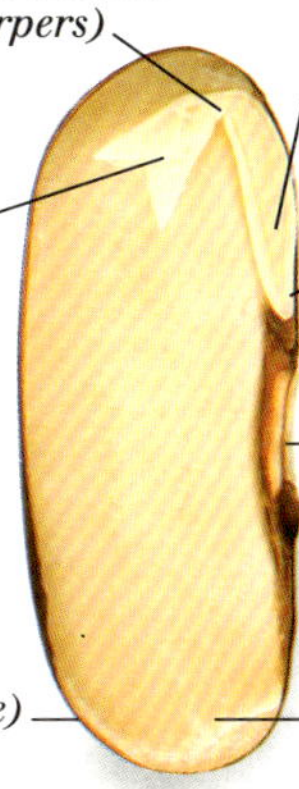

Längsschnitt durch einen Samen zu Beginn der Keimung

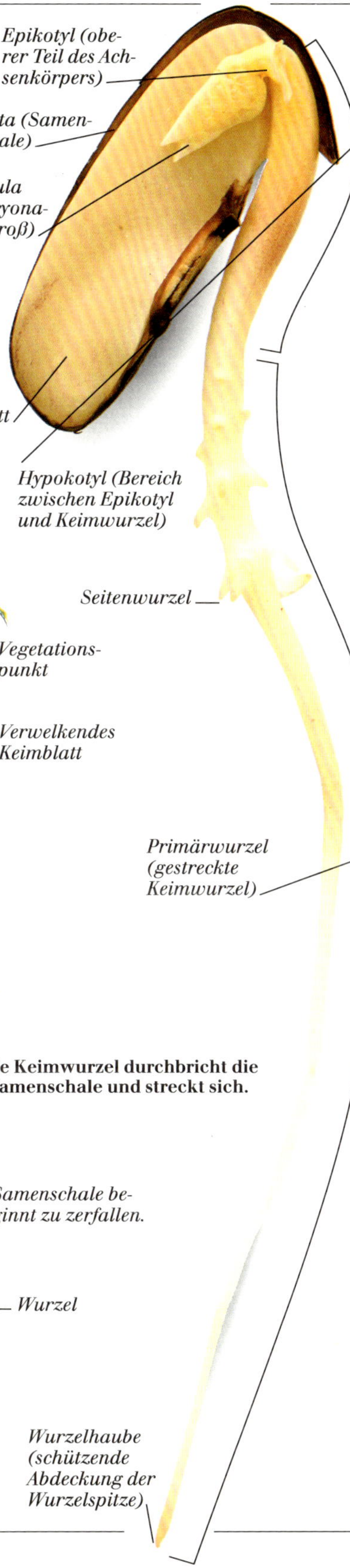

Die Keimwurzel durchbricht die Samenschale und streckt sich.

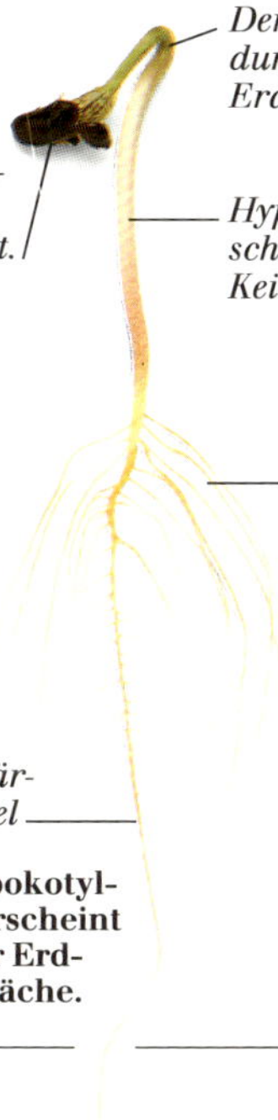

Der Hypokotylhaken erscheint an der Erdoberfläche.

Das Hypokotyl richtet sich auf und schiebt Laub- und Keimblätter aus dem Boden.

Die ersten Laubblätter sind voll entwickelt.

Vegetative Fortpflanzung

Knolle
Gladiole
(*Gladiolus sp.*)

Viele Pflanzen können sich durch vegetative Fortpflanzung vermehren. Bei diesem Vorgang trennt sich ein Teil der Pflanze ab, bildet Wurzeln und wächst zu einer neuen Pflanze heran. Die vegetative Fortpflanzung ist eine Form der ungeschlechtlichen Vermehrung einer einzigen Pflanze, ohne daß eine Verschmelzung von Keimzellen stattfindet. Es gibt verschiedene Varianten der vegetativen Fortpflanzung. Bei einigen Pflanzen bringen die Verzweigungen unterirdischer Speicherorgane, wie Rhizome (liegende, unterirdische Sprosse), komplette Pflanzen hervor. Zwiebeln (verdickter Blattgrund) und Knollen (verdickte Sprosse) bilden Tochterzwiebeln oder -knollen, die sich später vom Elternteil trennen. Man unterscheidet Sproß- (verdickte, unterirdische Sprosse) und Wurzelknollen (angeschwollene, sproßbürtige Wurzeln). Andere Vermehrungsformen sind zum Beispiel Ausläufer. Darunter versteht man kriechende, waagrechte Sprosse, die Wurzeln bilden und zu neuen Pflanzen heranwachsen. Eine andere Form sind Bulbillen (Brutsprosse), die sich am Sproß oder anstelle von Blüten entwickeln, abfallen und zu neuen Pflanzen heranwachsen. Weiterhin sind die Brutknospen zu nennen. Diese sind kleine Pflänzchen, die sich am Blattrand einer Pflanze entwickeln und ebenfalls nach der Abtrennung neue Pflanzen bilden.

BRUTKNOSPEN
Brutblatt
(*Kalanchœ daigremontiana*)

BRUTSPROSS ANSTELLE VON BLÜTEN
Feuerlilie
(*Lilium bulbiferum*)

SPROSSAUSLÄUFER
Gundermann
(*Glechoma hederacea*)

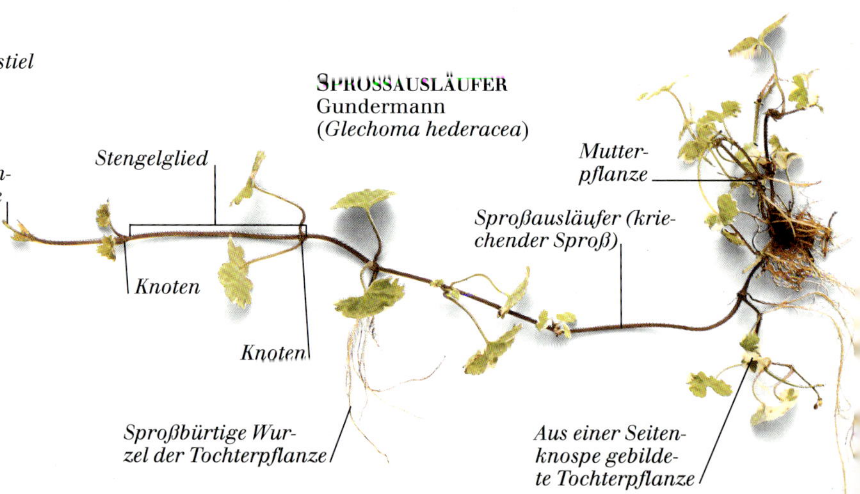

Wurzelknolle
Süßkartoffel
(*Ipomea batatas*)

Brutspross
Lilie
(*Lilium sp.*)

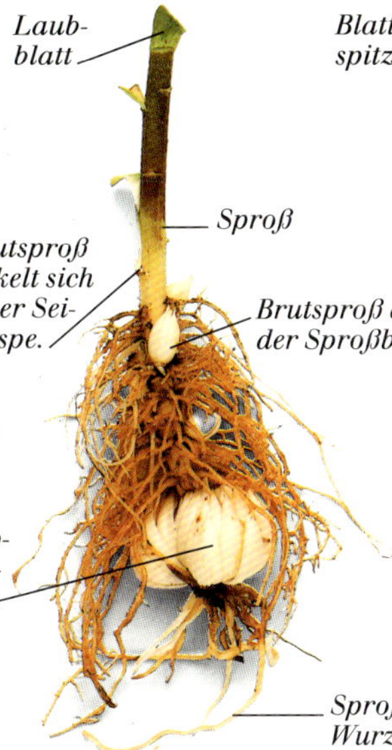

Wachsende Zwiebel
Traubenhyazinthe
(*Muscari sp.*)

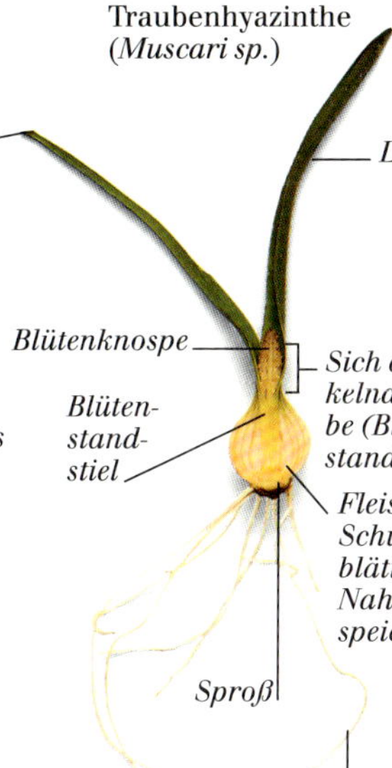

Wurzelknolle
Begonie
(*Begonia x tuberhybrida*)

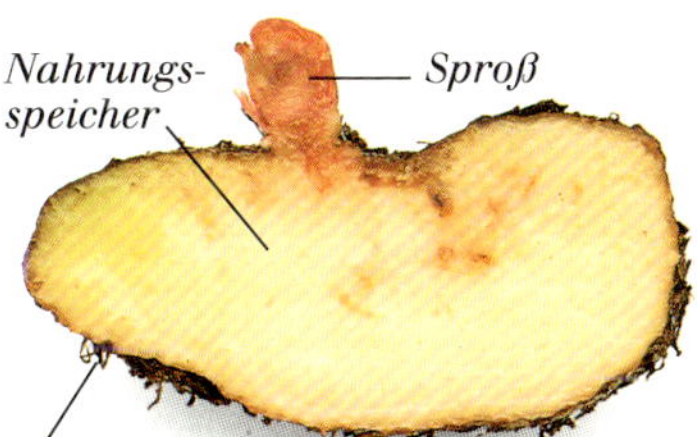

Knolle
Gladiole
(*Gladiolus sp.*)

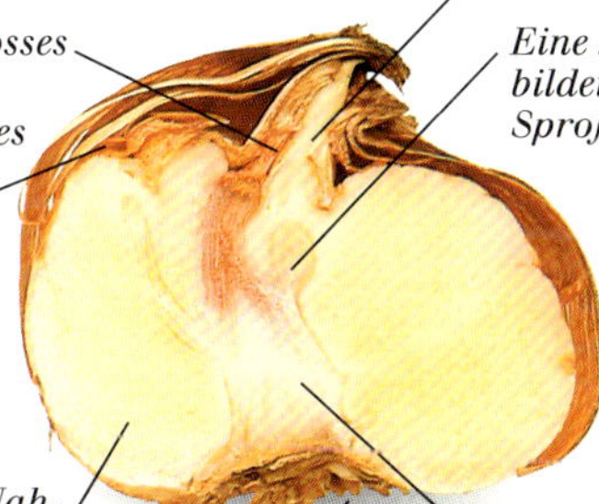

Zwiebel mit Spross
Amaryllis
(*Hippeastrum sp.*)

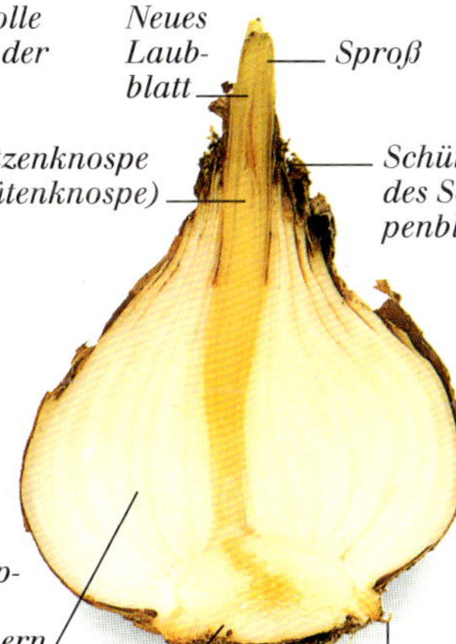

Erdspross
Ingwer
(*Zingiber officinale*)

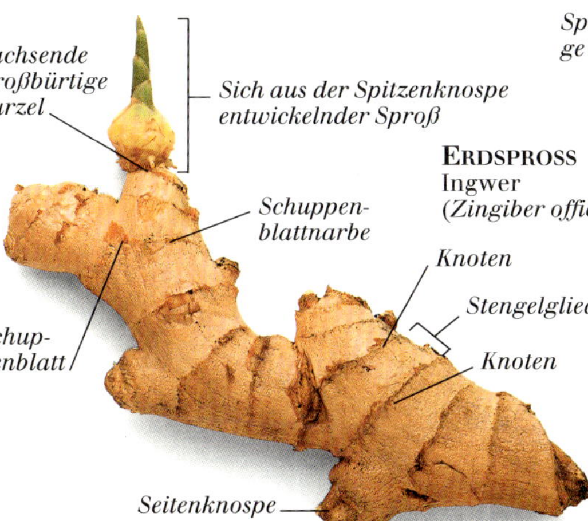

Außenansicht

Längsschnitt durch einen oberirdischen Sproß

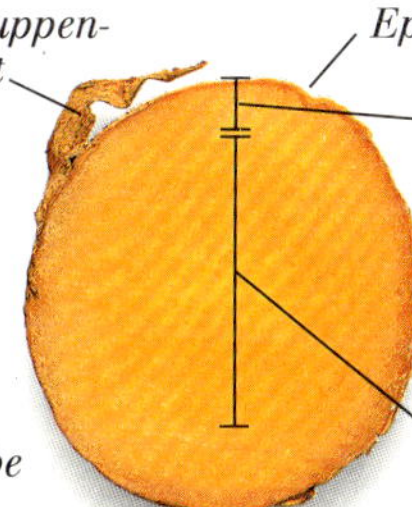

Querschnitt durch einen Erdsproß

Trockenpflanzen

BLATTSUKKULENTE
(Lithops sp.)

Trockenpflanzen (Xerophyten) sind in der Lage, auch in ansonsten lebensfeindlichen Gebieten zu überleben. Man findet sie an Standorten mit geringer Wasserversorgung. Auch bei hohen Temperaturen, die starke Wasserverluste durch Verdunsten zur Folge haben, sind solche Pflanzen lebensfähig. Ihre Anpassungen an die trockenen Bedingungen sind: eine verkleinerte Blattfläche, eingerollte Blätter, versenkte Spaltöffnungen, Haare und Stacheln sowie dicke Kutikulen. Sukkulenten speichern Wasser in vergrößerten, schwammigen Geweben, die sich in Blättern, Sprossen oder Wurzeln befinden können. Blattsukkulenten besitzen vergrößerte, fleischige, wasserspeichernde Blätter, Wurzelsukkulenten ein großes, unterirdisches Wasserspeicherorgan mit kurzlebigen oberirdischen Sprossen und Blättern. Bei Sproßsukkulenten wie den Kakteen (Cactaceae) sind die Sprosse fleischig, grün und photosynthetisch aktiv. Sie sind entweder gerippt oder mit in Reihen stehenden Warzen bedeckt. Ihre Blätter sind zu Dornen reduziert oder fehlen.

STAMMSUKKULENTE
Goldkugelkaktus
(Echinocactus grusonii)

Längsschnitt durch den Sproß

Außenansicht

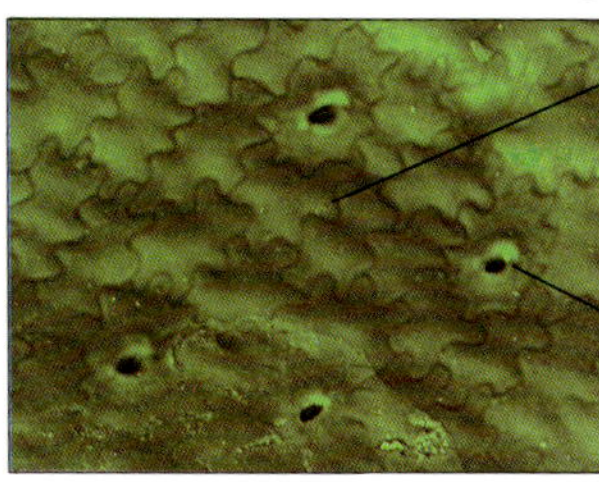

Mikroskopische Aufnahme der Sproßoberfläche

Ausschnitt der Sproßoberfläche

Blattsukkulente
(Haworthia truncata)

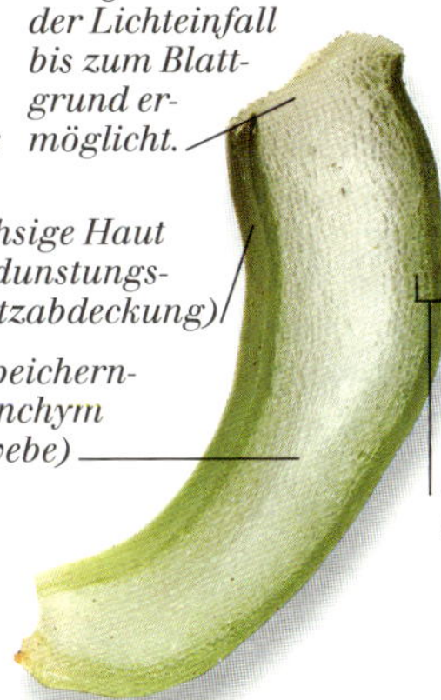

Längsschnitt durch ein Blatt

Blattsukkulente
(Lithops bromfieldii)

Längsschnitt durch ein Blattpaar

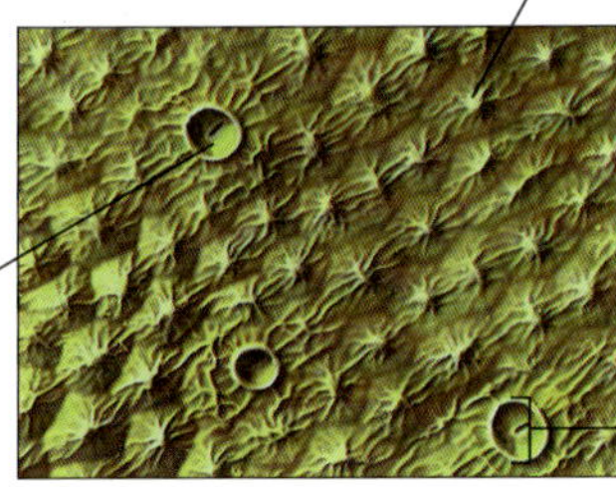

Mikroskopische Aufnahme der Blattoberfläche

Spross-Wurzelsukkulente
Leuchterblume
(Ceropegia woodii)

Außenansicht

Längsschnitt durch eine Wurzelknolle

Wurzelsukkulente
(Oxalis sp.)

Wasserpflanzen

Die Wasserpflanzen wachsen teilweise, wie Wasserhyazinthen, oder ganz unter Wasser, wie die Wasserpest. Sie zeigen die verschiedensten Anpassungen an diesen Lebensraum. Zahlreiche Lufträume in Sprossen, Blättern und Wurzeln dienen dem Gasaustausch und dem Auftrieb. Unterwasserpflanzen besitzen gewöhnlich keine Kutikula. Dadurch ist den Pflanzen eine direkte Mineralstoff- und Gasaufnahme im Wasser möglich. Wegen des Auftriebs im Wasser benötigen die Pflanzen nur wenig Festigungsgewebe. Die Wasserpflanzen, deren Blätter sich unterhalb der Wasseroberfläche befinden, besitzen keine Spaltöffnungen. Die Wasserpflanzen, deren Blätter auf der Wasseroberfläche schwimmen, z.B. Seerosen, haben auf der Blattoberseite Spaltöffnungen. Eine Wachsschicht verhindert, daß die Spaltöffnungen unter Wasser geraten.

WASSERHYAZINTHE
(Eichhornia crassipes)

ALGENFARN
(Azolla sp.)

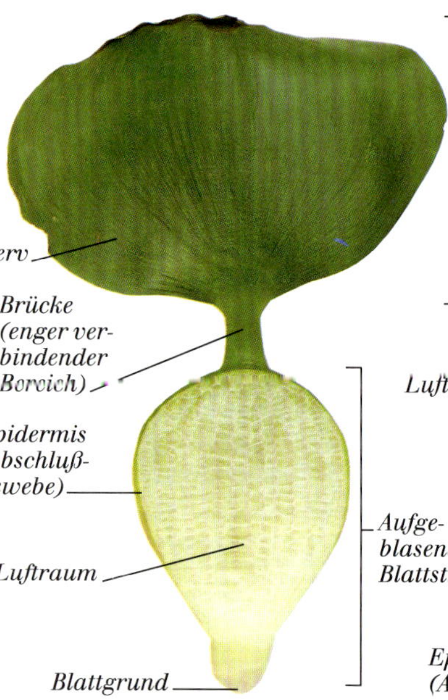

Blattspreite und Schnitt durch den aufgeblasenen Blattstiel der Wasserhyazinthe

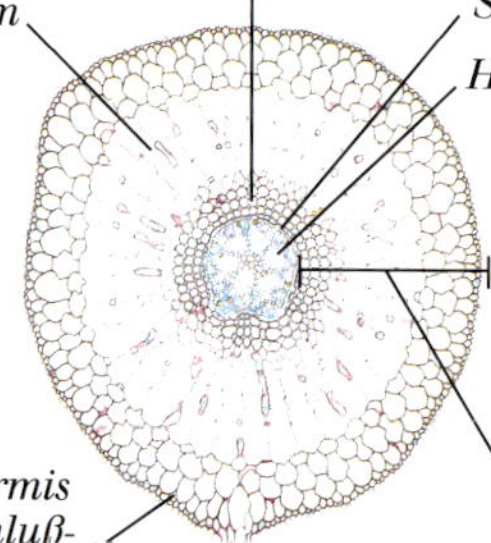

Mikroskopische Aufnahme eines Querschnitts durch die Wurzel einer Wasserhyazinthe

WASSERPEST
(Elodea canadensis)

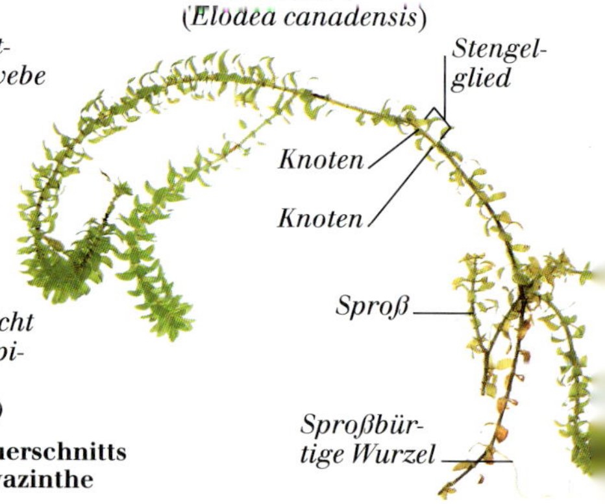

SEEROSE
(Nymphaea sp.)

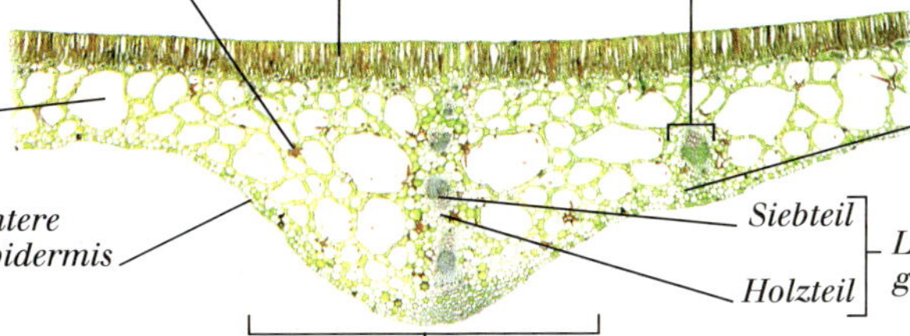

Mikroskopische Aufnahme eines Querschnitts durch das Blatt einer Seerose

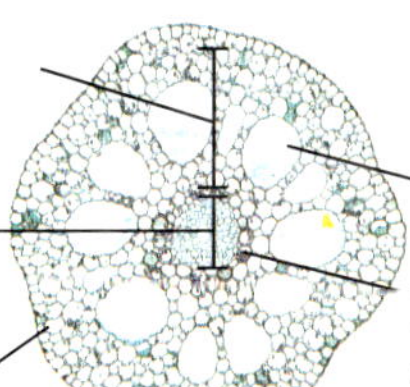

Mikroskopische Aufnahme eines Sproßquerschnitts der Wasserpest

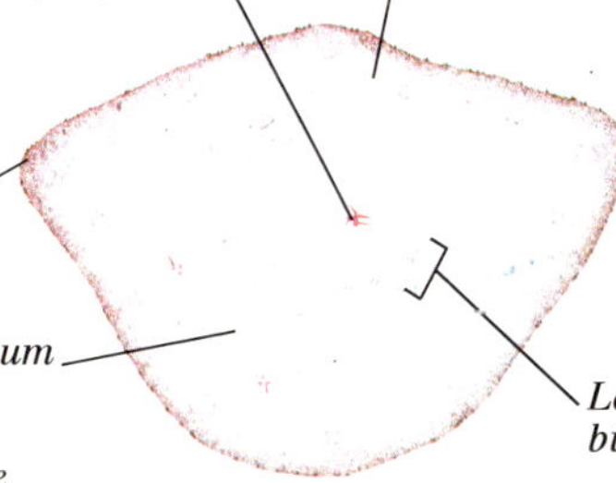

Mikroskopische Aufnahme eines Querschnitts durch den Blattstiel einer Seerose

Fleischfressende Pflanzen

Fleischfressende (insektivore) Pflanzen fangen Insekten und andere kleine Tiere als Zusatznahrung zu den durch Photosynthese gewonnenen Nährstoffen. Die Nährstoffe, insbesondere Stickstoffverbindungen, welche aus den gefangenen Tieren aufgenommen werden, ermöglichen den fleischfressenden Pflanzen ein Leben in sauren, sumpfigen Böden, denen es an lebenswichtigen Mineralstoffen fehlt, vor allem an Nitrat. Die fleischfressenden Pflanzen besitzen zu Fallen umgewandelte Blätter. Sie sind oft leuchtend gefärbt und geben Nektar ab, um ihre Opfer anzulocken. Mit Hilfe von Enzymen verdauen die Pflanzen ihre Opfer. Man unterscheidet drei Typen von Fallen. Kannenstrauch und Kobrapflanze besitzen krugförmige Fallgrubenfallen, die zur Hälfte mit Wasser gefüllt sind. Die Insekten werden dabei durch eine Öffnung in die Falle gelockt, rutschen über die Fallenoberfläche, fallen in die Flüssigkeit und werden dort verdaut. Die Venusfliegenfalle besitzt einen Klappfallenmechanismus. Berührt ein Insekt die Borsten an den Innenseiten der Blätter, so klappen die beiden Blatthälften zusammen. Fettkraut und Sonnentau fangen ihre Opfer mit Hilfe klebriger Tröpfchen auf der Blattoberfläche. Ist ein Insekt dort gelandet, rollt sich das Blatt ein und verdaut das Opfer.

FALLGRUBENPFLANZE
Kobrapflanze (*Darlingtonia californica*)

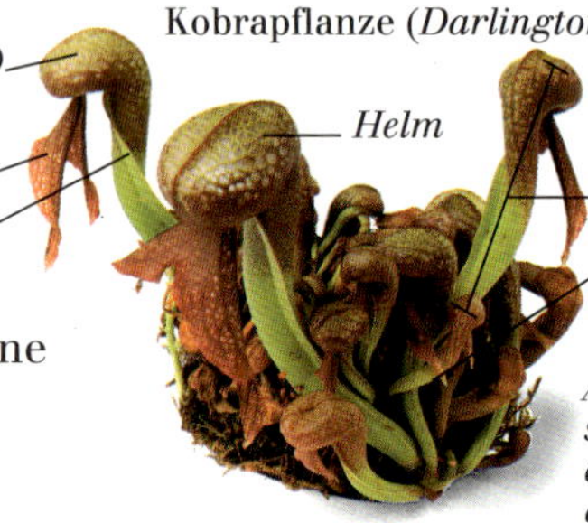

Entwicklung eines abgewandelten Blattes der Kobrapflanze

VENUSFLIEGENFALLE
(*Dionaea muscipula*)

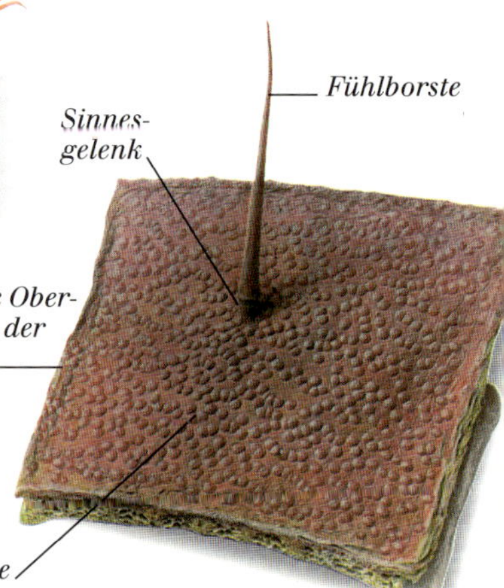

Mikroskopische Aufnahme einer Blatthälfte der Venusfliegenfalle

FALLGRUBENPFLANZE
Kannenstrauch
(*Nepenthes mirabalis*)

Mikroskopische Aufnahme der Wand einer Fallgrube

Entwicklung eines abgewandelten Blattes der Fallgrubenpflanze

Schnitt durch die Kanne

FETTKRAUT
(*Pinguicula caudata*)

Mikroskopische Aufnahme eines Fettkrautblattes

Aufsitzer und Schmarotzer

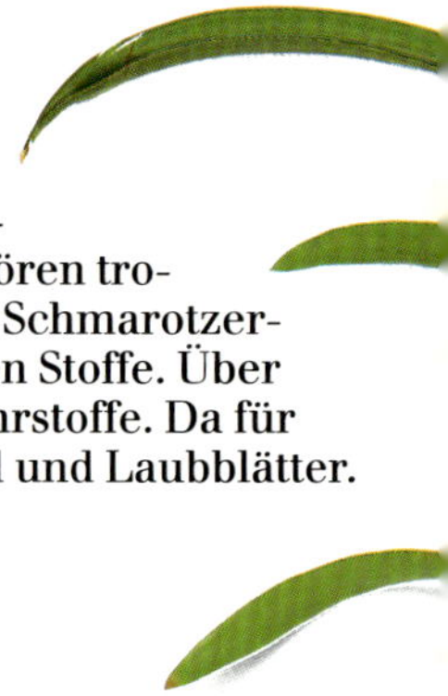

Aufsitzer- und Schmarotzerpflanzen wachsen auf anderen lebenden Pflanzen. Aufsitzerpflanzen (Epiphyten) sind nicht im Boden verwurzelt und leben auf Ästen und Zweigen anderer Pflanzen. Sie nutzen das Wasser aus Niederschlägen und der Luftfeuchtigkeit. Auch die Epiphyten gehören zu den Photosynthese betreibenden Pflanzen. Mineralstoffe, die andere Pflanzen aus dem Boden beziehen, finden sie in organischen Materialien, die sich auf der Oberfläche von Wirtspflanzen angesammelt haben. Zu den Epiphyten gehören tropische Orchideen, Bromeliaceen und einige Moose, die in den gemäßigten Zonen vorkommen. Schmarotzerpflanzen (Parasiten) erhalten von der Wirtspflanze, auf der sie wachsen, alle lebensnotwendigen Stoffe. Über Saugwurzeln zapfen sie das Leitgewebe des Wirts an und entnehmen Wasser, Mineral- und Nährstoffe. Da für den Parasiten keine Notwendigkeit für die Nährstoffproduktion besteht, fehlen ihm Chlorophyll und Laubblätter. Halbparasiten (z. B. Mistel) entziehen der Wirtspflanze Wasser und Mineralstoffe. Sie besitzen jedoch grüne Sprosse und Blätter und treiben Photosynthese.

Aufsitzende Bromelie
(Aechmea miniata)

Epiphytische Orchidee
(Brassavola nodosa)

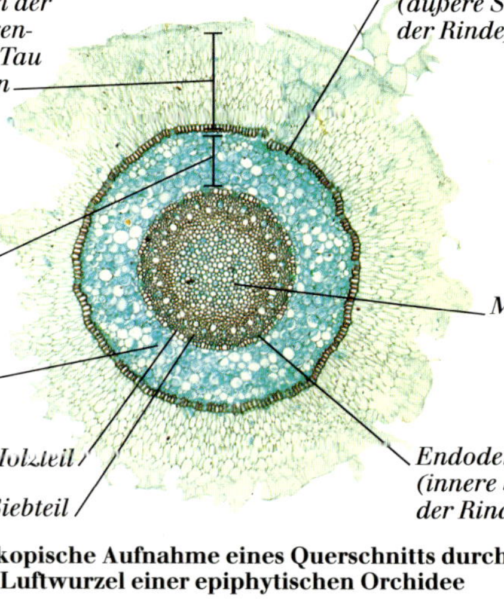

Mikroskopische Aufnahme eines Querschnitts durch die Luftwurzel einer epiphytischen Orchidee

Längsschnitt durch eine aufsitzende Bromelie
Gutsmanie (*Guzmania lingulata*)

Wurzelschmarotzer
Sommerwurz
(*Orobanche sp.*)

Spross-Schmarotzer
Europäische Seide
(*Cuscuta europaea*)

Außenansicht einer von Seide parasitierten Pflanze

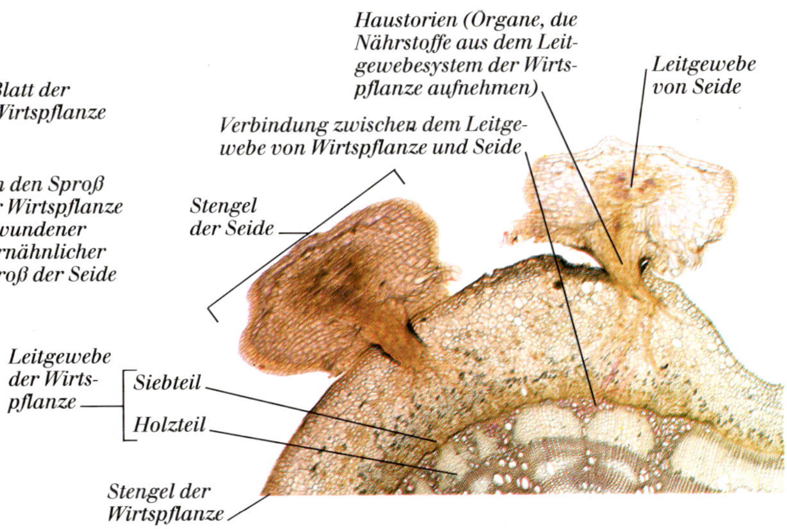

Mikroskopische Aufnahme eines Querschnitts durch den Sproß einer durch Seide parasitierten Pflanze

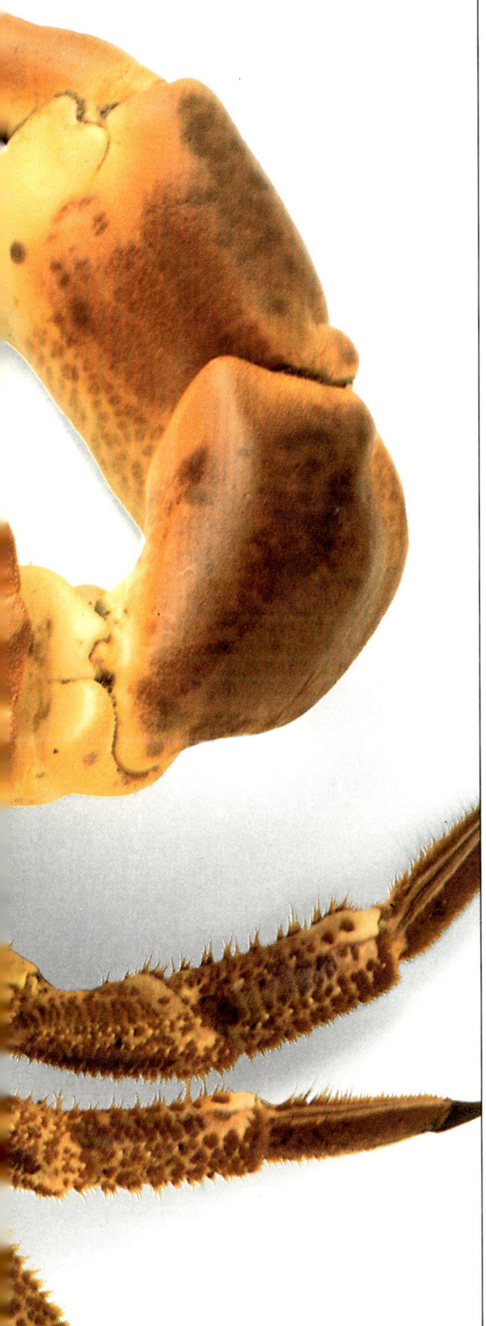

TIERE

SCHWÄMME, QUALLEN UND SEEANEMONEN ... 172

INSEKTEN ... 174

SPINNENTIERE ... 176

KREBSE ... 178

SEESTERNE UND SEEIGEL ... 180

WEICHTIERE ... 182

HAIE UND KIEFERLOSE FISCHE ... 184

KNOCHENFISCHE ... 186

LURCHE ... 188

ECHSEN UND SCHLANGEN ... 190

KROKODILE UND SCHILDKRÖTEN ... 192

VÖGEL 1 ... 194

VÖGEL 2 ... 196

EIER ... 198

RAUBTIERE ... 200

HASEN UND NAGETIERE ... 202

HUFTIERE ... 204

LEICHTE PFERDE ... 206

SCHWERE PFERDE ... 208

ELEFANTEN ... 210

PRIMATEN ... 212

DELPHINE, WALE UND ROBBEN ... 214

BEUTELTIERE UND KLOAKENTIERE ... 216

Schwämme, Quallen und Seeanemonen

Schwämme (Stamm Porifera) sind sehr einfach gebaute, in der Mehrzahl marine, koloniebildende Tiere ohne echtes Gewebe und Organe. Ihre Körperwand besteht aus zwei Zellschichten, die durch eine glatte Mittelschicht (Mesogloea) getrennt sind. Die Mittelschicht wird durch Proteinfasern (Spongin) oder Nadeln aus Kalk oder Kieselsäure verstärkt. Die Körperwand ist von zahlreichen verschließbaren kleinen Poren durchsetzt, durch die mit dem bewegten Wasser kleinste Nahrungspartikel einströmen. Quallen (Klasse Scyphozoa), Seeanemonen und Korallen (beide Klasse Anthozoa) gehören zum Stamm der Cnidaria (Nesseltiere). Ihr Bau ist wesentlich komplexer und zeichnet sich durch einen radiärsymmetrischen Körperbau sowie die Ausbildung echten Gewebes und eines Nerven- und Muskelsystems aus. Die Mundöffnung ist von Tentakeln umgeben und mit den ausschließlich bei den Cnidariern vorkommenden Nesselzellen (Cnidocyten) besetzt.

ANATOMIE EINES SCHWAMMES

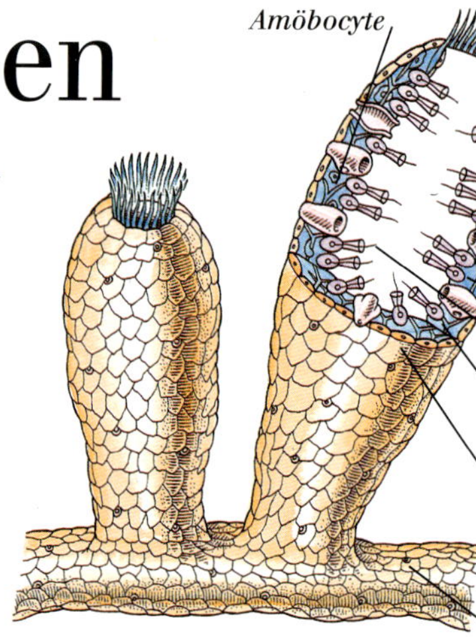

SKELETT EINES SCHWAMMES

ÄUSSERE MERKMALE EINER SEEANEMONE

BEISPIELE FÜR SEEANEMONEN

Lebendbild einer Qualle

Anatomie einer Qualle

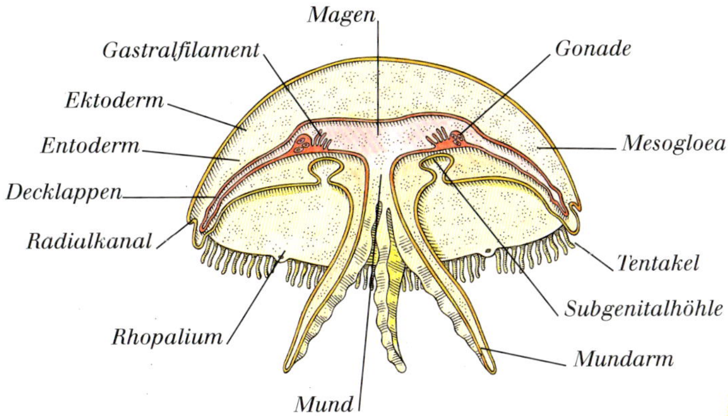

Bau einer Nesselzelle

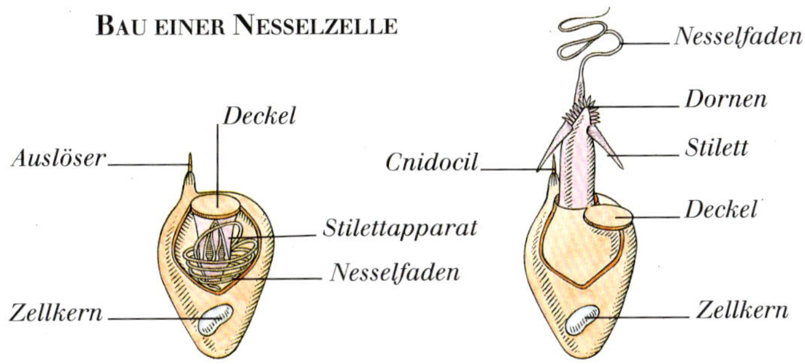

Vor der Entladung **Nach der Entladung**

Beispiele für Korallen

Lochkoralle
(Goniastrea aspera)

Pilzkoralle
(Fungia fungites)

Sternkoralle
(Balanophyllia regia)

Anatomie einer Seeanemone

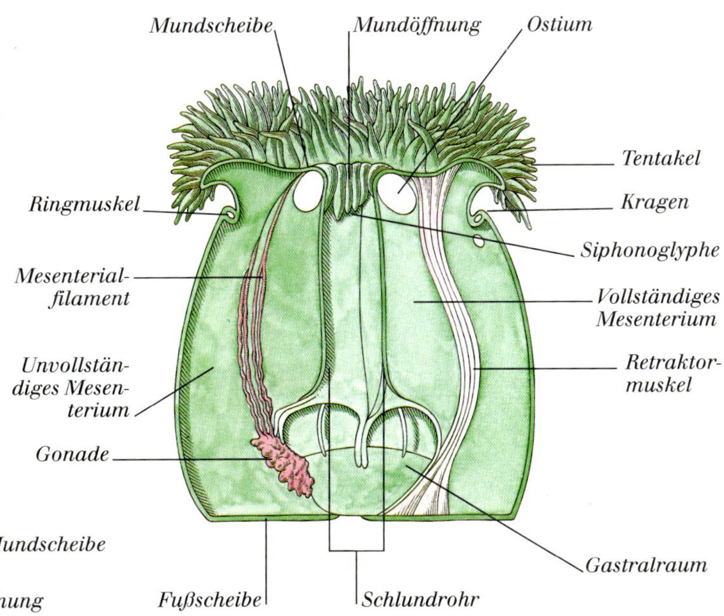

Insekten

Puppe

Käfer, Ameisen und Bienen gehören zu verschiedenen Ordnungen innerhalb der Insecta. Die Käfer (Ordnung Coleoptera) sind mit rund 300 000 Arten die größte Gruppe der Insekten. Ihr charakteristisches Merkmal sind die zu einem Paar harter Deckflügel (Elytren) umgebildeten Vorderflügel. Diese schützen die zum Fliegen dienenden Hinterflügel. Die Ameisen bilden zusammen mit Bienen und Wespen die Ordnung der Hymenoptera (Hautflügler), die etwa 200 000 Arten umfaßt. Diese Gruppe zeichnet sich durch eine deutliche Einschnürung zwischen Brust und Hinterleib aus. Beide Ordnungen besitzen zusätzlich Merkmale, die allen Insekten gemein sind: ein Außenskelett, drei Paar Gliederfüße, drei Körperabschnitte (Kopf, Brust und Hinterleib) sowie ein Paar sensorische Antennen. Die Schmetterlinge (Ordnung Lepidoptera) bilden mit mehr als 150 000 Arten (etwa 15 Prozent aller bekannten Insekten) eine der zahl- und artenreichsten Gruppen innerhalb der großen Klasse der Insecta. Als charakteristisches Merkmal besitzen sie Flügel, die wie ihr ganzer Körper mit feinen Schuppen bedeckt sind. Ihre Mundwerkzeuge sind zu einem Saugrüssel umgebildet. Weitere Merkmale haben sie mit allen anderen Insekten gemeinsam: das Außenskelett, drei Paar Gliederfüße, die Dreiteilung des Körpers in Kopf, Brust und Hinterleib sowie ein Fühlerpaar (Antennen). Wie einige andere Insektenordnungen durchlaufen Schmetterlinge in ihrem Lebenszyklus eine vollständige Metamorphose vom Ei zur Larve (Raupe), dann zur Puppe und schließlich zur Imago (Falter).

Verschiedene Insekten

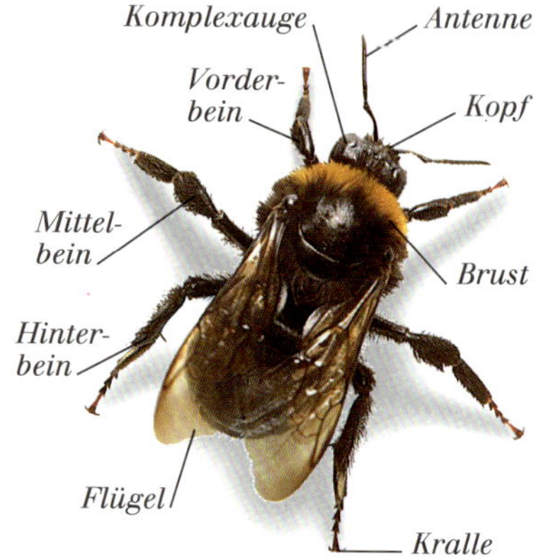

Hummel

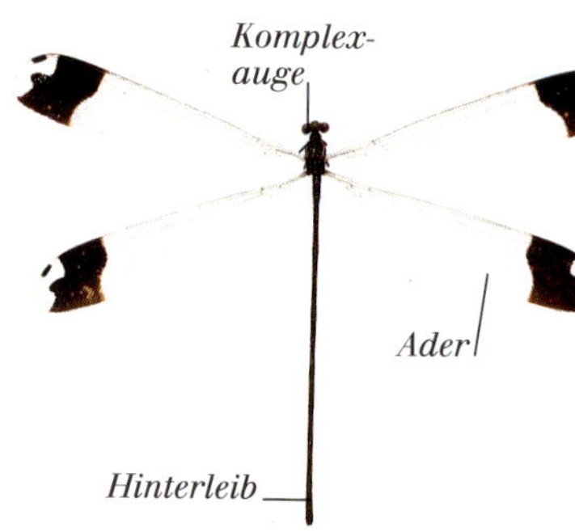

Libelle

Grille

Ameise

Fliege

Ohrwurm

Äussere Merkmale eines Käfers

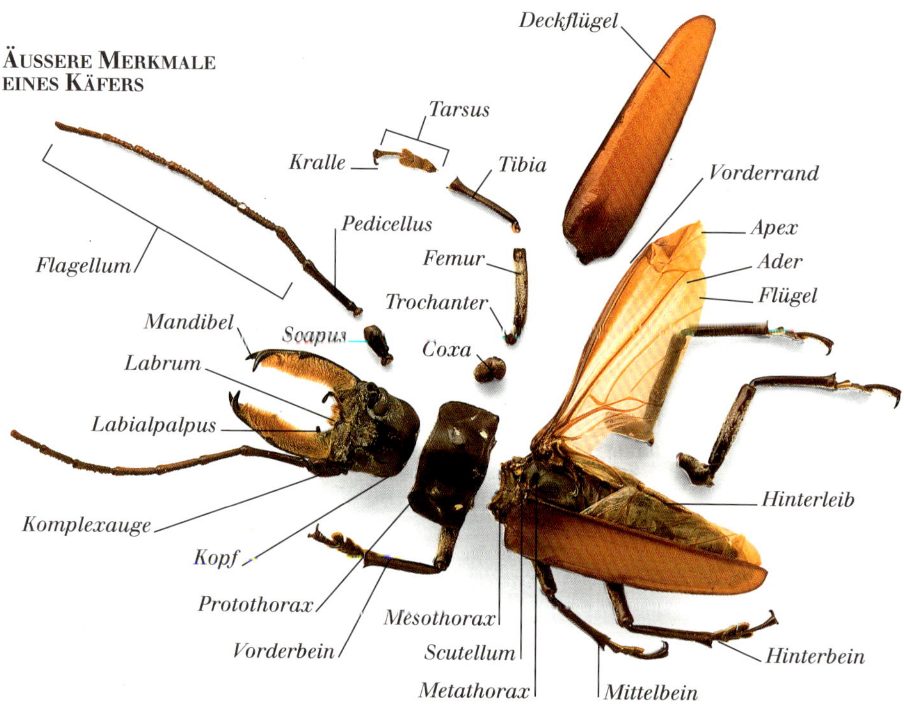

Äussere Merkmale einer Raupe

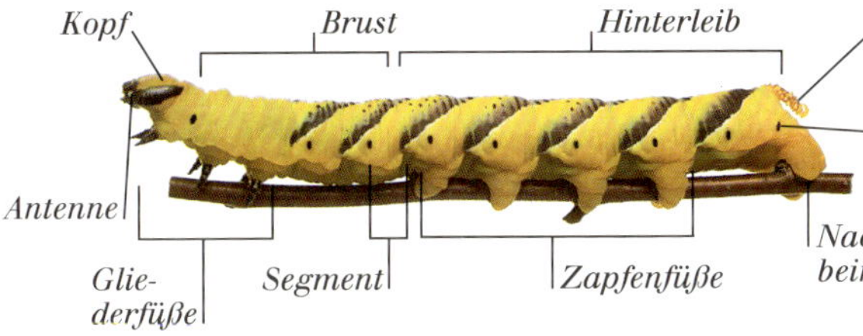

Äussere Merkmale eines Schmetterlings

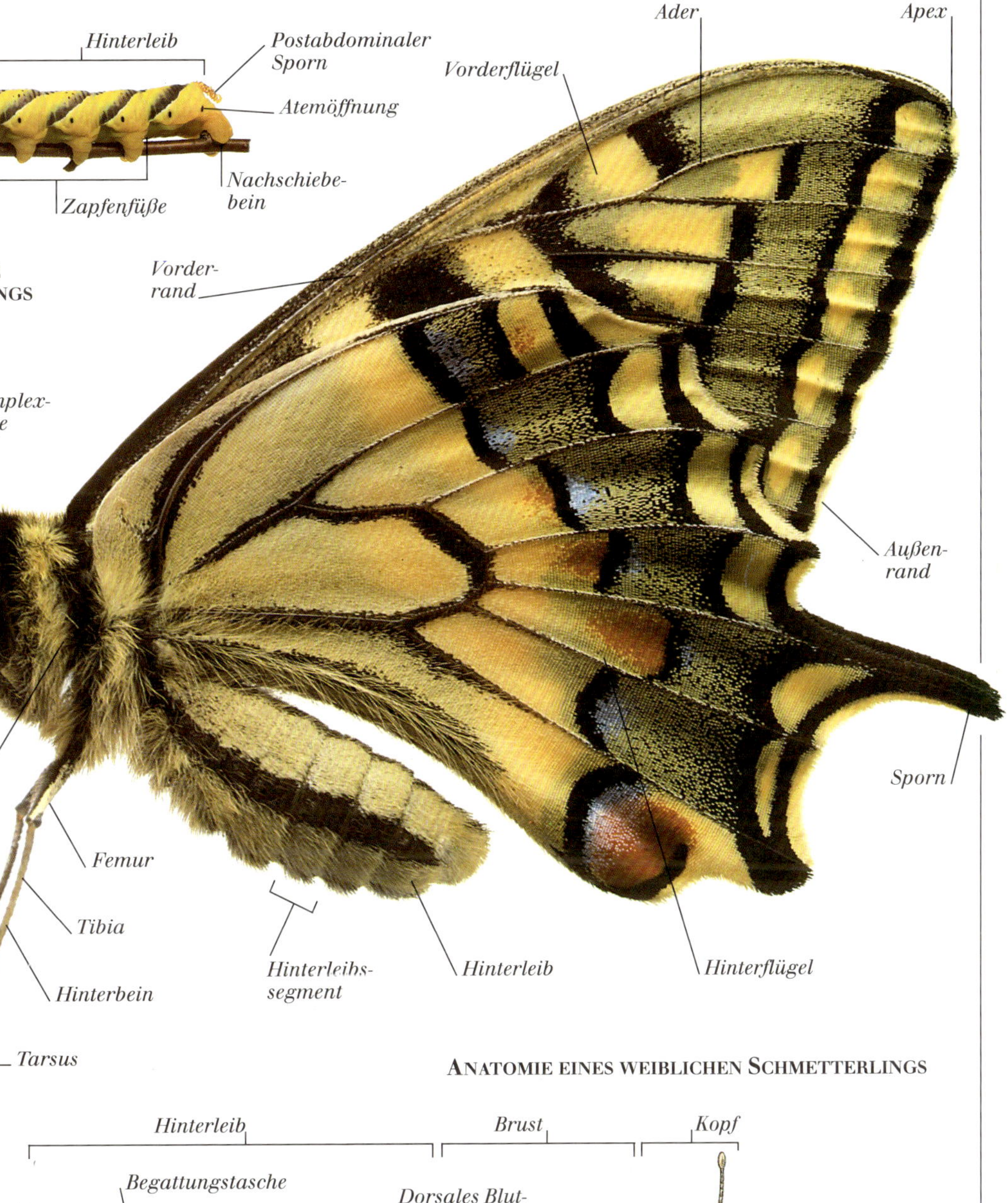

Anatomie eines weiblichen Schmetterlings

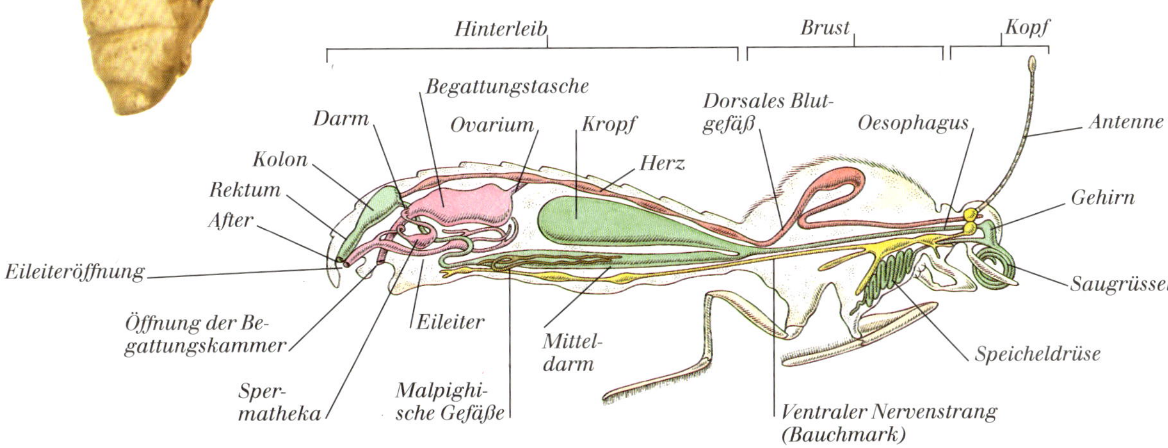

Spinnentiere

Die Klasse der Spinnentiere (Arachnida) schließt verschiedene Tiergruppen ein, deren bekannteste Vertreter die Spinnen (Ordnung der Araneae) und Skorpione (Ordnung der Scorpiones) sind. Zusammen mit den Insekten und den Krebsen bilden die Arachnida den Stamm der Arthropoda. Neben den vier Laufbeinpaaren ist bei ihnen ein weiteres Beinpaar bei Spinnen zu Tastern und bei Skorpionen zu kräftigen Fangwerkzeugen umgebildet. Sie besitzen ein Paar zangenähnlicher Mundwerkzeuge, die Cheliceren. Im Gegensatz zu anderen Arthropoden fehlen ihnen Antennen. Der Rumpf gliedert sich in Vorderkörper (Prosoma) und Hinterkörper (Opisthosoma). Spinnen und Skorpione leben räuberisch. Während Spinnen ihre Beute durch einen Biß mit den Cheliceren betäuben, benutzen Skorpione hierfür die in einem Giftstachel endende Schwanzspitze.

Tarantel
(*Euathlus emilia*)

ANATOMIE EINER WEIBLICHEN SPINNE

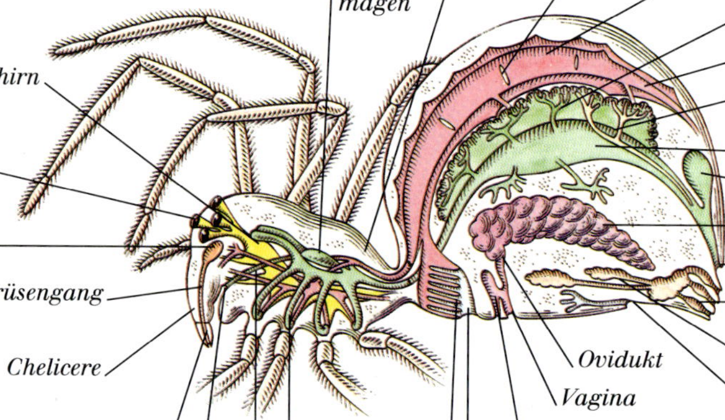

ÄUSSERE MERKMALE EINES SKORPIONS

Verschiedene Spinnen

Gerandete Jagdspinne (*Dolomedes fimbriatus*)

Kugelspinne (*Nuctenea umbratica*)

Jägerspinne (*Heteropoda venatoria*)

Schwarze Witwe (*Latrodectus mactans*)

Hausspinne (*Tegenaria gigantea*)

Äussere Merkmale einer Spinne

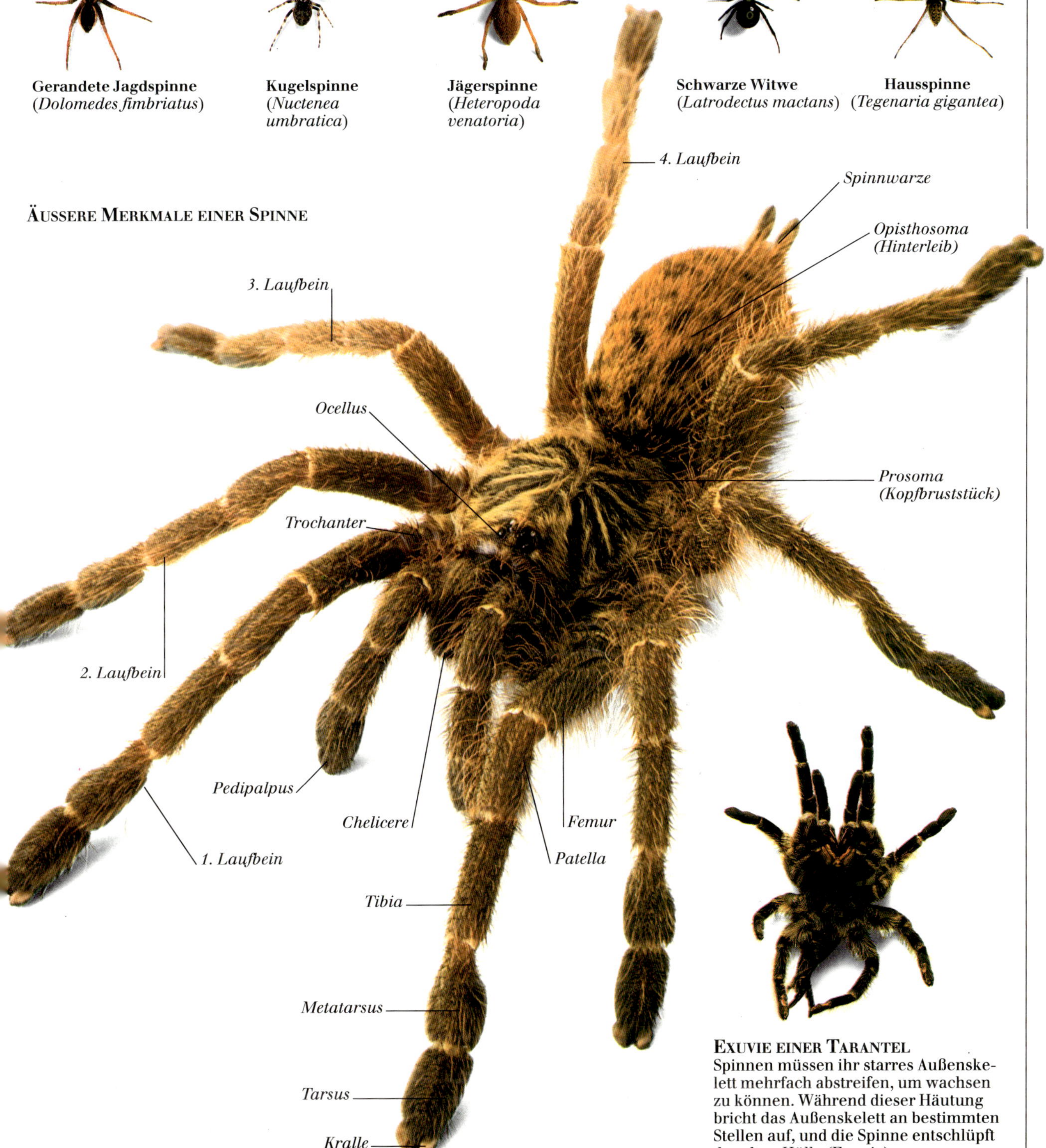

Exuvie einer Tarantel
Spinnen müssen ihr starres Außenskelett mehrfach abstreifen, um wachsen zu können. Während dieser Häutung bricht das Außenskelett an bestimmten Stellen auf, und die Spinne entschlüpft der alten Hülle (Exuvie).

Krebse

Die Krebse (Unterstamm Crustacea) sind eine der größten Gruppen innerhalb des Stammes der Arthropoda. Der Unterstamm umfaßt mehrere Klassen. Die wichtigsten sind die Malacostraca und die Cirripedia. Zur Klasse der Malacostraca zählen beispielsweise Flußkrebse, Hummer, Krabben und Garnelen. Charakteristische Merkmale dieser Tiere sind die gestielten Komplexaugen, zwei Paar Antennen, das harte Außenskelett und die Gliederung des Körpers in Cephalothorax (Kopf und Brust verschmolzen) und Abdomen (Pleon). Der Cephalothorax wird von einem gewölbten Rückenschild (Carapax) umschlossen. Die Klasse der Cirripedia (Rankenfüßer) umfaßt in der Mehrzahl festsitzende Krebse (Entenmuscheln, Seepocken). Ihr Körper wird von einem zweiklappigen Carapax umschlossen, in dessen Außenwand verschiedene Kalkplatten eingelagert sind. Kopf und Hinterleib sind stark reduziert, die sechs Beinpaare zu rankenförmigen Filterorganen umgebildet.

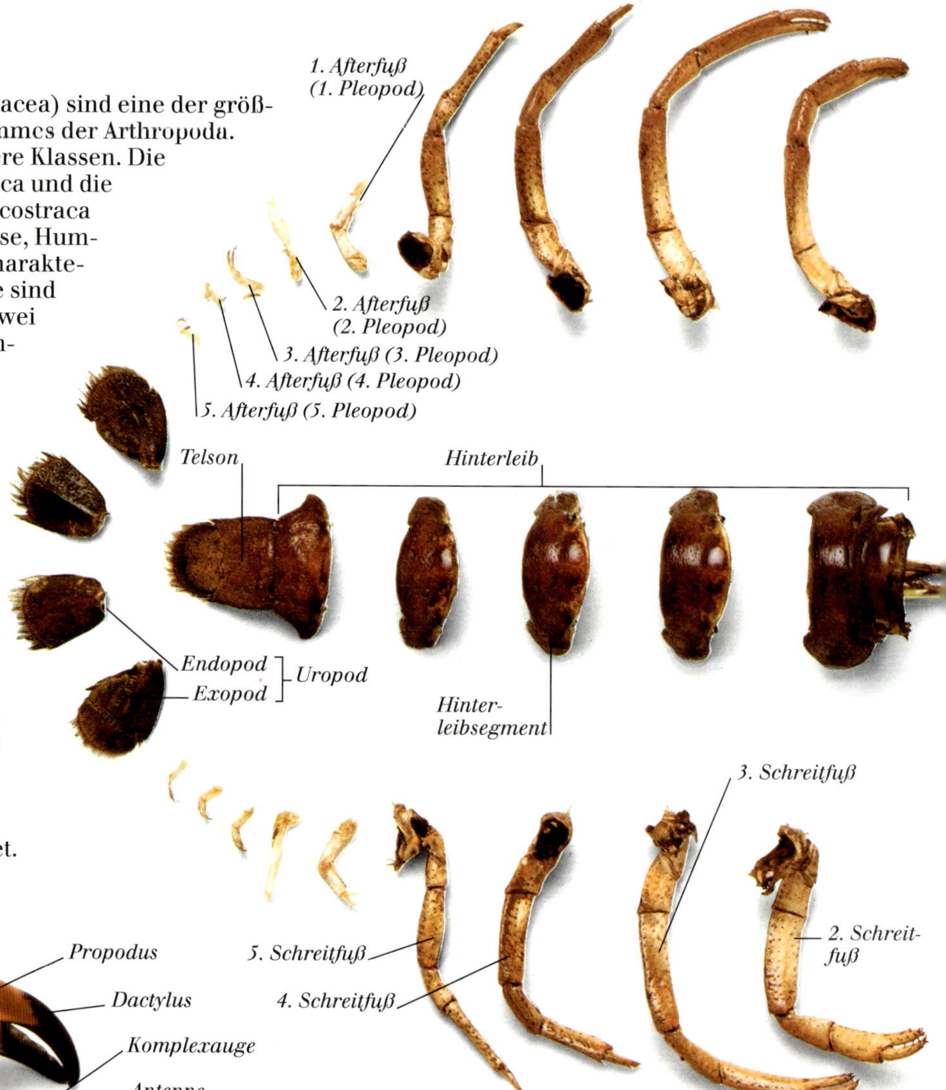

Äussere Merkmale einer Krabbe

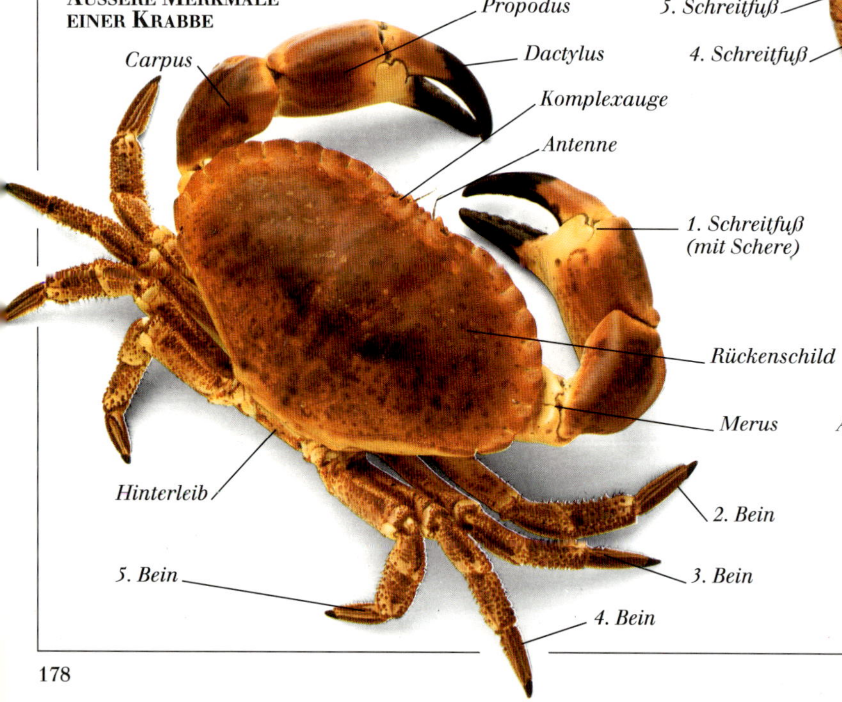

Äussere Merkmale einer Garnele

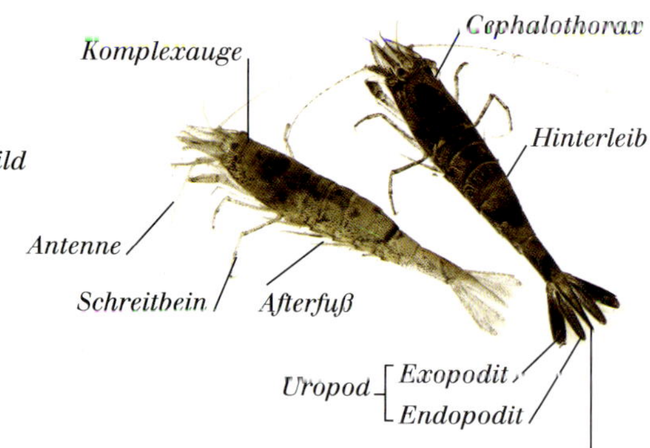

Äussere Merkmale eines Flusskrebses

Äussere Merkmale einer Entenmuschel

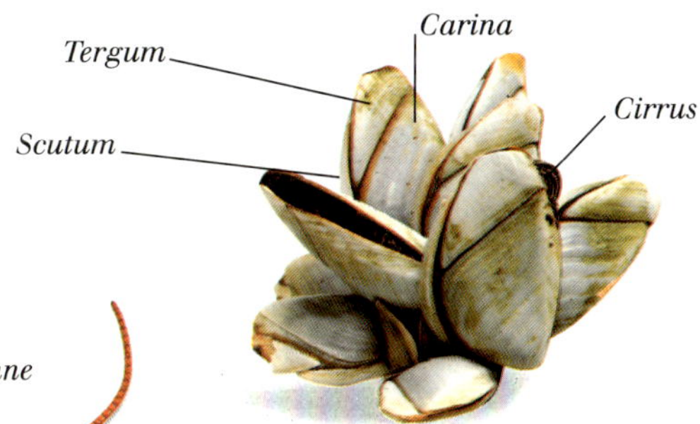

Anatomie einer Entenmuschel

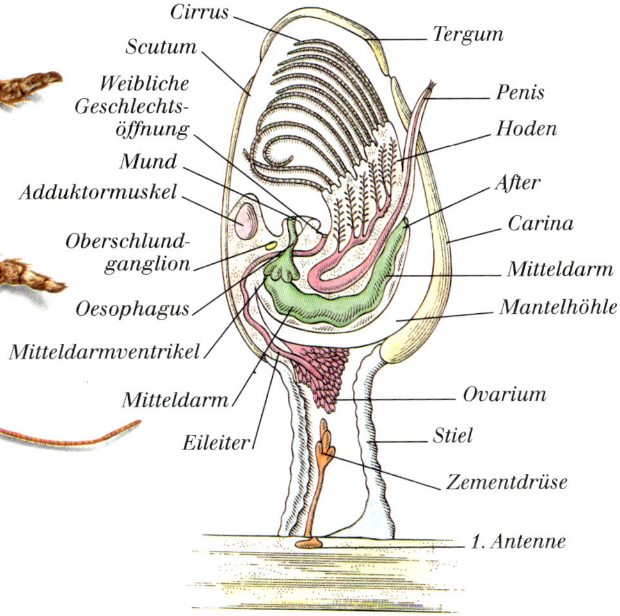

Anatomie eines weiblichen Flusskrebses

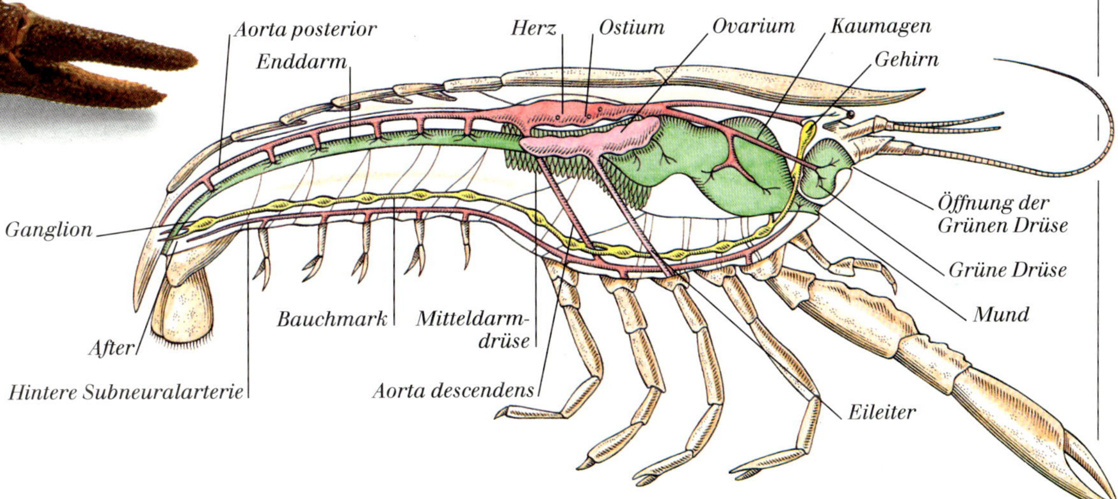

Seesterne und Seeigel

Seesterne, Seeigel und ihre Verwandten (Schlangensterne, Haarsterne und Seegurken) bilden zusammen den Stamm der Stachelhäuter (Echinodermata). Besonderes Merkmal dieser Gruppe sind die kompliziert gebauten coelomatischen Kanalsysteme. Eines dieser Systeme, das sogenannte Wassergefäßsystem, bildet Tausende kleiner, tentakelartig beweglicher Hautschläuche (Füßchen) aus, die als Fühler, zur Nahrungsaufnahme, aber auch zur Fortbewegung dienen. Charakteristisch sind weiterhin die fünfstrahlige Radiärsymmetrie, das Fehlen eines Kopfes, fehlende Exkretionsorgane und ein diffuses, dezentralisiertes Nervensystem ohne Gehirn. Das Außenskelett der Stachelhäuter besteht aus harten Calcitplättchen, die verstreut in der Unterhaut liegen können (Seegurken), oft aber zu größeren Platten zusammengeschlossen sind und letztlich eine starre Schale bilden (Seeigel). Zum Skelett gehören auch die Stacheln, die den Calcitplättchen gelenkig aufsitzen.

ÄUSSERE MERKMALE EINES SEESTERNS

ANATOMIE EINES SEESTERNS

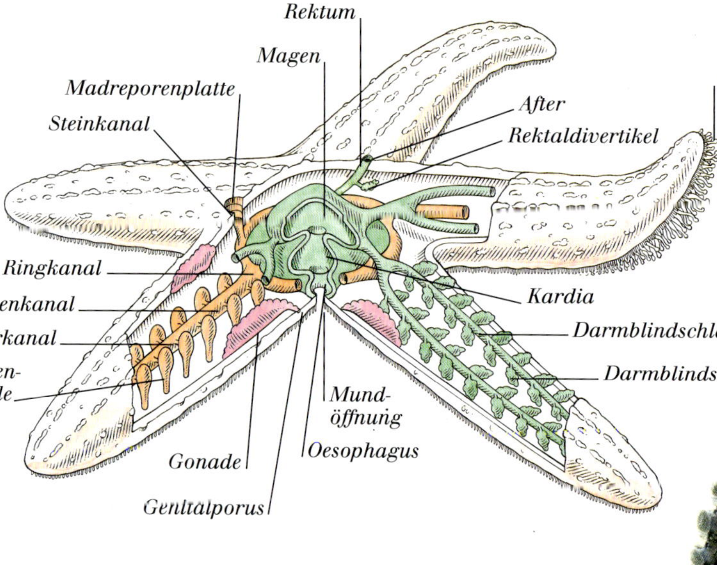

Beispiele für Seeigel

Eßbarer Seeigel
(*Echinus esculentus*)

Nordamerikanischer Purpurseeigel
(*Strongylocentrotus purpuratus*)

Griffelseeigel
(*Heterocentrotus mammillatus*)

Anatomie eines Seeigels

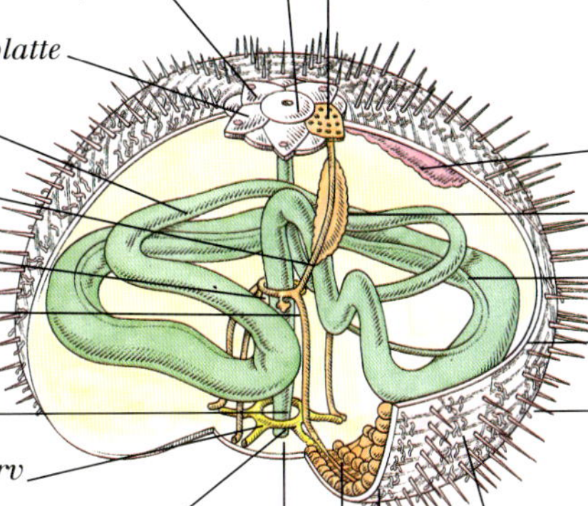

Äussere Merkmale eines Seeigels

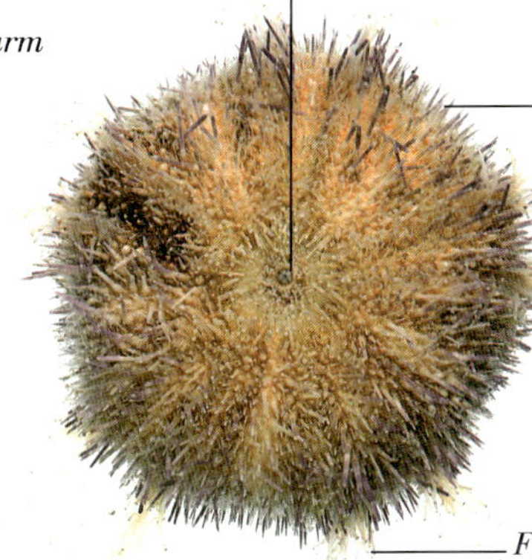

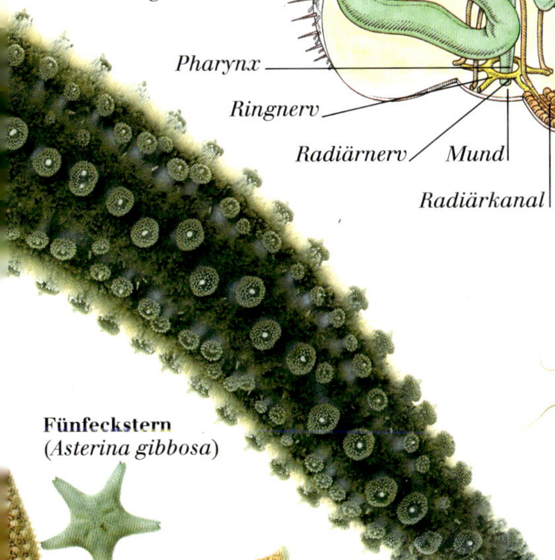

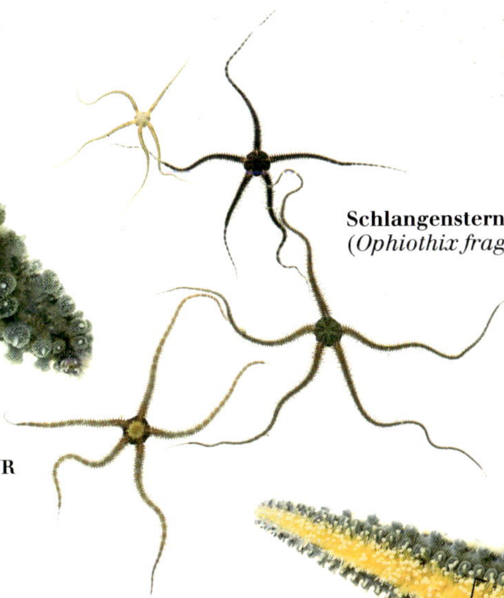

Schlangenstern
(*Ophiothix fragilis*)

Fünfeckstern
(*Asterina gibbosa*)

Beispiele für Seesterne

Gemeiner Seestern
(*Asterias rubens*)

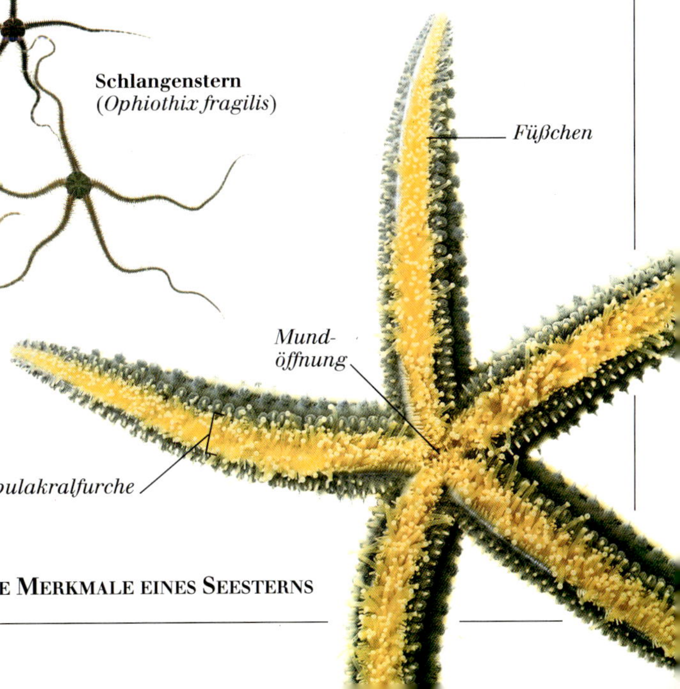

Äussere Merkmale eines Seesterns

Weichtiere

Der Stamm der Weichtiere (Mollusca) ist mit nahezu 130 000 Arten der zweitgrößte Tierstamm. Zu ihm gehören Schnecken (Klasse Gastropoda), Muscheln (Klasse Bivalvia) und Tintenfische (Klasse Cephalopoda). Typische Merkmale der Cephalopoden sind die saugnapftragenden Tentakel, das hochentwickelte Nervensystem, eine kleine oder fehlende äußere Schale sowie ein muskulöser Mantel (Teil der Körperwand), der mit großer Wucht Atemwasser durch den Sipho austreiben kann und dem Tier damit nach dem Rückstoßprinzip eine schnelle Fortbewegung ermöglicht. Im Mund sitzen zwei kräftige, hornige Kiefer (Schnabel) und eine Raspelzunge (Radula). Am Kopf der Gastropoden befinden sich Fühler und eine Radula. Ihre Schale ist meist gewunden, bei einigen Gruppen reduziert und nach innen verlegt (Wegschnecken) oder ganz zurückgebildet (Nacktschnecken). Den Muscheln fehlt eine Radula; ihre Schale besteht aus zwei Klappen. Die stark vergrößerten Kiemen dienen der Atmung und als Nahrungsfilter.

Äussere Merkmale einer Kammuschel

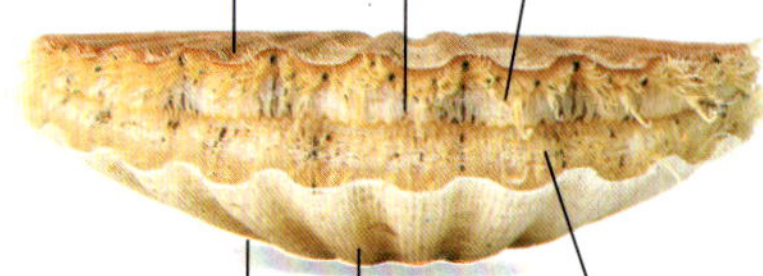

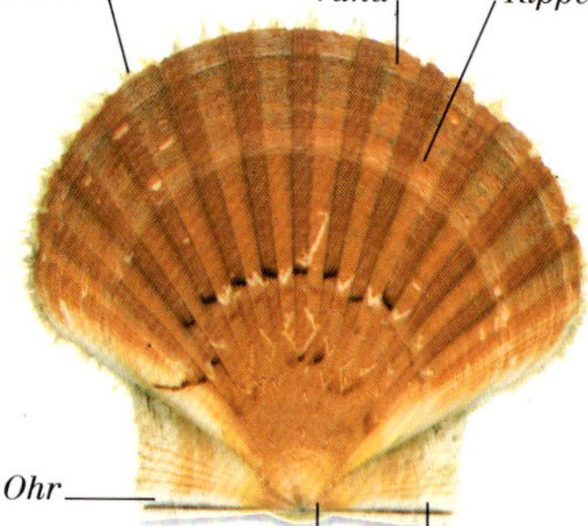

Anatomie eines Kraken

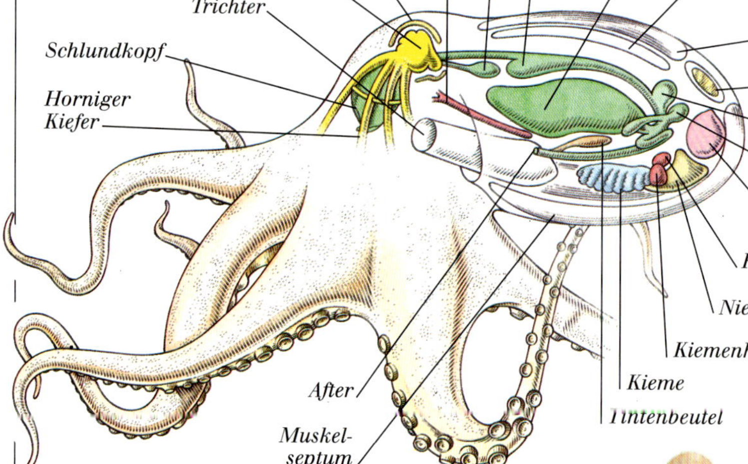

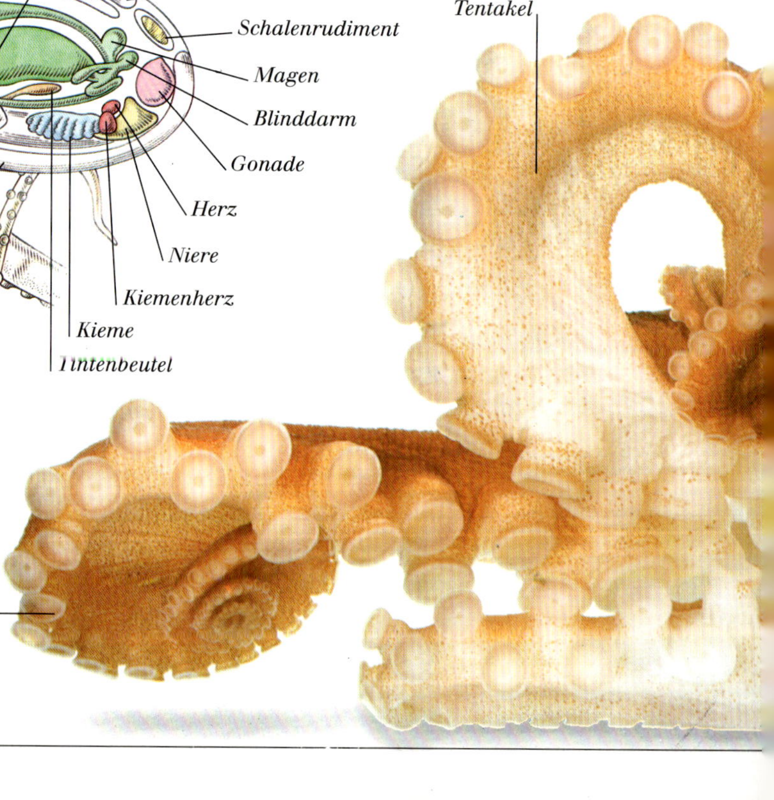

ÄUSSERE MERKMALE EINER SCHNECKE

ANATOMIE EINER SCHNECKE

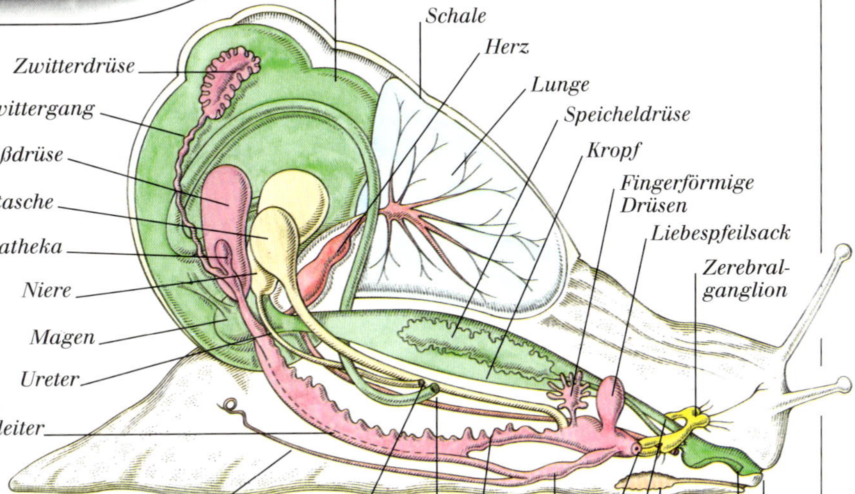

ÄUSSERE MERKMALE EINES KRAKEN

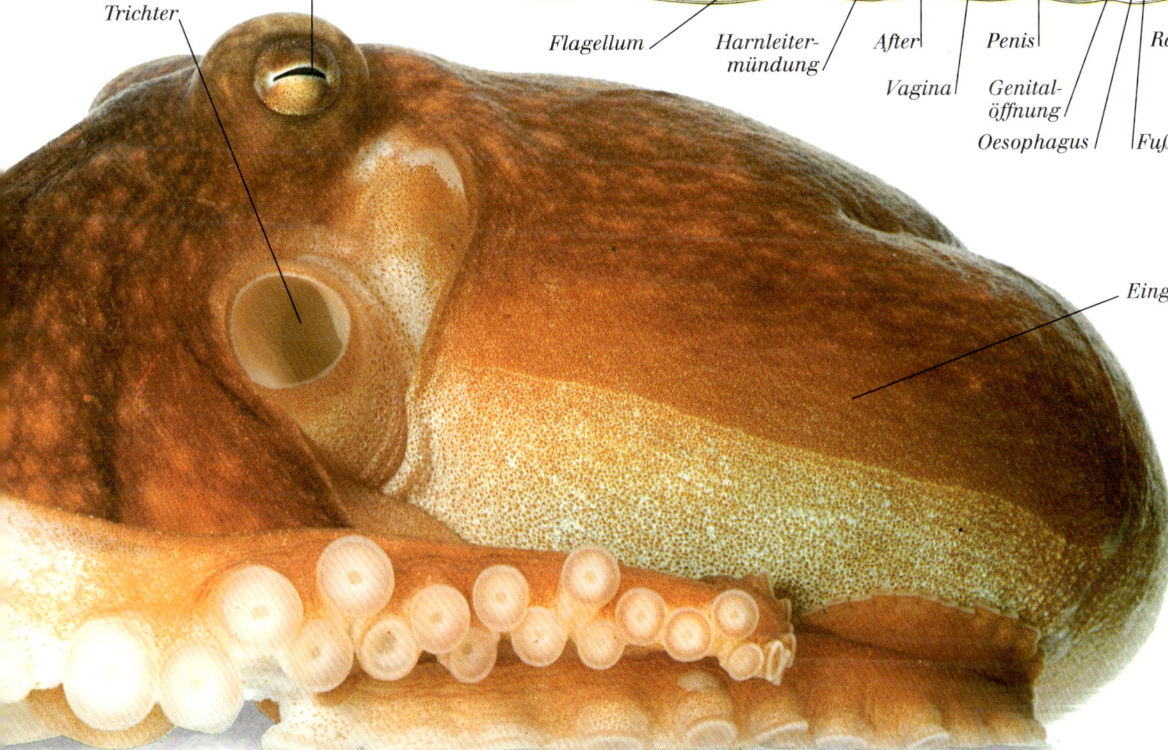

Haie und kieferlose Fische

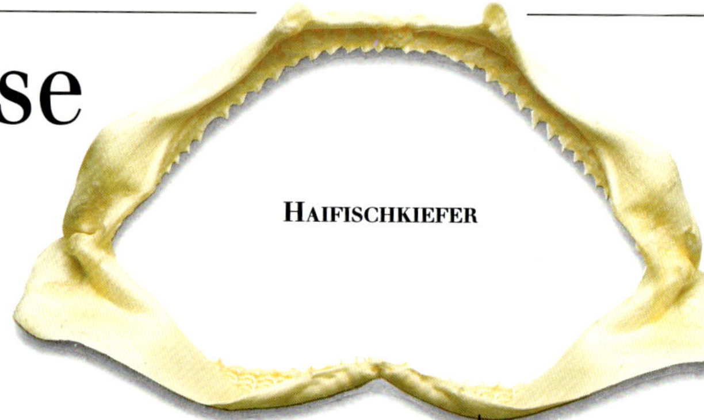

Haie, Rochen und Seeratten gehören zur Klasse der Chondrichthyes (Knorpelfische), die gemeinsam mit den Osteichthyes (Knochenfische) innerhalb der Überklasse der Gnathostomata (Wirbeltiere mit Kiefer) die Reihe der Pisces (Fische) bilden. Knorpelfische haben, wie der Name besagt, ein knorpeliges Innenskelett. Dieses Charakteristikum und das Fehlen einer Schwimmblase unterscheidet sie von den Knochenfischen. Weitere äußere Merkmale der Haie und Rochen sind ihre harten, zahnähnlichen Schuppen. Die Überklasse der Agnatha (Wirbeltiere ohne Kiefer) umfaßt als einzige Klasse die Cyclostomata oder Rundmäuler (Neunaugen und Inger). Die Körperform dieser Tiere erinnert an Aale. Zu ihren charakteristischen Merkmalen zählen das kieferlose Maul, welches zu einem mit Hornzähnchen besetzten Haftorgan umgebildet ist, glatte, schleimige und schuppenlose Haut sowie die unpaarigen Flossen.

Äussere Merkmale eines Katzenhais

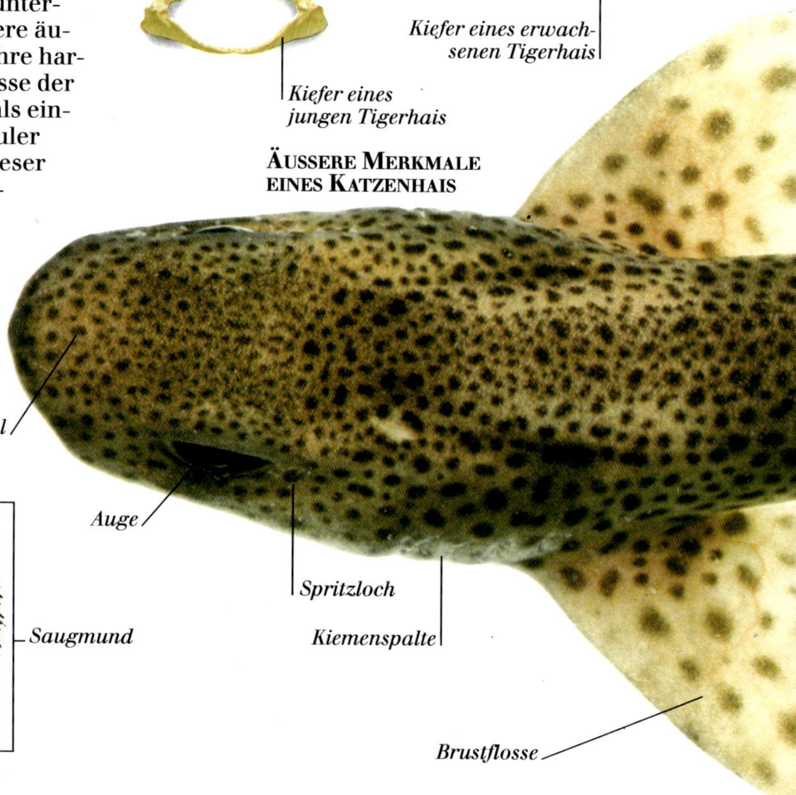

Äussere Merkmale eines Neunaugenkopfes

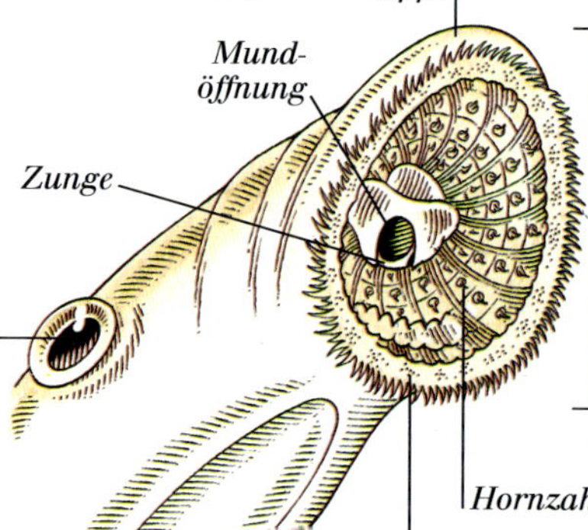

Äussere Merkmale eines Neunauges

Beispiele für Knorpelfische

Riesenhai
(*Cetorhinus maximus*)

Tigerhai
(*Galeocerdo cuvieri*)

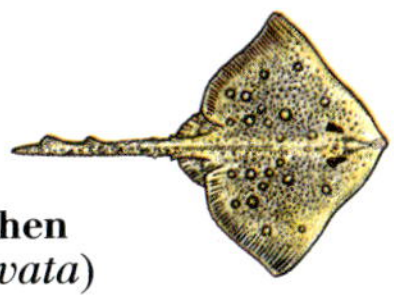

Nagelrochen
(*Raja clavata*)

Hammerhai
(*Sphyrna lewini*)

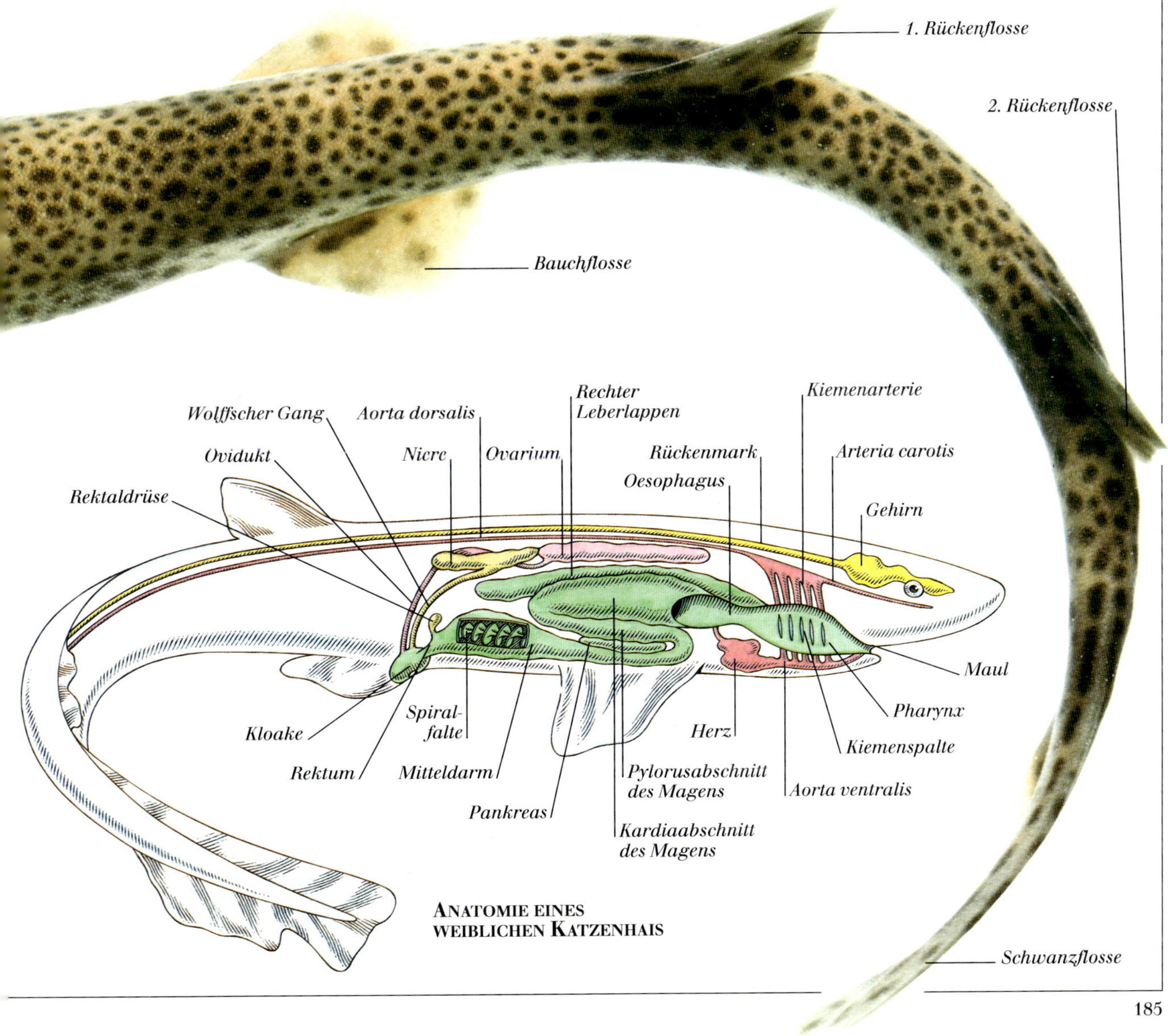

Anatomie eines weiblichen Katzenhais

Knochenfische

Knochenfische (Osteichthyes), wie Karpfen, Forellen, Lachse, Barsche oder Heringe, sind die bei weitem bekannteste und mit mehr als 20 000 Arten (das sind über 95 Prozent aller bekannten Fischarten) auch die größte Gruppe der Fische. Im Gegensatz zum knorpeligen Endoskelett der Chondrichthyes besitzen die Osteichthyes ein knöchernes Innenskelett. Die Kiemen liegen in einer gemeinsamen Kammer und werden von einem Kiemendeckel (Operculum) geschützt. Andere typische Merkmale sind die relativ dünnen, knochenähnlichen Schuppen, paarige Brust- und Bauchflossen und eine Schwimmblase. Hauptaufgabe dieses Organs ist es, dem Fisch ohne zusätzliche Muskelkraft den Aufenthalt in unterschiedlichen Wassertiefen zu ermöglichen.

Wie Fische atmen

Fische „atmen“, indem sie über die Kiemen den im Wasser gelösten Sauerstoff aufnehmen. Das Wasser strömt bei geschlossenen Kiemendeckeln durch das geöffnete Maul ein. Dann wird das Maul geschlossen. Durch die Bewegung der Kiemendeckel, die dabei wie eine leistungsstarke Saugpumpe wirken, fließt das Wasser an den Kiemen vorbei und hinter den Kiemendeckeln wieder nach außen. Einige Fische schwimmen mit geöffnetem Maul und nutzen das einströmende Stauwasser zur Atmung (passive Einatmung).

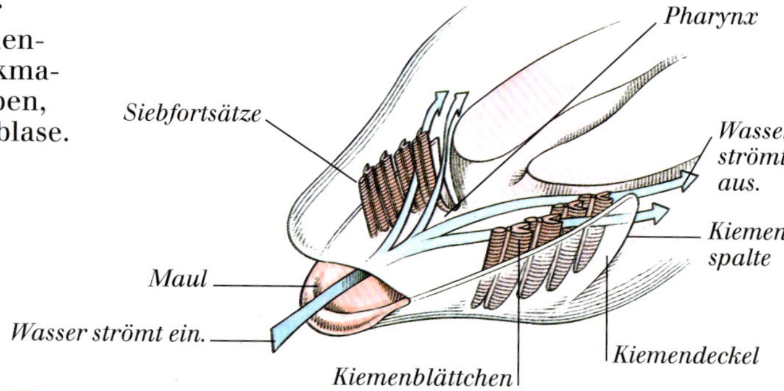

Beispiele für Knochenfische

Mandarinfisch
(*Synchiropus splendidus*)

Seepferdchen
(*Hippocampus kuda*)

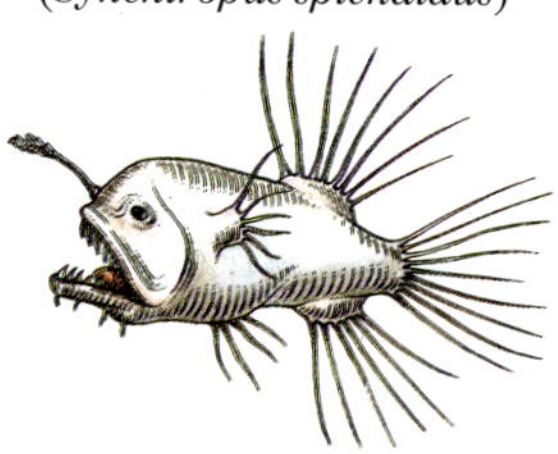

Anglerfisch
(*Caulophryne jordani*)

Strahlenrotfeuerfisch
(*Pterois volitans*)

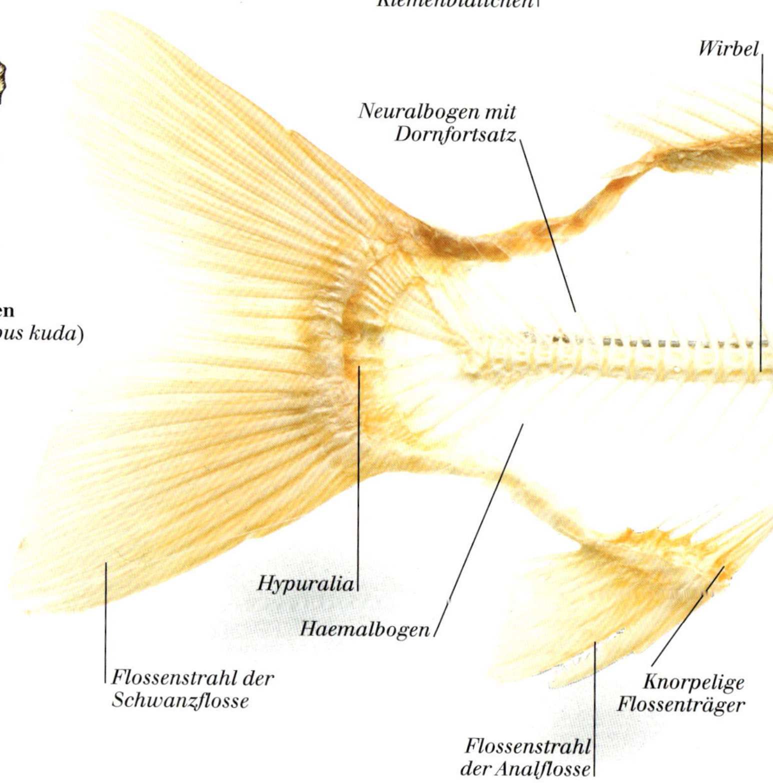

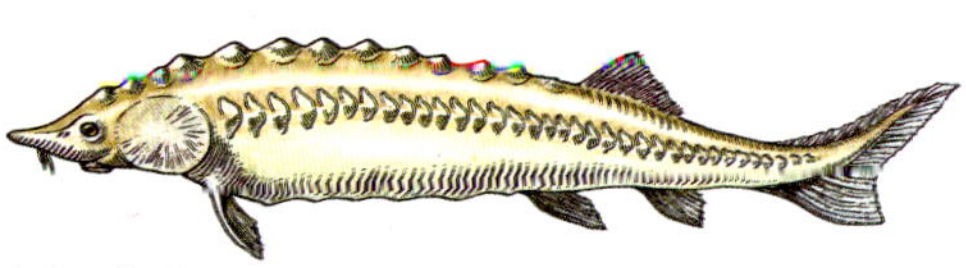

Atlantischer Stör
(*Acipenser sturio*)

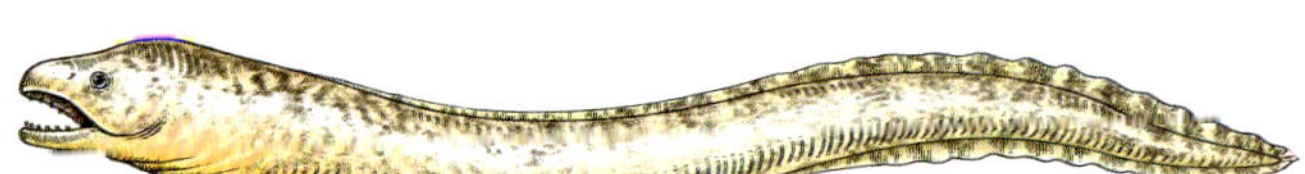

Weiße Muräne
(*Echidna nebulosa*)

Anatomie eines weiblichen Knochenfisches

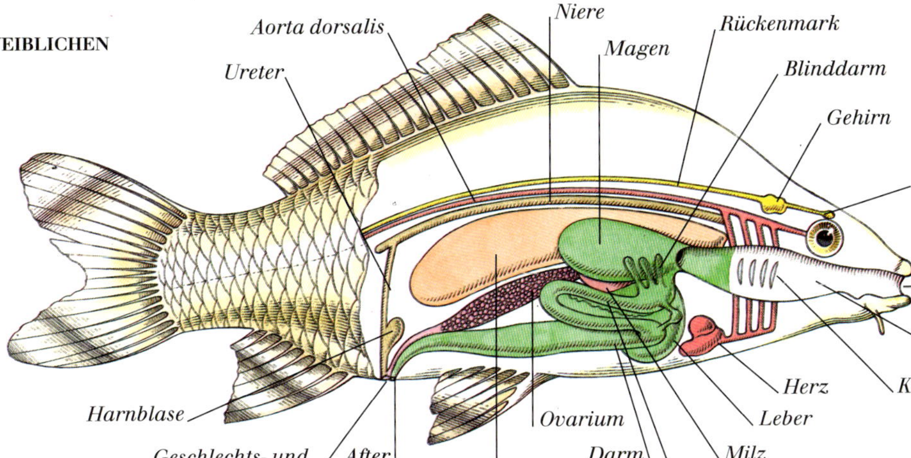

Skelett eines Knochenfisches

Äussere Merkmale eines Knochenfisches

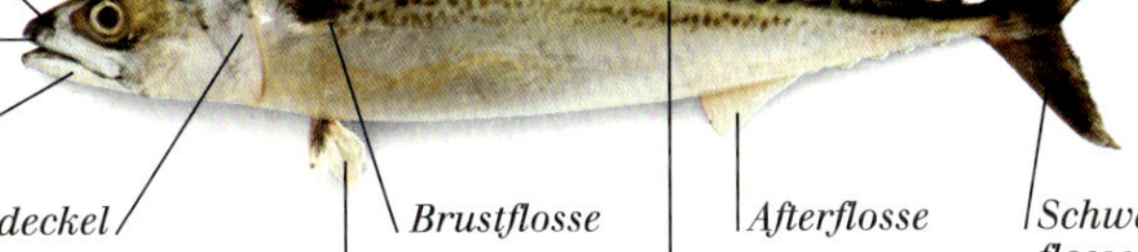

Lurche

Zur Klasse der Lurche (Amphibia) gehören die Ordnungen der Anura (Frösche und Kröten), Urodela (Schwanzlurche) und Gymnophiona (Blindwühlen). Amphibien sind wechselwarme Tiere. Sie haben eine drüsenreiche, feuchte und meist nackte Haut sowie Lungen. Ihre Entwicklung verläuft in einer Form der Metamorphose, die vom Ei über im Wasser lebende Larvenstadien (wie Kaulquappen) zum lebenden erwachsenen Tier führt. Frösche und Kröten zeichnen sich durch einen gedrungenen, schwanzlosen Körper, lange, kräftige Hinterbeine und große, oft hervortretende Augen aus. Im Gegensatz dazu ist der Körper erwachsener Urodelen (Salamander, Molche) langgestreckt mit wohlentwickeltem Schwanz und relativ kurzen, gleich langen Beinen. Die Variationsbreite innerhalb der Urodelen ist groß. Es gibt Arten mit winzigen Beinen und äußeren Kiemen anstatt Lungen, die ihr gesamtes Leben im Wasser verbringen.

Anatomie eines weiblichen Frosches

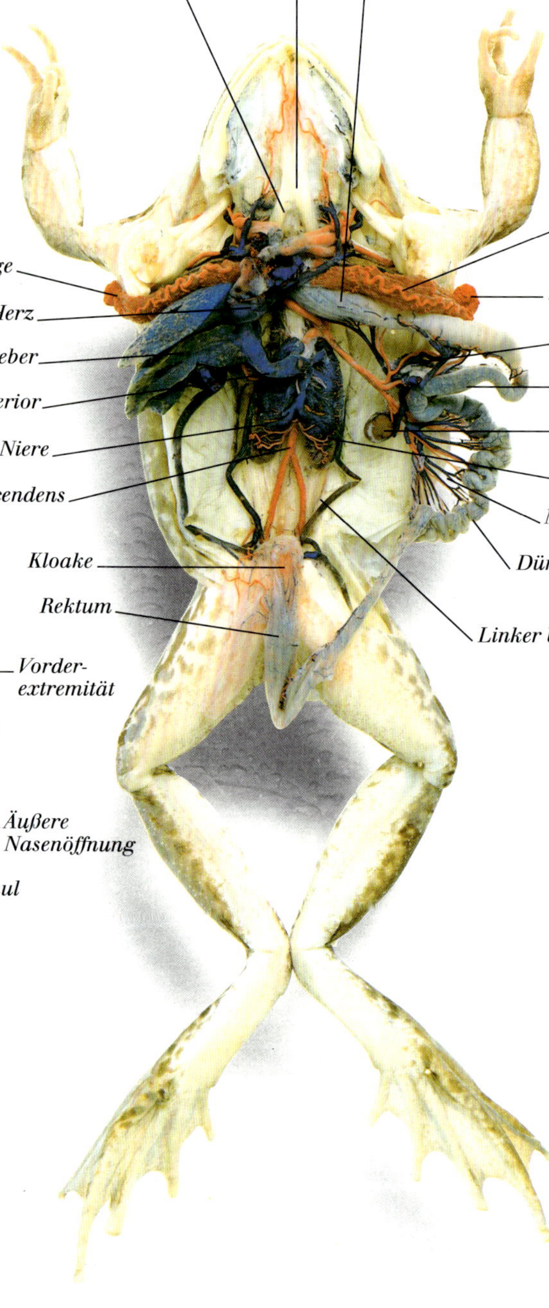

Äussere Merkmale eines Frosches

Äussere Merkmale eines Salamanders

Eier (Laich) | Junge Kaulquappen | Ältere Kaulquappe | Junger Frosch

METAMORPHOSE DER FRÖSCHE
Frösche durchlaufen eine vollständige Metamorphose. Aus den im Wasser abgelegten Eiern (Laich) schlüpfen junge Kaulquappen mit Schwanz und äußeren Kiemen, aber ohne Beine. Mit zunehmendem Wachstum verschwinden die Kiemen. Es entwickeln sich erst die Vorder-, dann die Hinterbeine. Der Schwanz schrumpft und ist beim jungen Frosch schließlich ganz verschwunden.

SKELETT EINES FROSCHES

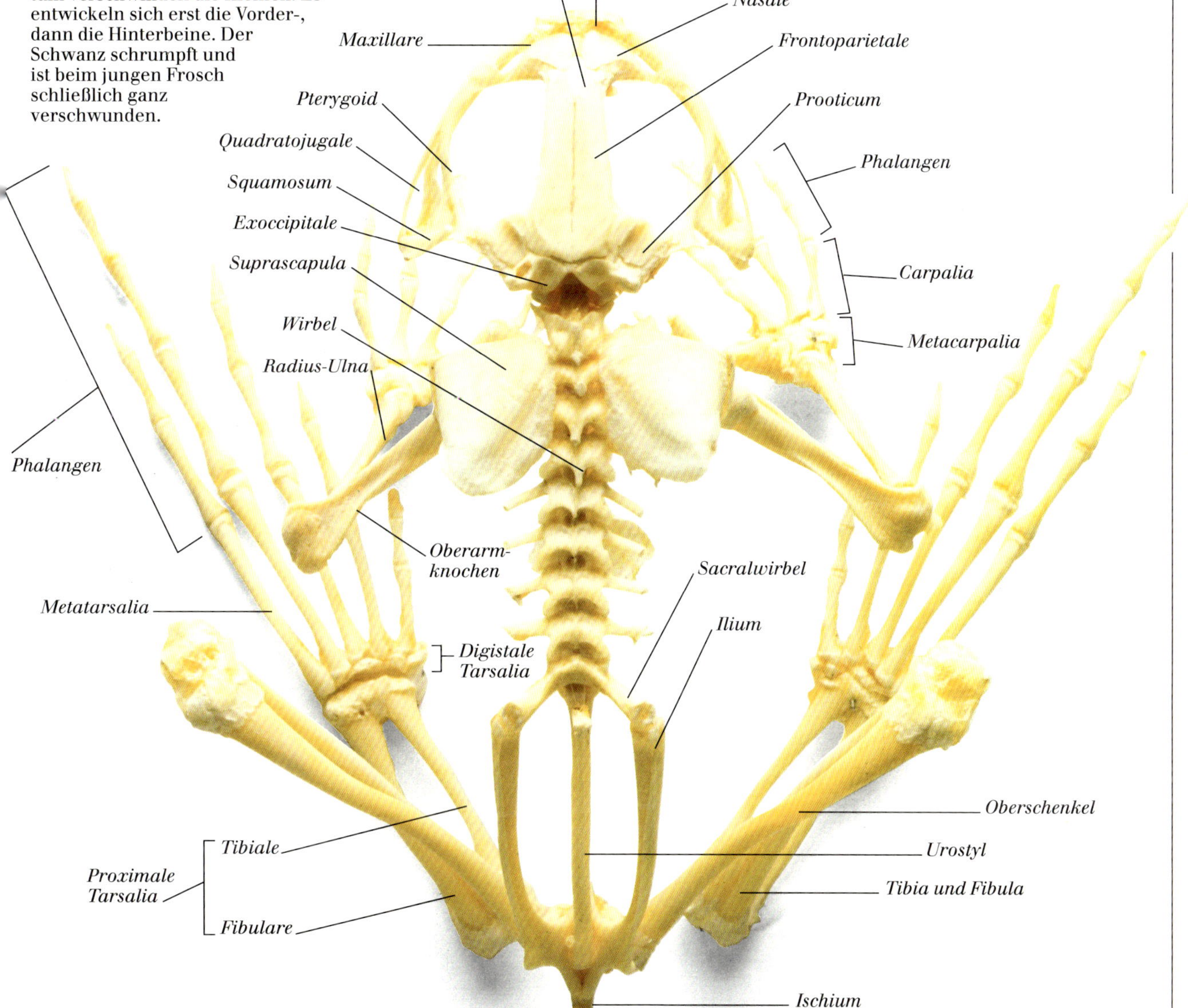

Echsen und Schlangen

Echsen und Schlangen bilden innerhalb der Klasse der Kriechtiere (Reptilia) die Ordnung Squamata. Alle Reptilien haben eine drüsenarme, mit Hornschuppen bedeckte Haut. Sie sind wechselwarm und atmen über Lungen. Die meisten Reptilien legen Eier mit lederartiger Schale. Bei einigen Arten schlüpfen die Jungen bereits im Mutterleib. Eidechsen (Unterordnung Lacertilia) haben einen langen Schwanz, den sie bei Verlust mehrmals regenerieren können. Die Haut wird fetzenweise abgestoßen. Manche Arten können ihre Farbe wechseln, manche haben stark reduzierte Extremitäten (Blindschleiche). Schlangen (Unterordnung Ophidia oder Serpentes) haben einen beinlosen, langgestreckten Körper. Ihre Augenlider sind zu einer durchsichtigen „Brille“ verwachsen. Die Haut wird meist als Ganzes abgestreift. Der Unterkiefer kann stark verschoben werden, um große Beutetiere zu verschlingen. Würgeschlangen umschlingen und erdrücken ihre Beute. Giftschlangen töten sie durch einen Biß.

BEISPIELE FÜR SCHLANGEN

SKELETT EINER ECHSE

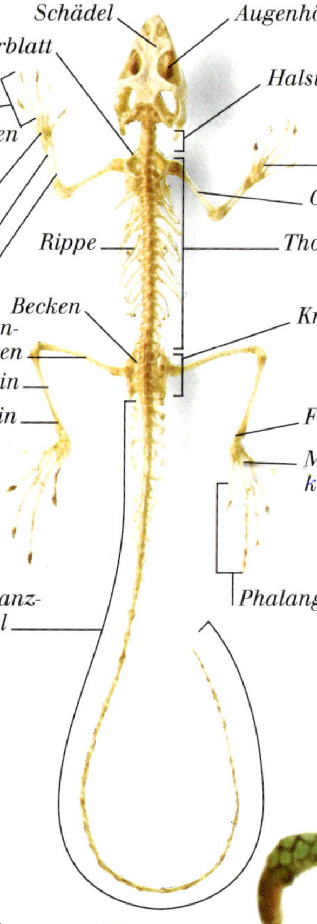

ÄUSSERE MERKMALE EINER ECHSE

SKELETT EINER SCHLANGE

ÄUSSERE MERKMALE EINER KLAPPERSCHLANGE

ANATOMIE EINER WEIBLICHEN ECHSE

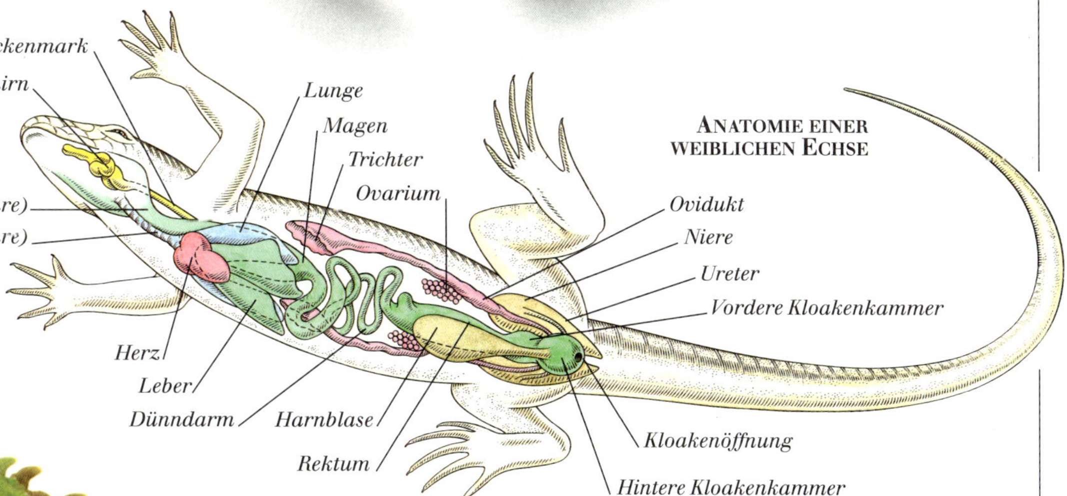

Krokodile und Schildkröten

Krokodile und Schildkröten gehören innerhalb der Klasse der Reptilia unterschiedlichen Ordnungen an. Krokodile, Alligatoren, Kaimane und Gaviale zählen zur Ordnung Crocodilia (Panzerechsen). Sie sind carnivor (fleischfressend), besitzen eine lange Schnauze und scharfe Zähne. Ihre Haut ist mit harten, viereckigen Schuppen bedeckt. Alle Krokodile sind sowohl an das Leben an Land wie an das im Wasser angepaßt: Der Fortbewegung an Land dienen vier kräftige Beine und der im Wasser der mächtige Schwanz. Augen und Nasenöffnungen liegen so hoch am Kopf, daß sie aus dem Wasser ragen, während der restliche Körper untergetaucht bleibt. Der Körper der Schildkröte (Ordnung Chelonia) ist kurz und breit und wird von einem knöchernen Panzer umgeben, dem außen Hornschilde aufgelagert sind. Kopf, Extremitäten und Schwanz können in den Panzer eingezogen werden. Anstelle der Zähne besitzen Schildkröten hornige Kiefer.

SCHÄDEL VON KROKODILEN

Gavial
(*Gavialis gangeticus*)

Nilkrokodil
(*Crocodylus niloticus*)

Amerikanischer Alligator
(*Alligator mississippiensis*)

SKELETT EINES KROKODILS

ÄUSSERE MERKMALE EINES KAIMANS

Äussere Merkmale einer Schildkröte

Skelett einer Schildkröte

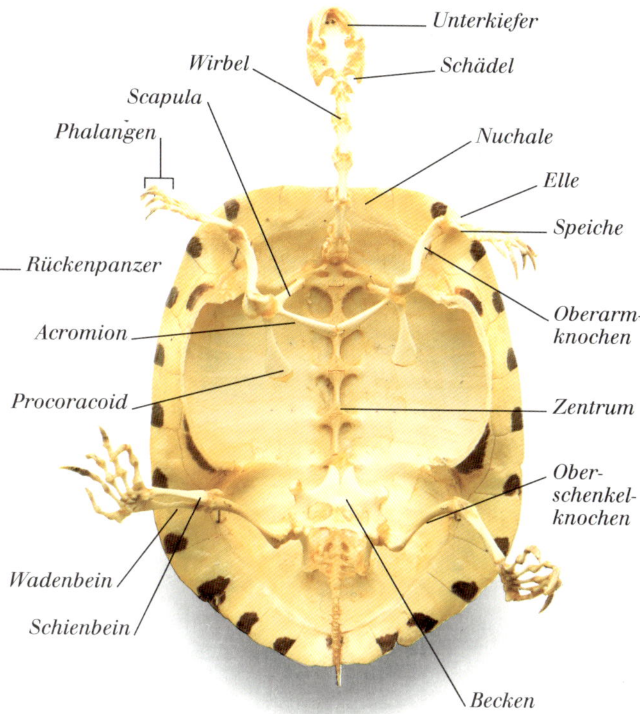

Anatomie einer weiblichen Schildkröte

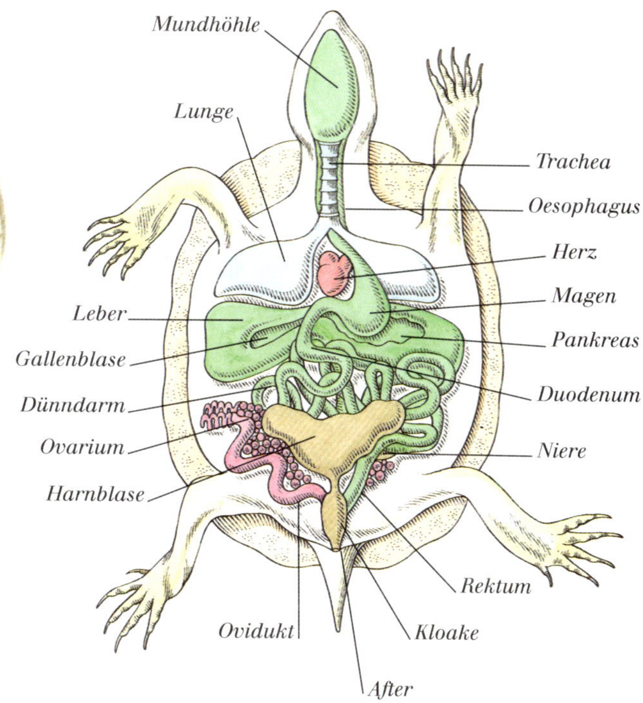

Vögel 1

Die Klasse der Vögel umfaßt mehr als 9000 Arten, die mit Ausnahme der Pinguine, Strauße, Nandus, Kasuare und anderer alle fliegen können. Die Fähigkeit des Fliegens spiegelt sich auch im Körperbau wider: Die Vorderextremitäten sind zu Flügeln umgebildet, der Körper ist stromlinienförmig, die Knochen sind pneumatisiert (Gewichtsersparnis!). Die hartschaligen Eier werden meist von den Eltern ausgebrütet. In Abhängigkeit von der Ernährung und der Lebensweise der Vögel variieren ihre Schnäbel und Füße von universell einsetzbaren Schnäbeln, die ein vielseitiges Nahrungsspektrum erschließen können (z.B. bei Drosseln), bis hin zu hochspezialisierten Schnabelformen (wie der große gebogene Siebschnabel der Flamingos). Die Variationsmöglichkeiten der Füße reichen von dem mit Schwimmhäuten versehenen „Paddel" der Enten bis hin zum krallenbewehrten Fuß der Raubvögel. Auch das Gefieder ist sehr unterschiedlich, wobei das Männchen oft auffallender gefärbt ist als das Weibchen.

Äussere Merkmale eines Vogels

Unterschiedliche Vogeltypen

Männliche Reiherente
(Aythya fuligula)

Weißstorch
(Ciconia ciconia)

Männlicher Strauß
(Struthio camelus)

Skelett eines Vogels

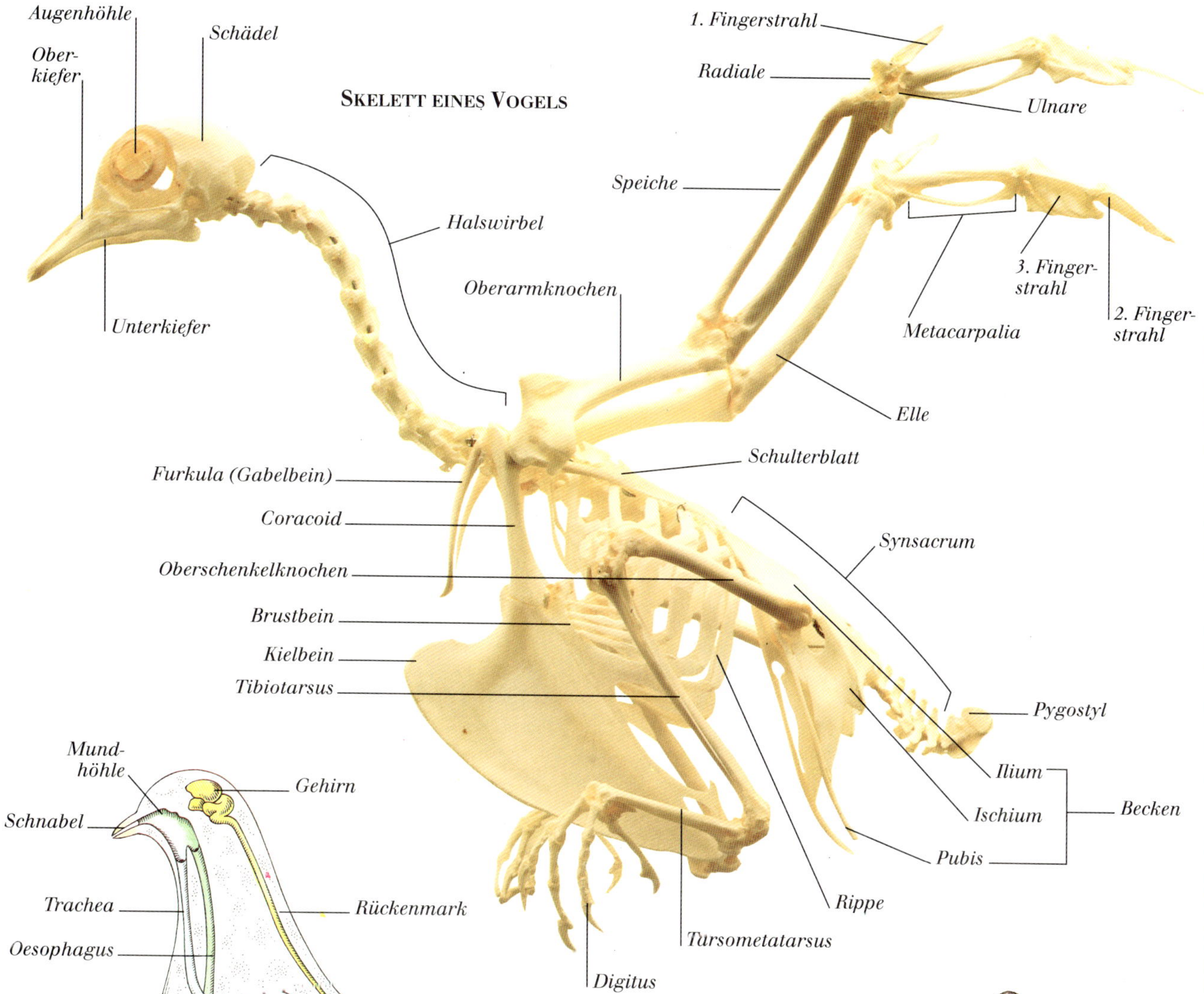

Anatomie eines Vogels

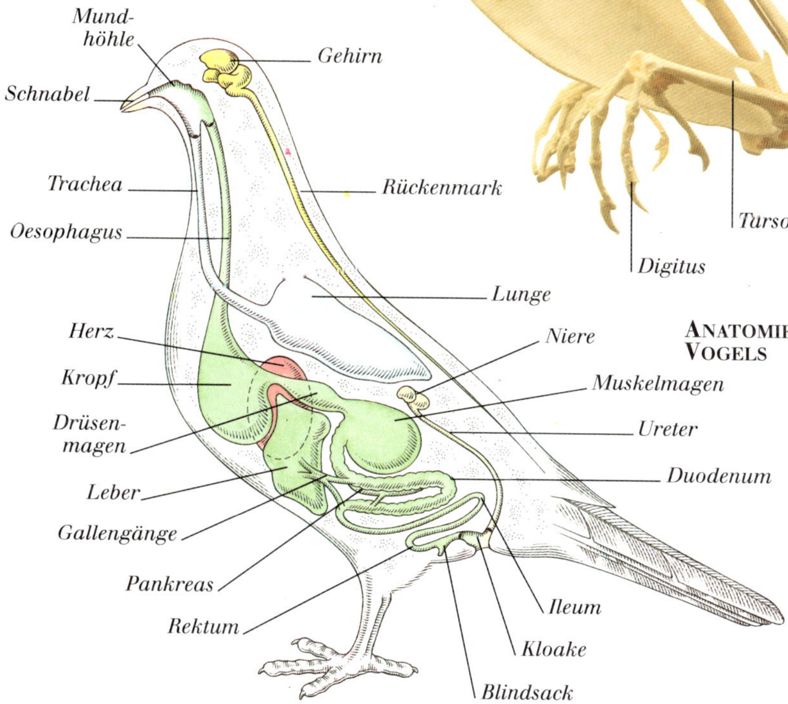

Turmfalke
(*Falco tinnunculus*)

Lachmöwe (*Larus ridibundus*)

Vögel 2

Beispiele für Vogelfüsse

Dreizehenmöwe
(*Rissa tridactyla*)
Die mit Schwimmhäuten besetzten Füße sind an die paddelnde Fortbewegung im Wasser angepaßt.

Zwergtaucher
(*Tachybaptus ruficollis*)
Die gelappten, abgeflachten Füße sind an das Schwimmen unter Wasser angepaßt.

Waldkauz
(*Strix aluco*)
Die Krallen dienen zum Ergreifen der Beute.

Beispiele für Vogelschnäbel

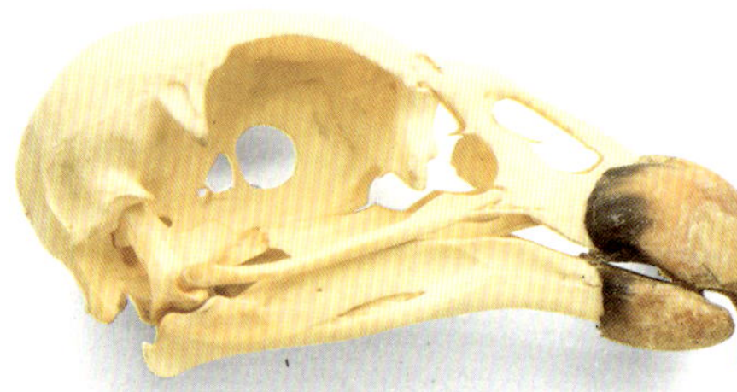

Königsgeier
(*Sarcorhamphus papa*)
Der gebogene Schnabel ist eine Anpassung an das Abreißen von Fleischstücken.

Flamingo
(*Phoenicopterus ruber*)
In dem langen, gebogenen Schnabel befindet sich ein knorpeliges „Sieb“ zum Herausfiltern feiner Nahrungspartikel aus dem Wasser.

Misteldrossel
(*Turdus viscivorus*)
Dieser „Allzweck“-Schnabel kann sowohl pflanzliche als auch tierische Nahrung aufnehmen.

Ararauna
(*Ara ararauna*)
Der breite, kräftige, gebogene Schnabel ist eine Anpassung an das Fressen von Samen und Früchten.

Knochen eines Vogelflügels

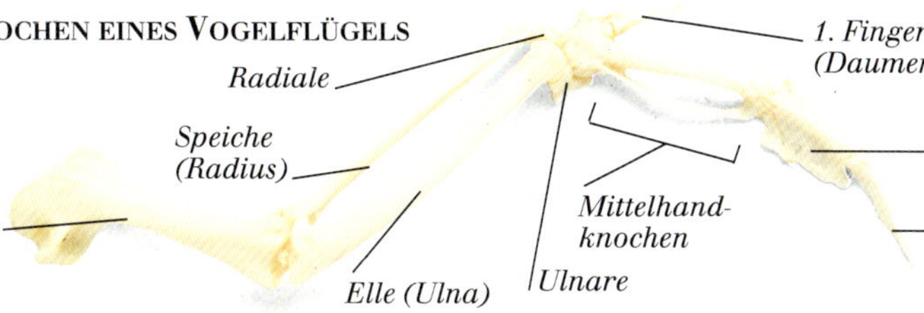

Federn eines Vogelflügels

Aufbau einer Vogelfeder

Eier

Das Ei stellt eine einzelne weibliche Fortpflanzungszelle dar, die die Fähigkeit zur Bildung eines neuen Individuums besitzt. Die Entwicklung erfolgt innerhalb des mütterlichen Körpers oder außerhalb, was eine schützende Eihülle (Schale) erfordert. Der heranwachsende Embryo ernährt sich von dem Dottermaterial. Eier, die sich im Muttertier entwickeln, haben gewöhnlich wenig Dotter, da während der weiteren Embryonalentwicklung der mütterliche Körper die Ernährung übernimmt. Entwickeln sich die Eier außerhalb der Mutter, so ist dann wenig Dotter vorhanden, wenn die geschlüpften Jungtiere ein Larvalstadium (wie Raupen) durchlaufen und sich während ihrer Entwicklung zum erwachsenen Tier selbst ernähren. Die hartschaligen Eier von Vögeln und Reptilien sind dagegen so dotterreich, daß die Ernährung des Embryos bis zum Schlüpfen als lebensfähiges Jungtier gesichert ist.

Längsschnitt durch ein Hühnerei

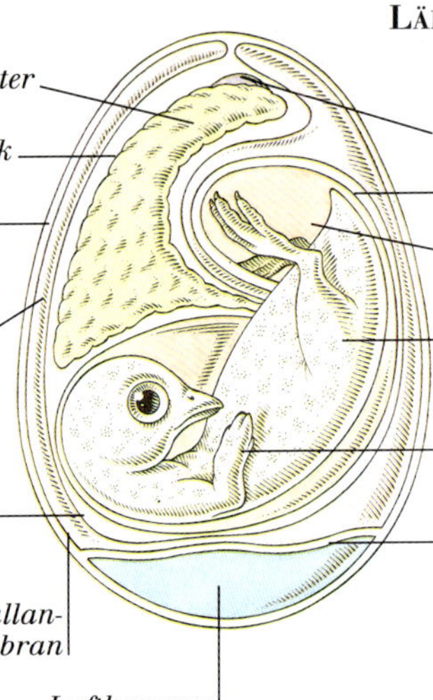

Unterschiedliche Eiformen

Eier der Gespenstheuschrecke

Eier der Riesenstabheuschrecke

Eier der Stabheuschrecke

Eier des Katzenhais

Froscheier (Laich)

Schlupf eines Wachtelkükens

Schlupfbeginn

Das Küken pickt die Schale auf

Auseinanderbrechendes Ei

Beispiele für Vogeleier

Mantelmöwe
(*Larus marinus*)

Hummelkolibri
(*Calypte helenae*)

Strauß
(*Struthio camelus*)

Baltimore-Trupial
(*Icterus galbula*)

Moorschneehuhn
(*Lagopus lagopus*)

Flußseeschwalbe
(*Sterna hirundo*)

Rabenkrähe
(*Corvus corone*)

Buchfink
(*Fringilla coelebs*)

Schlupf aus dem Ei

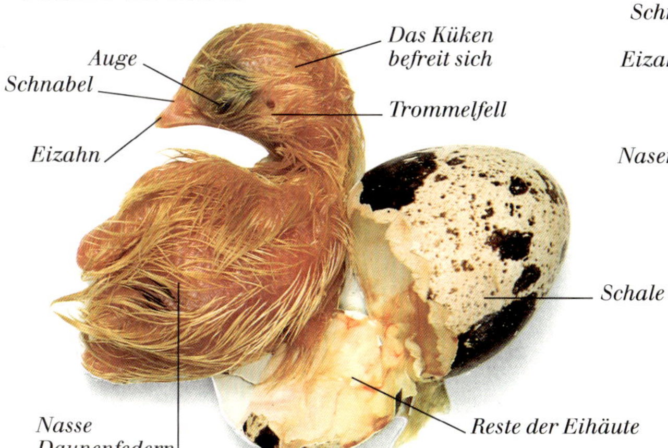

Frisch geschlüpftes Küken

Raubtiere

Die Säugetierordnung Carnivora (Raubtiere) umfaßt katzen-, marder- und hundeartige Raubtiere, Schleichkatzen, Hyänen, Großbären und Kleinbären. Wie der Ordnungsname besagt, ist die Mehrzahl dieser Tiere fleischfressend (carnivor). Ihre meist jagende Lebensweise kommt in den typischen Raubtiermerkmalen zum Ausdruck: Schnelligkeit und Behendigkeit, scharfe Krallen und gutentwickelte Eckzähne zum Ergreifen und Töten der Beute, spezialisierte Backenzähne (Reißzähne bilden eine Brechschere zum Zerkleinern von Fleisch und Knochen), scharfes, räumliches Sehvermögen. Gleichwohl sind einige Vertreter – Bären, Dachse, Füchse – eher Gemischtköstler und wenige Arten, insbesondere Pandas, sogar reine Pflanzenfresser (Herbivore). Diese Tiere besitzen keine Brechscheren und bewegen sich allgemein langsamer als reine Fleischfresser.

Schädel eines Löwen

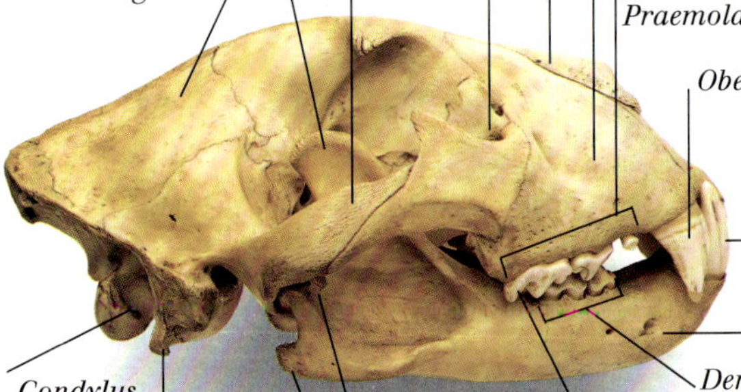

Schädel eines Bären

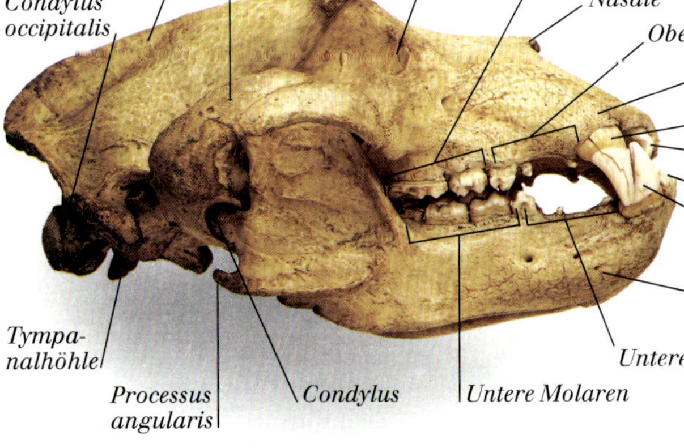

Äussere Merkmale eines Löwen

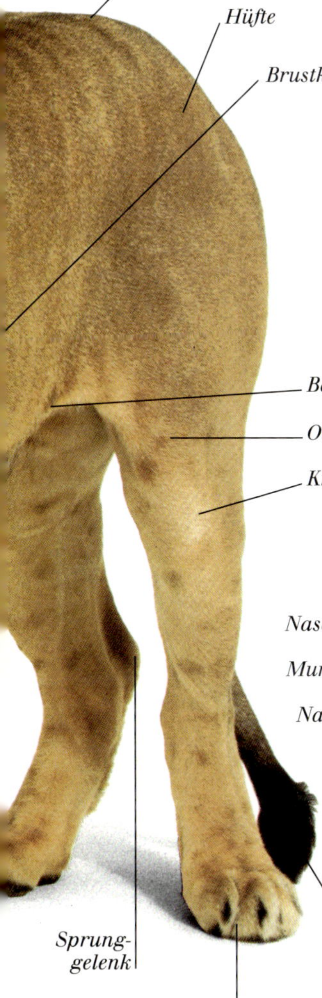

Beispiele für Raubtiere

Schäferhund
(*Canis familiaris*)

Mähnenwolf
(*Chrysocyon brachyurus*)

Waschbär
(*Procyon lotor*)

Amerikanischer Schwarzbär
(*Ursus americanus*)

Skelett einer Hauskatze

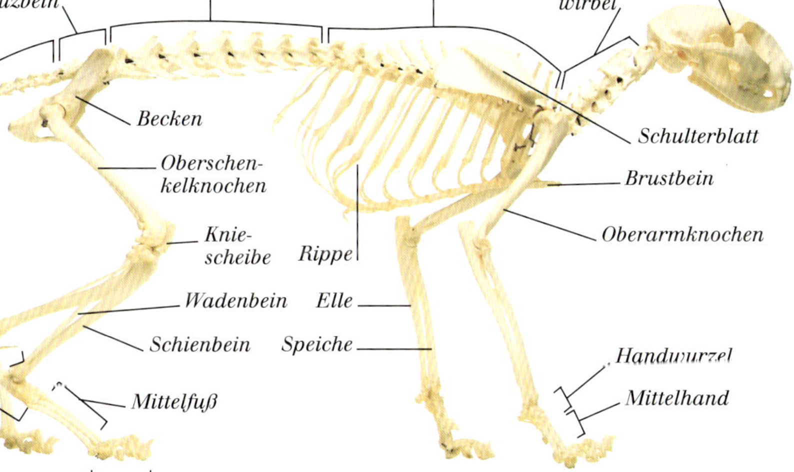

Anatomie einer männlichen Hauskatze

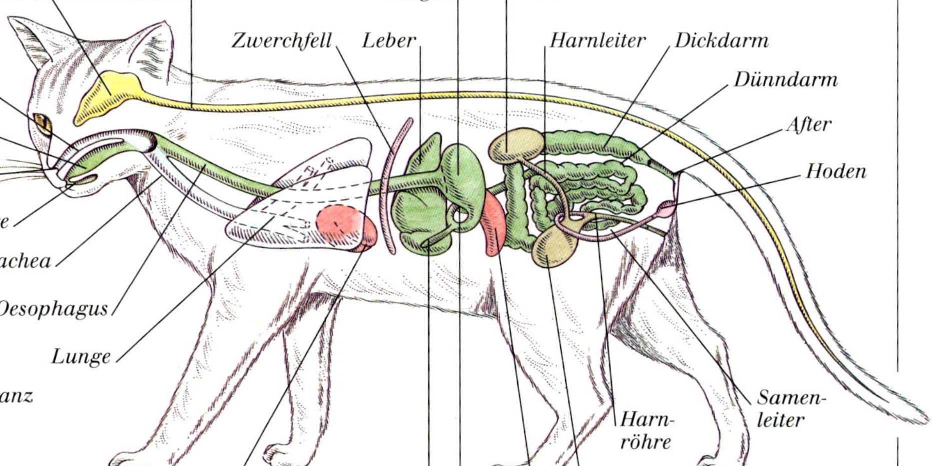

Hasen und Nagetiere

Obwohl Hasen und Nagetiere unterschiedlichen Säugetierordnungen angehören, besitzen sie doch einige Gemeinsamkeiten. Beide Gruppen haben meißelartige Schneidezähne (Nagezähne), die kontinuierlich nachwachsen. Der gesondert abgesetzte Blinddarmkot wird erneut aufgefressen, um die darin aufgeschlossenen Nährstoffe resorbieren zu können (Caecotrophie). Bei den zur Ordnung Lagomorpha gehörenden Hasen und Kaninchen befinden sich vier Nagezähne im Oberkiefer und zwei im Unterkiefer. Weitere Charakteristika dieser Gruppe sind lange Ohren, ein kurzer Schwanz, kräftige Hinterbeine für die springende Fortbewegung und Vorderbeine, die an das Graben angepaßt sind. Die Nagetiere (Ordnung Rodentia) bilden mit über 1700 Arten die größte Säugetierordnung. Bekannte Vertreter sind Eichhörnchen, Biber, Meerschweinchen, Mäuse, Ratten, Lemminge, Stachelschweine und das Wasserschwein. Im Ober- und Unterkiefer stehen je zwei Nagezähne, die kleineren Vorderextremitäten sind oft sehr beweglich. In Backentaschen kann Nahrung gesammelt werden.

Äussere Merkmale einer Ratte

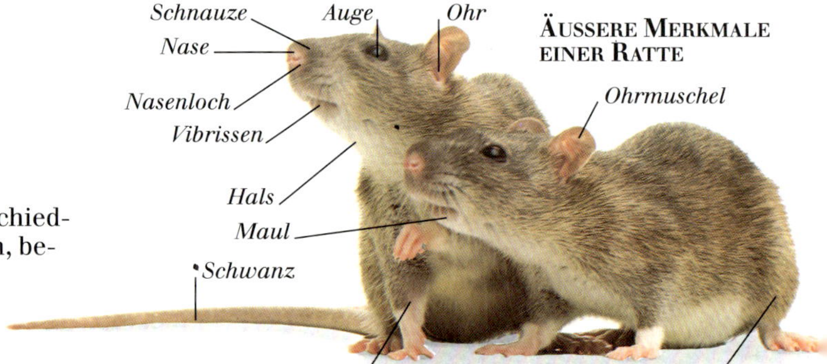

Äussere Merkmale eines Kaninchens

Anatomie eines männlichen Kaninchens

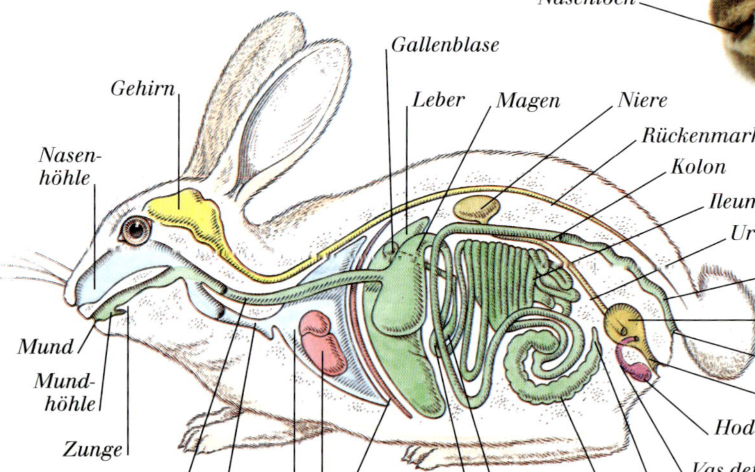

Skelett eines Hasen

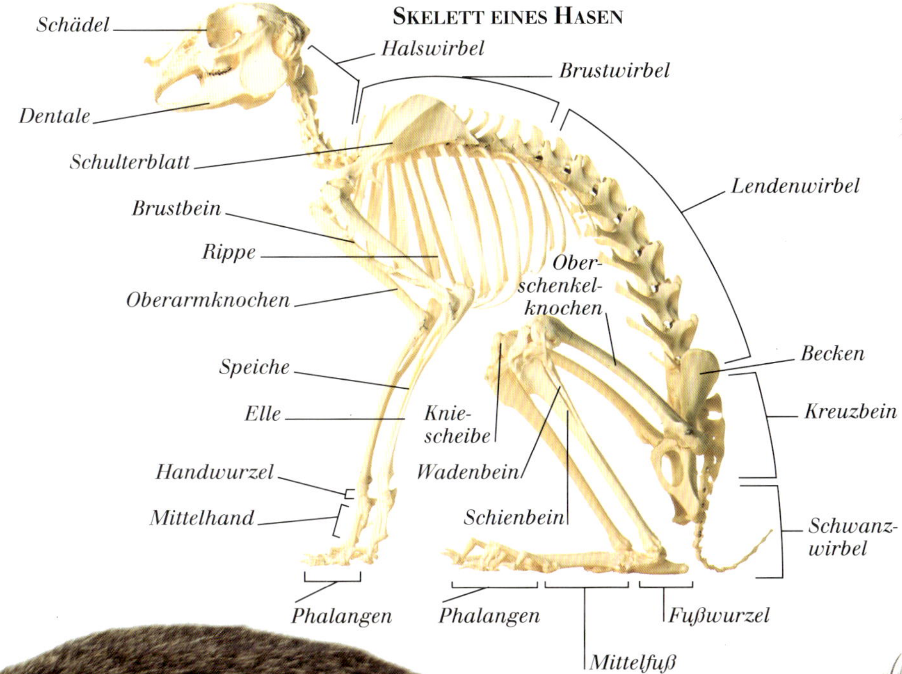

Beispiele für Nagetiere

Grauhörnchen
(*Sciuris carolinensis*)

Viscacha
(*Lagostomus maximus*)

Stachelschwein
(*Hystrix africaeaustralis*)

Kanadischer Biber
(*Castor canadensis*)

Wasserschwein
(*Hydrochoerus hydrochaeris*)

Huftiere

Unter dem allgemeinen Begriff Huftiere (Ungulaten) werden zwei verschiedene Ordnungen der Säugetiere zusammengefaßt, die sich durch die Anzahl der Zehen unterscheiden. Unpaarzehige Huftiere (Ordnung Perissodactyla) besitzen entweder eine Zehe (Pferde, Esel, Zebras) oder drei Zehen (Nashörner und Tapire). Paarzehige Huftiere (Ordnung Artiodactyla) haben zwei oder vier Zehen. Die meisten Paarzeher besitzen zwei Zehen, die an ihren Endgliedern (dem Hufbein) jeweils einen Huf (Ungula) tragen und somit den charakteristischen „gespaltenen Huf" bilden. Zu dieser Gruppe der Artiodactyla gehören Rinder, Schafe, Ziegen, Antilopen, Hirsche und Giraffen. Andere zweizehige Paarhufer sind die Kamele und Lamas. Fast alle zweizehigen Artiodactyla sind Wiederkäuer mit vierkammerigem Magen. Die Hauptvertreter der vierzehigen Paarhufer sind Schweine, Pekaris und Flußpferde.

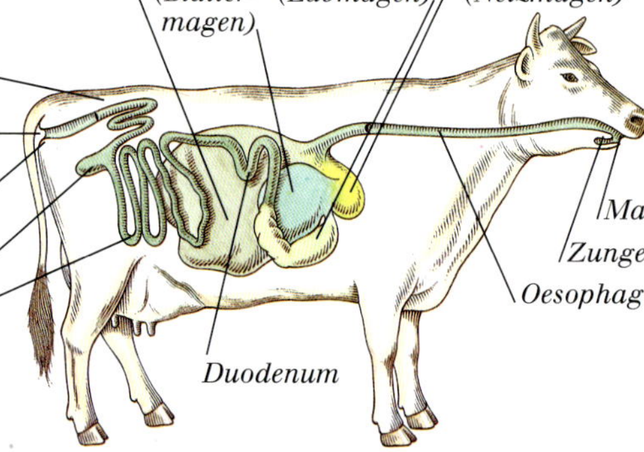

Verdauungssystem einer Kuh

Vergleich zwischen dem Vorderfuss eines Pferdes und dem einer Kuh

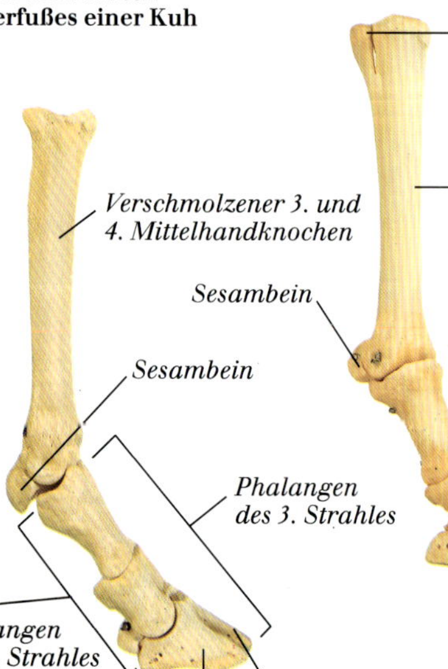

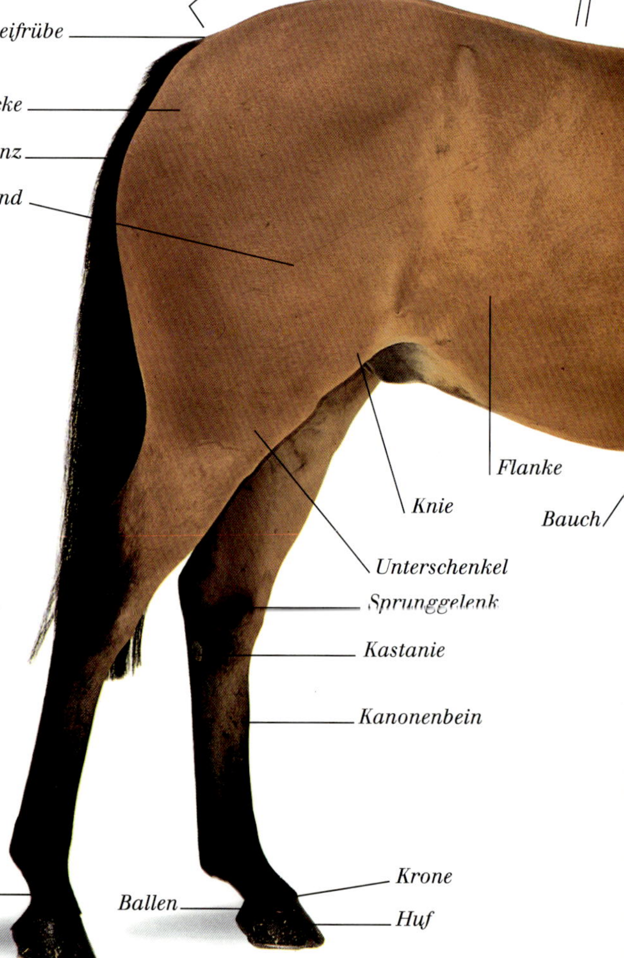

Beispiele für Huftiere

Rothirsch
(*Cervus elephas*)
Ein paarzehiges Huftier
(Ordnung Artiodactyla)

Kamel
(*Camelus ferus*)
Ein paarzehiges Huftier
(Ordnung Artiodactyla)

Giraffe
(*Giraffa camelopardalis*)
Ein paarzehiges Huftier
(Ordnung Artiodactyla)

Spitzmaulnashorn
(*Diceros bicornis*)
Ein unpaarzehiges Huftier
(Ordnung Perissodactyla)

Äussere Merkmale eines Pferdes

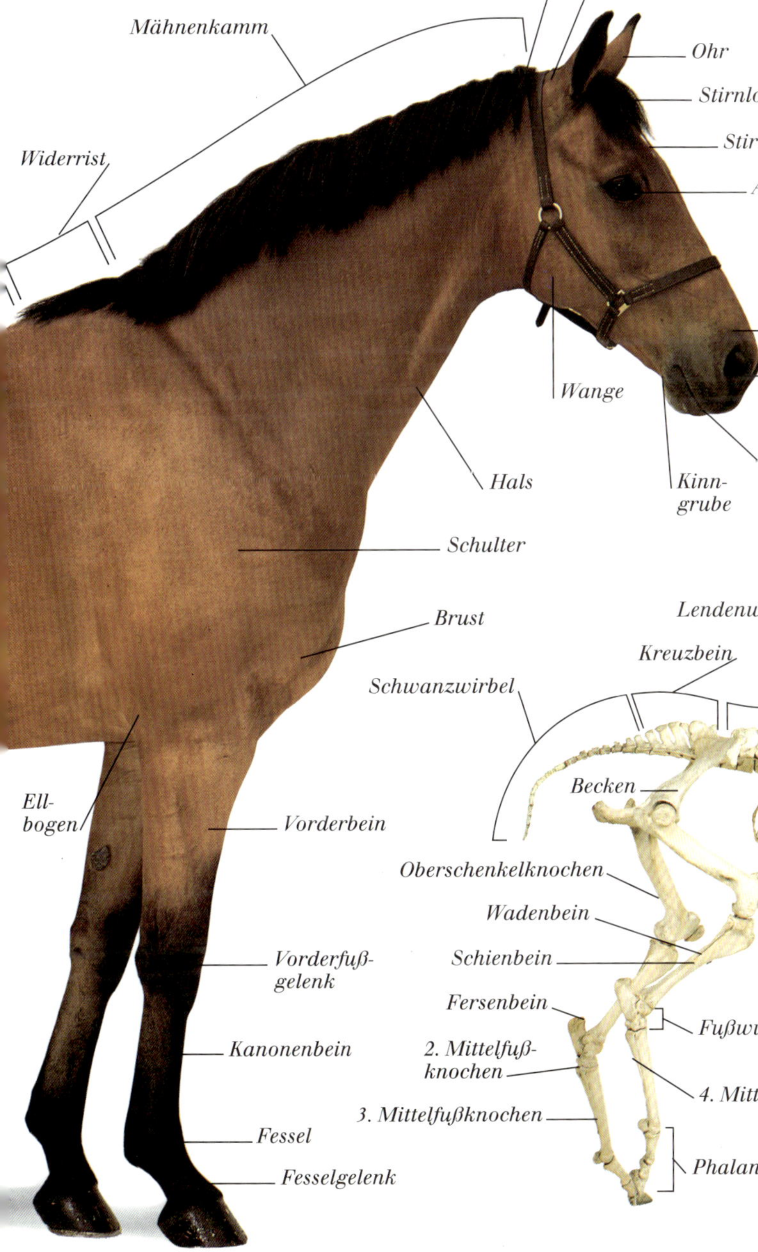

Skelett eines Pferdes

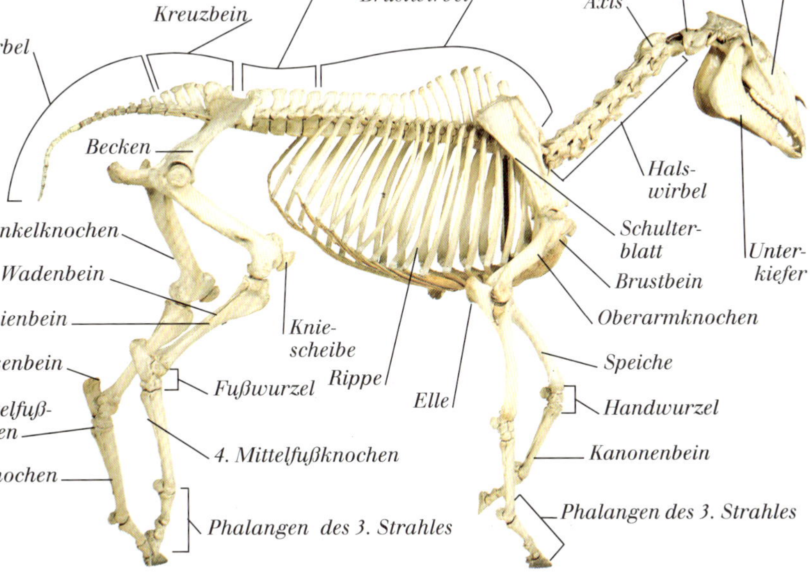

Leichte Pferde

Araber
Herkunft: Mittlerer Osten

Achal-Tekkiner
Herkunft: Turkmenistan

Kabardiner
Herkunft: Nördlicher Kaukasus

Shagya-Araber
Herkunft: Ungarn

Anglo-Araber
Herkunft: Großbritannien und Frankreich

Berber
Herkunft: Marokko

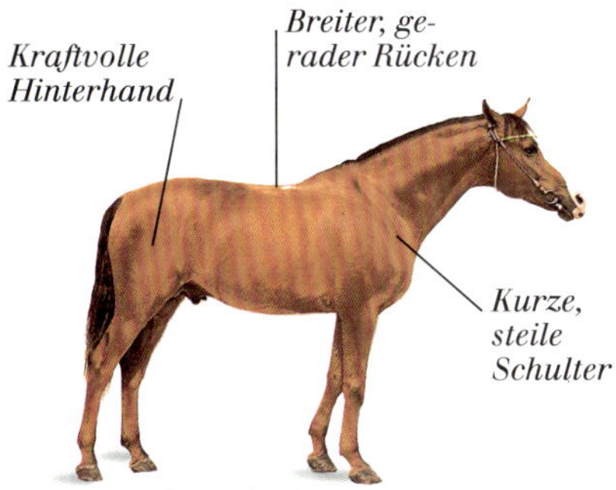

Donpferd
Herkunft: GUS

Trakehner
Herkunft: Ostpreußen

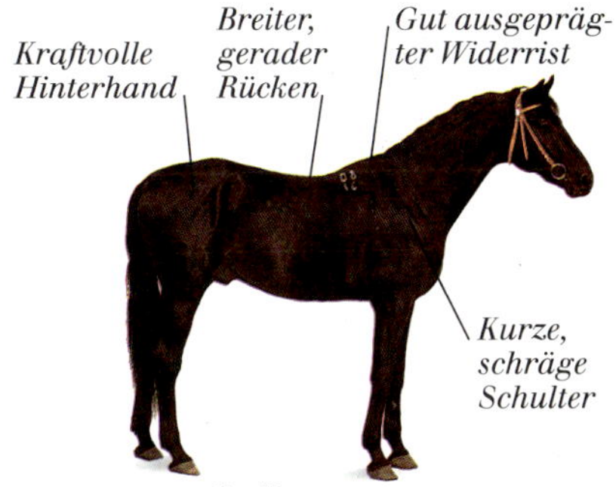

Budjonny
Herkunft: GUS

Tersker
Herkunft: Nördlicher Kaukasus

Nonius
Herkunft: Ungarn

Holländisches Warmblut
Herkunft: Niederlande

Französischer Traber
Herkunft: Frankreich

Selle Français
Herkunft: Frankreich

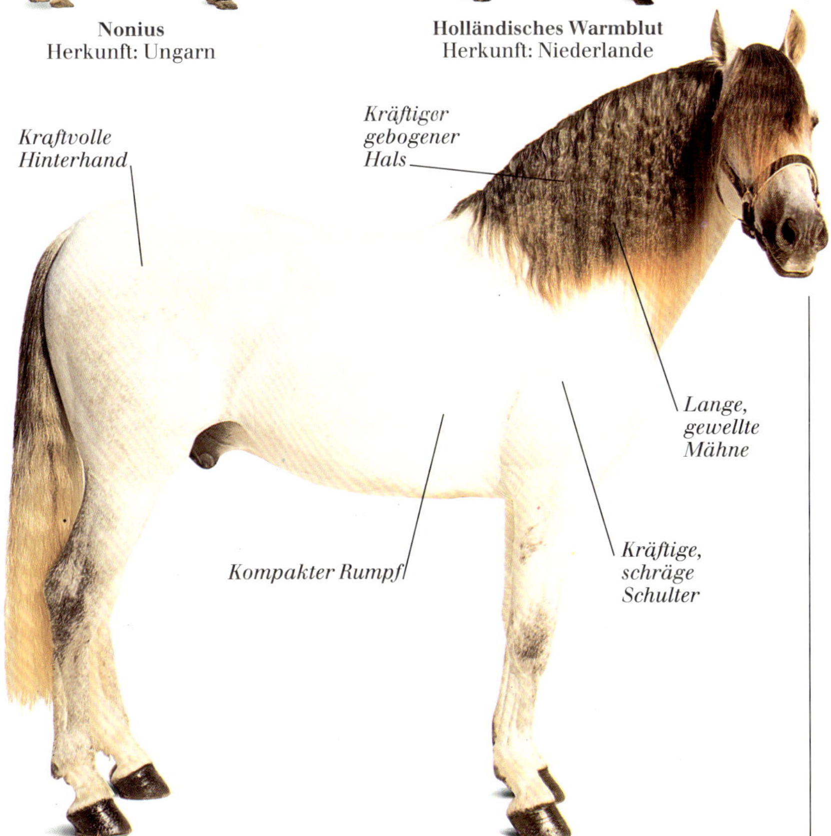

Andalusier (Pferd reiner spanischer Rasse)
Herkunft: Spanien

Schwere Pferde

Russisches Kaltblut
Herkunft: Ukraine

Wladimirer Kaltblut
Herkunft: GUS

Murakozer
Herkunft: Ungarn

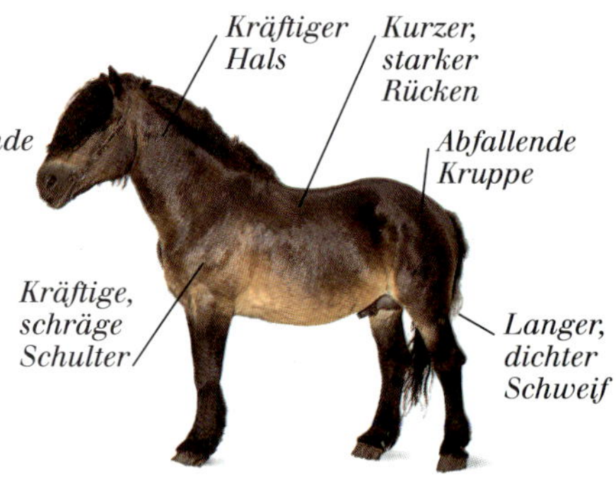

Nordschwedisches Pferd
Herkunft: Schweden

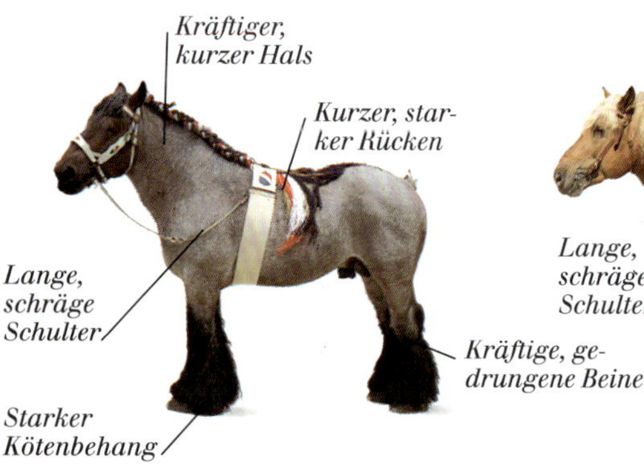

Niederländisches Kaltblut
Herkunft: Niederlande

Comtois
Herkunft: Frankreich

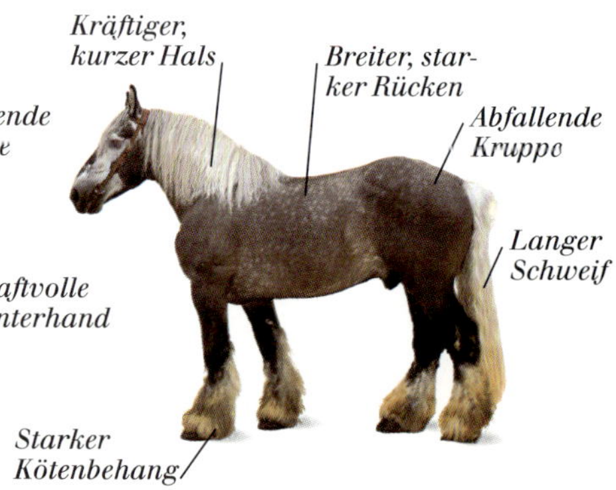

Potevin (Mulassier)
Herkunft: Frankreich

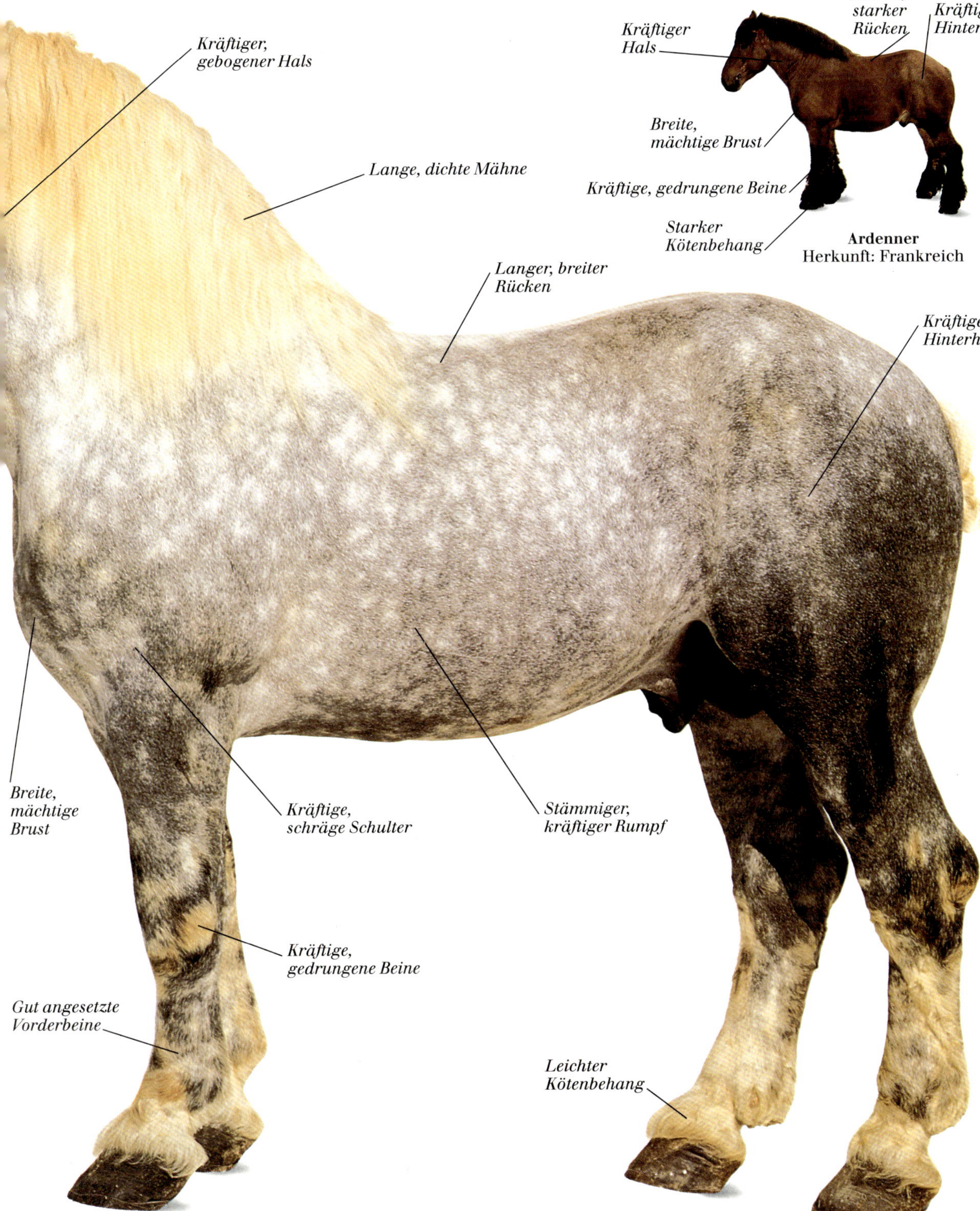

Percheron
Herkunft: Frankreich

Elefanten

Lediglich zwei Arten von Elefanten – der Afrikanische und der Asiatische – bilden die Säugetierordnung der Proboscidea (Rüsseltiere). Der Afrikanische Elefant ist das größte noch lebende Landtier: ein ausgewachsener Bulle wird bis zu 4 m hoch und bis zu 7 t schwer. Ein männlicher Asiatischer Elefant kann bis zu 3,30 m hoch und 5,4 t schwer werden. Das auffallendste Merkmal, der Elefantenrüssel (Proboscis), wird durch die Verlängerung von Nase und Oberlippe gebildet. Der Rüssel ist ein Greif- und Tastorgan. Weiterhin dient er zur Geruchswahrnehmung, zum Aufsaugen und Ausspritzen von Wasser und zur Erzeugung trompetender Laute. Die Stoßzähne werden zur Verteidigung und zum Umdrücken von Gebüsch und Bäumen eingesetzt. Hohe, säulenartige Beine und breite Füße tragen und stützen den massigen Körper. Mit den riesigen Ohrmuscheln kann sich der Elefant Kühlung verschaffen.

Unterschiede zwischen den Elefantenarten

Afrikanischer Elefant
(*Loxodonta africana*)

Asiatischer Elefant
(*Elephas maximus*)

Anatomie eines weiblichen Elefanten

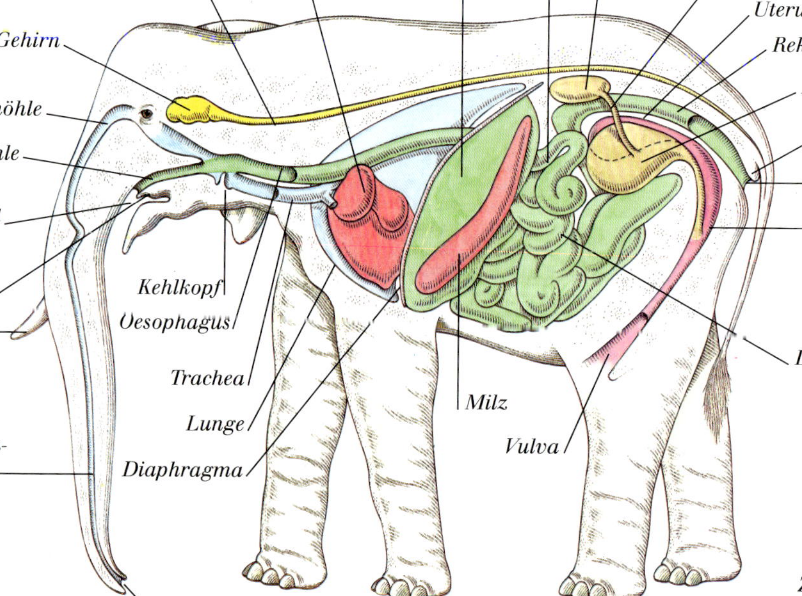

ÄUSSERE MERKMALE EINES WEIBLICHEN AFRIKANISCHEN ELEFANTEN (OHNE STOSSZÄHNE)

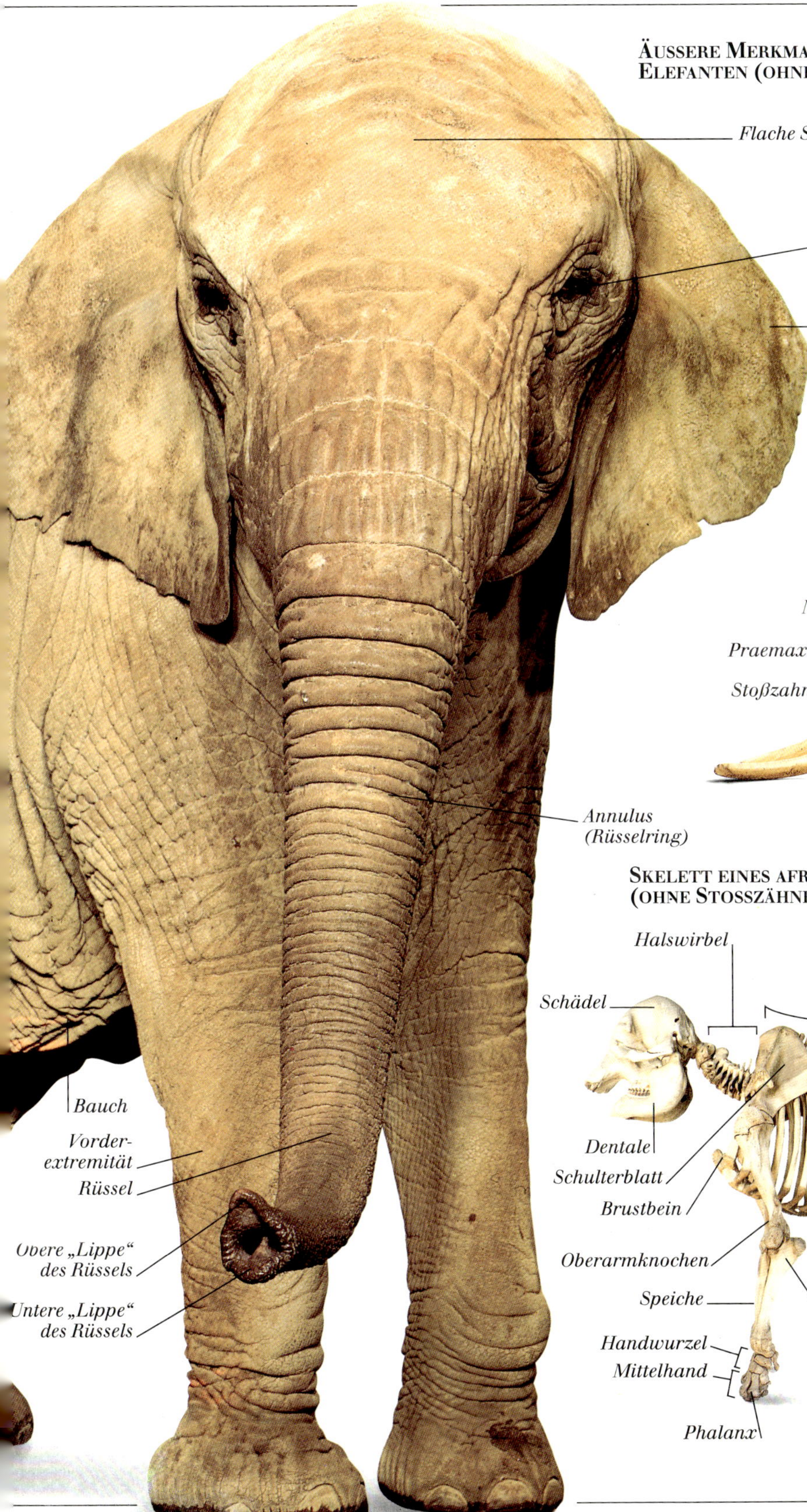

SCHÄDEL EINES ASIATISCHEN ELEFANTEN

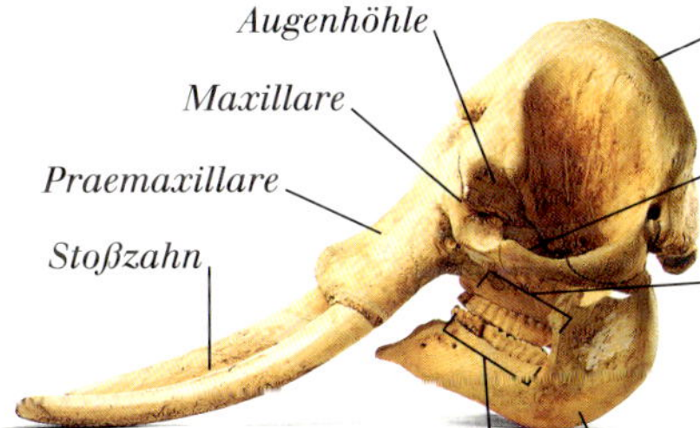

SKELETT EINES AFRIKANISCHEN ELEFANTEN (OHNE STOSSZÄHNE)

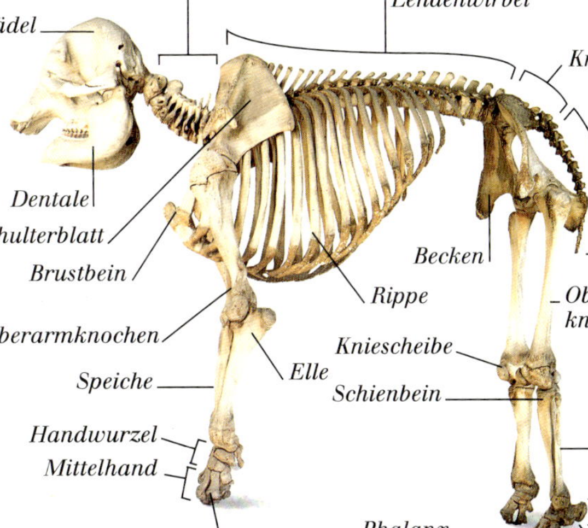

Primaten

Die Säugetierordnung Primates unterteilt sich in zwei Unterordnungen: die recht ursprünglichen Prosimii oder Halbaffen, vertreten durch Lemuren, Makis und Loris, sowie die höherentwickelten Anthropoidea (Affen). Die Anthropoidea werden wiederum in Neuweltaffen, Altweltaffen und Hominoidea unterteilt. Für die Neuweltaffen sind weit auseinanderstehende, seitwärts gerichtete Nasenlöcher und ein langer Schwanz, der bei einigen Arten auch als Greifschwanz ausgebildet ist, charakteristisch. Diese Gruppe der Affen lebt in Südamerika. Altweltaffen sind über Afrika und Asien verbreitet. Ihre Nasenlöcher stehen eng beisammen und sind nach vorn oder unten gerichtet; der Schwanz hat keine Greiffunktion. Typische Merkmale der Hominoidea sind das große Gehirn und der rückgebildete Schwanz. Zu dieser Gruppe gehören Gibbons, Menschenaffen (Schimpansen, Orang-Utans, Gorillas) und der Mensch.

ANATOMIE EINES WEIBLICHEN SCHIMPANSEN

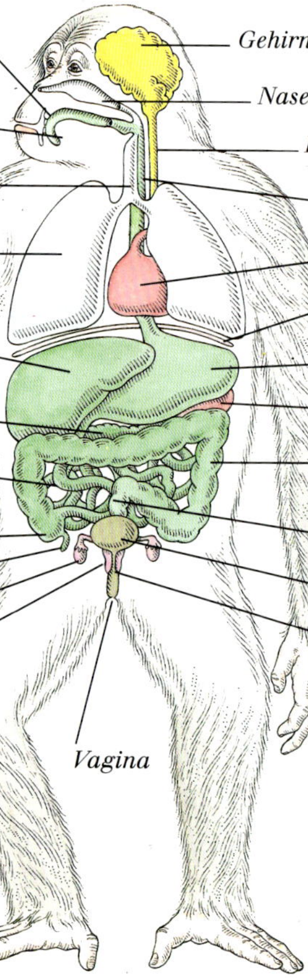

SKELETT EINES RHESUSAFFEN

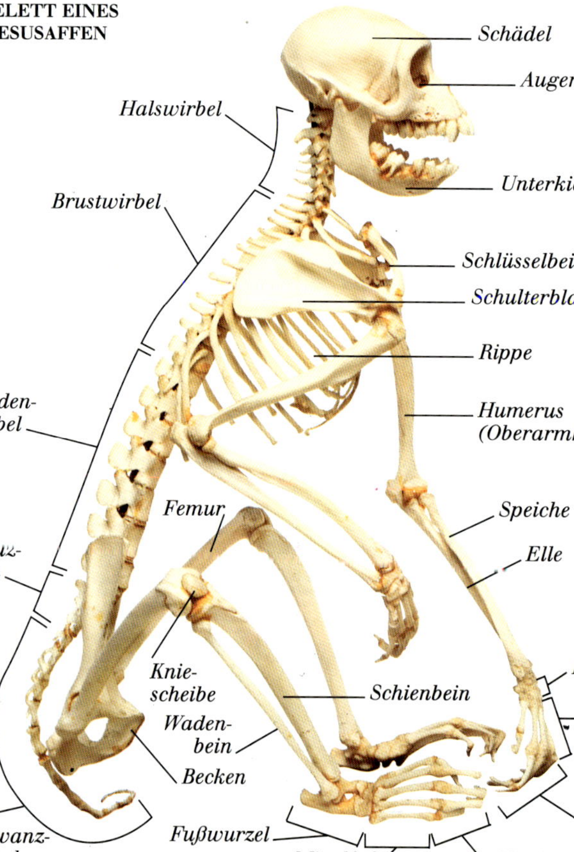

SCHÄDEL EINES SCHIMPANSEN

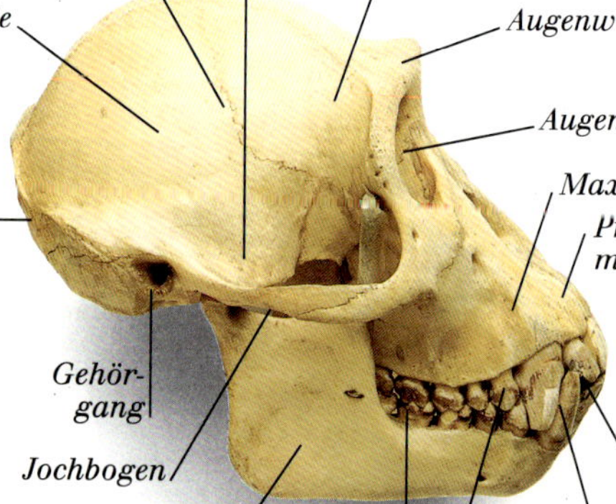

Beispiele für Primaten

Katta
(*Lemur catta*)
Halbaffe (Prosimii)

Roter Brüllaffe
(*Alouatta seniculus*)
Neuweltaffe

Mandrill
(*Mandrillus sphinx*)
Altweltaffe

Schimpanse
(*Pan troglodytes*)
Menschenaffe

Löwenäffchen
(*Leontopithecus rosalia*)
Neuweltaffe

Äussere Merkmale eines jungen Gorillas

Delphine, Wale und Robben

Wale und Robben gehören zwei verschiedenen Säugetierordnungen an, die an das Leben im Wasser angepaßt sind. Die Vertreter der Ordnung der Wale (Cetacea) zeichnen sich durch stromlinienförmige, fischähnliche Körper, ein vollkommen reduziertes Haarkleid und eine dicke Fettschicht unter der Haut aus. Die Vorderextremitäten sind kurz und flossenähnlich, die Hinterextremitäten fehlen äußerlich völlig. Der Schwanz ist zu einer breiten, horizontalen Flosse umgebildet. Innerhalb der Wale unterscheidet man Zahnwale (Pottwale, Weißwale, Delphine, Tümmler, Schwertwale, Narwale) und Bartenwale (Furchenwale, Glattwale, Grauwale). Der Blauwal, ein Furchenwal, ist das größte lebende Tier: ein erwachsener Wal wird bis zu 30 m lang und 140 t schwer. Robben (Hundsrobben wie Seehunde und See-Elefanten und Ohrenrobben wie Seelöwen und Walrosse) bilden die Ordnung Pinnipedia. Auch sie besitzen einen stromlinienförmigen Körper und eine dicke Fettschicht. Vorder- und Hinterextremitäten sind zu Flossen umgebildet.

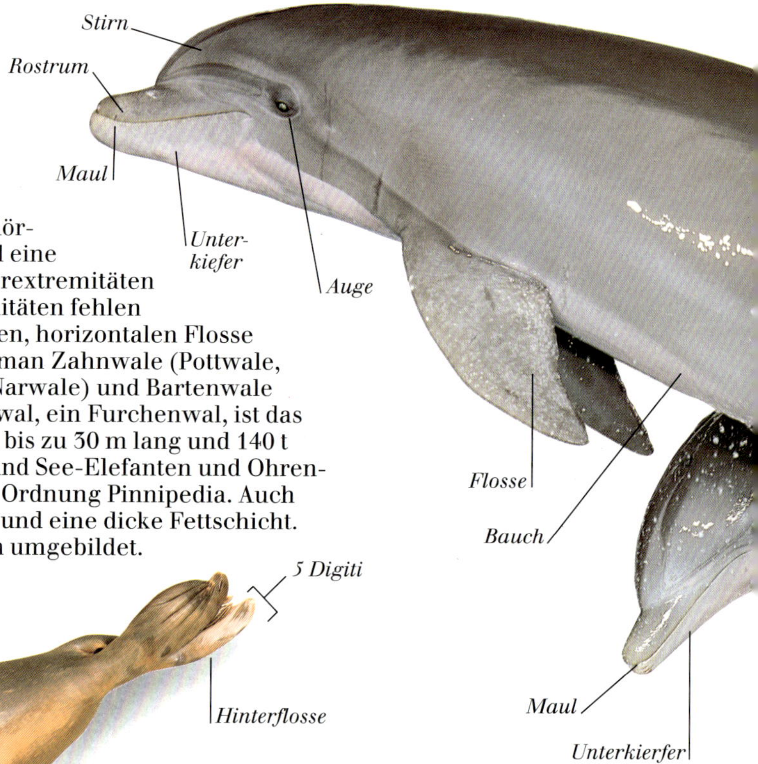

Äussere Merkmale einer Robbe (Seehund)

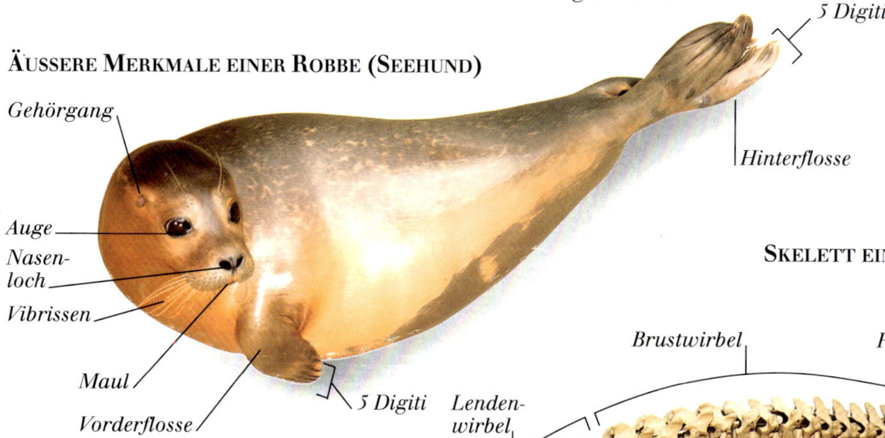

Skelett einer Robbe

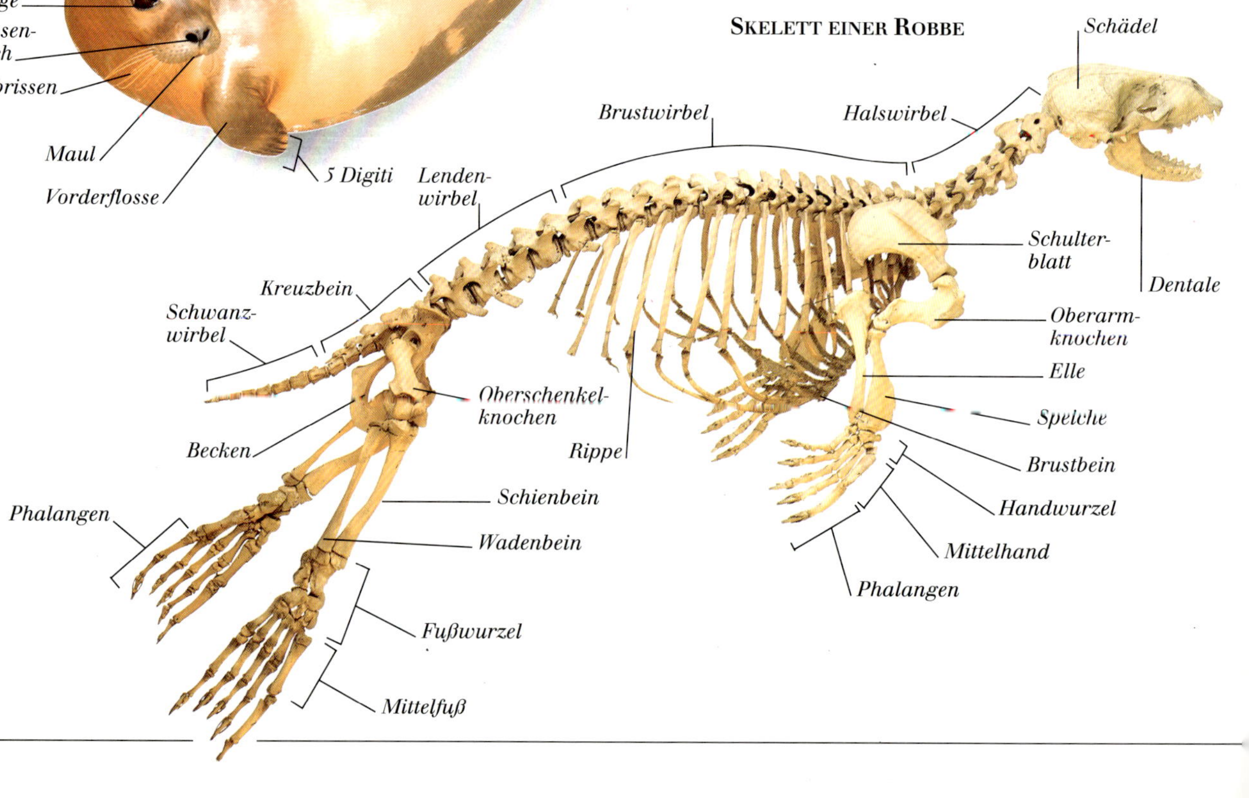

Äussere Merkmale eines Delphins

Beispiele für Wale

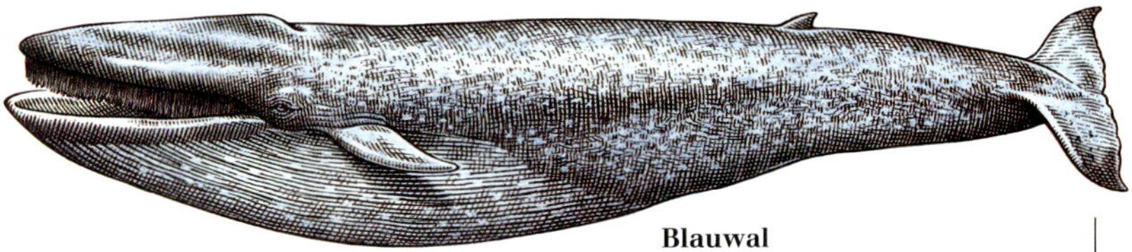

Blauwal
(*Balaenoptera musculus*)

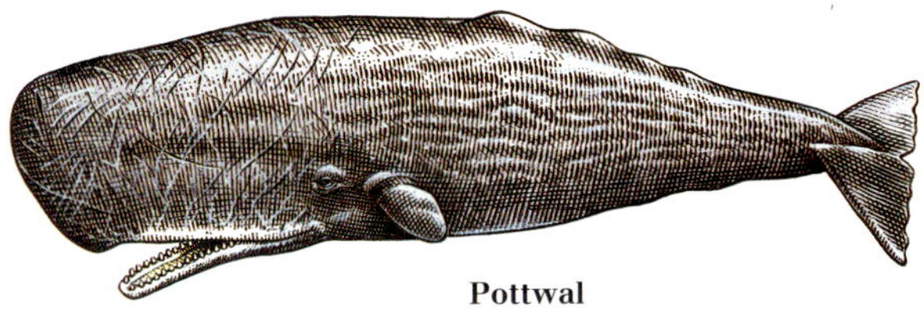

Pottwal
(*Physeter catodon*)

Bairds Schnabelwal
(*Berardius bairdi*)

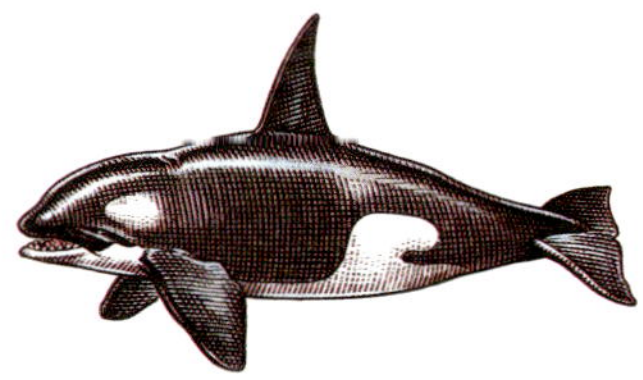

Männlicher Schwertwal
(*Orcinus orca*)

Männlicher Narwal
(*Monodon monoceros*)

Anatomie eines männlichen Delphins

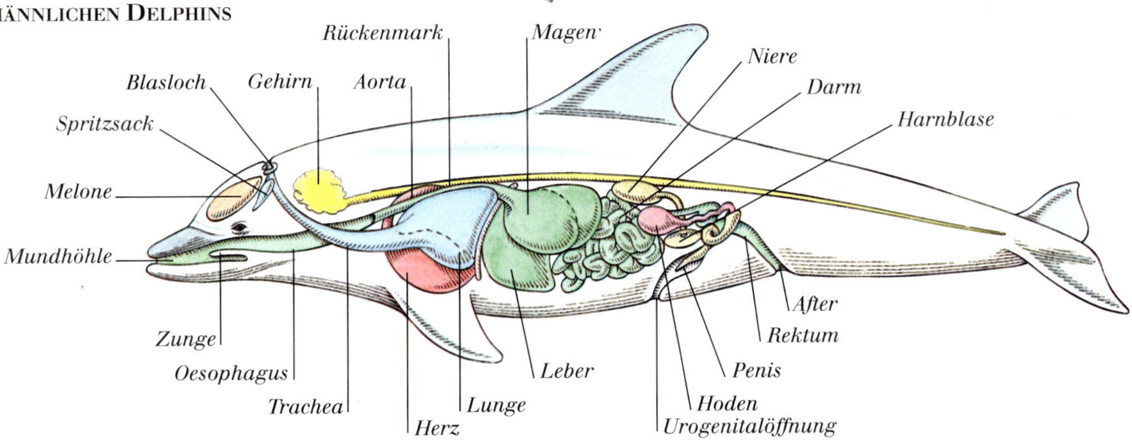

Beuteltiere und Kloakentiere

Beuteltiere und Kloakentiere unterscheiden sich in der Art der Entwicklung ihrer Jungen wesentlich von den anderen Säugern. Beuteltiere (Ordnung Marsupialia) gebären ihre Jungen in einem sehr frühen Entwicklungsstadium. Diese kriechen dann in den vorn am Bauch der Mutter sitzenden Beutel, wo sie sich an einer Zitze festsaugen und dort ihre weitere Entwicklung durchlaufen. Die meisten Beuteltiere leben in Australien; das Opossum (Beutelratte) ist auch auf dem amerikanischen Kontinent weit verbreitet. Von den Kloakentieren (Ordnung Monotremata) sind nur sehr wenige Arten (Schnabeltier, Ameisenigel) bekannt. Es handelt sich um recht ursprüngliche Säugetiere, die Eier legen und diese dann ausbrüten. Das Vorkommen der Kloakentiere ist auf Australien und Neuguinea beschränkt.

Skelett eines Kängurus

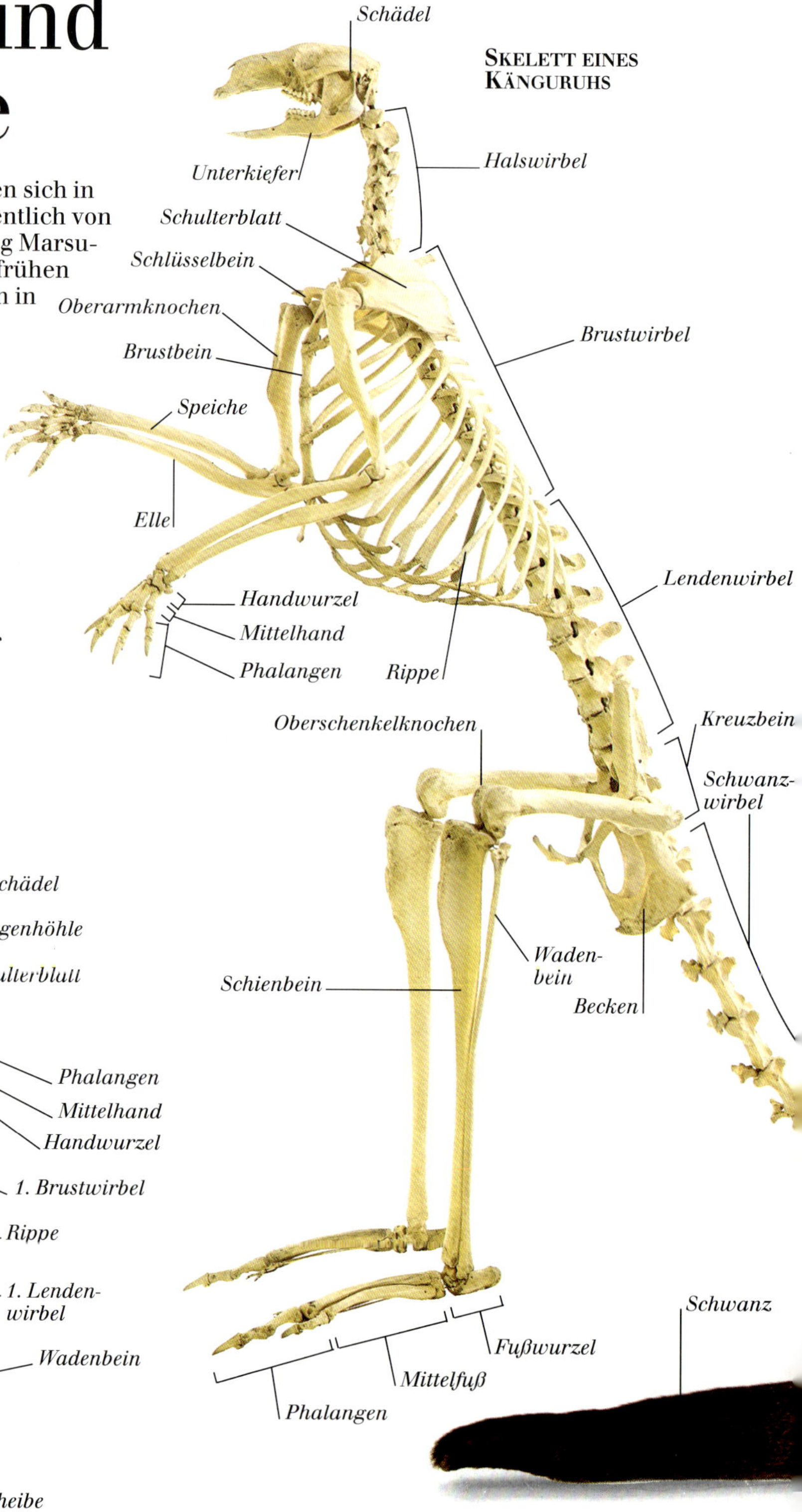

Skelett eines Schnabeltieres

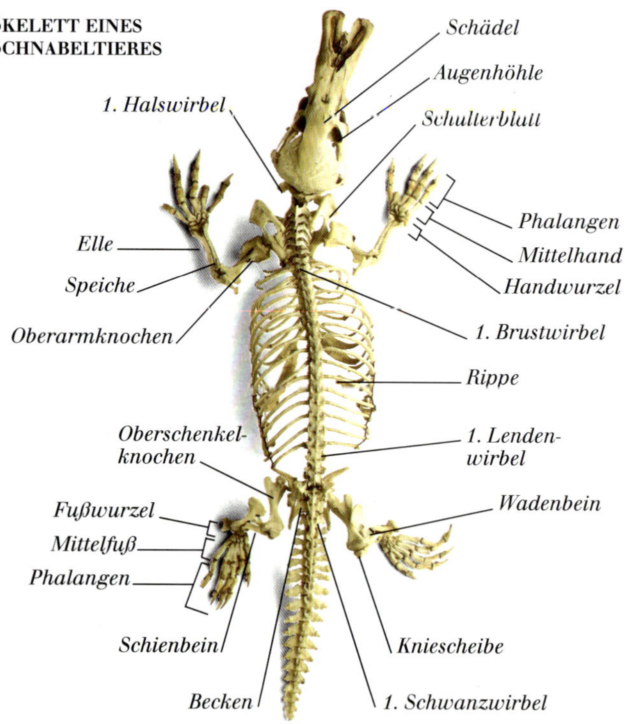

Beispiele für Beuteltiere und Kloakentiere

Koala
(*Phascolarctos cinereus*)
Beuteltier

Schnabeltier
(*Ornithorhynchus anatinus*)
Kloakentier

Tasmanischer Teufel
(*Sarcophilus harrisii*)
Beuteltier

Opossum
(*Didelphis virginiana*)
Beuteltier

Äussere Merkmale eines Känguruhs

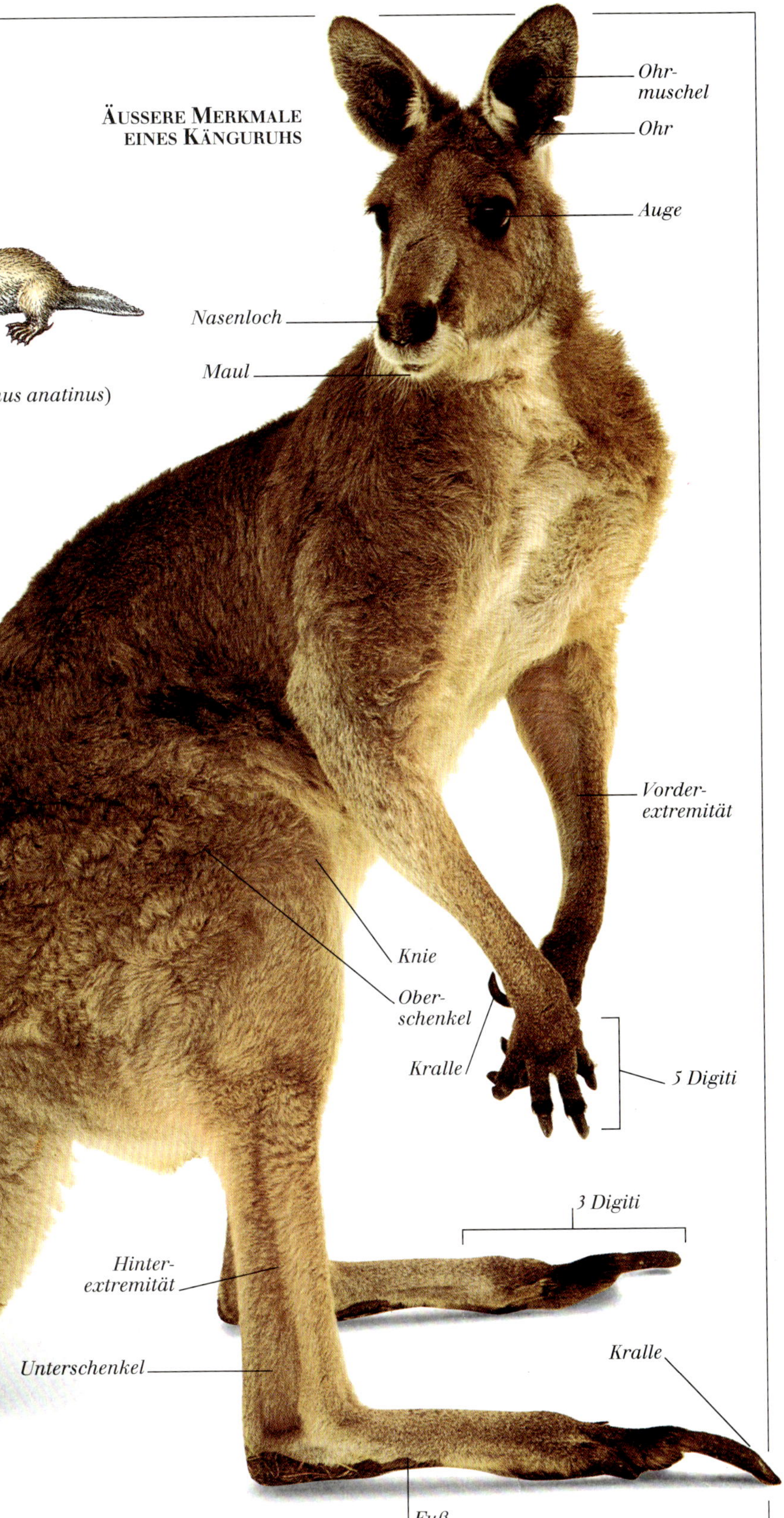

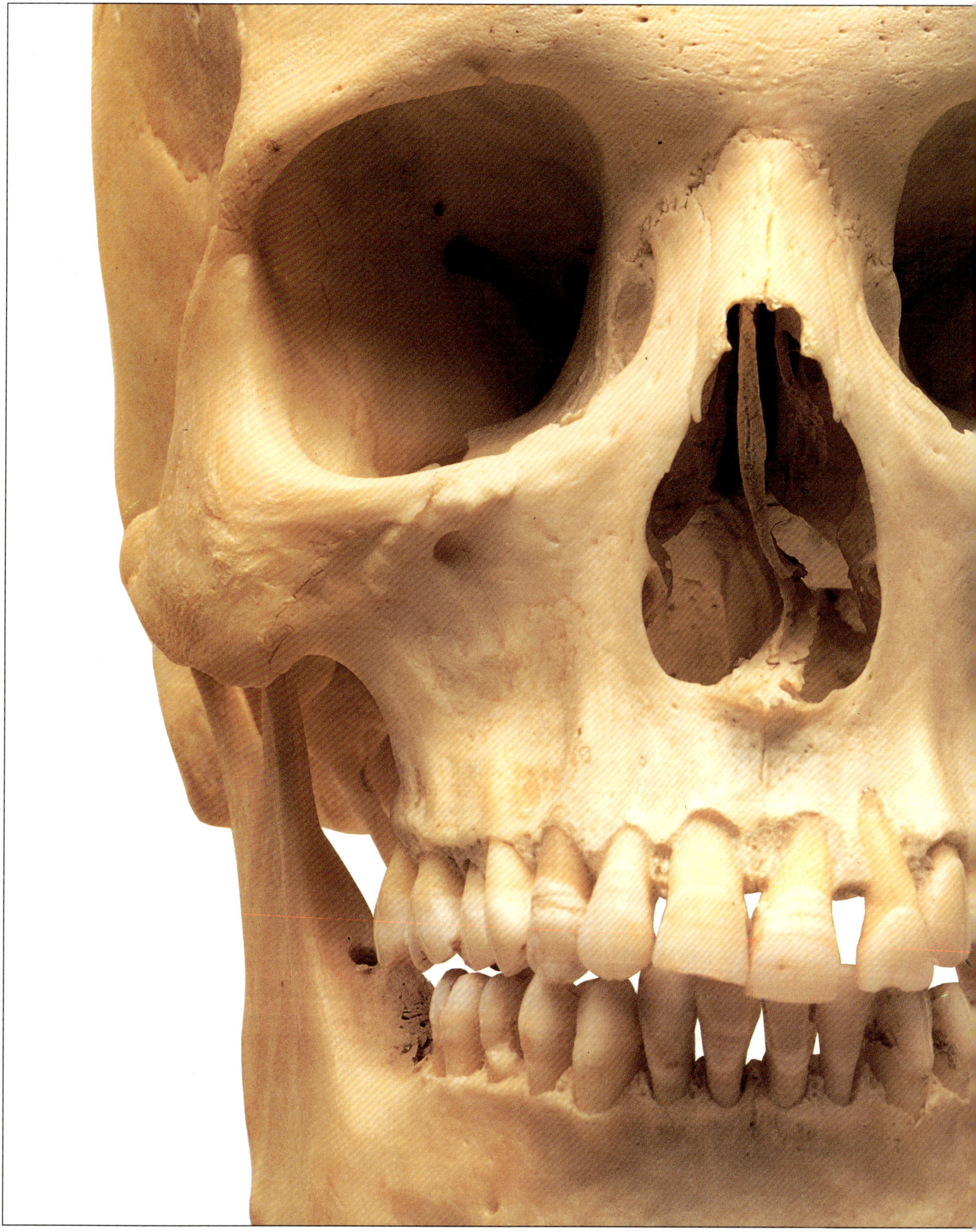

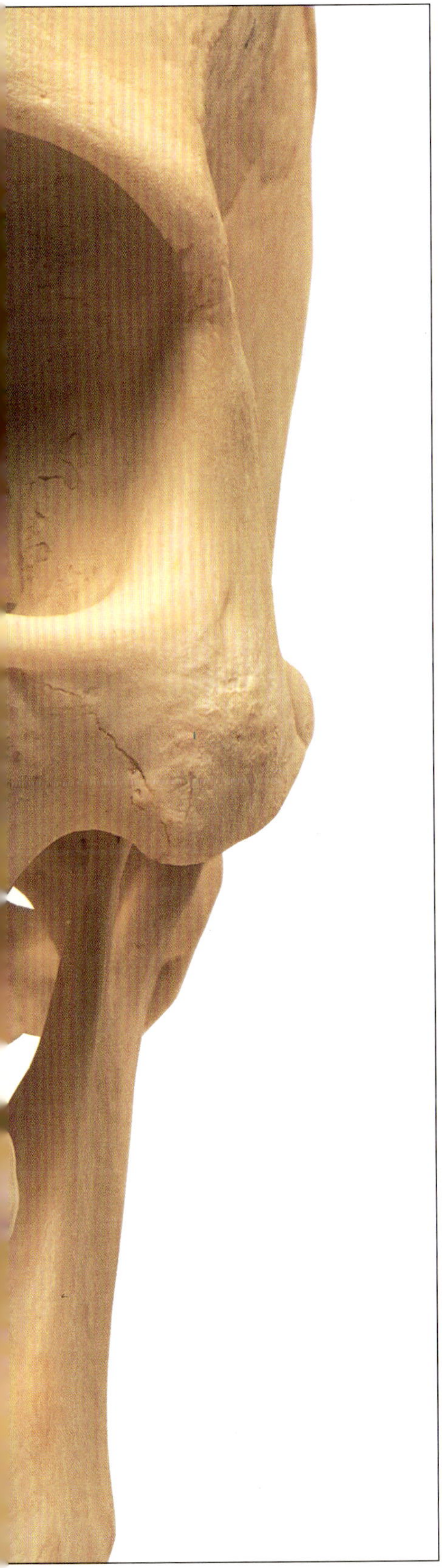

Der menschliche Körper

Der menschliche Körper 220
Der Kopf 222
Die Körperorgane 224
Die Körperzellen 226
Das Skelett 228
Der Schädel 230
Die Wirbelsäule 232
Knochen und Gelenke 234
Muskeln 1 236
Muskeln 2 238
Die Hand 240
Der Fuss 242
Haut und Haare 244
Das Gehirn 246
Das Nervensystem 248
Das Auge 250
Das Ohr 252
Nase, Mund und Rachen 254
Die Zähne 256
Das Verdauungssystem 258
Das Herz 260
Das Kreislaufsystem 262
Das Atmungssystem 264
Das Harnsystem 266
Das Fortpflanzungssystem 268
Die Entwicklung eines Babys 270

Der menschliche Körper

Im äußeren Erscheinungsbild gleicht kein Mensch genau dem anderen, doch die grundlegenden Merkmale des menschlichen Körpers sind bei allen gleich. Die äußere Form des Körpers ist abhängig vom Geschlecht, vom Alter, der Größe des Skeletts, der Form der Muskeln, der Stärke, der Fettschicht unter der Haut sowie der Elastizität der Haut. Männer sind im Durchschnitt größer als Frauen. Sie haben breitere Schultern, eine stärkere Körperbehaarung und eine andere Verteilung der Fettpolster als Frauen. Der weibliche Körper ist weniger muskulös. Das Becken einer Frau ist flacher und breiter gebaut und damit für die Geburt eines Kindes geeignet.

WEIBLICHE UND MÄNNLICHE RÜCKENANSICHT

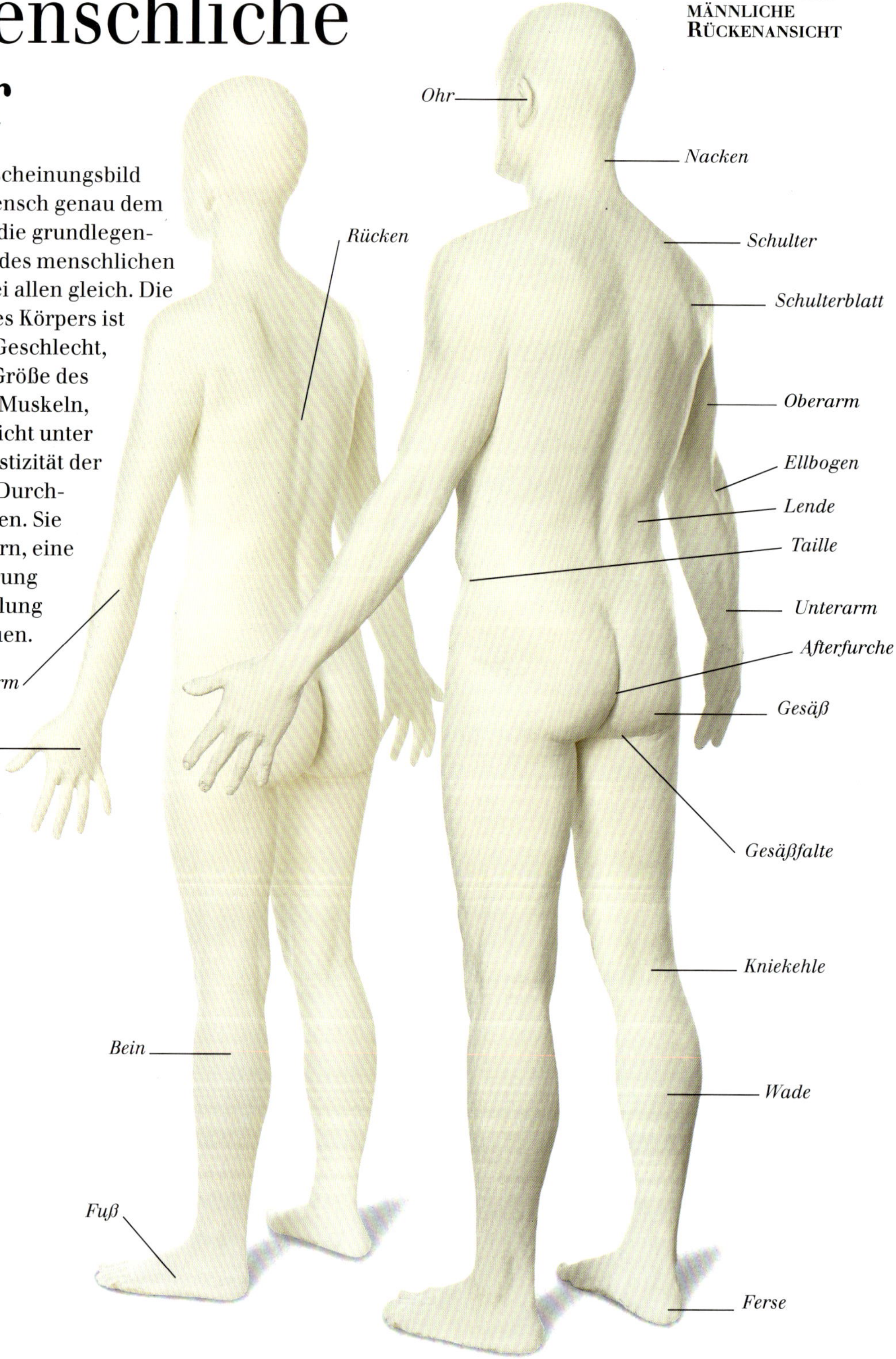

Männliche und weibliche Vorderansicht

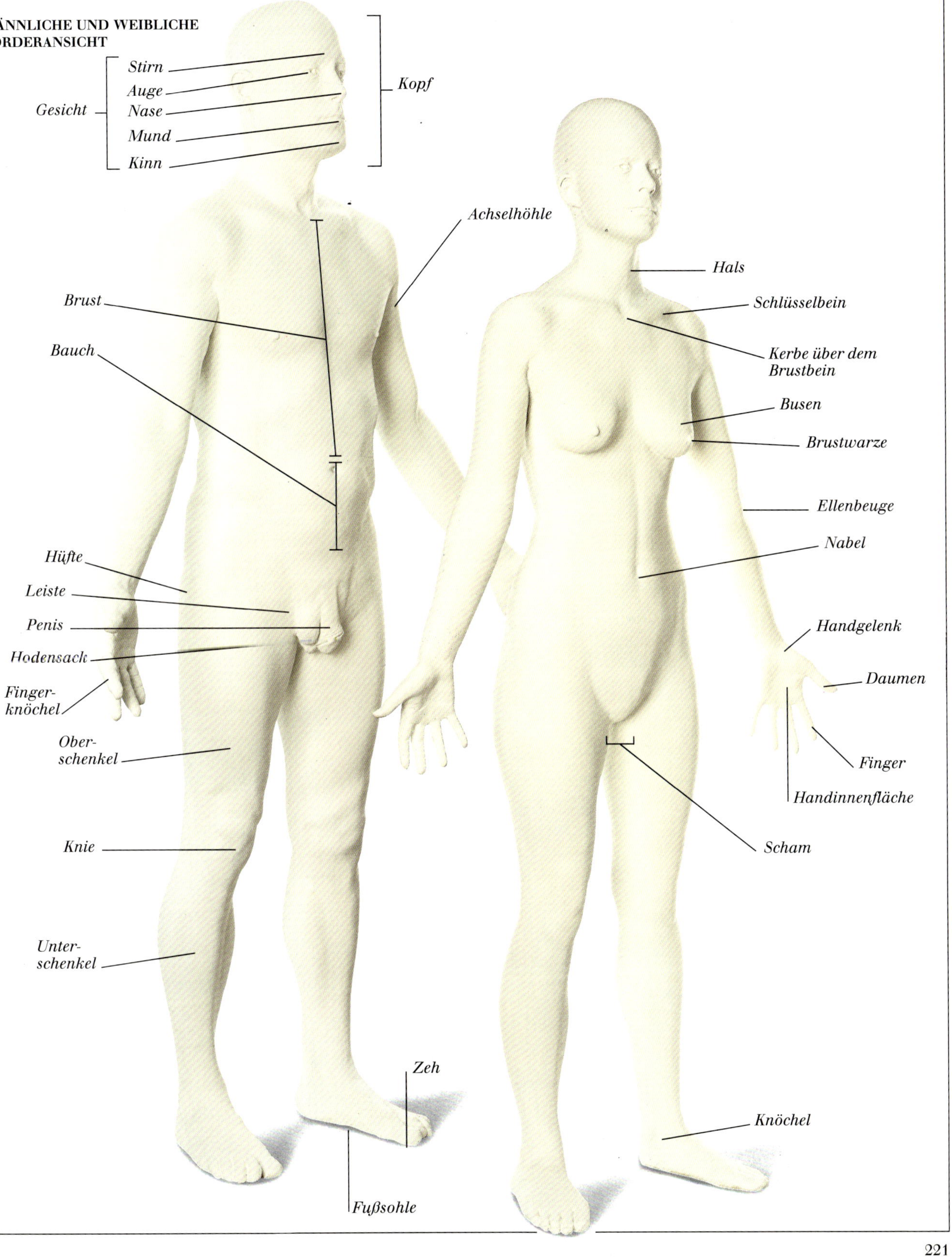

Der Kopf

Bei einem Neugeborenen nimmt der Kopf ein Viertel der gesamten Körperlänge ein; bei einem Erwachsenen reduziert sich dieses Verhältnis auf ein Achtel. Im Kopf sind die Hauptsinnesorgane des Menschen konzentriert: Augen, Ohren, Geruchsnerven – und die Geschmacksnerven der Zunge. Signale werden von diesen Organen zu dem großen Koordinationszentrum des Körpers, dem Gehirn, weitergeleitet. Dieses ist geschützt in den knöchernen Schädel gebettet. Die Haare auf dem Kopf schützen vor Wärmeverlust und gegen Kälte. Im Gesicht sind drei wichtige Öffnungen: zwei Nasenlöcher, durch die Luft eingesogen wird, und der Mund, mit dem man Nahrung aufnimmt und spricht und durch den man ein- und ausatmen kann. Obwohl alle Köpfe im Grundaufbau gleich sind, gibt es so viele individuelle Variationen wie Menschen.

Äussere Merkmale des Kopfes

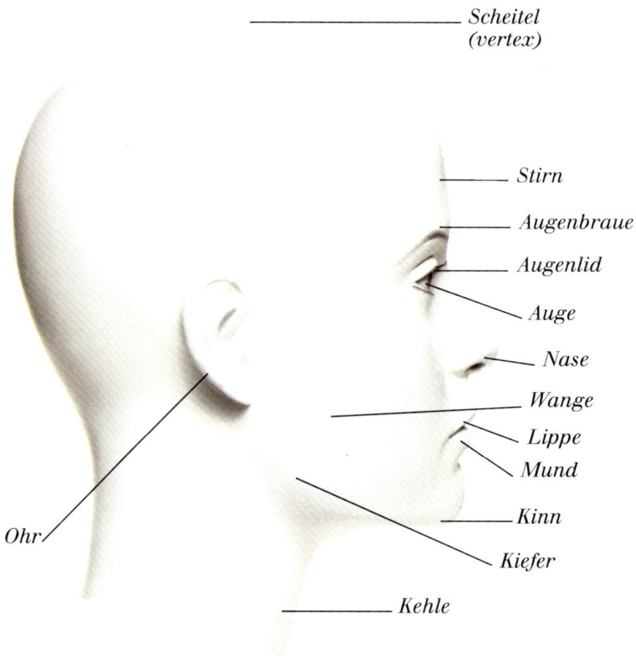

Schnittdarstellung eines Kopfes

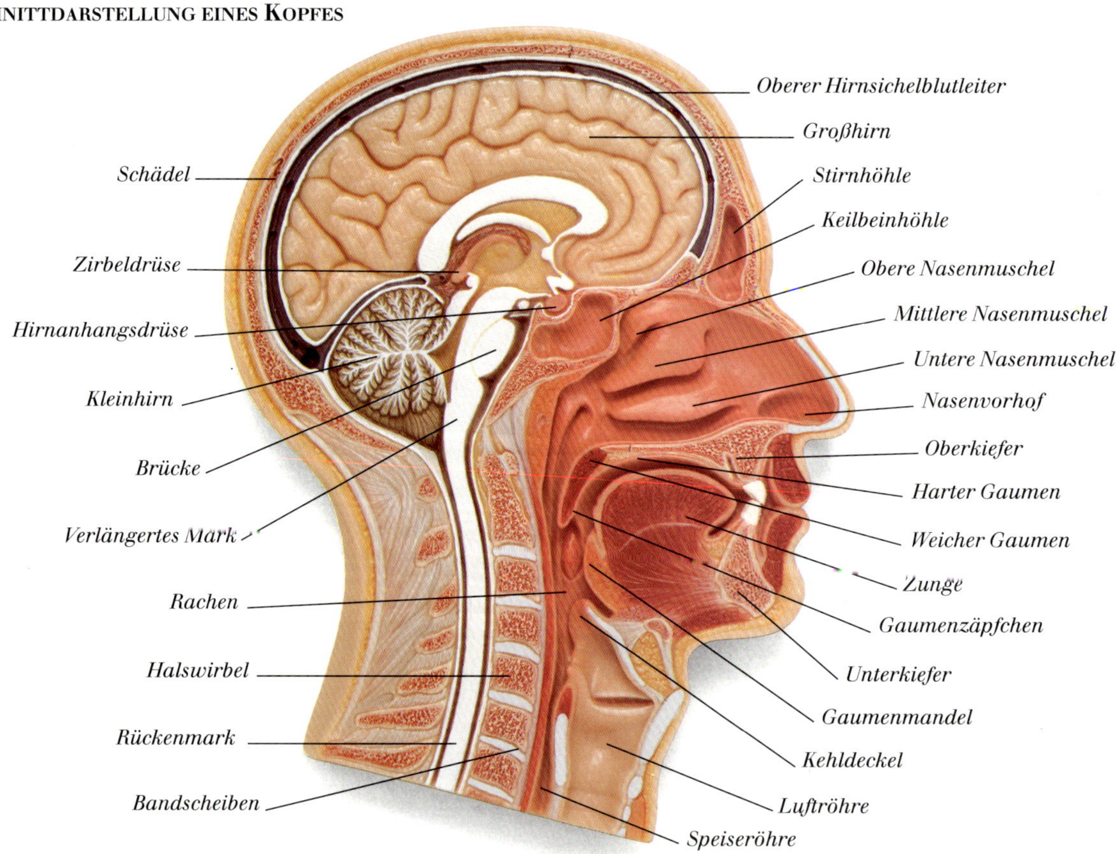

ÄUSSERE MERKMALE EINES KOPFES IN FRONTALANSICHT

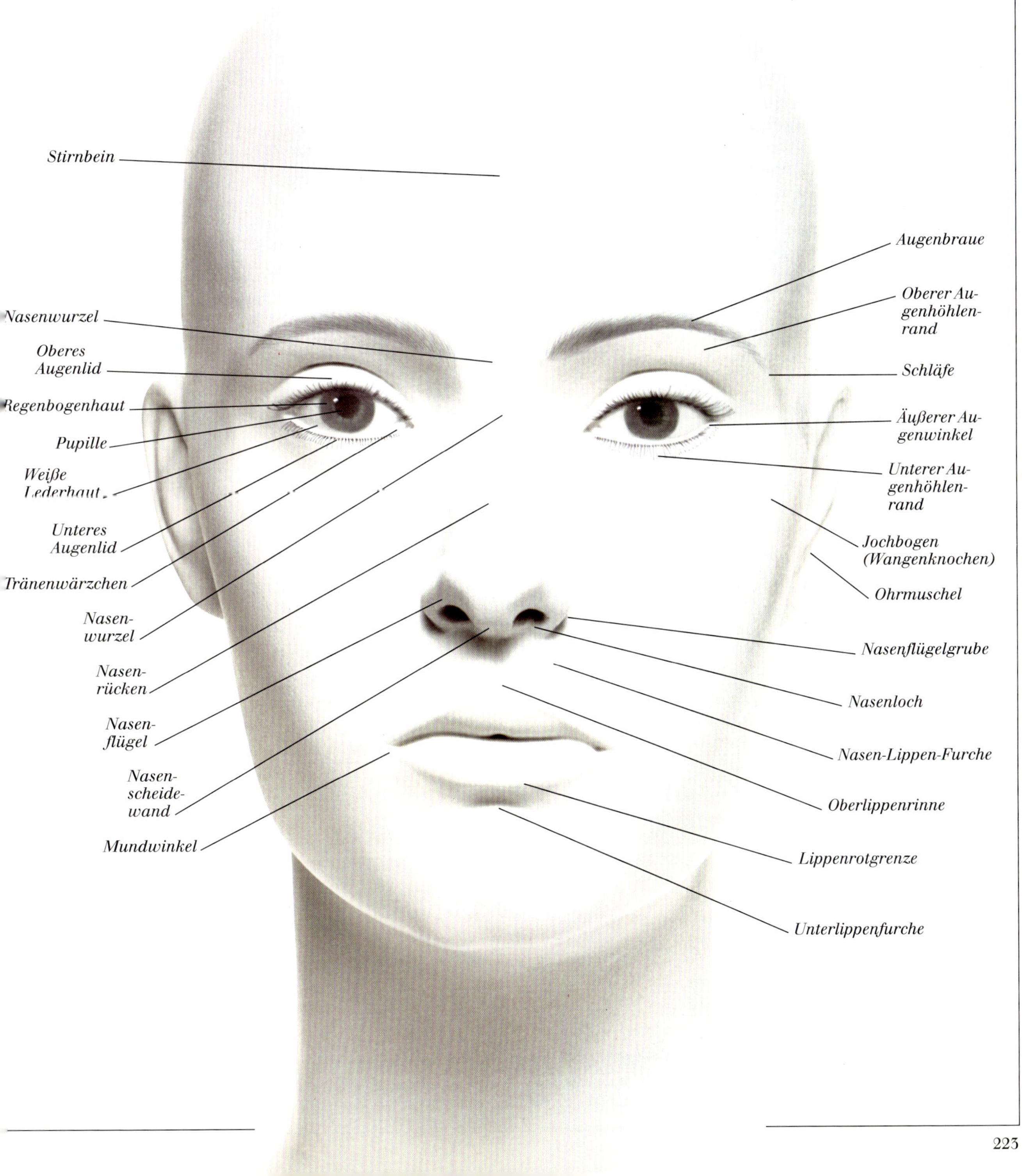

Die Körperorgane

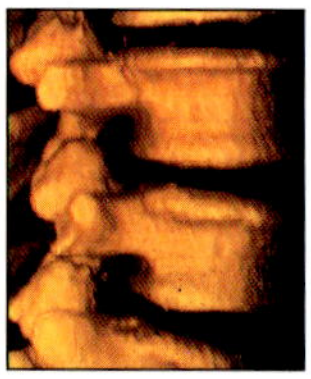

Alle lebenswichtigen Körperorgane außer dem Gehirn konzentrieren sich im Rumpf (Körper ohne Kopf und Extremitäten). Der Rumpf ist in zwei große Höhlen unterteilt, die durch ein muskulöses Blatt, das Zwerchfell, getrennt werden. In der oberen Höhle, dem Brustkorb oder Thorax, befinden sich das Herz und die Lungen. In der unteren Höhle, Bauchhöhle genannt, liegen der Magen, der Darm, die Leber und die Bauchspeicheldrüse. Diese Organe dienen der Verdauung. Auch das Harnsystem mit den Nieren und der Blase sowie die weiblichen Fortpflanzungsorgane liegen in der Bauchhöhle. Moderne Darstellungsverfahren wie Kontrastmittel-Röntgenbilder, computertomographische Aufnahmen (CT) und verschiedene Arten von Aufnahmetechniken, ermöglichen es, Körperorgane zu sehen und zu studieren, ohne die schützenden Schichten der Haut zu verletzen.

DIE INNEREN ORGANE

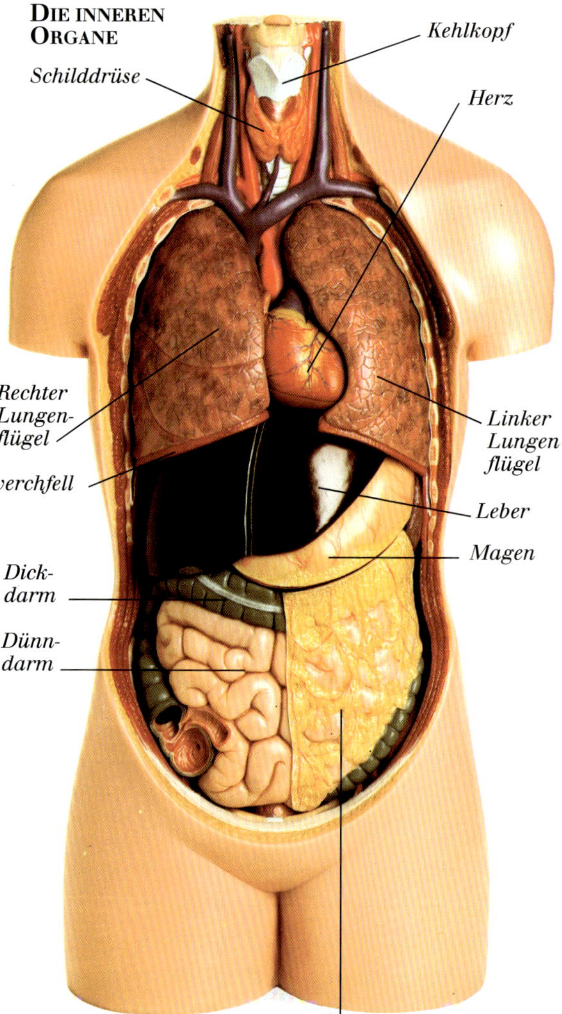

KÖRPERDARSTELLUNGEN

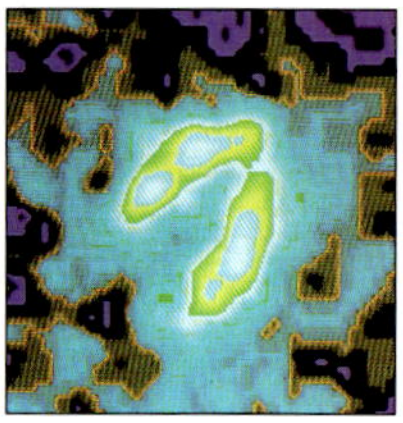

Szintigramm der Herzkammern

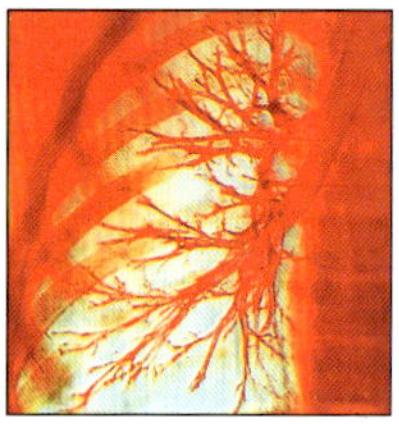

Angiogramm der rechten Lunge

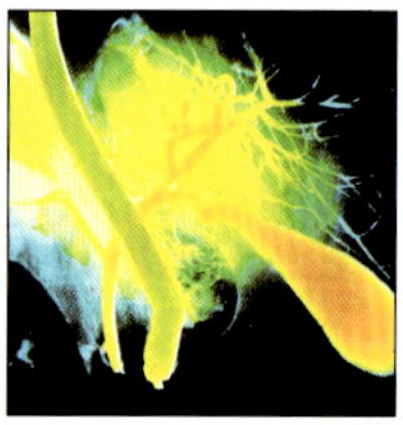

Kontrast-Röntgenbild der Gallenblase

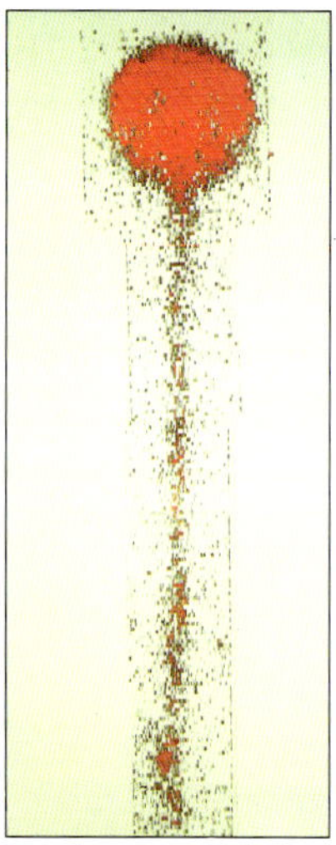

Szintigramm des Nervensystems

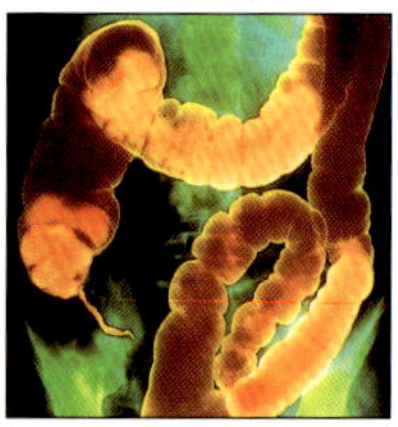

Doppelkontrast-Röntgenbild des Dickdarms

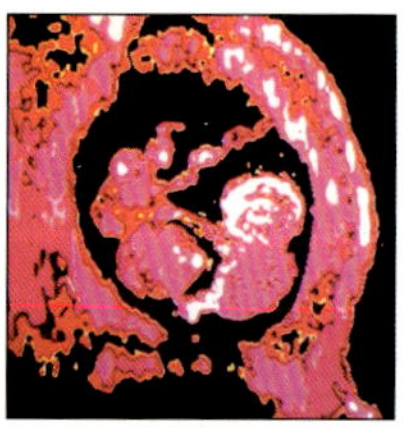

Ultraschalldarstellung von Zwillingen

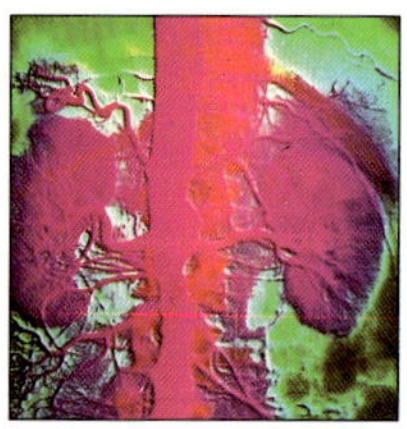

Angiogramm der Nieren

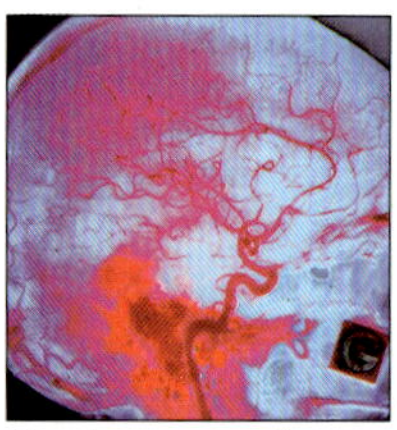

Angiogramm der Kopfarterien

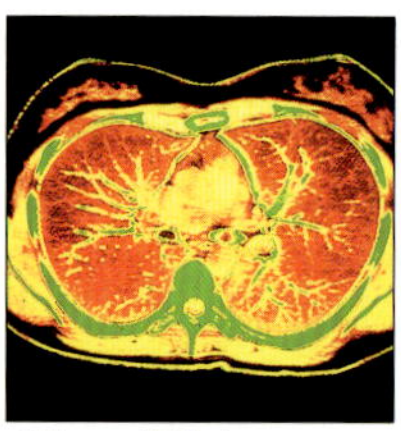

CT: weiblicher Brustraum

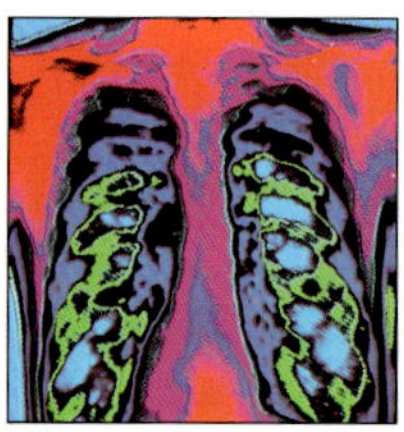

Thermogramm des Brustkorbes

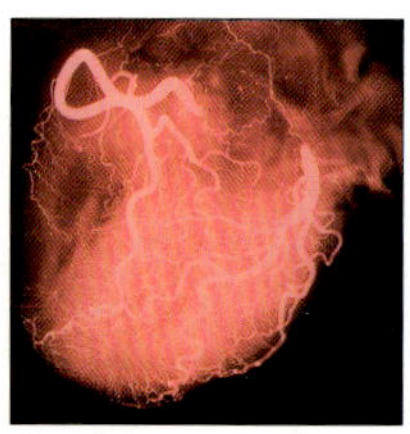

Angiogramm der Herzarterien

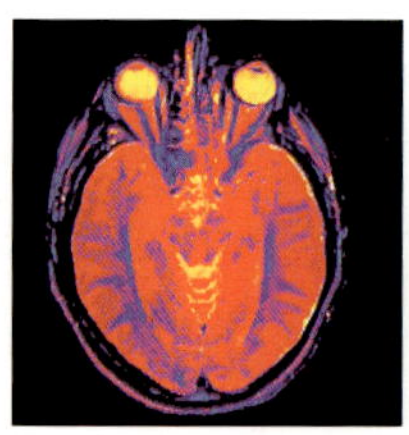

Kernspinresonanztomographie

BRUST- UND BAUCHHÖHLE (EINIGE ORGANE FEHLEN)

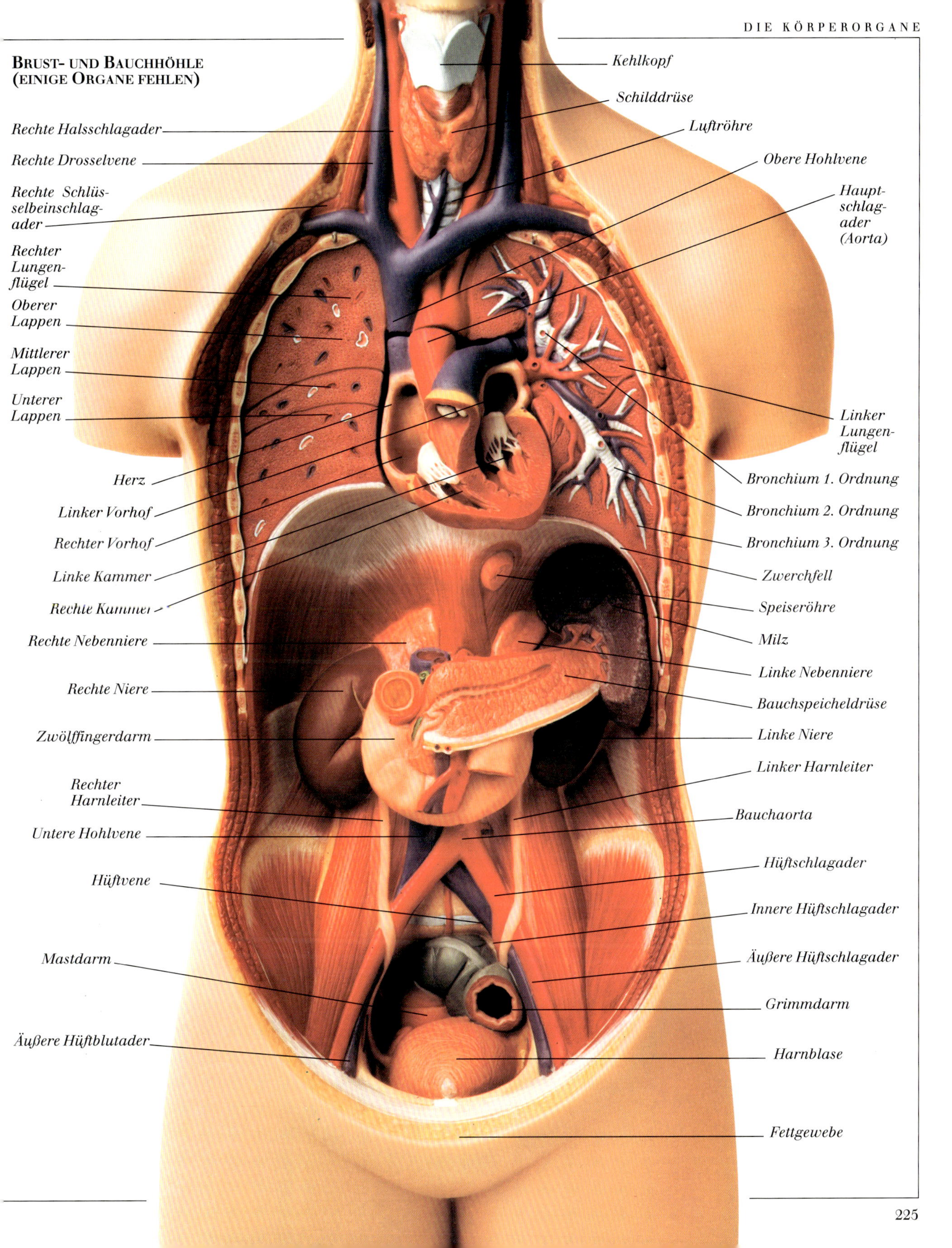

Die Körperzellen

Jeder Mensch besteht aus Milliarden von Zellen. Diese bilden die elementaren strukturellen Einheiten eines Körpers. Knochen, Muskeln, Organe, Haut, Blut und alle anderen Körpergewebe bestehen aus verschiedenen Zelltypen. Jeder Zelltyp hat eine spezielle Funktion. Sie arbeiten wiederum mit anderen Zellsystemen zusammen, um die vielfältigen lebenswichtigen Aufgaben zu erfüllen. Die meisten Körperzellen haben eine identische Grundstruktur. Jede Zelle besitzt eine Außenschicht (Zellmembran) und darin eine flüssige Grundsubstanz (Zytoplasma). Innerhalb des Zytoplasmas sind viele spezielle Strukturen (Organellen) enthalten. Die wichtigste Organelle ist der Zellkern. Dieser enthält das genetische Material und bildet das Zellkontrollzentrum.

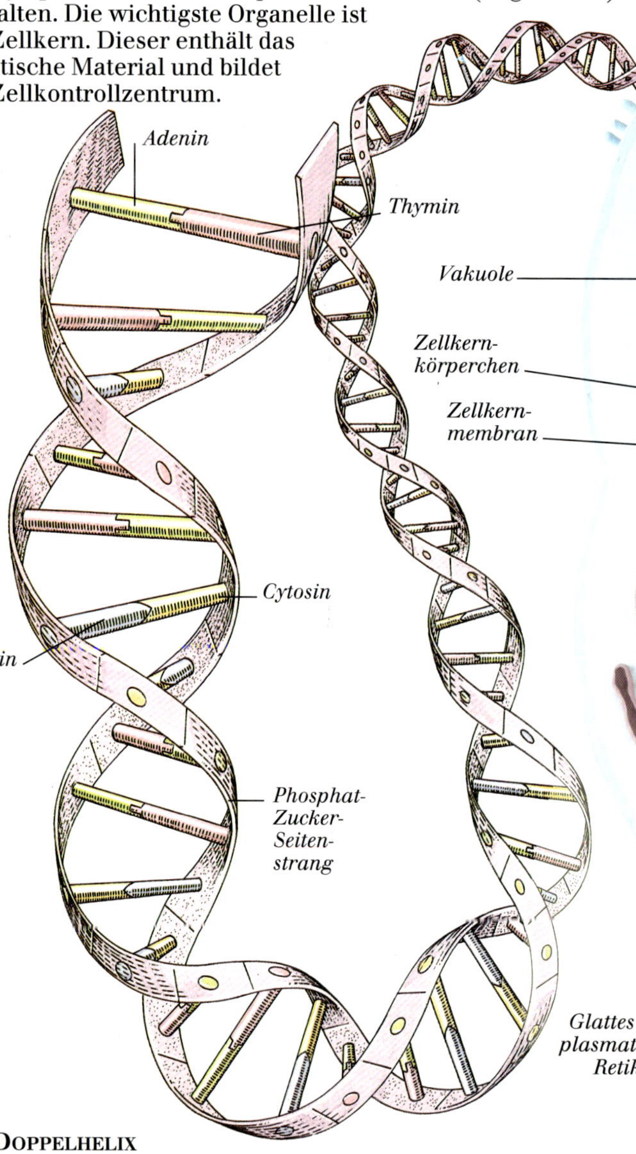

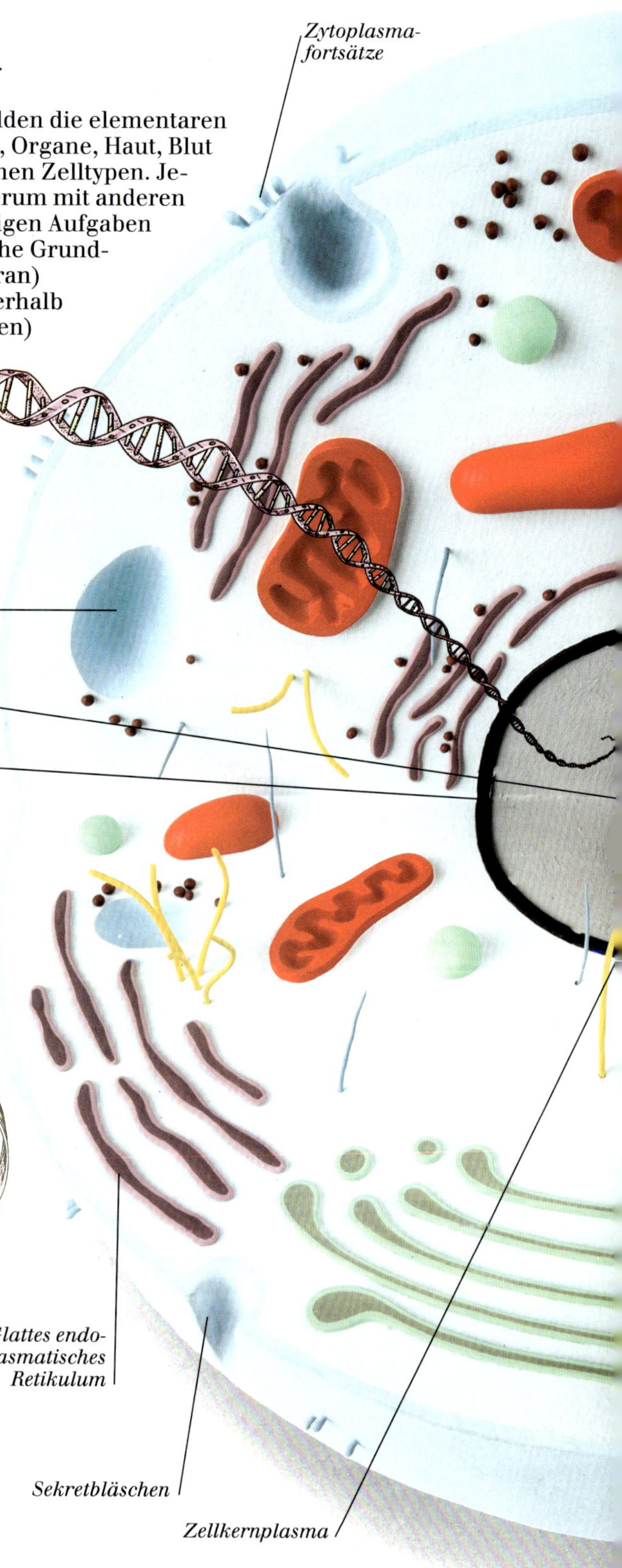

DIE DOPPELHELIX
Das Modell zeigt die spiralartig aufgebaute DNA (Desoxyribonukleinsäure), die die genetischen Informationen für die Erhaltung und Fortpflanzung alles Lebendigen enthält.

Schema einer Zelle

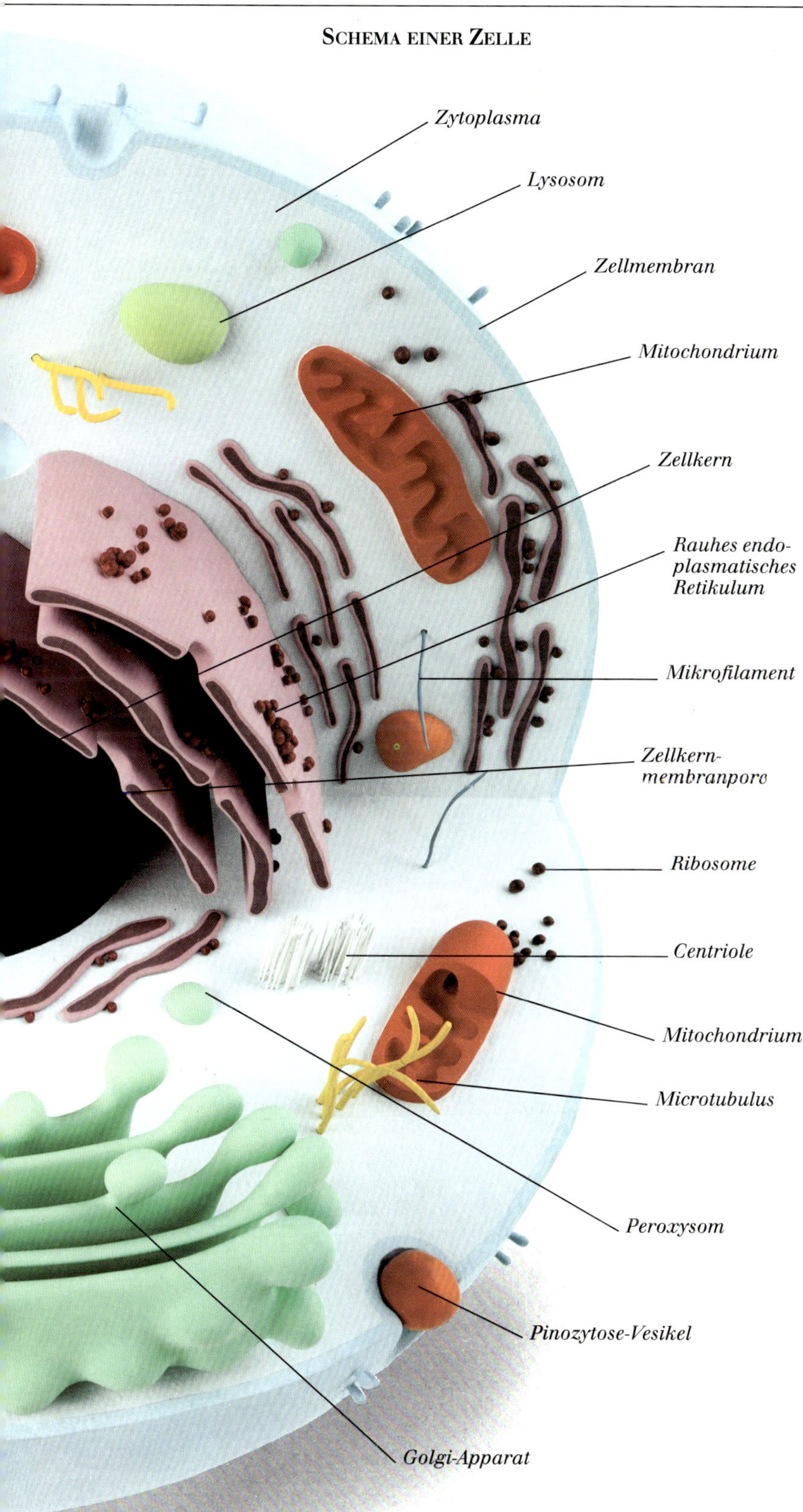

Zelltypen

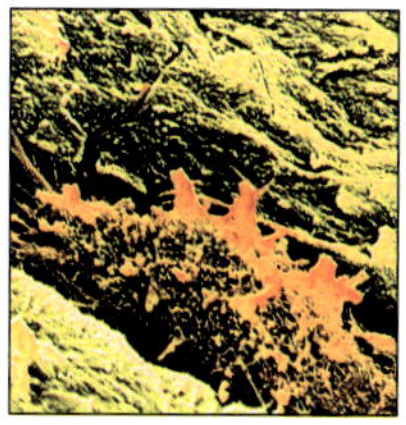
Knochenbildende Zelle

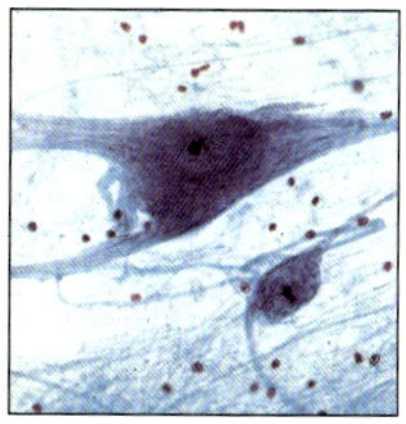
Nervenzellen im Rückenmark

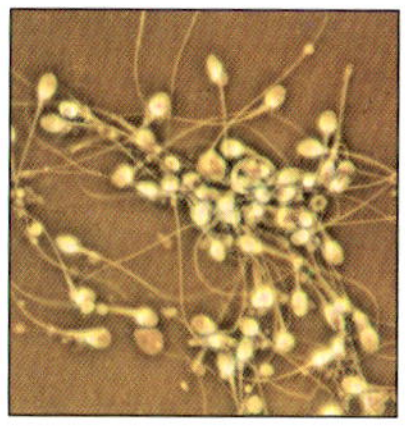
Spermazellen

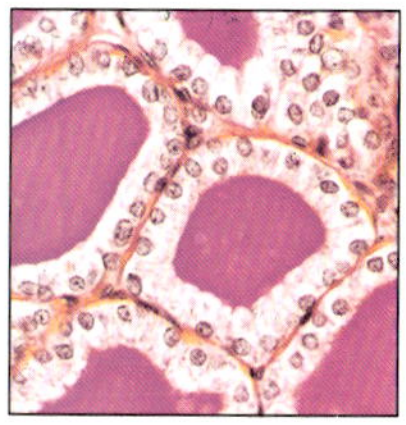
Schilddrüsenzellen

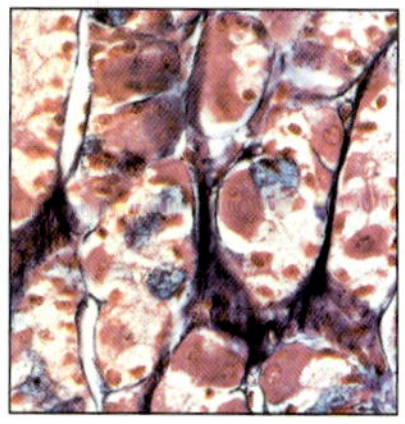
Säureproduzierende Magenzellen

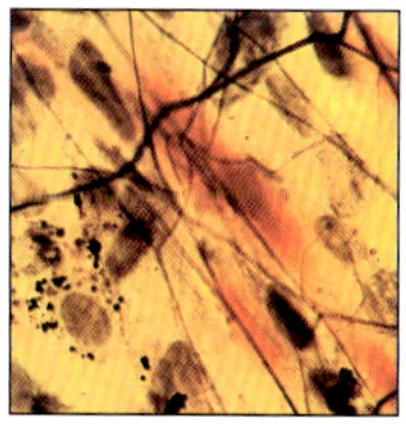
Bindegewebszellen

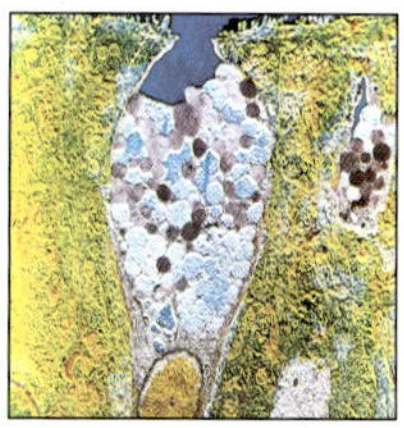
Schleimbildende Darmzellen

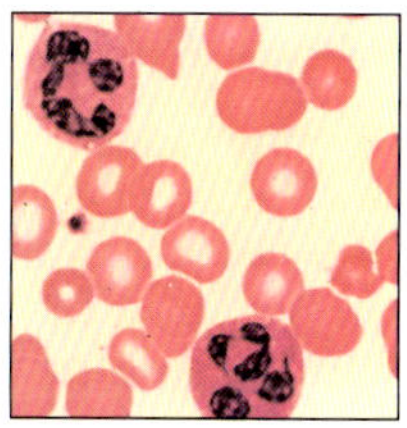
Rote und zwei weiße Blutzellen

Fettzellen im Fettgewebe

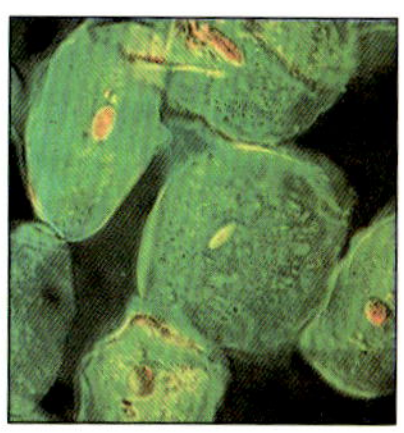
Hautzellen der Wange

Das Skelett

Das Skelett ist ein bewegliches, aus 206 Knochen bestehendes Gerüst. Annähernd die Hälfte der Knochen sind in den Händen und Füßen konzentriert. Obwohl die einzelnen Knochen in sich starr sind, ist das Skelett als Ganzes bemerkenswert flexibel und erlaubt dem Körper vielfältige Bewegungen. Das Skelett dient den Skelettmuskeln als Anker und den Organen als schützender Käfig. Weibliche Knochen sind in der Regel schmaler und leichter als männliche. Das weibliche Becken ist weniger stark gewölbt und breiter als das männliche.

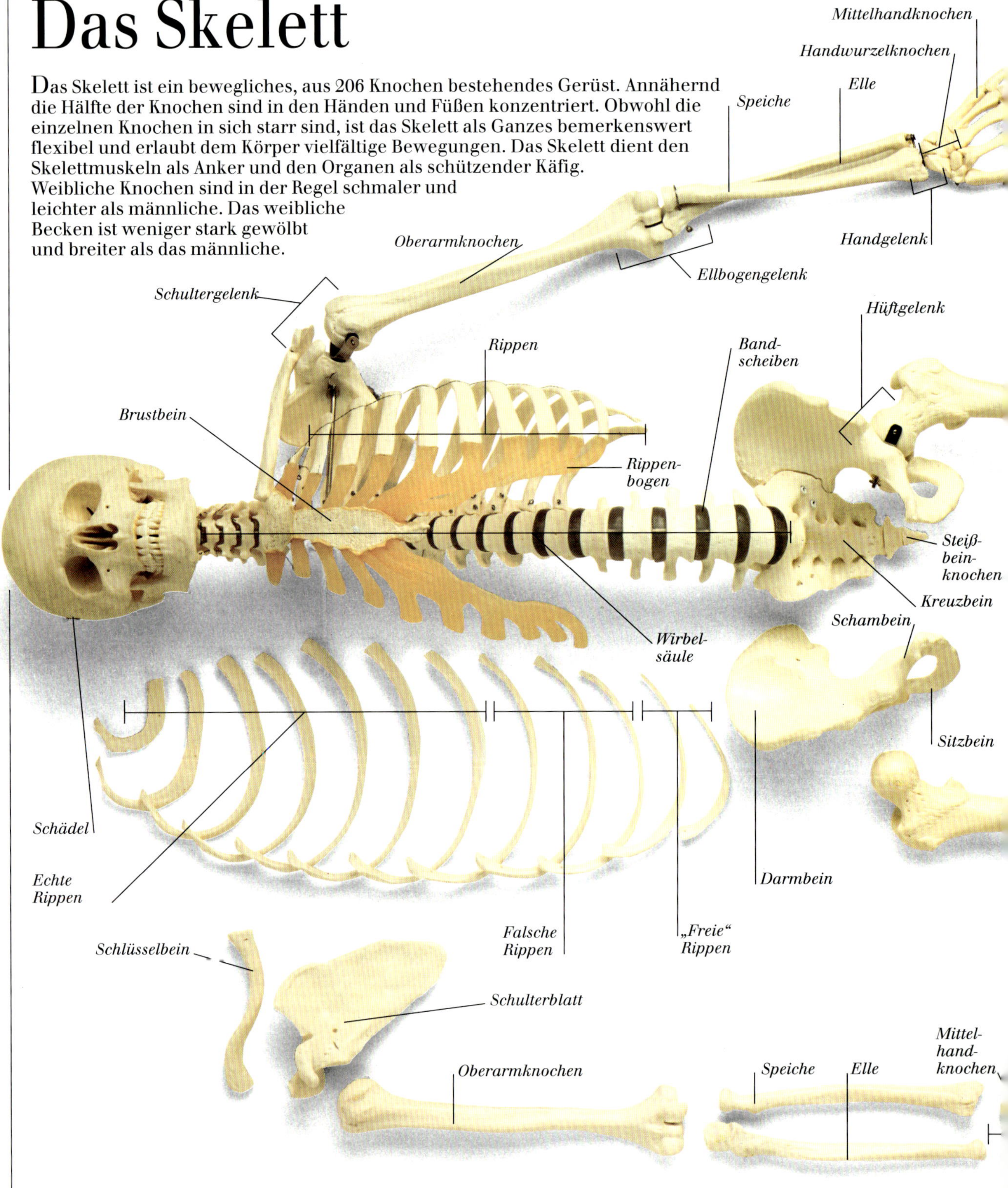

Fingerendglied
Fingermittelglied
Fingergrundglied

Oberschenkelknochen
Kniescheibe
Schienbein
Wadenbein
Mittelfußknochen
Zehengrundglied
Zehenmittelglied
Zehenendglied
Kniegelenk
Sprunggelenk
Mittelfußknochen

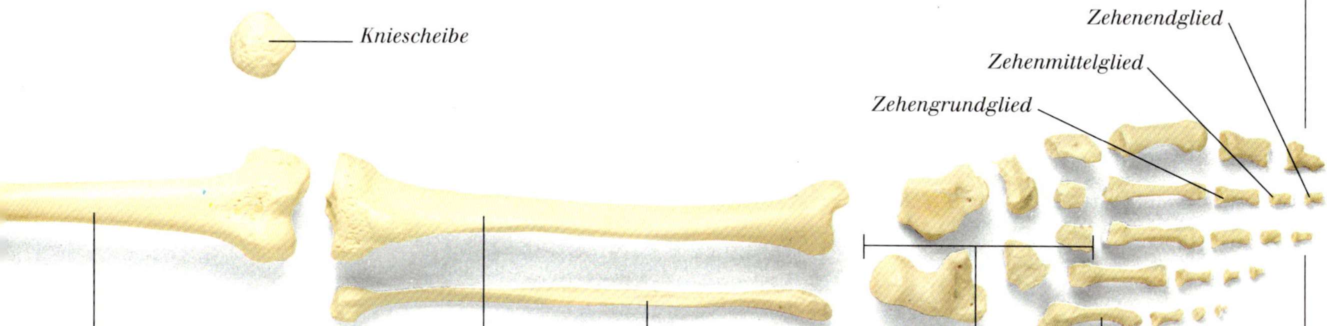
Kniescheibe
Zehenendglied
Zehenmittelglied
Zehengrundglied
Oberschenkelknochen
Schienbein
Wadenbein
Fußwurzelknochen
Mittelfußknochen

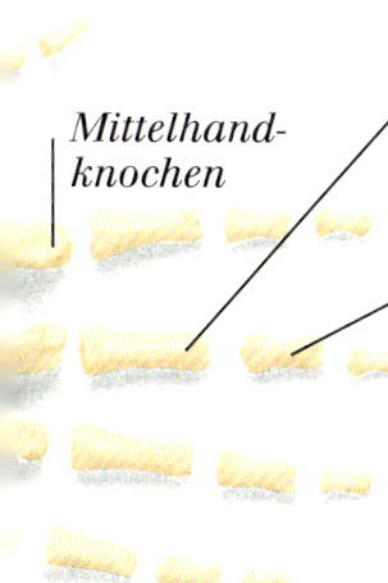
Fingergrundglied
Mittelhandknochen
Fingermittelglied
Fingerendglied

Der Schädel

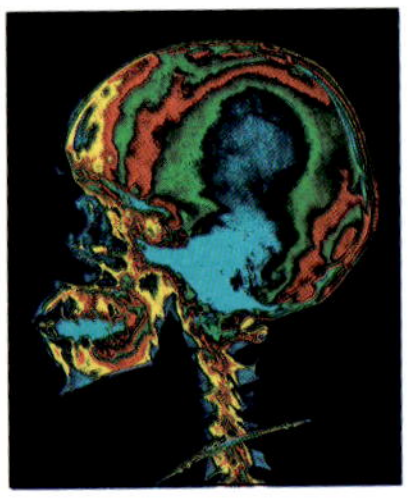

Der Schädel ist die komplizierteste Knochenstruktur des menschlichen Körpers und dabei äußerst zweckdienlich aufgebaut. Innerhalb der Schädelhöhle befinden sich drei Ebenen, die das Gehirn aufnehmen. Diese Ebenen haben Höcker und Aushöhlungen, die mit der Gestalt des Gehirns übereinstimmen. Ein großes, rundes Loch, das sogenannte Hinterhauptloch, befindet sich im hinteren unteren Teil des Schädels. Durch dieses führt der zentrale Nervenkanal. Vor dem Hinterhauptloch befinden sich viele kleine Löcher als Durchgang für Nerven, Arterien und Venen, die Verbindungen vom und zum Gehirn sind. Das Schädeldach wird aus vier dünnen, gebogenen Knochenplatten gebildet, die im Alter von ungefähr zwei Jahren fest miteinander verwachsen sind. An der Schädelvorderseite befinden sich die Augenhöhlen und eine zentrale Öffnung für den Luftweg der Nase. Der Unterkieferknochen ist beidseitig in Ohrhöhe beweglich am Schädel befestigt.

Rechte Seitenansicht eines fetalen Schädels

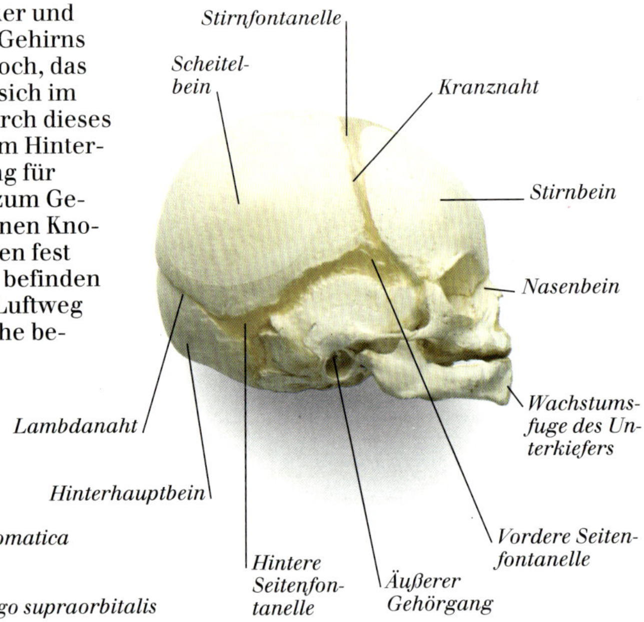

Rechte Seitenansicht eines Schädels

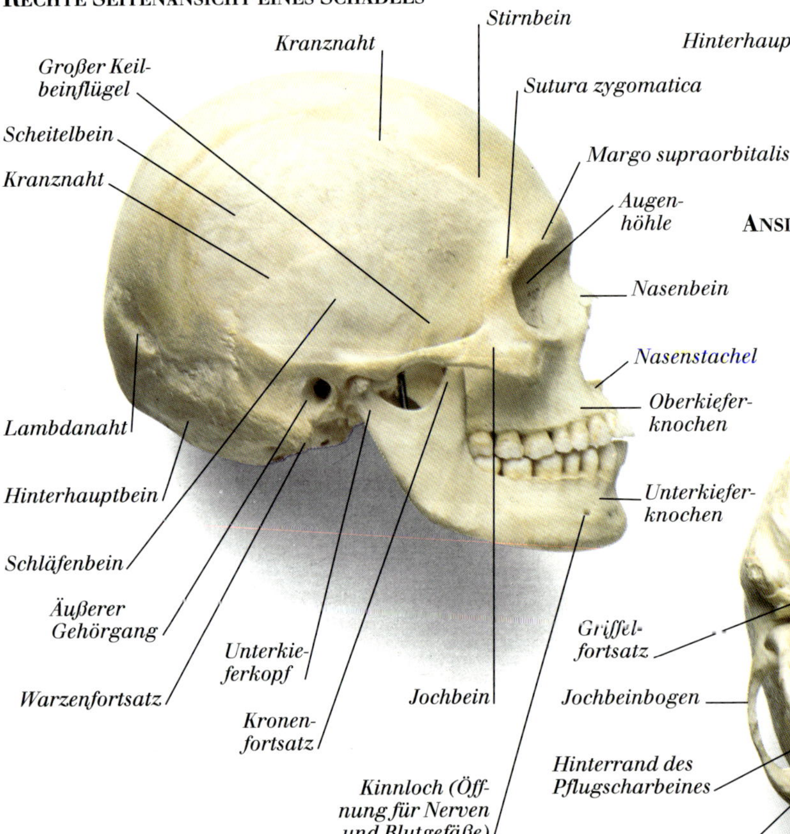

Ansicht des Schädels von unten

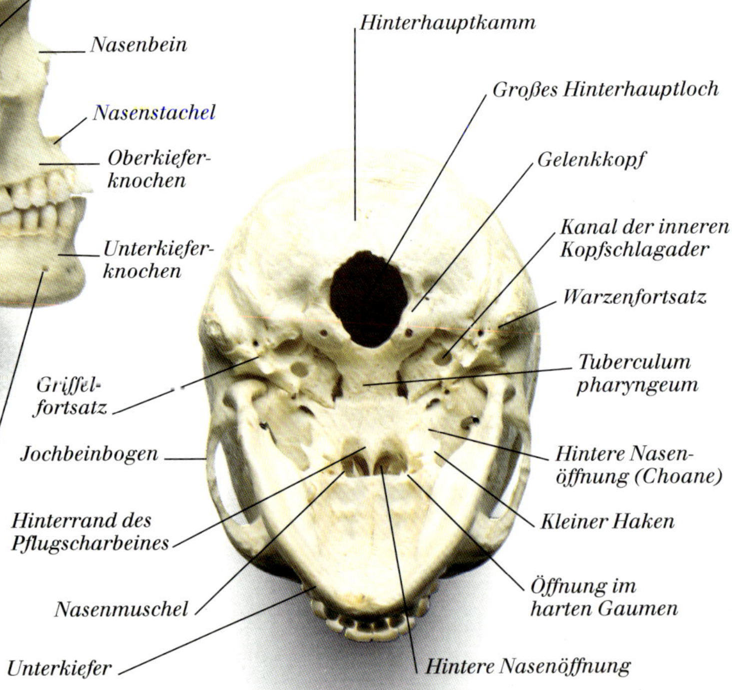

Frontalansicht eines Schädels

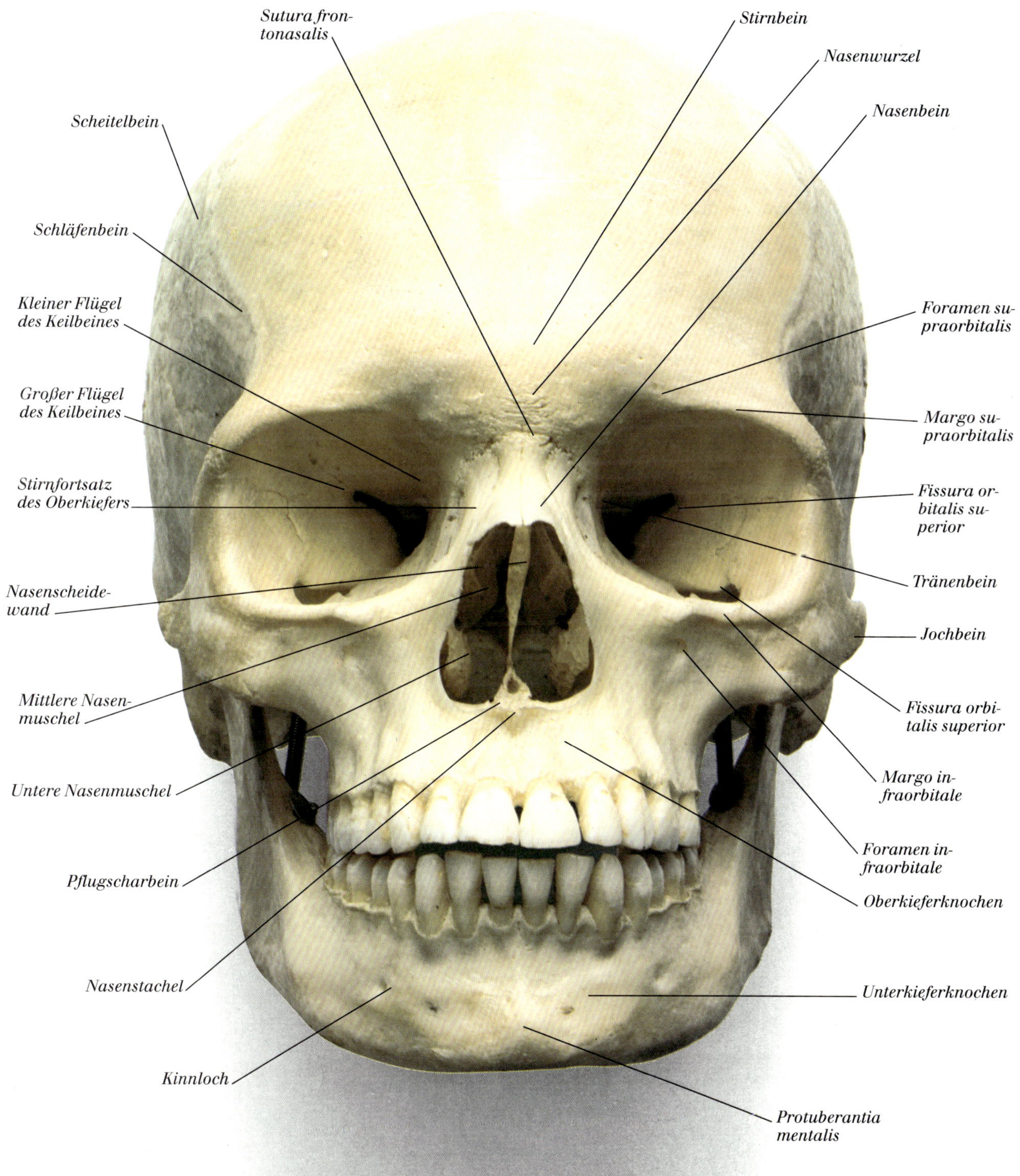

Die Wirbelsäule

Die Wirbelsäule hat zwei Hauptfunktionen: den Schutz des Rückenmarks und das Stützen des gesamten Skeletts. Die Wirbelsäule setzt sich aus 24 einzelnen, verschieden geformten Wirbeln mit einem dreieckigen, gekrümmten Knochen (Kreuzbein) am Ende zusammen. Das Kreuzbein besteht aus zusammengewachsenen Wirbeln. An seinem unteren Ende schließt sich ein schmales, schwanzartiges Gebilde an, das Steißbein. Zwischen jedem Wirbelpaar liegt eine knorpelige Bandscheibe, welche die Knochen während der Bewegungen abfedert. Die zwei oberen Wirbel unterscheiden sich von den übrigen und bilden ein Paar. Der erste, Atlas genannt, dreht sich auf einem kräftigen, vertikalen Zapfen, welcher auf dem zweiten Wirbel, dem Axis, aufsitzt. Diese Anordnung ermöglicht es, den Schädel frei nach oben, nach unten und nach den Seiten zu bewegen.

Verschiedene Abschnitte der Wirbelsäule

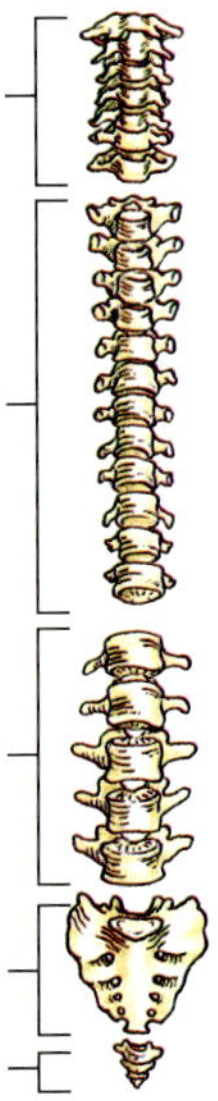

Verschiedene Wirbeltypen (Ansicht von oben)

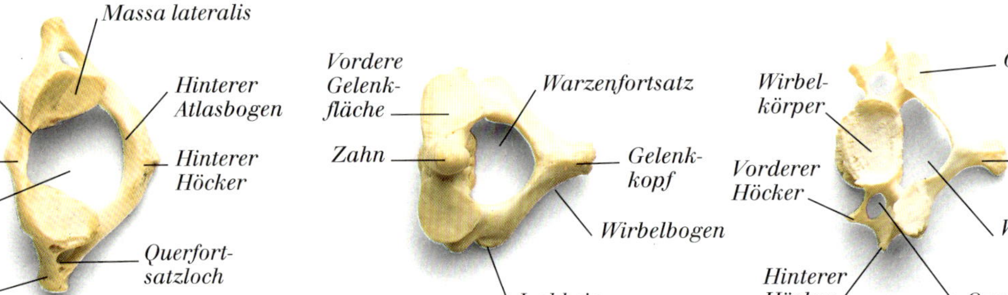

Schädel und Wirbelsäule

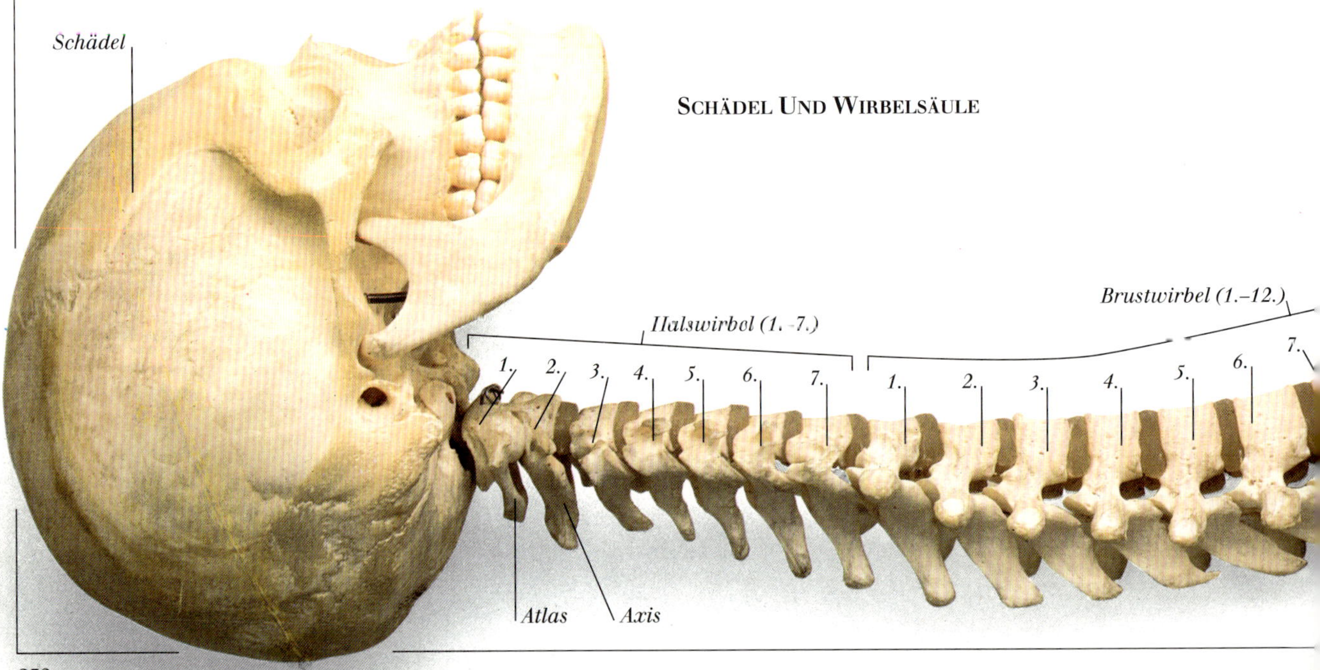

Rechte Seite

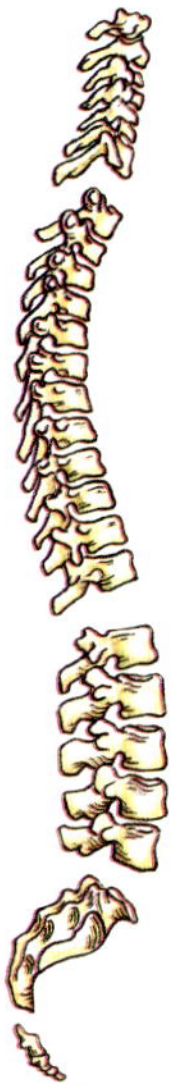

Rückseite

Halswirbel mit Rückenmark

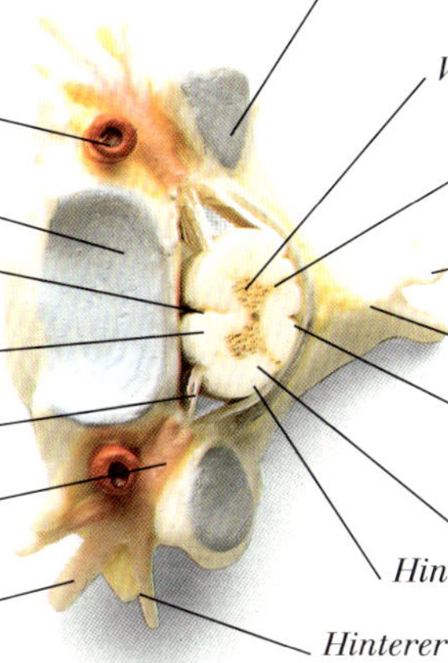

Brustwirbel

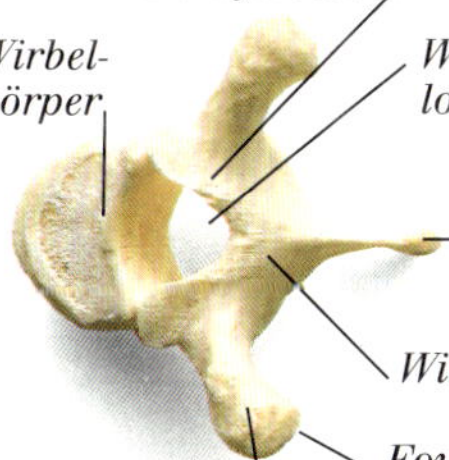

Lendenwirbel

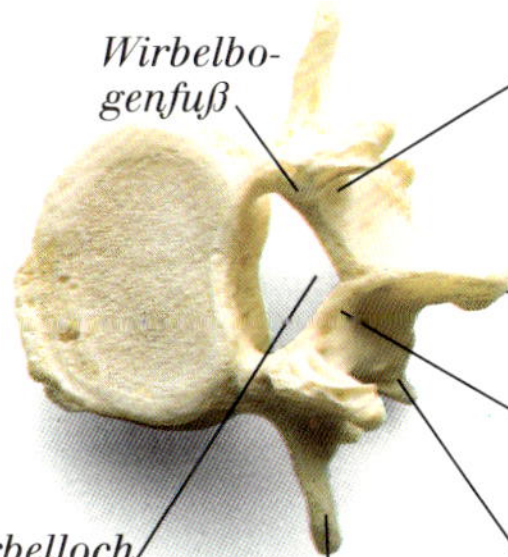

Kreuzbein

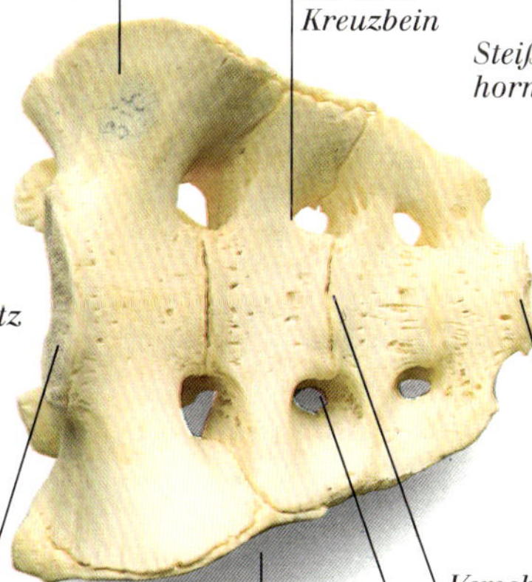

Steißbein

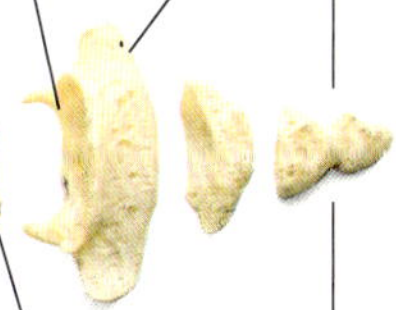

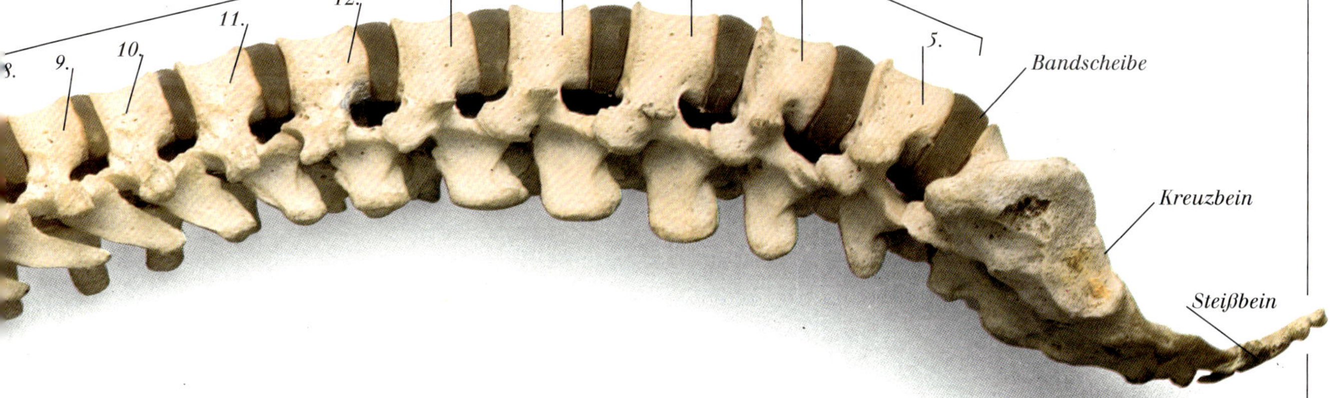

Knochen und Gelenke

Die Knochen bilden das harte, kräftige Skelettkörpergerüst. Jeder Knochen hat eine kompakte Außenhülle und eine poröse, leichtere Innenstruktur. Die langen Arm- und Beinknochen, wie zum Beispiel der Oberschenkel, sind mit Knochenmark gefüllt. Die Knochen bestehen hauptsächlich aus Kalzium, Phosphor und einer faserigen Substanz, dem Kollagen. Knochen werden von ganz unterschiedlichen Gelenkarten miteinander verbunden. Die Hüfte ist beispielsweise ein Nußgelenk – eine Sonderform des Kugelgelenks –, das dem Oberschenkel vielfältige Bewegungsmöglichkeiten einräumt. Fingergelenke wiederum sind einfache Scharniergelenke, die nur gestreckt und gebeugt werden können. Gelenke werden durch Gewebestreifen, Bänder genannt, gehalten, und ihre Bewegungen werden durch weiche hyaline (glasig durchscheinende) Knorpel, welche die Knochenenden überziehen, und durch von der Gelenkkapsel abgesonderte Gelenkschmiere erleichtert.

Das Hüftgelenk mit Bändern

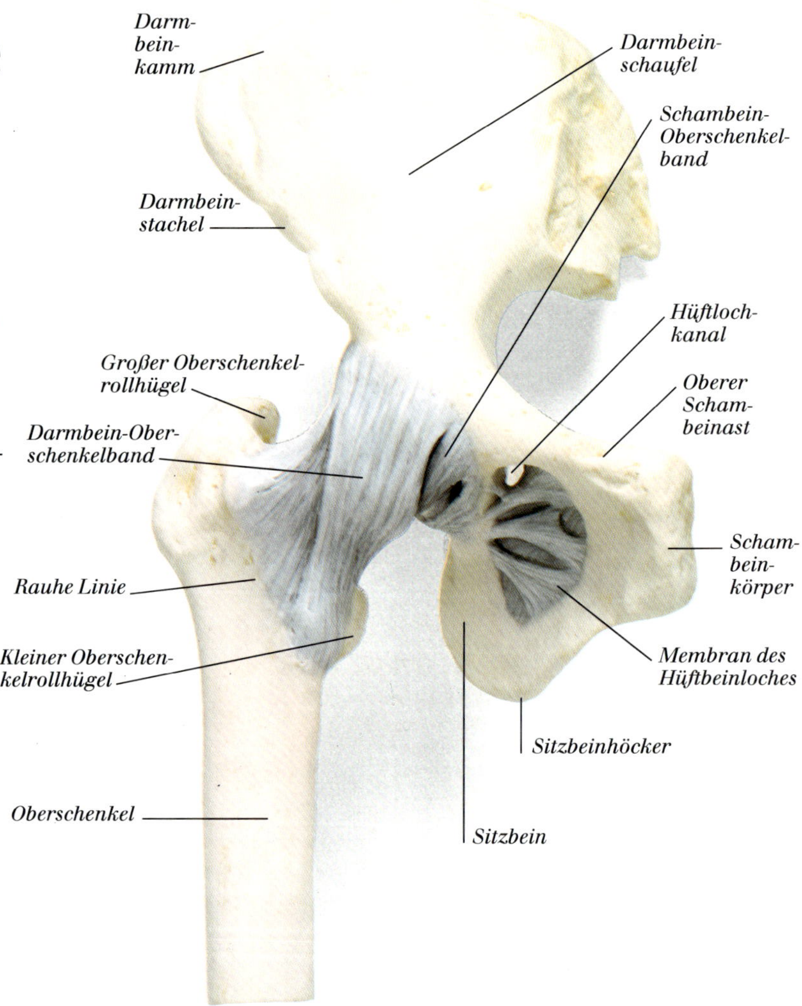

Schnitt durch den linken Oberschenkelknochen

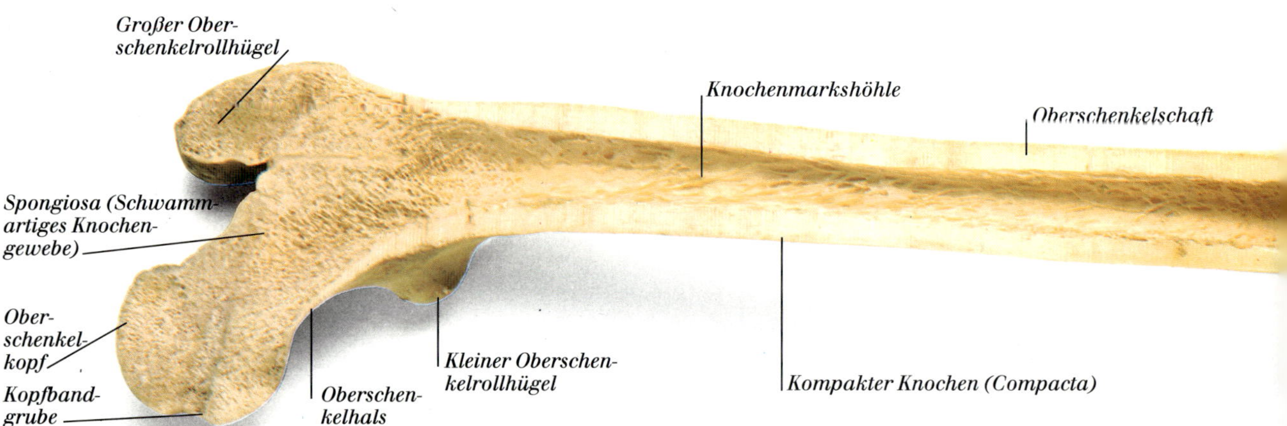

Schnitt durch das Hüftgelenk

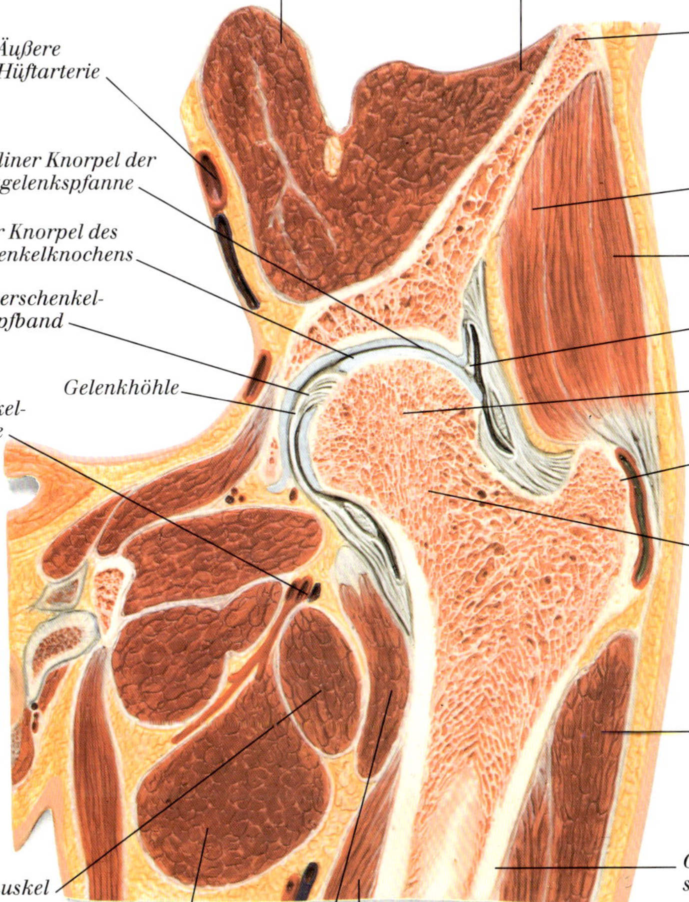

Schnittdarstellung eines Lamellenknochens

Parallele konzentrische Reihen von Knochenlamellen bilden eine harte Struktur.

Knochenmark

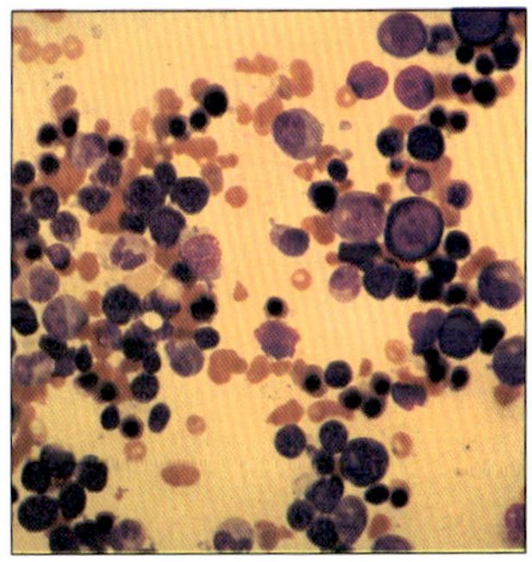

Das hauptsächlich aus roten und weißen Blutkörperchen bestehende Knochenmark füllt die Knochenhöhlungen aus.

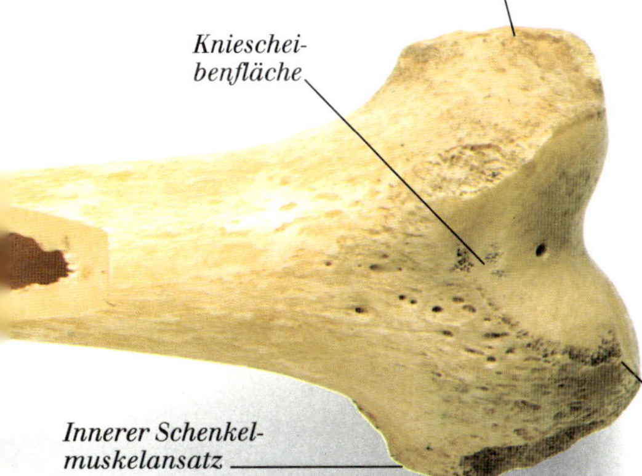

Schnitt durch einen Röhrenknochen

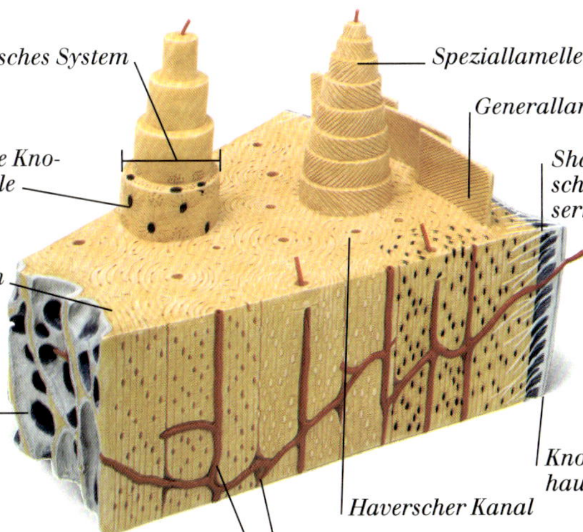

Muskeln 1

Man unterscheidet drei verschiedene Arten von Muskeln: die Skelettmuskeln (auch quergestreifte Muskulatur), die glatten Muskeln und das hochspezialisierte Muskelgewebe des Herzens. Im Gegensatz zur Skelettmuskulatur unterliegen die glatten Muskeln und der Herzmuskel nicht dem Willen. Menschen haben mehr als 600 Skelettmuskeln, die in Größe und Form ihrer Funktion angepaßt sind. Die Skelettmuskeln greifen entweder direkt oder indirekt am Knochen an und arbeiten als entgegengesetzte Paare (ein Muskel zieht sich zusammen, der Gegenspieler entspannt sich), um verschiedene Bewegungen, wie zum Beispiel Gehen, Nadeleinfädeln oder Mimik auszuführen. Die glatte Muskulatur befindet sich in den Organwänden und hat verschiedene Funktionen, wie zum Beispiel die Nahrung durch den Darm transportieren, Gebärmutterkontraktionen bei der Geburt oder das Pumpen des Blutes durch die Gefäße.

Oberflächliche Skelettmuskeln

Vorderansicht

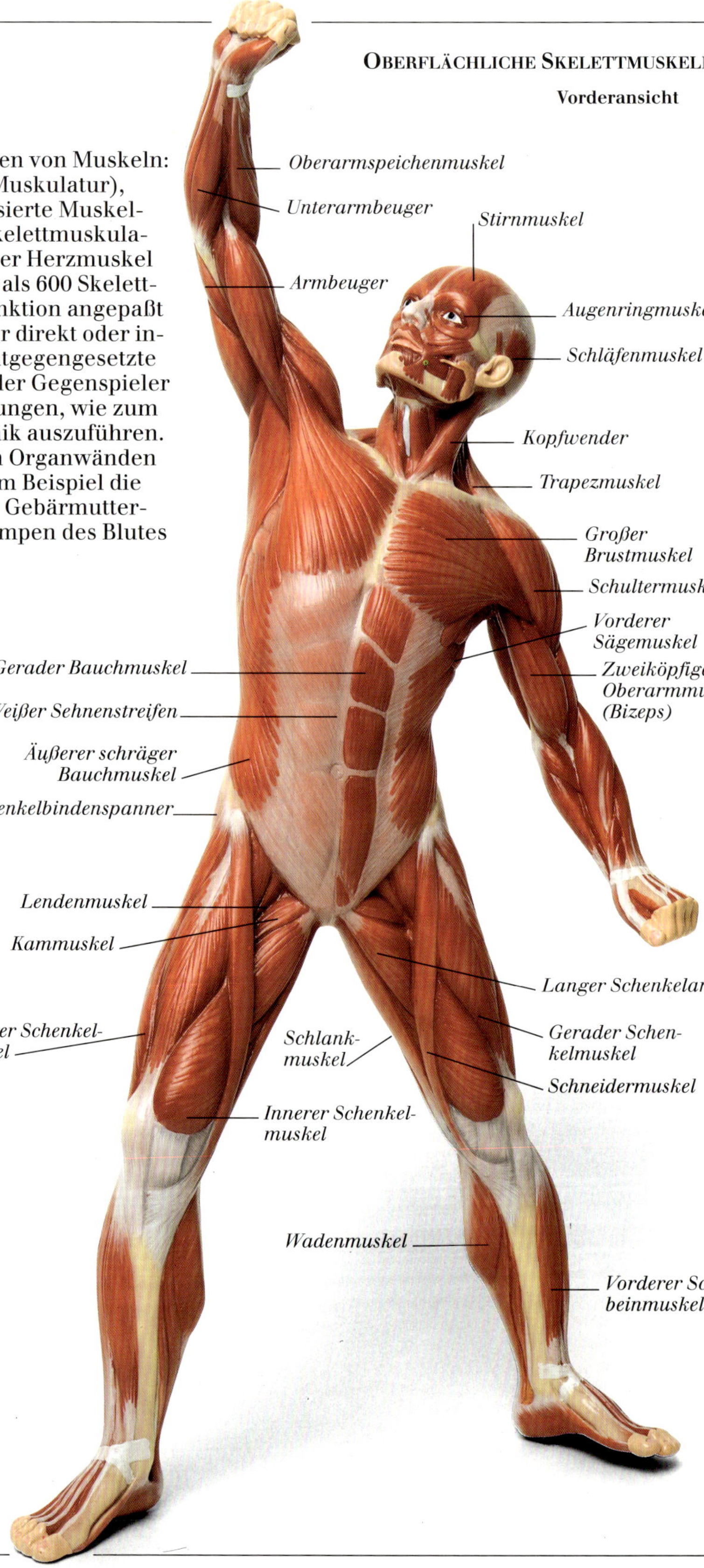

Andere Körpermuskeln

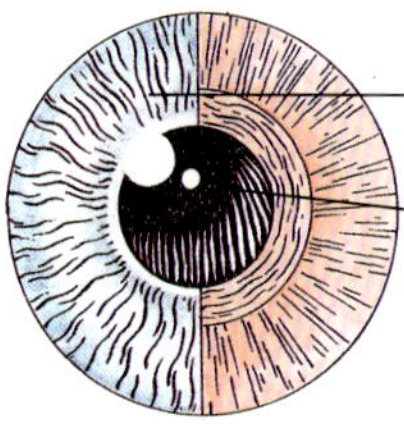

Iris
Um die Pupillengröße zu verändern, ziehen sich die Muskelfibrillen zusammen oder entspannen sich.

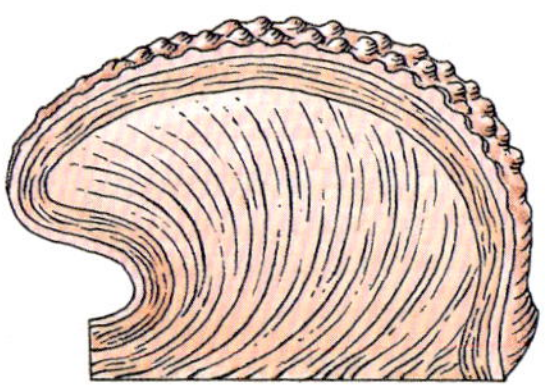

Zunge
Innenliegende Muskelschichten ermöglichen ein breites Bewegungsspektrum.

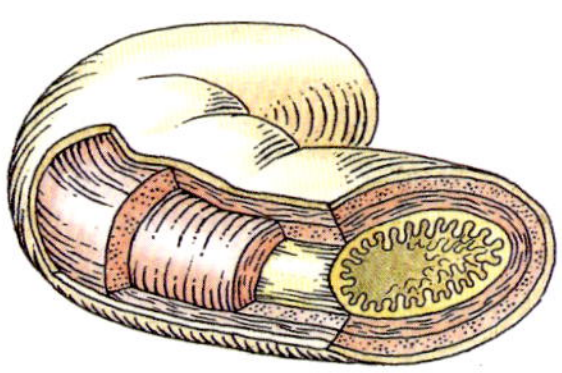

Krummdarm
Entgegengesetzt arbeitende Muskelschichten transportieren halbverdaute Nahrung.

Rückenansicht

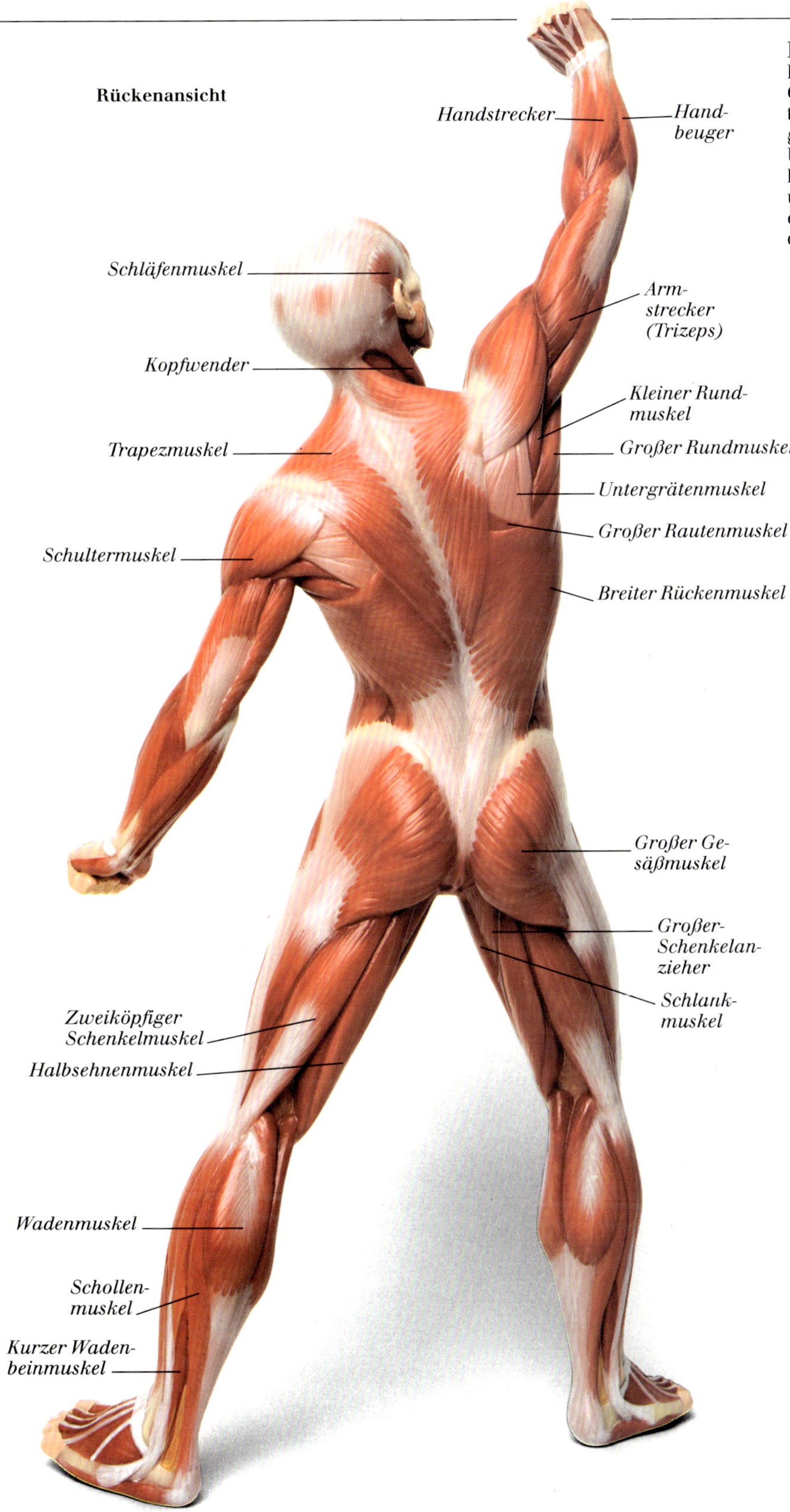

Bewegung des Unterarms

Die kontrollierten Bewegungen der Gliedmaßen werden von der koordinierten Anspannung und Entspannung entgegengesetzter Muskeln bewirkt. Um den Unterarm anzuwinkeln, wird der zweiköpfige Bizeps verkürzt und angespannt und der dreiköpfige Trizeps gleichzeitig entspannt. Bei der Streckung kehrt sich dieser Vorgang um.

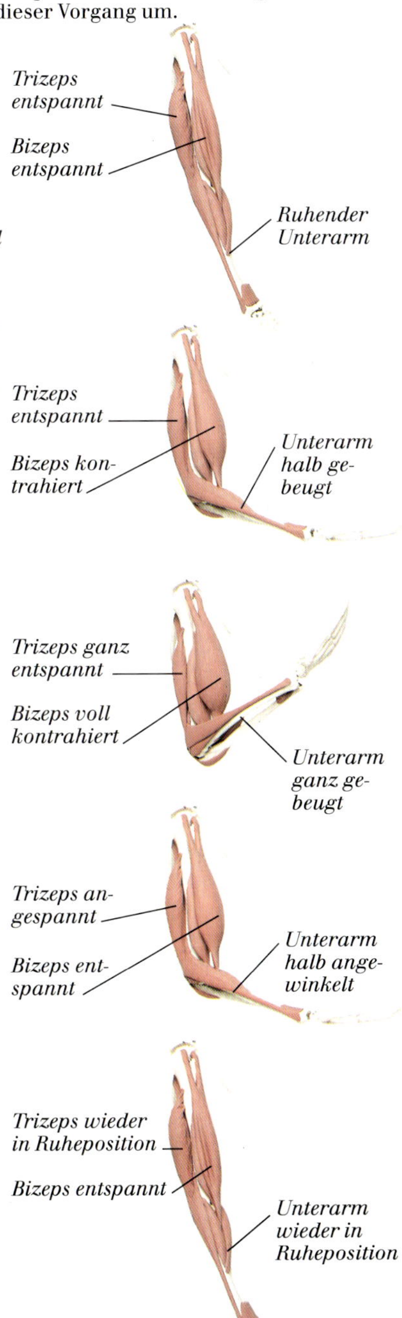

Muskeln 2

Skelettmuskelfaser

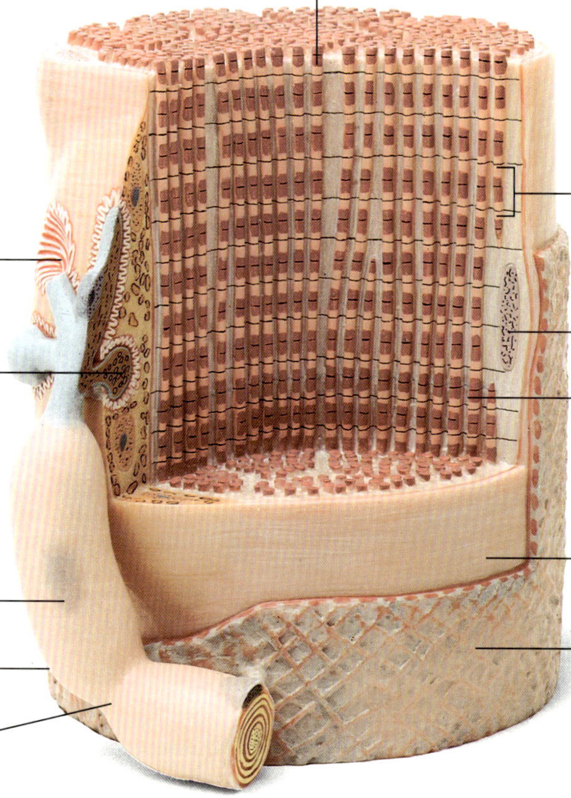

Mimische Muskulatur

Ein Gesichtsausdruck ist das Resultat vieler Muskelbewegungen. Die wichtigsten Mimikmuskeln werden hier gezeigt.

Stirnmuskel

Augenbrauenrunzler

Mundringmuskel

Großer Jochbeinmuskel

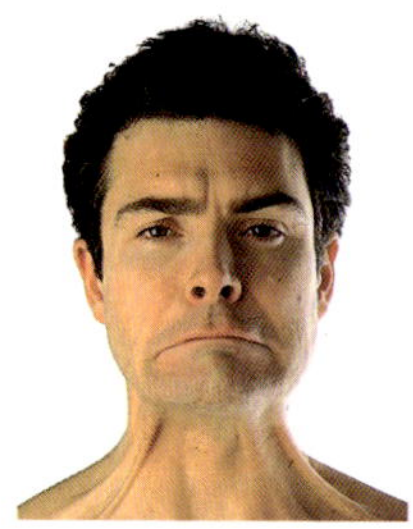

Mundwinkelherabzieher

Muskelgewebetypen

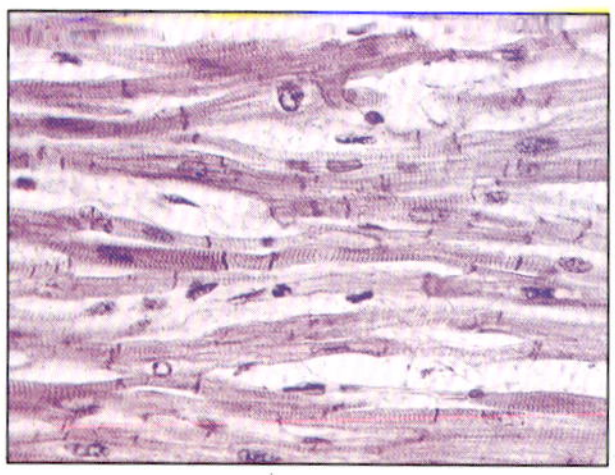

Herzmuskulatur

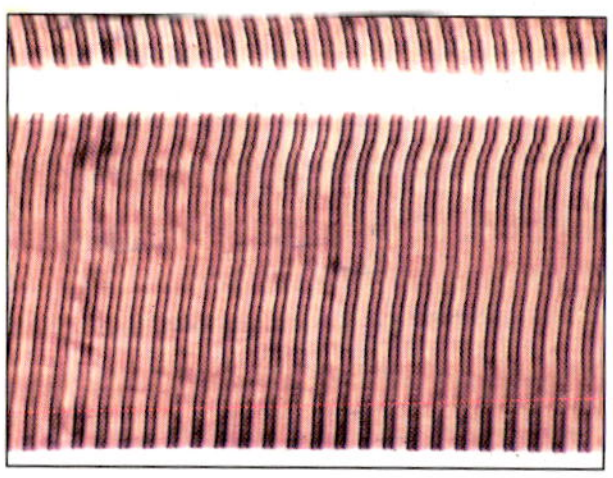

Skelettmuskulatur

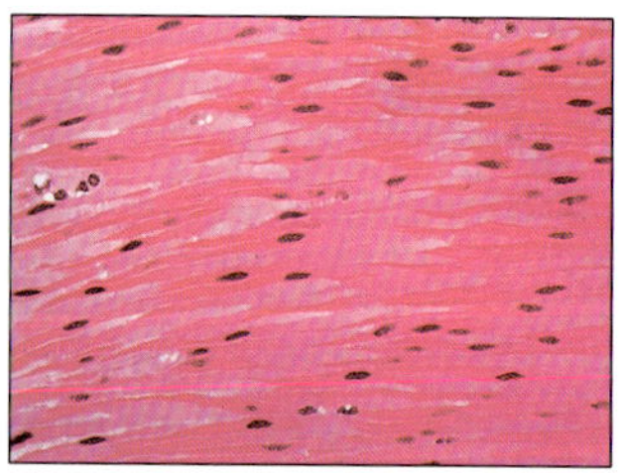

Glatte Muskulatur

Kontraktion der Skelettmuskulatur

Entspannter Zustand

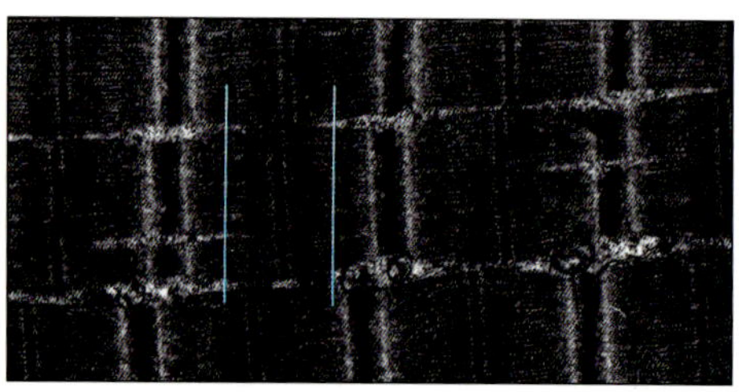

Kontrahierter Zustand

Kopf- und Halsmuskeln

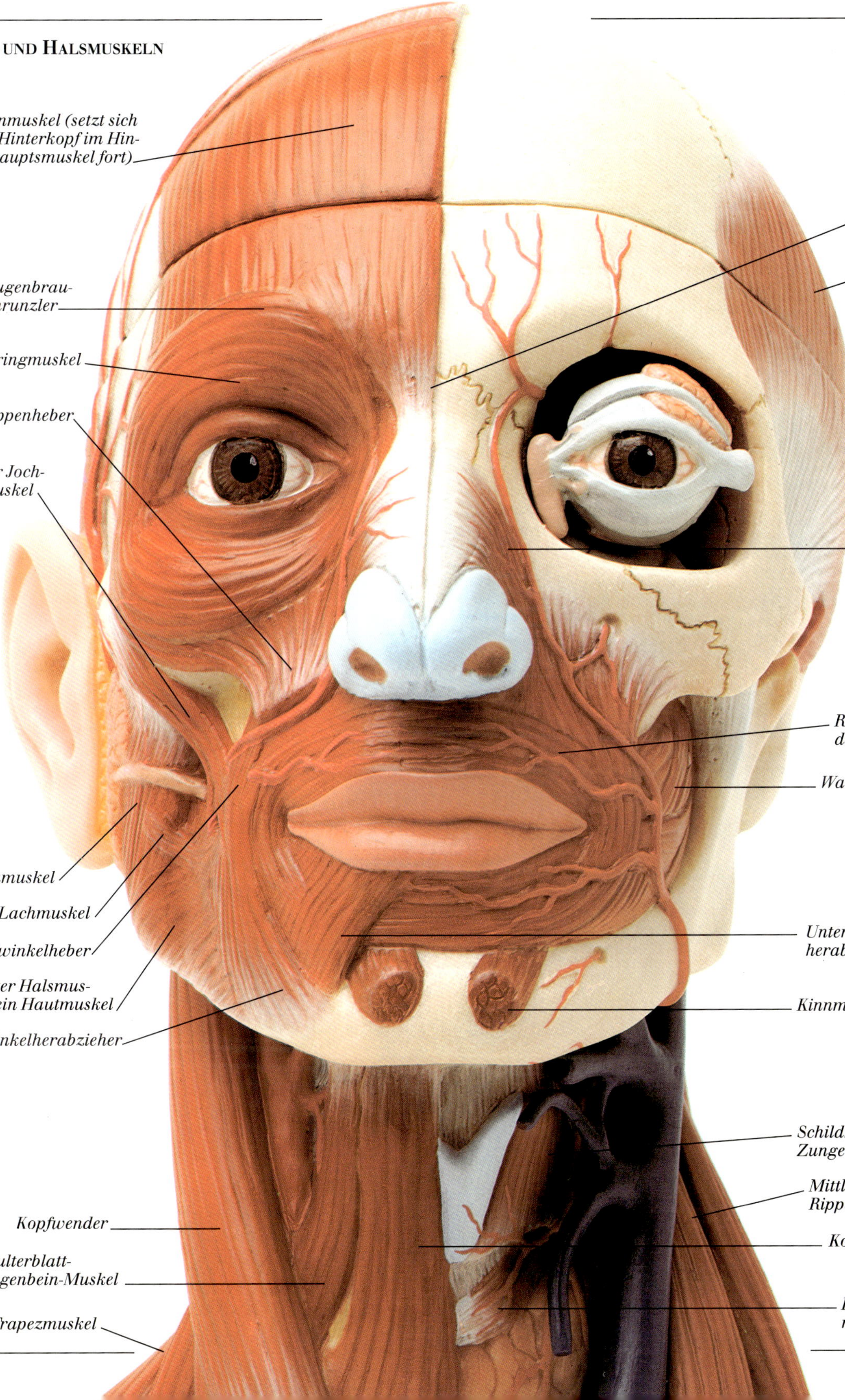

Die Hand

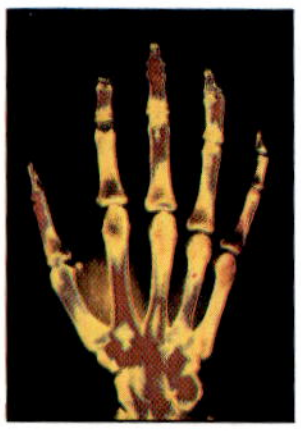

Die menschliche Hand ist ein äußerst vielseitiges Werkzeug. Sie ist in der Lage, feinste Bewegungen auszuführen, kann aber auch kräftig zupacken. Die komplizierte Anordnung von 27 kleinen Knochen und deren Zusammenspiel mit 37 Muskeln, die wiederum durch Sehnen an den Knochen befestigt sind, gestatten einen großen Bewegungsspielraum. Die Möglichkeit, Daumenspitzen und Fingerspitzen zusammenzuführen, und die hohe Sensibilität der Fingerspitzen, bedingt durch zahlreiche Nervenenden, zeichnet die menschliche Hand aus und verleiht ihr außerordentliche Geschicklichkeit.

Röntgenaufnahme der linken Hand eines Kindes

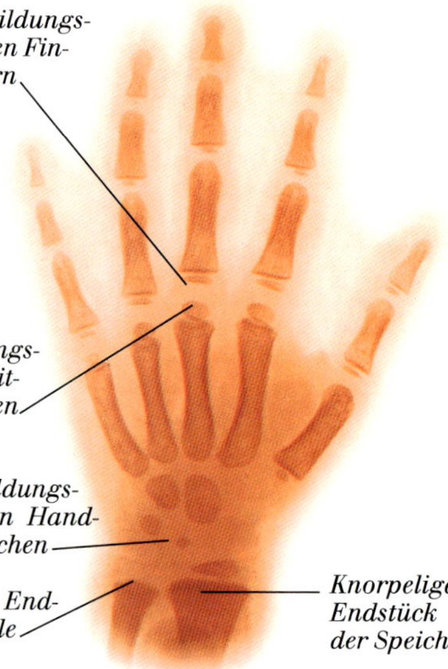

Die knorpeligen Stellen in der Handwurzel und in den Fingergliedern sind die Wachstumszonen, die erst in späteren Jahren verknöchern.

Handknochen

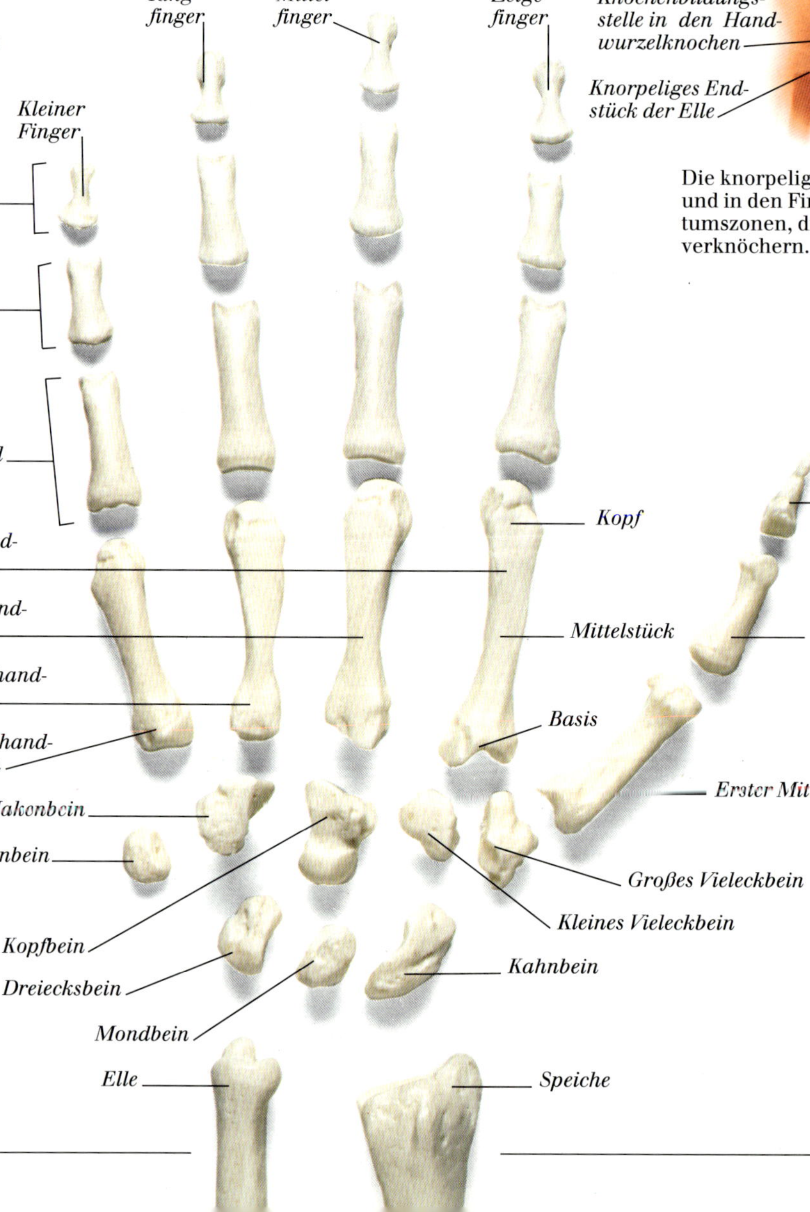

STRUKTUREN DER HANDINNENFLÄCHE

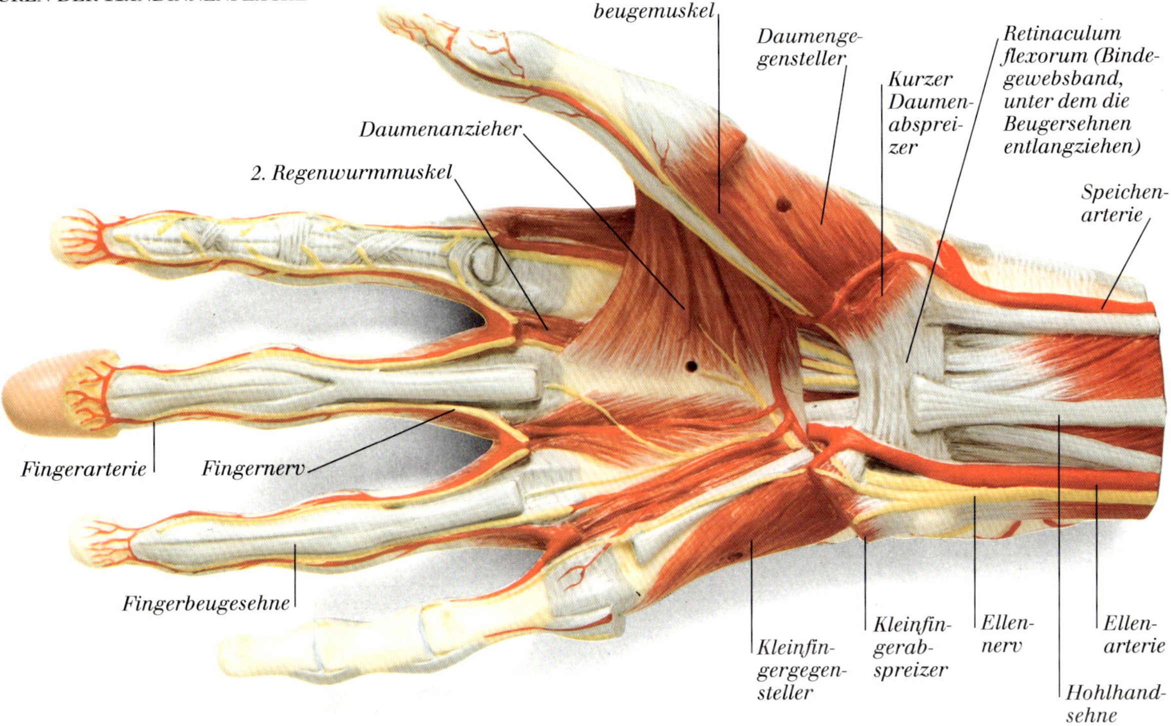

ÄUSSERE MERKMALE DES HANDRÜCKENS

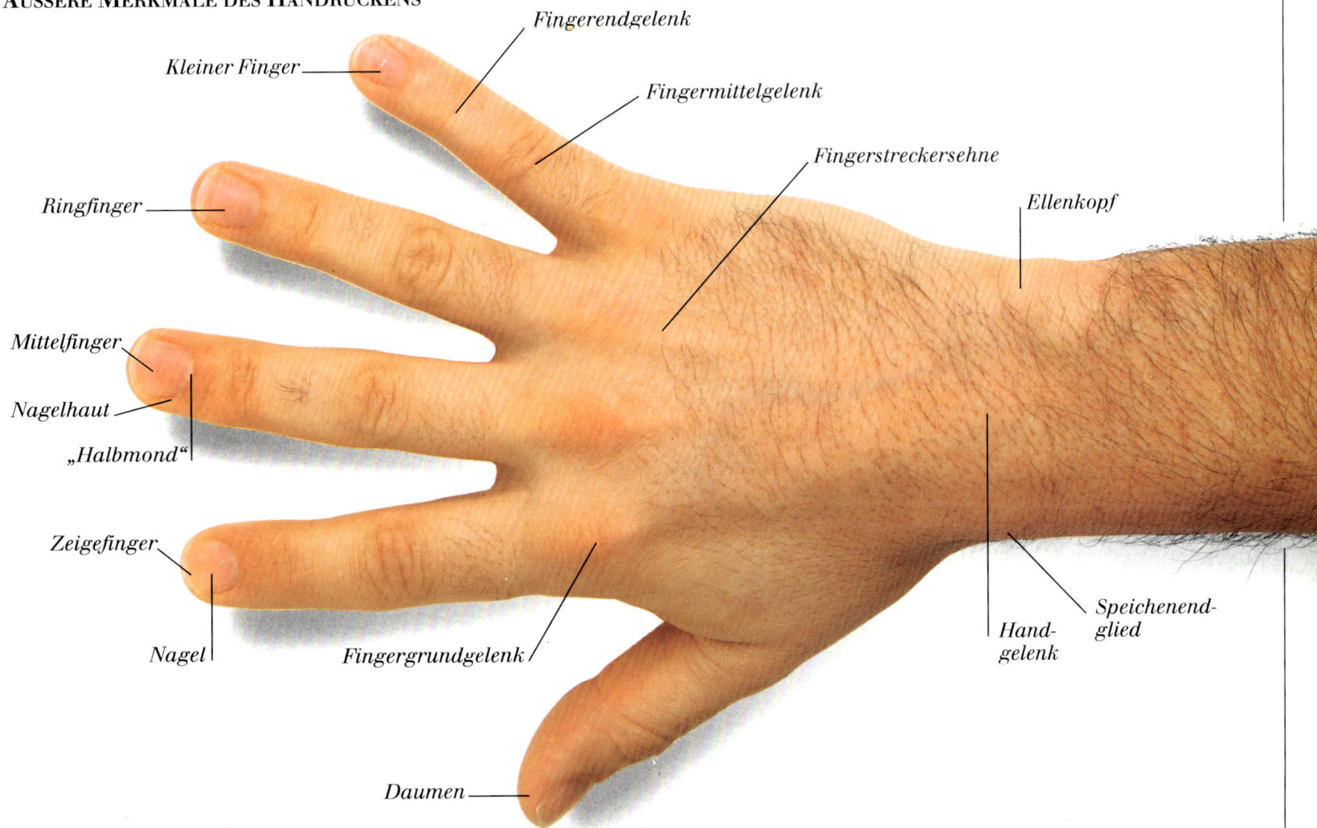

Der Fuß

Die Füße und Zehen sind wesentliche Elemente für die Körperbewegungen. Sie tragen das Gewicht des Körpers während des Stehens und Laufens und helfen, die Balance bei der Gewichtsverlagerung zu halten. Jeder Fuß hat 26 Knochen, mehr als 100 Bänder und 33 Muskeln. Einige davon sind mit dem Unterschenkel verbunden. Die Ferse und der Fußballen sind eine Art Stoßdämpfer, die jede Erschütterung abschwächen.

Fussknochen

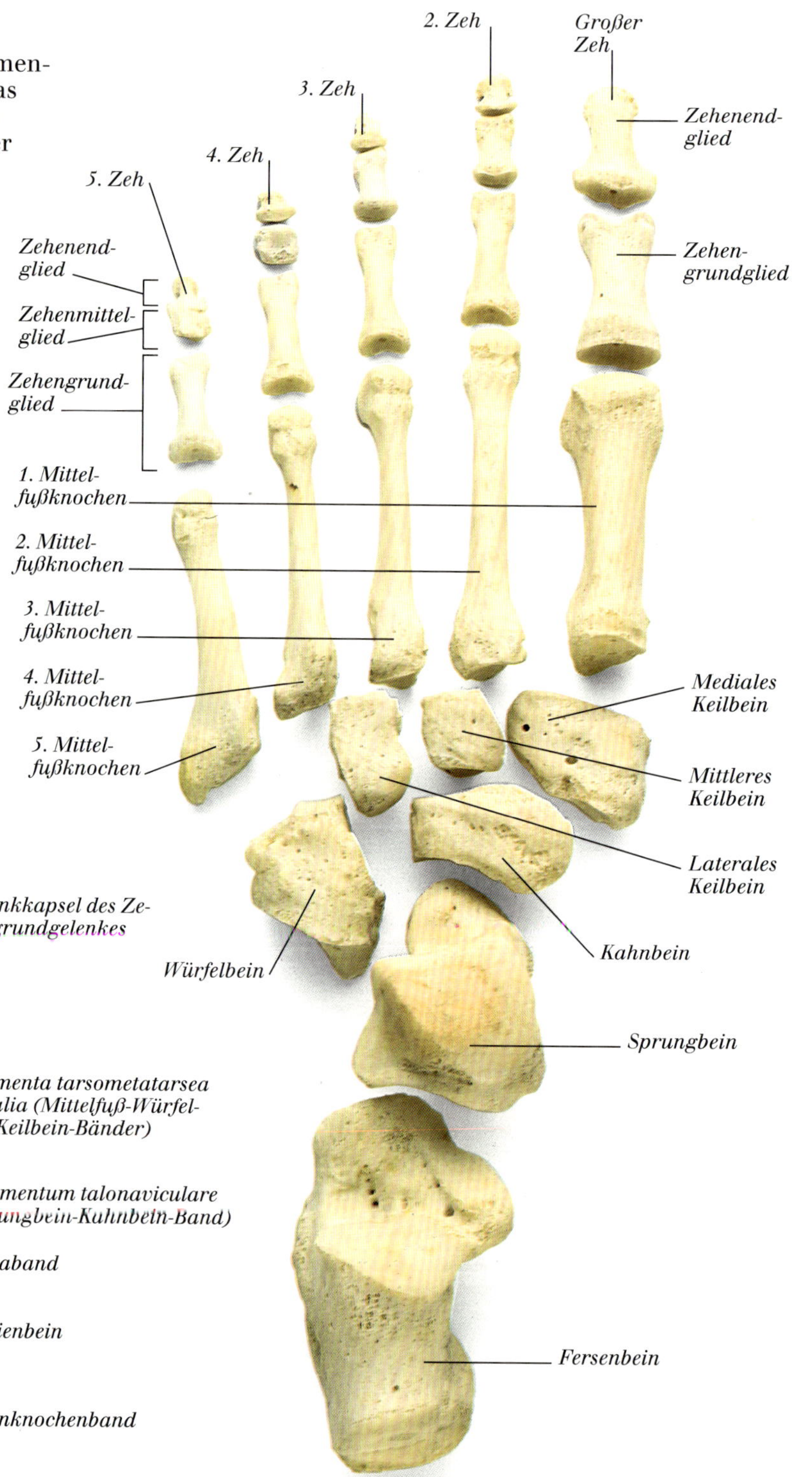

Fussbänder

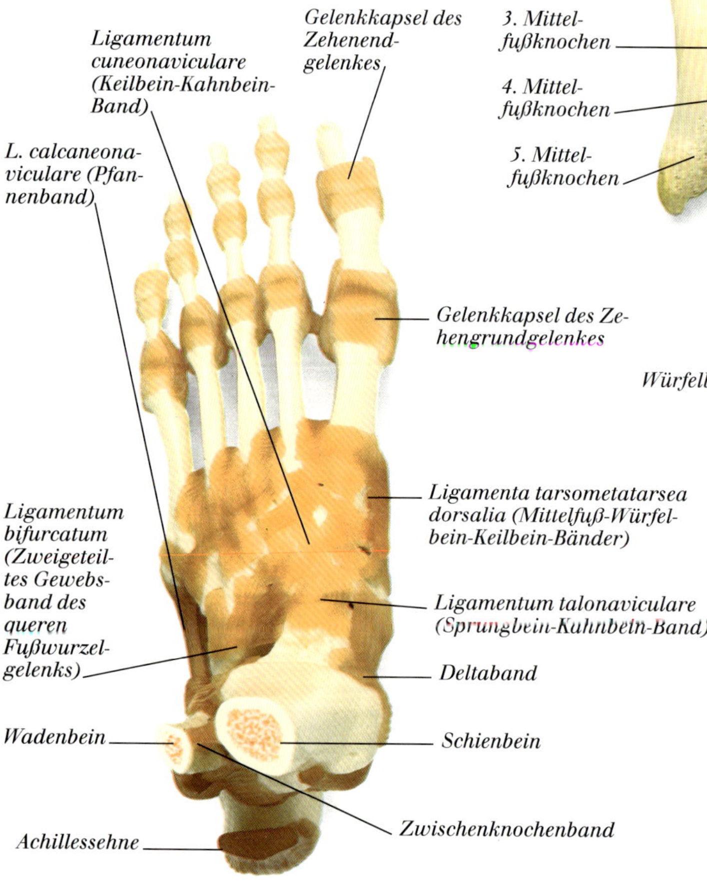

Muskeln und Sehnen

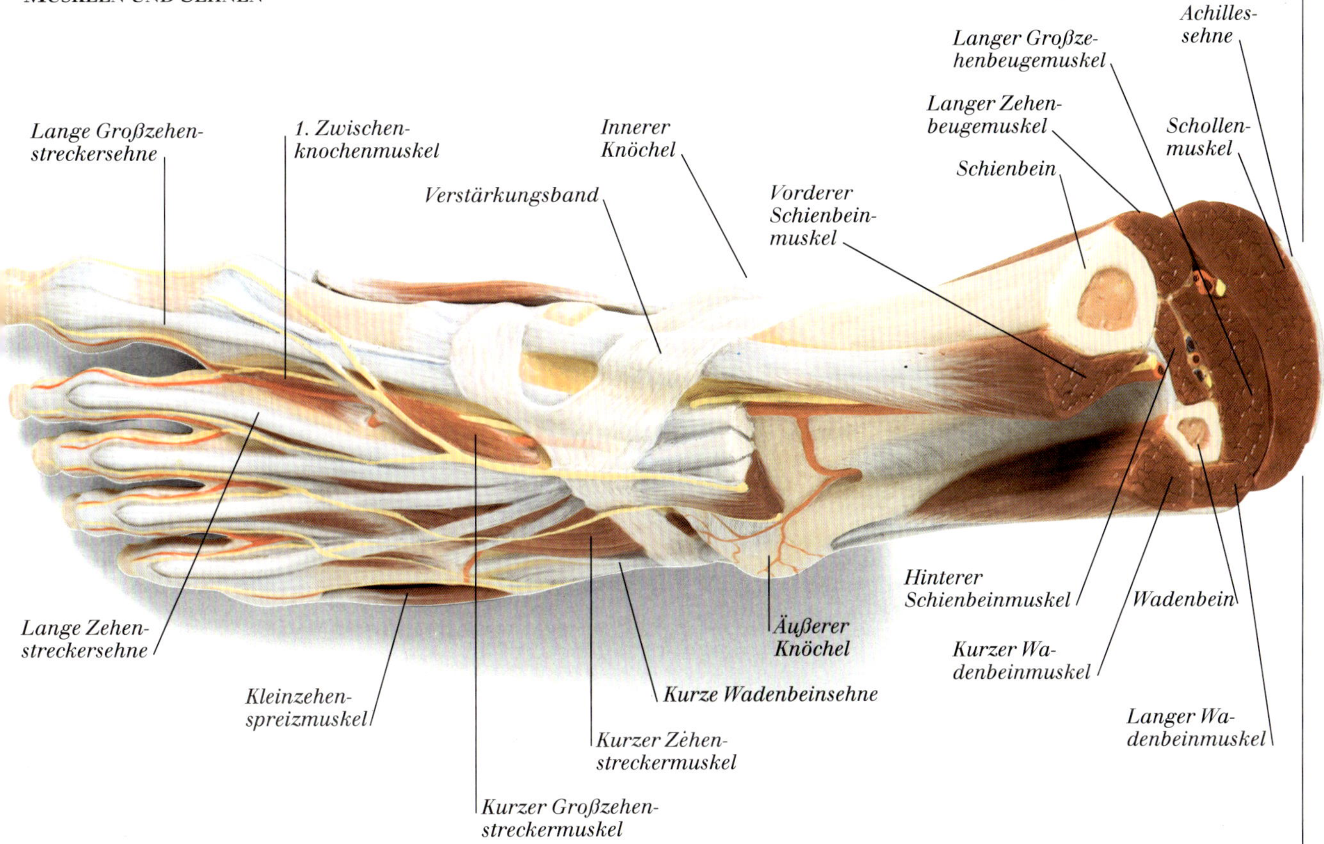

Äussere Merkmale eines Fusses

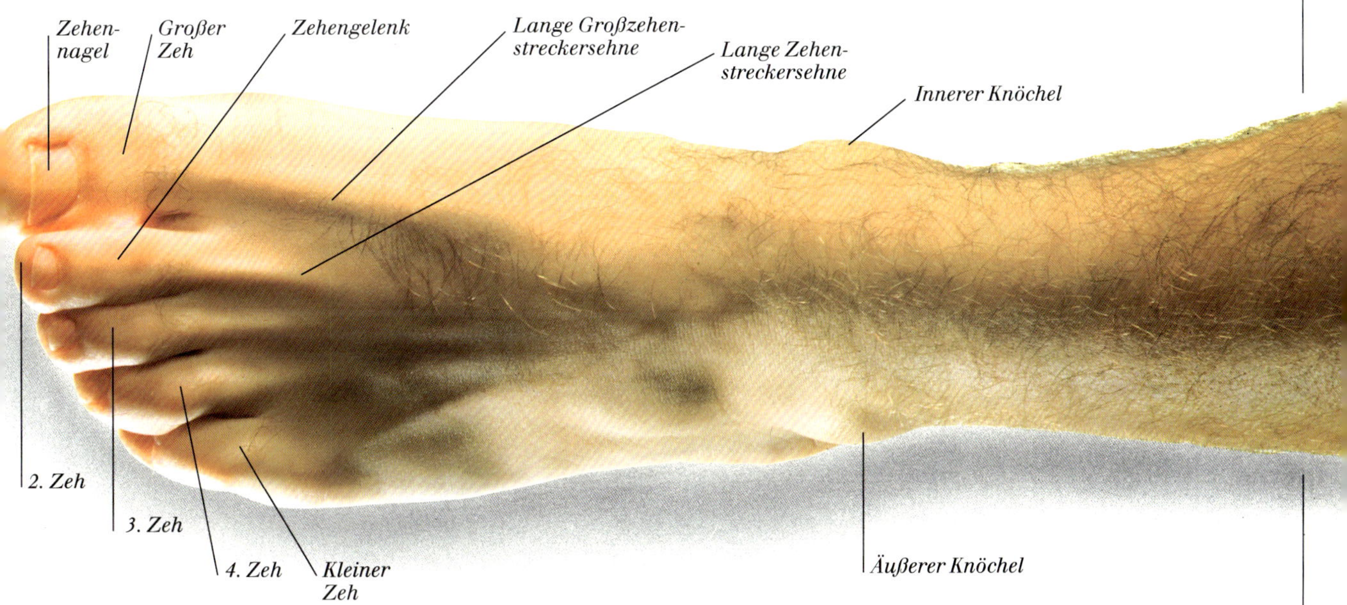

Haut und Haare

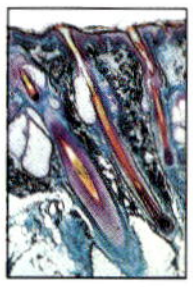

Die Haut ist das größte Körperorgan und bildet eine wasserfeste Barriere, welche die inneren Organe vor Infektionen, Verletzungen und schädlichen Sonnenstrahlen schützt. Die Haut ist zudem ein wichtiges Sinnesorgan und reguliert die Körpertemperatur. Die Oberhaut (Epidermis) besteht aus mehreren Lagen von Zellen und wird von der untersten Lage her, der Keimschicht, ständig neu gebildet. Die so entstehende Hornschicht aus Keratin wird laufend abgestoßen und neu ergänzt. Die Lederhaut beinhaltet die meisten der vitalen Hautstrukturen: Nervenenden, Blutgefäße, elastische Fasern und Schweißdrüsen, welche die Haut kühlen, sowie Talgdrüsen, die eine Art Öl produzieren, damit die Haut geschmeidig bleibt. Unterhalb der Lederhaut liegt das Unterhautgewebe (Subcutis). Dieses ist reich an Fett und Blutgefäßen. Die Haarschäfte wachsen aus Haarwurzeln, die in der Lederhaut und im Unterhautgewebe liegen. Bis auf die Handinnenflächen und Fußsohlen ist die gesamte Körperoberfläche des Menschen mit Haaren bedeckt.

Modell eines Haares

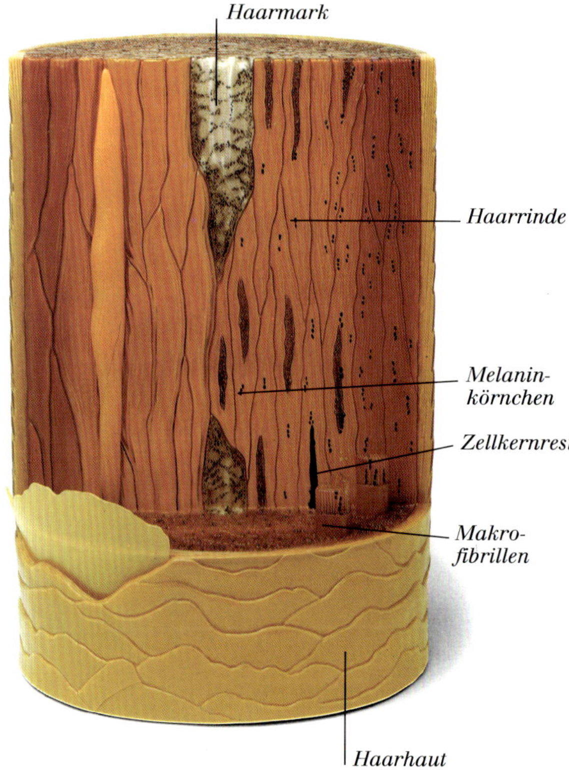

Schnitt durch verschiedene Hauttypen

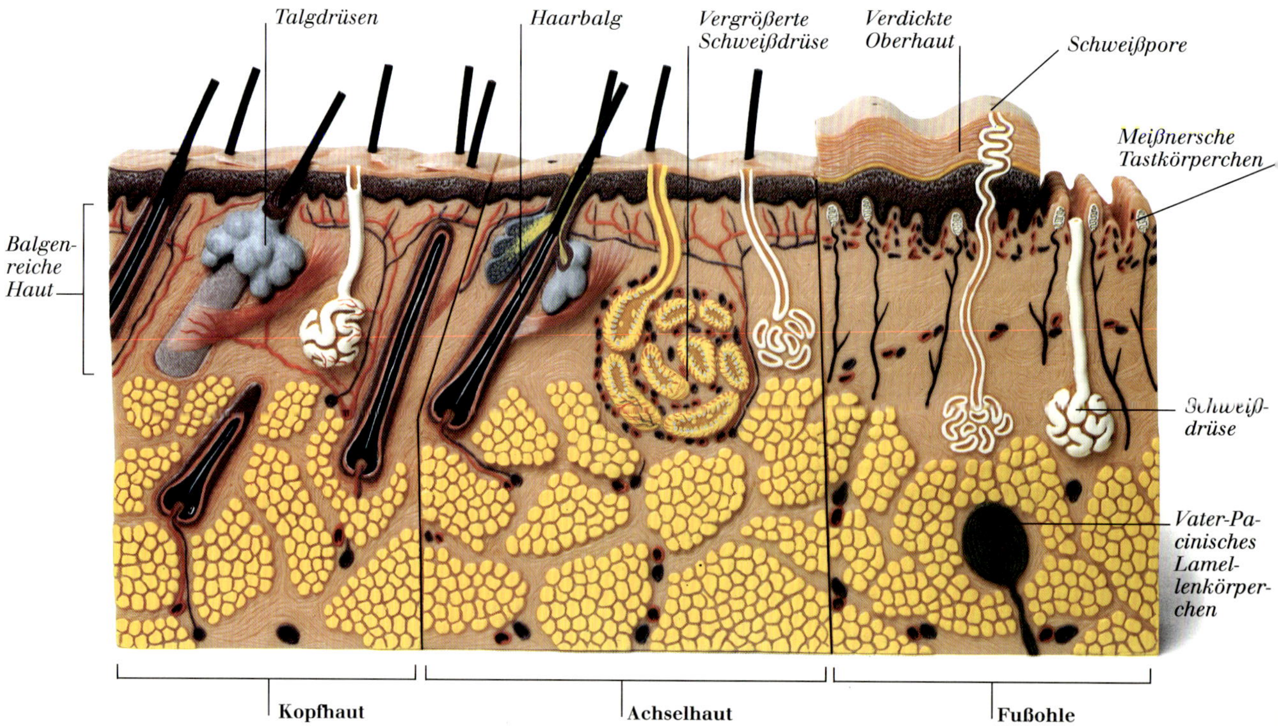

Blockmodell der Haut

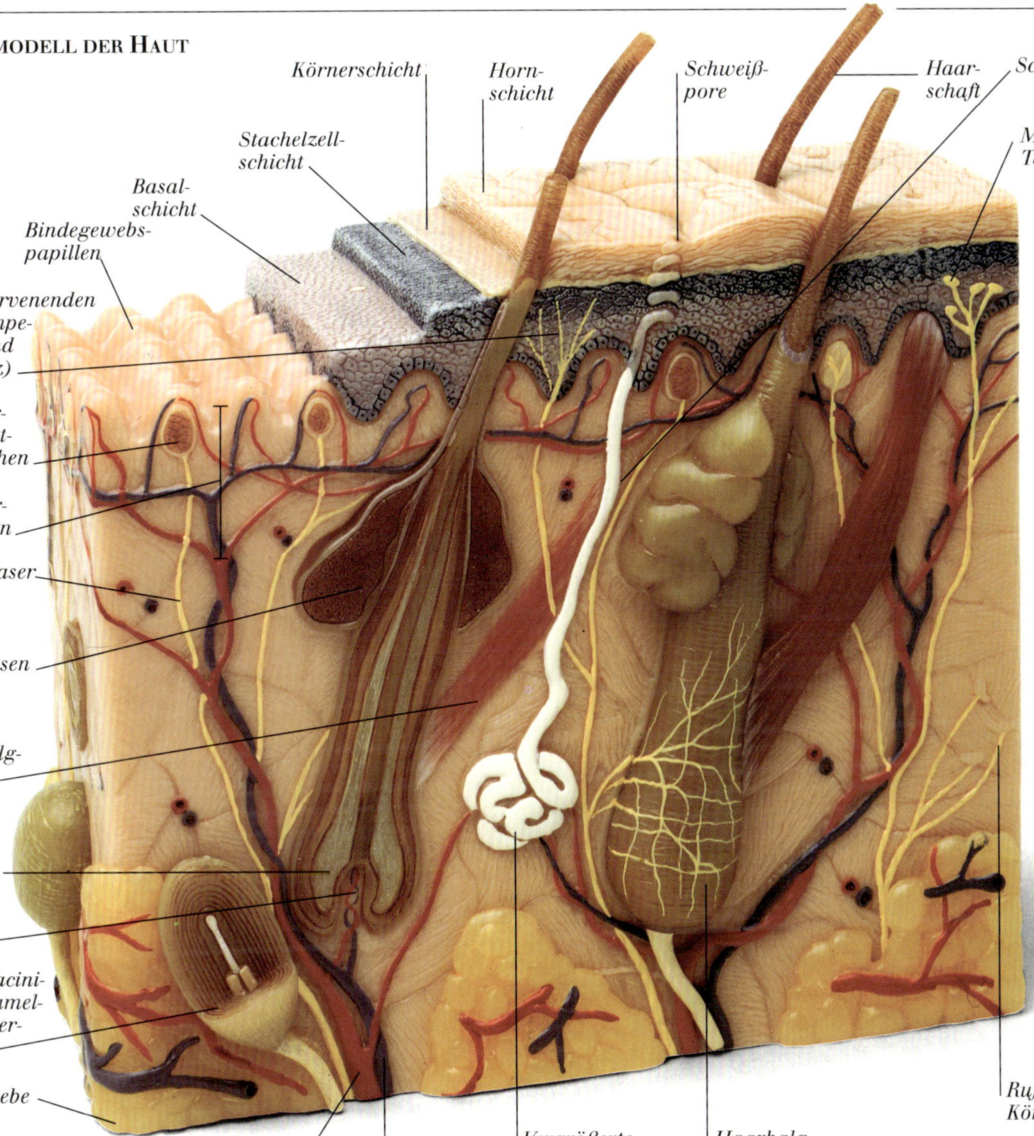

Mikroskopische Aufnahmen von Haut und Haaren

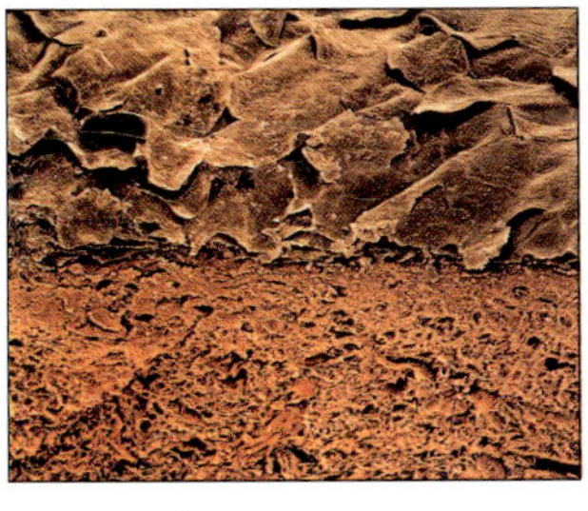

Hautschnitt
Die oberflächlichen Hautzellen schuppen sich kontinuierlich ab.

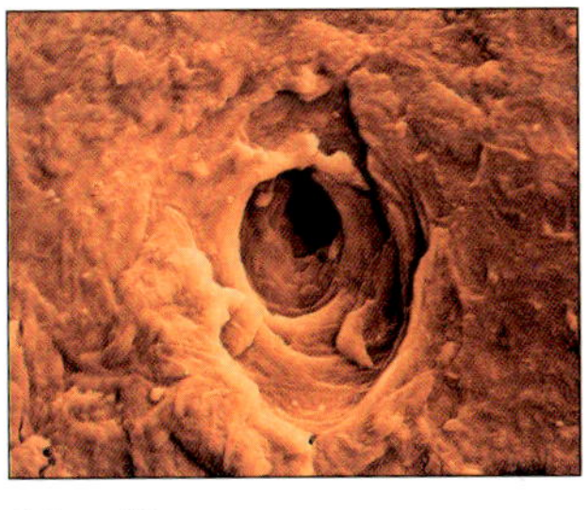

Schweißpore
Diese scheidet Flüssigkeit u. a. zur Temperaturregulation aus.

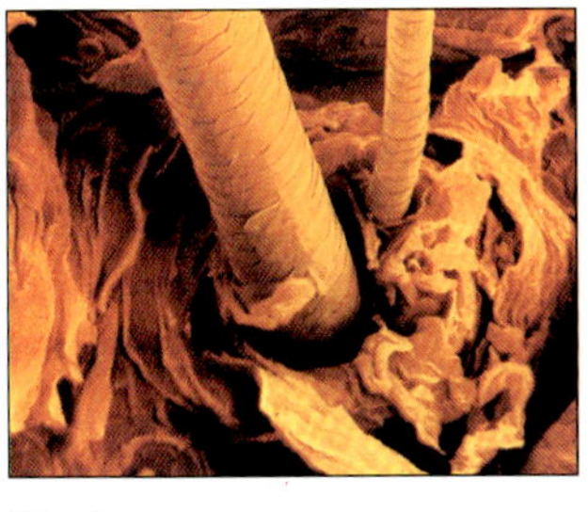

Hauthaar
Zwei Haare treten aus der Außenhaut aus.

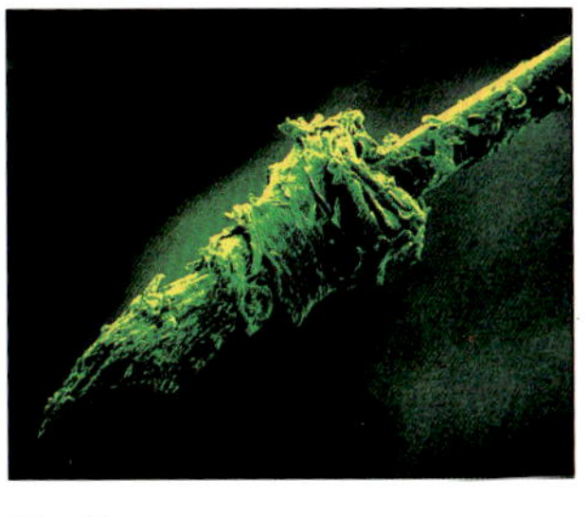

Kopfhaar
Wurzel und Teil des Haarschaftes eines Kopfhaares.

Das Gehirn

Das Gehirn ist das wichtigste Organ des Zentralnervensystems und stellt das Kontrollsystem für alle bewußten und unbewußten Aktivitäten dar. Es ist außerdem für das Denken, das Erinnern, die Emotionen und die Sprache verantwortlich. Bei Erwachsenen wiegt dieses komplexe Organ nur ca. 1,4 kg und enthält dabei über 10 Milliarden Nervenzellen. Drei getrennte Bereiche lassen sich leicht unterscheiden: das Großhirn, das Kleinhirn und der Hirnstamm. Letzterer kontrolliert die vitalen Funktionen wie Atmung und Verdauung. Das Kleinhirn dient hauptsächlich der Erhaltung des Gleichgewichtes und der Bewegungskoordination zahlreicher Muskelgruppen. Das Großhirn besteht aus zwei Hälften (Hemisphären), die durch den Balken (Corpus callosum) miteinander verbunden sind. In diesem Bereich sind unsere wesentlichen Bewußtseins- und Intelligenzaktivitäten lokalisiert.

KERNSPINRESONANZTOMOGRAPHIE

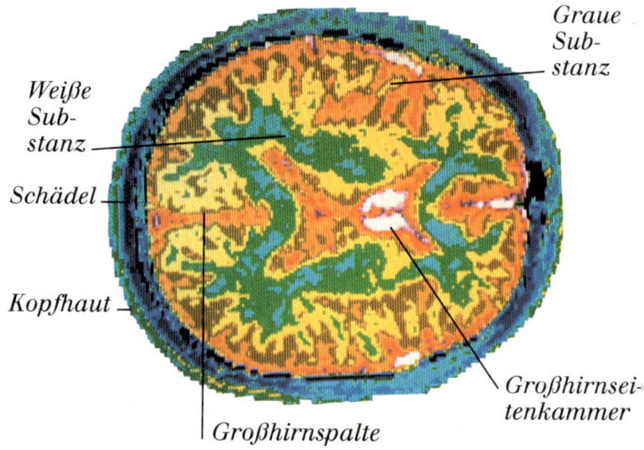

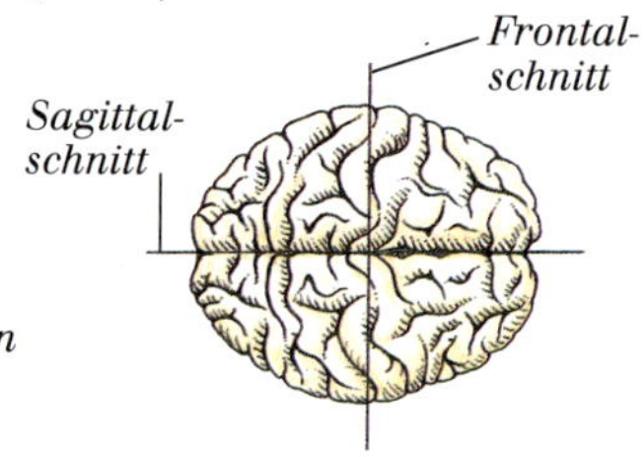

SAGITTALSCHNITT DURCH DAS GEHIRN

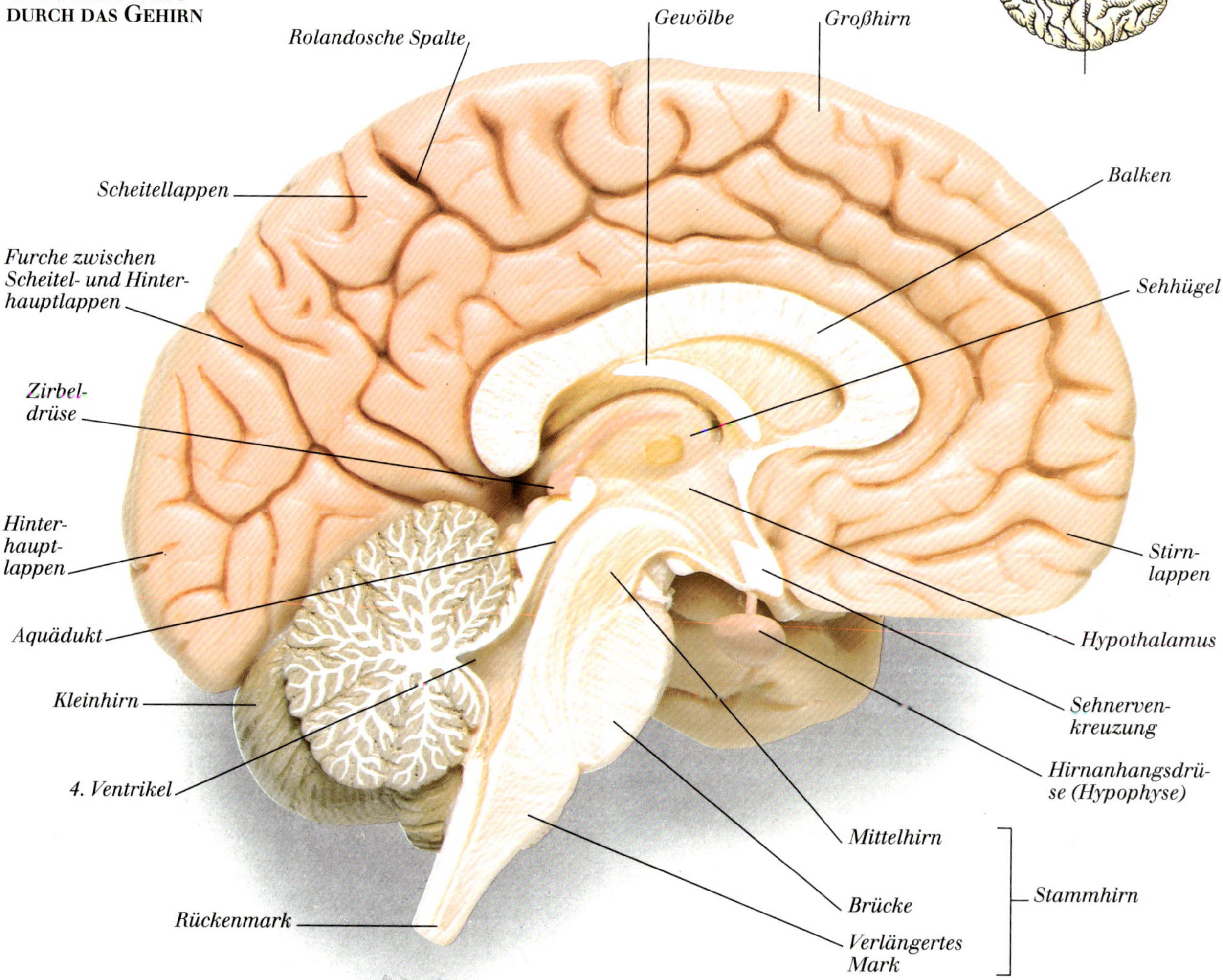

Schnittdarstellung eines Schädel- und Gehirnsegments

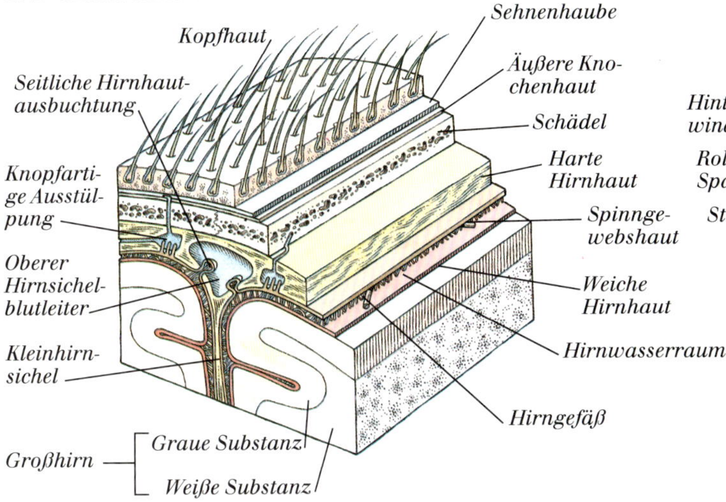

Äussere Merkmale des Gehirns

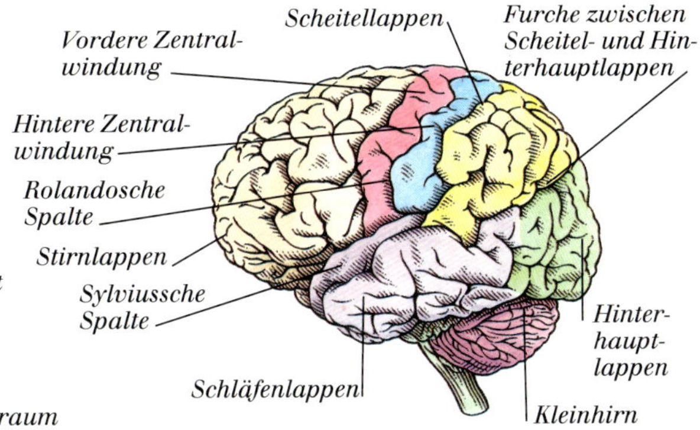

Funktionen einzelner Hirnabschnitte

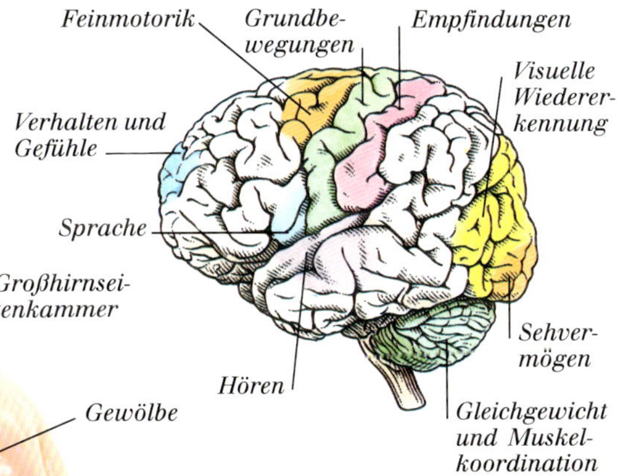

Frontalschnitt durch das Gehirn

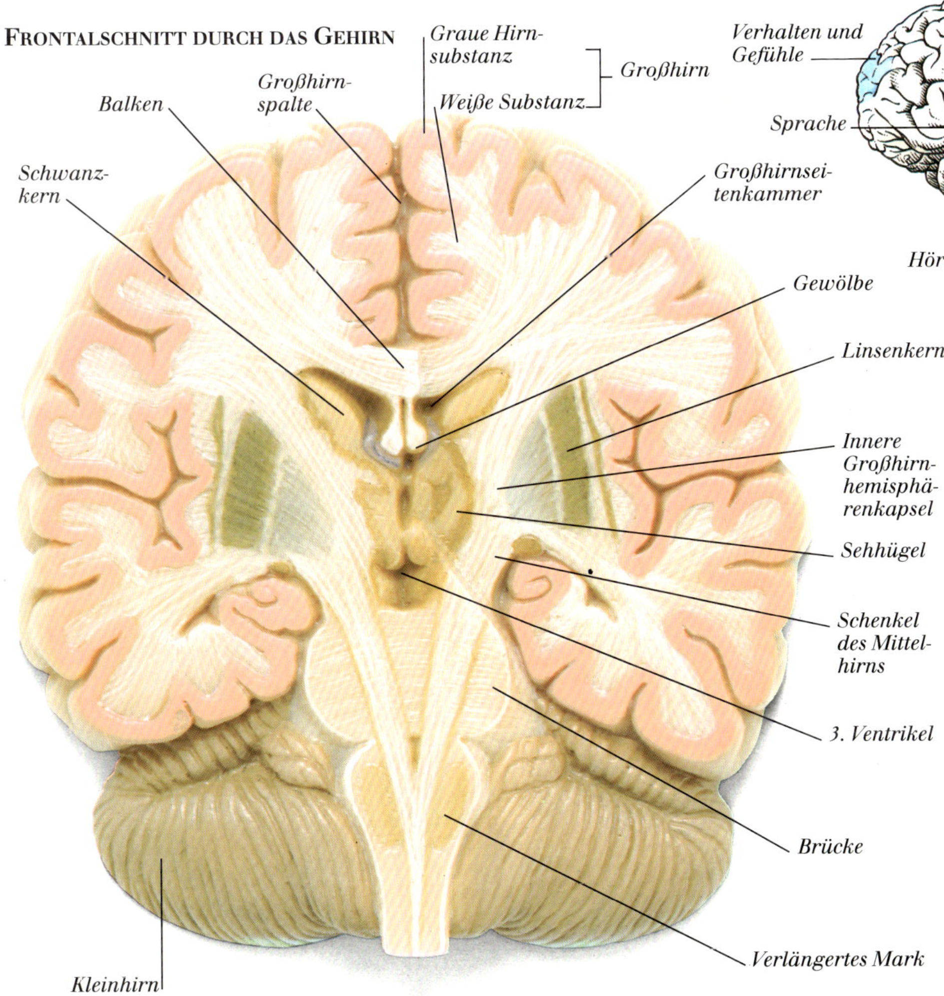

Nervenzellen im Gehirn

Die dunklen Zellen sind die sogenannten Purkinje-Zellen. Sie sind mit die größten Nervenzellen im menschlichen Körper.

Das Nervensystem

Das Nervensystem ist ein inneres, mit elektrochemischen Signalen kommunizierendes Netzsystem. Seine wichtigsten Teile sind das Gehirn, der zentrale Nervenkanal in der Wirbelsäule und die Nerven. Das Gehirn und der zentrale Nervenkanal bilden zusammen das Zentralnervensystem (ZNS), das Hauptkontroll- und Koordinationszentrum. Milliarden von langen, zu Nerven gebündelten Neuronen bilden das periphere Nervensystem. Dieses übermittelt Impulse zwischen dem Zentralnervensystem und anderen Körperregionen. Jedes Neuron besteht aus drei Teilen: dem Zellkörper, dem Dendritenast, welcher chemische Signale von anderen Neuronen empfängt, und einem Axon, das diese Signale in einen elektrischen Impuls umwandelt.

ZENTRALES UND PERIPHERES NERVENSYSTEM

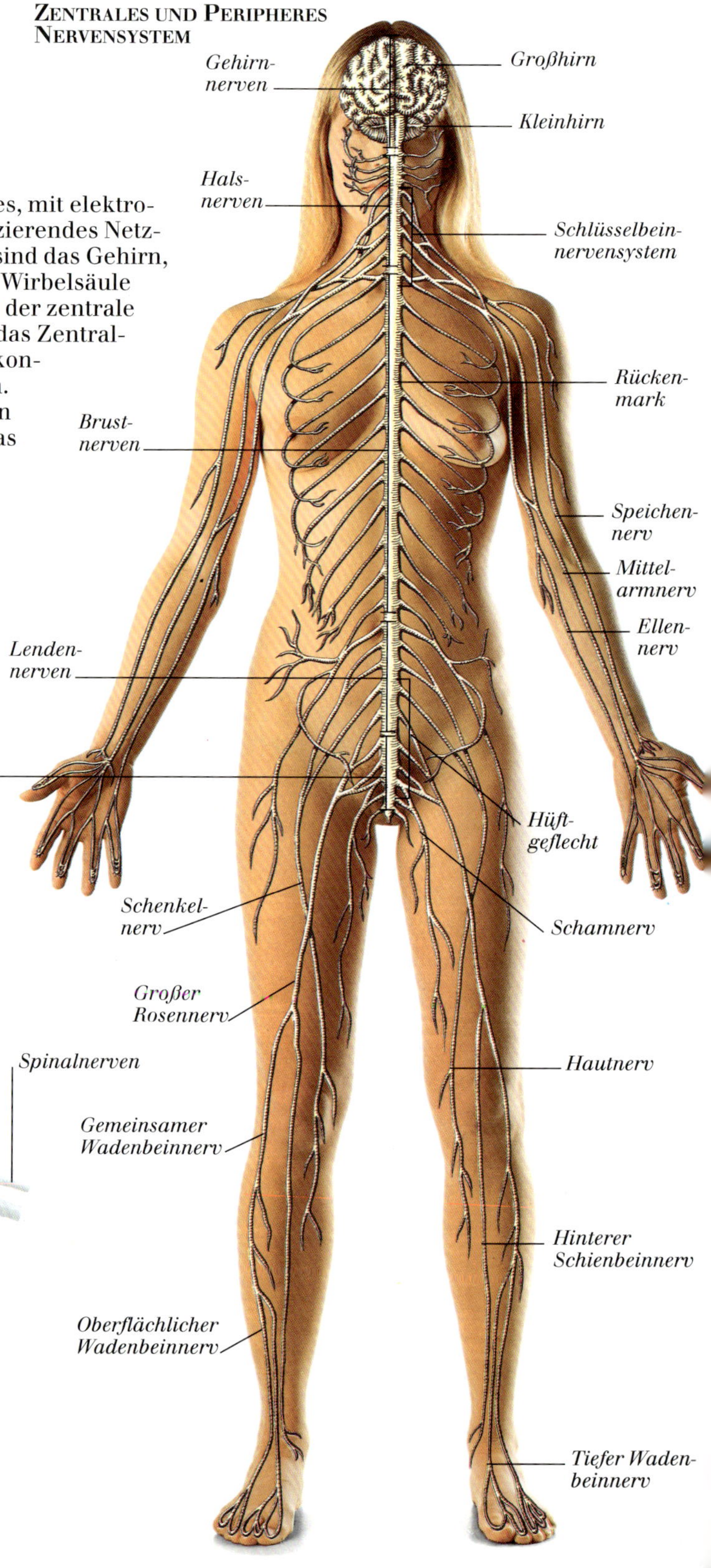

SCHNITT DURCH DAS RÜCKENMARK

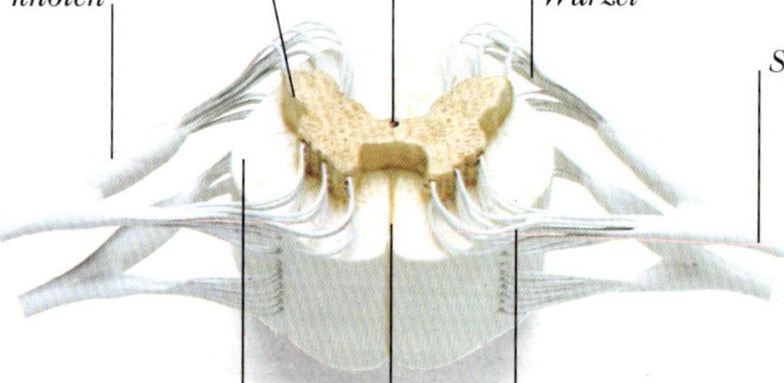

Aufbau eines Motoneurons

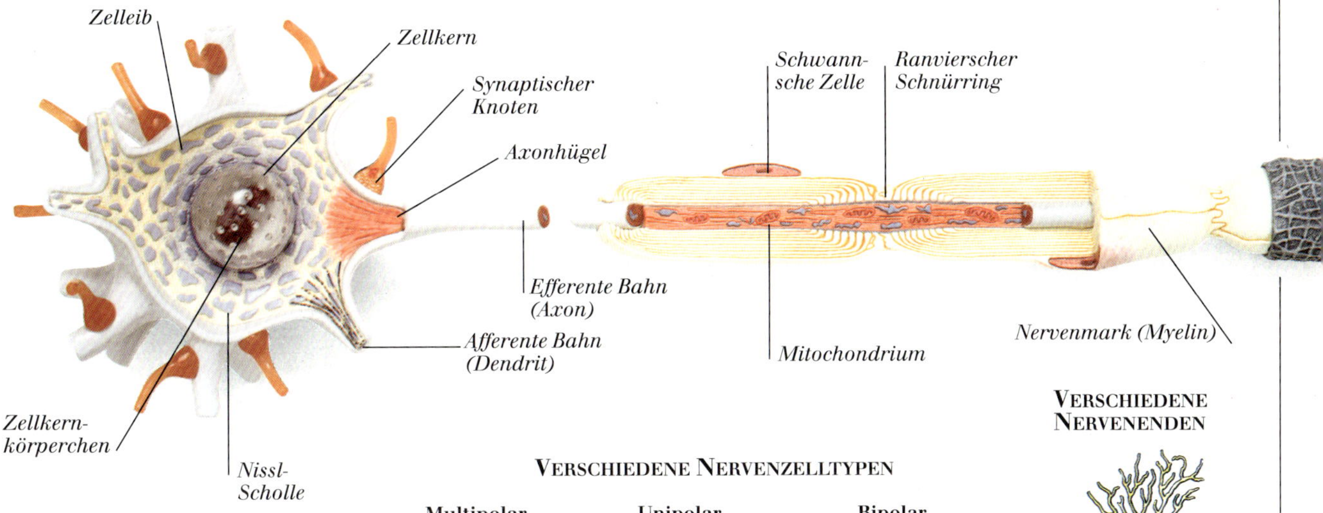

Aufbau eines synaptischen Knotens

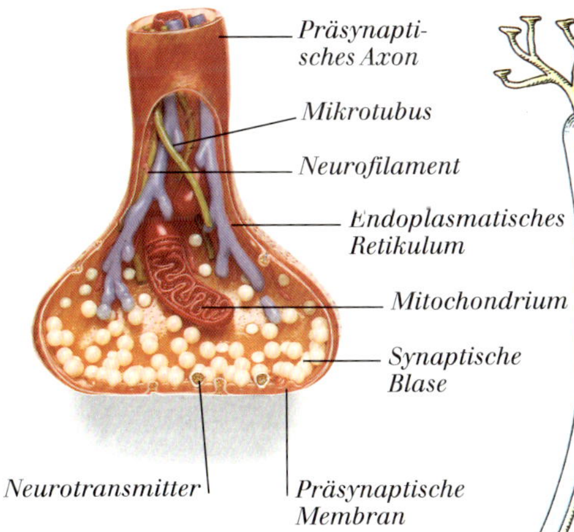

Verschiedene Nervenzelltypen

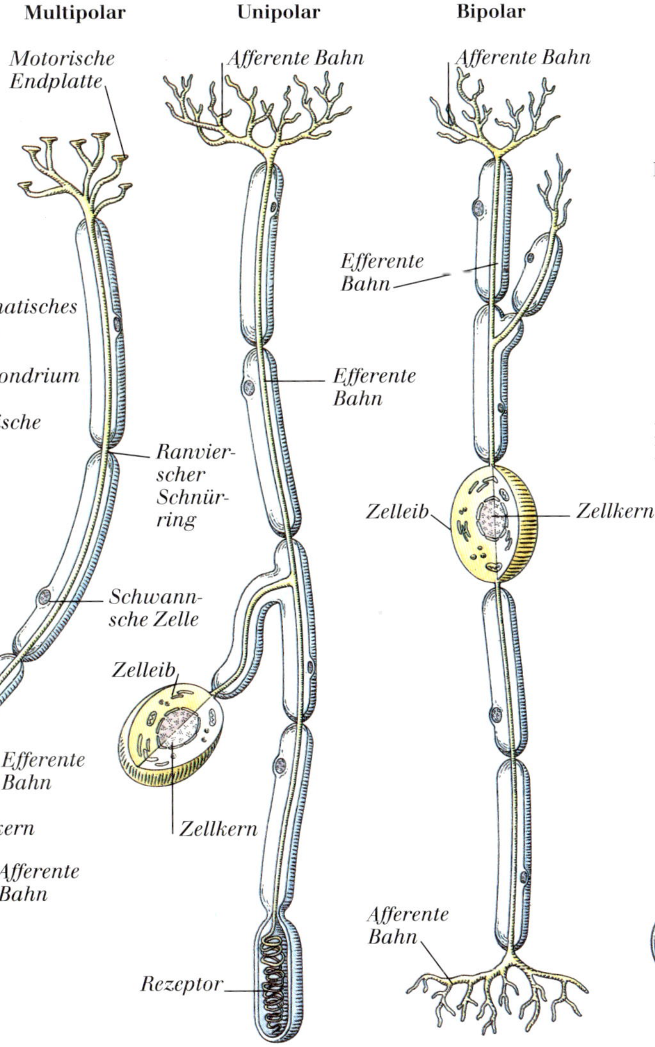

Verschiedene Nervenenden

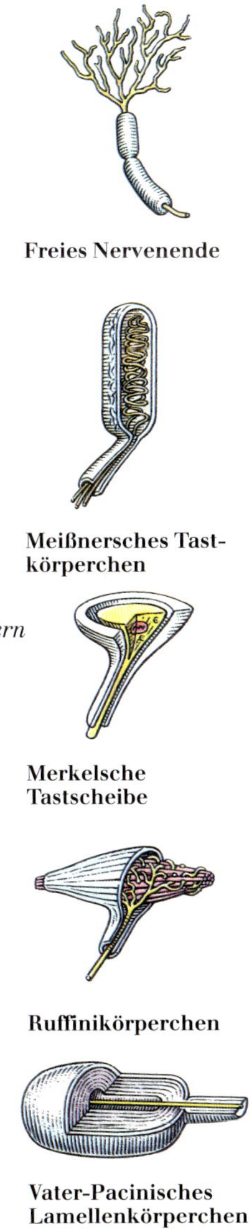

Das Auge

Das Auge ist das Sehorgan. Die beiden Augäpfel liegen in den knochigen Augenhöhlen und werden von außen durch die Augenlider, die Augenbrauen und den Tränenfilm geschützt. Sie sind direkt über die Sehnerven mit dem Gehirn verbunden. Jedes Auge wird durch sechs Muskeln, die um den Augapfel herum angeordnet sind, bewegt. Lichtstrahlen fallen durch die Pupille in das Innere und werden von der Hornhaut und der Linse fokussiert. Die Linsen projizieren das Bild auf die Netzhaut. Die Netzhaut wird von Millionen lichtempfindlicher Zellen, den Stab- und Zapfenzellen, gebildet. Diese Zellen verwandeln die empfangenen Bilder in ein Muster von Nervenimpulsen, welche durch den Sehnerv zum Gehirn geleitet werden. Die Informationen beider Nerven werden im Gehirn zu einem Bild koordiniert.

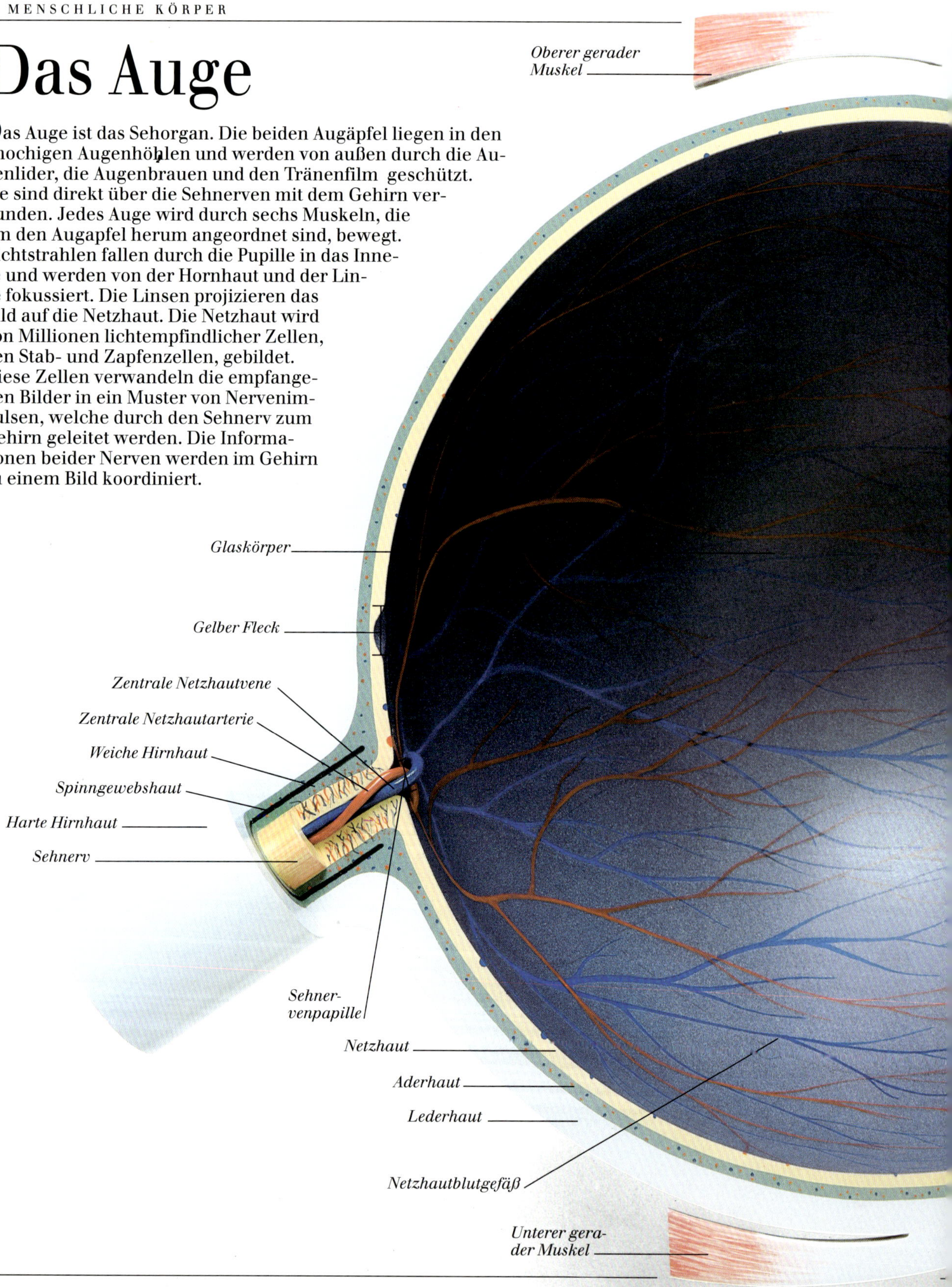

Schnitt durch das linke Auge

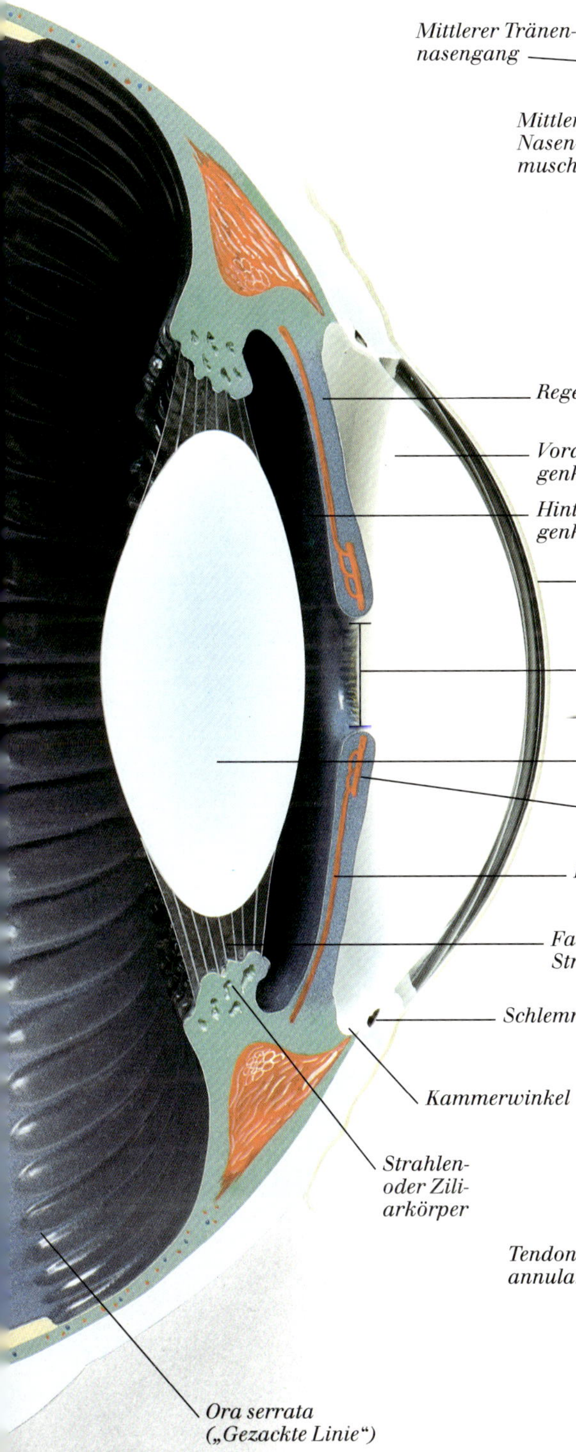

Tränendrüsenapparat

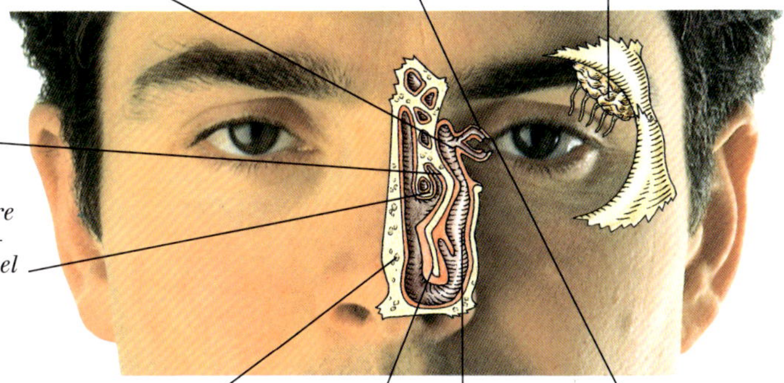

Ophthalmoskopie der Netzhaut

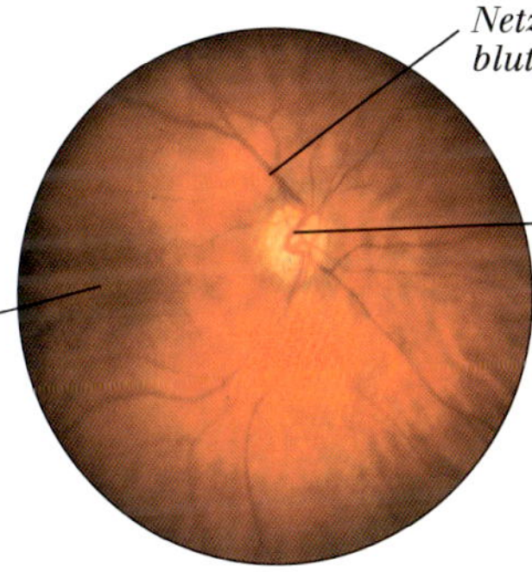

Der Gelbe Fleck, die Stelle des schärfsten Sehens, wo nur Zapfen vorhanden sind, kann deutlich als ein heller, runder Fleck auf der Netzhaut erkannt werden.

Muskeln des rechten Auges

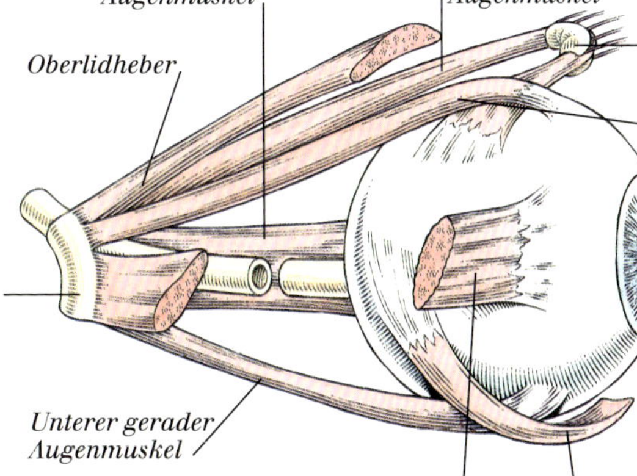

Das Ohr

Das Ohr ist das Hör- und Gleichgewichtsorgan. Das Außenohr besteht aus einer knorpeligen Gehörmuschel und dem Gehörgang. Die wichtigsten Funktionsteile, das Mittel- und das Innenohr, liegen im Schädel. Das Mittelohr besteht aus drei sehr kleinen Knochen – den Gehörknöchelchen – und der Eustachischen Röhre, die das Ohr mit dem hinteren Nasenraum verbindet. Das Innenohr setzt sich aus einem spiralförmigen Labyrinth, den Bogengängen und dem Gleichgewichtsorgan (Vestibularapparat) zusammen. Schallwellen dringen durch den Gehörkanal zum Trommelfell, wo sie in Vibrationen umgewandelt werden, die wiederum zu der knochigen Gehörschnecke geleitet werden. Hier werden sie von Millionen mikroskopisch kleiner Härchen in elektrische Nervenimpulse, die vom Gehirn verarbeitet werden, umgesetzt.

Rechtes Ohr

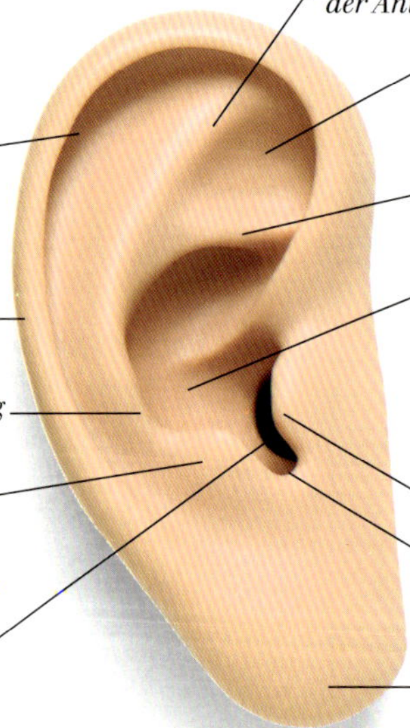

Aufbau des Ohres

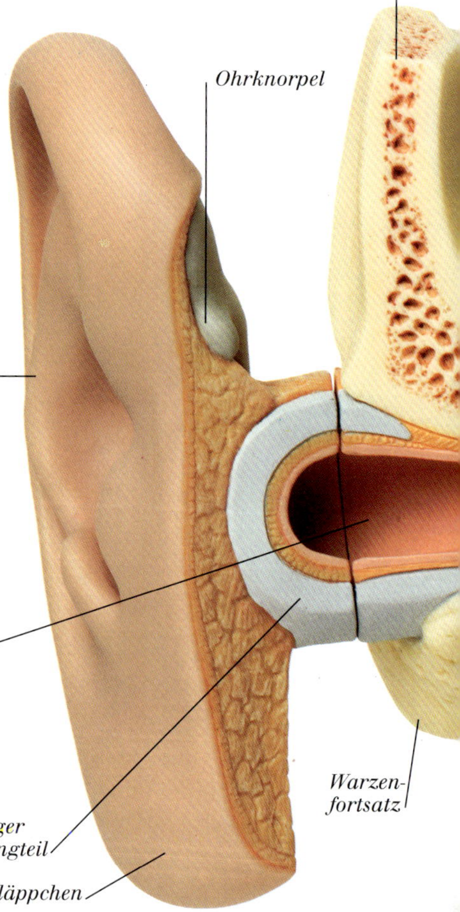

Gehörknöchelchen des Mittelohres

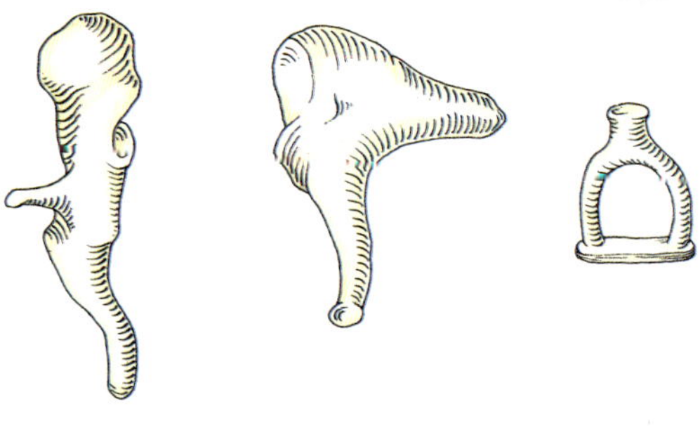

Hammer **Amboß** **Steigbügel**

Die Gehörknöchelchen bilden zusammen eine Brücke zwischen dem Trommelfell und dem Ovalen Fenster. Durch ein Membransystem übermitteln sie Schallwellen in das Mittelohr.

Innere Ampullenstrukturen

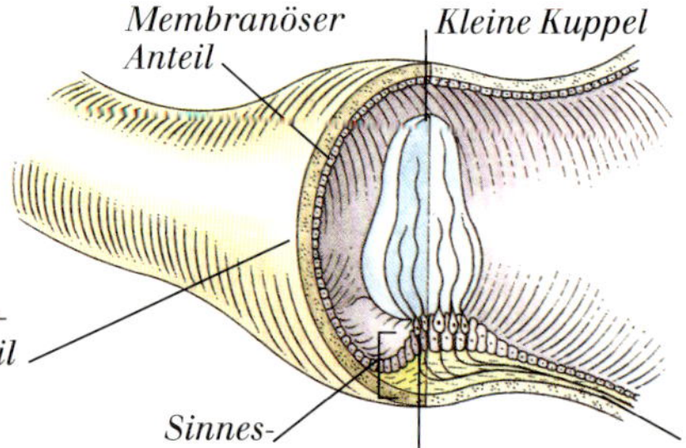

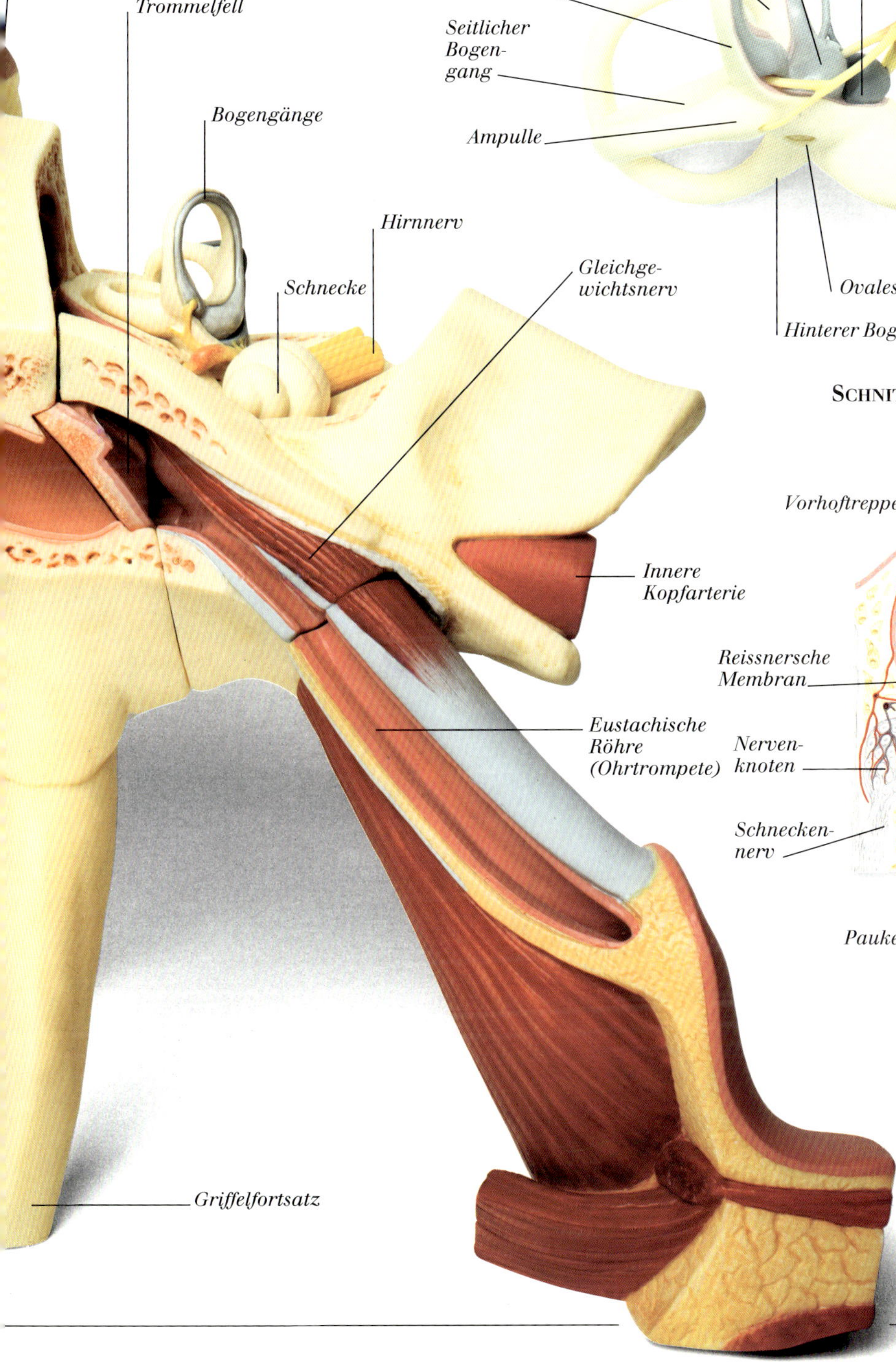

Innenohr

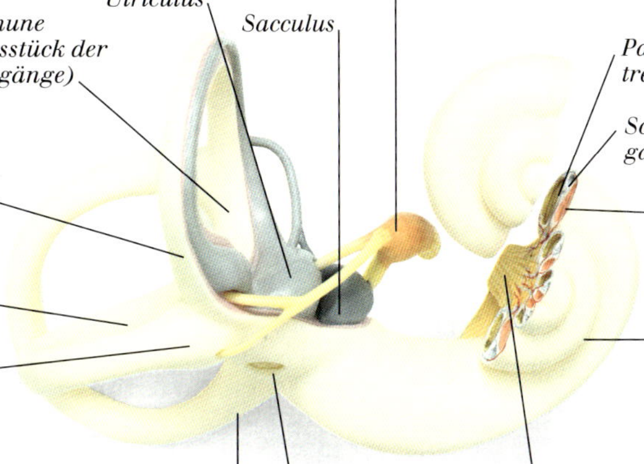

Schnitt durch die Schnecke

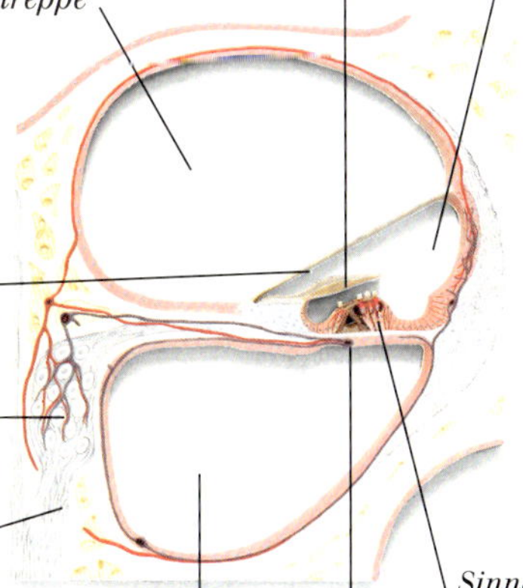

Nase, Mund und Rachen

Mit jedem Atemzug strömt Luft durch die Nasenlöcher, den Rachen (Pharynx), den Kehlkopf (Larynx) und die Luftröhre (Trachea) zu den Lungen. Die Nasenhöhlen wärmen und befeuchten die Luft, und kleine Härchen reinigen die Luftwege von Fremdkörpern. Während des Schluckens bewegt sich die Zunge nach oben und nach hinten. Der Kehlkopf gleitet nach oben. Der Kehldeckel schließt den Luftweg, und der weiche Gaumen trennt die Nasenwege vom Rachen. Speichel wird von drei Paar Speicheldrüsen gebildet. Er vermischt sich mit der Nahrung, erleichtert das Schlucken und unterstützt die Geschmacksentwicklung. Mit dem Einspeicheln beginnt auch die chemische Zersetzung der Nahrung, und es hilft bei der Geschmacksentwicklung. Geschmacks- und Geruchssinn sind eng miteinander verbunden. Beide hängen von der Wahrnehmung gelöster Moleküle durch Sinnesrezeptoren in den Riechnervenenden der Nase und in den Geschmacksknospen der Zunge ab.

AUFBAU DER ZUNGE

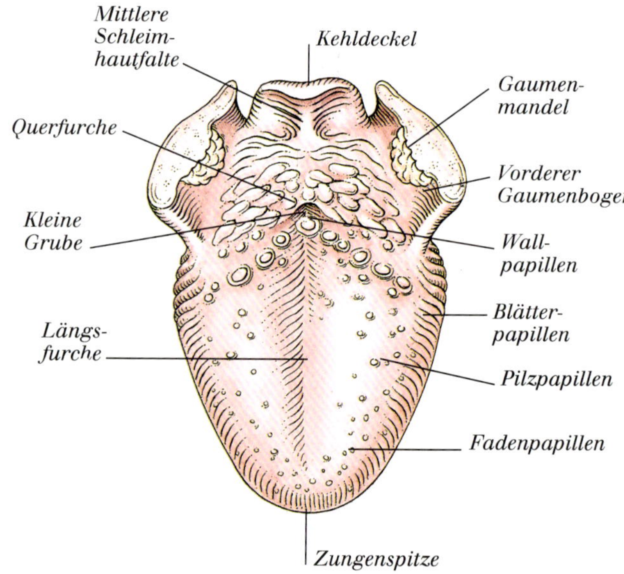

GESCHMACKSZONEN AUF DER ZUNGE

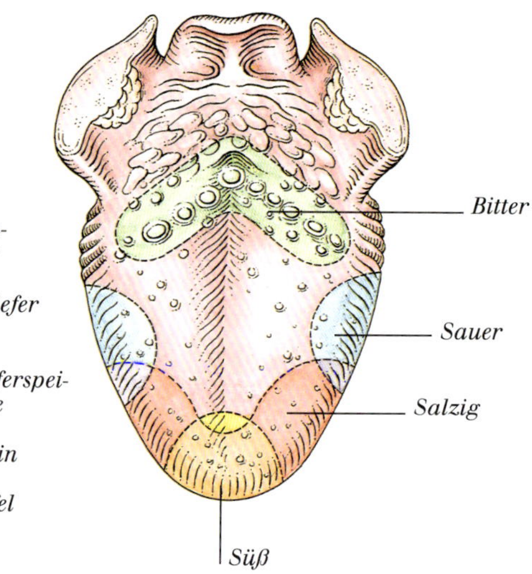

DARSTELLUNG DES RACHENS

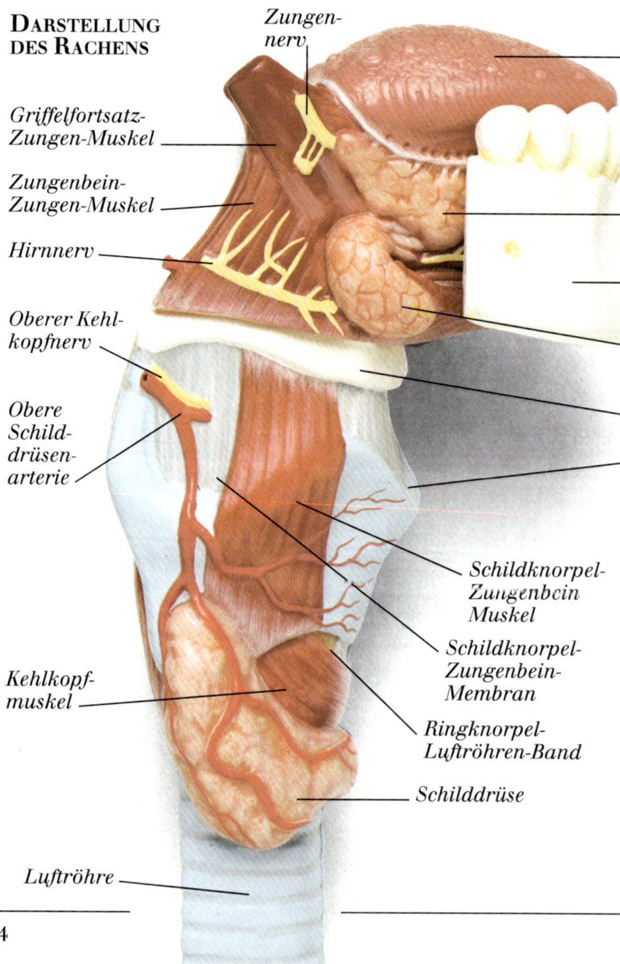

ZUNGENPAPILLENARTEN

Fadenpapillen

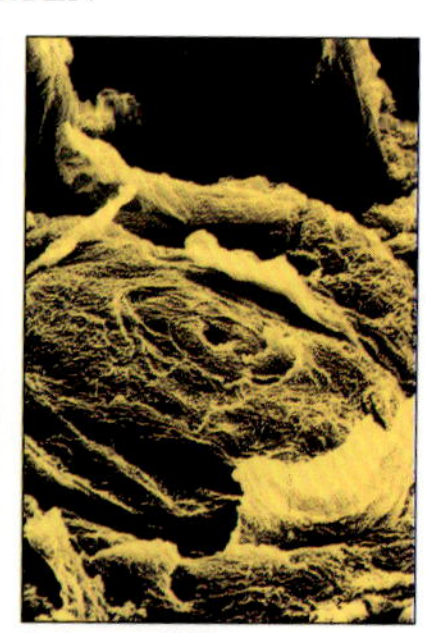

Pilzpapillen

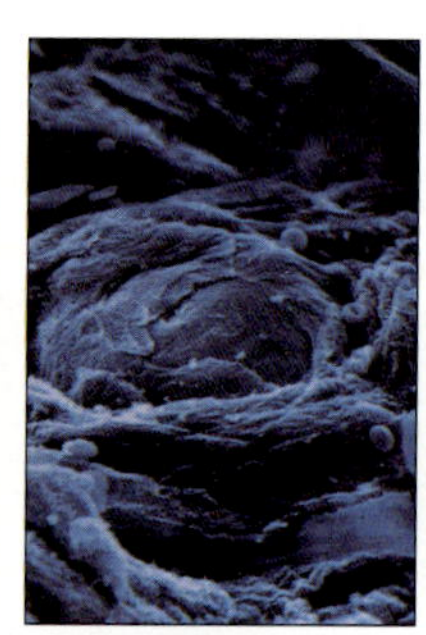

Wallpapillen

Schnitt durch Nase, Mund und Rachen

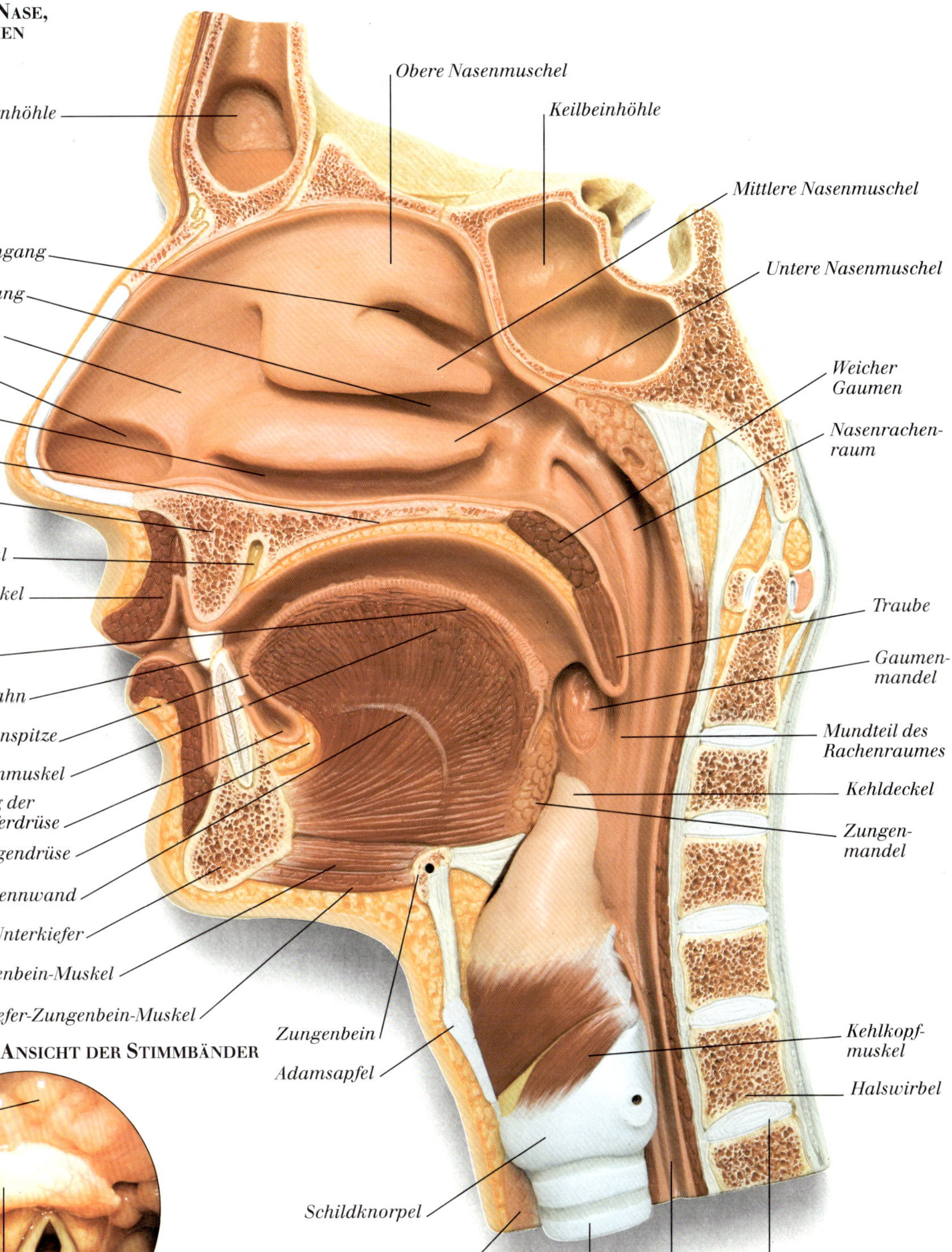

Endoskopische Ansicht der Stimmbänder

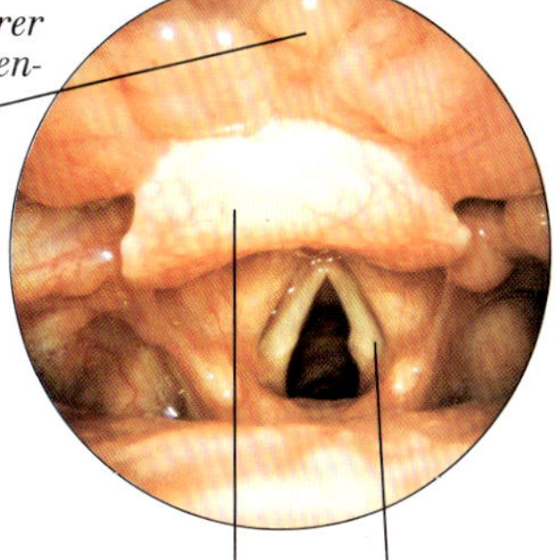

Die Zähne

Die 20 ersten Zähne (Milchzähne) beginnen in der Regel bei einem Baby im Alter von etwa sechs Monaten durchzubrechen. Sie werden im Alter von ungefähr sechs Jahren nach und nach durch die bleibenden Zähne ersetzt. Im Alter von 20 Jahren haben die meisten Erwachsenen ein vollständiges, 32 Zähne zählendes Gebiß, obgleich die Weisheitszähne oft niemals durchbrechen. Die primäre Funktion der Zähne ist es, Nahrung zu zerkleinern. Schneidezähne und Eckzähne reißen und schneiden die Nahrung in Stücke. Backenzähne (Prämolaren und Molaren) zermahlen und zerreiben sie weiter. Der Zahnschmelz ist die härteste Substanz des Körpers, wird jedoch leicht durch Säure, die in der Mundhöhle entsteht, angegriffen und zerstört.

Zahnentwicklung eines Fetus

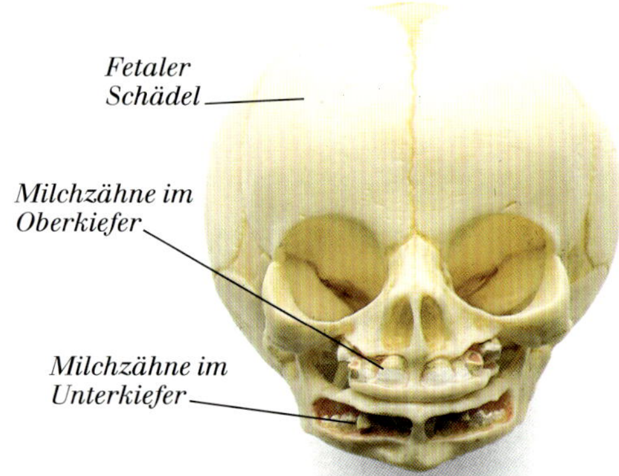

Fetaler Kiefer
Bei einem sechs Wochen alten Embryo entwickeln sich in jedem Kiefer dickere Bereiche. Hier bilden sich die Zahnknospen. Bei einem sechs Monate alten Feten (Bild) hat sich auf den Knospen Zahnschmelz gebildet.

Kiefer- und Zahnentwicklung

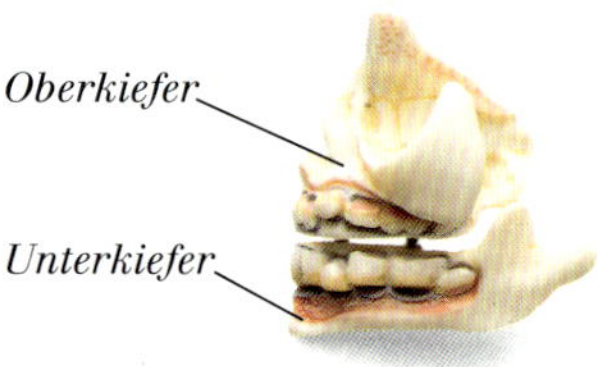

Kiefer eines Neugeborenen
Die Milchzähne entwickeln sich im Kieferknochen und beginnen im Alter von etwa sechs Monaten durchzubrechen.

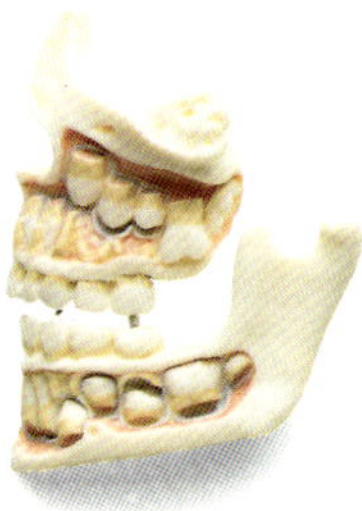

Gebiß eines fünfjährigen Kindes
Ein voller Satz von 20 Milchzähnen ist durchgebrochen. Die bleibenden Zähne entwickeln sich im Ober- und Unterkiefer.

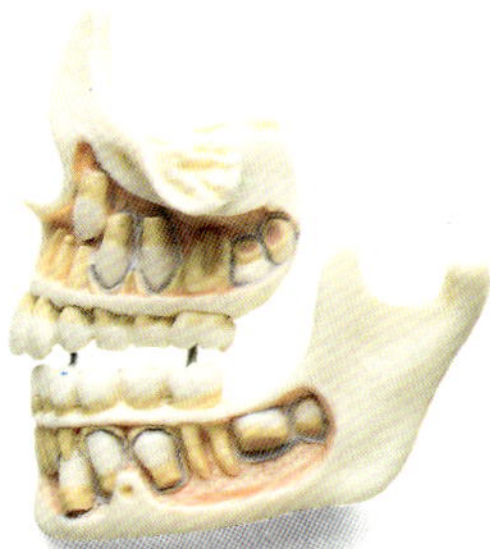

Gebiß eines neunjährigen Kindes
Die meisten Zähne sind Milchzähne. Die bleibenden Schneidezähne und die Mahlzähne sind aber schon hervorgetreten.

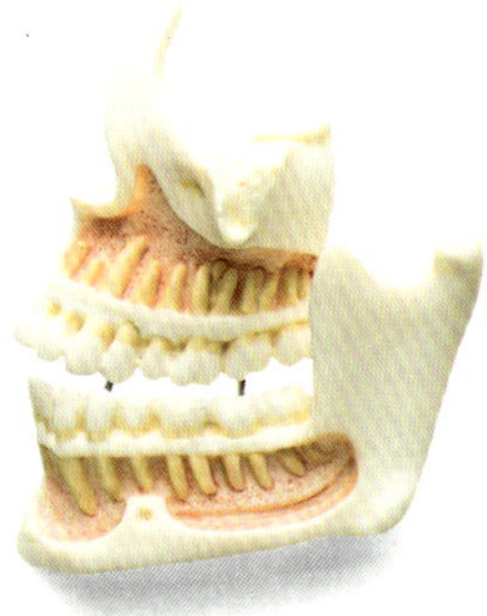

Gebiß eines Erwachsenen
Im Alter von 20 Jahren sind in der Regel alle 32 bleibenden Zähne (mit den Weisheitszähnen) durchgebrochen.

Die bleibenden Zähne

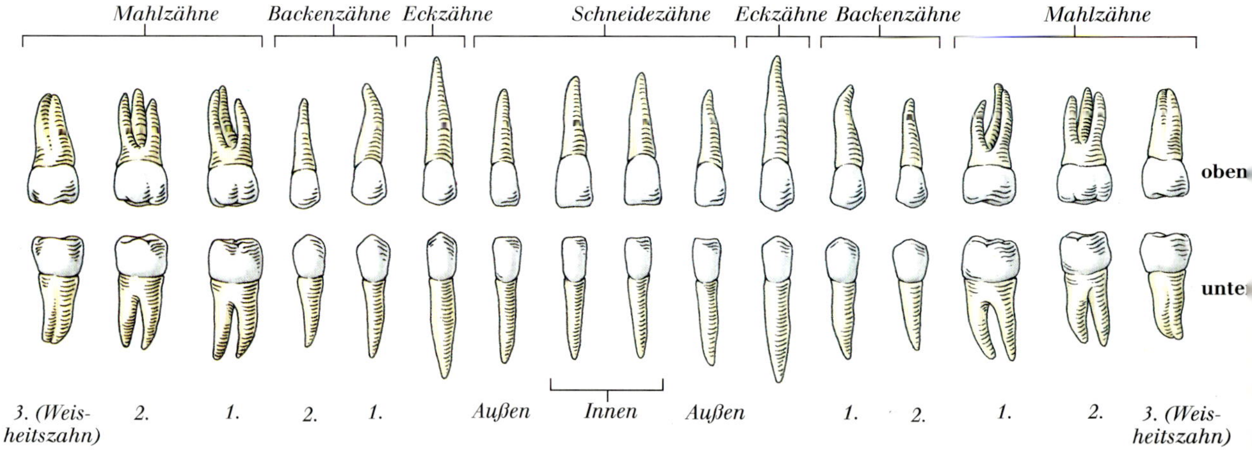

Aufbau eines Zahnes

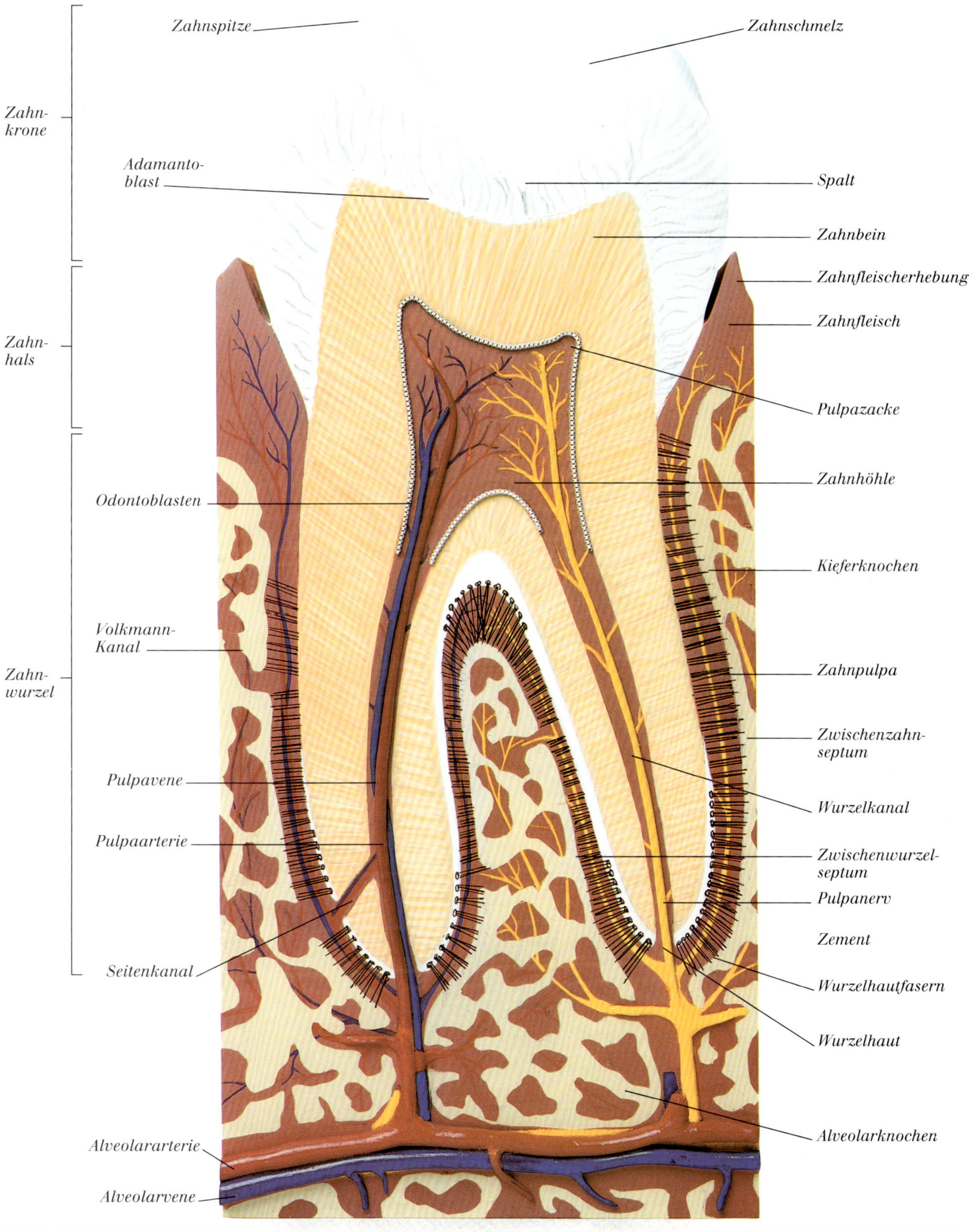

Das Verdauungssystem

Das Verdauungssystem bereitet die Nahrung soweit auf, daß sie vom Blut als Nährstoffe zu jedem Körperteil transportiert werden kann. Der Haupttrakt des Verdauungssystems ist ein neun Meter langer „Schlauch", der vom Mund bis zum Enddarm reicht. Muskeln entlang dieses Systems transportieren die Nahrung weiter. Die zerkaute Nahrung gelangt zuerst durch die Speiseröhre in den Magen, der sie speichert. Hier wird sie weiter verdünnt und zersetzt, bevor sie durch den Zwölffingerdarm, den Leerdarm und den Krummdarm in die drei langen, gewundenen Dünndarmteile befördert wird. Dort spalten die Verdauungssäfte der Gallenblase und der Bauchspeicheldrüse den Nahrungsbrei weiter auf. Die verdaute Nahrung wird von den kleinen Darmzotten auf der inneren Dünndarmwand absorbiert und im Blut weitertransportiert. Die unverdauten Nahrungsreste verlassen durch den Dickdarm (das Colon) und den Mastdarm (das Rektum) den Körper.

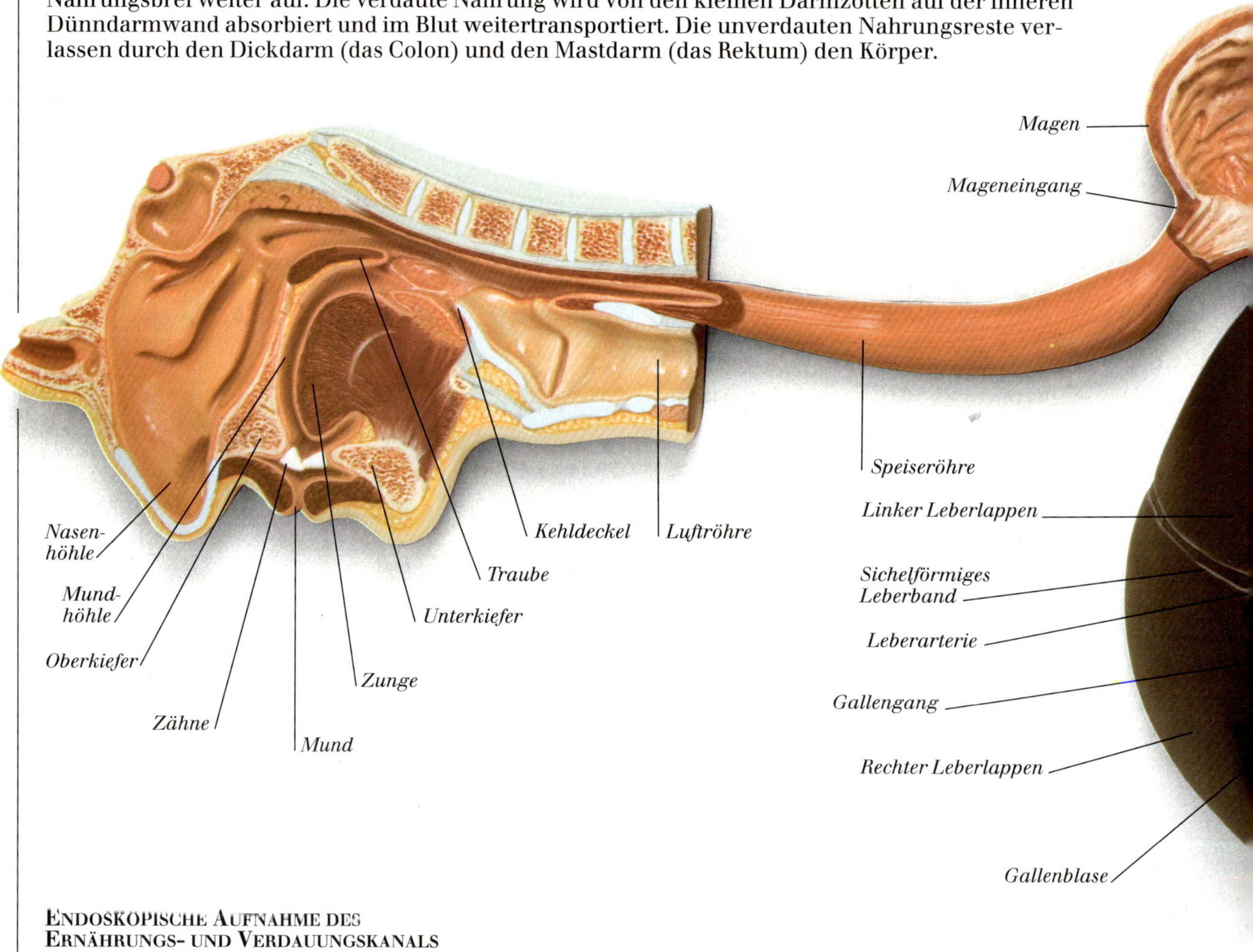

ENDOSKOPISCHE AUFNAHME DES ERNÄHRUNGS- UND VERDAUUNGSKANALS

Speiseröhre

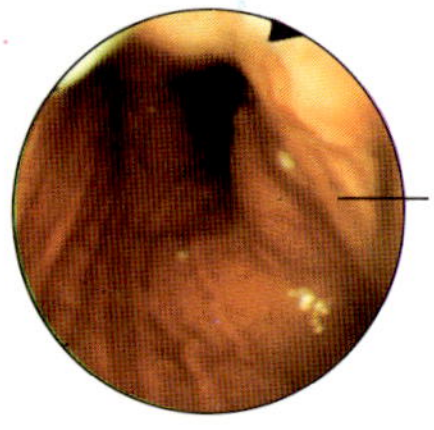

Mageneingang

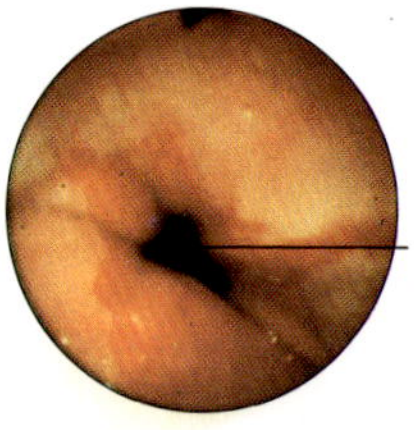

Magen

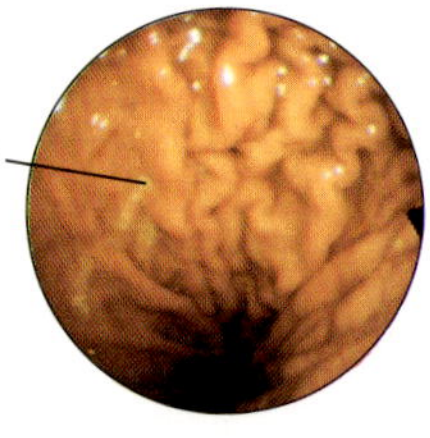

Magenausgang

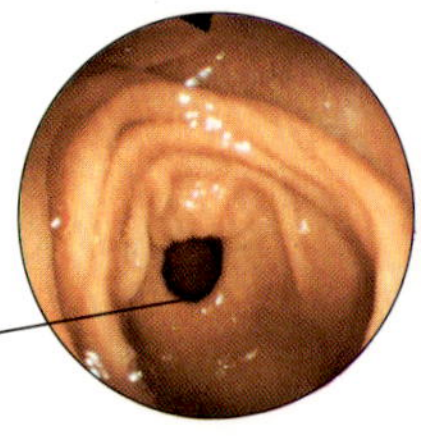

Ernährungs- und Verdauungskanal

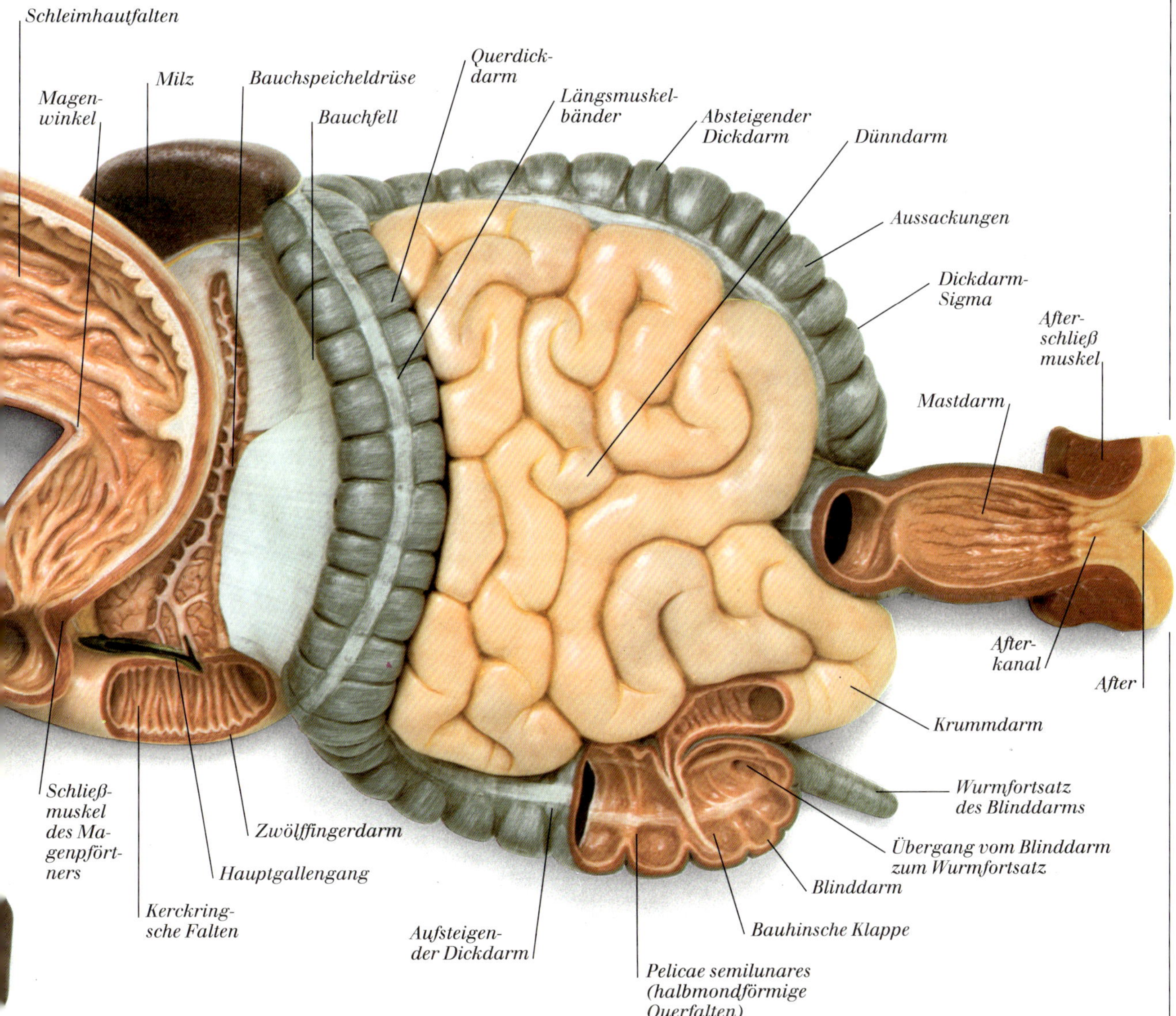

Zwölffingerdarm

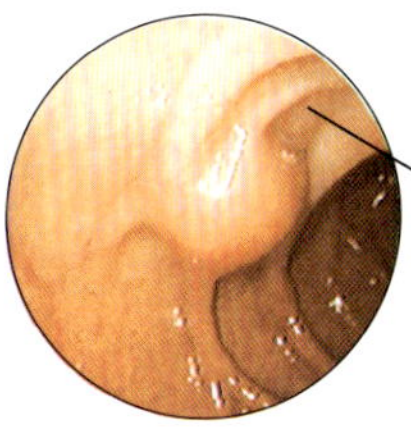

Krummdarm

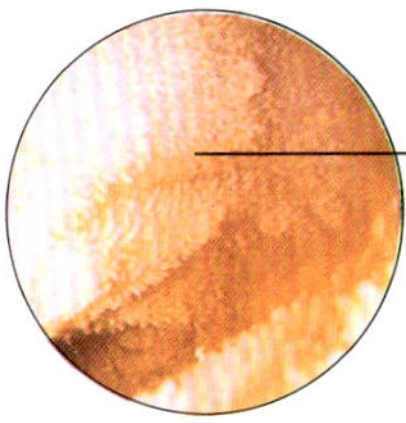

Grimmdarm

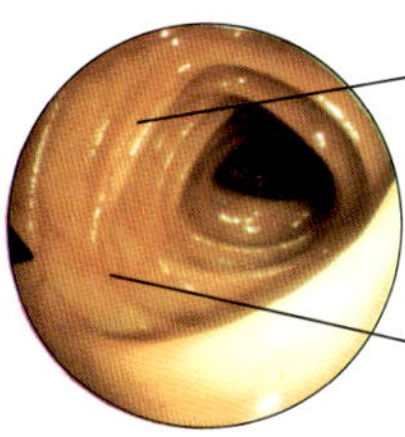

Mastdarm

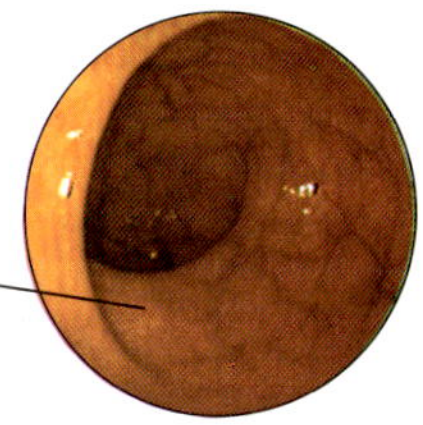

Das Herz

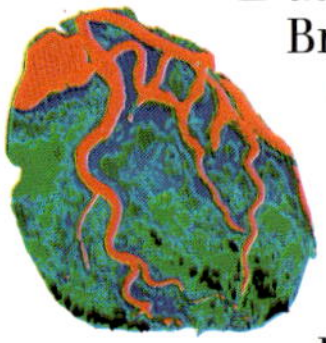

Das Herz ist ein Hohlmuskel, der sich etwa in der Brustmitte befindet. Es pumpt das Blut durch den Körper und versorgt so die Zellen mit Sauerstoff und Nährstoffen. Eine Muskelwand, die Herzscheidewand (Septum), teilt das Herz in Längsrichtung in eine rechte und ein linke Seite. Jeweils eine Klappe unterteilt die beiden Herzseiten in zwei Kammern – einen oberen Vorhof und eine untere Kammer. Wenn sich der Herzmuskel zusammenzieht, wird Blut durch die Vorhöfe und dann durch die Kammern geleitet. Sauerstoffreiches Blut aus den Lungen fließt von den Lungenvenen in den linken Vorhof, durch die linke Kammer, danach durch die Aorta und wird von dort in alle Körperteile verteilt. Sauerstoffarmes Blut kommt zurück, sammelt sich in der Hohlvene und fließt in den rechten Vorhof, durch die rechte Kammer und danach durch die Lungenarterie zur Lunge, um Sauerstoff aufzunehmen. Im Ruhestadium schlägt das Herz zwischen 60- und 80mal in einer Minute. Während der Bewegungsphase oder bei Streß kann der Puls bis zu 200 Schlägen in der Minute ansteigen.

Arterien und Venen des Herzens

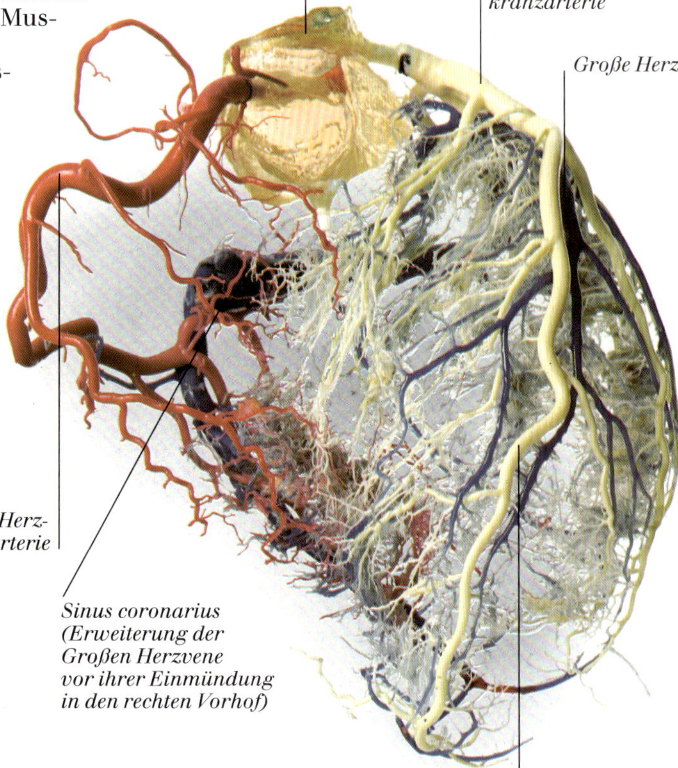

Schnittdarstellung der Herzwand

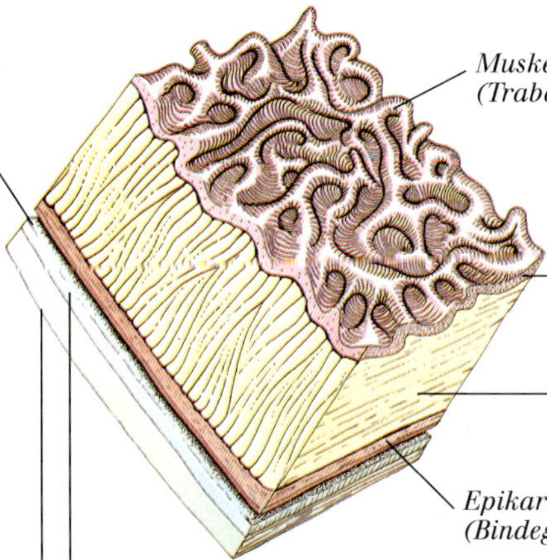

Herzschlagsequenz

Vorhofdiastole

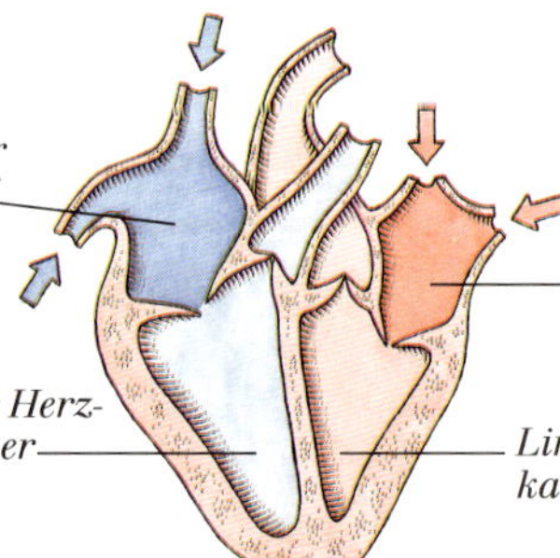

Sauerstoffarmes Blut fließt in den rechten Vorhof, während der linke Vorhof sauerstoffreiches Blut aufnimmt.

Aufbau des Herzens

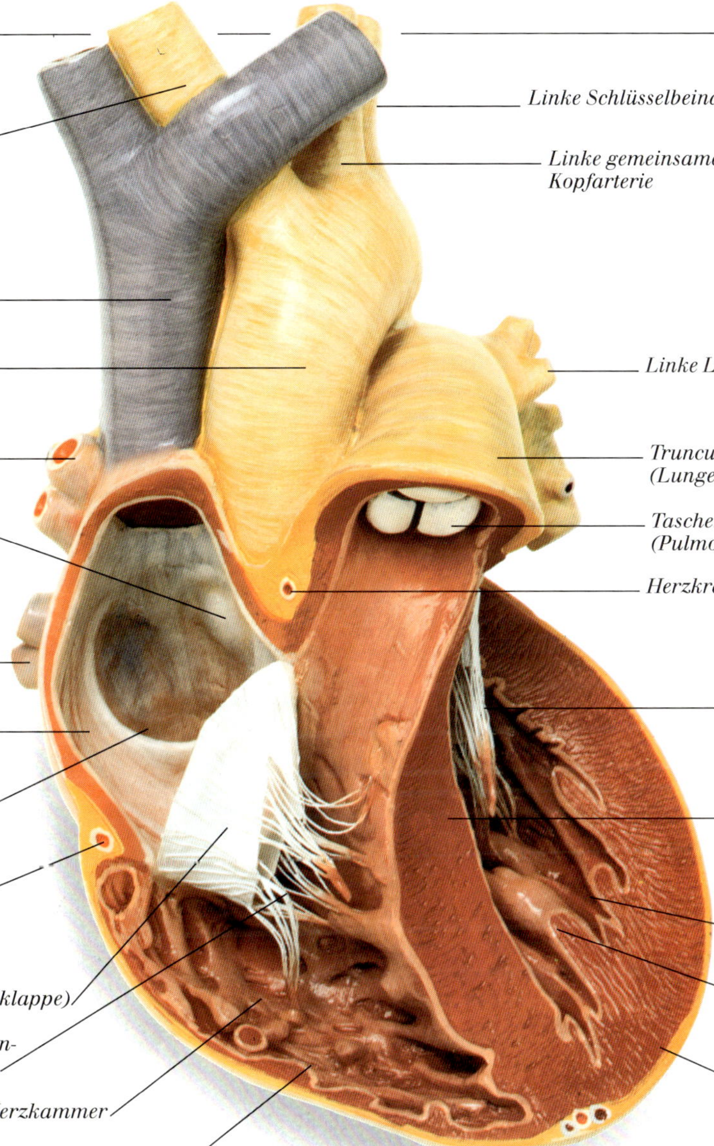

Vorhofsystole (Kammerdiastole): Diastole

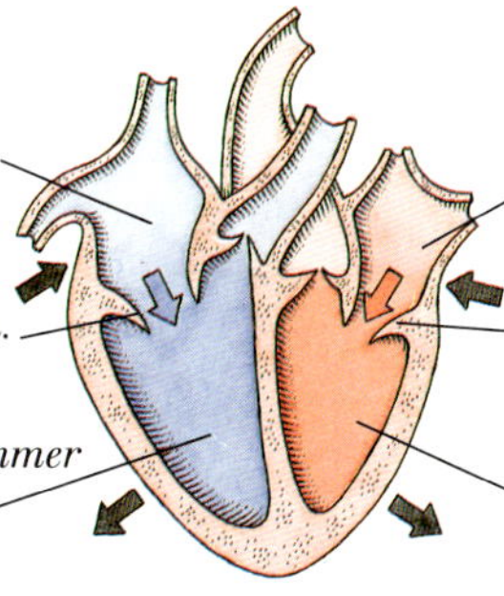

Rechter und linker Vorhof kontrahieren sich und pressen Blut in die entspannten Kammern.

Kammerkontraktion (Systole)

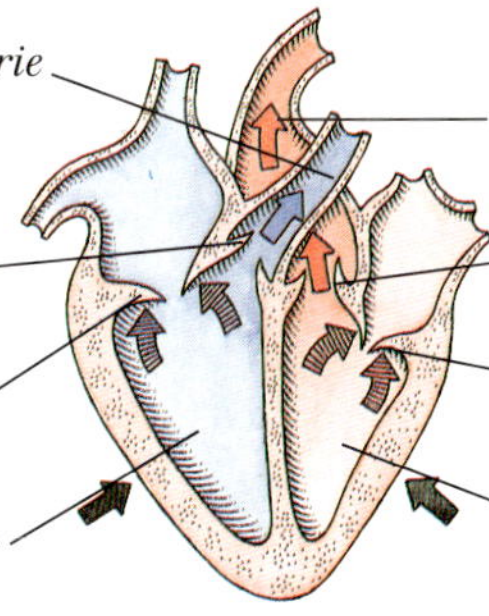

Die Kammern kontrahieren sich und transportieren Blut in die Lunge zur Sauerstoffanreicherung und durch die Aorta in den restlichen Körper.

Das Kreislaufsystem

Das Kreislaufsystem umfaßt das Herz und die Blutgefäße, die zusammen einen kontinuierlichen Blutstrom im Körper gewährleisten. Das Herz pumpt durch ein Netzwerk von Röhren, die Arterien, und kleine Gefäße, die Arteriolen, sauerstoffreiches Blut aus den Lungen in alle

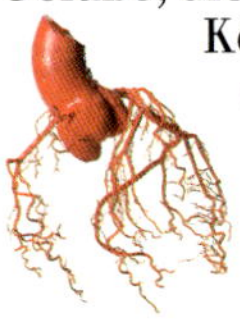

Körperteile. Das Blut fließt durch kleine Venen (Venolen), die es wiederum zu größeren Venen führen, zum Herzen zurück. Das Herz (s.S. 260-261) ist der wichtigste „Motor“ der Blutbewegung. Die Arteriolen und die Venolen sind durch kleine Kapillaren miteinander verbunden, in denen der Austausch von Sauerstoff und Kohlendioxid zwischen Blut und Körperzellen stattfindet. Das Blut setzt sich aus vier Hauptkomponenten zusammen: rote Blutkörperchen, weiße Blutkörperchen, Plättchen und Plasma. Es transportiert nicht nur Sauerstoff, sondern auch Nährstoffe zu den Verbrauchsorganen.

Arteriensystem des Gehirns

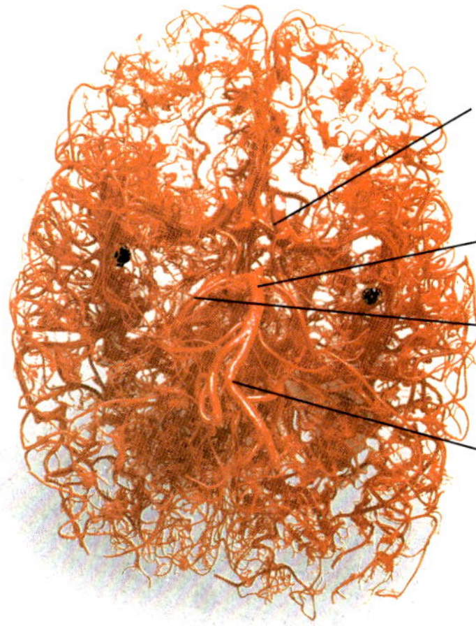

Leberkreislaufsystem

Herz- und Lungenkreislauf

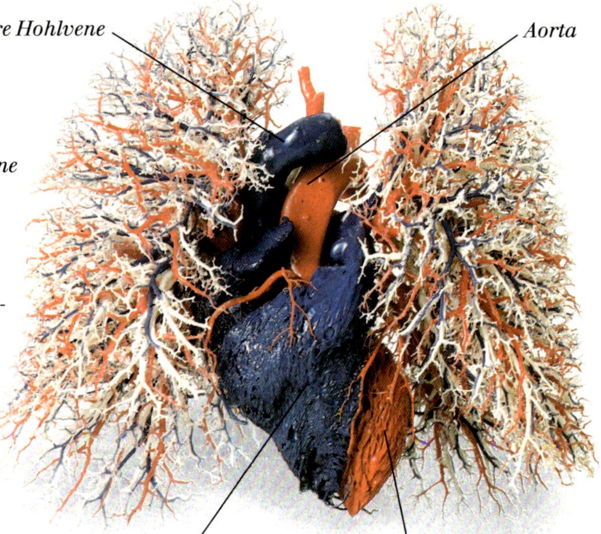

Schnittdarstellung der Hauptarterie

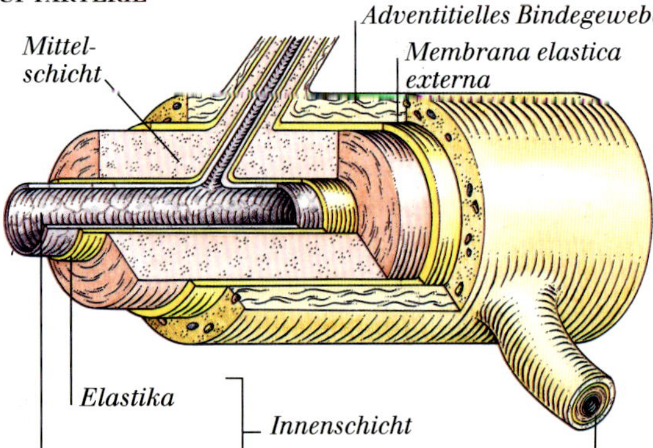

Schnittdarstellung der Hauptvene

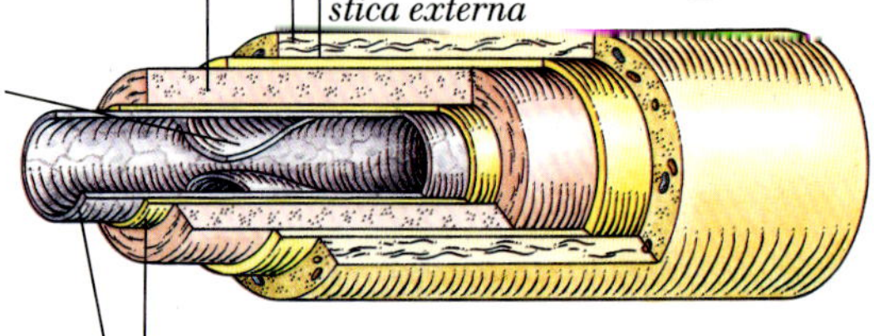

Hauptarterien und -venen im Kreislaufsystem

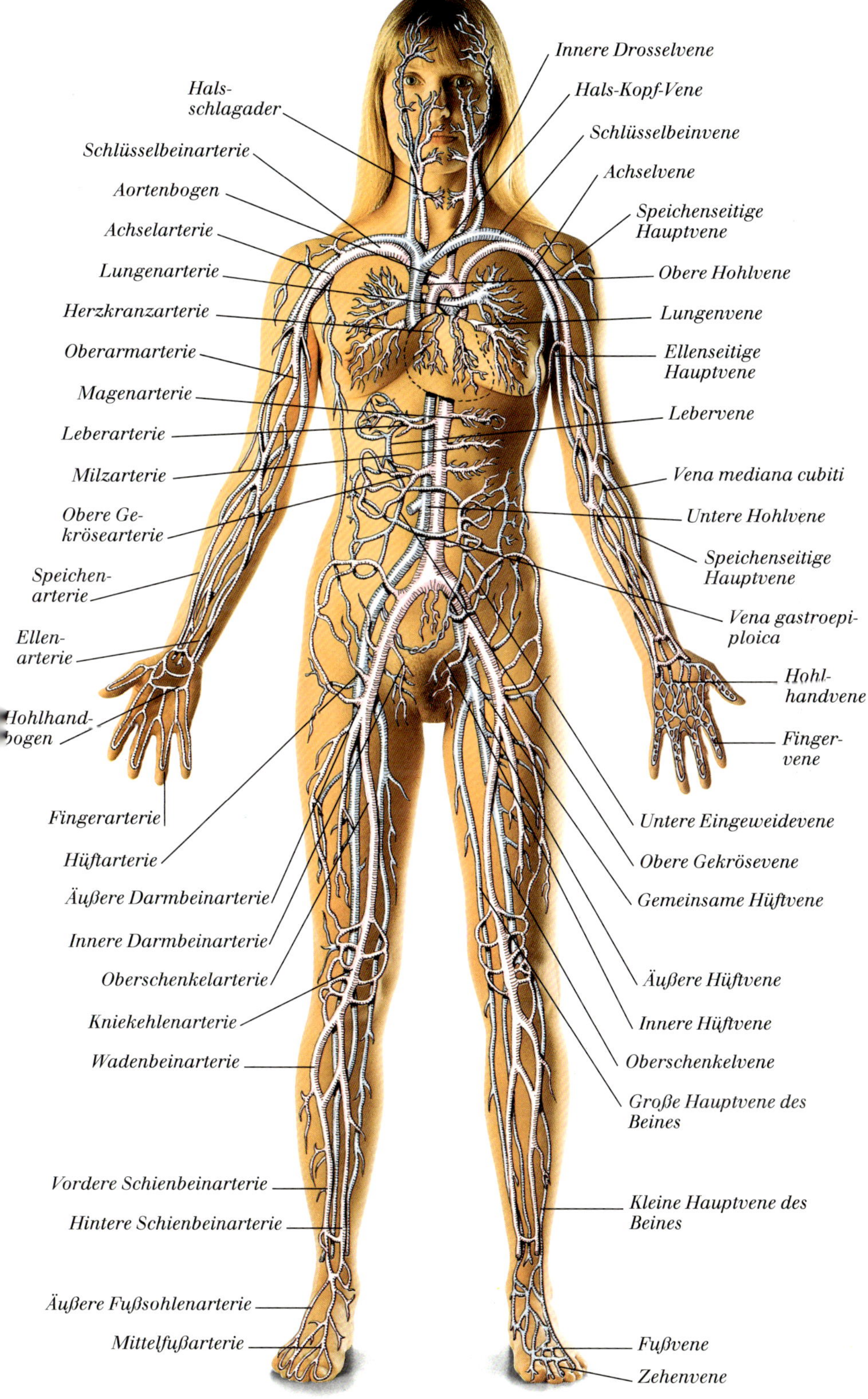

Blutzellentypen

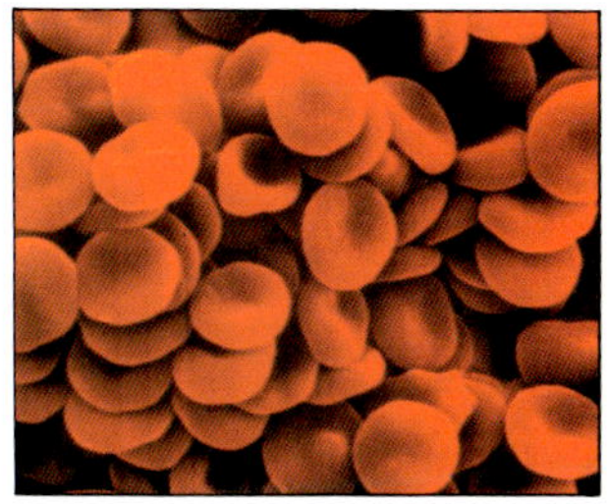

Rote Blutkörperchen
Diese Zellen sind konkav geformt, um die Oberfläche zu vergrößern, wodurch ein besserer Gasaustausch ermöglicht wird.

Weiße Blutkörperchen
Lymphozyten sind die kleinsten weißen Blutkörperchen. Sie produzieren bei Infektionen Antikörper.

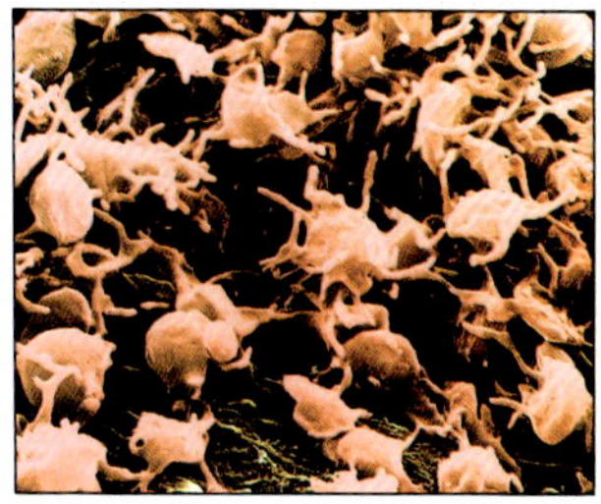

Blutplättchen
Sie sind die kleinsten Blutzellen, die aktiviert werden, wenn ein Wundverschluß oder die Reparatur eines Gefäßes notwendig ist.

Wundverschluss

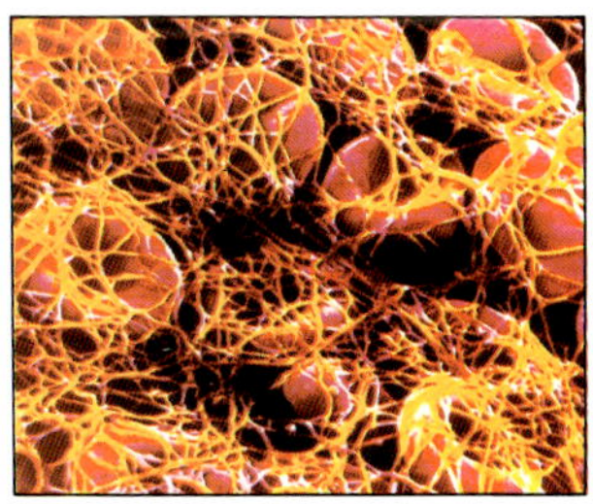

Fibrinfäden verflechten sich zusammen mit Erythrozyten und bilden so einen Blutpfropf.

Das Atmungssystem

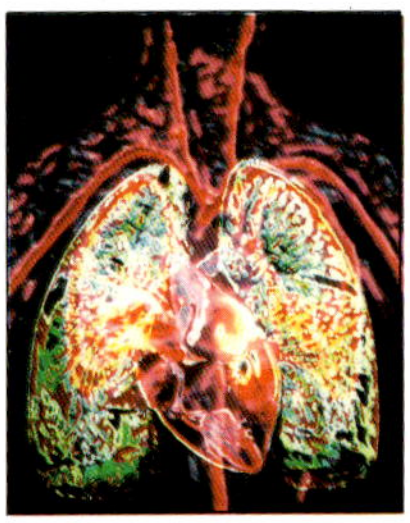

Das Atmungssystem besorgt den Sauerstoff, der von den Körperzellen gebraucht wird, und gibt das durch die Zellen produzierte Kohlendioxid an die Umgebung ab. Inhalierte Luft strömt durch die Luftröhre (Trachea) über zwei enge Röhren, die Hauptbronchien, in die Lunge. In den Lungen verzweigen sich die Bronchien in viele kleine Äste, die Bronchiolen. Diese verzweigen sich noch weiter in Alveolen. Gase diffundieren durch die dünne Alveolwand in ein dünnes Blutgefäßnetz. Die Rippenmuskeln und das muskulöse Zwerchfell unter der Lunge bewegen die Luft wie ein Blasebalg. In regelmäßigen Intervallen ziehen sie Luft an und drängen sie wieder hinaus.

BRONCHIEN/LUNGENBLÄSCHEN

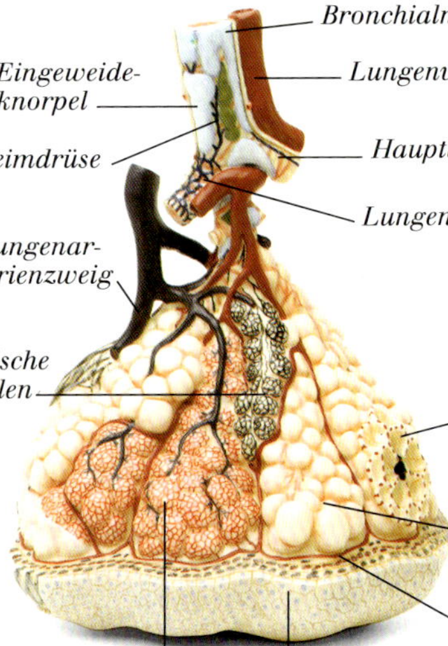

BRONCHIALBAUMSEGMENTE

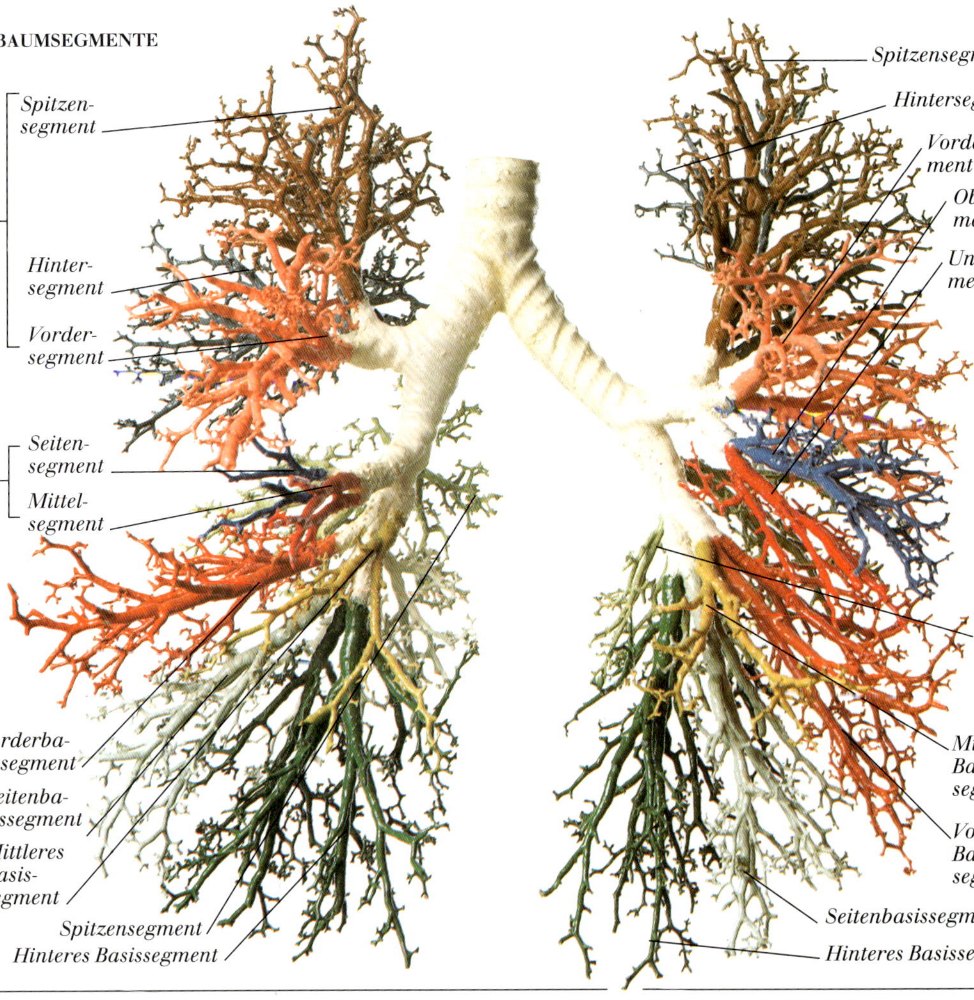

Organe der Brusthöhle

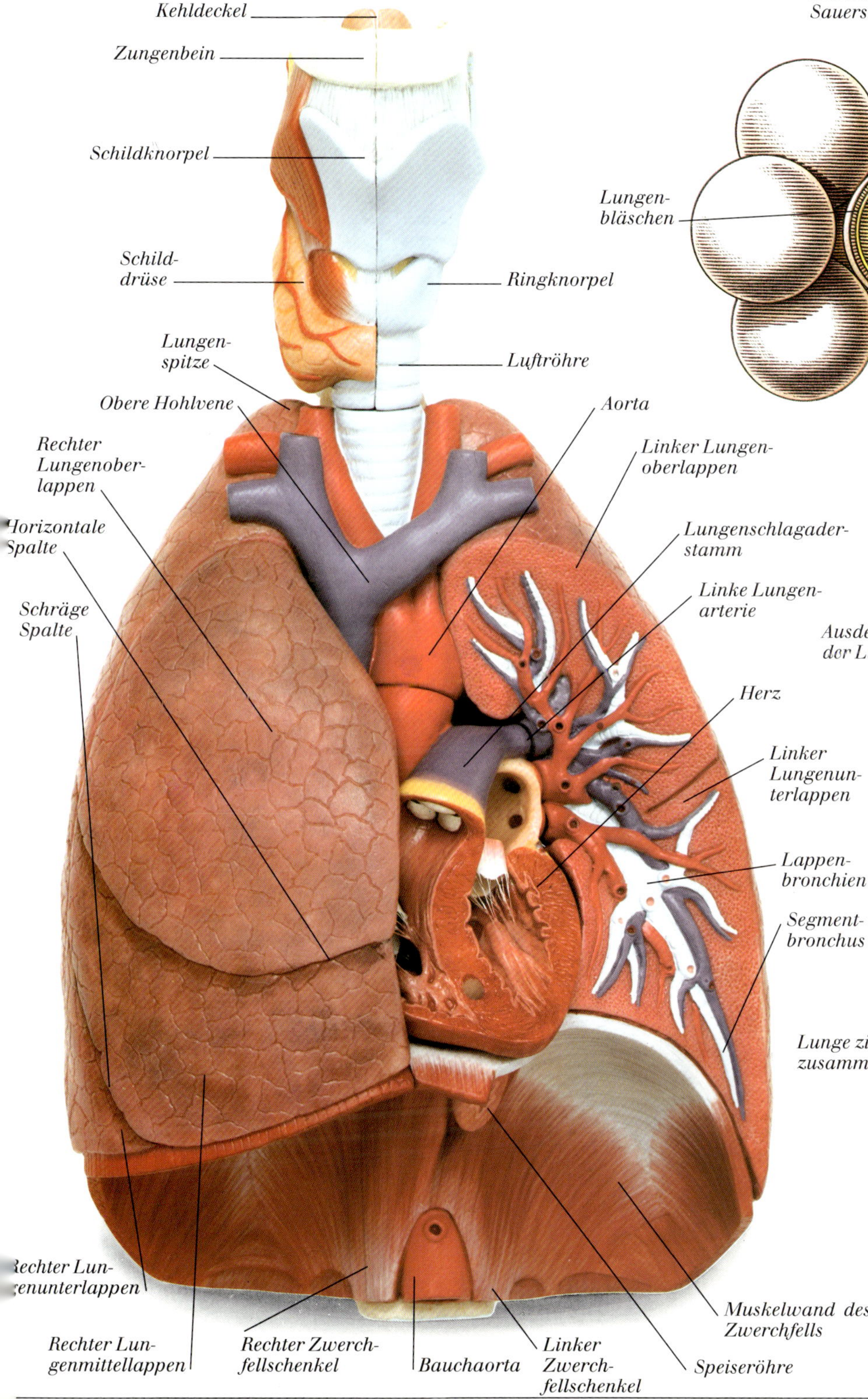

Gasaustausch in den Lungenbläschen

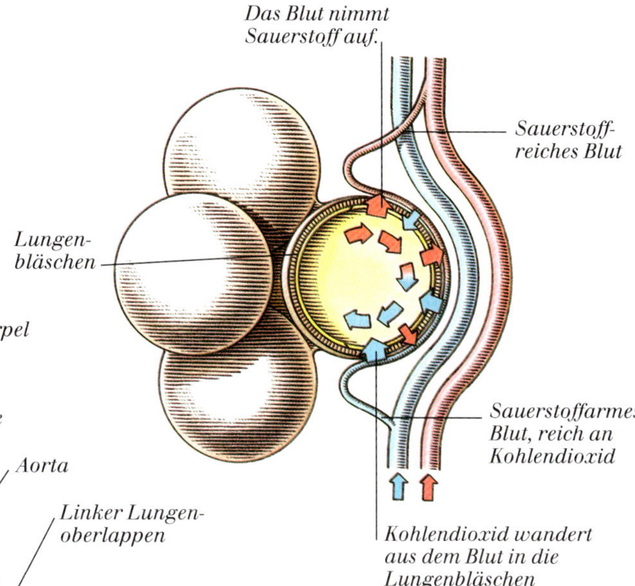

Atmungs-mechanismus

Einatmung

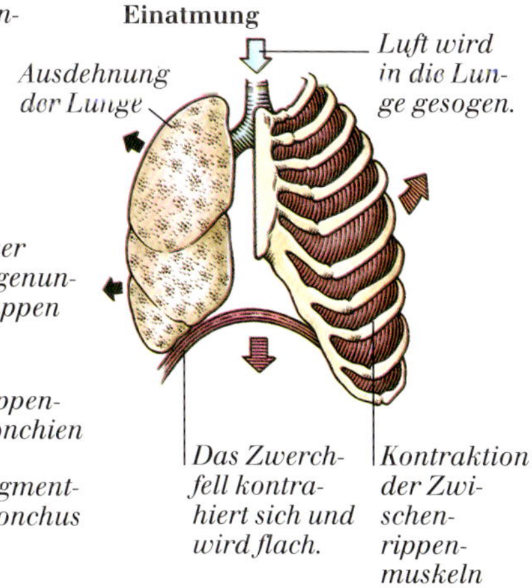

Ausatmung

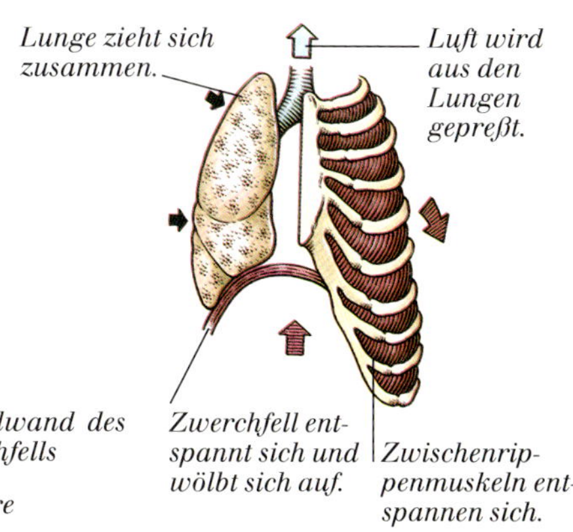

Das Harnsystem

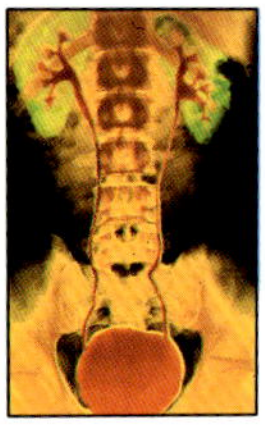

Das Harnsystem filtert unbrauchbare Stoffe aus dem Blut und leitet sie durch ein Leitungssystem aus dem Körper. Das Blut wird in zwei faustgroßen, bohnenförmigen Nieren gefiltert. Die Nierenarterien transportieren es dorthin. Die Nierenvenen führen es nach dem Filtern wieder in den Kreislauf zurück. Jede Niere besteht aus etwa einer Million winzig kleinen Einheiten, den Nierenkörperchen (Nephrone). Jedes Nephron besteht wiederum aus einem Sammelrohr und einem Filtersystem, dem Glomerulus. In diesem gibt es Knäuel von dünnen Blutgefäßen, die von der Bowmanschen Kapsel umgeben sind. Bei dem Filterprozeß entsteht eine wäßrige Substanz, welche von den Nieren durch je einen Harnleiter zur Blase geleitet wird. Dort wird der Urin gesammelt und dann durch die Harnröhre ausgeschieden.

Blutversorgung der Nieren

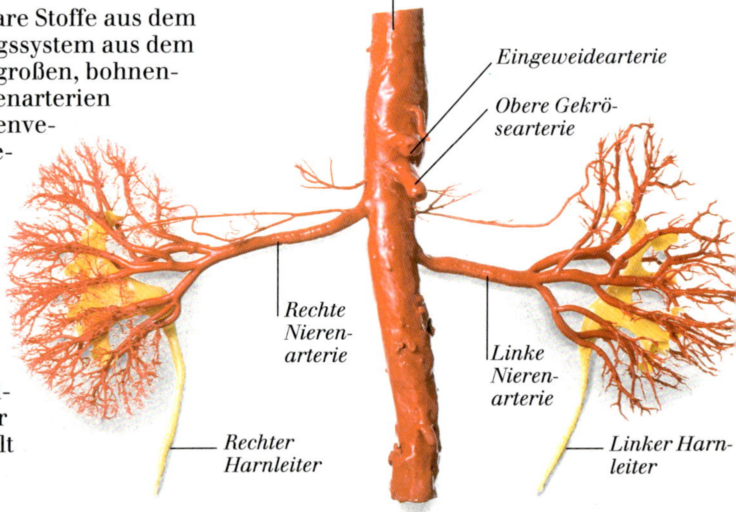

Schnitt durch die linke Niere

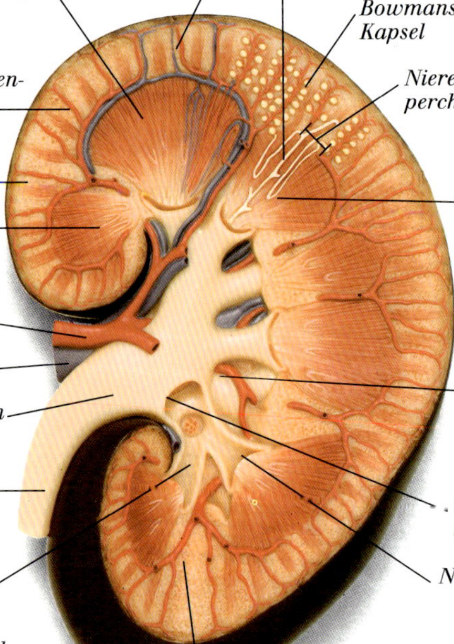

Schnittdarstellung der Niere

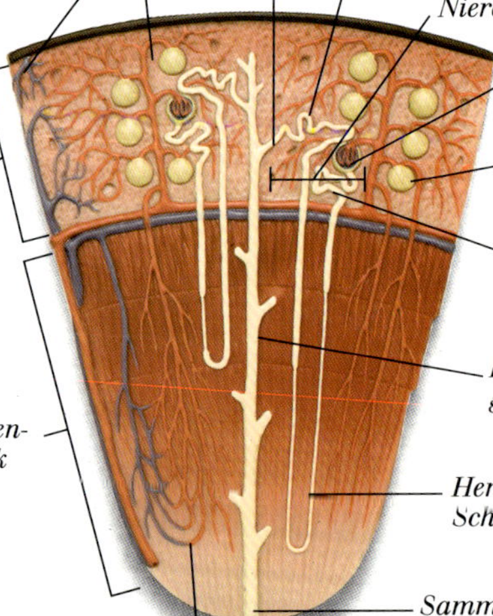

Männliches Harnsystem

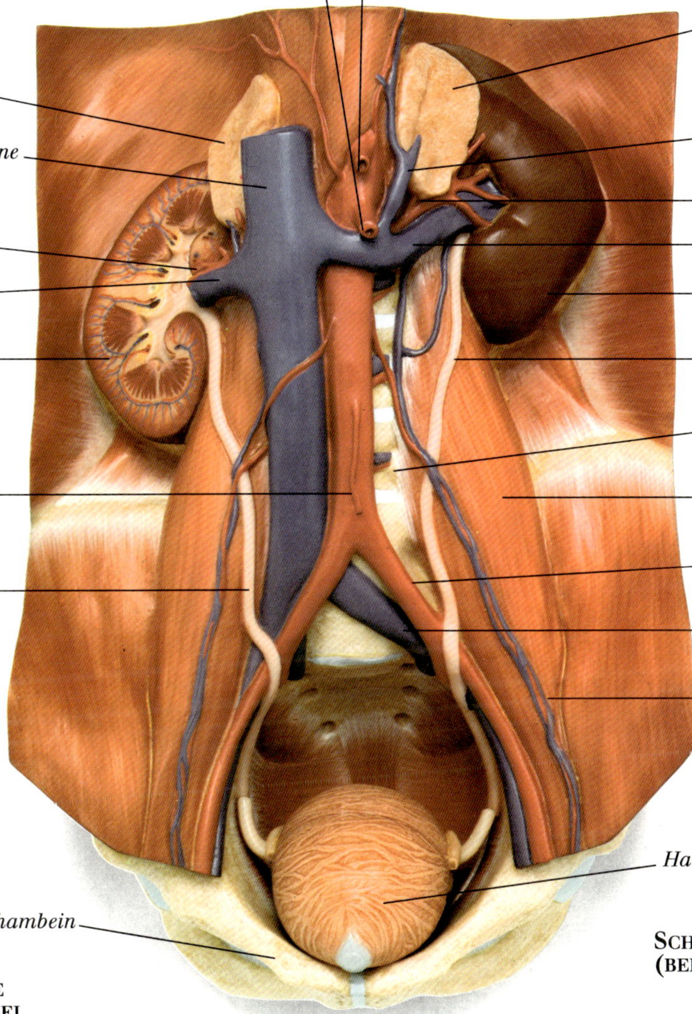

Schnitt durch die Bowmansche Kapsel

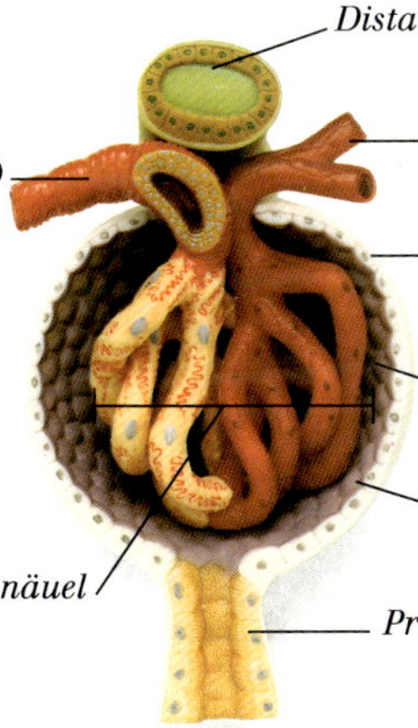

Schnitt durch die Harnblase (beim Mann)

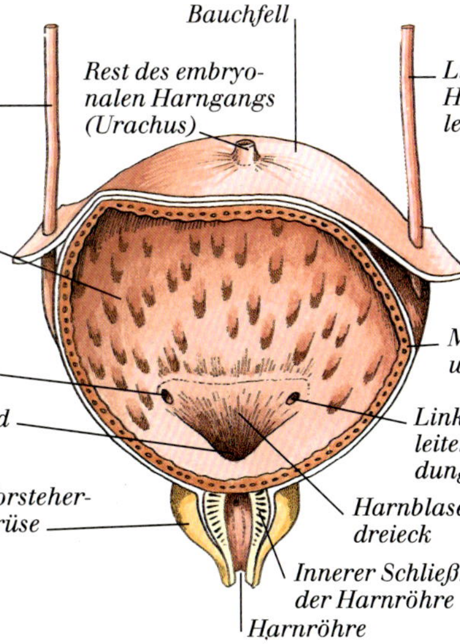

Das Fortpflanzungssystem

Die im Becken liegenden Geschlechtsorgane sind dazu geschaffen, neues menschliches Leben entstehen zu lassen. Jeden Monat wird ein reifes Ei aus einem der weiblichen Eierstöcke in die Eileiter abgegeben. Diese führen das Ei in die Gebärmutter, ein muskulöses, birnenförmiges Organ. Der Mann produziert in zwei ovalen Drüsen, Hoden genannt, das Sperma. Beim Geschlechtsakt wandern unzählige Spermazellen durch die Samenleiter und den Penis des Mannes, weiter über die Scheide der Frau in die Gebärmutter. Wenn ein Spermium in ein reifes Ei eindringt, befruchtet es dieses. Das befruchtete Ei nistet sich in der Gebärmutterwand ein und entwickelt sich zu einem neuen Menschen.

Schnitt durch den Eierstock

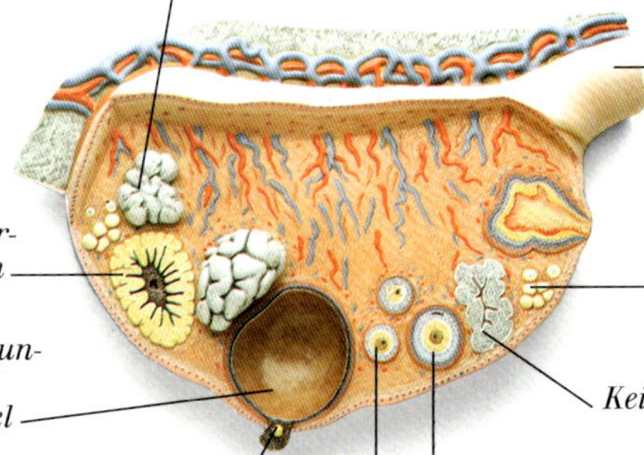

Schnitt durch die weibliche Beckenregion

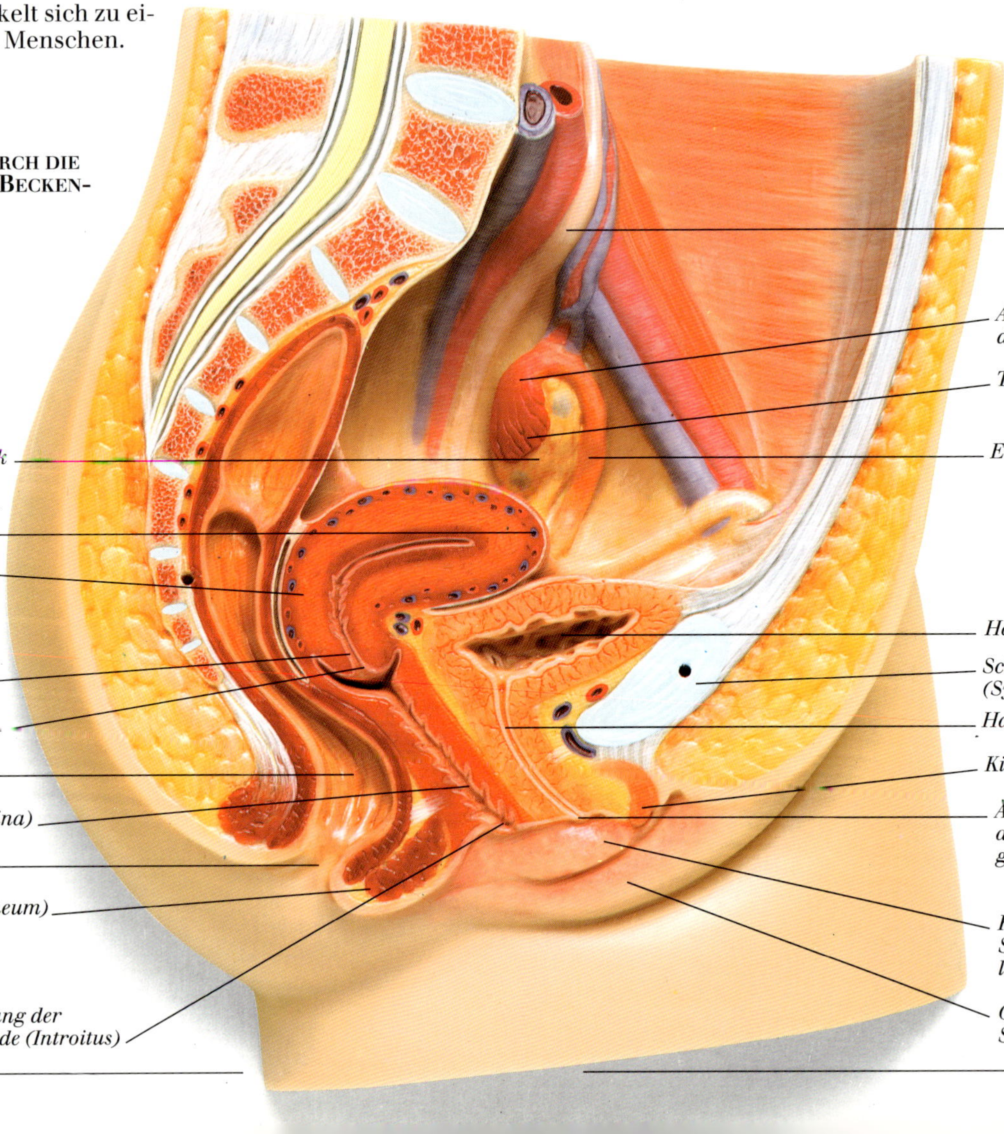

Weiblich

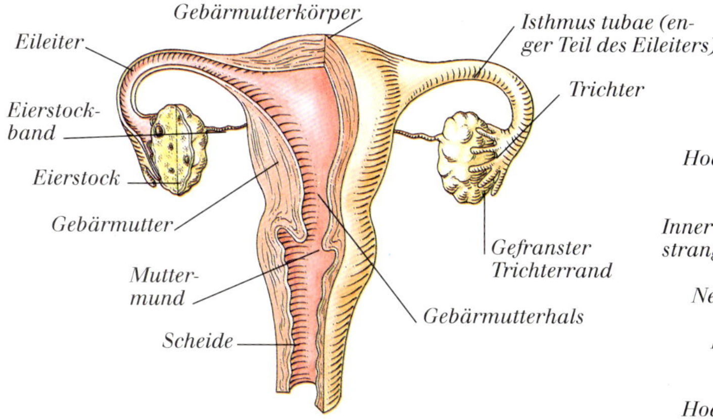

Männlich

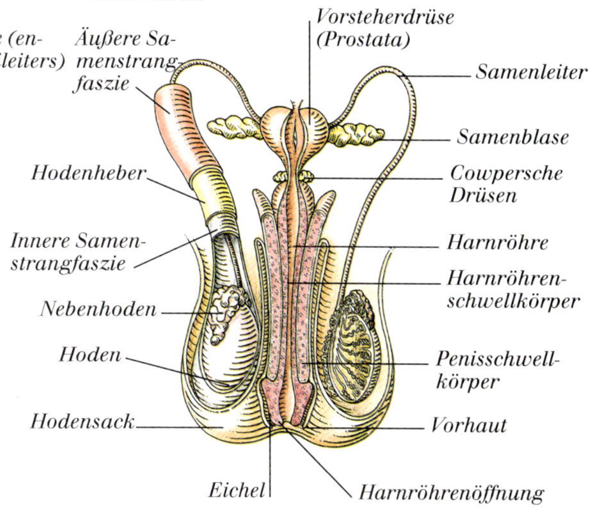

Schnitt durch die männliche Beckenregion

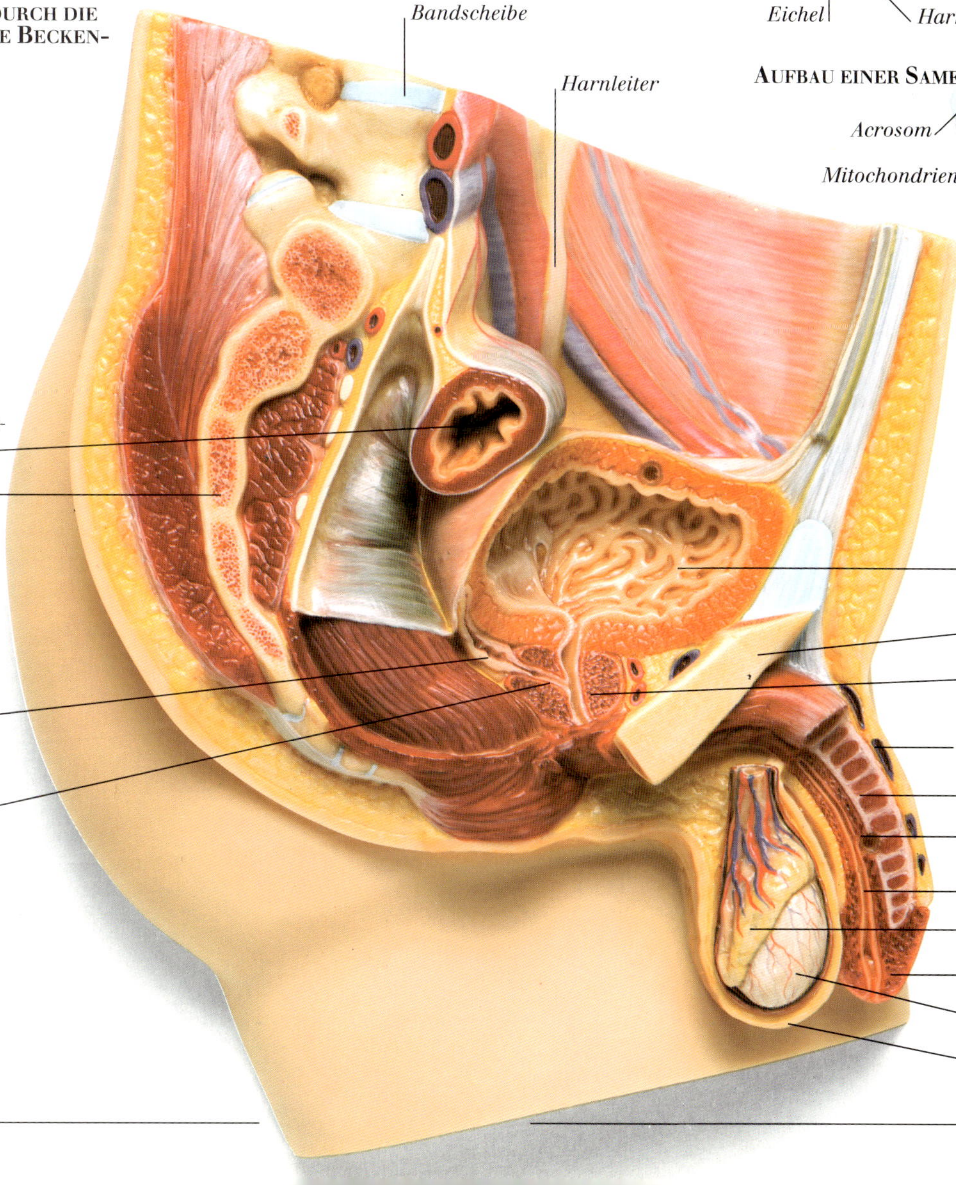

Aufbau einer Samenzelle

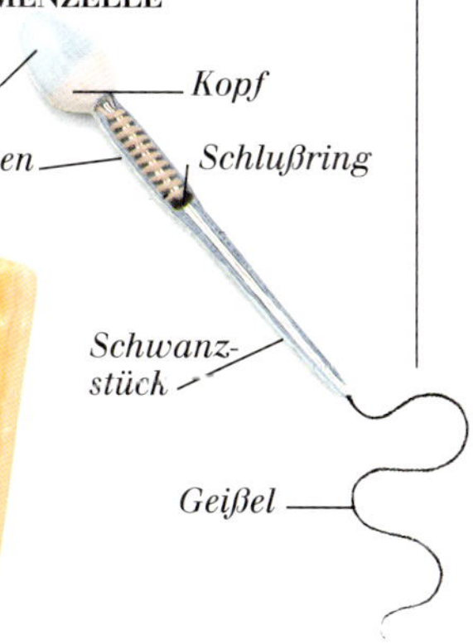

Die Entwicklung eines Babys

Ein befruchtetes Ei wird beschützt und ernährt, während es sich in der 40 Wochen dauernden Schwangerschaft zu einem Embryo und dann zu einem Fetus entwickelt. Die Plazenta, ein stark durchblutetes Gewebe, das in der Uterusfalte eingebettet ist, liefert durch die Nabelschnur Nährstoffe und Sauerstoff und beseitigt im Gegenzug Abfallstoffe. Der Fetus liegt behaglich in der Fruchtblase im Fruchtwasser und wird hier vor Erschütterungen geschützt. In den letzten Schwangerschaftswochen dreht sich der schnell wachsende Fetus mit dem Kopf nach unten: Das Baby ist geburtsreif.

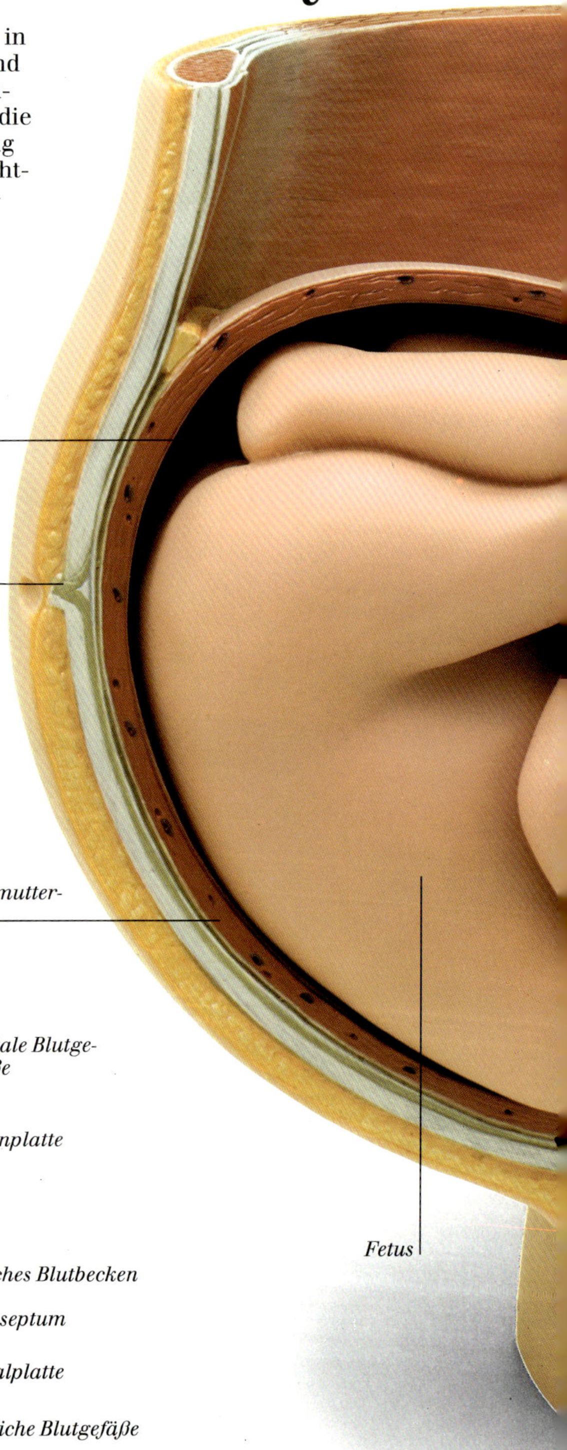

Fünfwöchiger Embryo

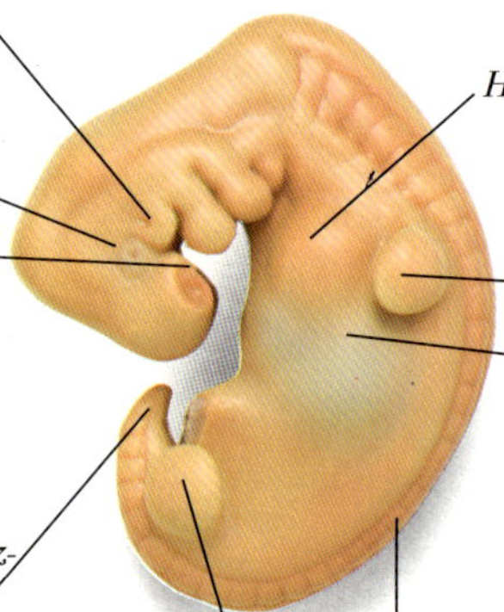

Schnitt durch die Plazenta

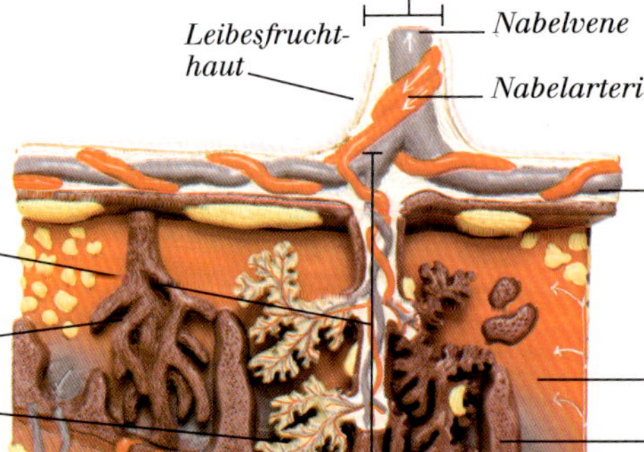

Beckenschnittdarstellung im neunten Monat

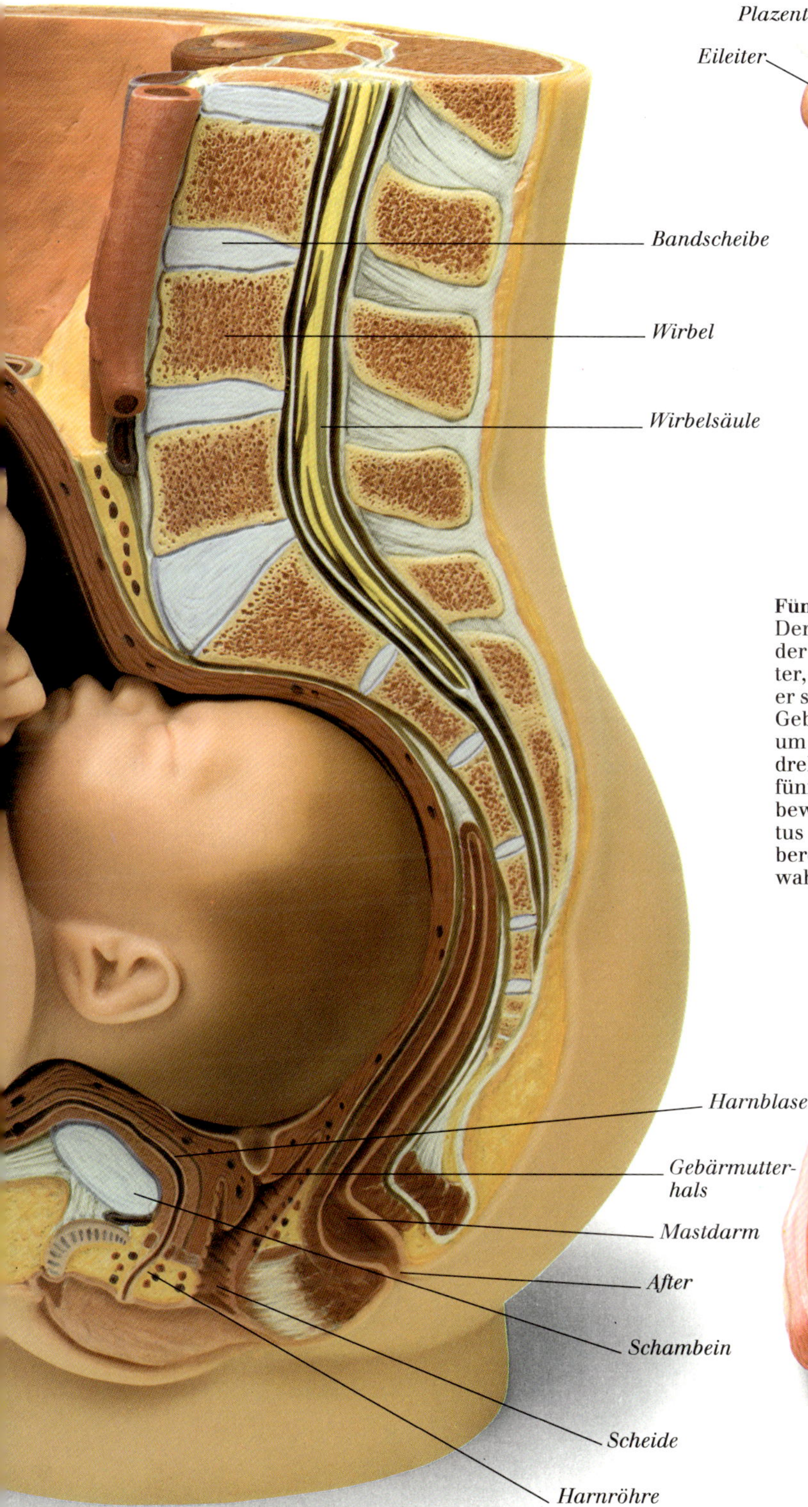

Die Entwicklung eines Fetus

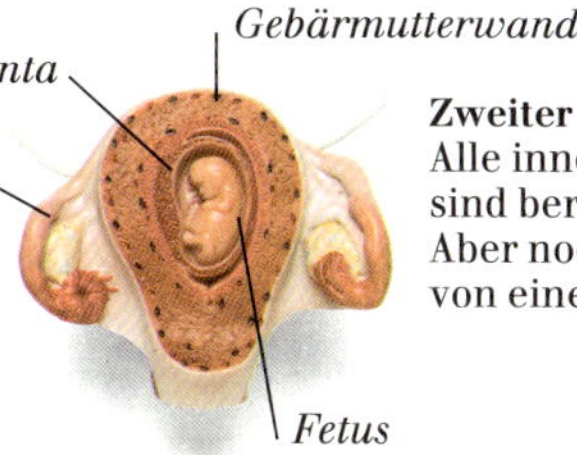

Zweiter Monat
Alle inneren Organe sind bereits entwickelt. Aber noch spricht man von einem Embryo.

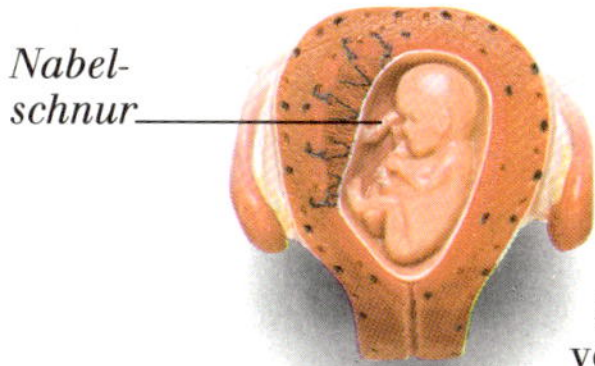

Dritter Monat
Der Fetus (Bezeichnung der Leibesfrucht ab 3. Monat) ist voll entwickelt und tritt jetzt in eine Phase schnellen Wachstums ein.

Fünfter Monat
Der Fetus sitzt in der Gebärmutter, doch wird er sich vor der Geburt noch um 180 Grad drehen. Im fünften Monat bewegt sich der Fetus aktiv und nimmt bereits Geräusche wahr.

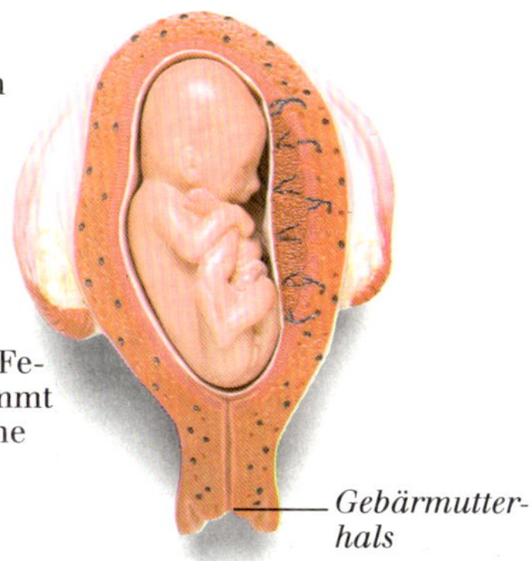

Siebter Monat
Die inneren Organe sind nun für ein Leben außerhalb der Gebärmutter geeignet.Das Baby ist so groß, daß es kaum noch Platz für Bewegungen hat.

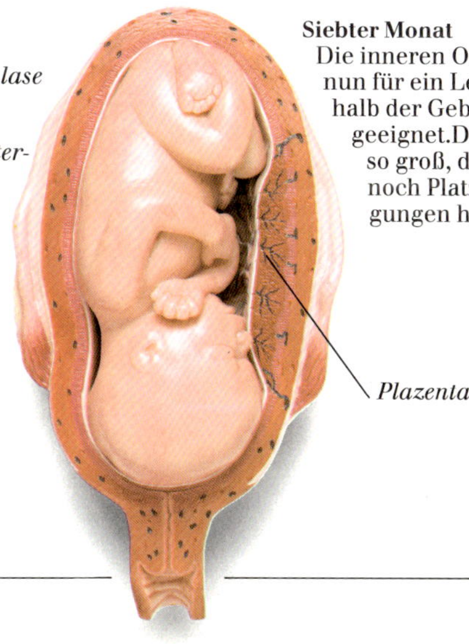

ERDE

DIE ERDOBERFLÄCHE 274
DER KREISLAUF DER GESTEINE 276
MINERALE 278
DIE EIGENSCHAFTEN DER MINERALE 280
VULKANE 282
MAGMATISCHE UND METAMORPHE GESTEINE .. 284
SEDIMENTGESTEIN 286
FOSSILIEN 288
BODENSCHÄTZE 290
VERWITTERUNG UND EROSION 292
HÖHLEN 294
GLETSCHER 296
FLÜSSE 298
FLUSSLANDSCHAFTEN 300
SEEN UND GRUNDWASSER 302
KÜSTENFORMEN 304
MEERE 306
DER MEERESBODEN 308
DIE ATMOSPHÄRE 310
DAS WETTER 312

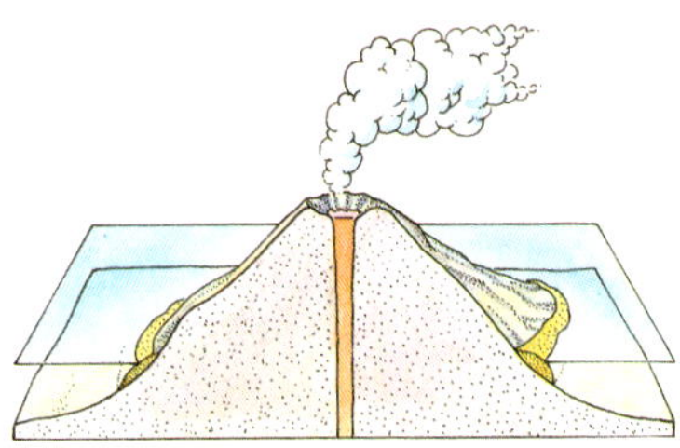

Die Erdoberfläche

Der größte Teil der Erdoberfläche (etwa 70 Prozent) ist von Wasser bedeckt. Dabei nimmt allein der Pazifik, der größte unserer Ozeane, etwa 30 Prozent ein. Die Landmassen sind in sieben Erdteile untergliedert, die (in der Reihenfolge ihrer Größe) Asien, Afrika, Nordamerika, Südamerika, Antarktika, Europa und Australien genannt werden. Im geographischen Aufbau der Landmassen gibt es bemerkenswerte Unterschiede, wobei einige Gebirge, Flüsse und Wüsten besonders eindrucksvoll sind. Die größten Gebirgszüge, der Himalaja in Asien und die Anden in Südamerika, erstrecken sich über Tausende von Kilometern. Im Himalaja liegt auch der höchste Berg der Erde, der Mount Everest (8.848 Meter). Die längsten Flüsse sind der Nil in Afrika (6.695 Kilometer) und der Amazonas in Südamerika (6.437 Kilometer). Etwa 20 Prozent der Landmasse bestehen aus Wüsten, von denen die größte, die Sahara, etwa ein Drittel des afrikanischen Kontinents bedeckt. Die charakteristischen Ausprägungen der Erdoberfläche können in sehr unterschiedlicher Weise dargestellt werden. Die korrekteste Darstellung der Formen und Größen einzelner Gebiete liefert der Globus, da es hier nicht zu den Verzerrungen kommt, die stets auftreten, wenn die kugelförmige Erdoberfläche in die ebene Form einer Landkarte gebracht wird. Jede Darstellung auf einer Karte ist daher ein Kompromiß: einige Charakteristika werden korrekt wiedergegeben, andere verzerrt. Auch die Anfertigung von sehr genauen Karten ist schwierig; selbst Satellitenaufnahmen leisten da keine Abhilfe, obwohl die geographischen Einzelheiten auf solchen Fotos besonders deutlich zu erkennen sind.

Beispiele für Kartennetzentwürfe

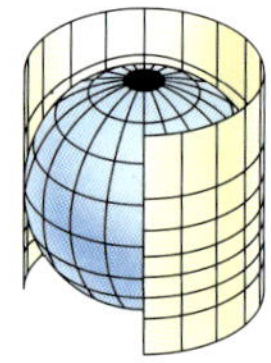

Zylinderprojektion

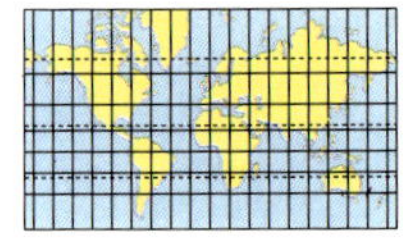

Durch Zylinderprojektion erstellte Karte

Erstellung von Satellitenkarten der Erde

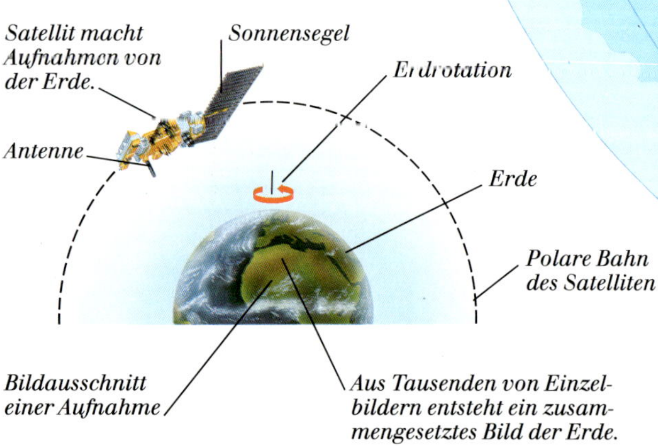

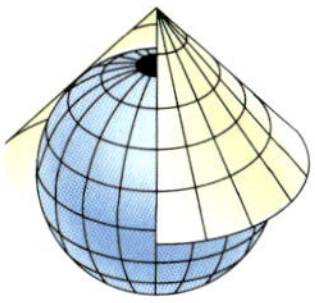

Kegelprojektion

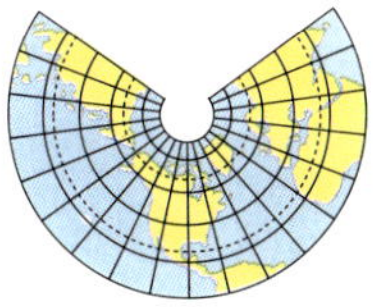

Durch Kegelprojektion erstellte Karte

Azimutalprojektion

Durch Azimutalprojektion erstellte Karte

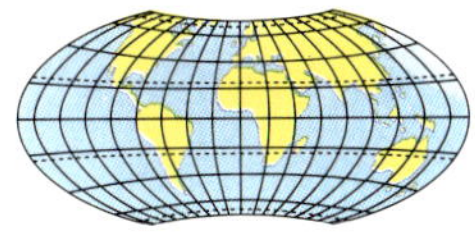

Auf Azimutalprojektion basierende, veränderte Karte

ERSTELLUNG VON SATELLITENKARTEN DER ERDE

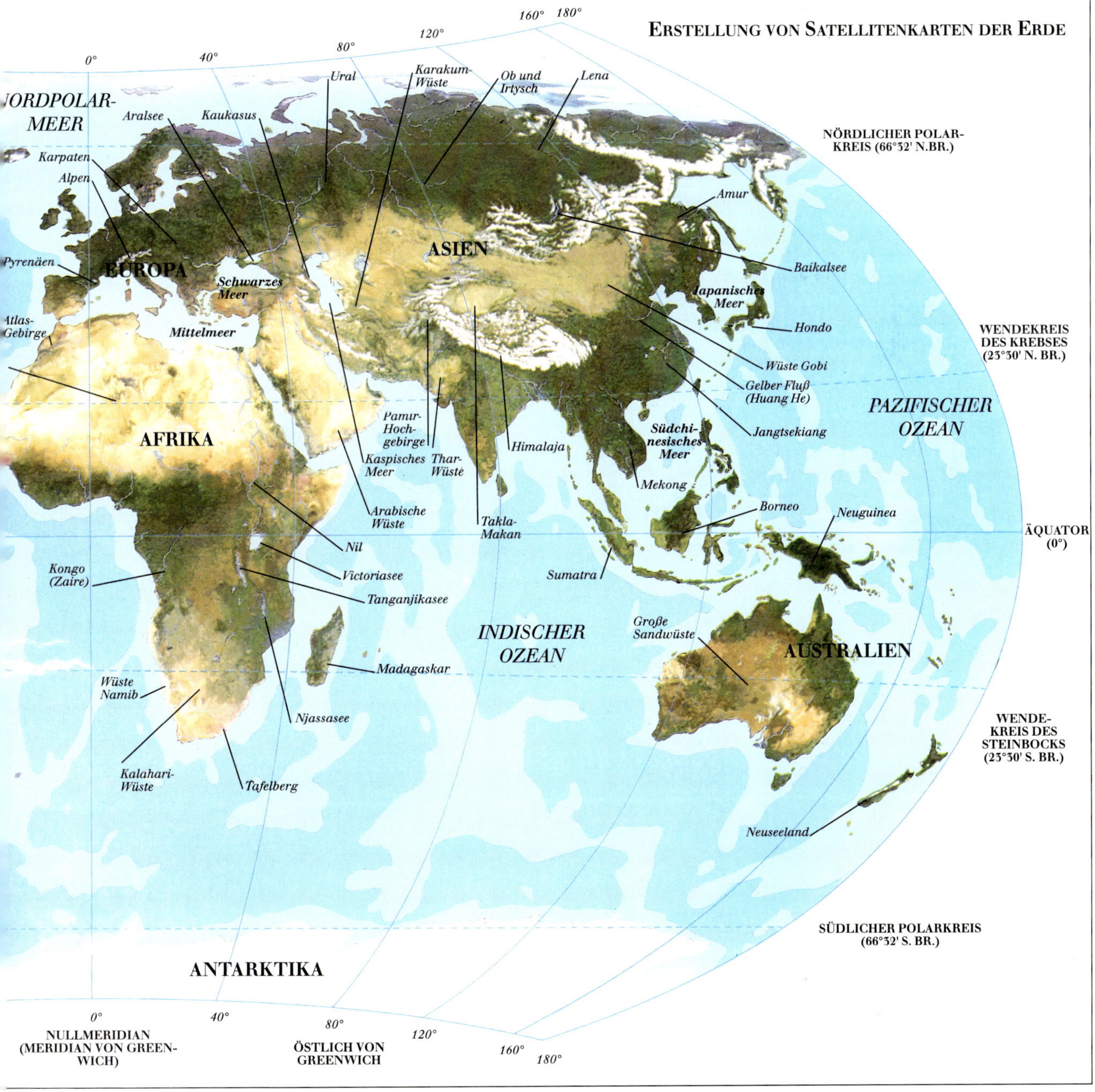

Der Kreislauf der Gesteine

Hexagonale Basaltsäulen in Island

Der Kreislauf der Gesteine ist ein kontinuierlicher Vorgang, durch den altes Gestein in neues verwandelt wird. Grundsätzlich lassen sich Gesteine in drei Hauptgruppen einteilen: magmatische Gesteine, Sedimentgesteine und metamorphe Gesteine. Magmatische Gesteine entstehen, wenn Magma (geschmolzenes Gestein aus dem Erdinneren) abkühlt und fest wird (s.S. 284-285). Sedimentgesteine entstehen aus Sedimenten (beispielsweise Gesteinspartikeln), die stark zusammengedrückt und dadurch verfestigt wurden (s.S. 286–287). Metamorphe Gesteine werden gebildet, wenn magmatische Gesteine, Sedimentgesteine oder bereits bestehende metamorphe Gesteine durch Hitze oder Druck verändert werden (s.S. 284-285). Gesteine gelangen durch die Bewegungen der Erdkruste und durch vulkanische Aktivität an die Erdoberfläche, wo sie nach und nach verwittern (s.S. 292–293). Die Bruchstücke werden durch Gletscher, Flüsse und den Wind fortgetragen und in Wüsten oder als Sedimente in Seen, Flußdeltas und in den Meeren abgelagert. Einige dieser Sedimente können später zusammengepreßt und so zu Sedimentgestein werden, das anschließend durch die Bewegungen der Erdkruste entweder erneut an die Erdoberfläche gelangen kann oder tiefer ins Innere der Erde abgesenkt wird, wo die Hitze und der hohe Druck es möglicherweise in metamorphes Gestein verwandeln. Dieses gelangt dann vielleicht wieder an die Erdoberfläche, oder es wird zu Magma verflüssigt, das entweder unterhalb oder an der Erdoberfläche abkühlt und fest wird, so daß schließlich wieder magmatisches Gestein entsteht. Dadurch schließt sich der Kreislauf.

Der Kreislauf der Gesteine

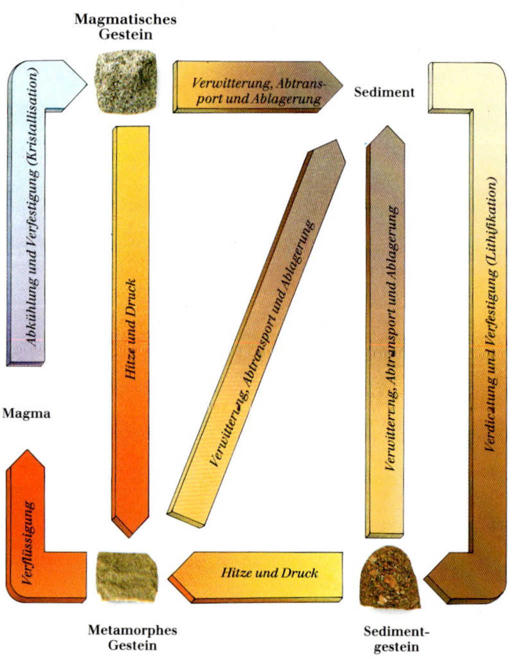

Stadien im Kreislauf der Gesteine

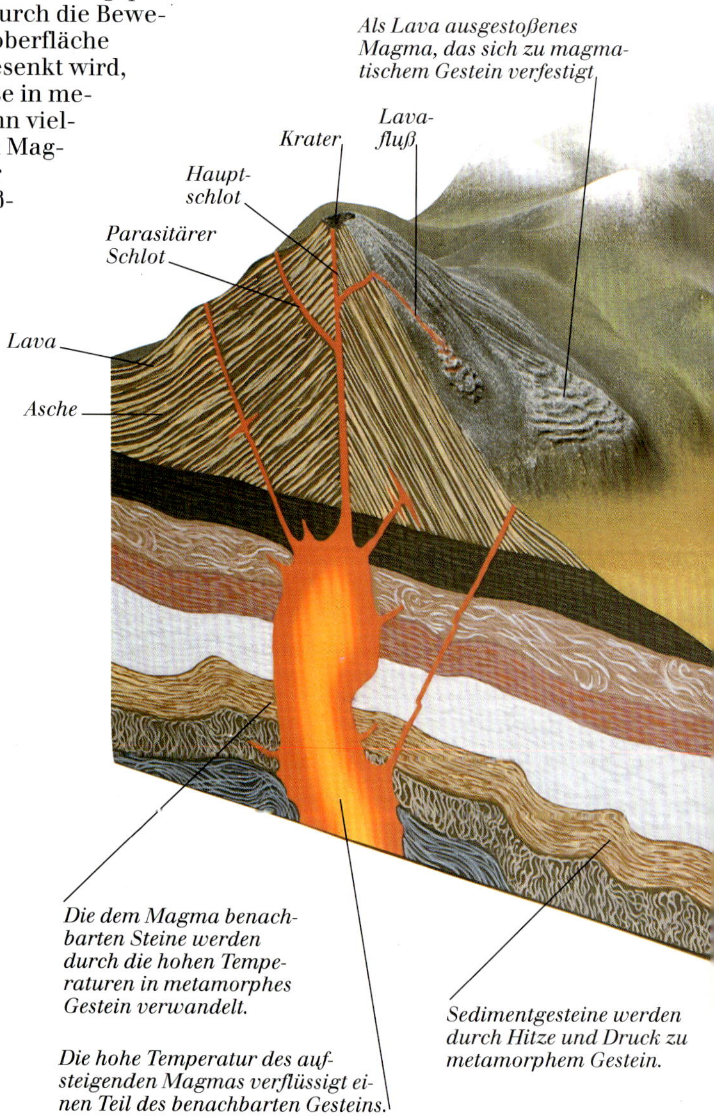

Magmatisches Gestein

Gabbro (Ausschnitt)

Gabbro (Übersicht)

Sedimentgestein

Fossiler Kalkstein (Ausschnitt)

Fossiler Kalkstein (Übersicht)

Metamorphes Gestein

Granat-Glimmer-Schiefer (Ausschnitt)

Granat-Glimmer-Schiefer (Übersicht)

Minerale

Minerale sind natürlich vorkommende Substanzen, die eine charakteristische chemische Zusammensetzung und bestimmte physikalische Eigenschaften besitzen. Dagegen bestehen Gesteine aus verschiedenen Mineralen, die häufig keine bestimmte chemische Zusammensetzung haben. Minerale sind aus Elementen aufgebaut, also aus Substanzen, die nicht weiter in ihre chemischen Bestandteile zerlegt werden können und die jeweils mit einem bestimmten chemischen Symbol bezeichnet werden. Minerale lassen sich in zwei Gruppen unterteilen: in Minerale aus natürlichen Elementen und Minerale aus Verbindungen von Elementen. Natürliche Elemente sind aus nur jeweils gleichen Atomen aufgebaut, z.B. aus Gold (das chemische Symbol ist Au), Silber (Ag), Kupfer (Cu) oder Kohlenstoff (C). Kohlenstoff kommt in reiner Form als Diamant oder Graphit vor. Chemisch zusammengesetzte Minerale sind Zusammenschlüsse von zwei oder mehr Elementen. So handelt es sich bei den Sulfiden um Verbindungen von Schwefel (S) und mindestens einem weiteren Element, etwa Blei (Pb) in dem Mineral Bleiglanz oder Antimon (Sb) beim Antimonit.

Natürliche Elemente

Kupfer
Cu

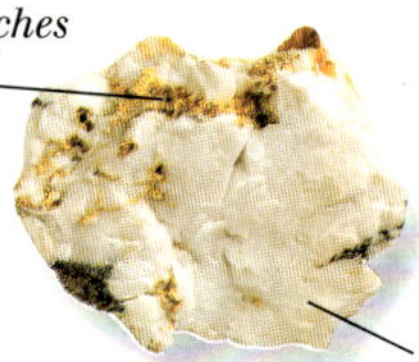

Gold
Au

Diamant
C

Graphit
C

Sulfide

Bleiglanz
PbS

Antimonit
Sb_2S_3

Pyrit
FeS_2

Oxide und Hydroxide

Rauchquarz
SiO_2

Bauxit
FeO(OH) und $Al_2O_3 \cdot 2H_2O$

Hämatit
Fe_2O_3

Onyx
SiO_2

Nierenerz (Hämatit)
Fe_2O_3

Phosphate

Cerussit
$PbCO_3$

Wavelit
$Al_3(PO_4)_2(OH,F)_3 \cdot 5H_2O$

Carbonate

Cerussit
$PbCO_3$

Calcit
$CaCO_3$

Sulfate

Cyanotrichit
$Cu_4Al_2(SO_4)(OH)_{12} \cdot 2H_2O$

Gips
$CaSO_4 \cdot 2H_2O$

Molybdänium-Oxide

Wulfenit
$PbMoO_4$

Silikate

Sodalith
$Na_8Al_6Si_6O_{24}Cl_2$

Turmalin
$Na(Mg,Fe,Li,Mn,Al)_3(Al_6(BO_3)_3Si_6 \cdot O_{18}(OH,F)_4$

Olivin
Fe_2SiO_4-Mg_2SiO_4

Epidot
$Ca_2(Al,Fe)_3(SiO_4)_3(OH)$

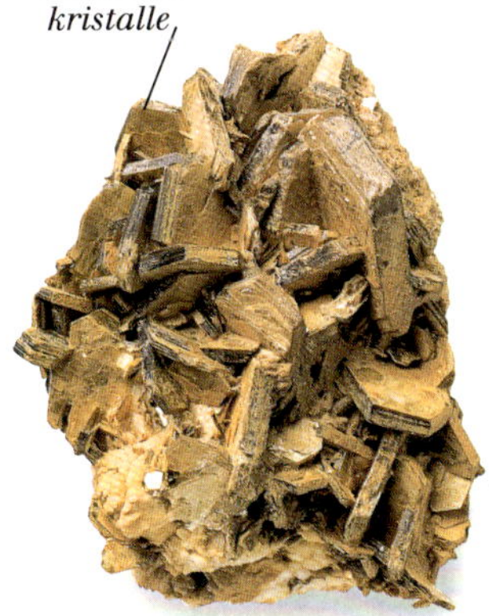

Muskovit
$KAl_2(Si_3Al)O_{10}(OH,F)_2$

Orthoklas
$KAlSi_3O_8$

Halogenide

Grüner Fluorit
CaF_2

Orangefarbenes Steinsalz
$NaCl$

Die Eigenschaften der Minerale

Minerale sind u.a. durch Spaltbarkeit, Bruch, Kristallsystem, Habitus, Härte, Farbe und Strich charakterisiert. So können sie z.B. auf unterschiedliche Weise zerbrechen. Geschieht das unregelmäßig und mit rauher Bruchfläche, spricht man von Bruch, während man mit Spaltbarkeit das Zerbrechen an einer bestimmten, von der Struktur des Kristalls abhängigen Fläche bezeichnet. Die Spaltbarkeit ist charakteristisch für ein Mineral: Glimmer besitzt z.B. vollkommene Spaltbarkeit. Die meisten Minerale bilden Kristalle, die sich anhand ihrer Symmetrie und Kristallformen einordnen lassen. Innerhalb jeder Gruppe können unterschiedliche, aber ähnliche Formen vorkommen; so kann z.B. ein kubischer Kristall sechs, acht oder zwölf Seiten haben. Die Zusammensetzung der Kristalle in einer Verbindung bestimmt den Habitus des Minerals. So können Mineralverbindungen z.B. einem Bündel Weintrauben ähneln, aber auch als mehr oder weniger formlose Masse auftreten. Mit der Härte eines Minerals wird der Widerstand bezeichnet, den ein Mineral dem Einritzen entgegensetzt. Diese Eigenschaft wird nach der Mohsschen Härteskala bewertet, die von 1 (Talk) bis 10 (Diamant) reicht. Die normale Färbung eines Minerals ist häufig kein gutes Bestimmungsmerkmal, da einige Minerale sehr unterschiedliche Farben haben können. Der sogenannte Strich, also die Farbe des pulverigen Abriebs eines Minerals, gilt dagegen als verläßlicheres Merkmal.

Bruch

Muscheliger Bruch am Beispiel des Feueropals

Muscheliger Bruch

Hackiger Bruch am Beispiel von Nickeleisen

Hackiger Bruch

Auripigment mit unebenem Bruch

Unebener Bruch

Garnierit mit splittrigem Bruch

Splittriger Bruch

Spaltbarkeit

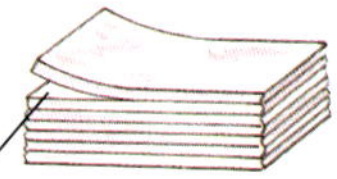

Spaltbarkeit in einer Richtung

Spaltbarkeit in einer Ebene

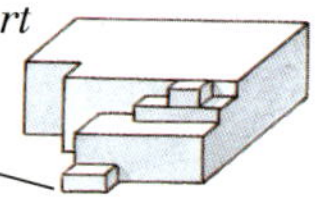

Spaltbarkeit in drei Richtungen führt zur Bildung eines kubischen Blocks.

Spaltbarkeit in drei Ebenen

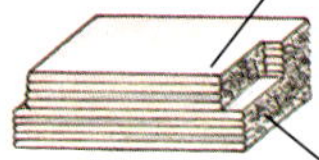

Horizontale Spaltbarkeit

Vertikale Spaltbarkeit

Spaltbarkeit in zwei Ebenen

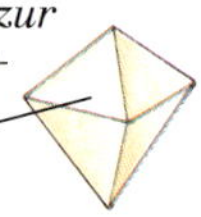

Spaltbarkeit in vier Richtungen führt zur Bildung eines doppelpyramidalen Kristalls.

Spaltbarkeit in vier Ebenen

Kristallsysteme

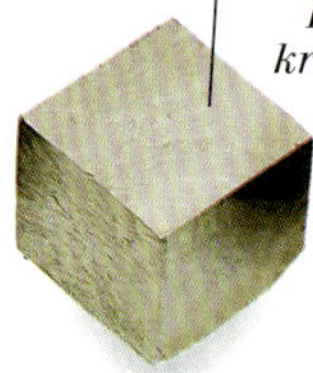

Kubischer Pyritkristall

Kubischer Kristall in Idealform

Kubisches Kristallsystem

Tetragonaler Vesuviankristall

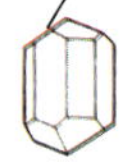

Tetragonaler Kristall in Idealform

Tetragonales Kristallsystem

Hexagonaler Beryllkristall

Hexagonaler/trigonaler Kristall in Idealform

Hexagonales/Trigonales Kristallsystem

Rhombischer Barytkristall

Rhombischer Kristall in Idealform

Rhombisches Kristallsystem

Monokliner Selenitkristall

Monokliner Kristall in Idealform

Monoklines Kristallsystem

Trikliner Axinitkristall

Trikliner Kristall in Idealform

Triklines Kristallsystem

Habitus

Kunzit mit prismatischem Habitus

Prismatischer Habitus

Silber mit drahtartigem Habitus

Drahtartiger Habitus

Hämatit mit tafeligem Habitus

Tafeliger Habitus

Wollastonit mit faserigem Habitus

Faseriger Habitus

Chalcedon mit traubigem Habitus

Traubiger Habitus

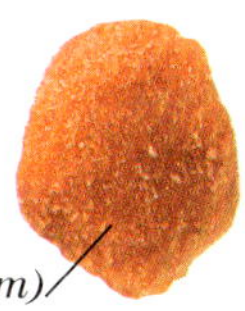

Carnallit mit massivem Habitus (keine festgelegte Form)

Massiver Habitus

Strich

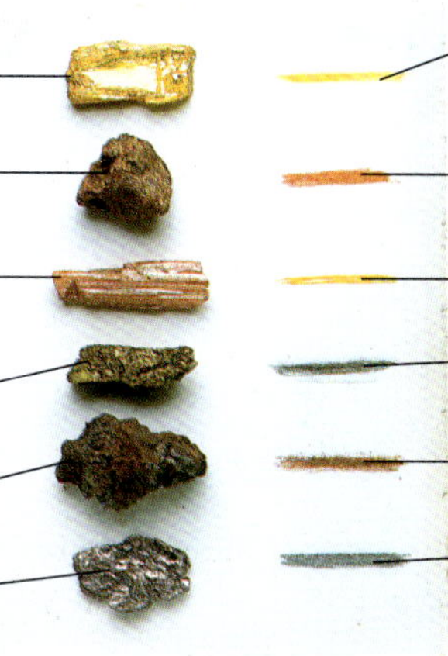

Farbe des Minerals	Farbe des Strichs
Gelb: Auripigment	*Goldgelb*
Braun: Hämatit	*Rotbraun*
Rotbraun: Krokoit	*Gelb*
Messinggelb: Kupferkies	*Schwarz*
Dunkelrot: Zinnober	*Rot*
Silber: Molybdänglanz	*Grau*

Farbe

Rosagefärbter Rosenquarzkristall

Rosa

Durchscheinender, grauweiß gefärbter Milchquarz

Grauweiß

Durchscheinender Citrin

Orange

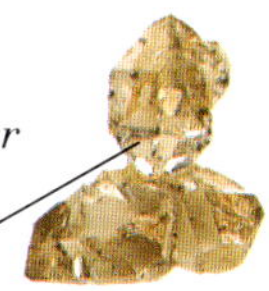

Durchsichtiger glasklarer Bergkristall

Beige, durchsichtig

Härteskala (nach Mohs)

Talk 1 · **Gips** 2 · **Calcit** 3 · **Fluorit** 4 · **Apatit** 5 · **Orthoklas** 6 · **Quarz** 7 · **Topas** 8 · **Korund** 9 · **Diamant** 10

Vulkane

Pahoehoe-Lava (Stricklava)

Vulkane sind Schlote oder Spalten in der Erdkruste, durch die Magma (geschmolzenes Gestein aus tieferen Schichten der Erdkruste) als Lava an die Erdoberfläche kommt. Sie entstehen meist an den Grenzen der Kontinentalplatten, wobei die Mehrzahl auf sogenannten mittelozeanischen Rücken liegt. Vulkane können anhand der Heftigkeit und Häufigkeit ihrer Ausbrüche eingeteilt werden. Nichtexplosive Ausbrüche finden normalerweise dort statt, wo sich die Platten voneinander entfernen. Diese Ausbrüche produzieren flüssige, aus Basalt bestehende Lava, die sich schnell über ein größeres Gebiet ergießt und so relativ flache Kegel bildet. Sehr viel heftigere Ausbrüche finden dort statt, wo Platten zusammenstoßen. Derartige Ausbrüche produzieren dickflüssige, aus Rhyolith bestehende Lava und können außerdem Wolken von Staub und Agglomeraten (Lava-Bruchstücke) ausstoßen. Diese Lava fließt bis zu ihrem Erstarren meist nicht sehr weit, so daß steile Vulkankegel entstehen. Einige Vulkane stoßen neben Lava auch Asche aus und bilden so einen geschichteten Vulkankegel. Regelmäßig ausbrechende Vulkane nennt man tätige, diejenigen, die nur sehr selten aktiv werden, ruhende und solche, die keinerlei Aktivität mehr zeigen, erloschene Vulkane. In vulkanisch aktiven Regionen gibt es häufig noch weitere auffällige geothermale Erscheinungen, etwa Geysire, heiße Mineralquellen, Solfatarenfelder, Fumarolen oder Schlammsprudel.

Der Horu-Geysir in Neuseeland

Unterschiedliche Vulkantypen

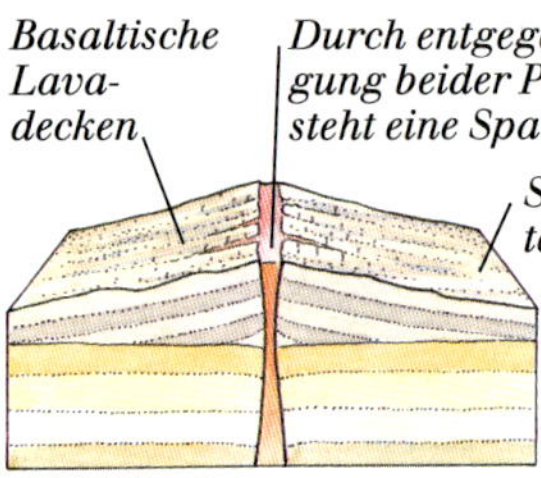

Spaltenvulkan

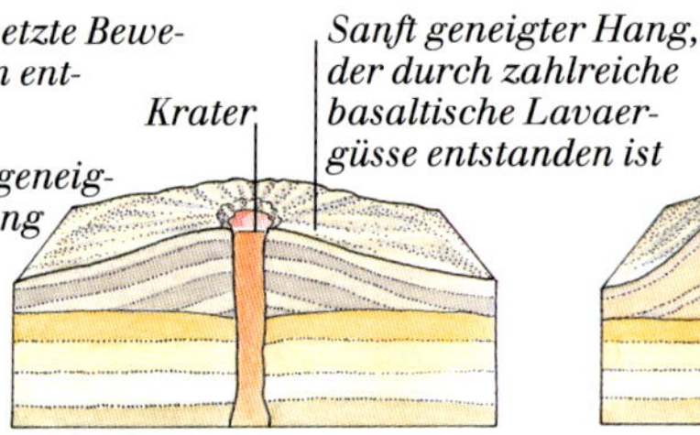

Schildvulkan

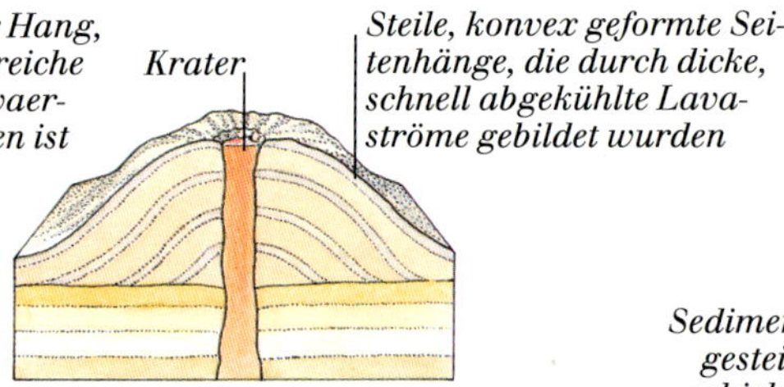

Staukuppen-Vulkan

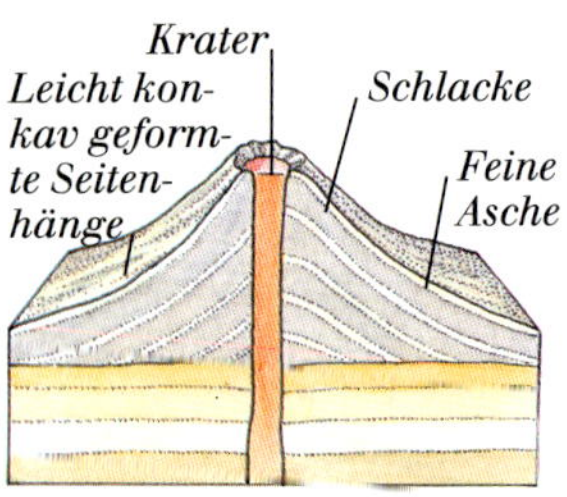

Schichtvulkan

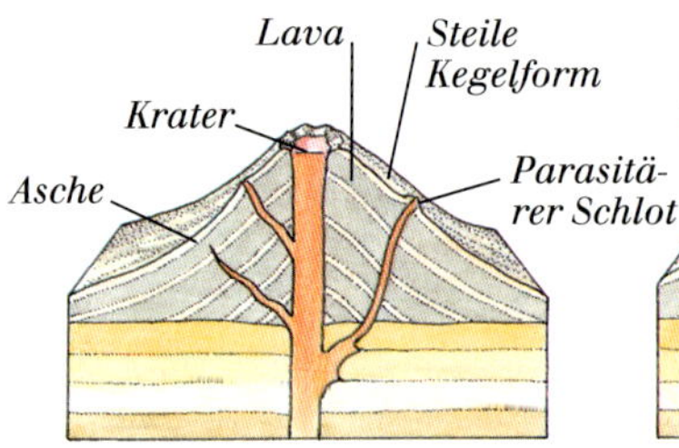

Zusammengesetzter Vulkan

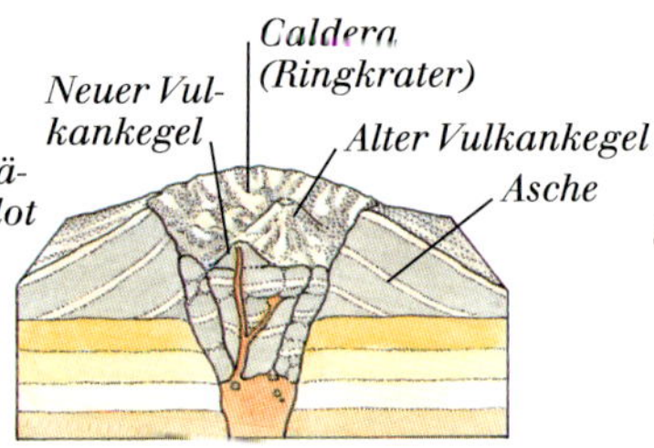

Vulkanische Caldera

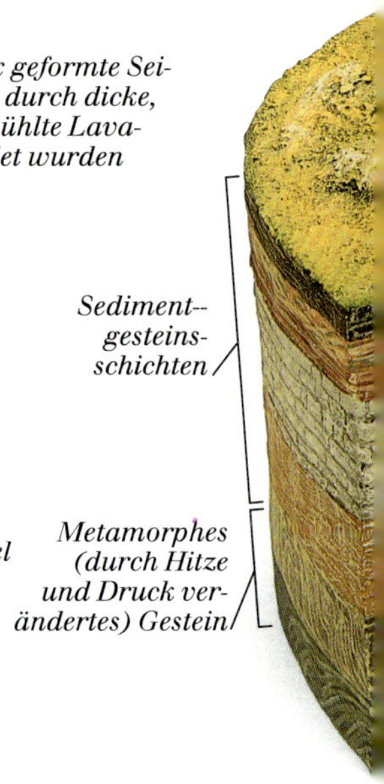

Die Entstehung von Vulkanstotzen

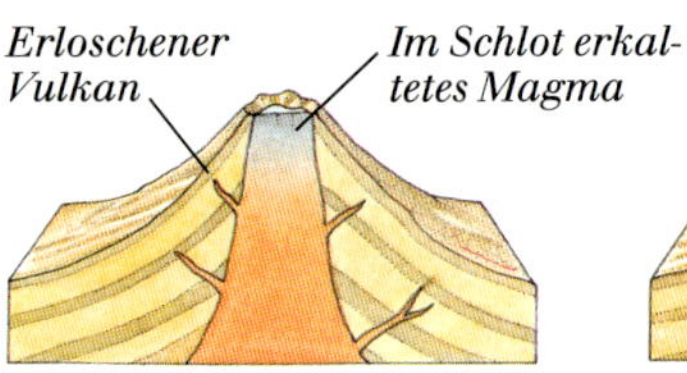

Bildung des Vulkanstotzens

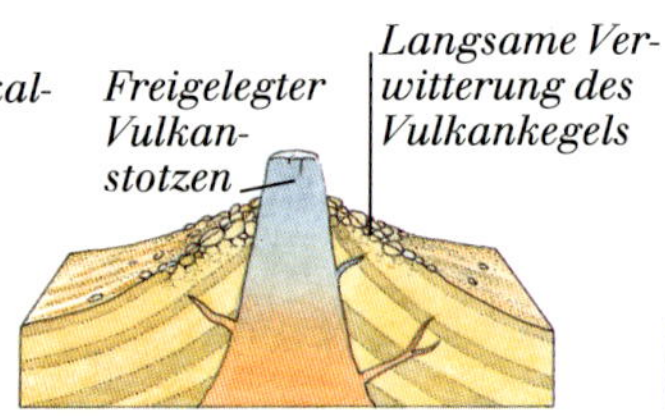

Beginnende Abtragung um den Vulkanstotzen

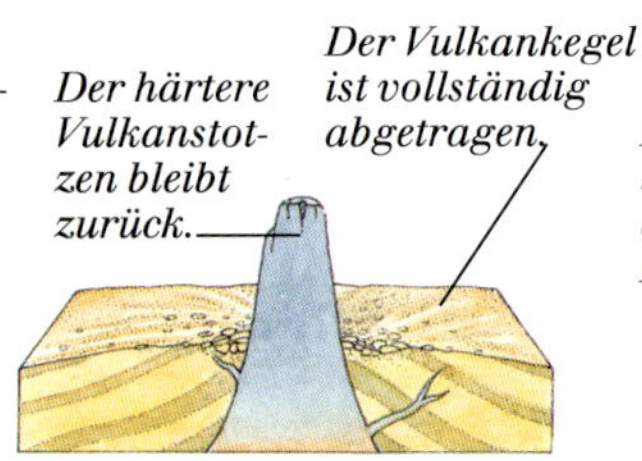

Vollständige Freilegung des Vulkanstotzens

Lapilli (Vulkanisches Auswurfmaterial)

Lavatypen

Aa-Lava (Brockenlava)

Schlacke

Die Verbreitung von Vulkanen

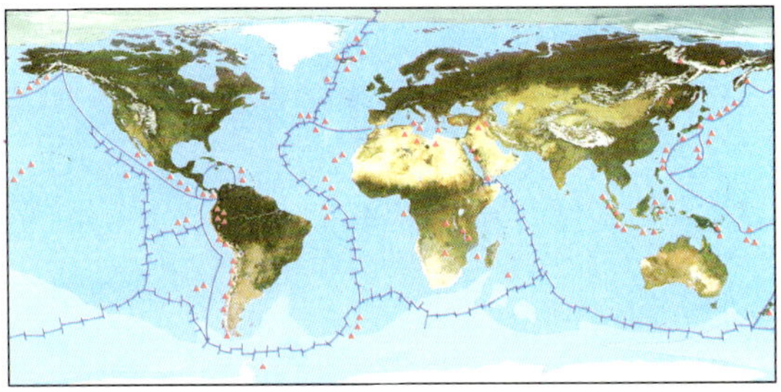

Aufbau eines Vulkans

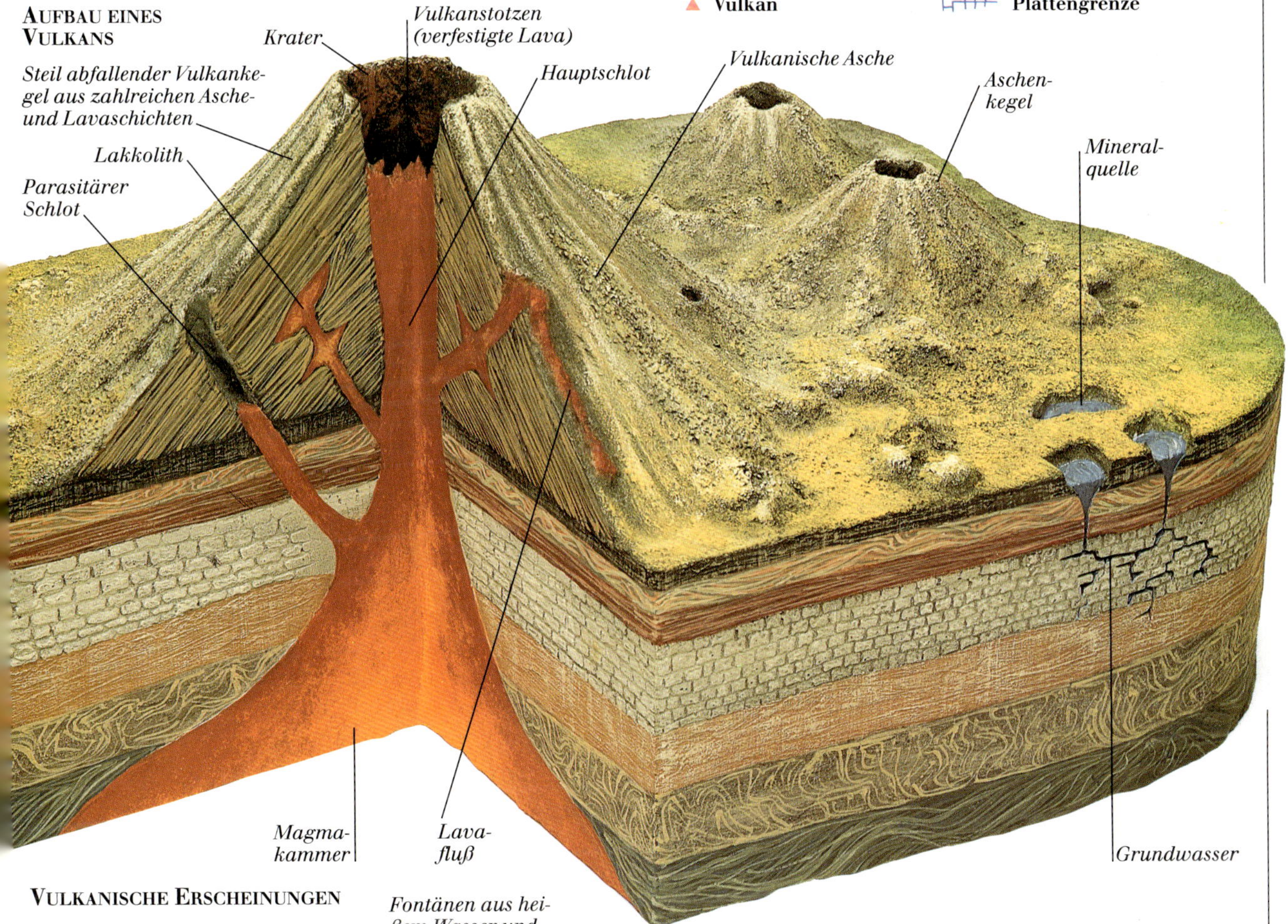

Vulkanische Erscheinungen

Solfatare

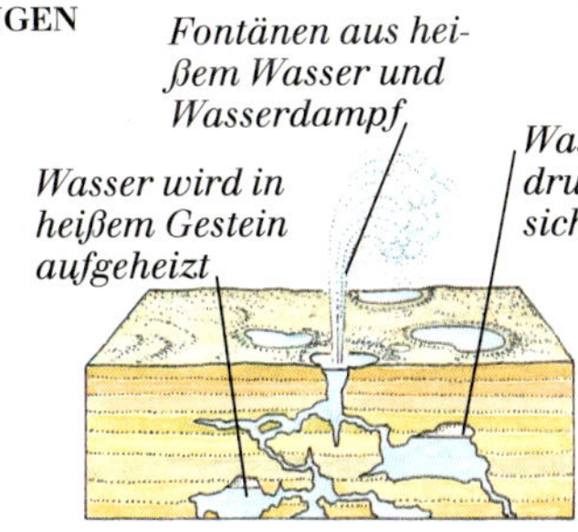

Geysir

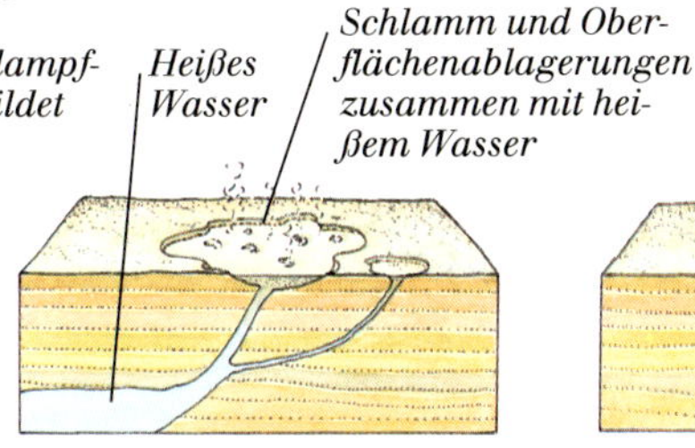

Schlammsprudel

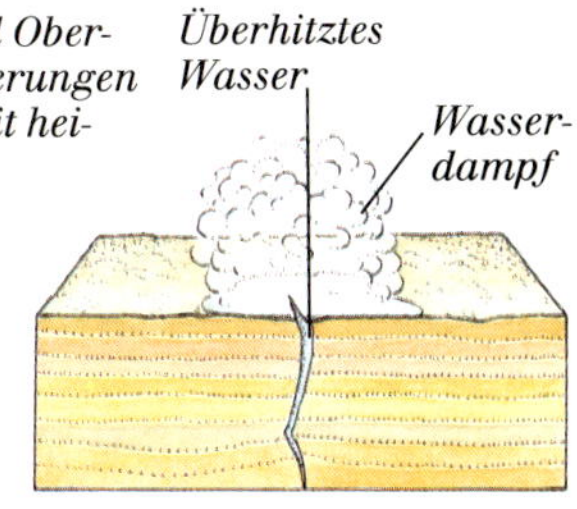

Fumarole

Magmatische und metamorphe Gesteine

Basaltsäulen

Magmatische Gesteine entstehen, wenn Magma (geschmolzenes Gestein) abkühlt und sich verfestigt. Man unterscheidet zwei Typen: Tiefengestein (Intrusiva) und Lava (Effusivgestein). Tiefengestein entsteht tief unter der Erdoberfläche, wo Magma in Felsspalten und zwischen Gesteinsschichten gepreßt wird und senkrechte und waagerechte Lagergänge (Intrusionsgänge) sowie Batholithe bildet. Das Magma kühlt langsam ab, und dadurch bilden sich grobkörnige Gesteine wie Gabbro und Granitpegmatit. Effusivgesteine entstehen an der Erdoberfläche, wenn Magma durch Vulkanausbrüche an die Oberfläche gelangt. Die Lava erkaltet schnell und bildet dabei feinkörnige Gesteine wie Rhyolith und Basalt. Metamorphe Gesteine entstehen durch hohe Temperaturen (Kontaktmetamorphose) oder hohen Druck (Regionalmetamorphose). Zur Kontaktmetamorphose kommt es, wenn Gestein durch Hitze verändert wird, also etwa in Intrusionsgängen oder in der Umgebung flüssiger Lava. Wenn Gestein inmitten sich auftürmender Gebirge zusammengepreßt wird, kommt es zur Regionalmetamorphose. Metamorphe Gesteine können aus magmatischen Gesteinen, aus Sedimentgesteinen und sogar aus bereits vorher einmal durch Metamorphose verändertem Gestein entstehen.

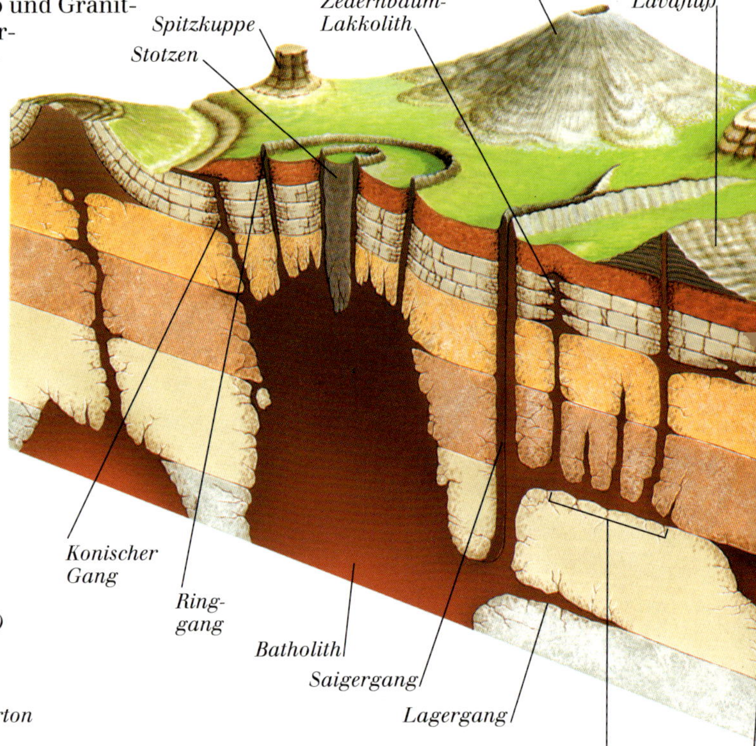

Aufbau magmatischer Gesteine

Kontaktmetamorphose

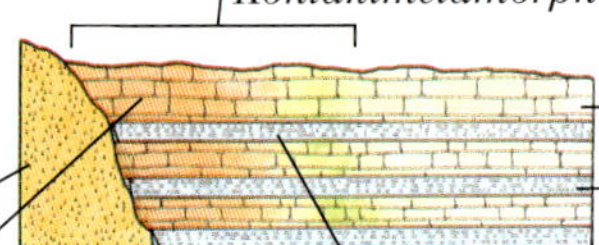

Regionalmetamorphose

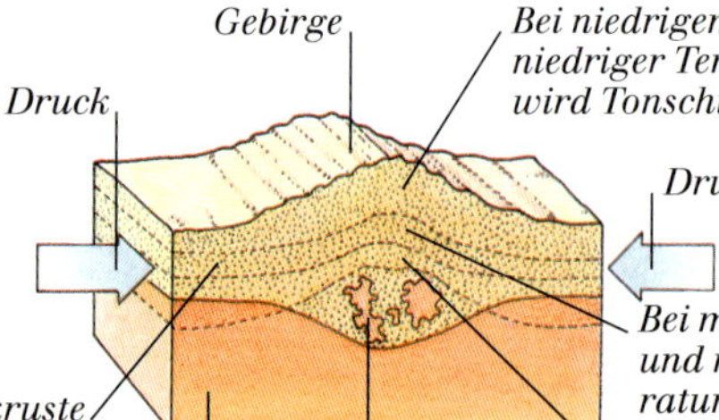

Beispiele für metamorphes Gestein

Gneis Biotit-Schiefer Skarn

Beispiele für magmatisches Effusivgestein

Rhyolith

Basalt

Bimsstein

Andesit

Obsidian

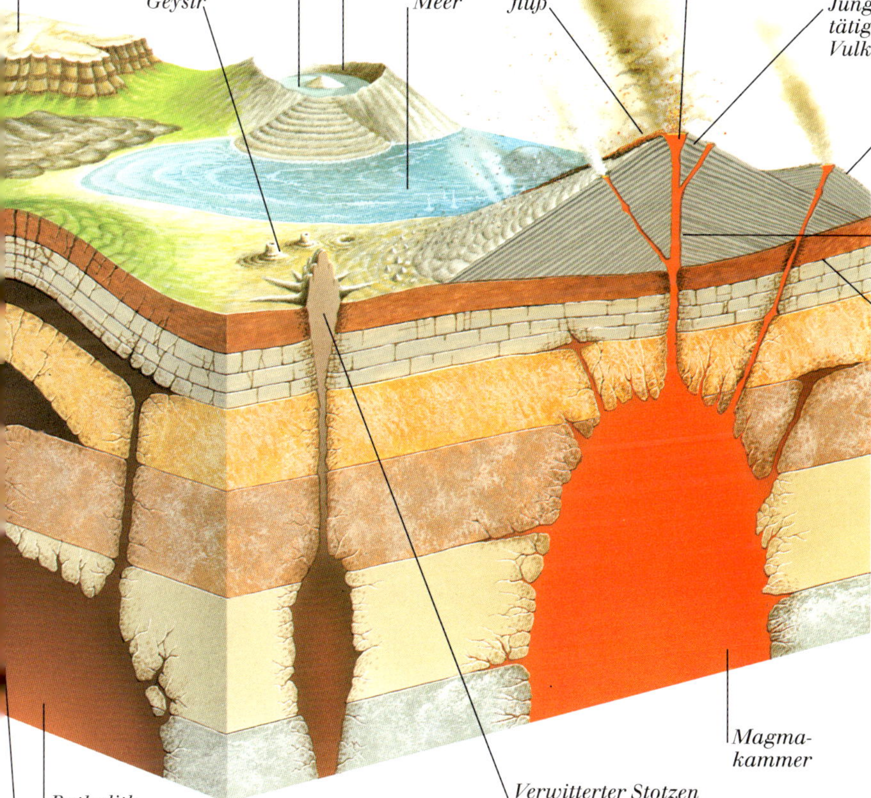

Beispiele für magmatisches Tiefengestein

Kimberlit

Olivingabbro

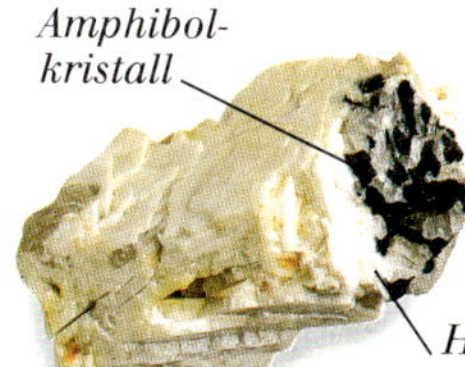

Granitpegmatit

Pyrit-Tonschiefer

Chiastolith-Hornfels

Grüner Marmor

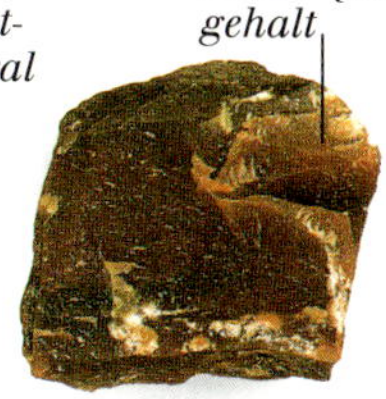

Hälleflint

Syenit

Sedimentgesteine

Sedimentgesteine entstehen durch Ablagerung und Verfestigung von Sedimenten (s.S. 276–277). Es existieren drei große Gruppen: Mechanische Sedimente wie Brekzie oder Sandstein werden aus Gesteinen gebildet, die durch Verwitterung (s.S. 292–293) zerfielen und dann abgetragen und an anderer Stelle wieder abgelagert wurden. Organische Sedimente, beispielsweise Kohle (s.S. 290–291), entstehen aus abgestorbenem pflanzlichen und tierischen Material. Chemische Sedimentgesteine werden durch chemische Prozesse gebildet; so entsteht z.B. Steinsalz, wenn Wasser, in dem Salz gelöst ist, verdunstet. Sedimentgesteine werden häufig in Schichten abgelagert, und zwar die jeweils jüngste Schicht über der nächstälteren. Häufig gibt es Lücken in dieser Schichtung, die Diskordanzen genannt werden. Diese zeigen an, daß es Zeiten gegeben hat, in denen keine Sedimente mehr abgelagert wurden oder daß die Sedimentschichten über die Meeresoberfläche hinausragten und so verwittern konnten.

Der Grand Canyon (USA)

Beispiele für Diskordanzen

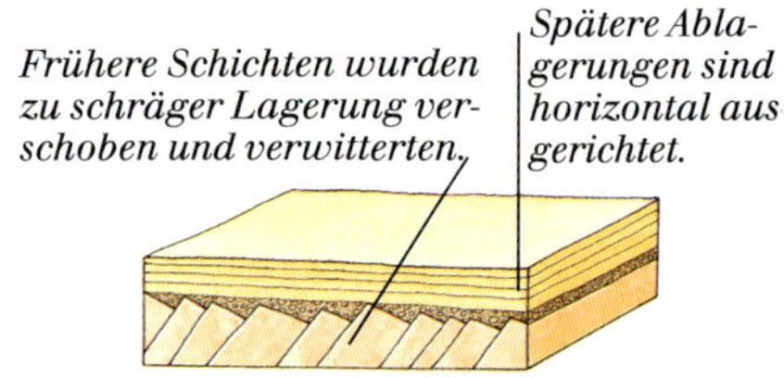

Winkeldiskordanz

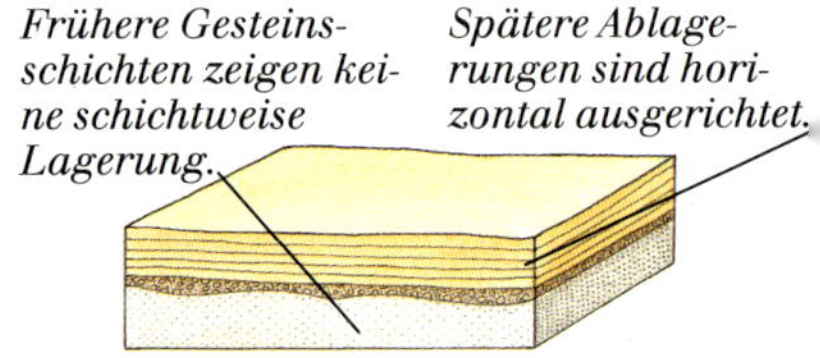

Ohne Diskordanz

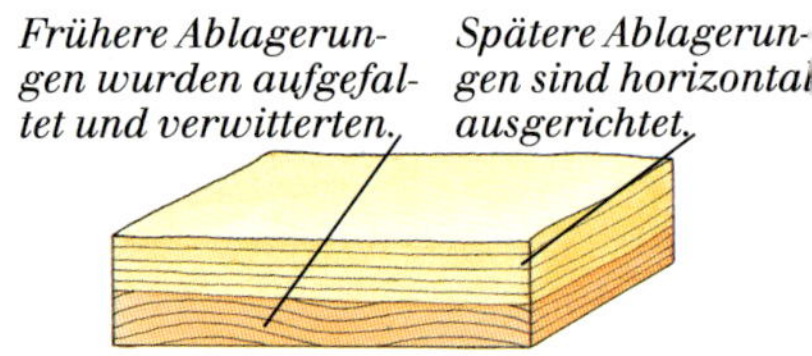

Diskordanz

Sedimentablagerungen im Gebiet des Grand Canyon

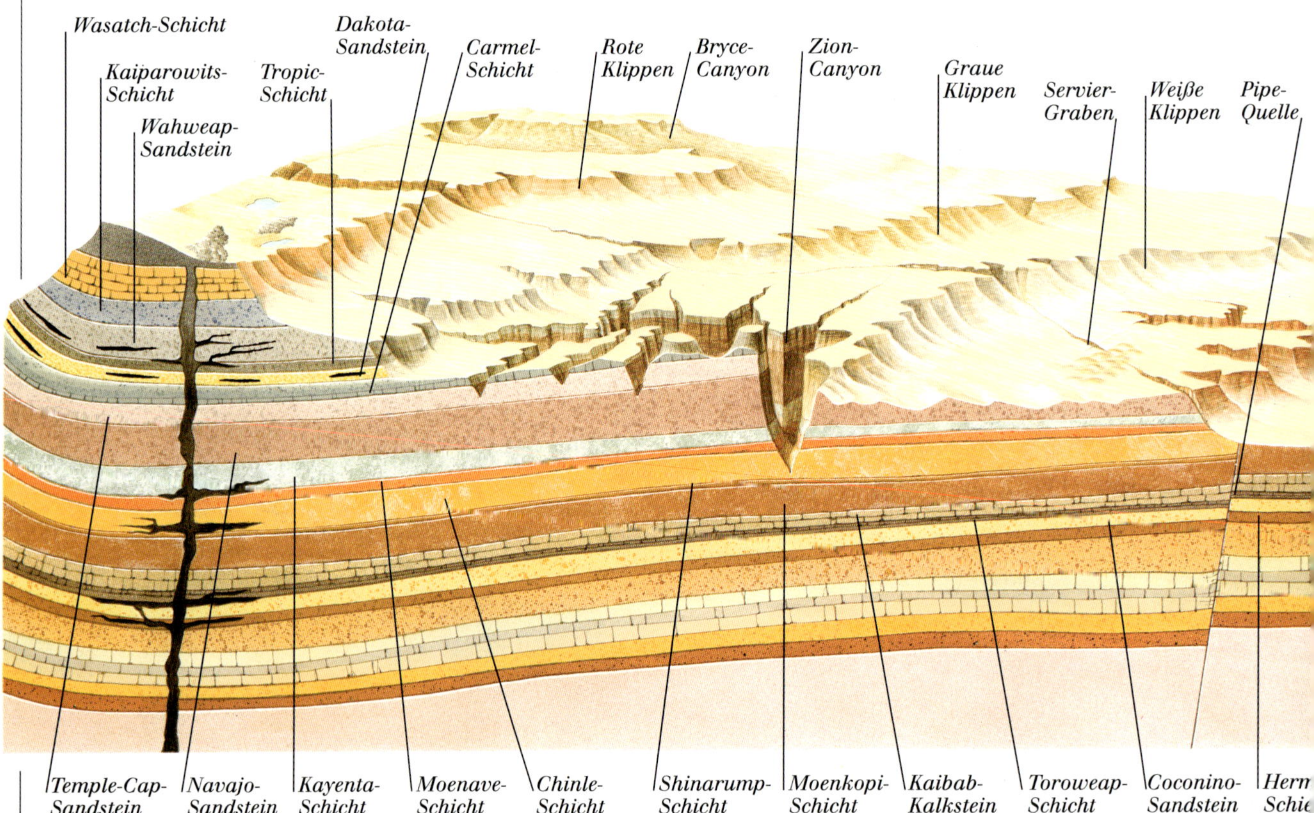

Beispiele für Sedimentgestein

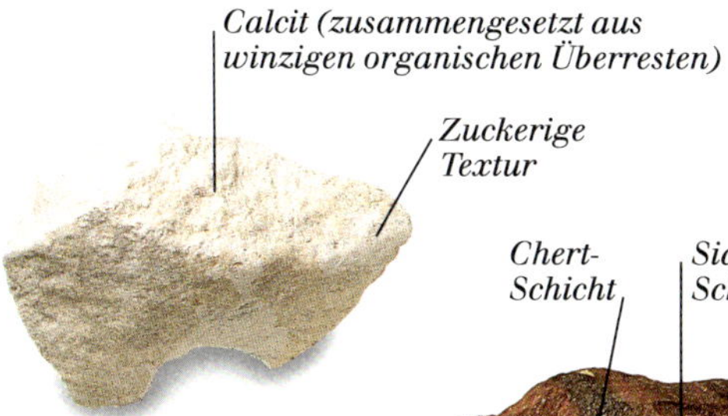

Kalk

Gebänderter Eisenstein

Brekzie

Roter Sandstein

Feuerstein

Oranger Halit (Steinsalz)

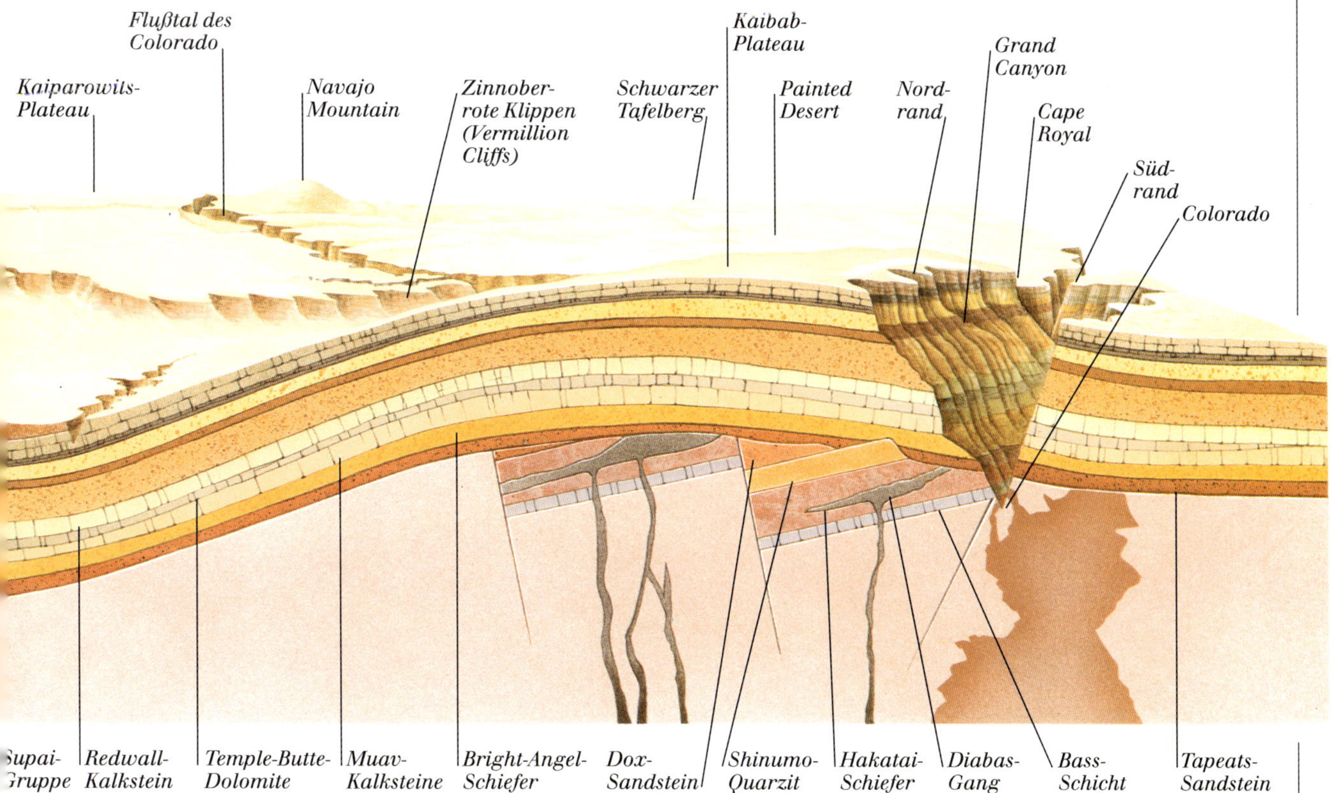

Fossilien

Fossilien sind versteinerte Überreste von Pflanzen und Tieren: Reste des Organismus selbst oder auch fossile Spuren aus der Zeit, da der Organismus lebte, z.B. Abdrücke des Körpers im Gestein, versteinerte Fußabdrücke oder Ausscheidungen. Die meisten toten Organismen verrotten sehr schnell oder werden von Aasfressern beseitigt. Damit es zu Versteinerungen kommen kann, muß der abgestorbene Organismus möglichst bald von Sediment bedeckt werden. Der Kadaver verwest, wobei die widerstandsfähigeren Teile wie Knochen, Zähne oder Gehäuse, zunächst verschont bleiben. Diese werden dann durch Mineralien aus dem umliegenden Sediment imprägniert und dadurch konserviert. Es kann aber auch zu Versteinerungen kommen, wenn nur noch ein Hohlraum vorhanden ist, der sich mit Mineralien füllen kann, so daß ein Abdruck des Organismus zurückbleibt (Verdrängung). Die Paläontologie kann nicht nur zeigen, wie sich die Organismen im Laufe der Zeit verändert haben, sondern auch dazu beitragen, die geologische Vergangenheit der Erde zu erschließen, u.a. durch Bestimmung des Alters von Gesteinsschichten anhand von Leitfossilien.

Der Prozess der Versteinerung

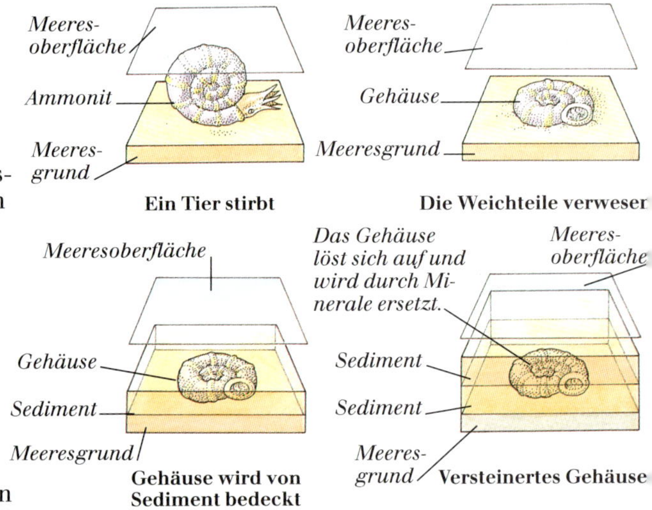

Unterschiedliche Versteinerungen

Alethopteris (Samenfarne)

Frosch (Amphibien)

Pavlovia (Ammoniten)

Dicyothyris (Brachyopoden)

Pilgermuschel (Muschel)

Acroteuthis (Belemnit)

Skorpion (Arthropode)

FOSSILFUNDE

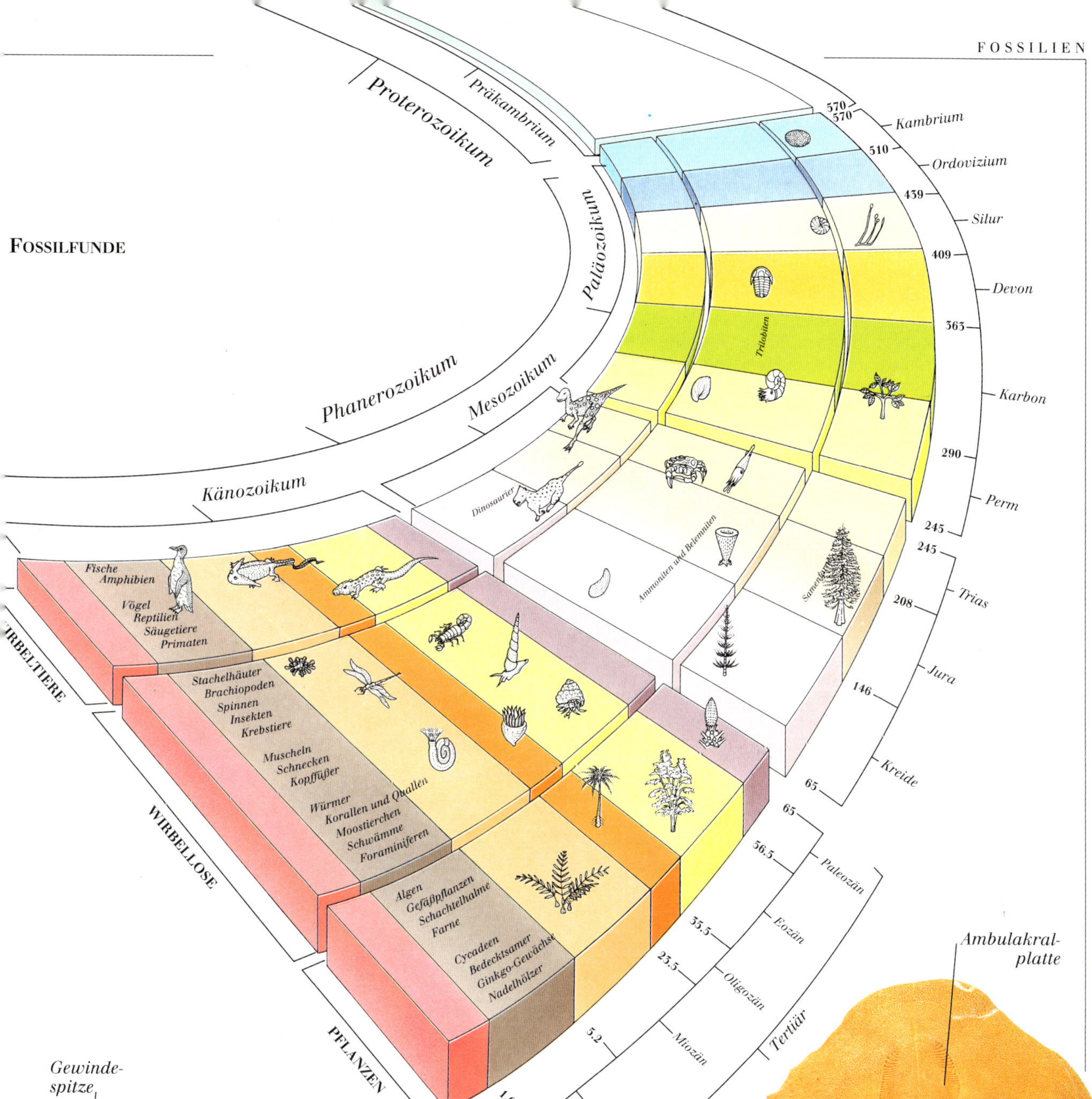

Struthiolaria (Schnecke)

Leonapsis (Trilobit)

Schlammkrabbe (Krebs)

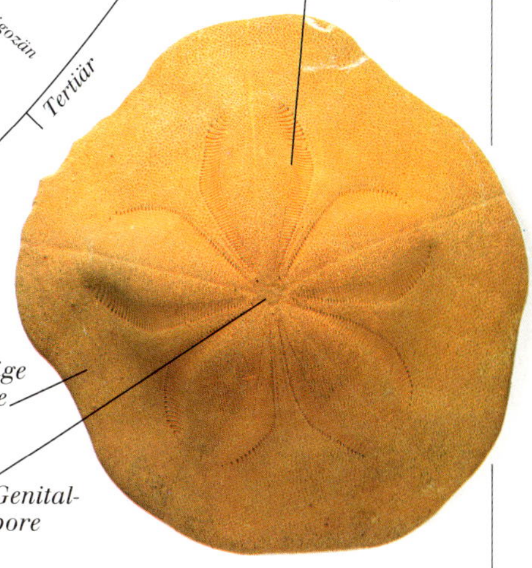

Clypeaster (Stachelhäuter)

Bodenschätze

Bodenschätze sind natürlich vorkommende Substanzen, die aus der Erde gewonnen und als Brenn- oder Rohstoffe verwendet werden. Zur ersten Gruppe gehören Kohle, Erdöl und Erdgas, die auch als fossile Brennstoffe bezeichnet werden. Kohle entsteht normalerweise dadurch, daß Pflanzen absterben und unter Sauerstoffabschluß teilweise zu Torf kompostiert werden. Darüber abgelagerte Sedimente pressen den Torf dann zusammen und verwandeln ihn in Braunkohle. Werden weitere Sedimentschichten angehäuft, erhöhen sich Druck und Temperatur, so daß Steinkohle oder der sehr feste Anthrazit entstehen. Erdöl und Erdgas entstammen in der Regel organischem Material, das unter Meeressedimenten abgelagert wurde und unter Hitze und Druck viele chemische Veränderungen erfahren hat. Später werden Erdöl und Erdgas durch poröse, durchlässige Schichten nach oben gedrückt und gelangen so an die Erdoberfläche oder sammeln sich unter einer undurchlässigen Gesteinsschicht, die durch Faltungen oder Verschiebungen so umgeformt wurde, daß eine Falle gebildet wird, beispielsweise eine Antiklinalfalle. Minerale sind dagegen anorganische Substanzen, die aus einzelnen chemischen Elementen bestehen können, wie z.B. Gold, Silber oder Kupfer, aber auch aus Kombinationen einzelner Elemente (s.S. 278–279). Einige dieser Bodenschätze sind in den Gesteinsschichten konzentriert, die durch die Bewegungen der Erdkrustenplatten oder durch vulkanische Tätigkeit entstanden sind, andere findet man dagegen in Sedimentgesteinsschichten, in denen sich Minerale anreicherten, die einst durch Verwitterung aus Gesteinen freigesetzt und anschließend fortgeschwemmt und abgelagert wurden.

Ölbohrinsel in der Nordsee

Stadien der Kohlebildung

Die Entstehung von Kohle

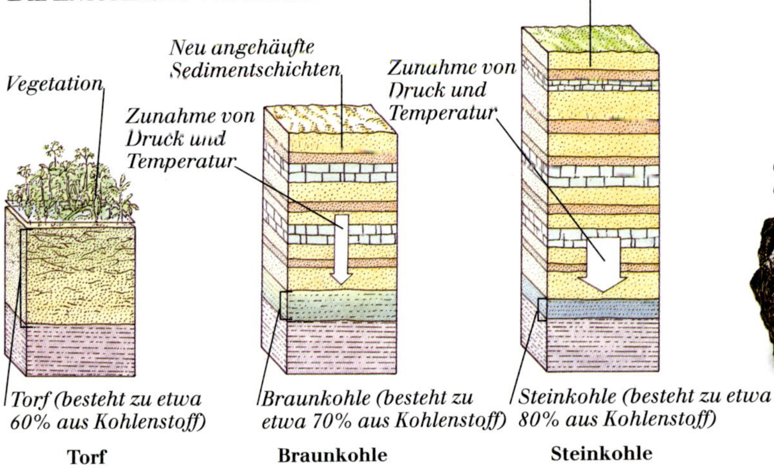

Beispiele für Erdöl- und Erdgasfallen

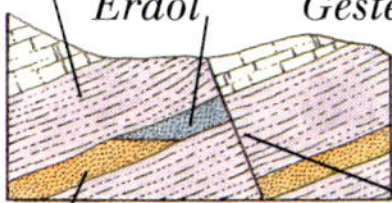

Verwerfungsfalle

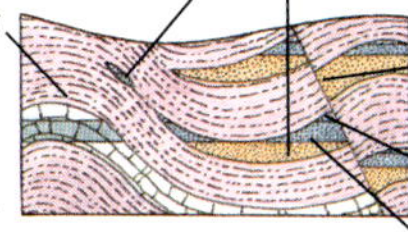

Beulenfalle

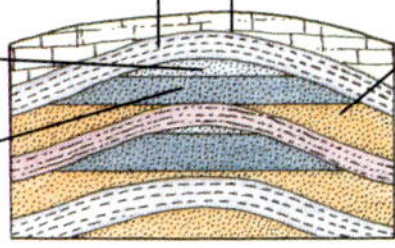

Antiklinalfalle

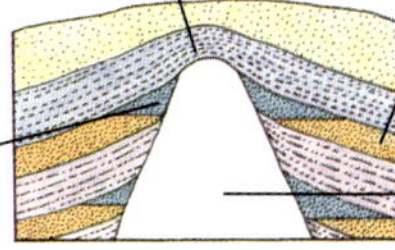

Salzstockfalle

Wichtigste Kohle-, Erdöl- und Erdgaslagerstätten

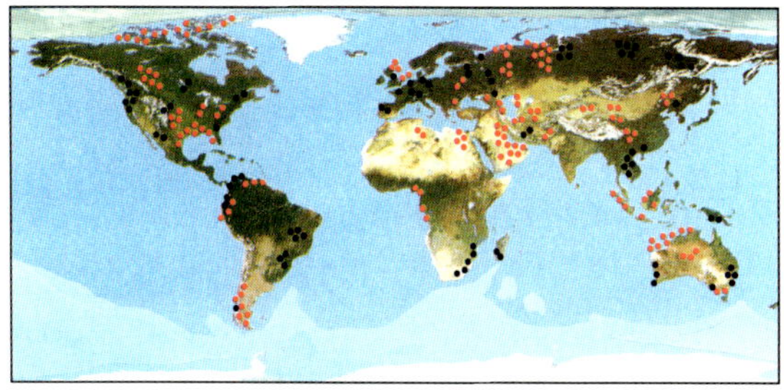

● Kohle ● Erdöl und Erdgas

Bildung einer Antiklinalfalle

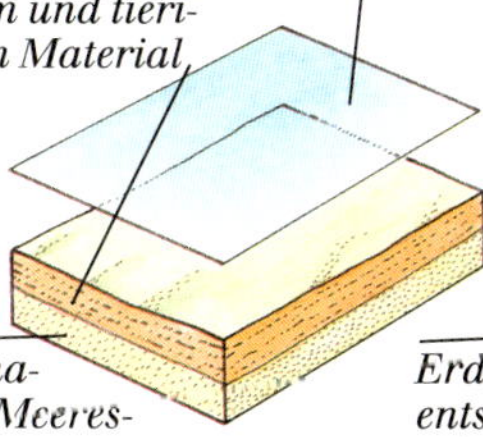

Ablagerung dekompostierten organischen Materials

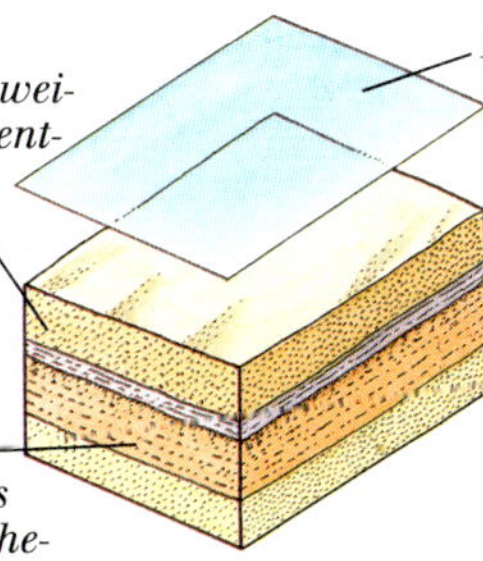

Bildung von Erdöl und Erdgas

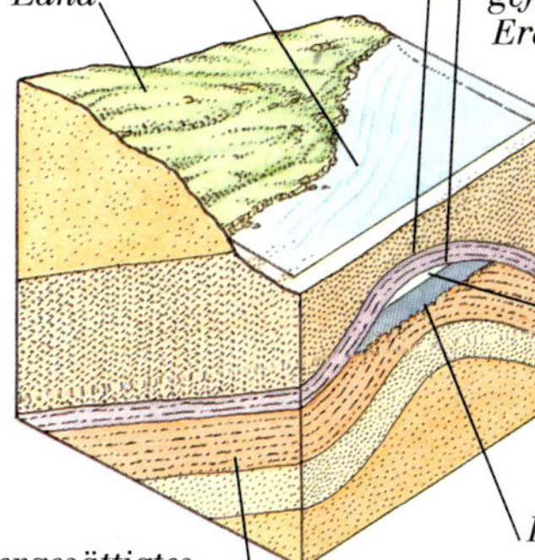

Erdöl und Erdgas werden in einer Antiklinale gesammelt

Entstehung von Erzlagerstätten

Verwitterung und Erosion

Unter Verwitterung versteht man den Zerfall von Gesteinen an der Erdoberfläche. Physikalische Verwitterung kann durch Temperaturdifferenzen hervorgerufen werden, z.B. Frost- und Tauwetter, aber auch durch den Wind oder Flüsse und Gletscher. Selbst pflanzliche und tierische Aktivitäten, also etwa Wurzelsprengungen oder die Erdbauten von Tieren, tragen dazu bei. Während der chemischen Verwitterung zerfällt das Gestein durch Änderung der chemischen Zusammensetzung, wenn also z.B. Regenwasser bestimmte Minerale eines Gesteins herauslöst. Die einschneidende und ausräumende Tätigkeit des Wassers wird Erosion genannt, die Abtragung von Erdschichten durch Wind heißt Deflation, und bei Eis spricht man von Glazialerosion. Letztere Vorgänge spielen besonders in Gebieten mit geringer Vegetation eine große Rolle, z.B. in Wüsten mit Sanddünenbildung.

Entstehung einer Felswüste (Hammada)

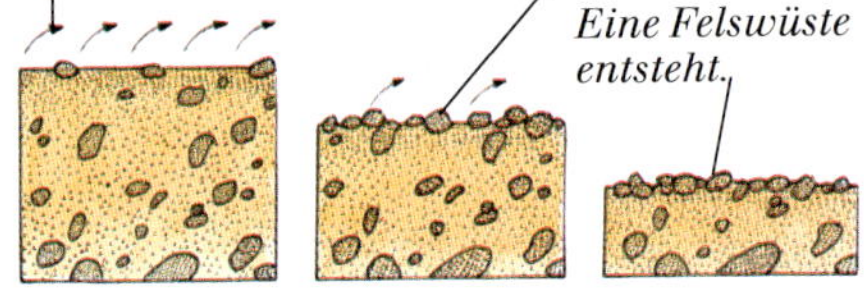

Anfangsstadium | Zwischenstadium | Endstadium

Typische, durch Verwitterung und Erosion entstandene Formen

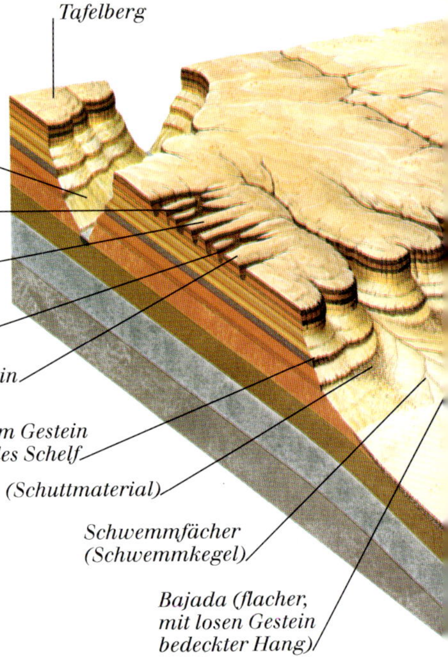

Durch Wind entstandene Felsformationen

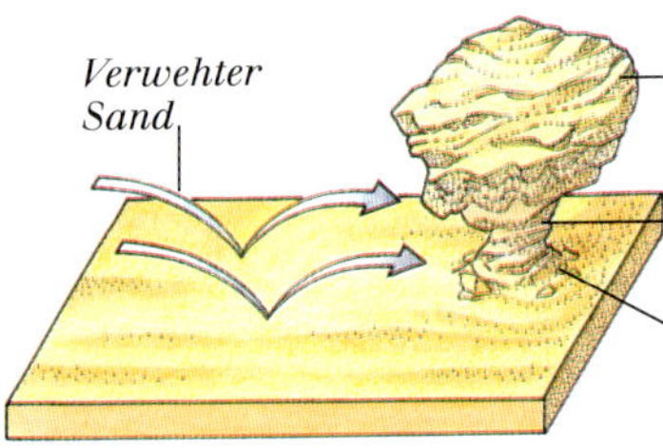

Pilzfelsen

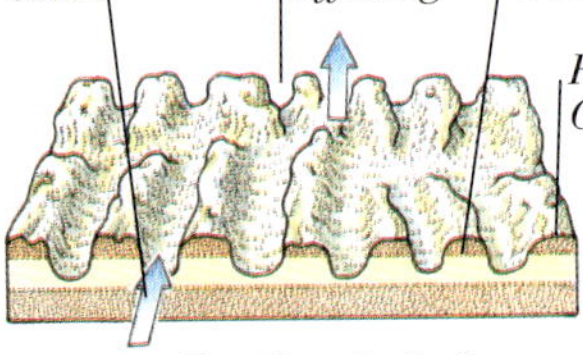

Härtling-Landschaft

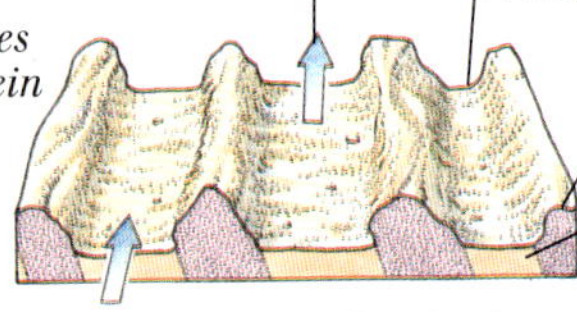

Jardang (Windhöcker)

Beispiele für physikalische Verwitterung

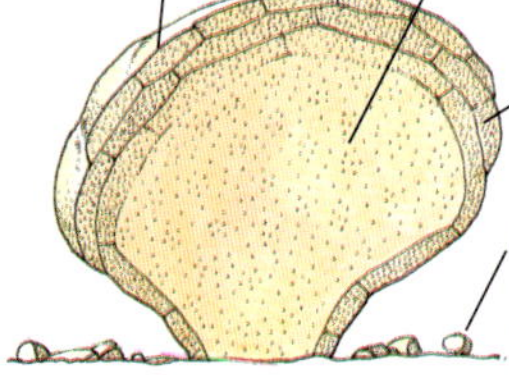

Schalenverwitterung

Wollsackverwitterung

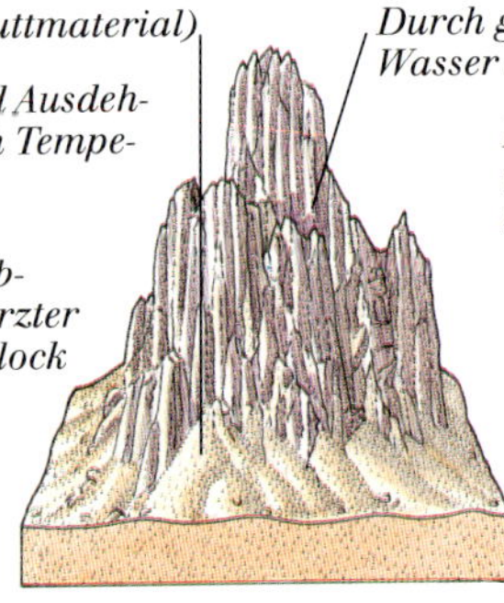

Frostsprengung

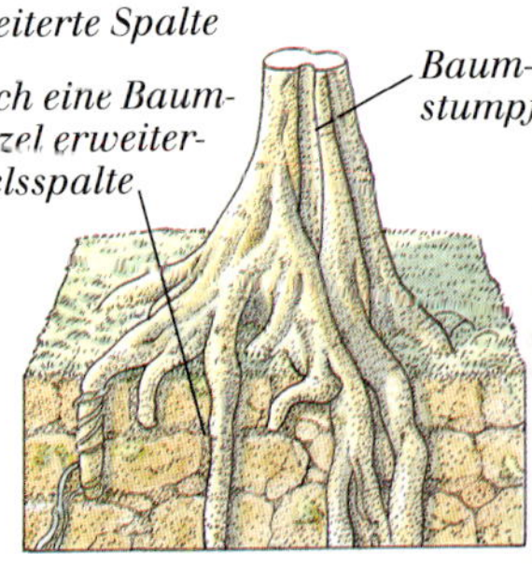

Verwitterung durch Baumwurzeln

Schnitt durch eine Sicheldüne (Barchan)

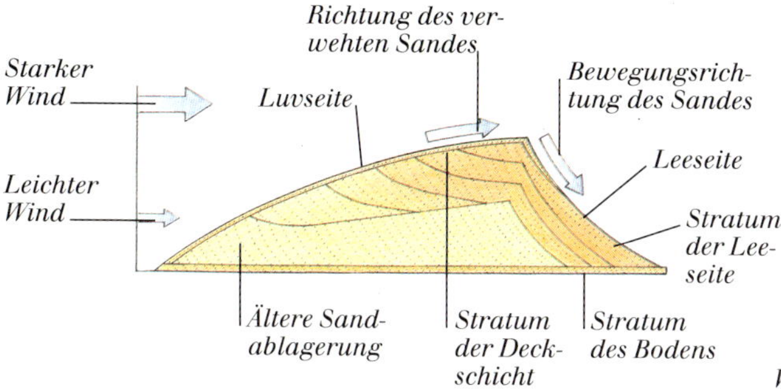

Beispiele für Sanddünen

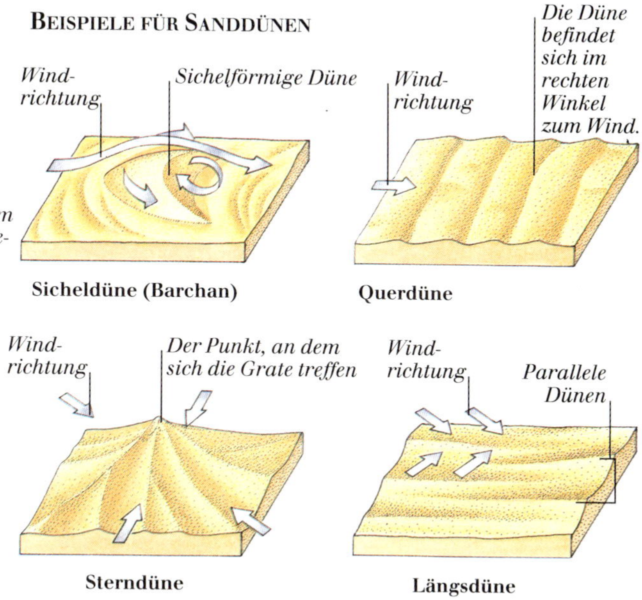

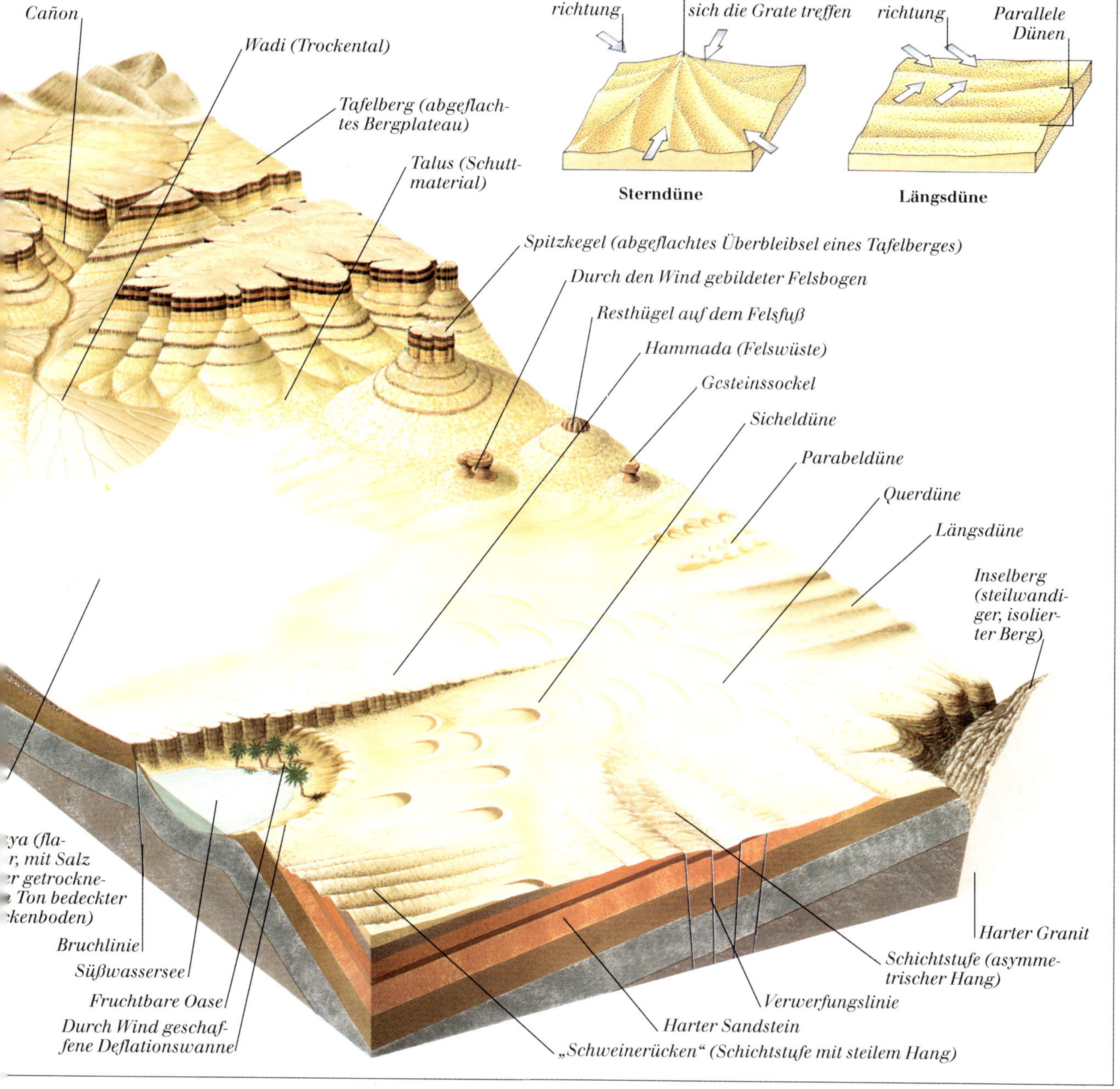

Höhlen

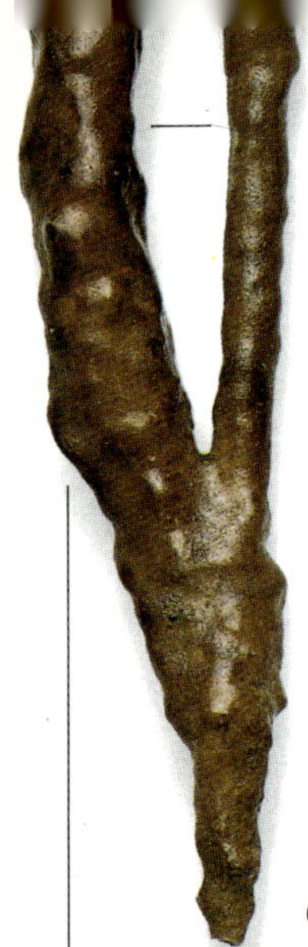

Zusammengewachsene Stalaktiten

Stalaktit mit ringförmiger Zeichnung

Höhlen bilden sich hauptsächlich in Kalksteingebieten, wenngleich sie an den Küsten auch in anderem Gestein entstehen können. Kalkstein besteht fast vollständig aus Calcit (Kalziumkarbonat), das durch Kohlensäure relativ leicht gelöst werden kann, die normalerweise im Regenwasser oder in Huminsäuren verwesender Vegetation enthalten ist. Das nun säurehaltige Wasser sickert durch die Spalten und Klüfte des Kalkgesteins und zwischen einzelne Gesteinsschichten. Dabei kann die Erdoberfläche durch die Bildung von Dolinen (trichterförmige Hohlräume) und Riedeln (langgestreckte Geländerücken) stark verändert werden. An einigen Stellen entstehen Schwundlöcher, in denen ganze Flüsse verschwinden können. Ausgehend von kleinen Rissen und Spalten, löst das saure Wasser das Gestein auf und schafft so ein System aus Gängen und Höhlen, die sich durch den Einsturz von Zwischendecken zu großen Höhlendomen vereinigen können. Durch die Ablagerung gelösten Calcits können dort sehr unterschiedliche Gebilde entstehen, z.B. Wandsinter und Sintervorhänge oder auch Stalaktiten und Stalagmiten. Stalaktiten entstehen, wo Calcit zurückbleibt, wenn Wasser von der Decke tropft, Stalagmiten, wo Tropfen auf den Boden fallen.

Oberflächentopographie eines Höhlensystems

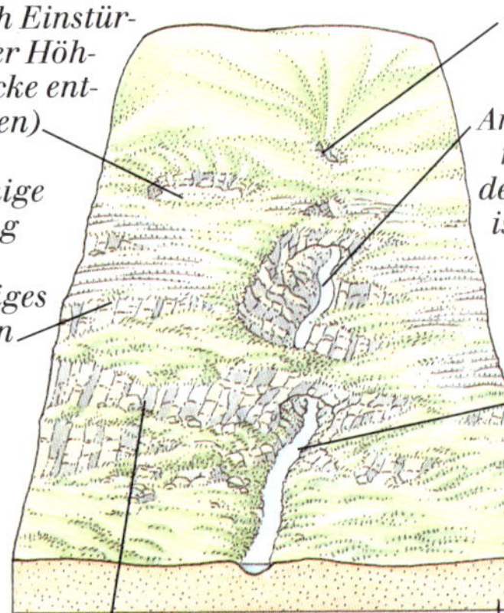

Stalagmitenbildung

Kristalliner Bodenzapfen

Kalktuff

Bodenzapfen

Stalagmit

Entstehung eines Höhlensystems

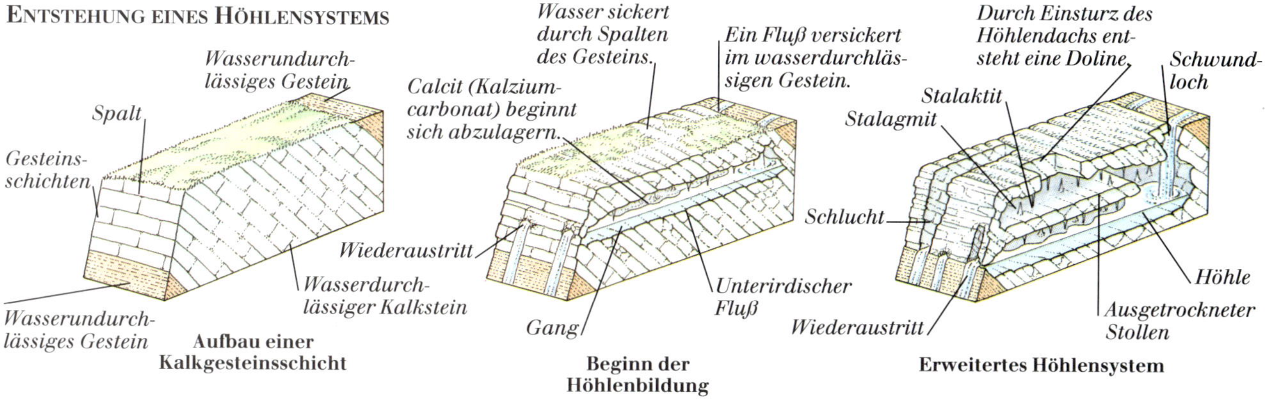

Zusammenhängendes Höhlensystem

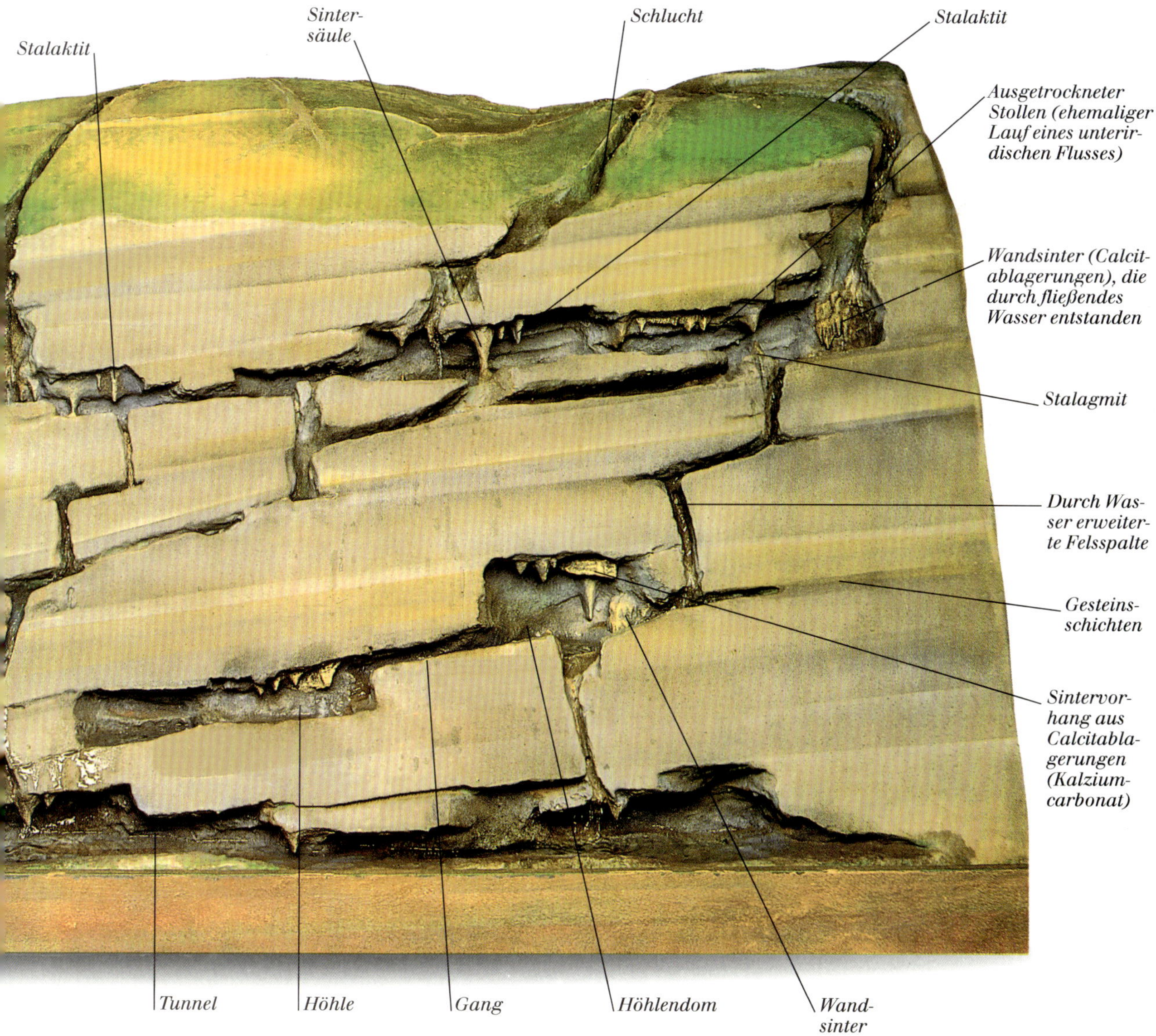

Gletscher

Glacier Bay in Alaska

Gletscher sind große, geschlossene Eismassen, die sich an Land bilden. Sie sind aus Schneemassen entstanden, die sich in Firnmulden (muldenartige Senken in Hochflächen) angesammelt hatten und deren untere Schichten zu Firneis zusammengepreßt wurden, als sich weiterer Schnee auflagerte. Die Firnmulde wird in der Regel durch Frostbruch und Abtragung (s.S. 292–293) erweitert, und es bilden sich schließlich scharfe Grate, die einzelne Firnmulden voneinander trennen. Wenn sich ausreichend Firneis angesammelt hat, bewegt sich der Gletscher talwärts. Dabei nimmt er Schotter und Gesteinsbrocken aller Größen mit, angefangen von Staubkörnern bis hin zu großen Felsbrocken. Werden diese über die Unterlage des Gletschers geschleift, bildet sich nach und nach das typische trogförmige Gletschertal heraus. Der Gletscher endet am unteren Ende mit einer Gletscherzunge, an der das Eis normalerweise ebenso schnell schmilzt, wie es von oben nachtransportiert wird. Tritt eine Erwärmung ein, schmilzt das Eis schneller, als es zu Tal fließt, so daß es zu einem Rückzug des Gletschers kommt. Unter einem sich zurückziehenden Gletscher bleiben die sogenannten Moränen und Findlinge (isoliert liegende, abgerundete Felsbrocken) zurück. Durch die Abtragung kleiner Gesteinspartikel durch die abfließenden Gletscherbäche entstehen Rinnenseen, wobei dieses Material teilweise wieder in sogenannten Osern und Kames (Hügel aus Kies und Sand) abgelagert werden kann. Wenn größere Eisbrocken in solche Schwemmgebiete getragen werden und dort schmelzen, entstehen Löcher, die Toteiskessel genannt werden.

TALGLETSCHER

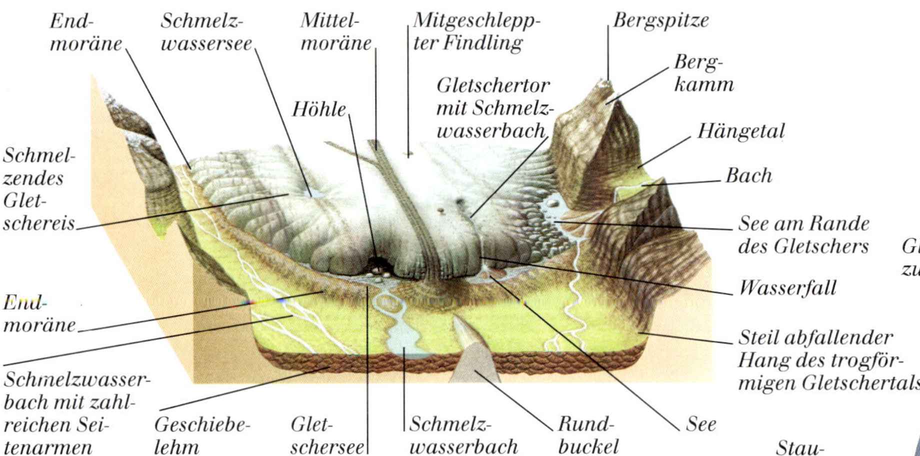

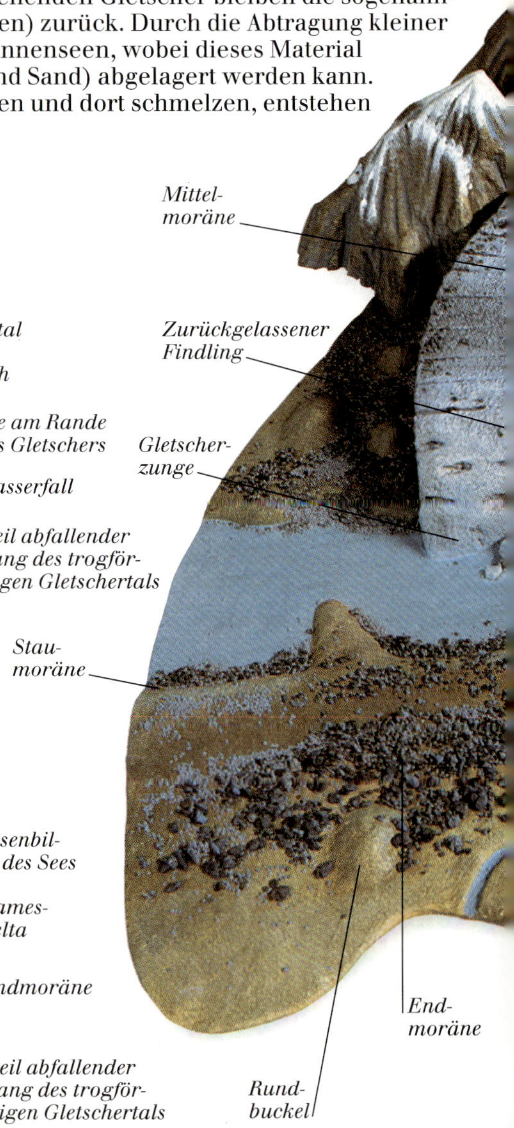

ABLAGERUNGEN NACH RÜCKZUG DES GLETSCHERS

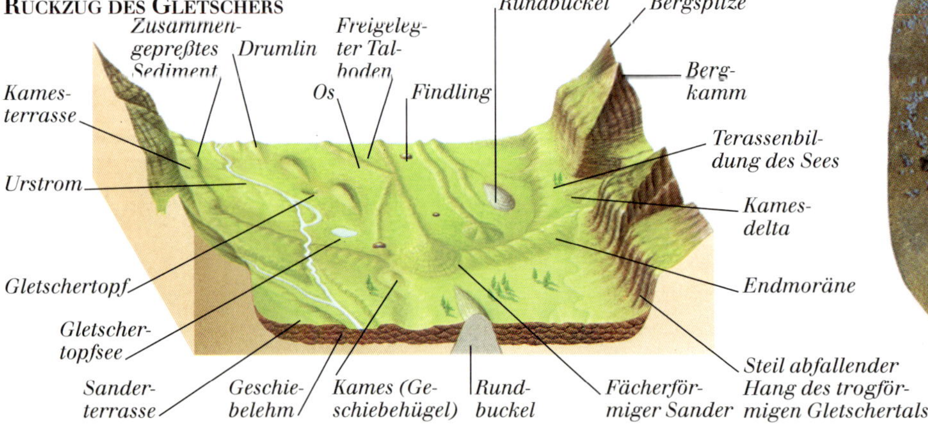

Typische Merkmale eines Gletschers

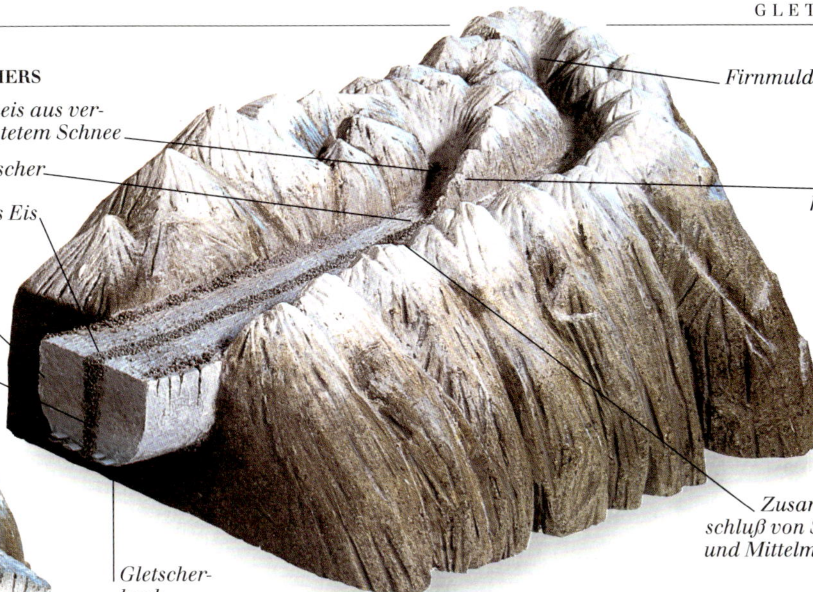

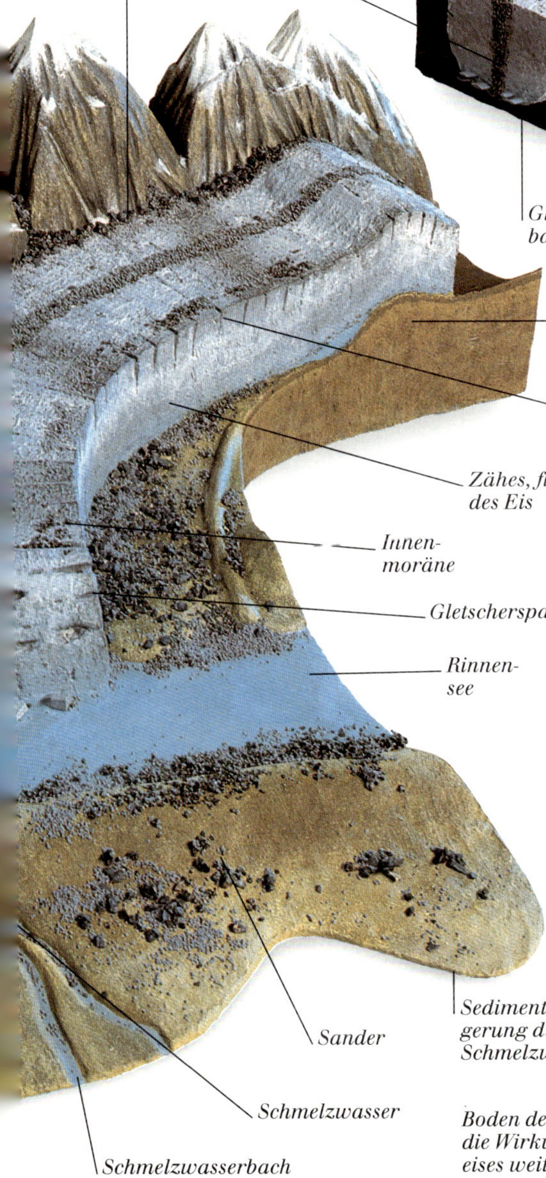

Gletschersturz

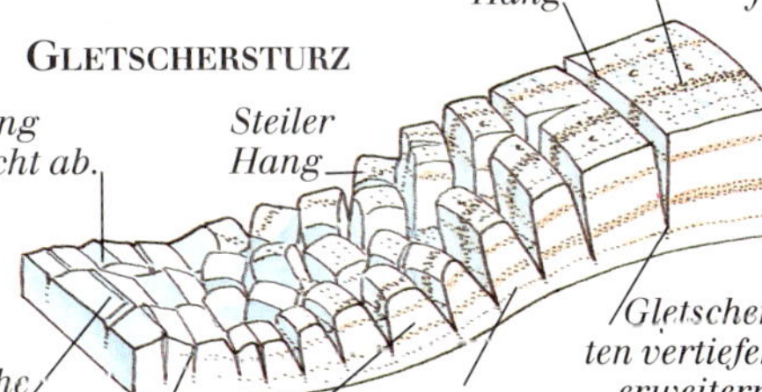

Entstehung einer Firnmulde

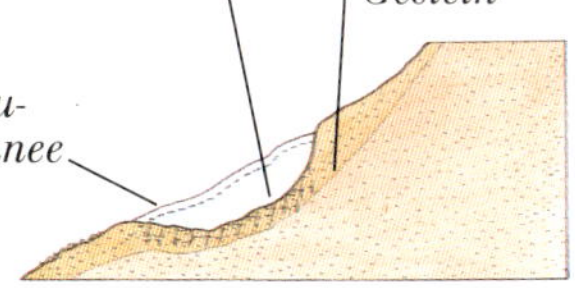

Anfangsstadium

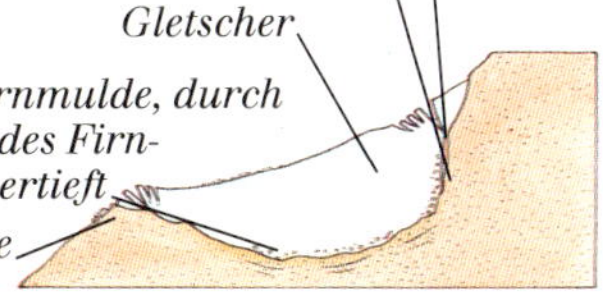

Späteres Stadium

Entstehung eines trogförmigen Gletschertals

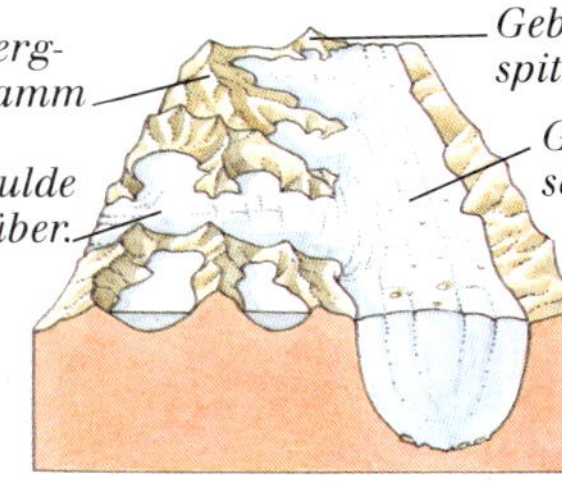

Während der Vergletscherung

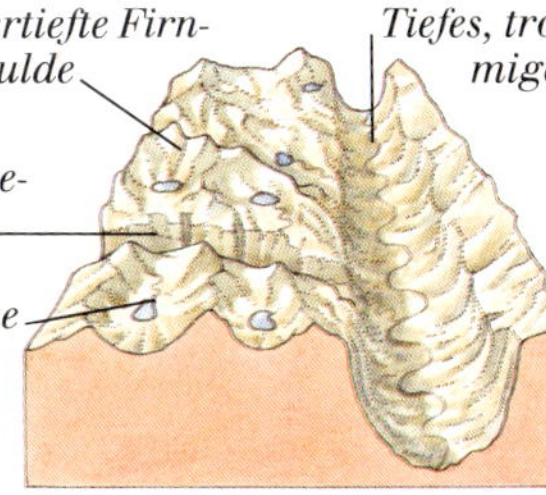

Nach Rückzug des Gletschers

Flüsse

Flüsse sind Teil des Wasserkreislaufs, also der unaufhörlichen Zirkulation des Wassers zwischen Land, Meer und Atmosphäre. Der Ursprung eines Flusses kann eine Bergquelle, ein Bergsee oder ein schmelzender Gletscher sein. Der Verlauf, den ein Fluß letztlich nimmt, hängt vom Gefälle und von der Art des Untergrundgesteins ab. In höheren Lagen stürzen die noch jungen Flußläufe über Steine und Felsbrocken zu Tal und waschen dabei oft steilwandige, keilförmige Schluchten aus. Weiter flußabwärts fließen sie dagegen ruhiger über die Sedimentböden dahin, bilden Mäander, tragen die Seitenränder ab und bilden so breite Täler und Überschwemmungsebenen. Wenn ein Fluß das Meer erreicht, kann er mitgeführte Sedimente ablagern und Ästuare oder Deltas bilden (s.S. 300–301).

Flussanzapfung

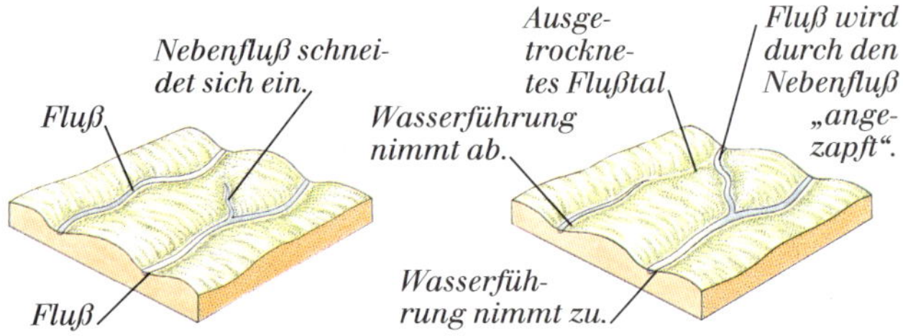

Satellitenaufnahme des Ganges-Deltas in Bangladesch

Der Wasserkreislauf

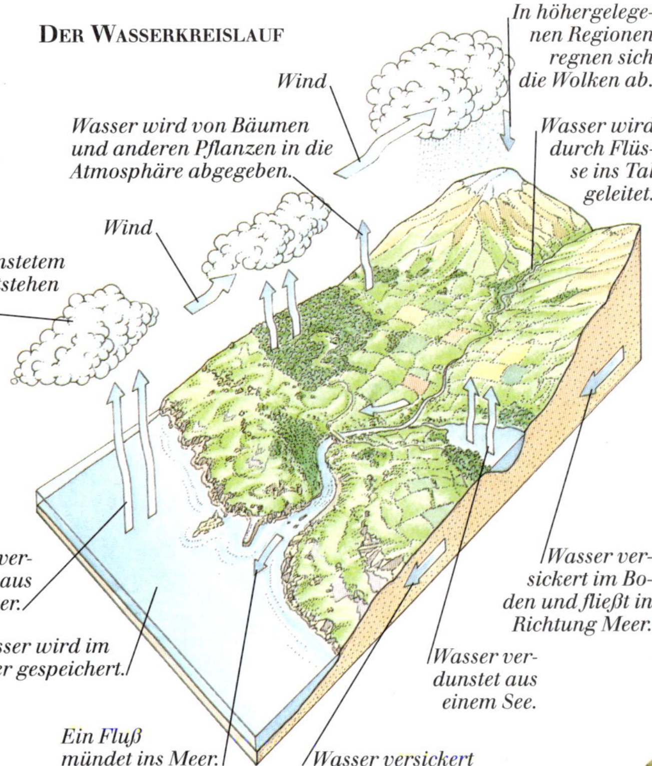

Stromgebietsformen

Radial

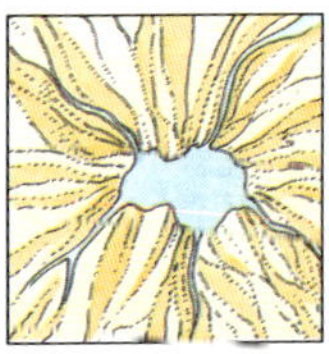
Zentripetal

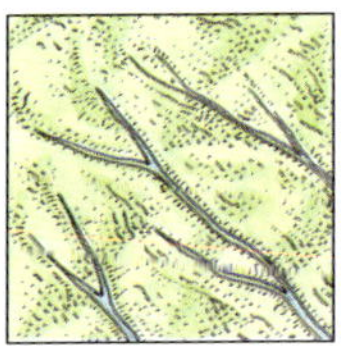
Parallel

Dendritisch

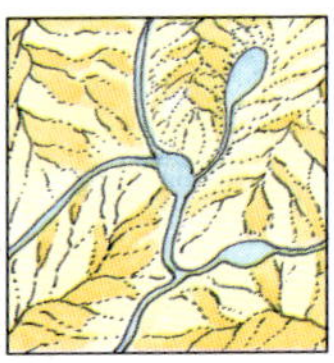
Regellos

Gitterförmig

Ringförmig

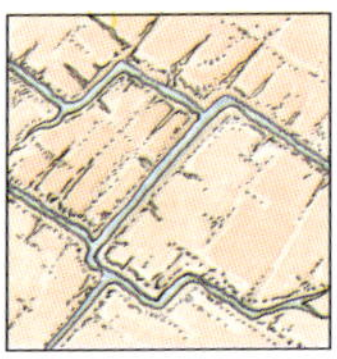
Rechtwinklig

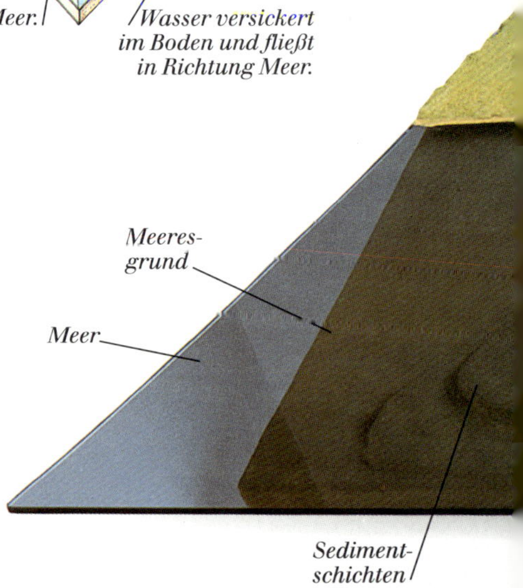

DIE STADIEN IN DER ENTWICKLUNG EINES FLUSSES

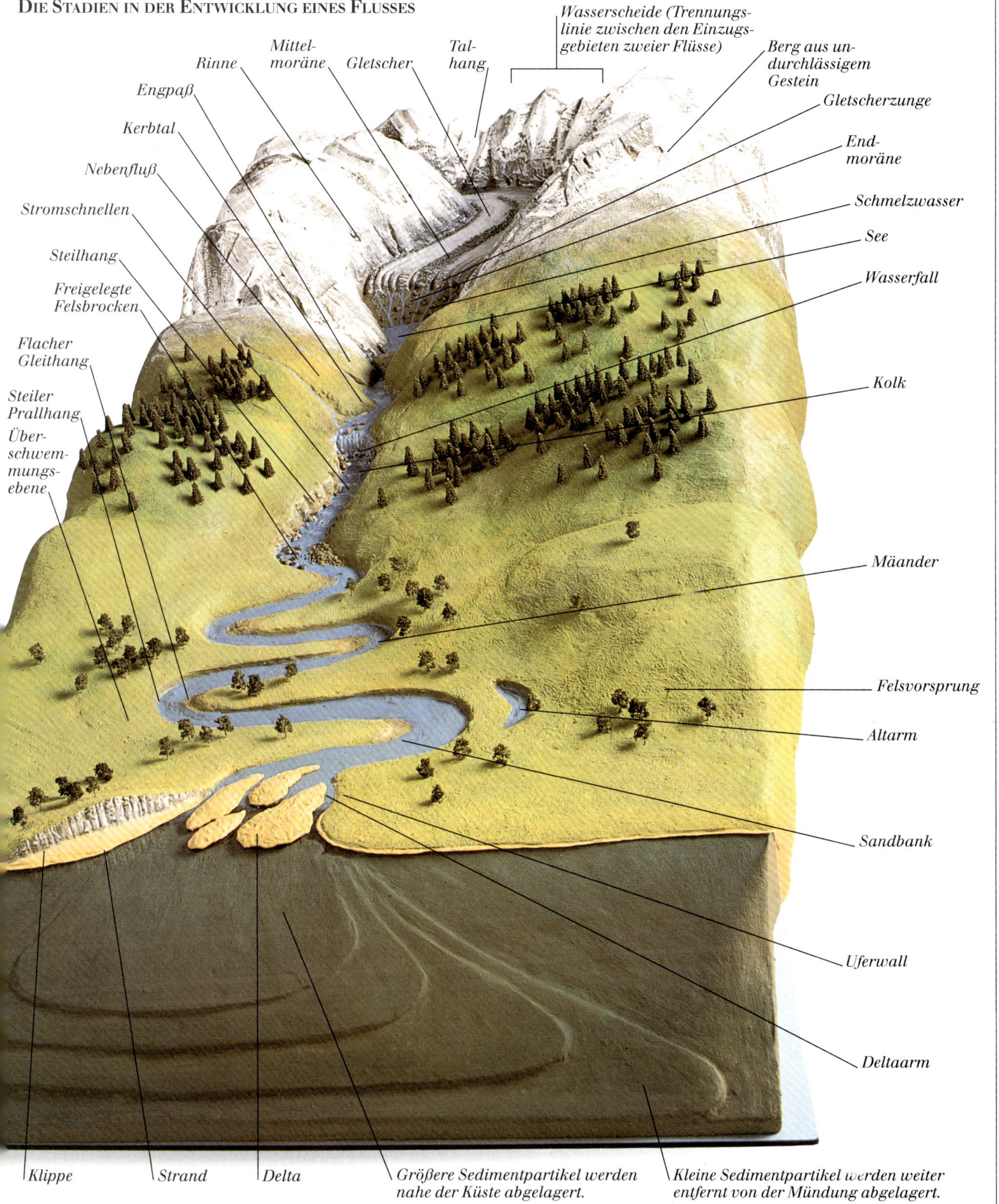

Flußlandschaften

Flüsse tragen in erheblichem Umfang zur Gestaltung der Landschaft bei. In der Nähe der Quelle gräbt sich der Fluß tief in den Boden und bildet so Kerbtäler und enge Schluchten (s.S. 298–299). An Stellen, an denen der Fluß von hartem auf weicheres Gestein gelangt, entstehen Wasserfälle und Stromschnellen. Flußabwärts bilden sich häufig Mäander, und eine vermehrte seitliche Erosion führt zur Bildung breiter Flußtäler. Die Ablagerung von Sedimenten durch mäandrierende Flüsse oder durch Überschwemmungen führt zur Bildung fruchtbarer Überschwemmungsebenen. Lagert der Fluß bei seiner Mündung in einen See oder ins Meer große Sedimentmengen ab, kann dadurch ein Delta entstehen. Unter einem Delta versteht man ein Gebiet von Sandbänken, Sümpfen und Lagunen, durch das sich der Fluß in Form mehrerer Deltaarme hinzieht. Das Mississippi-Delta ist ein Beispiel für eine solche Mündungsform. Von Ästuaren oder Mündungstrichtern spricht man, wenn sich der Gezeitenwechsel des Meeres in der Flußmündung bemerkbar macht, so daß es zur Durchmischung des schwereren Salz- und leichteren Süßwassers in einer Brackwasserzone kommt.

Die Entstehung von Wasserfällen und Stromschnellen

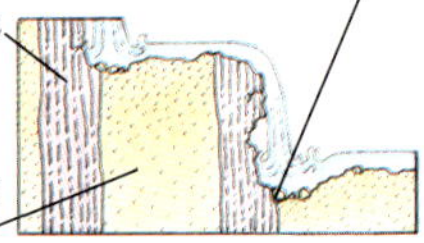

Wasserfall

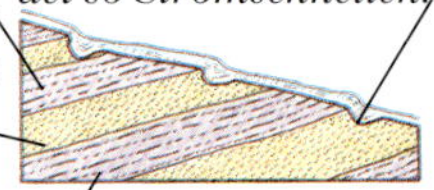

Stromschnellen

Ein Flussentwässerungssystem

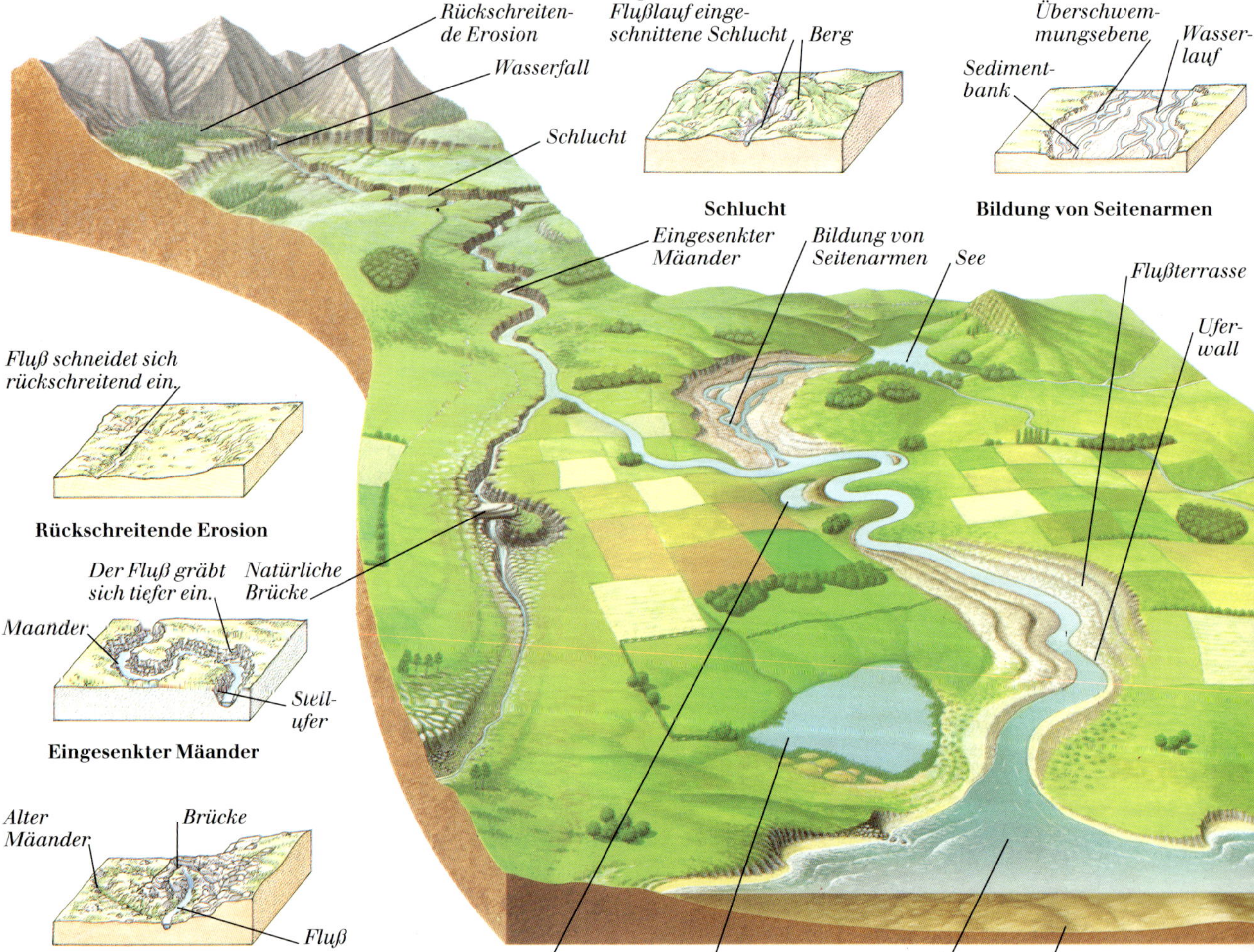

Schlucht

Bildung von Seitenarmen

Rückschreitende Erosion

Eingesenkter Mäander

Natürliche Brückenbildung

Typische Merkmale eines Wasserfalls

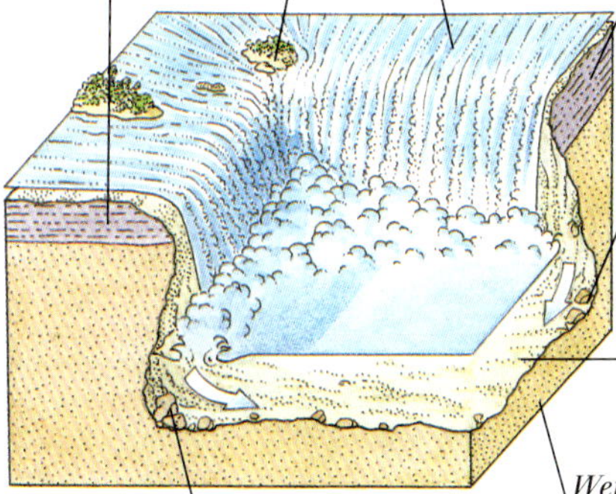

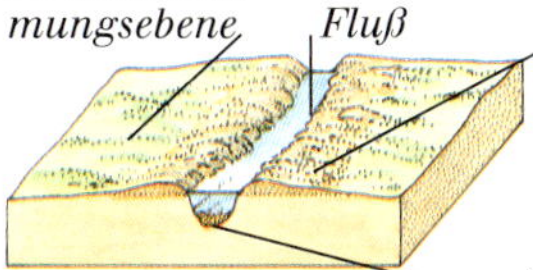

Uferwall

Flußterrasse

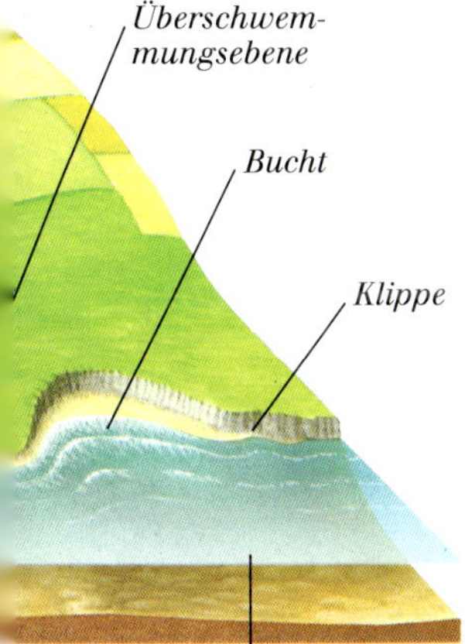

Das Mississippi-Delta

Bildung eines Deltas

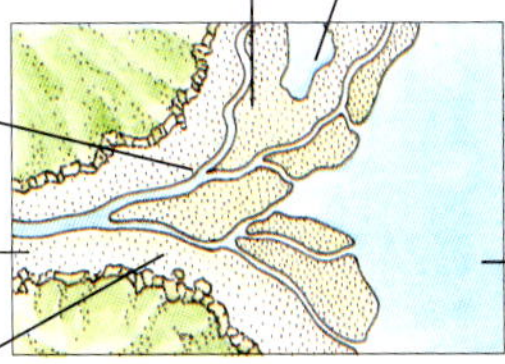

Anfangsstadium

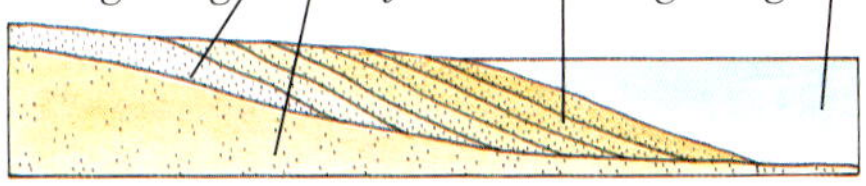

Schnitt durch ein Delta

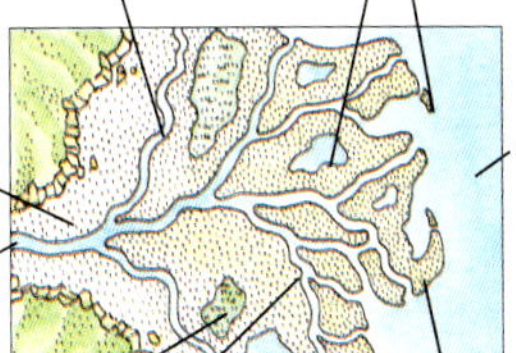

Zwischenstadium

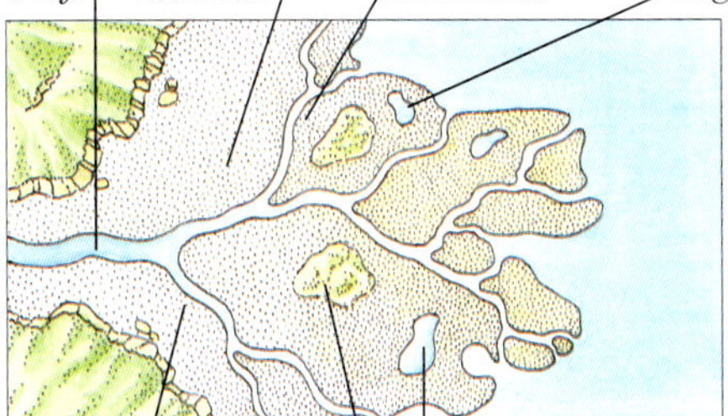

Spätes Stadium

Seen und Grundwasser

Natürliche Seen entstehen dort, wo sich große Mengen Wasser in einer Senke aus wasserundurchlässigem Gestein sammeln oder wo das Abfließen durch natürliche Barrieren wie Moränen oder erstarrte Lava verhindert wird. Seen sind häufig sehr kurzlebige Landschaftselemente, die relativ schnell durch die Sedimente einmündender Flüsse aufgefüllt werden. In tektonischen Senkungsgräben findet man dagegen beständigere Seen, beispielsweise den Baikalsee in Rußland, den größten Süßwassersee der Erde, oder auch das Tote Meer im Nahen Osten, einen der salzigsten Seen der Erde. An den Stellen, an denen das Wasser versickern kann, verschwindet es im Untergrund, bis es auf eine Schicht undurchlässigen Gesteins trifft. Die entstehende wassergesättigte Schicht heißt Aquifer oder Grundwasserleiter. In Abhängigkeit von saisonbedingten und klimatischen Veränderungen variiert diese Schicht in ihrer Mächtigkeit. An den Stellen, an denen der oberste Rand – der Grundwasserspiegel – auf die Erdoberfläche trifft, tritt Wasser in Form einer Quelle zutage. Bei einem artesischen Brunnen, in dem der Aquifer sich unterhalb der Aquifuge (einem wasserundurchlässigen Gesteinskörper) befindet, wird der Grundwasserspiegel durch die Höhe des Beckenrandes bestimmt. Im Mittelpunkt eines solchen Beckens liegt der Grundwasserspiegel oberhalb der Erdoberfläche. Daher ist das Wasser unter der Erdoberfläche gefangen und kann durch den Eigendruck an Verwerfungslinien oder Bohrlöchern in Form einer Fontäne aus der Erde schießen.

Der Baikalsee in Rußland

Beispiele für Quellen

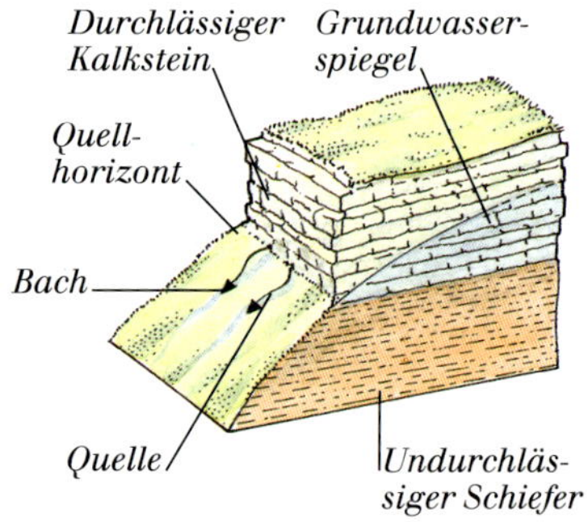

Karstquelle

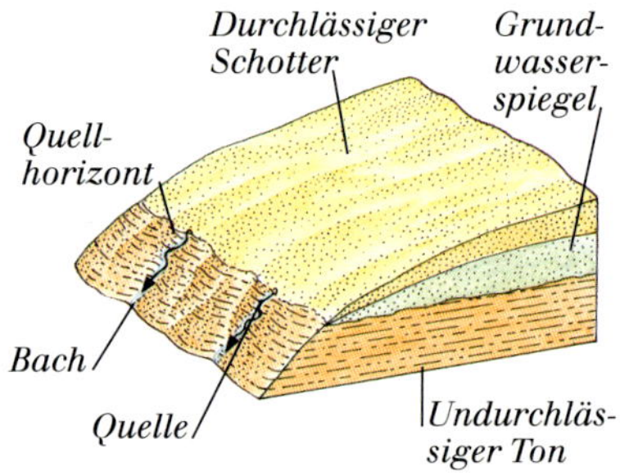

Schuttquelle

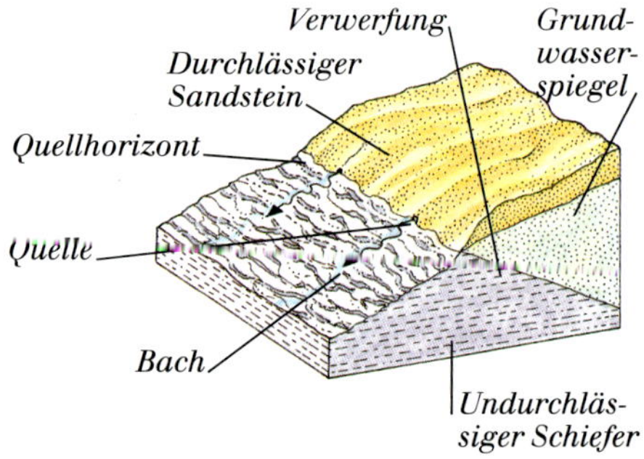

Verwerfungsquelle

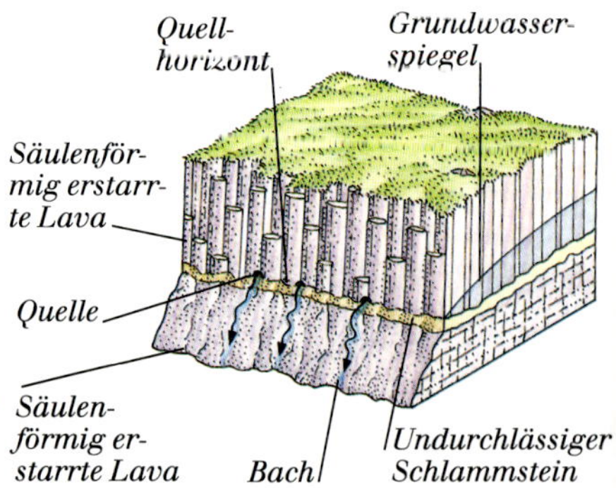

Schichtquelle

Schnitt durch ein Artesisches Becken

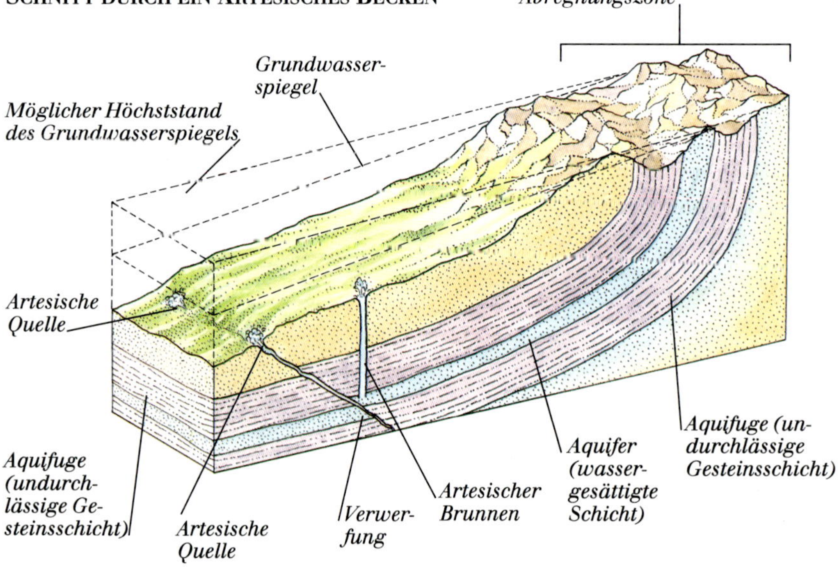

Typische Merkmale des Grundwassersystems

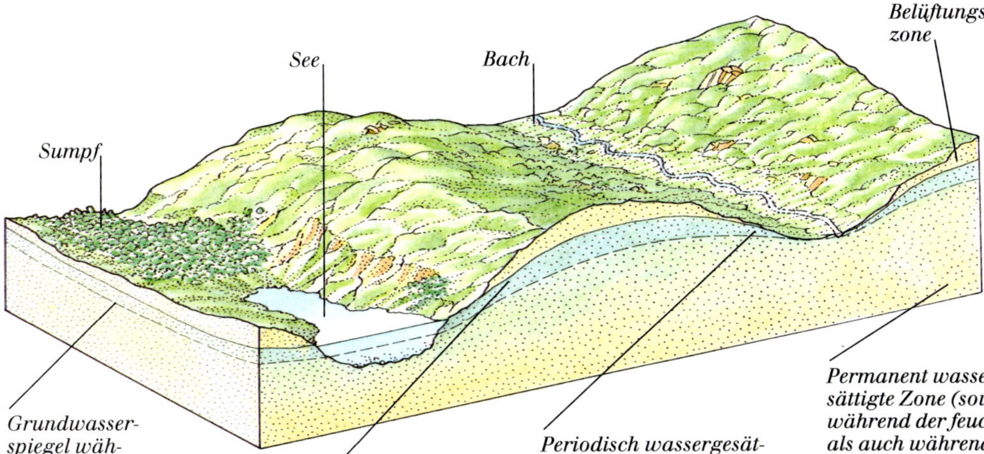

Die Oberflächenschichten (Ausschnitt)

Unterschiedliche Typen von Seen

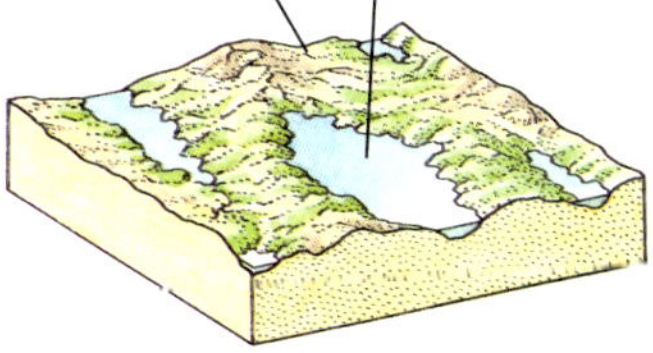

Kesselsee

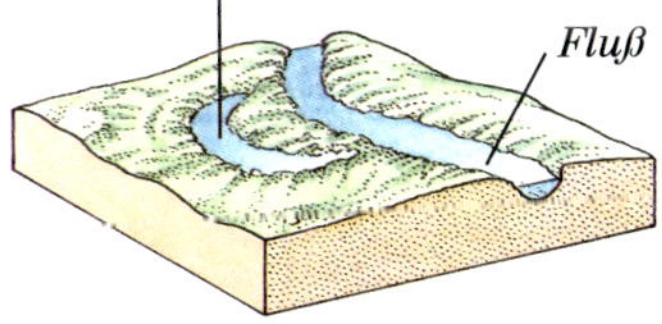

Altarm

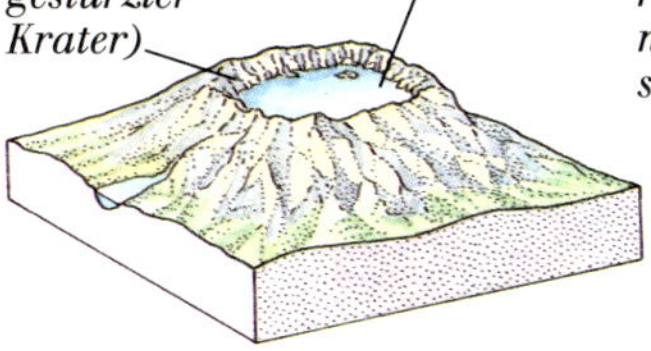

Maar

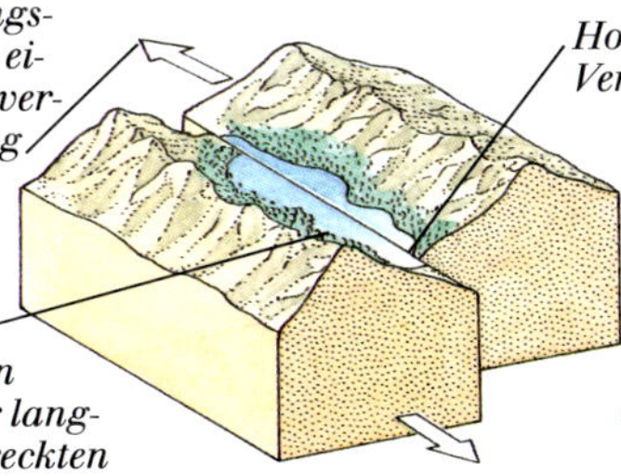

Verwerfungssee

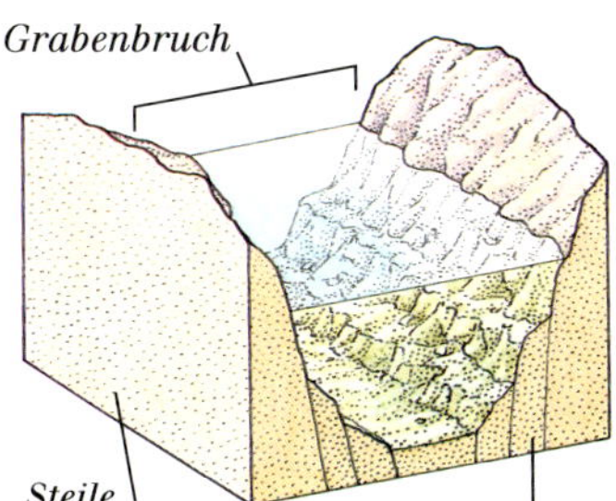

Grabensee

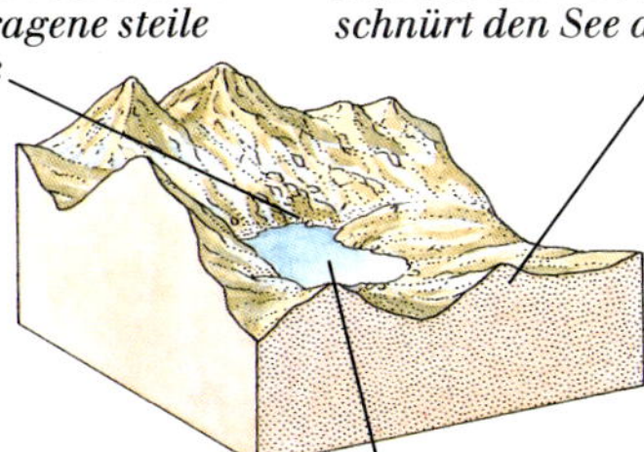

Kar

Das Tote Meer

Küstenformen

Die Meeresküsten gehören zu den Landschaften, die sich sehr schnell verändern. Einige werden durch Wellen, Wind und Regen abgetragen, wodurch Klippen unterspült und Brandungshöhlen aus festem Gestein ausgewaschen werden; andere werden durch Strandversetzung verlängert. Außerdem lagern Flüsse Sedimente ab, z.B. in einem Delta, und weitere Einflüsse kommen durch die Aktivitäten lebender Organismen, beispielsweise Korallen, zustande. Durch tektonisches Heben des Landes oder das Fallen des Meeresspiegels tauchen neue Küstenstreifen mit Klippen und Stränden oberhalb des neuen Meeresspiegels auf. Ein Absinken der Landmasse oder ein Ansteigen des Meeresspiegels führt dagegen zu ertrunkenen Küstenlinien, die sich z.B. in Fjorden („ertrunkene" Gletschertäler) oder Meerengen erkennen lassen.

Typische Merkmale von Steilküsten

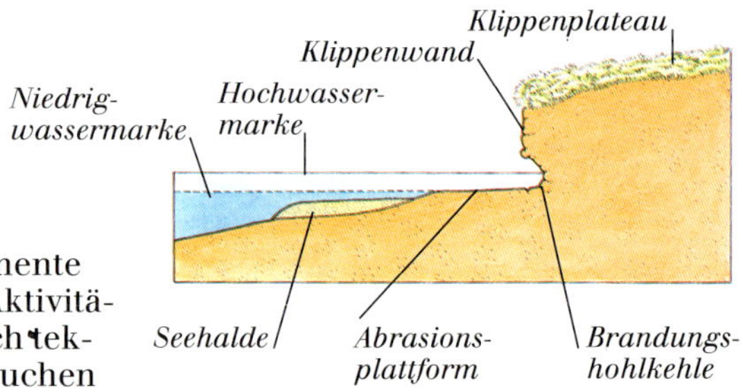

Typische Merkmale von Wellen

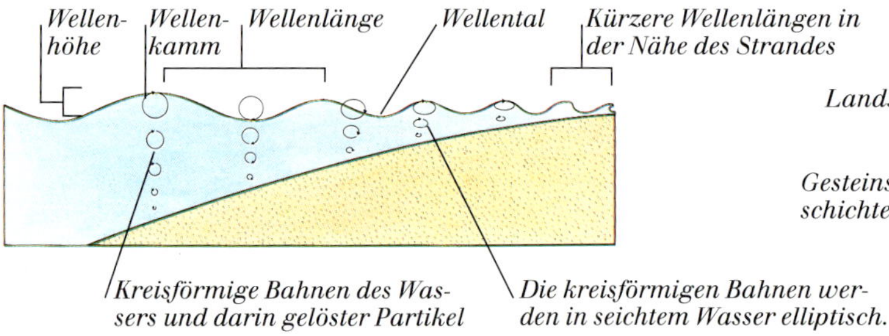

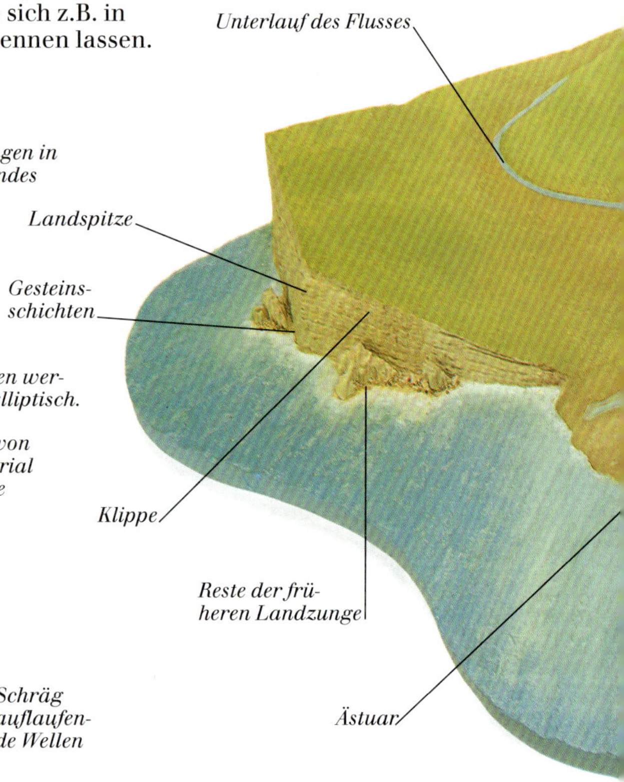

Strandversetzung

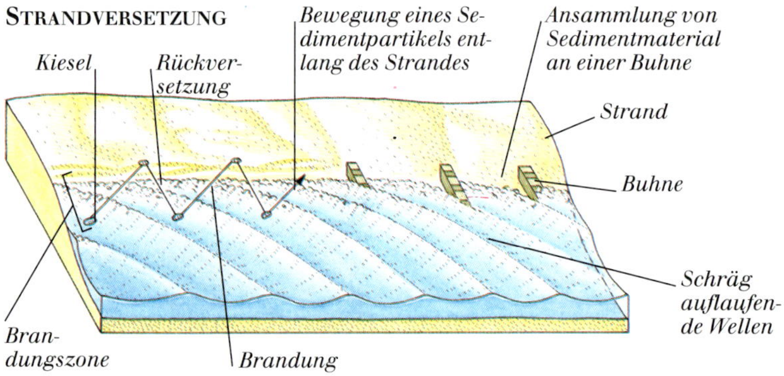

Ablagerungen an der Küste

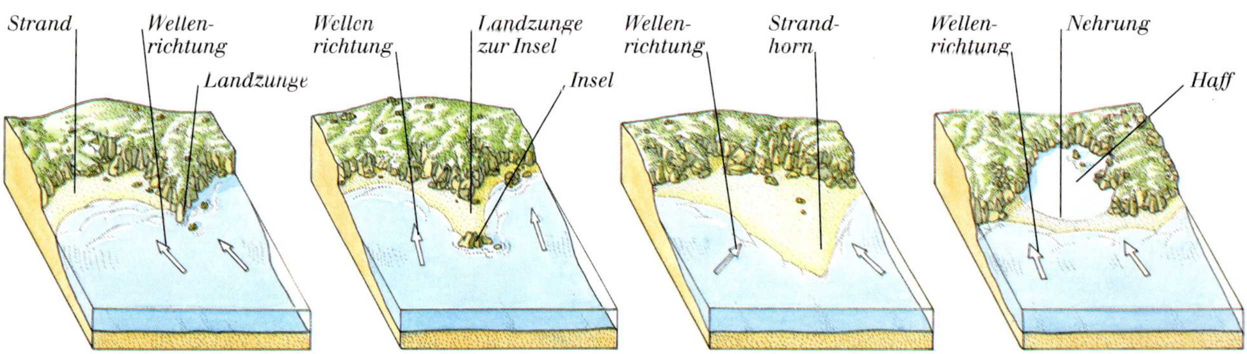

Strand in einer Bucht **Landzungenbildung** **Strandhorn** **Nehrung**

Typische Merkmale einer Küste

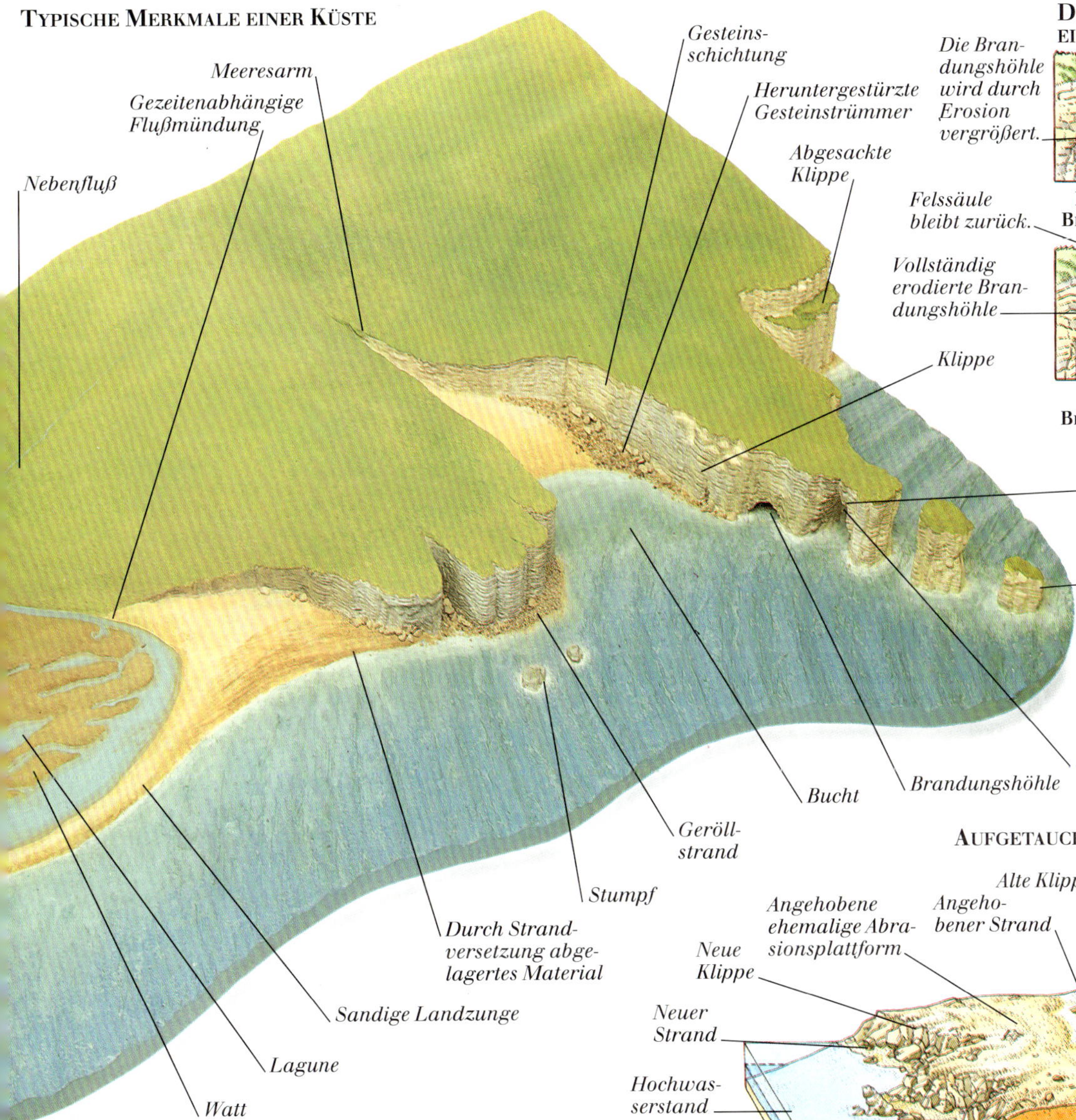

Die Entstehung einer Felssäule

Bildung einer Brandungshöhle

Einsturz der Brandungshöhle

Aufgetauchte Küstenlinie

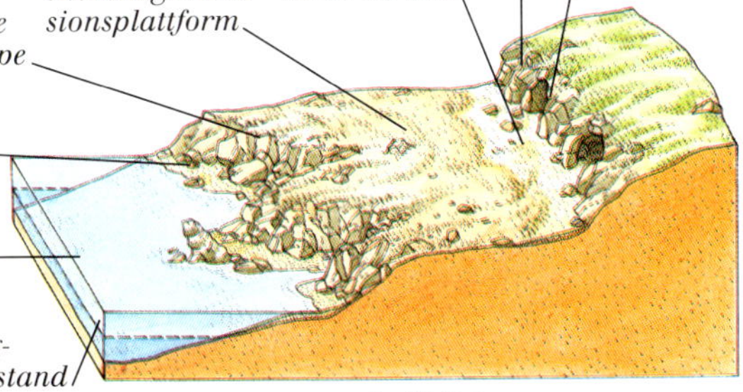

Steilküste

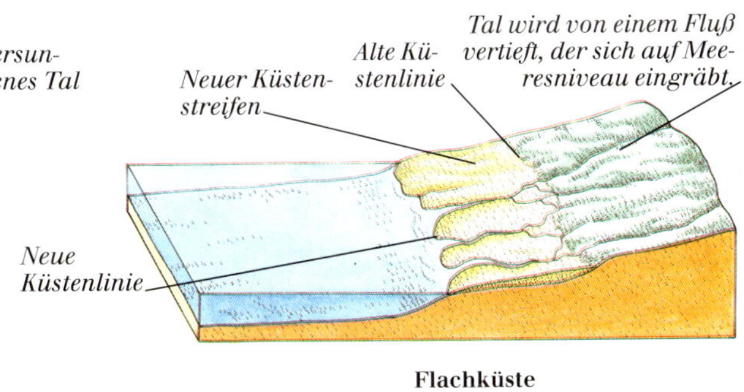

Flachküste

Ertrunkene Küstenlinien

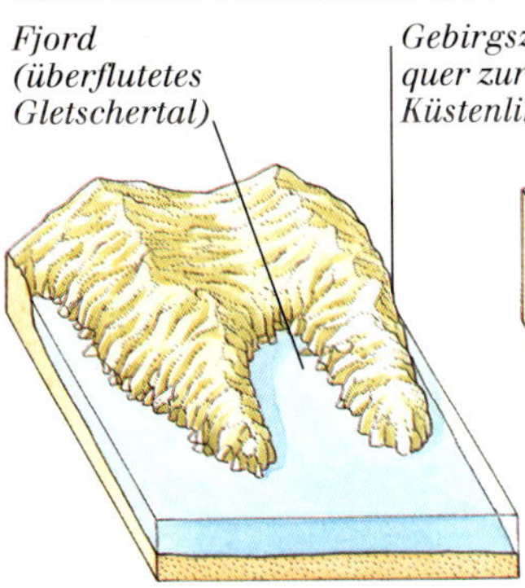

Fjordküste

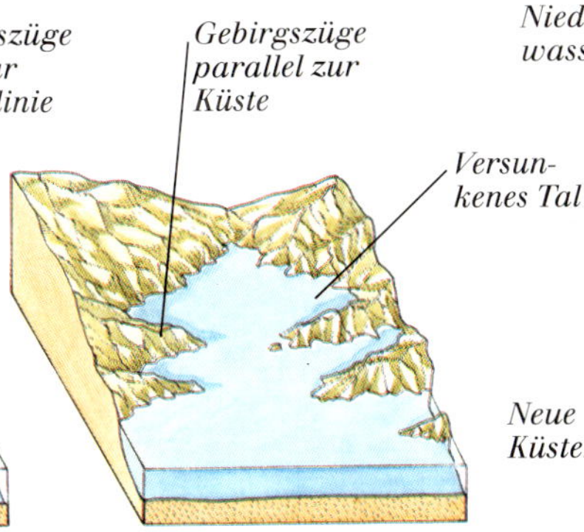

Längsküste

Meere

Unsere Erde ist zu etwa 70 % von Meeren bedeckt, die einen großen Einfluß auf das Klima und die Regulation der Temperatur haben. Besonders in tropischen Gebieten nimmt das Wasser die Wärme der Sonne auf. Anschließend verteilen Oberflächenströmungen dieses Wasser über den gesamten Erdball und erwärmen die darüber befindlichen Luftmassen. Während des Winters hält das Wasser auch angrenzende Landmassen warm, während es sie im Sommer abkühlt. Die Ozeane sind ständig in Bewegung. Unterschiede in der Temperatur und im Salzgehalt führen zu Tiefenströmen, während die Oberflächenströmungen durch den Wind entstehen, der ständig über den Meeren weht. Durch die Erdrotation werden alle Strömungen abgelenkt, in der nördlichen Erdhalbkugel nach rechts, in der südlichen nach links. Diesen Ablenkungsfaktor nennt man Coriolis-Kraft. Durch sie wird eine Strömung, die direkt an der Meeresoberfläche beginnt, sofort abgelenkt. Diese Strömung erzeugt wiederum eine Strömung in der darunterliegenden Wasserschicht, die ebenfalls abgelenkt wird, und während sich diese Bewegung nach unten fortpflanzt, bildet sich eine sogenannte Ekman-Spirale. Das Wasser in den Meeren wird außerdem durch die Gezeiten, also durch Ebbe und Flut, in Bewegung gehalten. Diese werden durch die Anziehungskräfte des Mondes und der Sonne verursacht. Der Tidenhub (die Gezeiten, die wir als Ebbe und Flut wahrnehmen) ist bei Voll- und Neumond am höchsten (Springtiden), und am niedrigsten, wenn Mond und Sonne im rechten Winkel zur Erde stehen (Nipptiden).

Oberflächenströmungen

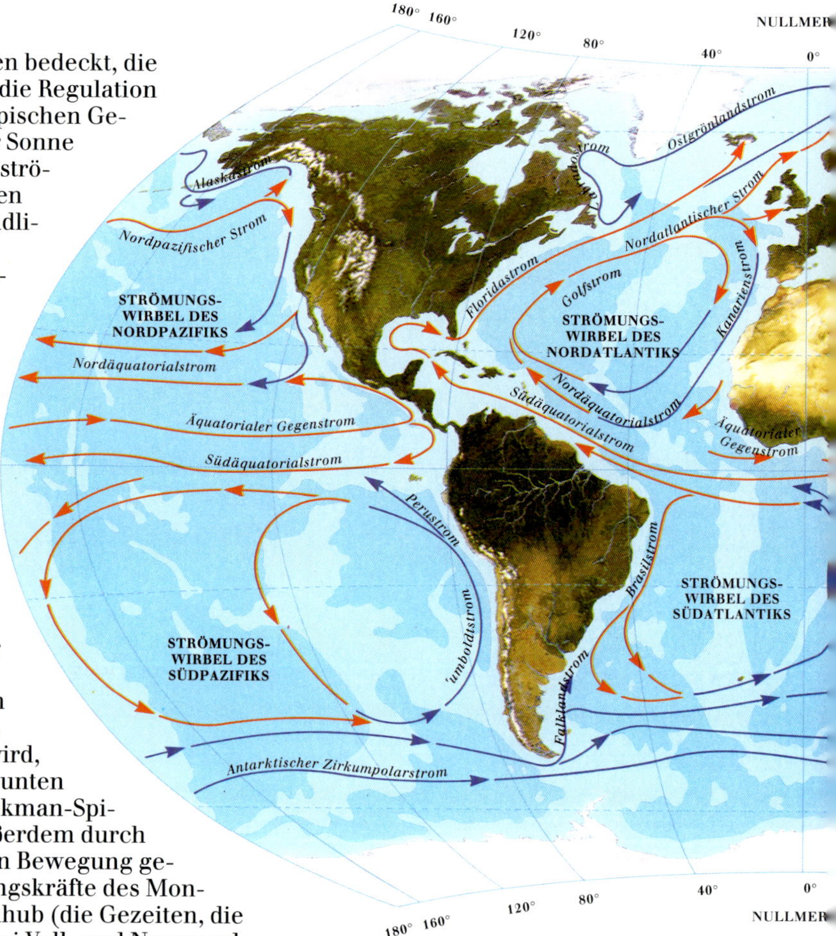

Die Salze des Meerwasser

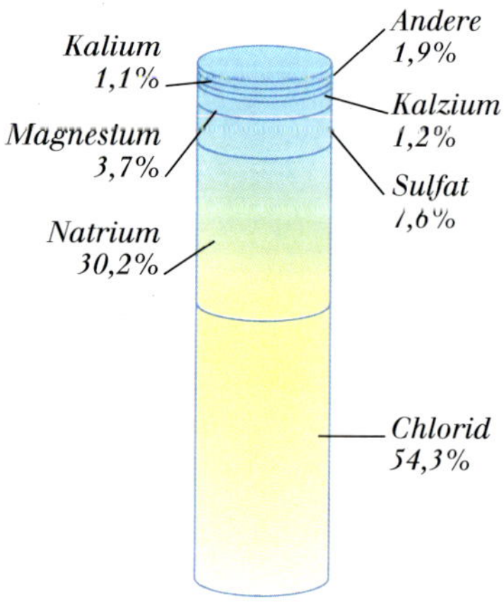

Meeresströmungen

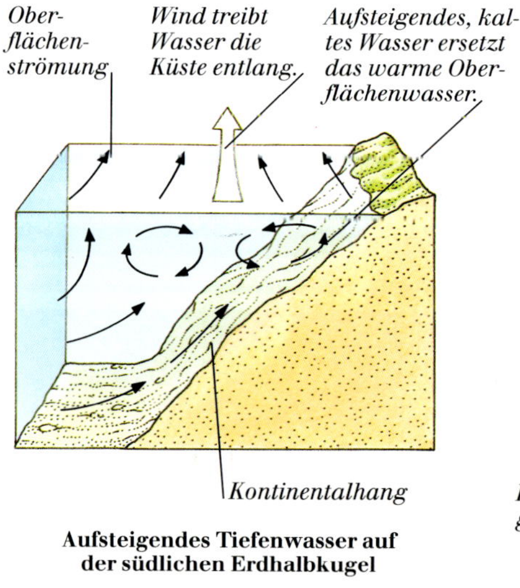

Aufsteigendes Tiefenwasser auf der südlichen Erdhalbkugel

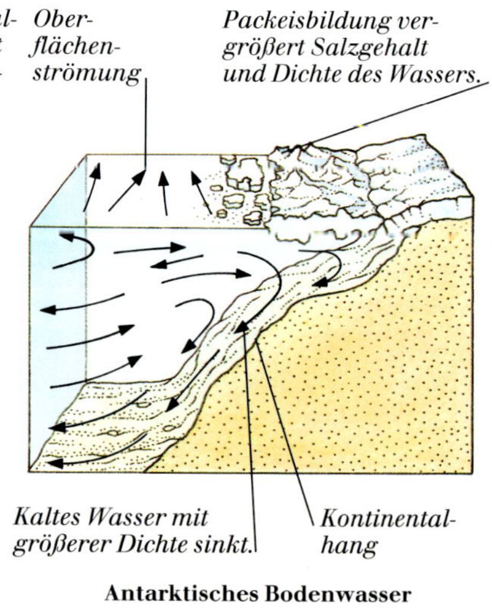

Antarktisches Bodenwasser

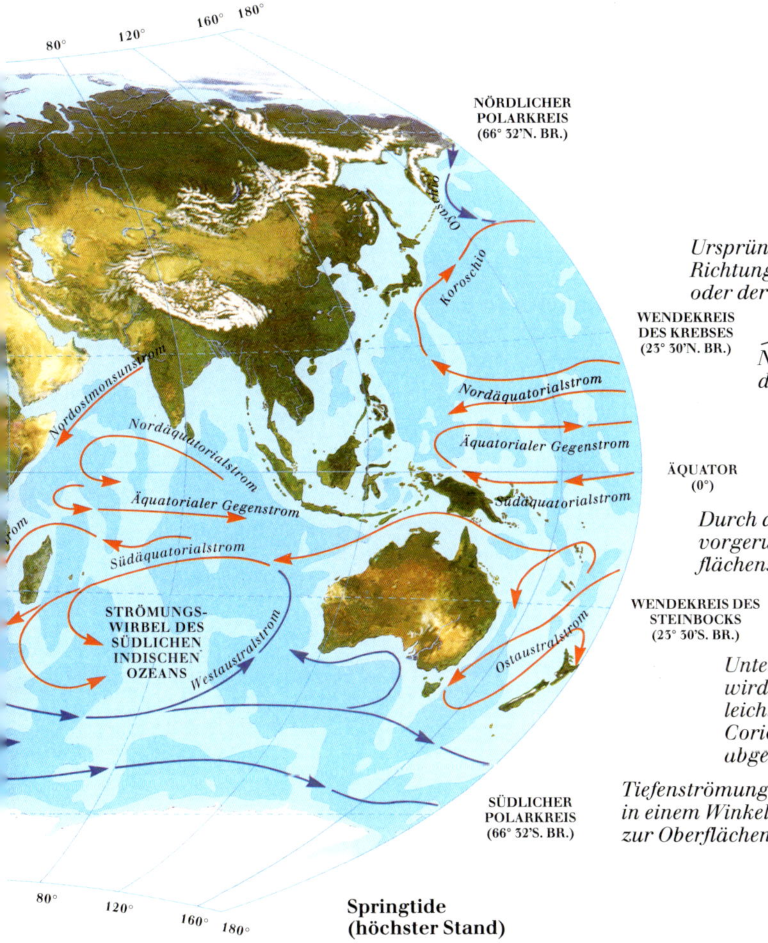

Die Auswirkungen der Coriolis-Kraft

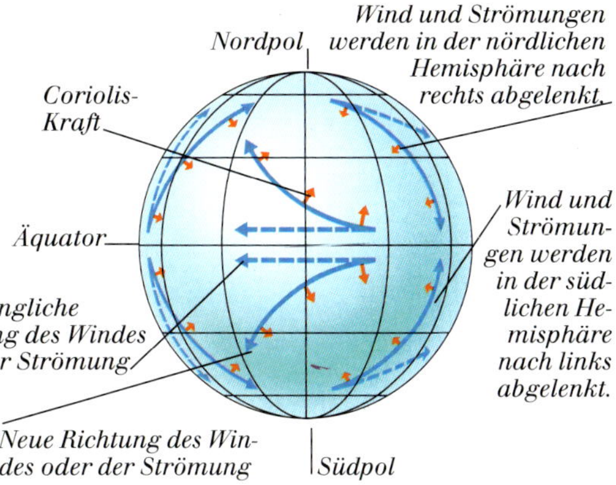

Ekman-Spirale (auf der Nordhalbkugel)

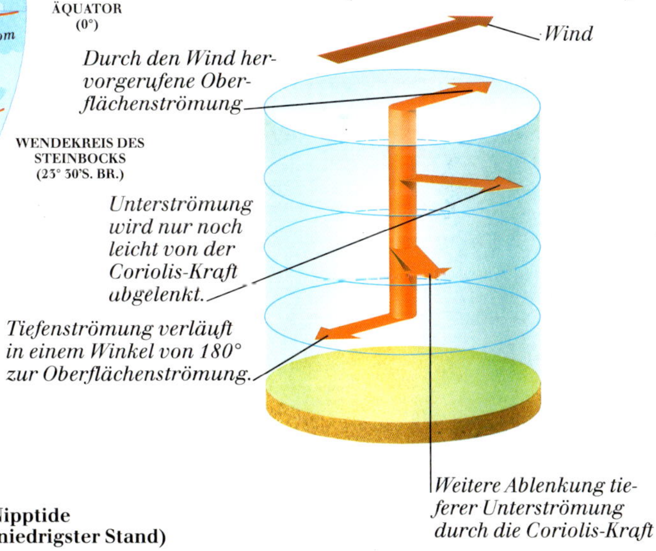

Die Entstehung der Gezeiten

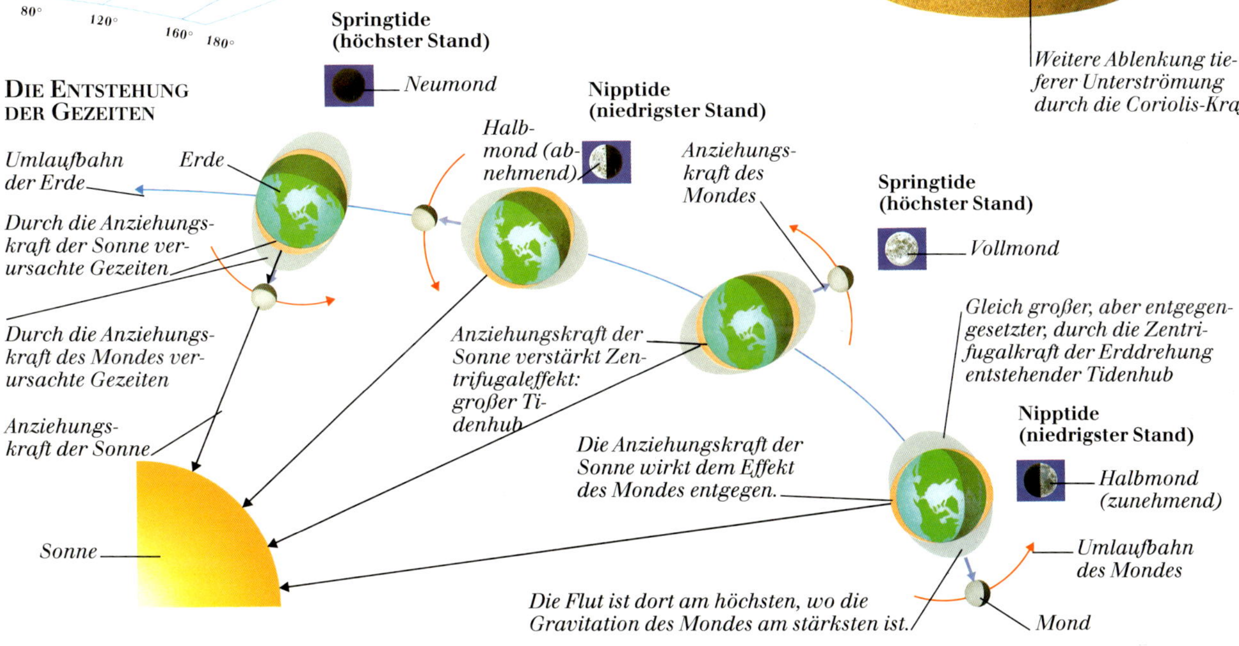

Der Meeresboden

Der Meeresboden läßt sich in zwei Bereiche einteilen, das Kontinentalschelf mit dem Kontinentalhang und das Tiefseebecken. Das Kontinentalschelf und der Kontinentalhang sind Teil der kontinentalen Kruste, können sich aber bis weit ins Meer erstrecken. Das Kontinentalschelf neigt sich langsam bis zu einer Tiefe von 140 Metern und ist von sandigen Ablagerungen bedeckt, die durch Wellen und Gezeitenströmungen geformt wurden. Das Tiefseebecken erstreckt sich bis in eine durchschnittliche Tiefe von 3.800 Metern, und dort lagern sich Schlamm, Schlick aus den Resten winziger Meerestiere und vereinzelt mineralische Sedimente ab. Durch Echolotuntersuchungen und Satellitenaufnahmen konnten im Tiefseebecken Gebirgszüge sichtbar gemacht werden, die höher sind als alle Gebirge auf dem Festland: die mittelozeanischen Rücken. An diesen Stellen tritt Magma aus dem Erdinneren aus und erstarrt, wodurch eine Ausdehnung des Meeresbodens erfolgt (s.S. 64–65). Durch diese Verschiebung des Meeresbodens werden Vulkane, die sich über sogenannten Hot Spots gebildet haben, von ihrer Magmaquelle entfernt. Solche Vulkane erlöschen, erodieren und versinken schließlich. Vulkane, die nicht mehr über den Meeresspiegel hinausragen, werden Seamounts genannt. In warmen Meeren wird ein Vulkan, der über die Meeresoberfläche hinausragt, oft von Korallenriffen umgeben, die ein Atoll bilden, wenn der erloschene Vulkan versinkt.

DER BODEN DES KONTINENTALSCHELFS

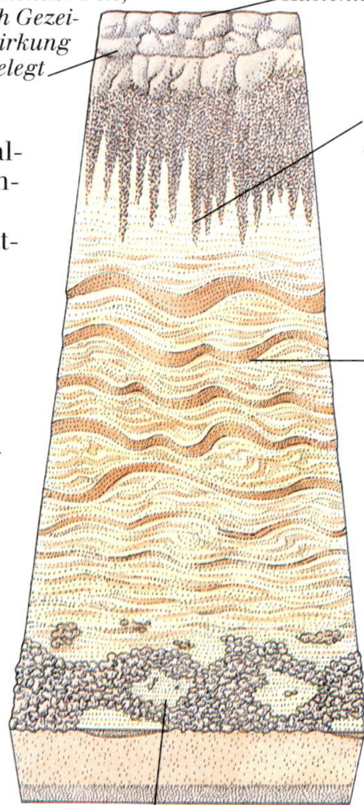

TYPISCHE MERKMALE DES TIEFSEEBECKENS

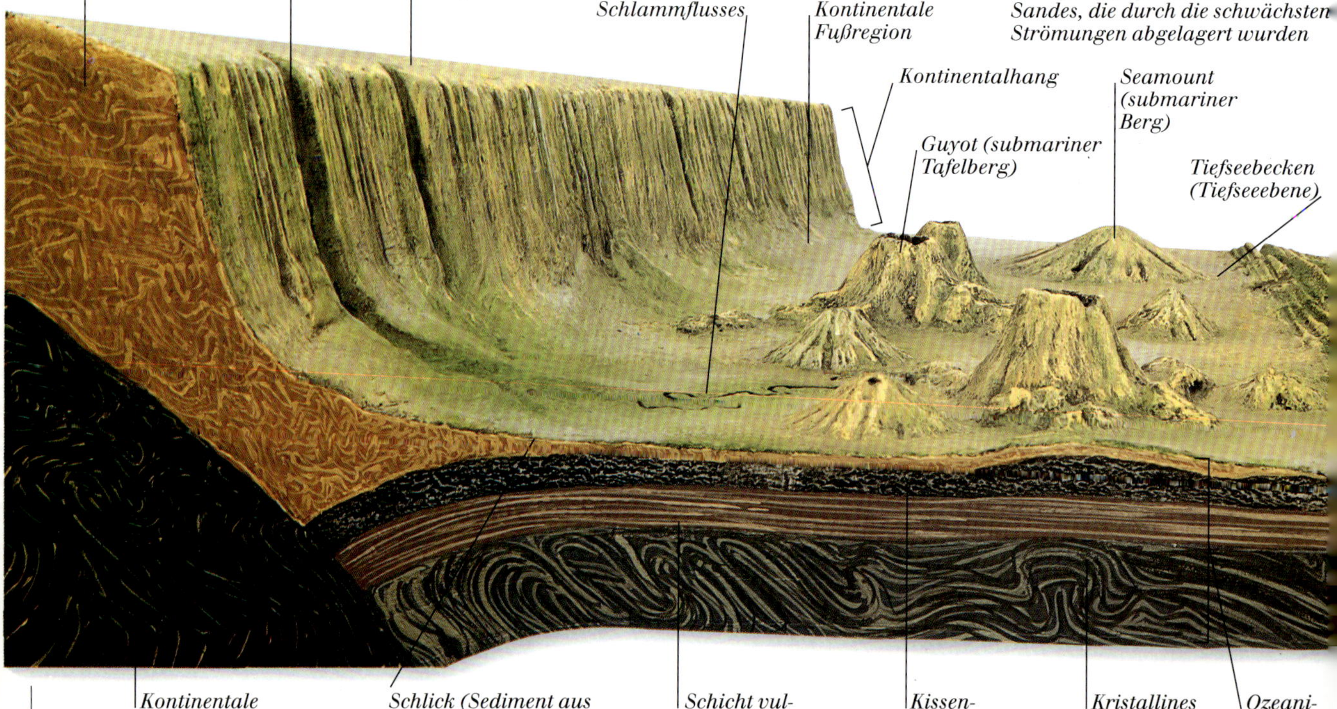

Verbreitung der Tiefseesedimente

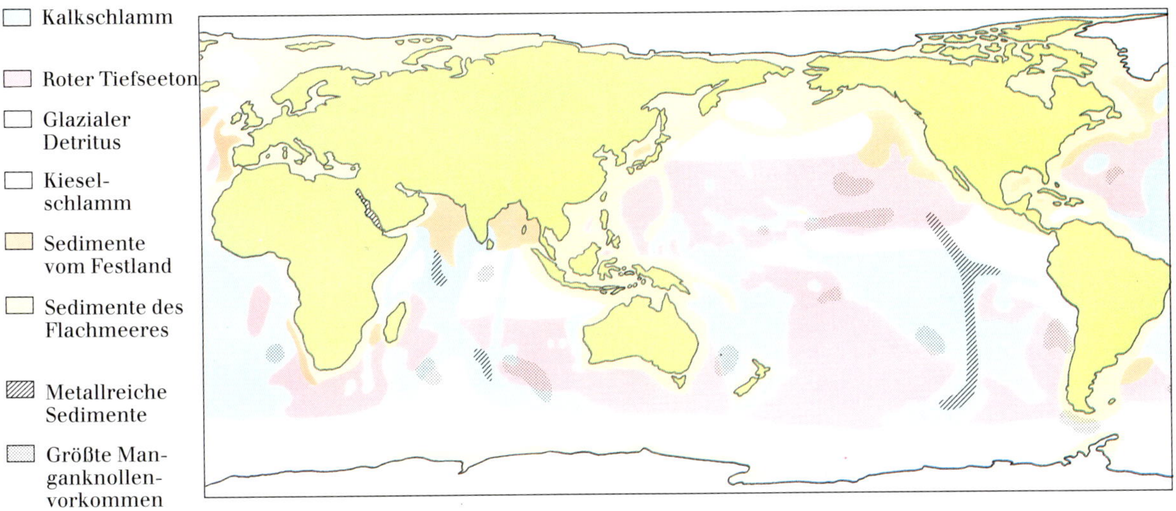

Echogramm des Meeresbodens

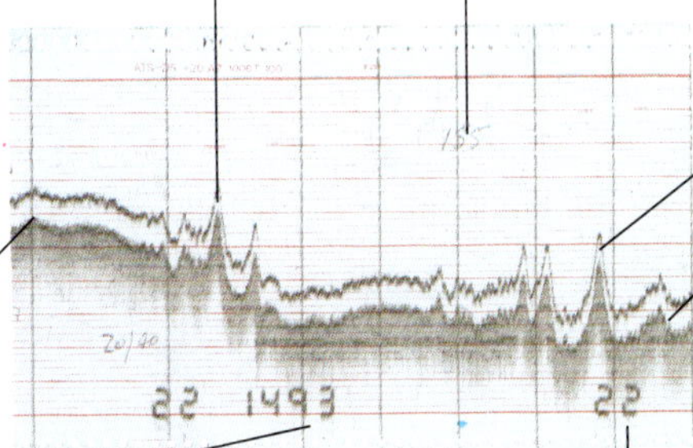

Entstehung eines Atolls

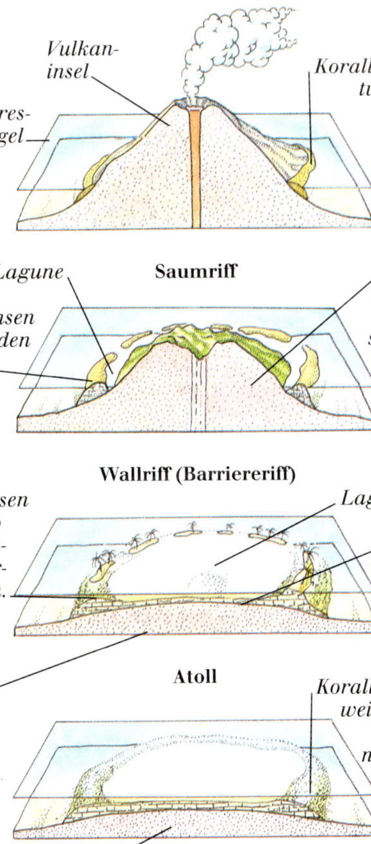

Die Atmosphäre

Der Strahlstrom

Bekanntlich ist die Erde von einer Atmosphäre umgeben, also von einer Hülle aus Gasen, die es uns ermöglicht, auf diesem Planeten zu leben. Die Atmosphäre hält einen großen Teil der gefährlichen ultravioletten Sonnenstrahlen zurück und schützt die Erde außerdem vor extremen Temperaturen, da sie einerseits die Sonneneinstrahlung vermindert, aber auch verhindert, daß zuviel Wärme wieder in den Weltraum entweicht. Dieses natürliche Gleichgewicht wird heute durch den sogenannten Treibhauseffekt beeinflußt, der dadurch zustande kommt, daß Gase wie Kohlendioxid sich in der Atmosphäre anreichern und dadurch mehr eingestrahlte Wärme zurückhalten. In der Nähe der Erdoberfläche führen Unterschiede in der Lufttemperatur und im Luftdruck dazu, daß die Luft zwischen dem Äquator und den Polen zirkuliert. Diese Zirkulation verursacht zusammen mit der Coriolis-Kraft die vorherrschenden erdnahen Winde und den in der Höhe auftretenden Strahlstrom (Jetstream).

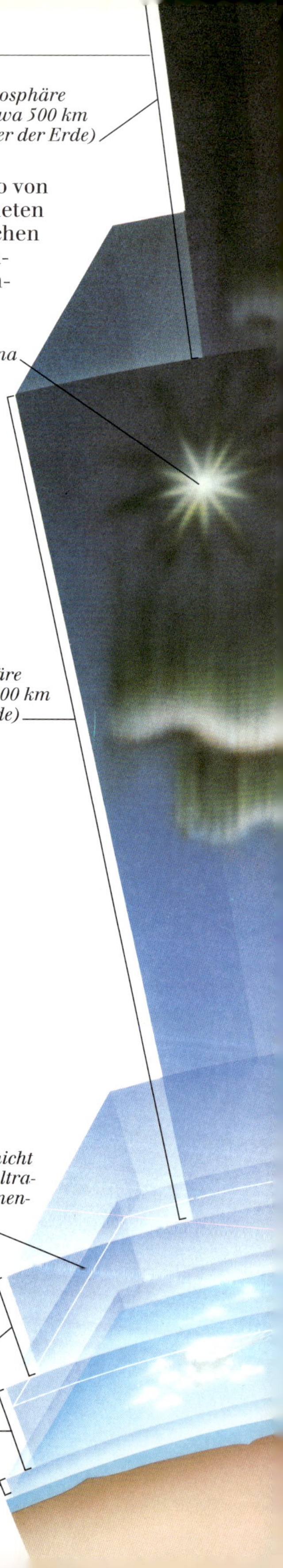

Atmosphärische Zirkulationen und Winde

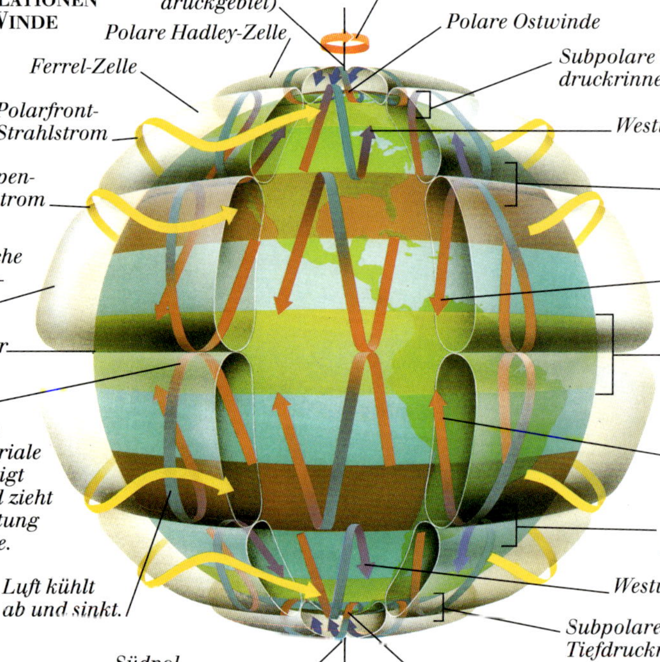

Bildung von Rossby-Wellen im Strahlstrom

Anfangsstadium **Entwicklung starker Wellen** **Endstadium**

Aufbau der Atmosphäre

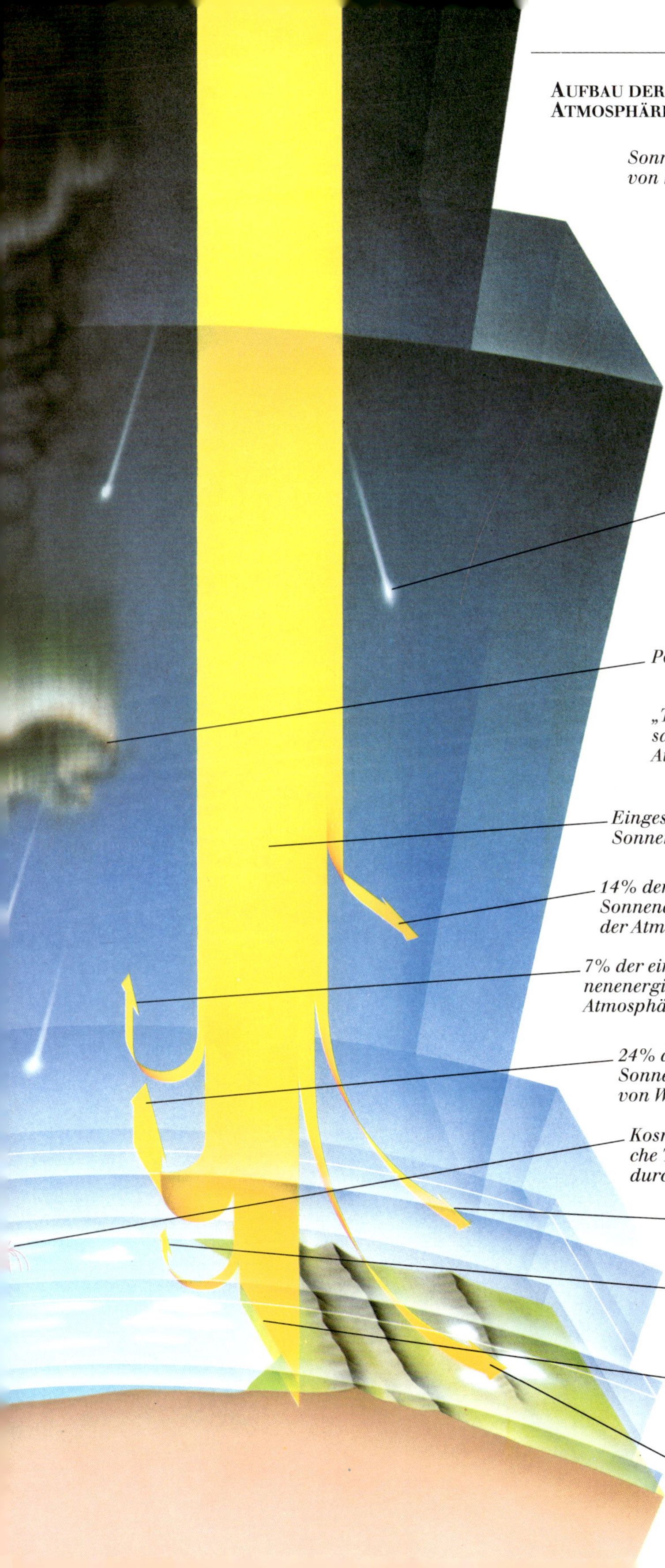

Das Wärmesystem der Erde

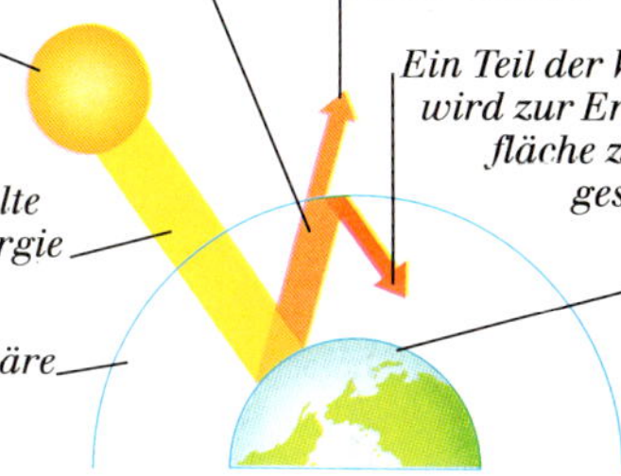

Die Schutzfunktion der Atmosphäre

Treibhauseffekt

Chemische Zusammensetzung der unteren Atmosphäre

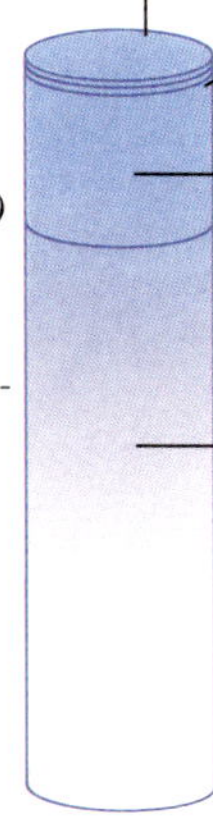

Das Wetter

Unter Wetter versteht man die atmosphärischen Bedingungen zu einer bestimmten Zeit an einem bestimmten Ort; unter Klima die durchschnittlichen Wetterbedingungen in einer bestimmten Region. Beim Wetter geht es um die Temperatur, den Wind, die Bewölkung und um Niederschläge. „Gutes“ Wetter hängt mit Hochdruckgebieten zusammen, wolkiges, niederschlagsreiches Wetter mit Zonen geringen Luftdrucks und aufsteigender, unbeständiger Luft. Solche Bedingungen treten in gemäßigten Breiten auf, wo warme und kalte Luftmassen an einer Polarfront aufeinandertreffen. Hier entstehen häufig Tiefdruckgebiete aus wellenförmigen Deformationen der Polarfront. Bei der Entstehung eines Tiefdruckgebiets oder Zyklons treffen eine Warmfront und eine Kaltfront aufeinander. Der Warmluftsektor zwischen beiden Fronten wird dabei nach oben gedrückt, so daß ein sogenannter okkludierter Zyklon entsteht. Bei einem Hurrikan (auch Taifun oder tropischer Wirbelsturm genannt) handelt es sich um eine extreme Form des Tiefdruckgebiets, das mit sintflutartigen Regenfällen und außergewöhnlich heftigen Winden verbunden ist.

Hauptwolkentypen

Okklusionstypen

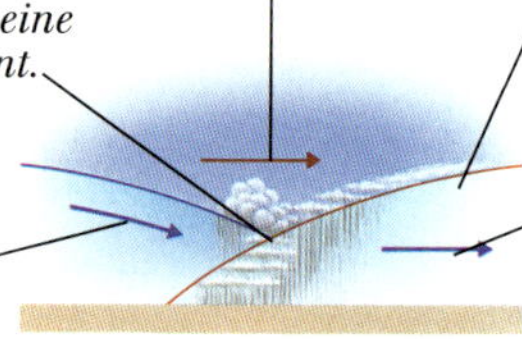

Warmfrontokklusion

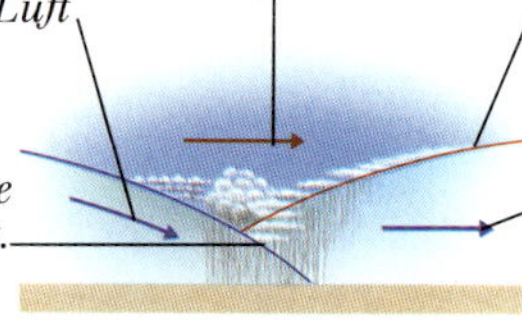

Kaltfrontokklusion

Niederschlagsarten

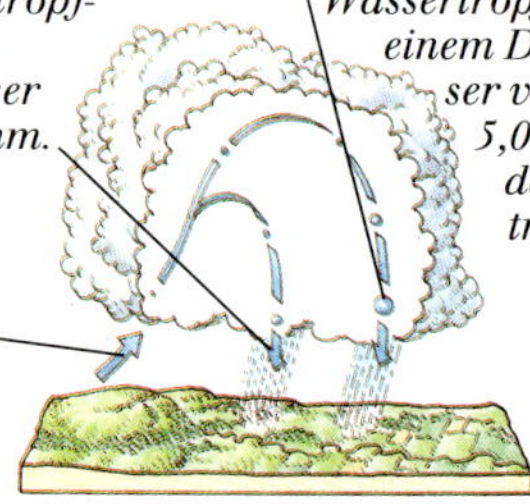

Regen aus Wolken über der 0°C-Grenze

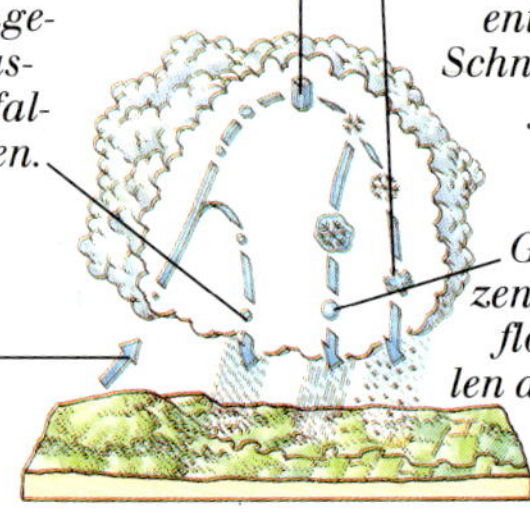

Regen und Schnee aus Mischwolken an der Frostgrenze

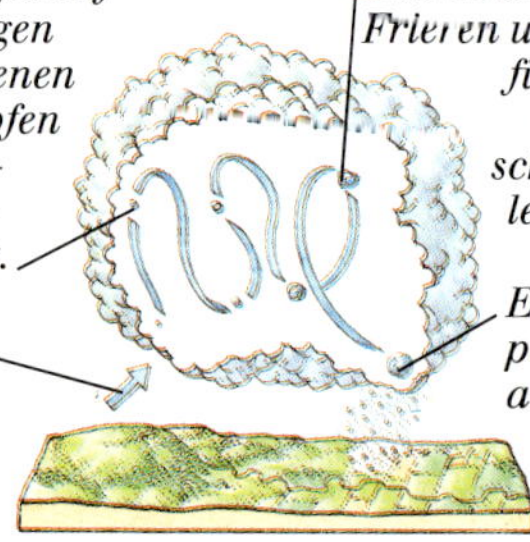

Hagel

Schnitt durch einen Hurrikan

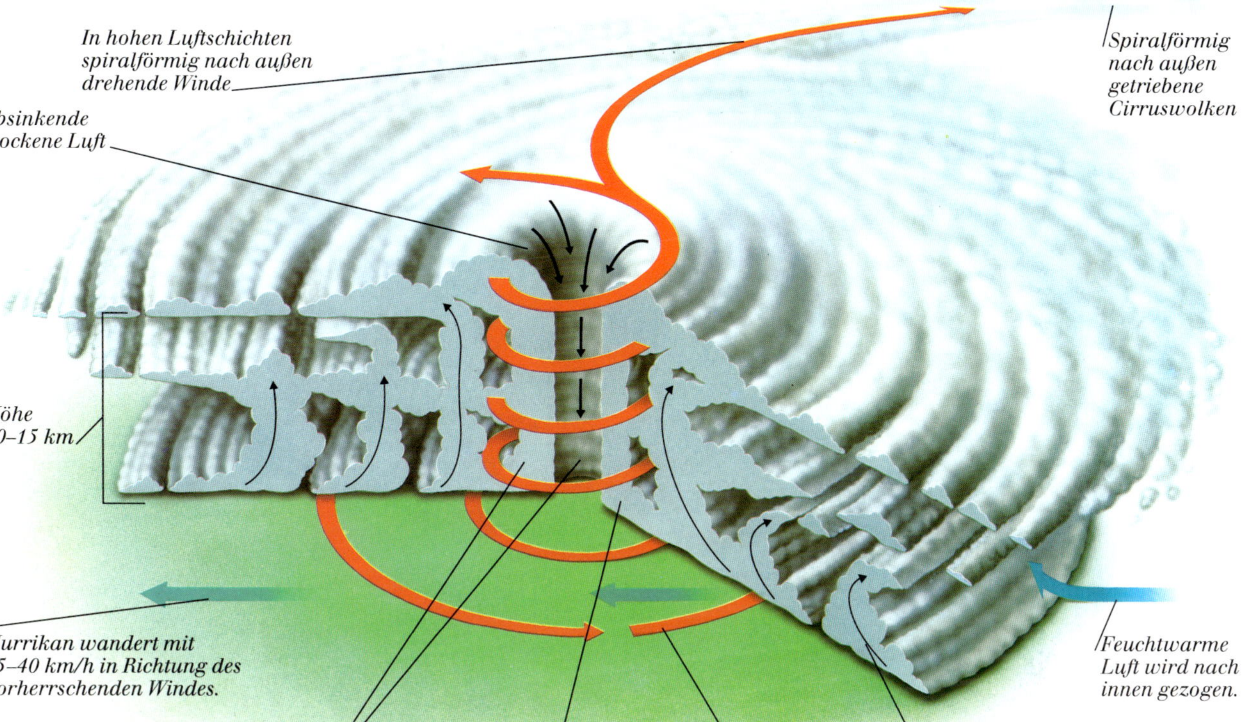

Wetterkarte

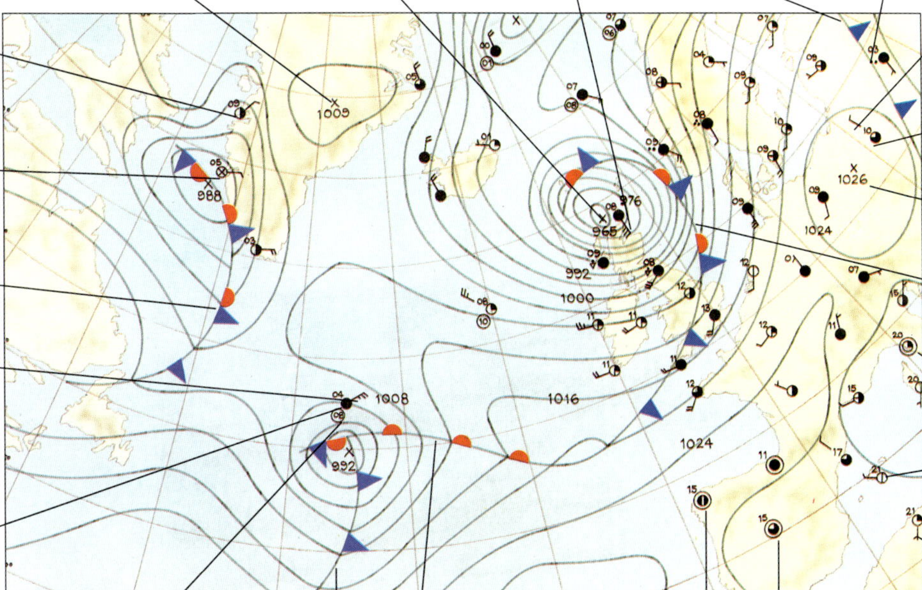

PHYSIK UND CHEMIE

VIELFALT DER MATERIE 316

ATOME UND MOLEKÜLE 318

DAS PERIODENSYSTEM 320

CHEMISCHE REAKTIONEN 322

ENERGIE 324

ELEKTRIZITÄT UND MAGNETISMUS 326

LICHT 328

KRAFT UND BEWEGUNG 330

Vielfalt der Materie

Pflanze und Insekt (belebte Materie)

Materie ist alles, was einen Raum beansprucht. Sie kann in drei Aggregatzuständen auftreten: fest, flüssig und gasförmig. Bei einem Feststoff sind Form und Volumen konstant. Eine Flüssigkeit verändert ihre Form, nicht aber das Volumen, bei einem Gas können sich Form und Volumen ändern. Die meisten Stoffe kommen – je nach Temperatur – in allen drei Zuständen vor. Bei extrem hohen Temperaturen zerfallen Atome und Moleküle, und es entsteht Plasma (vierter Aggregatzustand). Alle Stoffe bestehen aus kleinsten Teilchen (Atome und Moleküle, s.S. 318–319). Ihre Anordnung und Wechselwirkungen bestimmen die Eigenschaften jedes Stoffs. Die Vielfalt der chemischen Stoffe beruht auf den vielen Kombinationsmöglichkeiten für die kleinsten Teilchen. Glas nennt man einen Feststoff, in dem die Teilchen nicht regelmäßig angeordnet sind und wie bei einer Flüssigkeit aneinander vorbeigleiten können. Besteht ein Stoff nur aus gleichen Atomen, spricht man von einem Element (s.S. 320), besteht er aus Molekülen aus verschiedenen Atomen, liegt eine Verbindung vor. Nur wenige Substanzen kommen in der Natur rein vor, meist sind sie mit anderen vermischt. Solche Stoffgemische sind z.B. Lösungen eines Stoffs in einem anderen oder Kolloide, bei denen größere Teilchen eines Stoffs gleichmäßig in einem anderen Stoff verteilt sind.

Kolloide

Haargel (Feststoff in Flüssigkeit)

Rasierschaum (Luft in Flüssigkeit)

Nebel (Flüssigkeit in Gas)

Verschiedene Stoffe

Polyethylen = PE (Kunststoff)

Reines Silicium (Halbleiter)

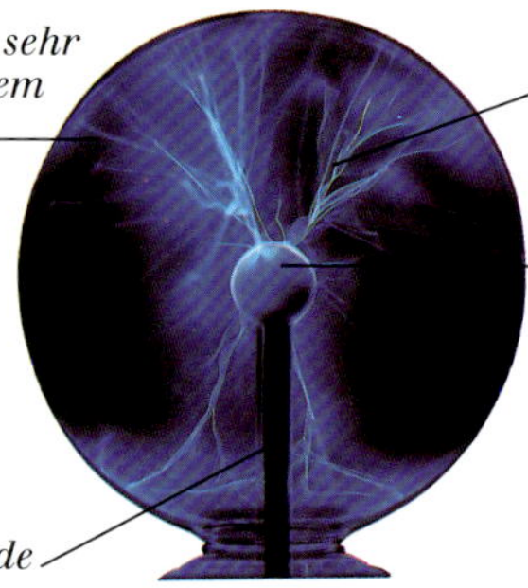

Kugel mit extrem heißen Gas (Plasma)

Obsidian (Natürliches Glas)

Azurit (Kristallines Mineral)

Kaliumpermanganat und Wasser (Lösung)

Aggregatzustände

Gas
Die Teilchen bewegen sich unabhängig voneinander frei im Raum. Sie stoßen zusammen oder an die Gefäßwand und prallen sofort zurück. Ein Gas nimmt die Form seines Behälters an. Es kann sich ausdehnen oder zusammengedrückt werden.

Glas
Eine unterkühlte Flüssigkeit (Glas) ist fest, die Teilchen sind aber nicht regelmäßig angeordnet.

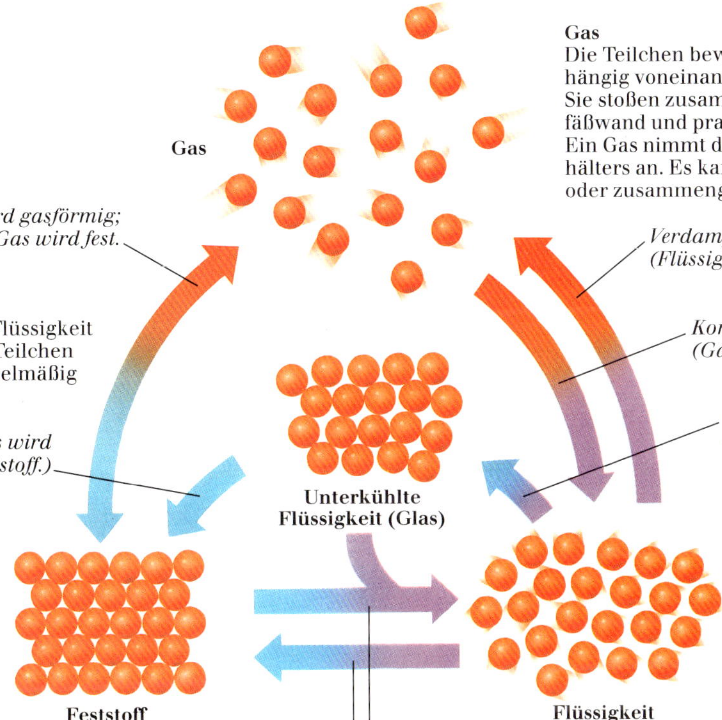

Feststoff
Starke Kräfte (Gitterkräfte) halten die Teilchen an ihrem Platz. Feststoffe sind meist kristallin mit einer regelmäßigen Anordnung der Teilchen (Kristallgitter).

Flüssigkeit
Schwache Anziehungskräfte halten die Teilchen im Flüssigkeitsverband fest. Sie können aber aneinander vorbeigleiten, die Flüssigkeit fließt. Da sich die Teilchen berühren, kann man eine Flüssigkeit kaum zusammendrücken.

Aggregatzustände des Wassers

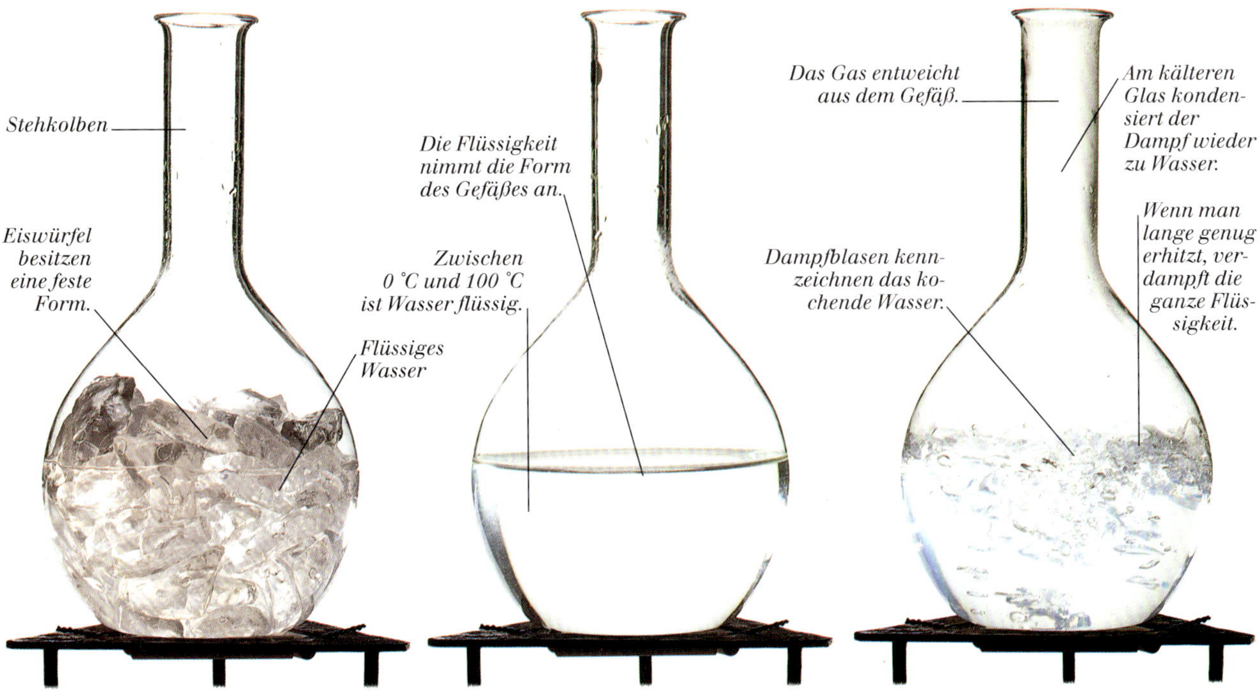

Feststoff: Eis
Kühlt man Wasser immer weiter ab, erhält man Eis. Eiswürfel besitzen eine feste Form und ein konstantes Volumen.

Flüssigkeit: Wasser
Wenn die Temperatur eines Stoffs über den Festpunkt steigt, schmilzt er und wird flüssig. Aus Eis wird Wasser.

Gas: Wasserdampf
Oberhalb der Siedetemperatur wird ein Stoff gasförmig. Aus Wasser wird Wasserdampf, ein farbloses Gas.

Atome und Moleküle

Falschfarbenbild von Goldatomen

Atome sind die kleinsten Teilchen, in die man ein Element (s.S.320–321) aufspalten kann. Ihr Durchmesser liegt in der Größenordnung eines zehnmillionstel Millimeters (10^{-10} m). Zwei oder mehr Atome können Moleküle bilden. Wenn sich z.B. je ein Atom der Elemente Wasserstoff und Fluor verbinden, erhält man ein Molekül der Verbindung Fluorwasserstoff (Hydrogenfluorid). Atome besitzen eine innere Struktur. In der Mitte befindet sich der Atomkern mit praktisch der gesamten Masse. Er besteht aus positiv geladenen (s.S.326) Protonen und ungeladenen Neutronen. Die negativ geladenen Elektronen bilden die Atomhülle und bestimmen weitgehend die physikalischen und chemischen Eigenschaften der Stoffe. Sie halten sich in bestimmten Räumen auf, den Orbitalen. Diese sind auf Schalen um den Kern angeordnet. Jedes Orbital entspricht einem bestimmten Energieniveau und kann zwei Elektronen aufnehmen. Die erste Schale (1) besitzt nur ein s-Orbital (1s) mit zwei Elektronen. Die zweite Schale (2) kann bis zu acht Elektronen aufnehmen: in ein s-Orbital (2s) und drei p-Orbitalen (2p). Wenn ein Atom ein Elektron abgibt, wird es zu einem positiv geladenen Ion (Kation), durch Elektronenaufnahme zu einem negativ geladenen Anion. Ionen entgegengesetzter Ladung ziehen einander an (Ionenbindung) und bilden im typischen Fall Kristalle. Bei der kovalenten Bindung teilen sich Atome Elektronen: Halbbesetzte Orbitale der beteiligten Atome verschmelzen zu Molekülorbitalen, die die Atome verbinden. Aus der räumlichen Anordnung der halbbesetzten Orbitale kann man die Struktur des Moleküls vorhersagen.

Atomorbitale

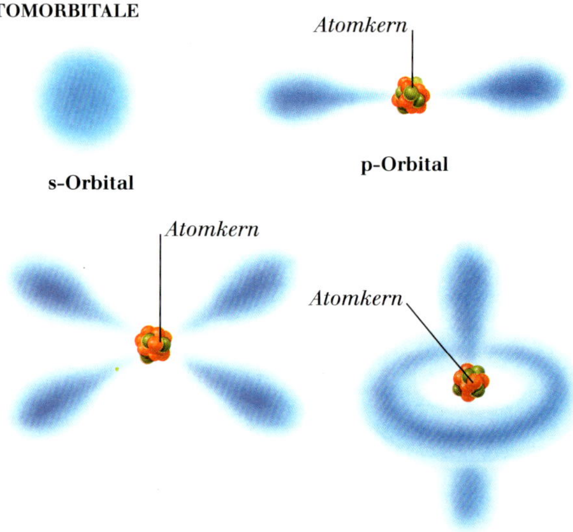

Molekülorbitale

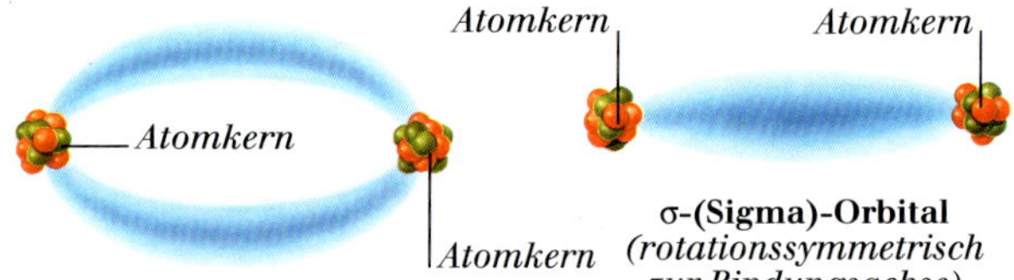

π-(Pi)-Orbital *(nicht rotationssymmetrisch zur Bindungsachse)*

σ-(Sigma)-Orbital *(rotationssymmetrisch zur Bindungsachse)*

sp³-Hybrid-Orbital

Oft entstehen aus einem s- und drei p-Orbitalen vier gleichwertige tetraedrisch angeordnete sp³-Hybrid-Orbitale, die zu stabilen Molekülorbitalen überlappen können.

Beispiel einer Ionenbindung

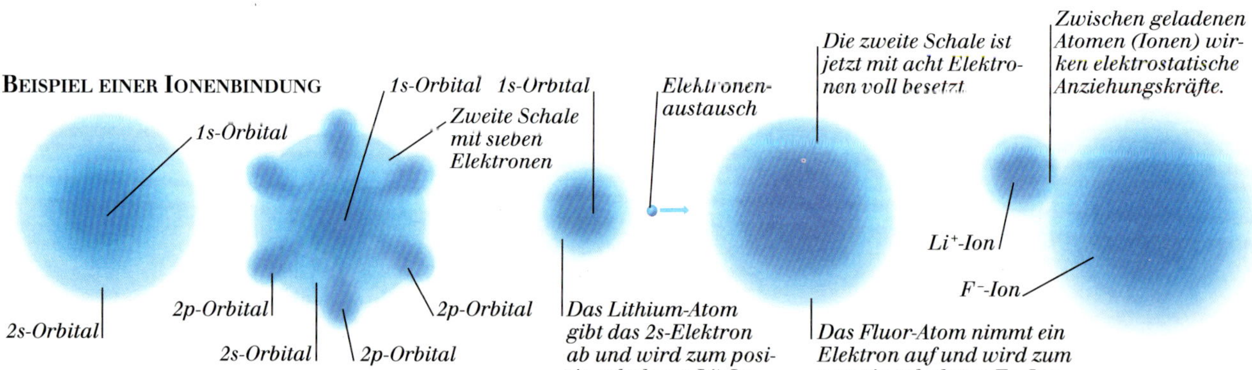

1. Ungeladenes Lithium-Atom (Li)

Ungeladenes Fluor-Atom (F)

2. Elektronenaustausch

3. Ionenbindung: Lithiumfluorid (LiF)

Aufbau eines Fluor-19-Atoms

Bei vielen Elementen gibt es verschiedene Atomsorten (Isotope). Sie haben gleich viele Protonen aber eine unterschiedliche Neutronenzahl und damit verschiedene Massen. Jedes Fluor-Isotop hat neun Protonen im Kern, die Zahl der Neutronen reicht von sechs bis 17. In der Natur kommt nur Fluor-19 mit zehn Neutronen vor.

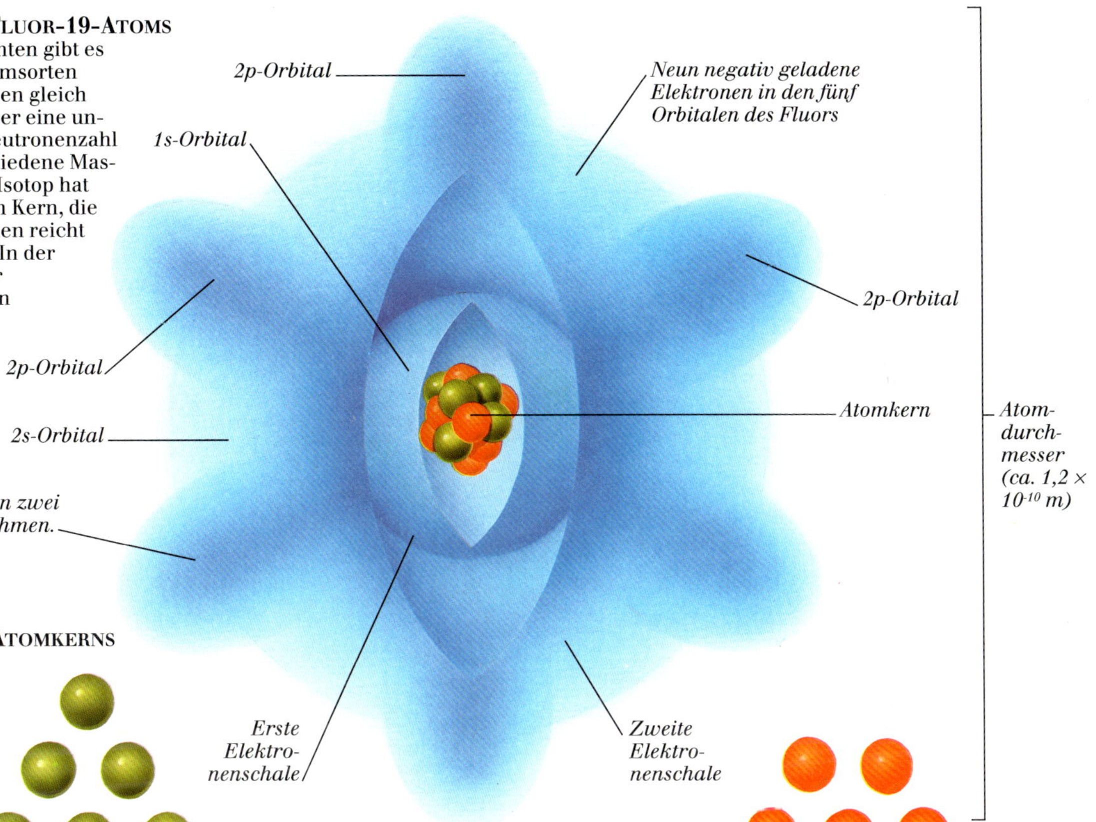

Aufbau eines Atomkerns von Fluor-19

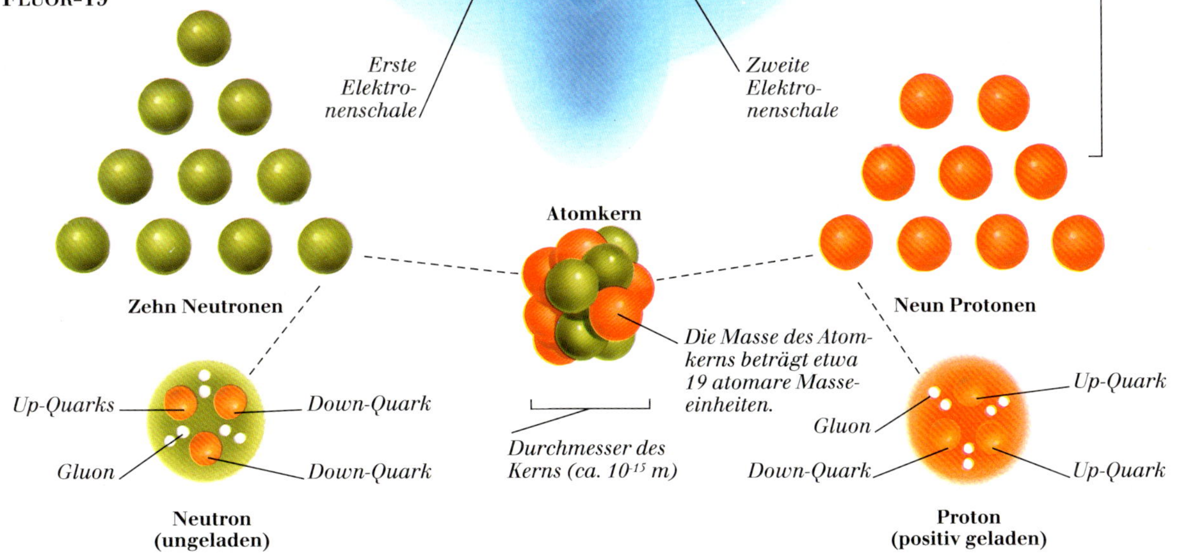

Beispiel einer kovalenten Bindung

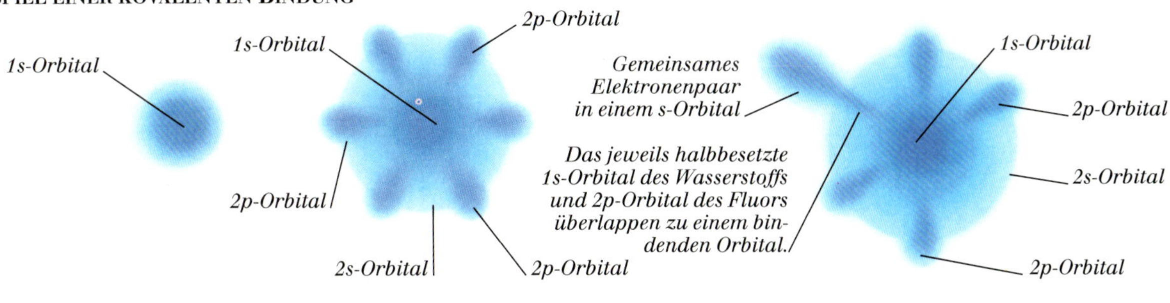

1. Ungeladenes Wasserstoff-Atom (H)

Ungeladenes Fluor-Atom (F)

2. Kovalente Bindung: Fluorwasserstoff-Molekül (HF)

Das Periodensystem

Ein Element besteht aus gleichen Atomen (gleiche Zahl der Protonen, Isotope s.S.319). Die 92 in der Natur vorkommenden und die bisher 19 künstlich erzeugten Elemente (zwei davon 1994) werden im Periodensystem der Elemente zusammengestellt. Jedes Element ist durch seine Ordnungszahl gekennzeichnet, der Protonenzahl im Kern (sie entspricht der Elektronenzahl des ungeladenen Atoms). Die Zeilen des Periodensystems heißen Perioden, die Spalten Gruppen. Als das Periodensystem entwickelt wurde, war der Atombau noch unbekannt. Man ordnete die Elemente nach der Atommasse und stellte die Elemente mit ähnlichen Eigenschaften untereinander. Heute kann man den Aufbau des Periodensystems mit der Atomstruktur erklären. Die Elektronenschalen entsprechen bestimmten Energieniveaus (s.S.318-319). In den Perioden werden von links nach rechts die Schalen mit Elektronen aufgefüllt. Die Elemente einer Gruppe besitzen die gleiche Zahl von Elektronen in der Außenschale (Valenzelektronen). Da diese Valenzelektronen die chemischen Eigenschaften bestimmen, haben die Elemente einer Gruppe ähnliche Eigenschaften. Bei den Elementen der Gruppe VIII ist die Außenschale mit Elektronen gefüllt, ein besonders stabiler Zustand. Die Elemente der Gruppe I geben ihr einziges Valenzelektron leicht ab. Sie sind reaktionsfreudig und reagieren z.T. heftig mit anderen Stoffen.

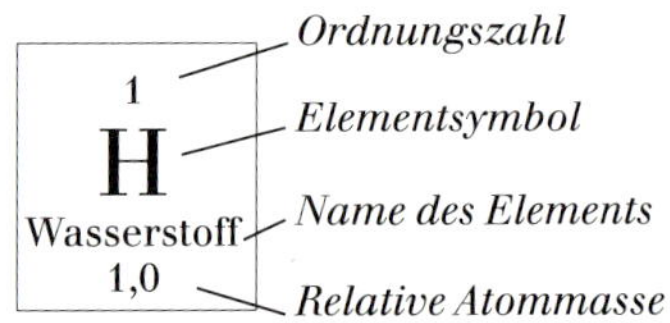

Relative Atommasse
Die Atommasse entspricht der Summe aus Protonen- und Neutronenzahl (die Masse der Elektronen ist vernachlässigbar). Der angegebene Durchschnittswert berücksichtigt die unterschiedliche Häufigkeit der Isotope. Die atomare Masseneinheit 1 u entspricht einem Zwölftel der Masse des Kohlenstoff-Isotops ^{12}C.

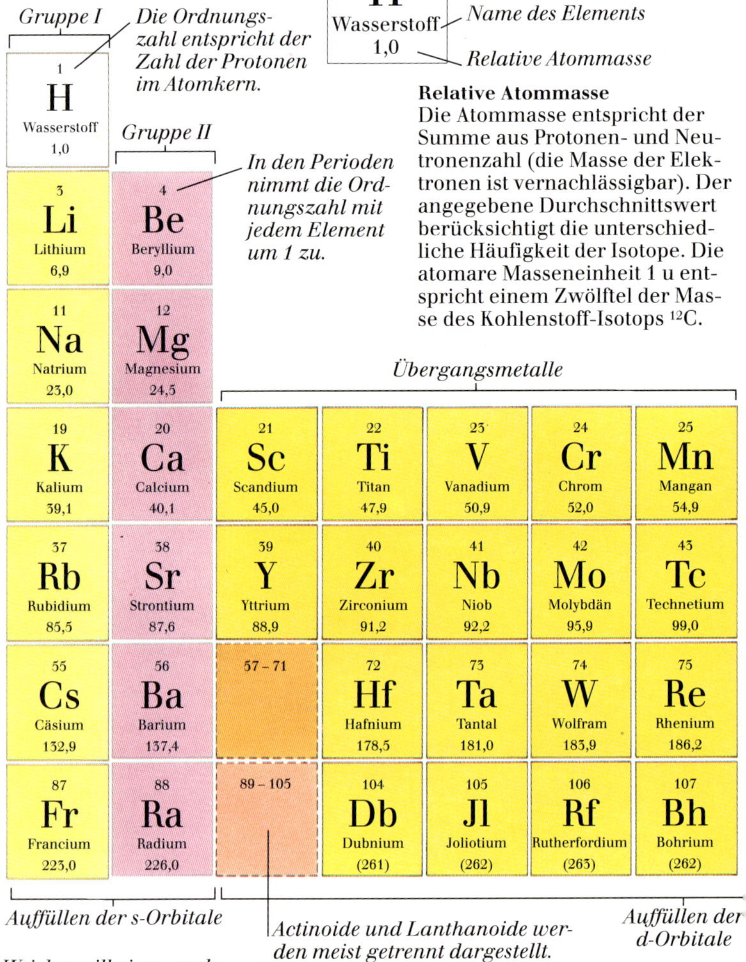

Natrium: Alkalimetall

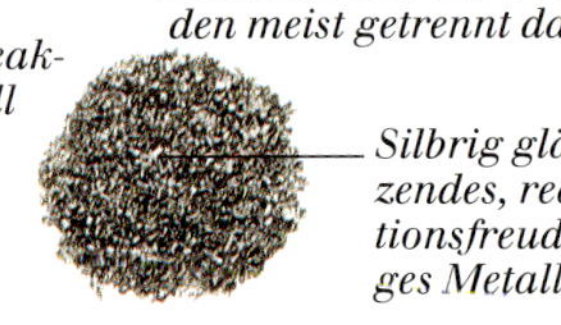

Magnesium: Erdalkalimetall

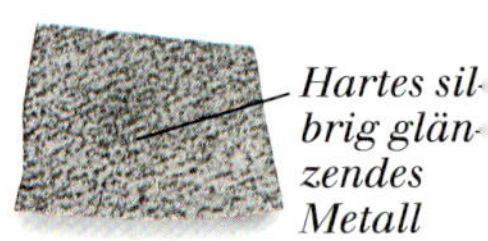

Chrom: Übergangsmetall

Metalle und Nichtmetalle
Links im Periodensystem stehen die Metalle. Sie geben Elektronen ab und bilden positiv geladene Ionen. Die Nichtmetalle auf der rechten Seite nehmen Elektronen auf und bilden negativ geladene Ionen. Die Halbmetalle stehen zwischen den beiden Gruppen.

Schlüssel zu den Elementgruppen:

- Alkalimetalle
- Erdalkalimetalle
- Übergangsmetalle
- Lanthanoide (Seltene Erden)
- Actinoide
- Weitere Hauptgruppenmetalle
- Halbmetalle
- Nichtmetalle
- Edelgase

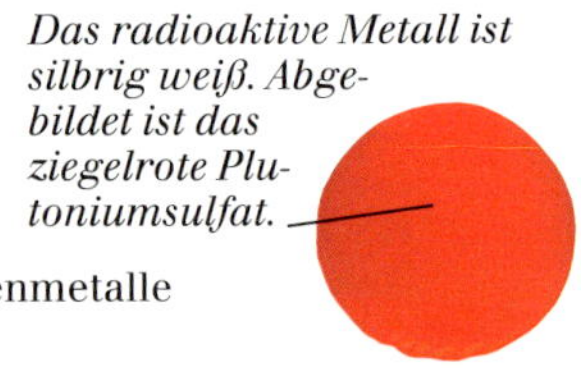

Plutonium: Actinoid

Diamant

Modifikationen des Kohlenstoffs
Graphit und Diamant sind Modifikationen, Zustandsformen, des Kohlenstoffs. Sie bestehen aus Kohlenstoffatomen, die allerdings unterschiedlich angeordnet sind, so daß sich ihre Eigenschaften unterscheiden.

Graphit

Amorpher Kohlenstoff (Ruß)

Schwefel: Nichtmetall (Chalkogen)

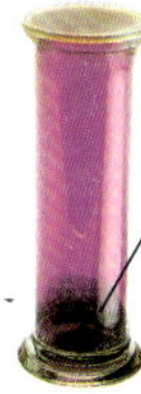

Iod: Nichtmetall (Halogen)

Übergangsmetalle (Fe, Co, Ni) — *Übergangsmetalle* (Cu, Zn)

Bor- und Kohlenstoff-Gruppe (Gruppe III, Gruppe VI) — *Stickstoff- und Sauerstoff-Gruppe* (Gruppe V, Gruppe VI) — *Halogene* (Gruppe VII)

					Gruppe III	*Gruppe VI*	*Gruppe V*	*Gruppe VI*	*Gruppe VII*	*Gruppe VIII*	
										2 **He** Helium 4,0	*Periode*
					5 **B** Bor 10,8	6 **C** Kohlenstoff 12,0	7 **N** Stickstoff 14,0	8 **O** Sauerstoff 16,0	9 **F** Fluor 19,0	10 **Ne** Neon 20,2	*Kurze Periode*
					13 **Al** Aluminium 27,0	14 **Si** Silicium 28,1	15 **P** Phosphor 31,0	16 **S** Schwefel 32,1	17 **Cl** Chlor 35,5	18 **Ar** Argon 40,0	
26 **Fe** Eisen 55,9	27 **Co** Cobalt 58,9	28 **Ni** Nickel 58,7	29 **Cu** Kupfer 63,5	30 **Zn** Zink 64,4	31 **Ga** Gallium 69,7	32 **Ge** Germanium 72,6	33 **As** Arsen 74,9	34 **Se** Selen 79,0	35 **Br** Brom 79,9	36 **Kr** Krypton 83,8	*Lange Periode*
44 **Ru** Ruthenium 101,0	45 **Rh** Rhodium 102,9	46 **Pd** Palladium 106,4	47 **Ag** Silber 107,9	48 **Cd** Cadmium 112,4	49 **In** Indium 114,8	50 **Sn** Zinn 118,7	51 **Sb** Antimon 121,8	52 **Te** Tellur 127,6	53 **I** Iod 126,9	54 **Xe** Xenon 131,3	
76 **Os** Osmium 190,2	77 **Ir** Iridium 192,2	78 **Pt** Platin 195,1	79 **Au** Gold 197,0	80 **Hg** Quecksilber 200,6	81 **Tl** Thallium 204,4	82 **Pb** Blei 207,2	83 **Bi** Bismut 209,0	84 **Po** Polonium 210,0	85 **At** Astat 210,0	86 **Rn** Radon 222,0	
108 **Hs** Hassium (265)	109 **Mt** Meitnerium (266)										

Auffüllen der d-Orbitale

Auffüllen der p-Orbitale

Die Atommassen der Elemente ab 104 sind geschätzt, ihre Namen z.T. international noch nicht anerkannt.

Gold: Übergangsmetall (Edelmetall)

Zinn: Metall (Kohlenstoffgruppe)

Antimon: Halbmetall (Stickstoffgruppe)

Edelgase
Bei den Edelgasen (Gruppe VIII) sind die Außenschalen vollständig mit Elektronen besetzt. Sie geben weder Elektronen ab, noch nehmen sie welche auf, d.h. sie verbinden sich nicht mit anderen Atomen. Nur mit viel Energie kann man Elektronen aus ihren Außenschalen abspalten.

Neon: farbloses Edelgas

61 **Pm** Promethium 147,0	62 **Sm** Samarium 150,4	63 **Eu** Europium 152,0	64 **Gd** Gadolinium 157,3	65 **Tb** Terbium 158,9	66 **Dy** Dysprosium 162,5	67 **Ho** Holmium 164,9	68 **Er** Erbium 167,3	69 **Tm** Thulium 168,9	70 **Yb** Ytterbium 173,0	71 **Lu** Lutetium 175,0
93 **Np** Neptunium 237,0	94 **Pu** Plutonium 242,0	95 **Am** Americium 243,0	96 **Cm** Curium 247,0	97 **Bk** Berkelium 247,0	98 **Cf** Californium 251,0	99 **Es** Einsteinium 254,0	100 **Fm** Fermium 253,0	101 **Md** Mendelevium 256,0	102 **No** Nobelium 254,0	103 **Lr** Lawrencium 257,0

Auffüllen der f-Orbitale

Chemische Reaktionen

Bei chemischen Reaktionen werden Bindungen zwischen Atomen gelöst oder neu gebildet. Immer findet eine Umgruppierung der Atome statt, bei der neue Stoffe (Produkte) aus vorhandenen (Reaktanten) entstehen. Reaktionen können freiwillig ablaufen oder erzwungen werden. Sie können Jahre dauern oder blitzschnell erfolgen. Reaktionen sind mit einem Energieumsatz (s.S.324–325) verbunden. Beim Verbrennen z.B. wird durch die Neubildung von Bindungen Energie in Form von Wärme und Licht frei. Reaktionen, bei denen Wärme frei wird, heißen exotherm. Viele Reaktionen, wie das Verbrennen, sind nicht umkehrbar. Andere hingegen können in beide Richtungen ablaufen, sie sind reversibel. Durch Reaktionen kann man Feststoffe aus Lösungen ausfällen: Aus zwei gelösten Stoffen enstehen zwei neue Verbindungen, wobei sich ein Niederschlag (unlöslicher Feststoff) bildet. Bei einer Zementation wird ein Metall (z.B. Silber) durch ein unedleres (z.B. Kupfer) aus einer Lösung abgeschieden. Die Reaktionsgeschwindigkeit wird z.B. von der Temperatur und der Größe und Form der Reaktanten beeinflußt. Reaktionen werden mit international gültigen Symbolen in Form von Reaktionsgleichungen beschrieben. Durch ihre charakteristischen Reaktionen kann man Stoffe identifizieren. Kerzenwachs verbrennt zu Kohlendioxid und Wasser. Diese Produkte zeigen, daß das Wachs Kohlenstoff und Wasserstoff enthält.

Salzbildung aus Säure und Metall

Die Reaktion
Aus Zink und Salzsäure entstehen Zinkchlorid und Wasserstoff.
$Zn + 2HCl \rightarrow ZnCl_2 + H_2$

Zementation

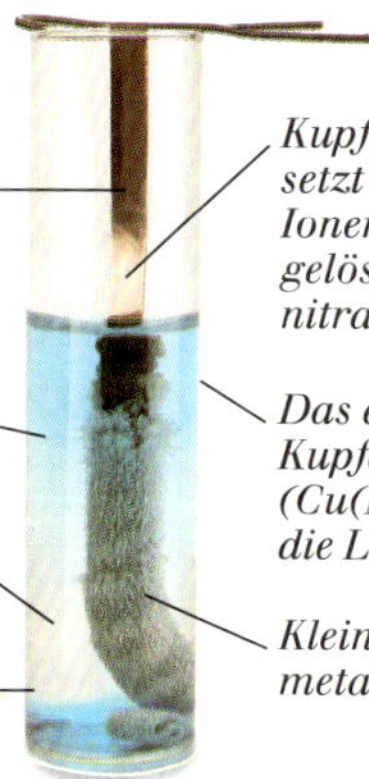

Die Reaktion
Aus Kupfer und gelöstem Silbernitrat entstehen Kupfernitrat und Silber.
$Cu + 2AgNO_3 \rightarrow Cu(NO_3)_2 + 2Ag$

Künstlicher Vulkan

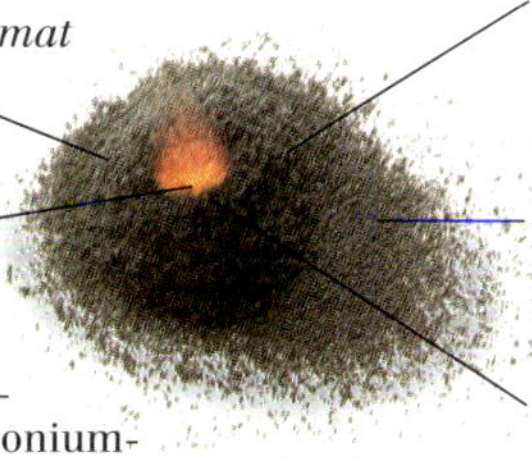

Die Reaktion
Nach dem Entzünden reagiert Ammoniumdichromat mit dem Luftsauerstoff.
$(NH_4)_2Cr_2O_7 + O_2 \rightarrow Cr_2O_7 + 4H_2O + 2NO$

Eine umkehrbare Reaktion

1. Die Reaktanten
Kaliumchromat dissoziiert in Wasser zu Kalium-Ionen und Chromat-Ionen.
$K_2CrO_4 \rightarrow 2K^+ + CrO_4^{2-}$

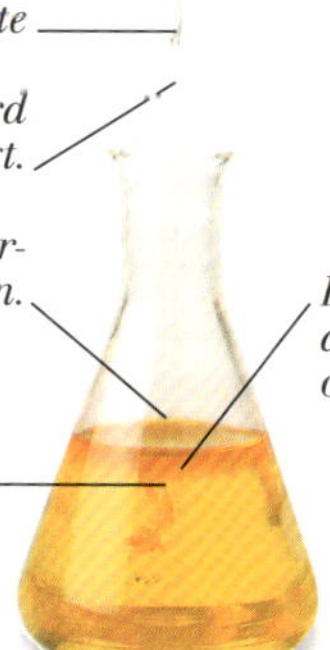

2. Die Reaktion
Zwei Chromat-Ionen verbinden sich zum Dichromat-Ion.
$2CrO_4^{2-} + 2H^+ \rightarrow Cr_2O_7^{2-} + H_2O$

3. Die Rückreaktion
Die Hydroxid-Ionen binden die Wasserstoff-Ionen. Dichromat reagiert zu Chromat.
$Cr_2O_7^{2-} + H_2O \rightarrow 2CrO_4^{2-} + 2H^+$

GÄRUNG

Die Reaktion
Im warmen Wasser wandelt die Hefe Zucker in Alkohol und Kohlendioxid um.
$C_6H_{12}O_6 \rightarrow 2C_2H_5OH + 2CO_2$

FÄLLUNGSREAKTION

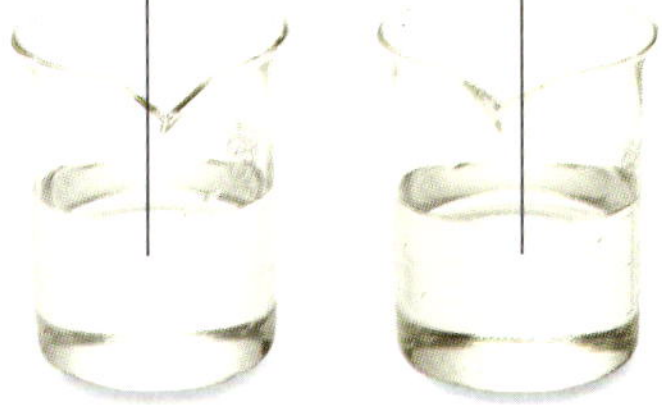

Die Reaktanten
Kaliumiodid (KI) und Bleinitrat ($Pb(NO_3)_2$) lösen sich jeweils zu einer farblosen Lösung.

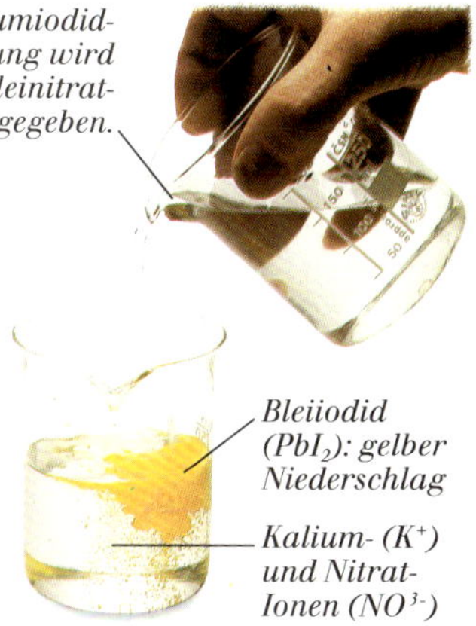

2. Die Reaktion
Beim Vermischen der Lösungen fällt ein Bleiiodid-Niederschlag aus, es bleibt eine Kaliumnitrat-Lösung.
$2KI + Pb(NO_3)_2 \rightarrow PbI_2 + 2KNO_3$

ANALYSE VON KERZENWACHS, EINER ORGANISCHEN VERBINDUNG

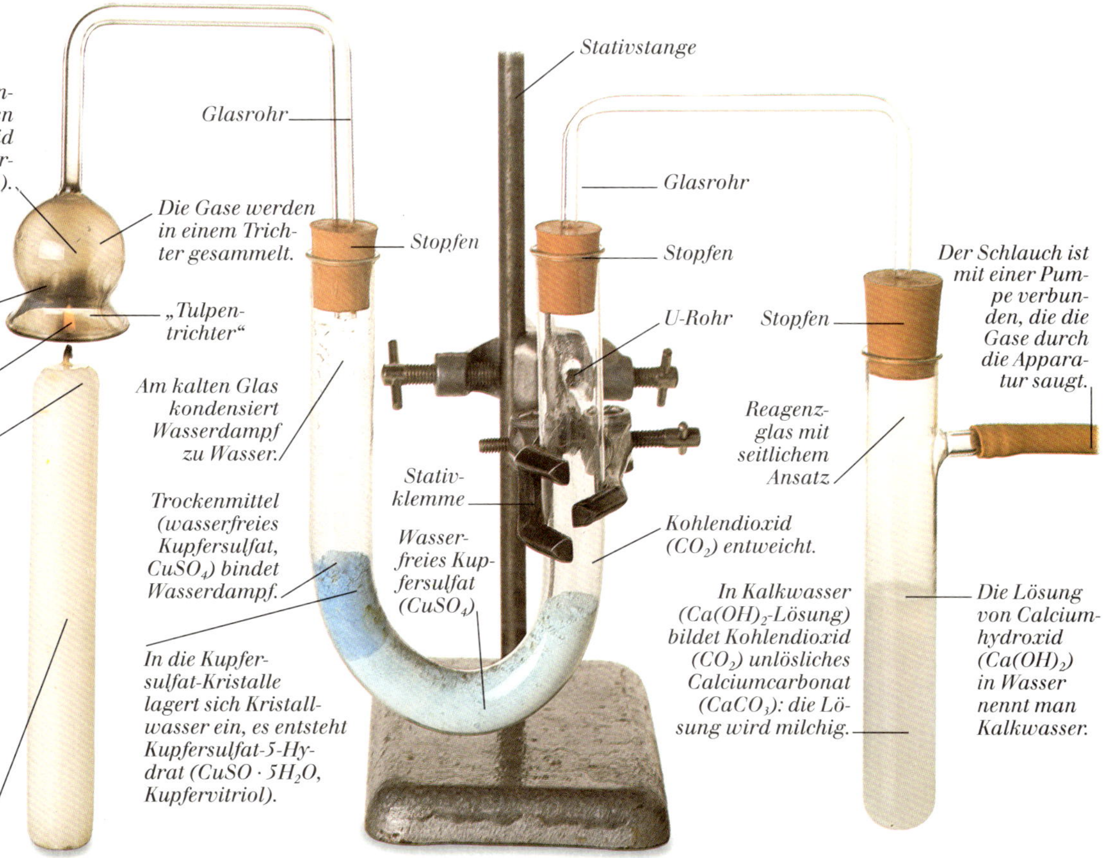

1. Die Verbrennung
Bei der Verbrennung entstehen gasförmiges Kohlendioxid und Wasserdampf.
$2C_{18}H_{38} + 55O_2 \rightarrow 36CO_2 + 38H_2O$

2. Wassernachweis
Kupfersulfat bindet den Wasserdampf und weist Wasserstoff in der Kerze nach.
$CuSO_4 + 5H_2O \rightarrow CuSO_4 \cdot 5H_2O$

3. Nachweis von Kohlendioxid
Calciumhydroxid reagiert mit Kohlendioxid zu Calciumcarbonat, das als Niederschlag ausfällt.
$Ca(OH)_2 + CO_2 \rightarrow CaCO_3 + H_2O$

Energie

Jedes Ereignis – vom leichtesten Lufthauch bis zur Explosion – erfordert Energie. Energie ist die Fähigkeit, Arbeit zu verrichten. Energieformen sind Licht-, Wärme-, Schallenergie, elektrische und chemische Energie, Kern-, Bewegungs- und Lageenergie. Das Gesetz von der Erhaltung der Energie besagt, daß Energie weder erzeugt noch vernichtet werden kann. Man kann nur eine Energieform in eine andere überführen (Energieumwandlung). Potentielle Energie (Lageenergie) kann man speichern und später nutzen. Ein Körper erhält potentielle Energie, wenn man ihn emporhebt. Wenn man ihn losläßt, fällt er zur Erde. Dabei wird Lageenergie in Bewegungsenergie (kinetische Energie) umgewandelt. Bei Energieumwandlungen entsteht immer Wärme. In einem Blockheizkraftwerk wird ein Teil der Wärme zum Heizen von Gebäuden genutzt. Die wichtigste Energiequelle der Erde ist die Sonne. Ihre Energie erreicht uns als Licht (elektromagnetische Strahlung, s.S.326–327). Ein kleiner Teil dieser Energie wird von Pflanzen und dann von Tieren genutzt und kann in fossilen Brennstoffen als chemische Energie gespeichert sein. Unser Körper erhält Energie mit der Nahrung. Energie für andere Zwecke, für Heizgeräte oder für den Transport, gewinnt man durch die Verbrennung fossiler Energieträger, aus Wind und Wasserkraft. Eine andere Quelle ist die Kernenergie: beim Zerfall von Atomkernen wird Wärme und Strahlung frei. Die Maßeinheit für Energie ist das Joule (J). Als Anhaltspunkt: ein Joule entspricht der Energie, mit der man einen Apfel 1 m hochheben kann. Die früher gebräuchliche Kalorie (cal) entspricht etwa 4,2 J. Mit 1 cal kann man 1 ccm Wasser um 1 °C erwärmen.

ENERGIEFLUSSDIAGRAMM FÜR EIN KOHLE-BLOCK-HEIZKRAFTWERK

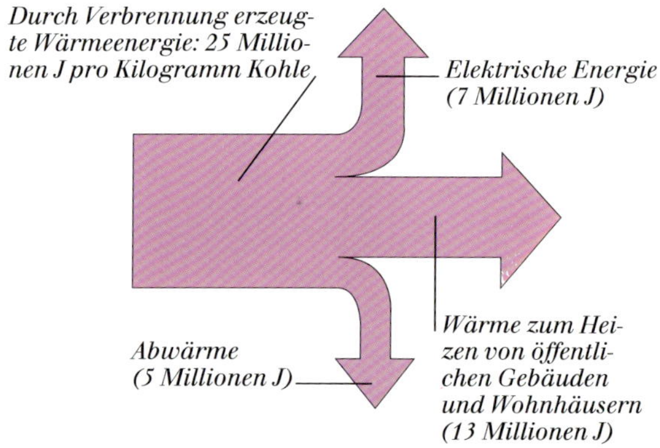

SCHNITT DURCH EIN WASSERKRAFWERK MIT FRANCIS-TURBINE

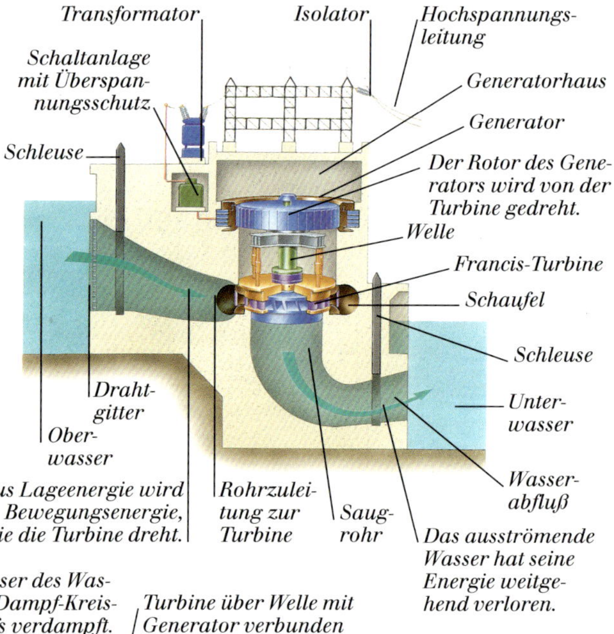

SCHNITT DURCH EIN KERNKRAFTWERK MIT DRUCKWASSERREAKTOR

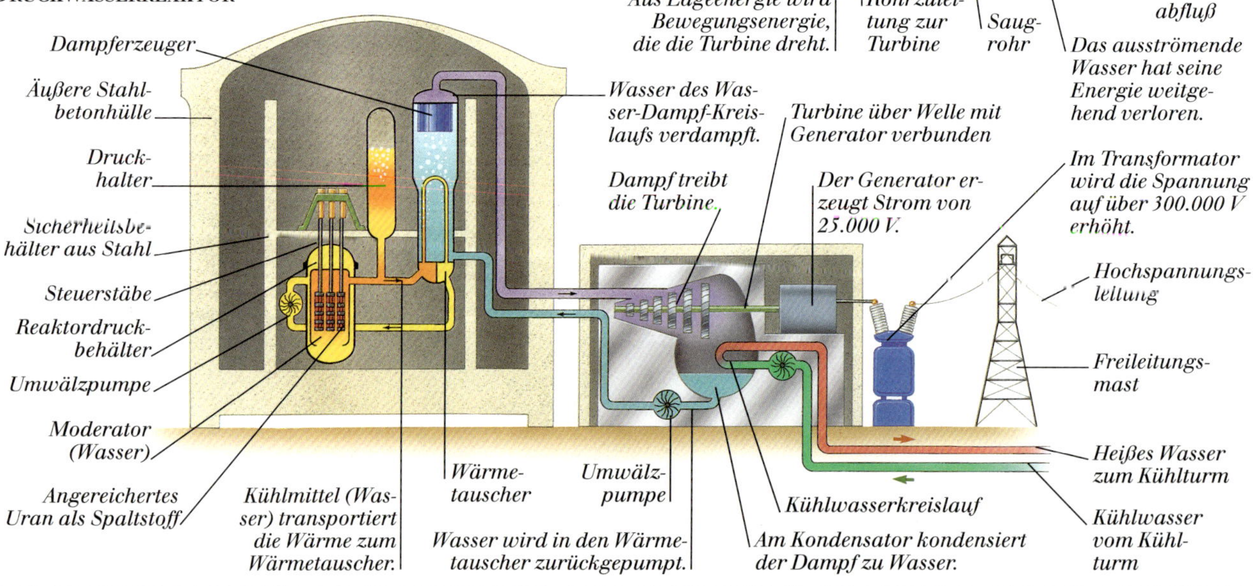

Energiekreislauf

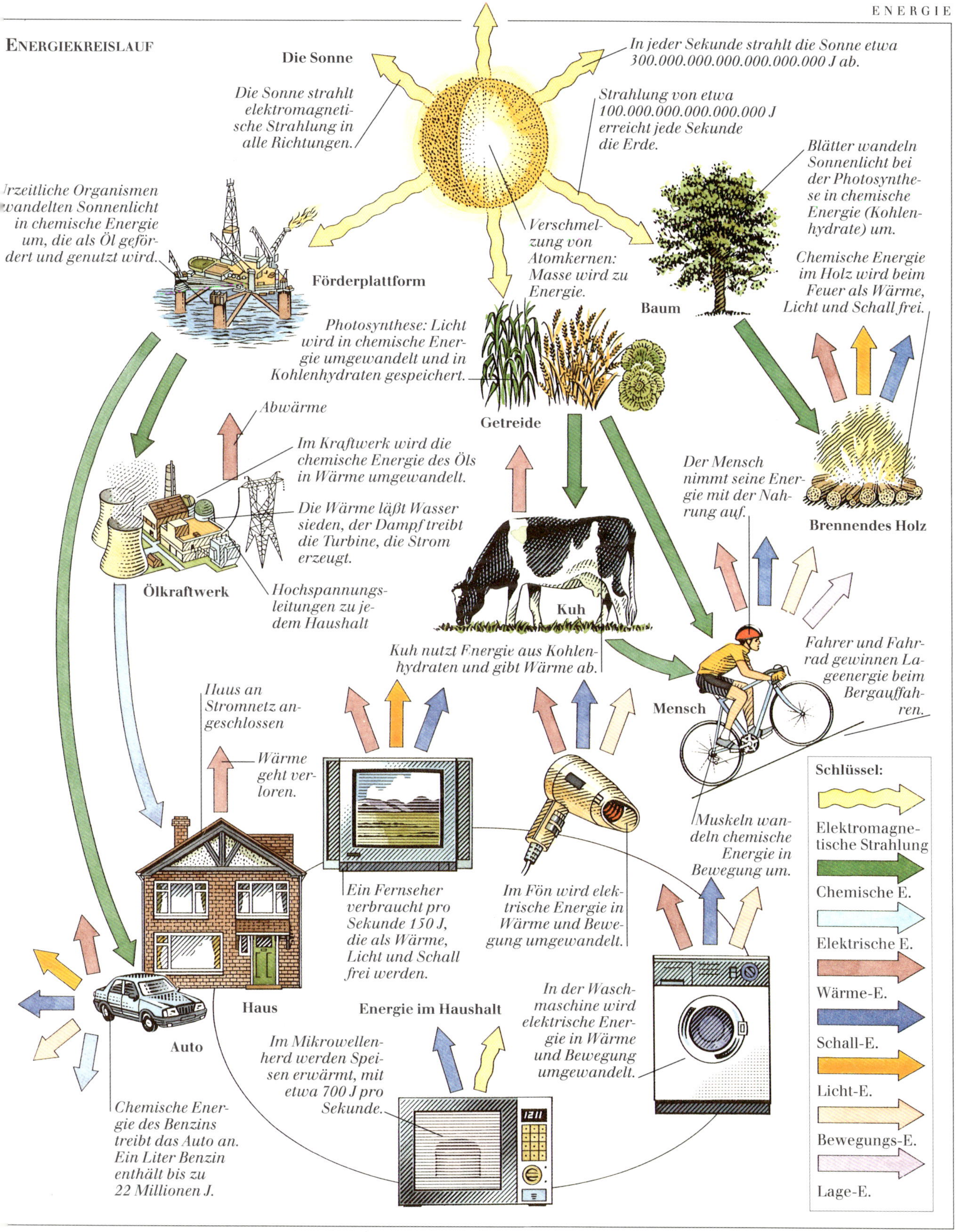

Elektrizität und Magnetismus

Elektrische Erscheinungen beruhen auf der Ungleichverteilung elektrischer Ladungen. Es gibt zwei entgegengesetzte elektrische Ladungen: positive Ladung geht auf Protonen zurück, negative auf Elektronen. Entgegengesetzte Ladungen ziehen sich an, gleiche Ladungen stoßen sich ab. Anziehung und Abstoßung (elektrostatische Kräfte) bestehen zwischen allen geladenen Körpern. Materie ist normalerweise ungeladen, durch Elektronenaufnahme wird ein Körper negativ, durch Elektronenabgabe positiv geladen. Wenn zwei Körper entgegengesetzt elektrisch geladen sind, besteht das Bestreben zum Ladungsausgleich. Gewitterblitze z.B. stellen einen Ladungsausgleich zwischen negativ geladenen Wolken und positiv geladenem Erdboden dar. Wenn die Ladungen frei beweglich sind – in Metalldrähten oder anderen Leitern – erfolgt der Ladungsausgleich durch einen elektrischen Strom. Bei einigen Stoffen kann man die Erscheinung des Magnetismus beobachten, die ebenfalls mit Anziehung und Abstoßung verbunden ist. Magnetismus beruht auf kleinen Elementarmagneten. Sie sind im nicht magnetisierten Zustand regellos angeordnet, in einem Magnetfeld richten sie sich aus, und man erhält einen Magneten. Magnetische Felder können einen elektrischen Strom verursachen und umgekehrt. Darauf beruhen Elektromotoren und Generatoren.

Blitz

Van-de-Graaff-Generator

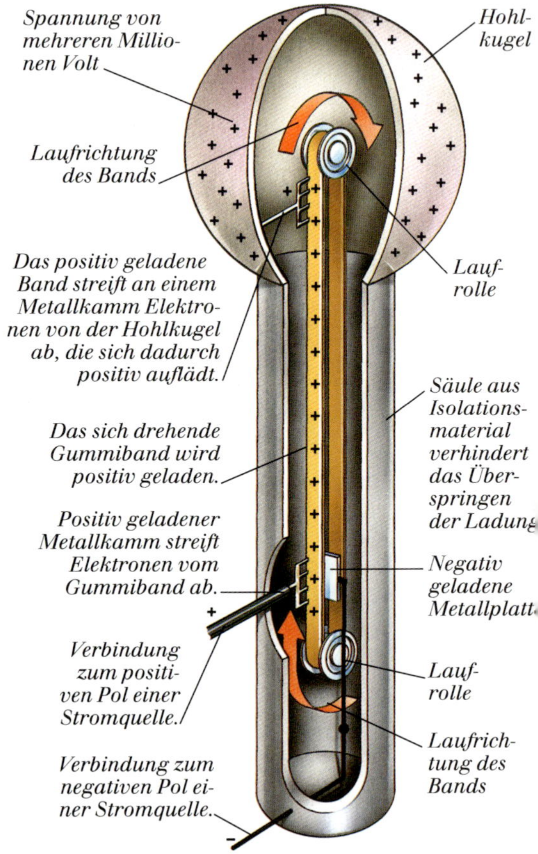

Elektrischer Strom

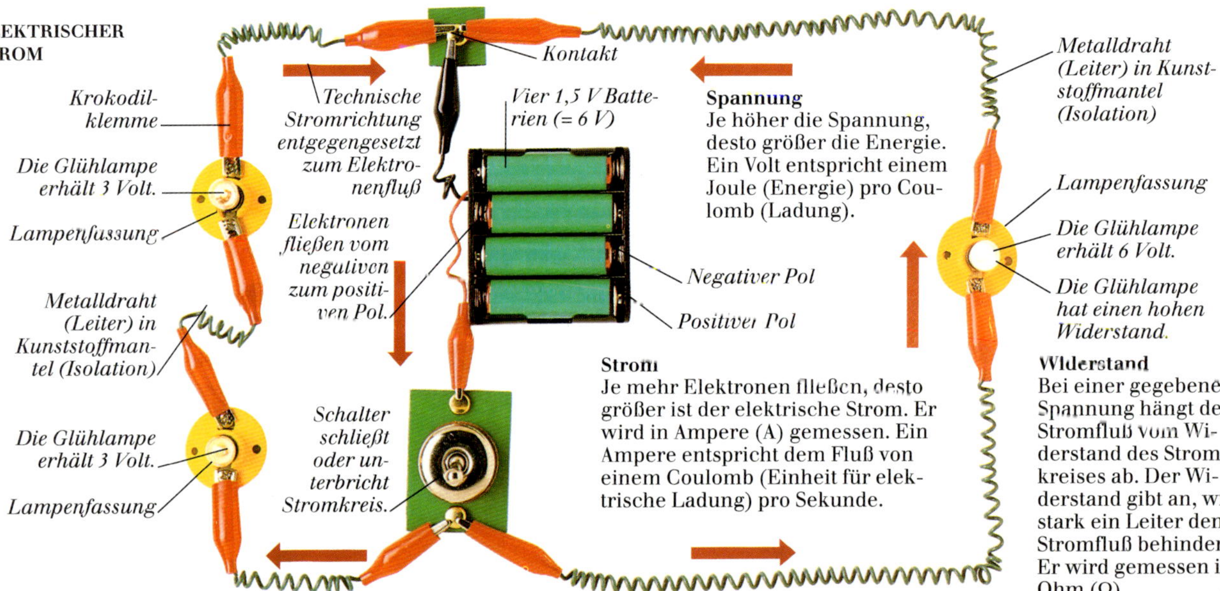

Spannung
Je höher die Spannung, desto größer die Energie. Ein Volt entspricht einem Joule (Energie) pro Coulomb (Ladung).

Strom
Je mehr Elektronen fließen, desto größer ist der elektrische Strom. Er wird in Ampere (A) gemessen. Ein Ampere entspricht dem Fluß von einem Coulomb (Einheit für elektrische Ladung) pro Sekunde.

Widerstand
Bei einer gegebene Spannung hängt de Stromfluß vom Widerstand des Stromkreises ab. Der Widerstand gibt an, wi stark ein Leiter den Stromfluß behinder Er wird gemessen i Ohm (Ω).

Reihenschaltung

Einfacher elektrischer Stromkreis

Magnetische Felder und Kräfte

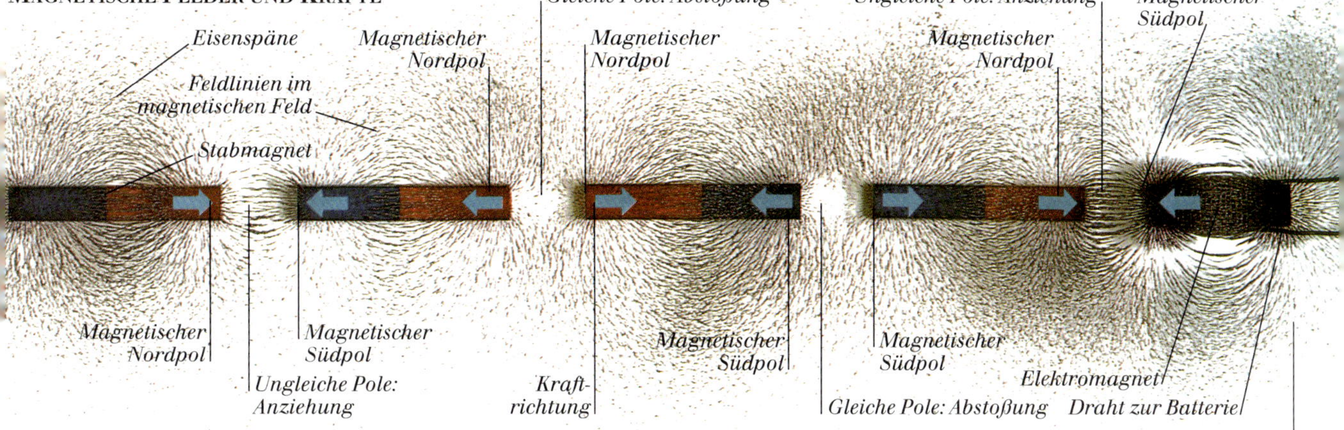

Weisssche Bezirke

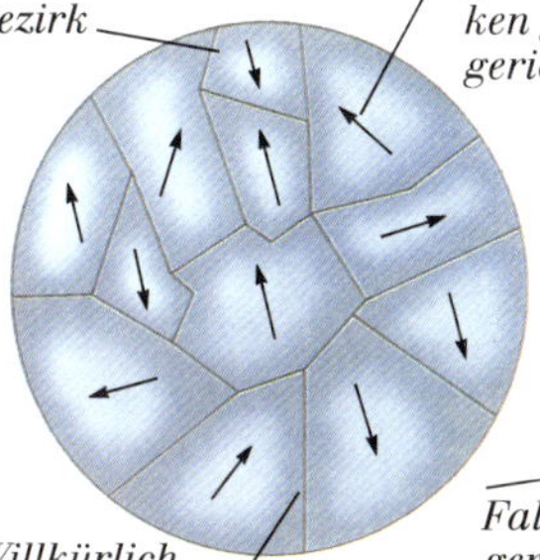

Nicht magnetisiertes Eisen

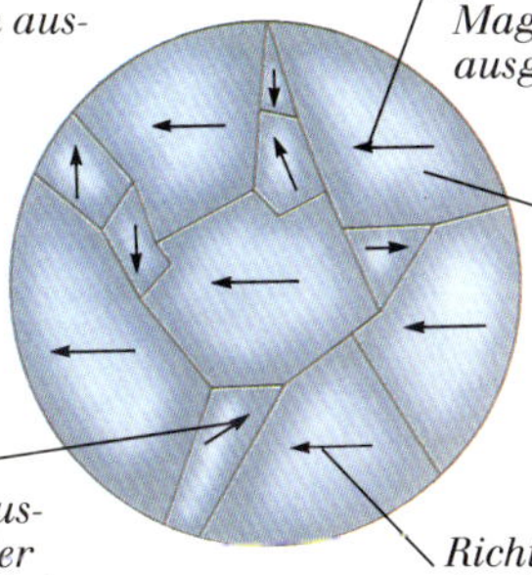

Magnetisiertes Eisen

Magnetismus aus Elektrizität

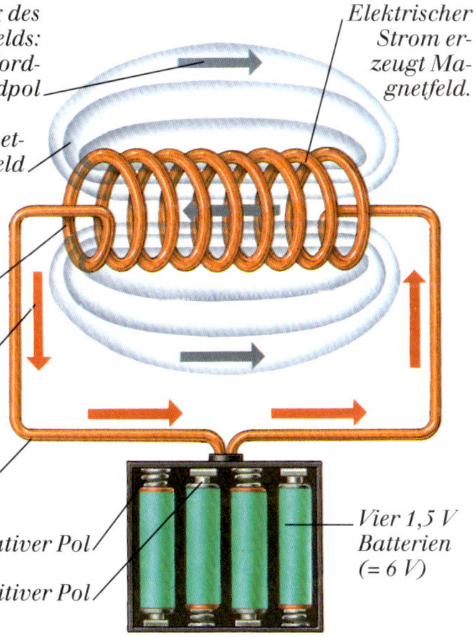

Stromkreis mit Elektromagnet

Strom aus Magnetismus

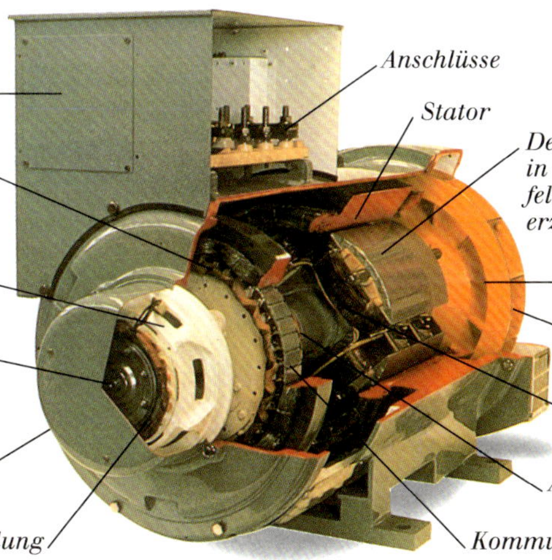

Stromgenerator
In einem Generator dreht sich ein Anker in einem Magnetfeld und erzeugt elektrischen Strom.

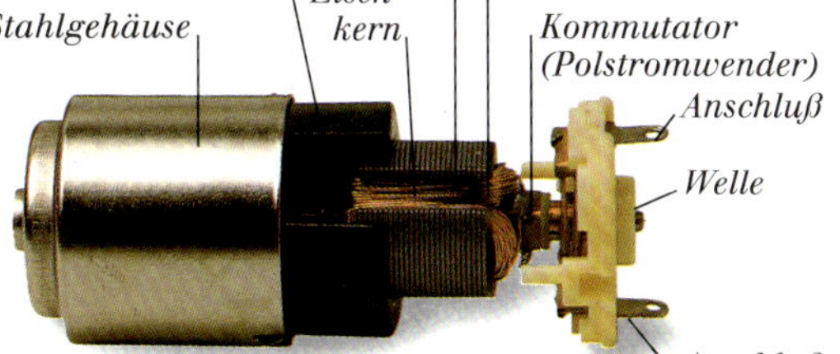

Elektromotor
Im Elektromotor erzeugen magnetische Kräfte zwischen der Wicklung und einem Dauermagneten eine Drehbewegung.

Infrarotbild eines Hauses

Licht

Licht ist eine Energieform aus dem Bereich der elektromagnetischen Strahlung wie Röntgenstrahlung oder Radiowellen. Elektromagnetische Strahlung wird von elektrischen Ladungen (s.S. 326–327) erzeugt: untereinander verknüpfte elektrische und magnetische Felder wandern durch den Raum. Elektromagnetische Strahlen besitzen sowohl die Eigenschaften von Wellen, als auch die einer Teilchenstrahlung. Im ersten Fall stellen sie eine Welle aus einem oszillierenden elektrischen und magnetischen Feld dar. Die verschiedenen Strahlungsformen unterscheiden sich in ihrer Wellenlänge. Licht als Teilchenstrahlung besteht aus Photonen, kleinen Massen- oder Energieportionen. Der Unterschied zwischen z.B. Licht- und Röntgenstrahlen besteht in der Energie der Photonen. Das gesamte Spektrum der elektromagnetischen Wellen reicht von den langwelligen Radiowellen mit geringer Energie bis zur sehr energiereichen, kurzwelligen Gammastrahlung. Einen ganz geringen Ausschnitt aus diesem Spektrum können wir als Licht sehen. Das weiße Licht der Sonne besteht aus allen Wellenlängen des sichtbaren Spektrums. Mit einem Prisma kann man dieses Licht in seine unterschiedlichen Wellen aufspalten. Licht und alle elektromagnetische Strahlung kann reflektiert und gebrochen werden. Elektromagnetische Strahlung wird auf unterschiedlichen Wegen erzeugt. Warme oder heiße Körper strahlen Licht und Wärme (Infrarotstrahlen) ab. Von Fluoreszenz spricht man, wenn ein Körper kurzwellige Strahlen absorbiert und längerwelliges Licht abstrahlt. Bei der Phosphoreszenz können Körper die aufgenommene Energie speichern und erst allmählich abgeben.

Elektromagnetische Strahlung als Welle

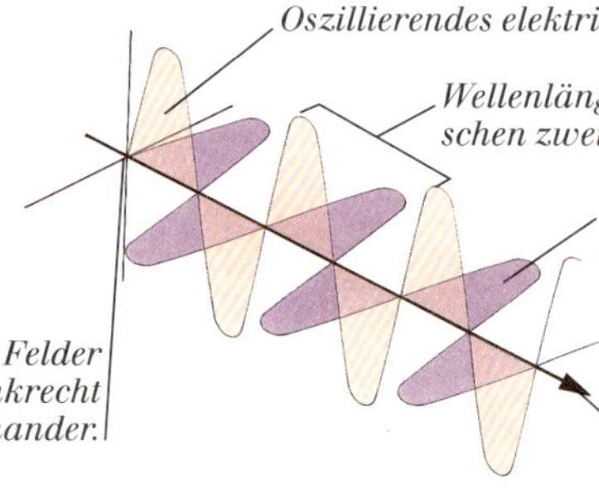

Elektromagnetische Strahlung als Teilchen

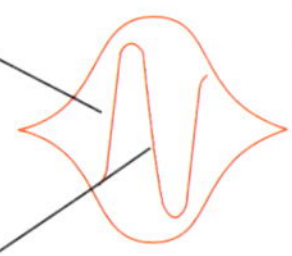

Photon von rotem Licht

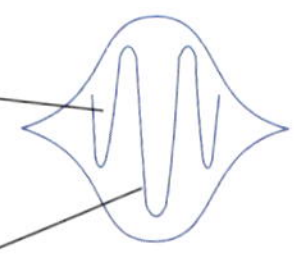

Photon von blauem Licht

Aufspaltung von weissem Licht in das Spektrum

Das elektromagnetische Spektrum

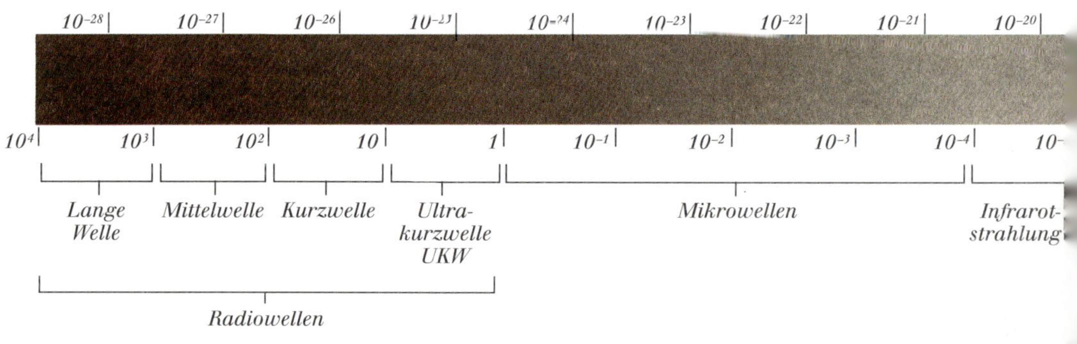

Künstliche Lichtquellen

Leuchtstoffröhre

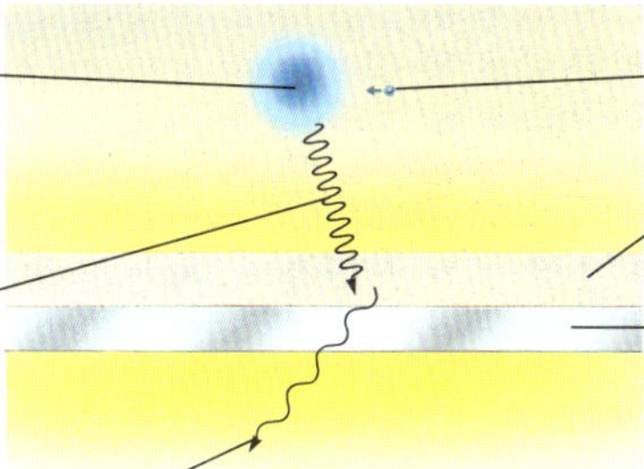

Schnitt durch die Leuchtstoffschicht: wie Fluoreszenzlicht entsteht

Glühlampe

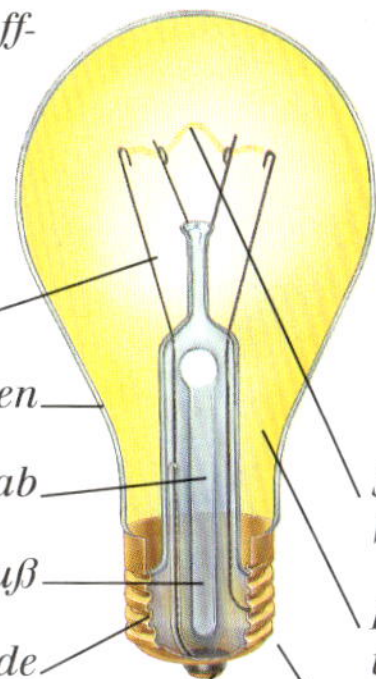

Schnitt durch die Glühwendel einer Glühlampe: wie Glühlicht entsteht

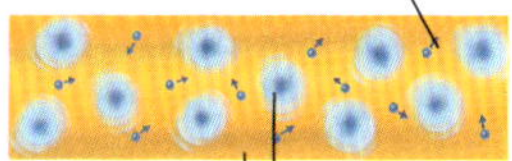

Spiegelung des Lichts

Brechung des Lichts

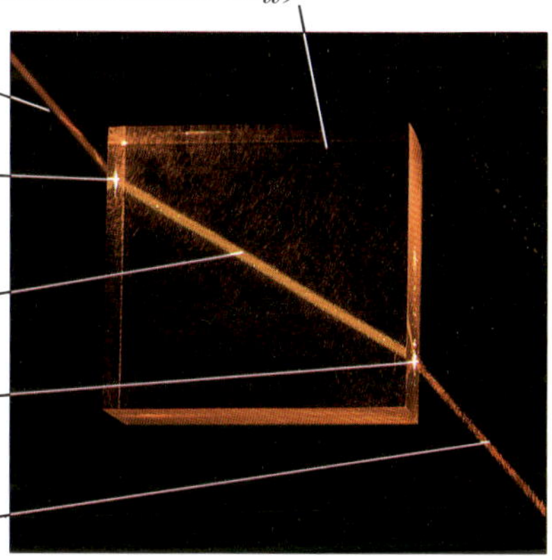

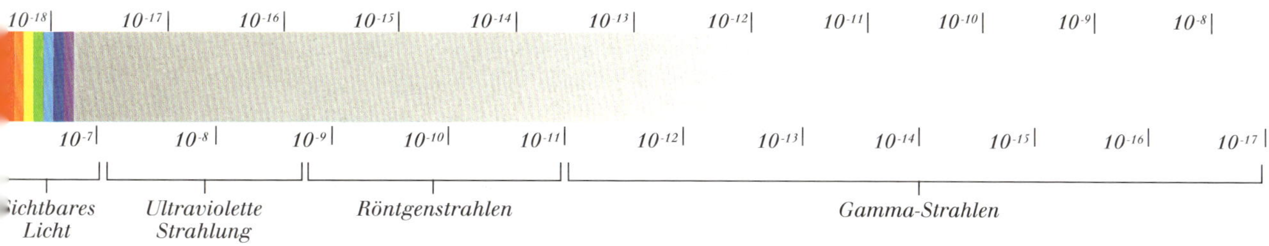

Kraft und Bewegung

Durch eine Kraft wird der Bewegungszustand eines Körpers verändert, ein ruhender Körper wird beschleunigt, ein bewegter Körper abgebremst oder seine Richtung geändert. Veränderung von Geschwindigkeit und Richtung bezeichnet der Physiker als Beschleunigung. Die Beschleunigung hängt von der Stärke der Kraft und der Masse des Körpers ab. Den Kraftbegriff der klassischen Physik hat Isaak Newton geprägt. Nach ihm wurde die Maßeinheit der Kraft Newton (N) benannt. 1 N entspricht etwa der Erdanziehungskraft auf einen Apfel. Kräfte können mit einem Kraftmesser (Federwaage) gemessen werden. Die koordinierte Wirkung von Kräften setzt Maschinen in Bewegung. Einfache Maschinen wie ein Rad auf einer Achse sind Vorrichtungen, um Größe und Richtung einer Kraft zu verändern. Ein Hebel dreht sich um einen Drehpunkt und hat zwei Hebelarme. Es gilt Kraft mal Kraftarm = Last mal Lastarm, mit Hilfe eines langen Hebels kann man mit geringer Kraft schwere Lasten heben. Die verrichtete Arbeit ergibt sich aus Kraft mal Weg. Bei einem Flaschenzug wird der Weg verlängert, so daß man mit geringer Kraft schwere Gegenstände emporheben kann.

Einfache Maschinen

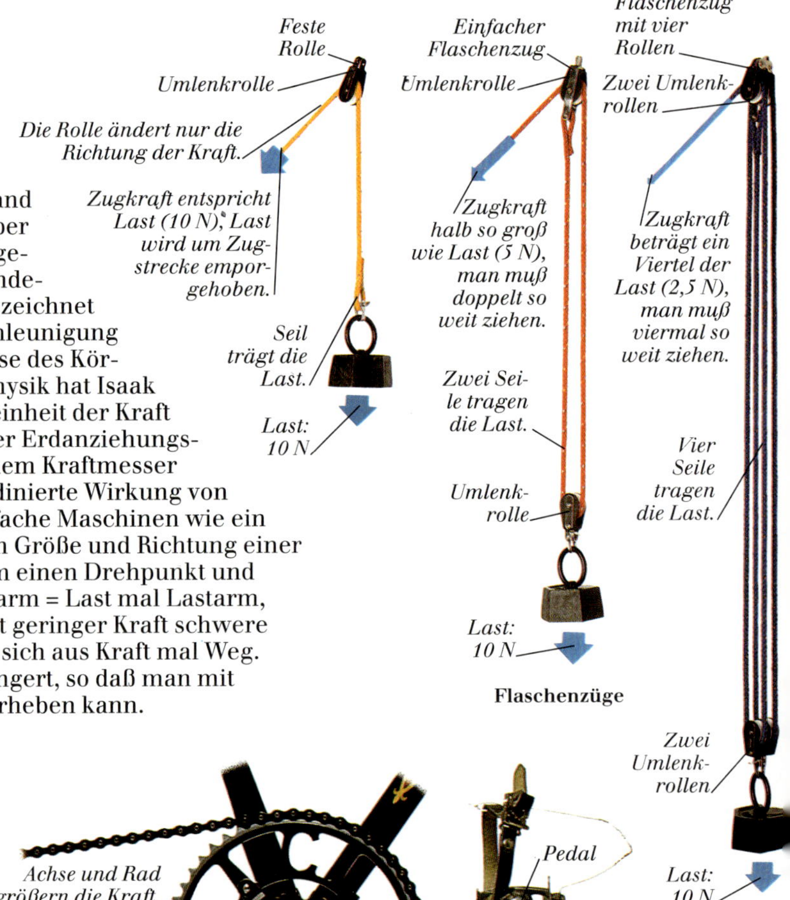

Flaschenzüge

Kraftmesser (Federwaage)

Masse und Gewicht
Jeder Körper besitzt auch in der Schwerelosigkeit eine Masse. Sie wird in Gramm (g) oder Kilogramm (kg) angegeben. Das Gewicht ist die Kraft, mit der die Erdanziehung eine Masse nach unten zieht, und wird in Newton (N) angegeben.

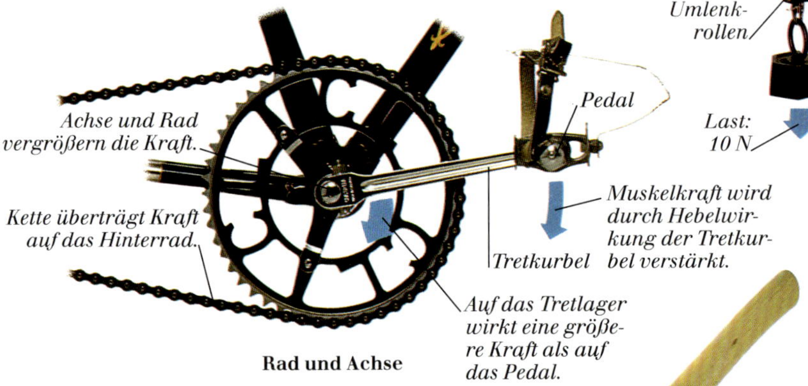

Rad und Achse

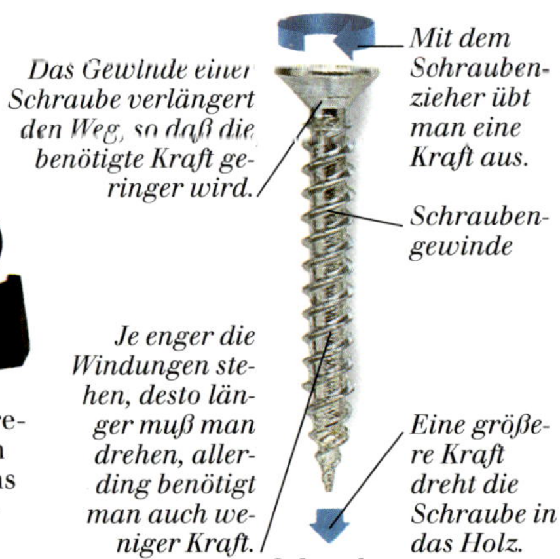

Schraube

Keil

Grundgesetze der Mechanik (Newtonsche Gesetze)

Das Erste Newtonsche Gesetz: Trägheitsgesetz
Wenn auf einen Körper keine Kraft wirkt, verharrt er in seinem Bewegungszustand (Ruhe oder gleichförmige Bewegung auf geradliniger Bahn).

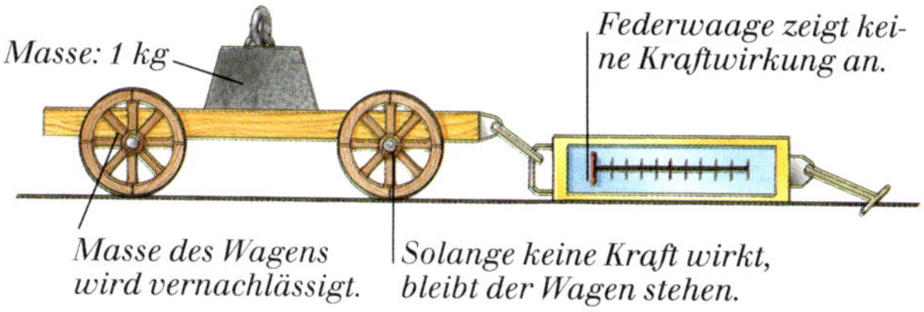

Keine Kraft, keine Beschleunigung, Zustand der Ruhe

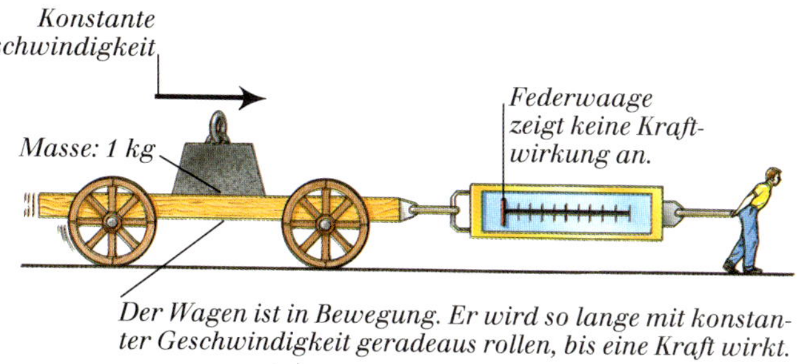

Keine Kraft, keine Beschleunigung, gleichförmige Bewegung

Das Zweite Newtonsche Gesetz: Grundgleichung der Mechanik
Wenn eine Kraft auf einen Körper wirkt, ändert sich sein Bewegungszustand. Die Größe der Veränderung hängt von der Masse des Körpers und der Größe der Kraft ab.

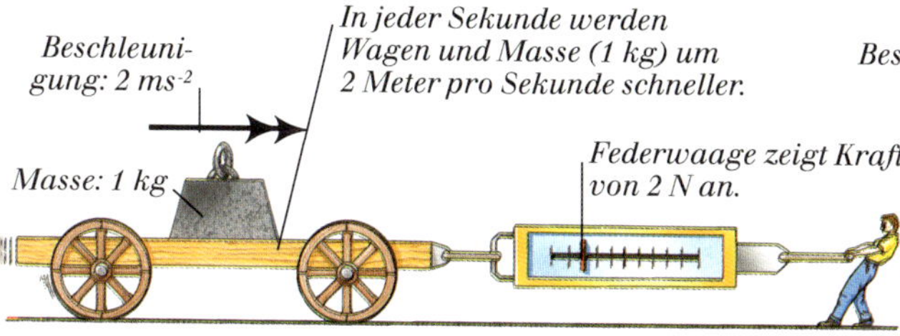

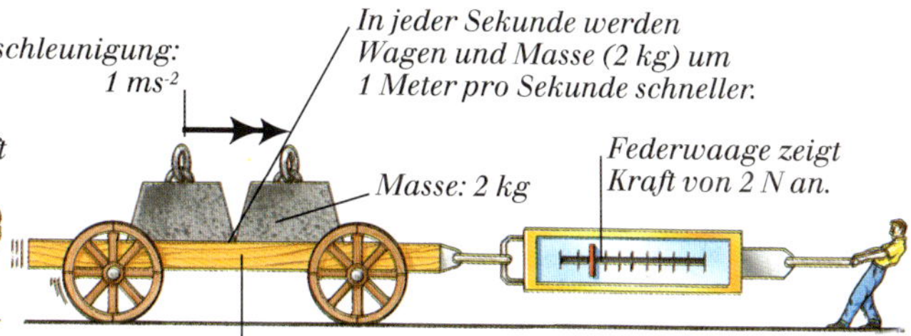

Wenn jeweils die gleiche Kraft wirkt, ist die Beschleunigung bei einer Masse von 2 kg halb so groß wie bei einer Masse von 1 kg.

raft und Beschleunigung: kleine Masse, große Beschleunigung

Kraft und Beschleunigung: große Masse, kleine Beschleunigung

as Dritte Newtonsche Gesetz: Wechselwirkungsgesetz
bt ein Körper auf einen anderen eine Kraft (Actio) aus, übt der zweite ine gleichgroße, entgegengesetzte Kraft (Reactio) auf den ersten aus.

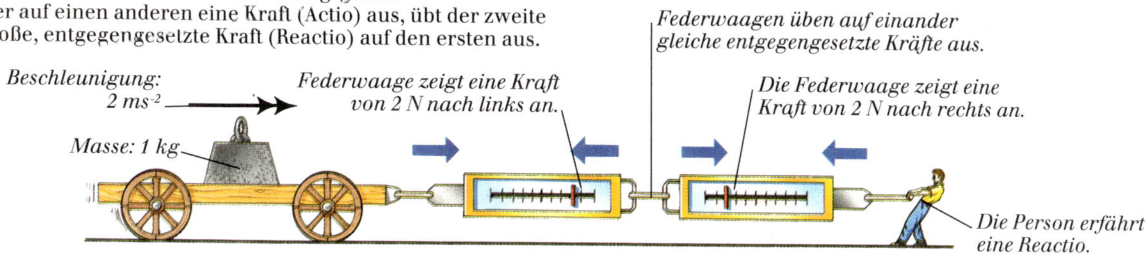

Actio und Reactio

Verschiedene Arten von Hebeln

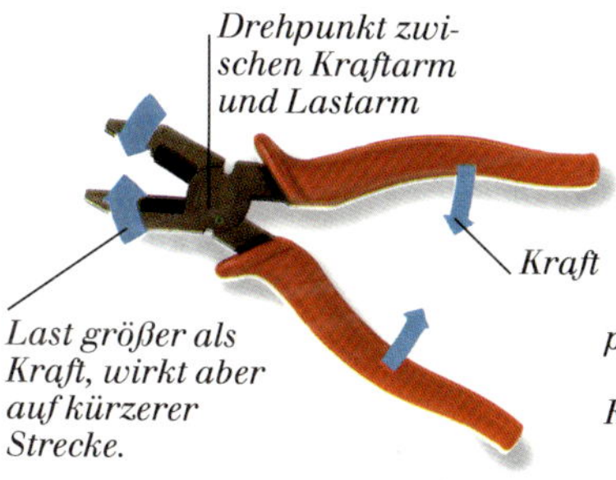

Zweiseitige ungleicharmige Hebel
Die Kombizange nutzt die Hebelwirkung.

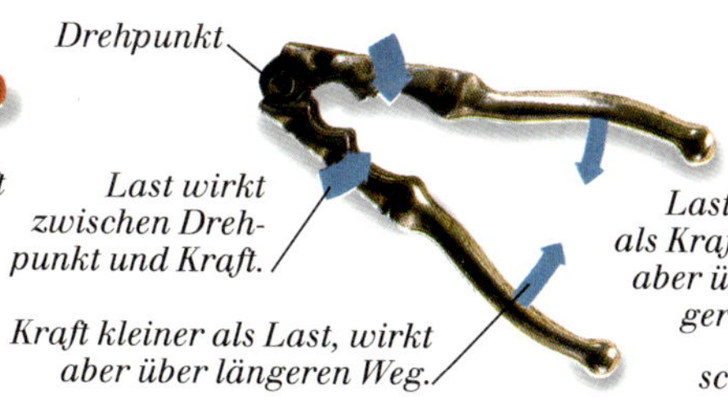

Einseitige ungleicharmige Hebel
Nußknacker knackt harte Schalen.

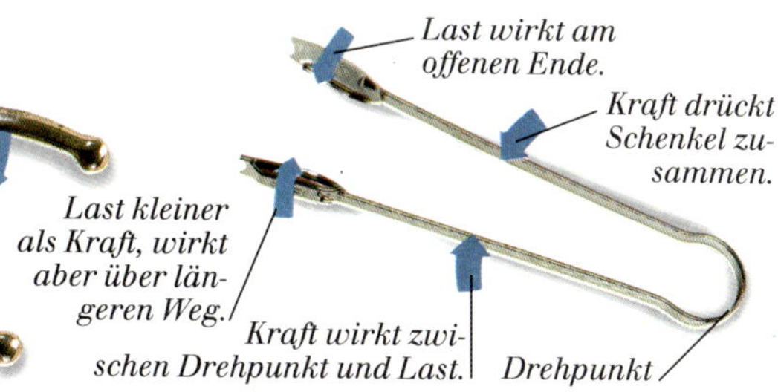

Einseitige ungleicharmige Hebel
Die Last ist kleiner als die Kraft.

ELECTRIC

Schiene und Straße

Dampflokomotiven 334
Dieselloks 336
Elektroloks und schnelle Züge 338
Eisenbahntechnik 340
Straßenbahnen und Busse 342
Die ersten Automobile 344
Nobelkarossen 346
Massenproduktion 348
Der Volkswagen 350
Erste Motoren 352
Moderne Motoren 354
Alternative Motoren 356
Die Karosserie 358
Mechanik 360
Ausstattung 362
Geländefahrzeuge 364
Rennwagen 366
Fahrräder 368
Das Motorrad 370
Das Motorrad-Fahrgestell 372
Motorradmotoren 374
Rennmaschinen 376

Dampf-lokomotiven

Schon seit dem 16.Jh. setzte man auf Schienen gezogene Waggons zum Materialtransport ein, aber bis zur Erfindung der Dampflokomotive lieferten Menschen oder Pferde die notwendige Zugkraft. Erst die Dampflokomotive ermöglichte den Siegeszug der Eisenbahn. 1804 baute Richard Trevithick in South Wales die erste arbeitsfähige Dampflokomotive der Welt. Obwohl nicht ganz erfolgreich, regte sie doch andere zu neuen Konstruktionen an. 1829 vollendete der britische Ingenieur Robert Stephenson seine "Rocket", die als Vorläufer der modernen Lokomotive gilt. Die "Rocket" führte einen Kohlevorrat zur Kesselfeuerung und einen Wasservorrat zur Dampferzeugung mit. Dampf aus dem Kessel trieb die Kolben an, deren Bewegung wiederum die Treibräder zum Rotieren brachte und so die Lokomotive vorwärtsbewegte. Der verbrauchte Dampf wurde mit dem für Dampflokomotiven typischen Schnaufen ausgestoßen. Spätere Dampfloks wie "Ellerman Lines" und die "Mallard" funktionierten ähnlich, waren aber größer und brachten mehr Leistung. Ihre einfache Bauweise und ihre Zuverlässigkeit sorgten dafür, daß sich die Dampflokomotiven in 120 Jahren kaum änderten. Erst in den 1950er Jahren wurden sie durch den wirkungsvolleren Diesel- bzw. Elektroantrieb abgelöst (s.S.336–339).

DAMPFLOKOMOTIVE „ROCKET", 1829

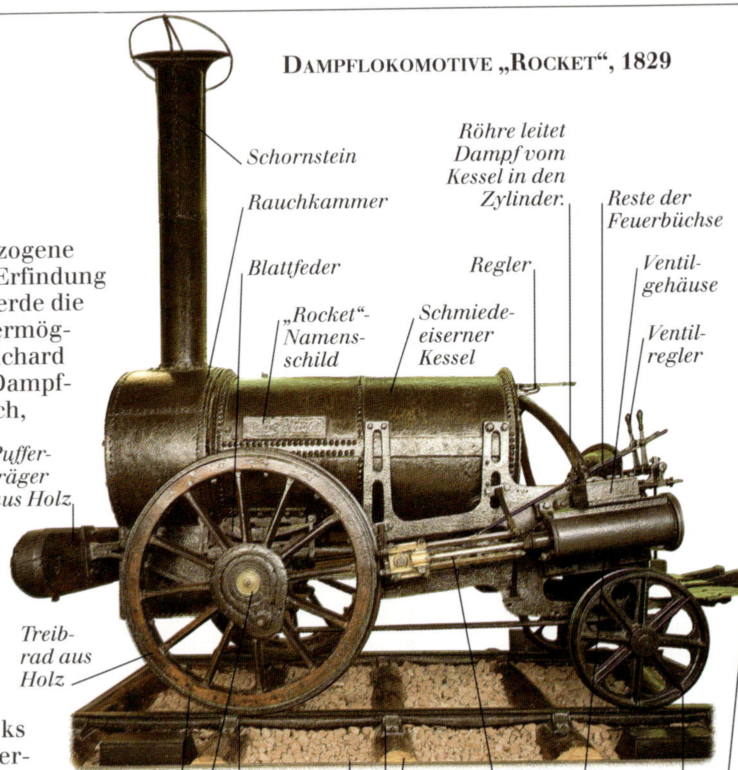

„ELLERMAN LINES", 1949

Führerstand der „Mallard" Schnellzug-Dampflokomotive

Dampflok

Dieselloks

Rudolf Diesel meldete 1892 das Patent für seinen Selbstzündermotor an, aber erst in den 1930er Jahren setzten sich in den USA Diesellokomotiven für den Passagier- und Güterverkehr durch. Der Bau von Diesellokomotiven wie der „Union Pacific“ war teurer als der von Dampfloks, aber ihr Wirkungsgrad war höher, und sie waren billiger zu betreiben, besonders dort, wo Öl im Überfluß vorhanden war. Dieselmotoren können ihre Kraft nicht direkt auf die Radachsen einer Lok übertragen. Dazu braucht man ein Getriebe. Fast alle Diesellokomotiven haben elektrische Getriebe und heißen deshalb „dieselelektrische“ Loks. Beim Dieselmotor wird Luft in die Zylinder gesogen, die dann zur Temperaturerhöhung verdichtet wird. Anschließend wird eine geringe Menge Dieselkraftstoff eingespritzt. Der resultierende Verbrennungsvorgang treibt einen Generator zur Stromerzeugung an (neuerdings einen Drehstromgenerator), und dieser Strom wird Elektromotoren an den Rädern zugeführt. Im Prinzip sind dieselelektrische Lokomotiven elektrische Loks, die ihr eigenes Elektrizitätswerk mit sich führen; sie kommen überall auf der Welt zum Einsatz. Die dieselelektrische Lok "Deltic", die der hier gezeigten ähnlich war, löste die herkömmlichen Dampfschnellzuglokomotiven ab und erreichte Geschwindigkeiten von bis zu 100 km/h.

Vorderansicht der dieselelektrischen Lokomotive „Union Pacific“, um 1950

Dieselelektrische Lok „Deltic“, Prototyp 1956

Dieselmotor einer dieselelektrischen Lok British Rail Class 20

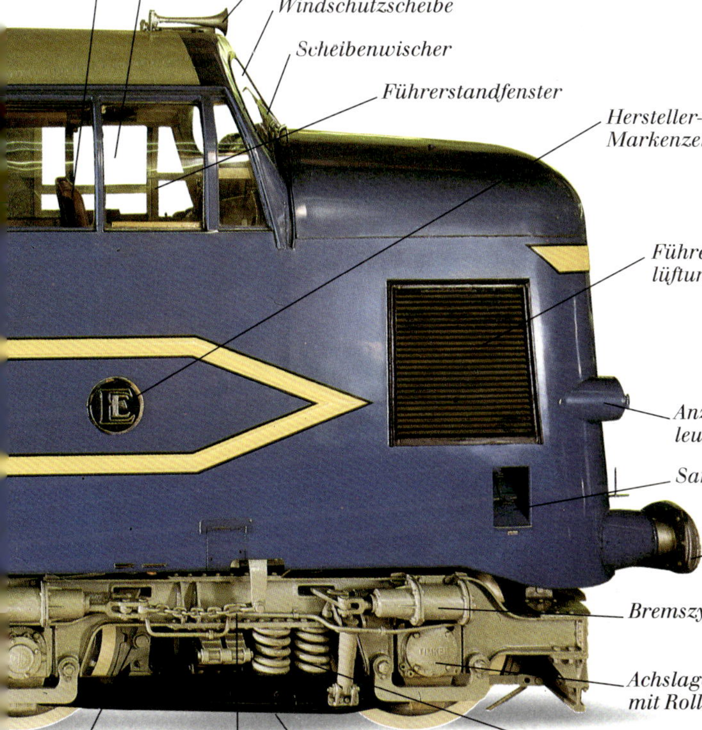

Beispiele für Güterwagen

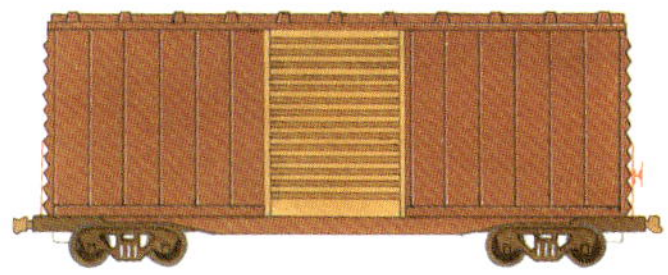

Geschlossener Güterwagen

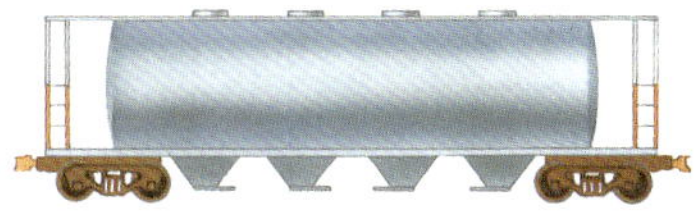

Füllwagen (Selbstentladewagen)

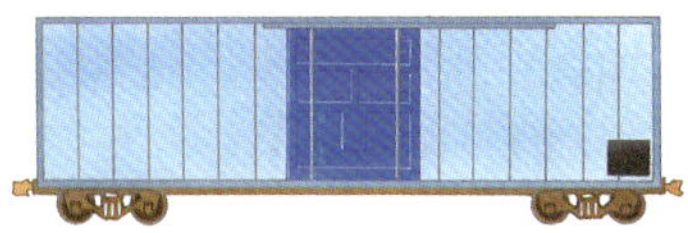

Kühlwagen

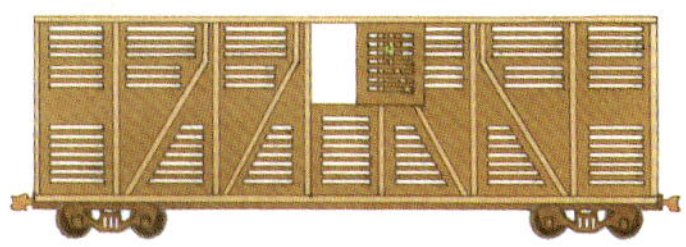

Viehwagen

Flachwagen mit Rungen

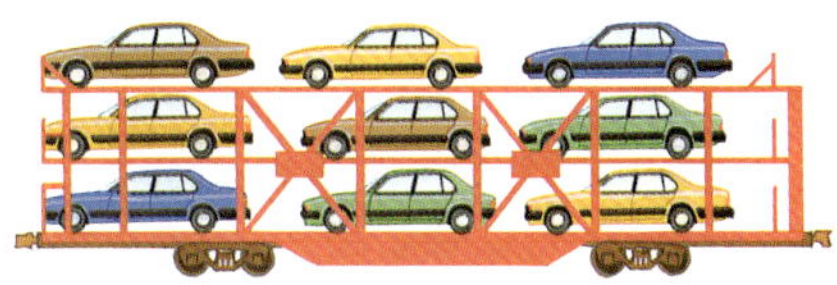

Autotransportwagen

Elektroloks und schnelle Züge

Die erste elektrische Lokomotive fuhr 1879 in Berlin. In Europa entwickelten sich Elektroloks als bessere Alternative zu Dampf- und Dieselloks. Wie bei der dieselelektrischen Lok werden die Räder von Elektromotoren angetrieben, der Strom kommt aber von einem Kraftwerk. Er wird durch einen Stromabnehmer von einer Oberleitung abgenommen oder von einer Stromschiene geliefert. Da sie keine Stromgeneratoren mitführt, ist eine elektrische Lokomotive leichter und kann schneller beschleunigen als die Diesellok. Das macht elektrische Züge attraktiv für Linien mit vielen Haltepunkten, z.B. in Ballungsgebieten. Außerdem sind sie schneller, leiser und umweltfreundlicher. Der französische TGV (Train à Grande Vitesse) und der deutsche ICE (Intercity-Express) erreichen bis zu 300 km/h. Der „Eurostar", der zwischen London, Paris und Brüssel verkehrt, kann mit unterschiedlichen Spannungen betrieben und somit in mehreren Ländern eingesetzt werden. Einfachere elektrische Züge erfüllen besondere Aufgaben – der „People Mover" z.B. verbindet mehrere Terminals auf dem Londoner Flughafen Gatwick.

Wie ein Wechselstromzug funktioniert

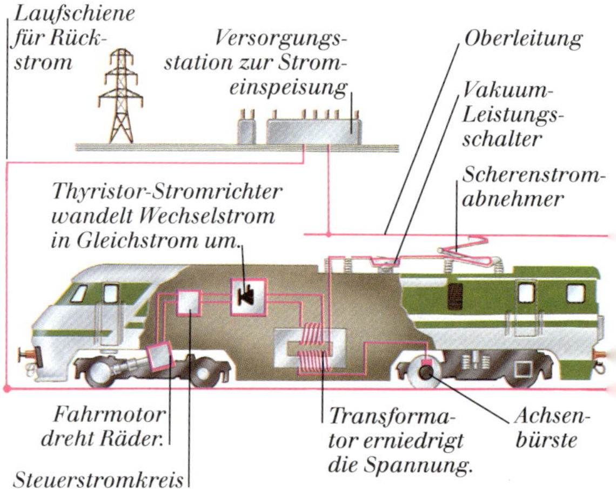

Vorderansicht einer Klasse-402-Lokomotive der italienischen Staatsbahnen

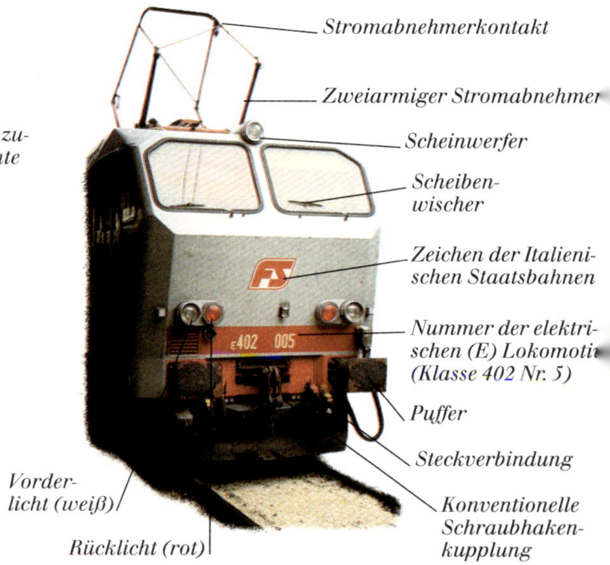

Vorderansicht eines Zuges der Pariser Metro

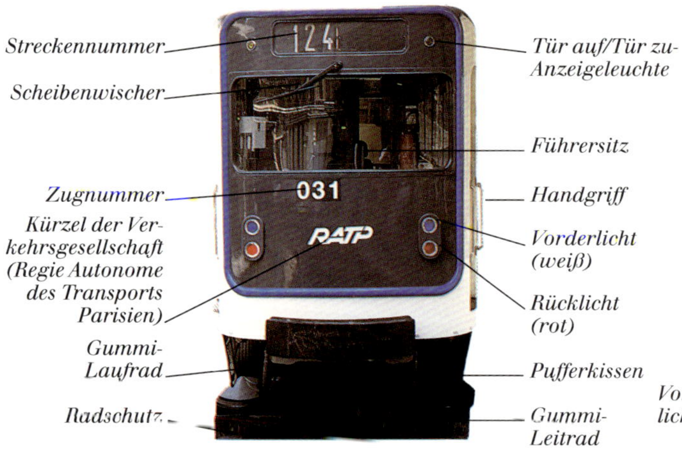

Seitenansicht des „People Mover", Gatwick

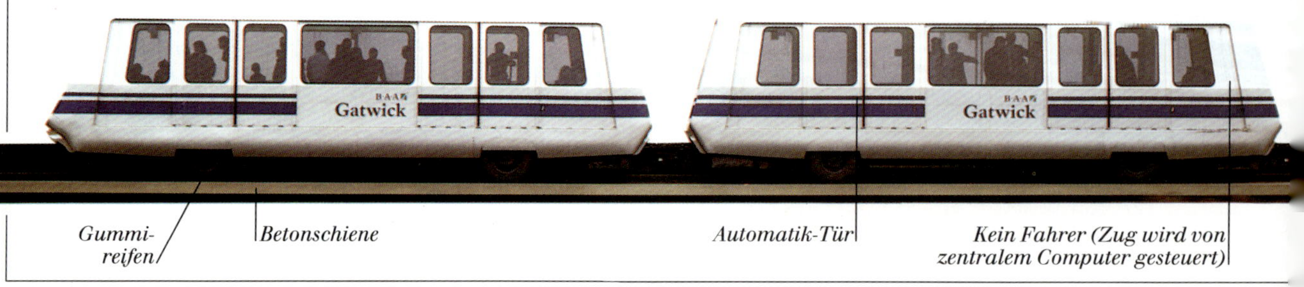

„Eurostar" mit veränderlicher Spannung

Vorderansicht

Seitenansicht

Elektrischer Hochgeschwindigkeitszug TGV

TGV-Innenansicht

TGV-Seitenansicht

Eisenbahntechnik

Moderne Eisenbahnschienen bestehen aus zwei parallelen Stahlschienen, die auf „Schwellen“ befestigt sind. Diese sind heute meist aus Stahlbeton, z.T. aber auch noch aus Holz oder Stahl. Den Abstand zwischen den Innenkanten der Schienen bezeichnet man als „Spurweite“. In den meisten europäischen Ländern und in Nordamerika beträgt die Spurweite 1435 mm (Normalspur). Mit fortschreitender Technik stellte man schmalere Spuren her, weil sie kostengünstiger sind. Das Lademaß ist ebenfalls wichtig. Es bestimmt die maximale Größe eines vollbeladenen Waggons, der mit genügend Freiraum Tunnel und Brücken passieren kann. Für einen sicheren Eisenbahnbetrieb ist ein zuverlässiges Signalsystem erforderlich. Anfangs hielt man einfach ein bestimmtes Zeitintervall zwischen den Zügen ein, heute sorgt man für einen Sicherheitsabstand zwischen allen Zügen, die in der gleichen Richtung fahren. Dazu verwendet man meist Lichtzeichenanlagen, z.T. werden aber auch noch die älteren mechanischen Flügelsignale eingesetzt. Auf Hochgeschwindigkeitsstrecken werden dem Zugführer die Steueranweisungen elektronisch übermittelt. Gute Bremsen sind für die Sicherheit des Zugverkehrs besonders wichtig. Bei schnellen, modernen Zügen mit großer Bewegungsenergie ist es notwendig, daß jeder Wagen vom Fahrer oder von einem Bremssteuerungssystem wie der Automatic Train Protection (ATP) angehalten werden kann. Gebremst wird mit Felgenbremsen, Scheibenbremsen oder zunehmend mit elektrischen Bremssystemen.

Mechanisches Flügelsignal

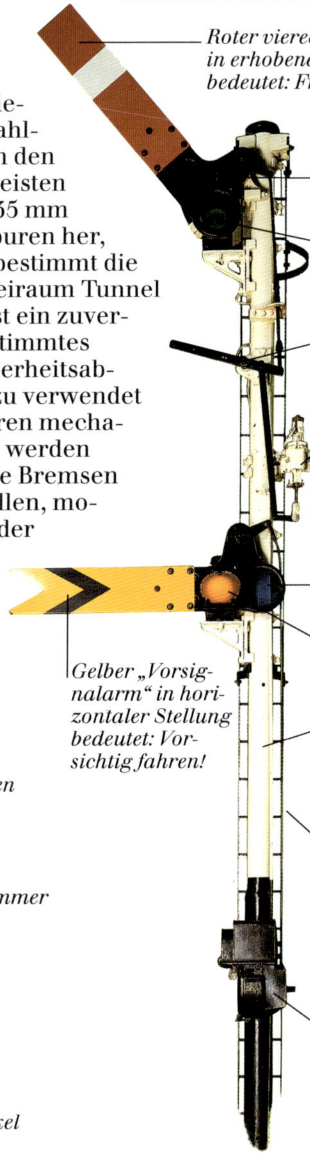

Farbiges Lichtsignal mit vier Signalzuständen

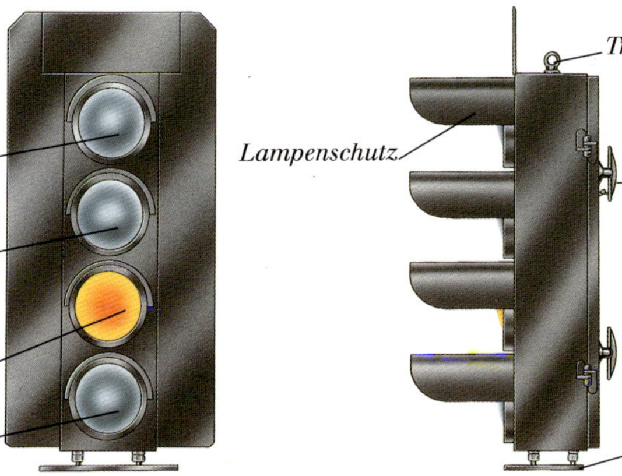

Vorderansicht **Seitenansicht**

Wie ein modernes Signalsystem für Fernzüge funktioniert

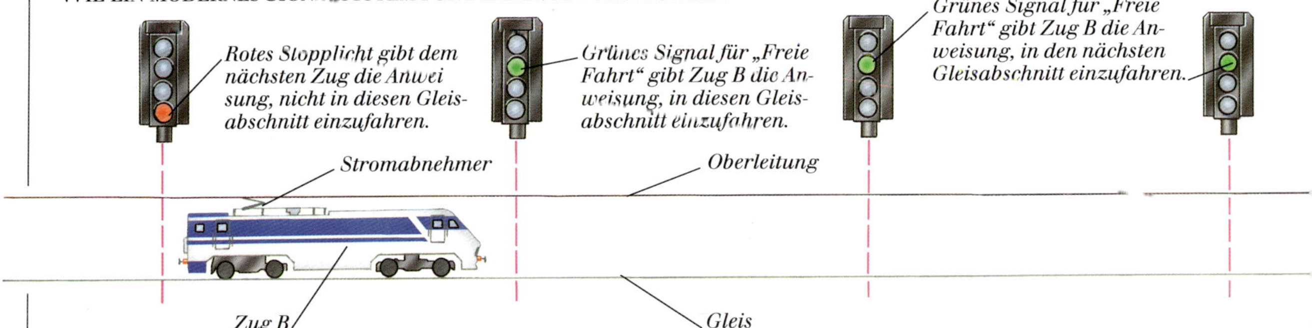

Spurweiten der Welt (Beispiele):

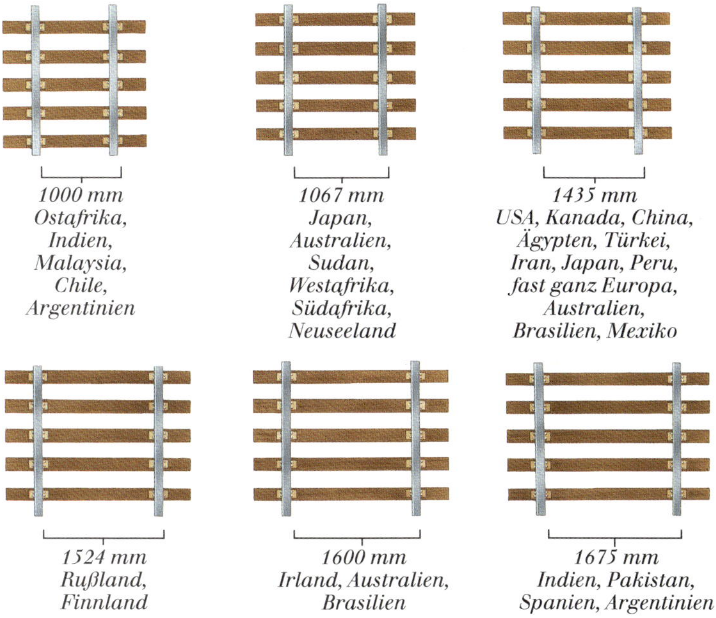

Lademasse aus aller Welt (Beispiele):

Großbritannien:	2,75 m × 3,95 m
Europa:	3,1 m × 4,5 m
USA:	3,3 m × 4,9 m
Rußland:	3,4 m × 5,3 m

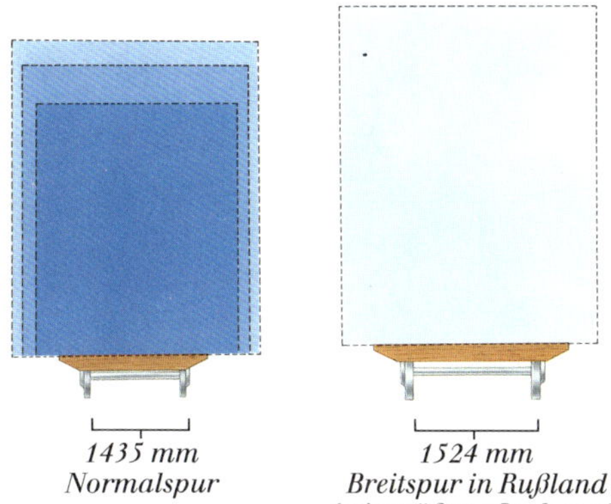

Schiene mit Breitfussprofil

Schiene mit Bullenkopfprofil

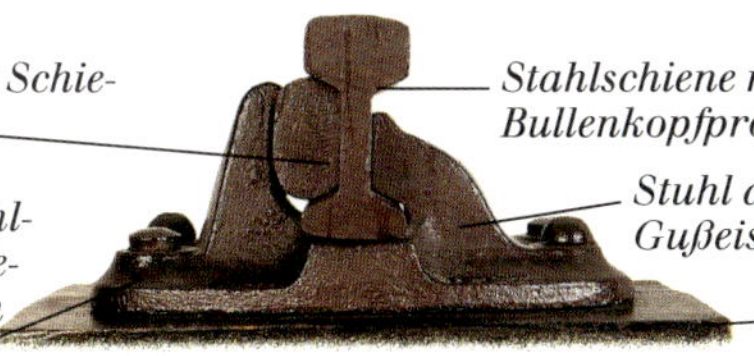

Scheibenbremsen bei modernem Drehgestell

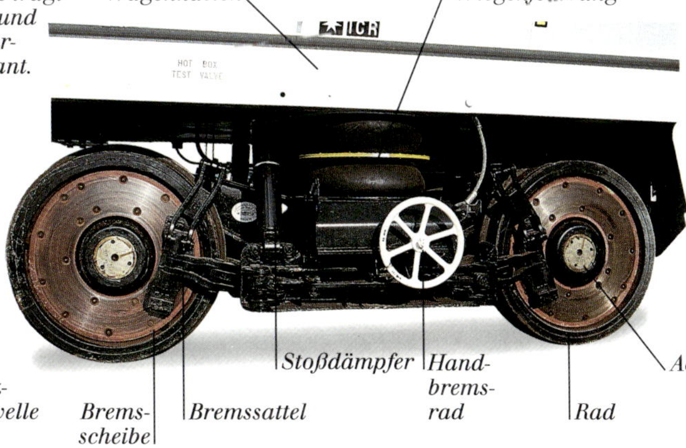

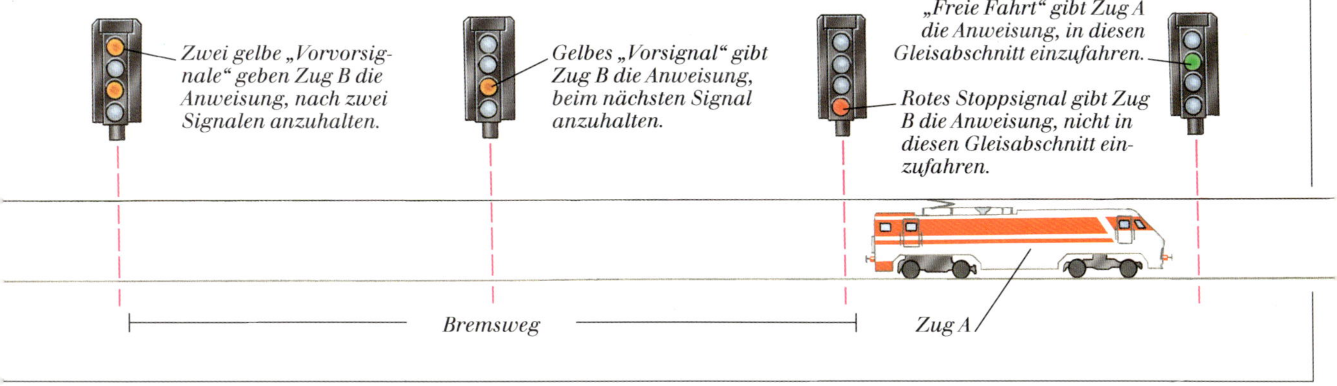

Straßenbahnen und Busse

Metrolink-Straßenbahn, Manchester

Der sprunghafte Anstieg der Stadtbevölkerung machte im 19.Jh. Massenverkehrsmittel notwendig. Die ersten Straßenbahnen wurden, wie auch die ersten Busse, von Pferden gezogen. 1881 fuhren in Berlin die ersten elektrischen Straßenbahnen, und bald waren sie in Europa und Nordamerika verbreitet. Straßenbahnwagen laufen auf einem festen Schienenstrang, und ihre Elektromotoren beziehen ihren Strom von einer Oberleitung. Mit der Entwicklung des Straßennetzes wurden Motorbusse zu einer flexiblen Alternative zur Straßenbahn. Um 1930 hatten sie in vielen Städten die Straßenbahnen ersetzt. Stadtbusse haben meist vorn und hinten Türen. Das erleichtert das Ein- und Aussteigen. Doppeldeckerbusse sind beliebt, da sie bei gleichem Bedarf an Straßenfläche doppelt so viele Menschen transportieren können. Häufig setzt man Busse für Überlandreisen ein. Reisebusse haben Liegesitze, große Fenster, einen großen Gepäckraum und Toiletten. In den letzten Jahren staute sich der Stadtverkehr zunehmend, so daß viele Städteplaner im Rahmen eines integrierten Transportsystems neue Straßenbahnlinien zur Entlastung der Buslinien entworfen haben.

FRÜHER STRASSENBAHNWAGEN, UM 1900

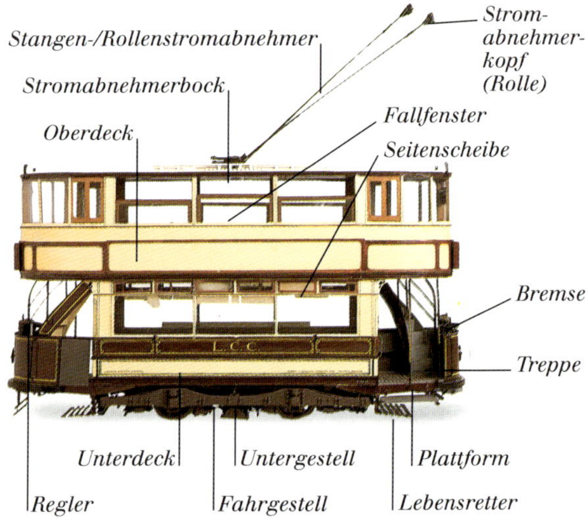

MCW-METROBUS AUS LONDON

Vorderansicht

Bus aus New York

Seitenansicht

Vorderansicht

Doppeldecker-Reisebus aus Paris

Seitenansicht

Die ersten Automobile

Das erste Straßenkraftfahrzeug war der 1770 gebaute Cugnot-Dampfwagen. Doch erst im frühen 19. Jh. konnte man von gebrauchsfähigen Dampfwagen sprechen, die aber wegen ihres hohen Eigengewichts sehr schwerfällig waren (Beispiel: Bordino-Dampfwagen). Mit der Eisenbahn, die den Vorteil einer größeren Transportkapazität besaß und immer schneller wurde, kam der Niedergang der dampfgetriebenen Fahrzeuge. Mit der Erfindung des Verbrennungsmotors durch den Belgier Etienne Lenoir im Jahr 1860 begann die Ära der ersten ernstzunehmenden Antriebseinheiten für Straßenfahrzeuge. Bereits 1890 bauten in Deutschland Albert Benz und Gottlieb Daimler, in Frankreich Albert de Dion und Armand Peugeot Automobile, die an Kunden verkauft wurden. Sie leiteten das Zeitalter der Kraftfahrzeuge ein.

CUGNOT-DAMPFWAGEN „FARDIER“, 1770

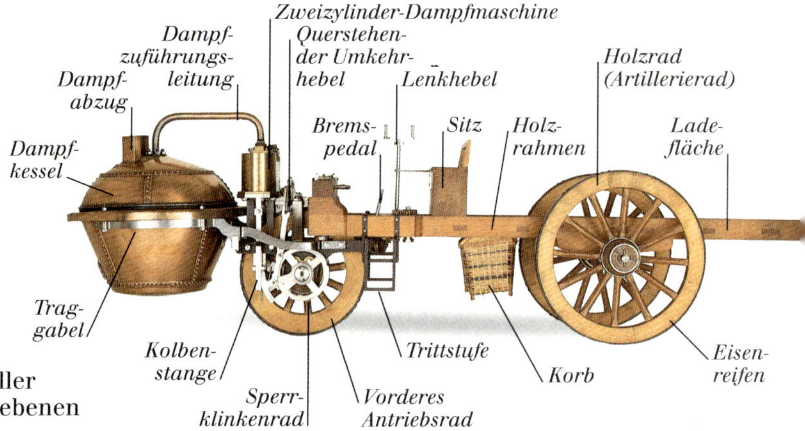

BORDINO-DAMPFWAGEN, 1854

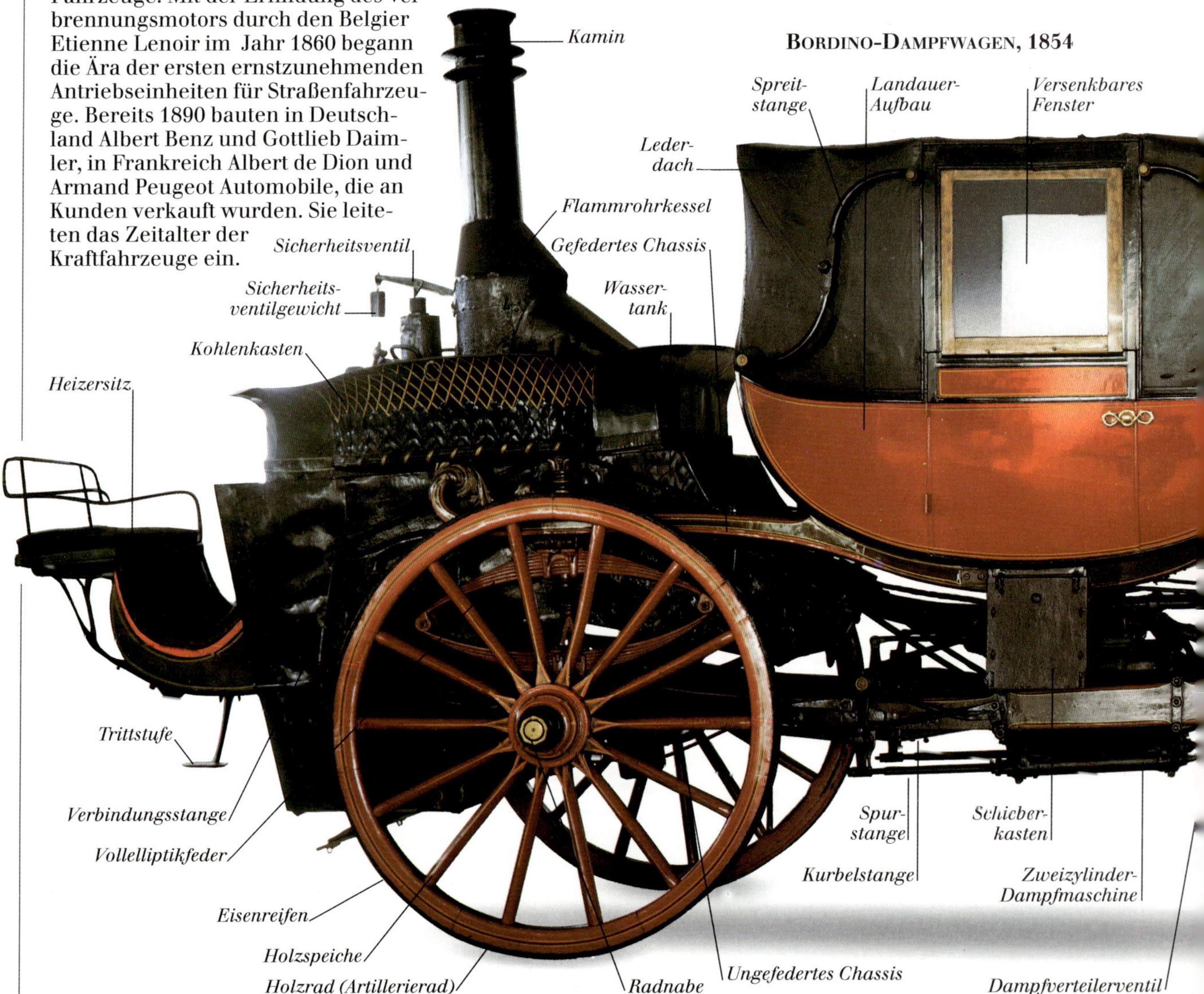

Seitenansicht Benz-Motorwagen, 1886

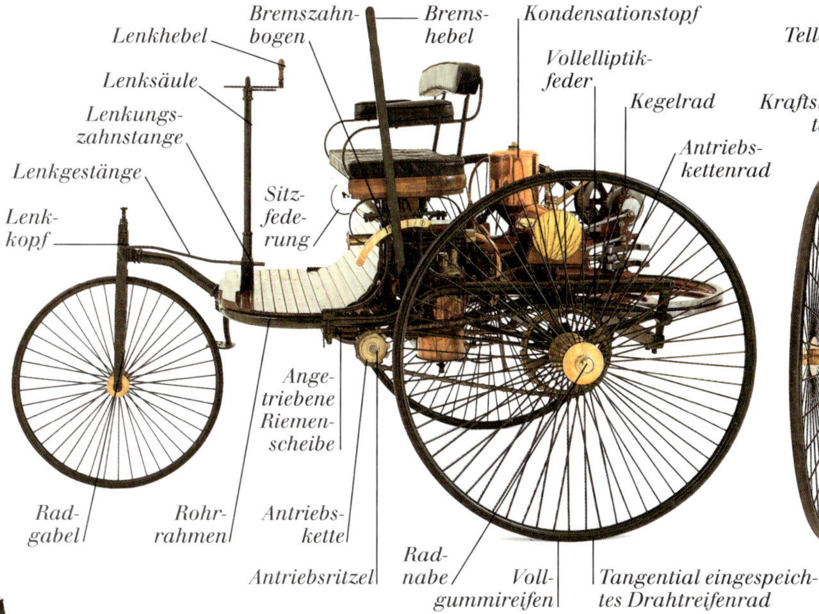

Rückansicht Benz-Motorwagen, 1886

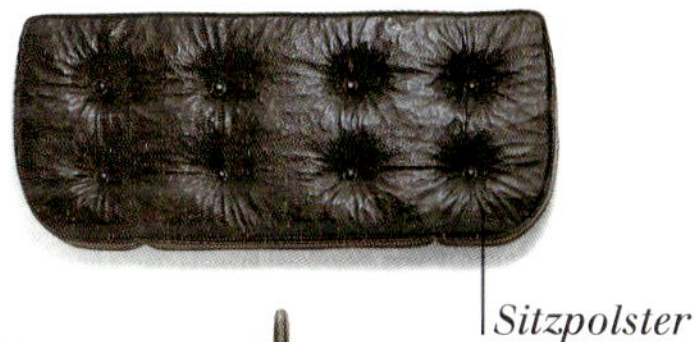

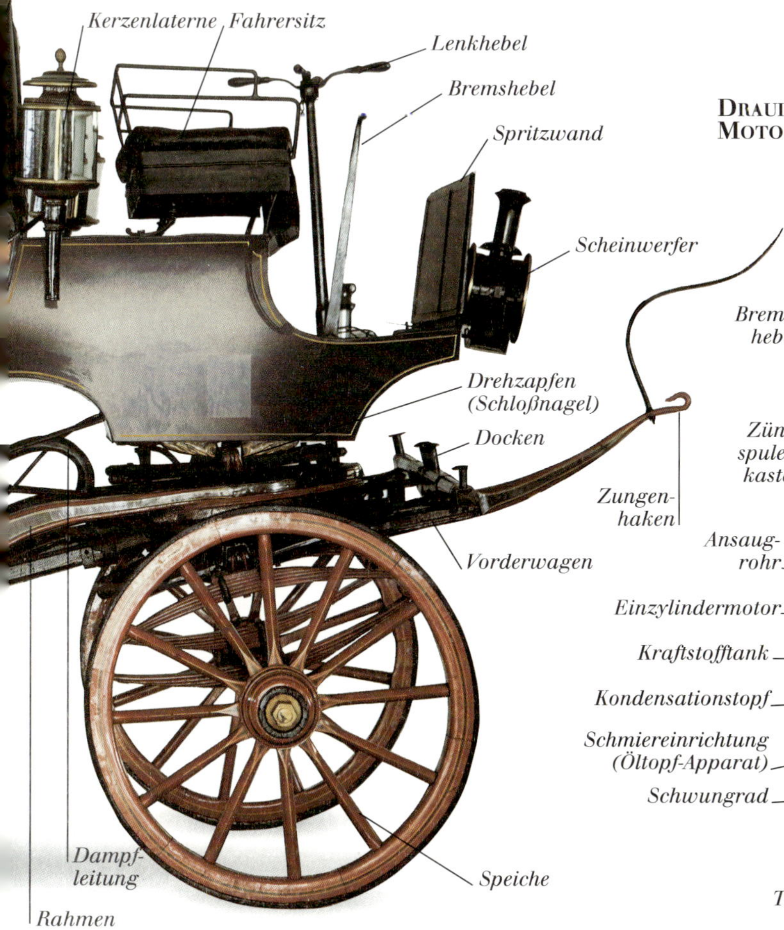

Draufsicht Benz-Motorwagen, 1886

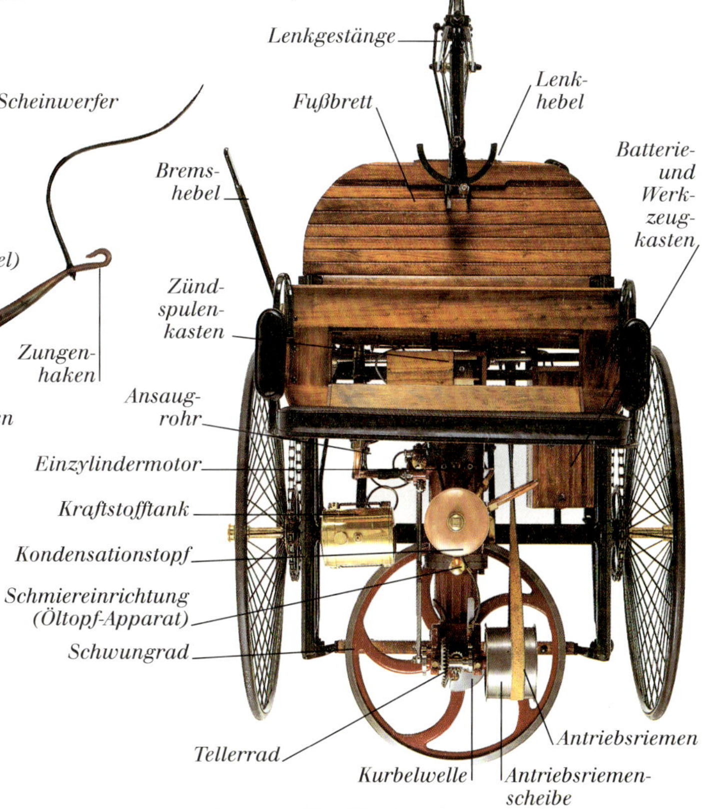

Nobelkarossen

Im ersten Jahrzehnt unseres Jahrhunderts konnten sich wohlhabende Automobilisten Autos bauen lassen, die mit zu den schönsten jemals gefertigten Fahrzeugen gehören. Diese ausschließlich in Handarbeit produzierten, leistungsstarken Autos waren durch die Verwendung von besten Hölzern, Leder und edlen Stoffen sehr luxuriös. Die Karosserien wurden nach den individuellen Wünschen und Anforderungen der Kunden als Einzelstücke gebaut. Einige dieser Luxuswagen hatten Sechszylindermotoren mit Hubräumen bis zu 15 Litern. Die Preise solcher Fahrzeuge betrugen vergleichsweise das Vielfache eines Einfamilienhauses, und auch die Unterhaltskosten waren extrem hoch. Infolgedessen wurden einfache, zweckmäßige Fahrzeuge immer beliebter. Diese Automobile mit Einzylindermotor und einfacher Ausstattung kosteten nur etwa ein Zehntel der damaligen Luxusfahrzeuge.

Oldsmobile-Einzylindermotor, 1904

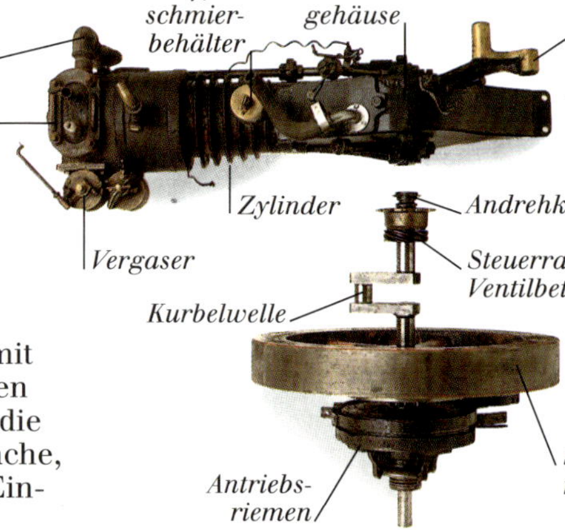

Vorderansicht Renault, 1906

Seitenansicht 1906 Renault

Ausstattung und Karosserie eines Oldsmobile, 1904

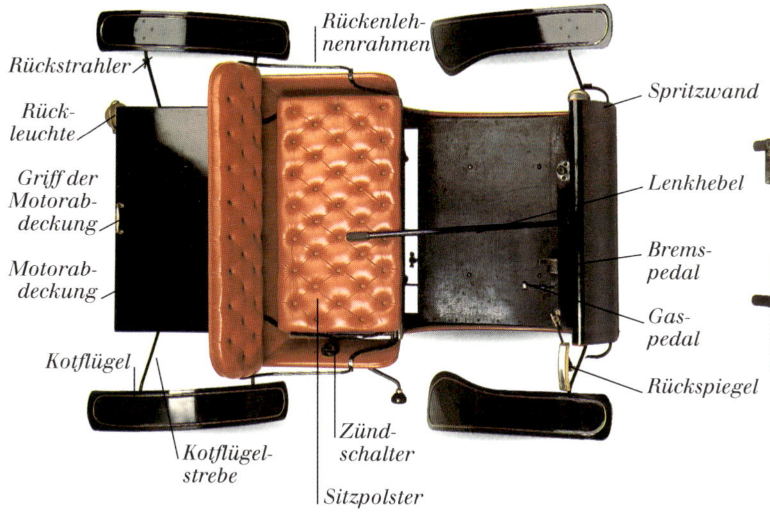

Oldsmobile-Chassis, 1904

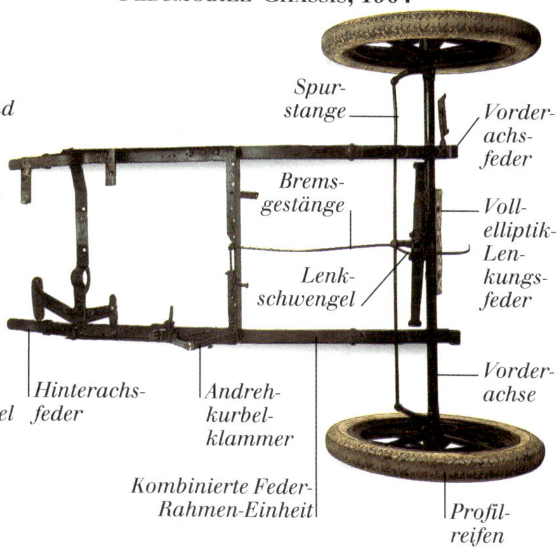

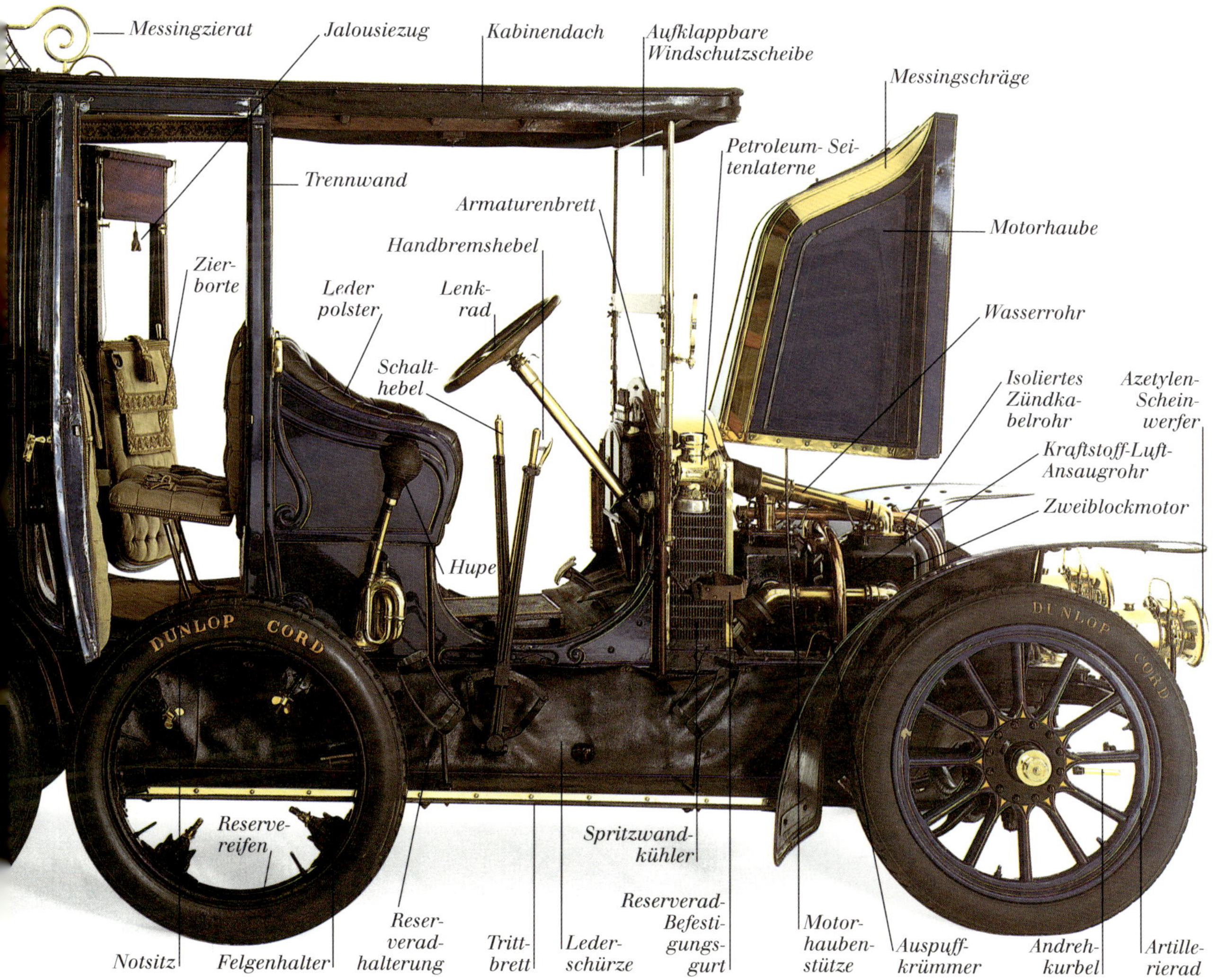

Massenproduktion

Die ersten Automobile wurden in Handarbeit aus einzeln gefertigten Teilen zusammengebaut. Dies war eine sehr zeitintensive Arbeit, und infolgedessen waren die Autos sehr teuer. Henry Ford, ein Autohersteller aus Detroit/USA, löste dieses Problem; er führte die Massenproduktion ein, indem er standardisierte Teile herstellen und diese später an einem Fließband montieren ließ. Der Vorteil dieser Methode bestand darin, daß die Arbeit zu jedem Arbeiter gebracht wurde und jeder nur eine Aufgabe innerhalb des Montagevorgangs zu verrichten hatte, während die Chassis auf dem Fließband fortbewegt wurden. Das erste in Massenproduktion hergestellte Auto, das Ford-T-Modell, lief bereits 1908 vom Stapel und war nur in einer begrenzten Anzahl an Farben und Karosserieformen erhältlich. Als dann 1914 das Fließband eingeführt wurde, wurden gleichzeitig die Fahrzeuge nur noch in einer Farbe hergestellt. Henry Fords Kommentar damals war: „Das T-Modell ist in jeder Farbe, die Sie wollen, erhältlich, solange sie schwarz ist.“ So gelang es Ford, die Produktionszeit eines Autos von mehreren Tagen auf ca. 12 Stunden zu verkürzen. Dadurch wurden Autos wesentlich billiger. Das Ergebnis dieser Entwicklung war, daß 1920 die Hälfte aller Kraftfahrzeuge Ford-T-Modelle waren.

VORDERANSICHT EINES FORD MODELL T, 1913

PRODUKTIONSSTADIEN

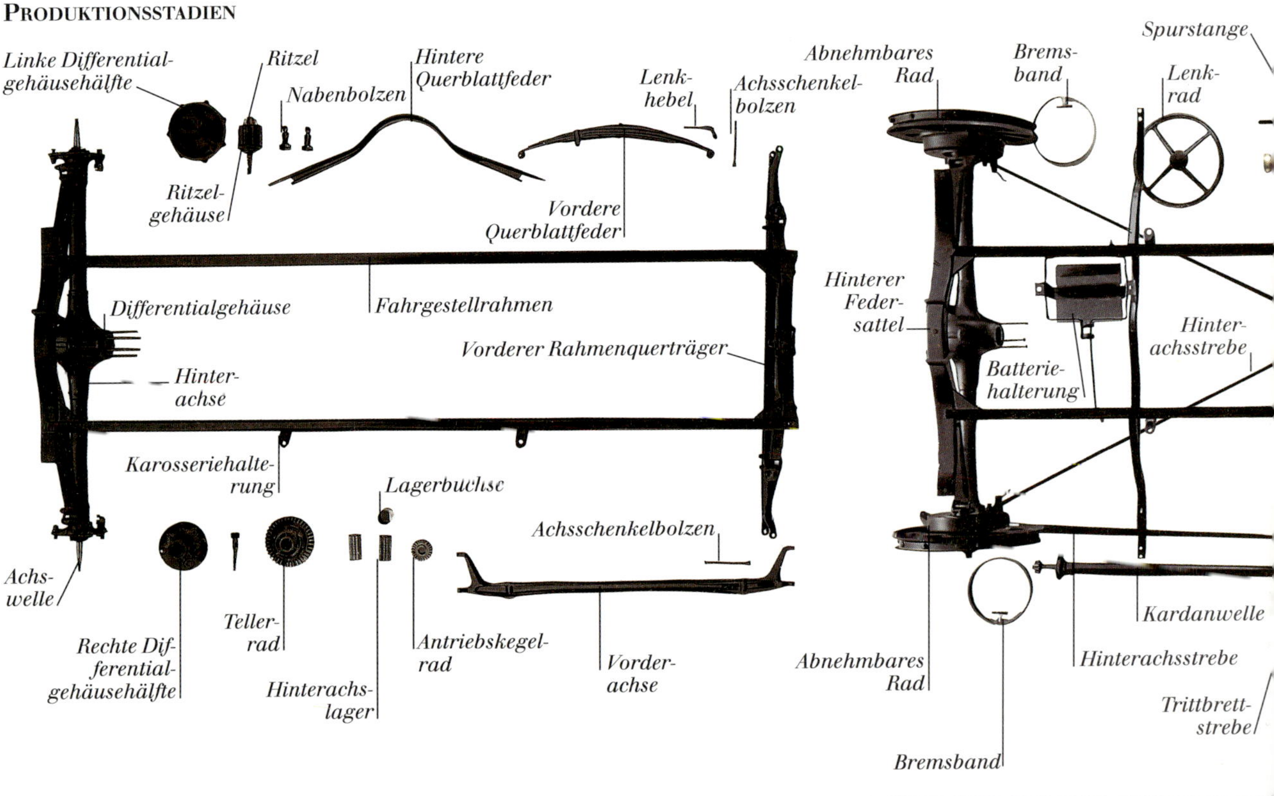

Seitenansicht eines Ford Modell T, 1913

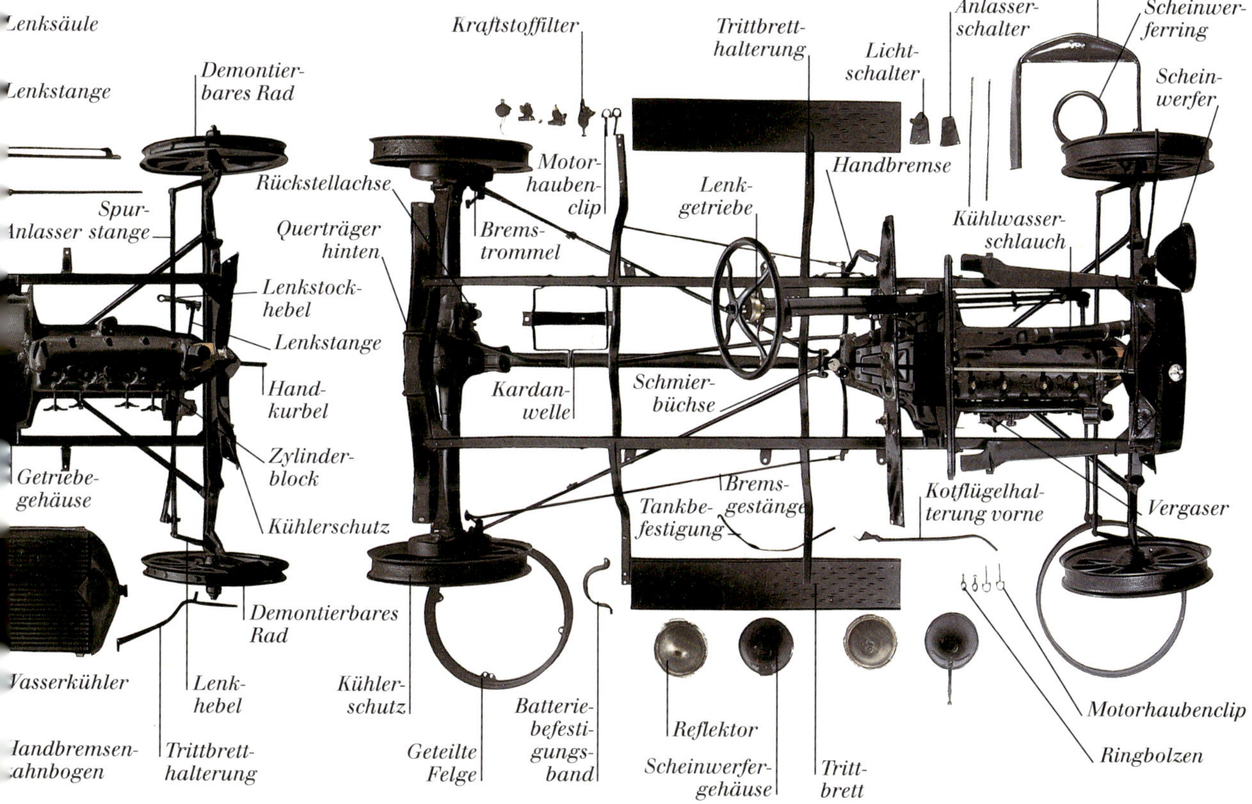

Der Volkswagen

Das am meisten verkaufte Fahrzeug in der Geschichte des Automobilbaus ist der VW-Käfer, ursprünglich auch KdF-Wagen genannt. Das Auto wurde in den 30er Jahren in Deutschland von Dr. Ferdinand Porsche entwickelt. Damals war der deutsche Fahrzeugbestand nur etwa halb so groß wie der in England oder Frankreich. Adolf Hitler hatte ein persönliches Interesse an der Entwicklung eines „Volks-Wagens“. Seine Absicht war es, eine neue Industrie mit vielen Arbeitsplätzen zu schaffen und ein Auto so billig anbieten zu können, daß es sich jedermann leisten konnte. Dr. Ferdinand Porsche konstruierte ein Auto, welches sowohl in der Herstellung als auch im Unterhalt billig war. Der luftgekühlte Heckmotor reduzierte die Anzahl der Bauteile und damit das Fahrzeuggewicht. Bis zum Ausbruch des Zweiten Weltkriegs schafften es allerdings nur wenige, sich einen Käfer zu kaufen. Nach dem Krieg aber wurde er so beliebt, daß bis heute über 20 Millionen Exemplare verkauft wurden.

STANDARD-AUSFÜHRUNG DES VW-KÄFERS

VIERZYLINDER-BOXER-ANORDNUNG

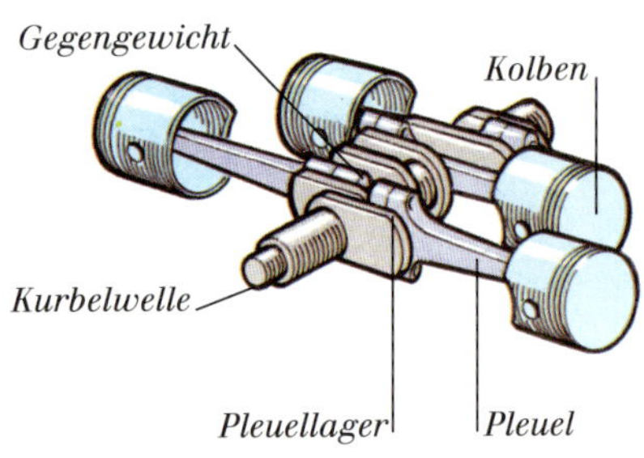

BAUTEILE EINES VW-KÄFERS

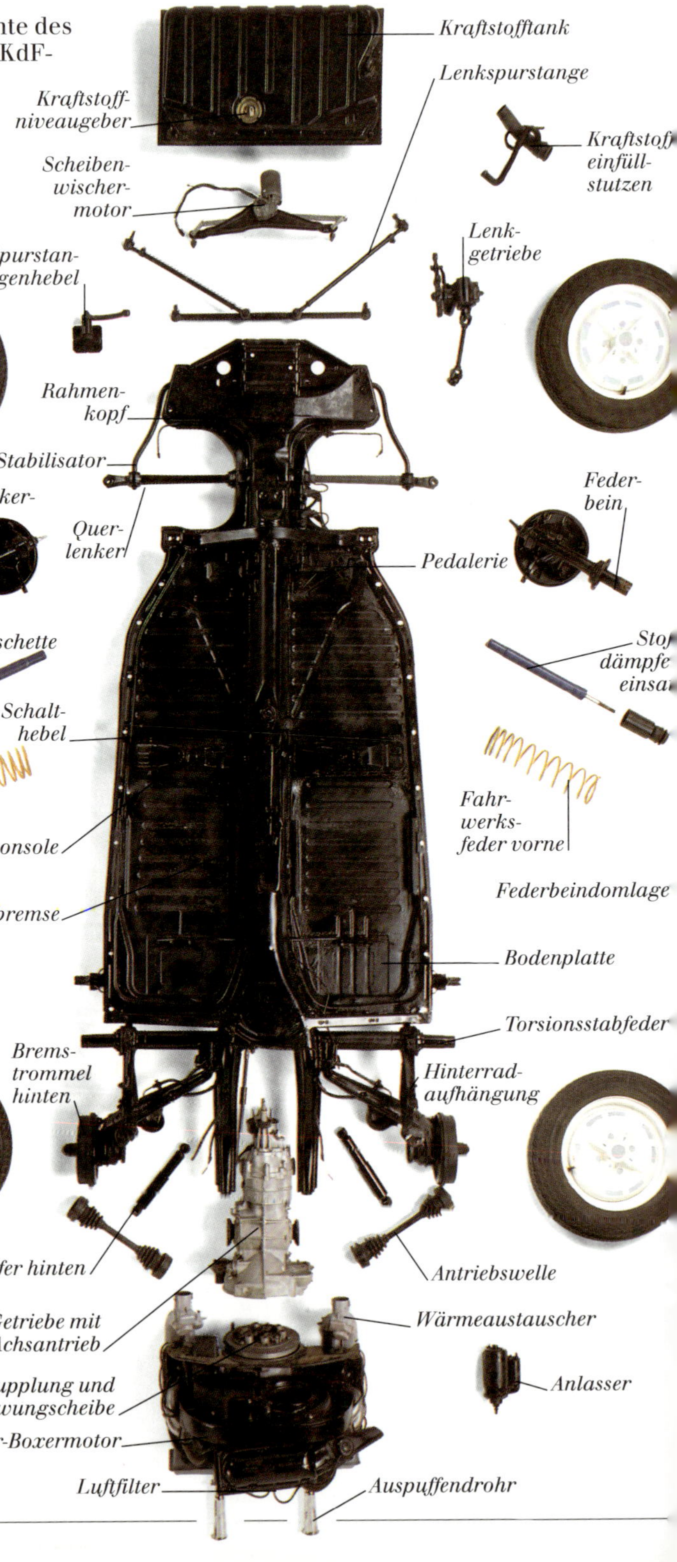

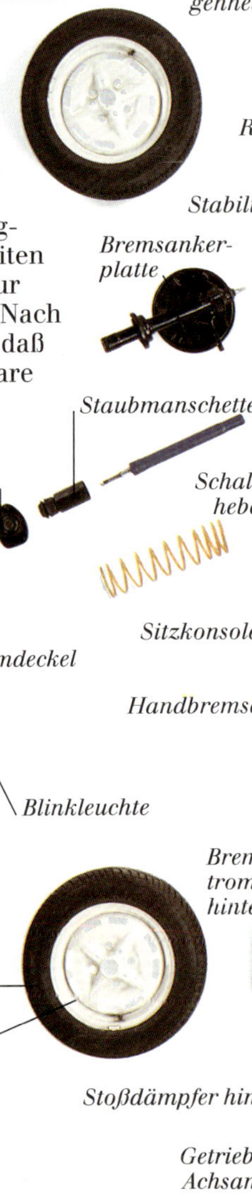

Bauteile Volkswagen

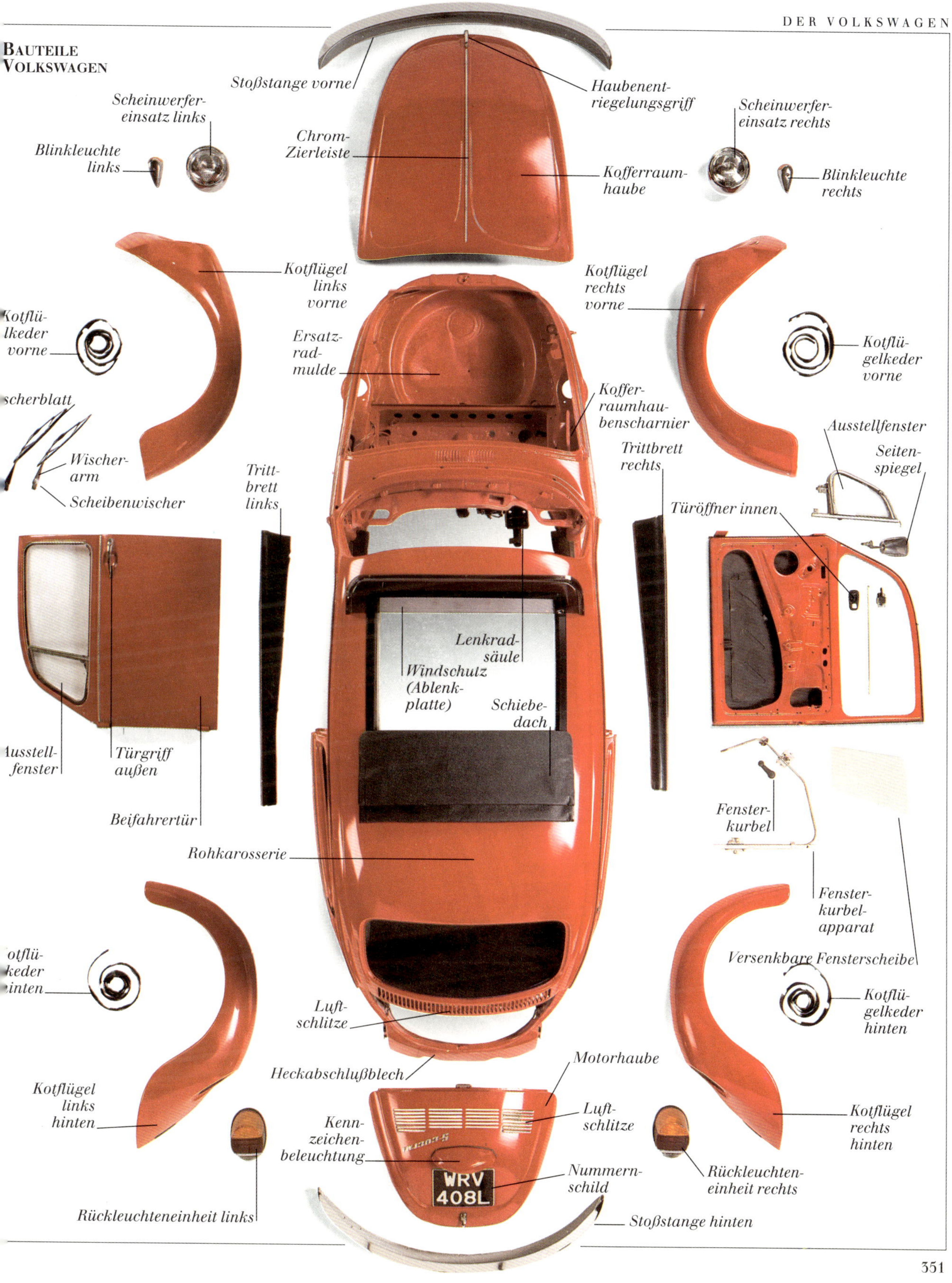

Erste Motoren

Noch bis zum Anfang des 20. Jhs. wurden Dampf oder Elektrizität zum Antrieb von Fahrzeugen benutzt, wobei keine dieser Energiequellen wirklich geeignet war. Elektrisch betriebene Fahrzeuge mußten regelmäßig anhalten, um ihre schweren Batterien wiederaufzuladen. Dampfwagen hatten zwar eine harmonische Leistungsabgabe, waren aber in der Handhabung viel zu kompliziert. Als eine konkurrenzfähige Art der Energielieferung erwies sich der Verbrennungsmotor, den 1860 Etienne Lenoir (s. S. 344–345) erfand. Diese Maschine formt die bei einer Explosion frei werdende Energie in eine Drehbewegung um und kann somit die Räder eines Fahrzeugs antreiben. Erste Motoren dieser Bauart besaßen noch Schieberventile, einzeln gegossene Zylinder und arbeiteten oft im Zweitaktverfahren. Heutzutage arbeiten jedoch nahezu alle Verbrennungsmotoren, inklusive dem Drehkolben- und Dieselmotor (s. S. 356–357), im Viertaktverfahren, welches 1876 von Nikolaus Otto entwickelt wurde.

Bersey-Elektrowagen, 1896

TROJAN-ZWEITAKT-DOPPELKOLBEN-MOTOR, 1927

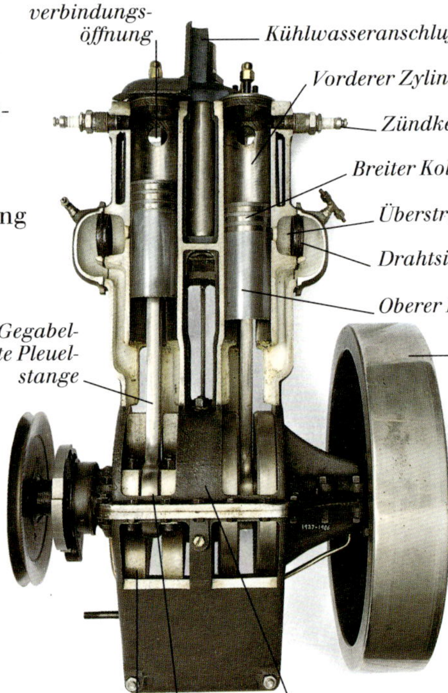

SCHNITTDARSTELLUNG EINES WHITE-DAMPFWAGENS, 1903

Arbeitsspiele eines Viertaktmotors

Ansaugtakt

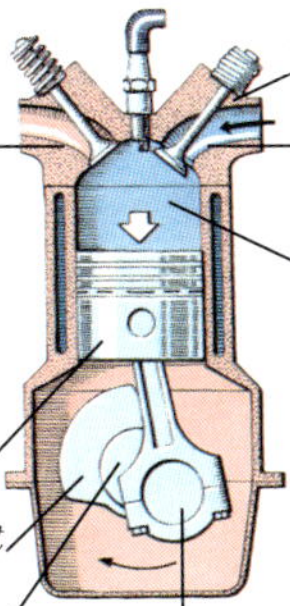

Verdichtungstakt

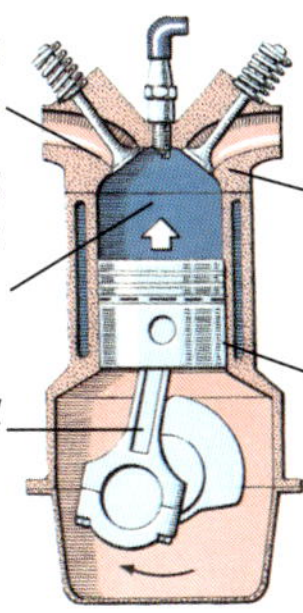

Arbeitstakt

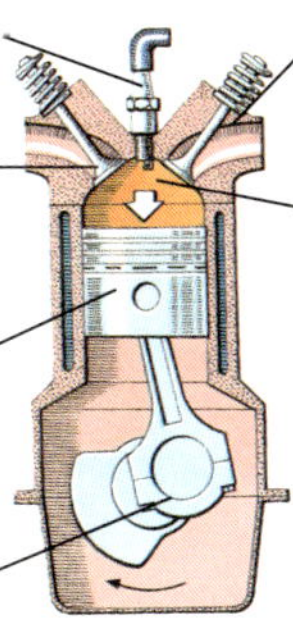

Auspufftakt

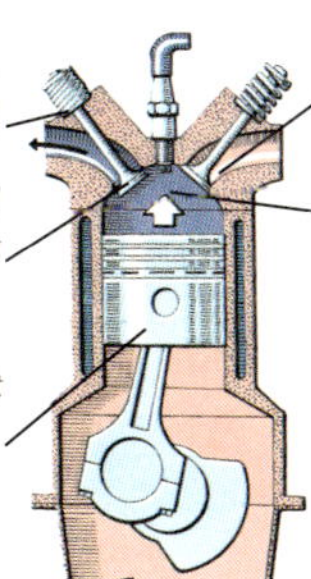

16-PS-Humber-Motor, 1911

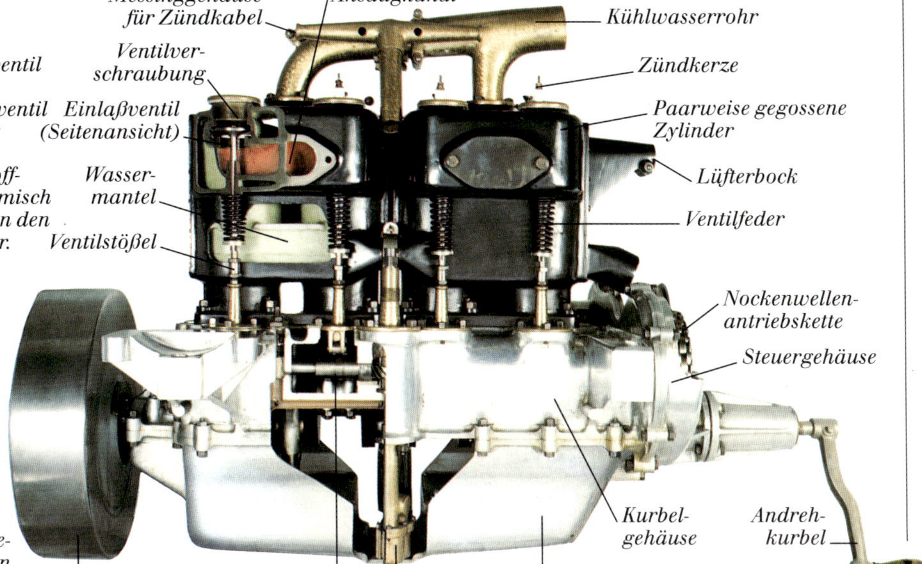

Daimler-Doppelscheibenmotor, 1910

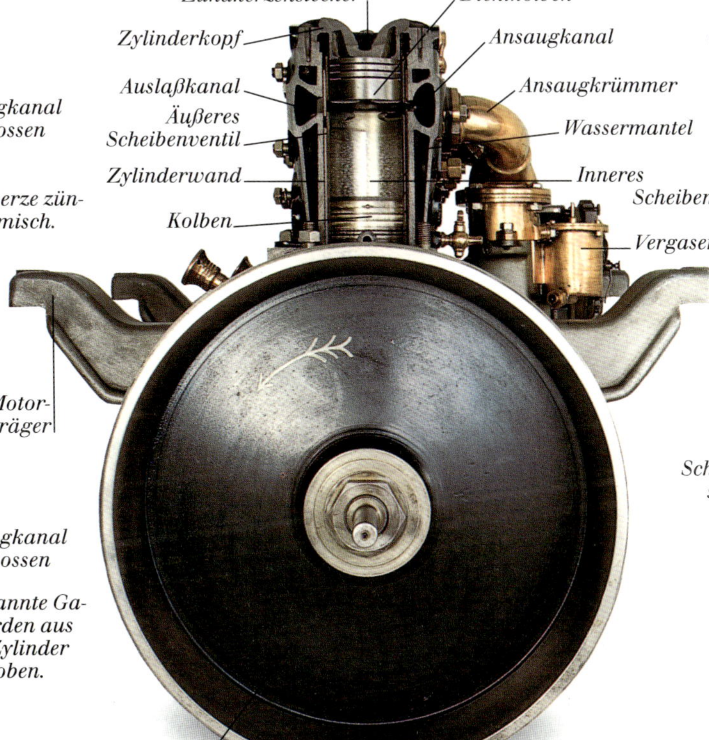

Äußeres Schieberventil

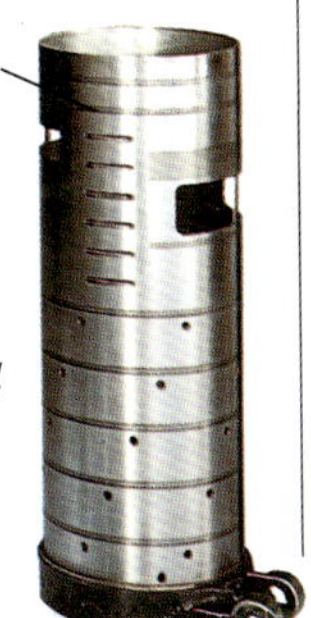

Inneres Schieberventil

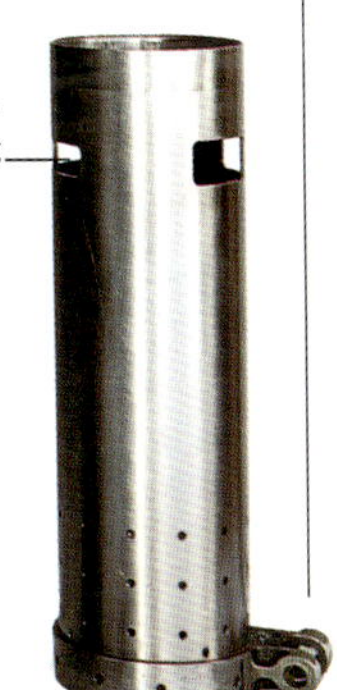

Moderne Motoren

Die Konstruktionen moderner Benzinmotoren basieren auf den gleichen Grundsätzen wie die der ersten Fahrzeugmotoren vor über 100 Jahren, auch wenn sich während dieser Zeit viel verändert hat. Heute wiegen Motoren, die meist aus speziellen Leichtmetallegierungen hergestellt sind, nur einen Bruchteil dessen, was alte Motoren wogen. Durch computergesteuerte Zündsysteme, Einspritzanlagen und Mehrventilzylinderköpfe kann eine wesentlich effizientere Verbrennung des Benzin-Luft-Gemischs erzielt und so weniger Kraftstoff verbraucht werden. Ein weiterer Effekt des gesteigerten Wirkungsgrades ist, daß trotz erheblicher Leistungssteigerung die Abgasemissionen moderner Motoren gesenkt werden konnten. Hierzu trägt hauptsächlich der Einsatz spezieller Filter (Katalysatoren) bei, die viele Abgasbestandteile absorbieren oder umwandeln können. Die Forderung nach immer wirtschaftlicheren Motoren bedeutet auch eine intensive Entwicklungsarbeit. Es kann bis zu 7 Jahre dauern, um einen neuen Motor für ein Serienauto zu entwickeln, was mit Kosten in mehrstelliger Millionenhöhe verbunden ist.

VORDERANSICHT EINES FORD-COSWORTH-V6-12-VENTILMOTORS

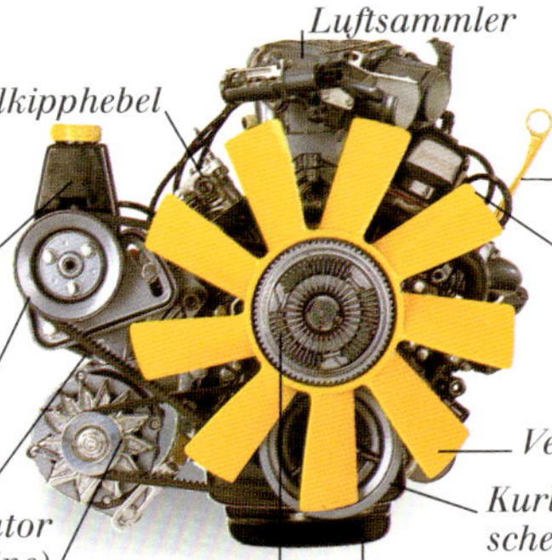

VORDERANSICHT EINES FORD-COSWORTH-V6-24-VENTILMOTORS

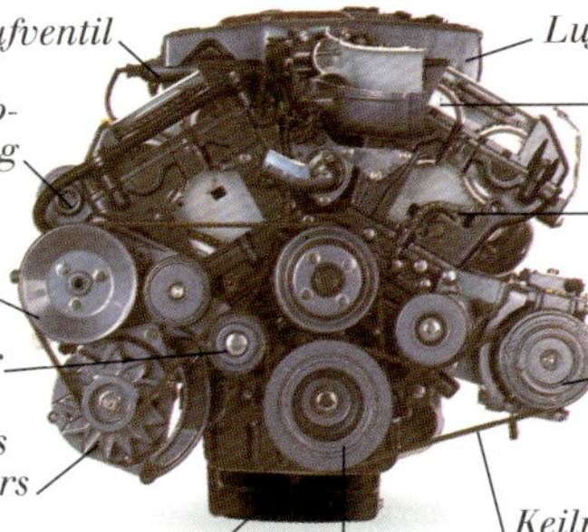

SCHNITTDARSTELLUNG EINES JAGUAR-6-ZYLINDER-REIHENMOTORS

Vorderansicht eines Jaguar-V12-Motors

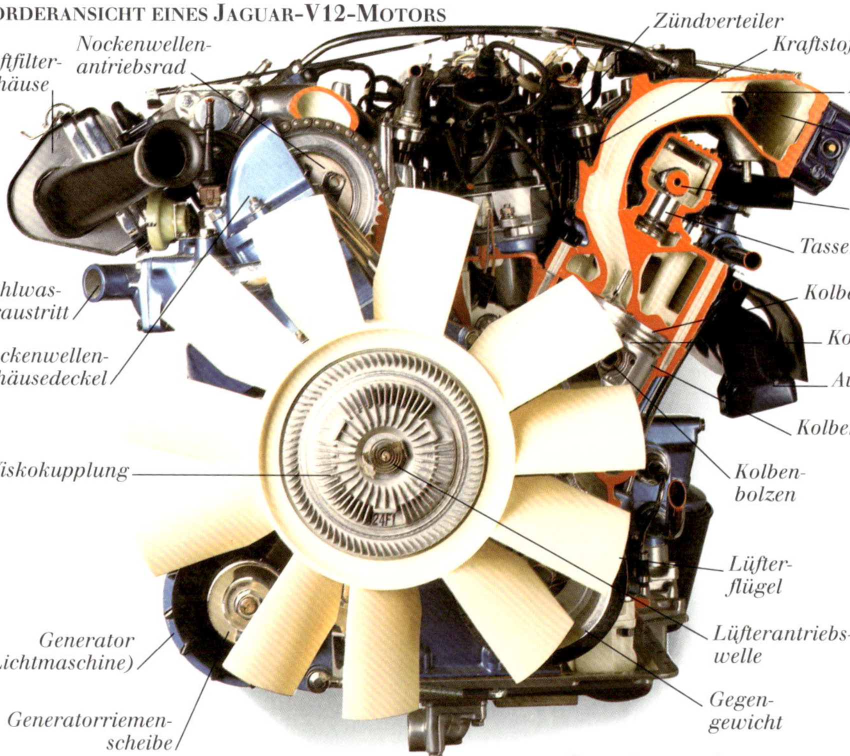

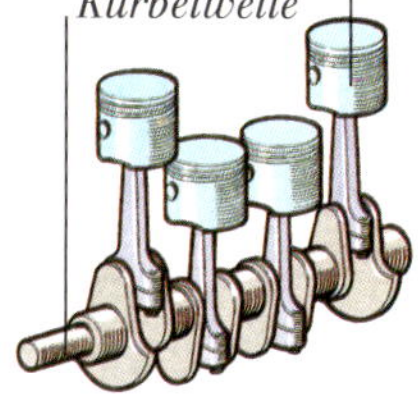

Kolbenanordnung eines 4-Zylinder-Reihenmotors

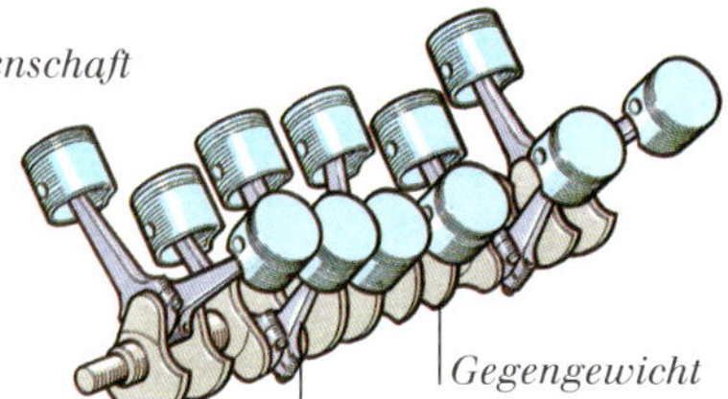

Kolbenanordnung eines 12-Zylinder-V-Motors

chnittdarstellung eines aguar-V12-Motors

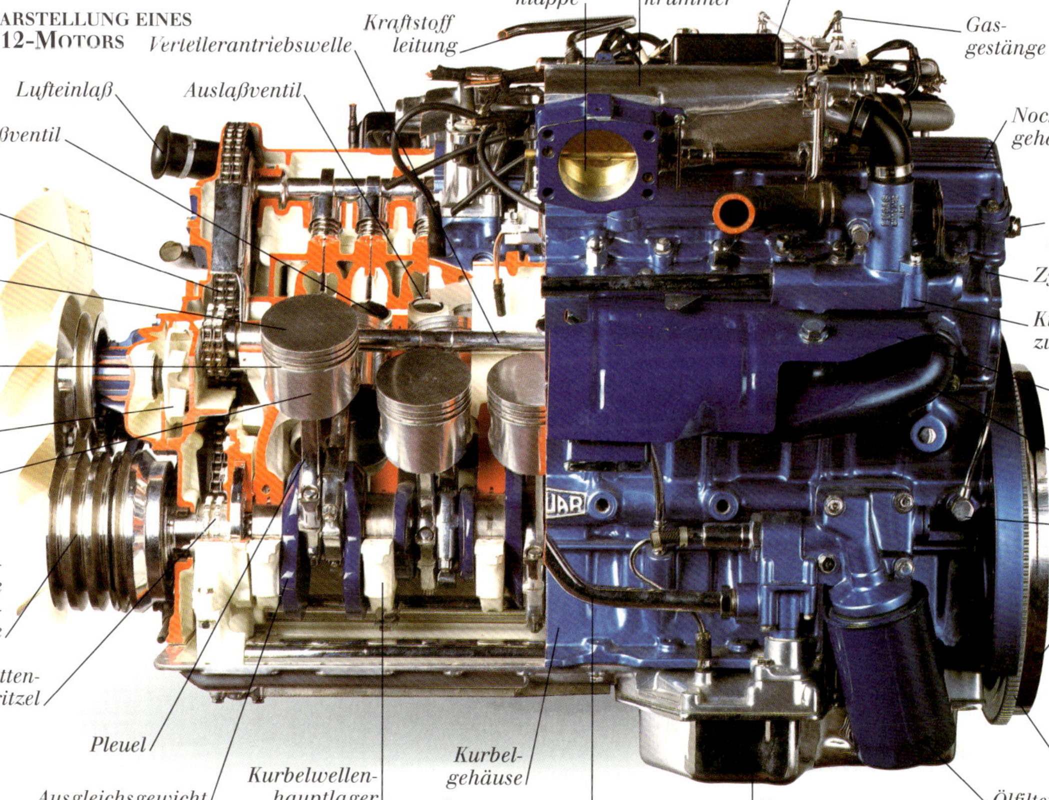

Alternative Motoren

Der bekannteste und am meisten eingesetzte „Nicht-Benzinmotor“ ist der Dieselmotor. Bei diesem wird nicht ein komprimiertes Benzin-Luft-Gemisch mit einer Zündkerze gezündet, sondern allein durch Kompression eine Explosion hervorgerufen. Der Kraftstoffverbrauch eines Dieselmotors ist gegenüber hubraumgleichen Benzinmotoren geringer, obwohl er schwerer gebaut ist und einen massiveren Zylinderblock benötigt. Ein anderer Motortyp ist der Drehkolbenmotor (Wankel-Motor), der in den 50er Jahren von Felix Wankel erstmals erfolgreich zur Serienreife entwickelt wurde. Sein dreieckiger Kolben rotiert in einem Gehäuse in Form einer bauchigen Acht. Die Vorteile des Drehkolbenmotors sind, daß er nur zwei rotierende (Kolben und Exzenterwelle) und ein oszillierendes Bauteil besitzt.

Mazda RX-7 mit Drehkolbenmotor

Drehkolbenmotor mit Doppelzündung

Die Arbeitstakte eines Drehkolbenmotors

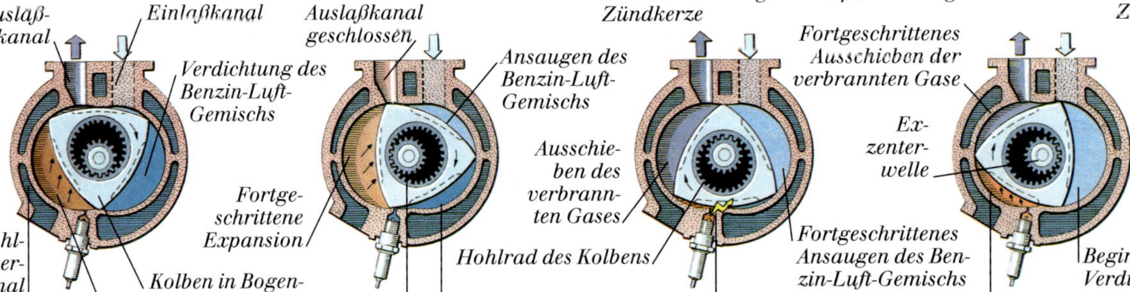

Ford Turbo-Diesel-Motor

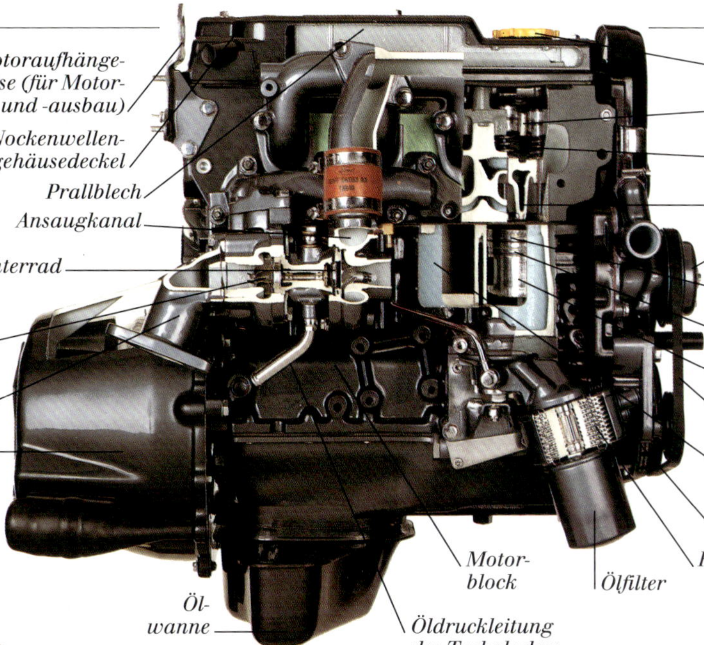

Seitenteil Antriebsseite

Rotor und Dichtung

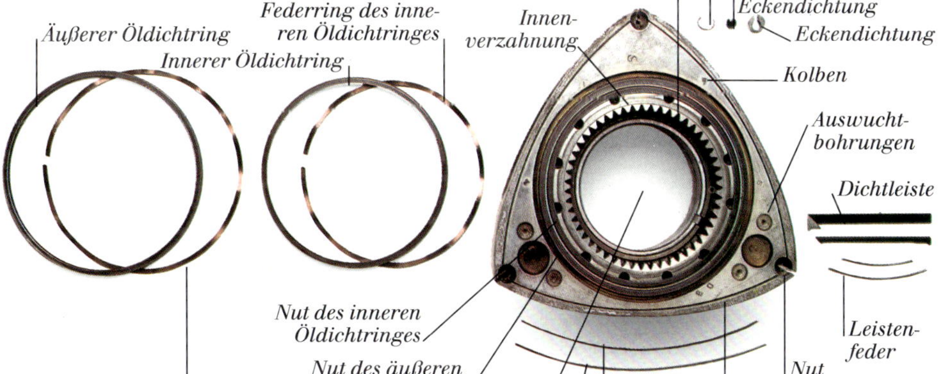

Exzenterwelle

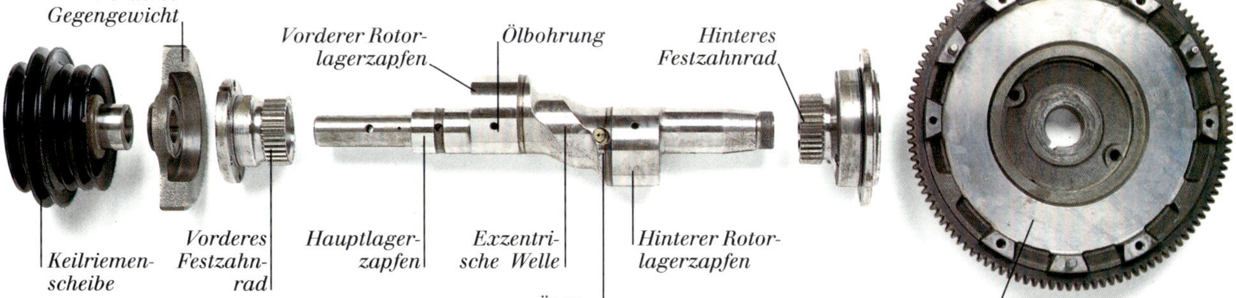

Die Karosserie

Renault-Logo

Die Karosserie eines modernen, in Massenproduktion hergestellten Autos wird nach dem Prinzip der selbsttragenden Karosserie gebaut, bei dem Dach, Seitenteile und Fahrzeugboden zu einer tragenden Einheit – der Rohkarosserie – zusammengeschweißt werden. Diese Rohkarosserie trägt und schützt die Innenteile des Autos. Die aus Stahl und Glas bestehende Karosserie muß sowohl leicht als auch sehr widerstandsfähig gebaut sein. Bei geringem Gewicht wird Energie gespart; die Widerstandsfähigkeit ist notwendig, um bei eventuellen Kollisionen die Insassen zu schützen. Durch den Einsatz von Computern bei der Konstruktion sollen im voraus viele Faktoren, wie Aerodynamik oder Crashverhalten, berücksichtigt werden. Bei der Herstellung von Karosserien steuern und überwachen Computer die Tätigkeit von Robotern, die die Karosserien zusammenschweißen und lackieren.

KAROSSERIE EINES RENAULT CLIO

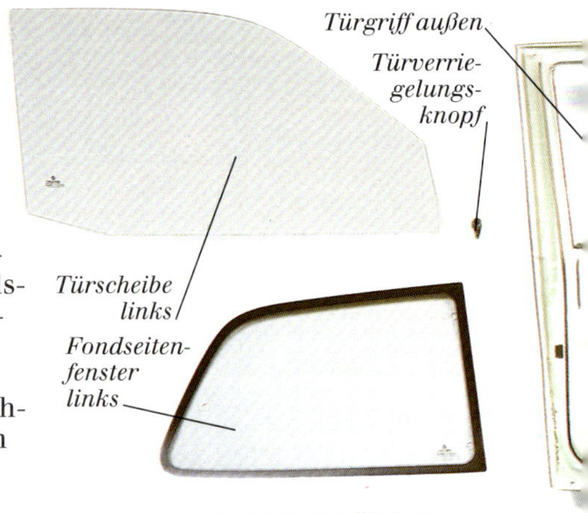

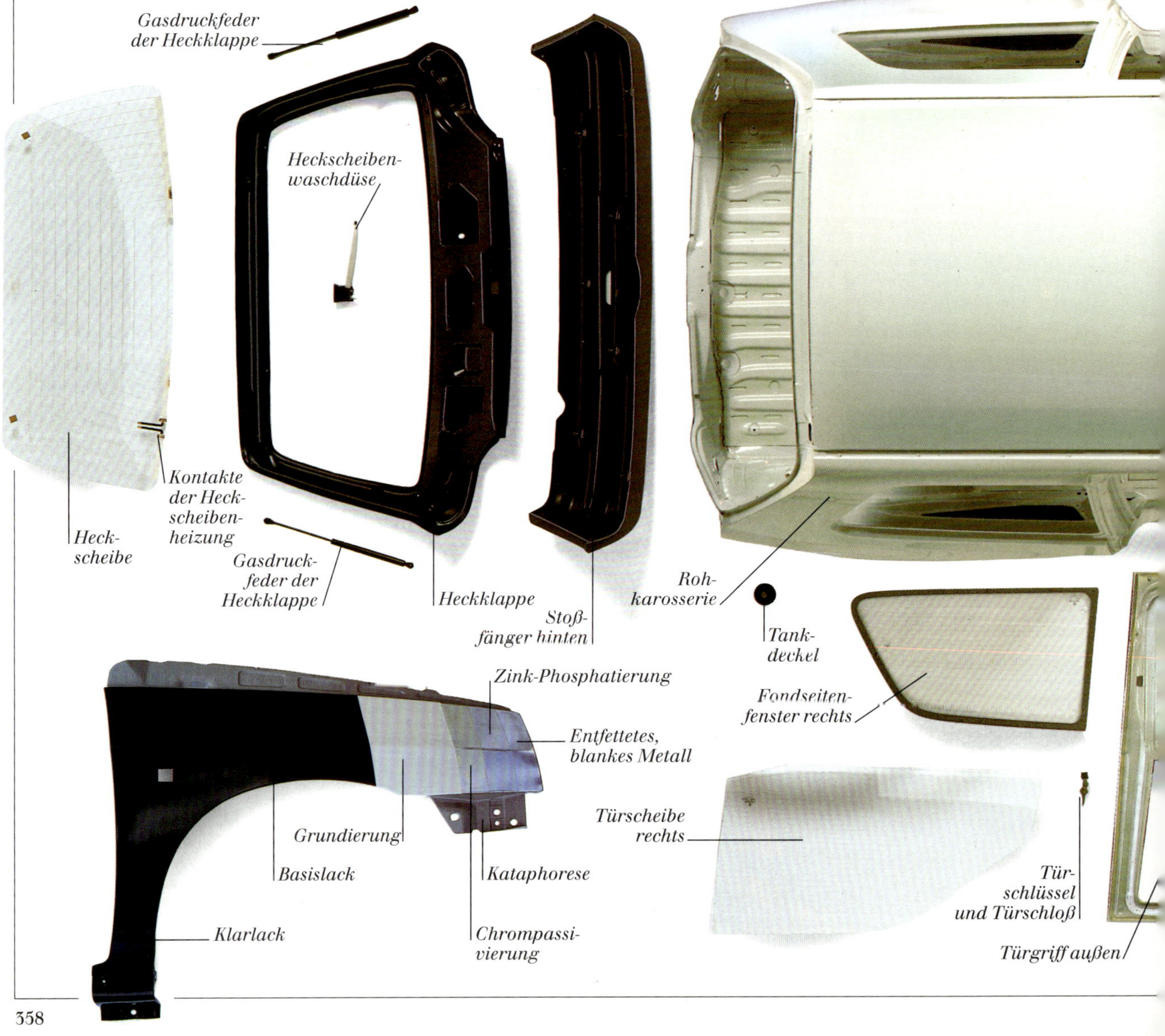

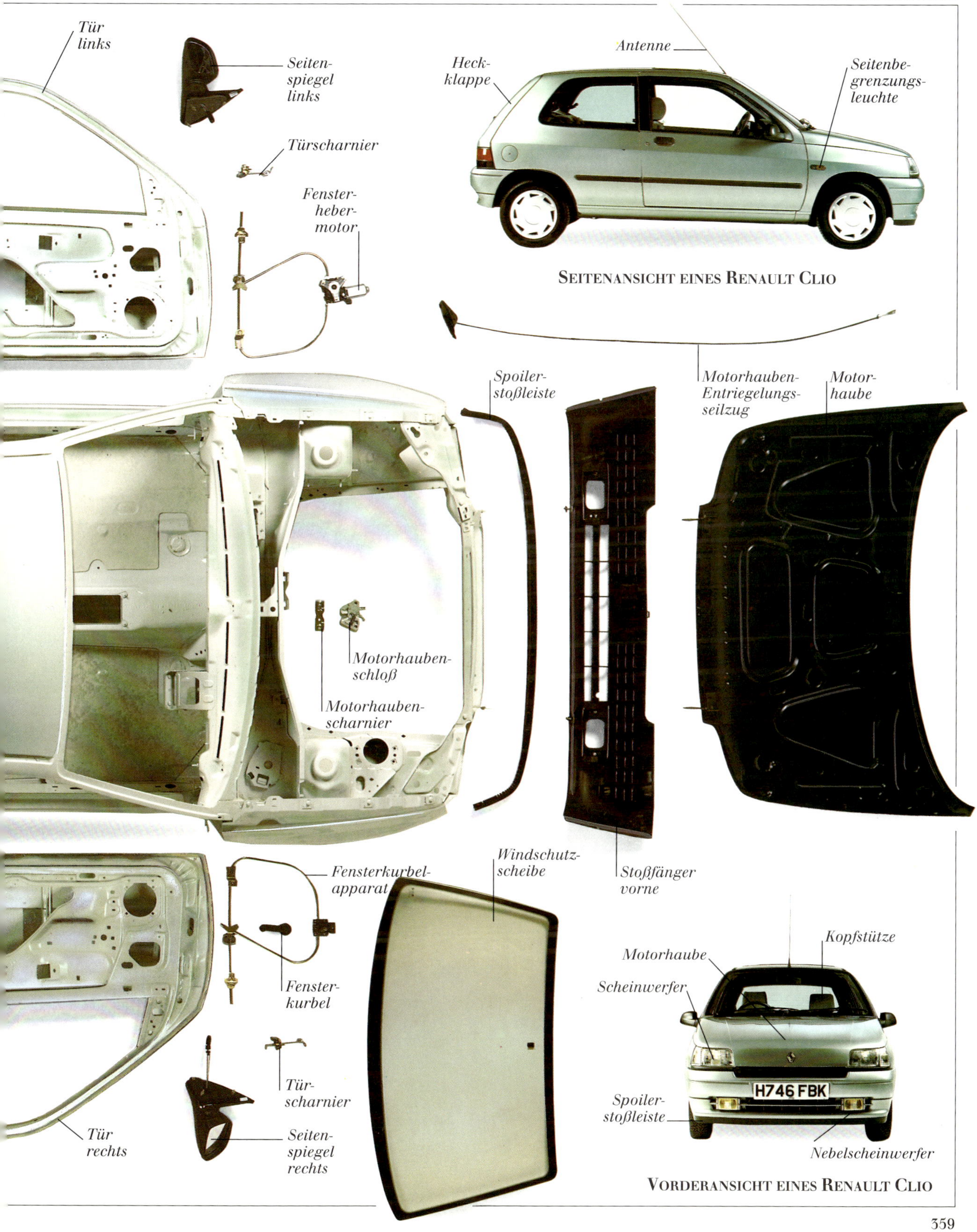

Seitenansicht eines Renault Clio

Vorderansicht eines Renault Clio

Mechanik

Ein modernes Auto hat weit über tausend verschiedene mechanische Bauteile. Ihr Zusammenspiel bildet verschiedene mechanische Systeme wie Motor, Auspuff, Kraftübersetzung, Lenkung, Federung, Bremsen. Um ein ordnungsgemäßes Arbeiten dieser Komponenten zu garantieren, werden sie nach höchsten Qualitätsmaßstäben und geringsten Toleranzen (bis zu 1/500 mm) gefertigt. Bevor sie in den Serieneinsatz gelangen, müssen sie zahlreiche Tests unter allen nur erdenklichen Betriebszuständen durchlaufen.

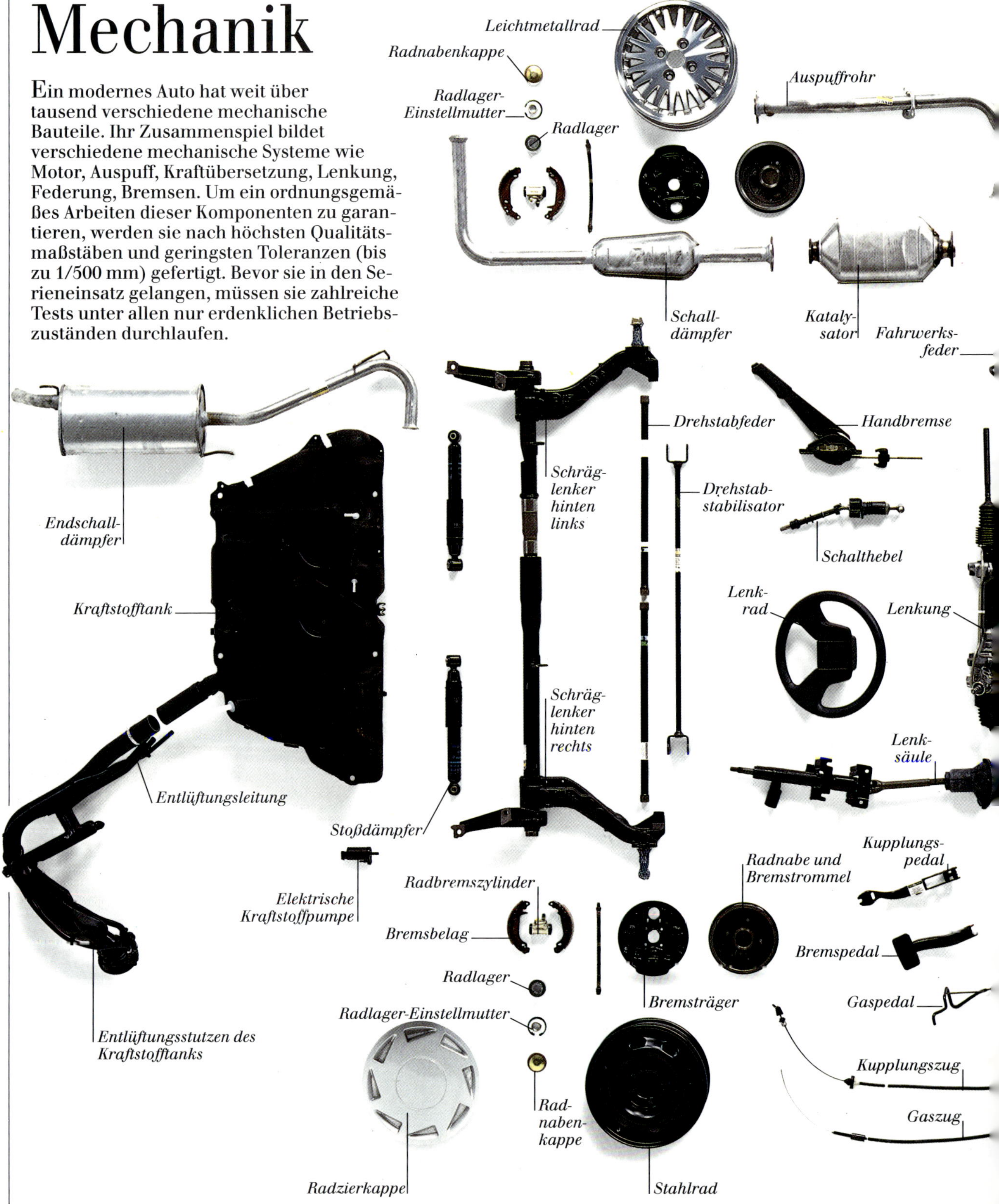

MECHANISCHE BAUTEILE EINES RENAULT CLIO, 1991

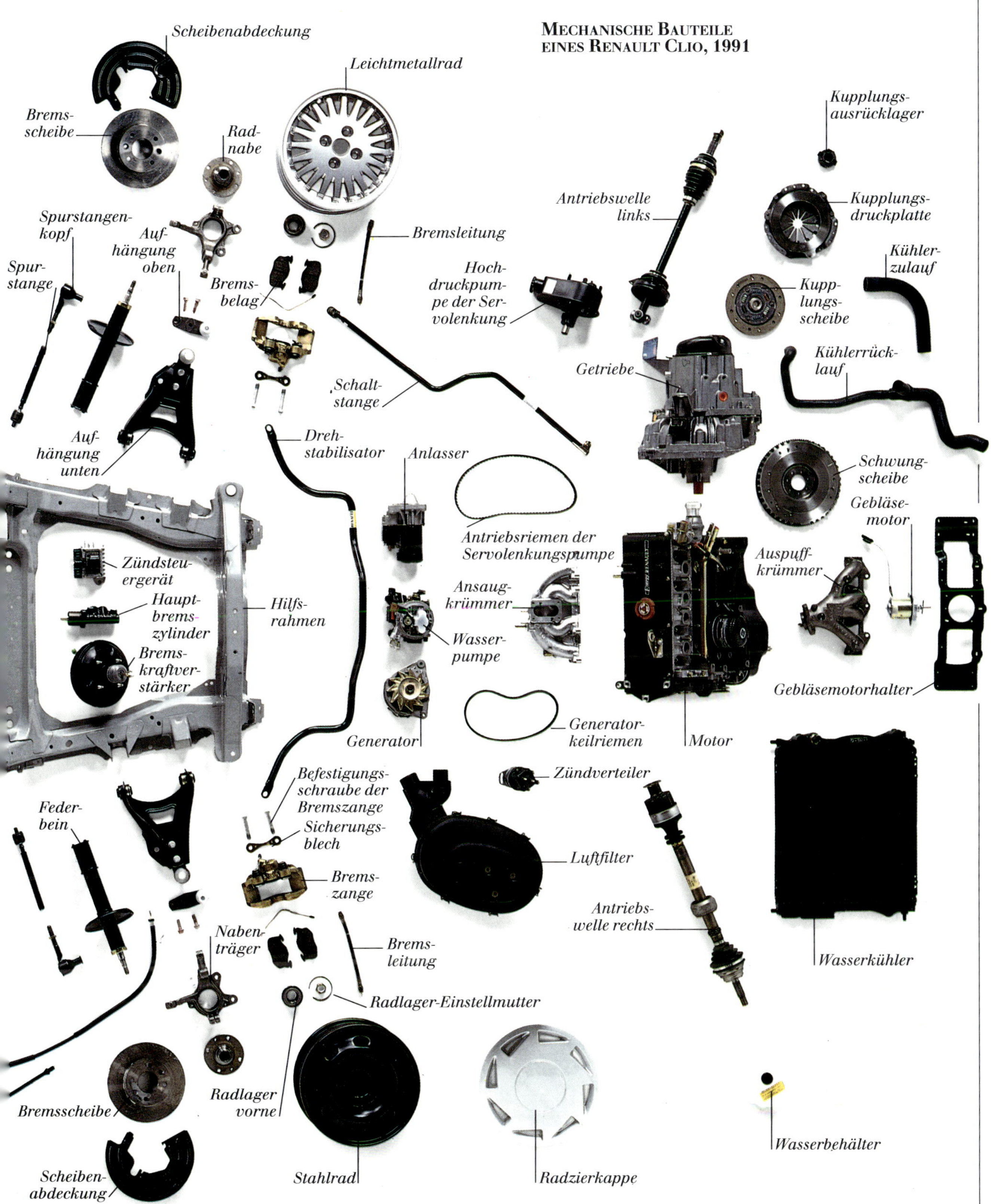

Ausstattung

Hatten alte Fahrzeuge noch handgearbeitete und mit Leder bezogene Sitze oder mühevoll bearbeitete Holzarmaturenbretter, beherrschen heute maschinell hergestellte Kunststoffteile den Fahrzeuginnenraum. Automatische Fertigung und lasergesteuerte Roboter reduzieren Kosten und Produktionszeiten. So werden moderne Verkleidungen und Armaturenbretter geschäumt oder im Spritzgußverfahren hergestellt. Sicherheit und Komfort sind die Prioritäten. Nach ergonomischen Gesichtspunkten konstruierte Sitze lassen die Insassen eine bequeme Position einnehmen; Gummidichtungen halten Feuchtigkeit oder Staub vom Fahrzeuginnenraum fern.

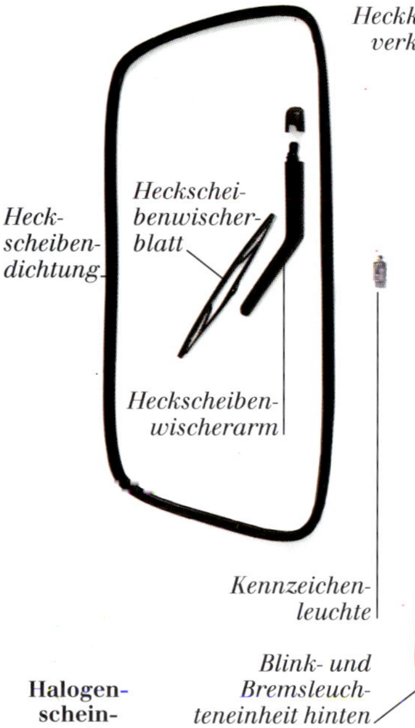

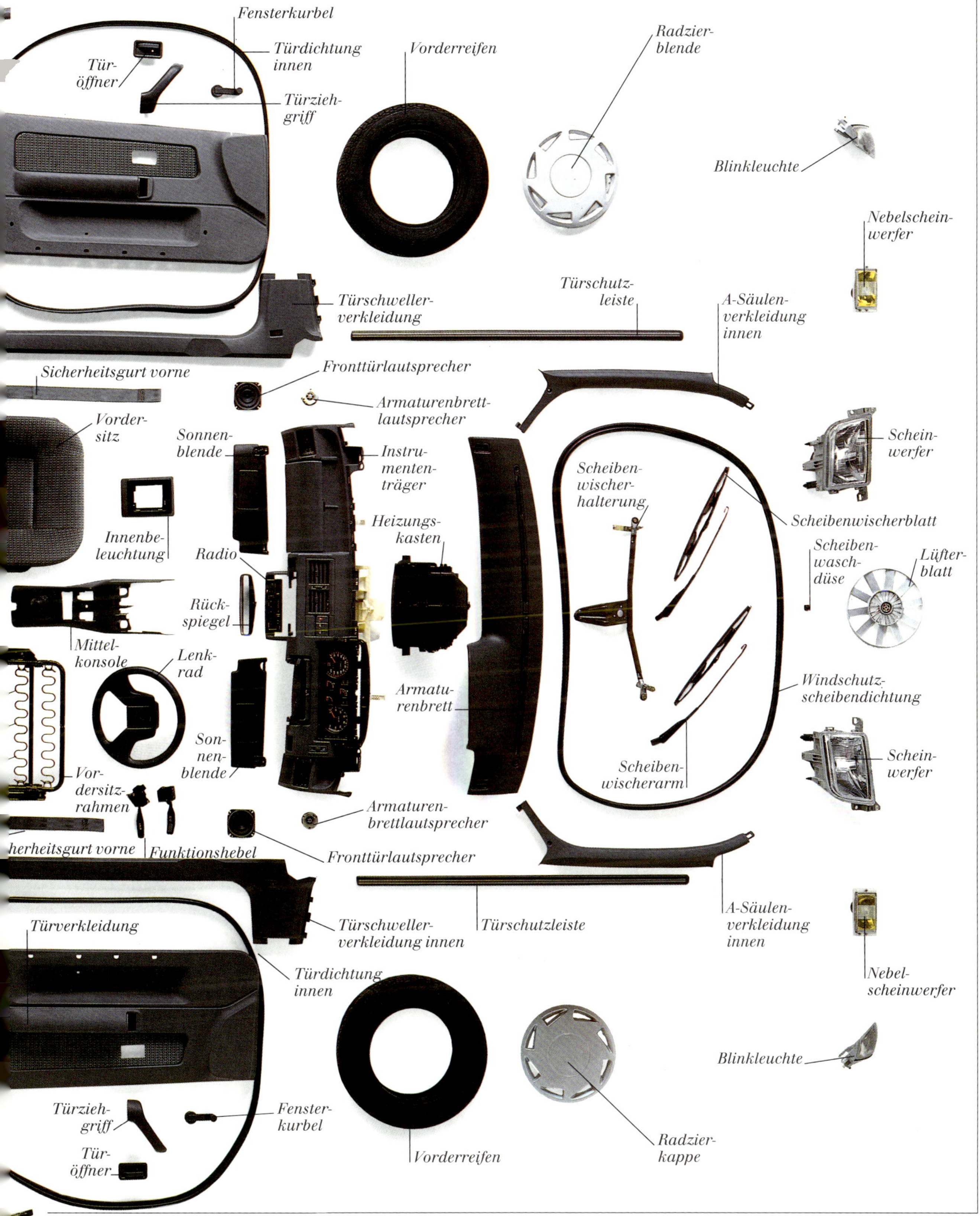
Fensterkurbel
Türdichtung innen
Türöffner
Türziehgriff
Vorderreifen
Radzierblende
Blinkleuchte
Nebelscheinwerfer
Türschwellerverkleidung
Türschutzleiste
A-Säulenverkleidung innen
Sicherheitsgurt vorne
Fronttürlautsprecher
Armaturenbrettlautsprecher
Vordersitz
Sonnenblende
Instrumententräger
Scheinwerfer
Scheibenwischerhalterung
Scheibenwischerblatt
Innenbeleuchtung
Radio
Heizungskasten
Scheibenwaschdüse
Lüfterblatt
Rückspiegel
Mittelkonsole
Lenkrad
Armaturenbrett
Windschutzscheibendichtung
Sonnenblende
Scheinwerfer
Vordersitzrahmen
Scheibenwischerarm
Armaturenbrettlautsprecher
herheitsgurt vorne
Funktionshebel
Fronttürlautsprecher
Türverkleidung
Türschwellerverkleidung innen
Türschutzleiste
A-Säulenverkleidung innen
Türdichtung innen
Nebelscheinwerfer
Blinkleuchte
Türziehgriff
Fensterkurbel
Türöffner
Vorderreifen
Radzierkappe

Geländefahrzeuge

Die Ära der Allradfahrzeuge nahm mit den amerikanischen Militärjeeps der 40er Jahre und den britischen Rovern ihren Anfang. Diese beiden Fahrzeuge gelten als die eigentlichen Begründer dieser Kategorie von Automobilen. Sie wurden so ausgelegt, daß sie ein möglichst breites Anwendungsspektrum – von Militär bis Safari – haben. Alle Fahrzeuge haben aber die gleiche Grundkonstruktion mit 4 oder 6 angetriebenen Rädern, großer Bodenfreiheit und verstärkten Bauteilen, wie Bremsen, Radaufhängung und Kraftübertragung. Unterschiede gibt es lediglich hinsichtlich der für spezielle Einsatzbereiche zugeschnittenen Aufbauten und Sonderausstattungen. Der hier abgebildete Pinzgauer Turbo D ist ein spezielles Safari-Fahrzeug.

KOCHAUSRÜSTUNG

Spirituskocher mit 2 Kochstellen

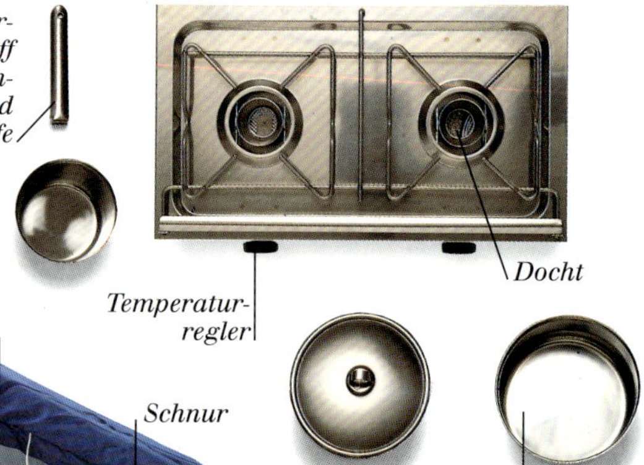

Handwinde

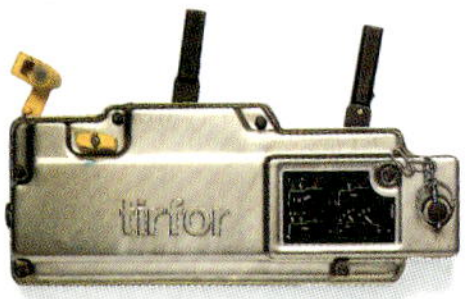

SEITENANSICHT EINES PINZGAUER TURBO D

Reifenpumpe

Reifenmontierhebel

Fußstütze links **Fußstütze rechts**

Spannriemen

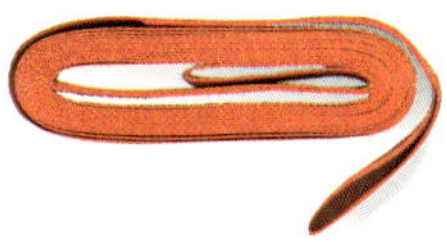

Schwerlastschäkel

Windschutzscheiben-Sicherungsklemmleisten

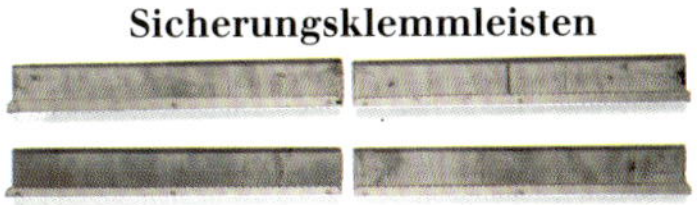

Waschbehälter

Vorderansicht eines Pinzgauer Turbo D

Rückansicht eines Pinzgauer Turbo D

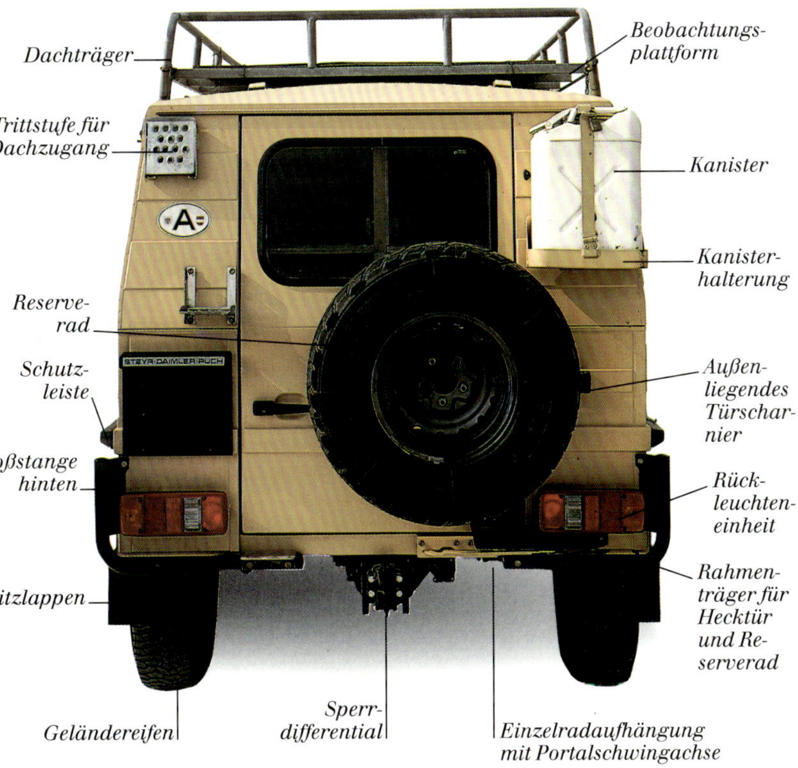

Sicherheitskette

Rennwagen

Seit Beginn der Motorisierung sind Rennwagen die Innovationsträger neuer Techniken in der Fahrzeugentwicklung. Bauteile, die heute selbstverständlich sind, z.B. Scheibenbremsen oder Turbolader, stammen aus dem Rennfahrzeugbau. Die Forschung für Rennwagen hat die Grenzen der Motorleistung, Aerodynamik und Reifenhaftung in neue Bereiche gehoben und auch im Karosseriebau die Entwicklung von Ultraleichtmaterialien forciert. Ähnlich dem Williams-Formel-1-Rennwagen hatte bereits der 1937 gebaute Bugatti einen tiefen Schwerpunkt, freistehende Räder und ein offenes Cockpit. Bei heutigen Formel-1-Fahrzeugen dienen aerodynamische Hilfsmittel wie Seitenschürzen, Heck- oder Frontspoiler dazu, das Fahrzeug auf den Boden zu pressen, um höhere Kurvengeschwindigkeiten zu erzielen. Durch Sensoren werden Betriebszustände des Fahrzeugs und Motors erfaßt und zur Aufzeichnung und Kontrolle an die Boxen gefunkt.

Draufsicht eines Williams-Formel-1-Rennwagens, 1990

Bugatti TYP 57 S, 1937

Renault-V10-RS-1-Motor

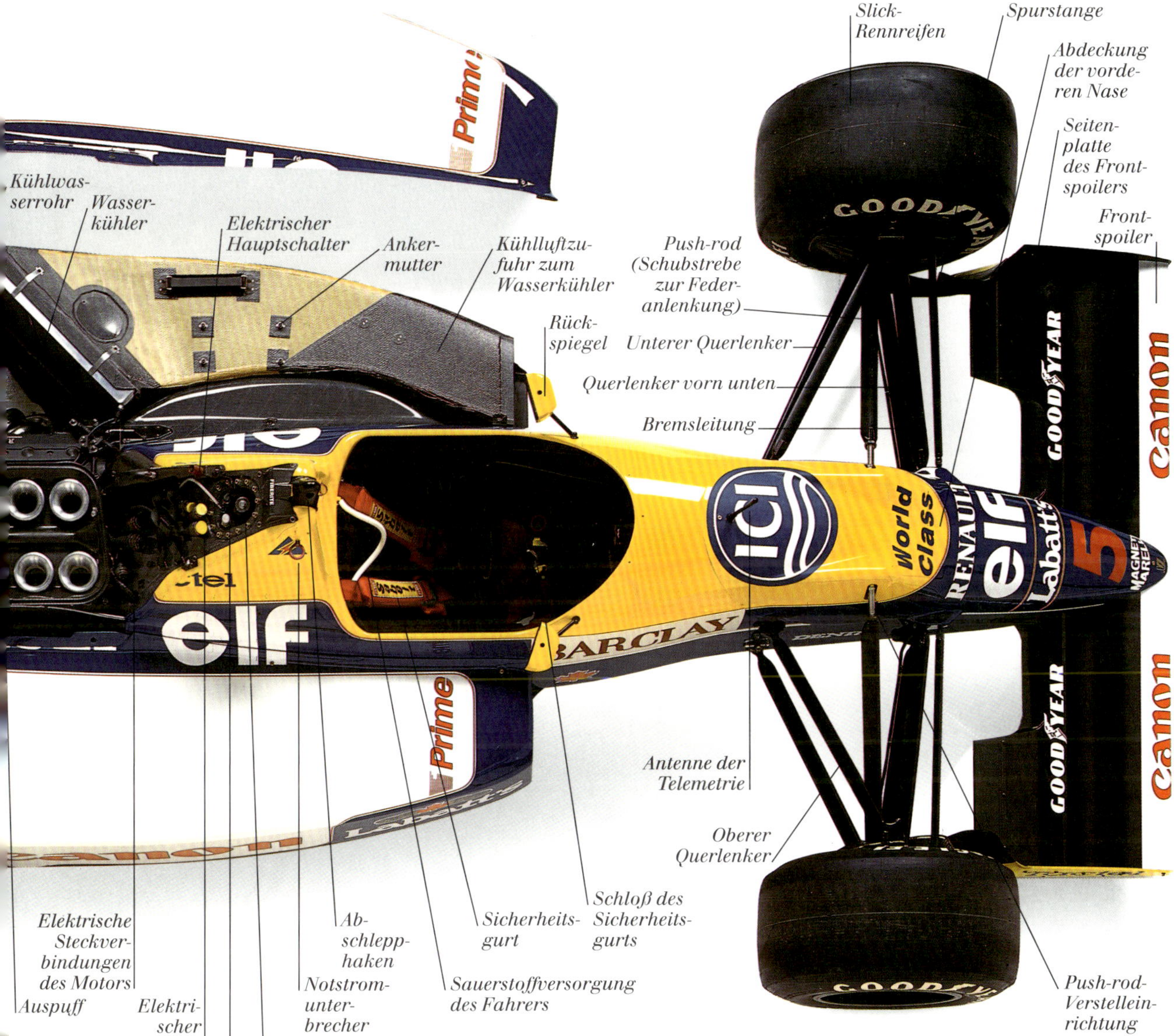

VORDERANSICHT EINES WILLIAMS-FORMEL-1-RENNWAGENS, 1990

Fahrräder

Fahrräder bestehen zwar grundsätzlich aus den gleichen Bauteilen, aber es gibt viele unterschiedliche Modelle. Ein Rennrad (große Abb.) besitzt einen Leichtbaurahmen und einen steilen Lenkstangenschaft- und Sattelstützrohrwinkel und ist auf hohe Geschwindigkeiten ausgelegt. Seine Bauart zwingt den Fahrer zu einer gebückten, aerodynamisch günstigen Körperhaltung. Ein Tourenrad weist viele Ähnlichkeiten mit einem Rennrad auf, ist aber auf Komfort und Stabilität auf Langstrecken ausgelegt: Der Rahmenwinkel ist größer, die Hinterradgabel schwerer, der Achsstand (Abstand zwischen den Radachsen) länger. Allzweckfahrräder („Hybride") verbinden das geringe Gewicht und die hohe Geschwindigkeit der Sporträder mit der Strapazierfähigkeit der Mountain Bikes. Nicht für den Einsatz auf öffentlichen Straßen konzipiert sind Testfahrräder mit kurzem Lenkstangenschaft, schrägem Scheitelrohr, „Aero"-Lenkstange und aerodynamischer Rohrkonstruktion. Bei den meisten HPVs (Human Powered Vehicles) befindet sich der Fahrer in einer liegenden Position. Das erhöht die Ausgangsleistung bei gleichzeitiger Reduzierung des Luftwiderstandes. Unerläßlich für die Sicherheit der Fahrer sind Helme sowie Vorder- und Rücklicht. Fahrradschlösser dienen als Diebstahlsicherung.

Vorder- und Rücklicht

Schutzhelm

Rennrad „Eddy Merckx"

Stahlschloss

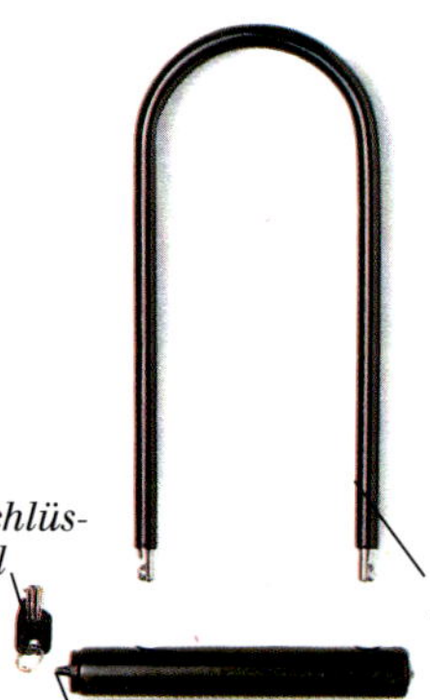

Hybridfahrrad Cannondale SH600

Tourenrad Cannondale ST100

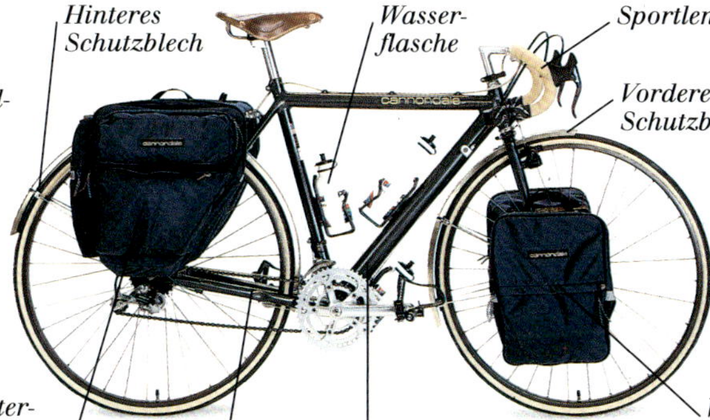

Italienisches Testfahrrad von Rossin

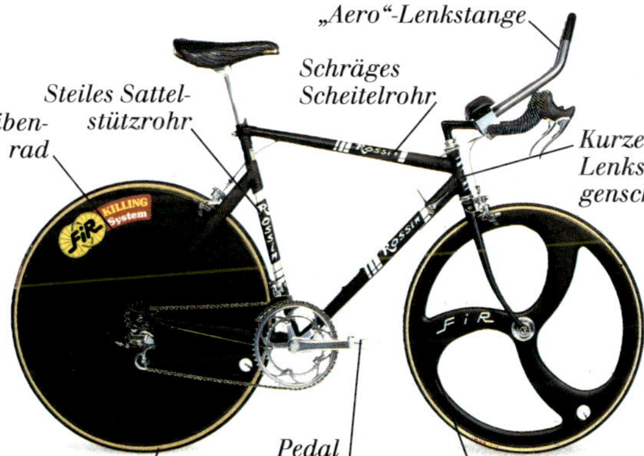

HPV-Rennrad Windcheetah SL Mark VI „Speedy"

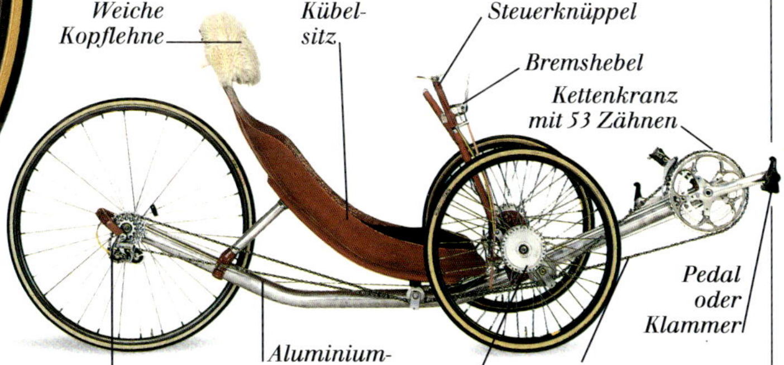

Das Motorrad

Das Motorrad entwickelte sich aus einem Fahrrad mit Hilfsmotor, heute aber ist es eine komplizierte Hochleistungsmaschine. 1901 fanden die Gebrüder Werner den günstigsten Platz für den Motor. Sie brachten ihn tief in der Fahrgestellmitte (s.S.374–375ff.) an: die Motocyclette Werner wurde der Prototyp des modernen Motorrades. Es gibt Motorräder für vielerlei Zwecke – zum Pendeln und Touren, für Rennen und Botendienste –, und für die unterschiedlichen Erfordernisse entwickelte man unterschiedliche Maschinen. Der Vespa-Roller z.B. wurde für Berufspendler konzipiert. Er hat kleine Räder und ist wirtschaftlich und leicht zu fahren. Für Familien waren Beiwagen ideal, bis sie von preiswerten Autos verdrängt wurden. Liebhaber bevorzugen im allgemeinen Maschinen mit größerem Hubraum und mehr Komfort. Mit der Honda CB750 kamen 1969 Vierzylindermaschinen auf. Trotz aller Fortschritte in der Motorradtechnologie fühlen sich viele Motorradfahrer nach wie vor zu traditionellen Modellen wie der Zweizylinder-Harley-Davidson hingezogen. Ein Charakteristikum der Harley-Davidson-Glides ist der klassische amerikanische V2-Motor, bei dem die Zylinder V-förmig angeordnet sind.

Motocyclette Werner, 1901

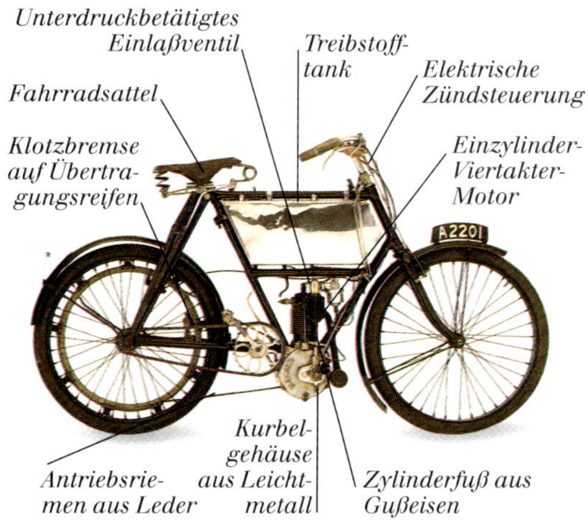

BMW R/60 (1965) mit Steibe-Seitenwagen (1953)

Harley-Davidson FLHS Electra Glide, 1988

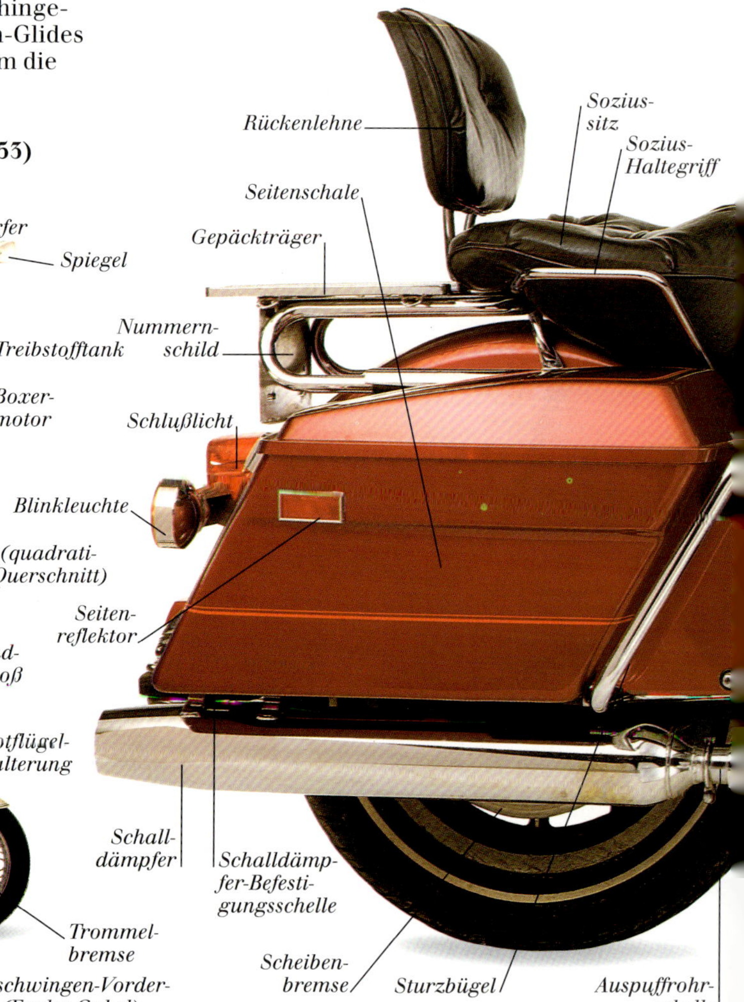

Honda CB750, 1969

Vespa Grand Sport 160 Mark 1, 1963

Das Motorrad-Fahrgestell

Das Fahrgestell ist der „Rumpf" des Motorrads, an dem der Motor befestigt ist. Es setzt sich aus Rahmen, Rädern, Aufhängung und Bremsen zusammen. Der Rahmen aus Stahl oder Leichtmetall sorgt dafür, daß die Räder fluchten und das Motorrad beherrschbar bleibt, und dient als Gerüst zur Aufnahme anderer Bauteile. Motor und Getriebe sind fest verschraubt, während Sitz, Kotflügel und Verkleidung leichter zu lösen sind. Die Aufhängung federt Unregelmäßigkeiten der Straßenoberfläche ab. Bei den meisten Aufhängungssystemen isolieren ölgedämpfte Spiralfedern den Hauptanteil des Motorrades von den Rädern. Vorn sind Feder und Dämpfer meist in eine Teleskopgabel integriert, während hinten eine drehbare Pendelachse zum Einsatz kommt. Die Aufhängung dient auch dazu, möglichst viel Kontakt zwischen Reifen und Straßenoberfläche aufrechtzuerhalten, eine Voraussetzung für wirkungsvolle Brems- und Lenkvorgänge. Bis in die 70er Jahre hinein waren Trommelbremsen weit verbreitet, aber moderne Motorräder besitzen leistungsfähigere Scheibenbremsen.

HONDA VF750 MIT AUFBAU, 1985

HONDA VF750 OHNE AUFBAU, 1985

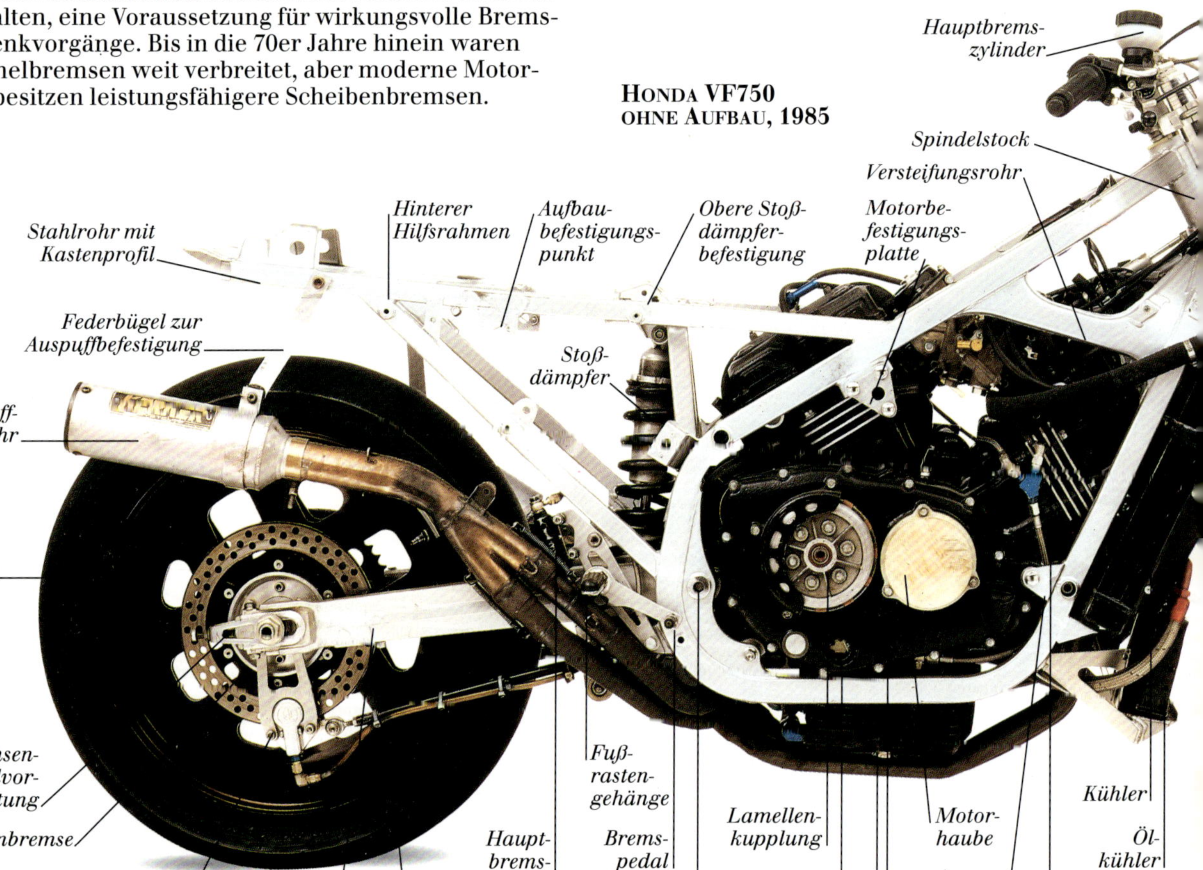

Trommelbremse

Trommelbremse von außen

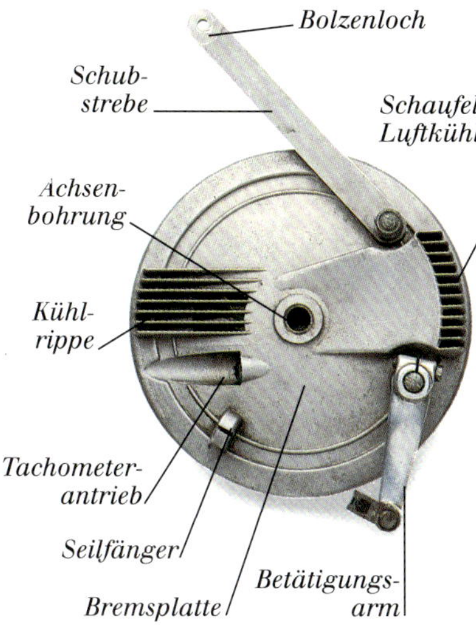

Trommelbremse von innen

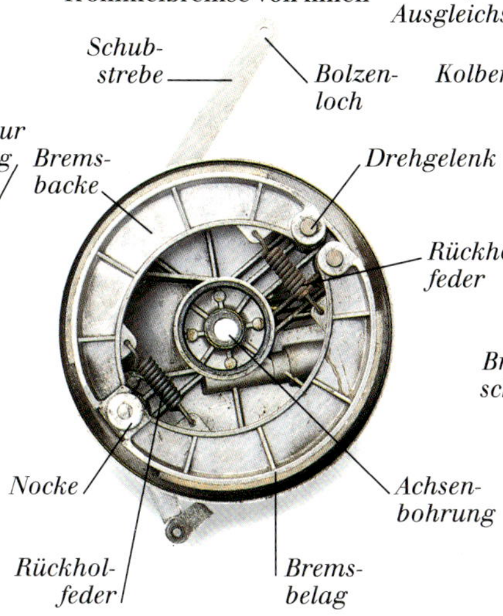

Funktionsteile einer Scheibenbremse

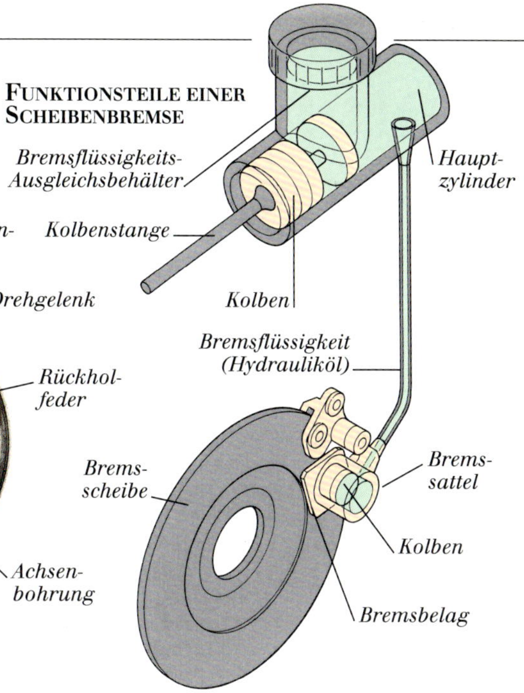

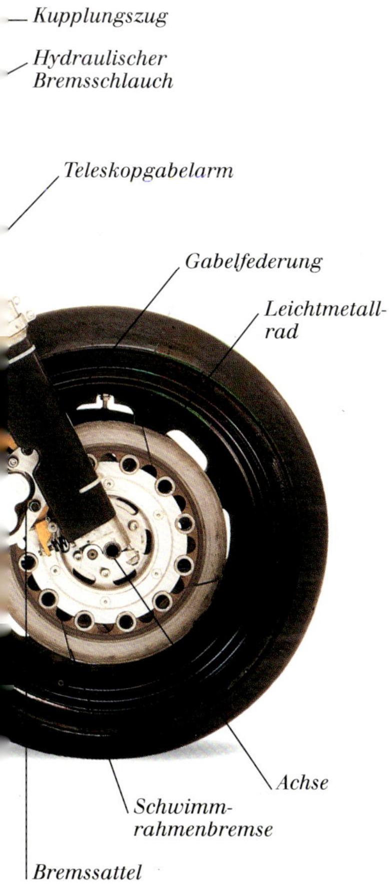

Schwingarmaufhängung/Stossdämpfer

Außen

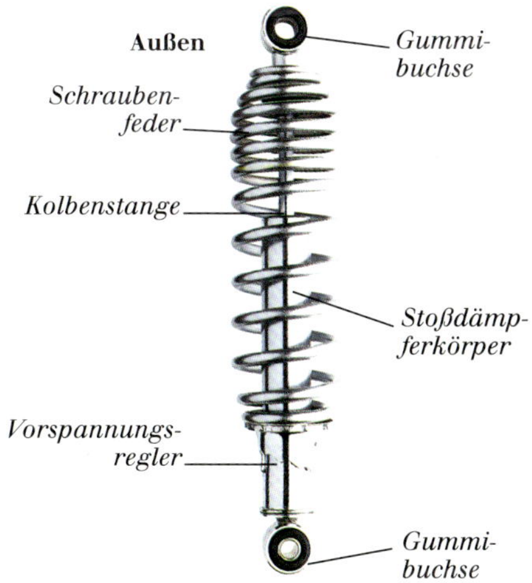

Innen

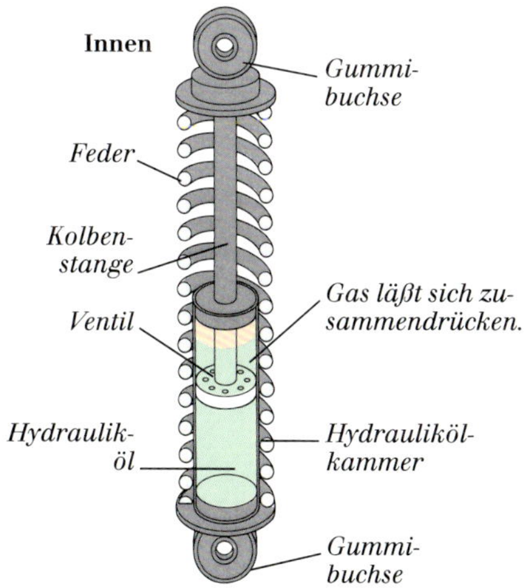

Reifen

Glatter Rennreifen (Slick)

Schlauchloser Sportreifen

Trials-Reifen

Mehrzweckreifen

Motorradmotoren

Motorradmotoren müssen leicht und kompakt sein und eine hohe Nutzleistung erbringen. Sie haben zwischen einem und sechs Zylindern, eine Luft- oder Wasserkühlung und einen Hubraum von zwischen 49 cm^3 und 150 cm^3. Gebräuchliche Verbrennungsmotoren sind der in Autos übliche Viertakter (s.S.352–355) und der Zweitakter. Ein einfacher Zweitakter hat nur drei bewegliche Teile – Kurbelwelle, Pleuelstange und Kolben –, aber die Nutzleistung ist hoch. Der Motor zündet nach jedem zweiten Takt (statt nach jedem vierten), so daß es pro Umdrehung einen „Arbeitstakt“ gibt (s.S.353). Das Getriebe überträgt die Kraft vom Motor auf die Hinterachse. Es besteht aus Kupplung, Getriebe und Achsantriebssystem. Kupplungen haben zahlreiche Lamellen und laufen in Öl. Getriebe haben fünf oder sechs Gänge und werden durch Fußpedale betätigt. In einigen Fällen werden Wellenantriebe und Riemenantriebe eingesetzt, aber am gebräuchlichsten ist der Kettenantrieb auf die Hinterachse.

Serienmässiger Zweitaktmotor

Getriebesystem

Getriebe

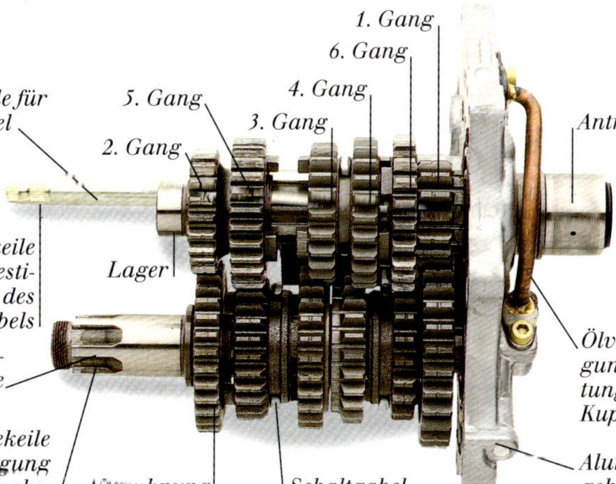

Lamellenkupplung

Antriebskette

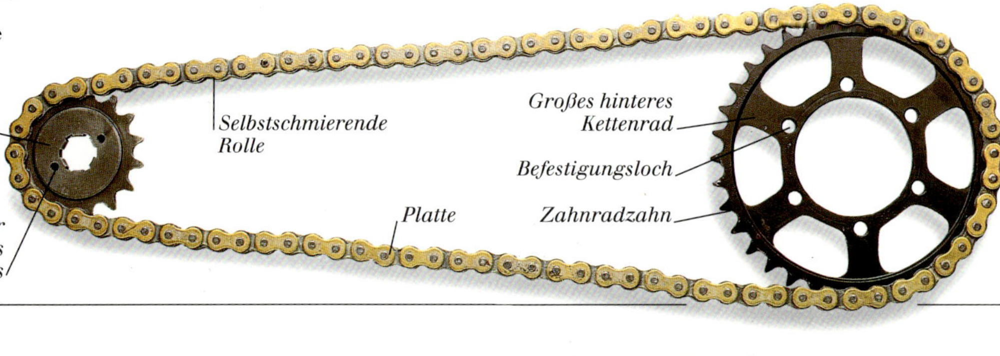

Velocette-Einzylinder-Viertaktmotor mit obenliegenden Nockenwellen

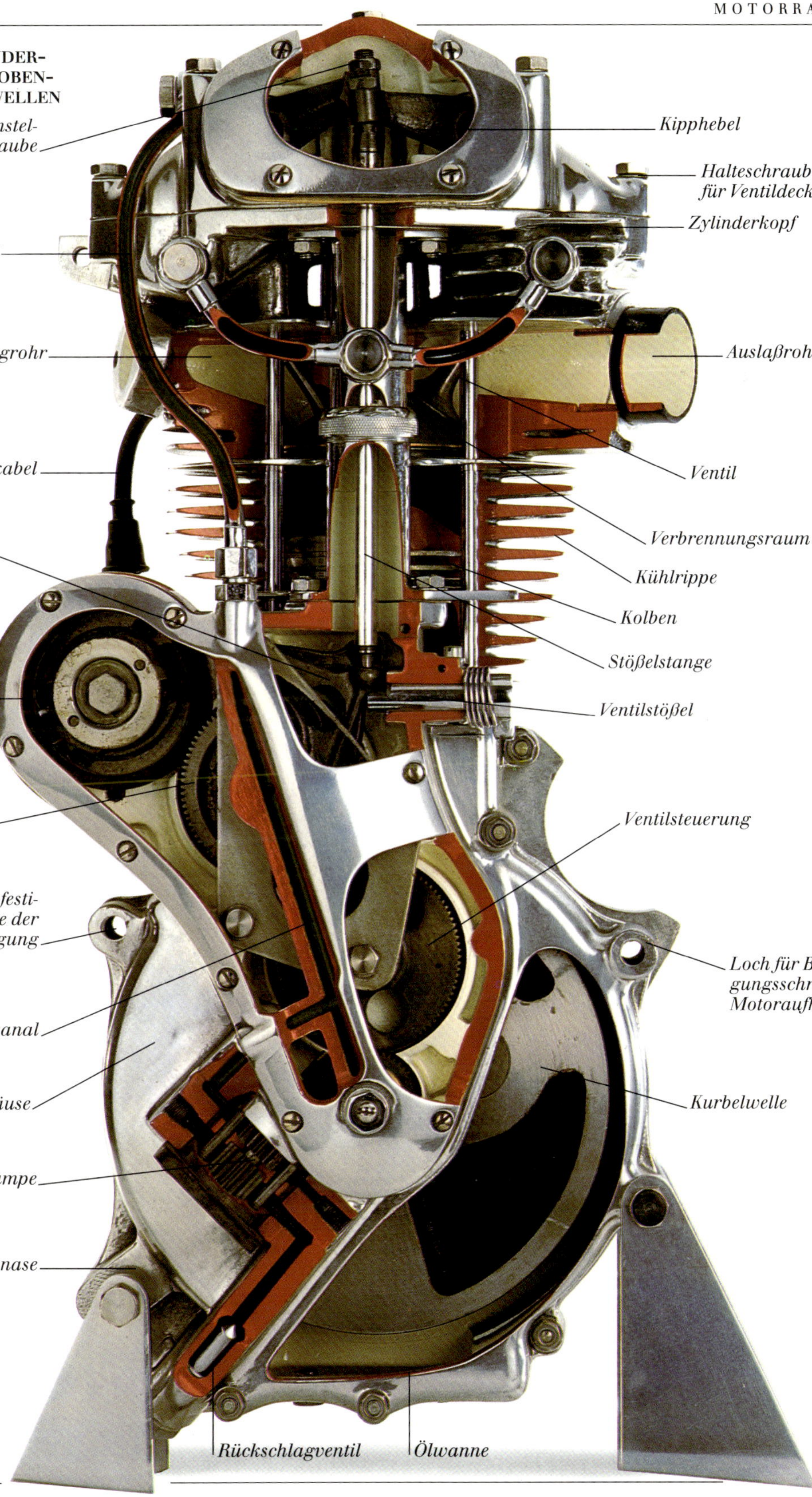

Renn-maschinen

Für die besonderen Anforderungen jeder Motorradsportsparte wurde eine spezielle Maschine entwickelt. Rennen finden auf Straßen oder Feldwegen statt, auf Feldern und sogar in der Wüste. Für die Hubraumklassen 125 cm³, 250 cm³ und 500 cm³ sowie für Beiwagen gibt es „Grand Prix"-Weltmeisterschaften im Straßenrennen. Die neuesten Rennbeiwagen haben mit Rennwagen mehr gemeinsam als mit Motorrädern. Fahrer und Beifahrer sind von einer aerodynamischen Rundumverkleidung eingehüllt. Die hier gezeigte Suzuki RGV500 wirbt, wie andere Grand-Prix-Maschinen, für den Hersteller. Durch die Werbung wird ein Teil der Entwicklungskosten gedeckt. Beim Speedway-Rennen, das 1902 in den USA entstand, fahren Motorräder ohne Bremsen und ohne Schaltgetriebe. Bei Motorrädern für Wettbewerbe im Gelände steht die hohe Leistung nicht mehr im Vordergrund. Bei Motocross-Rennen z.B., die in schwierigem Terrain abgehalten werden, brauchen sie viel Bodenfreiheit, eine flexible Aufhängung mit langem Federweg und Reifen mit Stollenprofil, die besser in Sand oder Schlick greifen.

HUSQVARNA MOTOCROSS TC610, 1992

SUZUKI RGV500, 1992
Seitenansicht

Rückansicht

Weslake Speedway, 1981

Kirby BSA Rennbeiwagen, 1968

Vorderansicht

Seitenansicht

Vorderansicht

SEE UND LUFT

SCHIFFE DER GRIECHEN UND RÖMER 380
WIKINGERSCHIFFE 382
KRIEGS- UND HANDELSSCHIFFE 384
DIE ZEIT DER SEGELSCHIFFAHRT 386
DAS LINIENSCHIFF 388
DAS RIGG 390
SEGEL 392
FESTMACHEN UND ANKERN 394
TAUWERK UND KNOTEN 396
SCHAUFELRÄDER UND SCHRAUBEN 398
AUFBAU DES EISERNEN SCHIFFES 400
DAS SCHLACHTSCHIFF 402
FREGATTEN UND U-BOOTE 404
LUFTFAHRTPIONIERE 406
FRÜHE EINDECKER 408
DOPPEL- UND DREIDECKER 410
FRÜHE PASSAGIERFLUGZEUGE 412
MODERNE KOLBENTRIEBWERKE 414
MODERNE TURBINENFLUGZEUGE 1 416
MODERNE TURBINENFLUGZEUGE 2 418
ÜBERSCHALLFLUGZEUGE 420
STRAHLTRIEBWERKE 422
MODERNE MILITÄRFLUGZEUGE 424
HUBSCHRAUBER 426
LEICHTFLUGZEUGE 428
SEGELFLUGZEUGE, DRACHEN,
ULTRALEICHTFLUGZEUGE 430

Schiffe der Griechen und Römer

RÖMISCHER ANKER

Die großen Reiche der Griechen und Römer erforderten mächtige Flotten für Handel, Verkehr und Krieg. Die griechischen Galeeren wurden durch Segel und eine Vielzahl von Rudern angetrieben. Als neuartige Bewaffnung hatte ihr Bug einen Rammkopf (Embolos). Zusätzliche Ruderer sorgten für die für Rammduelle nötige Schnelligkeit und Wendigkeit. Der Höhepunkt dieser Entwicklung war die Tiere (lat. Trireme), die im 5. und 4. Jahrhundert v. Chr. das Mittelmeer beherrschte. 170 Ruderer, auf drei verschiedenen Ebenen plaziert, bedienten jeweils einen Riemen. Zur Besatzung der Trieren/Triremen gehörten auch Bogenschützen und Soldaten, um feindliche Schiffe zu entern. Wurden die Galeeren nicht benötigt, zogen die Griechen sie an Land. Auch die Handelsschiffe waren außerordentlich groß. Die bauchige römische Corbita beispielsweise konnte bis zu 400 Tonnen Ladung aufnehmen. Ihre Konstruktion basierte auf einem kräftigen Rumpf, dessen Beplankung mit Schlitz-Zapfen-Verbindungen zusammengefügt war. Corbitae wurden für lange Seereisen eingesetzt. Um sie manövrierfähiger zu machen, setzte man ein „Artemon" genanntes Vorsegel, das an einem nach vorn geneigten Mast gehißt wurde. Dieser Mast war ein Vorläufer des langen Bugspriets der großen Klipper des 19. Jahrhunderts.

RÖMISCHE CORBITA

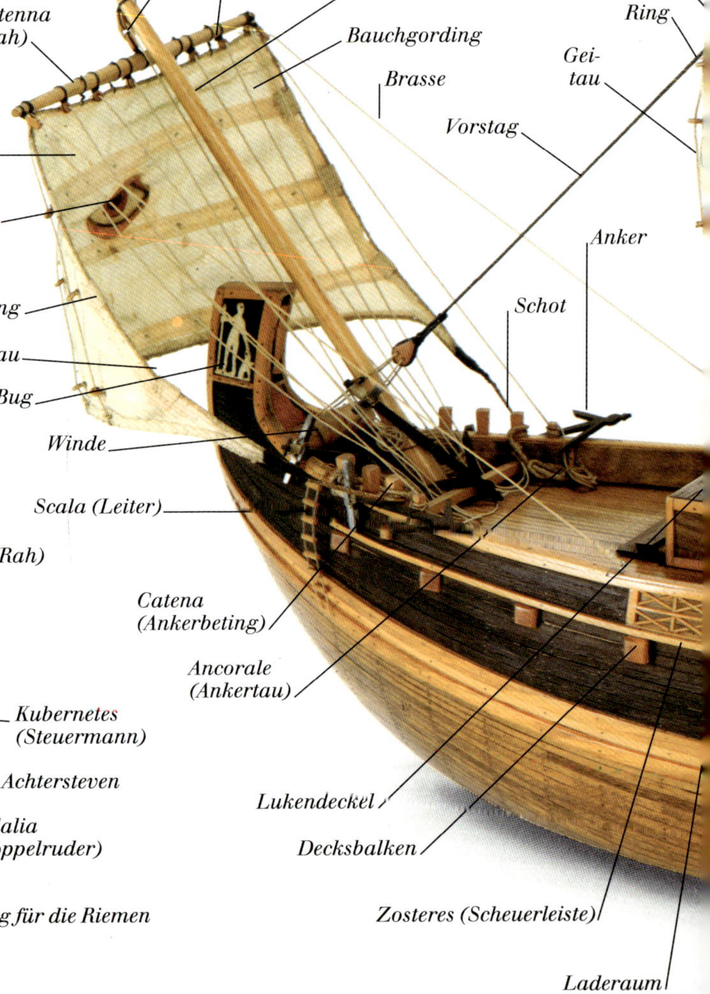

ATTISCHE VASE MIT DARSTELLUNG EINER GALEERE

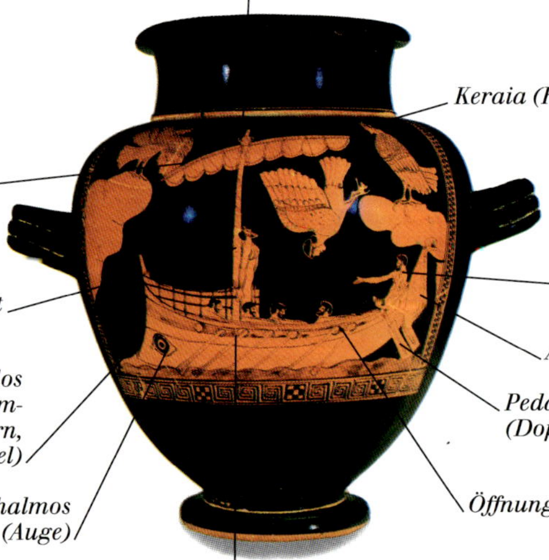

ANORDNUNG DER RUDERER AUF EINER GRIECHISCHEN TRIERE

Das Deck (Kalstroma) ist bei diesem Modell abgenommen, um die Position der Ruderer auf einer Triere/Trireme zu verdeutlichen.

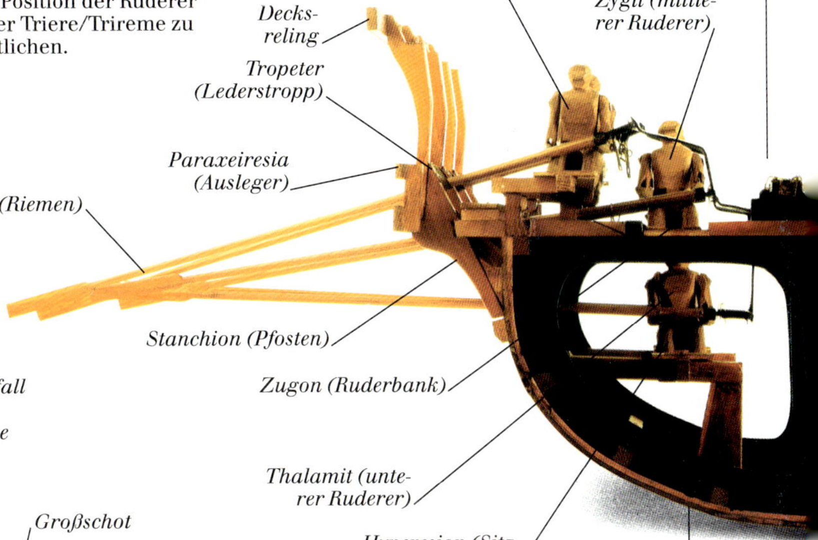

SCHLITZ-ZAPFEN-VERBINDUNG FÜR RUMPFPLANKEN

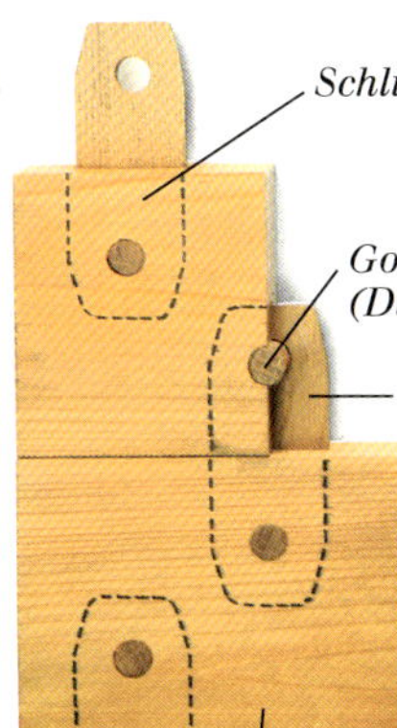

Wikingerschiffe

Im frühen Mittelalter waren die skandinavischen Langschiffe einer der gefürchtetsten Anblicke für die Menschen in Nordeuropa. Jeden Sommer unternahmen die Wikinger von Skandinavien aus Raubzüge mit ihren Schiffen. Zu deren Steuerung diente ein einzelnes Ruder an der rechten Seite des Rumpfes; deshalb wird diese Seite auch heute noch „Steuerbord" genannt. Die Wikingerschiffe waren auf beiden Seiten mit Riemen bestückt und mit einem einzelnen Segel ausgerüstet. Die Beplankung des Rumpfes war geklinkert, also überlappend ausgeführt. Bei Kriegszügen schmückten Figuren den Bug der Schiffe. Das Langschiff war auch ein beliebtes Transportmittel für die Küstenfahrt über kürzere Strecken. Die Karv wurde vermutlich als Reiseschiff für Familien höherer Abstammung gebaut, während die Faering nur als Ruderboot genutzt wurde. Der Flotte von Wilhelm dem Eroberer, der 1066 von der Normandie aus England eroberte, lag die Bootsbaukunst der Wikinger zugrunde. Sie wurde auf dem Wandteppich von Bayeux (Abbildung oben) festgehalten. Die Siegel der Hafenstädte und Königshöfe geben Zeugnis von der sich im Lauf der Jahrhunderte wandelnden Schiffbauweise. Das abgebildete Siegel läßt erkennen, wie sich die Schiffe vom Zeitalter der Wikinger bis zum ausgehenden Mittelalter verändert haben. Kampfdecks (Kastelle) sowie weitere Masten und Segel veränderten das Aussehen der mittelalterlichen Schiffe. Darüber hinaus wurde das Seitenruder durch das Mittelruder ersetzt.

WERKZEUGE DER BOOTSBAUER

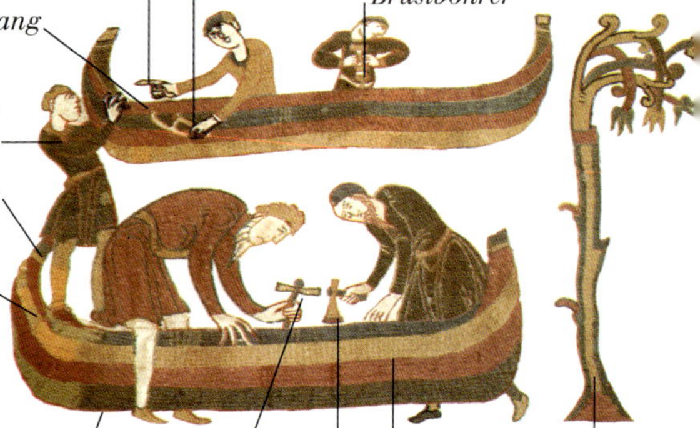

DRACHENKOPF AM BUG

WIKINGERSCHIFF, KARV (KÜSTENFAHRER)

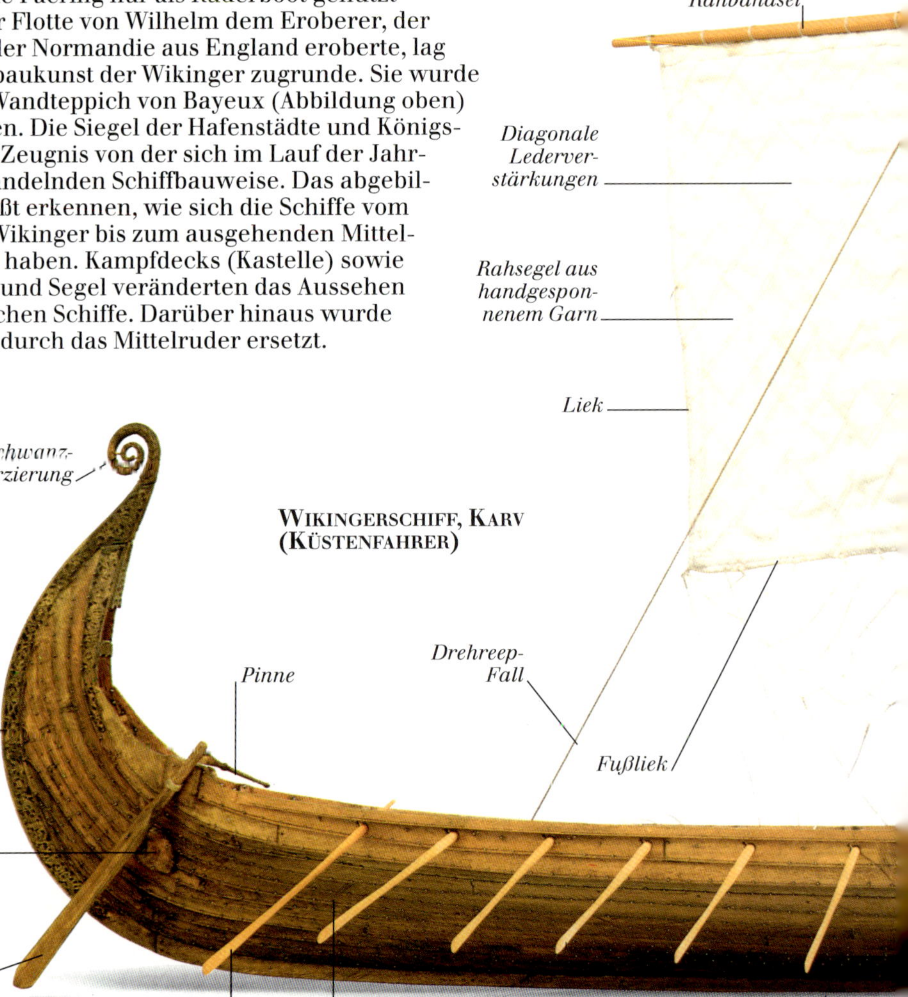

Faering (Ruderboot)

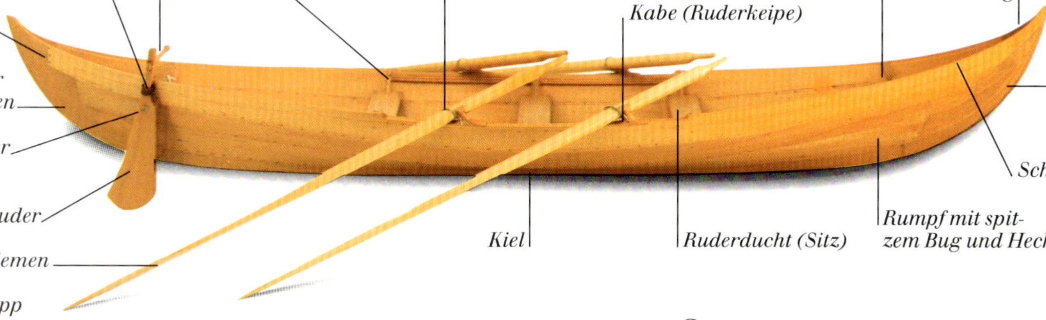

Gerichtssiegel mit einem Dreimastrahschiff

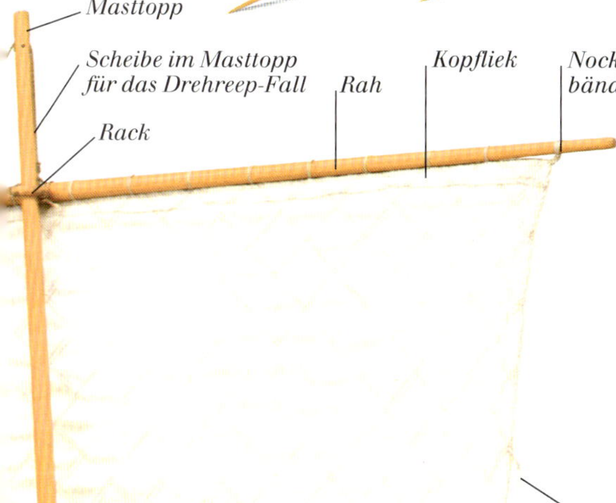
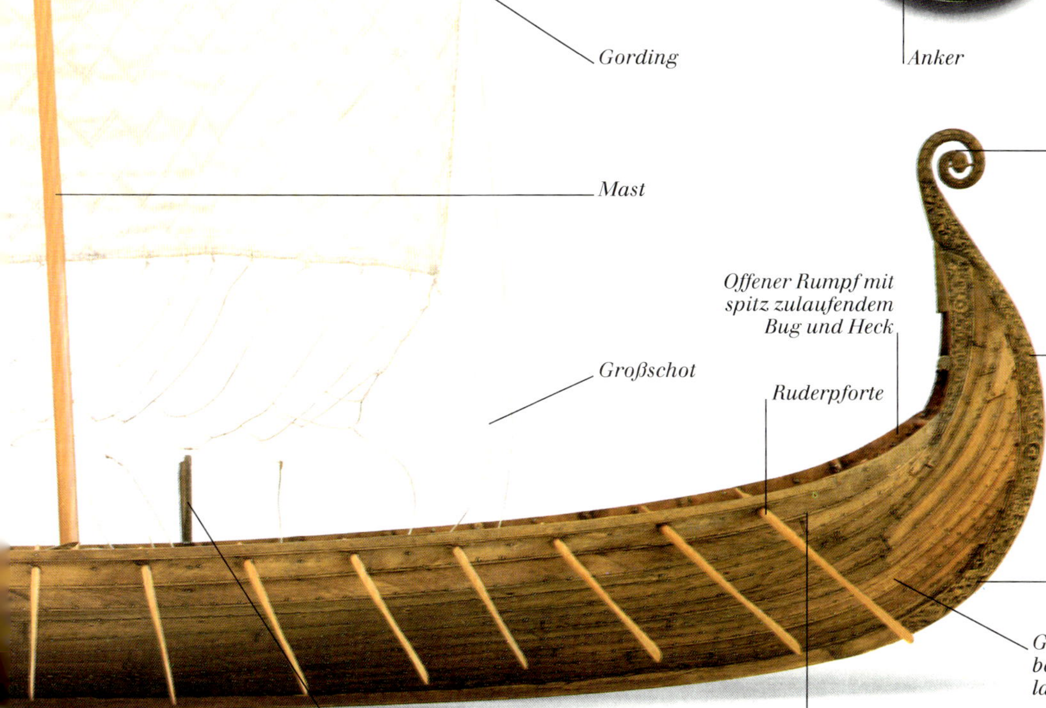

Kriegs- und Handelsschiffe

Ab dem 16. Jahrhundert setzte sich eine neue Rumpfform mit Karweelbeplankung durch. Die einzelnen Planken sind dabei Kante an Kante aneinandergesetzt. Die Kriegsschiffe jener Zeit, wie etwa die „Mary Rose“ König Heinrichs VIII. von England, verfügten über eine beeindruckende Feuerkraft, denn sie waren sowohl mit weitreichenden Bronzegeschützen als auch mit kleineren eisernen Geschützen bestückt; letztere wurden auf die feindliche Schiffsbesatzung gerichtet. Außerhalb von Europa hatten Schiffe viele andere Formen. Dhaus transportierten Sklaven von Ostafrika nach Arabien, wobei sie mit ihren längsschiffs geriggten Lateinersegeln hart am Wind entlang der Küste über den Indischen Ozean segelten. Chinesische Dschunken erreichten Ostafrika und Arabien. Ihre Handelsgüter waren in wasserdichten Lagerräumen untergebracht. Neue astronomische Instrumente erleichterten den Seeleuten des Mittelalters die Navigation (Kursbestimmung). Mit Jakobsstab und Astrolabium konnte der Steuermann den Stand der Sonne oder anderer Gestirne bestimmen. Beim Jakobsstab wurde zum Messen des Höhenwinkels einer von vier Querstäben entlang dem mit einer Gradeinteilung versehenen Längsstab verschoben, bis sich die Basis mit dem Horizont und die Spitze mit dem Himmelskörper deckten. Der Peilstab des Astrolabiums wurde auf einen bekannten Stern ausgerichtet und sein Stand an der Gradskala einer Metallscheibe abgelesen. Sonnenuhren zeigten durch den Schatten des Zeigers die Uhrzeit an.

DHAU

DSCHUNKE

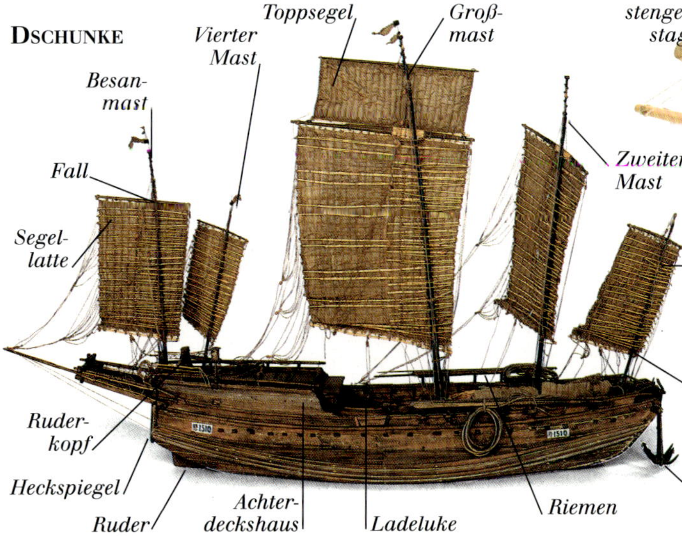

KRIEGS-SEGELSCHIFF

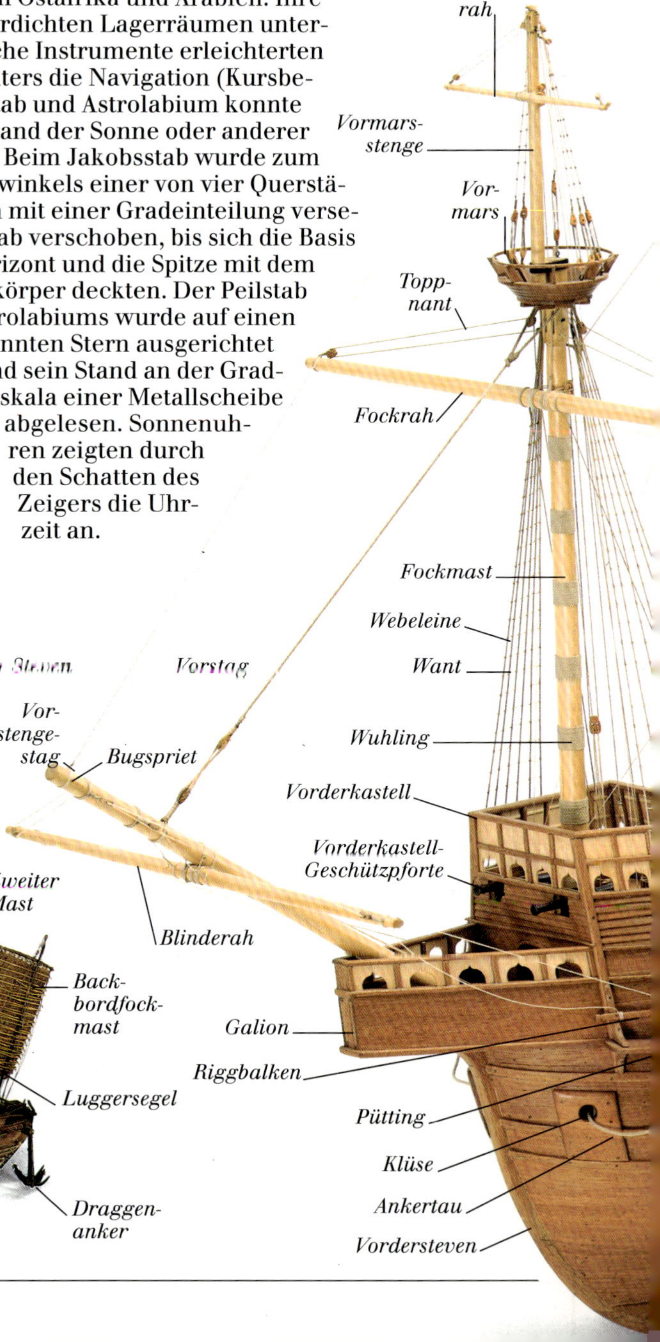

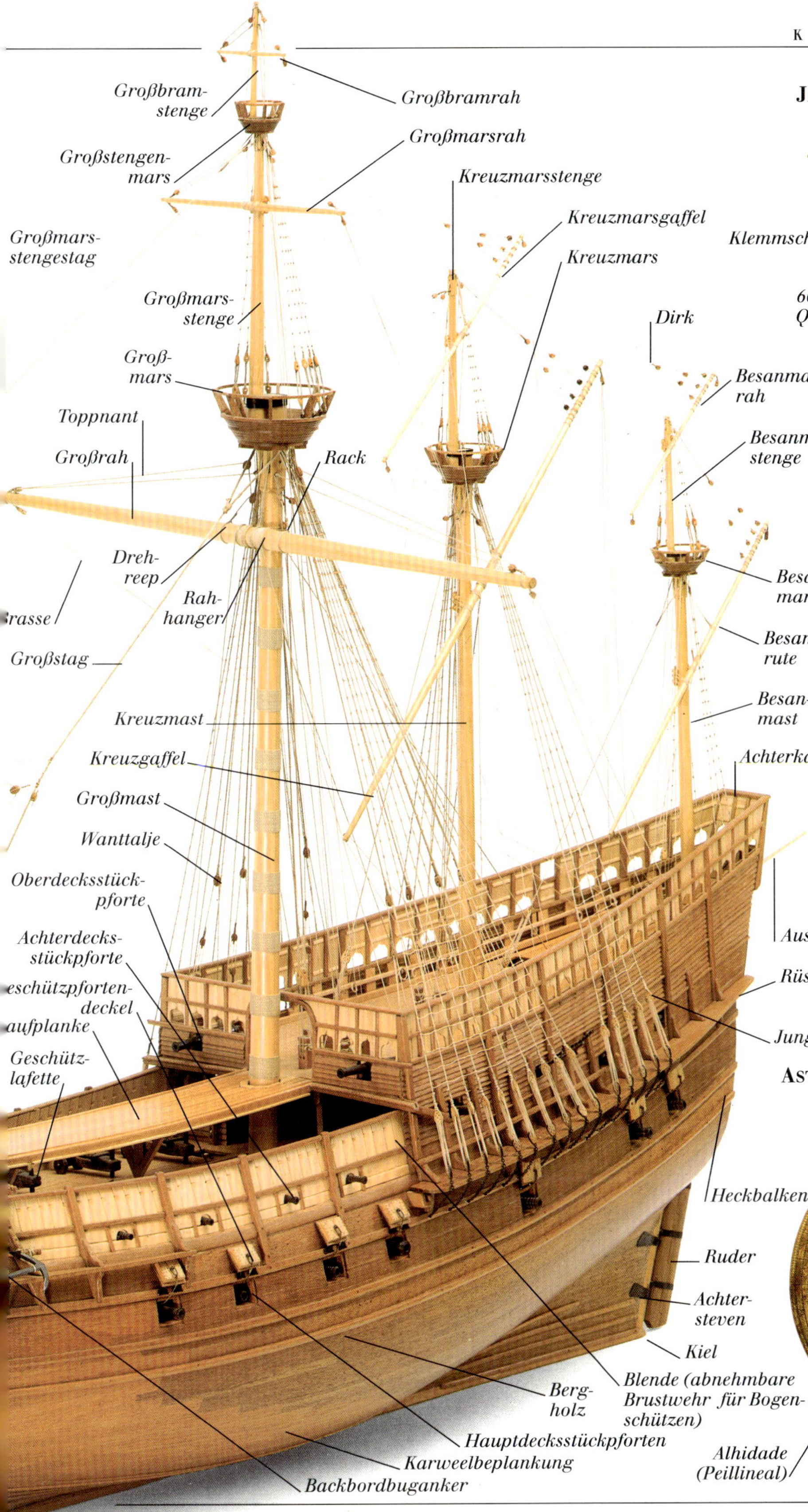

Jakobsstab

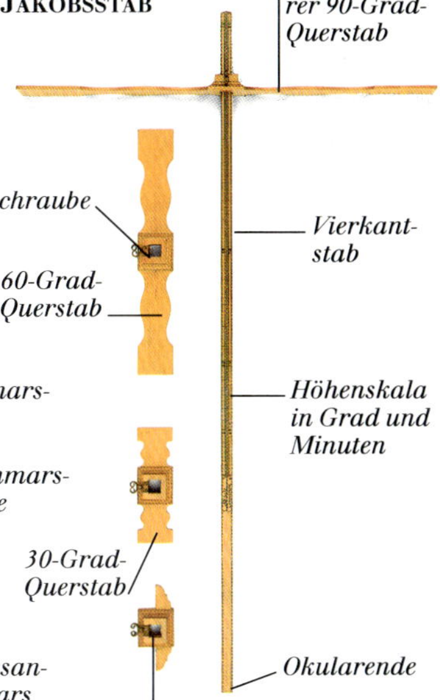

Sonnenuhr

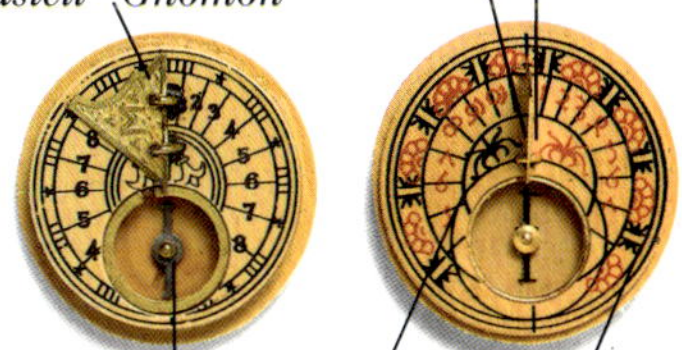

Astrolabium

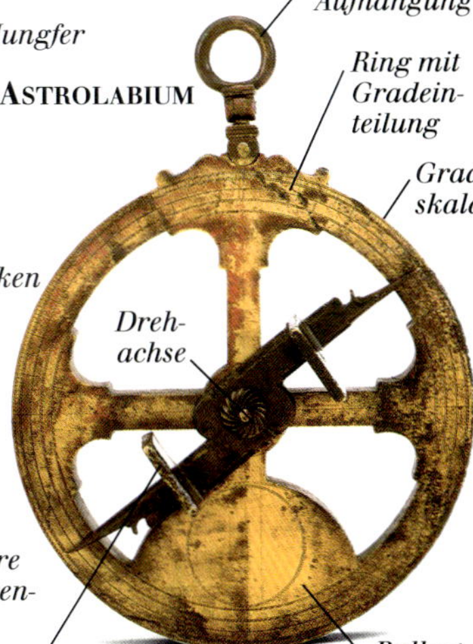

Die Zeit der Segelschiffahrt

Im 18. Jahrhundert hatten sich die Segelschiffe zu schnellen schwimmenden Festungen entwickelt. Die Marineflotten der nordeuropäischen Mächte suchten einander beim Bau von schwerbewaffneten Kriegsschiffen zu übertreffen. Das ausgeprägte Rundheck des abgebildeten Schiffes mit seiner offenen Achtergalerie und den prächtigen Schnitzereien ist für jene Zeit typisch. Die Rümpfe weisen einen halbkreisförmigen Querschnitt auf. Viele Bootsbaumeister sollten jedoch bald wieder zu den V-förmigen Rumpfspanten der Wikinger zurückkehren. Auch die Segelfläche war größer als je zuvor. Ein labyrinthähnliches Rigg hielt die Masten und Spieren, an denen die unzähligen Rahsegel gesetzt wurden. Mit dem Ansetzen von Stengen an die Untermasten wuchs das Rigg immer höher, und längere Bugspriets ermöglichten das Aufziehen von Stag- und Klüversegeln. Eine Reihe von hintereinander segelnden Schiffen stellte die Schlachtordnung bei Kämpfen zur See dar, so daß die Breitseiten mit allen Decksgeschützen die größtmögliche Wirkung erzielen konnten. Die Schiffskategorien wurden nach der Anzahl der Kanonen festgelegt, wobei ein Schiff ersten Ranges mehr als 100 Kanonen trug, deren Geschosse massive, meist eiserne Kugeln waren.

BUG

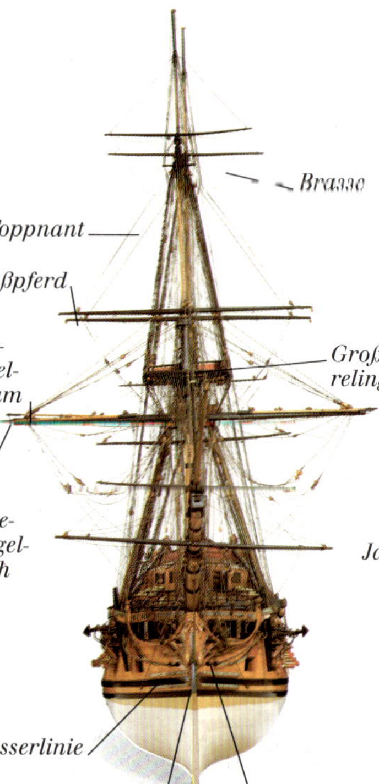

HÖLZERNES SEGELSCHIFF

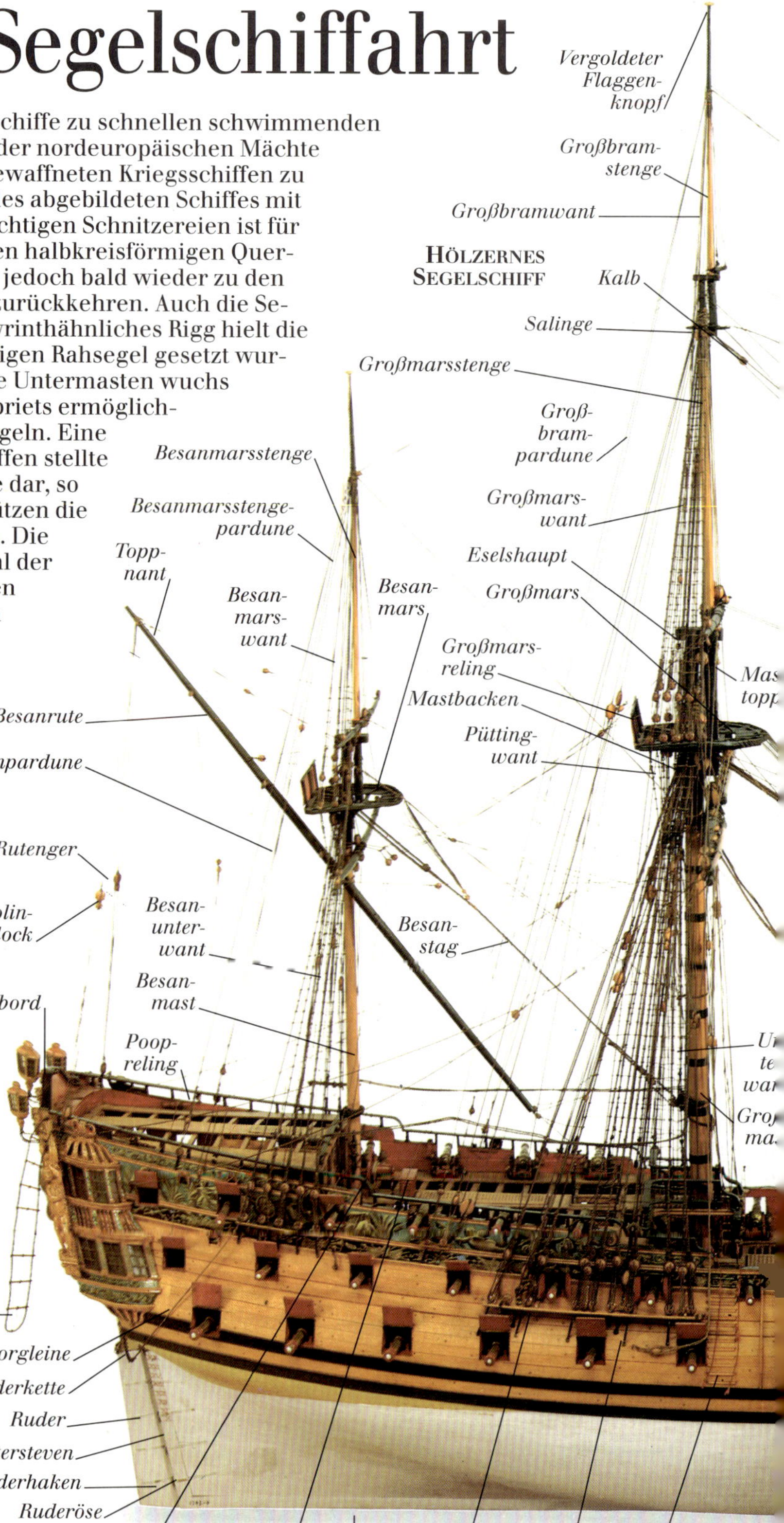

Besegelung eines 74-Kanonen-Schiffes

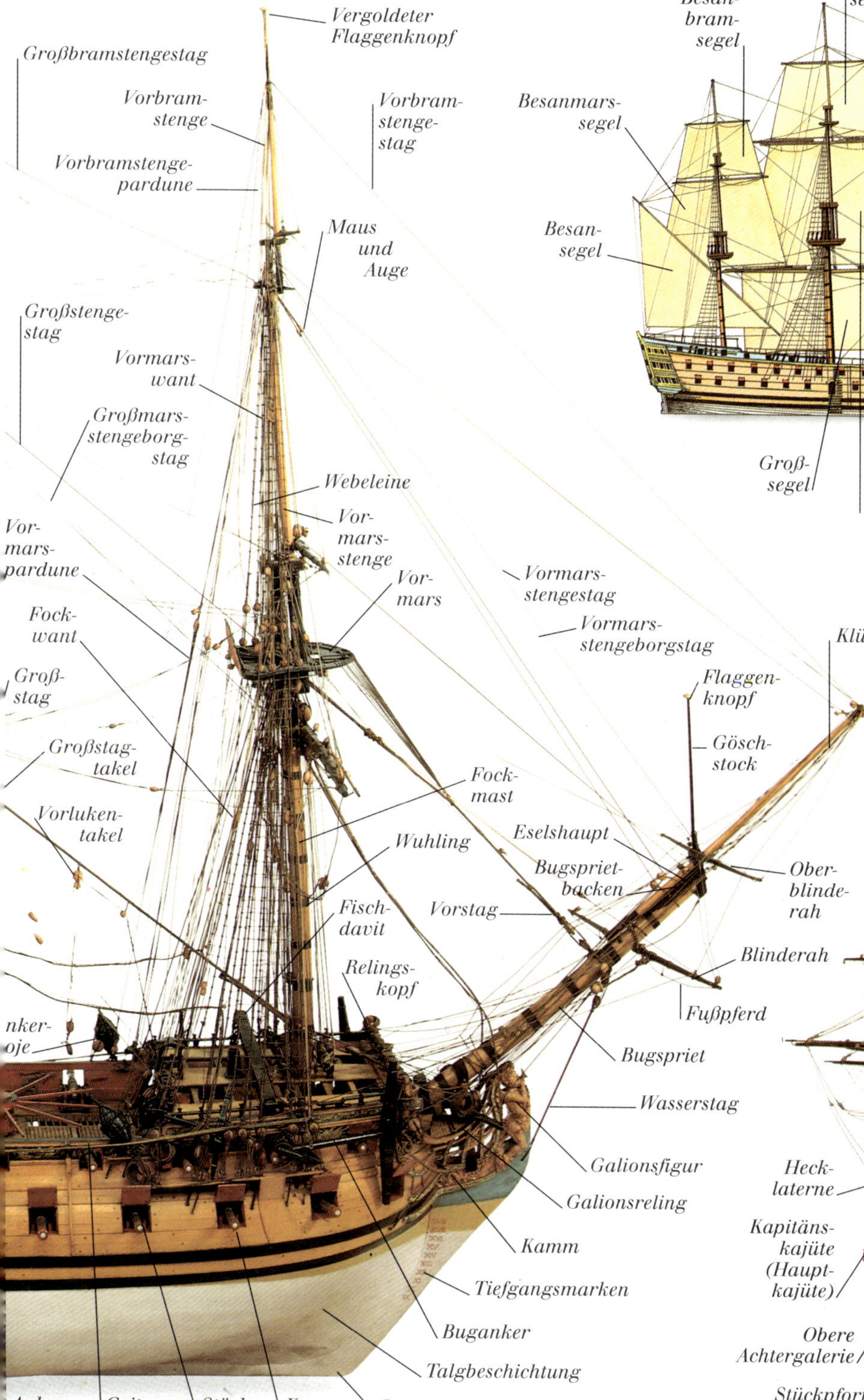

Heck

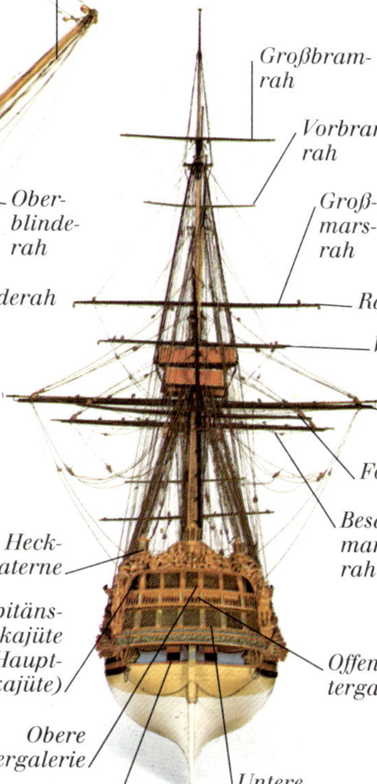

Das Linienschiff

Das hölzerne 74-Kanonen-Schiff bildete das Rückgrat der britischen und französischen Kriegsflotten im ausgehenden 18. und frühen 19. Jahrhundert. Dieses „Linienschiff“ konnte es dank seiner Tonnage auch mit größeren Schiffen aufnehmen, war aber zugleich außerordentlich wendig. Die Länge des Rumpfes war durch die Anzahl der Kanonen und den Raumbedarf der für sie zuständigen Mannschaften bestimmt. Das Batteriedeck hatte eine Länge von etwa 52 m (170 Fuß). Um das Gewicht der Kanonen tragen zu können, mußten die Decks sehr solide gebaut sein. Bei dem abgebildeten Schiff sind die Decksplanken abgenommen, um einen Blick auf die engstehenden Balken zu gewähren, die dem Rumpf die nötige Stabilität verliehen. Nur Hölzer allerhöchster Qualität fanden Verwendung. Bug- und heckwärts vom offenen Mittelteil des Oberdecks lagen die Offizierskabinen. Vor- und Achterdeck waren mit leichten Kanonen bestückt und dienten als Arbeitsdeck zur Handhabung des Riggs und zur Erkundung. Die Langboote des Schiffes (Beiboote) hingen an Bäumen zwischen den Laufplanken.

BARKASSE

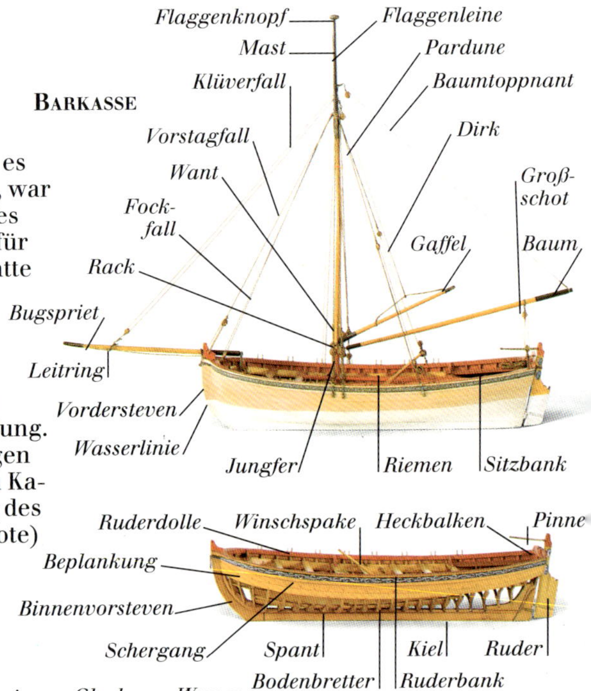

OBERDECK EINES 74-KANONEN-SCHIFFES

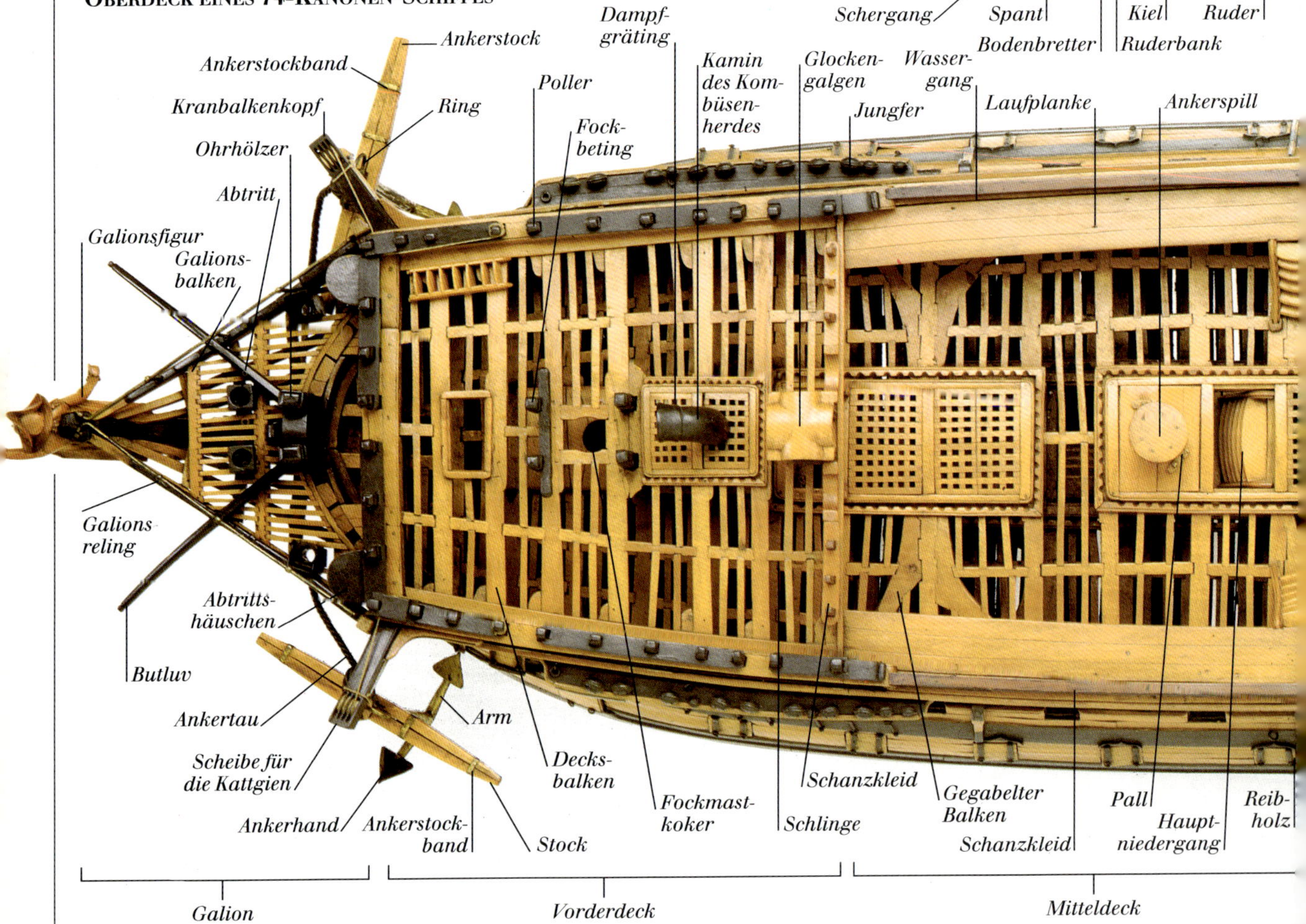

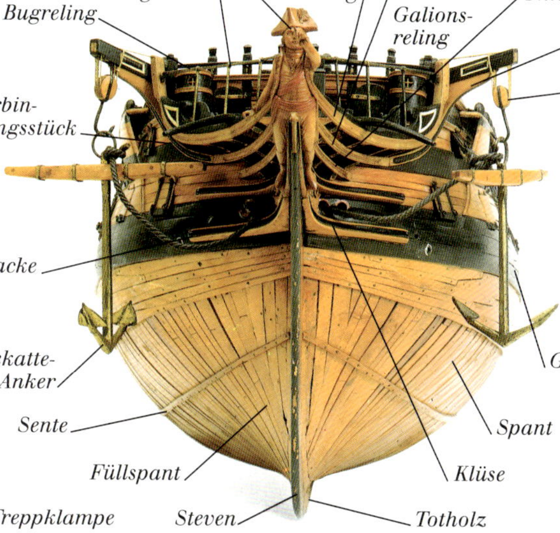
BUG
Galionsfigur
Obere Galionsreling
Bugbalken
Mittlere Galionsreling
Untere Galionsreling
Bugreling
Drücker
Kattblock
Verbindungsstück
Backe
Gekatteter Anker
Großes Bergholz
Sente
Spant
Füllspant
Klüse
Steven
Totholz

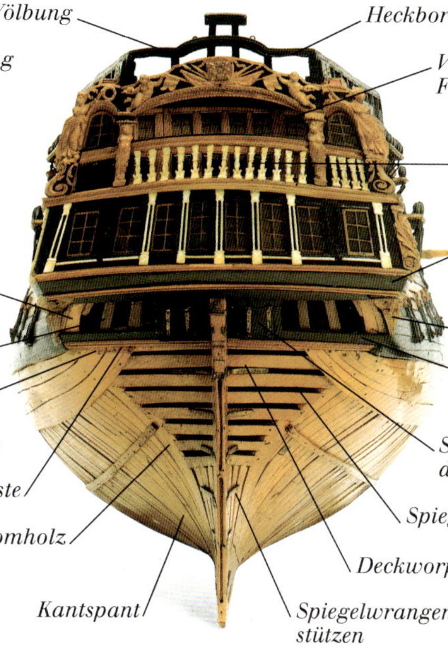
HECK
Wölbung
Heckbordreling
Verglastes Fenster
Offene Galerie
Heckseitenstütze
Obere Gillung
Gillungsknie
Drücker
Ansatz
Untere Gillung
Stückpfortendeckel
Ansetzleiste
Spiegelwrange
Randsomholz
Deckworp
Kantspant
Spiegelwrangenstützen

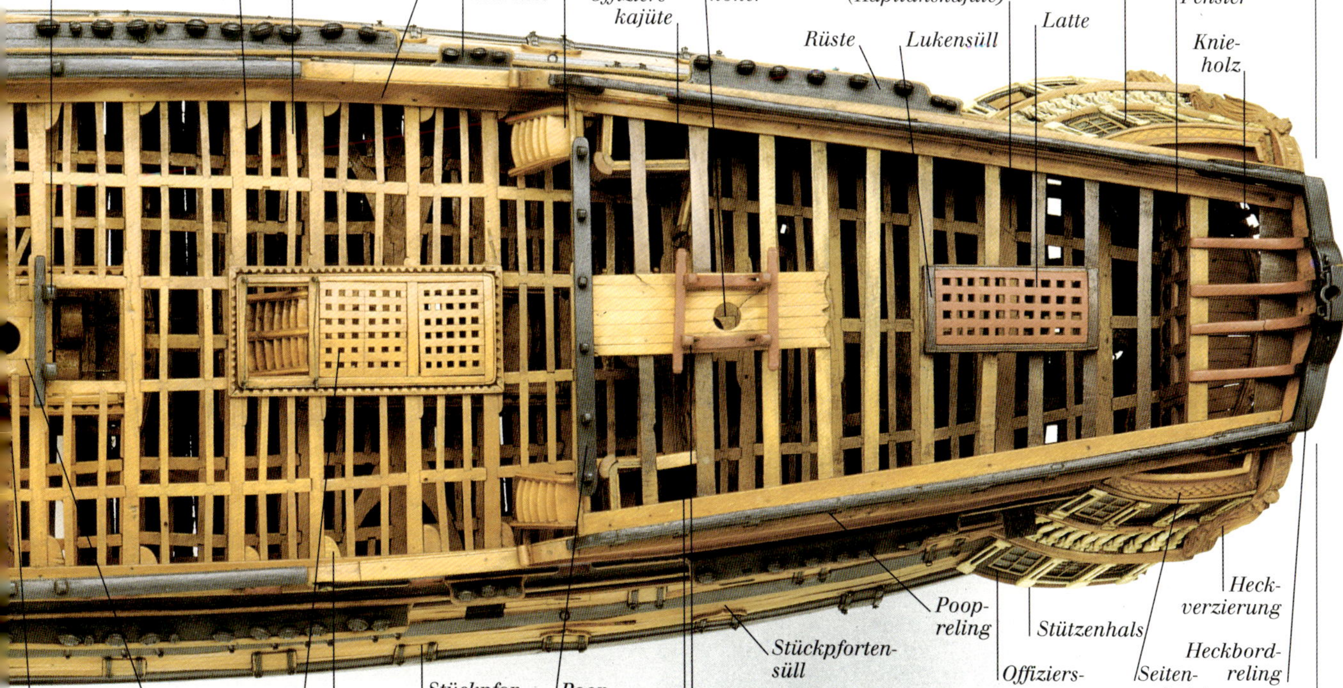
Treppklampe
Augbolzen
Großbeting
Decksrippe
Niedergangstreppe
Lukensüll
Wassergang
Pardunenrüste
Besanmastkoker
Offizierskajüte
Hauptkajüte (Kapitänskajüte)
Heckstütze
Verglastes Fenster
Latte
Rüste
Lukensüll
Knieholz
Heckverzierung
Poopreling
Stützenhals
Heckbordreling
Stückpfortensüll
Offiziersmesse
Seitengaleriekappe
Stückpfortendeckel
Poopvorderreling
Gräting
Besanbeting
Großmastkoker
Fischung
Horizontalknie
Zahlmeisterkajüte
Achtergalerie
Mitteldeck
Poopdeck

Das Rigg

Die meisten Segelschiffe verfügen im Rigg über zwei Kategorien von Tauwerk: Das stehende Gut – auf Spannung durch Spannschrauben oder früher durch Taljereep und Jungfern gehalten – bezeichnet die Taue, Drahtseile und Ketten, die Masten und Rahen (horizontale Spieren) halten. Das laufende Gut dient zum Setzen, Einholen sowie Trimmen der Segel und umfaßt verschiedene Arten von Blöcken und Taljen, Fallen und Schoten.

Bugspriet und Klüverbaum

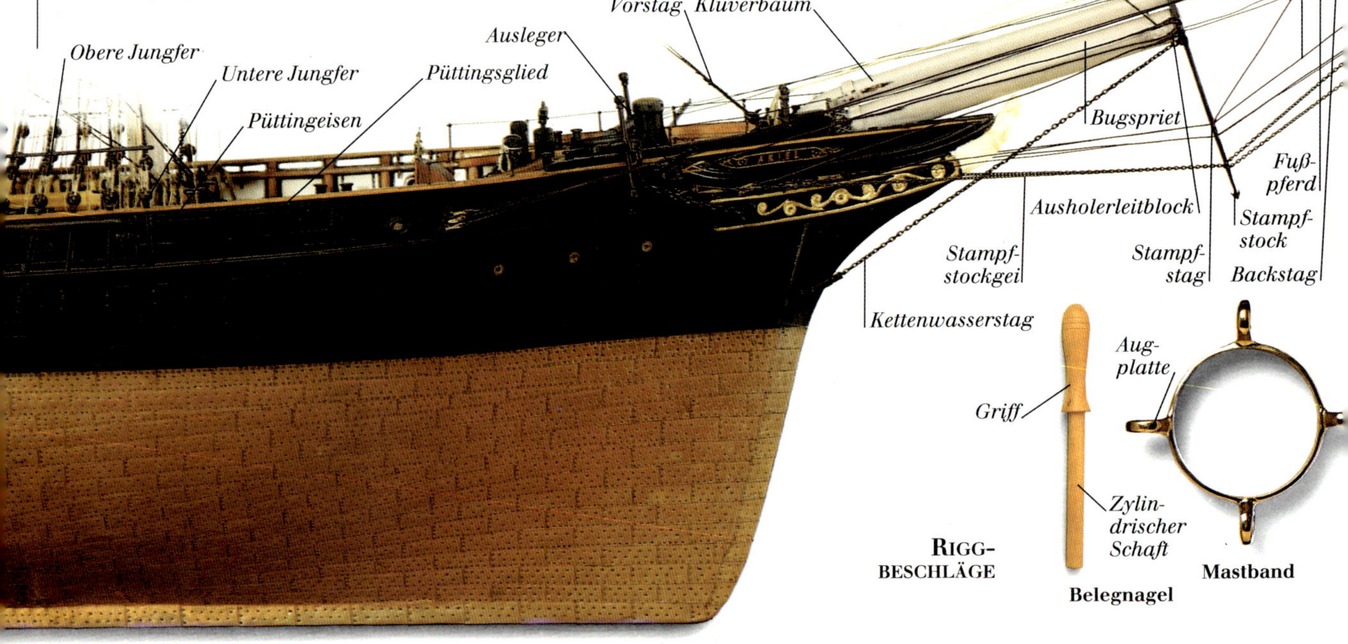

Rigg-Beschläge

Belegnagel

Mastband

Blöcke und Taljen

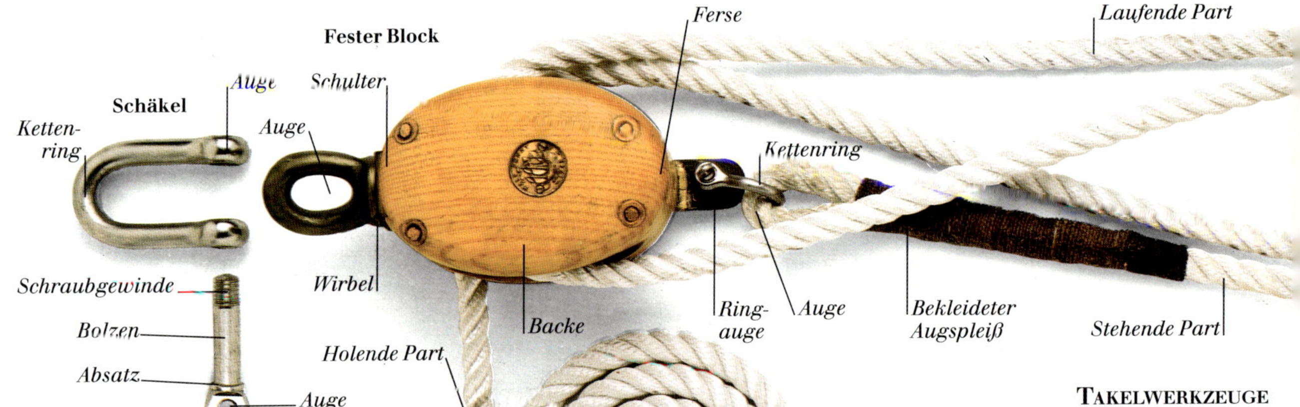

Schäkelbolzen

Takelwerkzeuge

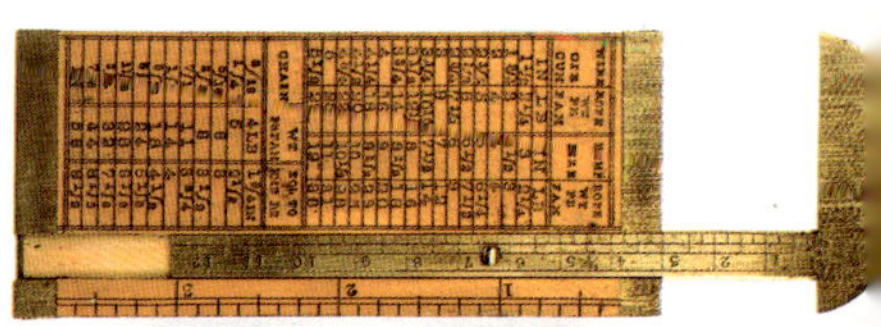

Taklerlehre zur Messung der Durchmesser von Tauen und Drahtseilen

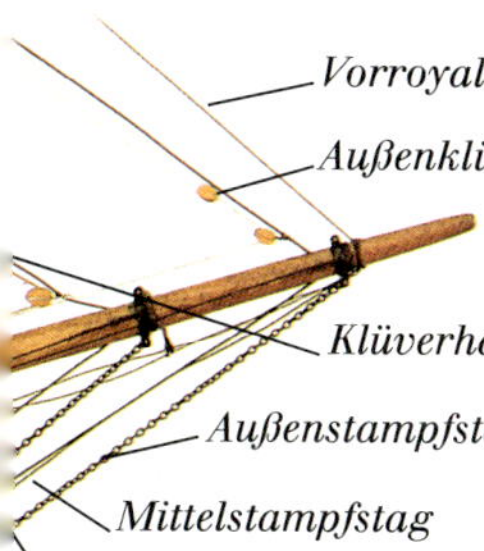

Dreischeibiger holländischer Violinenblock

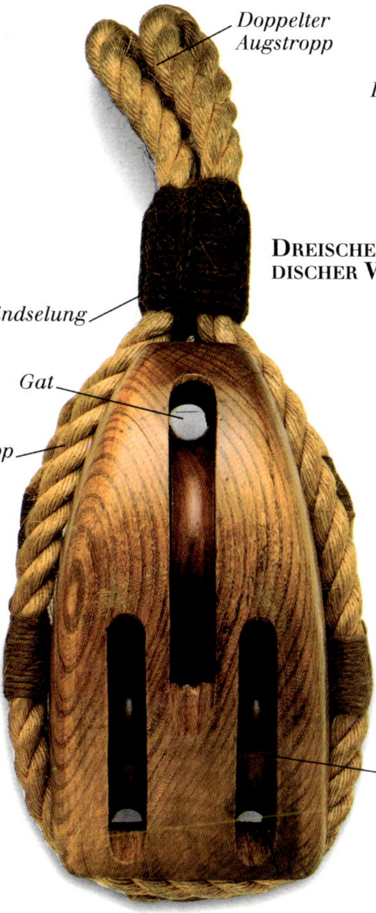

Klotje

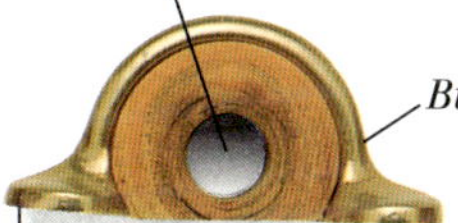

Leitöse

Laufender Block

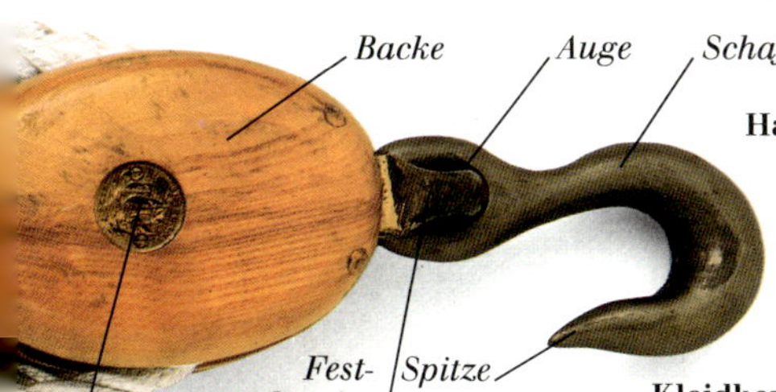

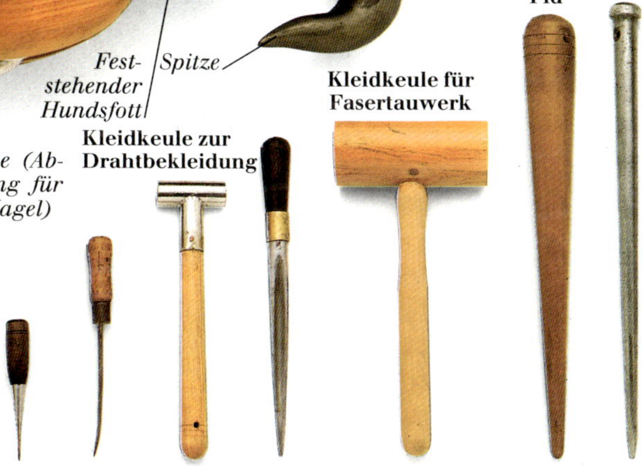

Taljereep und Jungfern

Spannschraube

Segel

Es gibt zwei Hauptkategorien von Segeln, die oftmals gemeinsam geriggt werden. Rahsegel sind Vorwindsegel, die mit Anschlagbändseln an Rahen festgemacht werden und quer zum Mast gesetzt sind, um den achterlichen Wind einzufangen. Bei Schratsegeln hingegen, z.B. Lugger- oder Lateinersegeln, liegt das Mastliek (Vorderrand des Segels) normalerweise direkt am Mast oder einem Stag an. Der Kopf des Segels kann mit einer Gaffel verbunden sein, der Fuß mit einem Baum. Je nach Region gibt es unterschiedliche Riggs (Segelanordnungen), z.B. Ketsch, Lugger oder Schoner. Ein Segel ist aus Tuchstreifen gefertigt, die so geschnitten sind, daß das fertige Segel eine gebauchte Form erhält. Die Segel müssen fest genug sein, um auch stärksten Winden zu trotzen.

TEIL EINES SEGELS

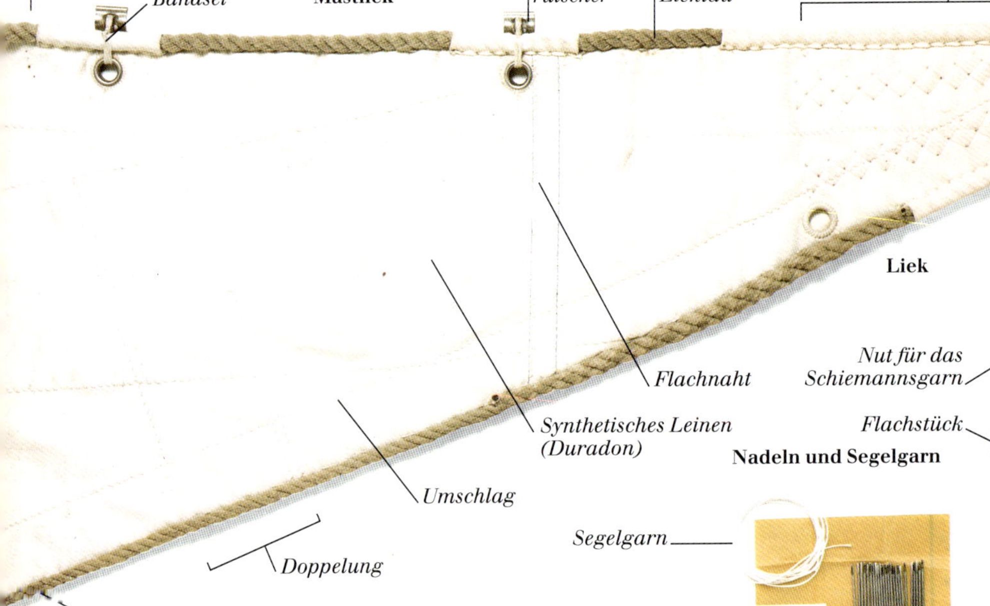

Kleidkeule

Fid des Segelmachers

Nadeln und Segelgarn

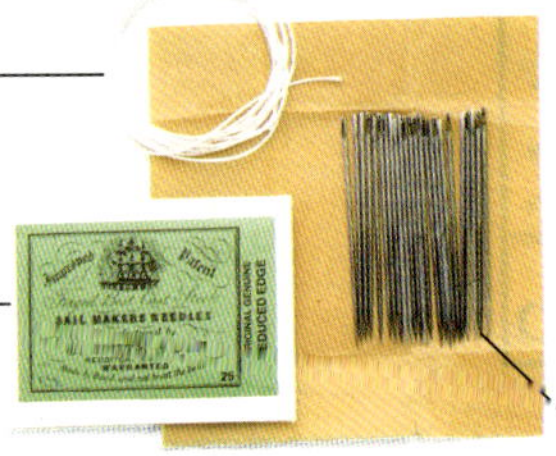

SEGELTUCH

Segelhaken

Segelmacherhandschuh

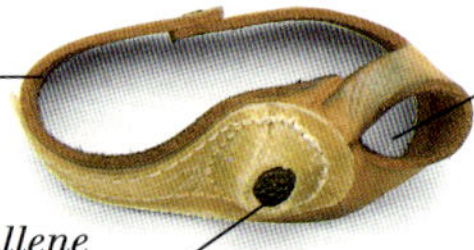

Bienenwachs

Segelmacherhammer

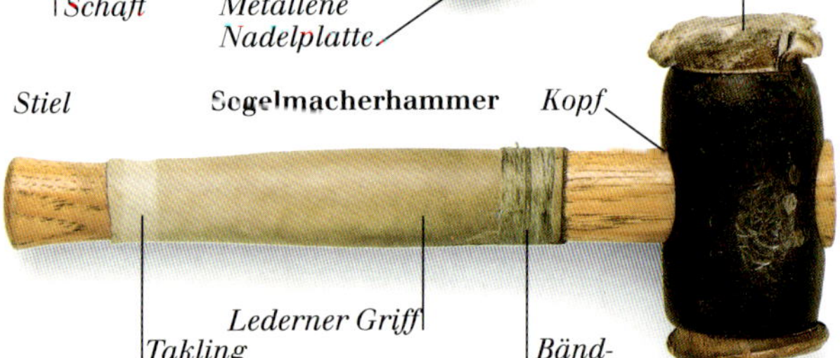

SEGELMACHERWERKZEUGE

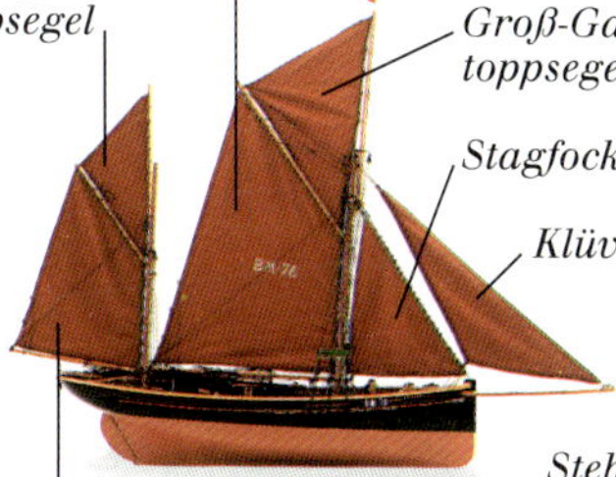

Ketsch

Lugger

Verschiedene Riggarten

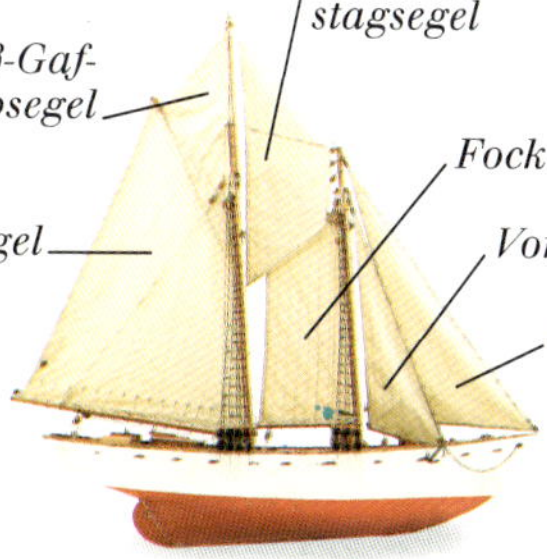

Schoner für den Fischfang (Schratsegelschoner)

Segel und laufendes Gut eines Toppsegelschoners

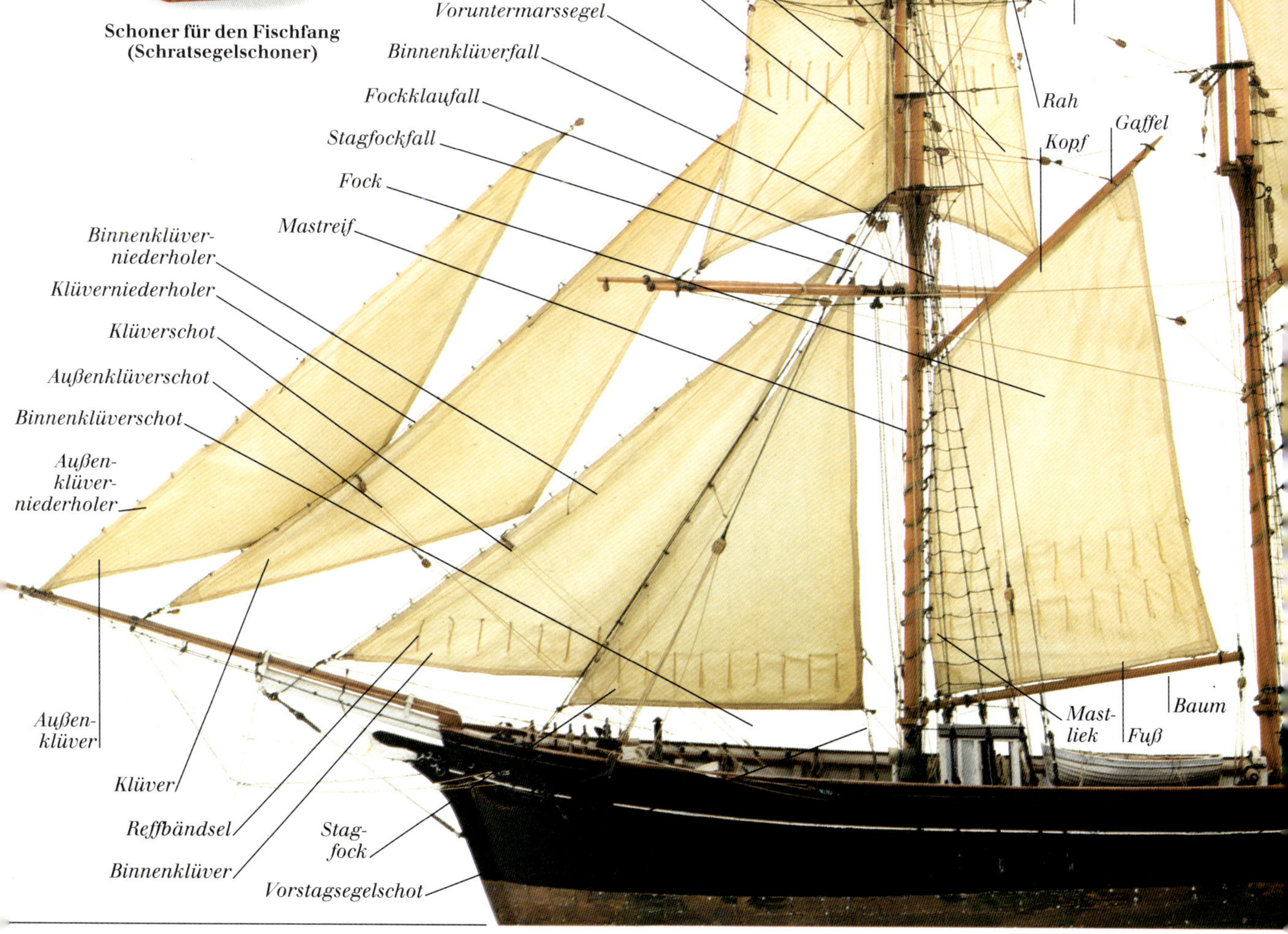

Festmachen und Ankern

Für große Schiffe im offenen Wasser ist eine gute Verankerung von großer Bedeutung. Durch die feste Verbindung mit dem Meeresgrund ist ein Schiff vor den Einflüssen von Wellen, Gezeiten und Strömungen geschützt. Die ersten Anker waren einfache Steine, wobei sich die Ankerform immer mehr dem hier gezeigten Admiralitätsanker annäherte. Der Danforth-Anker besitzt durch seine starken Arme eine größere Haltekraft. Auf den großen Segelschiffen bedienten immer mehrere Seeleute den Anker. Mit Spaken, die in die Welle des Ankerspills gesteckt wurden, betätigten sie die Winde zum Einholen des Ankers. In ruhigen Häfen oder Buchten können Schiffe festmachen, ohne den Anker zu werfen. Festmachertaue werden an Pollern am Schiff und an der Kaimauer belegt. Die Festmacher werden durch Knoten miteinander verbunden.

STEINANKER

VERSCHIEDENE ANKER

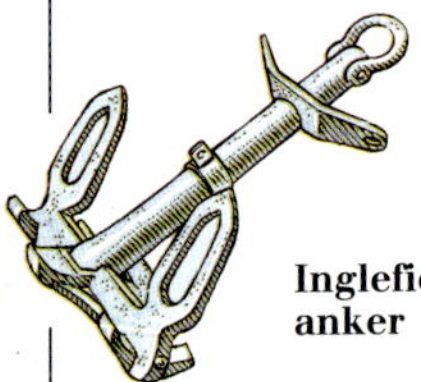

Inglefieldanker

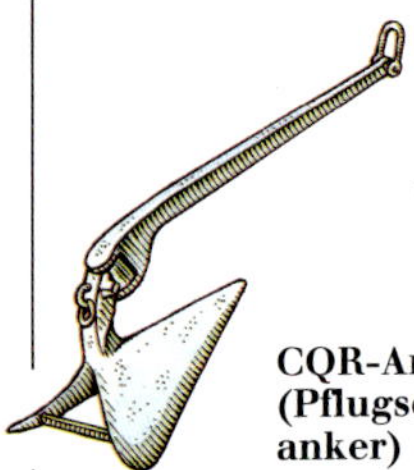

CQR-Anker (Pflugscharanker)

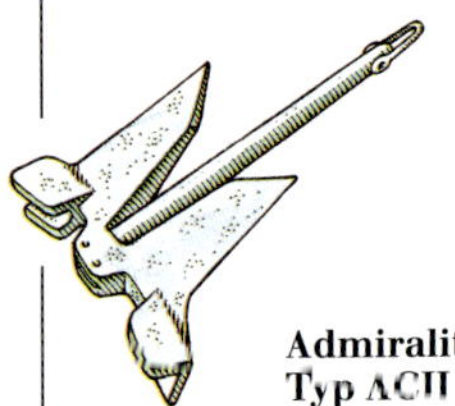

Admiralitätsanker Typ ACII

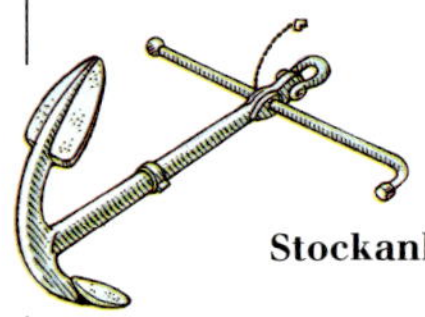

Stockanker

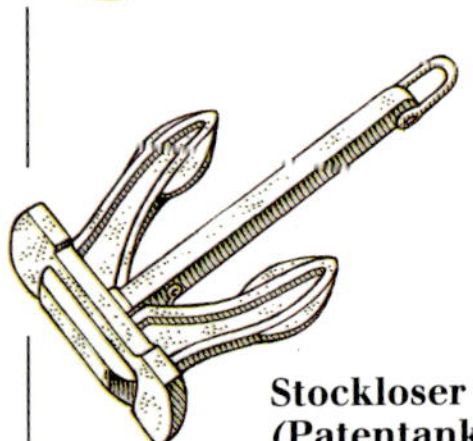

Stockloser Anker (Patentanker)

Pilzanker (für Dauerlieger)

Ankerkette

DANFORTH-ANKER

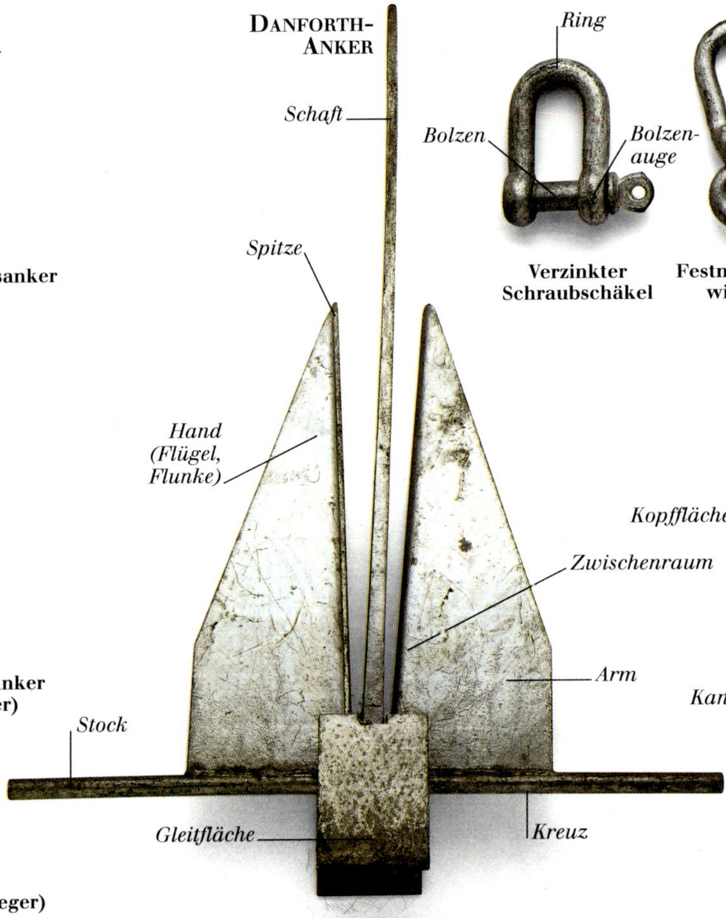

SCHÄKEL, WIRBEL UND GLIED

Verzinkter Schraubschäkel | **Festmacherwirbel** | **Kettenwirbel** | **Schotschäkel**

DOPPELPOLLER MIT SCHRÄGEN PFOSTEN UND EINER TROSSE (SCHWERES TAU)

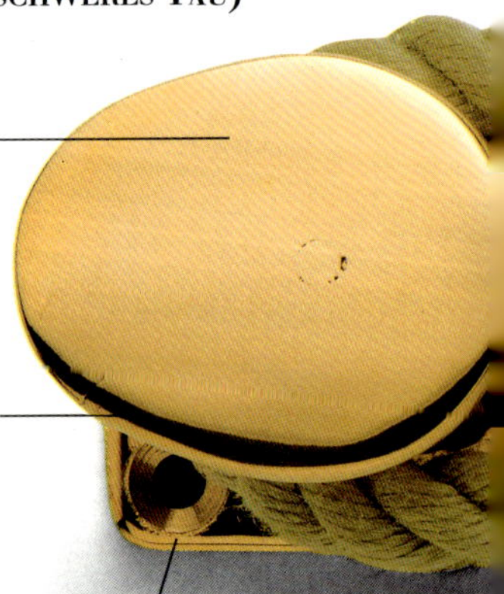

Festmachertaue (Trossen)

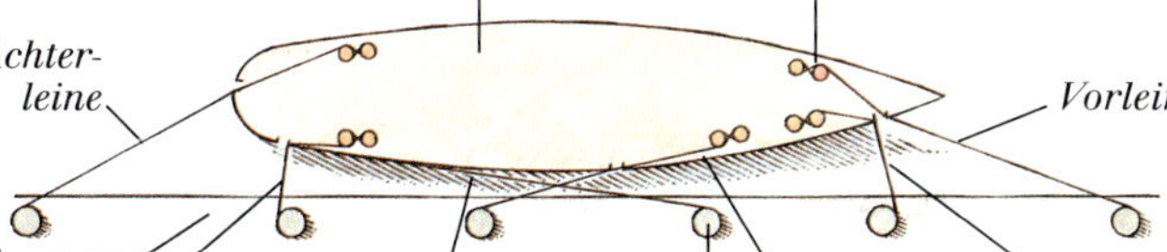

Festmacherknoten

Kabelstek (zwei Rundtörns und zwei halbe Schläge)

Trossenstek

Einfacher Schotstek

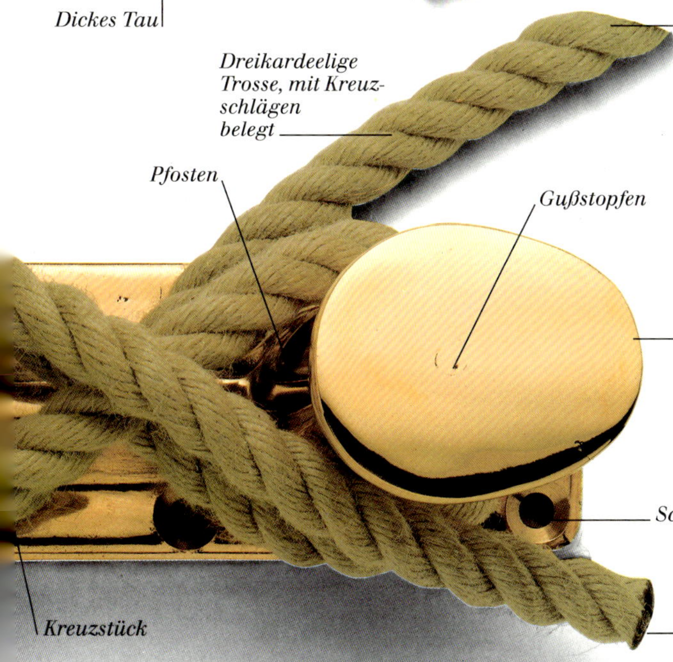

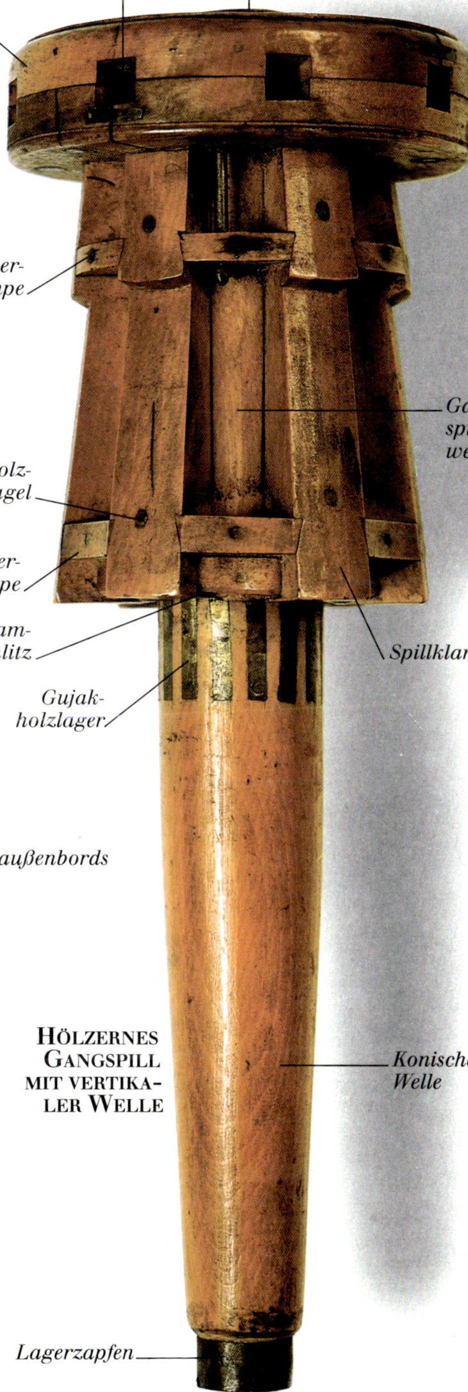

Hölzernes Gangspill mit vertikaler Welle

Tauwerk und Knoten

In der Seefahrt finden die verschiedensten Arten von Tauwerk (von dünnem Zwirn bis zur dicken Trosse) Verwendung. Spezielle Synthetikfasern sind für den Gebrauch auf See entwickelt worden. Dehnbare Nylonseile sind ideale Ankertaue. Polypropylen (wenig Reck) eignet sich besonders für Falle und Schoten. Die vielfältigen Knoten, die nach ihrer Machart und Verwendung Stek oder Schlag genannt werden, müssen nach der Belastung wieder leicht zu lösen sein. Dauerhafte Verbindungen zwischen Leinen und Tauen bilden Spleiße, die durch das Aufdrehen und anschließende Verflechten der Kardeelen entstehen. Auch Bändselungen können aneinandergelegte Seile fest miteinander verbinden.

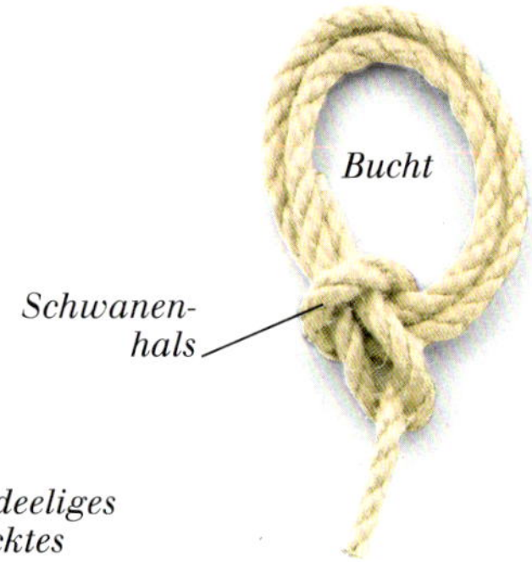

Synthetische Taue

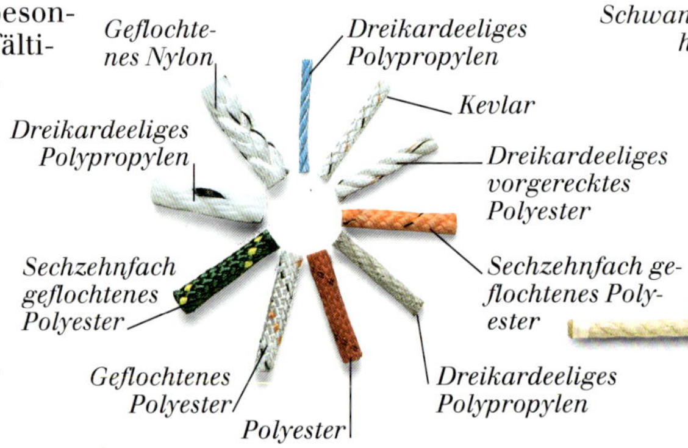

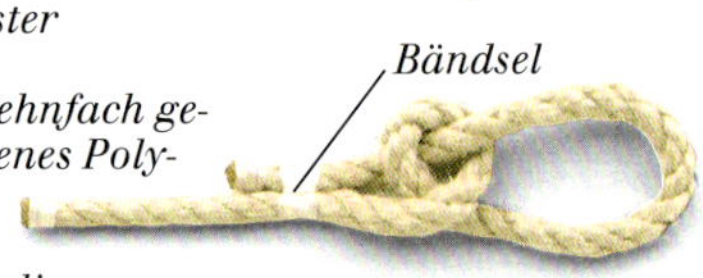

Halber Schlag mit Bändsel

Tauwerk

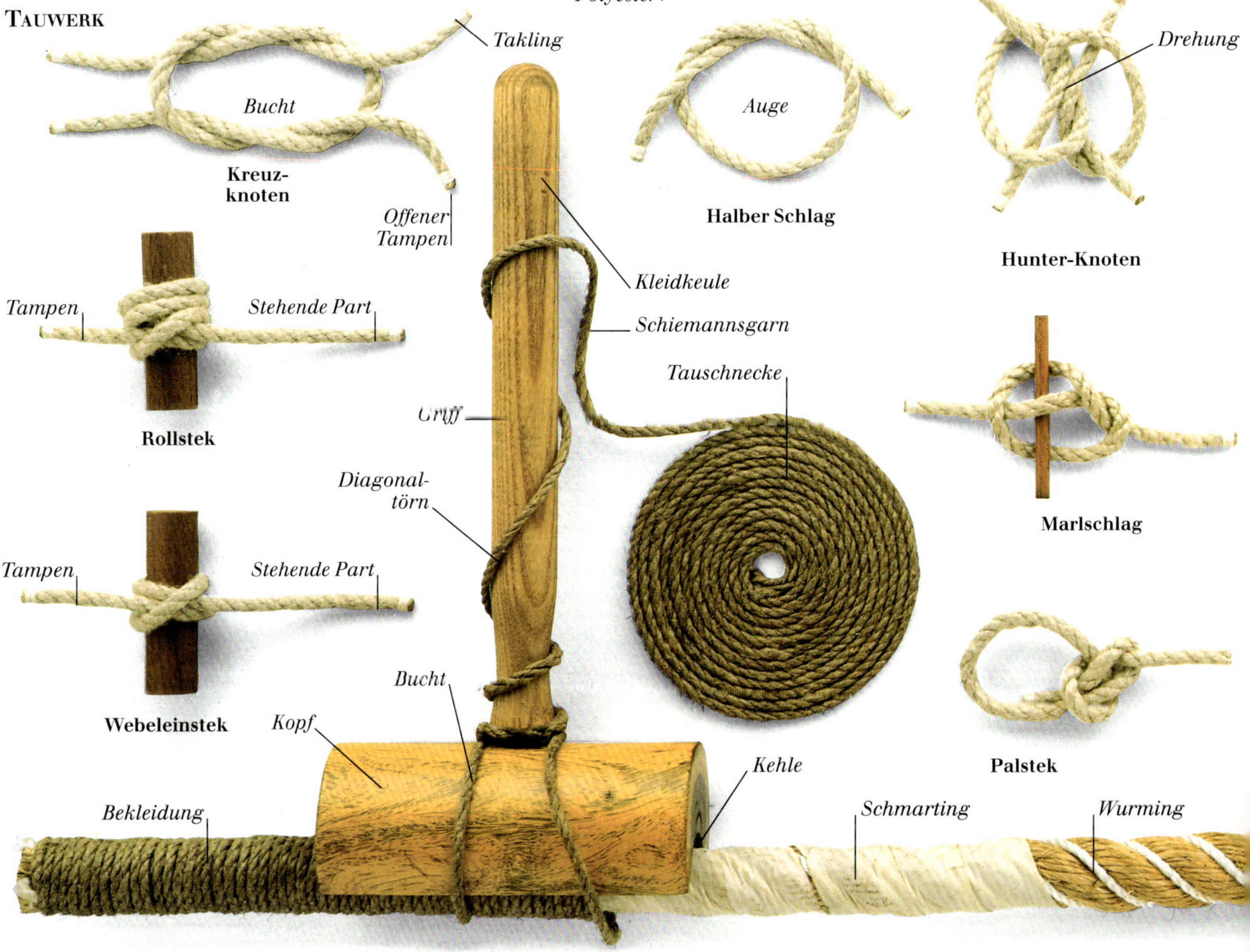

Wurming, Schmarting und Bekleidung

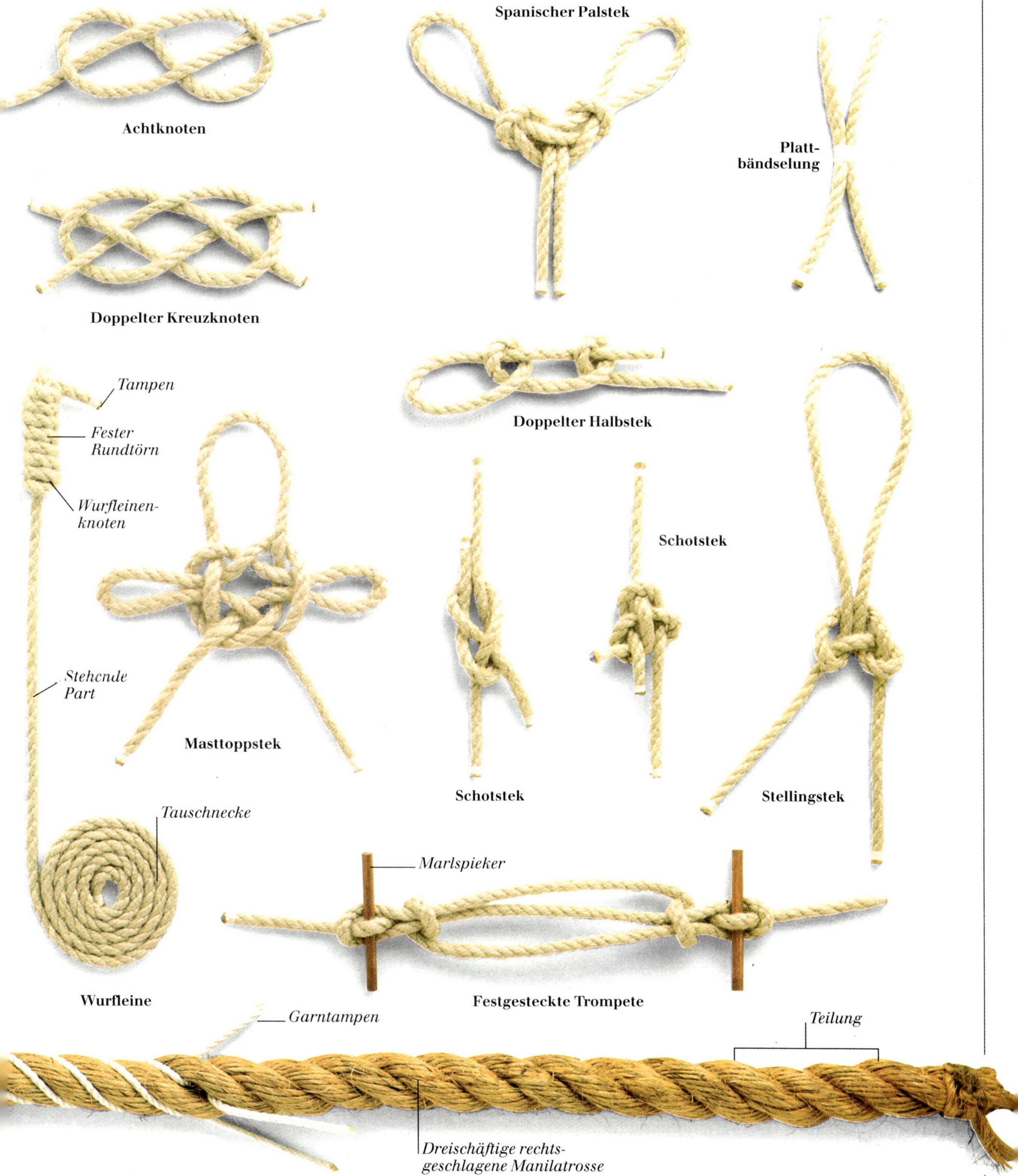

Spanischer Palstek
Achtknoten
Plattbändselung
Doppelter Kreuzknoten
Tampen
Doppelter Halbstek
Fester Rundtörn
Wurfleinenknoten
Schotstek
Stehende Part
Masttoppstek
Schotstek
Stellingstek
Tauschnecke
Marlspieker
Wurfleine
Festgesteckte Trompete
Garntampen
Teilung
Dreischäftige rechtsgeschlagene Manilatrosse

Schaufelräder und Schrauben

Mit der Erfindung der Dampfmaschine im 18. Jh. wurden mechanisch angetriebene Schiffe mit Schaufelrädern oder Propellern zu einer ernsthaften Konkurrenz für die Segler. Die Schaufelräder sind mit feststehenden oder verstellbaren Schaufeln ausgerüstet. Auf dem abgebildeten Modell sind beide Varianten dargestellt, wobei die Antriebskraft verstellbarer Schaufeln größer ist; sie stehen auf ihrem Weg durch das Wasser fast immer aufrecht. Mitte des 19. Jh.s verdrängte der Propeller (die Schraube) dank des höheren Wirkungsgrades, der besseren Seegangseigenschaften und der geringeren Anfälligkeit bei Kollisionen die Schaufelräder auf hochseetüchtigen Schiffen. Die ersten Schrauben hatten zwei Flügel, doch bald entwickelte man stärkere, drei- und vierflügelige Schrauben. Auch die Form und die Neigung der Flügel wurde im Lauf der Jahre ständig verbessert. Im frühen 18. Jh. ersetzte auf vielen größeren Schiffen das Steuerrad die bis dahin übliche Pinne zur Bedienung des Ruders.

STEUERRAD

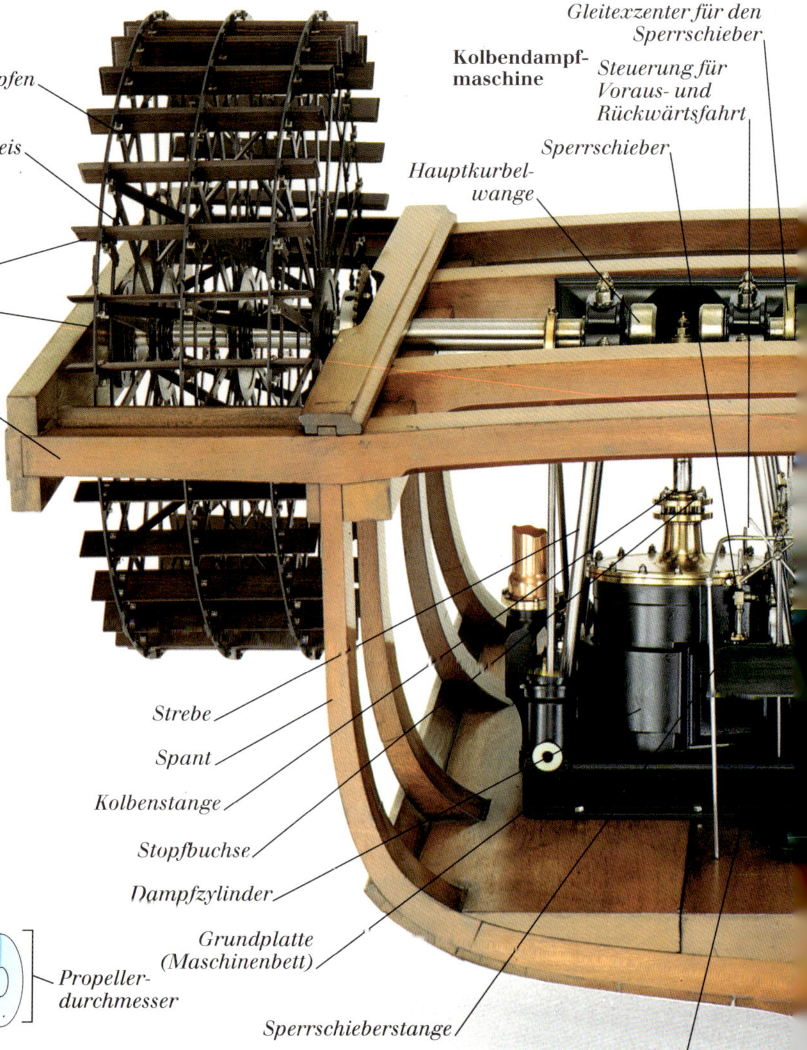

DREIFLÜGELIGE SCHRAUBE

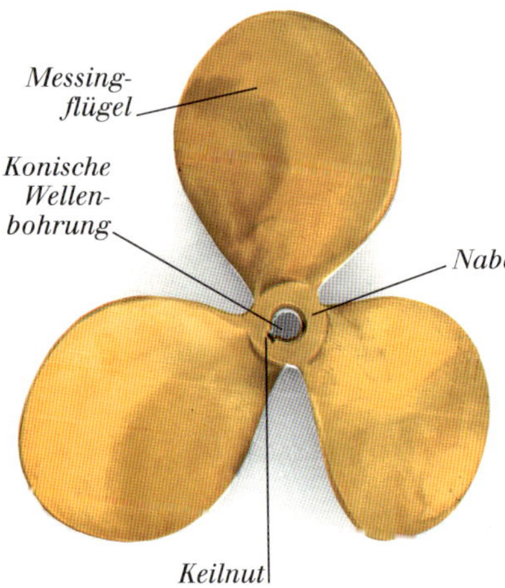

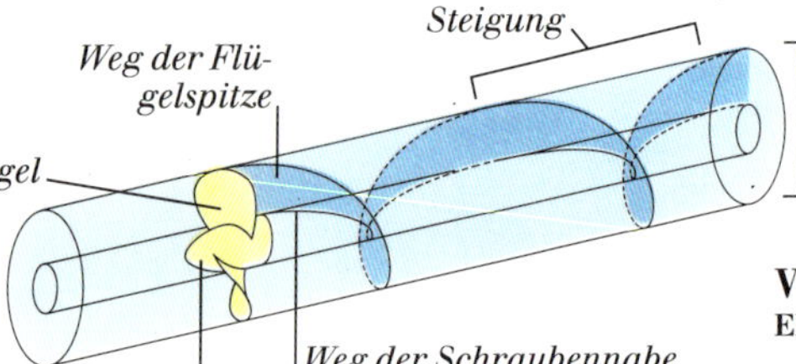

WIRKUNGSWEISE EINER SCHIFFSSCHRAUBE

Konstruktion eines Dampfbootes mit Schaufelrädern

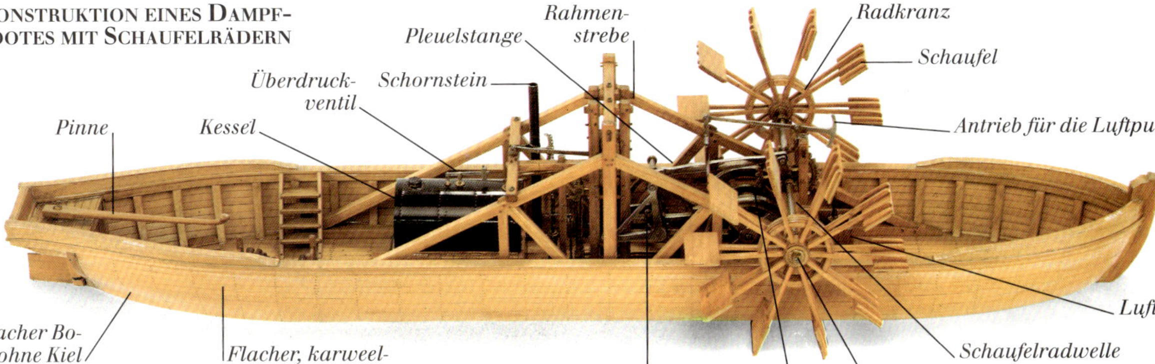

Schaufelrad mit verstellbaren Schaufeln

Antrieb eines Raddampfers

Verschiedene Schrauben

Früher Versuchspropeller von Froude

Schleppschraube

„Selbstantreibende" Schraube

Mantelschraube

Aufbau des eisernen Schiffes

Bereits 1675 wurden beim Bau der Schiffsrümpfe Holzbauteile durch Eisenelemente ersetzt; beide ähnelten sich oft in der Form. Schließlich setzte sich auch das stählerne Rigg, wie hier bei dem Teeklipper „Cutty Sark“, gegen die schwächeren Wanten und Stage aus Tauwerk durch. Die ersten eisenverkleideten Wasserfahrzeuge waren Kriegsschiffe, deren Holzrümpfe durch Panzerplatten geschützt wurden. Später wurden die Rümpfe dann ganz aus Eisen gefertigt. Abgebildet ist das Modell des britischen Kriegsschiffes „HMS Warrior“, das 1860 als erstes vollständig aus Eisen gebautes Schlachtschiff vom Stapel lief. Der Plan des etwas neueren eisernen Schaufelraddampfers zeigt, daß es sich im Grunde um ein Segelschiff handelte. Mittschiffs allerdings war er mit einer Dampfmaschine ausgerüstet, die zwei seitliche Schaufelräder antrieb. Zunächst mußten die Eisenplatten der Rümpfe mühsam zusammengenietet werden. Erst Anfang des 20. Jh.s wurden die Schiffe aus großen Eisenplatten zusammengeschweißt. Das im Zweiten Weltkrieg eingesetzte „Libertyship“ war eines der ersten Schiffe vom „Fließband“.

TEE-KLIPPER

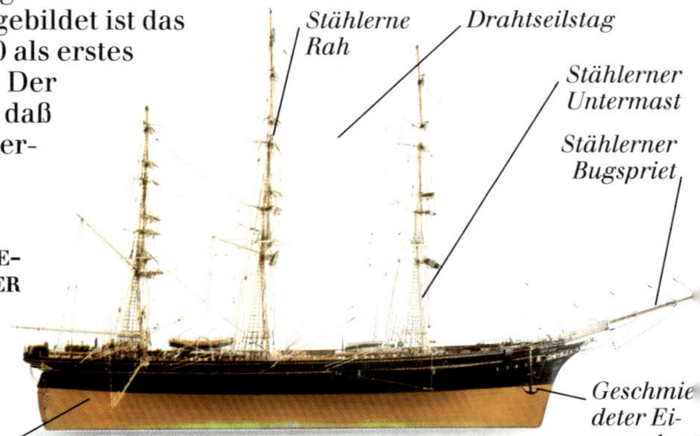

VERNIETETE PLATTEN

LIBERTY-SHIP

PLAN EINES EISERNEN RADDAMPFERS

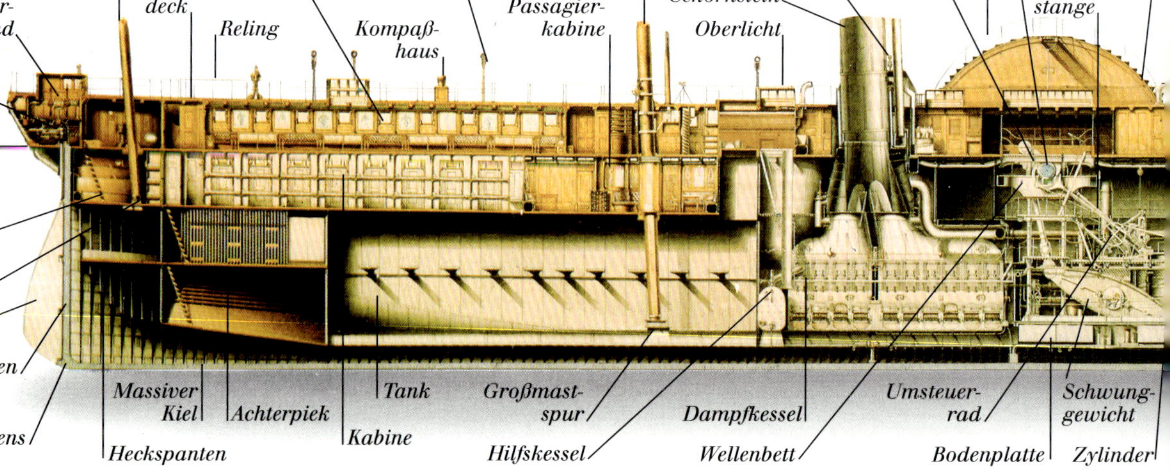

SCHNITTMODELL EINES EISENVERKLEIDETEN SCHIFFES

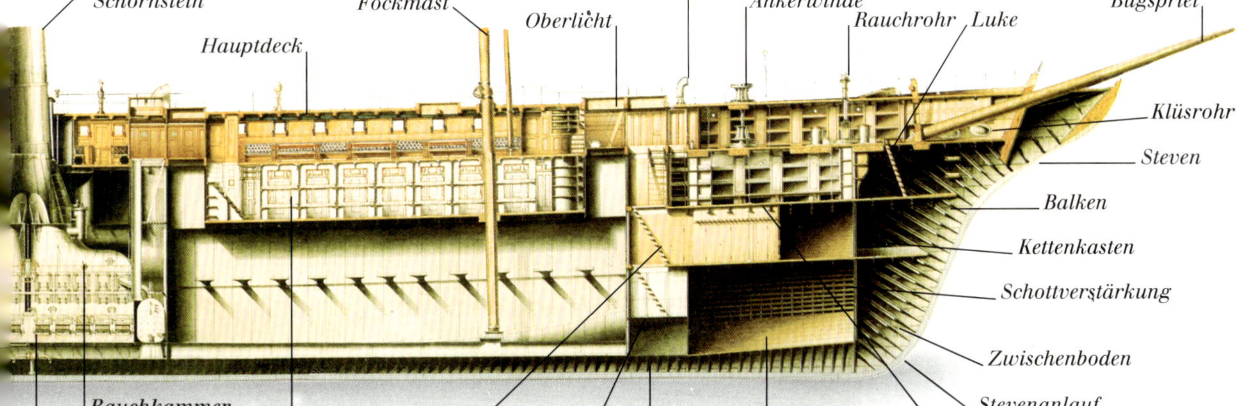

Das Schlachtschiff

Zu Beginn des 20. Jahrhunderts revolutionierte die Einführung von Schlachtschiffen der Dreadnought-Klasse die Kriegsführung zur See sowohl hinsichtlich des Angriffs als auch der Verteidigung. Dieser Schiffstyp, hier am Beispiel eines brasilianischen Kriegsschiffes dargestellt, vereinte die jüngsten Errungenschaften auf dem Gebiet des Dampfantriebs, der Bewaffnung und der Panzerung. Die Reichweite der mit 30 cm dicken Panzerplatten versehenen Geschütztürme war außerordentlich groß. Die für die Geschütze des Schiffes angegebenen Maße beziehen sich auf den Durchmesser der Laufbohrung. Gewichtsangaben weisen auf die Schwere der abgefeuerten Geschosse hin. Torpedos, wie hier auf dem Zigarettenbildchen dargestellt, sind Unterwassergeschosse, die mit einem eigenen Antrieb und oft mit einer Kreiselsteuerung ausgerüstet sind. Unterwasserminen wurden im Ersten Weltkrieg zur Bekämpfung untergetauchter U-Boote entwickelt. Dabei handelt es sich um sprengstoffgefüllte Behälter, die von druckempfindlichen Zündern zur Detonation gebracht werden. Das Zigarettenbildchen zeigt Unterwasserminen, die von einem Werfer oder einem Torpedorohr abgefeuert oder über Heck gerollt wurden. Vom späten 19. Jahrhundert an trugen Kriegsschiffe Schilder. Das abgebildete Schild zeigt eine alte Schiffskanone.

BEWAFFNUNG IM 20. JAHRHUNDERT

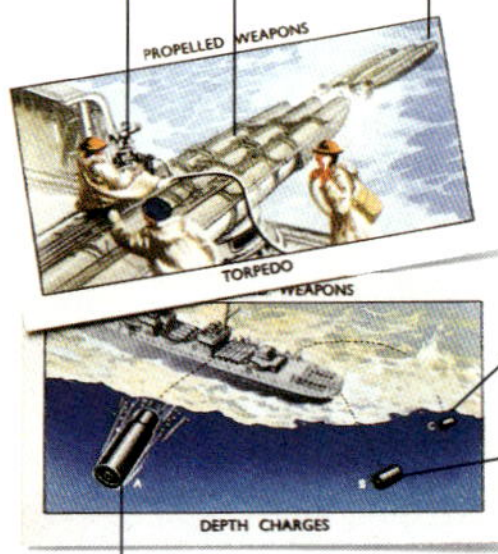

BRASILIANISCHES SCHLACHTSCHIFF

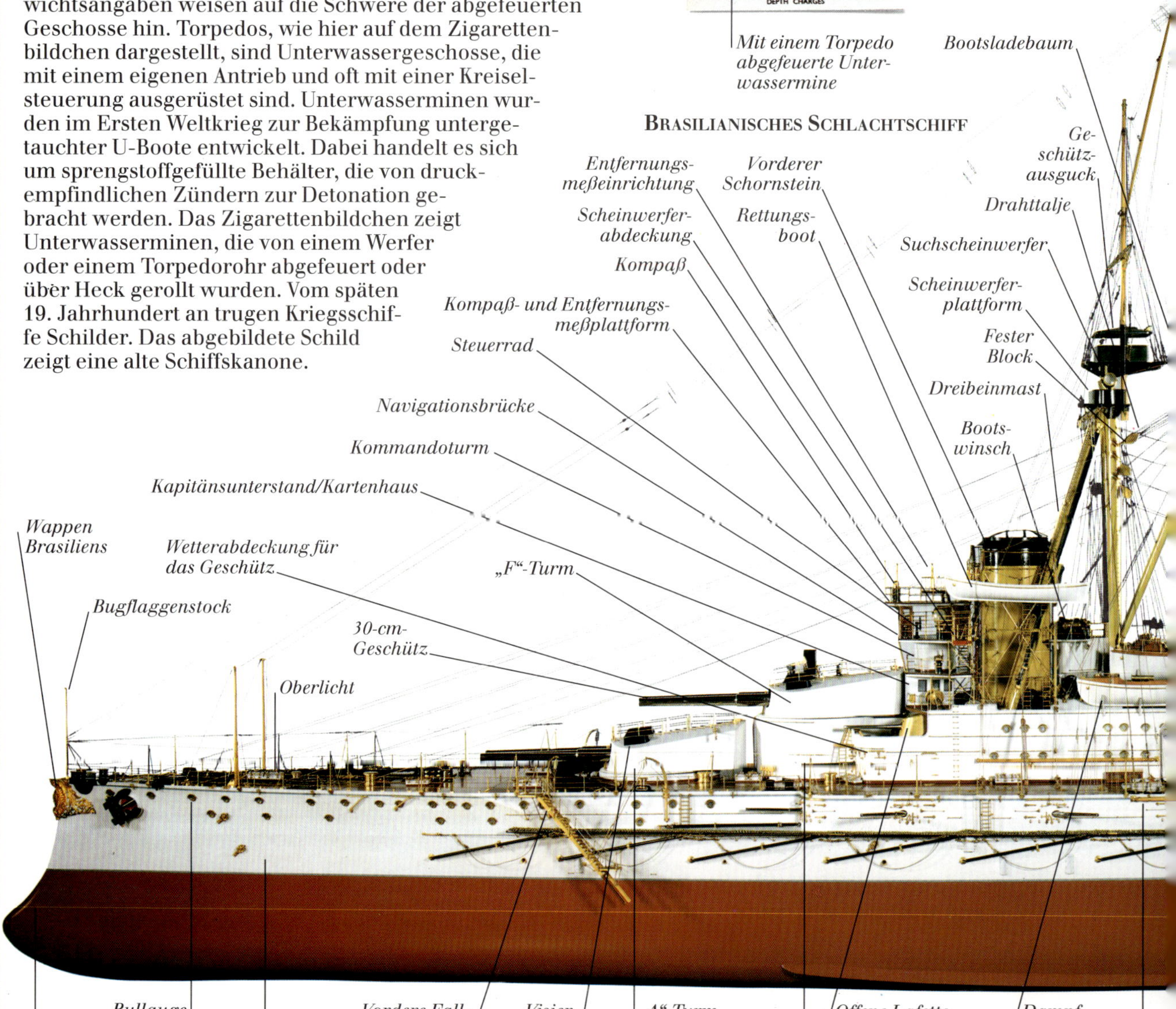

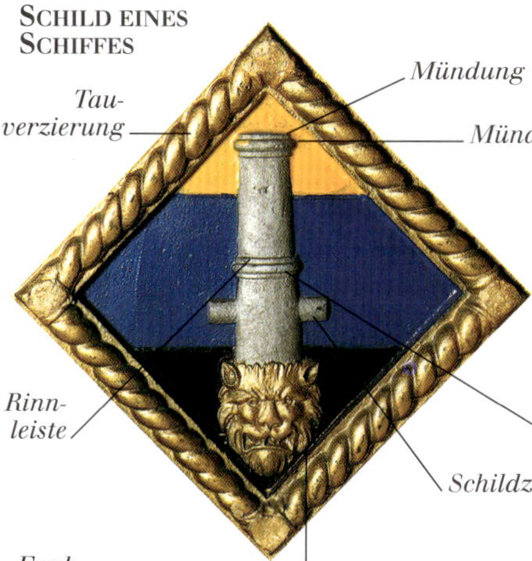
SCHILD EINES SCHIFFES
Tauverzierung
Mündung
Mündungskranz
Langes Feld
Bodenfeld
Rinnleiste
Mittelband
Schildzapfen
Löwenkopf

Obere Funk- und Telegraphenrah
Bramstenge
Funk- und Telegraphenrah
Unterrah
Signaleinrichtung
Niedergang
Rettungsbootdavit
Bremsslip
Davit
Schwerer Kranbalken
Wellenbrecher
Reling
Kabelstopper
Trossenführung
Ankerkette
Reserveanker
Poller
Steuerbordbuganker
Bootsbaum
Klüsrohr
Schleppkabelführung
Backbordbuganker

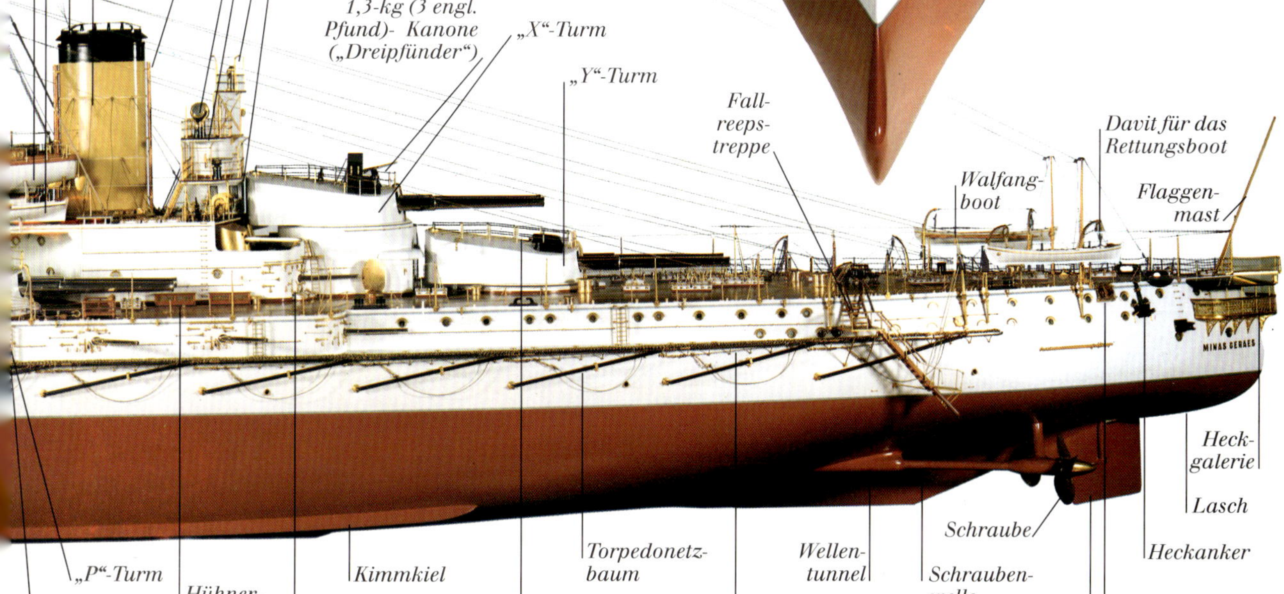
Funkantenne
Auspuffrohr
Suchscheinwerfer
Vorpostenboot
Gig
Scheinwerferplattform
Achterliche Kompaßplattform
Achter-Schornstein
Schornsteintag
Achterbrücke
1,3-kg (3 engl. Pfund)- Kanone („Dreipfünder")
„X"-Turm
„Y"-Turm
Fallreepstreppe
Davit für das Rettungsboot
Walfangboot
Flaggenmast
MINAS GERAES
Heckgalerie
Lasch
Schraube
Heckanker
Torpedonetzbaum
Wellentunnel
Schraubenwelle
„P"-Turm
Kimmkiel
Hühnerstall
Aschenrutsche
Geschützbatterie
Turmdachreling
Torpedonetz
Ruder
Rettungsring

Fregatten und U-Boote

Seit Mitte des 19. Jh.s stellten gepanzerte Seekreuzer für feindliche Schiffe eine neue Herausforderung dar. Man reagierte mit dem Bau riesiger drehbarer Geschütztürme, die in beinahe jede Richtung feuern konnten und sehr schnell von hinten nachladbar waren. Zudem feuerten sie statt Kanonenkugeln Explosivgranaten ab. Moderne Kampfschiffe wie die Fregatte verbinden die schwere Schiffsbewaffnung mit der leichteren Hubschrauberbewaffnung. U-Boote operieren unter der Meeresoberfläche, ihre Hauptvorteile sind die hohe Geschwindigkeit und die Abfeuerung von Unterwassergeschossen. Ein atomgetriebenes U-Boot könnte mit einer Brennstoffladung mehrere Jahre lang unter Wasser bleiben.

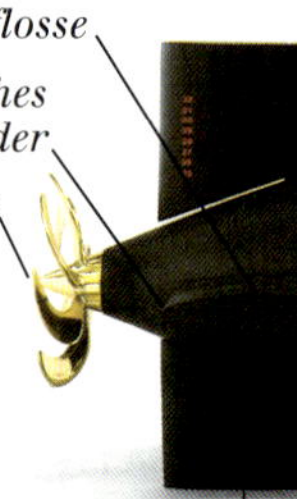

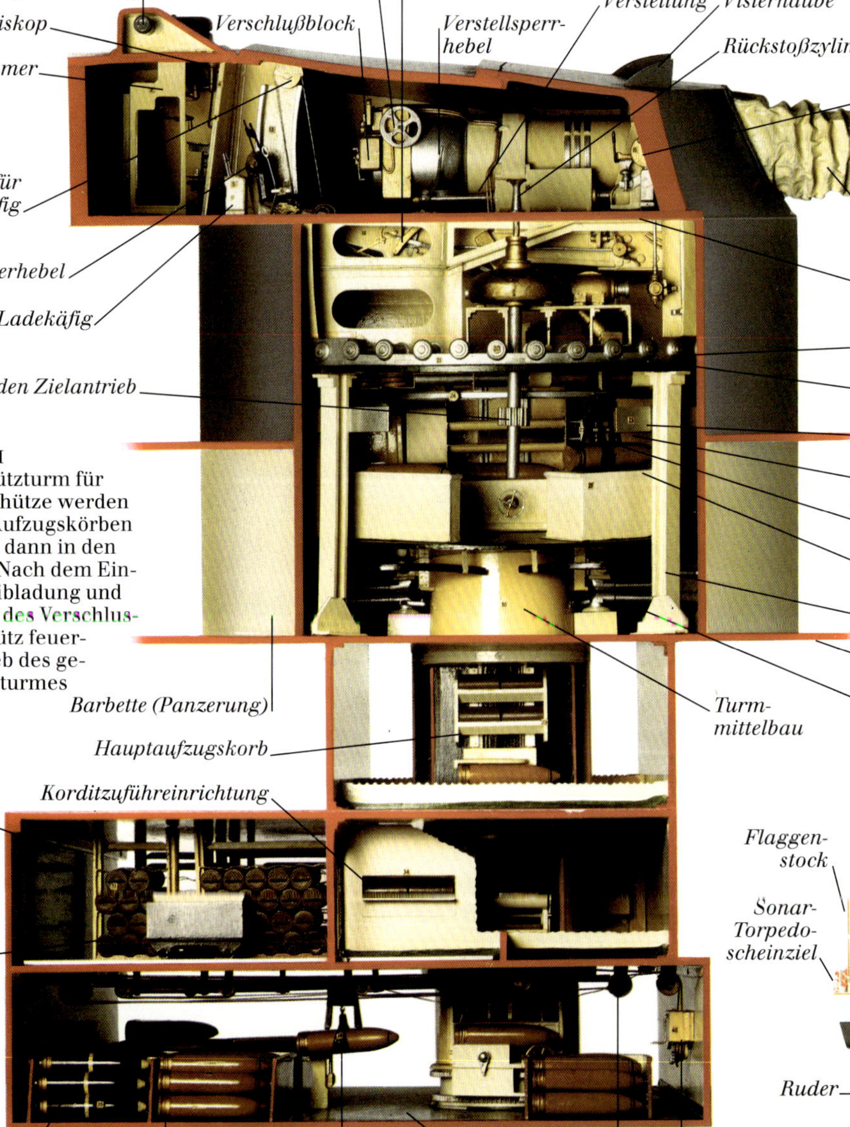

GESCHÜTZTURM
In diesem Geschützturm für zwei 37-cm-Geschütze werden die Granaten in Aufzugskörben transportiert und dann in den Lauf eingeführt. Nach dem Einschieben der Treibladung und der Verriegelung des Verschlusses ist das Geschütz feuerbereit. Der Betrieb des gesamten Geschützturmes erfordert etwa 70 Mann.

FREGATTE

„HUNTER-KILLER"-ATOM-U-BOOT

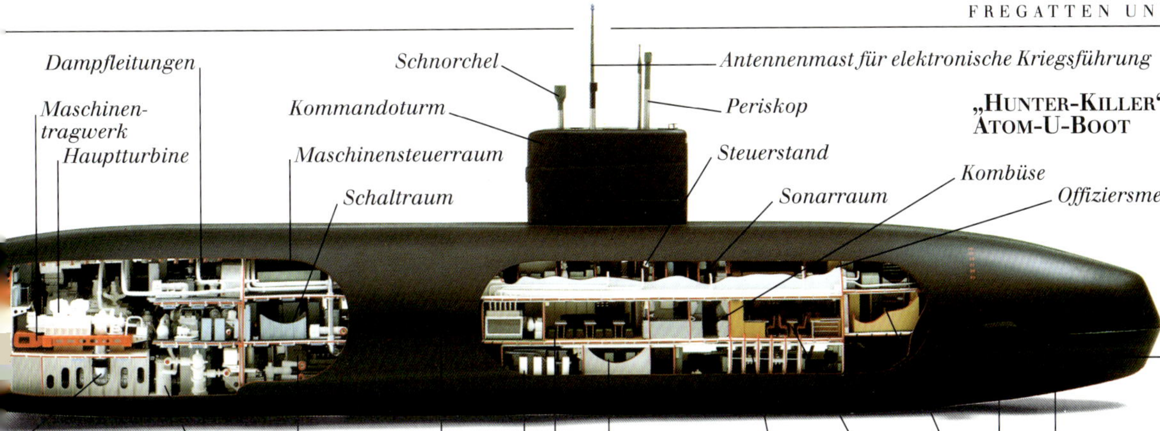

15-CM-GRANATE

Diese Granate ist so aufgebaut, daß sie über dem Ziel in der Luft explodiert.

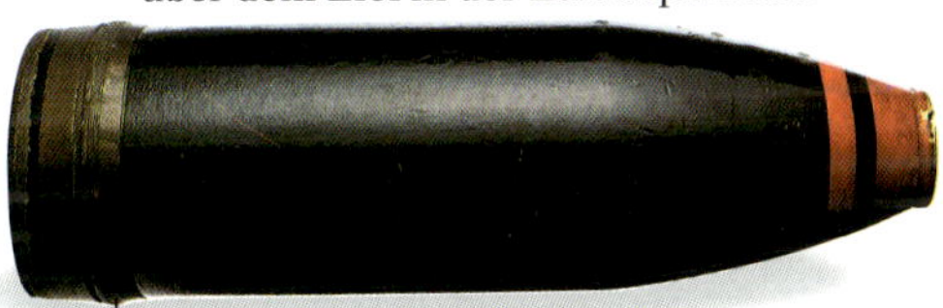

Geschoßhülle

Schnittdarstellung einer Granate

Luftfahrtpioniere

Die Fliegerei fasziniert die Menschheit seit Jahrhunderten, und es wurden ungeheuer viele Flugmaschinen entworfen, die aber meist schon bei ihrer Erprobung scheiterten. Den ersten erfolgreichen Flug unternahmen die Brüder Montgolfier 1783 in ihrem Heißluftballon über Paris. Die nächsten ernstzunehmenden Versuche startete der Engländer Sir George Cayley, dem mit seinem 1845 entwickelten Segler ein längerer Flug glückte. Der Deutsche Otto Lilienthal wurde als erster Pilot der Welt bekannt, da ihm erstmals gesteuerte Flüge gelangen. Die Erfindung des leichten Benzinmotors schuf die Möglichkeit für den motorisierten Flug. Dieser gelang 1903 den amerikanischen Brüdern Orville und Wilbur Wright in ihrem Wright-Flyer-Doppeldecker. Sie verwendeten einen 4-Zylinder-Benzin-Verbrennungsmotor. Von da an schritt die Entwicklung im Flugzeugbau schnell voran, und bereits 1909 flog der Franzose Louis Blériot als erster über den Ärmelkanal (s.S. 408–409). Auch der Amerikaner Glen Curtiss vollbrachte mit seinem Model-D Pusher und dessen Weiterentwicklungen beachtliche Leistungen. Er gewann unter anderem 1909 die erste Weltmeisterschaft für Fluggeschwindigkeit in Reims.

Vorderansicht des Wright Flyer, 1903

Curtiss Model-D Pusher, 1911

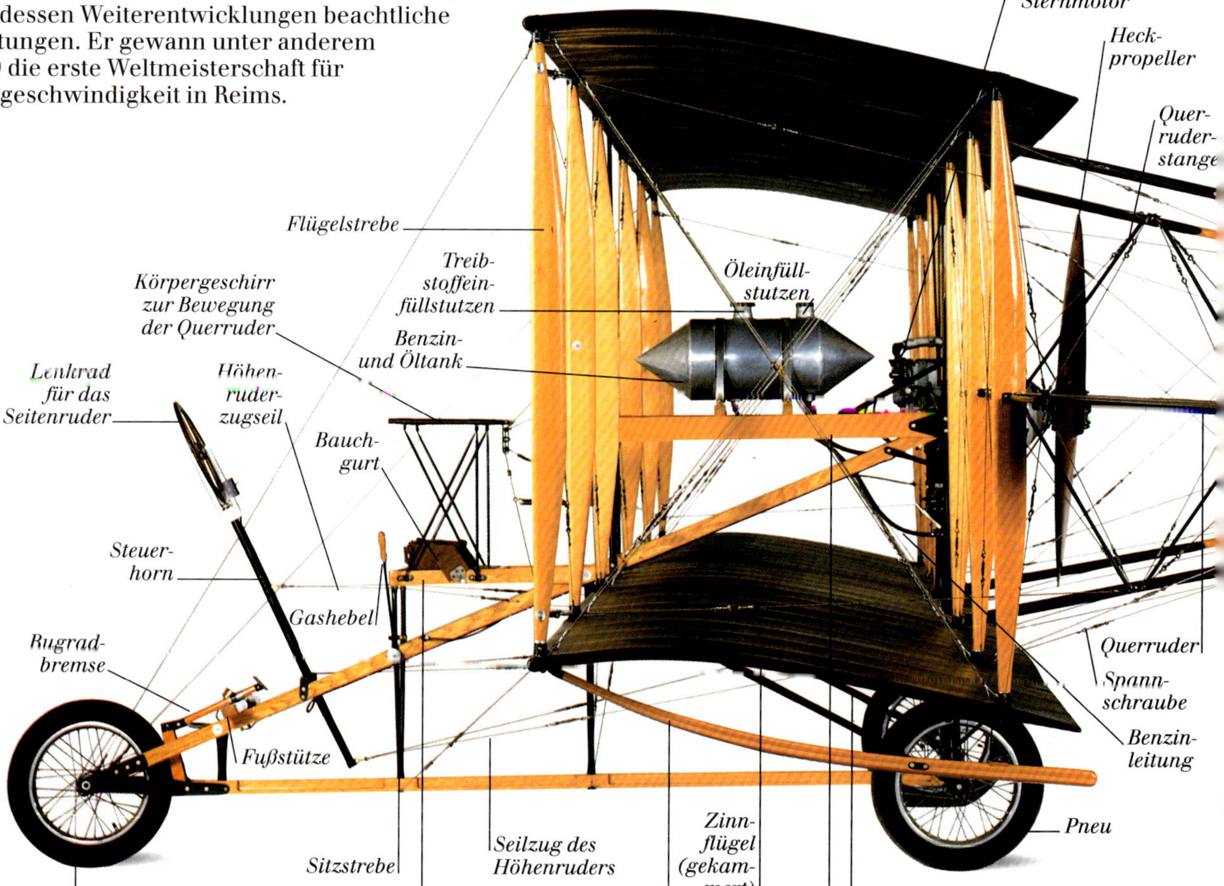

Wright Flyer, 1903

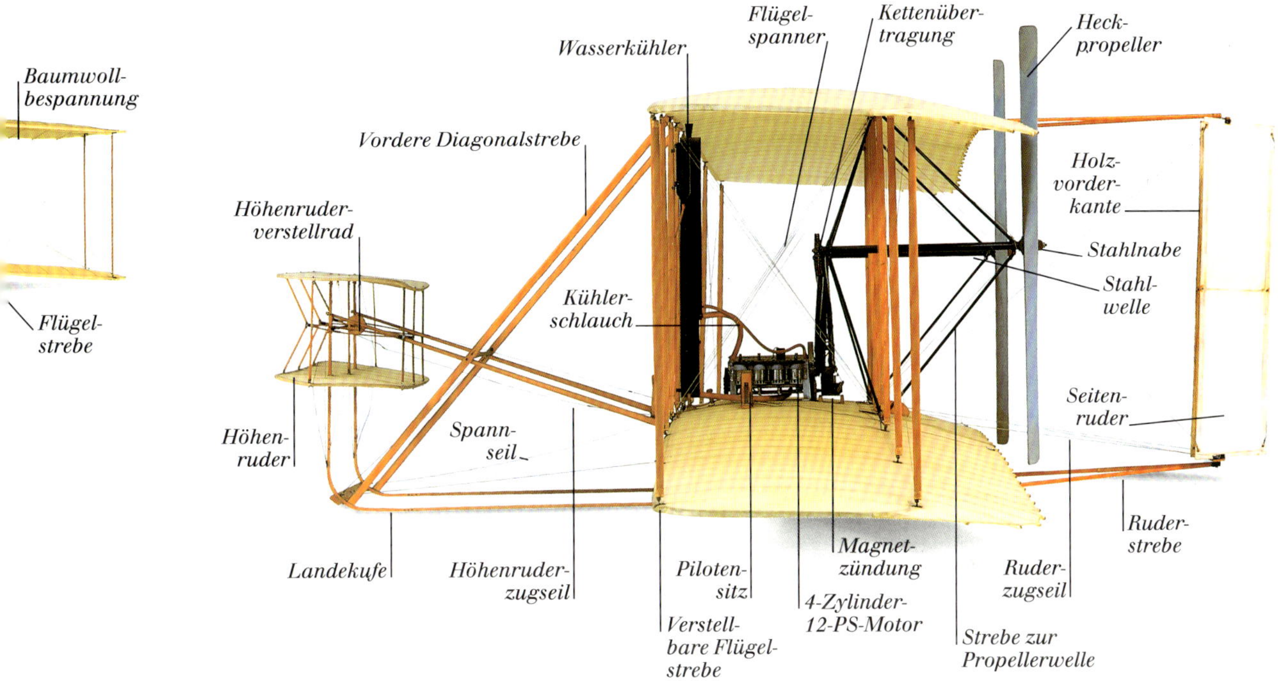

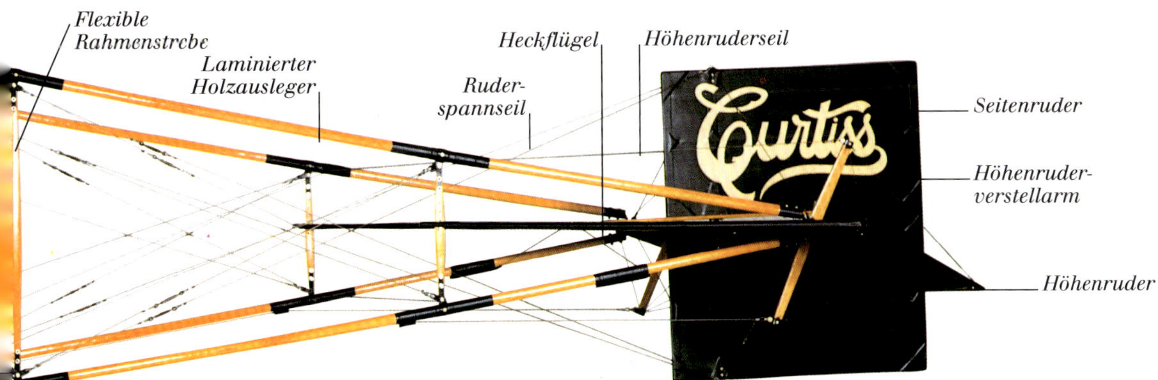

Vorderansicht des Curtiss Model-D Pusher, 1911

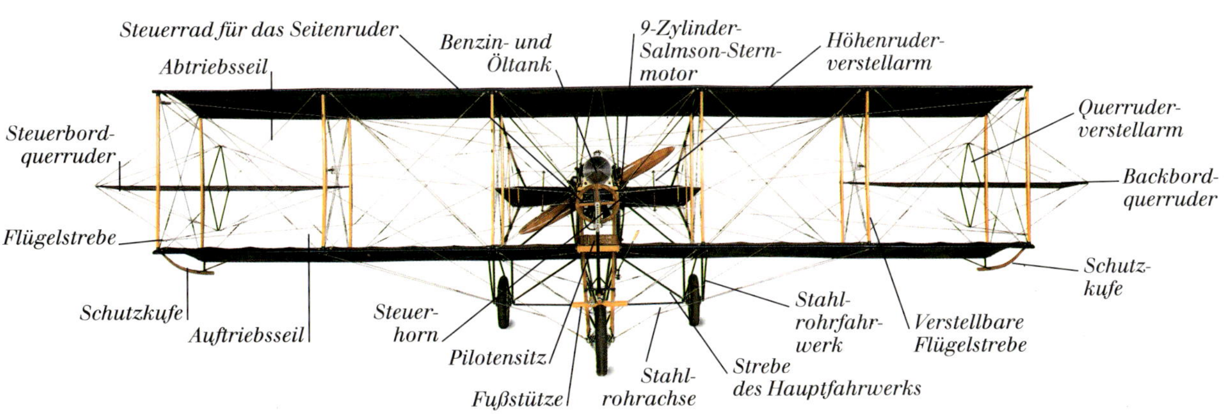

Frühe Eindecker

Rumpler-Monoplane, 1908

Eindecker haben je einen Tragflügel auf jeder Seite des Rumpfes. Der große Nachteil bei dieser Anordnung liegt darin, daß die Tragflügel der frühen Holzrahmenkonstruktionen in sich nicht stabil genug waren und deshalb mit festen Spannseilen an Spannmasten oberhalb und besonders unterhalb des Rumpfes befestigt werden mußten. Die Vorteile liegen in den höheren Geschwindigkeiten, die wegen des relativ kleineren Widerstands erreicht werden können, sowie in der besseren Manövrierfähigkeit aufgrund der biegsameren Flügel. Die Rollbewegungen wurden in früher Zeit durch Verwindung der Tragflügel gesteuert und noch nicht, wie heute üblich, durch Querruder. Bis zum Jahr 1912 wurde intensiv an der Entwicklung von Eindeckern gearbeitet. Der französische Pilot Louis Blériot überquerte 1912 erstmals den Ärmelkanal in einem Eindecker. Der Brite Robert Blackburn und der Franzose Armand Deperdussin erreichten mit diesen Flugzeugen Rekordgeschwindigkeiten. Eine Serie von Unfällen, verursacht durch gebrochene Tragflügel, gebot der Produktion von Eindeckern jedoch Einhalt. Nur in Deutschland entwickelte man im Jahr 1917 einen Ganzmetalleindecker, dessen Tragflügel nicht mehr durch Abspannseile verstärkt werden mußten. Ansonsten fand aber diese Art von Flugzeugen vor den 30er Jahren kaum Beachtung.

Vorderansicht des Blackburn Monoplane, 1912

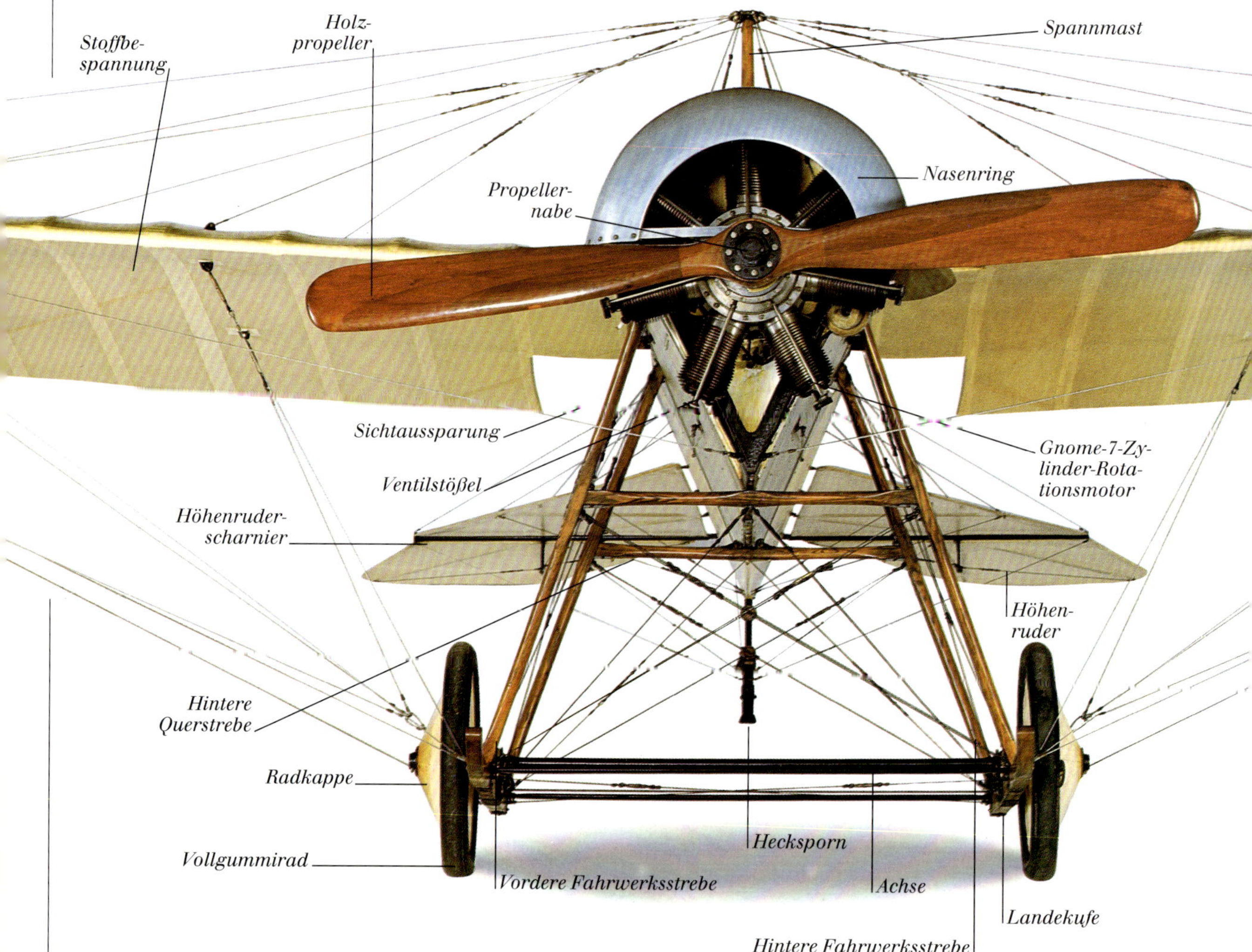

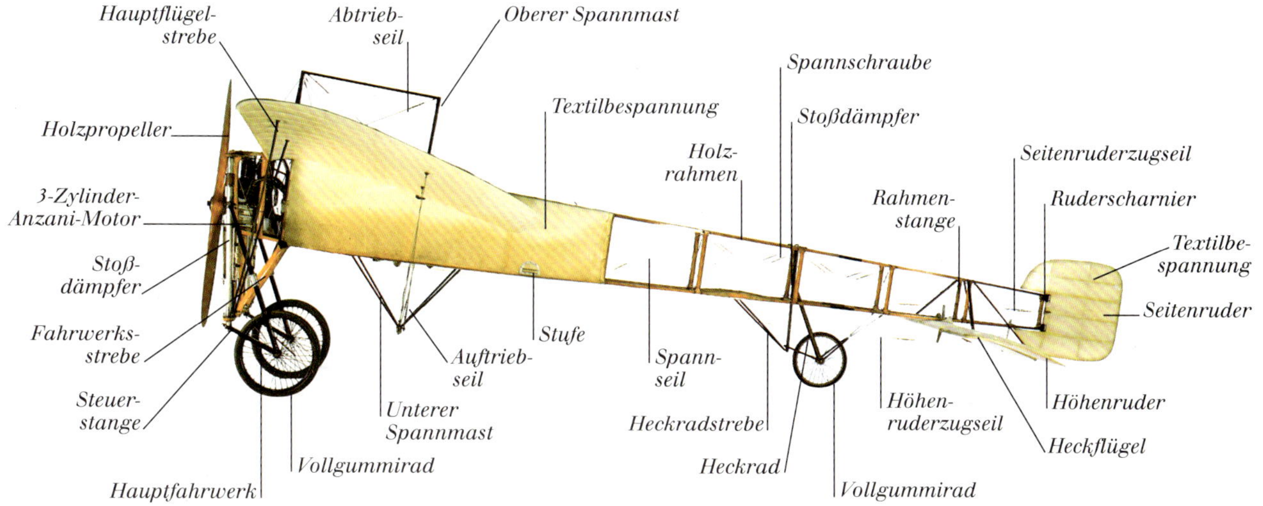

SEITENANSICHT DES BLÉRIOT XI, 1909

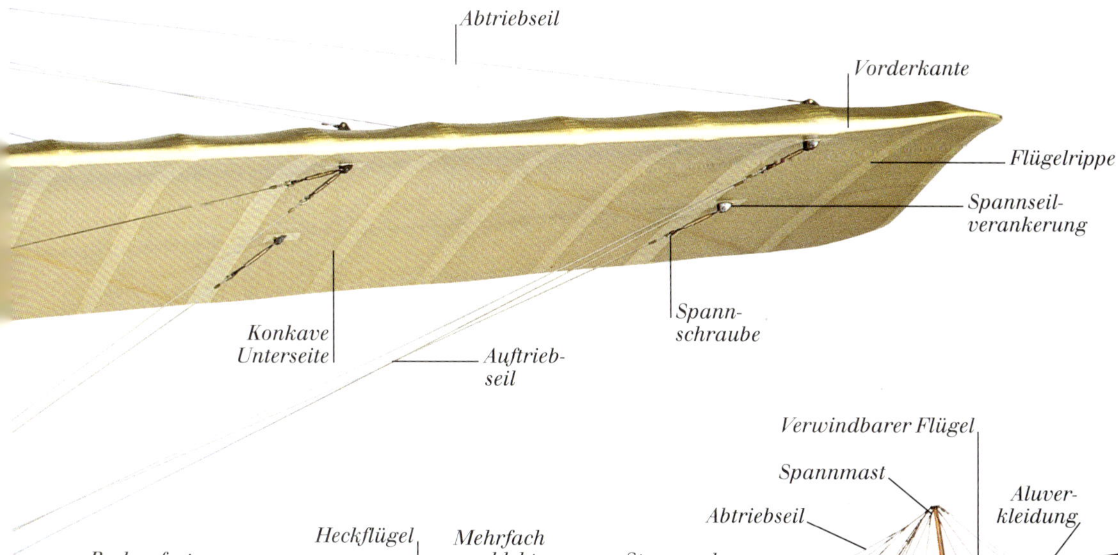

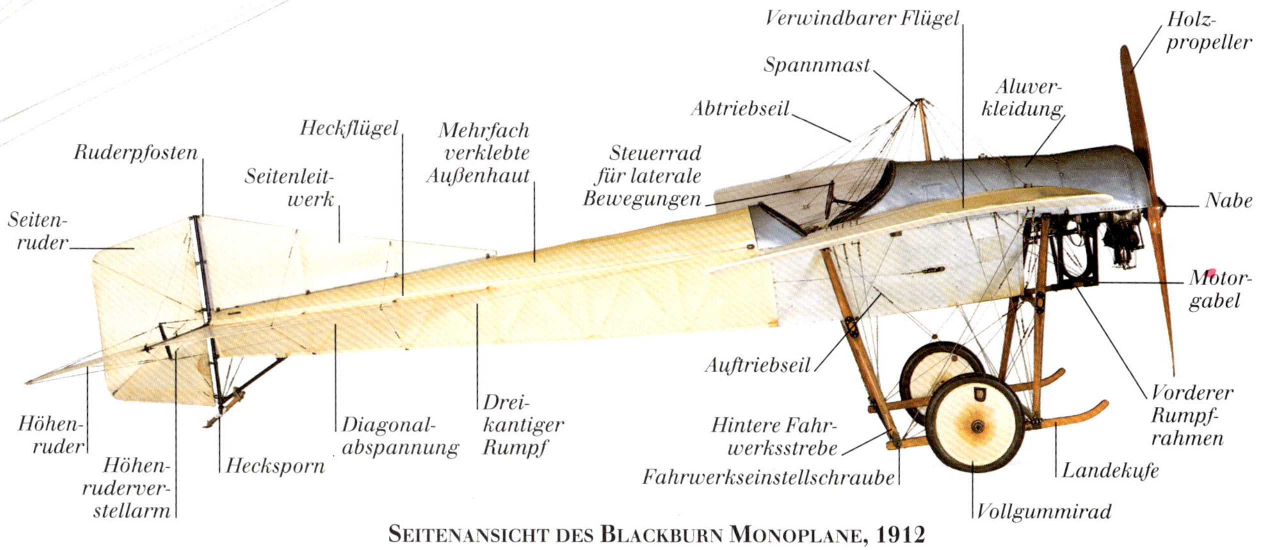

SEITENANSICHT DES BLACKBURN MONOPLANE, 1912

Doppel- und Dreidecker

Laminierter Propeller

Der Doppeldecker war bis in die 30er Jahre der beliebteste und am meisten hergestellte Flugzeugtyp, was hauptsächlich auf die Labilität der Eindecker zurückzuführen war. Die Streben zwischen den Tragflügeln machten die Doppeldecker einerseits stabiler, andererseits erhöhte diese Bauweise aber den Luftwiderstand immens und machte diese Flugzeuge deutlich langsamer gegenüber Eindeckern. Viele Flugzeugkonstrukteure entwickelten einen Dreidecker, der gegenüber dem Doppeldecker einen gewissen Vorteil besaß: Er erlaubte eine kürzere Spannweite der Tragflügel, um denselben Auftrieb zu erzeugen, und war somit manövrierfähiger. Das prädestinierte ihn zum Kampfflugzeug des 1. Weltkriegs, allen voran der deutsche Fokker-Dreidecker. Jedoch war diese Eigenschaft für die zivile Luftfahrt nicht maßgebend, und die meisten Hersteller bauten hauptsächlich Doppeldecker. Es gab aber auch viele andere Versuche, wie z.B. Vierdecker oder Tandemflügel (zwei Paare Eindecker – hintereinander angeordnet). Die wohl bizarrste Entwicklung war die des Engländers Horatio Phillips: Sein Flugzeug hatte 20 kurze Flügel und sah aus wie eine Jalousie.

SEITENANSICHT DES AVRO TRIPLANE IV, 1910

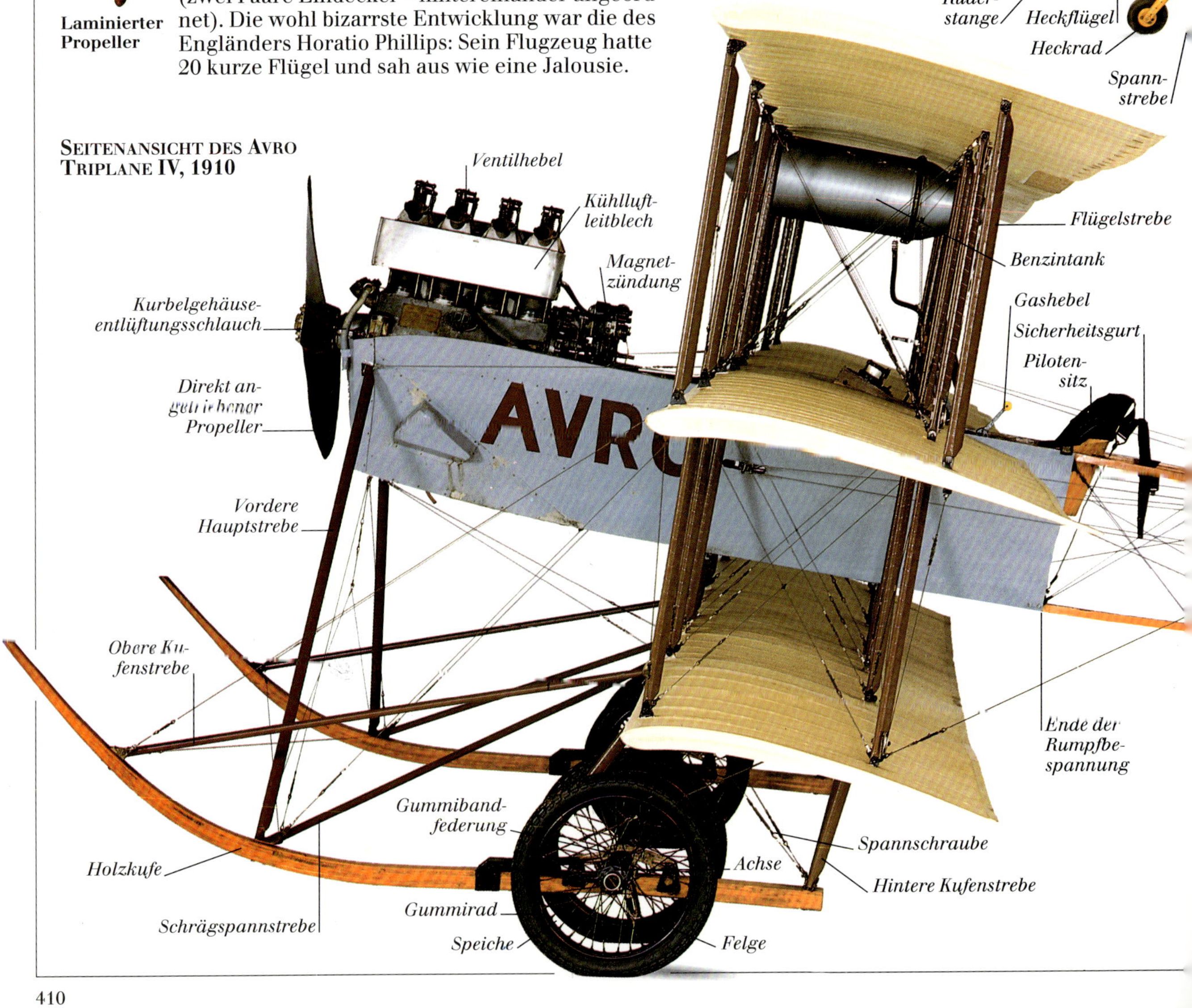

AVRO TUTOR BIPLANE, 1931

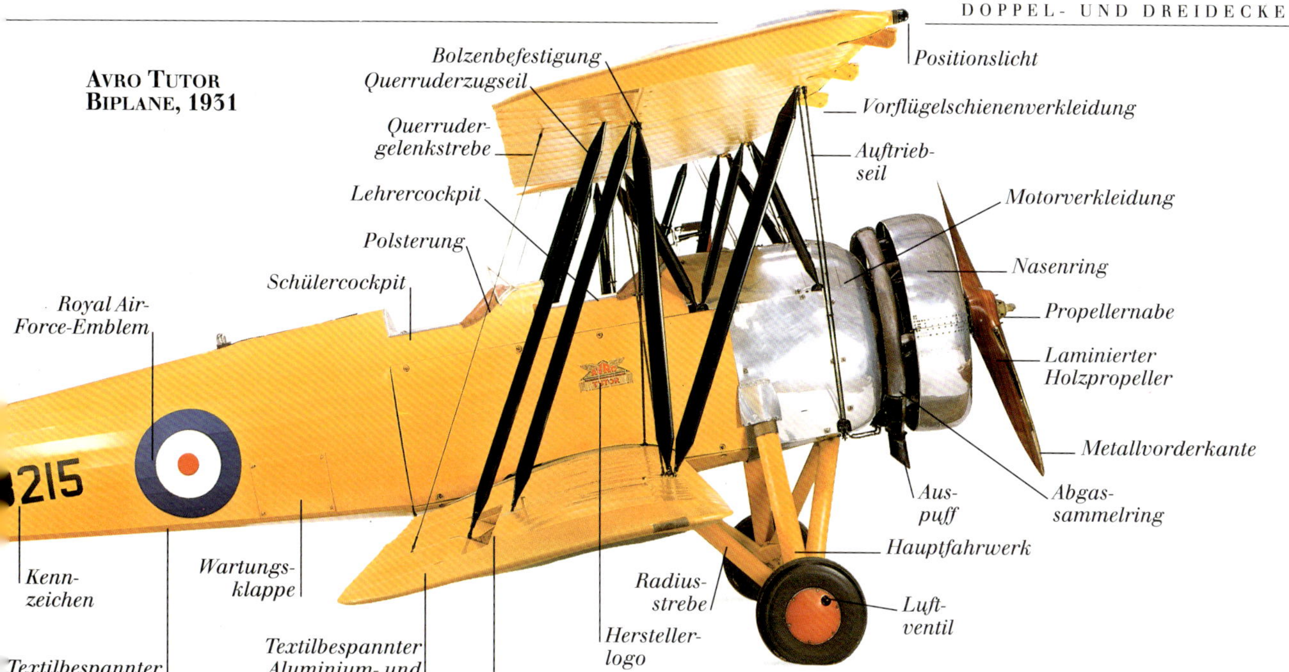

VORDERANSICHT EINES AVRO TRIPLANE IV, 1910

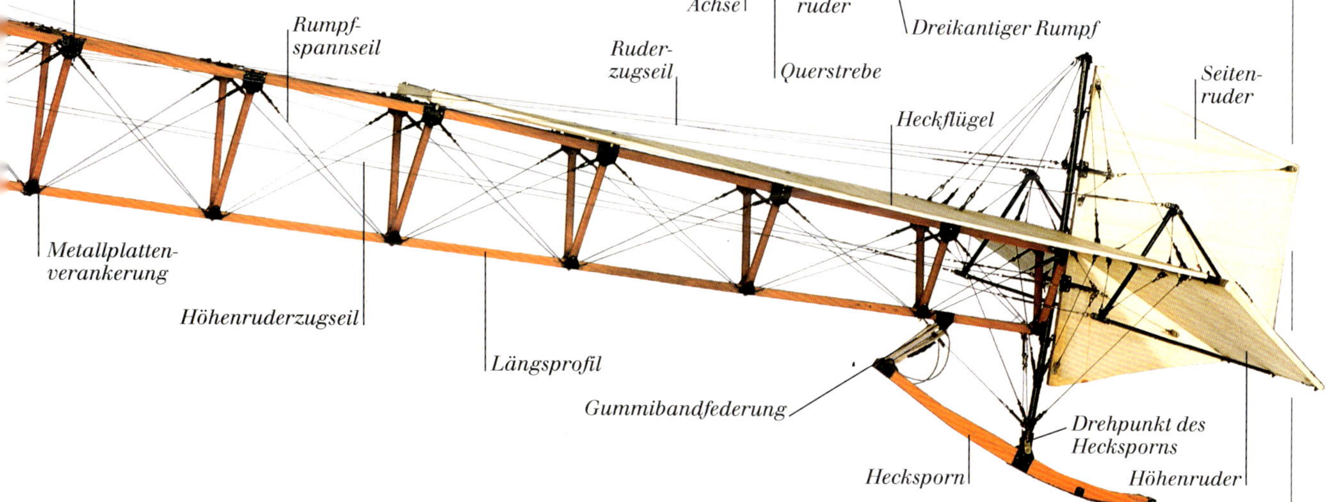

Frühe Passagierflugzeuge

VORDERANSICHT DER LOCKHEED ELECTRA, 1934

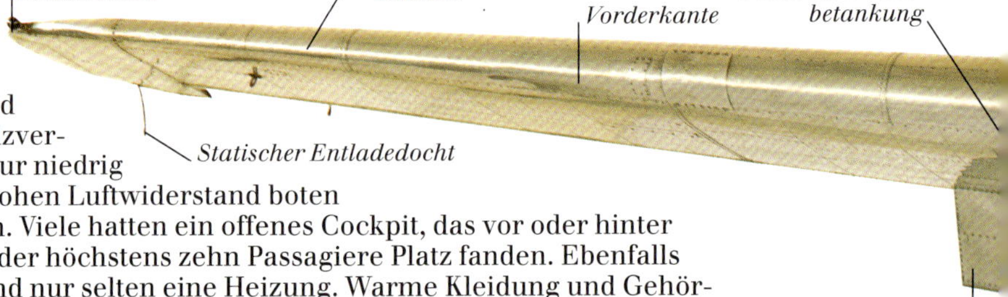

Bis in die 30er Jahre handelte es sich bei den meisten Passagierflugzeugen um Doppeldecker. Sie hatten Holz- oder Metallrahmen und waren textil- oder seltener sperrholzverkleidet. Diese Flugzeuge konnten nur niedrig und langsam fliegen, da sie einen hohen Luftwiderstand boten und nur schwach motorisiert waren. Viele hatten ein offenes Cockpit, das vor oder hinter einer geschlossenen Kabine lag, in der höchstens zehn Passagiere Platz fanden. Ebenfalls gab es noch keine Druckkabinen und nur selten eine Heizung. Warme Kleidung und Gehörschutz waren daher unbedingt erforderlich. Die Stühle der Passagiere waren gewöhnlich nicht auf dem Boden verankert und gerieten beim Flug durch Turbulenzen in Bewegung, was für die Reisenden ausgesprochen ungemütlich werden konnte. In den 30er Jahren verbreiteten sich dann Ganzmetalleindecker wie die hier abgebildete „Lockheed Electra“. Durch den stromlinienförmigen Rumpf, stärkere Motoren und Druckkabinen (1939 in die zivile Luftfahrt eingeführt) konnten Geschwindigkeit und Flughöhen gesteigert werden, was das Fliegen viel komfortabler machte. Flugboote behielten weiterhin bis 1945 ihre Notwendigkeit, da einmal das Netz der zivilen Landebahnen nicht ausreichte und weil zum anderen häufig Notwasserungen nötig waren. Mit dem Ende des 2. Weltkriegs standen aber genug Landebahnen zur Verfügung, so daß Landflugzeuge immer wichtiger wurden.

Kabinenverkleidung

SEITENANSICHT DER LOCKHEED ELECTRA, 1934

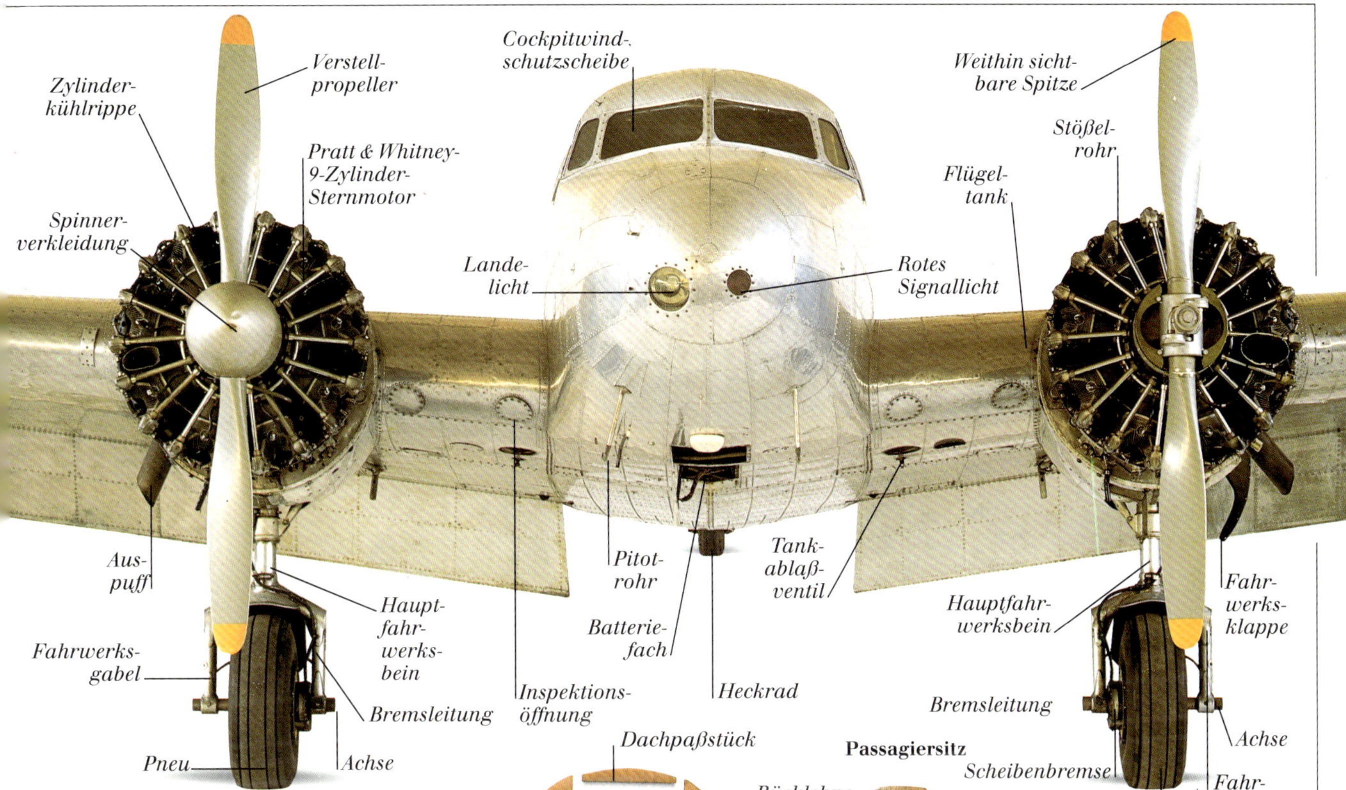

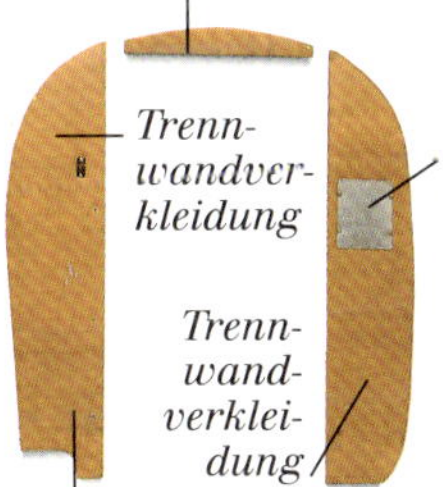

Passagiersitz

Motorverkleidung

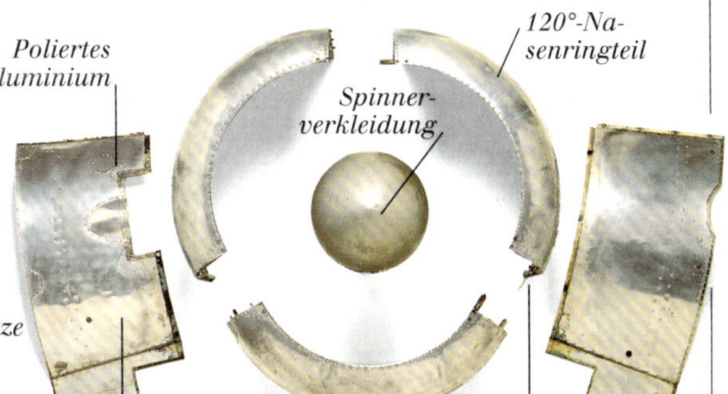

Moderne Kolbentriebwerke

Mid-West-Zweitakt-3-Zylinder-Wankelmotor

Heutzutage werden Kolbentriebwerke vorwiegend zum Antrieb von Leicht- und Ultraleichtflugzeugen, von Agrarflugzeugen sowie von kleinen Hubschraubern und Löschflugzeugen verwendet. Größere Fluggeräte werden normalerweise mit Strahltriebwerken angetrieben. Das Prinzip des Kolbenmotors hat sich seit dem Aggregat des „Wright Flyer“ von 1903 kaum gewandelt. Die Ausführung hat allerdings heute einen weitaus höheren Standard. Zum Beispiel verwendet man Zwei- oder Viertaktmotoren; die Motoren haben 1–9 luft- oder wassergekühlte Zylinder, die horizontal, in Reihe, V- oder sternförmig angeordnet sind. Der Propeller wird entweder direkt oder über ein Untersetzungsgetriebe in Rotation versetzt. Der Wankelmotor findet ebenfalls noch Verwendung, wenn auch nur sehr selten. Bei dem hier abgebildeten dreht sich ein dreieckiger Rotor in einer achtförmigen Kammer.

75-PS-Mid-West-Zweitakt-3-Zylinder-Wankelmotor

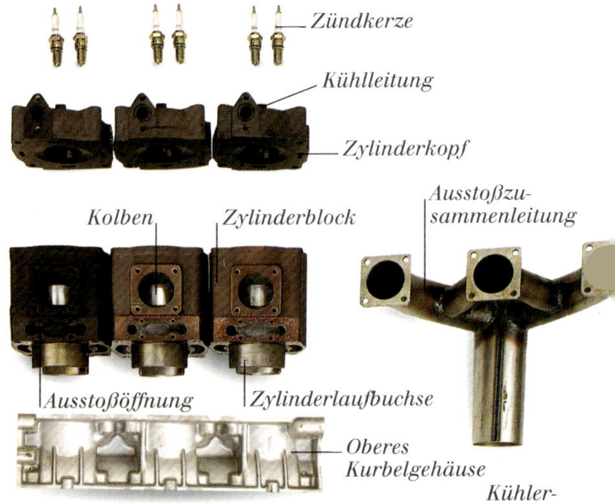

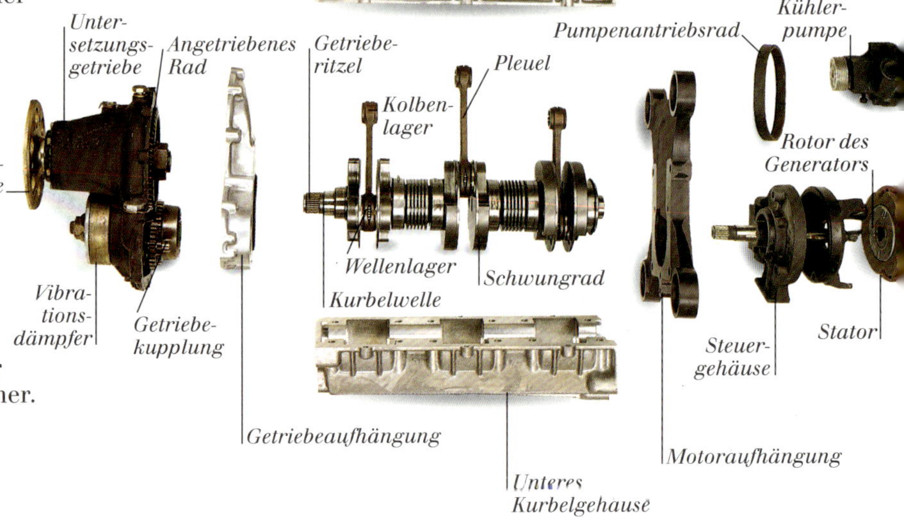

Rotor und Gehäuse eines Mid-West-1-Zylinder-Wankelmotors

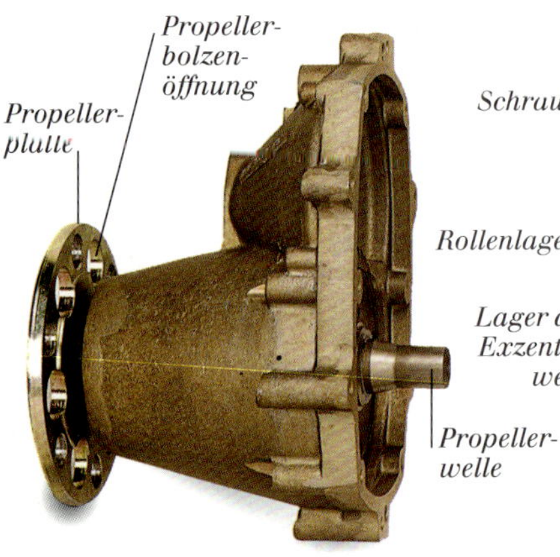

Getriebekasten

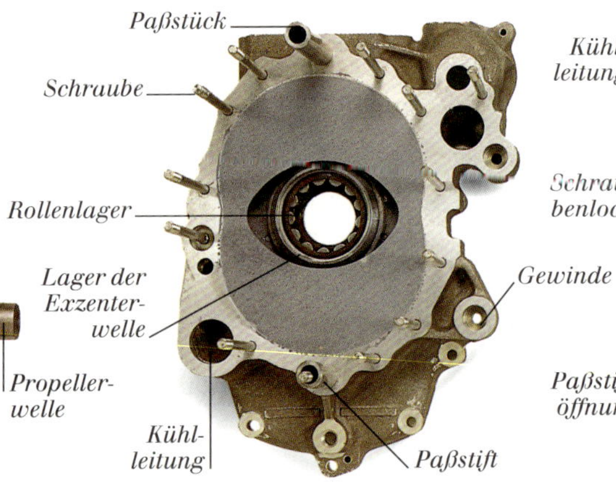

Vordere Gehäuseplatte

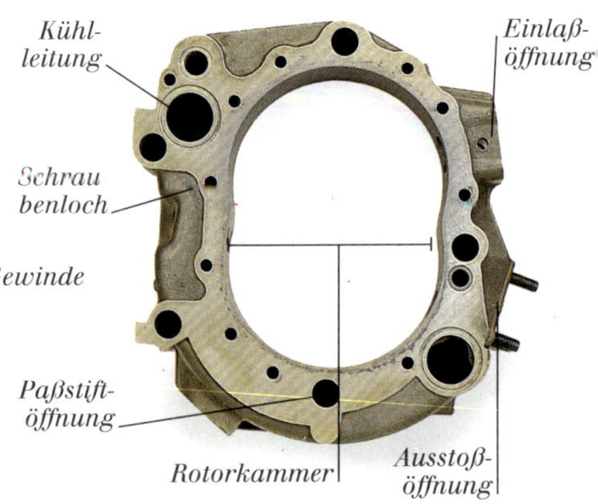

Rotorgehäuse

MID-WEST-90-PS-2-ZYLINDER-WANKELMOTOR

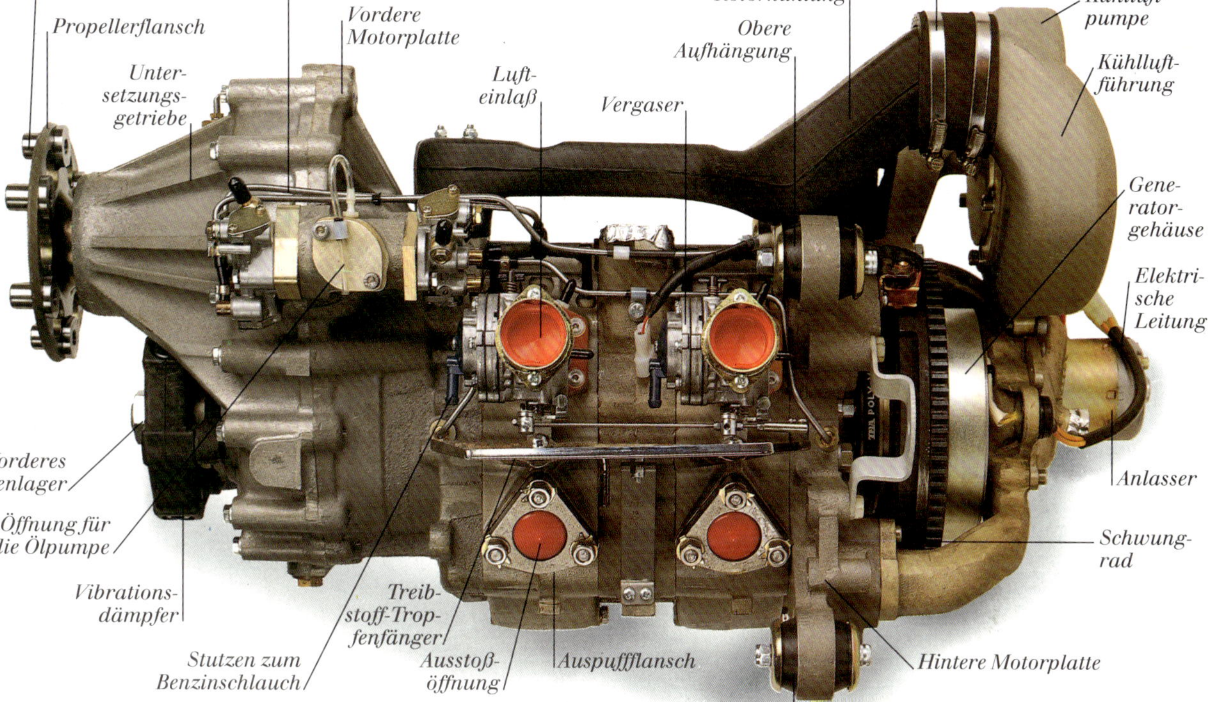

ANTRIEBSWELLE EINES MID-WEST-WANKELMOTORS

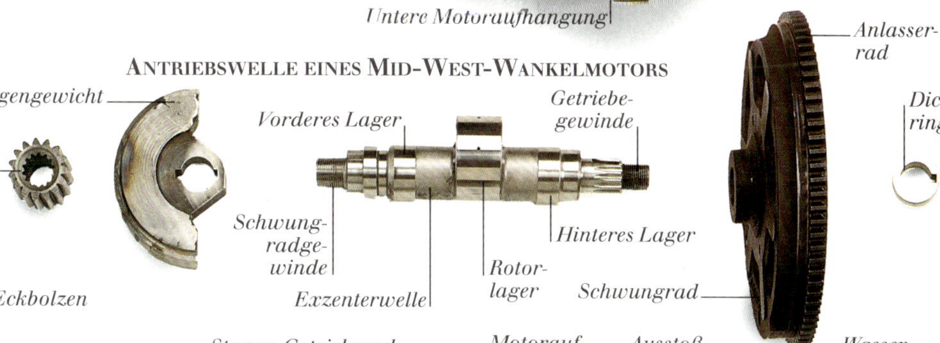

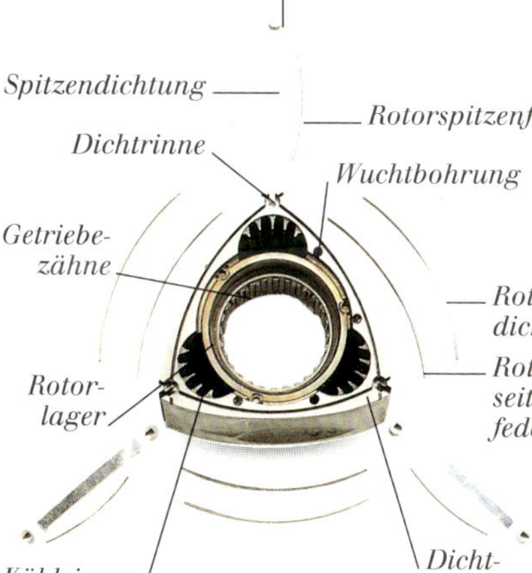

Rotor und Dichtungen

Hintere Gehäuseplatte

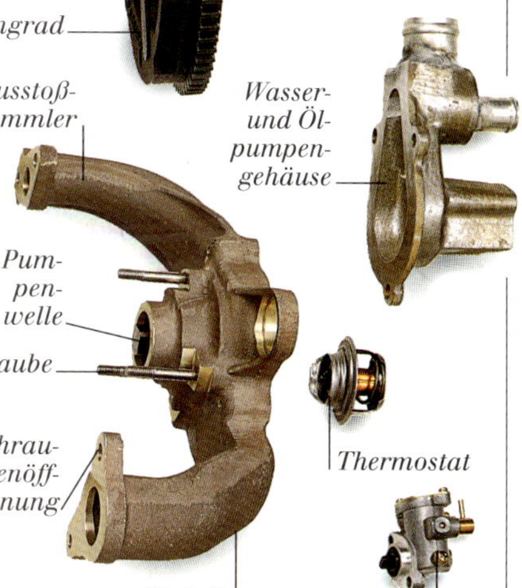

Pumpengehäuse

Moderne Turbinenflugzeuge 1

Bae-146-Turbinenflugzeug

Die Entwicklung von Turbinenflugzeugen (Düsenjets) ermöglicht es heute breiten Bevölkerungsschichten in aller Welt, so zu reisen, wie es sich vorher nur wenige Reiche erlauben konnten. Verglichen mit den ersten Turbinenflugzeugen, die in den 40er Jahren eingeführt wurden, sind die heute üblichen Geräte viel leiser, effizienter und in der Treibstoffverbrennung sauberer. Dies ist hauptsächlich auf die Entwicklung des Turbofan-Triebwerks zurückzuführen, welches das Turbojet-Triebwerk in der Verkehrs- und Transportfliegerei abgelöst hat (s. S. 422–423) Die größere Schubentwicklung eines Turbofan-Triebwerks bei geringer Geschwindigkeit und Flughöhe ermöglicht es heutigen Verkehrsflugzeugen, mit mehr Treibstoff und Passagieren zu starten und zu steigen. Eine moderne Boeing 747–400 kann in normaler Ausführung mit 400 Passagieren 13.700 km weit fliegen, ohne nachzutanken. In den großen Reiseflughöhen von 8.000 bis 11.000 m haben Turbinenflugzeuge die effizienteste Treibstoffverbrennung und vermeiden in der Regel Schlechtwetterzonen. Das Flugzeug wird während des Starts und der Landung von den Piloten manövriert; während des Reiseflugs übernehmen jedoch die Autopiloten die Steuerung und Kontrolle. Autopiloten sind komplexe Bordcomputer, die Abweichungen von Route, Höhe und Geschwindigkeit korrigieren. Heute errechnen sie sogar die optimale Triebwerkseinstellung. Zur Ausstattung gehört auch ein Wetterradar, welches aber auch Berge und andere Flugzeuge darstellen kann.

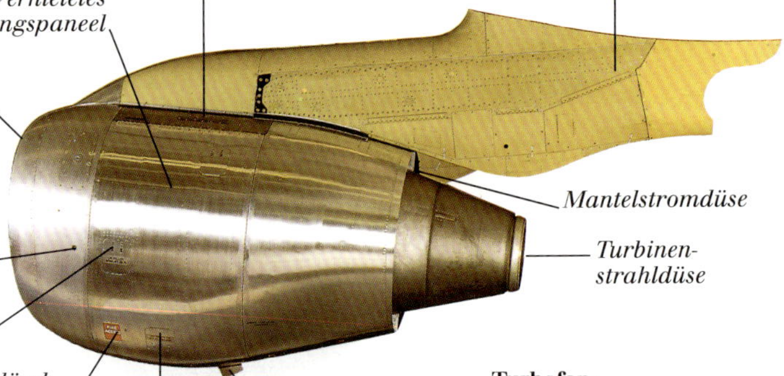

Turbofan-Triebwerk

STRUKTURELLE BAUTEILE EINES BAE-146-TURBINENFLUGZEUGS

Rumpfnase

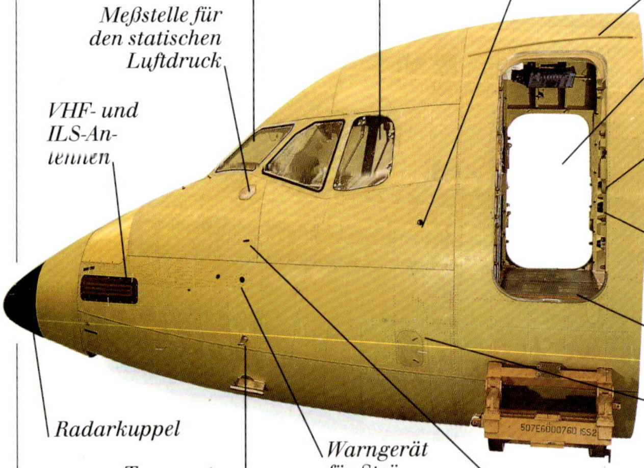

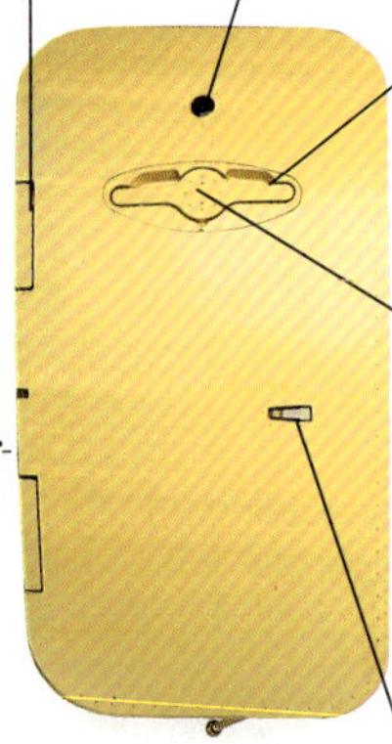

Vordere Passagiertür

Rumpfmitte

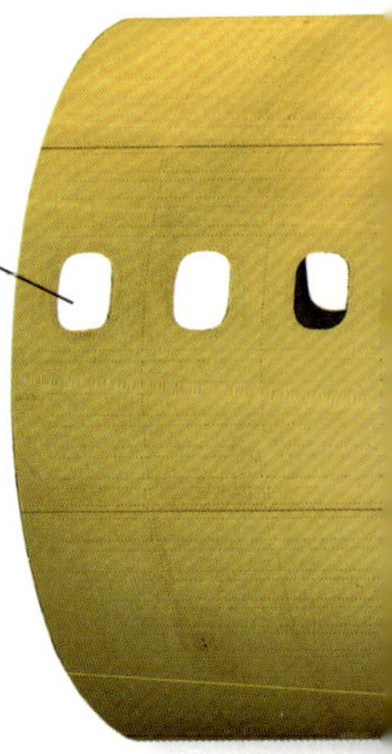

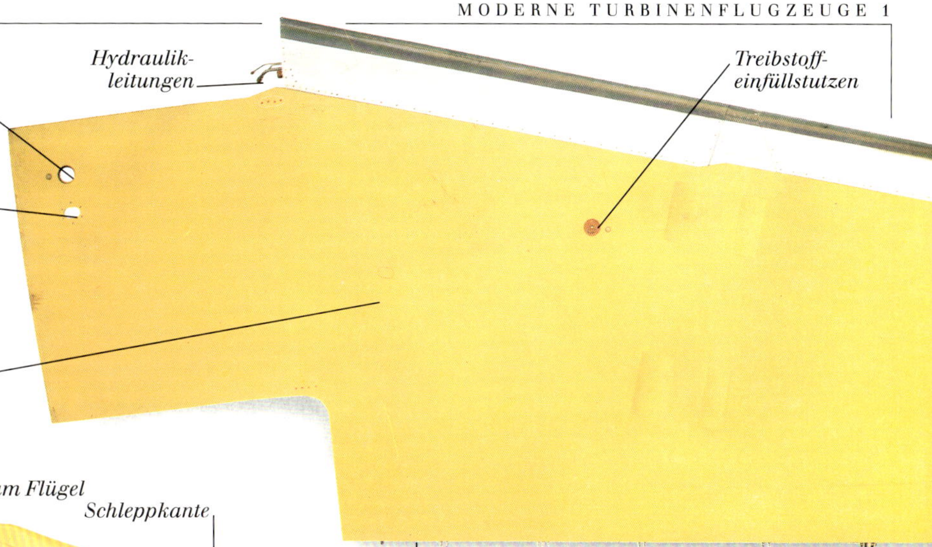

Steuerbordflügelteile

Bewegliche Klappenschiene

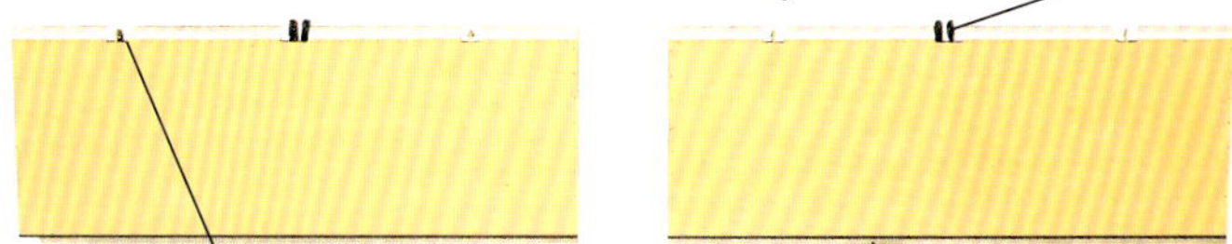

Innenbordspoiler

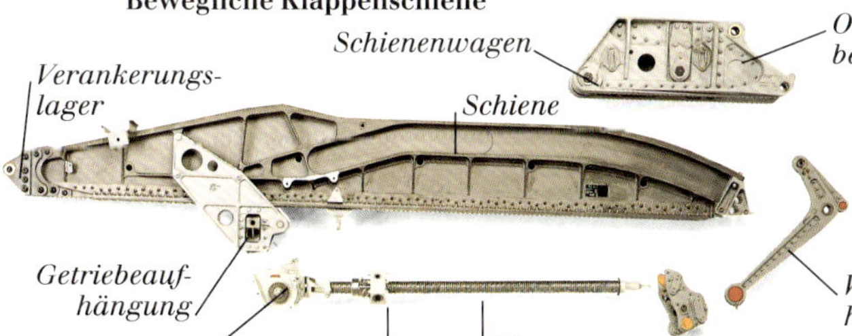

Fowlerklappe

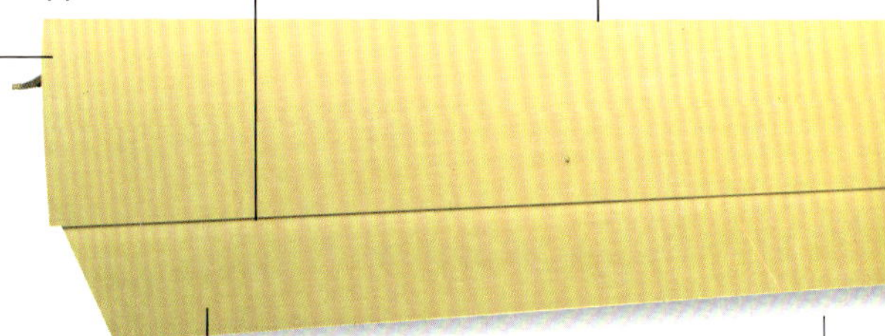

Moderne Turbinenflugzeuge 2

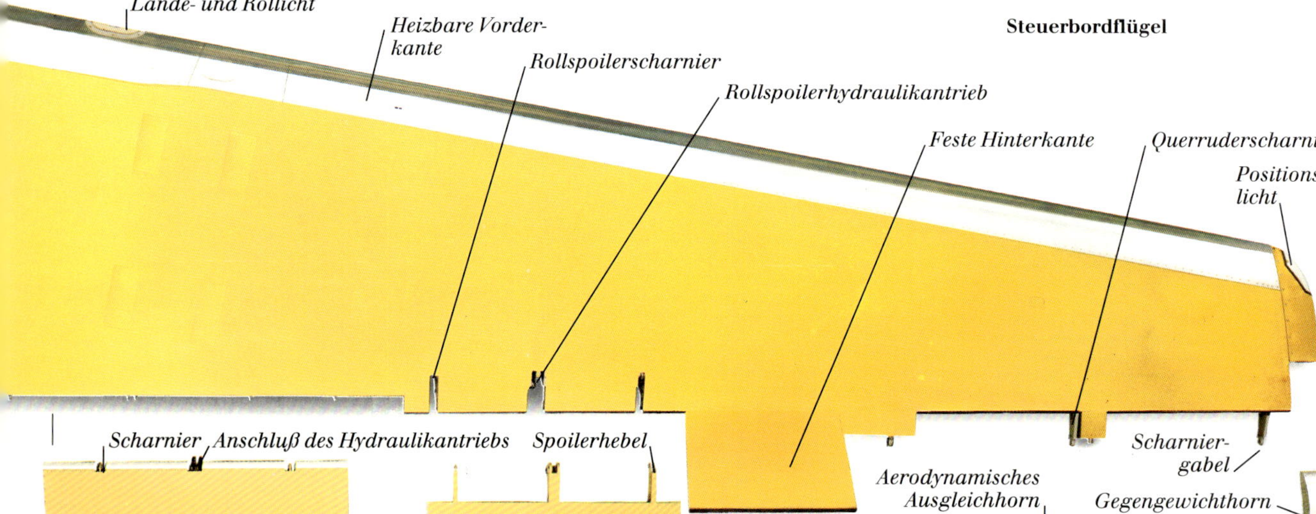

Steuerbordflügel

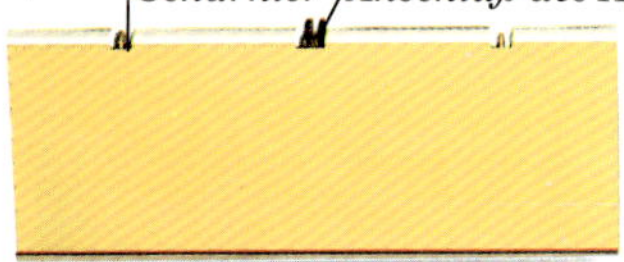

Störklappe (Spoiler)

Außenbordspoiler

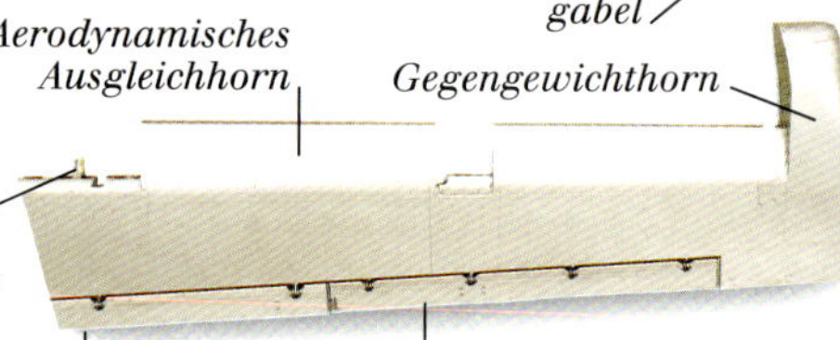

Querruder

Fowlerklappe

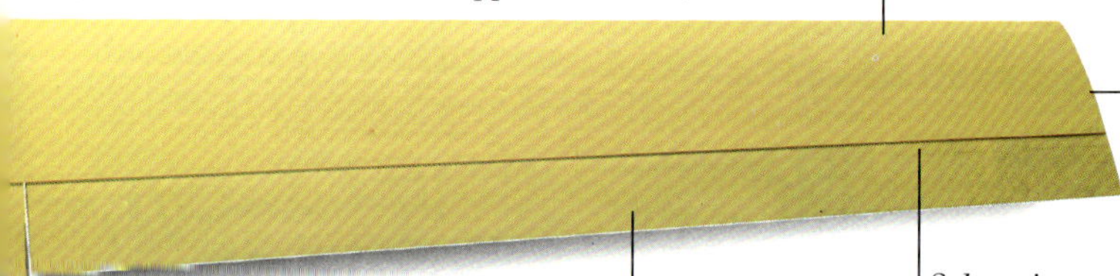

Antennenverkleidung

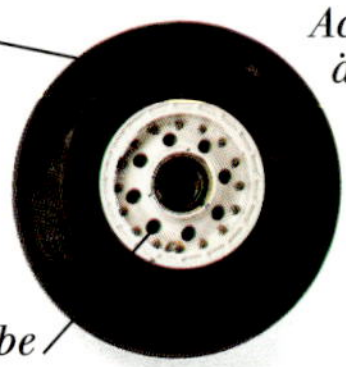

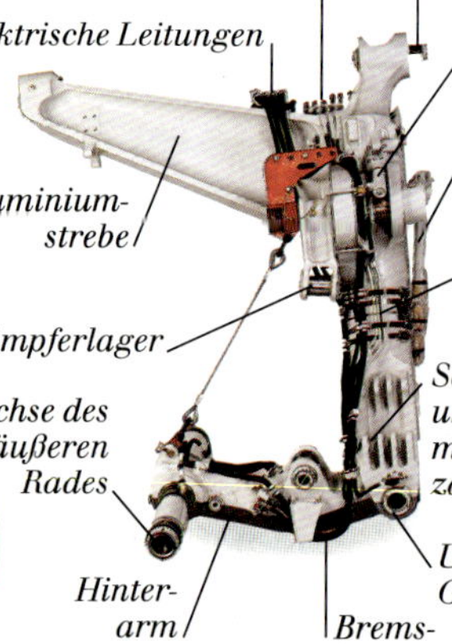

Steuerbordhauptfahrwerk

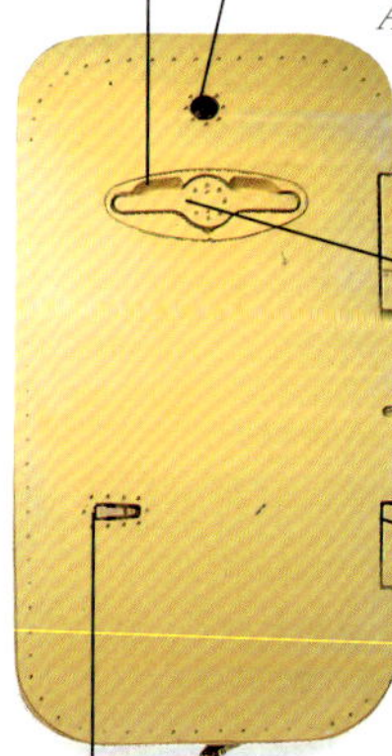

Hintere Haupttür

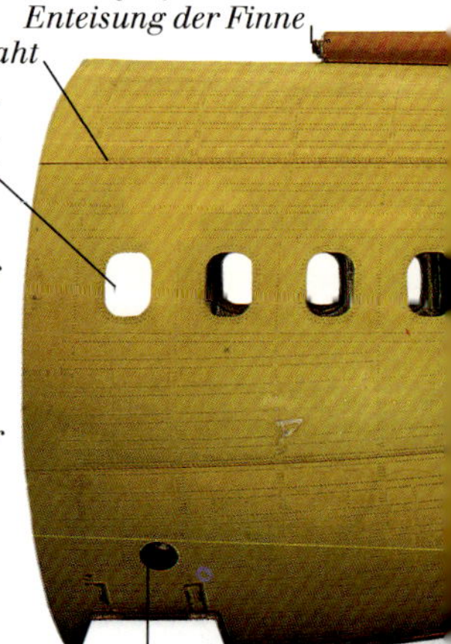

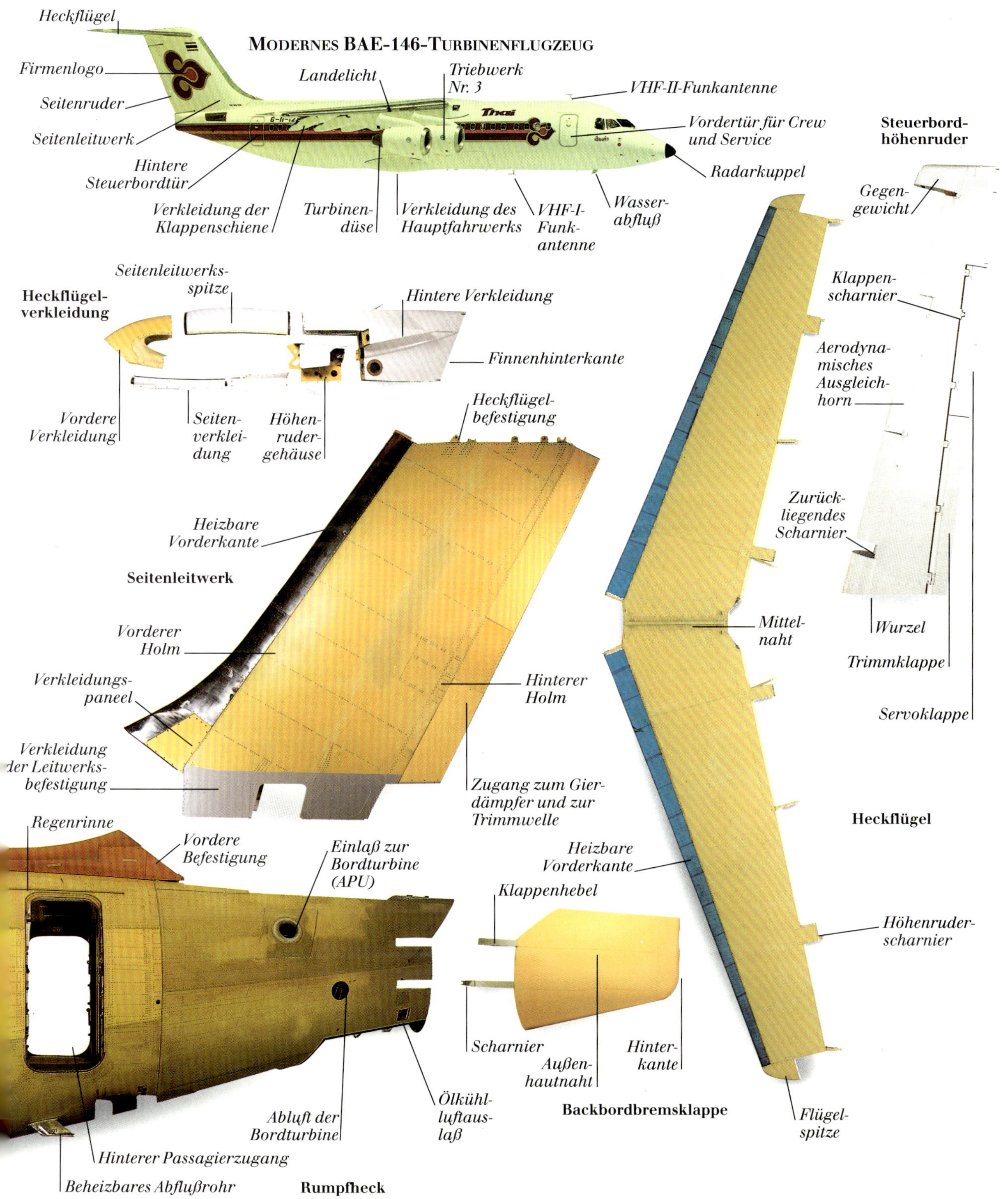

MODERNES BAE-146-TURBINENFLUGZEUG

Heckflügelverkleidung

Seitenleitwerk

Steuerbordhöhenruder

Heckflügel

Backbordbremsklappe

Rumpfheck

Überschallflugzeuge

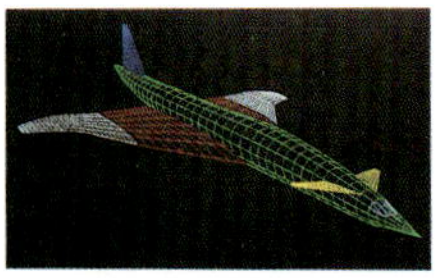

Computergraphik eines Überschalltransportflugzeugs, SST

Überschallflugzeuge fliegen schneller als der Schall (Mach 1). Es gibt viele Militärflugzeuge, aber nur zwei zivile Passagierflugzeuge, die dazu in der Lage sind: die russische „Tu-144“ und die französisch-britische „Concorde“. Die „Tu-144“ hatte eine höhere Maximalgeschwindigkeit als die „Concorde“, wurde aber bereits 1978, nach siebenmonatigem Einsatz, wieder aus dem Verkehr gezogen. Die „Concorde“ ist seit 1976 im Einsatz.
Mit der „Concorde“ wurden einige technische Innovationen in der Luftfahrt eingeführt: Die absenkbare Nase ermöglicht während des Starts und der Landung trotz großer Anstellwinkel eine freie Sicht aus dem Cockpit. Durch das Umpumpen von Treibstoff zwischen den verschiedenen Tanks wird das Flugzeug stabilisiert. Die „Concorde“ zeichnet sich durch einen sehr schmalen Rumpf und eine kleine Spannweite des Deltaflügels aus, was den Widerstand verringert. Die lauten Turbinentriebwerke, die zusätzlich mit Nachbrennern ausgestattet sind, ermöglichen den Transport von 100 Passagieren mit Mach 2 (≈ 2.400 km/h) in 15.000 bis 18.000 m Höhe. Ab Mach 1 (≈ 1.200 km/h) produziert das Flugzeug eine ständige Luftdruckwelle, die man als Überschallknall hört.

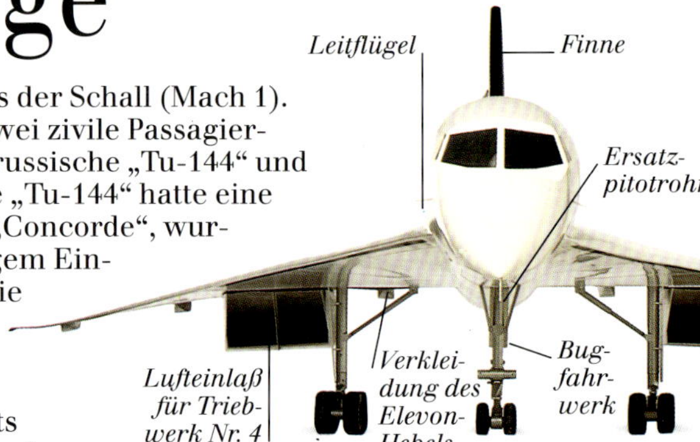

VORDERANSICHT DER CONCORDE

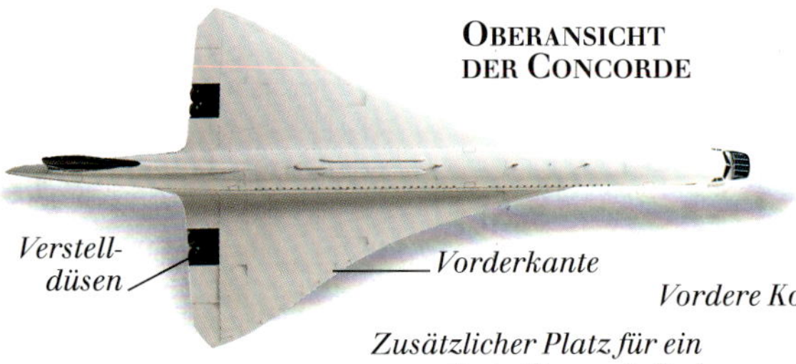

OBERANSICHT DER CONCORDE

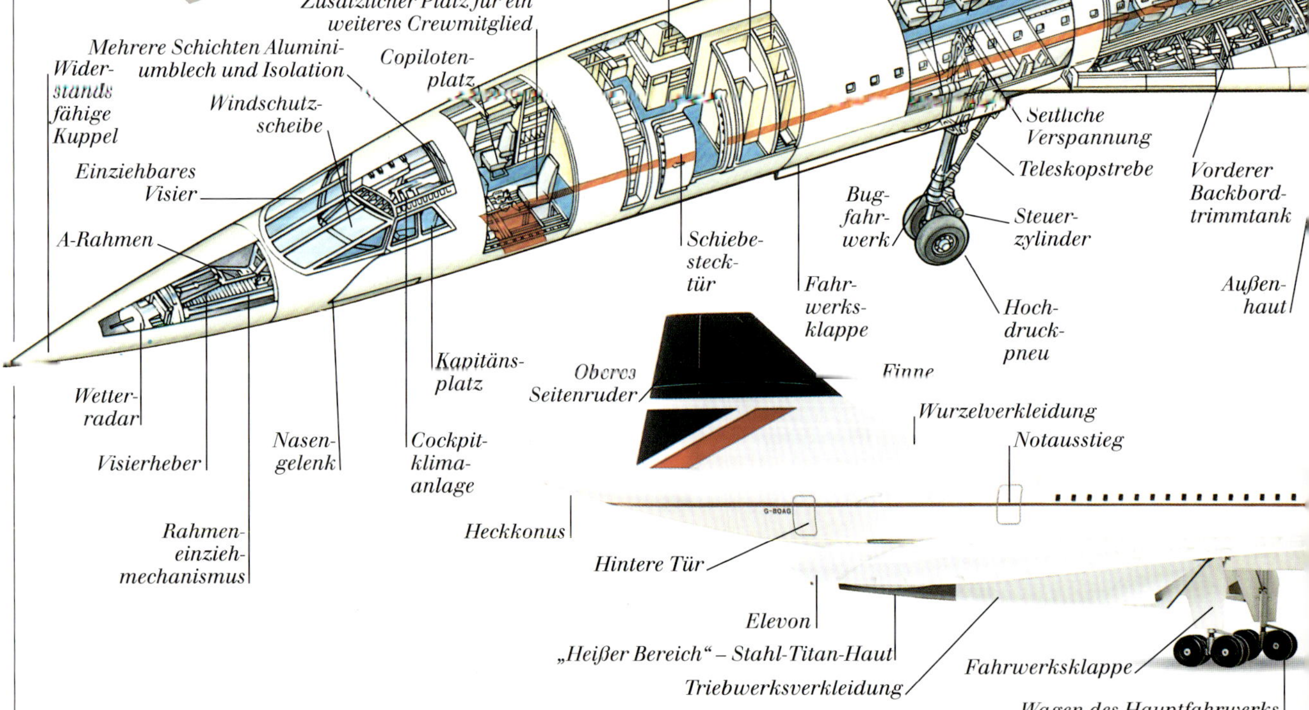

SCHNITTBILD EINER CONCORDE

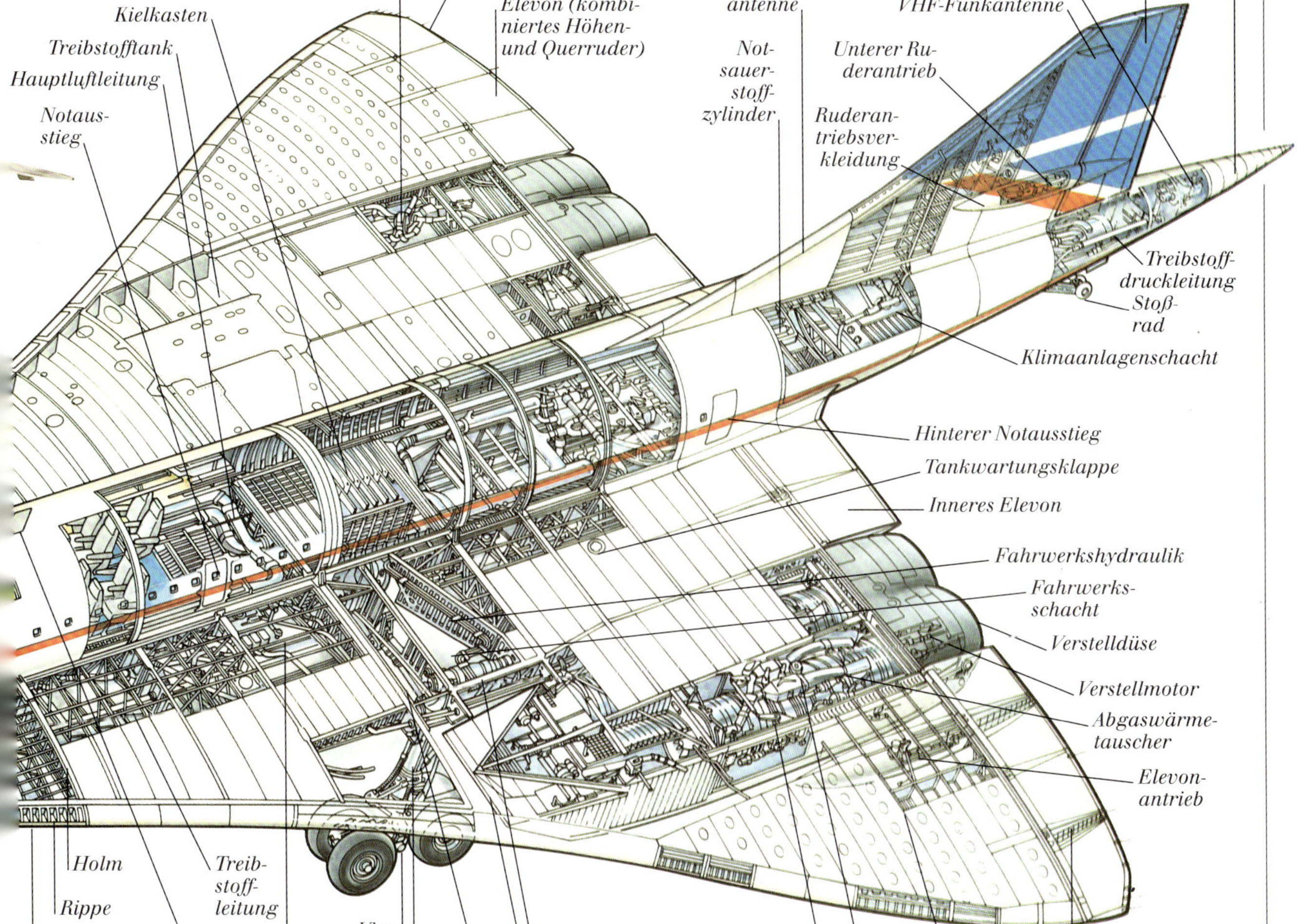

SEITENANSICHT EINER CONCORDE

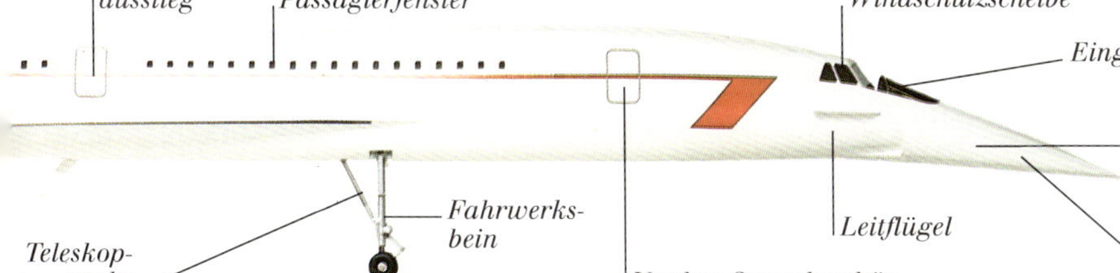

Strahltriebwerke

Strahltriebwerke werden von den meisten militärischen und schweren zivilen Flugzeugen sowie von einigen Hubschraubern verwendet. Die einfachste Bauart ist das Turbinenluftstrahltriebwerk (TL/Turbojet), bei dem ständig ein Treibstoff-Luft-Gemisch in einer Brennkammer verbrannt wird. Durch den heißen Strahl, der aus der Schubdüse austritt, entsteht Schub. Viele der schnellsten Flugzeuge benutzen das Turbojettriebwerk mit zusätzlichem Nachbrenner (Afterburner). Die meisten Turbinenverkehrsflugzeuge benutzen aber das im Vergleich zum Turbojettriebwerk sehr viel leisere Zweikreis-Turbinenluftstrahltriebwerk (ZTL/Turbofan). Hier wird ein großer Fan (Luftschaufelrad) durch eine Niederdruckturbine angetrieben. Viele kleinere Flugzeuge haben ein Propeller-Turbinenluftstrahltriebwerk (PTL/Turboprop), wobei dort statt eines ummantelten Fan ein freier Propeller angetrieben wird.

NPT 301, MODERNES TURBINENLUFTSTRAHLTRIEBWERK

Pratt & Whitney Canada PW 120 Series, modernes Turboprop-Triebwerk

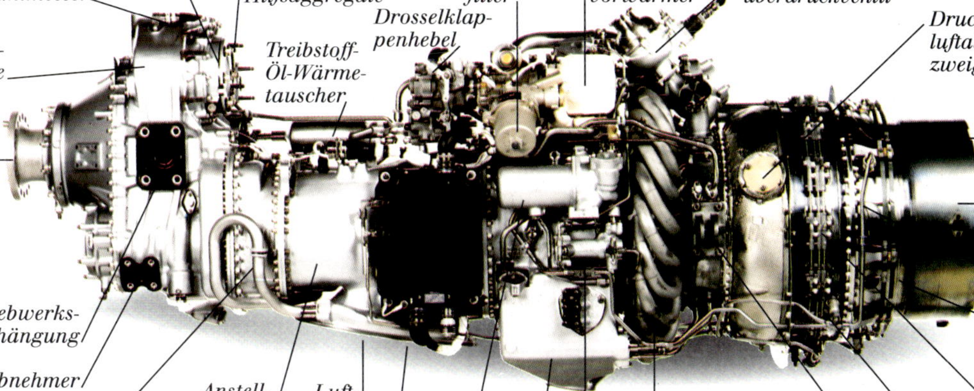

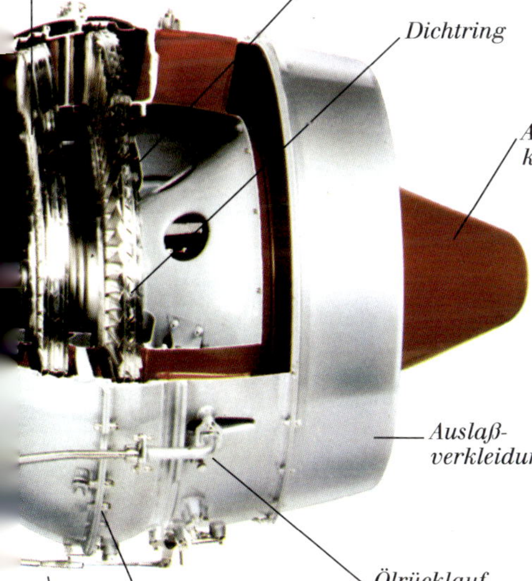

Schnittbild eines Pratt & Whitney PW 305 Turbofan

Funktionszeichnungen von Luftstrahltriebwerken

Turbofan

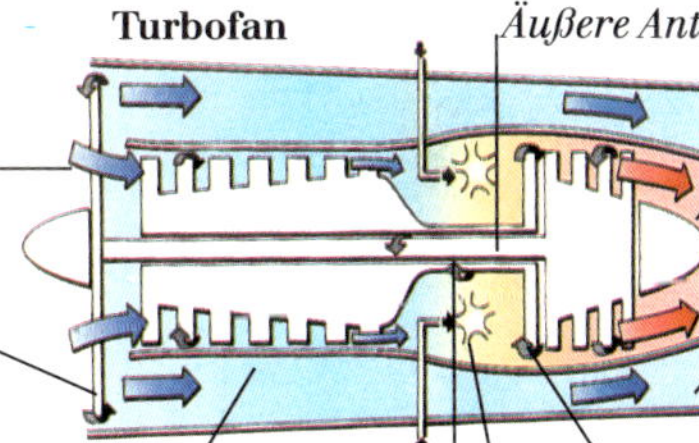

Turboprop

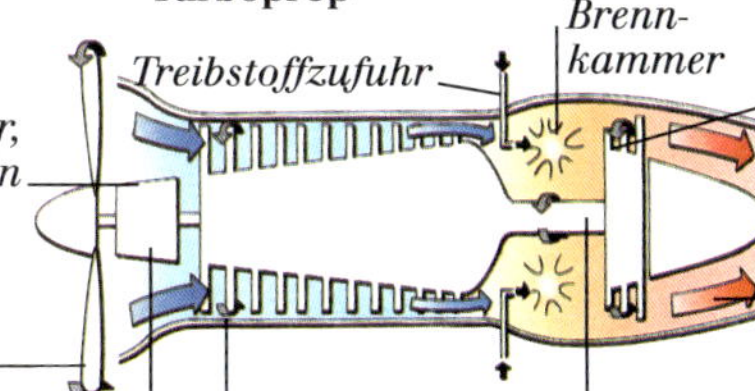

Turbojet

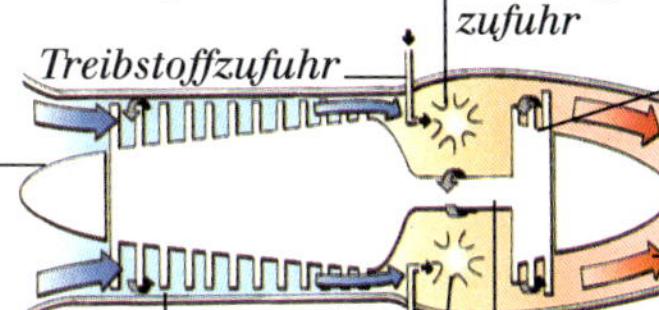

Moderne Militärflugzeuge

Militärflugzeuge der heutigen Generation gehören zu den am höchsten entwickelten und teuersten Produkten dieses Jahrhunderts. Kampfflugzeuge verfügen über computergesteuerte Steuerorgane zur Erhöhung der Manövrierfähigkeit, leistungsstarke Triebwerke und hochentwickelte Waffensysteme, wie z. B. Lenkraketen, Aufklärungsradar und passive Infrarotsensoren. Diese Entwicklungen lassen Angriffe und Luftkämpfe mit Zielen zu, die außer Sichtweite sind. Bomber transportieren große Waffenladungen und genug Treibstoff für Langstreckenflüge. Einige wenige Kampfflugzeuge, wie der „Tornado“ oder die F-14 „Tomcat“, haben schwenkbare Tragflügel. Für den Start und die Landung werden sie ganz ausgestellt und beim Flug zum Erreichen von großen Geschwindigkeiten nach hinten geschwenkt. Die jüngste Entwicklung ist der „Stealth“-Bomber (Tarnkappenbomber), der von Radarsystemen nicht aufgespürt werden kann. Frühere Kampfflugzeuge mußten unter dem Radarerfassungsbereich fliegen und waren daher mit einem Bodenfolgeradar ausgerüstet, so z. B. der „Tornado“.

Vorderansicht eines Panavia Tornado

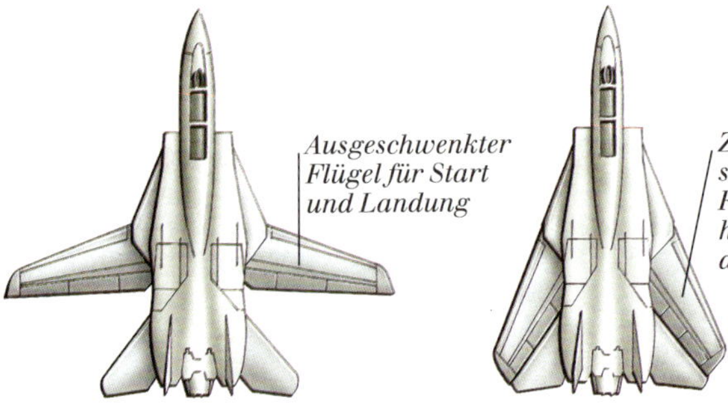

Verstellflügel der F-14 Tomcat

Seitenansicht des Panavia-Tornado GR-1A-Aufklärer, 1986

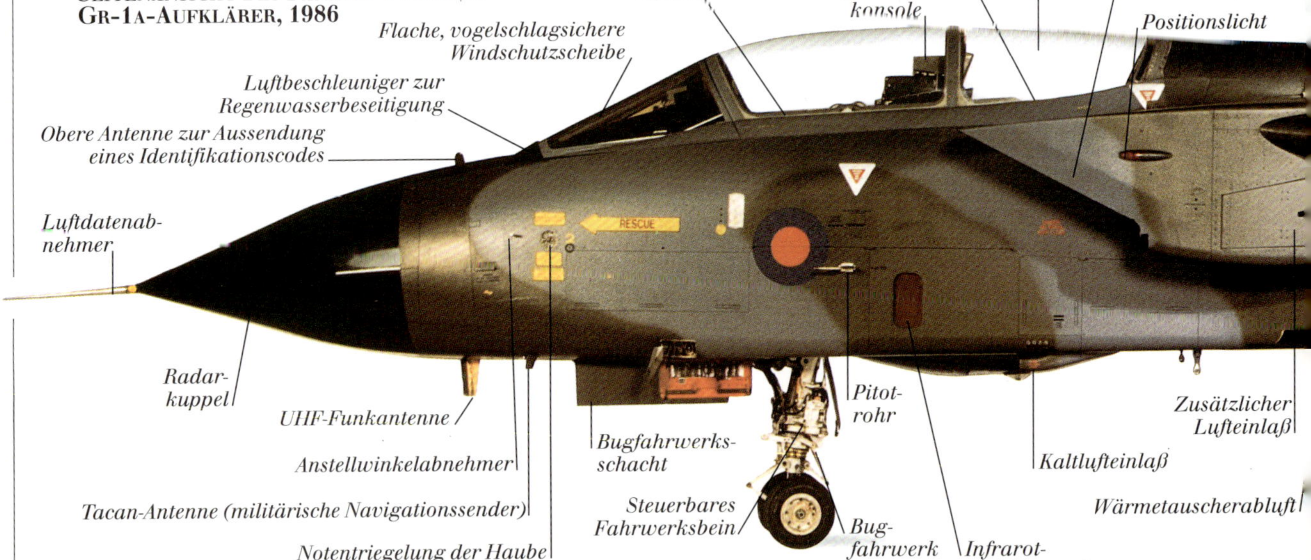

NORTHROP B-2 (TARNKAPPENBOMBER), 1989

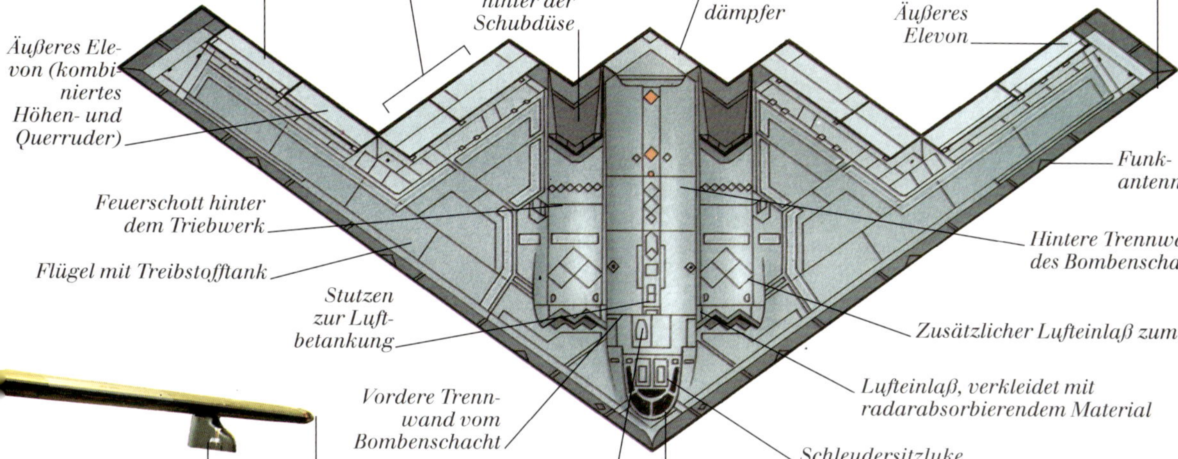

Hubschrauber

Bell 47G-3B1

Hubschrauber verfügen über rotierende Blätter, durch die Auftrieb, Vortrieb und die Steuerkräfte erzeugt werden. Das erste Fluggerät, welches einen längeren gesteuerten Flug mit Hilfe von Rotoren absolvierte, war der „Autogiro“ des Spaniers Juan de la Cierva. Dieser hatte unangetriebene Blätter oberhalb des Rumpfes, die vom Fahrtwind bewegt wurden und so für Auftrieb sorgten. Den Vortrieb lieferte ein gewöhnlicher Flugzeugpropeller. 1939 baute der in Rußland geborene Amerikaner Igor Sikorsky seinen „VS 300“, den Vorläufer des heutigen Hubschraubers, dessen angetriebener Rotor Vortrieb, Auftrieb, und Steuerkräfte erzeugte. Er konnte senkrecht starten und landen, schweben und in jede Richtung fliegen und verfügte über einen Heckrotor, um das Drehmoment des Rotors auszugleichen. Durch den Einsatz von Turbinen bei Hubschraubern ab dem Jahre 1955 wurden die Triebwerke leiser, sicherer und leistungsfähiger. Aufgrund ihrer besonderen Flugeigenschaften setzt man Hubschrauber heute zu vielfältigen Aufgaben, wie etwa zur Felderbesprühung, zum Transport von und zu Bohrinseln, zur Verkehrsbeobachtung, zu Montagen, als Geschützträger, als Lufttaxi oder als Rettungshubschrauber ein.

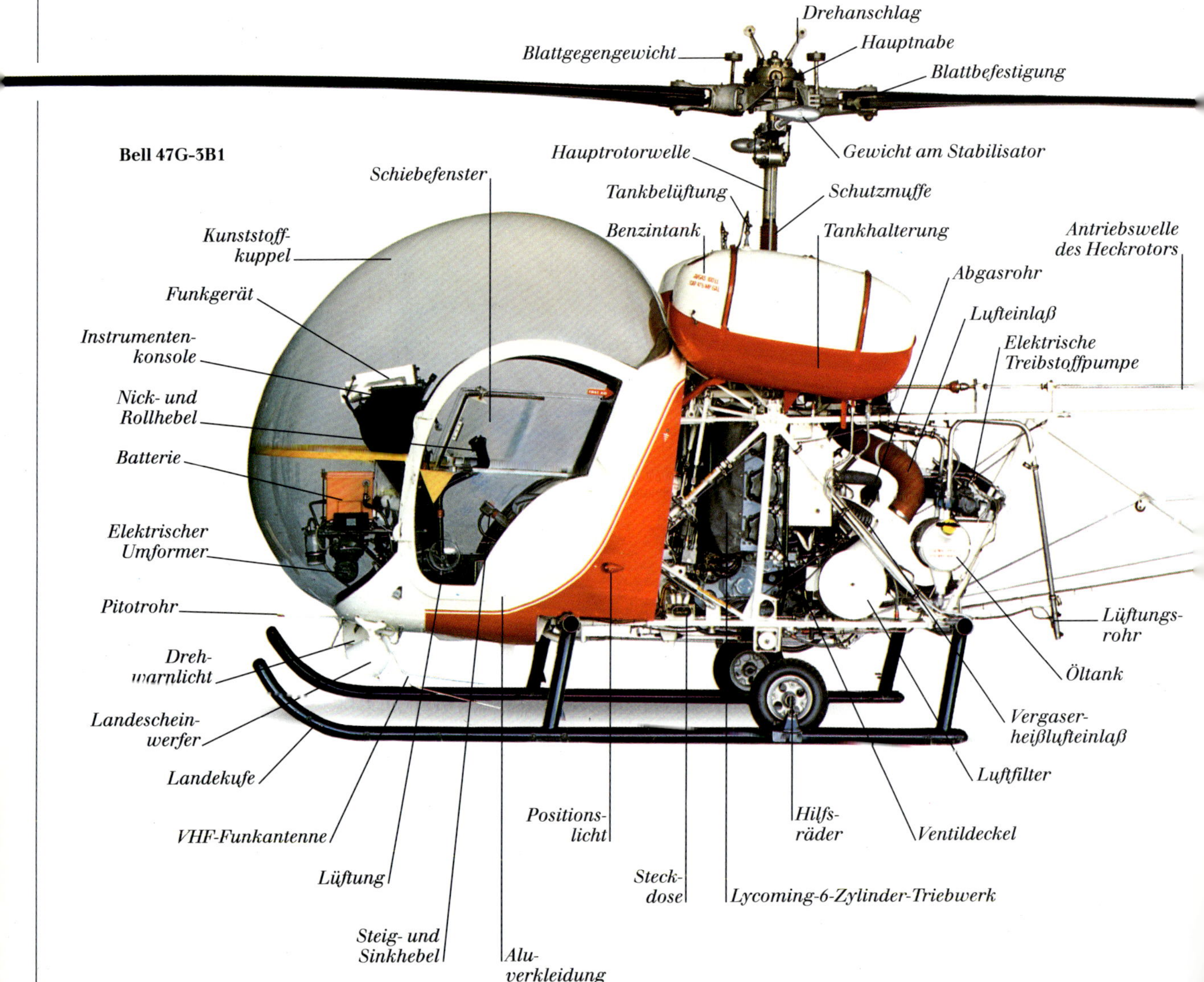

Bell 47G-3B1

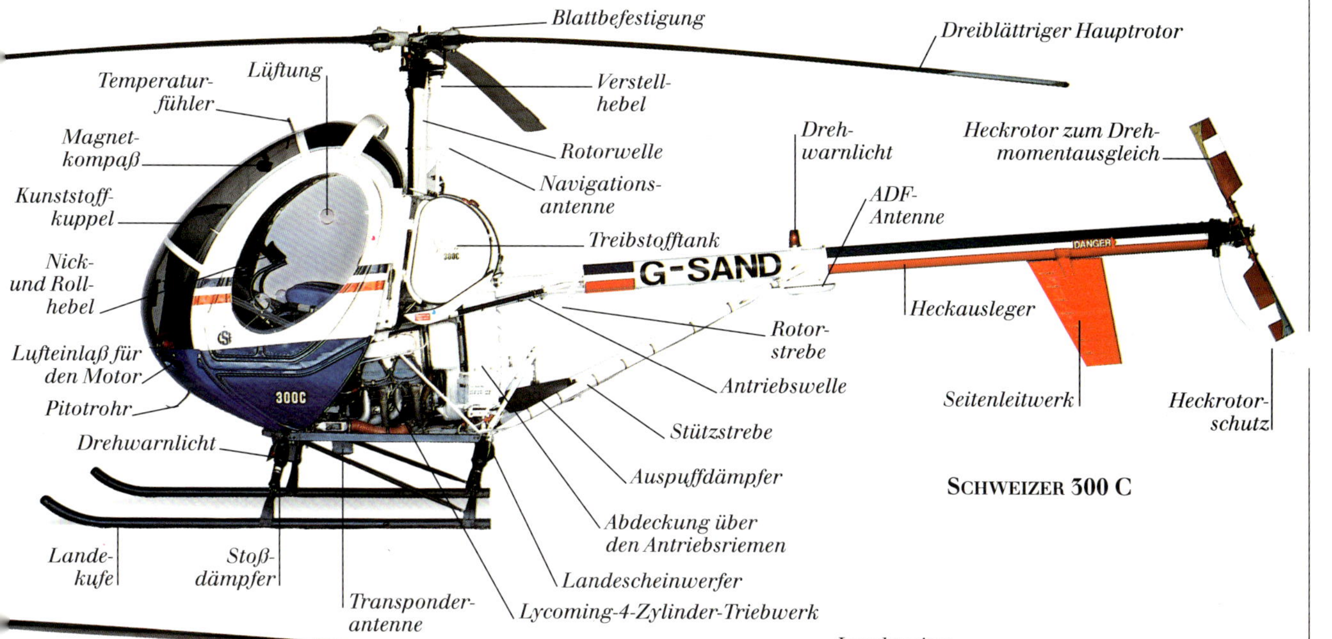

SCHWEIZER 300 C

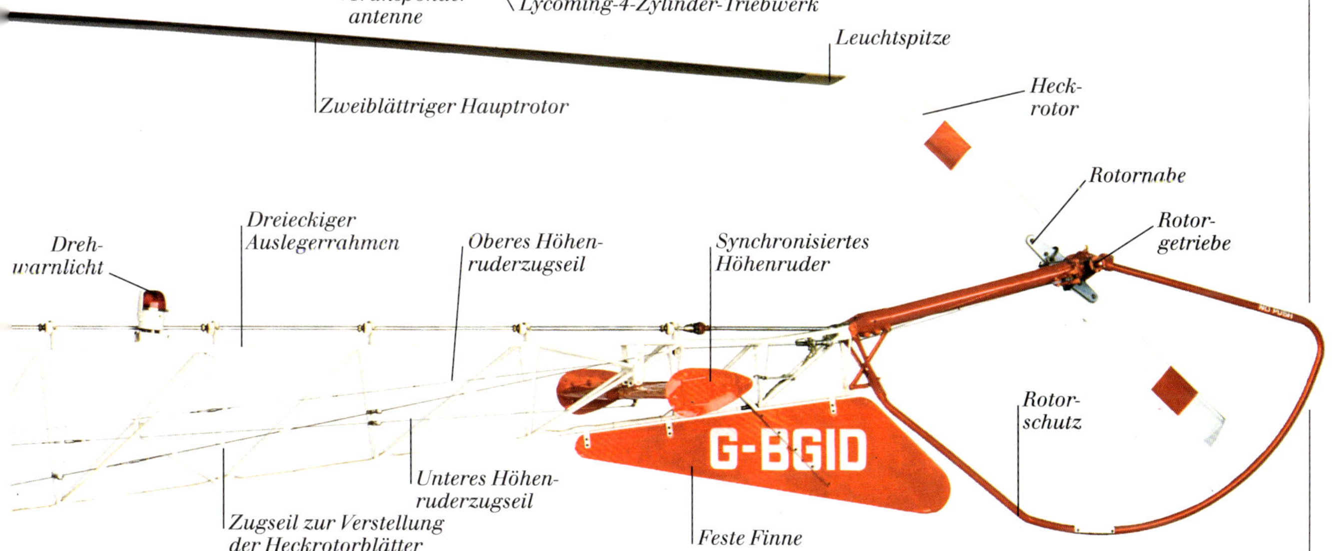

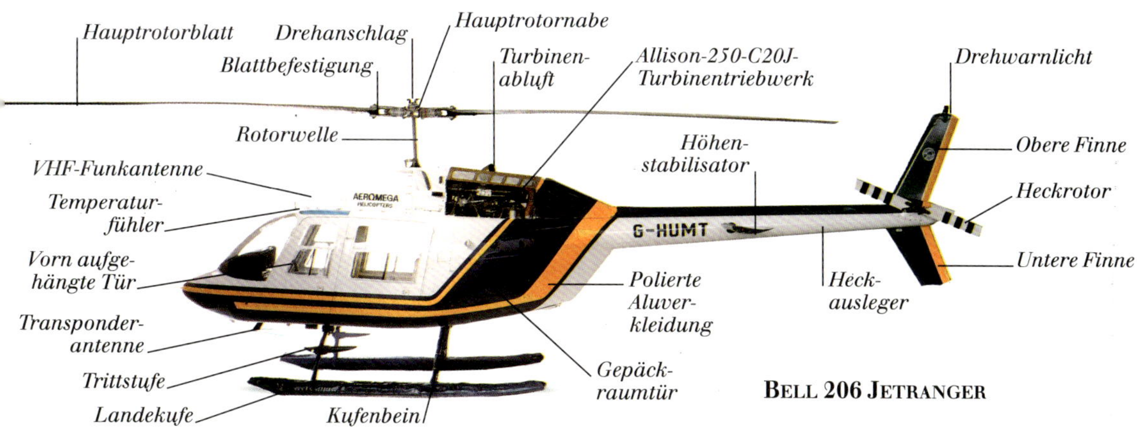

BELL 206 JETRANGER

Leichtflugzeuge

Leichtflugzeuge, wie die hier abgebildete „ARV Super 2“, sind klein, leicht und von einfacher Bauweise. Seit dem 1. Weltkrieg wurden mehr als eine Million Stück gebaut und hauptsächlich für die private Sportfliegerei benutzt. So gut wie alle leichten Flugzeuge verfügen über Kolbenmotoren, von denen die meisten luftgekühlt sind. Offene Cockpits, wie sie in den 20er Jahren üblich waren, sind heute fast gänzlich der geschlossenen Kabine gewichen. Die Kabinen von Hochdeckern haben eine oder zwei Türen, wohingegen die der Tiefdecker normalerweise mit Klapp- oder Schiebedächern ausgerüstet sind. Der Großteil der modernen Leichtflugzeugrümpfe besteht aus Aluminiumlegierungen, aber es gibt auch Flugzeuge aus Holz oder faserverstärkten Kunststoffen. Heute verfügen die Sportflugzeuge meist über Navigationshilfen und -instrumente, ein elektrisches System, Kabinenheizung, bremsbare Räder und eine Sprechfunkanlage.

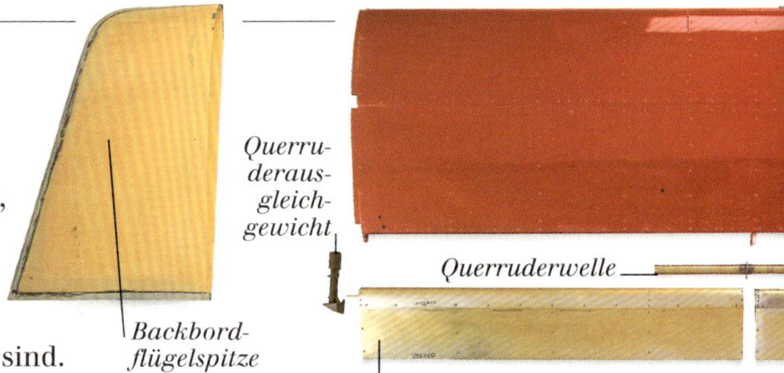

Backbordhauptfahrwerk

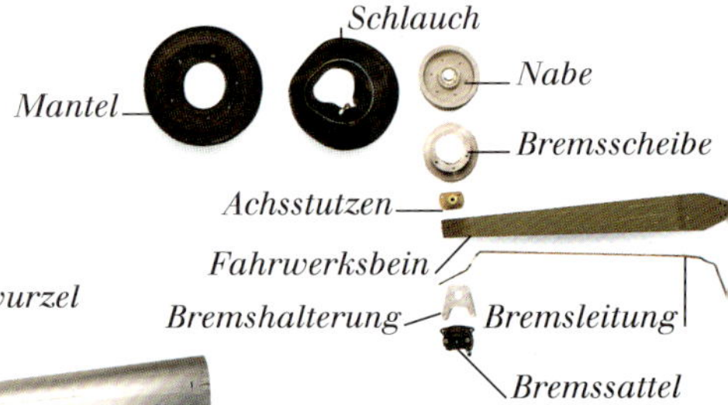

Heckflügel und Seitenleitwerk

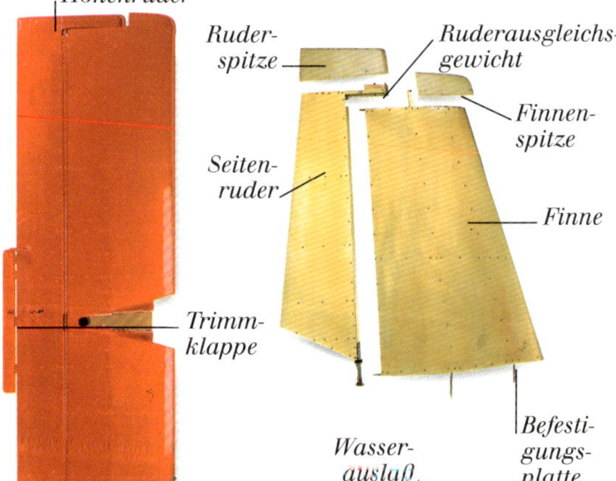

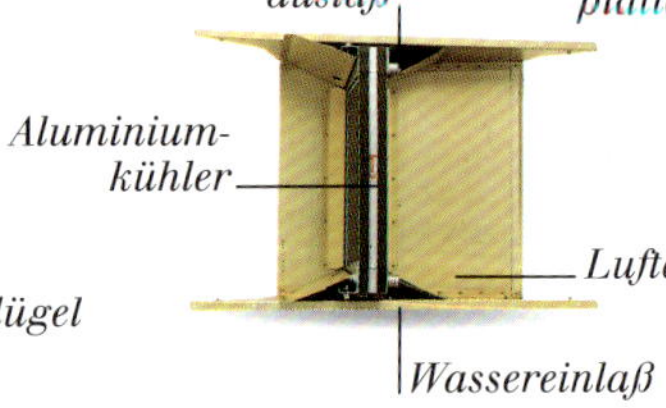

Hinterer Rumpf

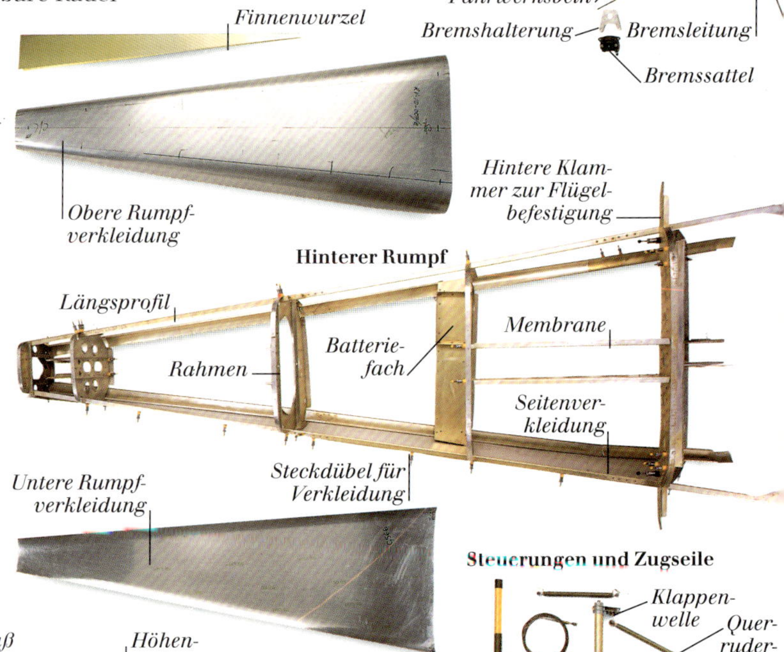

Steuerungen und Zugseile

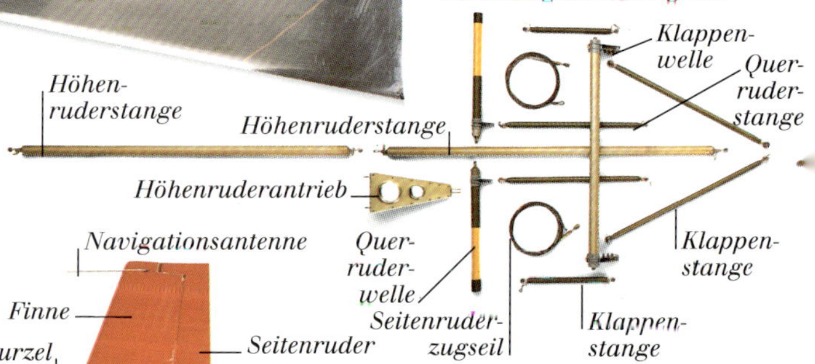

Seitenansicht einer ARV Super 2

Steuerbordhauptfahrwerk

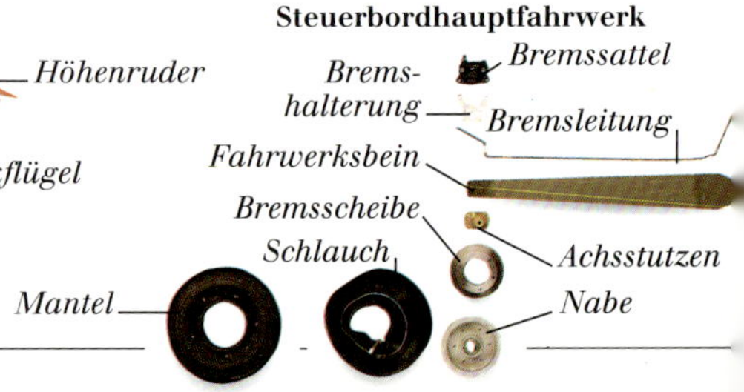

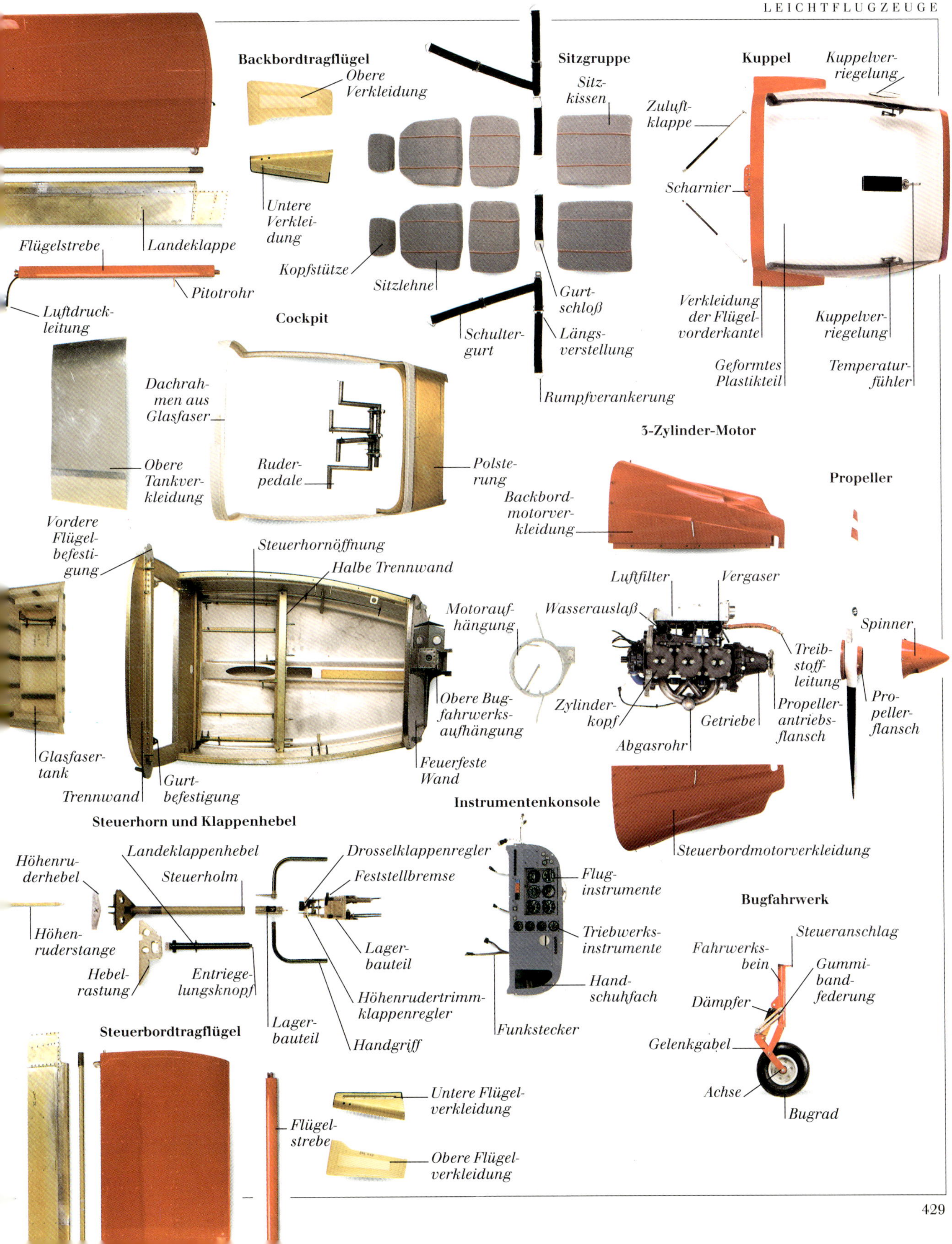
Backbordtragflügel
Obere Verkleidung
Untere Verkleidung
Flügelstrebe
Landeklappe
Pitotrohr
Luftdruckleitung
Sitzgruppe
Sitzkissen
Kopfstütze
Sitzlehne
Gurtschloß
Schultergurt
Längsverstellung
Rumpfverankerung
Kuppel
Kuppelverriegelung
Zuluftklappe
Scharnier
Verkleidung der Flügelvorderkante
Kuppelverriegelung
Geformtes Plastikteil
Temperaturfühler
Cockpit
Dachrahmen aus Glasfaser
Obere Tankverkleidung
Ruderpedale
Polsterung
Vordere Flügelbefestigung
Steuerhornöffnung
Halbe Trennwand
Glasfasertank
Trennwand
Gurtbefestigung
Obere Bugfahrwerksaufhängung
Feuerfeste Wand
3-Zylinder-Motor
Backbordmotorverkleidung
Propeller
Luftfilter
Vergaser
Wasserauslaß
Motoraufhängung
Treibstoffleitung
Spinner
Zylinderkopf
Getriebe
Propellerantriebsflansch
Propellerflansch
Abgasrohr
Steuerbordmotorverkleidung
Instrumentenkonsole
Fluginstrumente
Triebwerksinstrumente
Handschuhfach
Funkstecker
Steuerhorn und Klappenhebel
Höhenruderhebel
Landeklappenhebel
Steuerholm
Drosselklappenregler
Feststellbremse
Höhenruderstange
Lagerbauteil
Hebelrastung
Entriegelungsknopf
Höhenrudertrimmklappenregler
Lagerbauteil
Handgriff
Bugfahrwerk
Steueranschlag
Fahrwerksbein
Gummibandfederung
Dämpfer
Gelenkgabel
Achse
Bugrad
Steuerbordtragflügel
Flügelstrebe
Untere Flügelverkleidung
Obere Flügelverkleidung

Segelflugzeuge, Drachen, Ultraleichtflugzeuge

Drachen

Moderne Segelflugzeuge gehören zu den elegantesten und aerodynamisch effektivsten Flugzeugen. Da sie nicht motorisiert sind, müssen sie sich von Aufwinden tragen lassen, was ihre große Spannweite (bis zu 25 m) erklärt. Die Steuerung erfolgt konventionell über Seiten-, Höhen- und Querruder. Segelflugzeuge bewältigen Flüge über mehr als 1.450 m und Höhen über 15.000 m. Drachen bestehen aus einem Rahmen, der meist mit einem Gewebe bespannt ist. Der Pilot hängt unter der Tragfläche und hält einen dreieckigen Rahmen, über den er durch Gewichtsverlagerung den Drachen steuert. Wie auch bei den Segelflugzeugen steigen die Drachen durch Aufwinde. Ultraleichtflugzeuge sind im Prinzip motorgetriebene Drachen. Ein kleiner Motor und ein offener Wagen mit drei Rädern, in dem bis zu zwei Personen Platz finden, hängen an einer stärkeren, drachenähnlichen Tragfläche. Gesteuert wird das Ultraleichtflugzeug dann ebenfalls durch Gewichtsverlagerung. Es erreicht Geschwindigkeiten bis zu 160 km/h.

Bugverkleidung

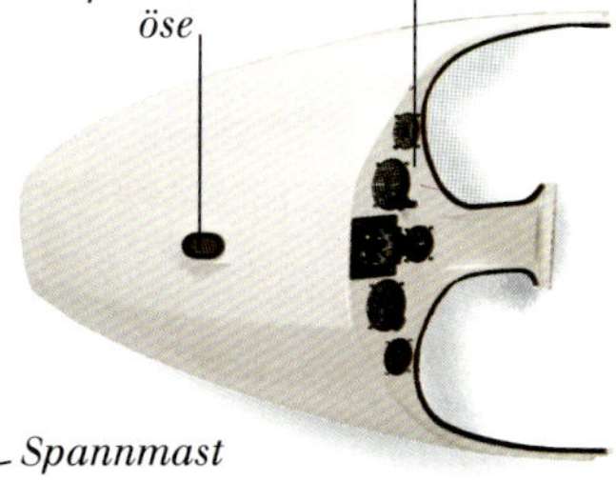

PEGASUS-XL-SE-ULTRALEICHTFLUGZEUG

DRACHENKÖRPERBEUTEL

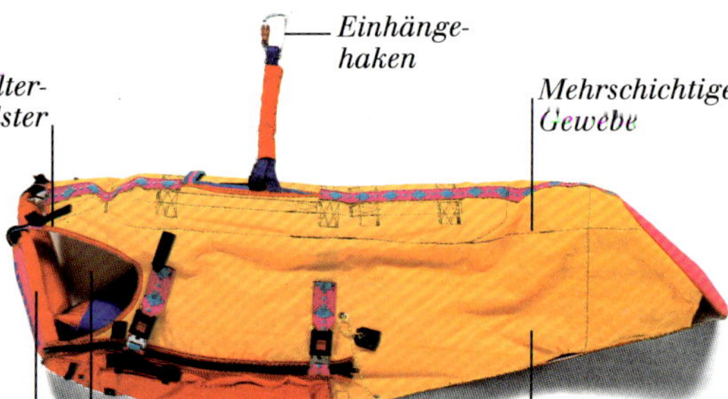

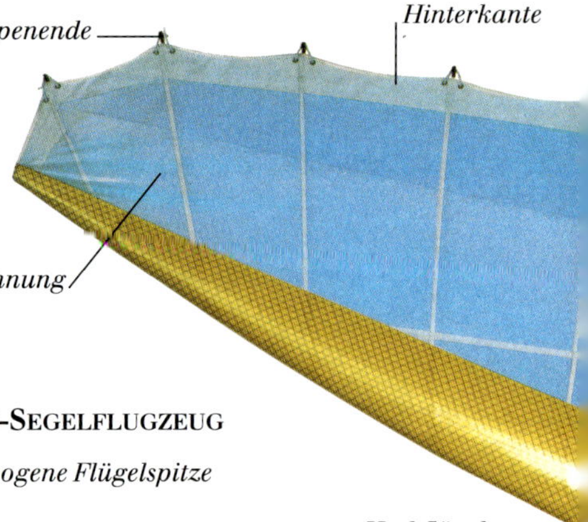

SCHLEICHER-K23-SEGELFLUGZEUG

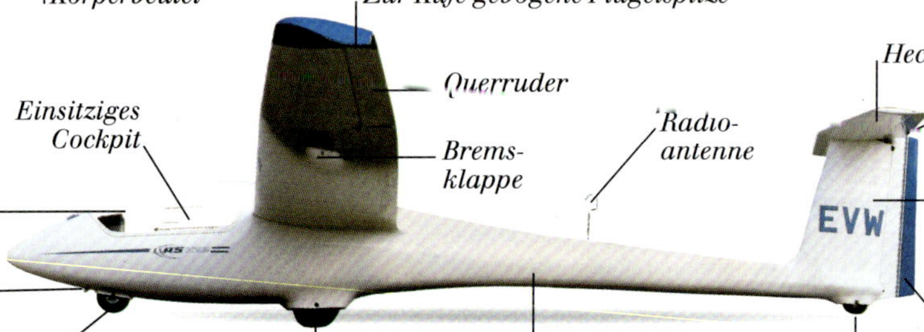

Solar-Wings-Pegasus-Quasar-Ultraleichtflugzeug

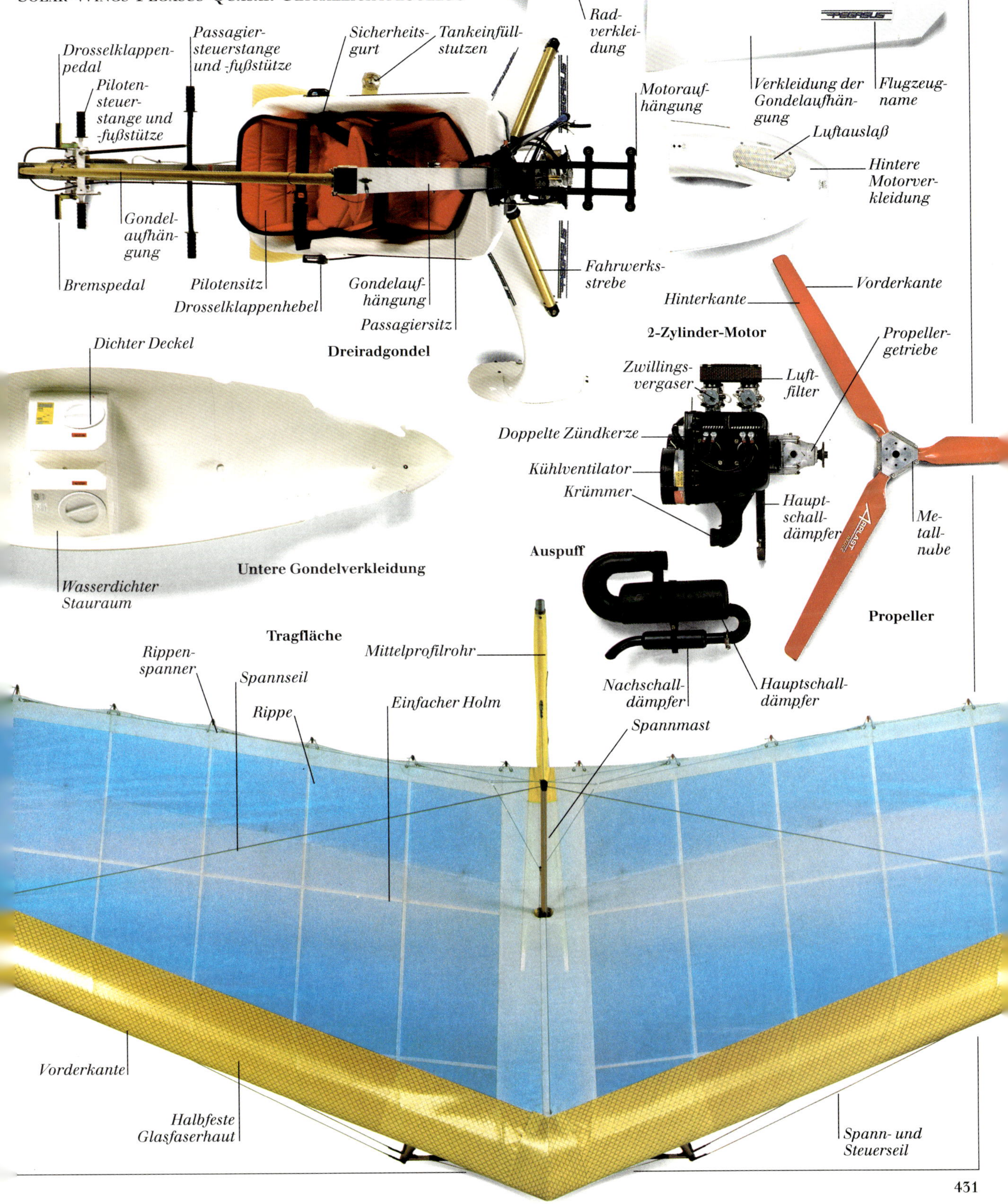

75 Moosgrün 1
moss green 1
vert de mousse 1
85 Olivengrün 1
olive green 1
vert d'olive
76 Moosgrün 2
moss green 2
vert de mousse 2
71 Hellgrün
light green
vert clair
70 Laubgrün 2
leaf green 2
vert d'herbe 2
80 Kaltgrün 1
cold green 1
vert cru 1
30 Umbra grün
greenish umber
terre d'ombre verte
23 Caput mortuum hell
caput mortuum pale
tête morte clair
24 Caput mortuum dkl.
03 Echtgelb 2 hell
sunproof yellow 2 light
jaune solide 2 clair
04 Echtgelb 3 dkl.
sunproof yellow 3 deep
jaune solide 3 foncé
05 Echtorange 1
sunproof orange 1
orange solide 1
42 Permanentrot 1 hell
permanent red 1 pale
rouge permanent 1 clair
46 Karminrot
carmine red
rouge carminé
44 Permanentrot 3 dkl.
permanent red 3 deep
rouge permanent 3 foncé
45 Krapplack
madder lake
laque de garance
49 Purpur 1
purple 1
pourpre 1
91 Graublau 1
grey blue 1
gris bleu 1
64 Kobaltblau imit.
cobalt blue imit.
bleu de cobalt imit.
66 Preußischblau
Prussian blue
bleu de Prusse
57 Violett bläulich
bluish violet
violet bleuâtre
68 Grün bläulich
bluish green
vert bleuâtre
63 Ultramarin
FINEST SOFT ARTISTS' PASTELS
PASTELS EXTRA-FINS SOUPLES POUR ARTISTES

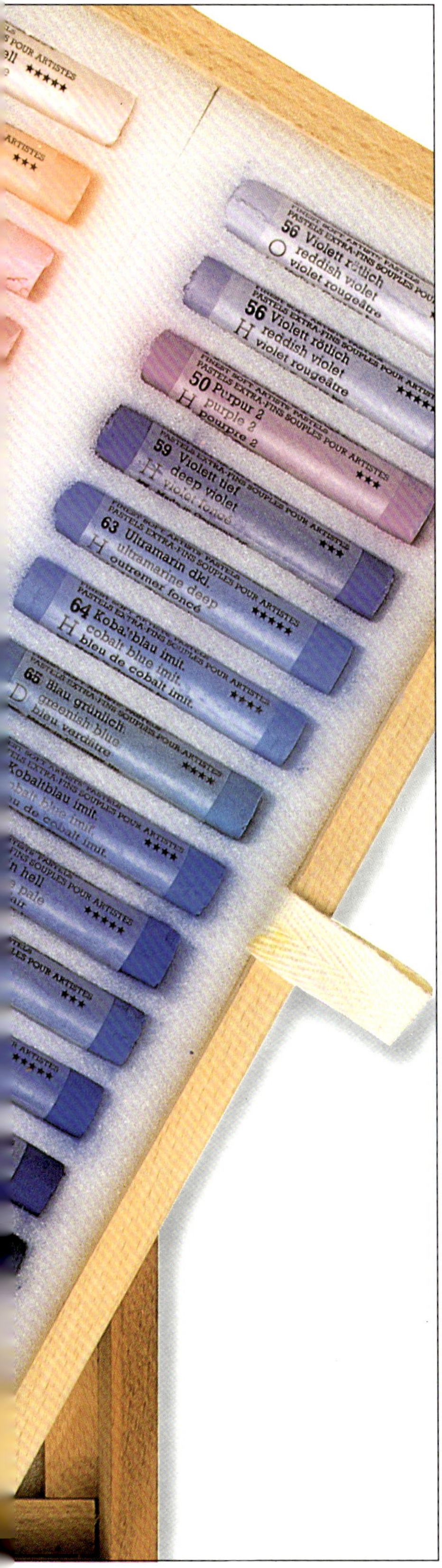

Die bildenden Künste

Zeichnen 434
Tempera 436
Fresko 438
Ölfarben 440
Aquarell 442
Pastell 444
Acrylfarben 446
Kalligraphie 448
Druck 1 450
Druck 2 452
Mosaik 454
Bildhauerei 1 456
Bildhauerei 2 458

Zeichnen

Zeichnungen können fertige Kunstwerke darstellen, aber auch vorbereitende Skizzen für Gemälde oder andere Kunstwerke. Als Zeichengrund dienen Papier, Seide oder Pergament, als Zeichenwerkzeug Feder, Pinsel oder Stifte aus unterschiedlichen Materialien: Bleistift, Pastellstift, Rötel, Kohle, Kreide oder Silberstift. Am häufigsten benutzt werden Bleistifte, bleigraue Graphit-Ton-Minen in einer Ummantelung aus Holz. Eines der ältesten Zeichenwerkzeuge ist Kohle, die man durch Brennen von Zweigen bei hohen Temperaturen und unter Luftabschluß erhält. Mit Radiergummis lassen sich Bleistift oder Kohle wieder entfernen oder für besondere Effekte verwischen. Auf eine fertige Zeichnung wird eine Fixierung aufgebracht (z.B. in Sprayform), damit das Bild nicht verwischt. Bei der Silberstift-Zeichnung zeichnet man mit einem Metallgriffel mit Silberspitze auf mit Kreide oder Knochenpulver grundiertem Papier. Diese Zeichnung läßt sich nicht korrigieren. Die silbernen Linien werden mit der Zeit braun.

Fixativ und Mundsprühgerät

Radiergummis

Kreide und Kohle

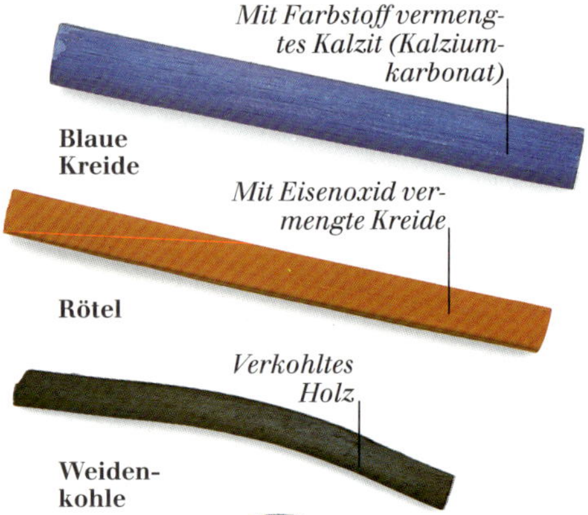

Zeichenwerkzeuge

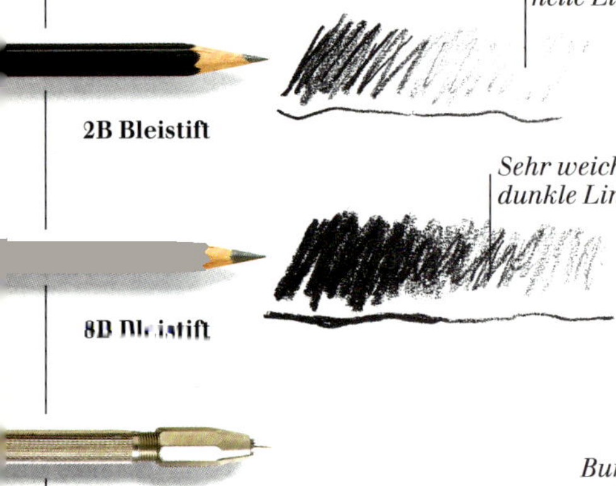

Zeichenbrett

Zeichenmaterialien

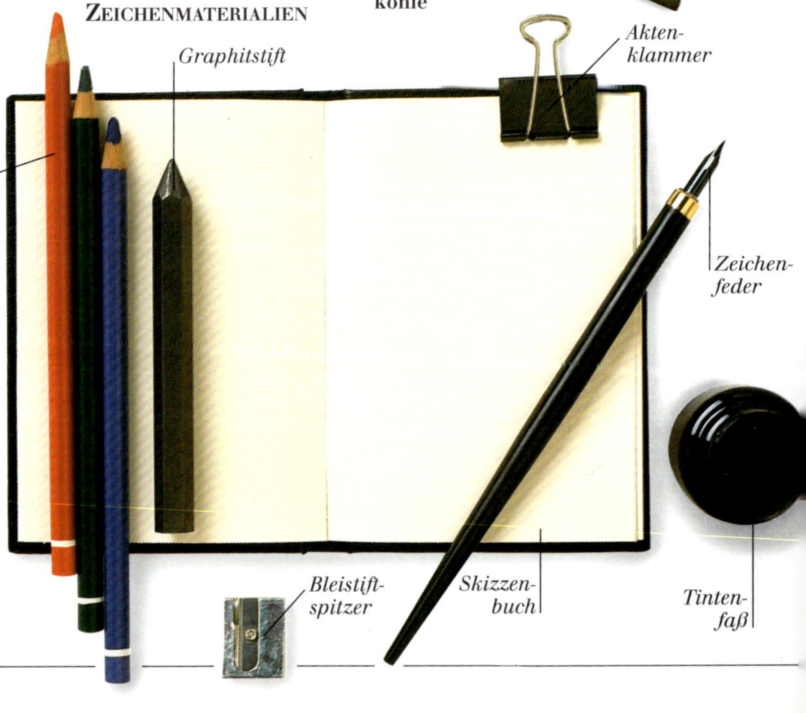

Silberne Linien oxydieren zu zartem Braun.

Figuren mit Tusche über die Linien gemalt

Linie mit Silberstift und Lineal gezogen

Fluchtpunkt beim Kopf des Reiters mit dem sich aufbäumenden Pferd

Der verkürzt dargestellte Fliesenboden zielt auf einen einzigen Fluchtpunkt.

Vorbereitende Perspektivstudie für ein Gemälde

Beispiel einer Silberstiftzeichnung
Studie zu Leonardo da Vincis unvollendetem Gemälde
Die Anbetung der Könige (1481)
Federzeichnung über Silberstiftzeichnung
16,5 x 29,2 cm

Papier mit Pergamentleim und Farbpigment grundiert

Handgeschöpftes Tonzeichenpapier

Ein Blatt aus einer Reihe von Zeichnungen von London (1944–1945)

Kohlestriche durch Reiben und Radieren verwischt: weichere Konturen

Kräftige, ausdrucksstarke Linienführung mit Kohle

Dicke Kohlestriche

Schnell vor Ort gezeichnet

Beispiel für eine Kohlezeichnung
David Bomberg: St.Paul's and the River (Kathedrale St. Paul und Themse) (1945)
Kohle auf Papier
50,8 x 65,8

Tempera

Buchmalerei-Initiale

Temperamalerei (von lat. *temperare* = mit einem Bindemittel mischen) ist Malerei mit deckenden Farben, die mit einem Bindemittel auf Wasserbasis angemacht sind, meist mit Eigelb und Leim. Eitempera wird auf eine glatte Oberfläche aufgebracht, für Buchmalerei z.B. auf Pergament, für die Tafelmalerei auf eine mit Gips-Kreide (ital.: *gesso*) grundierte Holztafel. Aufgebracht wird der Malgrund mit einem Flachpinsel aus Schweineborsten. Dabei wird eine Lage *gesso grosso* (grober Gesso) aufgebracht, anschließend mehrere Lagen *gesso sotile* (feiner Gesso) besandet übereinander. So entsteht ein glatter, aber saugfähiger Malgrund. Die Farben werden mit leichten Strichen mit feinen Haarpinseln aufgetragen. Sie trocknen matt auf und glänzen samtig. Die weiße Gipsschicht mit den überlagernden kräftigen Farben verleihen den Bildern eine charakteristische Leuchtkraft. Zur Vergoldung von Temperabildern wird gehämmertes Blattgold in überlappenden Lagen auf einen sog. Bolusgrund (aus Terra di Siena, einer rötlichbraunen Erde) aufgetragen und mit einem Polierstab geglättet.

Material zum Vergolden

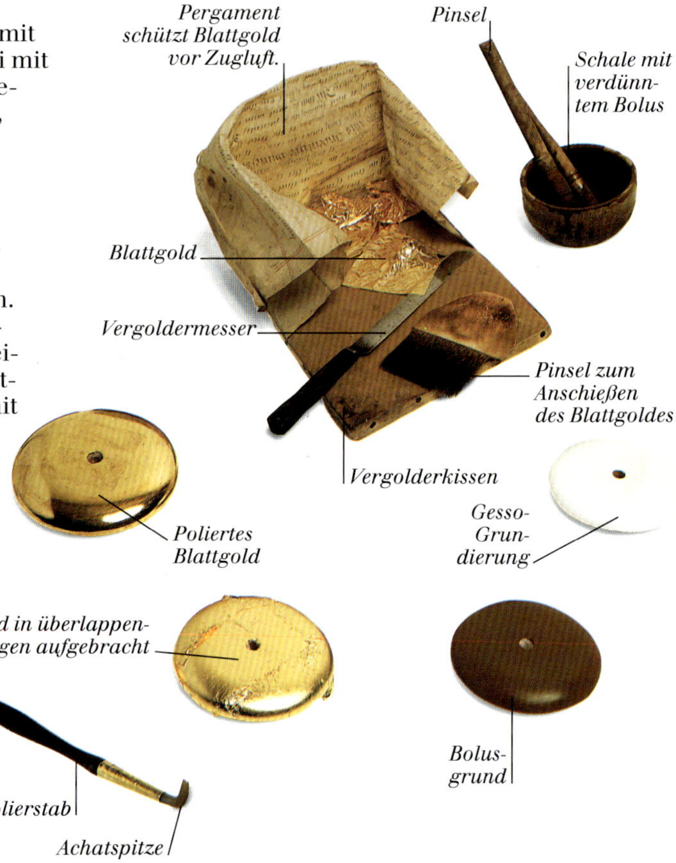

Materialien für Tafelmalerei mit Eitempera

Pinsel

Ein Tafelbild in Temperamalerei

Ambrogio Lorenzetti: Darstellung des Jesusknaben im Tempel (1342)
Tempera auf Holz, 257 x 168 cm

Pigmente für Fleischfarben

Verdaccio (Terra Verde)

Cinabrese (Zinnober mit Bleiweiß)

Zinnober

Sinoper Rote Erde (Eisenoxid)

Farbpigmente

Malachit

Ultramarin Lapislazuli

Frankfurter Schwarz

Bleigelb

Ausschnitt aus der „Darstellung im Tempel"

Fresko

Das Fresko (von ital. *fresco* = frisch) ist eine Form der Wandmalerei. Beim echten Fresko (ital. *buon fresco*) werden die Farbpigmente mit Wasser angerührt und auf den feuchten *intonaco* (Verputz aus gipsfreiem Kalk, Sand und Marmorstaub) aufgetragen. Wenn der Putz trocknet, verbindet sich die Farbe mit ihm, und der Kalk bildet eine schützende Sinteroberfläche. Das Fresko verlangt daher Schnelligkeit. Es wird stückweise von oben nach unten gemalt. An den Fugen zwischen den einzelnen Abschnitten erkennt man das jeweilige Tagewerk des Künstlers. Die Farbskala beim Fresko ist auf alkaliresistente Pigmente, vor allem Erdfarben (unten), begrenzt. Für die Weißtöne sorgen gelöschter Kalk (gebrannter Kalk, vermischt mit Wasser), Kreide oder das *Bianco di San Giovanni,* ein getrockneter mit Weinessig behandelter Grundierkalk. Farben wie Azurblau (Azurit) aber behalten ihren Farbton nur bei, wenn sie *al secco,* d.h. trocken, aufgetragen werden. Da sie sich dann nicht mit dem Untergrund verbinden, blättern sie jedoch leicht ab.

Freskoschichten

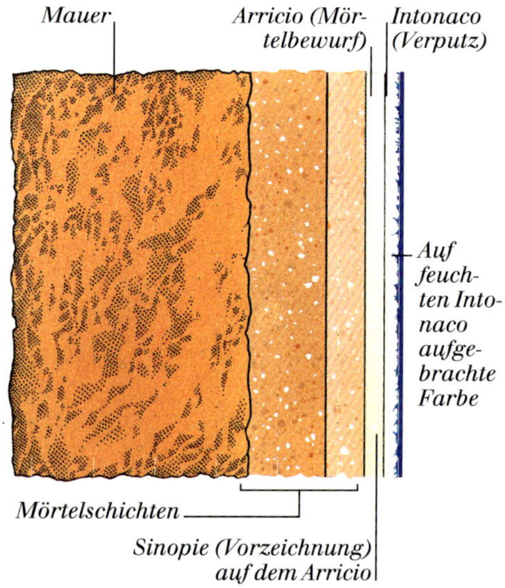

Freskofarben (Erdfarben)

Pinsel für die Freskomalerei

Zutaten für Weisstöne

Beispiel für ein Fresko

Giotto: Die Vertreibung der Händler aus dem Tempel (um 1306)
Fresko, 200 x 185 cm

Der Tempel dient als Hintergrund für die Handlung.

Bianco di San Giovanni, ein häufig benutztes Freskoweiß

Heiligenschein des Apostels mit Blattgoldauflage

Gewand mit Grüner Erde gemalt

Das Kind wurde auf den Mantel des Apostels gemalt.

Ein Bild aus einem Freskenzyklus in der Arenakapelle in Padua/Italien

Der azurblaue Azuritfarbstoff hat sich durch Reaktion mit Kohlendioxid aus dem Kalkputz grün verfärbt.

Haarfeine Linie als Grenze zwischen zwei Tagewerken erkennbar

Das in echter Freskotechnik aufgetragene rote Sinoper-Pigment hat seine Leuchtkraft behalten.

Das al secco aufgetragene Azurit ist abgeblättert. Man sieht den Putz.

Die trockene, matte Oberflächenbeschaffenheit ist charakteristisch für ein echtes Fresko.

In echter Freskotechnik aufgetragene Gesichtsfarbe

Die weiße Taube symbolisiert den Heiligen Geist.

Al secco aufgetragene Farbe ist abgeblättert.

Sinopie (Vorzeichnung) in roter Sinopererde (daher der Name!)

Ausschnitt aus „Die Vertreibung …“

Der Künstler muß den Abschnitt fertigstellen, ehe der Putz trocknet.

Grenze zwischen zwei Tagewerken

Ein Fresko entstand in der Regel in Abschnitten von oben nach unten.

Ein Abschnitt mit wenigen Einzelheiten läßt sich recht schnell malen; das Tagewerk ist entsprechend groß.

Ein Abschnitt mit vielen Feinheiten benötigt entsprechend viel Zeit, das Tagewerk ist klein.

Giornate (Tagewerke) in „Die Vertreibung …“

Ölfarben

Nieren-förmige Palette

Für Ölfarben rührt man das pulverisierte Farbpigment mit langsam trocknendem Mohn-, Lein- oder Nußöl an. Diese Farbe läßt sich auf die unterschiedlichsten Bildträger auftragen – am häufigsten benutzt man Leinwand. Sie wird auf einen Holzrahmen gespannt und mit Leim und Grundierung vorgestrichen. Größere Farbflächen werden mit steifen Schweineborstenpinseln aufgetragen, feine Details mit weichen Haarpinseln, z.B. aus Rotmarder- oder Kunsthaar. Mit Spachteln und anderen Utensilien kann man besondere Effekte erzielen. Ölfarben lassen sich in Impasto-Technik (ital. *impasto* = Teig) als dicke Farbe opak (undurchsichtig) oder, mit Terpentin verdünnt, schwach durchsichtig bis transparent auftragen. Nach dem Trocknen überzieht man die Bilder meist mit einem schützenden Leinölfirnis oder in Terpentin gelöstem Dammar- oder Mastixharz (Lackfirnis). Bei der Primamalerei wird das Bild Zug um Zug vollendet; bei der Schichtmalerei werden verschiedene Farbschichten deckend oder lasierend-transparent übereinander aufgetragen.

DAMMARHARZ

HANDELSÜBLICHE ÖLFARBEN

UTENSILIEN ZUR HERSTELLUNG VON ÖLFARBEN

LEINÖL

PIGMENTE

PALETTENSTECKER

SPACHTEL

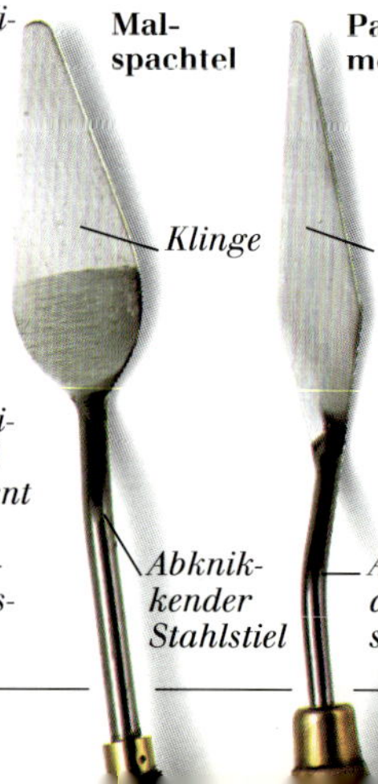

VERSCHIEDENE PINSEL

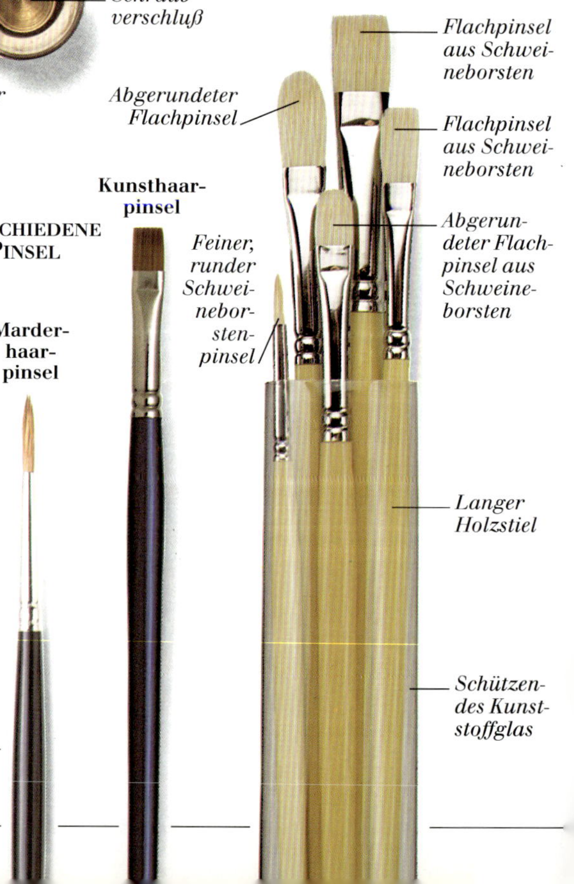

Beispiel für ein Ölgemälde

Vincent van Gogh: Kaiserkronen in Kupfervase (1886)
Öl auf Leinwand, 73,5 x 60,5 cm

Auf Keilrahmen gespannte Leinwand (von hinten gesehen)

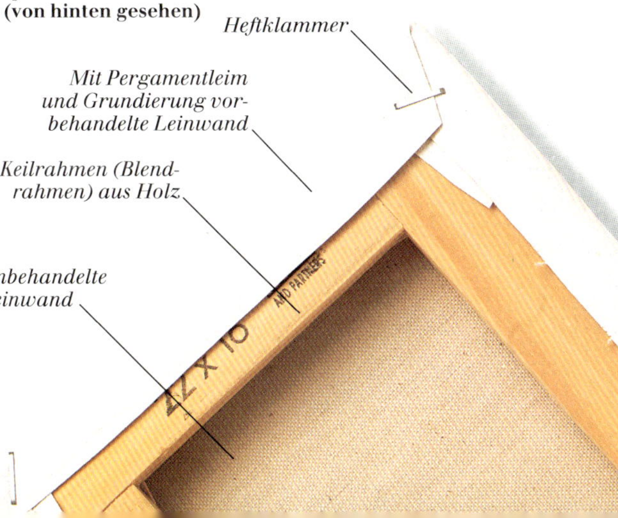

Leinwandarten

Segeltuch (Baumwolle)

Feines Leinen

Grobes Leinen

Atelierstaffelei

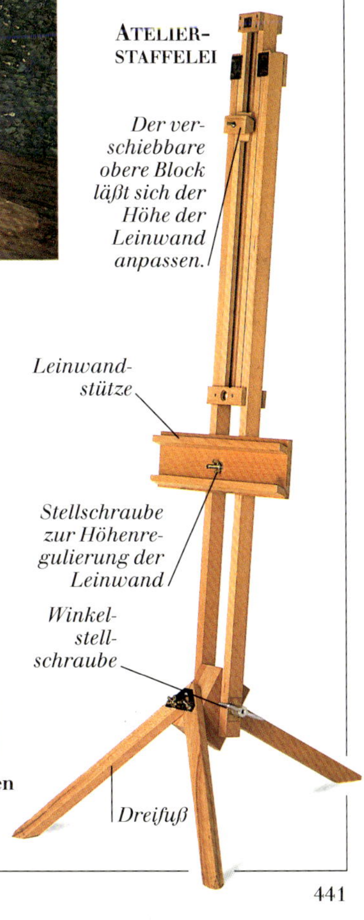

Aquarell

Aquarellmalerei (Wasserfarbenmalerei) ist ein Malverfahren auf der Grundlage eines feinkörnigen Farbpulvers, das mit einem wasserlöslichen Bindemittel, meist mit Gummi arabicum, vermischt und mit Wasser vermalt wird – heute fast nur noch auf Papier oder Zeichenkarton, wobei man weiche Haarpinsel benutzt. Die Wasserfarben laufen leicht ineinander und sind transparent. Ein bekanntes Verfahren ist die Naß-in-Naß-Technik, bei der man mit nasser Farbe über nasse Farbe malt, wobei Farben und Konturen verschwimmen und ineinanderlaufen. Mit feuchten Schwämmchen kann man Farbe aufnehmen und somit Stellen aufhellen. Mit nur wenig Wasser (trocken) aufgetragen wirkt die Farbe brüchig. Die transparenten Aquarellfarben lassen den Malgrund oder die darunterliegende Farbschicht durchscheinen. Weißeffekte lassen sich durch „Höhung“ mit Deckweiß erreichen. Werden alle Aquarellfarben mit Zusatz von Deckweiß vermalt, verlieren sie ihre Transparenz. Diese deckende Aquarellmalerei nennt man Gouache.

GUMMI ARABICUM

NATURSCHWAMM

AUFBAU EINES HAARPINSELS

WEICHE HAARPINSEL

Marderhaarpinsel (Stärke 6)

Runder Marderhaarpinsel (Stärke 1)

Flachpinsel aus Kunsthaar

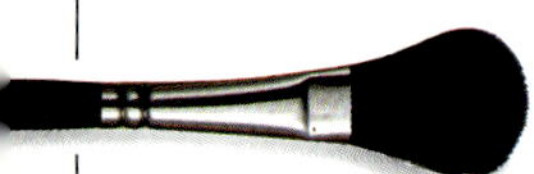

Dicker, runder Fehhaarpinsel

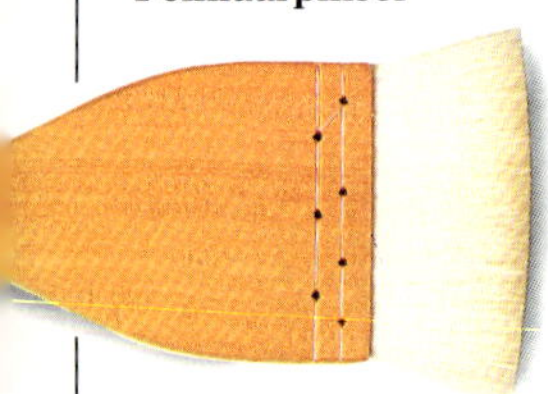

Breiter Ziegenhaarflachpinsel (Grundierpinsel)

TUBEN MIT AQUARELLFARBEN

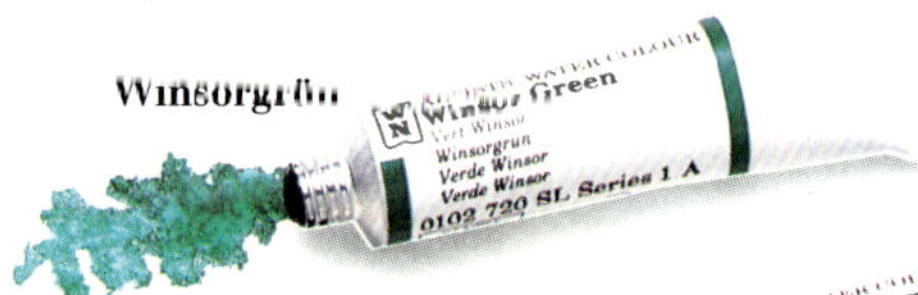

Winsorgrün

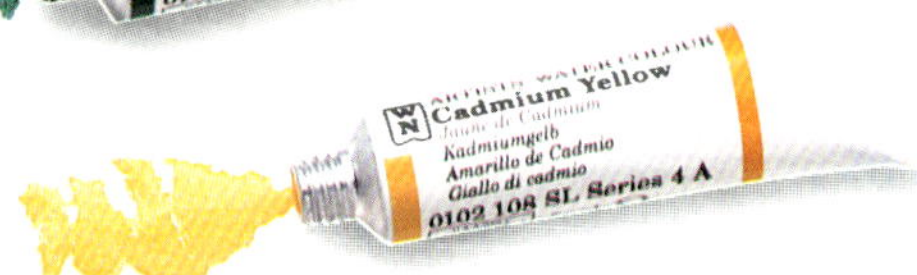

Kadmiumgelb

TRAGBARER WASSERFARBKASTEN

BEISPIEL FÜR EIN AQUARELL

William Turner: Brand des Londoner Parlaments am 16. Oktober 1834 (1835)
Wasserfarben auf Papier, 29,2 x 44,5

VERSCHIEDENE AQUARELLPAPIERARTEN

Feinkorn

Mittelkorn

Grobkorn

AQUARELLTECHNIKEN

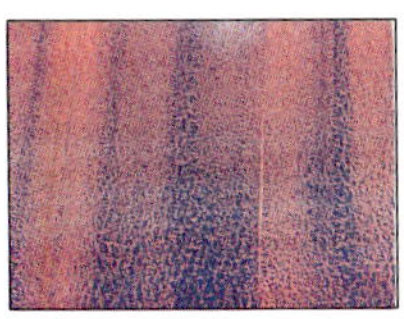

Naß auf trocken
Ein feuchter Farbauftrag auf trocken aufgebürsteter Farbe ergibt einen Zweiton-Effekt.

Abgestuft
Ein kräftiger, nasser Farbauftrag ergibt auf schräg gestelltem Papier einen abgestuften Effekt.

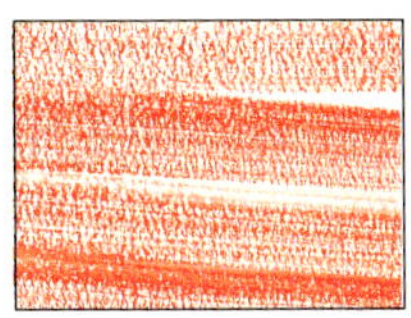

Trockentechnik
Unverdünnt aufgestrichene Farbe wirkt brüchig.

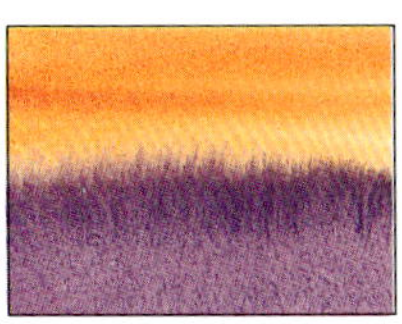

Naß-in-Naß
Zwei feucht aufgetragene Farben verlaufen an den Rändern. Die Konturen sind verschwommen.

DER FARBKREIS BEI WASSERFARBEN

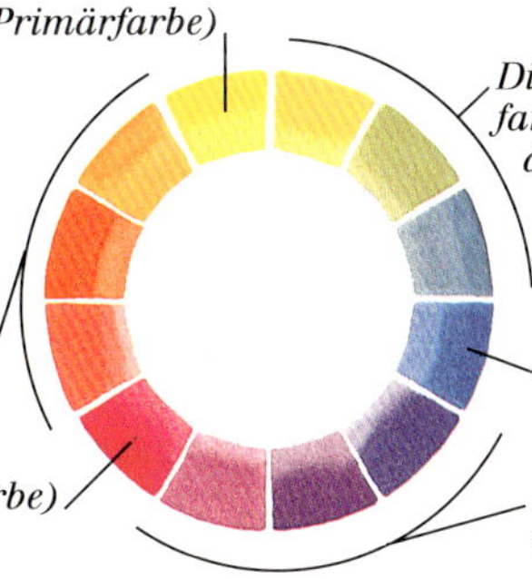

Pastell

Bei der Pastellmalerei (ital. *pastello* = Farbstift) malt man mit farbigen Kreiden auf rauhem Untergrund. Pastellkreiden bestehen aus pulverisierten Pigmenten, die mit Kreide und Bindemittel, z.B. Gummi arabicum, vermischt und dann zu Stäbchen geformt werden. Je nach Mischungsverhältnis des Bindemittels zur Kreide sind die Stifte härter oder weicher. Am häufigsten verwendet man weiche Pastellkreiden, denen gerade soviel Bindemittel beigemengt ist, daß sie stabförmig bleiben. Pastellkreiden lassen sich direkt auf jede rauhe Oberfläche auftragen. Beim Malen reibt sich der Stift ab, und feinste Teilchen bleiben in den Fasern des Malgrundes hängen. Pastellfarben wirken hell und samtig, und man kann mit ihnen besonders gut sanfte Farbübergänge und weiche Konturen erzielen. Mit dem Finger, einem Wischer aus Leder oder Papier, einem Papierröllchen, einem weichen Radiergummi oder weichem Brot lassen sich die Farbstriche verreiben und einzelne Farben auf dem Malgrund vermischen. Man kann auch einzelne Farbschichten übereinandersetzen. Dazu reibt man mit der Längsseite oder einer stumpfen Spitze der Kreide über einen vorgemalten Grund, so daß die Farbe des Untergrundes stellenweise durchscheint. Eine andere Technik ist das Aufbringen zarter Striche wie mit einer Feder auf einer schon vorhandenen Pastellfarbschicht. Da Pastellfarben verwischen und sich nicht ausreichend fixieren lassen, muß man sie mit einer dünnen Lackschicht (Fixativ) schützen.

Utensilien zur Herstellung von Pastellkreiden

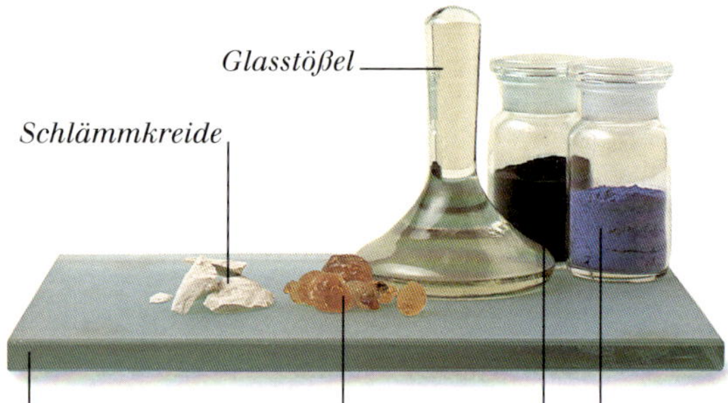

Weiche Pastellkreiden

Pastellfarbkasten

Utensilien für die Pastellmalerei

Beispiel für eine Pastellmalerei

Edgar Degas: Frau, sich den Hals trocknend (um 1898)
Pastell auf Karton, 62, 5 x 65,5 cm

Pastellfarben direkt auf den Bildträger aufgetragen

Die Farben sind mit Fingern oder Werkzeugen wie einem Radiergummi ineinander verrieben.

Mehrere Lagen Pastellfarben übereinander

Das Tieforange des Tuchs entstand durch Überlagerung von Gelb- und Rottönen.

Fleckenmuster durch „Vertreiben“ der unteren Farbschichten durch überlagernde.

Die Tönung des Papiers scheint durch die dünn aufgetragene Pastellfarbe.

Leuchtende Farben unvermischt nebeneinander haben starke Kontrastwirkung.

Ausschnitt aus „Frau, sich den Hals trocknend“

Strichelung schafft Hauttöne.

Zeichenpapier und Zeichenkarton

Aquarellpapier (grobkörnig)

Glaspapier

Aquarellpapier (mittelfeine Körnung)

Ingrespapier

Geflockter Pastellkarton

Cansonpapier

Farbiges Tonzeichenpapier

Acrylfarben

Für Acrylfarben wird das Farbpigment mit einem Kunstharz gemischt. Diese Farben können mit Wasser verdünnt werden, sind nach dem Trocknen aber wasserfest. Acrylfarben lassen sich auf die unterschiedlichsten Bildträger auftragen, u.a. auf Papier und acrylgrundierte Pappe oder Leinwand. Für den Farbauftrag benutzt man viele verschiedene Pinsel, Farbrollen, Sprühgeräte und Schaber. Acrylfarben lassen sich vielseitig verwenden und daher in den verschiedensten Techniken verarbeiten. Man kann sie dekkend auftragen oder – mit Wasser verdünnt – aquarellartig lasierend. Durch verschiedene Zusätze werden die Farben hochglänzend oder matt, pastos oder durchscheinend. Acrylfarben trocknen schnell, so daß man ohne lange Wartezeiten Farbschichten übereinander auftragen kann.

Verschiedene Pinsel

Einige Acrylfarben

Malutensilien

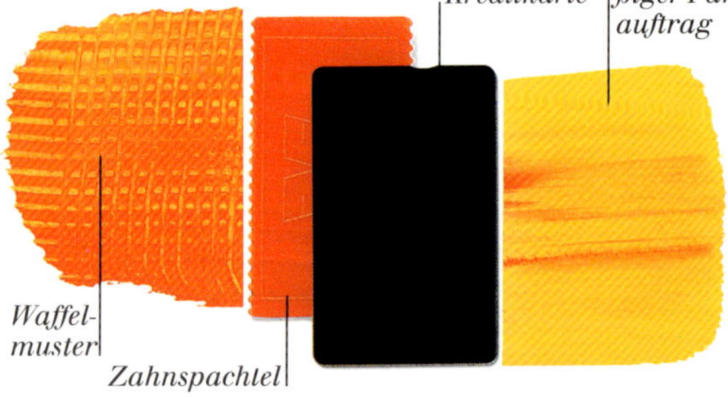

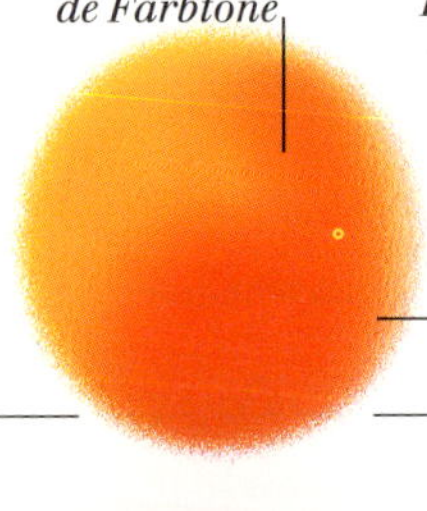

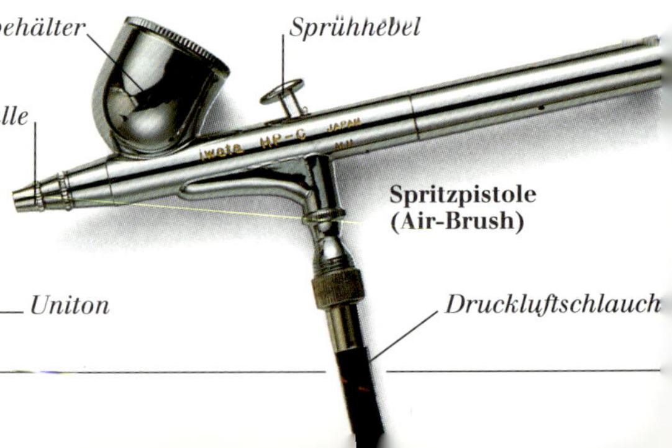

Ein Pop-Art-Acrylbild

David Hockney: A Bigger Splash (1967)
Acryl auf Leinwand, 24,5 x 243,8 cm

Farbe mit einer Rolle gleichmäßig aufgetragen

Baumwollsegeltuch als Bildträger

Durch Zusatz eines Gels wirkt die aufgerollte Farbe noch flacher.

Die Hauptkonturen wurden mit Malerband (Kreppband) abgeklebt und die Farbe mit Rollen aufgetragen.

Schmaler Streifen am Beckenrand unbemalt

Spritzer mit dickerer Farbe und kleinem Pinsel aufgetragen

Ausgefranster Rand des Sprungbretts, wo Farbe unter das Kreppband gelaufen ist.

Acrylfarben und -techniken

Deckend

Tubenspritzeffekt

Farbe mit Messer aufgetragen

Violette Acrylfarbe

Gelbe Acrylfarbe

Orangefarbene Acrylfarbe

Transparenter Aquarelleffekt

Durchscheinende pastose Glasur

Grobstrukturierter pastoser Auftrag

Wasserverdünnte blaue Acrylfarbe

Mit Gel vermischte grüne Acrylfarbe

Rote Acrylfarbe mit Zusatz für pastosen Auftrag

Kalligraphie

Das Wort Kalligraphie kommt aus dem Griechischen und bedeutet „Schönschrift“. Man benutzt diesen Begriff für künstlerisch gestaltete Schrift, wozu im weiteren Sinn auch die Buchmalerei, d.h. die Verzierung von Manuskripten mit Figuren und Ornamenten in Blattgold und Farbe, gehört. Die wichtigsten Materialien für Kalligraphie sind ein Schreibinstrument, Tinte und etwas zum Beschreiben (ein Beschreibstoff). Zu den ältesten Schreibwerkzeugen gehören Federkiele. Besonders geeignet sind biegsame Gänse- und Truthahnfedern. Mit Federkielen kann man zwar feine Linien ziehen, sie sind aber nicht sehr haltbar und müssen auch regelmäßig beschnitten werden. In der westlichen Kalligraphie benutzt man daher heute meist einen Federhalter mit auswechselbaren Metallfedern. Die Metallfedern sind sehr haltbar, und es gibt die verschiedensten Stärken und Formen für unterschiedliche Schriftformen. Es gibt auch Federn mit Tintenreservoir. Häufig verwendet man zum Schreiben oder zum Ausmalen von Initialen auch Pinsel. In der fernöstlichen Kalligraphie sind Pinsel das Hauptschreibwerkzeug. Weiterhin finden Füllfederhalter, Filzschreiber, Tuschestifte und Rohrfedern Verwendung. Zum Schreiben benutzt man flüssige Tinte, oder man rührt die Schreibtusche selbst an, indem man Stangentusche mit Wasser anreibt. Als Beschreibstoff ist glattes, holzfreies Papier beliebt. Am besten kann der Kalligraph arbeiten, wenn er das Papier auf ein Zeichenbrett auflegt, das schräg gestellt ist.

Chinesische Kalligraphie-Utensilien

Pinselablage mit Pinseln

Stangentusche und Tintenstein

Federn, Stifte, Pinsel für die Kalligraphie

Federhalter

Verkupferte Feder

Redisfeder (für Gleichzüge)

Filzschreiber

To-Feder mit Überfeder

Rotringfeder

Rohrfeder

Marderhaarflachpinsel

Marderhaarspitzpinsel

Gänsefeder

Ziegenhaarpinsel

Wolfshaarpinsel

Füller und Tinte

Einige Schriftarten

Antiqua-Majuskeln (Großbuchstaben)

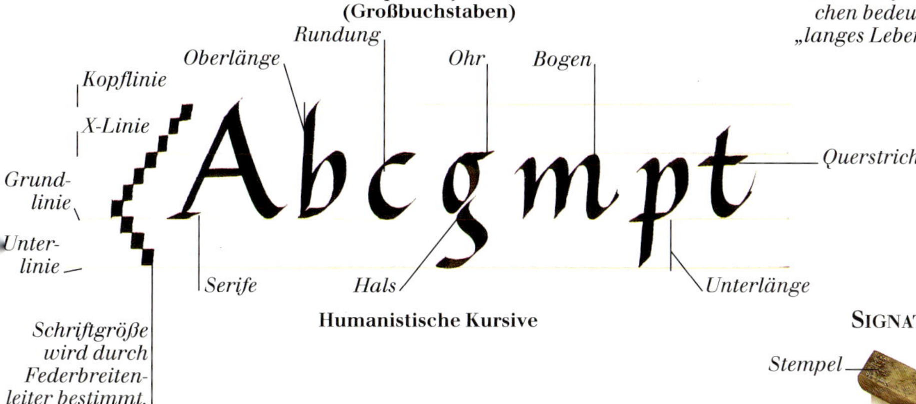

Humanistische Kursive

Versal (Großbuchstaben)

Chinesische Schrift

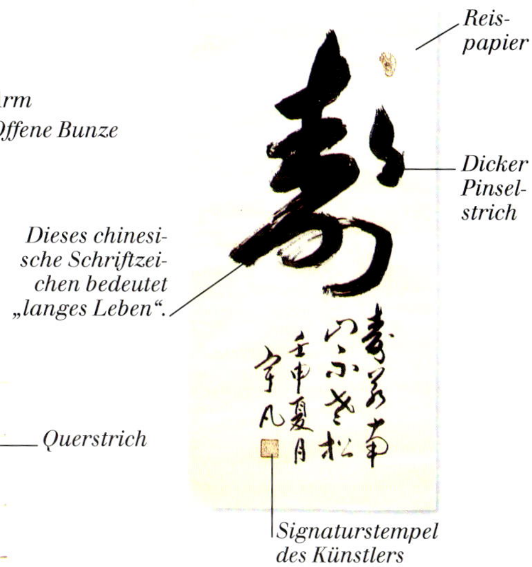

Signaturstempel

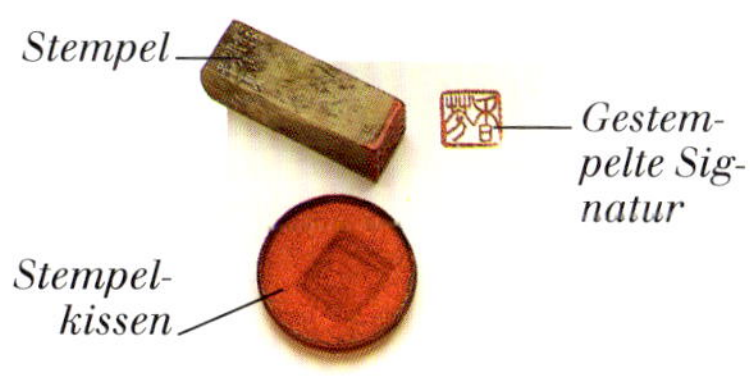

Reissbrett (Zeichenbrett)

Eine illuminierte Handschrift

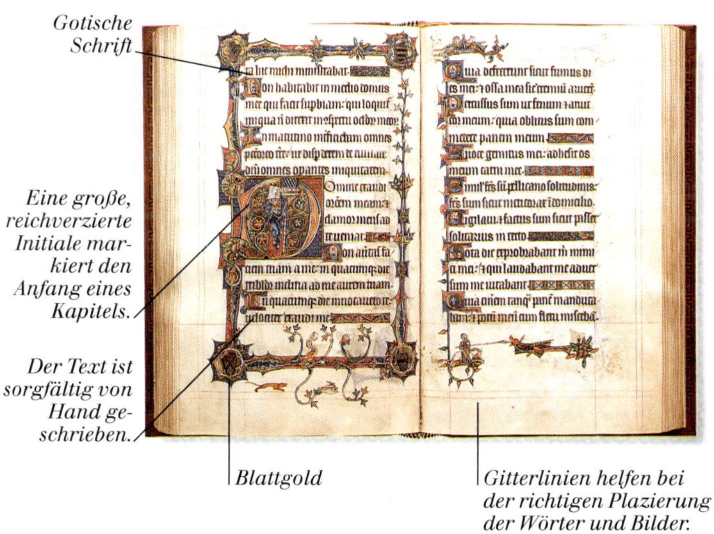

Kalligraphie-Papier

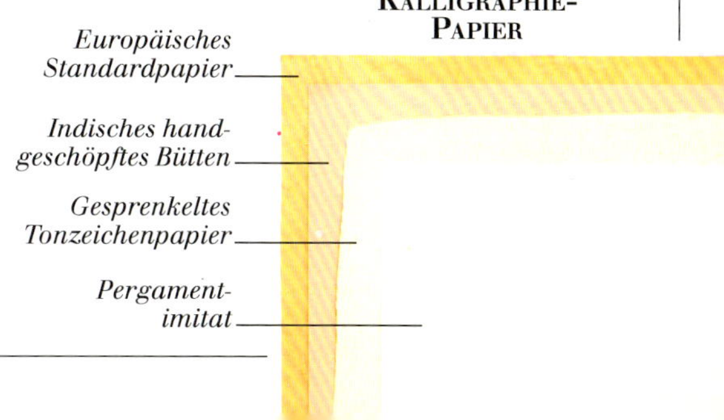

Druck 1

In der Druckkunst gibt es vier grundlegende Verfahren – Tiefdruck, Flachdruck, Hochdruck und Siebdruck. Bei Tiefdruckverfahren wie dem Kupferstich wird das Bild mit spitzen Metallwerkzeugen in Metall geritzt oder mit Säure eingeätzt. Dann trägt man Druckerschwärze oder Farbe auf die Platte auf und nimmt diese mit einer „Rakel" wieder auf, wobei in den Vertiefungen die Farbe zurückbleibt. Man legt angefeuchtetes Papier auf und rollt Platte und Papier durch eine Kupferdruckpresse. Durch den Druck des Druckzylinders saugt das Papier die Farbe aus den Vertiefungen, und es entsteht ein Abdruck. Beim Flachdruck macht man sich die Unvermischbarkeit und gegenseitige Abstoßung von Wasser und fetter Druckerfarbe zunutze. Beim Steindruck (Lithographie) z.B. zeichnet man das Bild mit Fettkreide (Lithokreide) oder Fettusche auf eine Stein- oder Metallplatte und fixiert es mit einer sauren Lösung, z.B. mit Gummi arabicum. Dann wird die Oberfläche angefeuchtet und eingefärbt. Die Farbe wird von den fettigen Stellen aufgenommen und vom Wasser abgewiesen. In einer Steindruckpresse druckt man dann das Bild auf aufgelegtes Papier. Beim Hochdruck (Holzschnitt, Holzstich, Linolschnitt) werden die Bereiche eines Bildes, die nicht gedruckt werden sollen, aus einer Holzplatte (Holzschnitt) oder einer Linolplatte (Linoldruck) herausgeschnitten. Das Bild bleibt als Relief stehen und wird mit Farbe bestrichen. Man überträgt das Bild in einer Presse auf aufgelegtes Papier oder man streicht einfach von hinten über das Papier. Beim Siebdruck (Durchdruck) spannt man ein feines Netz in einen Rahmen und legt dann eine Schablone auf, die die nicht zu druckenden Bereiche versiegelt. Die Farbe wird dann durch die Sieböffnungen auf das Papier gepreßt.

Die vier wichtigsten Druckverfahren

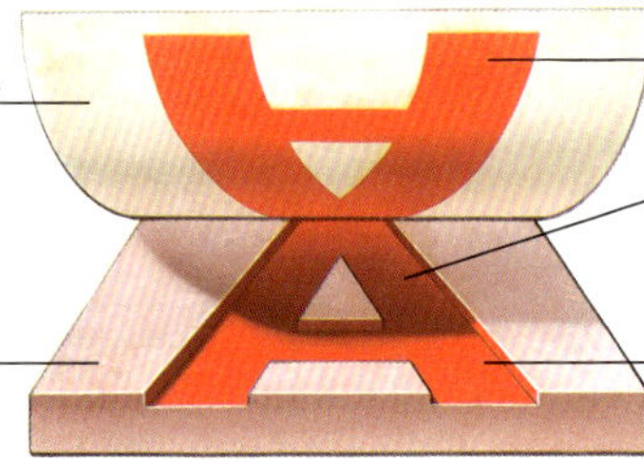

Tiefdruck

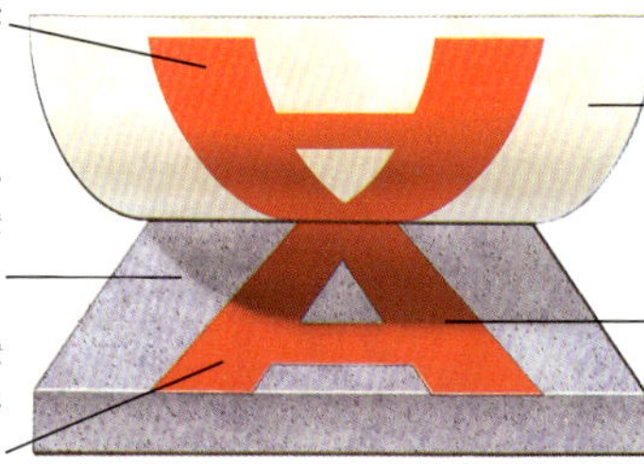

Flachdruck

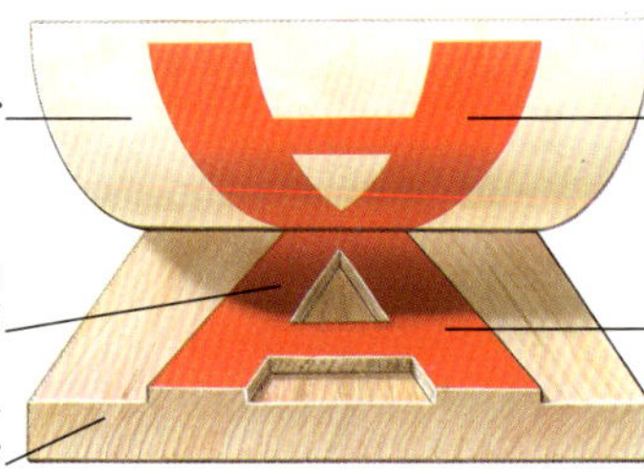

Hochdruck

Siebdruck

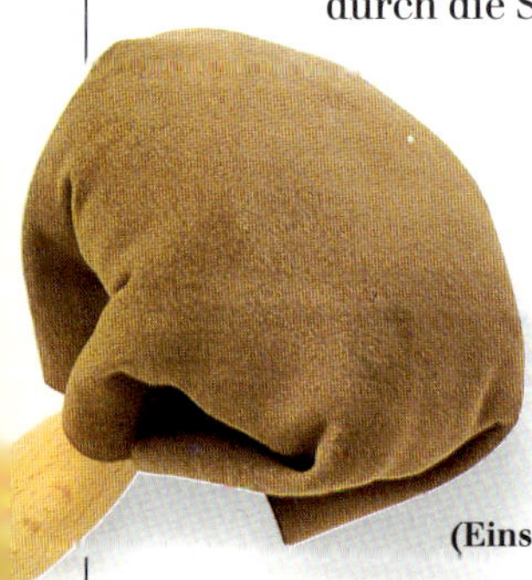
Ledertampon (Einschwärzballen)

Werkzeug für den Tiefdruck

Wiegestahl

Radierstahl (Stichel)

Stichroulette

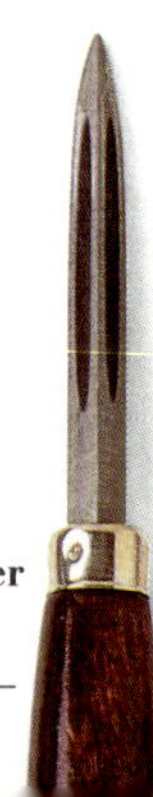
Schaber

Polierstahl

Schraubklemme

Kupferdruckpresse für Tiefdruckverfahren

Deckgrund

Verschiedene Sorten Druckpapier

Gelatinewalze

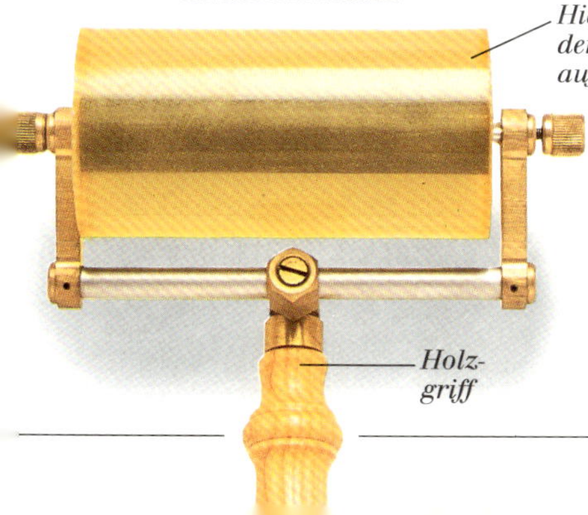

Ein Kupferstich (Tiefdruckbild)
Jock McFadyen: Annie mit Sonnenhut (1993)
Radierung, 41 x 40 cm

Druck 2

Eine Lithographie mit zugehörigem Lithostein

Mandy Bonell: Crown Gateway 2 (1987)
Lithographie (Steindruck), 50 x 40 cm

Bild auf Stein

Lithographie

Ein Siebdruck

Patrick Hughes: Sea Change (1992)
Siebdruck, 77 x 94,5 cm

Drucksieb

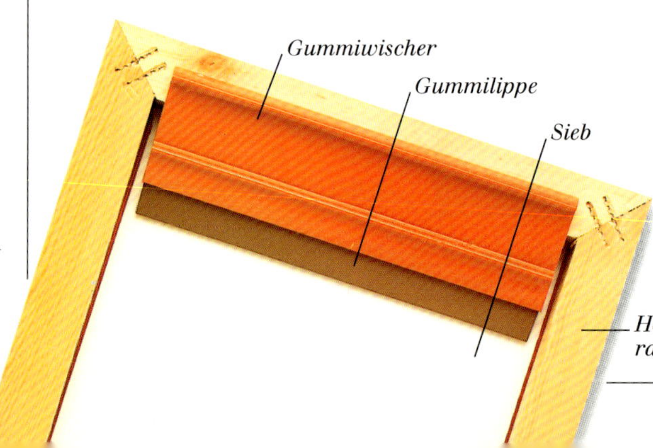

Utensilien für den Steindruck

Lithokreide und Kreidehalter

Lithostift

Tuschfeder

Radierstift

Schwamm (zum Anfeuchten des Lithosteins)

Stangentusche

Reibetusche

Einfärbwalze

Säurelösung

Gummilösung

Siebdruckfarben auf Wasserbasis

Blaue Acrylfarbe

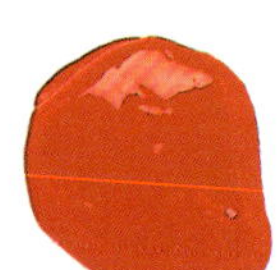

Rote Acrylfarbe

Braune Textilfarbe

Utensilien für den Hochdruck

Geißfuß

Farbwalze

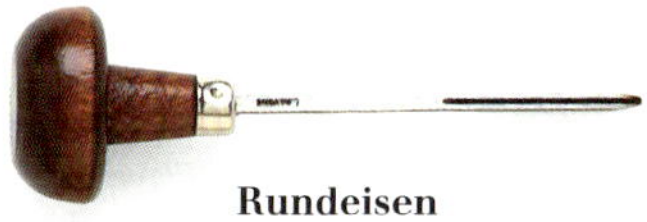

Rundeisen

Konturenstichel

Konturenmesser

Flacheisen

Linoleumplatte und Holzplatte

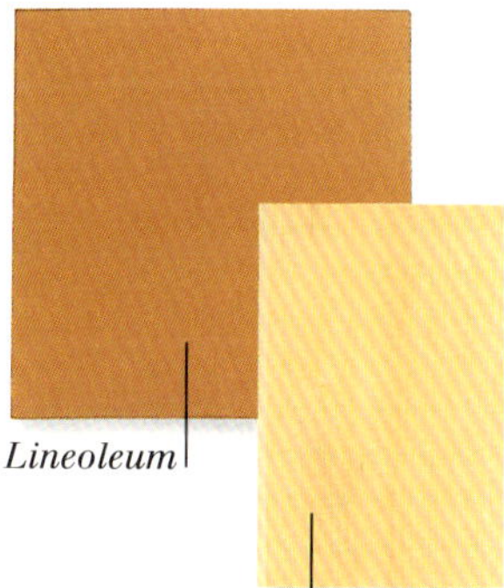

Holzstich

Hirnholz-platte

Gravierter Holzblock

Holzstich-druck

Handpresse für Hochdruck

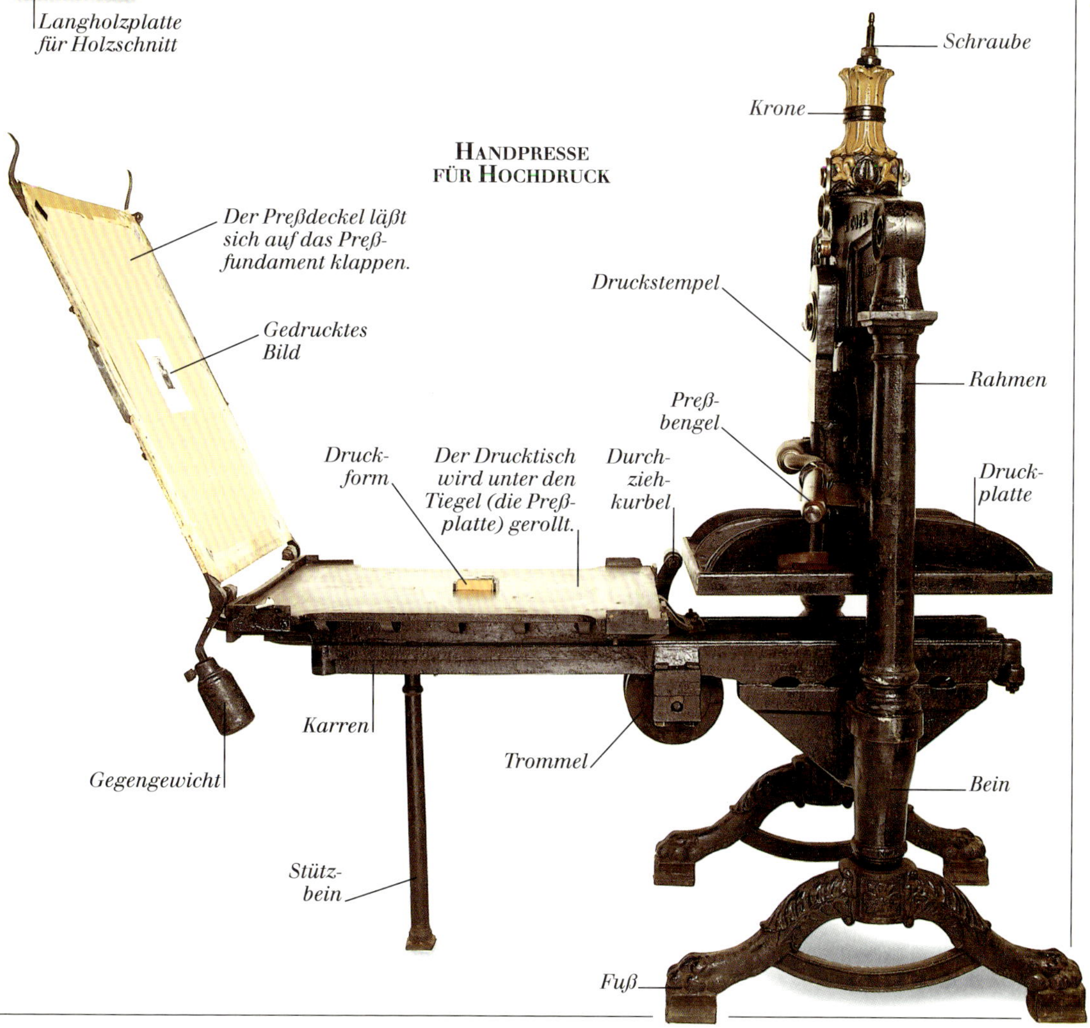

Mosaik

Mosaiken sind aus Steinen, Glasplättchen oder anderen Materialien zusammengesetzte ornamentale oder bildhafte Flächendekorationen. Die Mosaiksteinchen (Tesserae) werden mit einem Hammer und einem in einem Holzklotz eingebetteten Amboßschröter abgeschlagen. Glas läßt sich auch mit einer Zange abkneifen. Die Steinchen werden direkt in noch feuchten Mörtel eingesetzt (direktes Setzverfahren). Oder man zeichnet ein seitenverkehrtes Bild auf Papier oder Stoff und setzt die Steinchen Gesicht nach unten mit wasserlöslichem Kleber auf. Dann verteilt man mit einem Spachtel Klebemörtel auf einem Bildträger, z.B. auf einer Wand, und drückt das Mosaik mit der Rückseite in den Kleber. Schließlich löst man das Papier oder Tuch mit viel Wasser ab, und das fertige Mosaik kommt zum Vorschein (indirektes Setzverfahren). Zwischenräume zwischen den Mosaiksteinchen kann man mit Hilfe eines Gummispachtels mit Fugenmörtel ausfüllen. Mosaiken dienen meist als Wand- oder Fußbodendekoration, man kann aber auch kleinere Gegenstände damit schmücken.

Werkzeug zum Marmorbrechen

Kneifzange

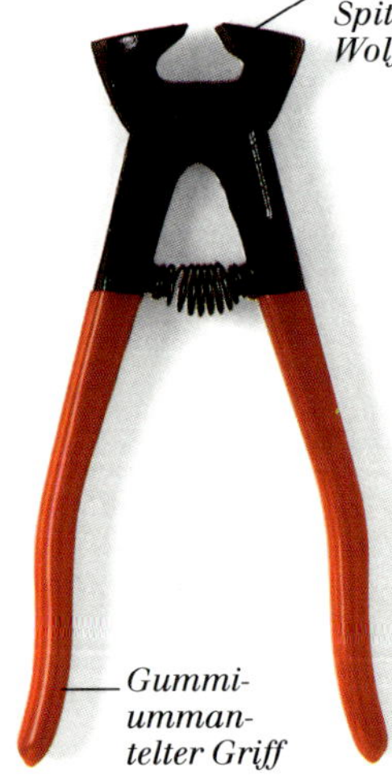

Mosaikzubehör

Klebemörtel

Fugenmörtel

Ein Mosaik im direkten Setzverfahren
Tessa Hunkin: Seascape (1993)
Emailglasmosaik auf Karton
Durchmesser 80 cm

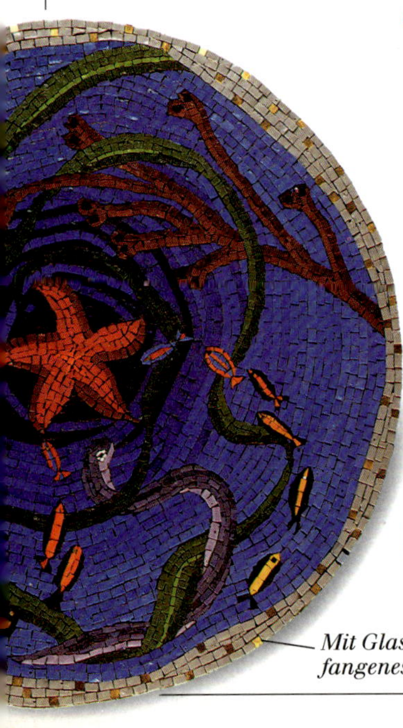

Smalten (Emailglas)

Rote Smalten

Gelbe Smalten

Blaue Smalten

Zahnspachtel

Gummispachtel

Ein Mosaik entsteht (indirektes Setzverfahren)

Farbskizze
Eine Farbskizze in Ölpastell soll einen Eindruck davon vermitteln, wie das fertige Mosaik aussieht.

Umkehrbild
Die Mosaiksteinchen werden Oberseite nach unten auf das Papier geklebt. Das Mosaik wird dann auf einen festen Untergrund aufgebracht und das Papier entfernt.

Das fertige Mosaik
Tessa Hunkin: Goldfisch (1993)
Glasmosaik auf Karton
35,5 x 25,5 cm

Mosaiktopf

Moscheemosaik

Buntglas

Grünes Glas mit Blattgold

Rotes Glas

Blaues Glas

Blätter mit Glasmosaiksteinchen

Bildhauerei 1

Skulpturen oder Plastiken lassen sich durch Behauen oder Schnitzen oder durch Modellieren anfertigen. Eine Stein- oder Marmorplastik wird aus einem Block herausgehauen, eine Holzskulptur wird aus einem Holzblock geschnitzt. Die Werkzeuge, die man dafür benötigt, variieren je nach Material. Stein oder Marmor bearbeitet der Bildhauer mit Flacheisen, Punktiereisen und Zahneisen aus Stahl, die er mit einem Eisenhammer (Fäustel) schlägt. Der Holzschnitzer benutzt unterschiedliche Beitel, die er mit einem Holzschlegel (Klöpfel) ins Material treibt. Die Skulptur wird abschließend meist mit Raspeln, Schmirgelpapier o.ä. poliert. Zum Modellieren bearbeitet man formbare Materialen wie Ton, Gips oder Wachs mit Modellierschlingen aus Draht, Modellierhölzern, Modellierinstrumenten aus Metall, aber auch mit bloßen Händen. Für große Plastiken erstellt man ein Gerüst aus Metall oder Holz, auf das man dann die Modelliermasse aufbringt. Die fertigen Werke kann man an der Luft trocknen lassen. Tonplastiken werden durch Brennen in einem Brennofen haltbarer. Wachs- oder Tonfiguren dienen aber auch als Modelle oder Formen für Metallguß wie den Bronzeguß (s.S.458–459). Die Entwicklung neuer Materialien im 20.Jh. eröffnete den Bildhauern ganz neue Möglichkeiten. So findet man heute Skulpturen, die aus Maschinenteilen, Spiegeln und Möbelstücken zusammengesetzt sind, und auch bewegte (kinetische) Plastiken.

Werkzeuge zum Behauen von Marmor

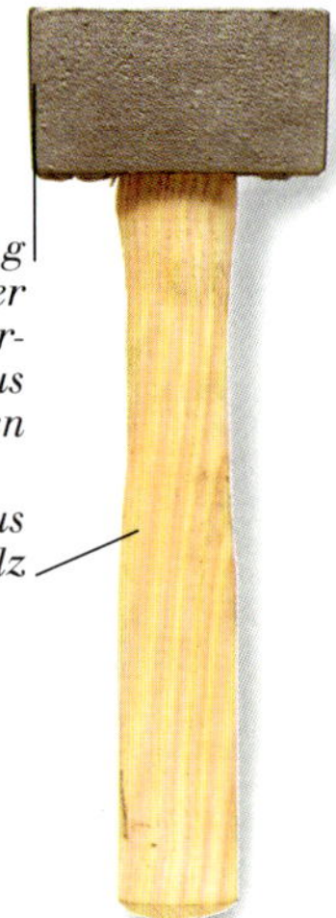

1100 g schwerer Hammerkopf aus Eisen

Stiel aus Eschenholz

Eisenhammer (Fäustel)

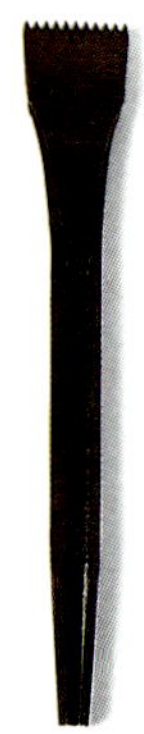

Breites Zahneisen

Schmales Zahneisen

Punktiereisen

Schlageisen (Kantenmeißel)

Rundmeißel

Tastzirkel

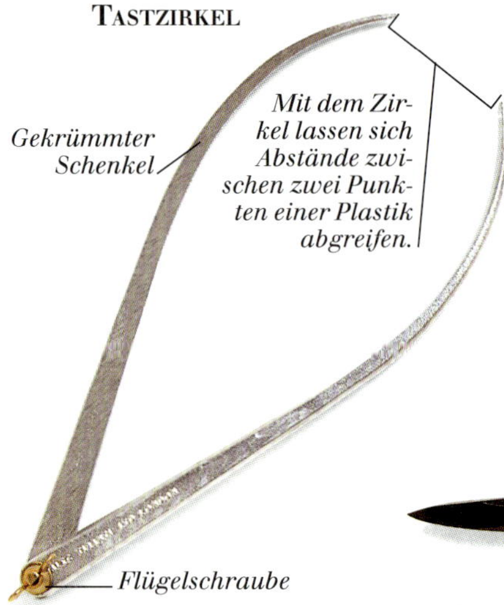

Gekrümmter Schenkel

Mit dem Zirkel lassen sich Abstände zwischen zwei Punkten einer Plastik abgreifen.

Flügelschraube

Werkzeuge für die Holzbildhauerei

Grobe Raspel

Hohlbeitel

Kröpfeisen

Stechbeitel

Schleifstein zum Schärfen der Schnitzwerkzeuge

Zedernholzkasten

Wetzstein

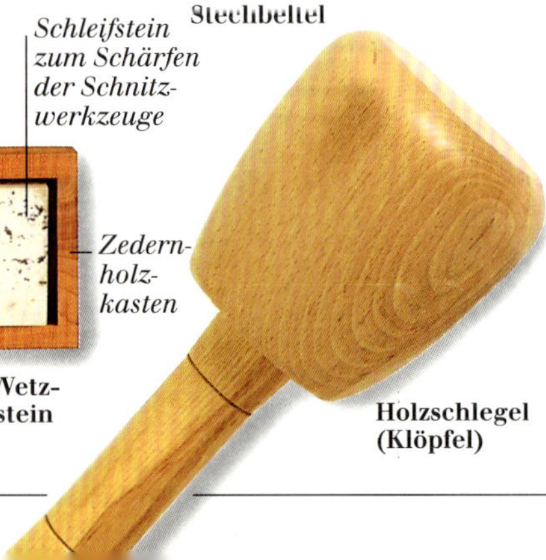

Holzschlegel (Klöpfel)

Feilen (für Stein, Marmor und Holz)

30 cm-Feile

15 cm-Feile

Wetzfläche zum Schärfen der Werkzeuge

Diamantwetzstein

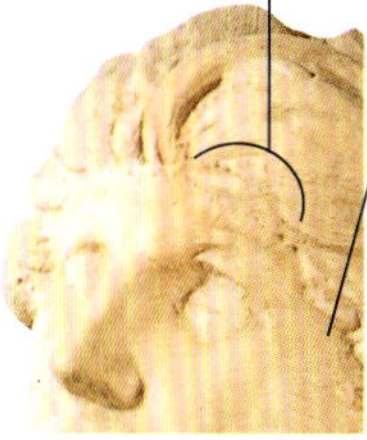

Sklavenkopf (Detailansicht)

Beispiel für eine Marmorplastik

Michelangelo: Der gefesselte Sklave (1513–1516)
Marmor, Höhe: 213 cm

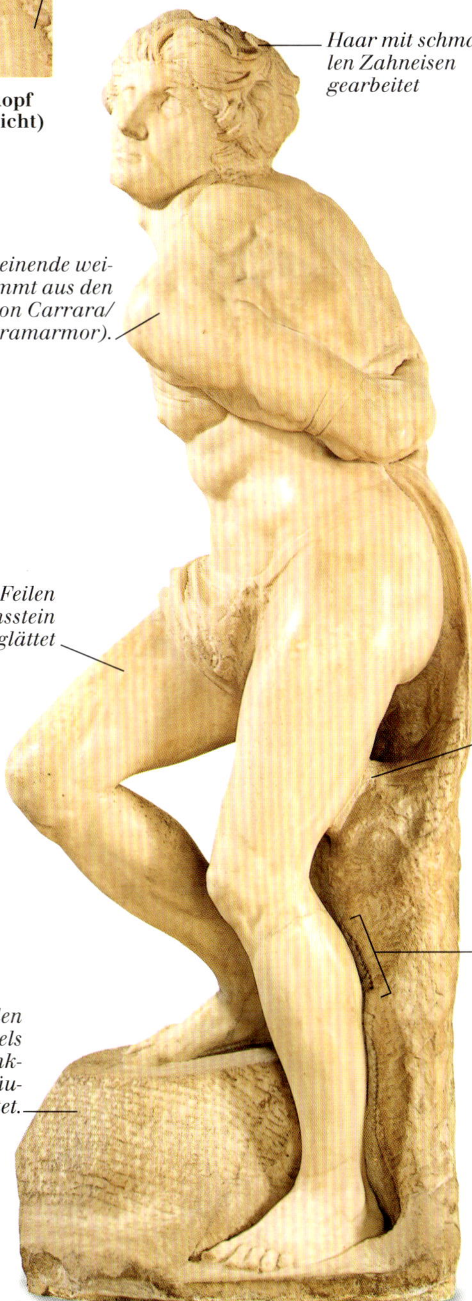

Beispiel für eine Holzplastik

Donatello: Maria Magdalena (1454–1455)
Pappelholz, Höhe: 188 cm

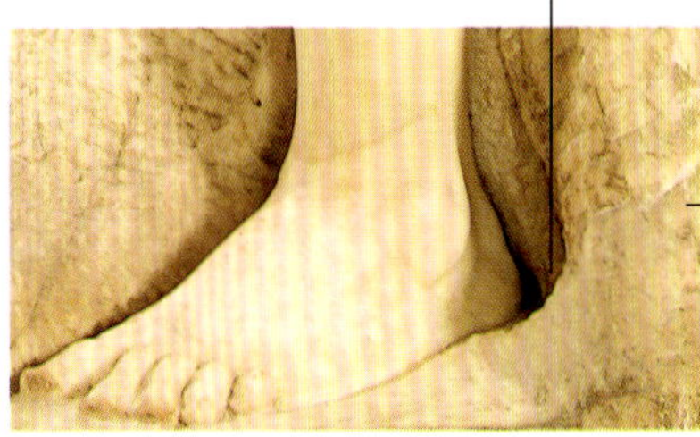

Detailansicht des Sklavenfußes

Bildhauerei 2

Modellierwerkzeuge

Modellierschlinge

Modellierholz

Wachsmodellierspatel

Runder Wachsmodellierspatel

Polierwerkzeug für Bronzeplastiken

Hakenriffler

Spitzer Riffler

Spirituslampe (zum Erhitzen von Wachsmodelliergerät)

Guss mit verlorener Form

Nachbildung des Mars von Giambologna (um 1546)

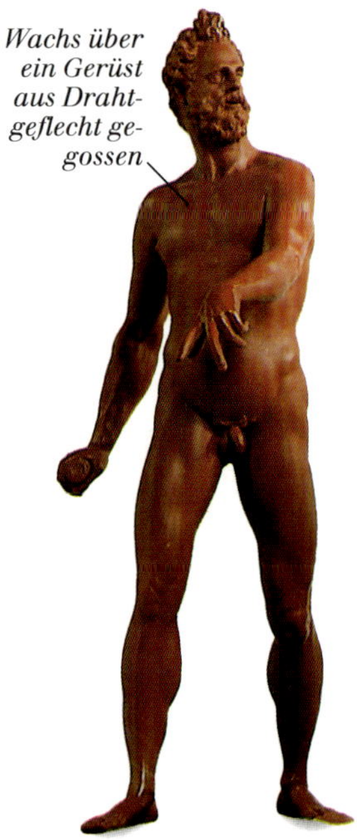

Originalmodell
Das Originalmodell aus festem Wachs bleibt erhalten, damit mehrere Abgüsse angefertigt werden können.

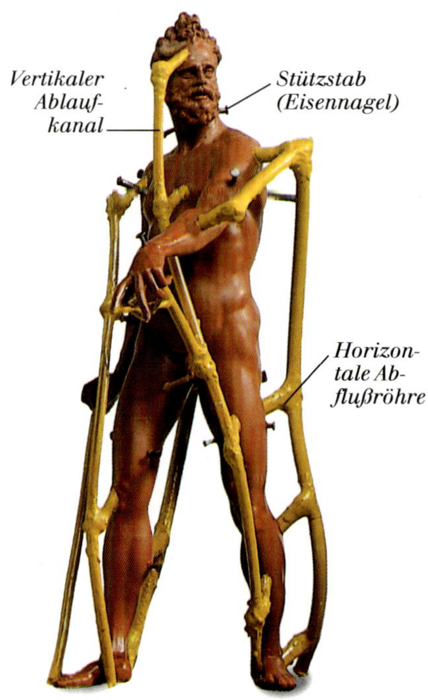

Hohle Wachsfigur
Nach dem Originalmodell entsteht ein hohles Wachsmodell mit Gipskern und Wachs-Ablaufkanälen. Nägel verhindern Verschiebungen.

Brennen im Formmantel
Das Modell wird mit Ton ummantelt und gebrannt. Das schmelzende Wachs entweicht durch die Kanäle, in die dann flüssige Bronze gefüllt wird.

MODELLIERTISCH MIT GERÜST

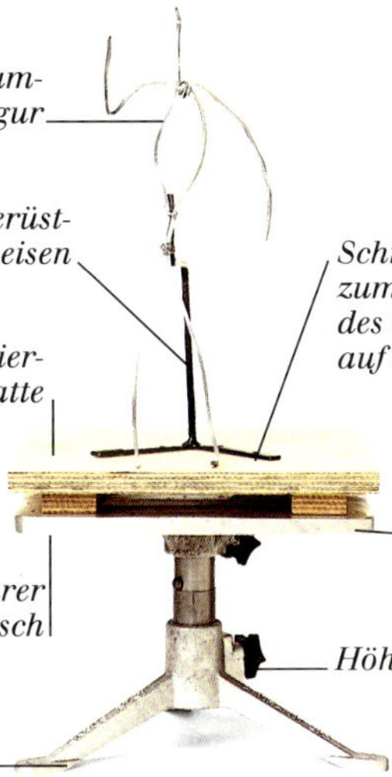

BEISPIEL FÜR EIN TONMODELL

Henry Moore: Madonna mit Kind (1943)
Terrakotta, Höhe: 18,4 cm

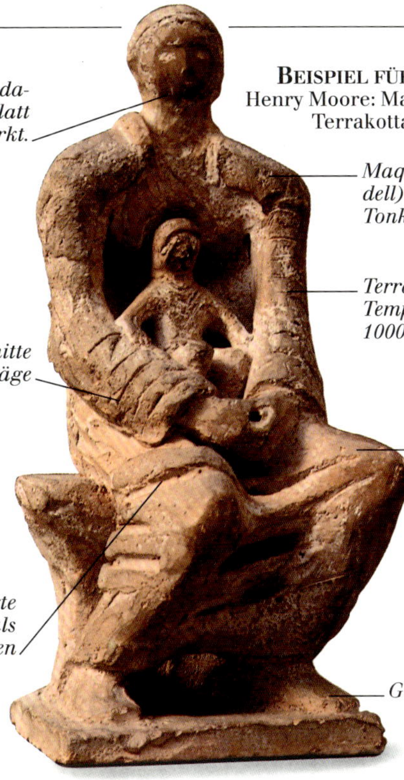

Vom Formmantel befreit
Ist die Bronze erkaltet, zerschlägt man den Formmantel. Bronzezapfen und Stäbe finden sich an der Stelle der Gußkanäle.

Letzter Schliff
Die Stütznägel werden herausgezogen und eine große Öffnung gebrochen, durch die der Gipskern entfernt wird. Nach Absägen der Kanalstäbe wird die Plastik glattgefeilt.

Endbehandlung
Das Werk wird gereinigt und poliert. Eine Behandlung mit Chemikalien sorgt für eine künstliche Patina (Dunkelfärbung).

Architektur

Das alte Ägypten 462

Griechenland 464

Das alte Rom 1 466

Das alte Rom 2 468

Mittelalterliche Gebäude 470

Mittelalterlicher Kirchenbau 472

Die Gotik 1 474

Die Gotik 2 476

Die Renaissance 1 478

Die Renaissance 2 480

Barock und Klassizismus 1 482

Barock und Klassizismus 2 484

Barock und Klassizismus 3 486

Bogen und Gewölbe 488

Kuppeln 490

Bauwerke des Islam 492

Südostasiatische Baukunst 494

Das 19. Jahrhundert 496

Frühes 20. Jahrhundert 498

Moderne Architektur 1 500

Moderne Architektur 2 502

Das alte Ägypten

Die Kultur des alten Ägyptens war etwa um 3100 v. Chr. in ihren wesentlichen Zügen ausgebildet und ging schließlich um 30 v. Chr. in der römischen Kultur auf. Altägypten ist berühmt für seine großartigen Tempel und Grabbauten. Dabei gehörten Symmetrie und Axialität zu den wichtigsten Prinzipien der ägyptischen Architektur. Die gewaltigsten Grabanlagen des Alten und Mittleren Reiches (2600–1700 v. Chr.) sind die Pyramiden. Nach dem Glauben der Ägypter waren sie sowohl komfortables „Wohnhaus" für den toten Pharao (König) als auch Abbild der jenseitigen Welt, in die der Verstorbene eintritt. Das höchste Heiligtum seit dem Mittleren Reich ist der Tempel des Amun-Re in Karnak. Grundprinzipien und Elemente des Tempelschemas finden sich hier gesteigert zu enormer Größe. Einzigartig ist vor allem der große Säulensaal (Hypostyl) mit dreischiffiger Grundordnung (unten und rechts). Größe und Pracht des Tempels sollten den Ruhm des Königs verewigen. Viele der von den Ägyptern verwendeten architektonischen Formen wurden später von anderen Kulturen übernommen, so z.B. die Säulen und Kapitelle von den Griechen (s.S. 464-465) und Römern (s.S. 466-469).

VORDERANSICHT DER HYPOSTYL, TEMPEL DES AMUN-RE

SEITENANSCICHT DES HYPOSTYL, TEMPEL DES AMUN-RE, KARNAK, ÄGYPTEN, CA. 1290 V. CHR.

Scheintür aus Kalkstein mit Hieroglyphen, Grabanlage des Königs Teti, Gise, Ägypten, ca. 2400 v. Chr.

Pflanzenkapitell aus der Ptolemäischen Periode, Ägypten, 332–330 v. Chr.

Altägyptischer Bauwerkschmuck

Verziertes Fenster, Medinet Habu, Ägypten, ca. 1198 v. Chr.

Seil- und Pateraformen als Dekorationsmotiv

Hathorkapitell aus dem Tempel der Isis, Philae, Ägypten, 283–247 v. Chr.

Friesschmuck mit Lotos und Papyrus

Griechenland

Die klassischen Tempel der Griechen wurden in dem Glauben errichtet, daß bestimmte Formen und Proportionen die Götter erfreuen. Die Griechen haben drei Ordnungen hervorgebracht, die sich in der Gestaltung von Säule, Kapitell und Gebälk unterscheiden: Die dorische ist die älteste; sie entstand im 7. Jh. im griechischen Mutterland, später findet sie sich auch in Unteritalien und Sizilien. Die dorische Säule hat keine Basis, das Kapitell besteht aus Echinus (wulstförmiger Ring) und Abakus (quadratische Deckplatte). Als klassisches Beispiel für diese Ordnung steht der hier gezeigte Poseidontempel, ein Hypäthral- (die Cella ist nicht überdeckt) bzw. Peripteraltempel (mit von einem Säulenkranz umgebener Cella). Das Hauptverbreitungsgebiet der ionischen Ordnung (ca. 6. Jh. v. Chr.) lag in den griechischen Kolonien Kleinasiens. Die ionische Säule steht auf einer Basis und hat ein Kapitell aus ornamentiertem Polster zwischen zwei schneckenförmig geschwungenen Voluten. Die korinthische Ordnung entwickelte sich im 5. Jh. v. Chr. in Athen. Sie entspricht der ionischen, nur daß das Kapitell aus einem Kranz von Akanthusblättern mit aufsteigenden Voluten besteht. Die römische Architektur übernahm im wesentlichen diese drei Ordnungen.

KAPITELLE DER DREI KLASSISCHEN GRIECHISCHEN ORDNUNGEN

Dorisches Kapitell, Propyläen (Eingangstor), Akropolis, Athen, 449 v. Chr.

Ionisches Kapitell, Propyläen, Athenatempel, Priene, ca. 334 v. Chr.

Korinthisches Kapitell einer Stoa (Portikus), vermutlich aus Kleinasien

POSEIDONTEMPEL, PAESTUM, ITALIEN, CA. 460 V. CHR.

Aufsicht des Poseidontempels, Paestum

Antiker griechischer Bauwerkschmuck

Fassade, Schatzhaus des Atreus, Mykene, Griechenland, 1350–1250 v. Chr.

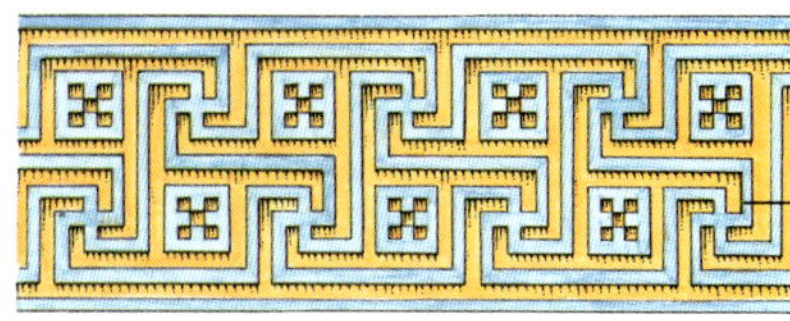

Gitterwerk, Parthenon, Athen, Griechenland, 447–436 v. Chr.

Akroterion, Aphaia-Heiligtum, Ägina, Griechenland, 490 v. Chr.

Antefix, Aphaia-Heiligtum, Ägina, Griechenland, 490 v. Chr.

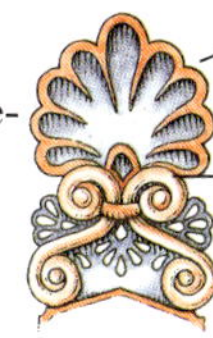

Das alte Rom 1

Die Herkunft der römischen Architektur ist nicht völlig geklärt. Offenbar wurde sie aber stark von etruskischen und griechischen Vorbildern geprägt. Entsprechend der römischen Liebe für Pracht wurde die korinthische Ordnung (s.S. 464-465) für kunstvoll gestaltetes Gebälk und andere Ornamentik bevorzugt. Manche frühen römischen Bauten – so der Tempel der Vesta (s.S. 467) – waren griechischen Vorbildern noch sehr nahe. Ein eigener römischer Stil entwickelte sich seit dem 1. Jh. Besonders entfaltete er sich bei der Innenraumgestaltung mit einer Vorliebe für runde Formen, (Bögen, Gewölbe, Kuppeln) sowie reichdekorierte Wände. Einige dieser Merkmale sind im Pantheon zu sehen. Säulen – bei den Griechen das wichtigste Bauglied – haben am Außenbau oft nur dekorative und gliedernde Funktion, wie beim Kolosseum und der Porta Nigra (s.S. 468-469). Kleinere Häuser waren Holzbauten. Die Wände bestanden aus mit Lehm beworfenem Flechtwerk, wie in der Mühle (s.S. 468-469). Die Baukunst der Römer wurde für Jahrhunderte die Grundlage der Architekturentwicklungen. Ihre Prinzipien finden sich in der Romanik (s.S. 472-473) und der Renaissance (s.S. 478-479) wieder.

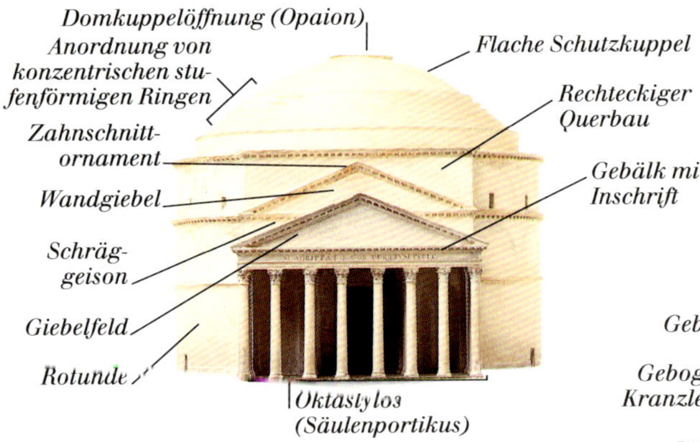

VORDERANSICHT DES PANTHEON

SEITENANSCHT DES PANTHEON

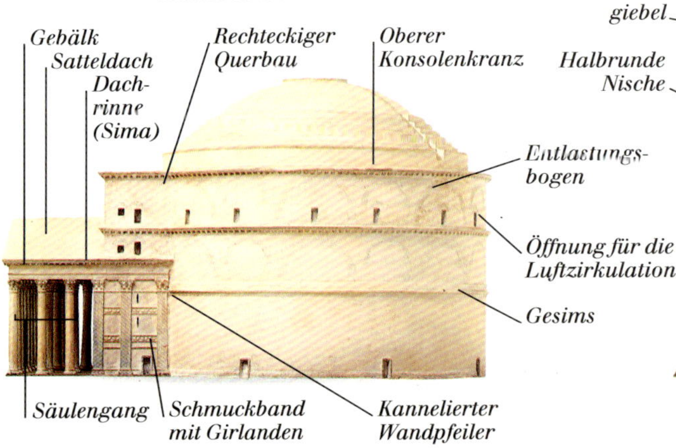

ANTIKER RÖMISCHER BAUWERKSCHMUCK

Girlande, Tempel der Vesta, Tivoli, Italien, ca. 80 v. Chr.

Reichverziertes römisches Eierornament

INNENANSICHT DES PANTHEON, ROM, ITALIEN, 118–CA. 128

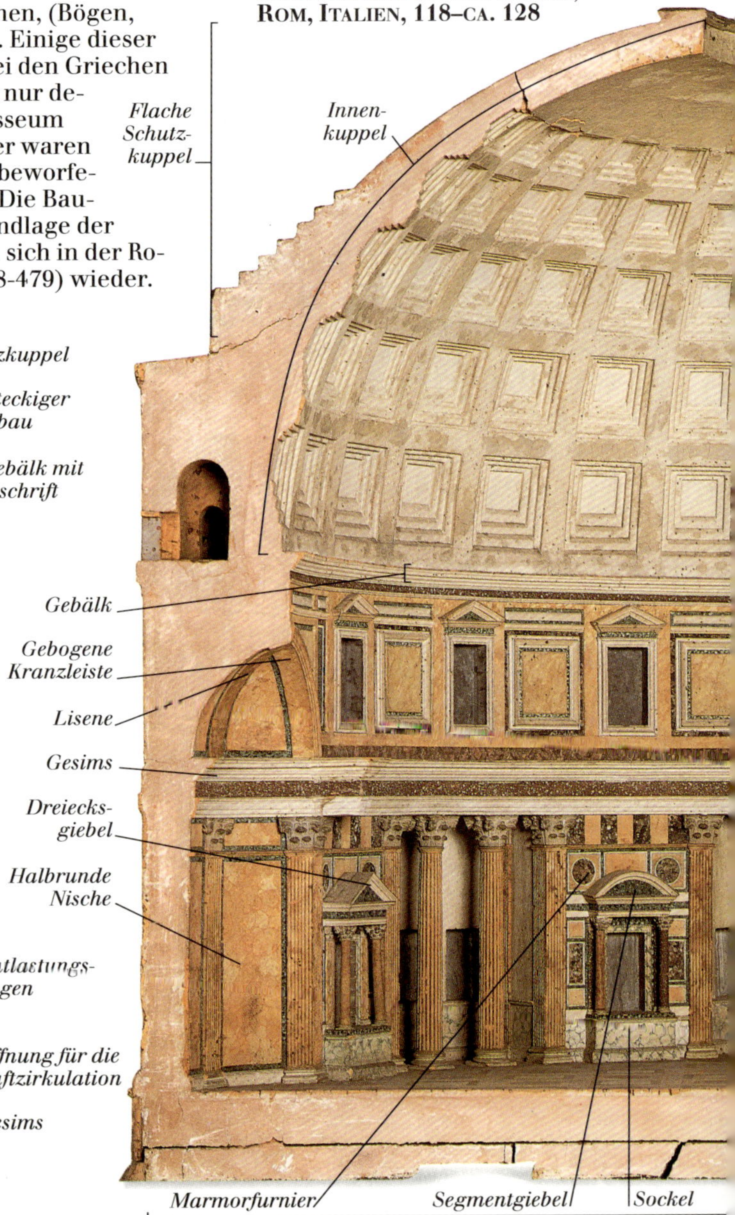

Fries, Trajansforum, Rom, Italien, 98–113

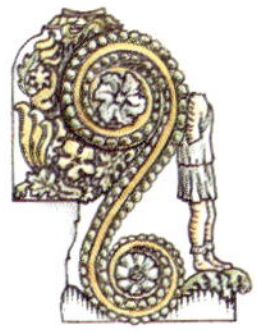

Schlußstein, Titusbogen, Rom, Italien, 81

Tempel der Vesta, Tivoli, Italien, ca. 80 v. Chr.

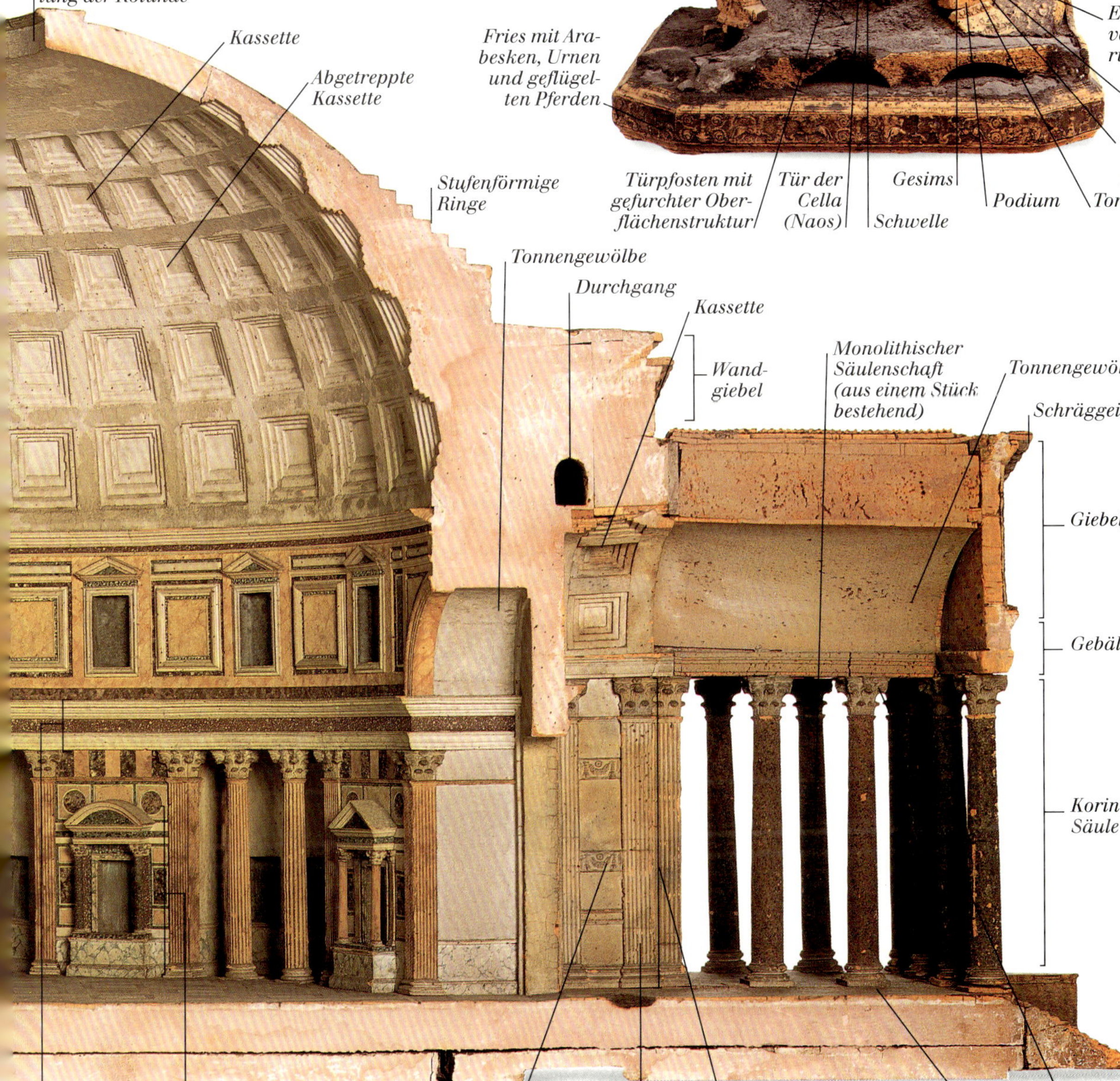

Das alte Rom 2

Seitenansicht einer römischen Mühle

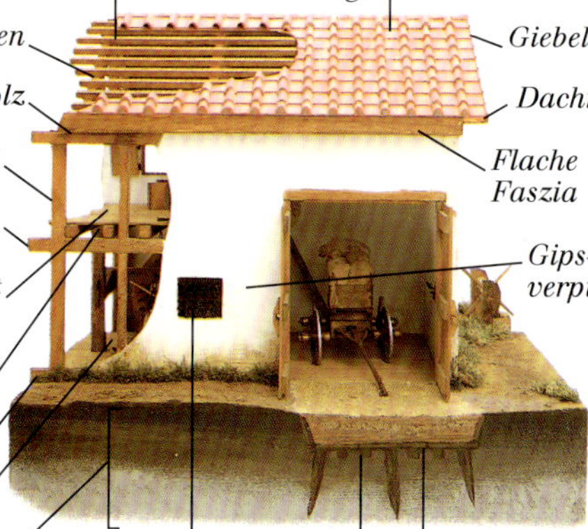

Vorderansicht einer römischen Mühle, 1. Jh. v. Chr.

Das Kolosseum (Flavisches Amphitheater), Rom, Italien, 70–82

Porta Nigra, Trier, Deutschland, ca. 240–260

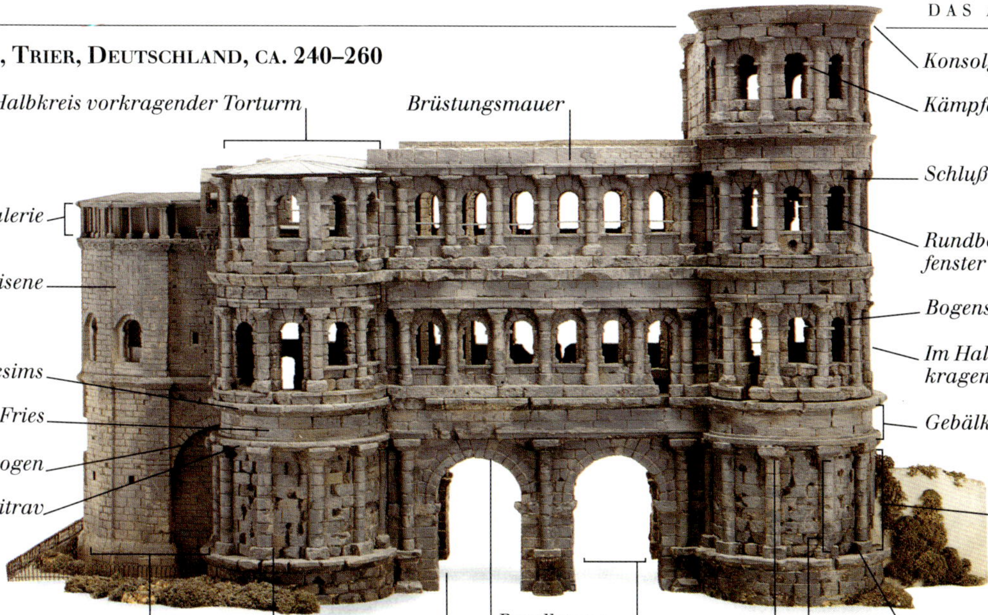

Römische Flechtwerktrennwand, 1. Jh. v. Chr.

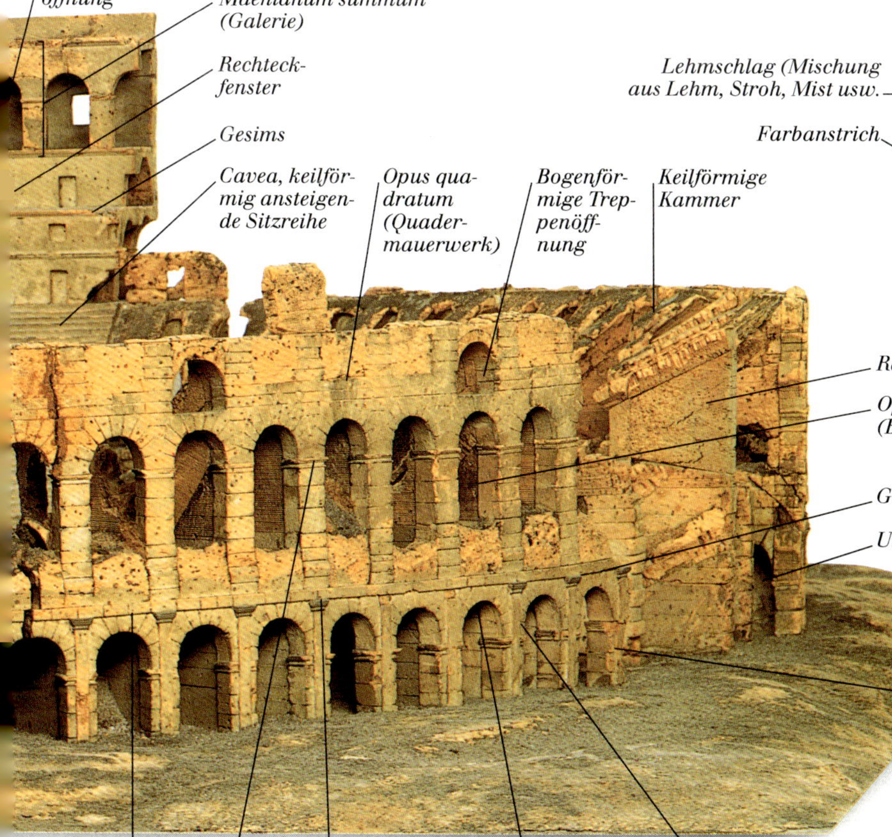

Mittelalterliche Gebäude

Kriege waren im Mittelalter an der Tagesordnung. Überall in Europa ließ der Adel daher massive Burgen zur Verteidigung und als sichere Wohnsitze bauen. Burghof und Gebäude waren in der Regel von einer starken Ringmauer (Zingel, Bering) umschlossen und häufig noch durch einen (wassergefüllten) Graben geschützt. Besonders stark war das Burgtor durch Zugbrücke und Fallgatter gesichert. Der wichtigste Bau der Burganlage war der wehrhafte Burgturm (Bergfried). In französischen Burgen enthielt der große Bergfried (Donjon) auch die Wohngemächer. Als Beispiel hierfür stehen der Tour de César und Coucy-le-Château. In Großbritannien gab es diesen Typ vereinzelt unter der Bezeichnung „hall-keep" (z.B. Tower von London). Wohnhäuser bestanden meist aus einem Fachwerkgerüst (z.B. „cruck-frame", unten), dessen Gefache mit Flechtwerk und Lehmschlag gefüllt waren.

DONJON, TOUR DE CESAR, PROVINS, FRANKREICH, 12. JH.

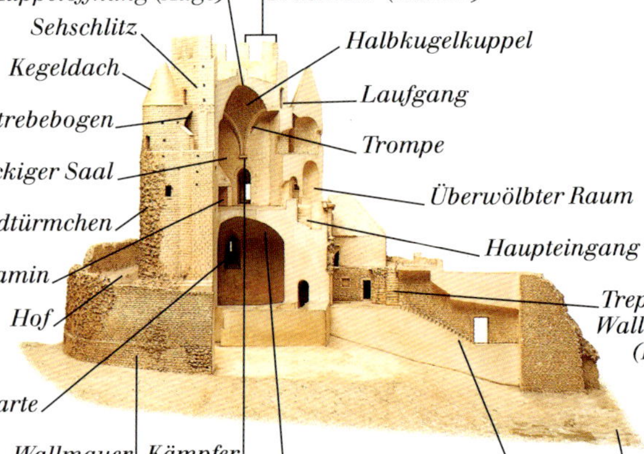

BERGFRIED, BURG CAERNARVON, GROSSBRITANNIEN, 1283–1323

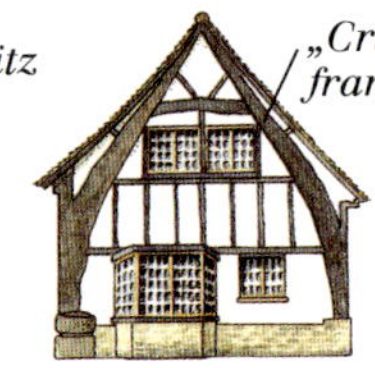

„CRUCK-FRAME"-HAUS, GROSSBRITANNIEN, CA. 1200

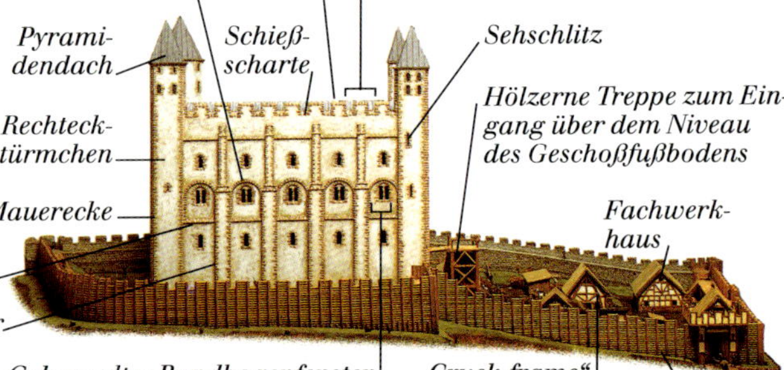

TOWER VON LONDON, GROSSBRITANNIEN, 1070

BASTILLE, PARIS, FRANKREICH, 14. JH.

LONDON BRIDGE IM MITTELALTER, GROSSBRITANNIEN, 1176

DONJON, COUCY-LE-CHATEAU, AISNE, FRANKREICH, 1225–1245

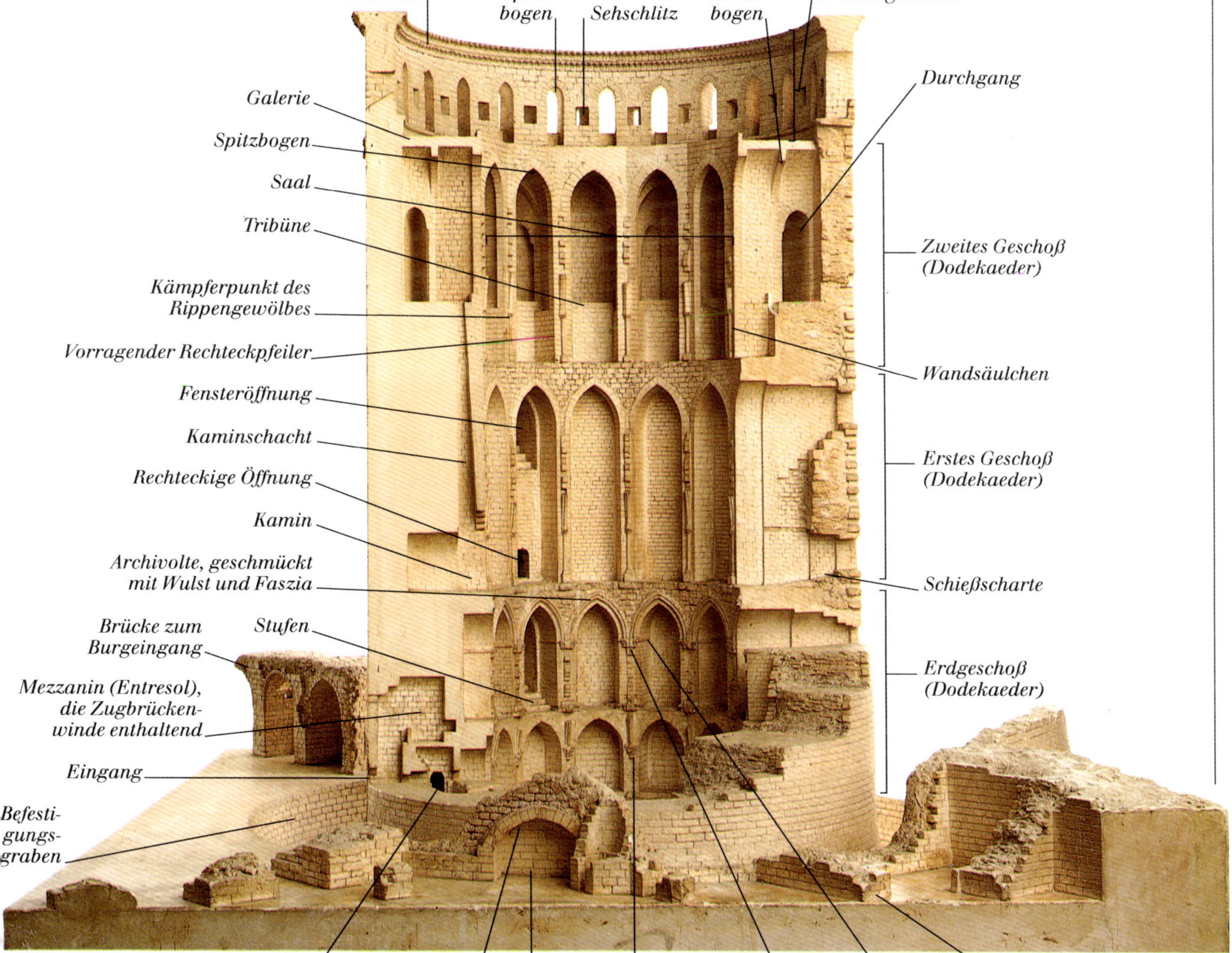

Mittelalterlicher Kirchenbau

ABTEIKIRCHE ST. FOI, CONQUES, FRANKREICH, CA. 1050–1130

Im Mittelalter wurden in Europa viele Kirchen gebaut. Der Baustil der Romanik, der sich etwa ab der 2. Hälfte des 10. Jh.s entwickelte, orientierte sich an römischen und frühchristlichen Architekturformen. So wurden z.B. der kreuzförmige Grundriß, das basilikale System mit Mittelschiff und Seitenschiffen sowie Rundbögen übernommen. Typisch für die Romanik sind von Säulen und Pfeilern getragene Tonnen- und Kreuzgewölbe. In der 2. Hälfte des 11. Jh.s kamen Spitz- und Strebebögen auf. Diese sind bereits Formen der Gotik, die nun die romanische Kunst langsam ablöste (s.S. 474–477). Die Kirche von Bagneux (gegenüber) hat einen romanischen Turm und ein gotisches Langhaus.

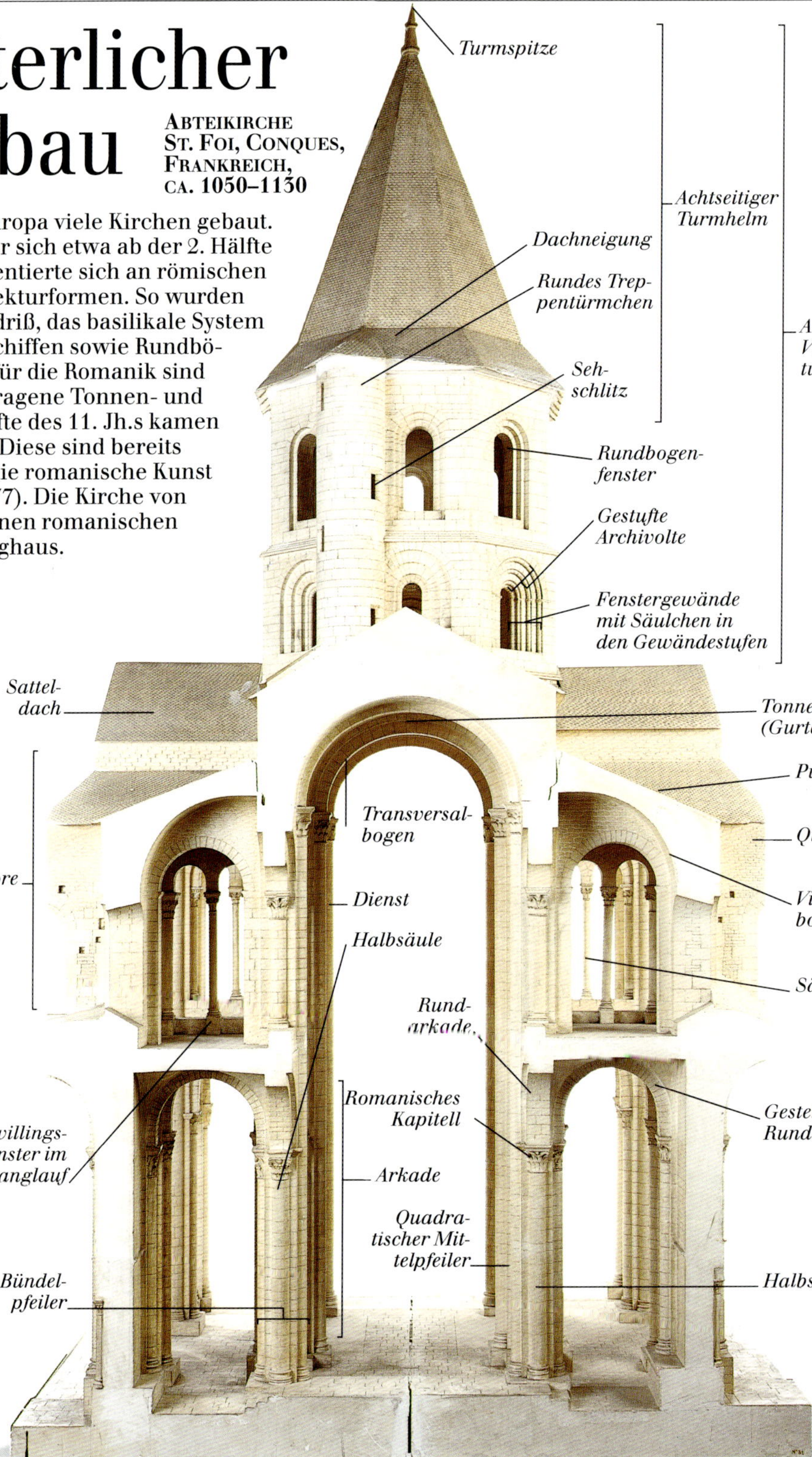

BOSSENORNAMENT EINES KIRCHENDACHS, GROSSBRITANNIEN

ROMANISCHE KAPITELLE

„Die Flucht nach Ägypten", Kapitell, St. Lazare, Autun, Frankreich, 1120–1130

„Die Mystische Mühle", Kapitell, St. Madeleine, Vezelay, Frankreich, 1120–1140

Grundriss der Kathedrale von Angouleme, Frankreich, ca. 1105

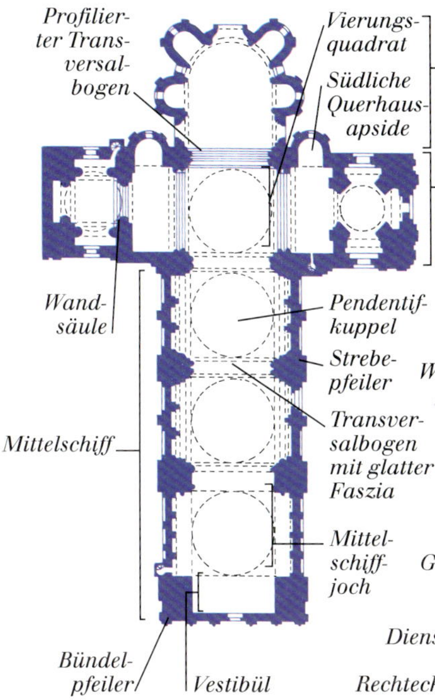

Chor, St. Serge, Angers, Frankreich, ca. 1215–1220

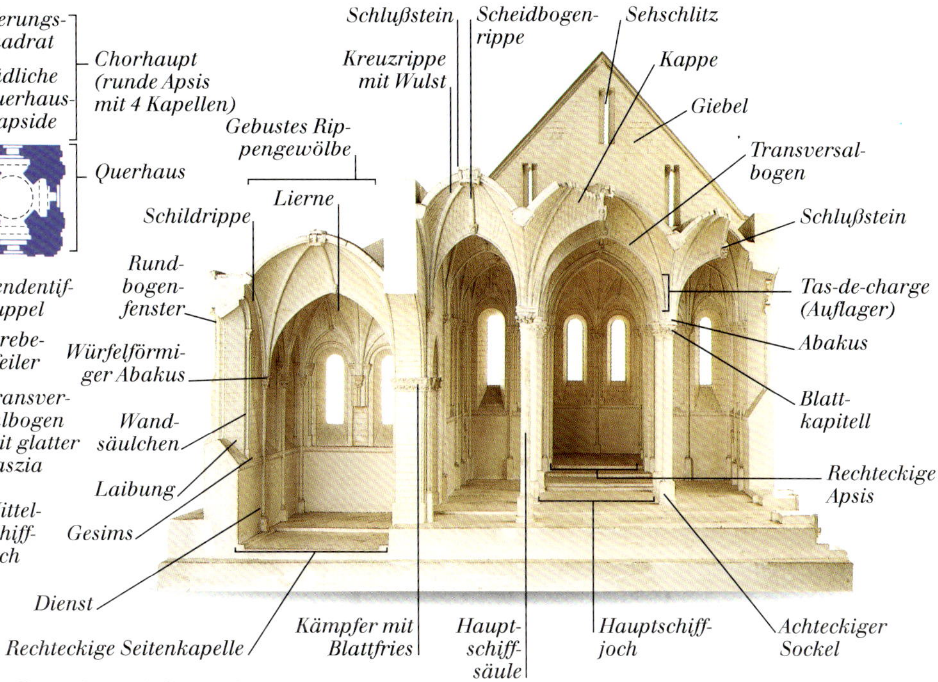

Kirche von Bagneux, Frankreich, 1170–1190

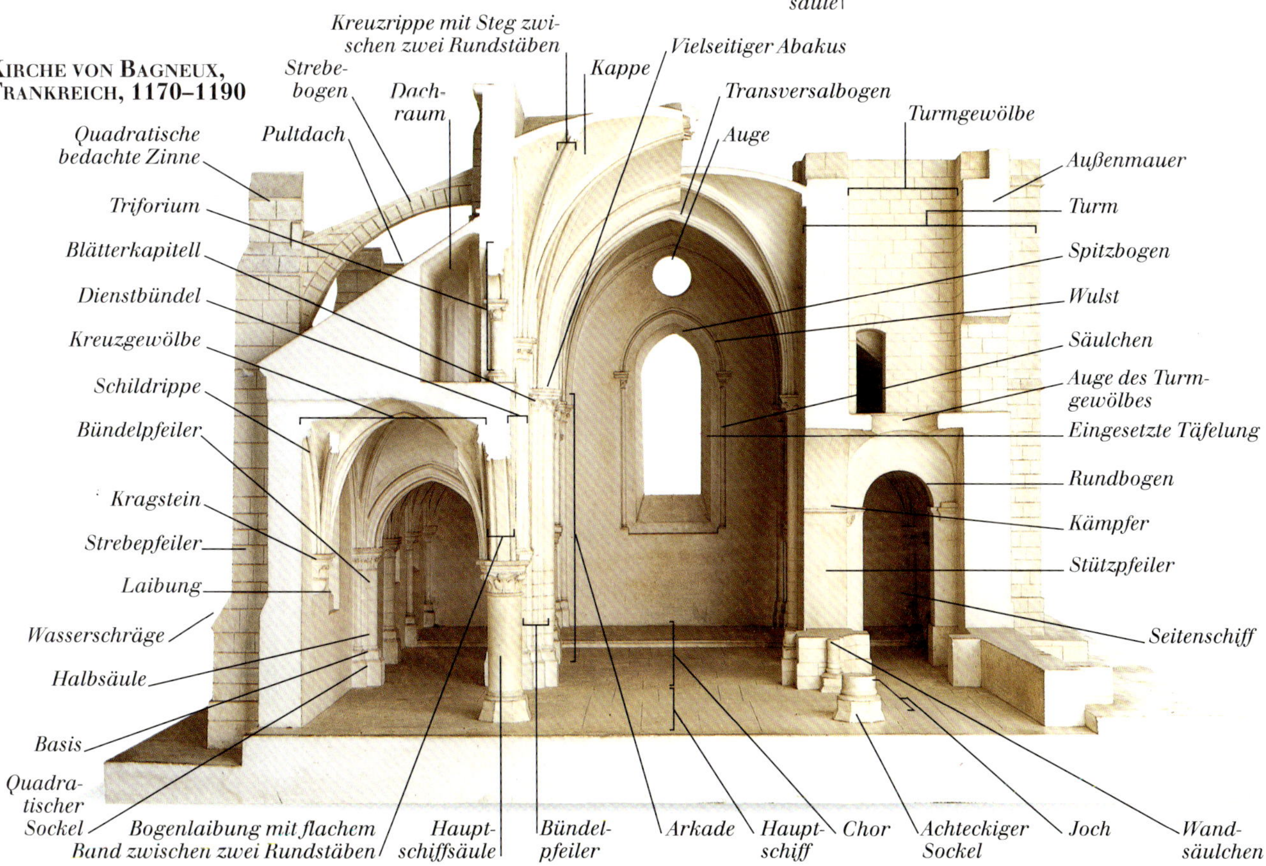

Gotik 1

Gotisches Ornamentglas auf Holzschalung, mit Blattwerk verziertes Schneckenmotiv

Auffallende Merkmale der gotischen Baukunst sind Spitzbögen in allen Varianten, die Betonung der Vertikalen und der Längsrichtung der lichten Innenräume sowie hohe, kunstvolle Rippengewölbe, die von Strebewerk gestützt werden, im Inneren von Pfeilern mit Diensten; am Außenbau nehmen Strebebögen und Strebepfeiler die starken Schubkräfte auf. Die Wände wirken leicht und filigran. Maßwerk ist das Bauornament der Gotik, welches die großen, oft bunt verglasten Fenster, aber auch Wände, Brüstungen u.a. schmückt. Die Gotik entstand in der ersten Hälfte des 12. Jh.s in Frankreich (s.S. 472-473) und trat von dort aus ihren Siegeszug durch ganz Europa an. In England, wo die Gotik sich zu einer Art Nationalstil entwickelte, entstand ein eigenes System von Bezeichnungen: dem Early English (Ende 12. bis 2. Hälfte 13. Jh.) folgte der Decorated Style (spätes 13. bis spätes 14. Jh.). Vor allem in Frankreich verbreitete sich der Flamboyant-Stil mit dem charakteristischen züngelnden Maßwerk. Diese Stilrichtungen sind im Turm der Kathedrale von Salisbury und im Treppenaufgang der Kirche St. Maclou (s.S. 476-477) verdeutlicht. Typisch für den Perpendicular Style (1330–1560) ist das Sprengwerk mit Bogenstreben.

Grundriss der Kathedrale von Salisbury

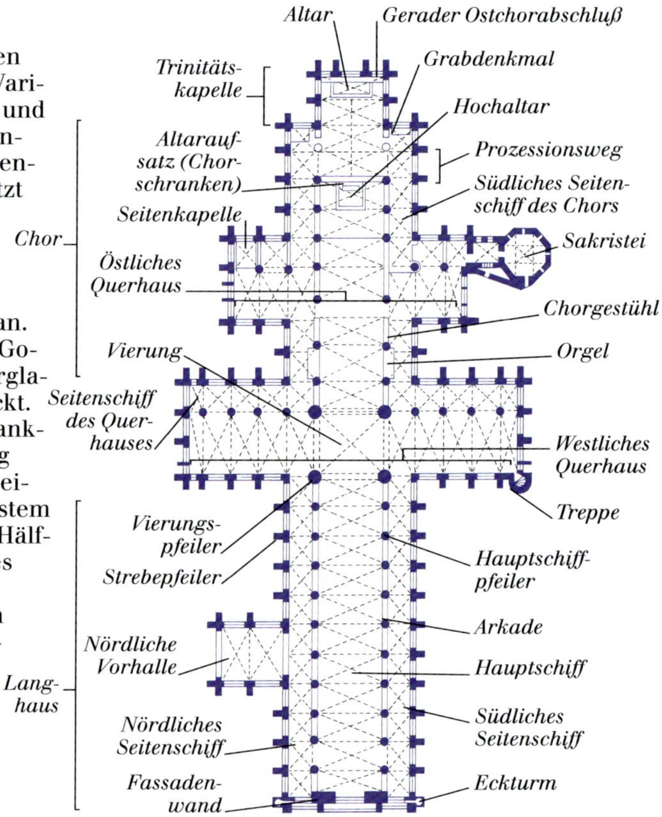

Gotische Rundleiste mit Ballenblumen

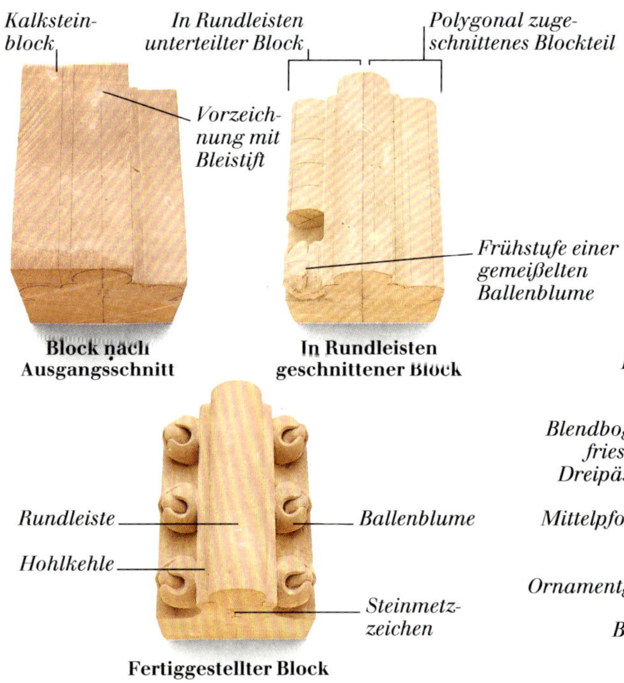

Block nach Ausgangsschnitt

In Rundleisten geschnittener Block

Fertiggestellter Block

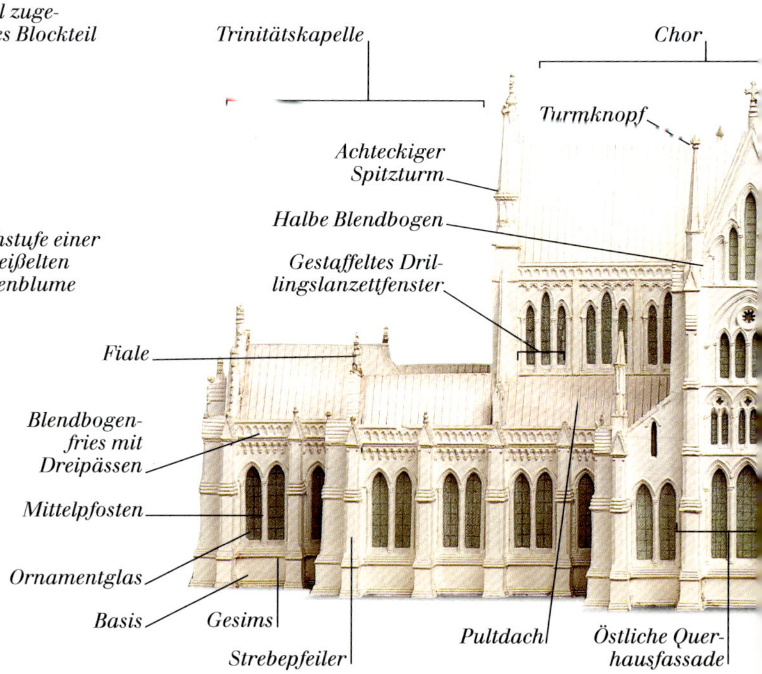

NORDSEITE, KATHEDRALE VON SALISBURY, GROSSBRITANNIEN, 1220–1280 (TURM UND SPITZE IM 14. JH. ERGÄNZT)

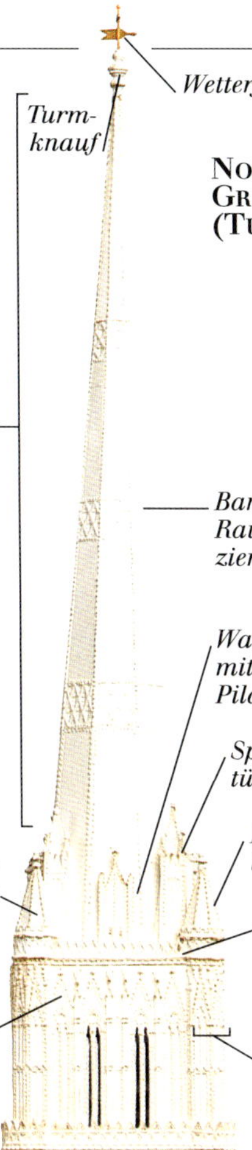
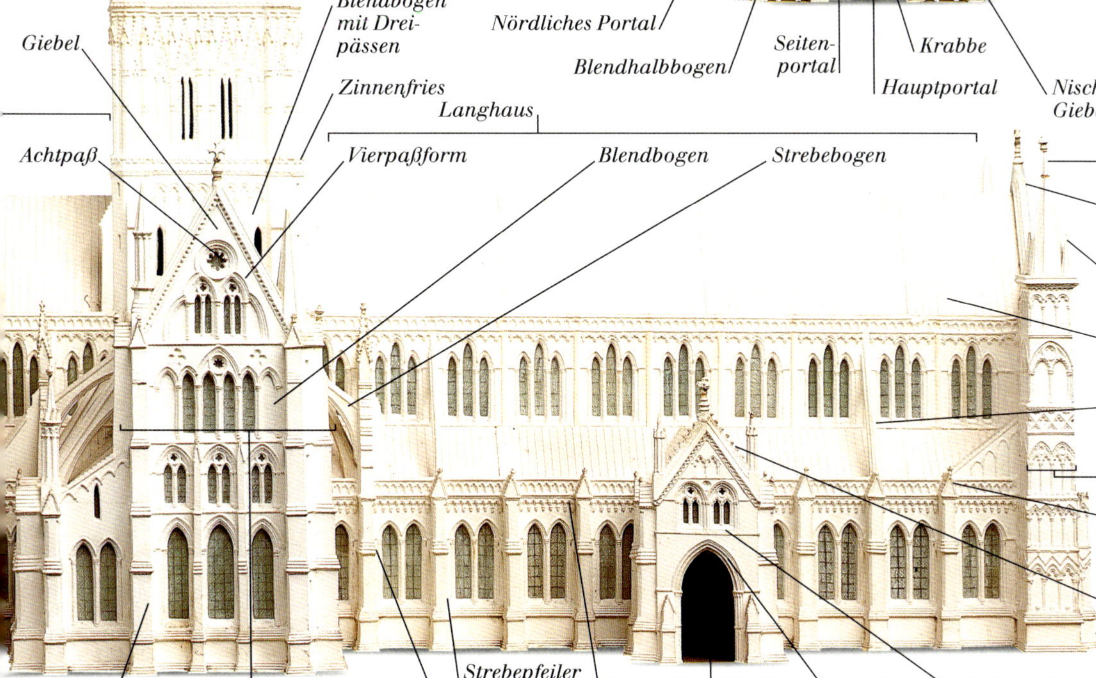

WESTFASSADE, KATHEDRALE VON SALISBURY

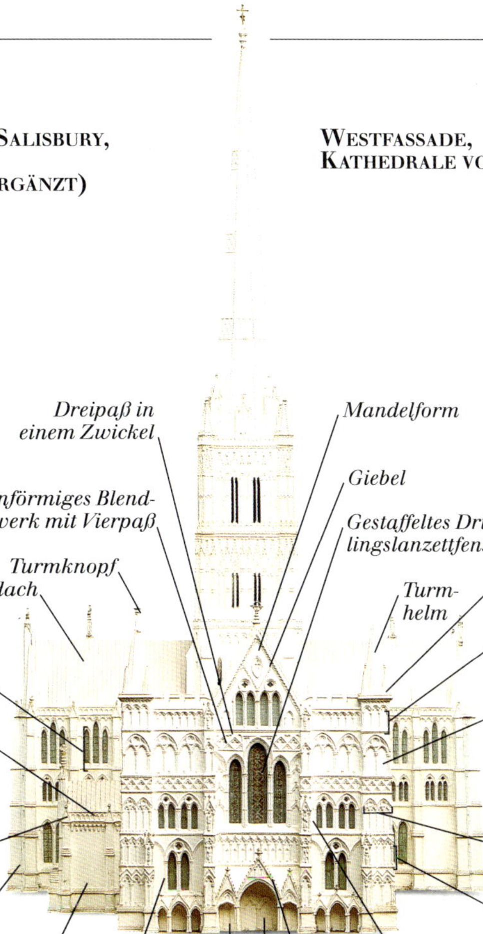

Gotik 2

Züngelndes Masswerk einer Balustrade, 14. oder 15. Jh.

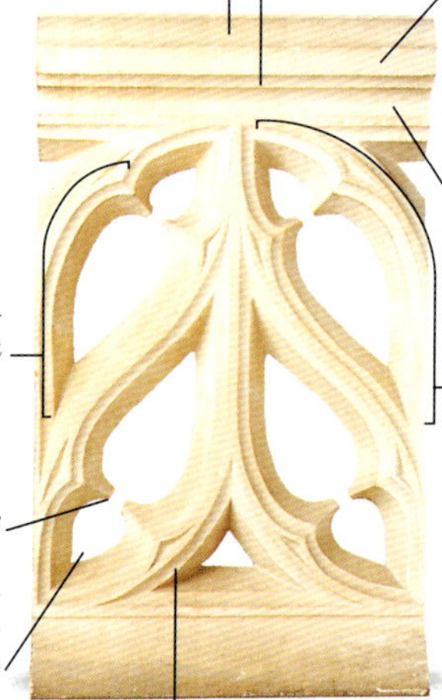

Wendeltreppe zur Orgel, St. Maclou, Rouen, Frankreich, ca. 1519

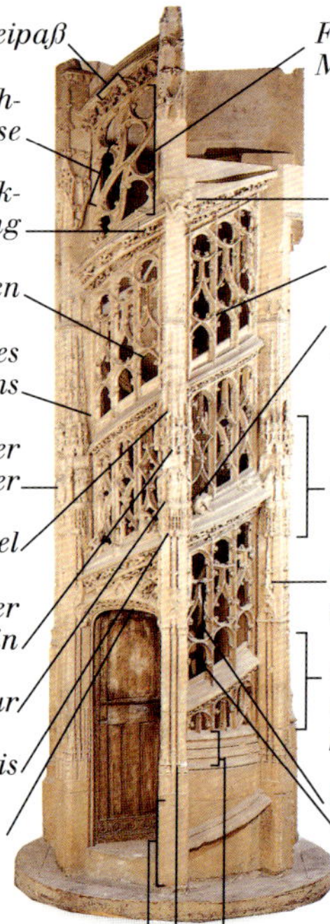

Turm und Teile von Hauptschiff und Chor, Old-St.-Paul's-Kathedrale, London, 1087–1666

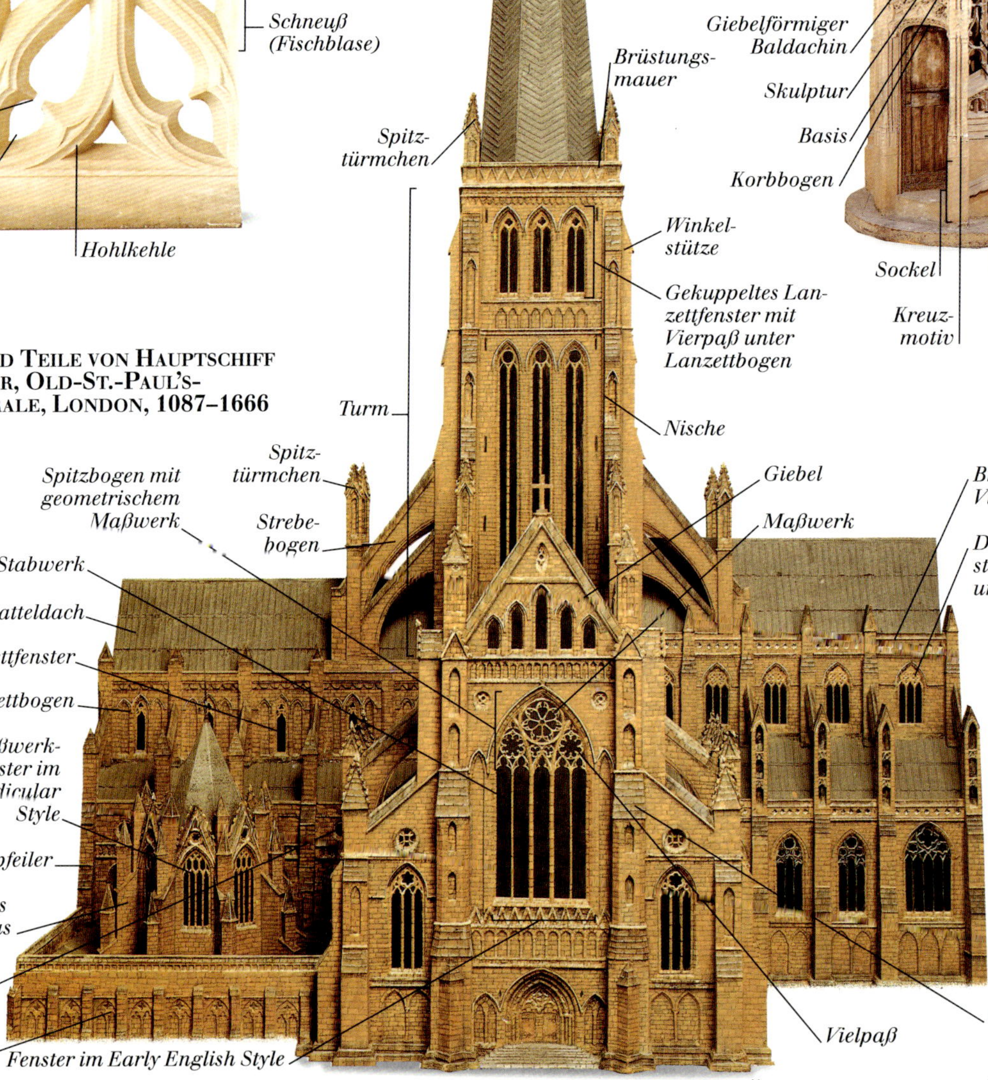

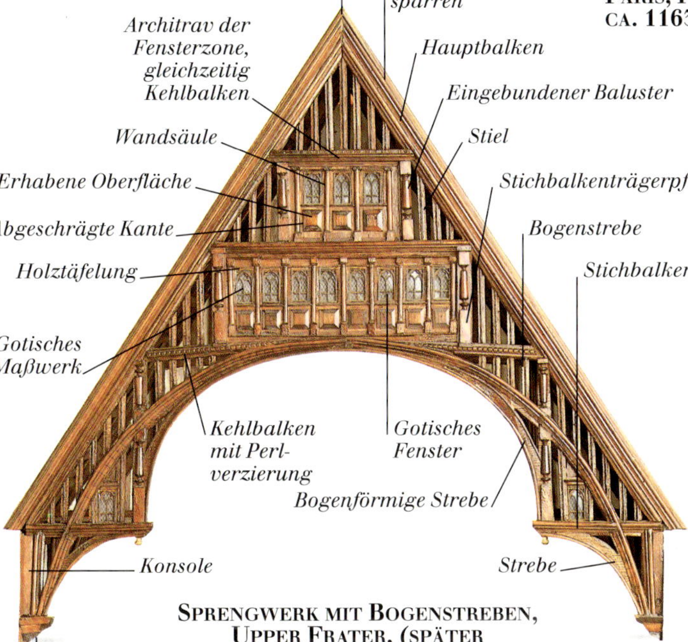

Sprengwerk mit Bogenstreben, Upper Frater, (später Blackfriars' Playhouse), London, Grossbritannien, vermutlich 14. Jh.

Stilmerkmale der Gotik

Strebebogen über den Seitenschiffen, Mailänder Dom, Italien, ca. 1385–1485

Wasserspeier, Kirche von Horsley, Derbyshire, Großbritannien, ca. 1450

Sprengwerk mit Bogenstreben, St. Botolph, Norfolk, Großbritannien, 1360–1380

Turm und Querschiffdach, Notre-Dame, Paris, Frankreich, ca. 1163–1250

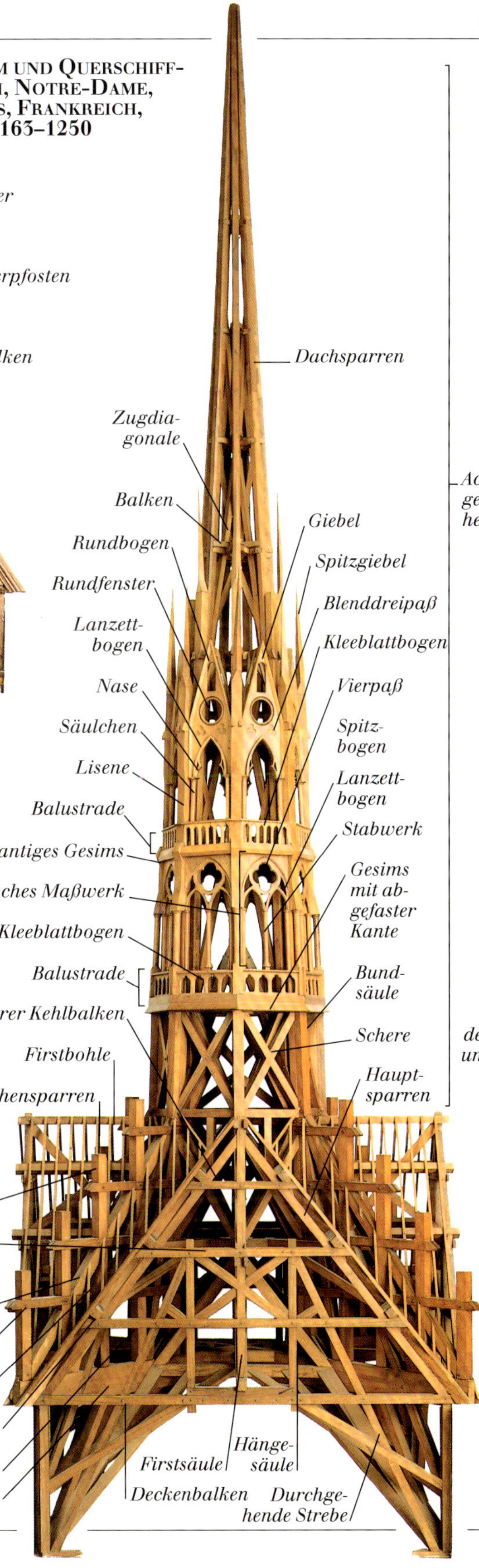

Renaissance 1

Die Renaissance ist eine europäische Kulturentwicklung, in der die Künste und Wissenschaften geradezu revolutionäre Veränderungen erlebten. Die Renaissancebaukunst (von etwa 1420 bis etwa 1600) war durch die Rückbesinnung auf die klaren, harmonischen Formen der Antike gekennzeichnet, so wie bei dem hier gezeigten Palazzo Strozzi in Florenz. Der Manierismus ist eine Kunstentwicklung zwischen Renaissance und Barock und bedeutet die bewußte Abkehr von der Klarheit des klassischen Ideals. Ein Beispiel ist die Biblioteca Laurenziana. Die italienische Renaissance hatte starken Einfluß auf die Architektur in ganz Europa, wie am Schloß Montal (s.S. 479-480) zu sehen ist. Viele dieser italienischen Bauformen wurden übernommen oder abgewandelt. Aber auch einheimische Traditionen spielten in Ländern außerhalb Italiens eine Rolle, sodaß der Stil regional oft einzigartig ist.

FASSADE ZUR PIAZZA, PALAZZO STROZZI

SEITENANSICHT DES PALAZZO STROZZI, FLORENZ, ITALIEN, 1489 (ARCHITEKTEN: G. DA SANGALLO, B. DA MAIANO UND LE CRONACA)

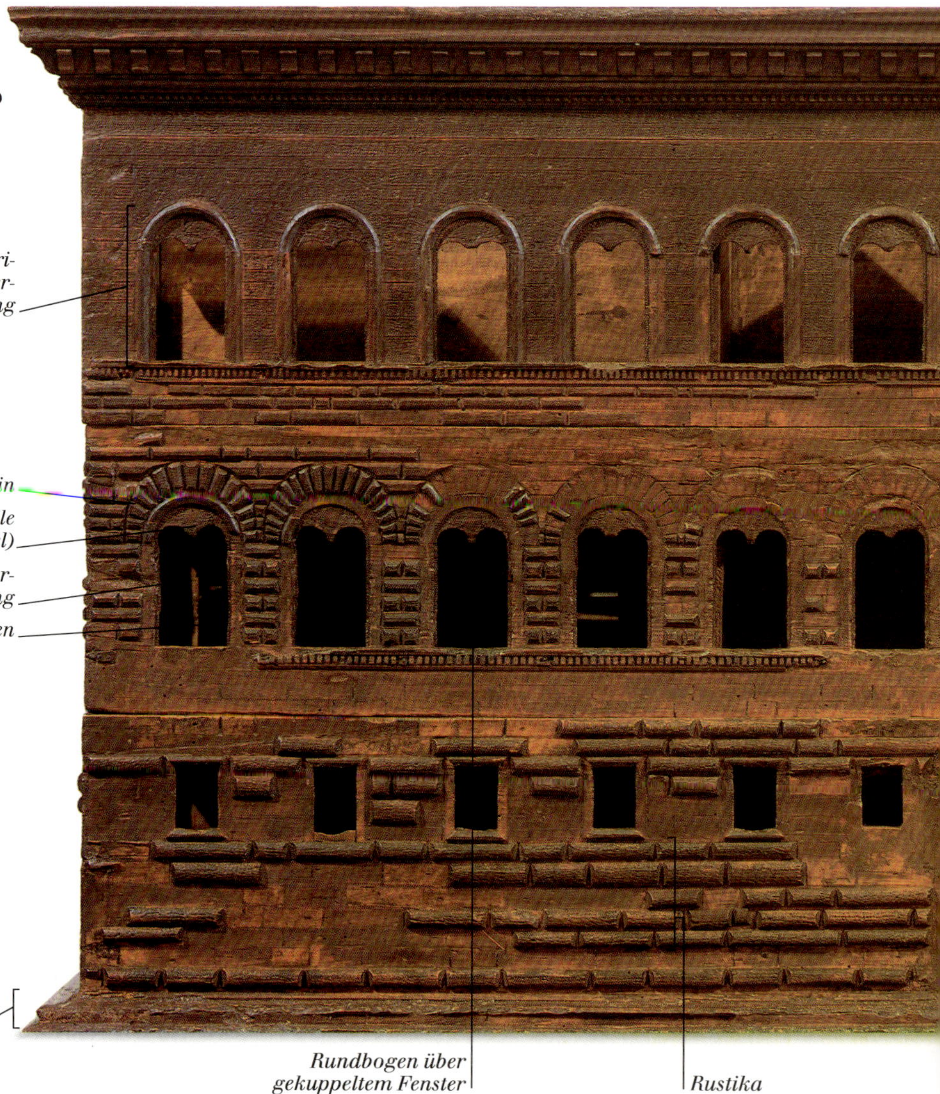

Details von italienischen Renaissancebauwerken

Vertäfelung des Kuppeltambours, Dom von Florenz, 1420–1436

Deckenfeld der Kuppel, Pazzikapelle, Florenz, 1429–1461

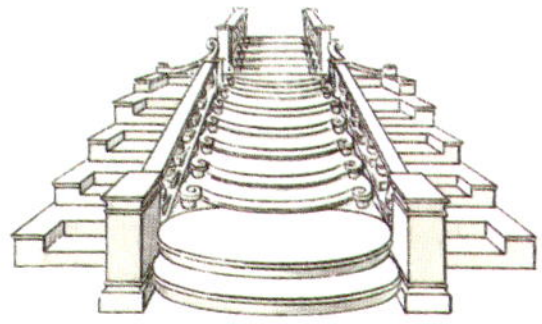

Treppenaufgang, Biblioteca Laurenziana, Florenz, 1559

Portikus, Villa Rotonda, Vicenza, 1567–1569

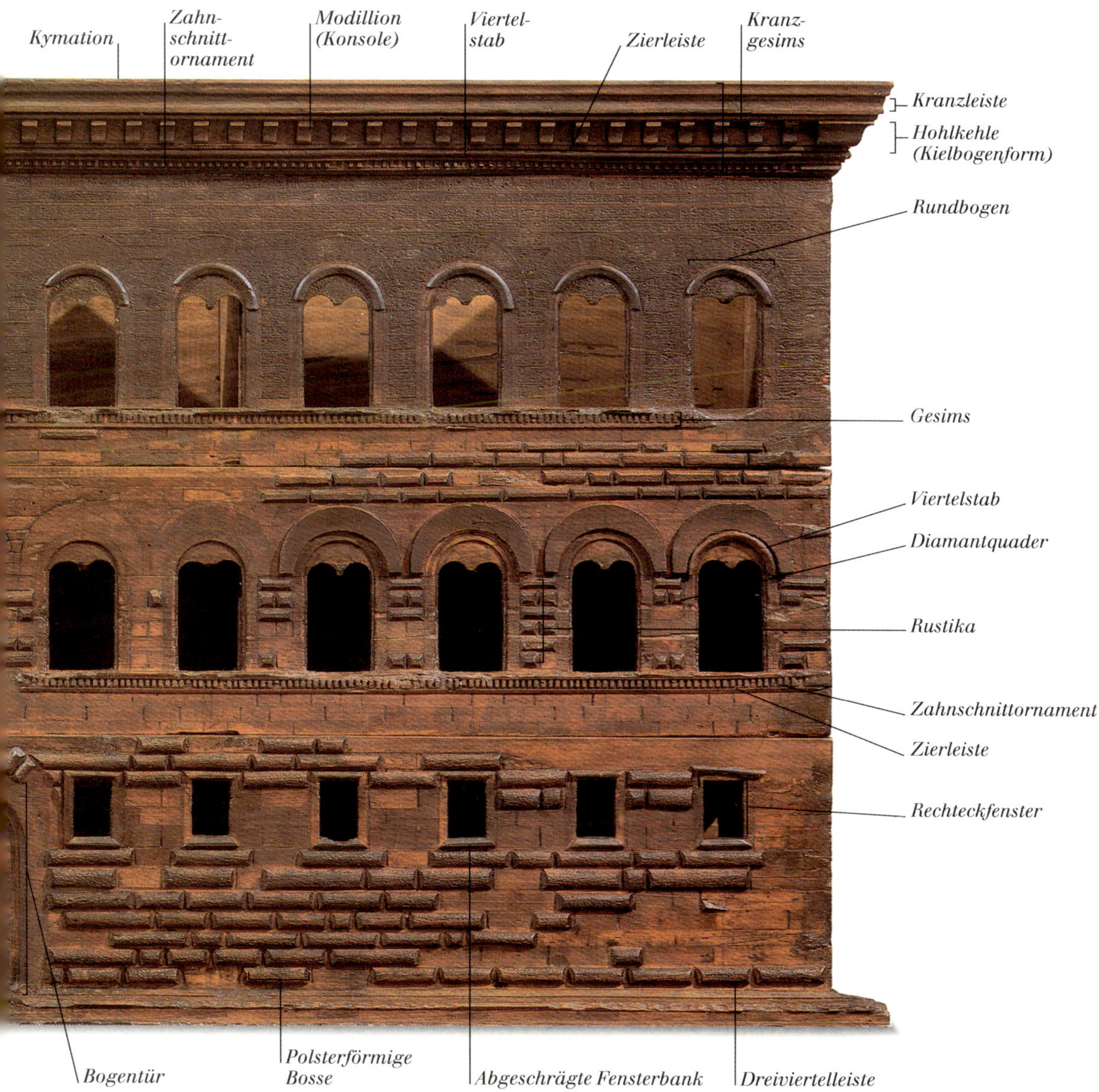

Renaissance 2

DETAILS VON EUROPÄISCHEN RENAISSANCE-BAUWERKEN

Steinmauer, Mauerecken- und Muschelschmuck, Casa de las Conchas, Salamanca, Spanien, 1475–1483

Wendeltreppenturm, Schloß Blois, Frankreich, 1514–1530

Konische Kuppel, Schloß Chambord, Frankreich, 1519–1547

Schornsteinpaar, Schloß Fontainebleau, Frankreich, 1528

NORDFLÜGEL, SCHLOSS MONTAL, LOT, FRANKREICH, 1523

Treppenaufgang des Nord-Flügels, Schloss Montal

Glockenturm, St. Eustache, Paris, Frankreich, 1532–1640

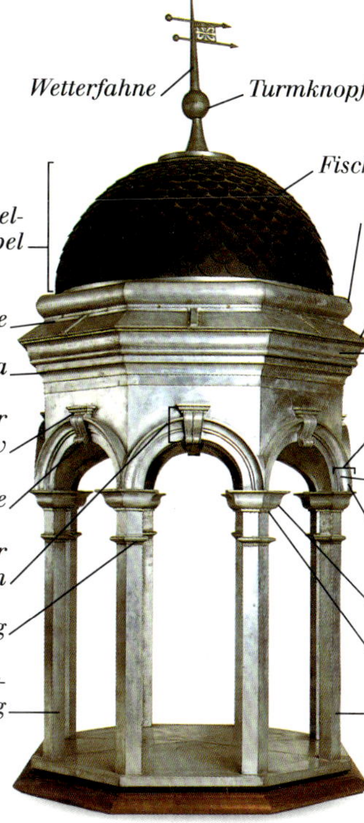

Globe Theater, London, Grossbritannien, 1599

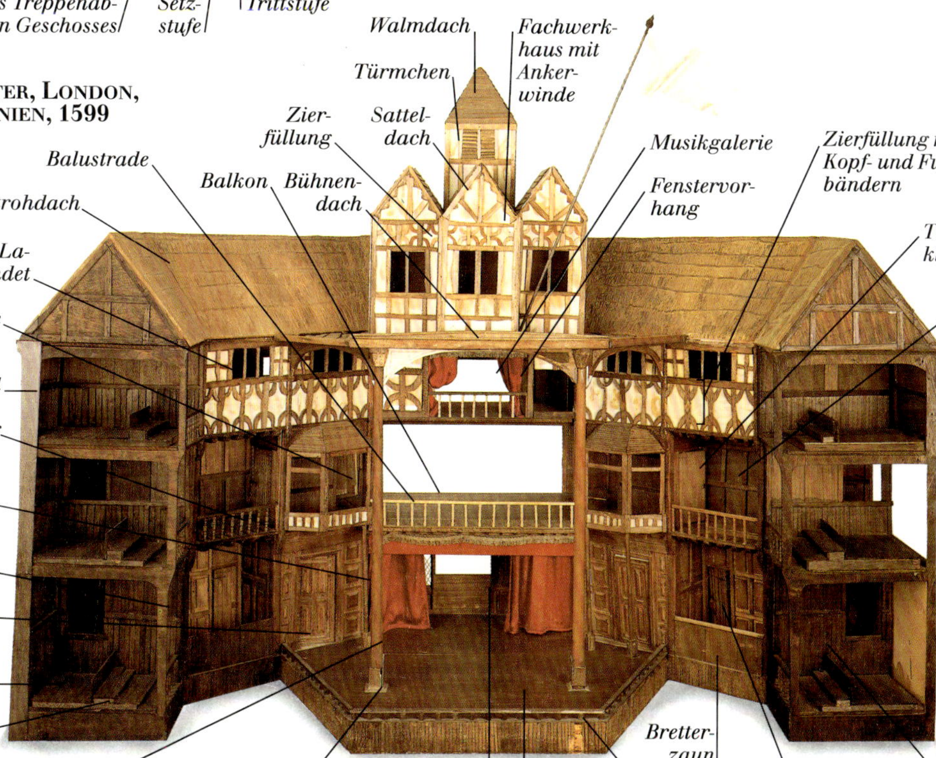

Barock und Klassizismus 1

Die Barockarchitektur entstand im 17. Jh. in Italien und verbreitete sich von hier aus über ganz Europa, wobei sich jedoch nationale Sonderformen herausbildeten. In Deutschland, Spanien, Frankreich, den südlichen Niederlanden und Großbritannien wurde der Barock jeweils von einheimischen Künstlern geprägt. Hauptkennzeichen des Barocks sind schwellende, kraftvolle plastische Formen, wie in den Details (rechts) zu sehen ist, die Vorliebe für geschwungene Linien (auch im Grundriß) und komplexe Raumkompositionen. Die britischen Architekten Christopher Wren und Nicholas Hawksmoor übernahmen Stilelemente des Barocks z.B. in der St.-Paul's-Kathedrale und in der Kirche St. George in the East (s.S. 484-485). In der zweiten Hälfte des 18. Jh.s entstand als Gegenbewegung zu den überschwenglichen Formen des Barocks der Klassizismus (auch Neoklassizismus), der sich wieder auf die klaren Formen und die strengen Gliederungen der Antike besann. Typisch für diesen Stil waren Kirchen wie die Madeleine (Fassadenentwurf unten) oder Profanbauten wie der Cirque Napoléon (gegenüber) und die Bauwerke des britischen Architekten Sir John Soane (s.S. 486-487). Im frühen 18. Jh. entwickelte sich in Frankreich der Stil des Rokokos, bei dem die Schwere und Üppigkeit des Barock zu verspielten Dekorationen und kleinteiligen, grazilen Formen abgewandelt wurde. Der Balkon in Nantes (s.S. 486-487) ist typisch für diesen Stil.

DETAILS ITALIENISCHER BAROCKKIRCHEN

Strebepfeiler mit Rollmotiv, S. Maria della Salute, Venedig, Italien, 1631–1682

Darstellung der Verzückung der hl.Theresa, S. Maria della Vittoria, Rom, Italien, 1645–1652

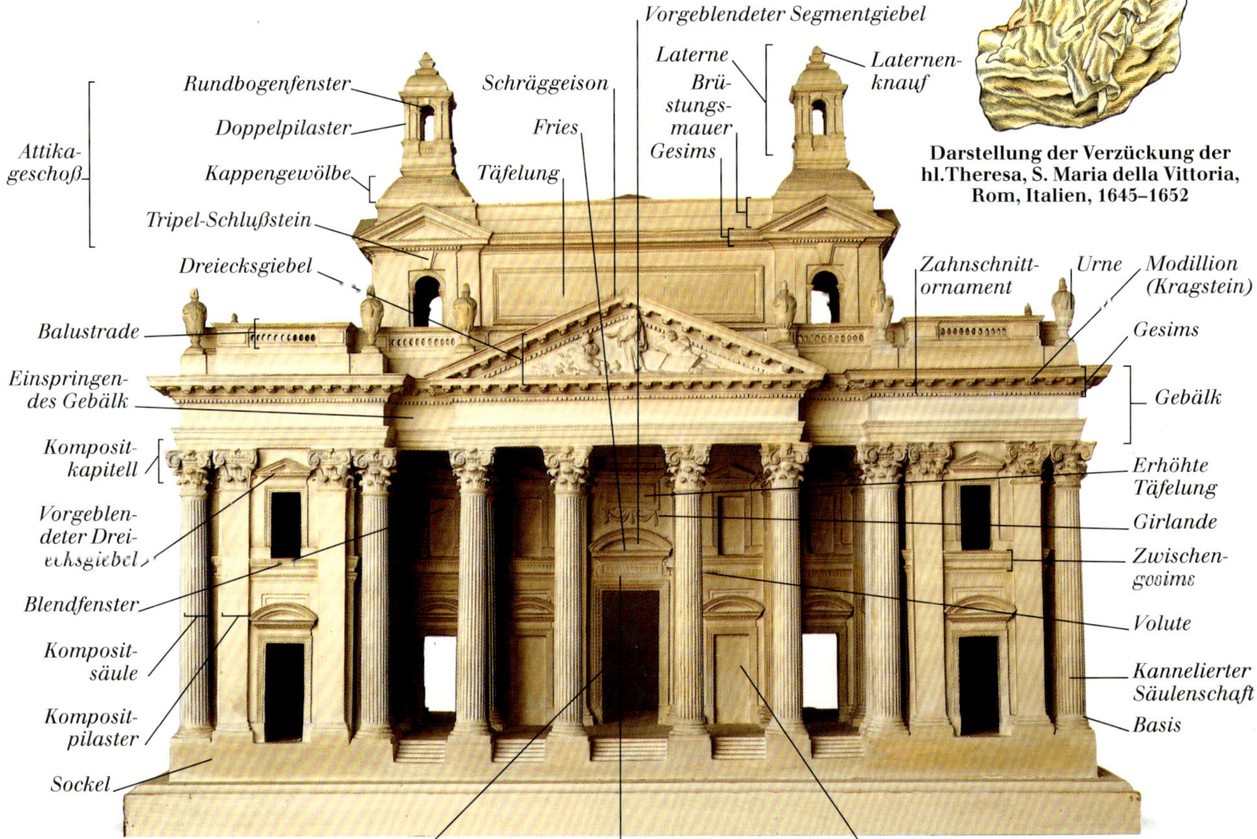

FASSADENENTWURF, MADELEINE, PARIS, FRANKREICH, 1764 (ARCHITEKT: P. CONSTANT D'IVRY)

CIRQUE NAPOLEON (KLASSIZISMUS), PARIS, FRANKREICH, 1852 (ARCHITEKT: JACQUES-IGNACE HITTORFF)

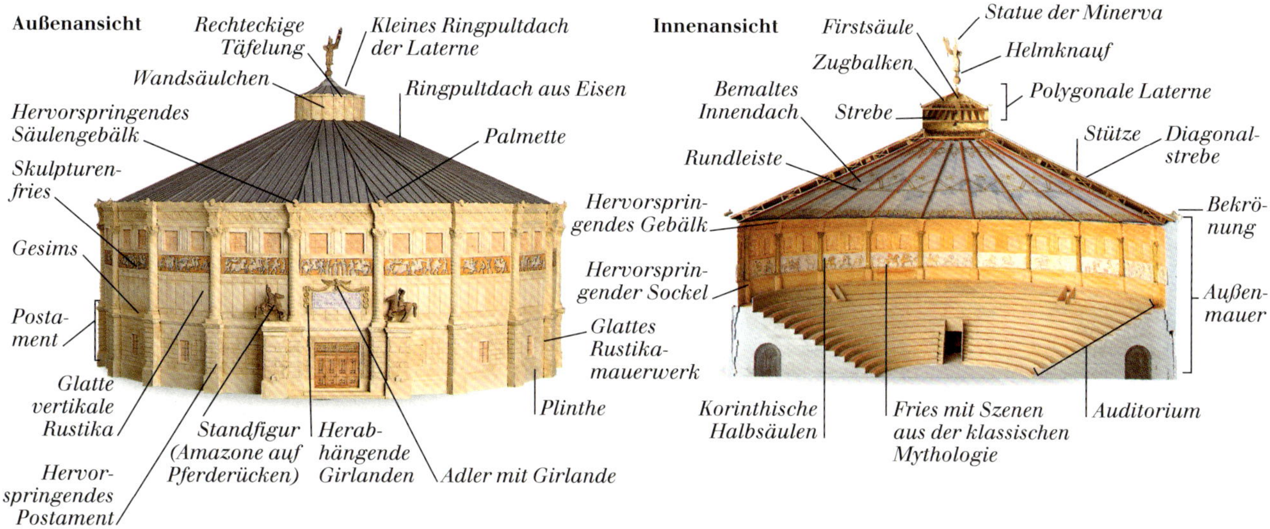

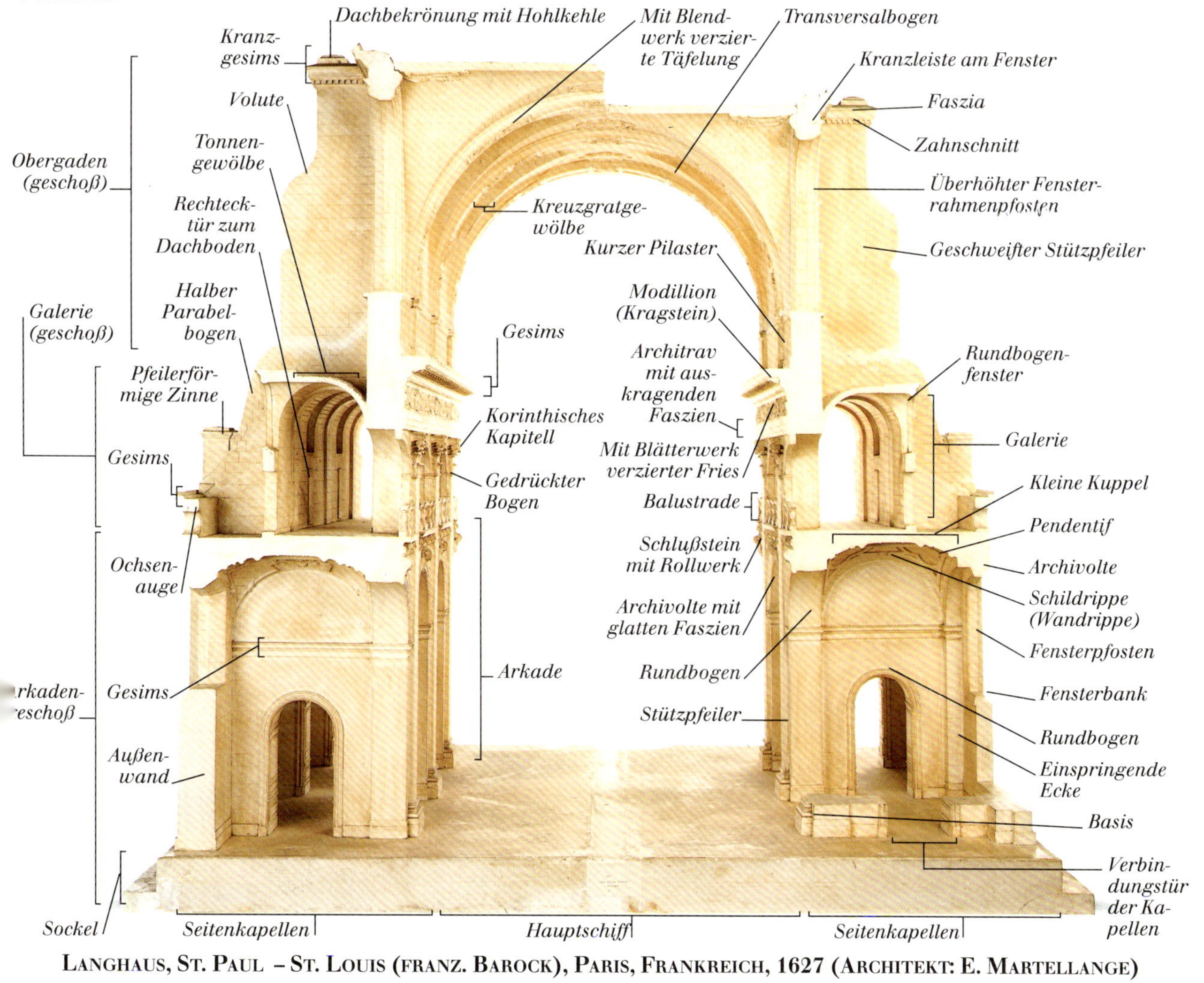

LANGHAUS, ST. PAUL – ST. LOUIS (FRANZ. BAROCK), PARIS, FRANKREICH, 1627 (ARCHITEKT: E. MARTELLANGE)

Barock und Klassizismus 2

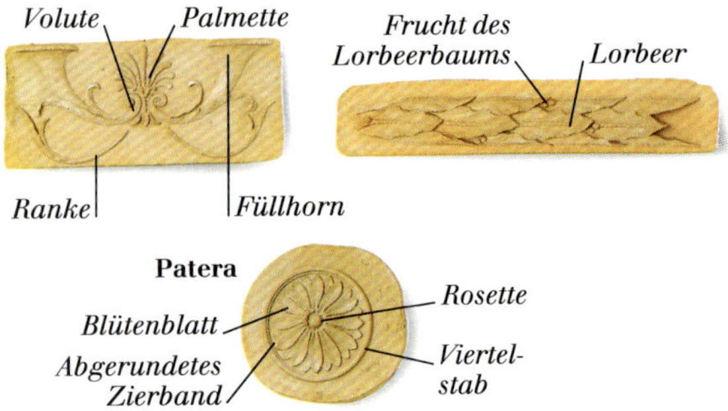

Schmuckleisten englischer Klassizismusbauten

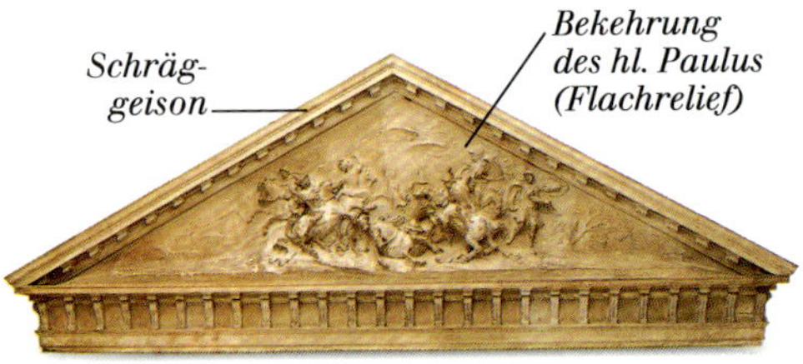

Dreiecksgiebel, Westfassade der St.-Paul's-Kathedrale

Modell des Fassadenentwurfs der St.-Paul's-Kathedrale von 1674 (Englischer Barock), London, Grossbritannien (Archtitekt: C. Wren)

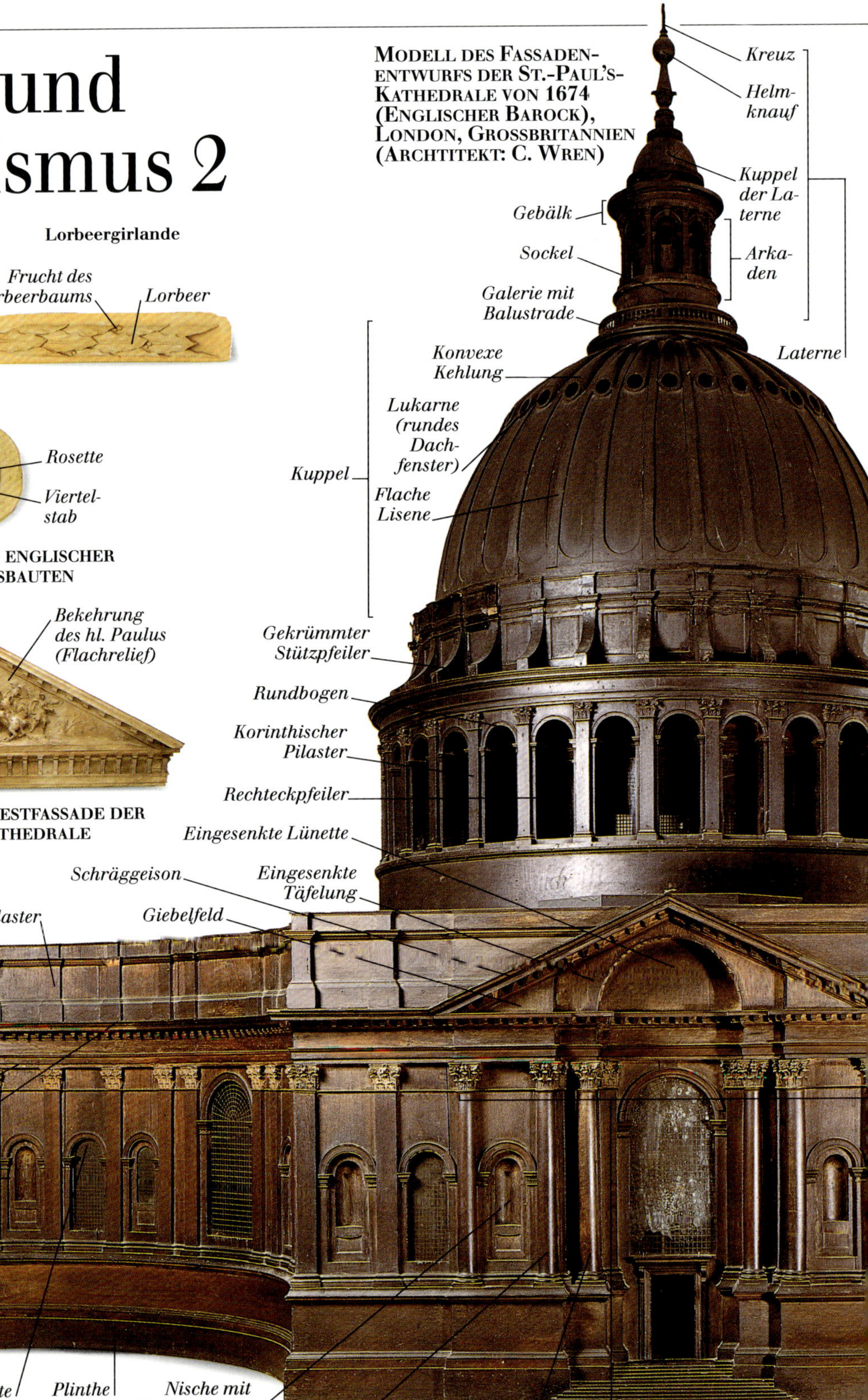

St. George in the East (Englischer Barock), London, Grossbritannien (Architekt: N. Hawksmoor)

Südseite

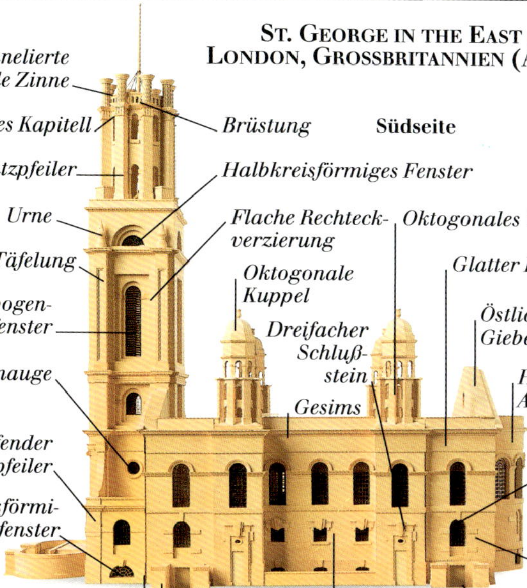

Westfassade

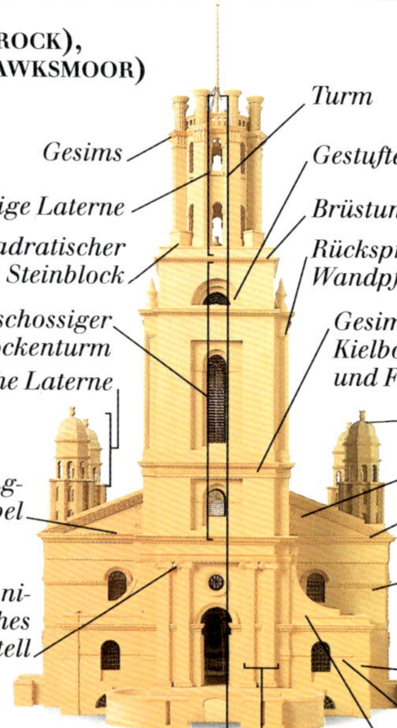

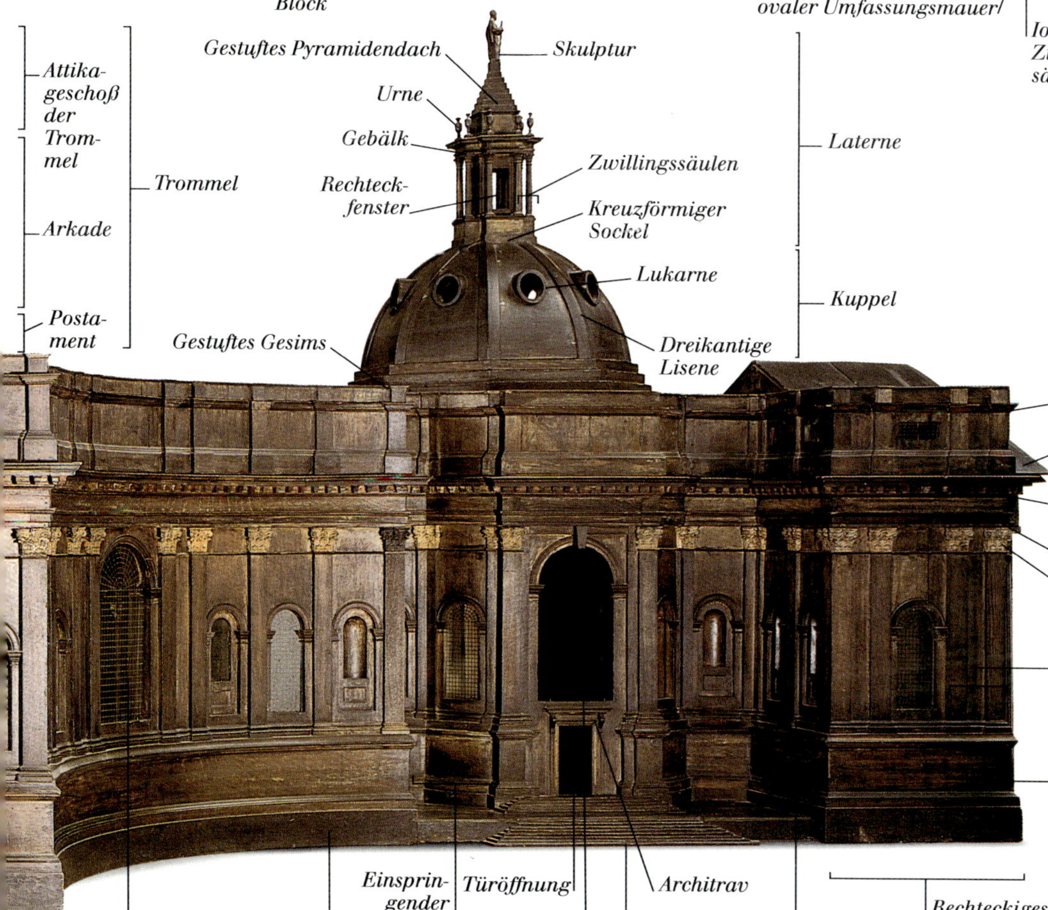

Barock und Klassizismus 3

Details von Barock-, Klassizismus- und Rokokobauwerken

Portikus, Vyne, Hampshire, Großbritannien, 1654 (Klassizismus)

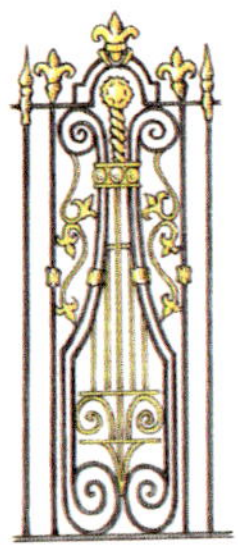

Vergoldete Eisenbeschläge einer Gitterwand, Schloß von Versailles, Frankreich, 1669-1674 (Französischer Barock)

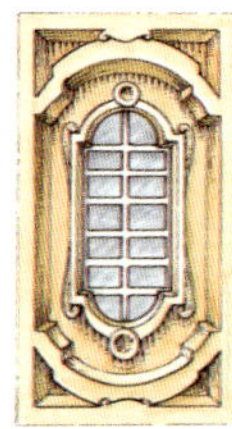

Fenster, Palazzo Stanga, Cremona, Italien, frühes 18. Jh. (Rokoko)

Atlas, Oberes Belvedere, Wien, Österreich, 1721 (Deutscher Barock)

Balkon, Nantes, Frankreich, 1730-1740 (Rokoko)

Mauerwerk einer Nische der Rotunde (Klassizismus), Bank of England, London, Großbritannien, 1794

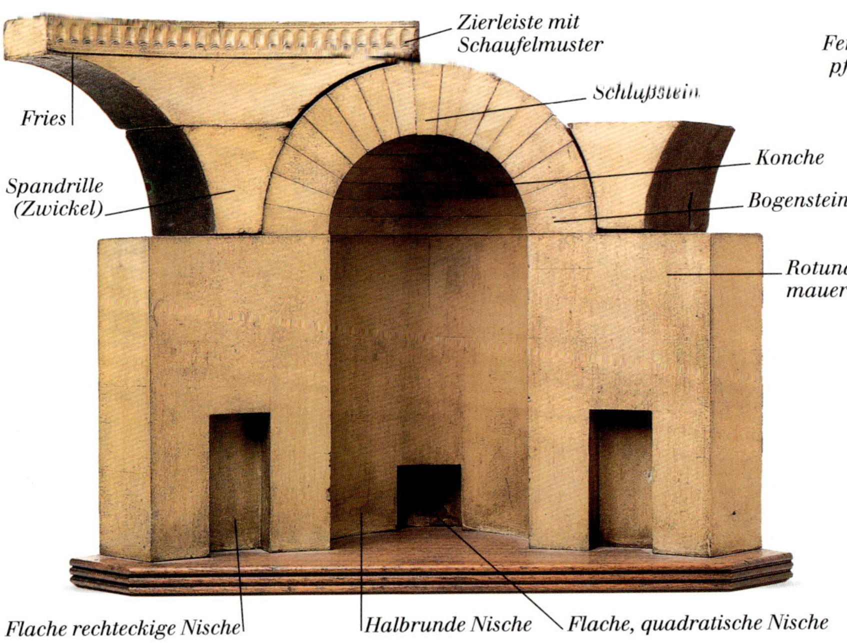

Ecke des New State Paper Office (Klassizismus), London, Großbritannien, 1830-1831

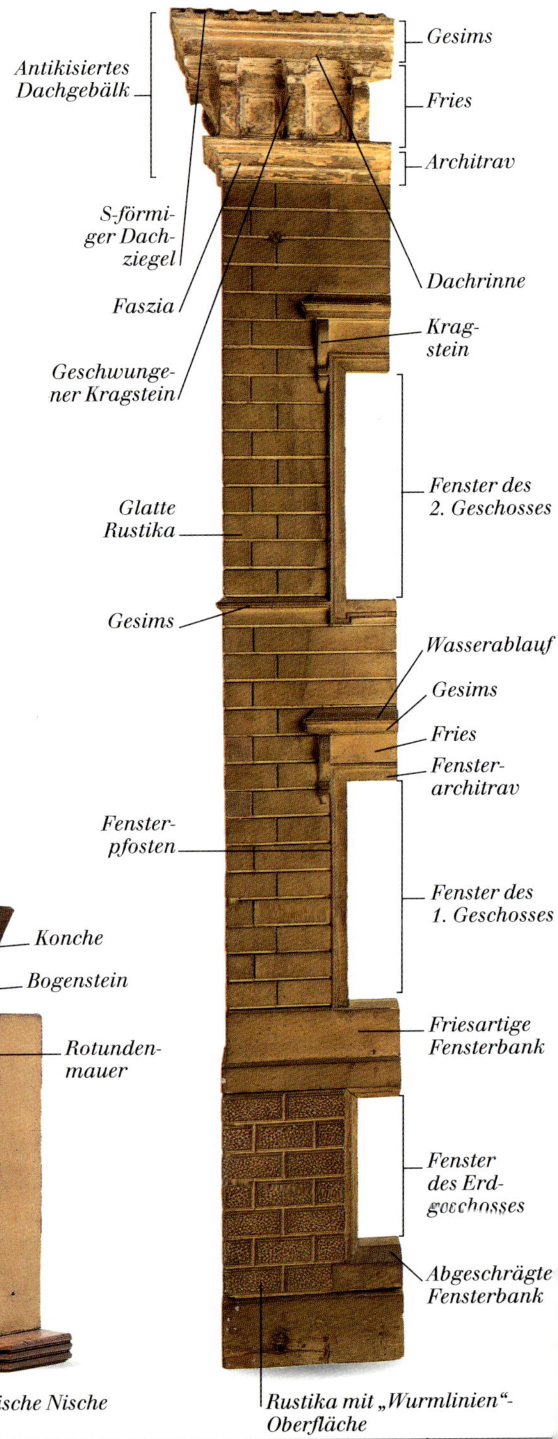

Tyringham House (Klassizismus), Buckinghamshire, Grossbritannien, 1793–1797 (J. Soane)

Dachgeschoß (Attikageschoß)

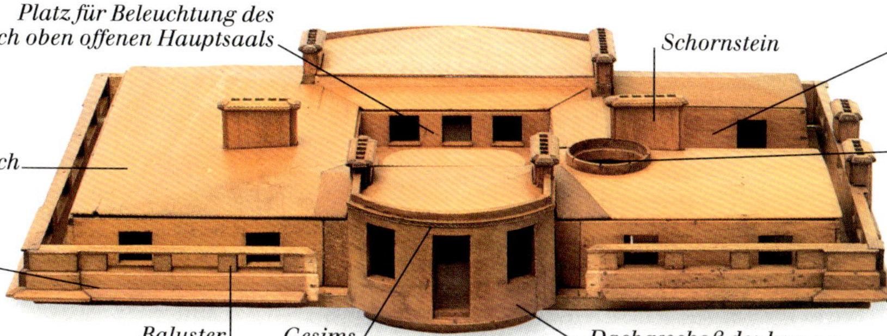

Erstes Geschoß (Wohngeschoß)

Erdgeschoß (Hauptgeschoß)

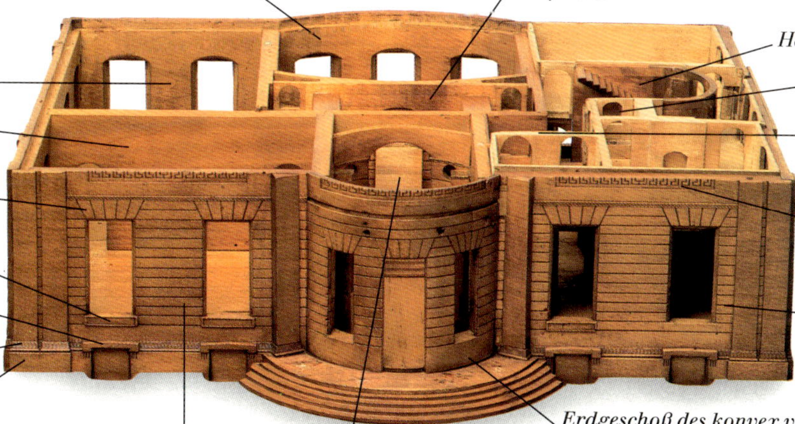

Fassade des Tyringham House

Säulengang der Säulenvorhalle

Bogen und Gewölbe

Außer zur Überspannung von Öffnungen dienen Bögen der Entlastung von Bauteilen, z.B. für die Kuppel der St.-Paul's-Kathedrale (unten) oder der des antiken Tempels (gegenüber), zur Vergrößerung der Standfläche auf schlechtem Baugrund, zur Ableitung von Schubkräften, zum Überdecken, Gliedern und Unterteilen von Innenräumen und zur Gliederung von Wandflächen (Blendbogen, Wandbogen). Ein Gewölbe ist ein gerundeter oberer Abschluß eines Raums. Wie gegenüber gezeigt, gibt es mehrere Gewölbeformen. Die einfachste Form eines Gewölbes ist das Tonnengewölbe. Die Durchdringung zweier gleich hoher Tonnengewölbe ergibt ein Kreuzgewölbe. Wegen der dabei entstehenden Grate heißt diese Form auch Kreuzgratgewölbe. Sind die Grate durch Rippen verstärkt, die die Lasten des Gewölbes aufnehmen, so hat man ein Kreuzrippengewölbe. Beim Fächergewölbe strahlen zahlreiche Rippen von der Stütze bzw. vom Scheitel aus.

TEILE EINES BOGENS

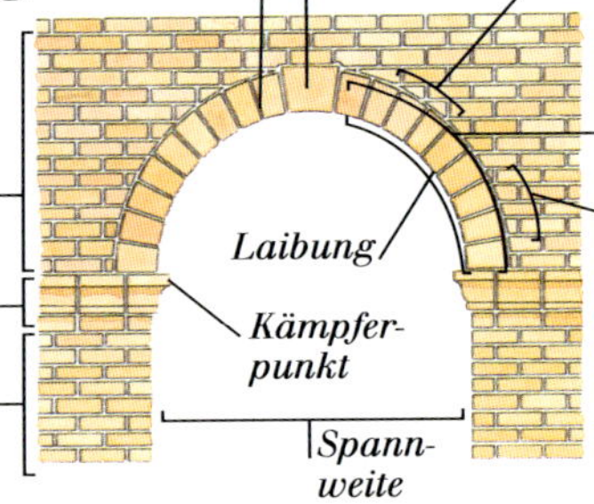

Vorderansicht

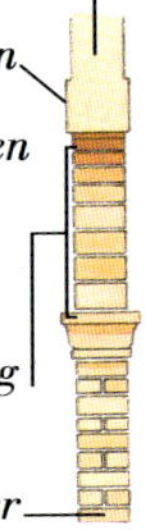

Seitenansicht

BOGEN UND BASIS DER KUPPEL, ST.-PAUL'S-KATHEDRALE, LONDON, 1675-1710 (C. WREN)

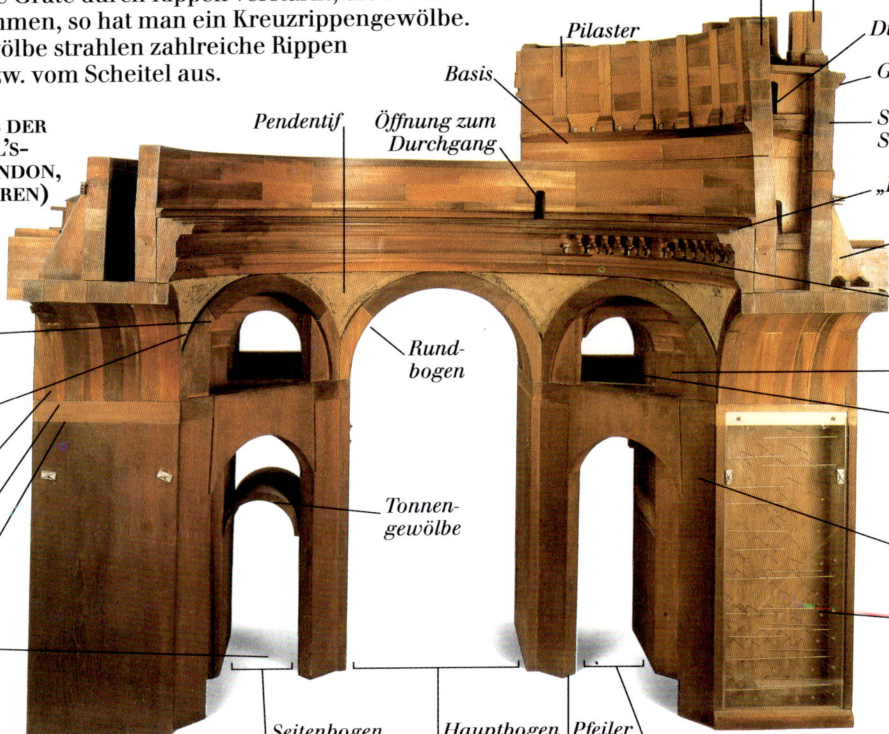

BOGENFORMEN

Hufeisenbogen (Maurischer Bogen), Große Moschee, Cordoba, 785

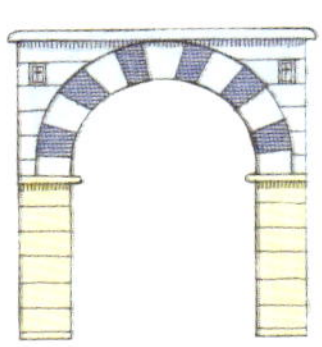

Korbbogen, Pfalzkapelle, Aachen, 790-798

Tudorbogen, Tower von London, ca. 1086-1097

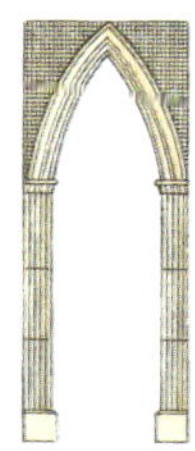

Lanzettbogen, Westminster Abbey, London, 1503-1519

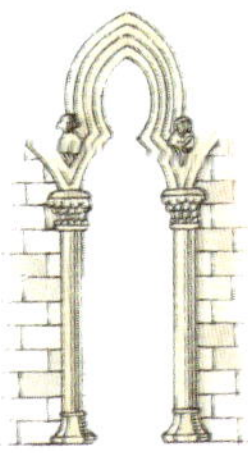

Kleeblattbogen, Kirche von Beverley, Yorkshire, ca. 1300

GEWÖLBEFORMEN

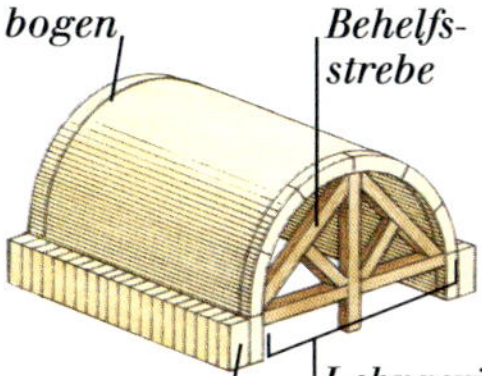

Tonnengewölbe (Rundtonne)

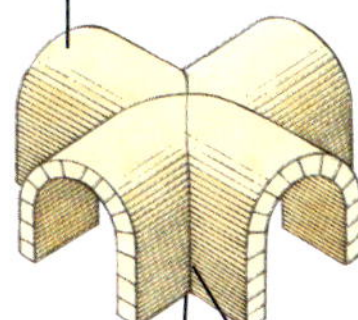

Kreuzgratgewölbe

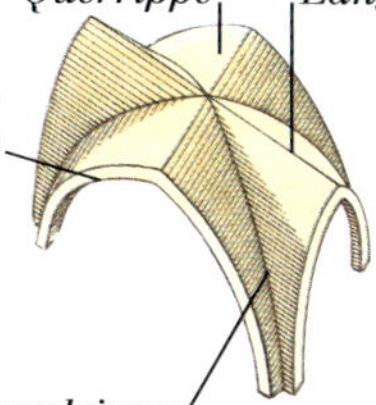

Kreuzrippengewölbe

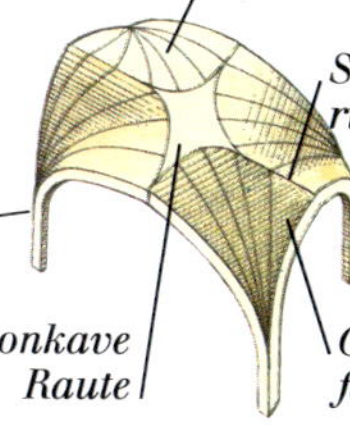

Fächergewölbe

KOMPOSITMODELL EINES ANTIKEN FRANZÖSISCHEN TEMPELS

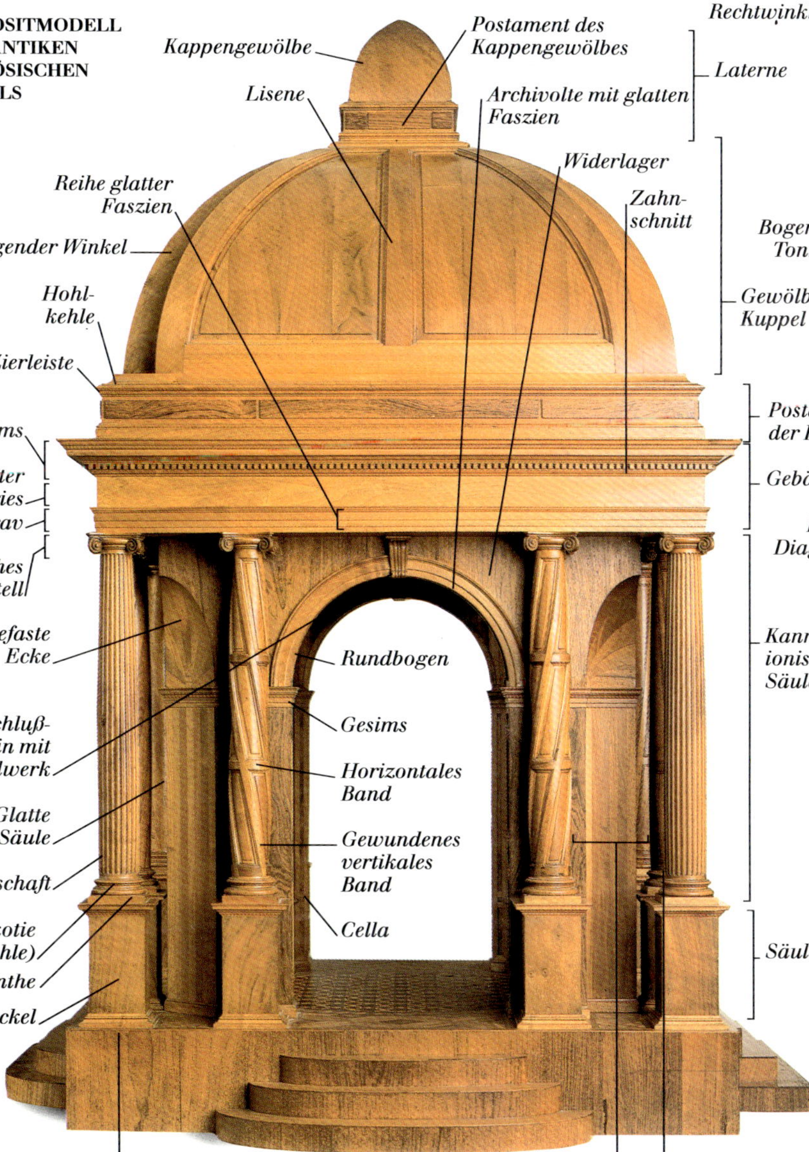

ENGLISCHER VERBAND EINES KREUZGRAT- UND RIPPENGEWÖLBES

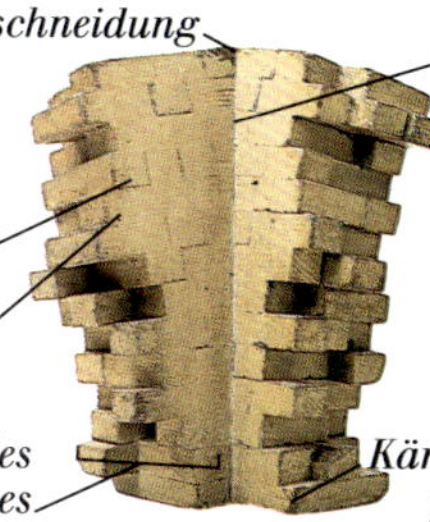

Rücken eines Kreuzgratgewölbes

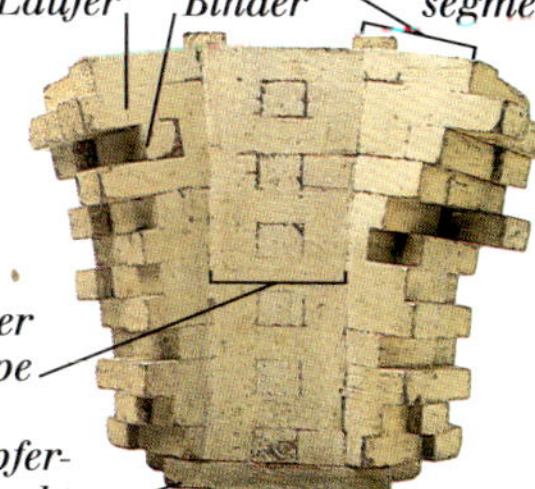

Rücken eines Rippengewölbes

INNENSCHMUCK EINES KASSETTENGEWÖLBES

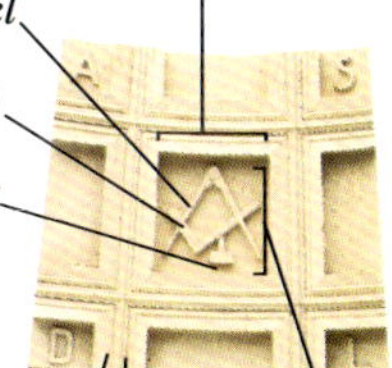

Kuppeln

Die Kuppel ist eine Gewölbe- und Dachform, deren Mantelfläche in der Regel ein Kugelabschnitt ist. Der Grundriß kann rund, quadratisch, elliptisch oder polygonal sein. Will man eine Kuppel über den Unterbau hinausheben, so kann man ein zylindrisches Zwischenstück (Tambour, Trommel) einschieben. Es gibt verschiedene Kuppelformen, so Halbkugel-, Flach-, Spitz- oder Kugelkuppeln. Die Kuppel kann durch Tambourfenster oder durch Öffnung des Kuppelscheitels (Opaion) belichtet werden. Über der Scheitelöffnung sitzt oft ein von Fenstern durchbrochenes Türmchen, die Laterne.

Laterne und oberer Teil der Kuppelverschalung, St.-Paul's-Kathedrale

KUPPELVERSCHALUNG, KIRCHE DER SORBONNE, PARIS, FRANKREICH, 1635–1642 (ARCHITEKT: J. LEMERCIER)

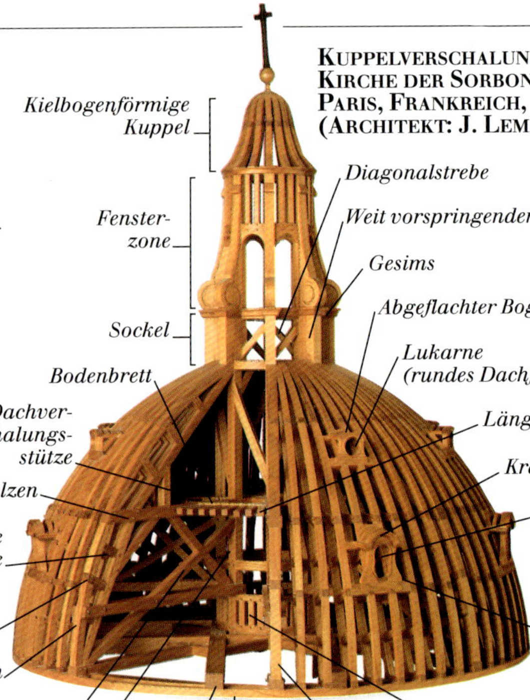

DACH MIT LATERNE UND ZWIEBELTURM

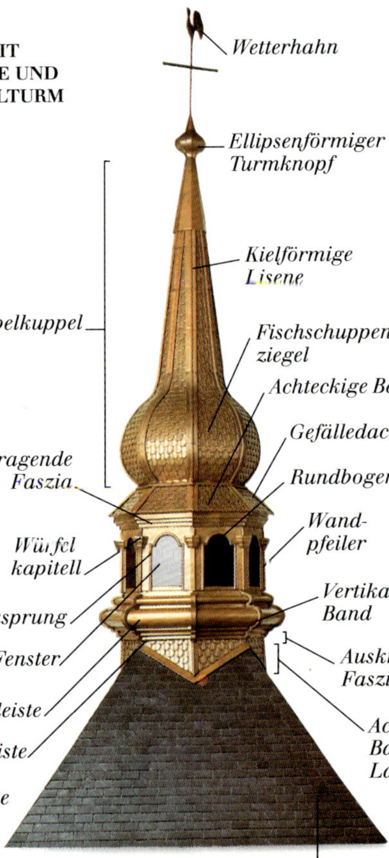

METALLDECKUNG DER KUPPEL, KIRCHE DER SORBONNE

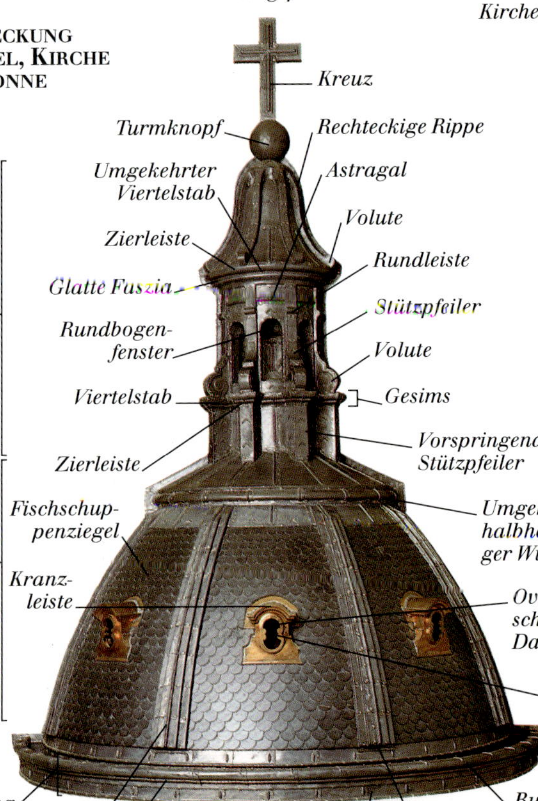

KUPPELFORMEN

Felsendom, Jerusalem, Israel, ca. 684 v. Chr. (Halkugelkuppel)

Hagia Sophia, Istanbul, Türkei, 532-537 (Flachkuppel)

Dom von Florenz, Italien, 1420-1436 (Spitzkuppel)

Basilikuskathedrale, Moskau, 1551-1561 (Zwiebelkuppel)

KUPPEL, ST.-PAUL'S-KATHEDRALE, LONDON, 1675-1710 (ARCHITEKT: C. WREN)

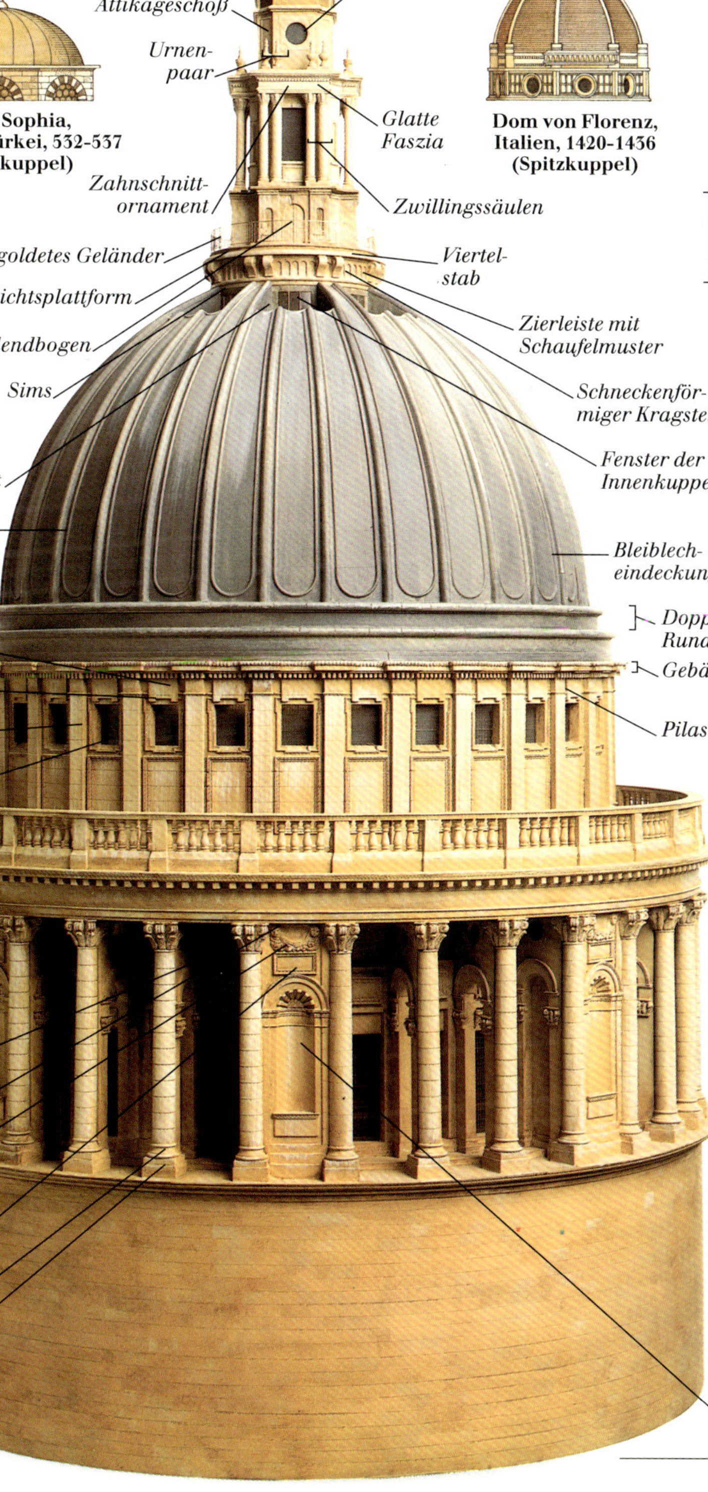

Bauwerke des Islam

Opus-Sectile-Mosaik

Gleichzeitig mit dem Beginn der abendländischen Kultur im 8. Jahrhundert setzte die Entwicklung der islamischen Kunst ein. Die von dem Propheten Mohammed (um 570-632) gestiftete neue Weltreligion hatte sich innerhalb weniger Jahrzehnte nach seinem Tod über Syrien, Mesopotamien, den Iran, Ägypten und über ganz Nordafrika und Spanien ausgebreitet und im Osten das Indus-Tal erreicht. Charakteristisch für die islamische Baukunst sind die Eselsrückenformen, die Zwiebelkuppeln und Wanddekorationen (farbige Fayencemosaike, glasierte Kacheln). Die Moschee ist der wichtigste Gegenstand islamischer Architektur. Am Eingang zur Moschee steht das Minarett (Turm) für den Muezzin (Gebetsrufer). In der Gebetshalle markiert eine Gebetsnische (Mihrab) die Richtung nach Mekka. Durch das strikte Bilderverbot des Islam mußten sich die islamischen Architekten und Kunsthandwerker ganz auf das dekorative Ornament (Arabeske, geometrisches Ornament, Zierschriften) beschränken.

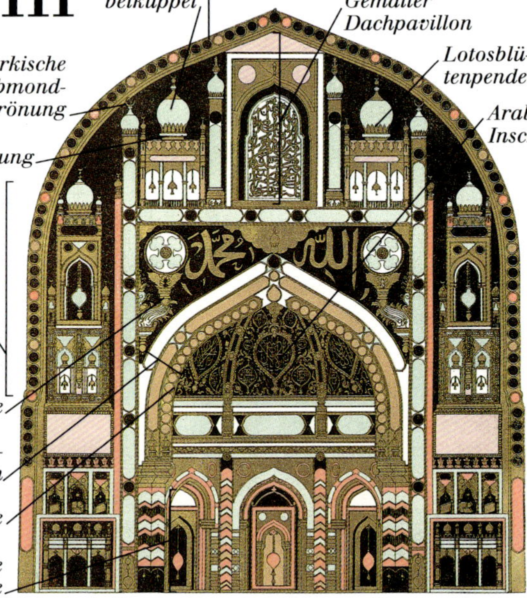

MIHRAB, JAMI MASJID, HAUPT- ODER GEMEINDEMOSCHEE, BIJAPUR, INDIEN, CA. 1636

BOGEN, ALHAMBRA, GRANADA, SPANIEN, 1333-1354

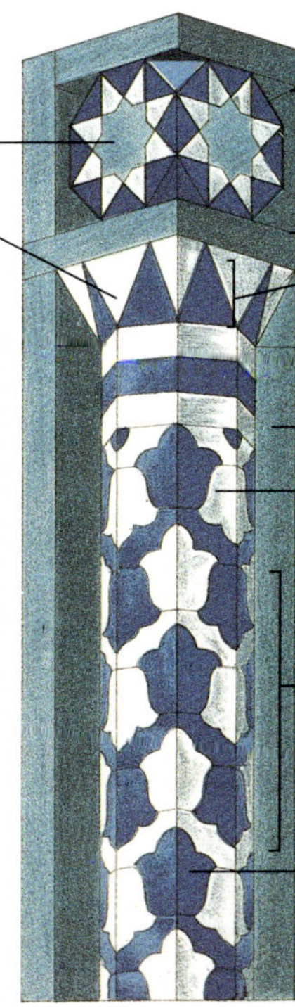

MIHRAB MIT SÄULE, EL-AINYI-MOSCHEE, KAIRO, ÄGYPTEN, 15. JH.

Islamische Mosaiken, Ägypten und Syrien

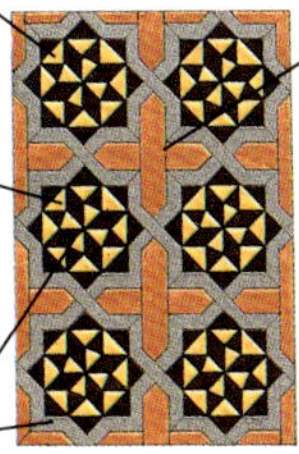

Mosaik mit Stern- und griechischen Kreuzmotiven

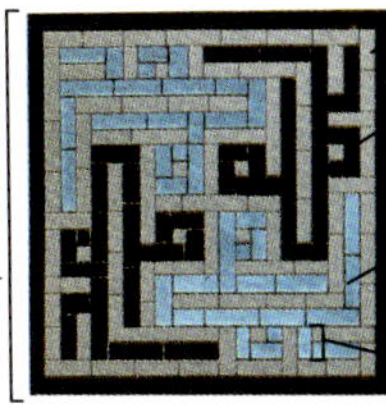

Gitterwerkmosaik

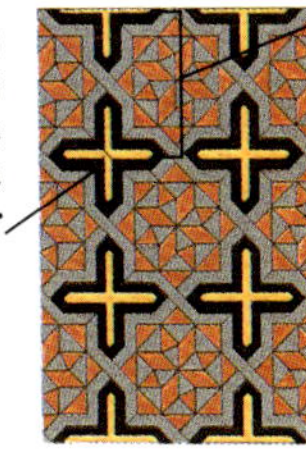

Mosaik mit Stern- und griechischen Kreuzmotiven

Mosaik aus Sechsecken, Dreiecken und symmetrischen Vierecken

Mosaik mit Sechseck- und Bandformen

Mosaik mit Zickzackmuster

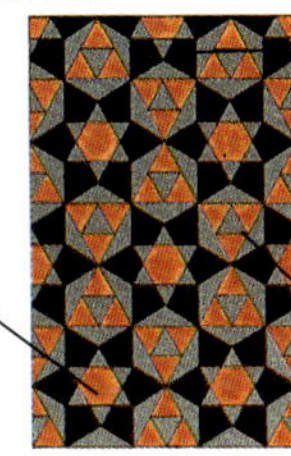

Mosaik aus Sechsecken, Dreiecken und symmetrischen Vierecken

Marmorgrab des Itimad-Ud-Daula, Agra, Indien, ca. 1622-1628

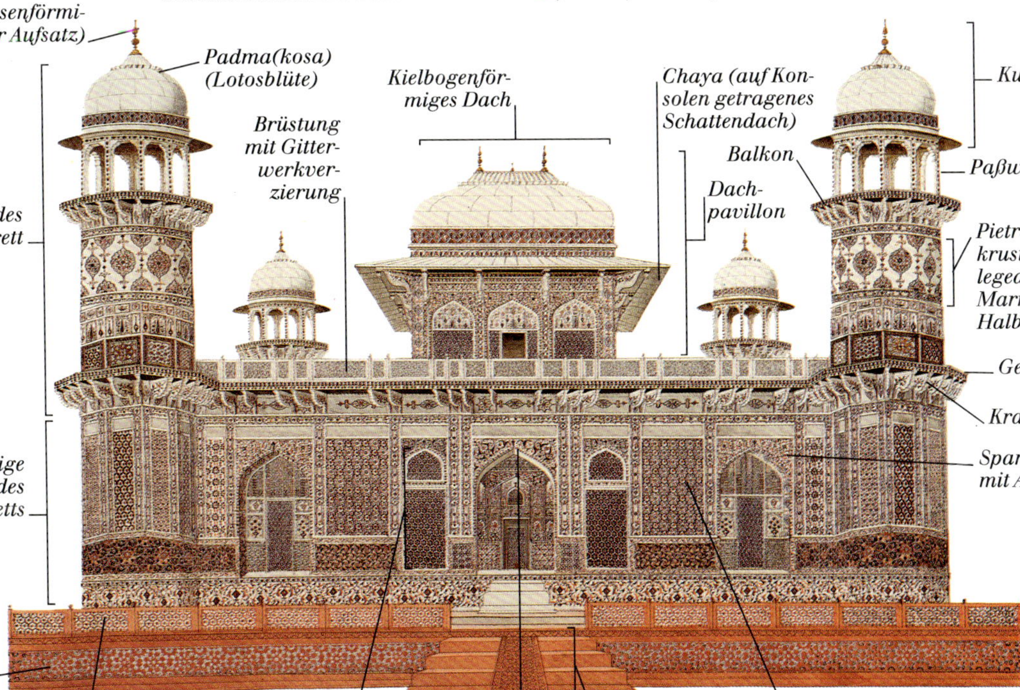

Südostasiatische Baukunst

Die traditionelle Architektur Südostasiens stand unter dem prägenden Einfluß der hohen Kulturen des indischen Hinduismus und Buddhismus. Dies zeigt sich in den architektonischen Formen der Tempel und Schreine. Frühe indische Tempel wurden vollständig aus dem anstehenden Fels – meist einem Steilabbruch oder einer Felswand – herausgehauen; etwa im 8. Jahrhundert n. Chr. begann man mit der Errichtung freistehender Tempel. Viele wurden im Dravidastil errichtet, wie der Virupaksha-Tempel (gegenüber) mit seiner charakteristischen Antarala, durchbrochenen Fenstern und zahlreichen Bögen, Pilastern und Reliefs. Aus der ersten Blütezeit der buddhistischen Architektur stammt der Stupa, ein aus dem Grabhügel entstandener indischer Reliquienbehälter. Über einem kreisrunden Grundriß befindet sich ein kuppelförmiger Aufbau (Anda) mit einem würfelförmigen Aufsatz (Harmika). Den oberen Abschluß bildet ein schirmförmiges Gebilde (Tschattra, Hit). In Hinterindien ist der Stupa glockenförmig und heißt Dagoba. Er wird häufig von einem Zaun mit Torbauten umgeben. Die Pagode, wie das Beispiel aus Birma (rechts), ist ein aus dem schirmförmigen Kuppelbau des Stupa weiterentwickelter Stockwerkbau (Turm) auf quadratischem oder polygonalem Grundriß. Die oft kunstvoll gebildeten Dächer laden weit aus (unten).

SIEBENGESCHOSSIGE PAGODE IM BIRMANISCHEN STIL, CA. 9.-10. JH.

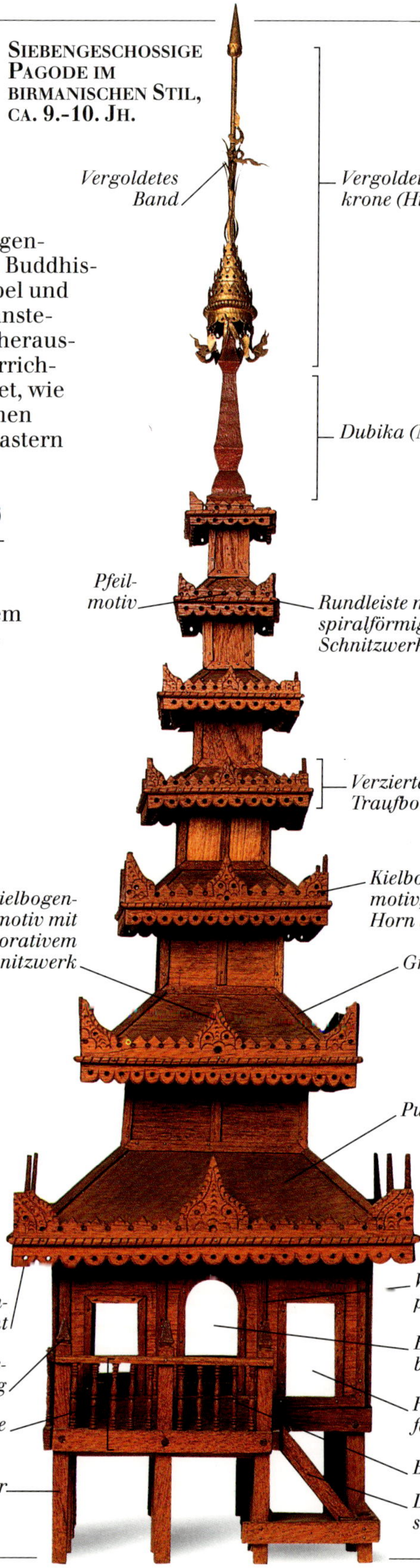

DETAILS AN OSTASIATISCHEN BAUWERKEN

Dach im Kasugastil mit Gratsparren, Kasugadoschrein von Enjoji, Nara, Japan, 12.-14. Jh.

Terrassen, Himmelstempel, Peking, China, 15. Jh.

Mansardendach mit nach oben gebogener Dachrinne und wellenförmigen Giebeln, Schloß von Himeji, Japan 1608-1609

Eckkapitell mit Dachbalken, Tempel von Popchu-Sa, Südkorea, 17. Jh.

Durchbrochene Steinfenster, indischer Tempel, 8. Jh.

Dagoba (Reliquienbehälter), Candi, Sri Lanka, ca. 2. Jh. v. Chr.–7. Jh. n. Chr.

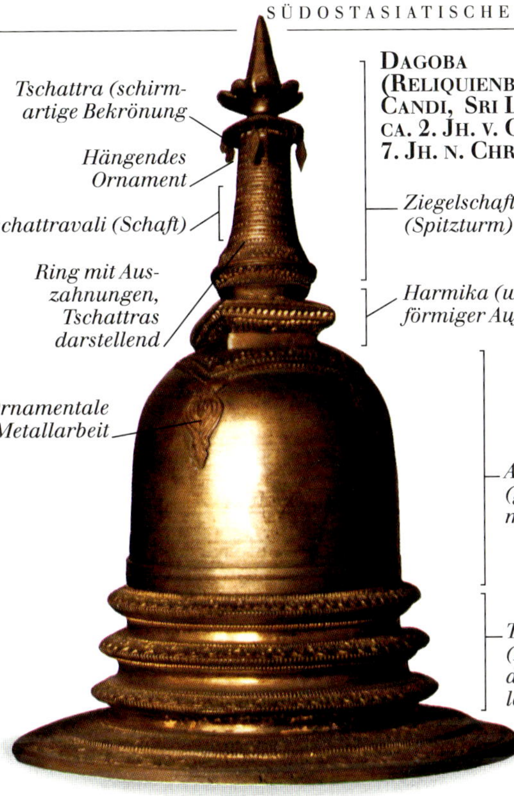

Seitenansicht und Grundriss, Virupaksha-Tempel, Pattadakal, Indien, ca. 746

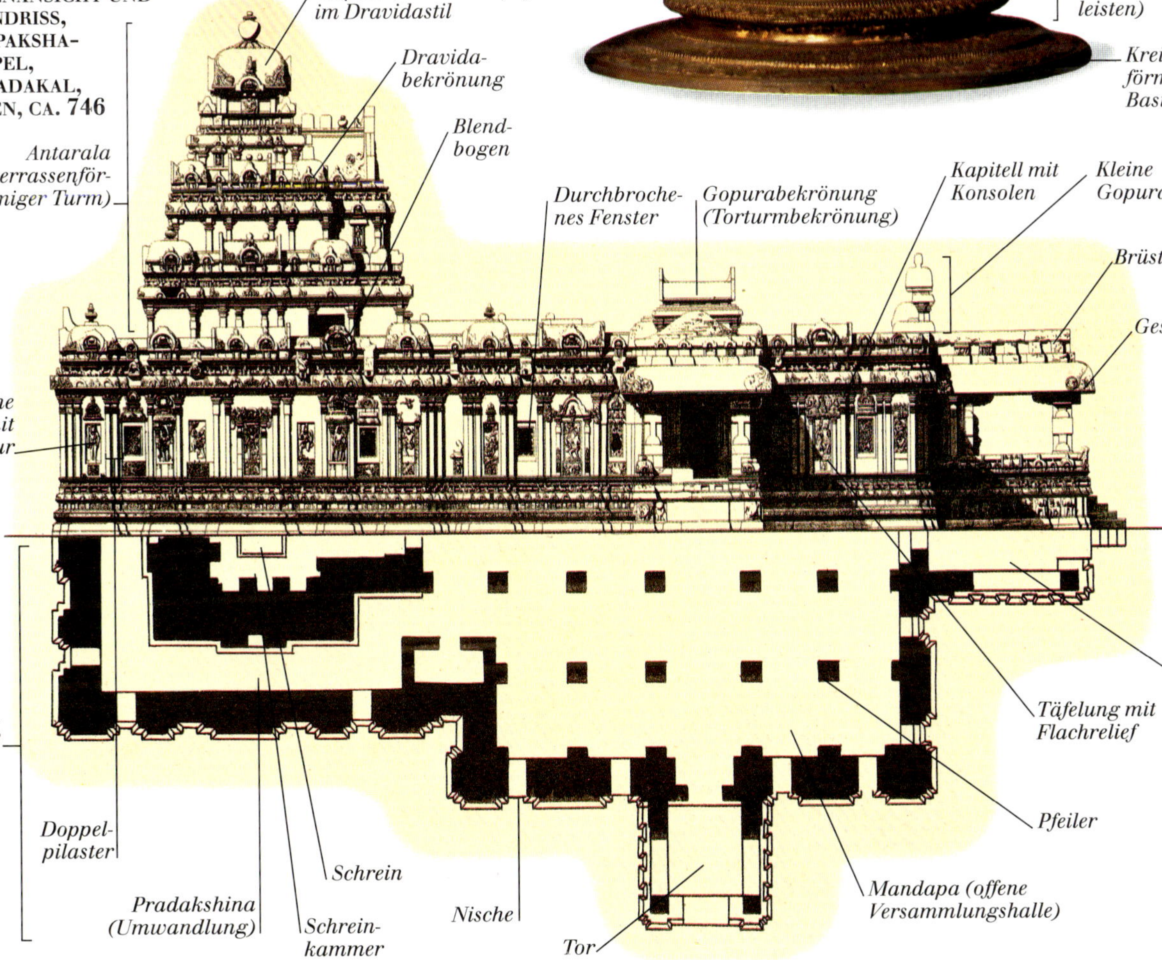

Das 19. Jahrhundert

Die europäische Architektur des 19. Jahrhunderts stand unter dem Einfluß der Veränderungen, welche die industrielle Revolution mit sich brachte. Schon gegen Ende des 18. Jahrhunderts ersetzten zunehmend Eisen und Stahl das Holz der Fachwerkkonstruktionen, wie am Beispiel des unten gezeigten Fabrikgebäudes zu sehen ist. Der Historismus prägte die Architektur des 19. Jahrhunderts. Er war kein neuer Baustil, sondern durch die Rückbesinnung auf historische Architekturstile und deren Vermischung gekennzeichnet. So wurde in Deutschland z.B. die Romanik neu „entdeckt", in Frankreich herrschte eine Vorliebe für den Neubarock, in England für die Neugotik, wie am Palast von Westminster und der Tower Bridge zu sehen ist. Das Industriezeitalter veränderte auch das Bauen wesentlich: Viele Bauteile wurden industriell vorgefertigt, neue Materialien und Elemente fanden Verwendung, z.B. Gußeisen, Portlandzement, gezogenes Tafelglas, Profilträger, Stahlseile und Eisenbeton. Die hier gezeigte Flachsspinnerei von 1796 verdeutlicht, wie Eisen und Stahl das Holzfachwerk ablösten. Eines der berühmtesten Beispiele des frühen industriellen Bauens war der Kristallpalast des britischen Architekten Paxton.

SCHNITT DURCH EINE FLACHSSPINNEREI

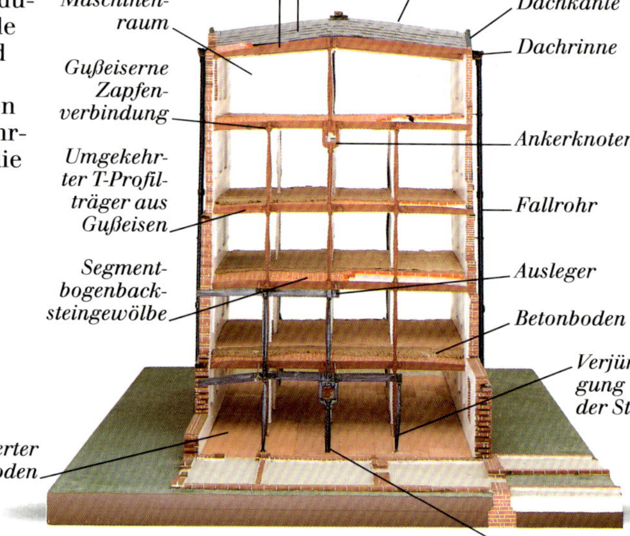

FLACHSSPINNEREI, SHREWSBURY, GROSSBRITANNIEN, 1796 (ARCHITEKT: C. BAGE)

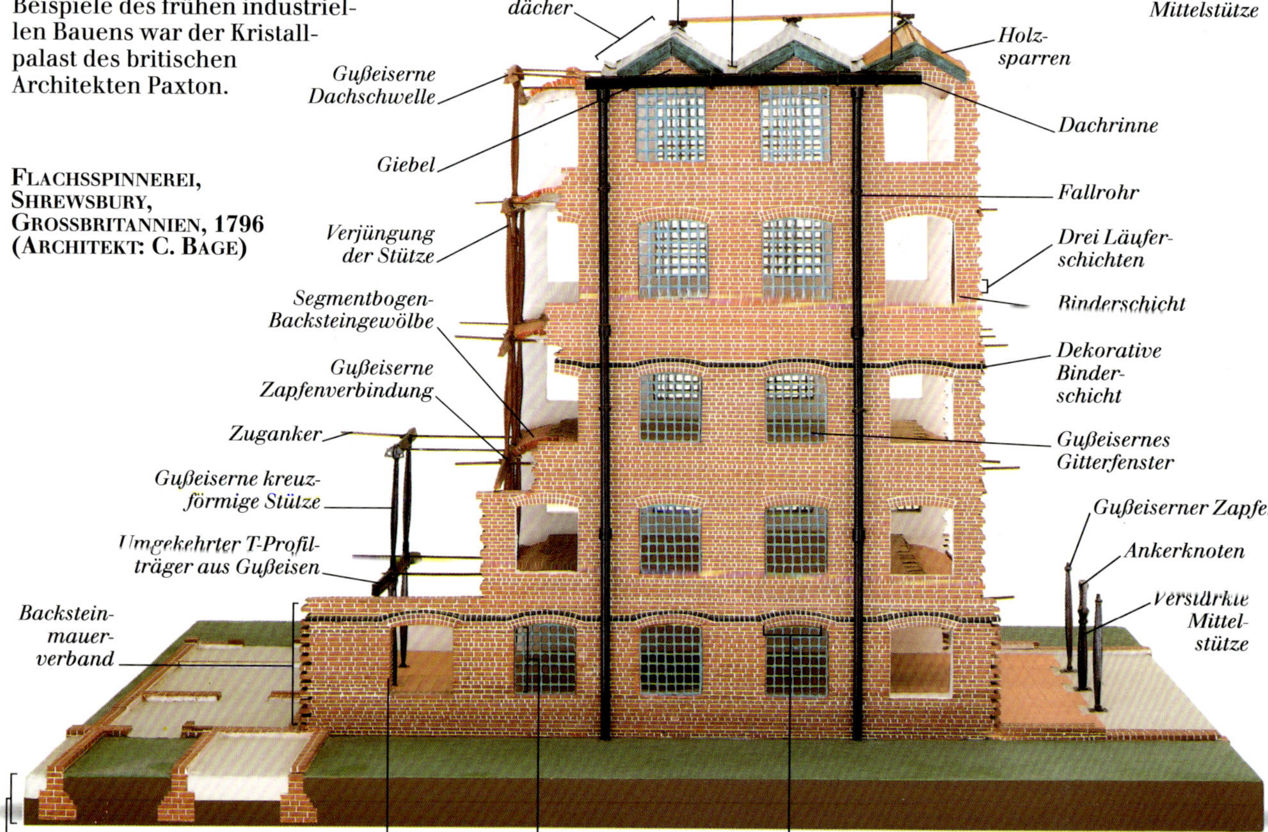

Glockenturm („Big Ben“), Palast von Westminster, London, Grossbritannien, 1836-1868 (Architekten: C. Barry und A. W. N. Pugin)

Details von Bauwerken des Historismus

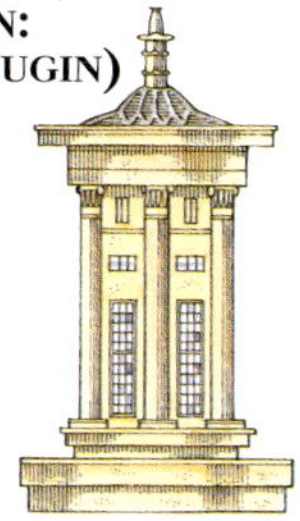

Kuppel, Merchant's Exchange (Börse), Philadelphia, USA, 1832-1834 (Klassizismus)

Skulptur und Giebelfeld, Oper, Paris, Frankreich, 1861-1874 (Neubarock)

Kuppelturm, Westminster-Kathedrale, London, 1894-1903 (Neubyzantinisch)

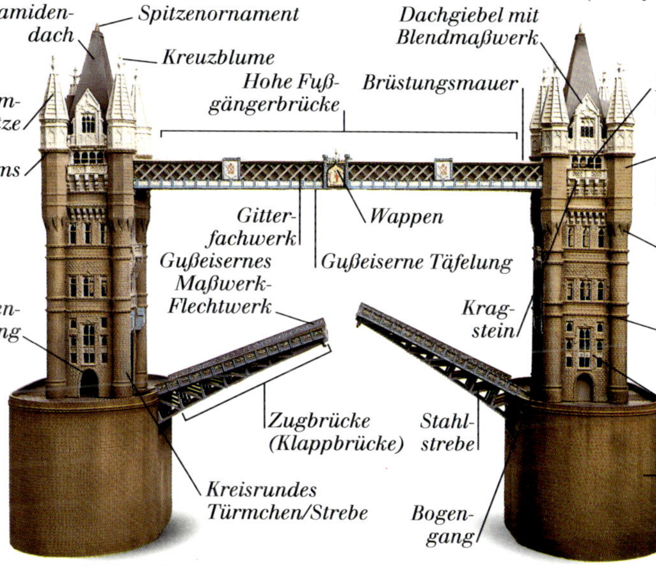

Tower Bridge, London, Grossbritannien, 1886-1894 (Architekt: H. Jones)

Kristallpalast-Ausstellungshalle, London, 1851 (Architekt: J. Paxton)

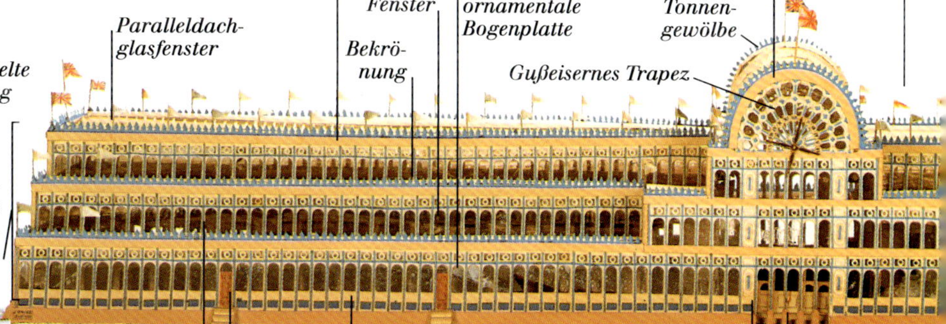

Frühes 20. Jahrhundert

Zu Beginn des 20. Jahrhunderts zeichneten sich verschiedene, z.T. gegensätzliche Bewegungen zur Erneuerung der Architektur, d.h. zur Befreiung vom Historismus, ab. Beispiele dieser Architekturrichtungen sind auf der gegenüberliegenden Seite dargestellt. Der Industriebau mit dem schon bewährten Eisen- und Glasbau und der neuen Technik des Eisen- und Stahlbetons orientierte sich am Vorrang der Konstruktion und wurde zur Grundlage einer völlig neuen Architektur, die sich weltweit durchsetzte. Brennpunkte der Entwicklung waren New York und Chicago. Die Architekten der 1. Schule von Chicago bauten zwischen 1880 und 1895 mit Hilfe der Stahlskelettbauweise die Prototypen des multifunktionalen Hochhauses und Großraumgebäudes. Seit der Jahrhundertwende entstanden in New York die als „Wolkenkratzer“ bekannten Hochhäuser. Das Empire State Building (rechts) hat 102 Stockwerke. Die neuen Baustoffe, wie Eisen- und Spannbeton, bewirkten eine höhere Belastbarkeit durch Druck (Tragfähigkeit) und erlaubten ein dünnes Pfeilergerüst oder Piloten als tragende Elemente, wie im Haus Savoye (unten).

HAUS SAVOYE, POISSY, FRANKREICH, 1929-1931 (ARCHITEKT: LE CORBUSIER)

Aufsicht

Seitenansicht

EMPIRE STATE BUILDING, NEW YORK, USA, 1929-1931 (ARCHITEKTEN: R. H. SHREVE, T. LAMB UND A. L. HARMON)

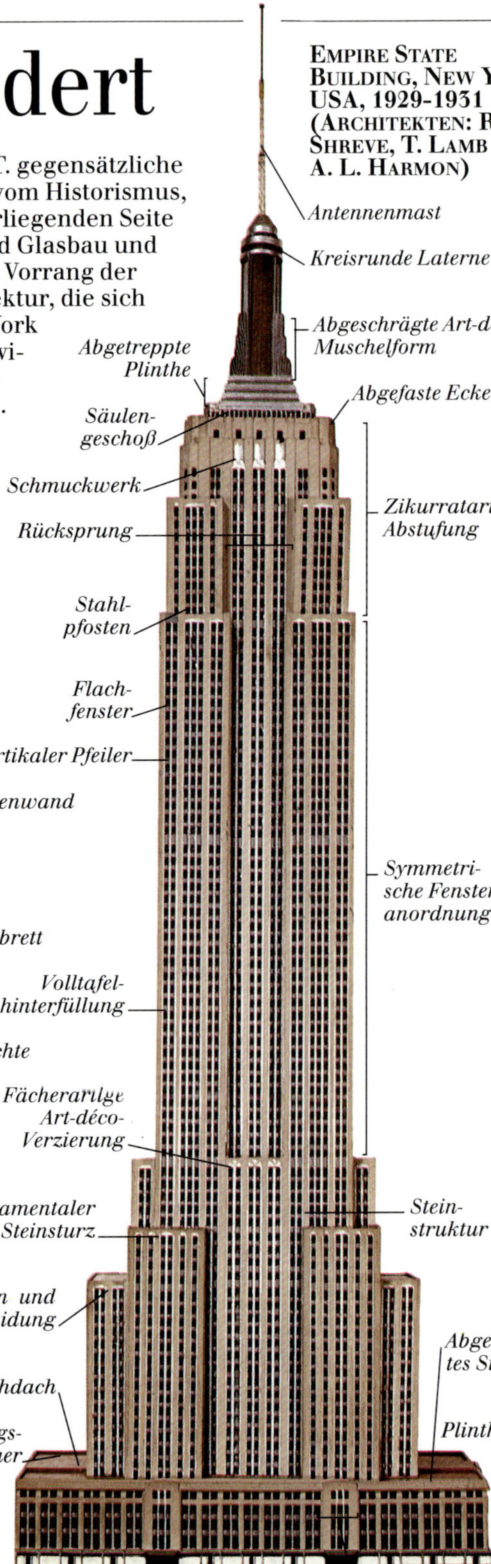

MIDWAY GARDENS, CHICAGO, USA, 1914, (ARCHITEKT: F. L. WRIGHT)

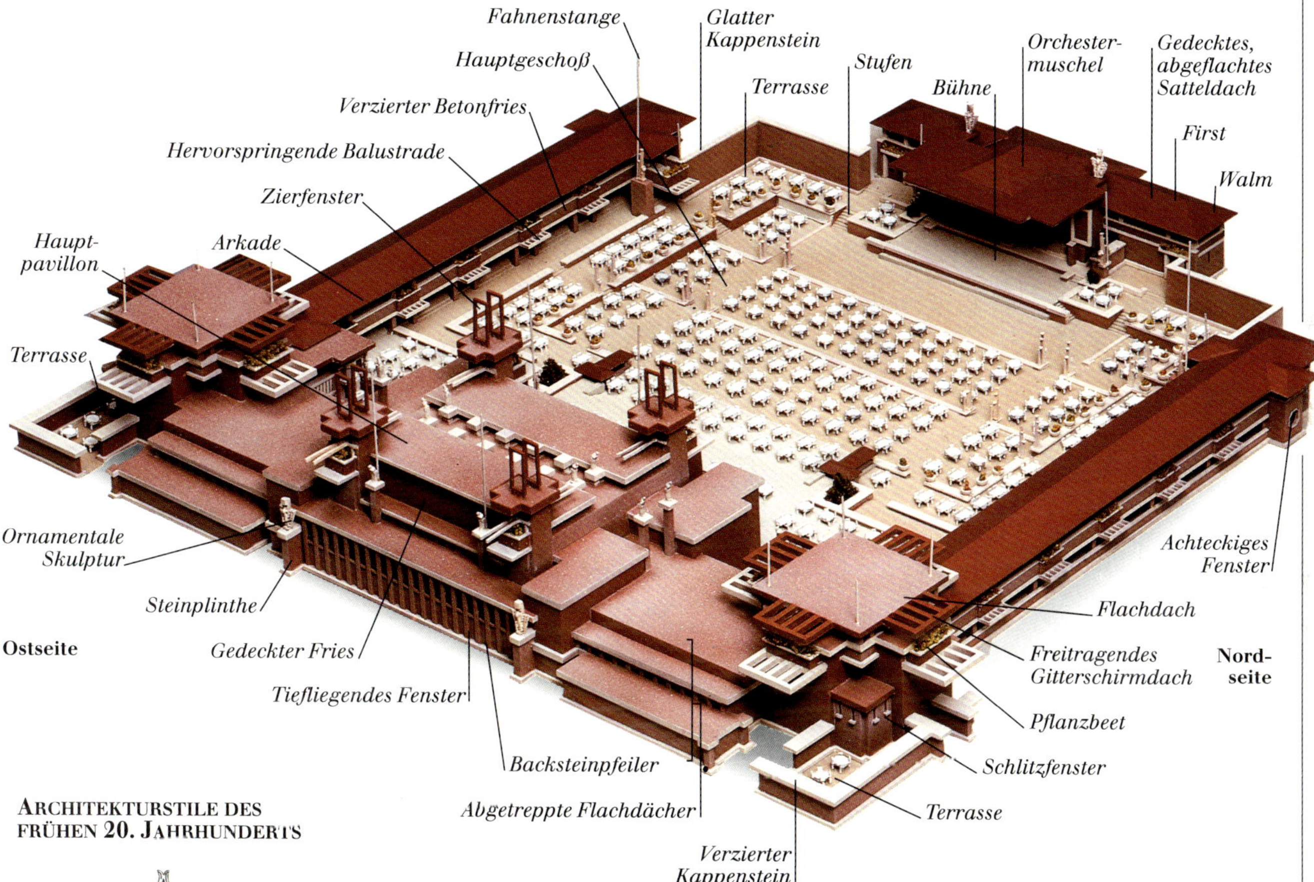

ARCHITEKTURSTILE DES FRÜHEN 20. JAHRHUNDERTS

Mansardenfenster, Fotoatelier Elvira, München, Deutschland, 1902 (Jugendstil)

AEG-Turbinenfabrik, Berlin, Deutschland, 1909 (Deutscher Werkbund)

Haus Robie, Chicago, USA, 1909-1910 (Präriestil)

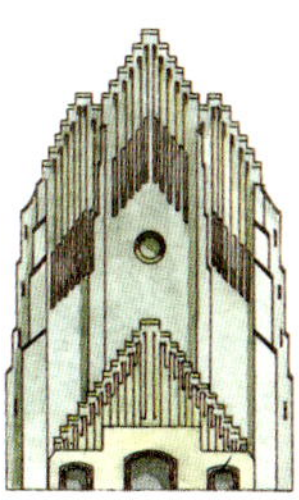

Grundtvigskirche, Kopenhagen, 1920 (Expressionismus)

Vertex (Spitze), Chrysler Building, New York, 1928-1930 (Art Déco)

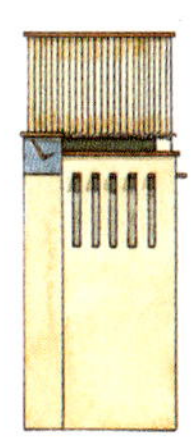

Turm, Rathaus, Hilversum, 1930 (Niederl. Kubismus)

Casa del Fascio, Como, 1932-1936 (Gruppe 7)

Motiv über dem Torweg, Hoover Factory, London, 1933 (Art Déco)

Moderne Architektur 1

Der Begriff „moderne Architektur" bezieht sich auf die Baukunst ab den 50er Jahren des 20. Jh.s. Einer der wichtigsten Leitgedanken sind die Prinzipien des Funktionalismus. Für das Bauen bedeutete dies, die Form von Gebäuden aus deren praktischer Funktion abzuleiten. Das Centre Pompidou oder die Hongkong-und-Shanghai-Bank (s.S. 502) sind ausgezeichnete Beispiele des Funktionalismus. Konstruktive Bauteile und die gesamte Haustechnik werden sichtbar an den Außenbau verlagert und bewußt zu dekorativen Gestaltungselementen. Die Postmoderne stellt mehr eine Reaktion dar als eine klar definierte architektonische Richtung. Sie wendet sich bewußt gegen die Strenge und Kargheit, die die Baukunst des 20. Jh.s zu einem großen Teil kennzeichnet. Die postmodern orientierten Architekten nutzen auch weiterhin die ihnen zur Verfügung stehenden modernen Baumaterialien, suchen aber gleichzeitig in den verschiedenen Baustilen früherer Epochen nach künstlerischen Anregungen. Bei zahlreichen modernen Bauwerken bestehen die Fassaden aus sogenannten Vorhangwänden aus Glas, wie beim Kawanahaus (rechts). Andere beeindruckende Beispiele moderner Konstruktionen sind auch das Opernhaus in Sydney (s.S. 503) und die Kirche St. Pierre in Libreville (s.S. 503).

KAWANAHAUS, JAPAN, 1987 (ARCHITEKT: N. FOSTER)

Seitenansicht

Frontansicht

VERSORGUNGSFASSADE, CENTRE POMPIDOU, PARIS, 1977 (ARCHITEKTEN: R. PIANO UND R. ROGERS)

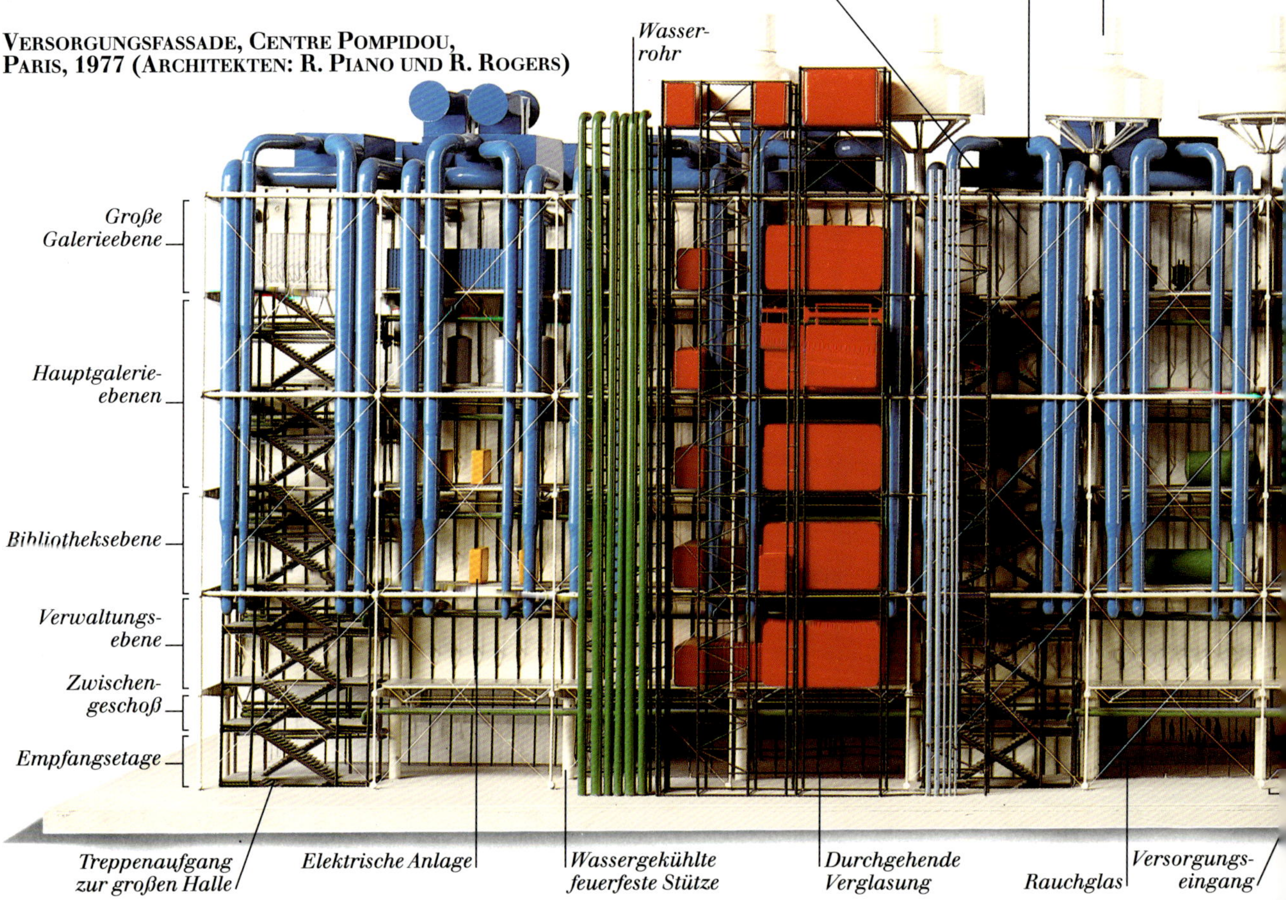

Hauptfassade, Centre Pompidou

Moderne Architektur 2

HONGKONG- UND SHANGHAI-BANK, HONGKONG, 1981-1985 (ARCHITEKT: N. FOSTER)

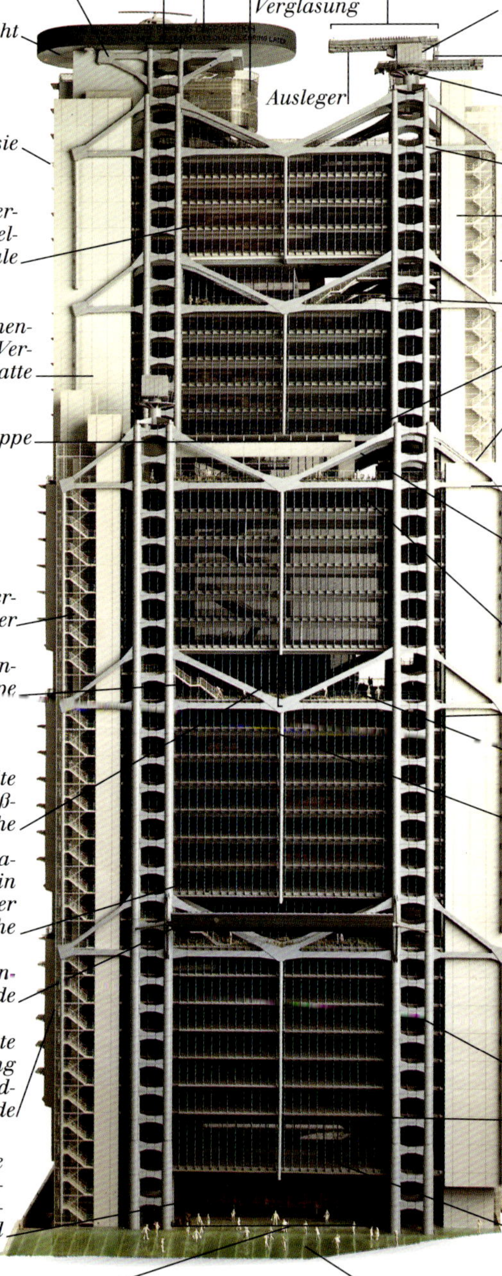

Südfassade

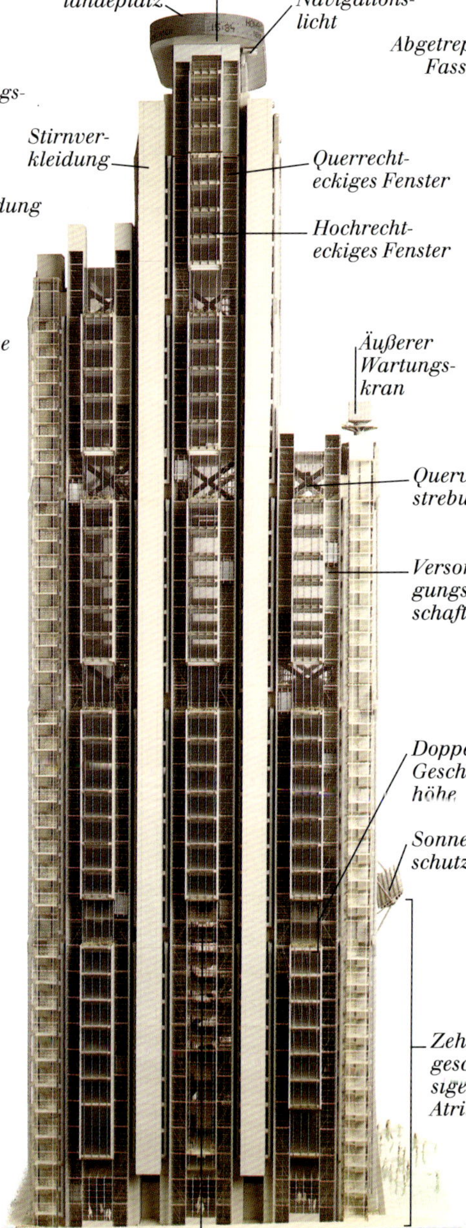

Ostseite

St. Pierre, Libreville, Gabun, 1990

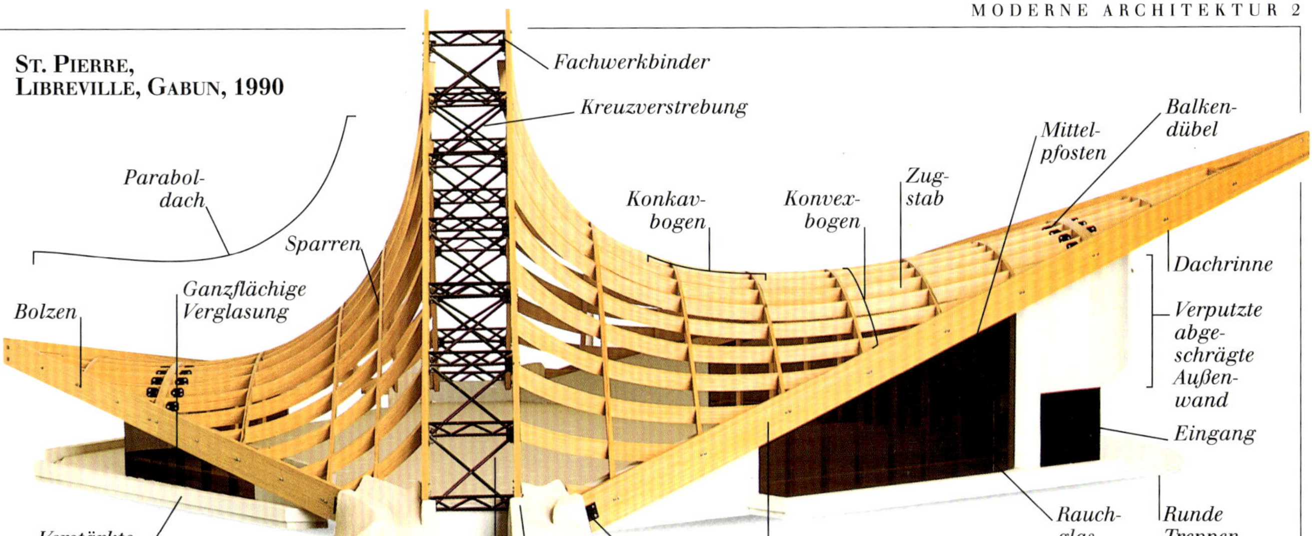

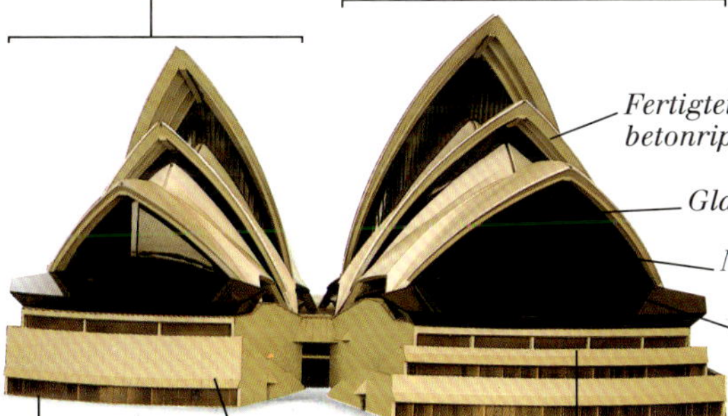

Hafenansicht

Opernhaus, Sydney, Australien, 1959-1973 (Architekt: J. Utzon)

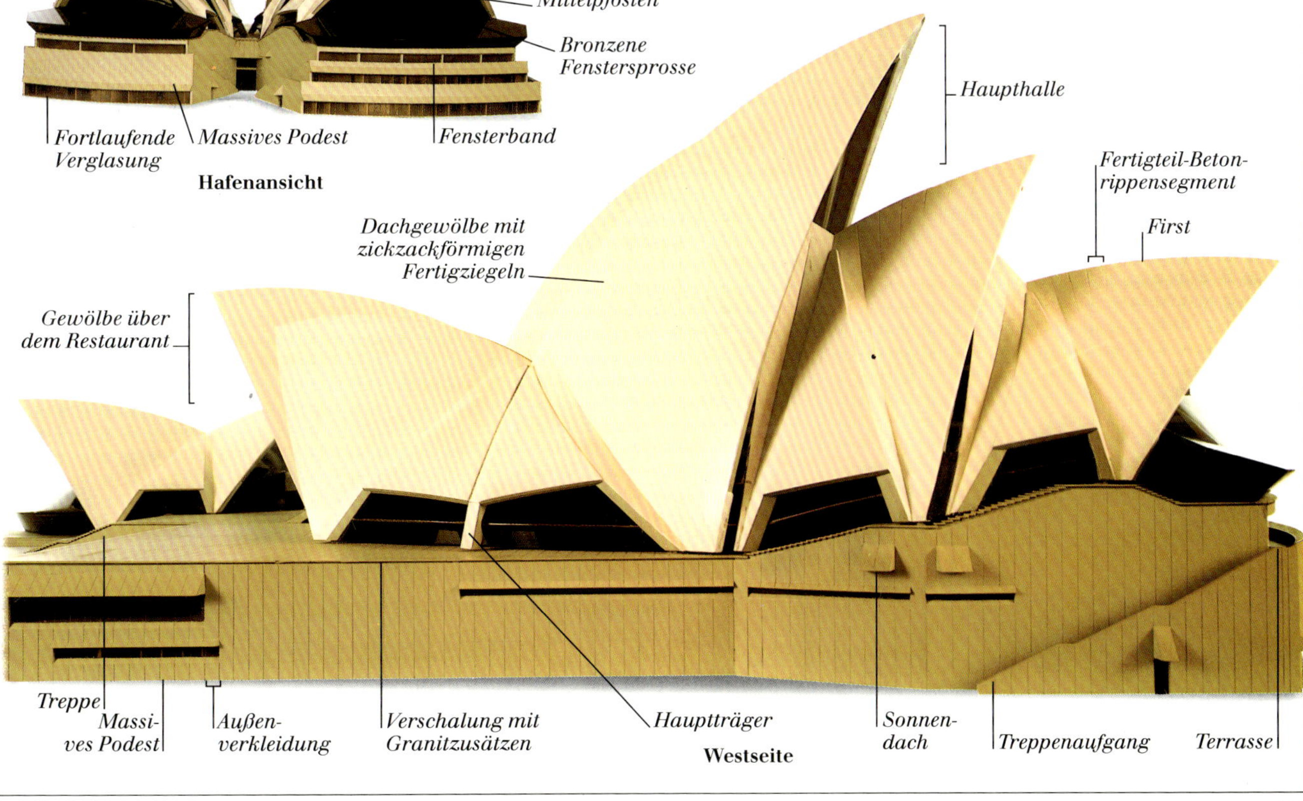

Westseite

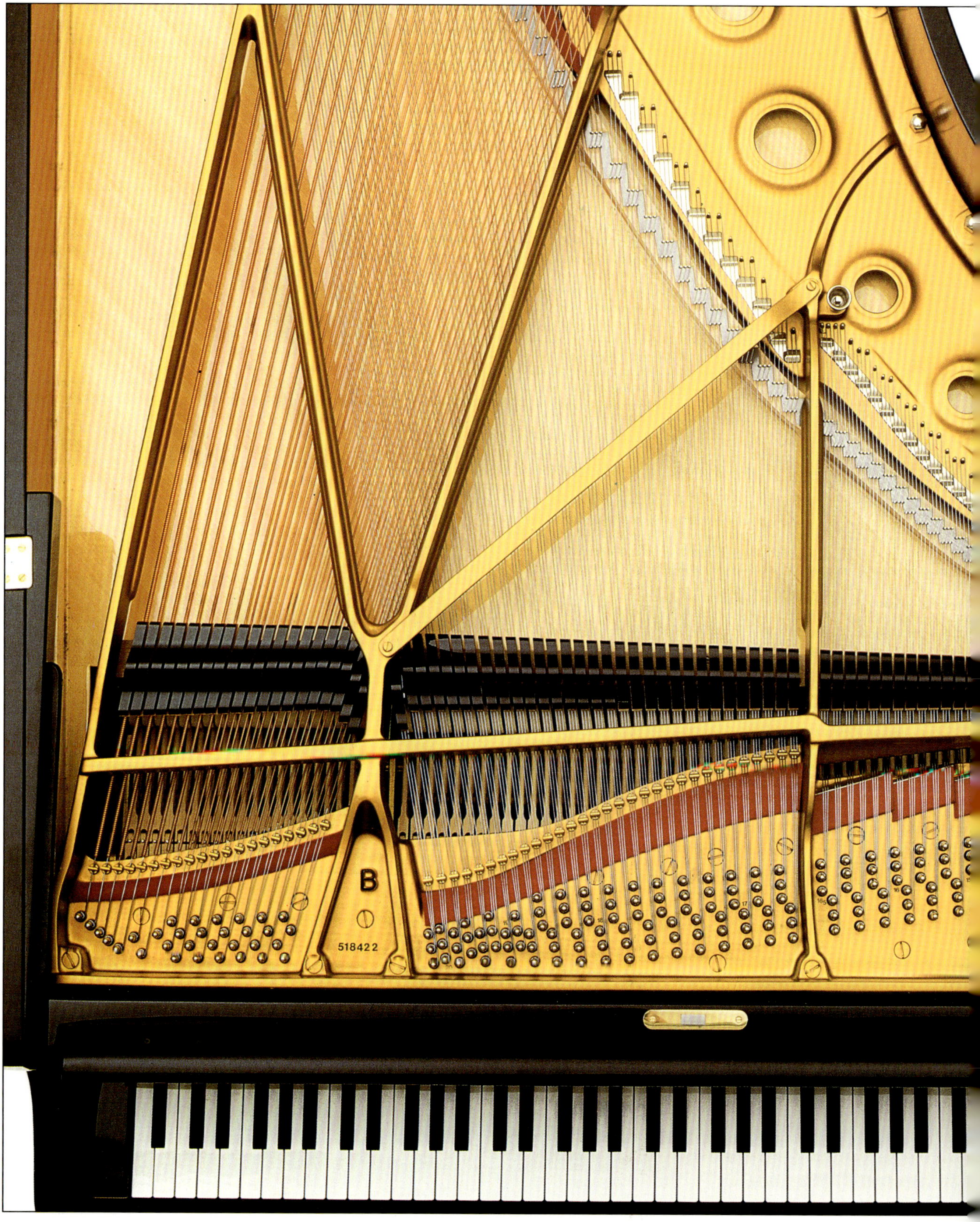
B
518422

Musik

Musiknotation 506
Orchester 508
Blechblasinstrumente 510
Holzblasinstrumente 512
Saiteninstrumente 514
Gitarren 516
Tasteninstrumente 518
Schlaginstrumente 520
Schlagzeug 522
Elektronische Instrumente 524

Musiknotation

Die Musiknotation (Notenschrift) ist ein System von Zeichen zur schriftlichen Darstellung von Musik. So können andere das spielen, was der Komponist sich erdacht hat. Die heutige Notenschrift benutzt ein Liniensystem mit fünf waagerechten Linien, die von senkrechten Strichen in Takte unterteilt werden. Auf den Linien werden Noten, Pausen, Vorzeichen und andere Symbole notiert. Die verschiedenen Notenformen geben den rhythmischen Wert an, die Lage im Liniensystem die Tonhöhe. Wo und wie lange eine Stimme schweigt, wird durch Pausenzeichen angegeben. Ein vorgesetzter Notenschlüssel legt die Tonhöhen im Liniensystem fest. Direkt hinter dem Schlüssel notierte Vorzeichen geben die Tonart an. Die Taktart wird in Zahlen nach den Tonartvorzeichen notiert. Vorzeichen geben Tonerhöhungen (Kreuz) oder Erniedrigungen (B) – jeweils um einen Halbton – an.

Elemente der Notenschrift

Schlüssel **Taktarten**

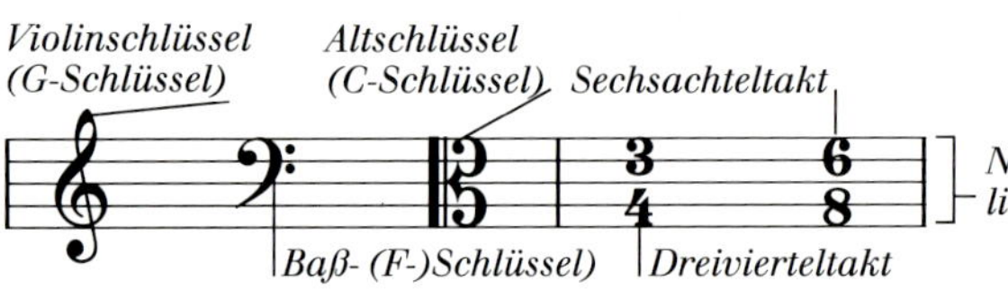

Notenwerte

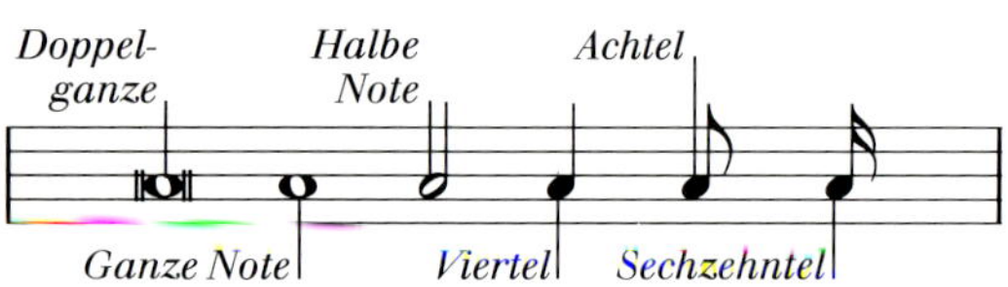

Pausenzeichen

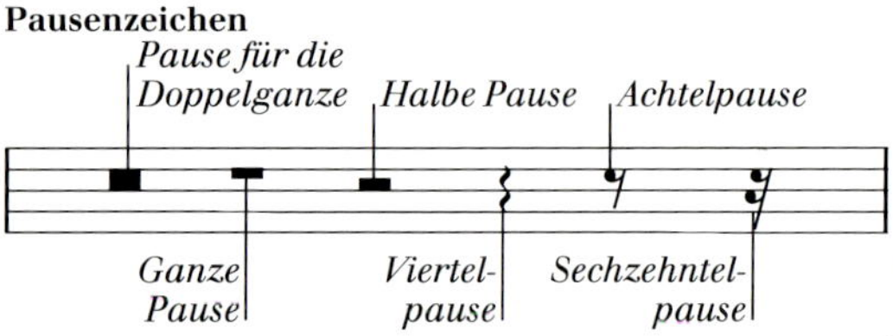

Tonleiter (C-Dur-Tonleiter)

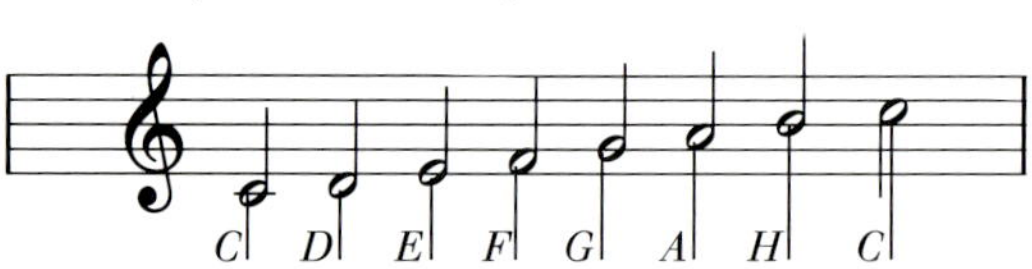

Vorzeichen

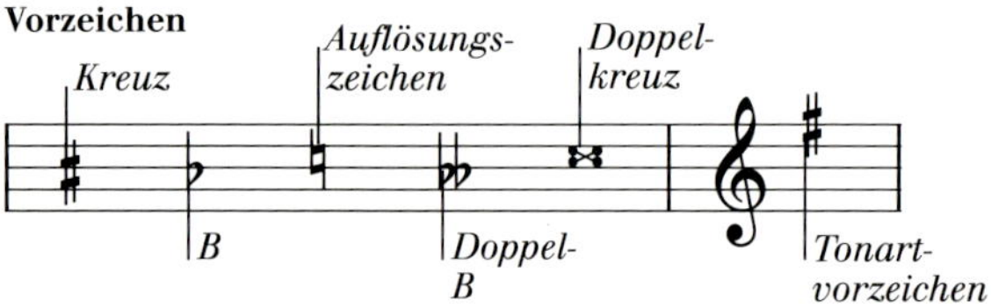

Originalnotenhandschrift: Partitur zu Arthur Sullivans „Der verlorene Sohn" (1869)

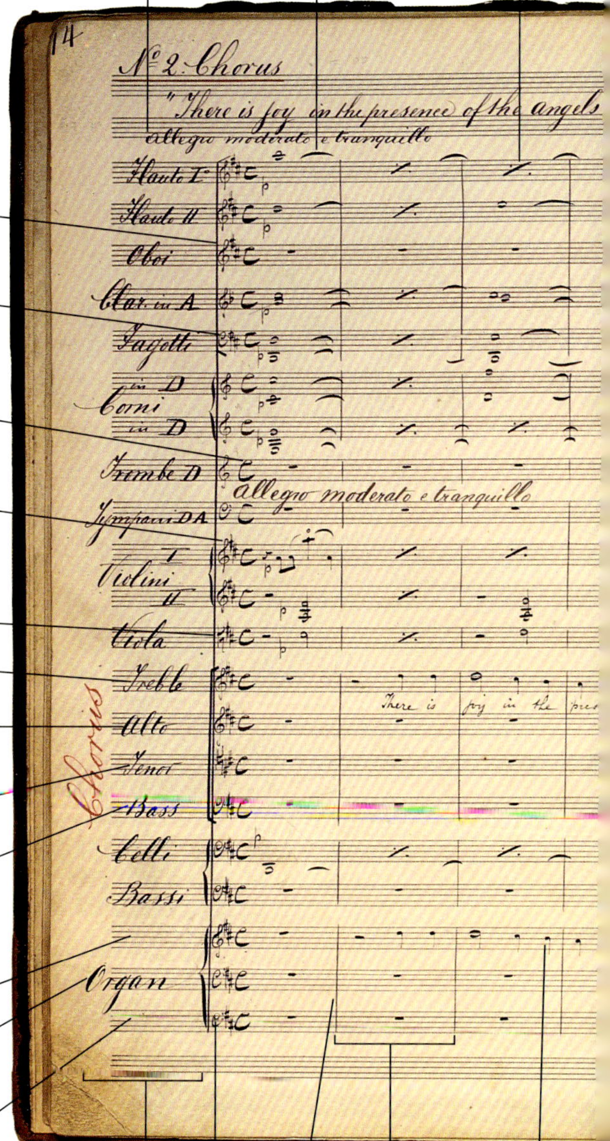

Flöten
Oboen
Klarinetten in A
Fagott
Hörner in D
Trompeten in D
Pauken in D und A
Erste und zweite Geigen
Bratschen
Singstimmen
Celli
Kontrabässe
Orgel
Kreuz (Halbtonerhöhung)
Bindebogen
Auflösungszeichen (hier: für Kreuz, d.h. Note C statt Cis)
Unisono (beide Klarinetten spielen denselben Ton)
Ganze Note
Viertelnote
Ganze Pause
Kreuz
Legato (gebunden)
Piano (leise)
Pianissimo (sehr leise)
Viertelpause

Orchester

Ein Orchester ist eine Gruppe von Instrumentalisten, die für eine bestimmte Zusammensetzung von Instrumentengruppen geschriebene Musik spielt. Anzahl, Art und Zusammensetzung der Instrumente hängt von der jeweiligen Musik ab. In der klassischen Musik Europas spielt das Sinfonieorchester die größte Rolle. Hier spielen vier Instrumentengruppen zusammen – Streicher, Holz-, Blech- und Schlaginstrumente. Die Streichergruppe besteht aus Violinen (Geigen), Bratschen (Violen), Celli (Violoncelli) und Kontrabässen. Manchmal kommt als zusätzliches Saiteninstrument eine Harfe (s.S. 514–515) hinzu. Die wichtigsten Holzblasinstrumente sind Querflöten, Oboen, Klarinetten und Fagotte. Je nach Werk sind auch Pikkoloflöte, Englischhorn, Baßklarinette, Saxophon und Kontrafagott vertreten (s.S. 512–513). Bei den Blechbläsern spielen in der Regel Hörner, Trompeten, Posaunen und die Tuba (s.S. 510–511). Die wichtigsten Schlaginstrumente des Orchesters sind die Kesselpauken (s.S. 522–523). Je nach Musikstück kommen auch Kleine und Große Trommel, Becken, Tamburin, Triangel, Glockenspiel, Xylophon, Vibraphon, Gong, Kastagnetten oder Maracas bei den Schlaginstrumenten vor (s.S. 520–523). Die Musiker sitzen meist in einem Halbkreis – an den Flügeln vorn die Streicher, in der Mitte die Bläser, die Schlaginstrumente ganz hinten. Die Leitung des Orchesters übernimmt ein Dirigent. Er steht vor dem Ensemble, vermittelt den Musikern durch Mimik und Gesten Takt, Tempo, Lautstärke und Phrasierung des Werks und gibt den einzelnen Instrumentengruppen ihre Einsätze.

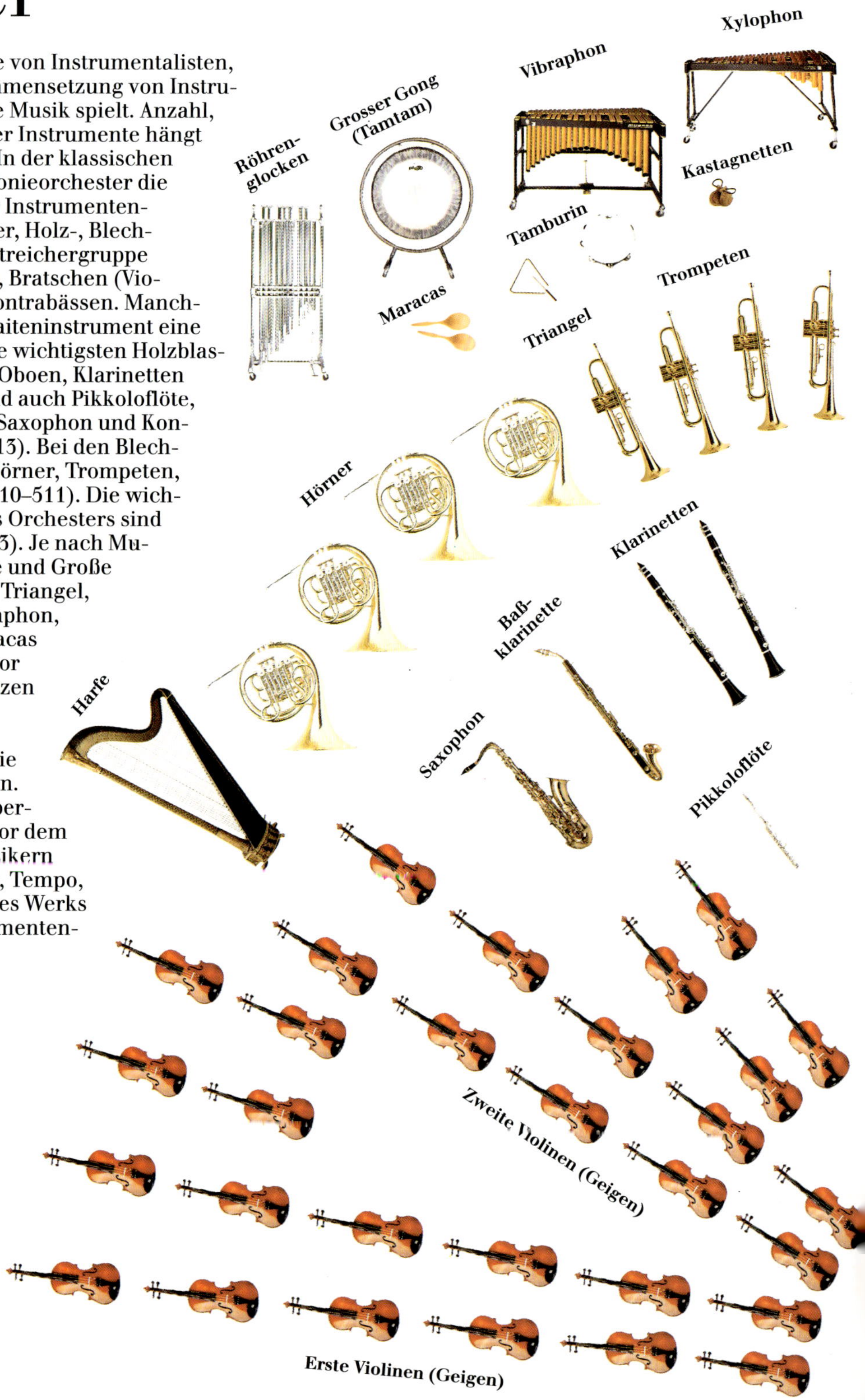

Becken
Kleine Trommel
Grosse Trommel
Kesselpauken
Mögliche Zusammensetzung eines modernen Symphonieorchesters
Posaunen
Tuba
Fagotte
Kontrafagott
Kontrabässe
Flöten
Oboen
Englischhorn
Violen (Bratschen)
Partitur
Dirigentenpult
Celli

Blechblasinstrumente

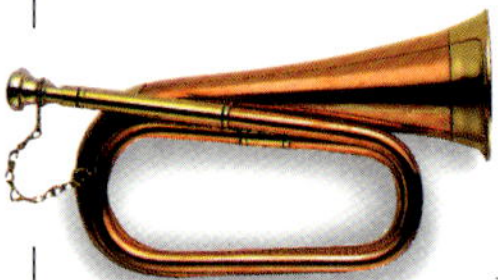
Jagdhorn

Blechblasinstrumente werden meist aus Messing hergestellt. Form und Größe sind unterschiedlich, doch alle besitzen ein Mundstück, ein langes, oft gewundenes Rohr und einen Schalltrichter. Das Mundstück kann kesselförmig sein wie beim Kornett oder trichterförmig wie beim Horn. Das Schallrohr ist weit und konisch wie bei Hörnern und Tuben und klingt dann weich. Instrumente mit enger und zylindrischer Bohrung klingen schärfer und brillanter (z.B. Trompete, Posaune). Bei allen Blechblasinstrumenten erzeugt man die Töne mit den Lippen. Durch die Lippenschwingung bringt man die Luft in der Schallröhre zum Schwingen, und es entstehen Töne. Durch Veränderung der Lippenspannung läßt sich die Tonhöhe variieren. Ventile oder Züge erweitern den Tonumfang. Eine Trompete z.B. besitzt drei Pumpventile (Périnetventile) mit Luftkanälen, die die Luft durch zusätzliche unterschiedlich lange Ventilbögen umleiten. Durch verschiedene Kombinationen der drei Ventile lassen sich alle Töne zwischen den Naturtönen (Töne, die nur durch Veränderung der Lippenspannung geblasen werden) erreichen. Bei der Posaune wird die Länge der Luftsäule und damit die Tonhöhe durch Einschieben bzw. Ausziehen eines Zuges beim Spielen verändert. Durch in den Schalltrichter gesteckte Dämpfer läßt sich die Klangfarbe eines Blechblasinstrumentes verändern. Davon macht man vor allem im Jazz Gebrauch.

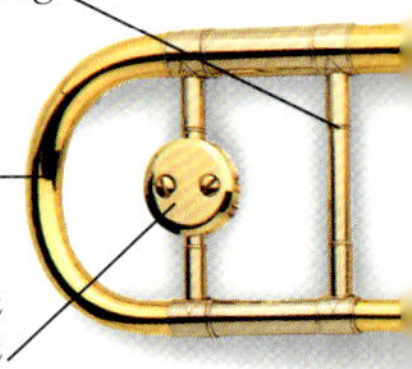

Funktionsweise eines Luftventilsystems

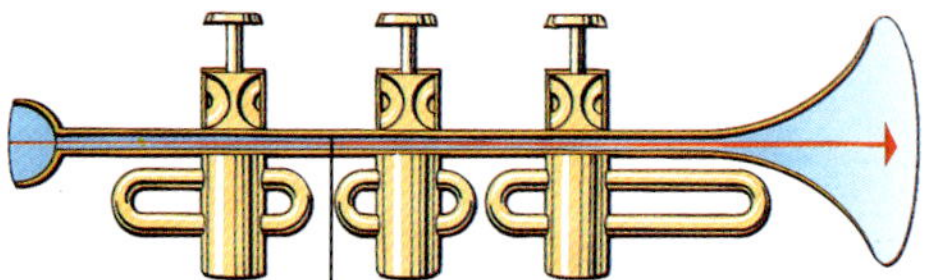

Ventile nicht gedrückt

Ein Ventil gedrückt

Trompete

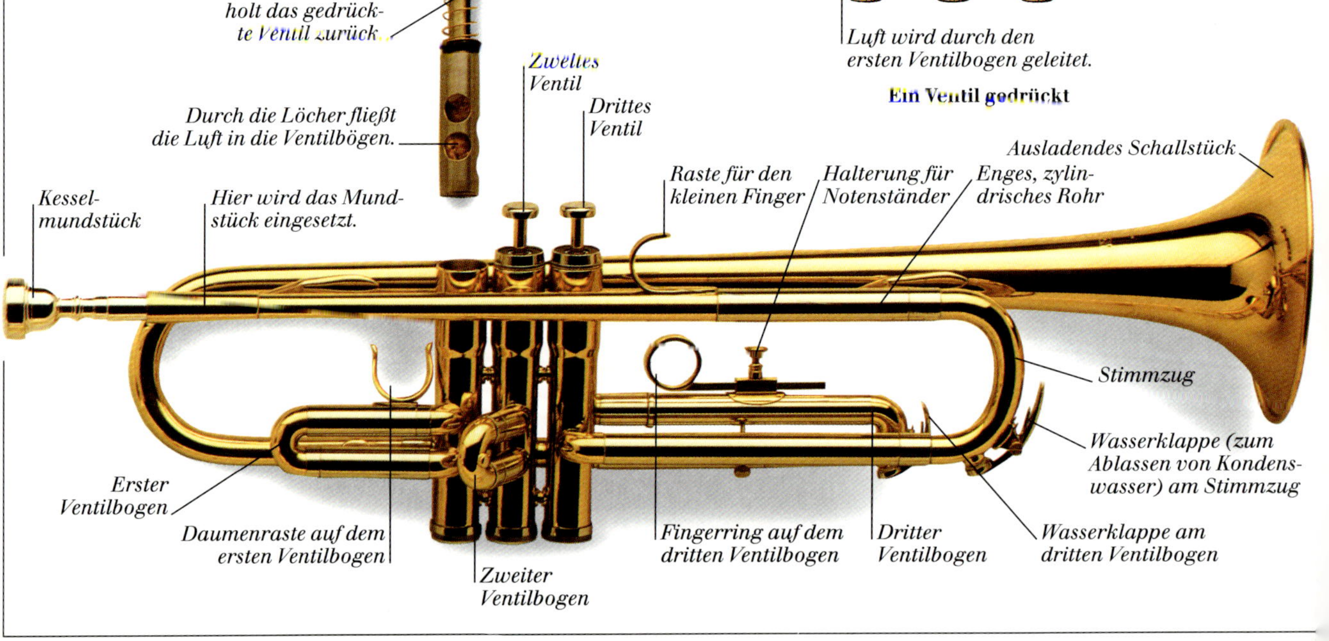

Teile einer Posaune

Verschiedene Dämpfer

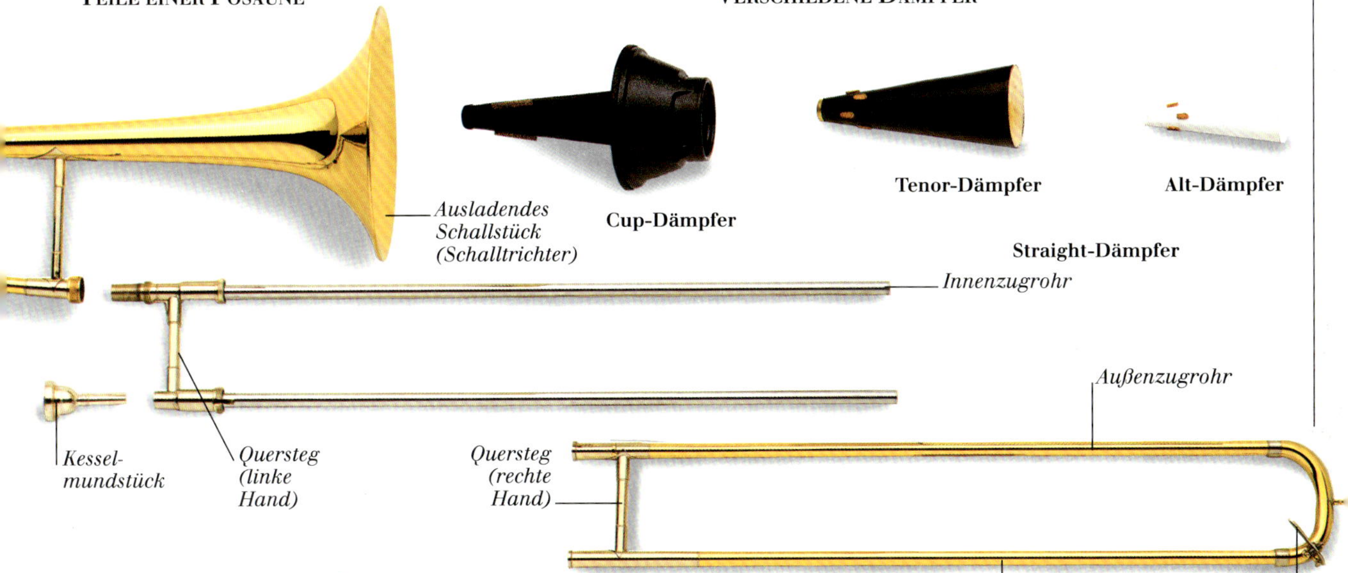

Posaune

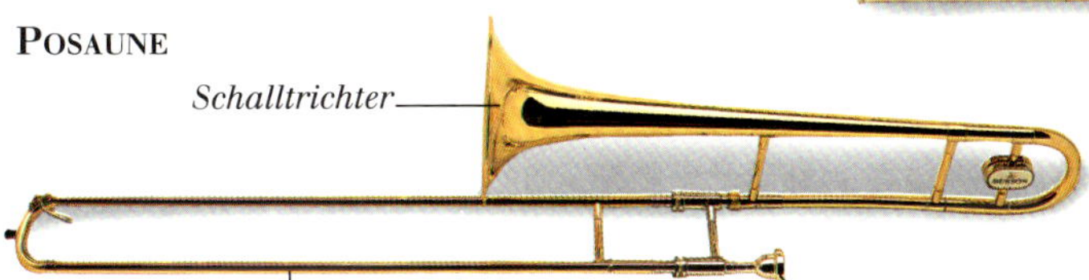

Flügelhorn

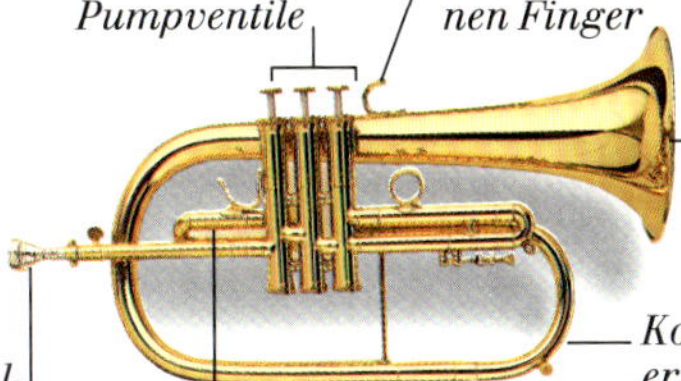

Tuba

Waldhorn

Kornett

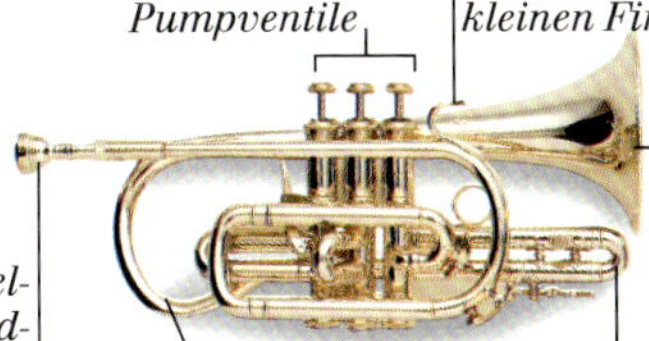

Holzblasinstrumente

Früher wurden Holzblasinstrumente aus Holz gefertigt, heute bestehen sie z.T. auch aus Metall oder Kunststoff. Der Ton entsteht durch Luftschwingungen in einer Röhre. Die Luftsäule wird durch Blasen über ein Loch (Querflöte, Pikkoloflöte), ein Einfachrohrblatt (Klarinette, Saxophon) oder ein Doppelrohrblatt (Fagott, Englischhorn, Oboe) in Schwingung versetzt. Die Tonhöhe bestimmt man durch Öffnen oder Schließen einer bestimmten Anzahl und Anordnung von Löchern im Rohr.

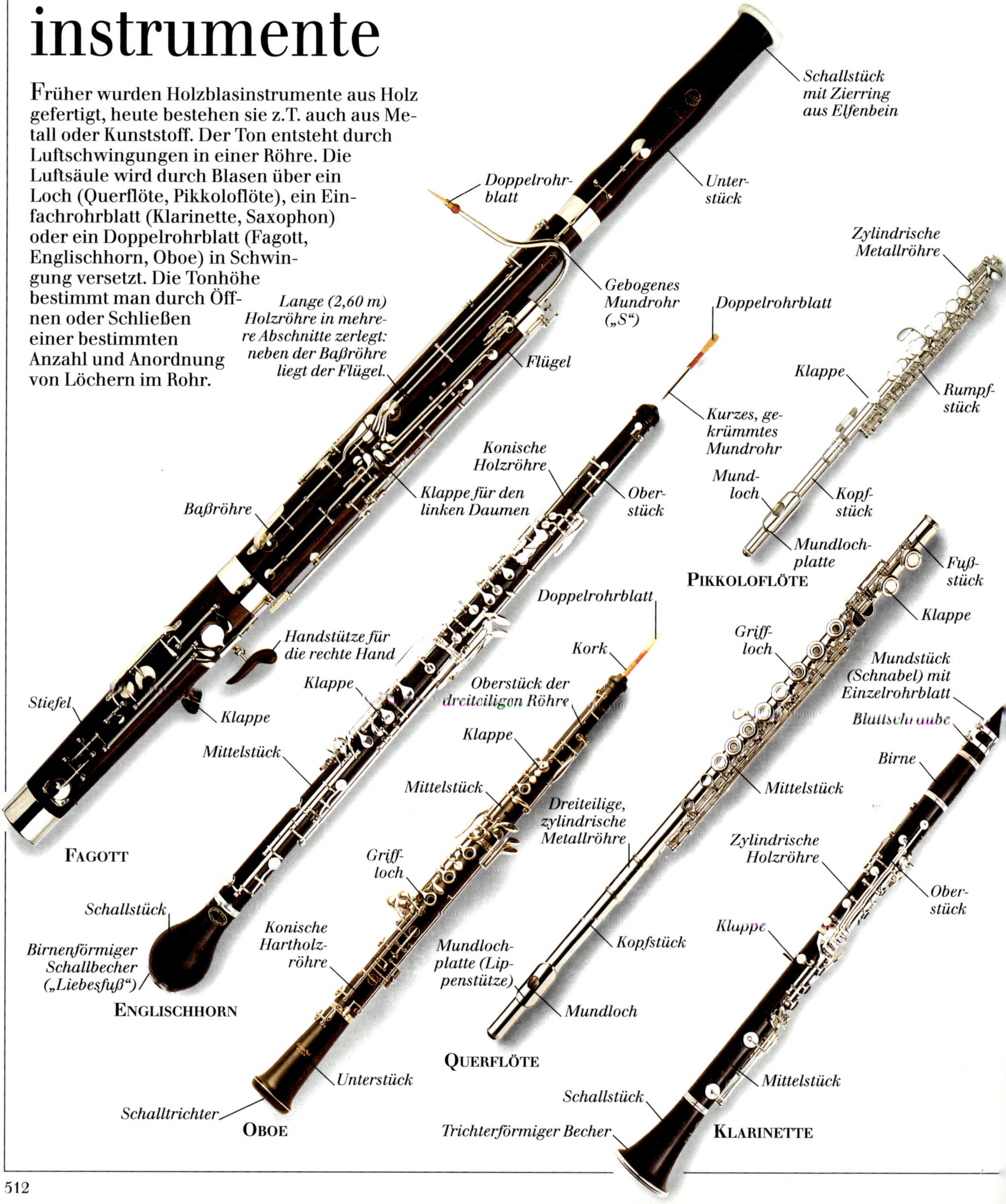

Tenorsaxophon

Teile eines Tenorsaxophons

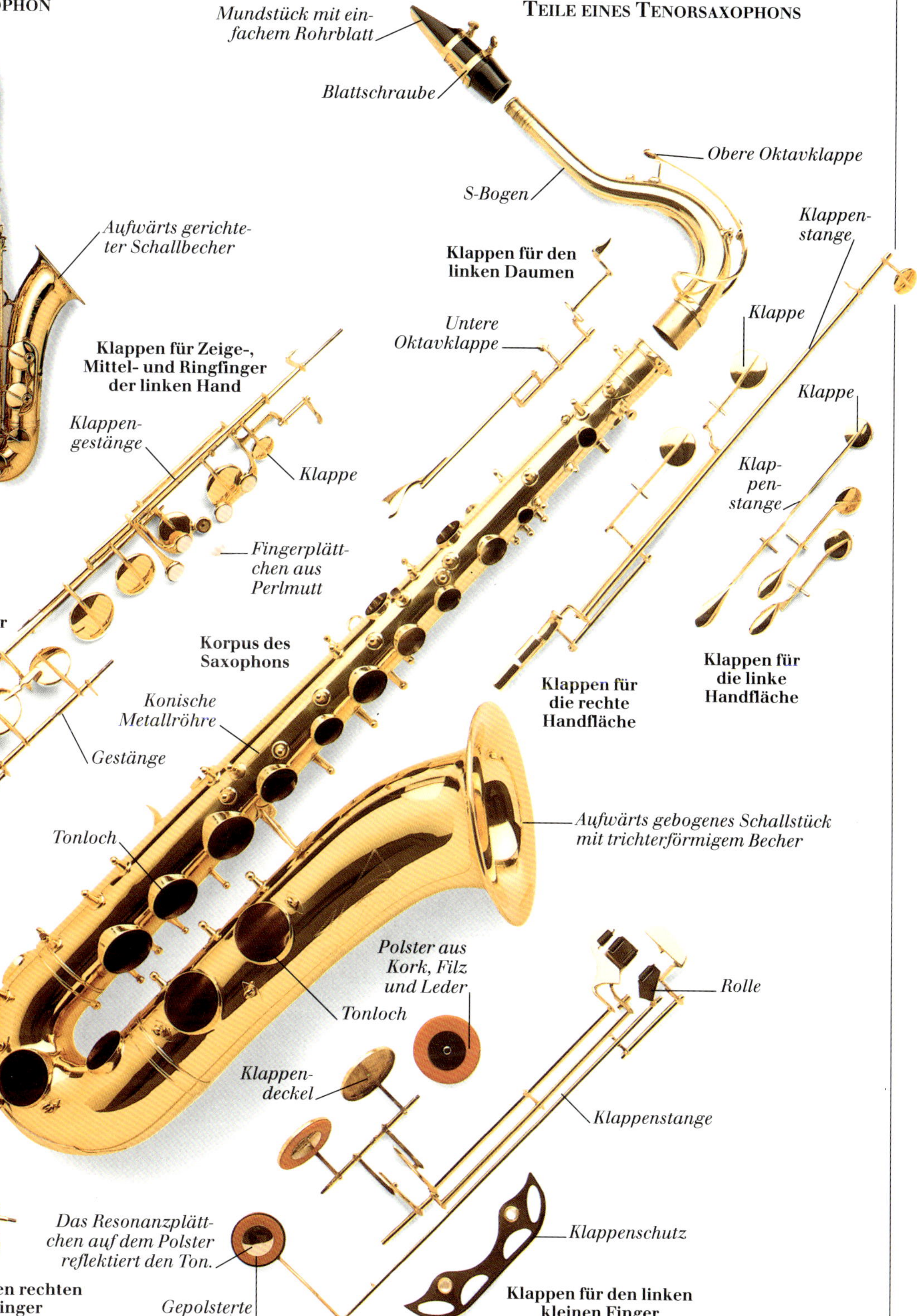

Saiten-instrumente

Bei Saiteninstrumenten entsteht der Ton durch Schwingungen gespannter Saiten. Bei Streichinstrumenten werden die Saiten durch Überstreichen mit einem Bogen in Schwingung versetzt, bei Zupfinstrumenten wie Harfe oder Gitarre (s.S. 516-517) werden sie mit Fingern oder einem Plektron angerissen. Die vier heute gebräuchlichen klassischen Streichinstrumente sind Violine, Viola, Cello und Kontrabaß. Der Aufbau der Instrumente in der Violinfamilie ist im Grunde gleich, alle besitzen einen hölzernen Resonanzkörper, einen langen Hals und sind mit vier Saiten bespannt, unterschiedlich ist die Größe. Die Schwingungen, die durch Streichen mit dem Bogen über eine Saite entstehen, übertragen sich auf den Resonanzkörper, der nun mitschwingt und den Ton verstärkt. Bei der Harfe sind Saiten in einen Rahmen gespannt. Sie werden mit Daumen, Zeige-, Mittel- und Ringfinger beider Hände gezupft. Bei allen Saiteninstrumenten hängt die Tonhöhe von der Länge, der Dicke und der Spannung der Saite ab. Je kürzer, dünner oder straffer die Saite, desto höher ist der Ton.

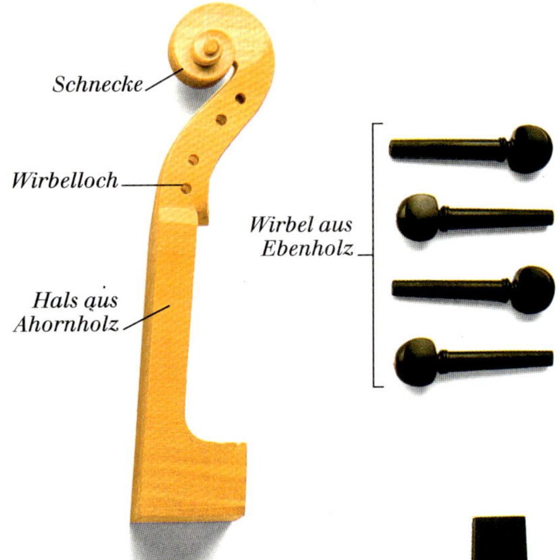

TEILE EINER GEIGE

GEIGENBOGEN

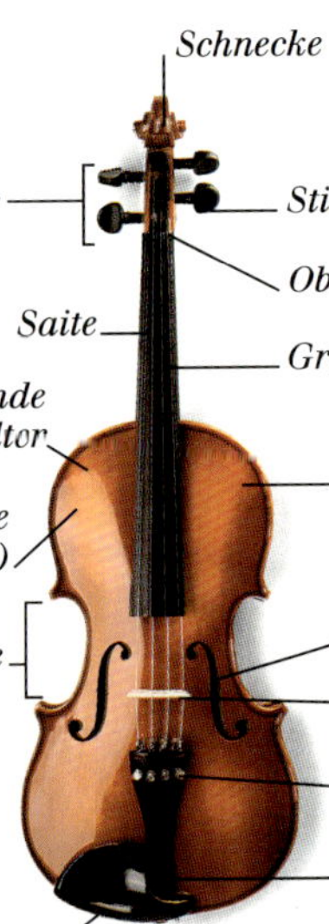

GEIGE (VIOLINE)

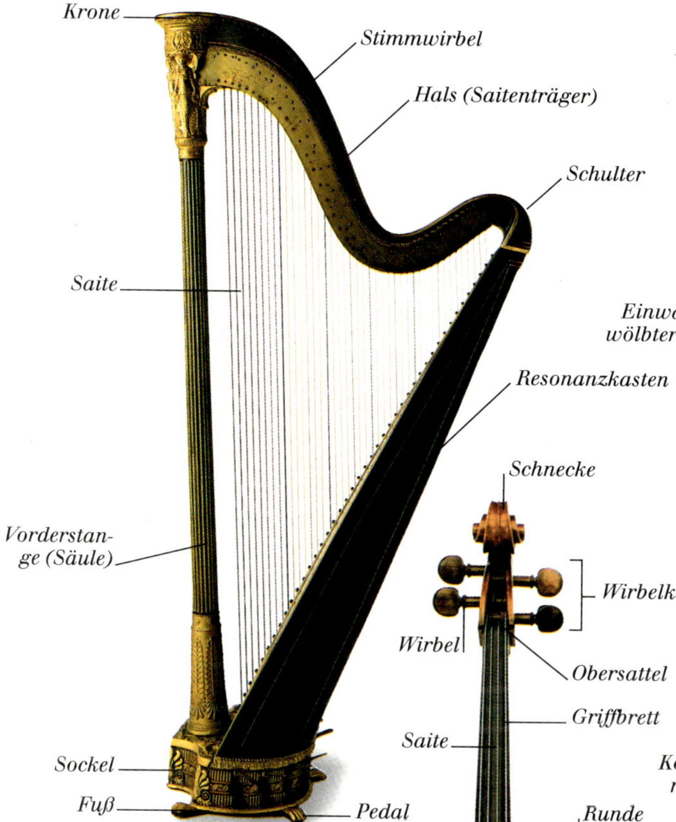

HARFE

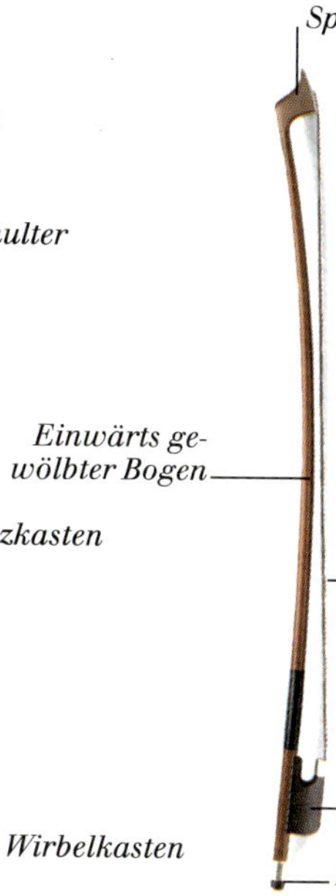

BASSBOGEN

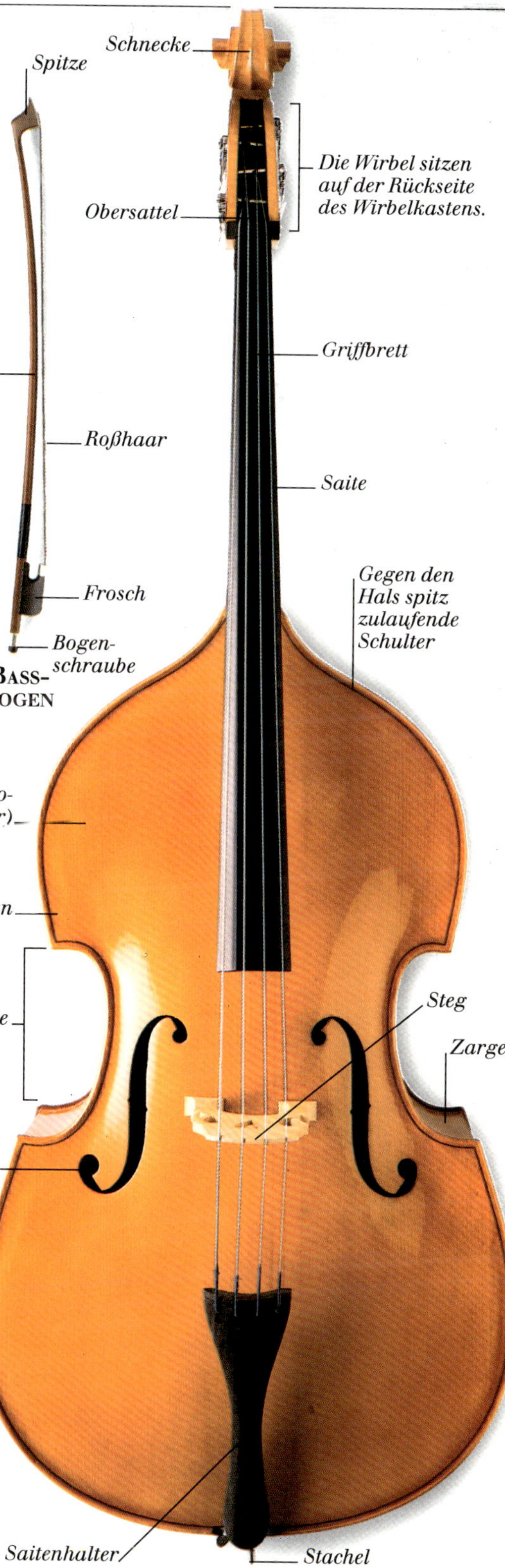

KONTRABASS

CELLO (VIOLONCELLO)

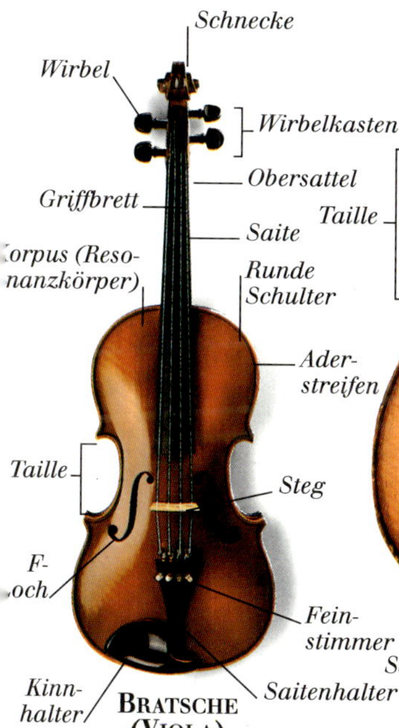

BRATSCHE (VIOLA)

Gitarren

Bei der Gitarre werden Saiten durch Anreißen mit den Fingern oder einem Plektron in Schwingung versetzt. Heute gibt es akustische und elektrische Gitarren. Bei der akustischen Gitarre werden die Saitenschwingungen vom hohlen Resonanzkörper verstärkt. Elektrogitarren besitzen einen massiven Korpus. Die Schwingungen der Saiten werden von Tonabnehmern abgegriffen, in elektrische Signale umgewandelt und gelangen über einen Verstärker zum Lautsprecher, wo sie wieder als Schallwellen abgestrahlt werden (s.S. 524–525). Elektrogitarren gibt es als sechssaitige Melodiegitarren und als viersaitige Baßgitarren. Akustische Gitarren haben sechs Saiten (Konzertgitarren, Wandergitarren) oder zwölf Saiten (Westerngitarren).

Akustische Gitarre (Konzertgitarre)

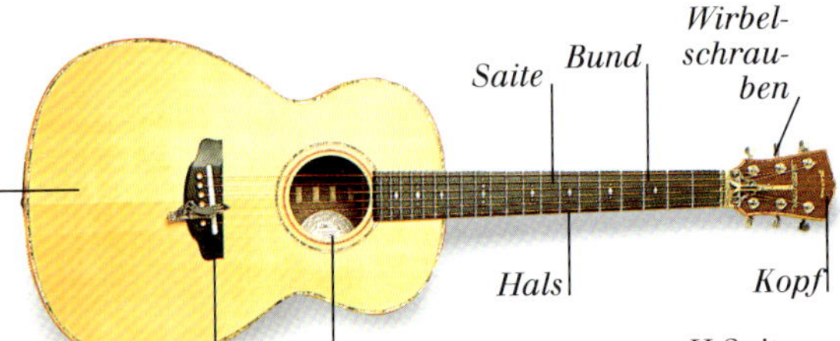

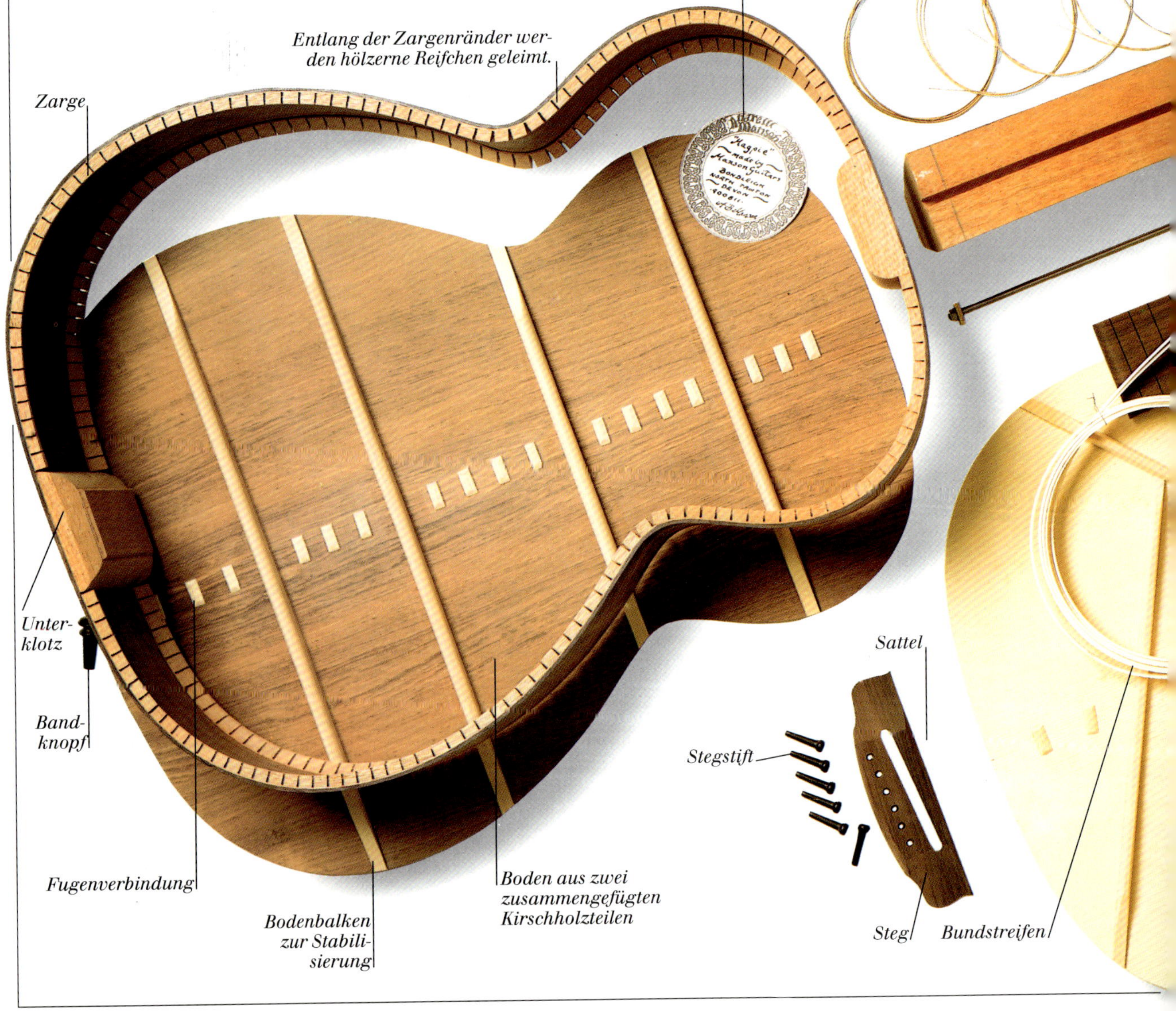

Teile einer akustischen Gitarre

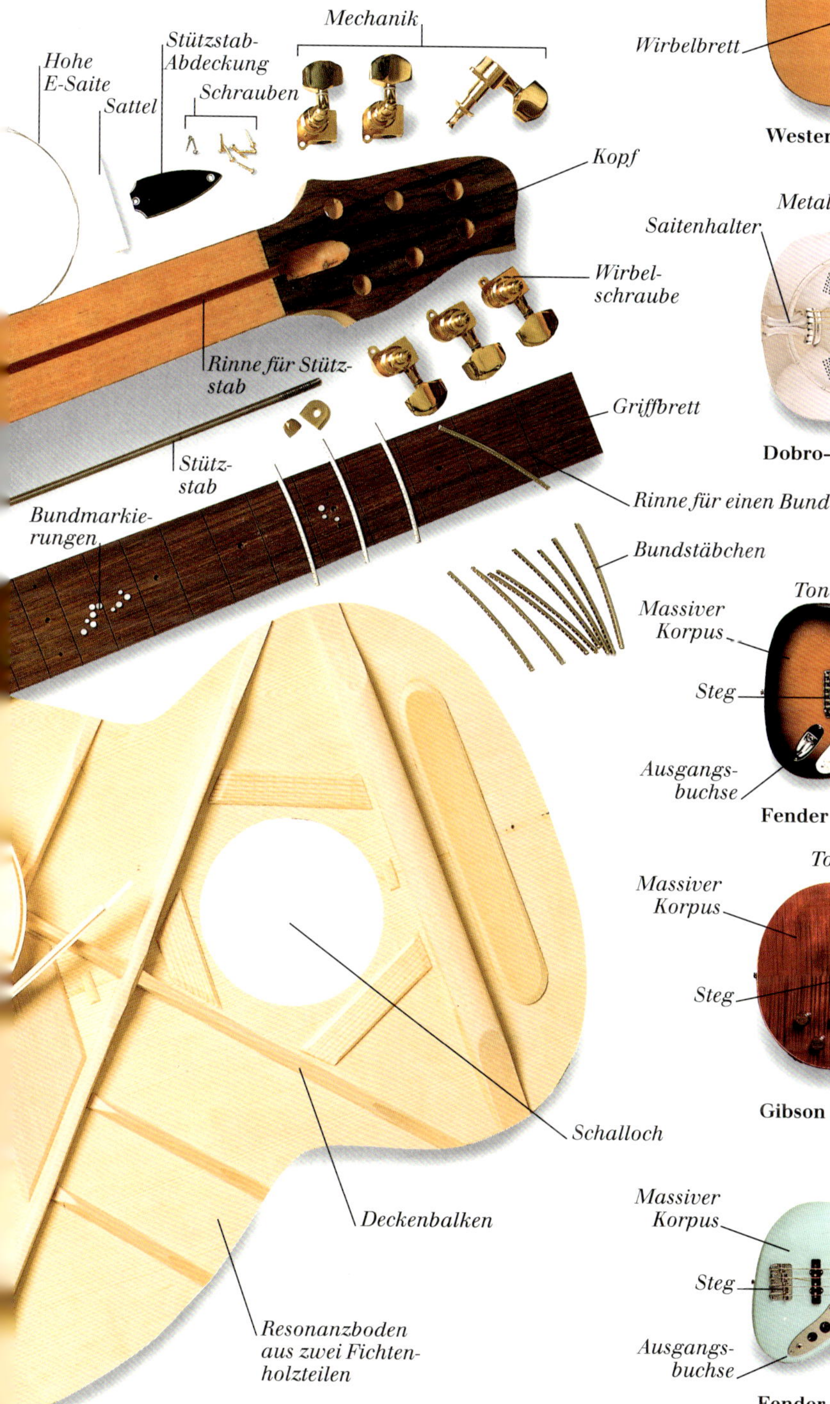

Beispiele für akustische Gitarren

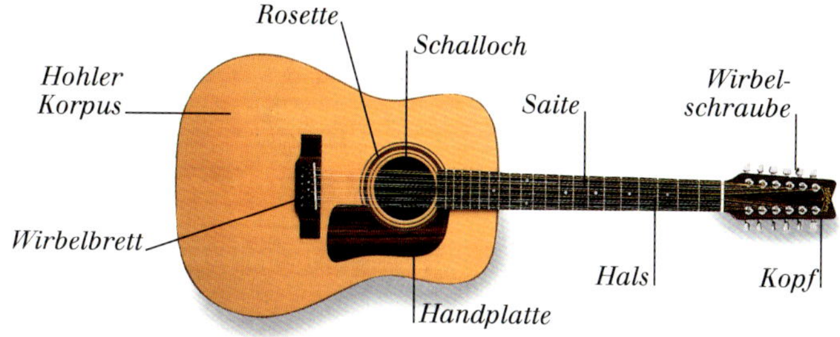

Westerngitarre (zwölfsaitig)

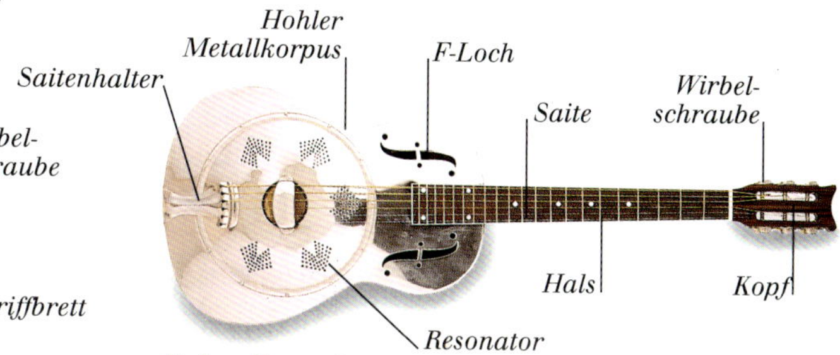

Dobro-Resonator

Beispiele für Elektrogitarren

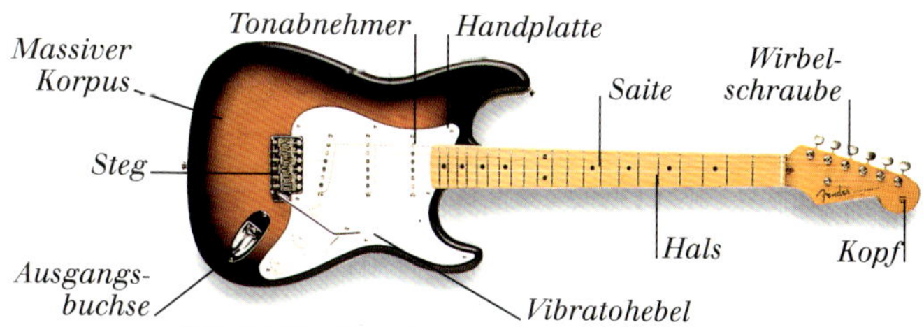

Fender Stratocaster

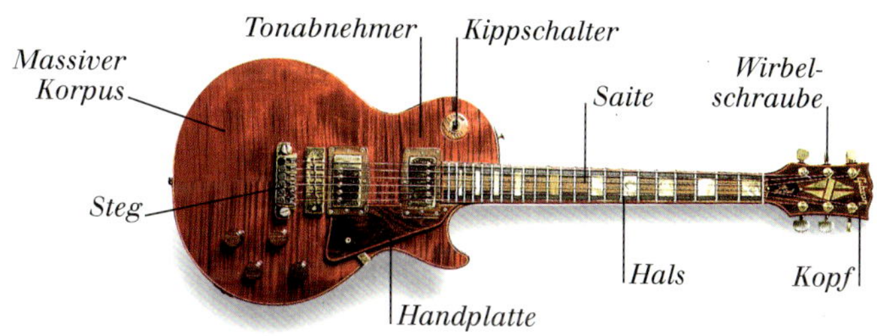

Gibson les Paul

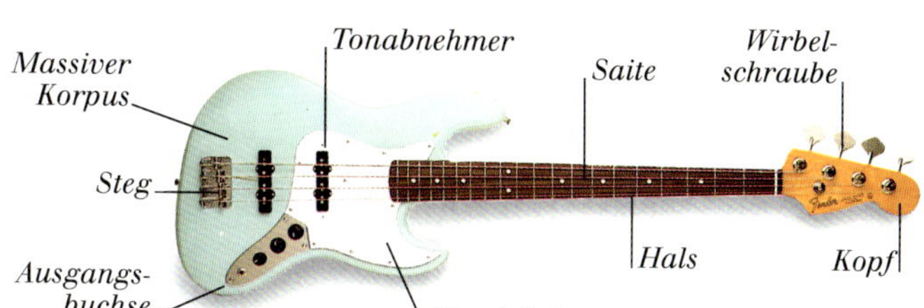

Fender Jazzbass

Tasten-instrumente

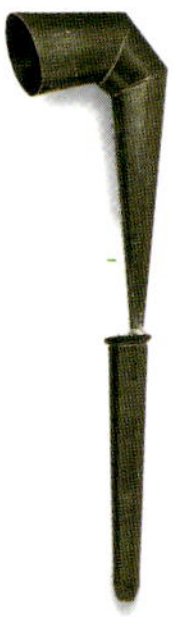

Orgel-pfeife

Bei Tasteninstrumenten werden die Töne durch hebelartig ausgebildete Manual- oder Pedaltasten ausgelöst. Die Gesamtheit der Tasten heißt Klaviatur (Tastatur). Die beiden bekanntesten Tasteninstrumente sind die Orgel und das Klavier. Bei der Orgel werden die Töne von Pfeifen erzeugt, die über ein oder mehrere Manuale (für die Hände) und ein Pedal (für die Füße) bedient werden. Die Pfeifen der Orgel sind in sog. Register gegliedert, die über ein Windwerk zum Klingen gebracht werden. Durch Drücken einer Manual- oder Pedaltaste wird über das Windwerk Luft in die Pfeifen geleitet. Beim Klavier (Piano, Pianoforte) werden in einen Metallrahmen gespannte Saiten von Hämmerchen angeschlagen, wenn man die Tasten anschlägt. Heute versteht man unter Klavier meist das Pianino mit aufrechtem Gehäuse, aber auch der waagerechte Flügel ist eine Form des Klaviers. Neben dem Hammerklavier gibt es auch noch Tasteninstrumente, bei denen über die Tasten ein Mechanismus zum Zupfen der Saiten gesteuert wird (Spinett, Virginal, Cembalo).

Klavier (Piano)

Funktionsweise eines Klaviers

Taste nicht gedrückt

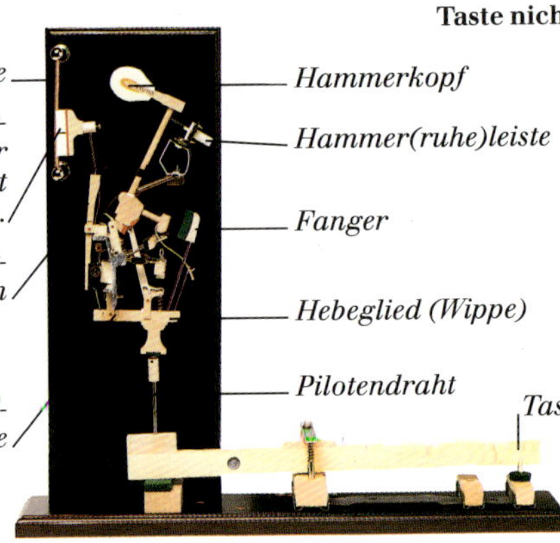

Taste gedrückt

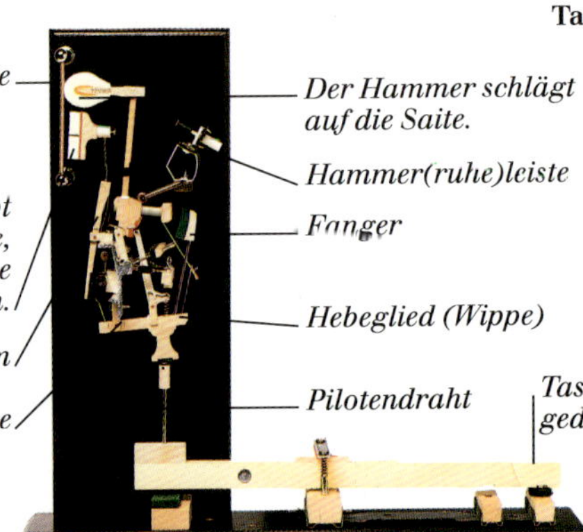

Orgelspieltisch

KONZERTFLÜGEL (AUFSICHT)

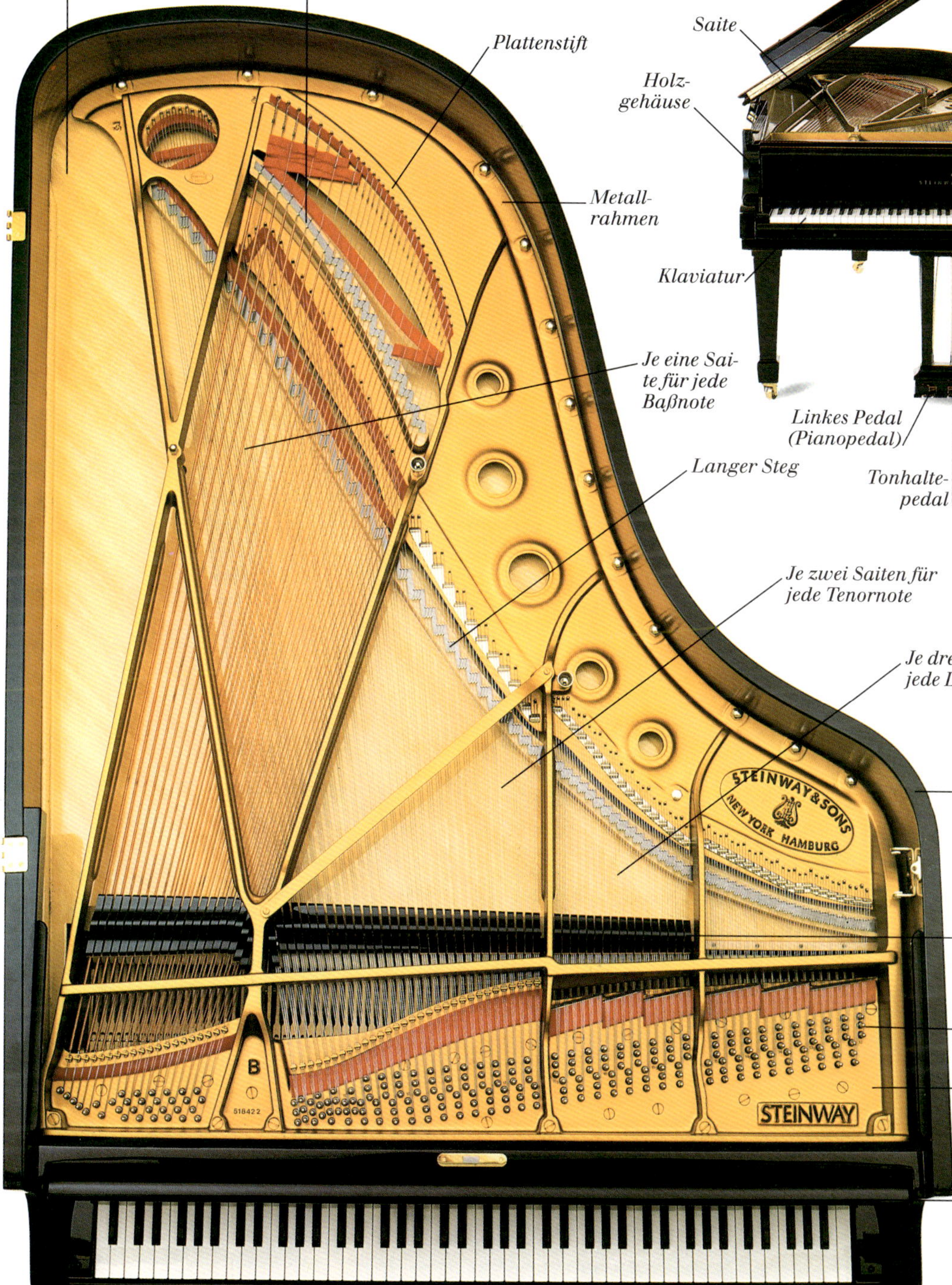

KONZERTFLÜGEL (VORDERANSICHT)

Schlaginstrumente

Tempelblöcke

Bei Schlag- oder Perkussionsinstrumenten entstehen die Töne durch Anschlag – direkt wie bei der Trommel oder indirekt wie bei einer Rassel. Viele Schlaginstrumente – u.a. Trommeln, Becken und Maracas – können keine unterschiedlichen, abgestimmten Töne erzeugen. Sie dienen hauptsächlich als Rhythmusinstrumente. Pauken lassen sich stimmen, doch auch sie können keine Melodien spielen. Xylophon, Vibraphon und Röhrenglocken sind gestimmt und können Melodien, Harmonien und Rhythmen spielen. Beim Xylophon und Vibraphon sind Klangplatten aus Holz bzw. Metall klaviaturmäßig angeordnet. Als Resonatoren dienen herabhängende Röhren. Beim Vibraphon treibt ein Elektromotor am Oberende der Röhren angebrachte Drehklappen an. Sie bewirken das „Vibrato“, das An- und Abschwellen des Tons.

Röhrenglocken

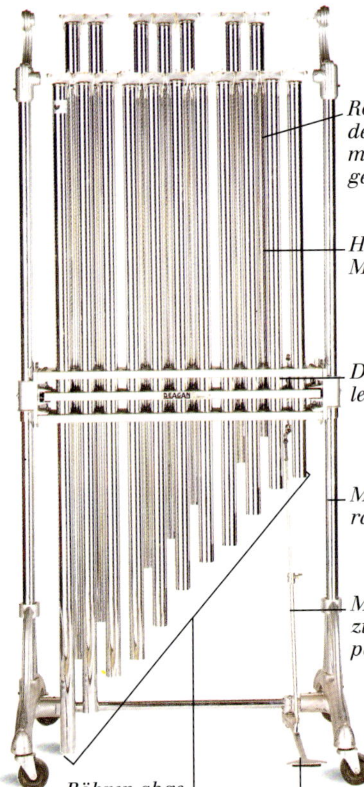

Schlegel

Weicher Trommelschlegel

Harter Schlegel

Hämmerchen

Xylophon

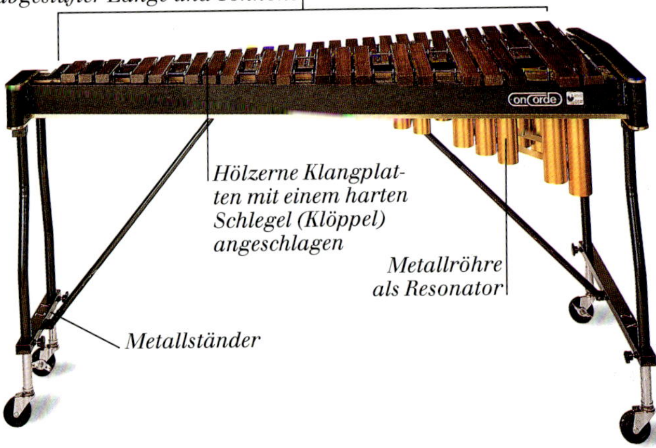

Gong (Tamtam)

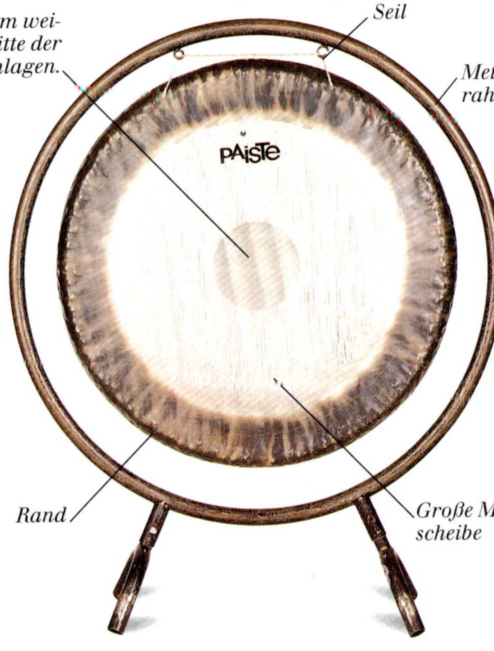

Becken

Bestandteile einer Maraca

Triangel

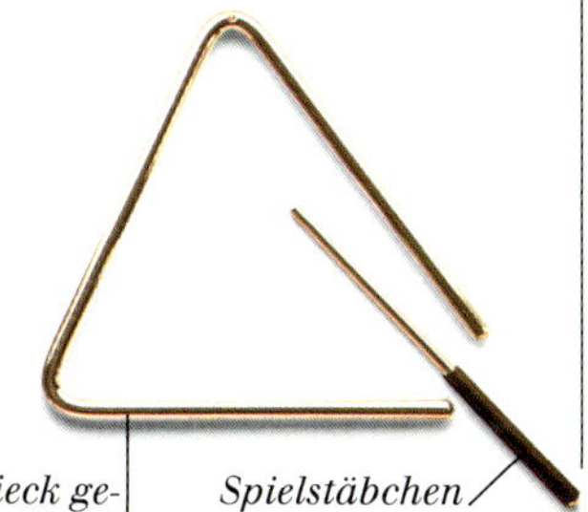

Claves (Rumbastäbchen)

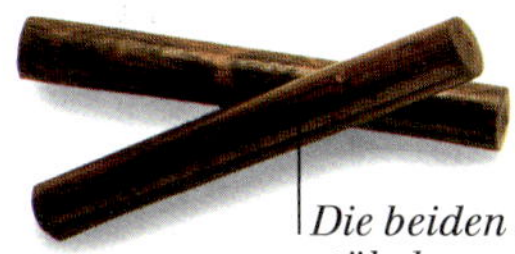

Kastagnetten

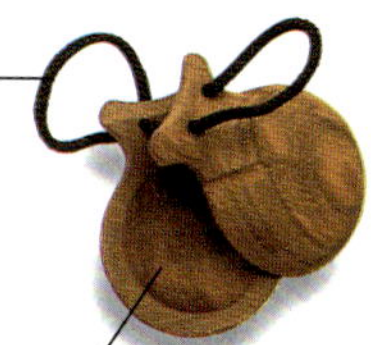

Vibraphon

Schlagzeug

Tamburin

Eine Trommel besteht aus einem Trommelfell aus Tierhaut oder Kunststoff, das über einen oder beide Seiten eines Hohlkörpers gespannt ist. Trommeln gehören zu den ältesten bekannten Instrumenten und werden in vielfältiger Form überall auf der Welt gespielt. Es gibt u.a. Rahmentrommeln (z.B. Tamburin), Becher- oder Kesseltrommeln (z.B. Pauke) und röhrenförmige Trommeln (z.B. Congas). Zum Klingen bringt man die Instrumente in der Regel durch Schlagen mit den Händen oder einem Schlegel. Das Trommelfell wird dadurch in Schwingung versetzt, und die Schwingung vom Trommelkörper verstärkt. Die Kleine Trommel, wie man sie auch im Sinfonieorchester benutzt, besitzt zudem Schnarrseiten, die über das untere Trommelfell gespannt sind. Wird die Trommel geschlagen, schwingt der Schnarrteppich gegen das Trommelfell. Viele Trommeln, z.B. die Congas, sind nicht stimmbar und daher nur als Rhythmusinstrumente geeignet. Andere, wie die Pauke, werden durch Veränderung der Trommelfellspannung gestimmt und können nicht nur Rhythmus, sondern auch unterschiedliche Töne spielen. In der Pop- und Rockmusik spielt das Schlagzeug eine große Rolle, eine Kombination mehrerer Trommeln und Becken.

SCHLAGZEUG (DRUMS)

KLEINE TROMMEL (VON UNTEN)

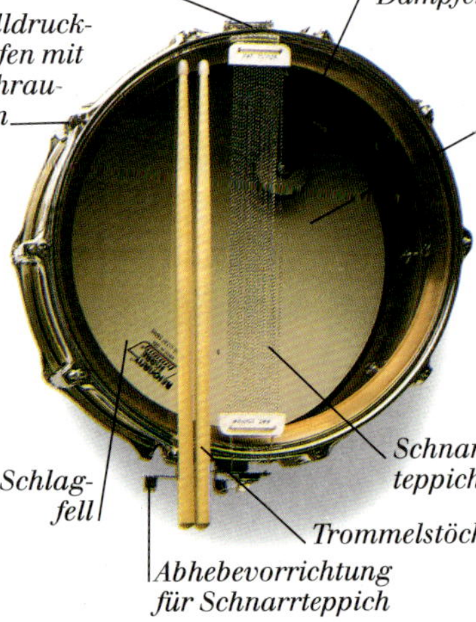

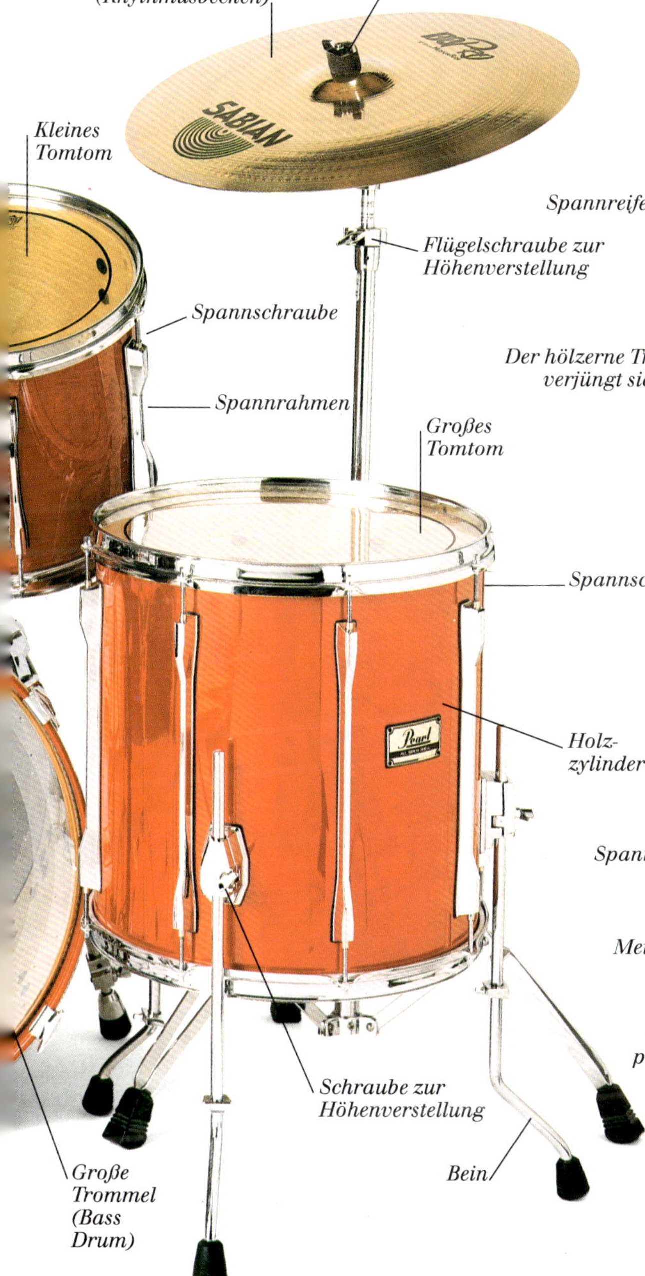

Schlegel und Besen

Congas (Tumbas)

Kesselpauke

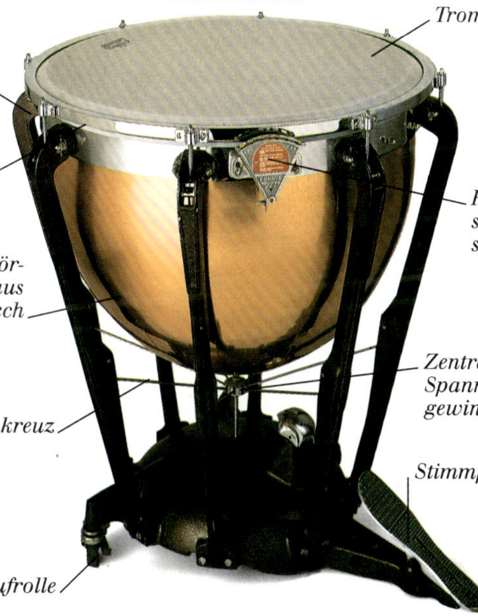

Elektronische Instrumente

Elektronische Instrumente wie z.B. Synthesizer erzeugen keine eigenen Klänge, sondern Tongeneratoren produzieren elektrische Signale, diese gelangen über elektrische Leitungen zu Filtern, Effektgeräten und Verstärker und schließlich zum Lautsprecher, dessen Membran durch die Signale in Schwingung versetzt wird und somit Schall, d.h. Töne, abstrahlt. Elektronische Instrumente ahmen den Klang konventioneller Instrumente nach und können auch ganz neue Klangfarben erzeugen. Die meisten elektronischen Instrumente werden über Tasten bedient, doch elektronische Blas- und Schlaginstrumente erfreuen sich zunehmender Beliebtheit. Mit einem MIDI-(Musical Instrument Digital Interface) System kann man elektronische Instrumente mit einem Computer verbinden und über diesen die einzelnen Instrumente steuern. Außerdem gibt es heute Computersoftware, mit der man an einem PC Musik komponieren und spielen kann.

Schlagzeugsynthesizer

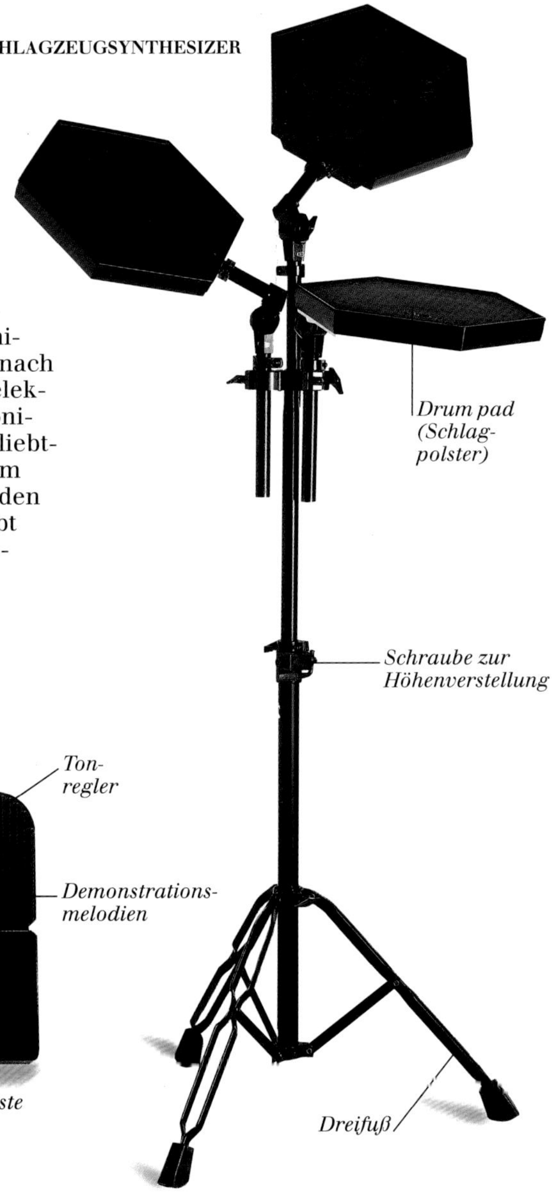

Keybord

Synthesizer

Blas-Synthesizer

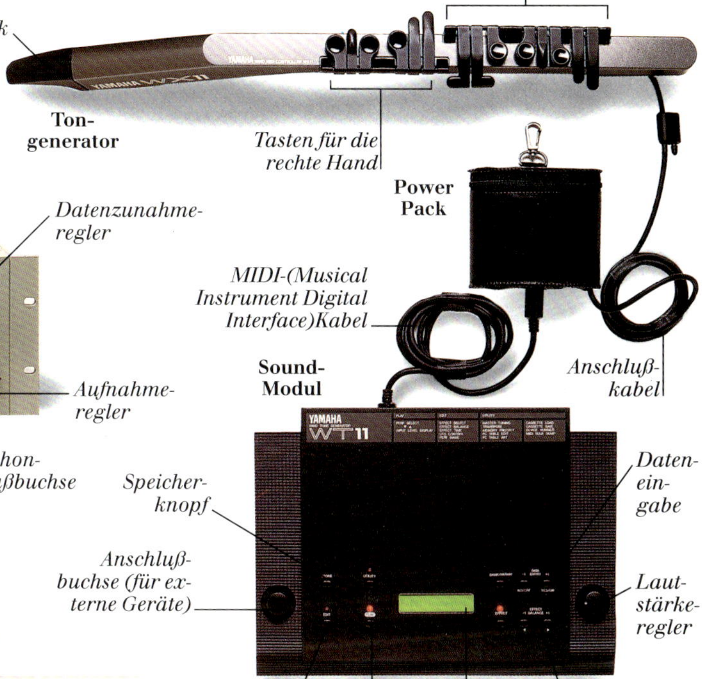

Tongenerator (Sound-Modul)

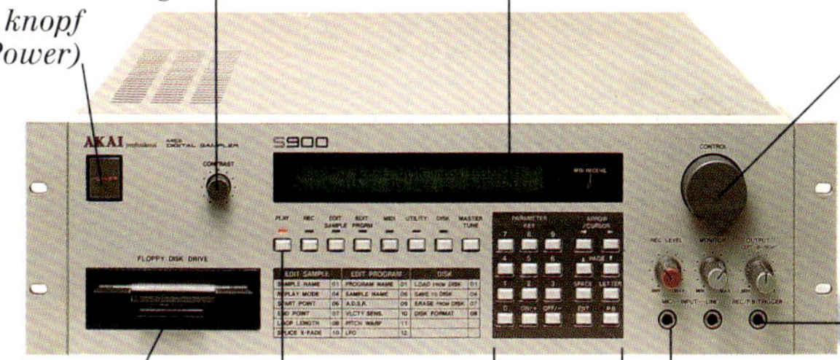

PC-System

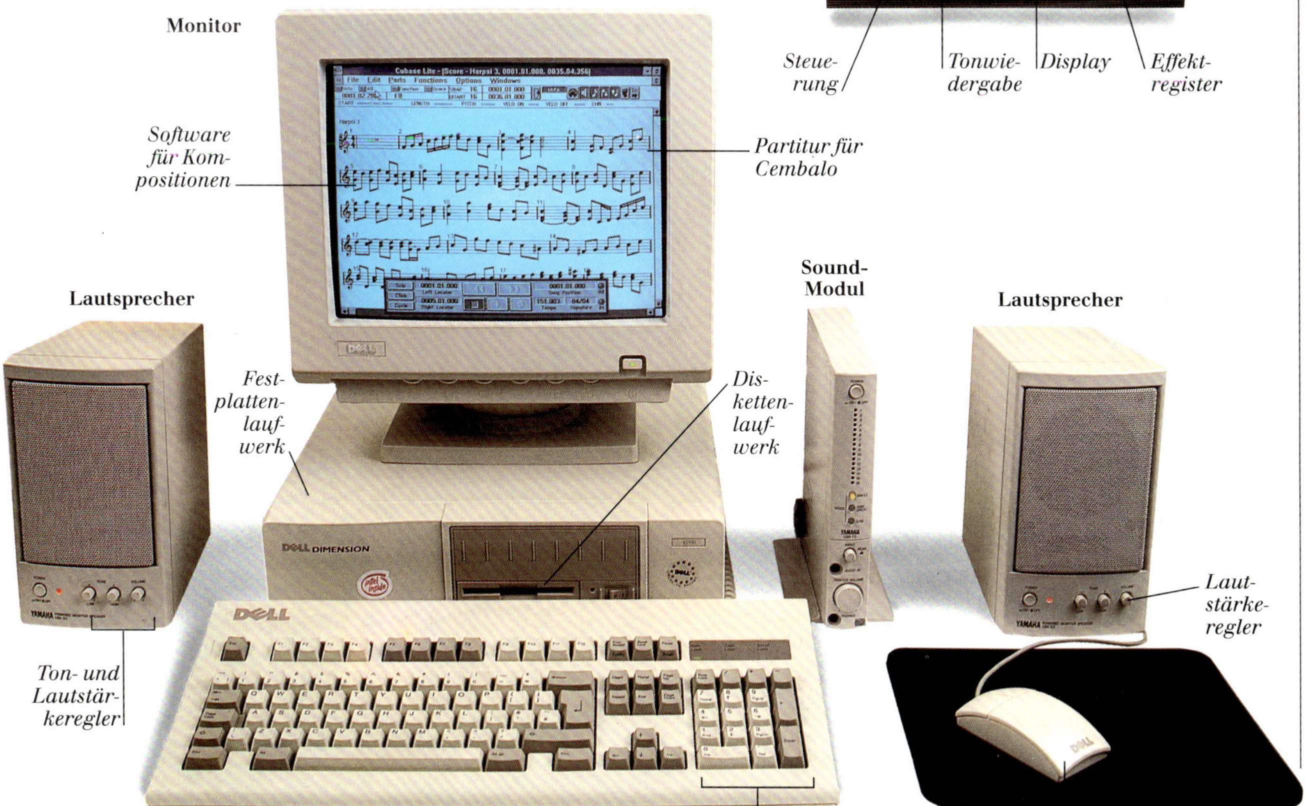

PRECISION

SPORT

FUSSBALL 528
BASKETBALL 530
VOLLEYBALL, NETBALL UND HANDBALL 532
LEICHTATHLETIK 534
RÜCKSCHLAGSPIELE 536
GOLF 538
SCHIESS-SPORT 540
EISHOCKEY 542
ALPINER SKISPORT 544
PFERDESPORT 546
JUDO UND FECHTEN 548
SCHWIMMEN UND WASSERSPRINGEN 550
KANU, RUDERN UND SEGELN 552
ANGELN 554

Fußball

In China wird Fußball bereits 300 v.Chr. erwähnt. Im mittelalterlichen Europa war Straßenfußball als öffentliches Ärgernis untersagt. Erst 1863 wurden Regeln eingeführt, deren wichtigste es allen Spielern mit Ausnahme des Torwarts untersagt, den Ball zu tragen. Fußball ist eine Mannschaftssportart, bei der es gilt, den Ball in das Tor der gegnerischen Mannschaft zu bringen. Die Spieler spielen sich den Ball zu oder führen ihn eng am Fuß, überspielen die gegnerische Verteidigung und schießen oder köpfen den Ball ins Tor. Dabei muß noch der Torwart der gegnerischen Mannschaft überlistet werden. Jede Mannschaft besteht aus zehn Feldspielern (Verteidiger, Mittelfeldspieler und Stürmer) und einem Torwart. Spieler der gegnerischen Mannschaft dürfen den Spieler, der sich im Ballbesitz befindet, angreifen. Unerlaubte oder unfaire Angriffe werden bestraft: mit einem Elfmeter, wenn sich das Foul innerhalb des Strafraums ereignet hat, außerhalb des Strafraums mit einem Freistoß. Der runde Ball des europäischen Fußballs ist einfacher unter Kontrolle zu halten als der eiförmige beim amerikanischen, kanadischen und australischen Football und beim Rugby, das Spiel wirkt flüssiger.

Fussballplatz

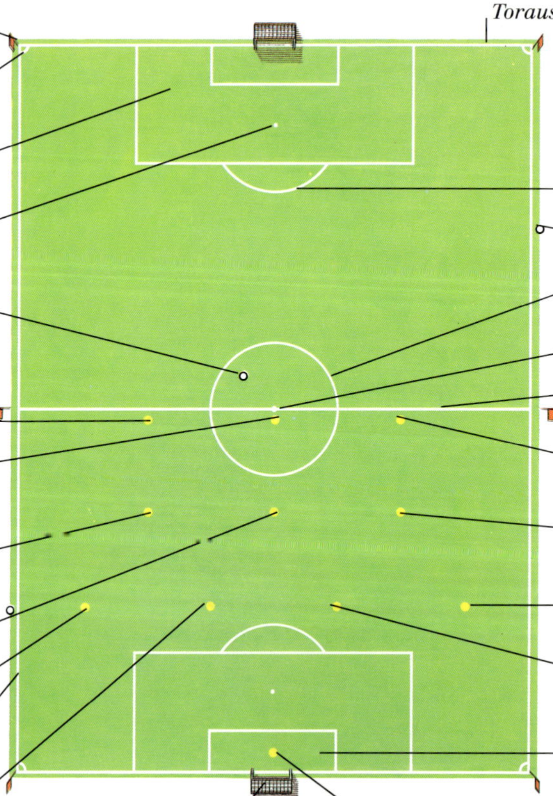

Fahne des Linienrichters

Schiedsrichter-Ausrüstung

Spielfeldmarkierungen

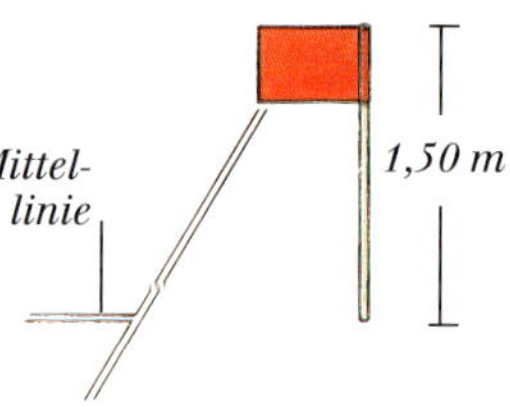

Mittellinienfahne

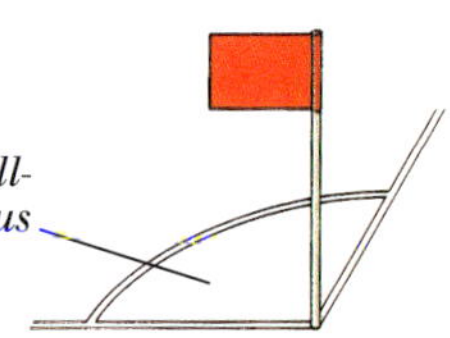

Eckfahne

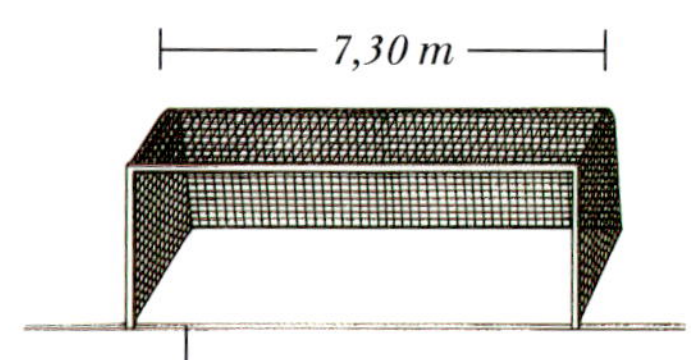

Tor

Torwart

Fussballdress

Herstellung eines Fussballs

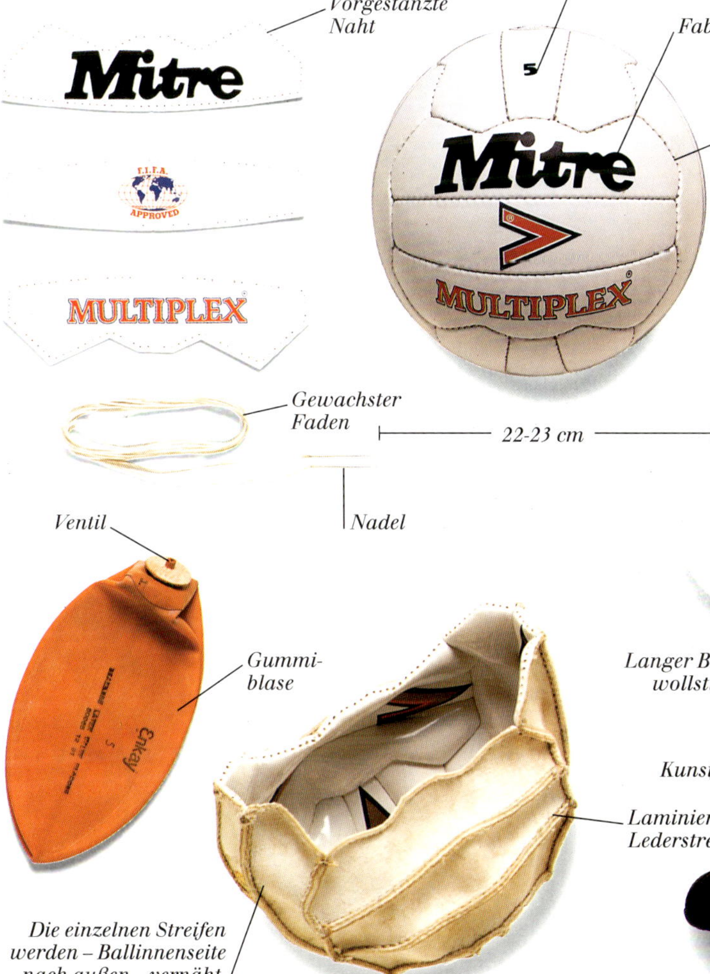

Fussballschuh

Basketball

Basketball, 1890 von James Naismith in Springfield/Massachusetts (USA) entwickelt, ist ein Spiel für zwei Mannschaften mit je fünf Spielern. Ziel des Spiels ist es, in Ballbesitz zu kommen und Punkte zu erzielen, indem man den Ball in den Korb der gegnerischen Mannschaft wirft. Während eines Laufs über das Spielfeld wird der Ball immer wieder aufgetippt („Dribbling"). Er darf den Mitspielern direkt zugeworfen, aufgetippt oder zugerollt werden. Die Spieler dürfen nicht mit dem Ball in der Hand laufen, der Ball darf auch nicht mit dem Fuß gespielt werden. Drehen mit dem gehaltenen Ball um das Standbein (Sternschritt) ist allerdings erlaubt. Das Spiel beginnt, wenn der Schiedsrichter den Ball in die Luft wirft und je ein Spieler aus beiden Mannschaften hochspringt, um den Ball zu einem Mitspieler zu „tippen". Spieldauer und Anzahl der Spielabschnitte sind je nach Spielklasse verschieden. Es gibt Amateur-, Profi- und internationale Regeln. Ein Unentschieden gibt es nicht. Bei Punktgleichheit wird das Spiel zunächst um fünf Minuten verlängert, danach wird weiter verlängert, bis ein Sieger feststeht. Zusätzlich zu den fünf Akteuren auf dem Spielfeld hat jede Mannschaft bis zu sieben Auswechselspieler. Basketball ist eine Sportart ohne direkten Körperkontakt. Fouls werden durch einen Einwurf gegen den Regelverletzer geahndet. Ein Freiwurf auf den Korb wird gegeben, wenn ein Spieler während eines Korbwurfs gefoult wird. Basketball ist ein schnelles Spiel, und gute Koordination und eine ausgefeilte Taktik sind wichtiger als Körperkraft.

BASKETBALLFELD

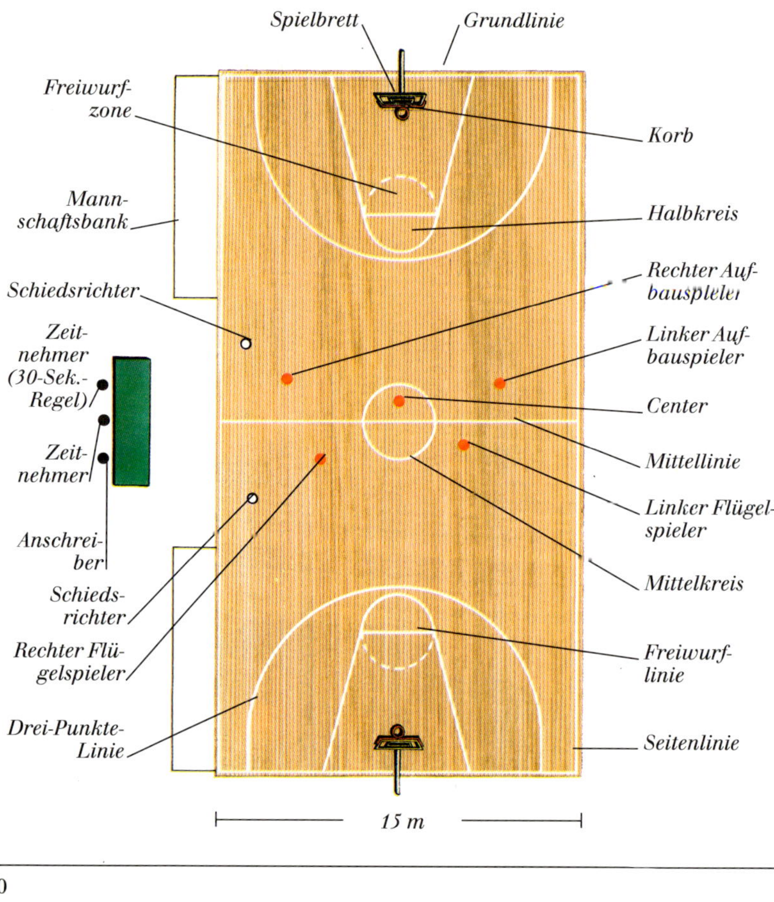

Korbanlage

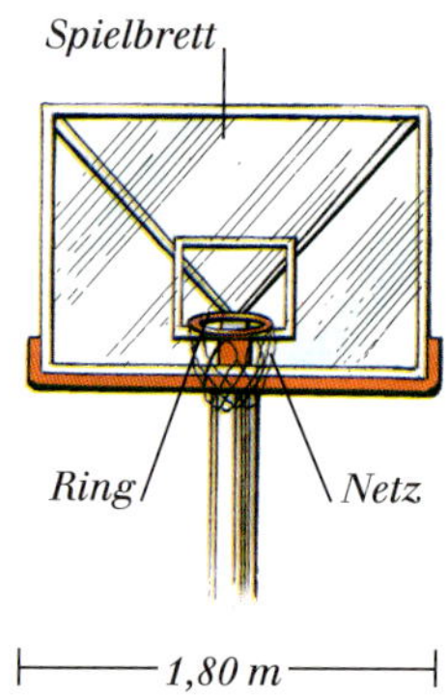

Aufbau der Korbanlage

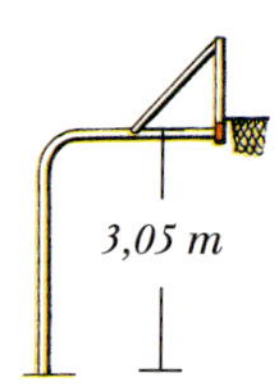

SPIELTECHNIKEN

Brustpaß

Dribbling

Überkopfpaß

Korbleger

Sprungwurf

Handballpaß

Zonenverteidigung

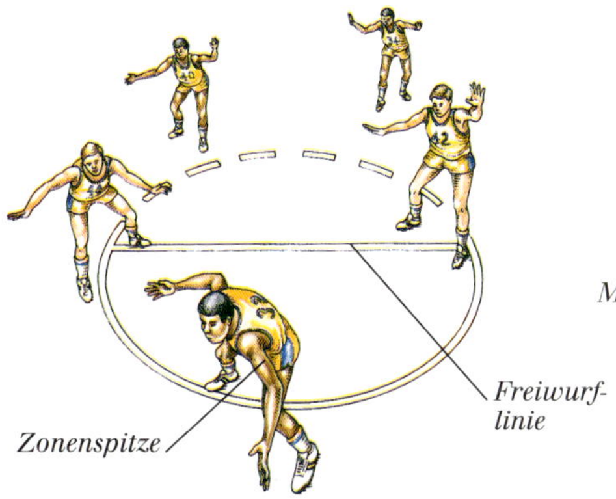

1-2-2-Zone

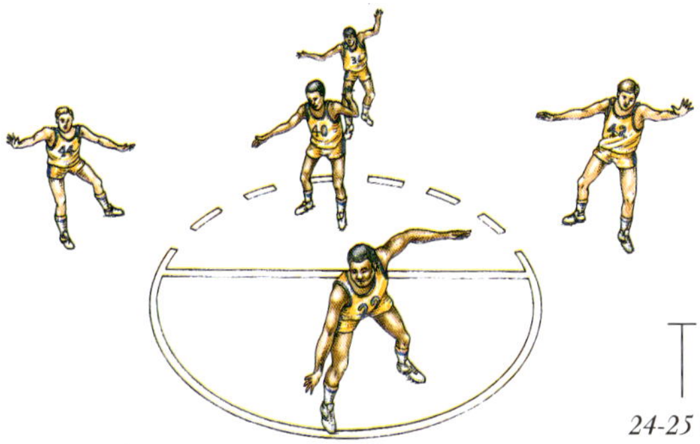

1-3-1-Zone

2-3-Zone

Basketballtrikot

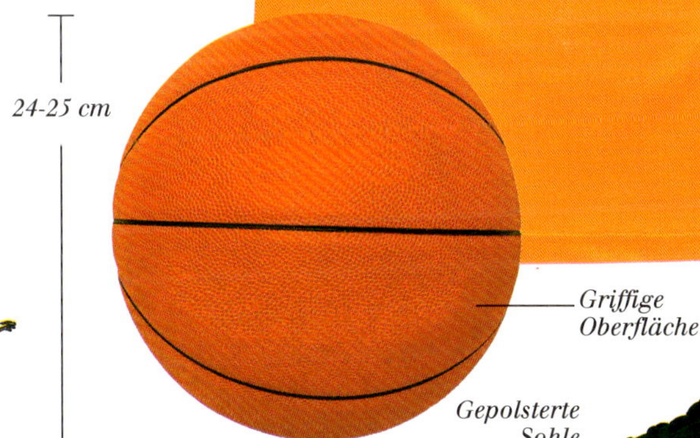

Basketball

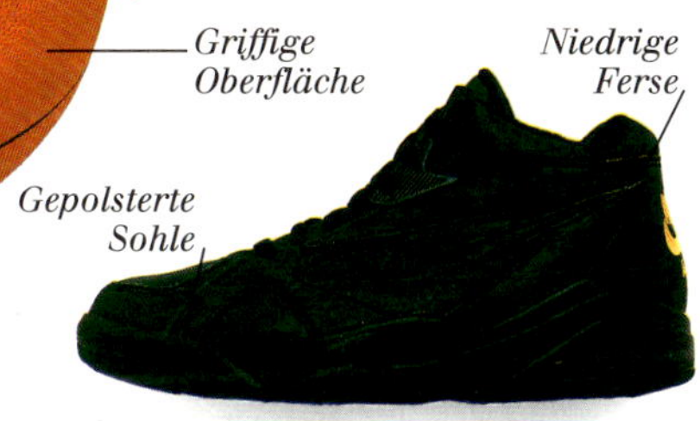

Basketballschuh

Internationale Schiedsrichterzeichen

Volleyball, Netball und Handball

Volleyball, Netball und Handball sind tempogeladene Mannschaftssportarten, die auf Spielfeldern mit Hartboden gespielt werden. Beim Volleyball gilt es, den Ball über ein quer über die Spielfeldmitte gespanntes Netz zu schlagen, so daß er auf der gegnerischen Seite den Boden berührt. Eine Mannschaft hat sechs Spieler. Sie darf den Ball während eines Spielzugs dreimal berühren, um ihn über das Netz zu schlagen. Ein Spieler darf den Ball aber nicht zweimal nacheinander berühren. Der Ball darf mit den Armen, Händen oder jedem anderen Teil des Oberkörpers gespielt werden. Nur wer Aufschlag hat, kann Punkte erzielen. Sieger ist die Mannschaft, die drei Sätze (Satz: 15 Punkte und dabei mindestens zwei Punkte Vorsprung vor dem Gegner) gewonnen hat. Netball ist eine dem Basketball ähnliche reine Damen-Sportart. Das Spiel wird auf einem etwas größeren Feld mit sieben Spielerinnen gespielt. Der Ball wird durch Werfen, Passen und Fangen weitergegeben. Ziel ist es, den Ball in den gegnerischen Korb zu werfen. Der Aktionsradius der Spielerinnen ist auf bestimmte Spielfeldbereiche beschränkt. Beim Handball hat jede Mannschaft sieben Spieler. Der Ball wird durch schnelles Dribbeln, Passen oder Prellen gespielt. Die Spieler dürfen den Ball mit jedem beliebigen Körperteil oberhalb der Knie stoppen, fangen, werfen, prellen oder schlagen. Jede Mannschaft versucht, den Ball am gegnerischen Torwart vorbei ins Tor zu befördern.

Volleyballtechniken

Oberer Aufschlag (Tennisaufschlag)

Schmetterball

Unterer Aufschlag

Bagger

Spielkleidung

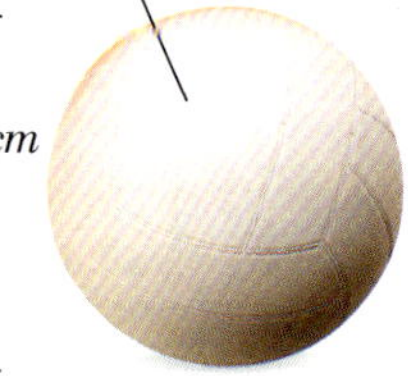

Volleyball

Volleyballfeld

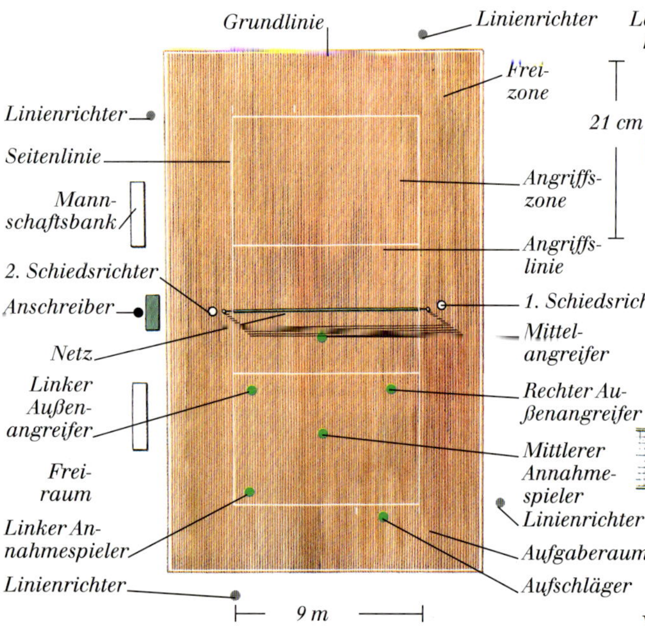

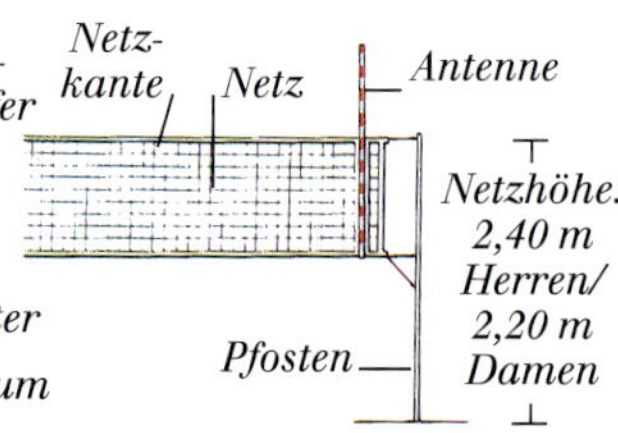

Volleyballnetz

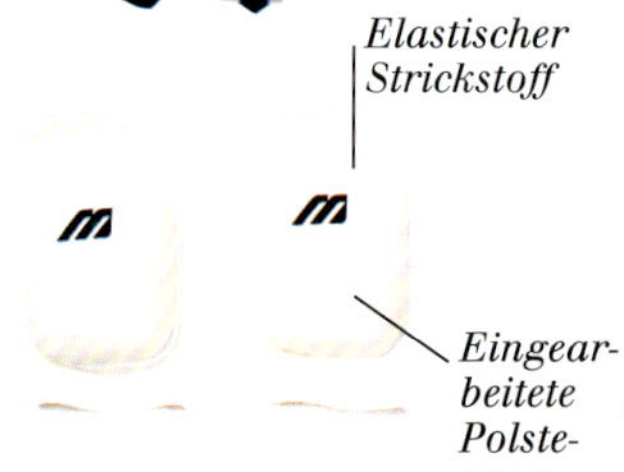

Knieschützer

Netballfeld

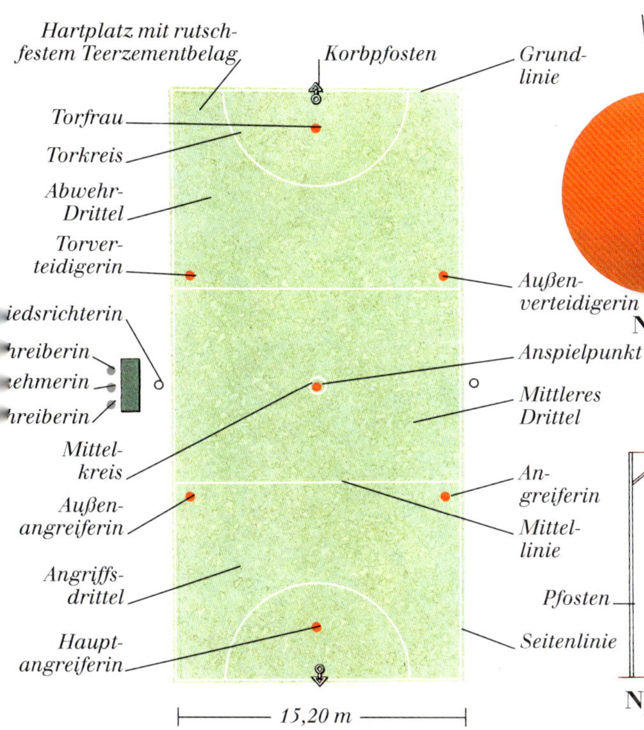

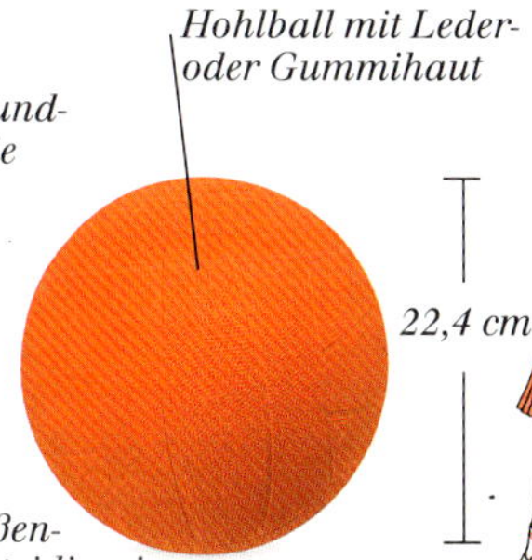

Netball

Zuspielformen beim Netball

Brustpaß

Unterhandpaß

Schulterpaß

Indirektes Zuspiel

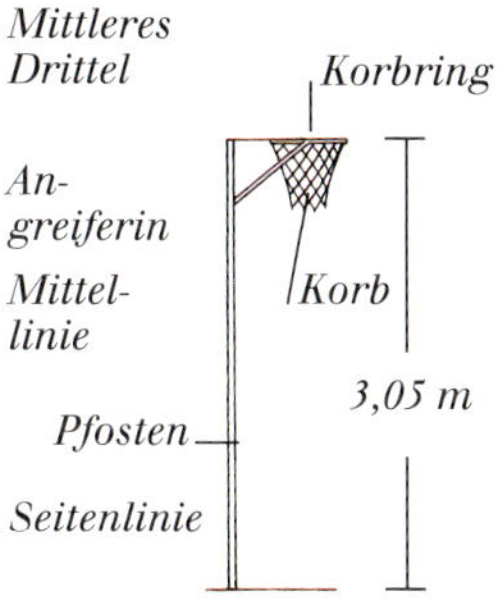

Netball-Korbanlage

Handballfeld

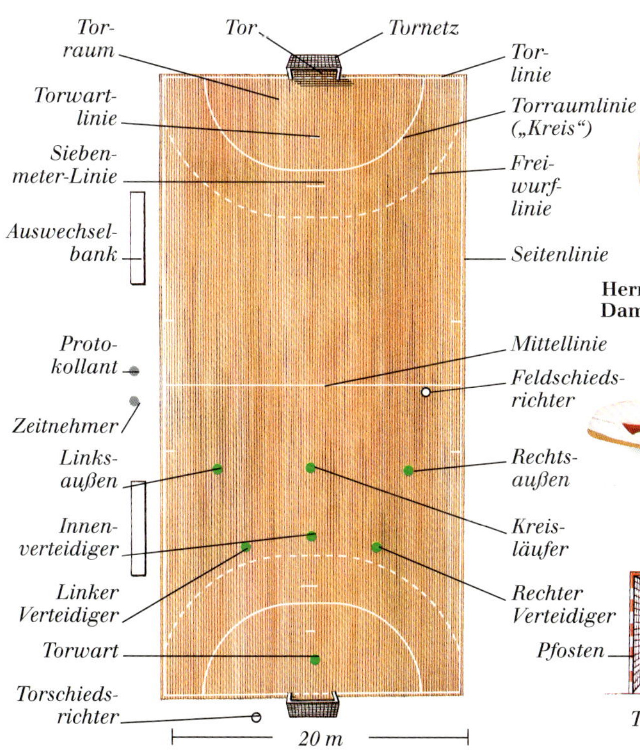

Handball
Herren: 58–60 cm Umfang
Damen: 54–56 cm Umfang

Handballschuh

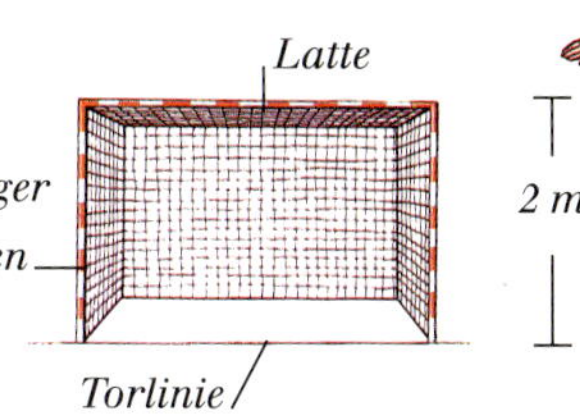

Handballtor

Handballtechniken

Schlagwurf

Dribbeln

Indirektes Zuspiel

Sprungwurf

Leichtathletik

Zur Leichtathletik zählen Laufdisziplinen (Kurz-, Mittel- und Langstreckenlauf, Staffel- und Hürdenlauf und Gehen) und technische Disziplinen (Sprung- und Wurfsportarten). Wettkämpfe, bei denen sich Athleten in Schnelligkeit, Stärke, Gewandtheit und Ausdauer maßen, gab es bei den alten Griechen schon vor über 4000 Jahren. Die Abschaffung der Olympischen Spiele im Jahre 393 v.Chr. führte dann jedoch zu einem Niedergang der Leichtathletik. Erst Mitte des 19.Jh.s kam es zu einer Wiederbelebung. Moderne Stadien verfügen über meist außerhalb der Laufbahn gelegene Bereiche für Weitsprung, Dreisprung und Stabhochsprung. Speer-, Hammer- und Diskuswerfen sowie Kugelstoßen finden auf dem Rasen innerhalb der Laufbahn statt. Die meisten Athleten spezialisieren sich auf eine oder zwei Disziplinen. Im Siebenkampf allerdings treten Frauen in 200- und 800-m-Lauf, 100 m Hürden, Speerwurf, Kugelstoßen, Hoch-und Weitsprung an (verteilt auf zwei Tage). Beim Zehnkampf messen sich Männer an zwei Tagen im 100-, 400- und 1500-m-Lauf, 110 m Hürden, Speerwurf, Diskuswerfen, Kugelstoßen, Stabhochsprung, Hoch- und Weitsprung.

Geräte für Technik-Disziplinen

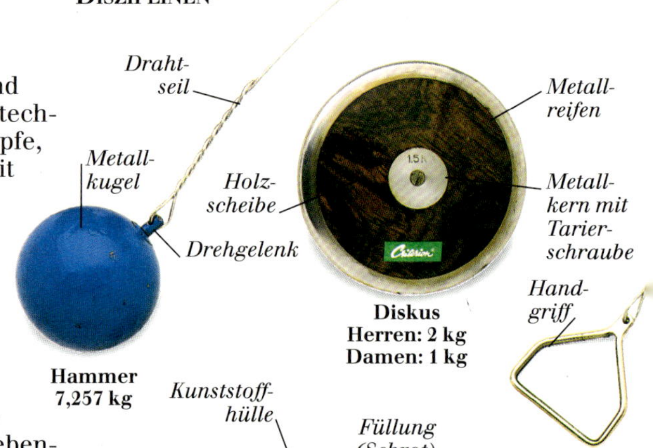

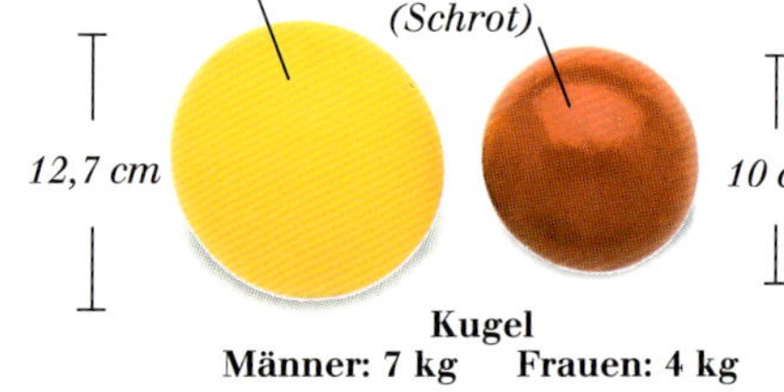

Speer

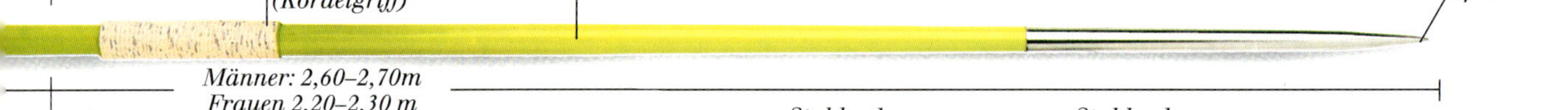

Leichtathletik-Stadion

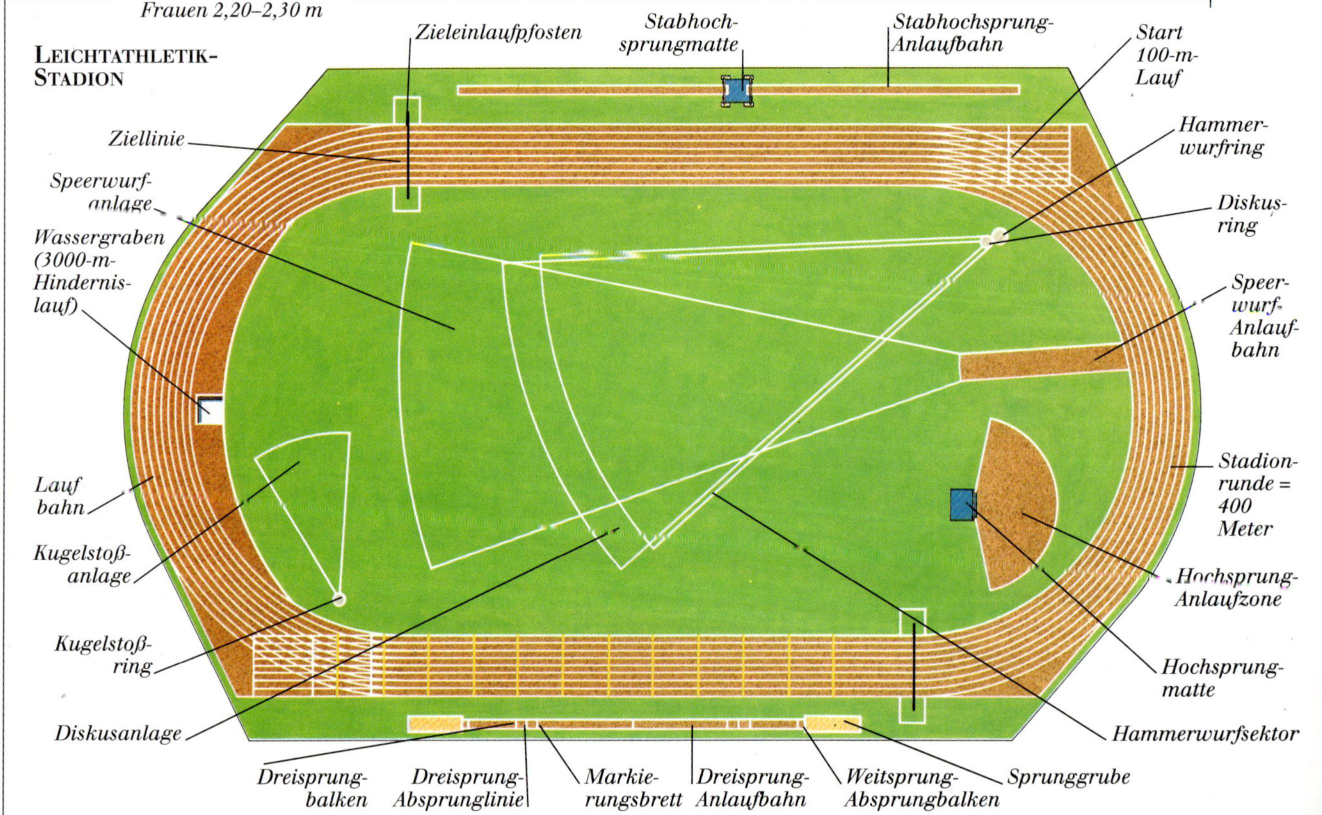

Staffelstäbe

Schuhe

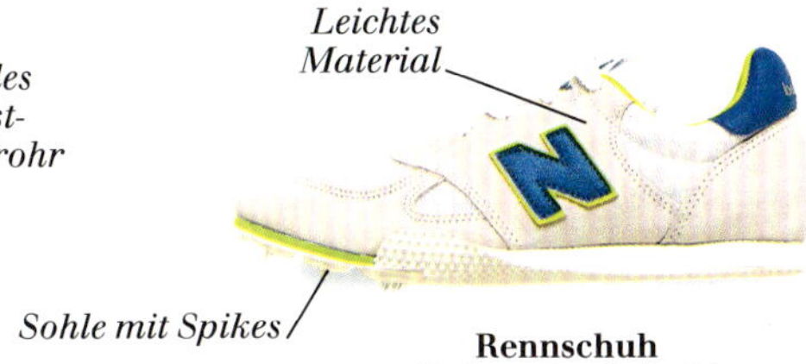

Rennschuh (Bahnenlaufschuh)

Laufschuh (Dauerlauf)

Diskuswurf

Kugelstossen

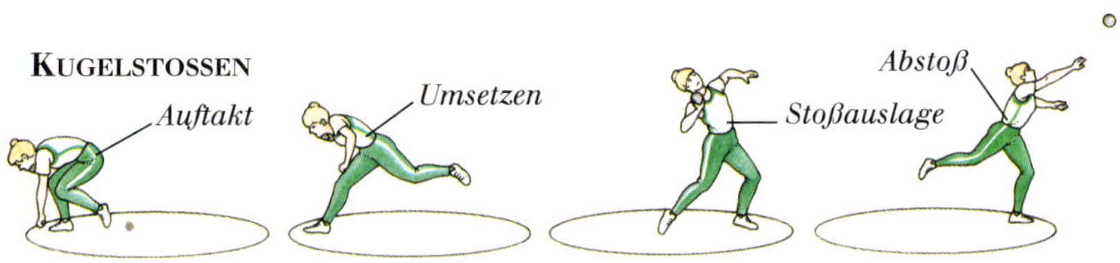

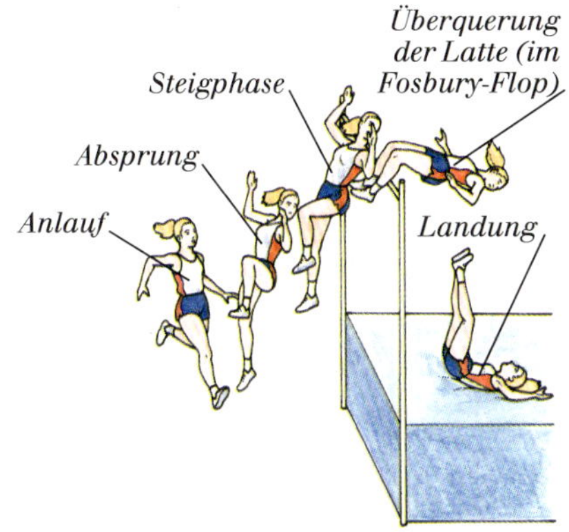

Hochsprung

Hammerwerfen

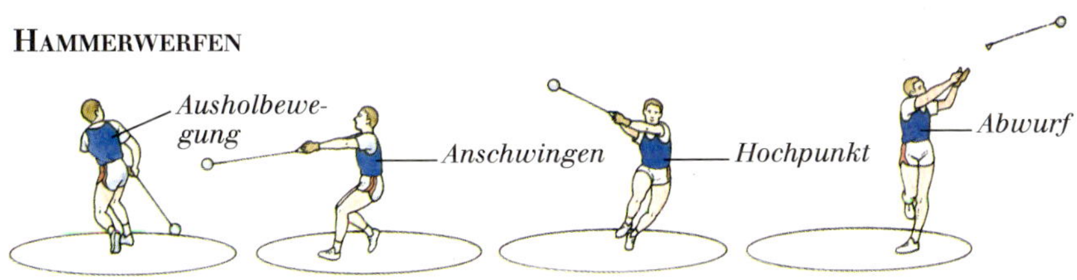

Speerwerfen

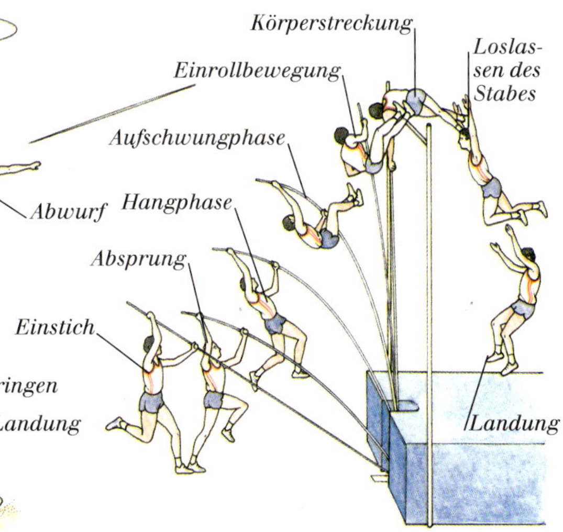

Stabhochsprung

Weitsprung (Laufsprungtechnik)

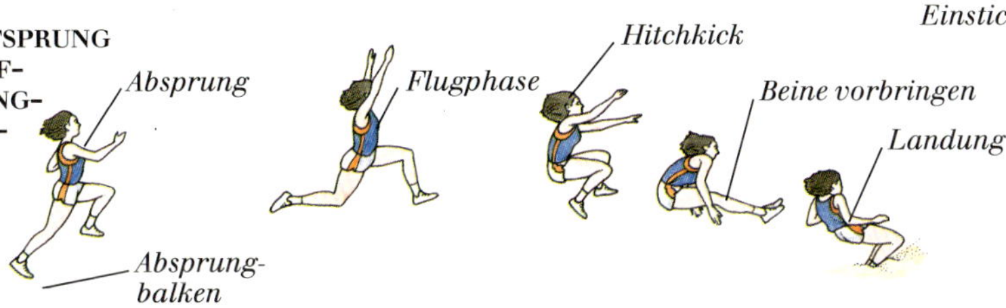

Dreisprung

Rückschlagspiele

Schutzbrille

Ziel aller Rückschlagspiele ist es, den Ball mit einem Schläger so zu schlagen, daß ihn der Gegner nicht zurückschlagen kann. Die Spiele werden von zwei Spielern (Einzel) oder vier Spielern (Doppel) bestritten. Schlägerform und -größe sind auf die jeweilige Sportart zugeschnitten. Als Material für den Rahmen dienen Holz, Kunststoff, Aluminium oder Fiberglas. für die Bespannung verwendet man Kunstfasersaiten, z.T. auch noch Naturdarmsaiten. Beim Tennis ist der Platz (mit Beton-, Gras-, Sand- oder Kunststoffboden) durch ein niedrig gespanntes Netz in zwei Hälften geteilt. Die gegnerischen Spieler schlagen abwechselnd zu den Spielen auf. Um einen Satz für sich zu entscheiden, muß man mindestens sechs Spiele gewinnen. Für einen Matchsieg braucht man zwei, manchmal auch drei Gewinnsätze. Badminton ist eine Hallensportart, die mit leichten, elastischen Schlägern und einem Federball auf einem Feld mit hoch gespanntem Netz gespielt wird. Man kann nur bei eigenem Aufschlag Punkte erzielen. Wer zuerst 15 (im Frauen-Einzel 11) Punkte erreicht , gewinnt den Satz. Für einen Matchsieg braucht man zwei Gewinnsätze. Squash und Racquetball (Racquets) werden auf einem von Wänden begrenzten Feld gespielt. Ein Spieler schlägt den Ball gegen die vordere Wand, der andere versucht, ihn zurückzuschlagen, ehe er mehr als einmal auf dem Boden aufspringt. In den USA ist der Squashplatz kleiner als beim internationalen Spiel, der Ball ist härter. Im Squash spielt man auf 9 (international) oder 15 Punkte (amerikanisch). Der Ball beim Racquetball ist größer und springt höher als ein Squashball. Der Schläger ist dick und stabil, mit großem Kopf, kurzem Griff und einer Handgelenkschlaufe. Punkten kann nur der Aufschläger, und wer zuerst 21 Punkte erreicht, hat gewonnen.

TENNISSCHLÄGER

TENNISPLATZ

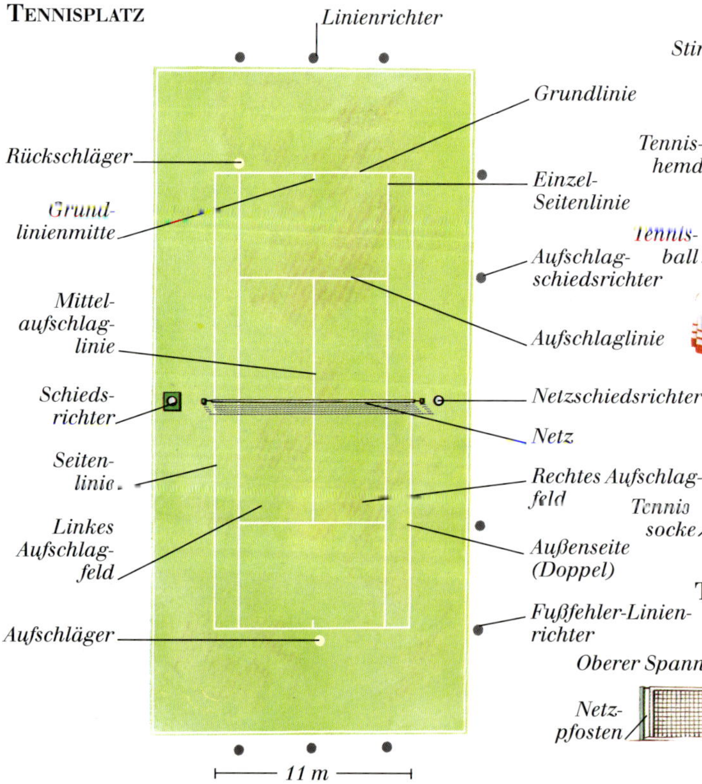

TENNISSPIELERIN

TENNISBALL (AUFBAU)

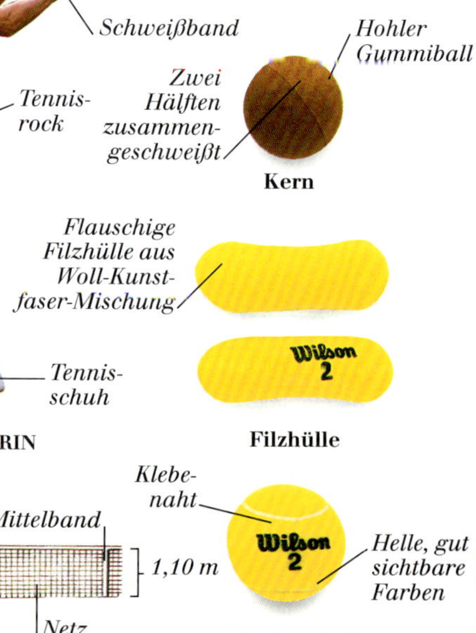

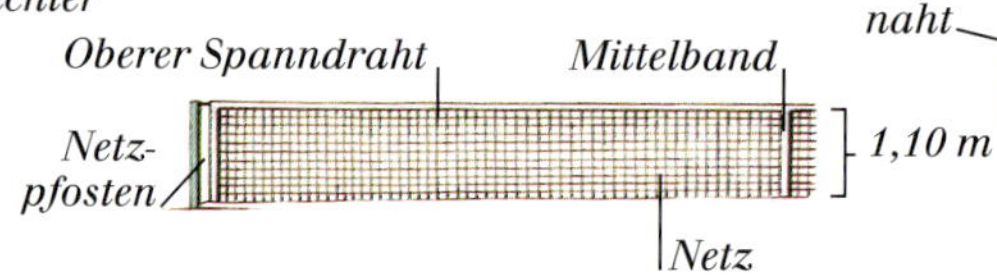

TENNISNETZ

Badmintonschläger und Federball

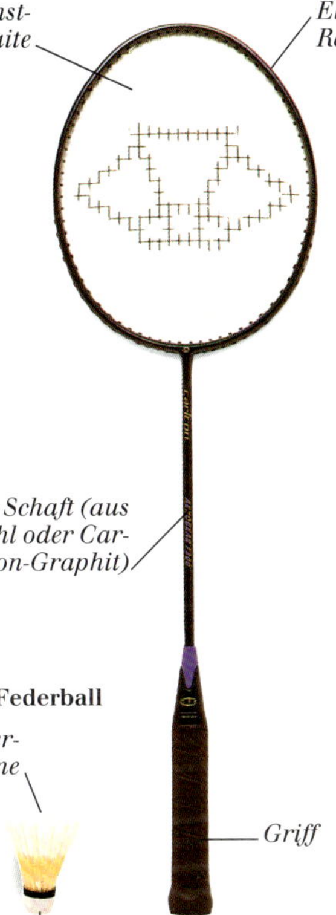

Squashschläger und Bälle

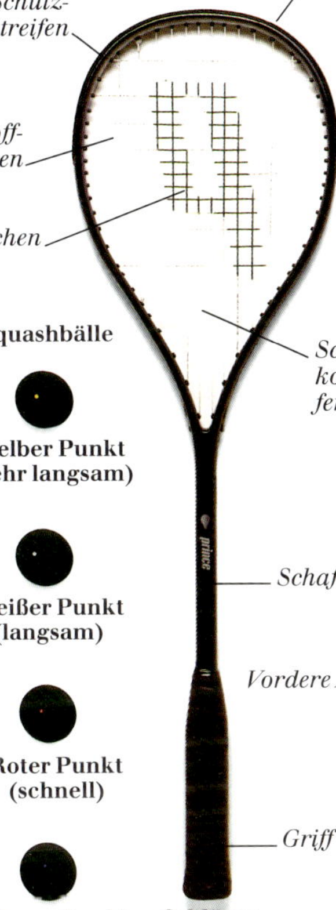

Amerikanischer Squashcourt

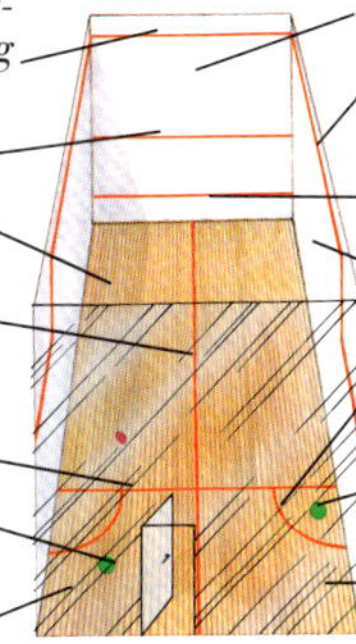

Internationaler Squashcourt

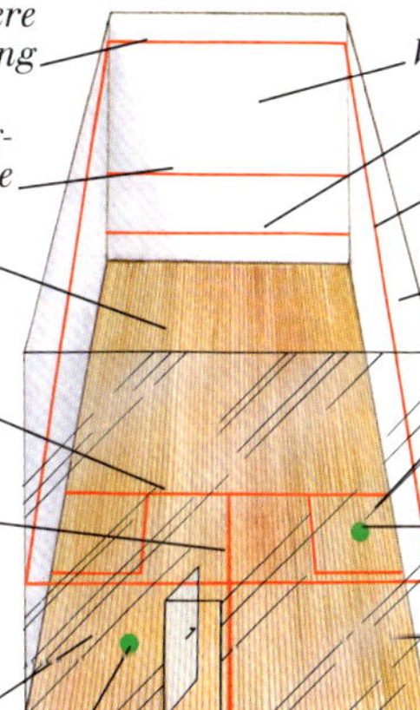

Badmintonplatz

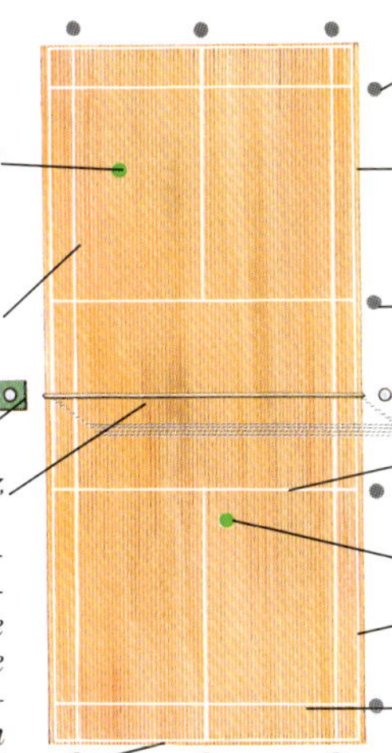

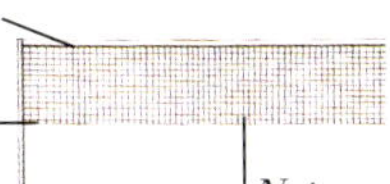

Badmintonnetz

Racquetball: Schläger, Ball und Handschuh

Racquetball-„Käfig“

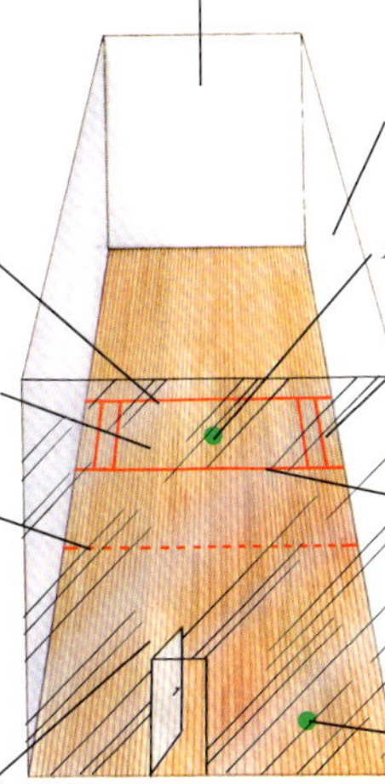

Golf

Golfball und Tee

Golf ist ein Rasenballspiel, bei dem der Ball mit Holz- oder Stahlschlägern gespielt wird. Am Abschlag (Tee) wird der Ball auf einen in den Boden gedrückten Holz- oder Kunststoffstift gesetzt. Von dort geht es über die von hohem Gras und Buschwerk (Rough) begrenzte Spielbahn (Fairway), eine kurz gemähte Rasenfläche, mit Hindernissen (z.B. Teiche, Bäche, sandgefüllte Bunker) bis zum Zielbereich (Green) mit dem Loch. Wettkampf-Golfplätze haben 18 Löcher. Ziel des Spiels ist es, den Ball mit möglichst wenigen Schlägen der Reihe nach in jedem Loch zu versenken (zu putten). Die Spieler treten einzeln oder in Mannschaften gegeneinander an. Dabei absolvieren sie die Runde in Gruppen von zwei, drei oder vier Personen. Man unterscheidet zwei Wettspielarten: Lochspiele und Zählspiele. Beim Lochspiel siegt die Partei, die die Mehrzahl der Löcher über eine gewisse Anzahl von Runden gewonnen hat. Beim Zählspiel gewinnt der Spieler, der nach einer bestimmten Anzahl von Runden die wenigsten Schläge gebraucht hat.

Golfball

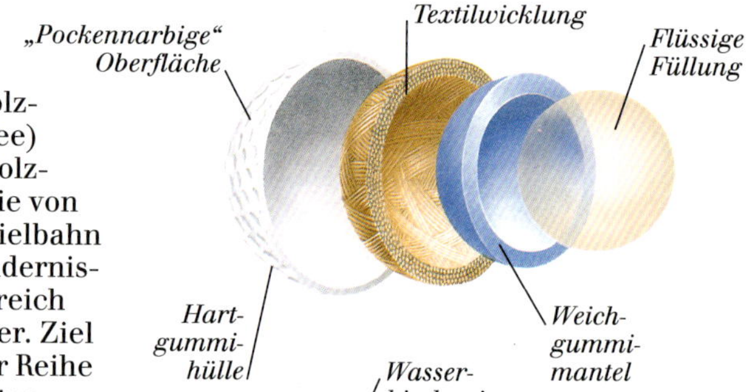

Augusta-National-Golfplatz in Augusta, Georgia/USA

Ein typisches Loch

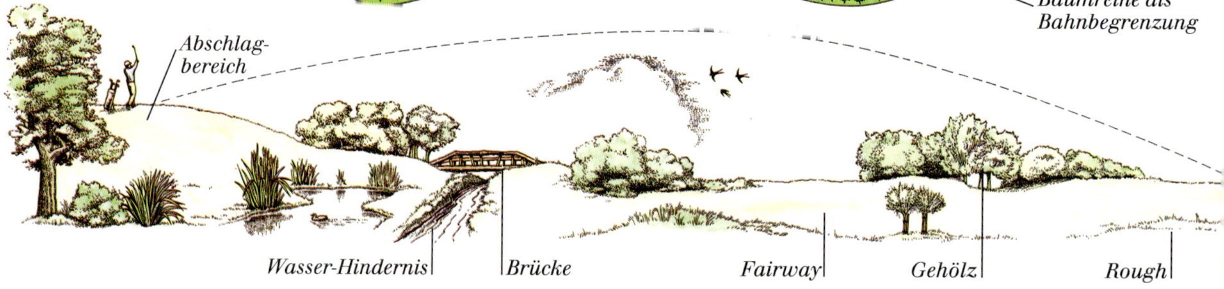

Herstellung eines Holzschlägers

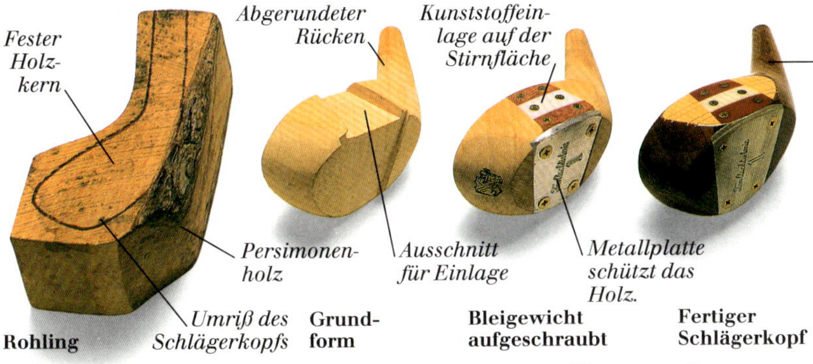

Holzschläger

Eisenschläger

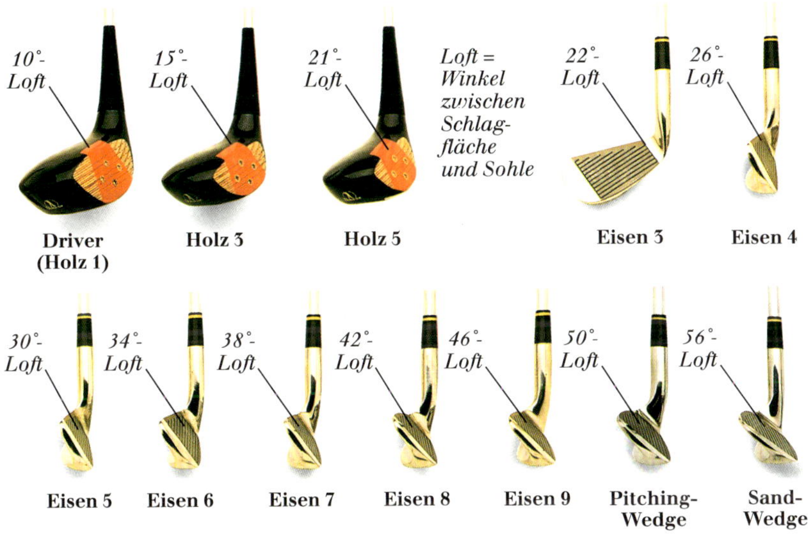

Putter, Holz und Eisen

Golfzubehör

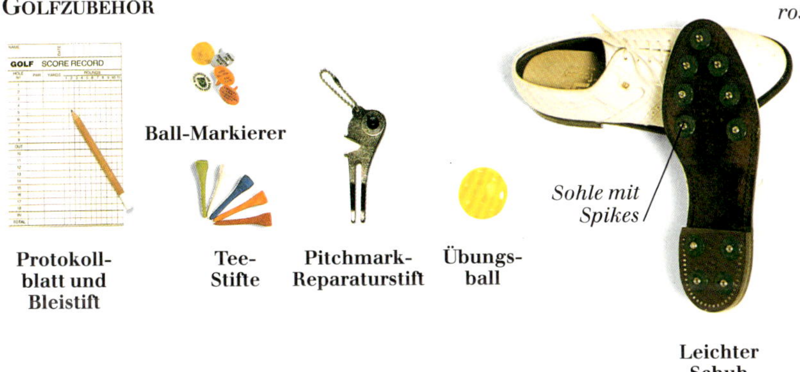

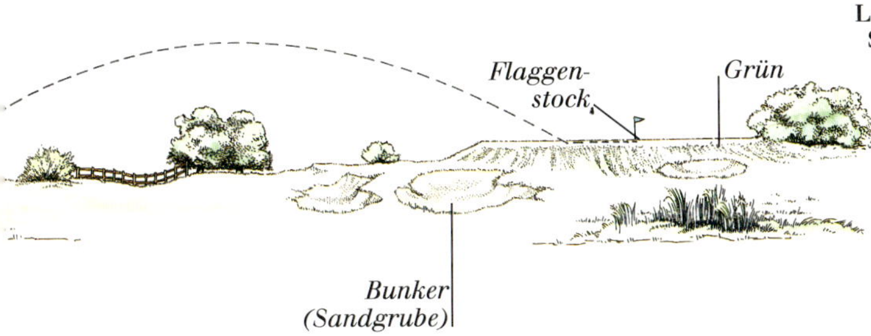

Schieß-Sport

Zielschießen und Bogenschießen entwickelten sich aus Geschicklichkeitsübungen für die Jagd und für kriegerische Auseinandersetzungen. Doch wenngleich Sportbögen nach dem Vorbild der frühen Jagdbögen gestaltet sind, hergestellt werden sie aus laminiertem Holz, Kunststoff, Glas- und Kohlefaser, und sie sind mit Zielvorrichtungen und Stabilisatoren ausgestattet. Bei Wettkämpfen wird über Distanzen von 30, 50, 70 und 90 m (Herren) und 30, 50, 60 und 70 m (Damen) geschossen. Je näher der Einschuß der Mitte der Zielscheibe kommt, desto höher ist die Ringzahl. Die Ringe der einzelnen Durchgänge werden zusammengezählt, der Schütze mit der höchsten Ringzahl gewinnt den Wettbewerb. Armbrust-Wettkämpfe finden über Entfernungen von 10 und 30 m statt. Beim Gewehrschießen unterscheidet man Kleinkaliber-, Großkaliber- und Luftgewehrschießen. Wettbewerbe finden über eine Vielzahl von Entfernungen statt, außerdem wird nach Schießpositionen unterteilt: liegend, kniend oder stehend. Das olympische Biathlon kombiniert Skilanglauf mit Gewehrschießen. Es gibt 10- und 20-km-Einzelwettbewerbe bei den Herren, bzw. über 7,5 und 15 km bei den Damen, außerdem Staffelwettbewerbe. Als Waffe benutzt man ein Spezial-Kleinkalibergewehr. Weitere Schießsportwettbewerbe mit Gewehren sind Wurftaubenschießen (Trap und Skeet), Laufende Scheibe (Laufender Keiler) und Vorderladerschießen. Pistolenwettbewerbe, bei denen Schnellfeuerpistolen, Sportpistolen und Luftpistolen benutzt werden, finden über 10, 25 und 50 Meter statt. Beim Schießen mit der Schnellfeuerpistole werden insgesamt 60 Schüsse aus einer Entfernung von 25 Metern abgefeuert.

Armbrust und Bolzen

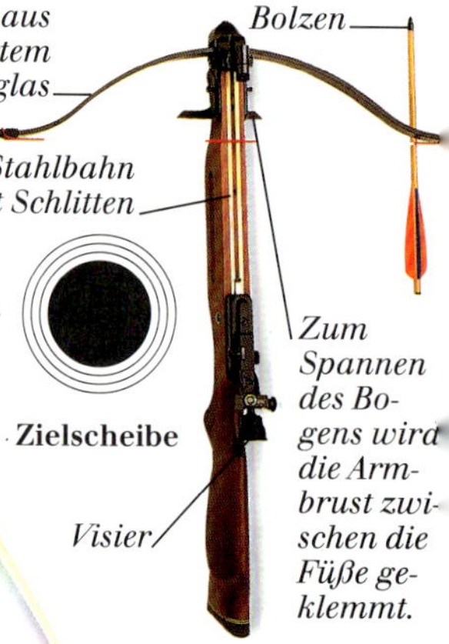

Zielscheibe

Moderner Wettkampfbogen

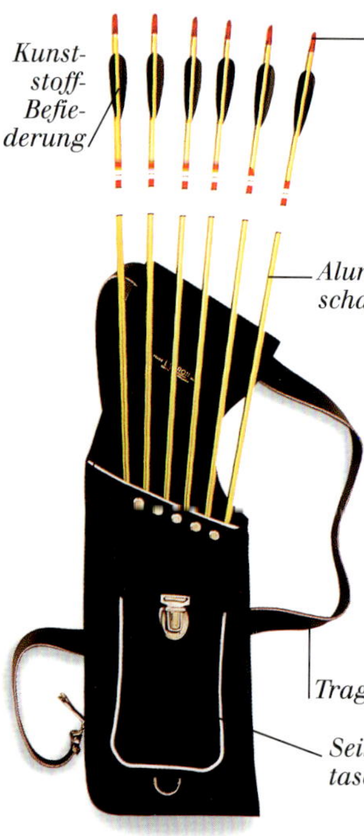

Köcher

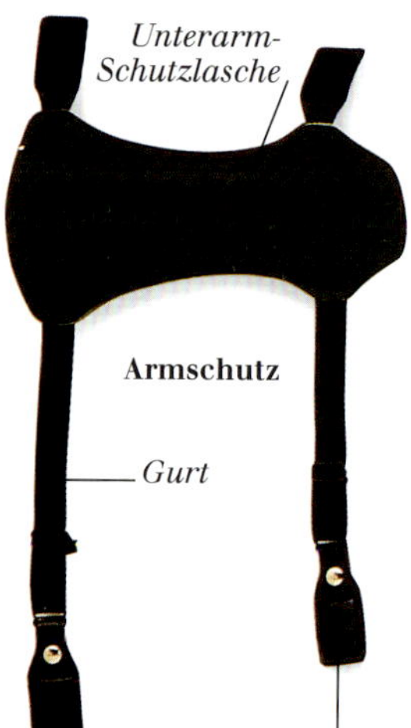

Armschutz

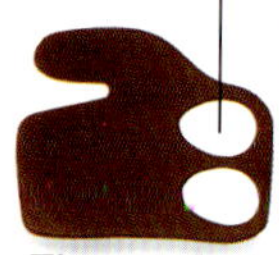

Fingerschutz

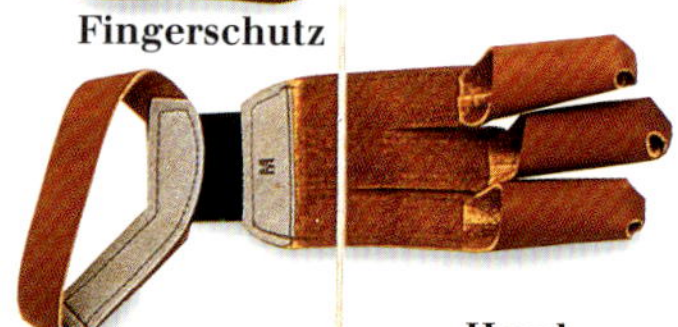

Handschuh

Ausrüstung fürs Bogenschiessen

BIATHLON-KLEINKALIBERGEWEHR

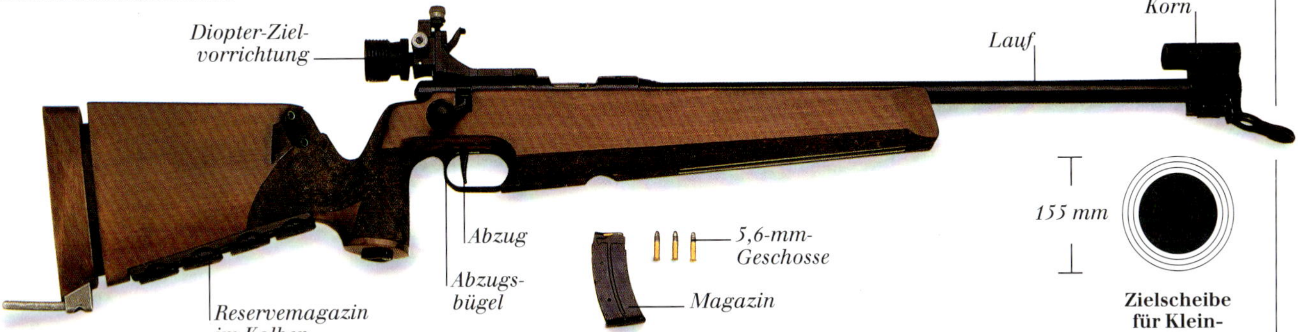

Zielscheibe für Kleinkaliber 50 m

GROSSKALIBER-JAGDWAFFE

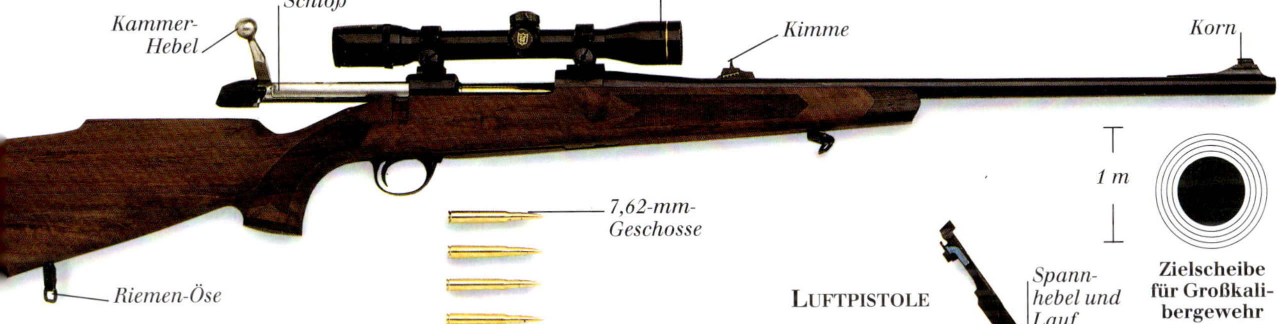

Zielscheibe für Großkalibergewehr (300 m)

LUFTPISTOLE

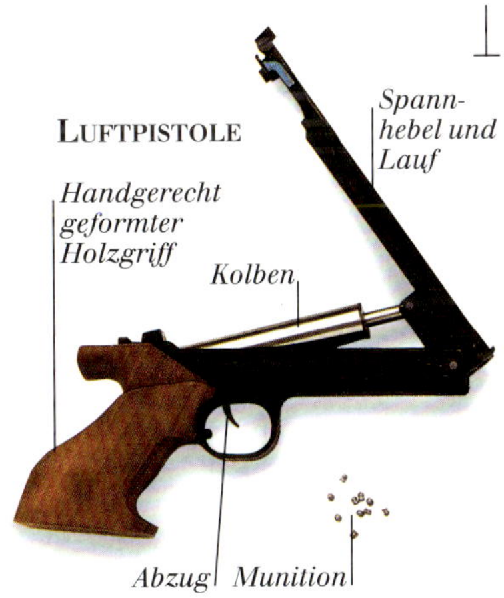

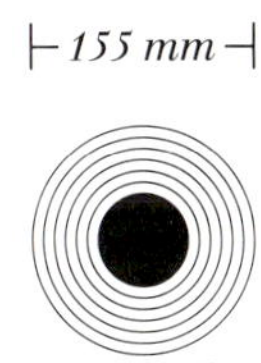

Zielscheibe für Luftpistole (10 m)

GROSSKALIBER-SPORTPISTOLE

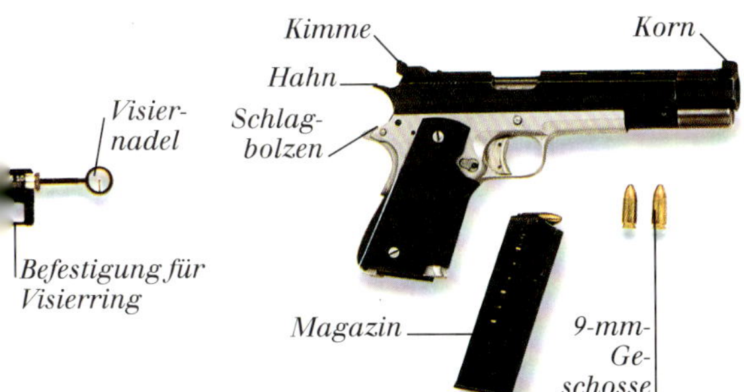

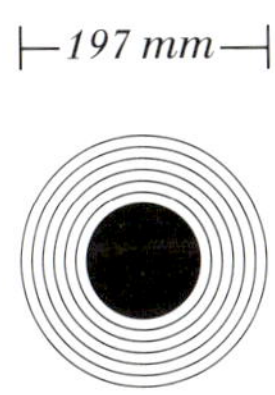

Zielscheibe für Pistolenschießen (18 m)

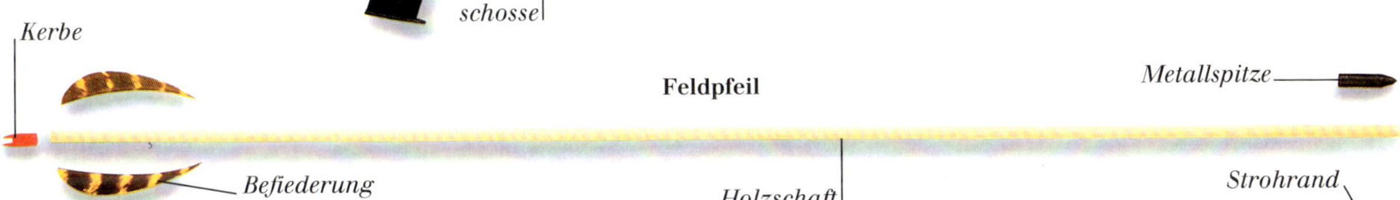

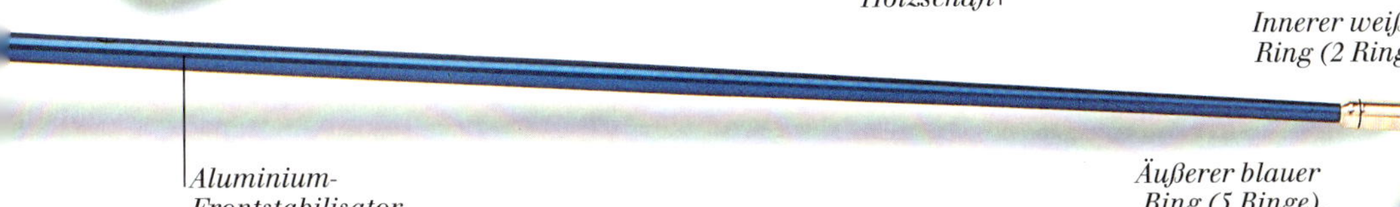

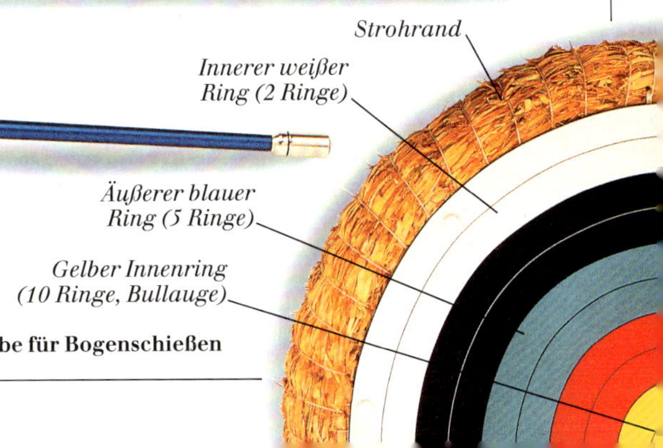

Zielscheibe für Bogenschießen

Eishockey

Der Mannschaftssport Eishockey wird auf einer Eisbahn mit je einem Tor an den Spielfeldenden gespielt. Ziel des schnellen und oft gefährlichen Spiels ist es, eine Hartgummischeibe (Puck) mit einem Schläger (Stock) ins gegnerische Netz zu befördern. Das Spiel beginnt, wenn der Schiedsrichter den Puck zwischen die Schläger von zwei gegnerischen Spielern wirft, die den „Bully" ausführen. Die Eisfläche ist in Verteidigungs-, neutrale und Angriffszone unterteilt. Die Spieler dürfen sich mit dem Puck bewegen und ihn sich gegenseitig zuspielen – allerdings nicht über mehr als zwei markierte Zonen hinweg. Ein Tor ist erzielt, wenn der Puck die Torlinie zwischen den Pfosten und unterhalb der Querlatte überquert hat. Jede Mannschaft darf bis zu 22 Spieler aufbieten, auf dem Eis dürfen aber immer nur sechs Spieler sein. Gespielt werden dreimal 20 Minuten, nach jedem Drittel werden die Seiten gewechselt.

TORWART

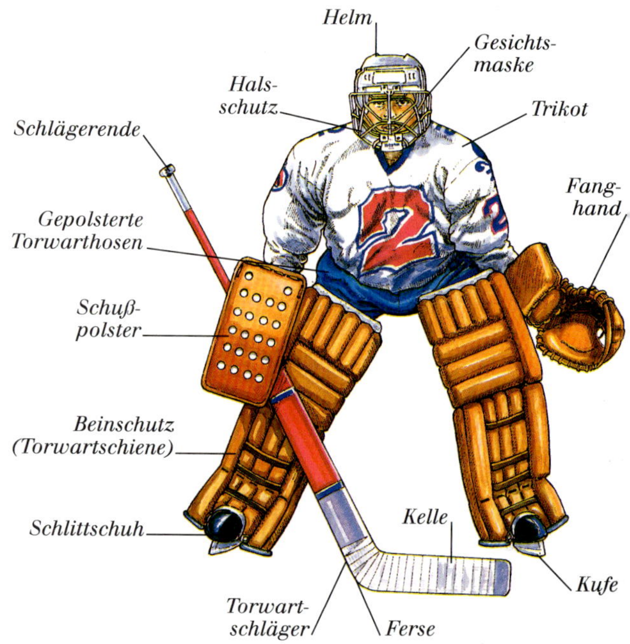

EISHOCKEYFELD

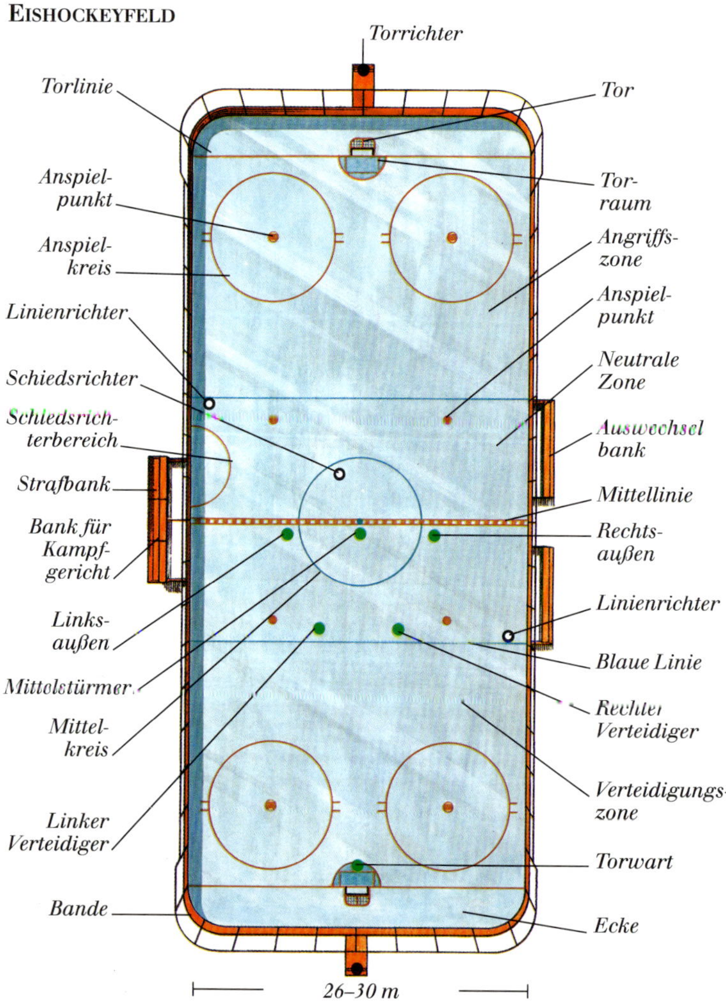

EINWURF (BULLY)

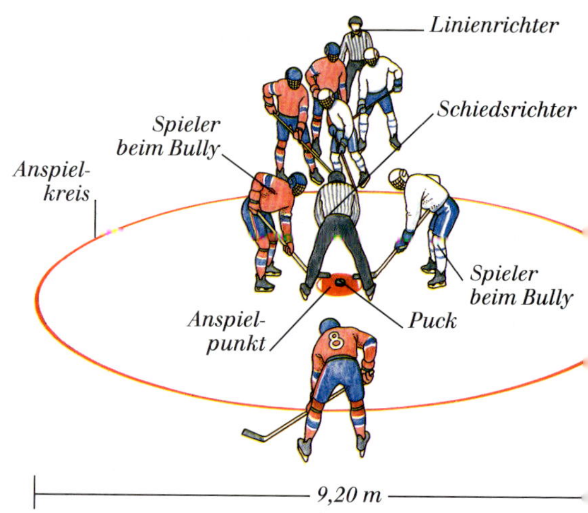

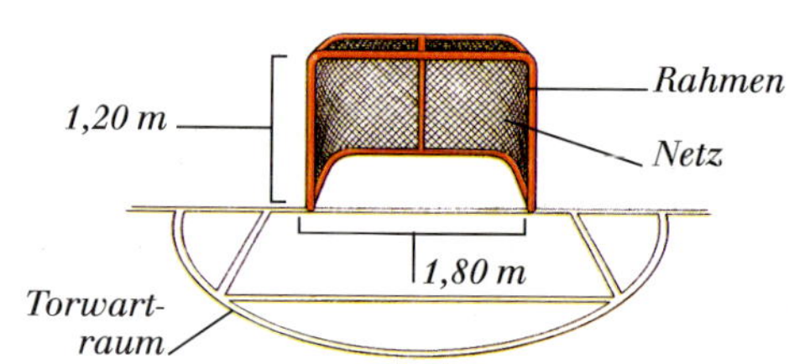

EISHOCKEYTOR

TORWARTHELM
Bemalung
Gesichtsschutz
Kinnschutz
FELDSPIELER-KÖRPERSCHUTZ
Luftschlitz
Stoßfester Kunststoff
Markenzeichen
Schaumstoffpolster
Kinnriemen
Helm
Schulterpolster
Schulter- und Brustpolster
Ellbogenpolster
Zugriemen
Brustpolster
Handgelenkschutz
Dicke Polsterung
Bewegliches Grundgelenk
Feste Fingerhülle
Handschuh
Beinschiene
Knieschützer
Fester Kunststoff
Dickes Schaumstoffpolster
Schienbeinschutz
Puck-Stopper
Fersenstütze
Abgerundetes Kufenende
Kufe
Schlittschuh
Hartgummi
7,62 cm
Puck
SCHLÄGER (STÖCKE)
Torwartschläger
Feldspielerschläger
1,47 m
Schaft unten verbreitert
Dünner Schaft
39 cm
32 cm
Breite Schaufel
Schaufel sitzt schräg am Schaft.

Alpiner Skisport

Der Alpine Skisport gliedert sich in die vier Disziplinen Abfahrtslauf, Slalom, Riesenslalom und Superriesenslalom (Super-G). Beim Abfahrtslauf fahren die Wettkämpfer einen durch Kontrollflaggen (Tore) markierten Hang hinab. Dabei zählt nur die Zeit dieses einen Durchgangs. Die Wettkämpfer tragen Sturzhelme. Einteilige, hautenge Rennanzüge halten den Luftwiderstand gering. Die langen Skier besitzen abgeflachte Spitzen. Auf den kurvenreichen Slalom- und Riesenslalomstrecken zählen Balance, Beweglichkeit und schnelle Reaktion. Die Strecke wird durch Tore markiert, die die Läufer durchfahren müssen. Die Zeit wird bei zwei Läufen auf verschiedenen Strecken genommen. Gewinner ist, wer das Rennen in der kürzesten Gesamtzeit beendet. Ausrüstung und Schutzvorrichtungen der Slalomläufer sind hier abgebildet. Beim Super-G absolvieren die Wettkämpfer nur einen Durchgang. Die Rennstrecke verlangt den Wettkämpfern mittlere bis weite Kurvenfahrten bei hoher Geschwindigkeit ab und enthält bis zu zwei Sprünge. Die Rennkleidung entspricht der beim Abfahrtslauf, die Skier sind etwas kürzer.

ABFAHRTSLÄUFER

ALPINE WETTKAMPFPISTEN

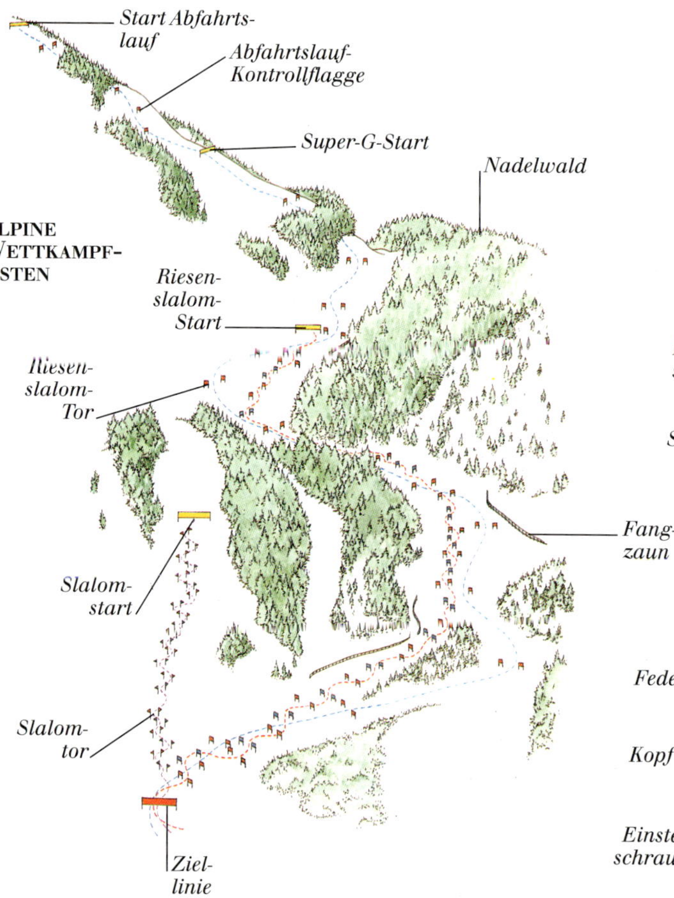

Skistiefel (Schalenstiefel)

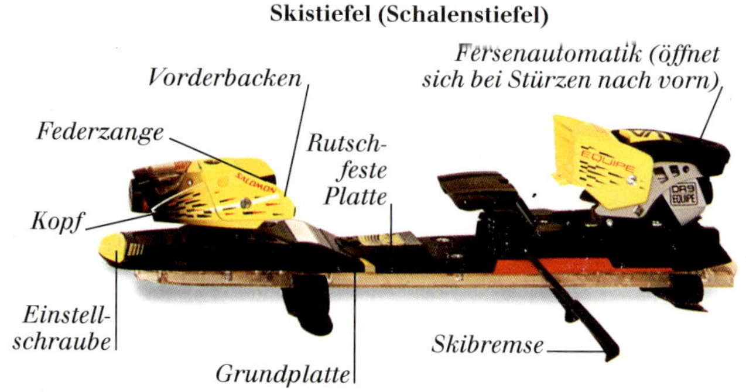

Sicherheitsbindung

SLALOMAUSRÜSTUNG

Pferdesport

Pferderennen fanden schon bei den Olympischen Spielen der Antike im Jahre 648 v. Chr. statt, Wagenrennen schon 680 v.Chr. Das Springreiten aber ist eine moderne Erfindung. Springwettbewerbe gibt es erst seit Ende des 19.Jh.s. Bei dieser Sportart müssen Pferd und Reiter einen Hindernis-Parcours möglichst fehlerfrei bewältigen. Die Hindernisse bestehen aus hölzernen Gestellen, auf denen Planken oder Stangen liegen. Teile des Hindernisses fallen bei einem Aufprall herunter, um Verletzungen bei Pferd und Reiter zu verhindern. Fehler wie das Umwerfen von Hindernissen oder Hindernisteilen, ein Verweigern des Sprungs oder Abweichungen vom vorgeschriebenen Kurs werden von Kampfrichtern durch Zurechnung bestimmter Sekundenzahlen bestraft. Springpferde sind meist Warmblüter. Beim Pferderennen unterscheidet man Flachrennen und Rennen mit Sprüngen, z.B. Hindernisrennen (Steeple Chase) oder Hürdenrennen. Bei diesem Sport setzt man Vollblutpferde ein, die über große Kraft und Ausdauer verfügen. Sie erreichen Geschwindigkeiten von bis zu 65 km/h. Die Jockeys tragen Rennfarben (Silks), Kappen und Trikots in charakteristischen Farben und Mustern, was die Identifizierung von Pferd und Reiter erleichtert. Beim Trabrennen wird das Pferd von einem leichten, zweirädrigen Wagen aus gesteuert, dem Sulky. Traberpferde sind eine spezielle Züchtung und werden eigens für diese Rennen trainiert. In Nordamerika weit verbreitet, in Australien und Neuseeland bei Rennen vorgeschrieben ist der Paßgang. Dafür werden eigene „Pacer“ (Paßgänger)-Rassen gezüchtet, so der „Standardbred“ und der „French Trotter“.

SPRINGSATTEL

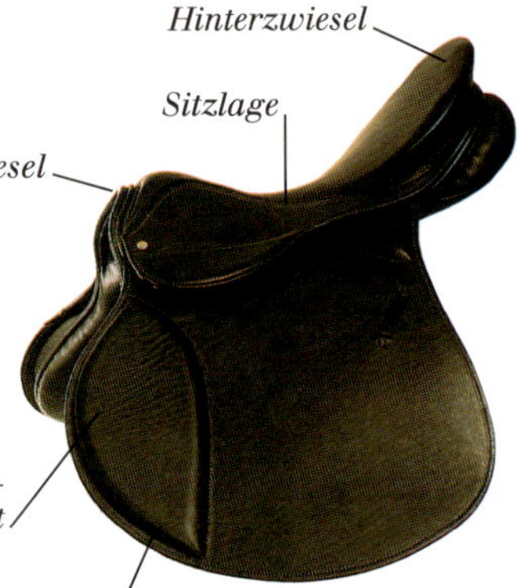

HINDERNISSE

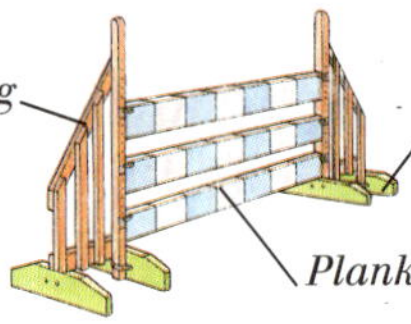

Steilsprung mit Planken

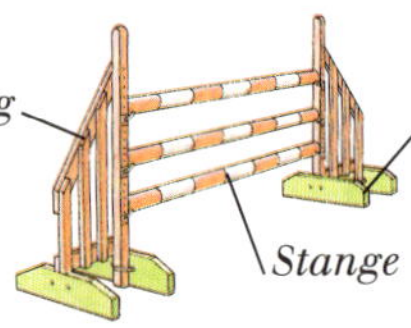

Steilsprung mit Stangen

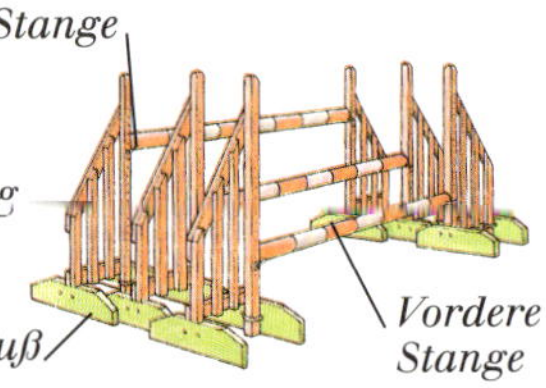

Triplebarren

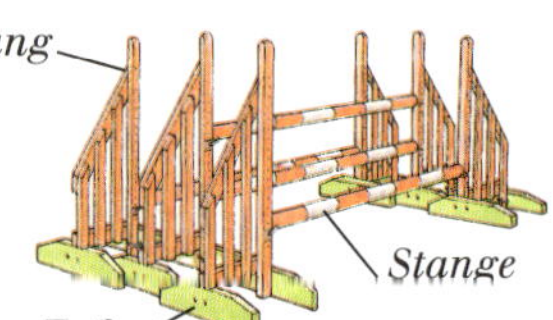

Schweinerücken

Mauer

SPRINGPFERD MIT REITER

Rennsattel

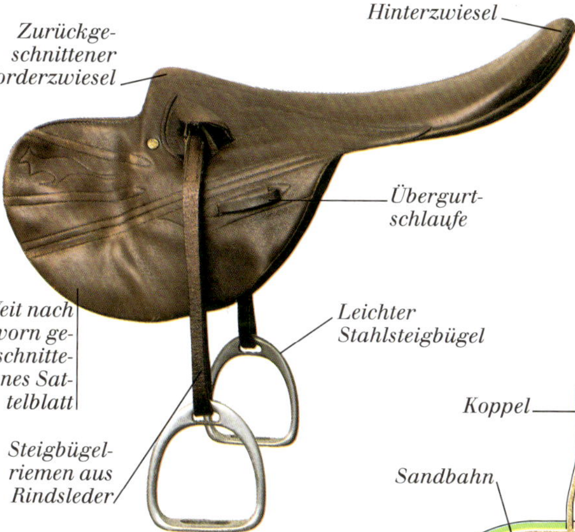

Rennfarben

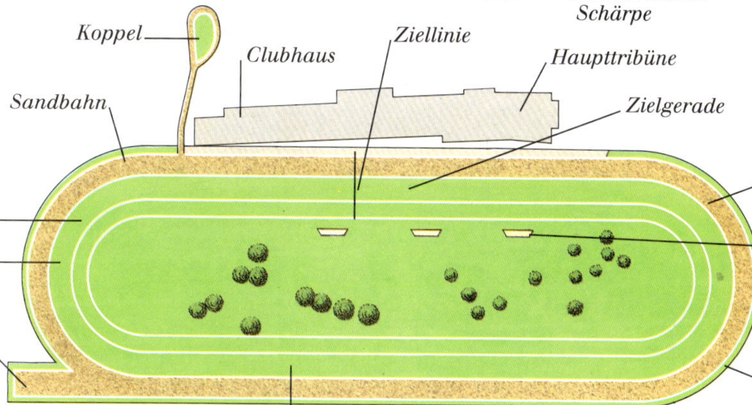

Saratoga-Rennparcours in Saratoga/New York (USA)

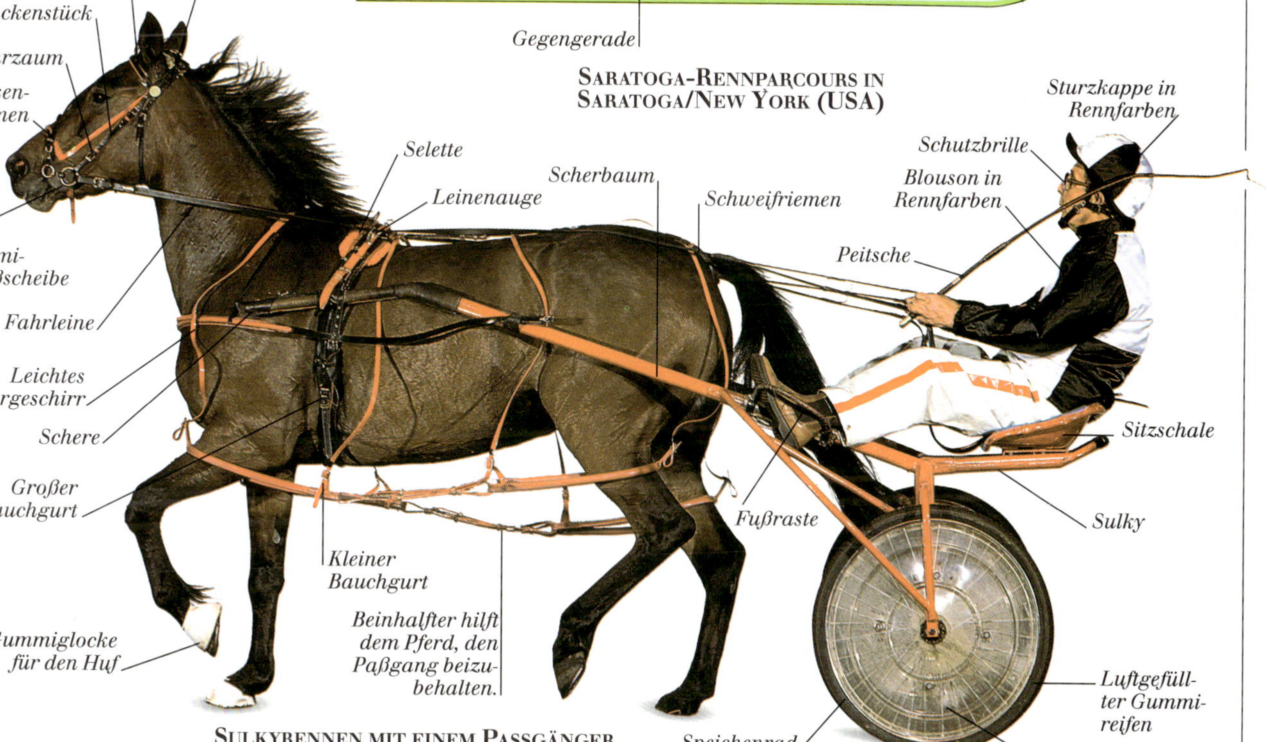

Sulkyrennen mit einem Passgänger („American Standardbred“)

Judo und Fechten

Es gibt Kampfsportarten, bei denen die Wettkämpfer unbewaffnet sind wie Judo oder Boxen und solche, bei denen Waffen eingesetzt werden wie Fechten und Kendo. Judo stammt aus dem Fernen Osten. Der japanische Name bedeutet „Der sanfte Weg“. Judo-Schüler lernen, die Kraft des Gegners zum eigenen Vorteil zu nutzen. Der Judoanzug besteht aus einer weiten, weißen Hose (Zubon) und einer Jacke (Kimono), die mit einem Stoffgürtel (Obi) gebunden wird. Die Gürtelfarbe zeigt den Grad des Könnens an, von den weißgegürteten Anfängern bis zu den „Schwarzgurten“. Wettbewerbe finden auf einer 9x9 oder 10x10 Meter großen Matte statt, die von „Warn-“ und „Sicherheitsflächen“ begrenzt wird, um Verletzungen zu verhindern. Die Wettkämpfer versuchen, ihren Gegner zu Boden zu werfen, festzuhalten oder wehrlos zu machen. Ansatzpunkte sind vor allem Armgelenke und Hals des Kontrahenten. Judo-Wettkämpfer erhalten Punkte für eine überlegene Technik, nicht dafür, daß sie den Gegner verletzen. Fechtwettkämpfe werden mit Florett, Degen oder Säbel ausgetragen. Sie finden auf einer 14 Meter langen Fechtbahn (Planche) statt. Die Wettkämpfer versuchen mit der Spitze ihrer Waffe bestimmte Trefferzonen beim Gegner zu berühren und müssen dabei vermeiden, selbst getroffen zu werden. Fechter tragen eine Spezialkleidung aus einem weißem Stoff, die maximalen Schutz bei gleichzeitiger Bewegungsfreiheit bietet, außerdem eine Stahldrahtgesichtsmaske (Kopfschutz) mit Halslatz und an der Fechthand einen langen weißen Stulpenhandschuh. Fechtwaffen sind stumpf und die Spitzen mit einem Knopf versehen, um Verletzungen zu verhindern. Bei Florett- und Degenwettkämpfen wird ein elektrisches Trefferanzeigesystem eingesetzt. Die Spitzen der Fechtwaffen sind durch einen langen Leitungsdraht, der unter der Jacke eines jeden Fechters verläuft, an Lampen angeschlossen. Wird ein Treffer erzielt, leuchtet eine Glühbirne auf.

Judo: Würfe und Haltegriffe

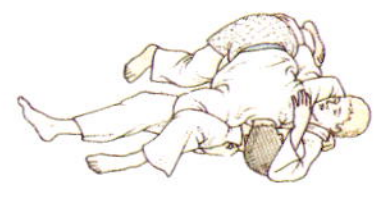
Seitvierer

Hinteres Schulterwürgen

Körperwurf

Punktschulterwurf

Schulterrad

Hüftfeger

Kopfwurf

Knierad

Judomatte

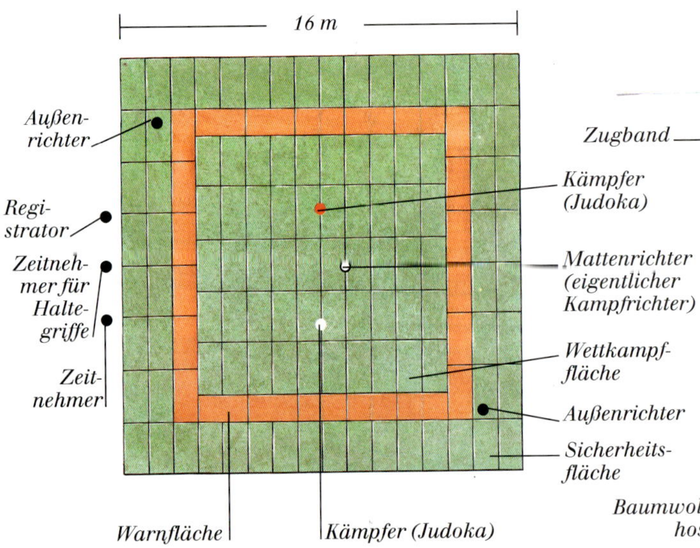

Judoanzug (Judogi)

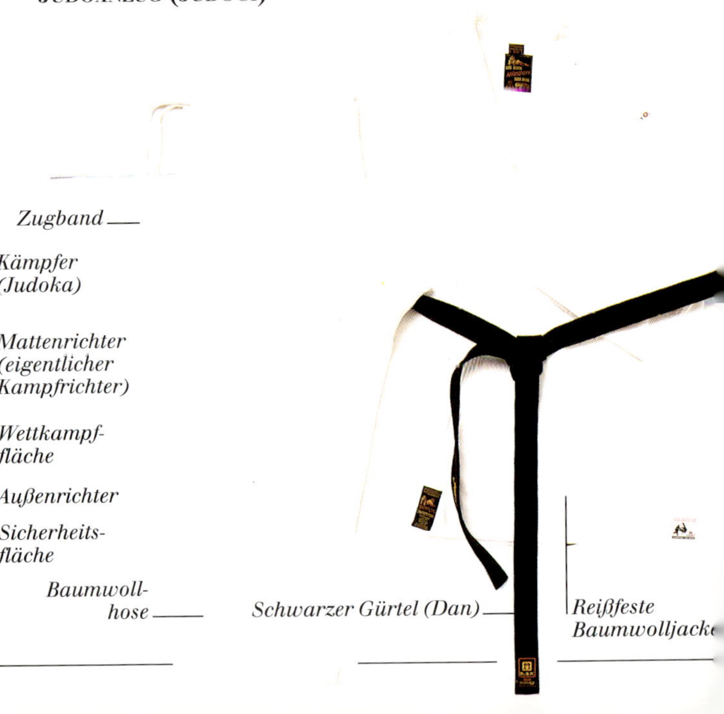

Fechtbahn (Planche)

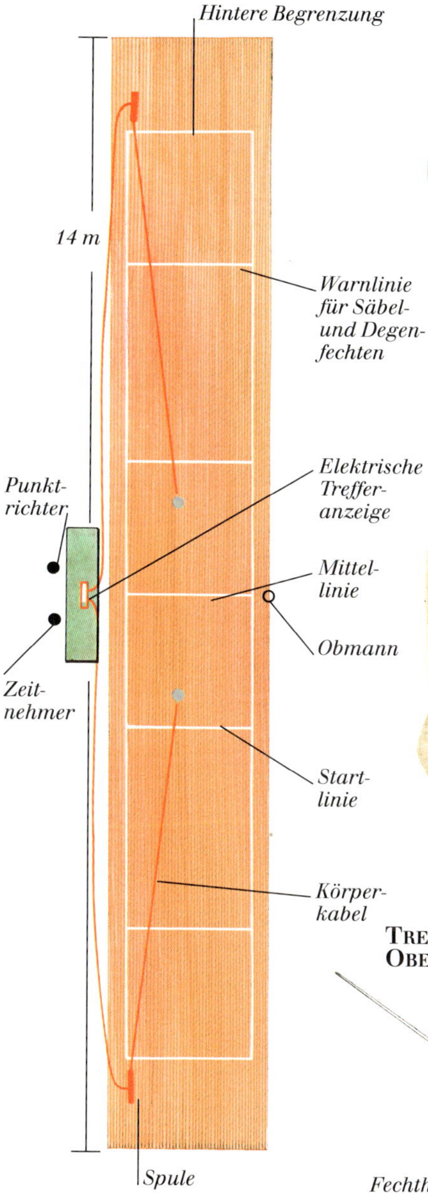

Kleidung und Waffen

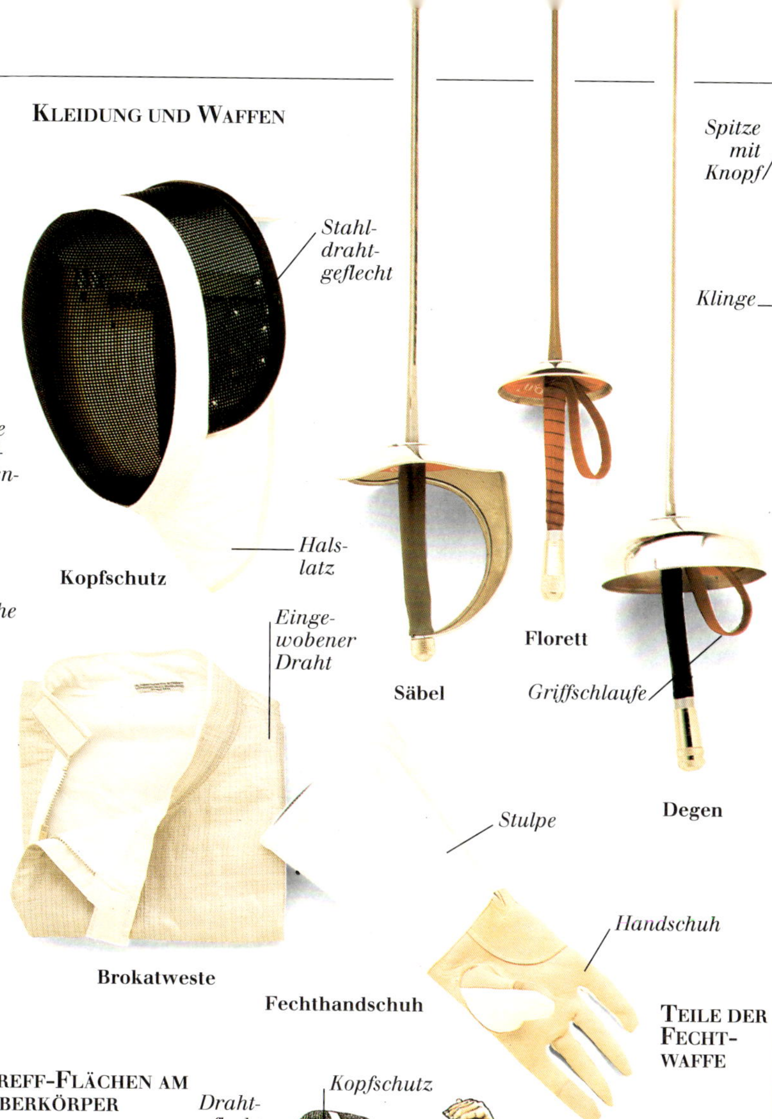

Teile der Fechtwaffe

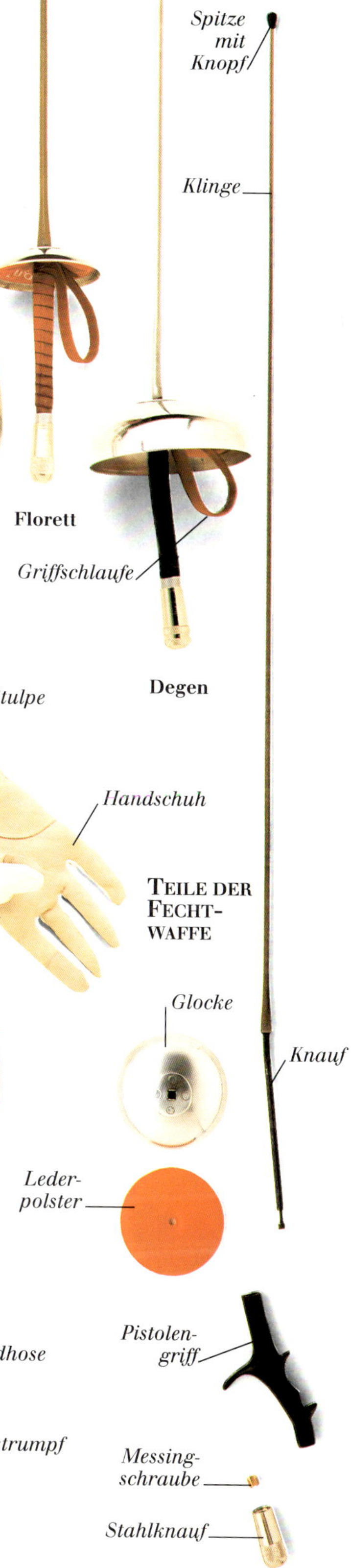

Treff-Flächen am Oberkörper

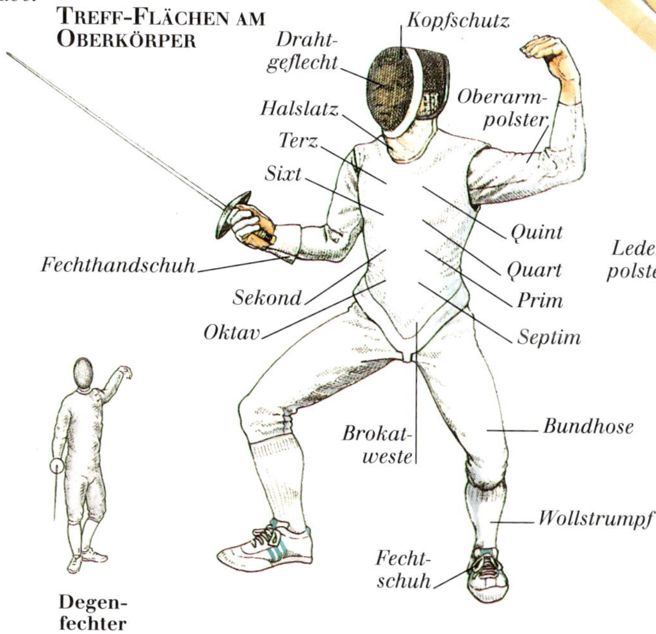

Treff-Flächen (Grau)

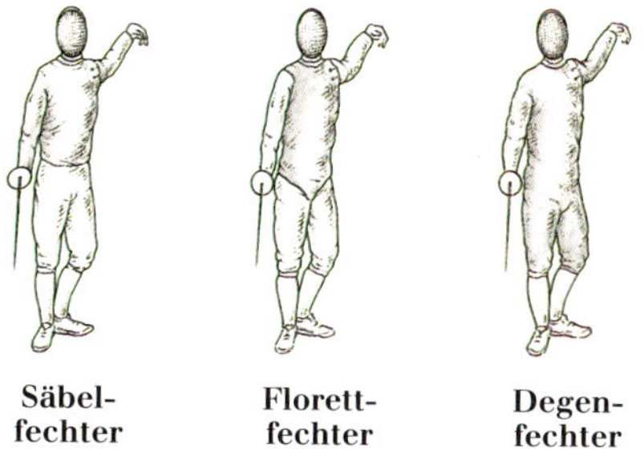

Schwimmen und Wasserspringen

Schwimmbrille

Schwimmwettbewerbe gab es schon bei den ersten modernen Olympischen Spielen 1896. Wasserspringen kam 1904 dazu. Schwimmwettkämpfe werden als Einzel- und Mannschaftssport über verschiedene Distanzen und in vier Schwimmstilen ausgetragen: Freistil (Kraul), Schmetterling (Delphin), Rücken- und Brustschwimmen. Die Bahnen bei Wettkämpfen sind voneinander abgegrenzt, wellenbrechende Markierungsleinen sollen das Wasser möglichst ruhig halten. Sieger ist die Mannschaft bzw. der Schwimmer, die oder der zuerst am Ziel anschlägt. Beim Wasserspringen gibt es Wettbewerbe für Damen und Herren, vom Brett (Kunstspringen) und von starren Blattformen aus (Turmspringen). Die sechs offiziellen Sprunggruppen sind: Vorwärts-, Rückwärts-, Auerbach-, Delphin-, Schrauben- und Handstandsprünge. Die Wettkämpfer zeigen eine vorgeschriebene Anzahl von Sprüngen. Nach jedem Sprung verteilen die Kampfrichter Noten für die Qualität der Ausführung und den Schwierigkeitsgrad.

Sprungstile

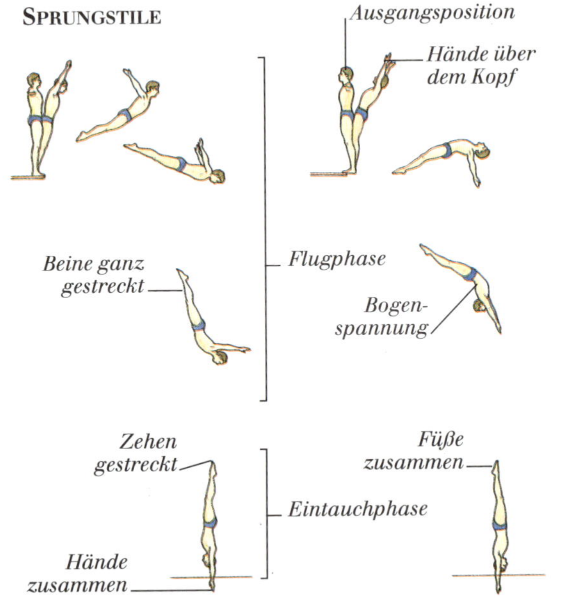

Vorwärtssprung

Rückwärtssprung

Schwimmbecken

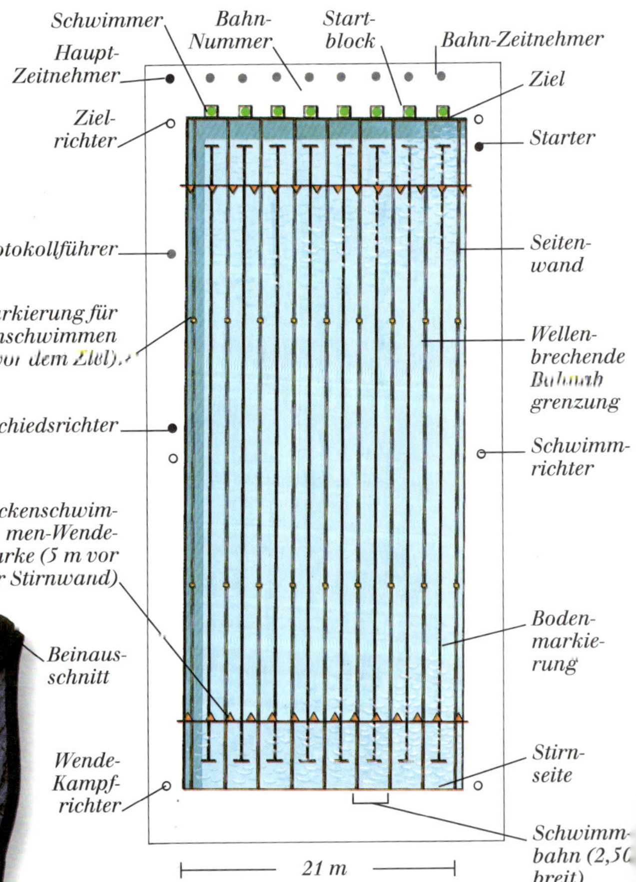

Schwimmkleidung

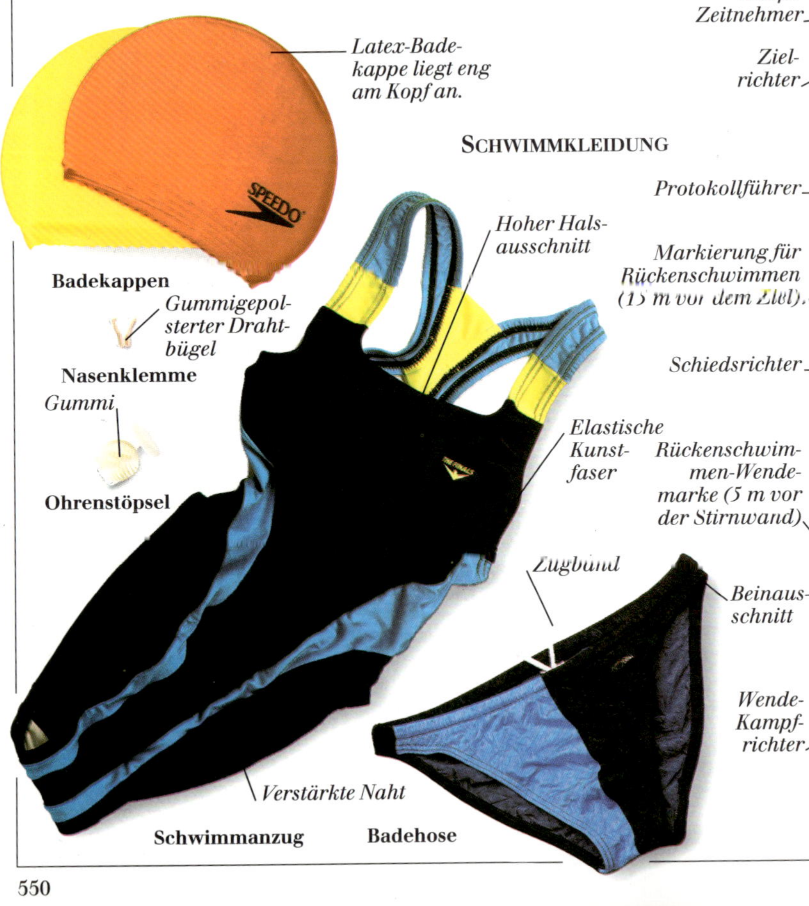

Badekappen

Nasenklemme

Ohrenstöpsel

Schwimmanzug

Badehose

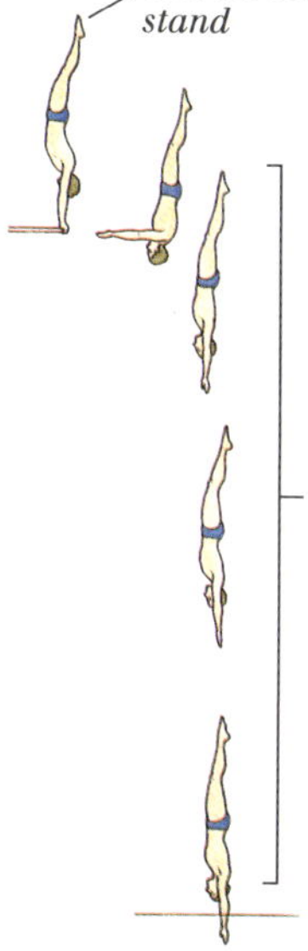

Handstandsprung

Schraube

Auerbach (gehechtet)

Delphinsprung (gehechtet)

Kraulschwimmen

Ganzkörperstreckung

Unterer Arm: Druckphase

Stromlinienförmiges Eintauchen

Seitliche Körperdrehung

Brustschwimmen

Gleiten

Beidseitiger Armzug

Arme unter dem Körper

„Froschkick"

Rückenschwimmen

Rollbewegung

Zugphase

Druckphase

Schulter anheben

Delphin

Druck aufnehmen

Doppelarmzug

Beinschlag (Kick-Down)

Ganzkörperwelle

Kanu, Rudern und Segeln

Im Rudersport gibt es Riemenboote, bei denen jeder Ruderer beidhändig ein Ruder mit zwei Blättern führt, das abwechselnd rechts und links eintaucht, und Skullboote, bei denen die Ruderer rechts und links jeweils ein Ruder (Skull) einsetzen. Es gibt eine Reihe von olympischen und nichtolympischen Ruderwettbewerben für Damen und Herren, unterschieden nach Anzahl der Ruderer und nach Gewichtsklassen, mit und ohne Steuermann. Im Kanusport gibt es Rennen und Slalomwettbewerbe mit Kajaks und Kanadiern auf Strecken und im Wildwasser, seit 1936 auch Kanusegeln. Bei Segelregatten müssen die Wettkämpfer genau vorgeschriebene Kurse in der kürzestmöglichen Zeit bewältigen, wobei als Antrieb nur Segel eingesetzt werden dürfen. Zu den olympischen Wettkämpfen gehören u.a. Rennen für Kielboote, Jollen und Katamarane.

SEGELKLEIDUNG

EINER-KAJAK UND DOPPELPADDEL

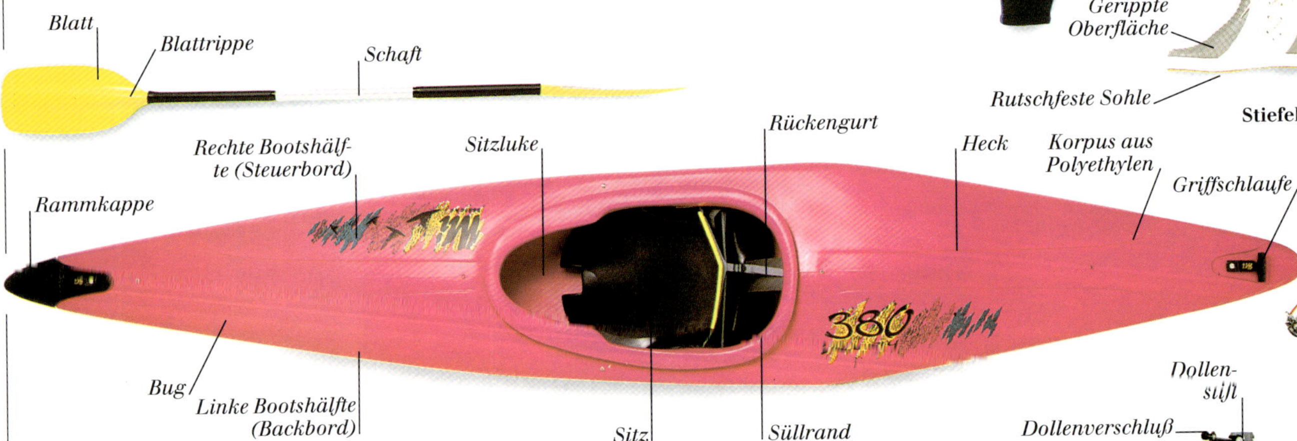

EINER-RENNBOOT (OHNE ABDECKUNG) UND SKULLS

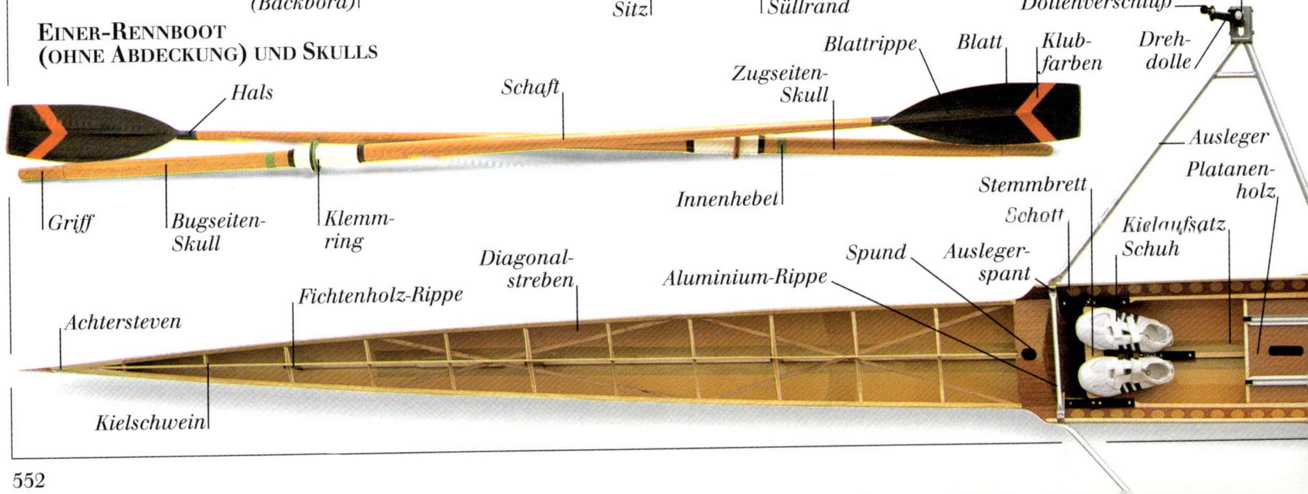

Schwimmweste

Segelboot (Jolle)

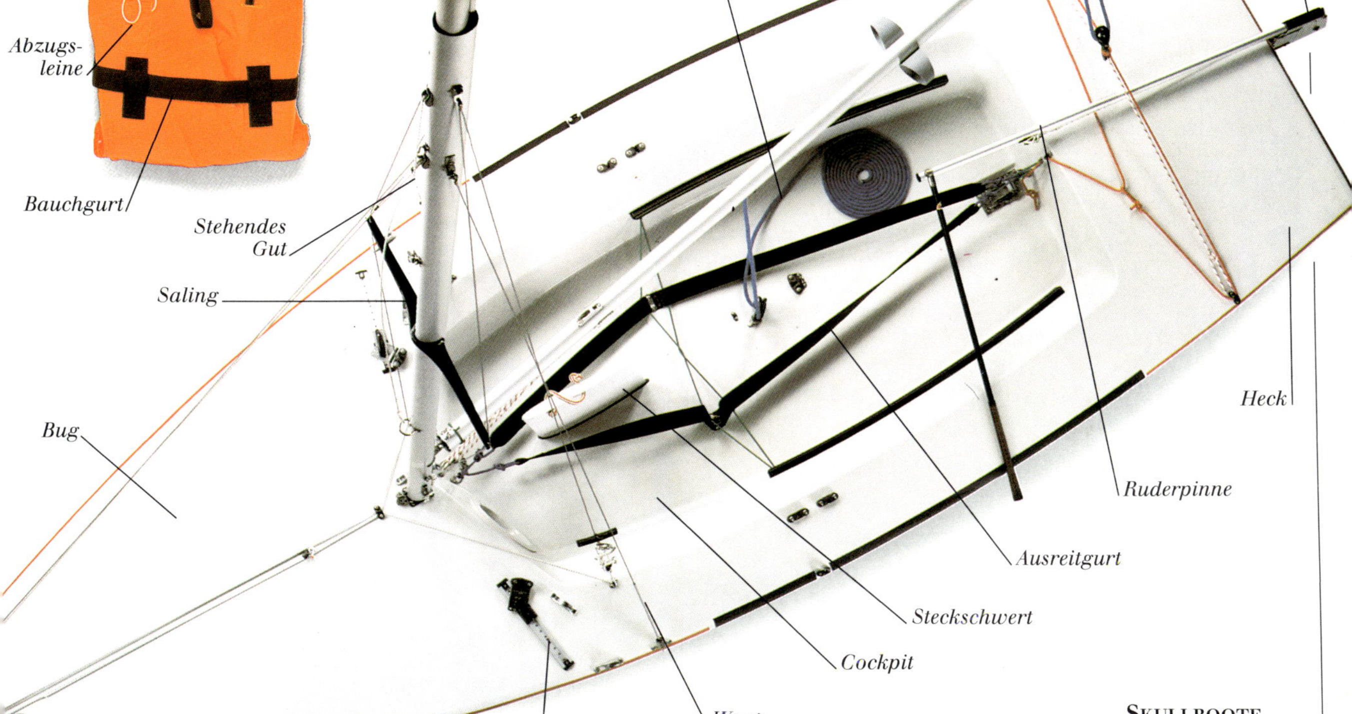

Skullboote

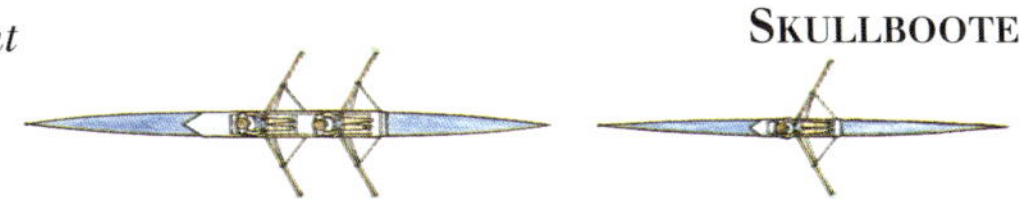

Riemenboote

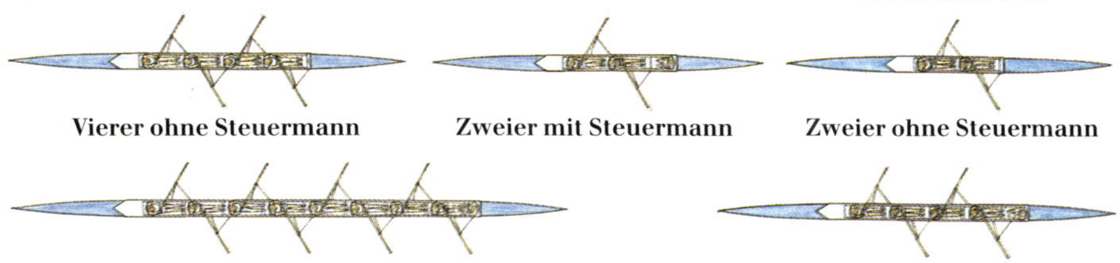

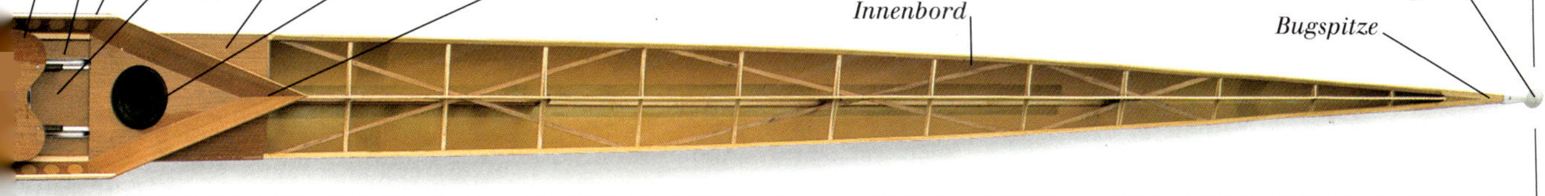

Angeln

Beim Angeln wird mit einer Rute mit Rolle und Schnur und mit einem Köder gefischt. Im Angelsport unterscheidet man Wettfischen und Casting. Beim Wettfischen werden nach einem Punktsystem an Flüssen, stehenden Gewässern oder dem Meer in einer bestimmten Zeit gefangene Fische gewertet. Beim Casting gibt es Wettbewerbe mit der Fliege, mit Kunststoff- oder Aluminiumgewichten als Ziel- und Weitwurf. Zum Fischfang benutzt man als Köder u.a Futter zum Anlocken der Fische. Beim Fliegenfischen verwendet man eine echte oder künstliche Fliege. Beim Spinnangeln benutzt man einen künstlichen Köder, den „Spinner", der wie ein kleiner Fisch aussieht und sich dreht, wenn man ihn durchs Wasser zieht. Der Köder wird durch Ausholen mit der Rute an der Schnur ins Wasser geworfen. Die Rolle reguliert den Lauf der Schnur beim Abrollen und Aufwickeln. Gewichte lassen die Schnur sinken, Wirbel verhindern ein Verheddern. Wenn ein Fisch anbeißt, muß sich der Haken in sein Maul bohren und dort festsitzen, während der Fang eingeholt wird.

Fliege

Rücklaufsperre

Rollen

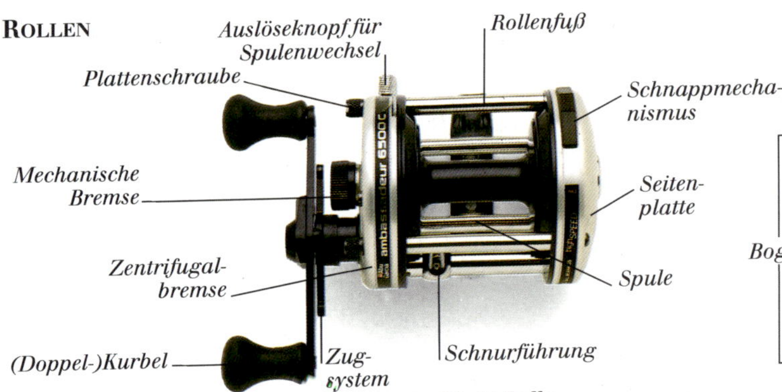

Multi-Rolle

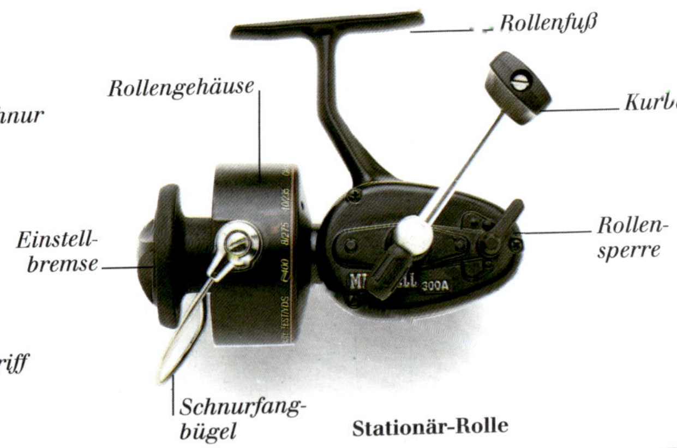

Stationär-Rolle

Haken, Wirbel, Gewichte

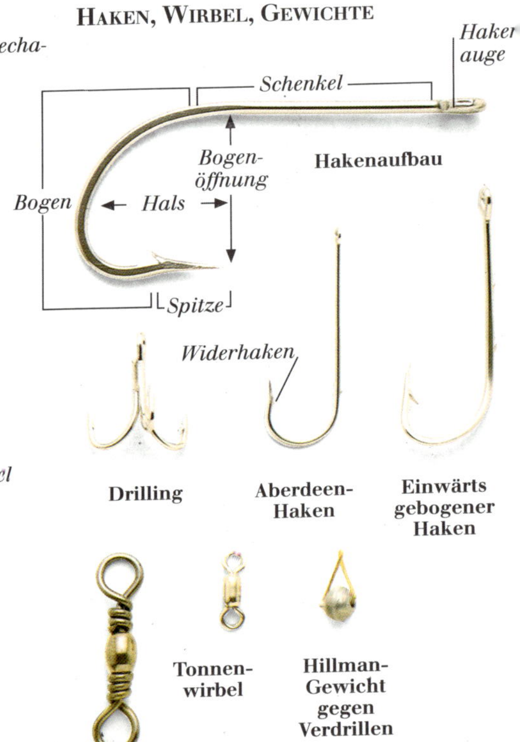

Hakenaufbau

Drilling

Aberdeen-Haken

Einwärts gebogener Haken

Tonnenwirbel

Hillman-Gewicht gegen Verdrillen

FLIEGENRUTE UND ROLLE
Zwischen-ring
Spitzenbereich
Rollenauflage
Rollenhalterung
Spitzen-ring
Brems-gehäuse
Rollen-fuß
Schnur
Griff-verschluß-kappe
Raster-platte
Griffverlängerung
Auslöse-hebel
Spulen-schraube
Bremsein-stellknopf
Befestigungs-schraube
DragonFly 100
Disc Drag
KÜNSTLICHE FLIEGEN
Spulen-abdek-kung
Schnurführung
Dunkeld-Naßfliege
Auslöse-feder
Kurbel
Auslöse-knopf
Körper
Schwanz
Seitenteil
KÜNSTLICHE KÖDER
Abdeckung der Schnur-führung
Kopf
Devon-Elritze
Flosse
Hechel
Halte-schraube
Dril-ling
Öse
Rippen
Dear-Hopper-Trockenfliege
Wirbel
Haken-halterung
Front-hechel
Wobbler
Augen
Schwanz
Haken
Verstellbare Tauchschaufel
Gelenk
Flügel
Dril-ling
Kopf

Dinge des täglichen Lebens

Bohrer 558
Schuhe 560
Die Uhr 562
Die Lampe 564
Der Minifernseher 566
Das Telefon 568
Der Stuhl 570
Der Toaster 572
Der Rasenmäher 574
Sättel 576
CD-Rom 578
Der Walkman 580
Bücher 582
Die Kamera 584
Das Fahrrad 586

Bohrer

Der Elektromotor einer Bohrmaschine dreht mit hoher Geschwindigkeit eine Spindel. Diese ist mit einem Getriebe verbunden, welches das Bohrfutter noch schneller rotieren läßt. Die in das Bohrfutter gespannte Bohrmine schneidet das Loch. Spiralförmige Nuten in der Bohrmine befördern gleichzeitig die Späne aus dem Loch heraus. Um auch in sehr hartes Material bohren zu können, haben viele Bohrmaschinen einen Schlagmechanismus. Durch ihn wird das Bohrfutter mit der eingespannten Bohrmine während des Bohrens zusätzlich vor- und zurückgestoßen. Ein Handbohrgerät ist zwar langsamer und nicht so leistungsstark wie eine elektrische Bohrmaschine, dafür aber viel einfacher zu beherrschen. Für das Ausbohren großer Löcher verwenden Schreiner manchmal eine Bohrwinde. Sie nutzt das Hebelprinzip: Der abgewinkelte Griff der Kurbel hat einen weiteren Weg zurückzulegen als der Bohrer und dreht diesen dadurch mit zusätzlicher Kraft.

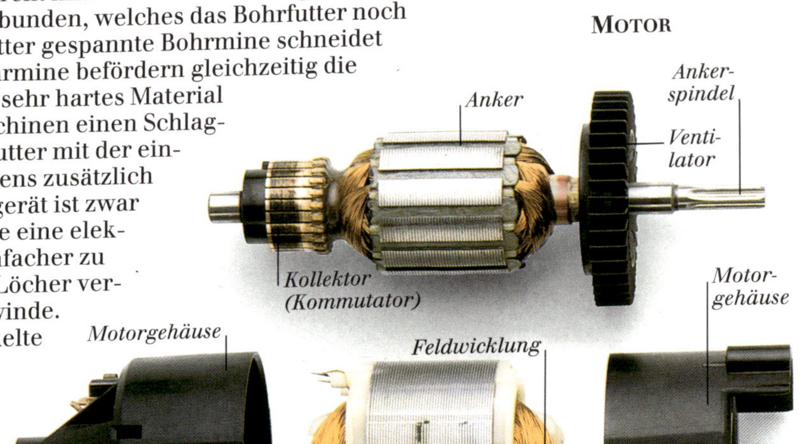

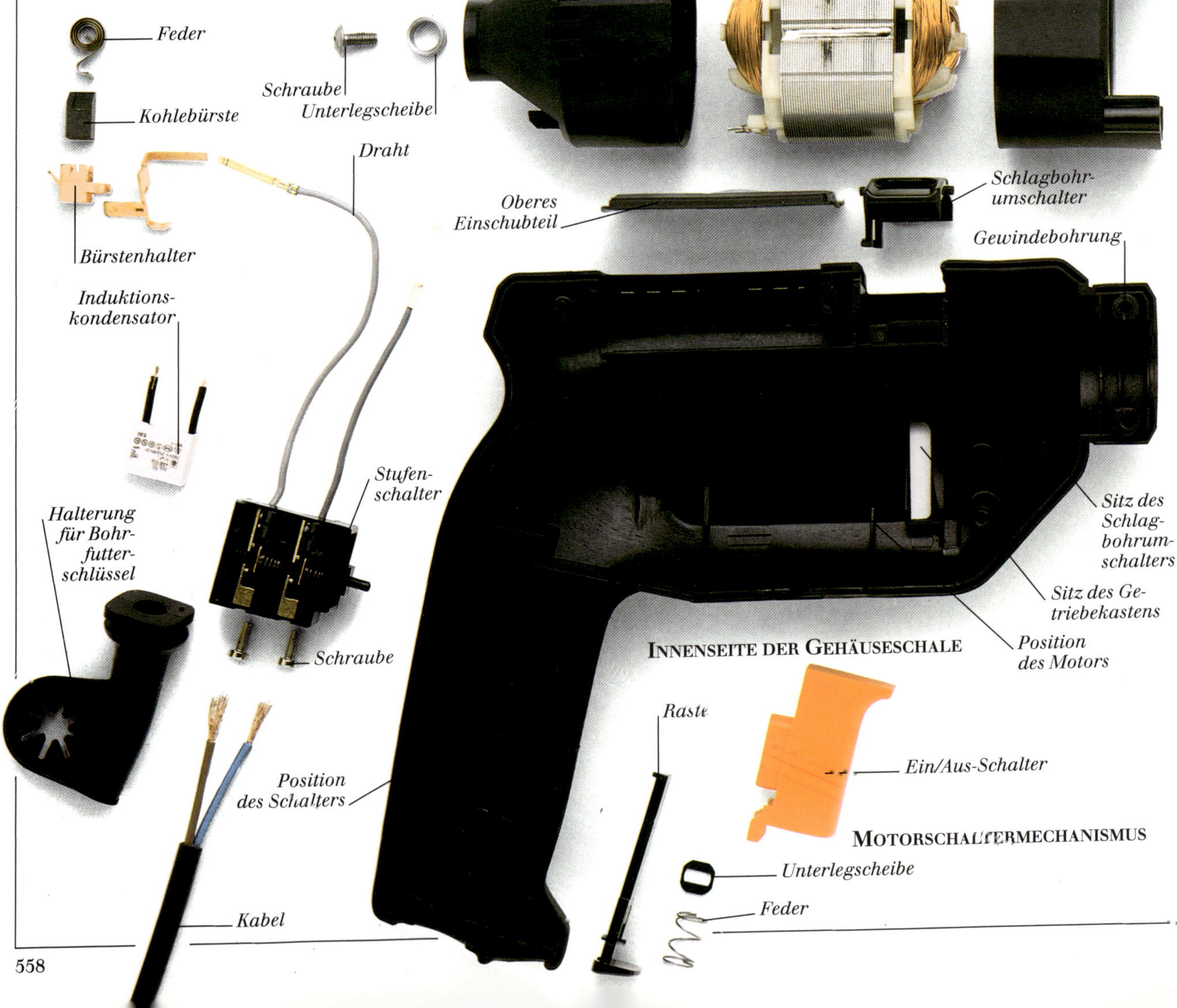

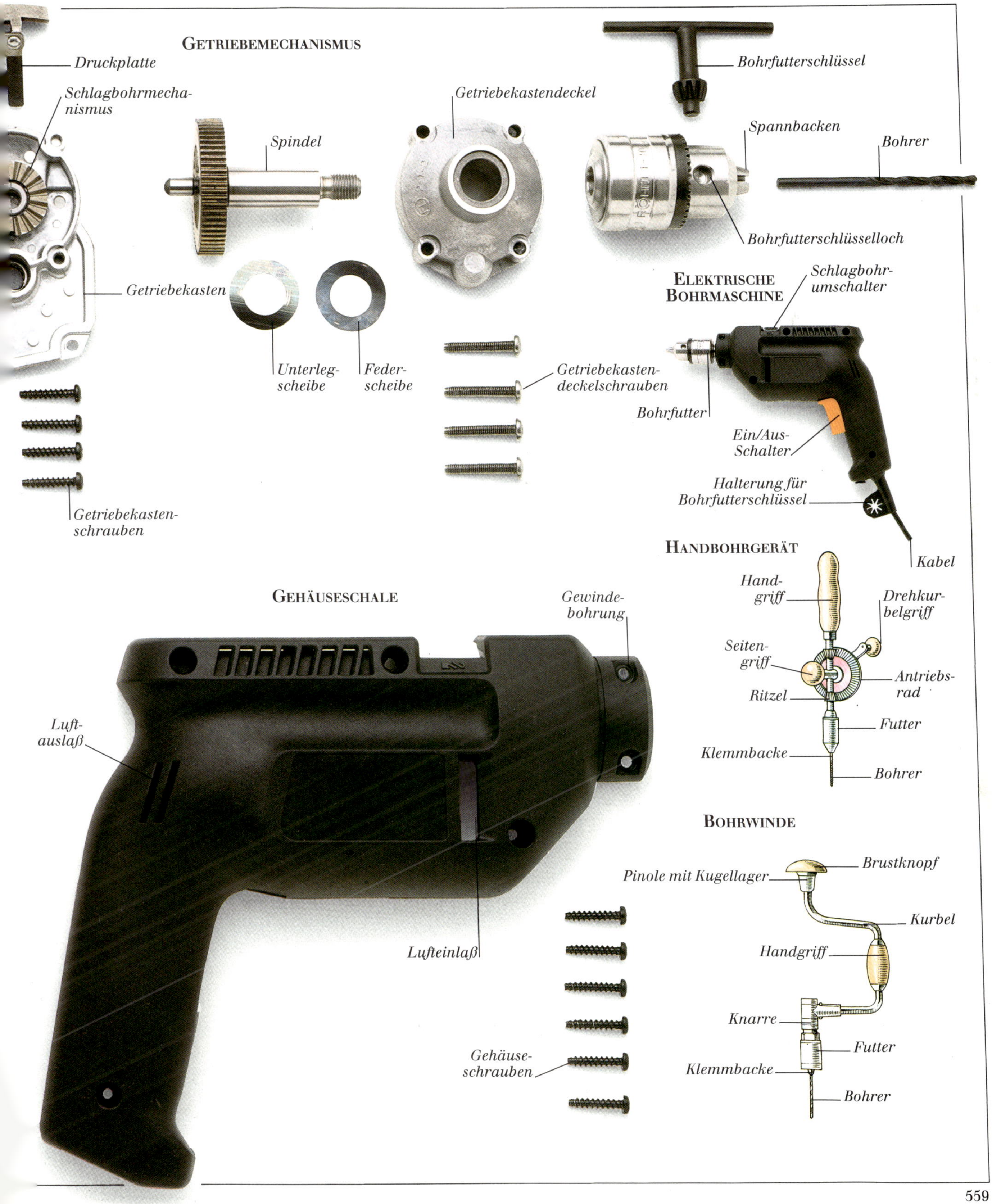
GETRIEBEMECHANISMUS
Druckplatte
Schlagbohrmechanismus
Spindel
Getriebekastendeckel
Bohrfutterschlüssel
Spannbacken
Bohrer
Bohrfutterschlüsselloch
Getriebekasten
Unterlegscheibe
Federscheibe
Getriebekastendeckelschrauben
Getriebekastenschrauben
ELEKTRISCHE BOHRMASCHINE
Schlagbohrumschalter
Bohrfutter
Ein/Aus-Schalter
Halterung für Bohrfutterschlüssel
Kabel
HANDBOHRGERÄT
Handgriff
Drehkurbelgriff
Seitengriff
Antriebsrad
Ritzel
Futter
Klemmbacke
Bohrer
GEHÄUSESCHALE
Gewindebohrung
Luftauslaß
Lufteinlaß
Gehäuseschrauben
BOHRWINDE
Brustknopf
Pinole mit Kugellager
Kurbel
Handgriff
Knarre
Futter
Klemmbacke
Bohrer

Schuhe

Gut gearbeitete Schuhe schützen die Füße, sind dabei bequem und strapazierfähig. Traditionelle Schuhmacher verwenden ein hölzernes Fußmodell, den sogenannten Leisten, welcher der Fußform des Kunden exakt entspricht. Die verschiedenen Teile eines Schuhs werden auf diesem Leisten zusammengenäht und -geklebt. Stifte und Nägel benötigt man nur für den Absatz, der aus mehreren Leder- und Gummischichten aufgebaut ist. Ein Stahlgelenkstück stützt die Fußwölbung und unterstützt zusammen mit der Aufdoppelung den richtigen Sitz des Schuhs am Fuß. Die verschiedenen Sohlenschichten verleihen dem Schuh Festigkeit; die weiche, innenliegende Brandsohle schmiegt sich dem Fuß an. Ein Rahmenstreifen, der zwischen Lederschaft und Sohle genäht wird, sorgt für deren stabile und gute Verbindung.

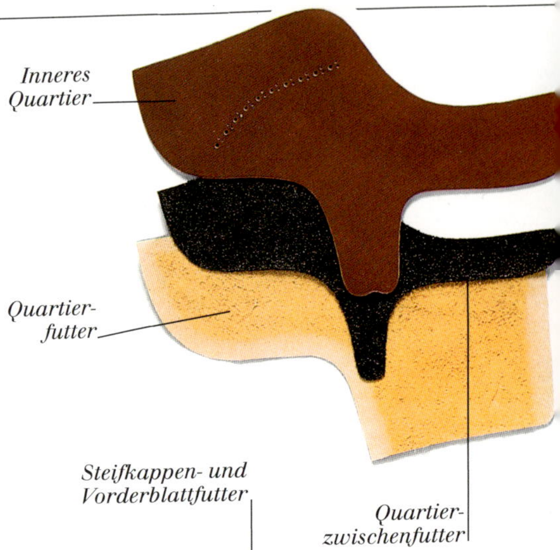

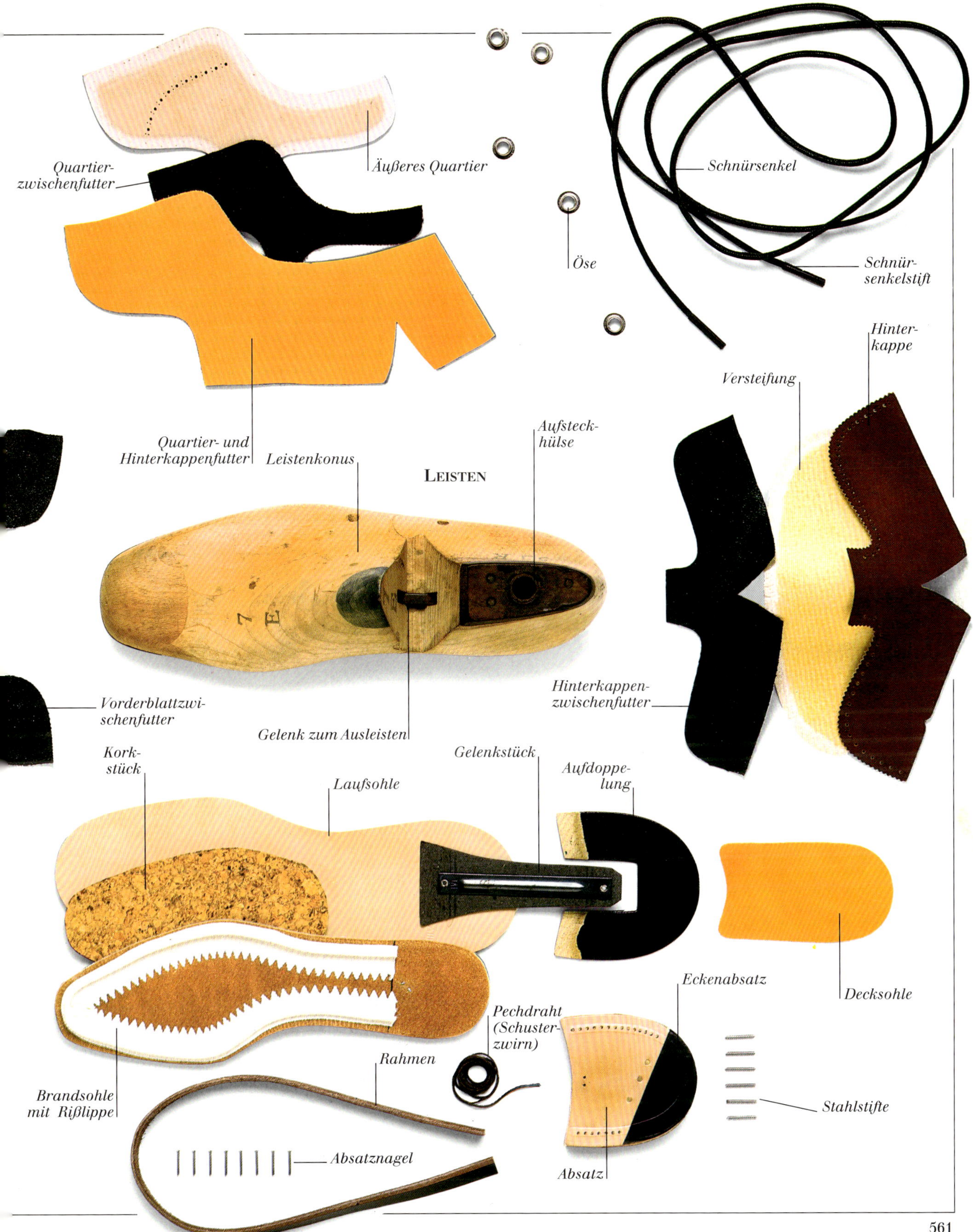
Quartier-
zwischenfutter
Äußeres Quartier
Schnürsenkel
Öse
Schnür-
senkelstift
Hinter-
kappe
Versteifung
Quartier- und
Hinterkappenfutter
Leistenkonus
Aufsteck-
hülse
LEISTEN
Vorderblattzwi-
schenfutter
Gelenk zum Ausleisten
Hinterkappen-
zwischenfutter
Kork-
stück
Laufsohle
Gelenkstück
Aufdoppe-
lung
Decksohle
Eckenabsatz
Pechdraht
(Schuster-
zwirn)
Rahmen
Brandsohle
mit Rißlippe
Stahlstifte
Absatznagel
Absatz

Die Uhr

Mechanische Uhren bestehen aus zwei Grundbestandteilen: einer Zugfeder und einem Pendel. Zieht man eine Uhr mit dem Schlüssel auf, wird die Zugfeder gespannt. Während sich nun die Feder langsam abwickelt, setzt sie das Räderwerk in Gang, welches den Minuten- und den Stundenzeiger mit unterschiedlicher Geschwindigkeit um das Zifferblatt bewegt. Das Pendel sorgt dafür, daß die Zeiger gleichmäßig laufen. Am oberen Ende des Pendels befindet sich der Anker mit zwei Haken, die Paletten genannt werden. Schwingt das Pendel, so greifen die Paletten in das Hemmungsrad, welches sich dadurch langsam und gleichmäßig dreht.

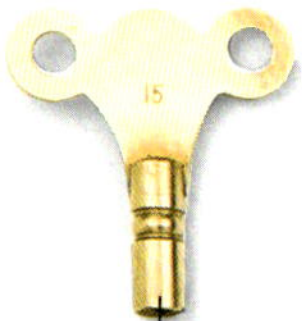

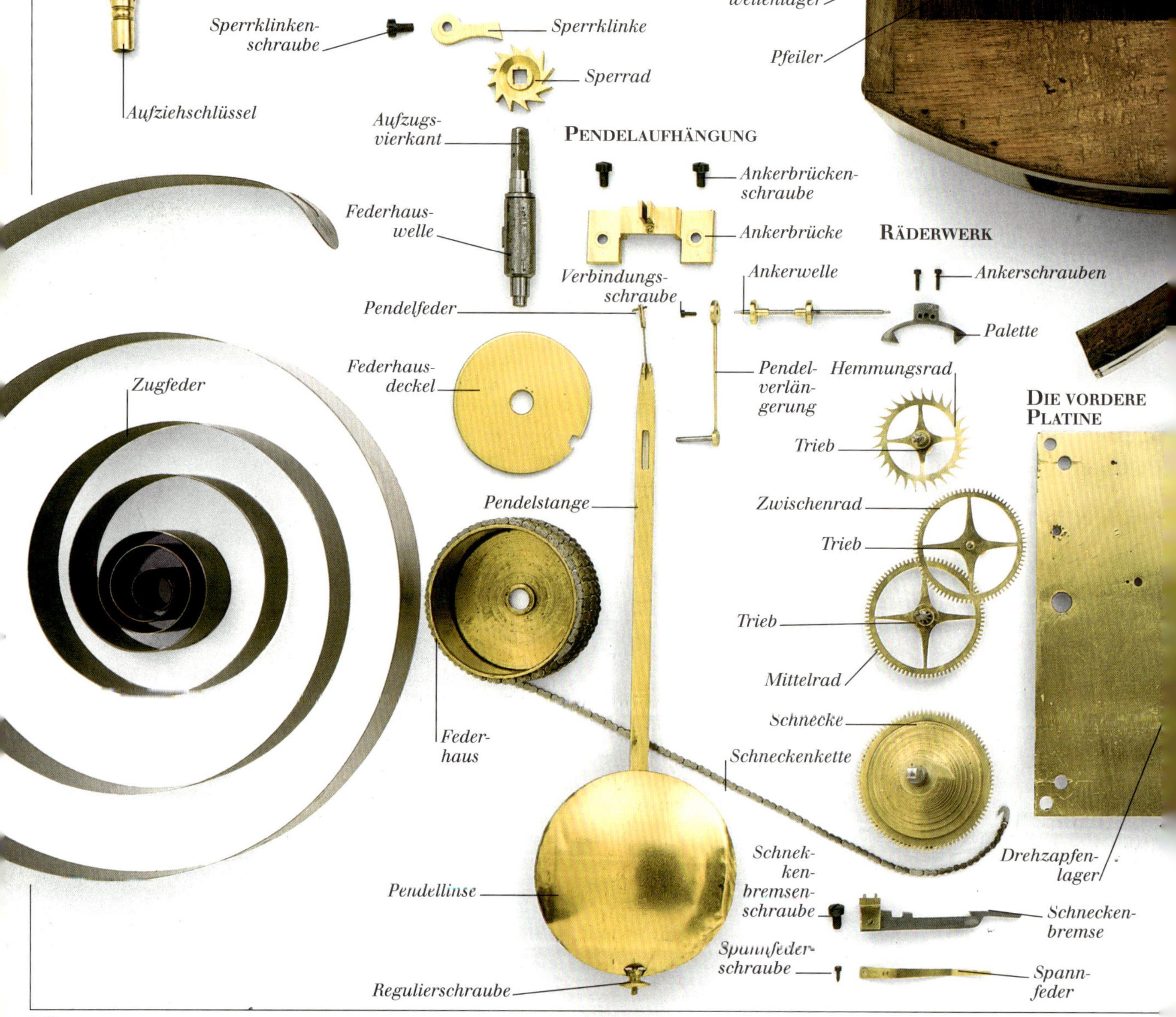

Zifferblatt

Die Lampe

Die erste mit Hilfe von Spiralfedern verstellbare Arbeitslampe wurde 1934 von George Carwardine entworfen. Lampen dieser Art lassen sich leicht in die gewünschte Position bringen. Die Beweglichkeit dieser Lampe entspricht im Prinzip der eines menschlichen Armes, bei dem die Bewegungen durch das koordinierte Zusammenspiel entgegengesetzt wirkender Muskelpaare erreicht werden (wenn sich der Bizeps zusammenzieht, entspannt sich der Trizeps). Bei diesem Lampenmechanismus entsprechen die Spiralfedern einem Muskel, der an einem Gelenkarm zieht. Dieser Zugkraft wirken die Schrauben, Bolzen und Muttern der Gelenkverbindungen entgegen. Die Höhe und der Winkel der Lampe lassen sich mit minimalem Druck verändern, indem man die Zugkraft der Federn mit dem Widerstand der Gelenkverbindungen ausgleicht.

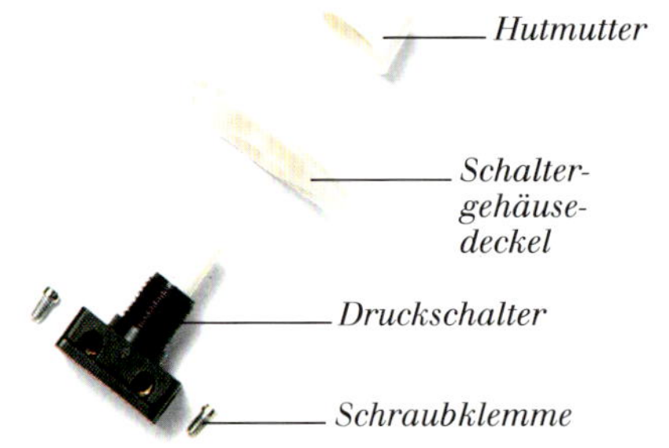

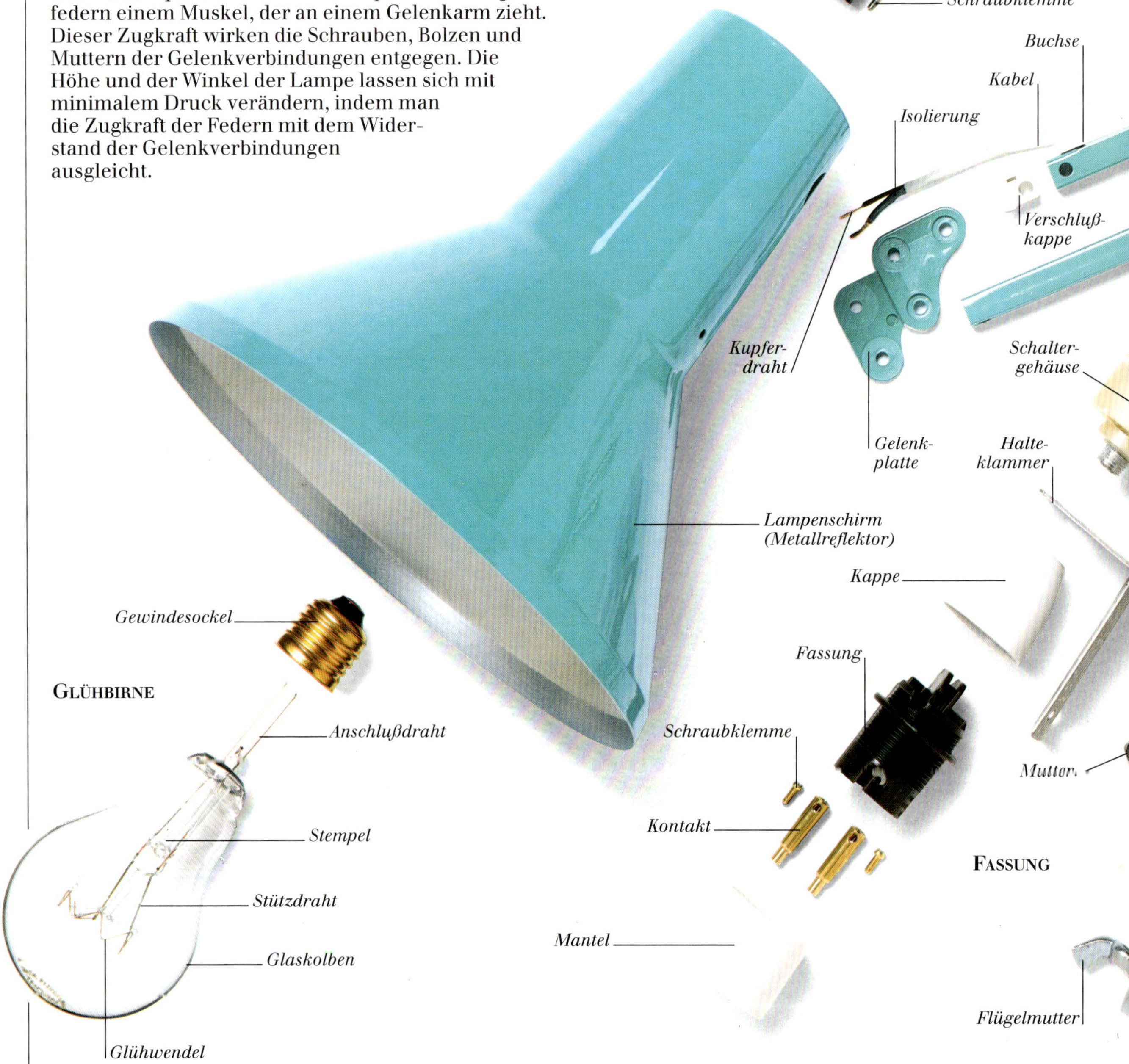

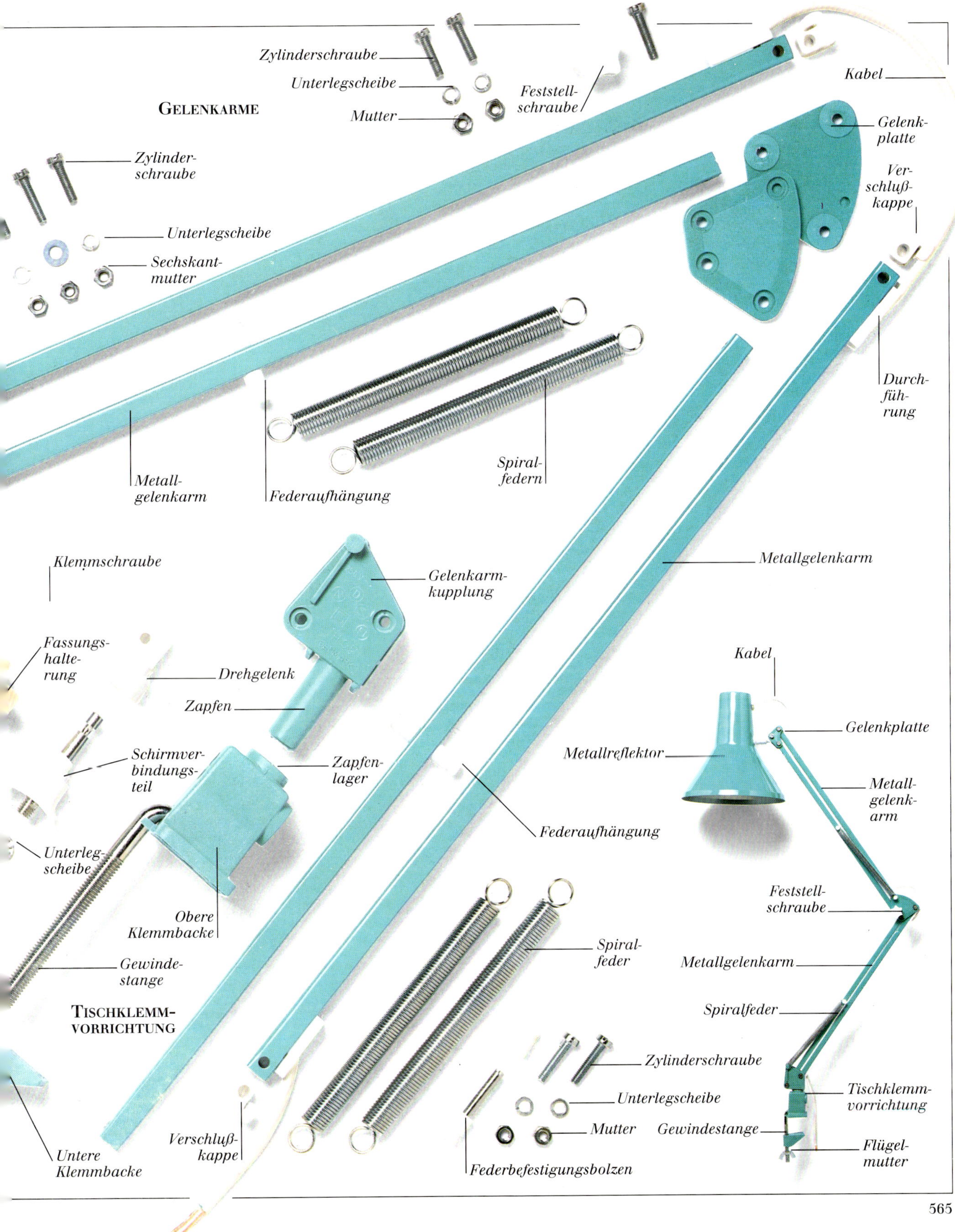
GELENKARME
Zylinderschraube
Unterlegscheibe
Mutter
Feststell-
schraube
Kabel
Zylinder-
schraube
Gelenk-
platte
Ver-
schluß-
kappe
Unterlegscheibe
Sechskant-
mutter
Durch-
füh-
rung
Spiral-
federn
Metall-
gelenkarm
Federaufhängung
Klemmschraube
Metallgelenkarm
Gelenkarm-
kupplung
Fassungs-
halte-
rung
Drehgelenk
Kabel
Zapfen
Gelenkplatte
Schirmver-
bindungs-
teil
Zapfen-
lager
Metallreflektor
Metall-
gelenk-
arm
Federaufhängung
Unterleg-
scheibe
Feststell-
schraube
Obere
Klemmbacke
Spiral-
feder
Metallgelenkarm
Gewinde-
stange
Spiralfeder
TISCHKLEMM-
VORRICHTUNG
Zylinderschraube
Tischklemm-
vorrichtung
Unterlegscheibe
Mutter
Gewindestange
Flügel-
mutter
Verschluß-
kappe
Untere
Klemmbacke
Federbefestigungsbolzen

Der Minifernseher

Wie bei den großen Geräten wird das von einem Sender ausgestrahlte Signal von der Fernsehantenne aufgefangen und zu einer Elektronenstrahlkanone im Inneren des Apparates weitergeleitet. Dieses Signal löst in der Kanone einen Elektronenstrahl aus, der durch eine Ablenkspule geleitet wird. In der Ablenkeinheit sitzen Elektromagneten und Wickelspulen, die so auf den Elektronenstrahl einwirken, daß er den Bildschirm zeilenförmig abtastet. Der Bildschirm ist mit Phosphor beschichtet, welcher an der Stelle aufglüht, an der er von dem Strahl getroffen wird. Während der Strahl den Bildschirm abtastet, variiert seine Stärke, und der Phosphor leuchtet an verschiedenen Stellen des Bildschirms unterschiedlich stark auf. Bei einer kontinuierlichen Folge von 25 Schwarzweißbildern pro Sekunde entsteht auf dem Bildschirm der Eindruck eines sich bewegenden Bildes.

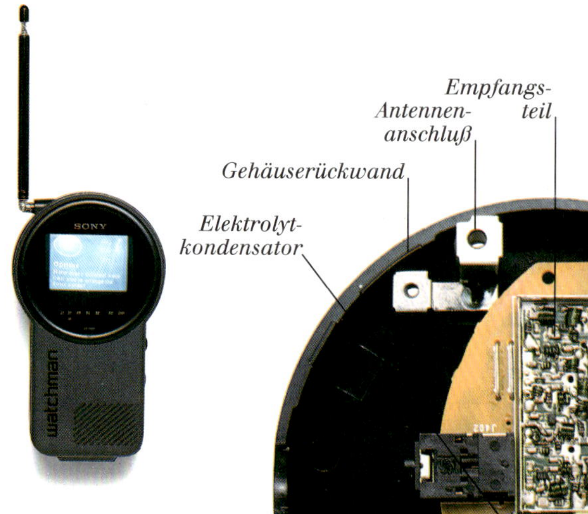

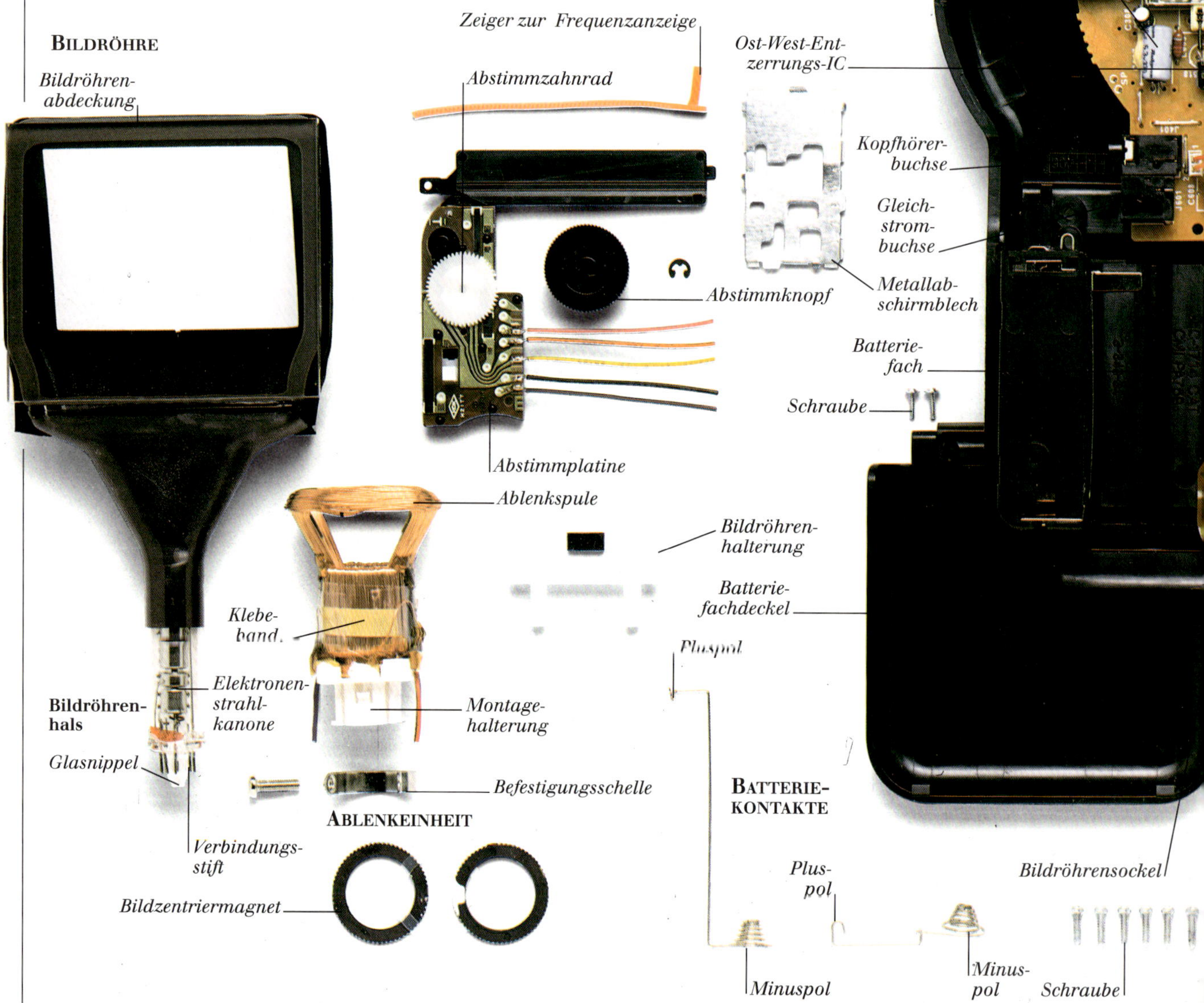

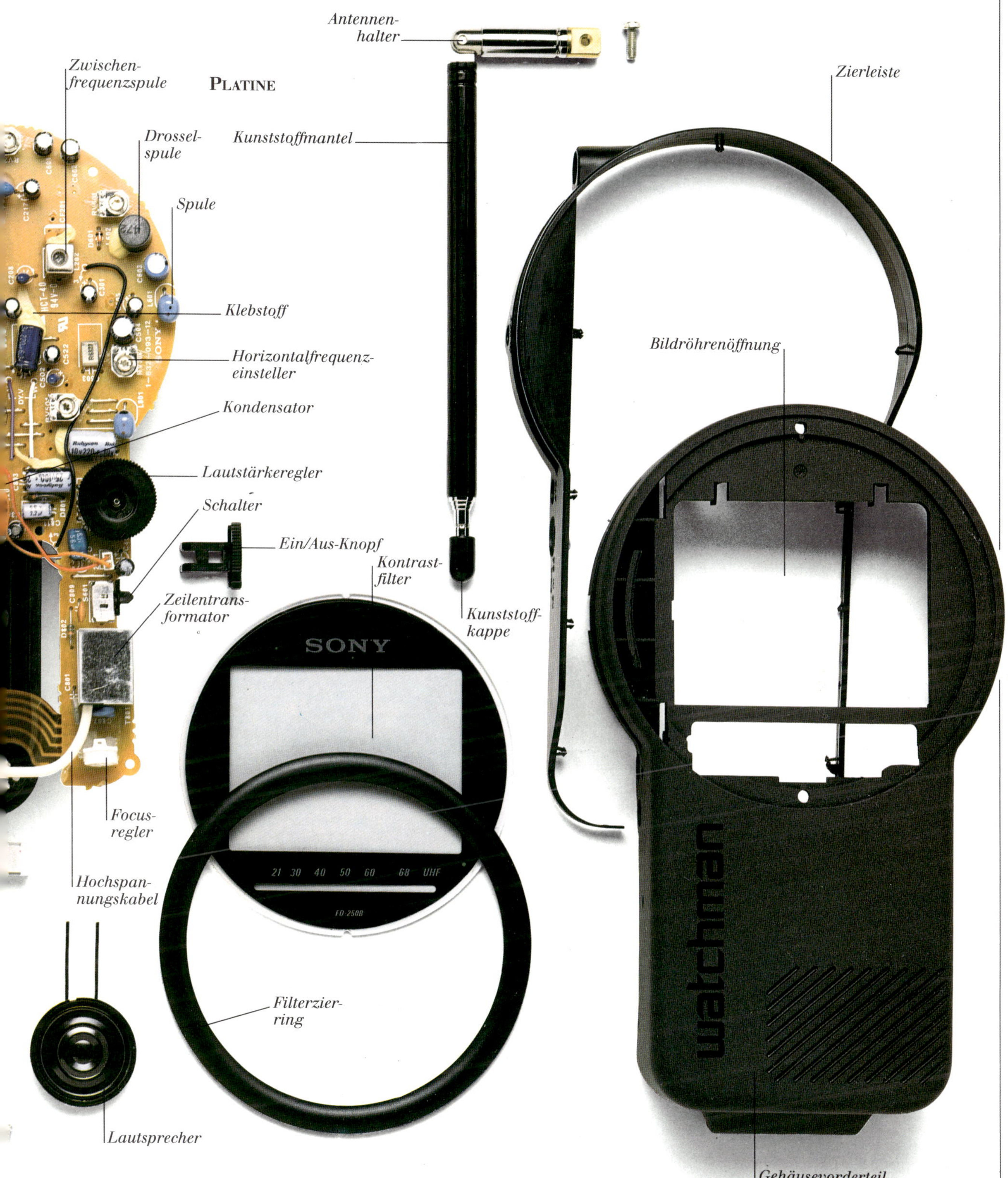
Antennen-
halter
Zwischen-
frequenzspule
PLATINE
Zierleiste
Drossel-
spule
Kunststoffmantel
Spule
Klebstoff
Horizontalfrequenz-
einsteller
Bildröhrenöffnung
Kondensator
Lautstärkeregler
Schalter
Ein/Aus-Knopf
Kontrast-
filter
Zeilentrans-
formator
Kunststoff-
kappe
SONY
Focus-
regler
21 30 40 50 60 68 UHF
Hochspan-
nungskabel
watchman
Filterzier-
ring
Lautsprecher
Gehäusevorderteil

Das Telefon

Ein Telefon ermöglicht es, über große Distanzen hinweg mit einer Person sprechen zu können. Jeder Telefonanschluß hat seine eigene Nummer. Um mit einem anderen Anschluß verbunden zu werden, wählt man auf der Wählscheibe oder durch Tastendruck dessen Nummer an. Wenn das Signal beim Empfängertelefon ankommt, aktiviert es dort den Tonrufgeber; ein Klingeln meldet den Anruf. Spricht man in die Sprechmuschel des Hörers, so setzen die Schallwellen der Stimme im Inneren des Mikrofons ein dünnes Metallblättchen in Schwingung, wodurch ein elektrisches Signal entsprechend modifiziert wird. Akustische Signale werden also in elektrische umgewandelt, die im Fernsprechnetz übertragen werden. Diese Signale gelangen zum Empfänger und werden dort zu einem Elektromagneten im Hörer geleitet, der wiederum auf eine Membrane wirkt, welche die Luft so in Schwingungen versetzt, daß die Stimme des Anrufers reproduziert wird.

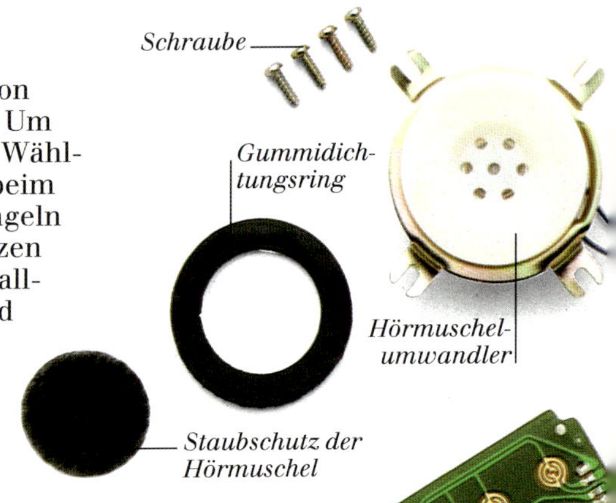

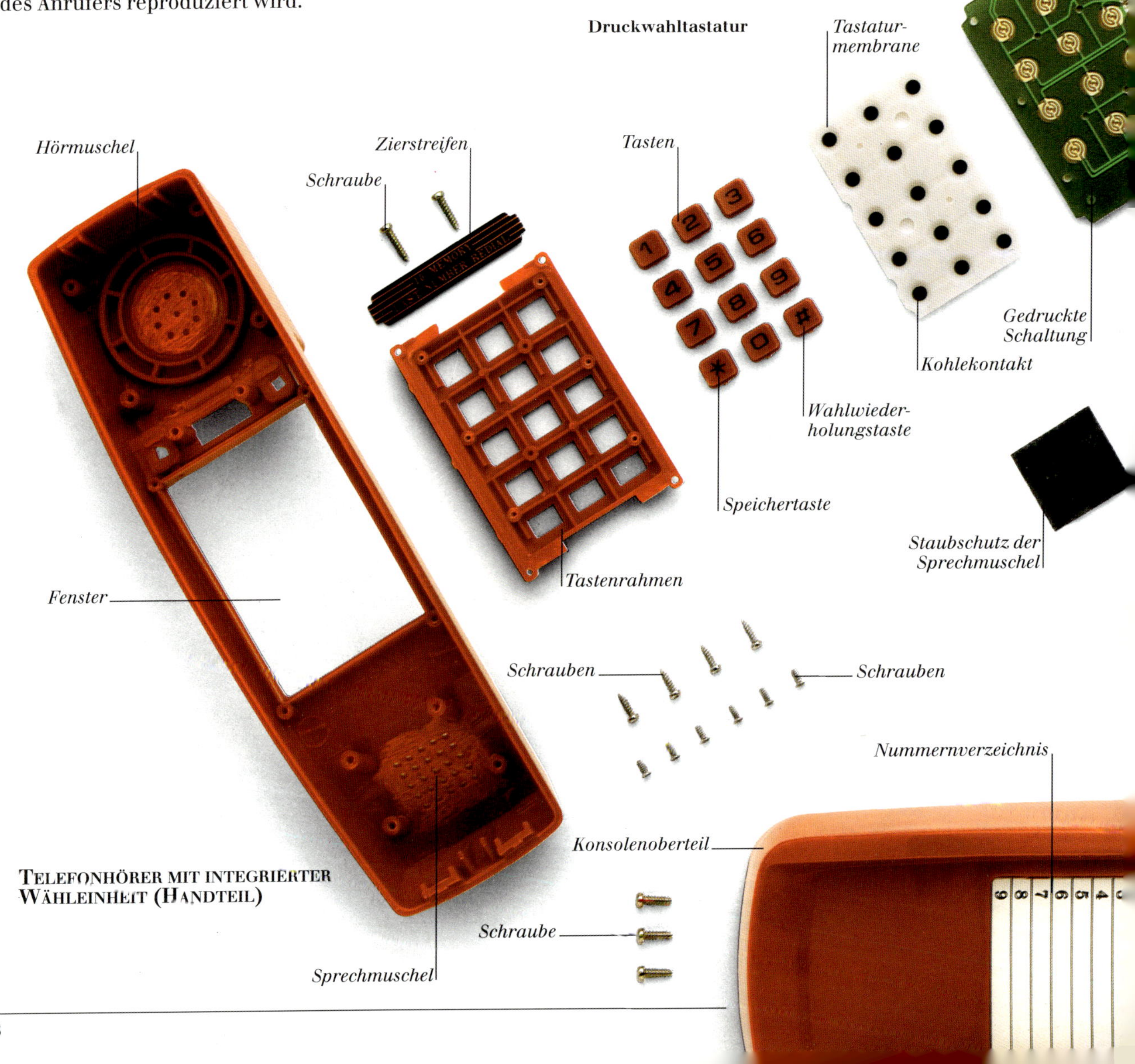

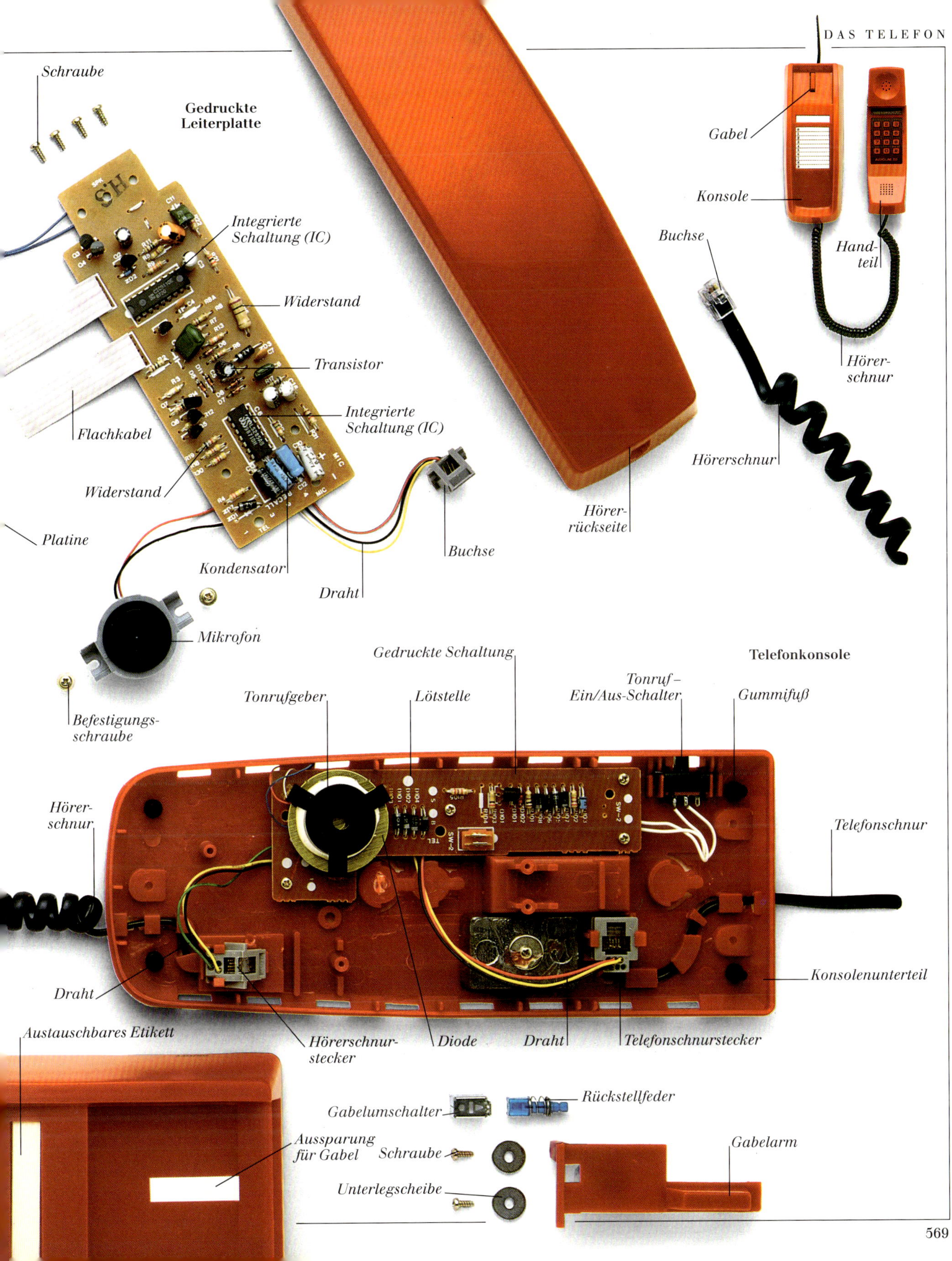
Schraube
Gedruckte Leiterplatte
Integrierte Schaltung (IC)
Widerstand
Transistor
Integrierte Schaltung (IC)
Flachkabel
Widerstand
Platine
Kondensator
Draht
Buchse
Mikrofon
Befestigungsschraube
Hörerrückseite
Gabel
Konsole
Buchse
Handteil
Hörerschnur
Hörerschnur
Gedruckte Schaltung
Telefonkonsole
Tonrufgeber
Lötstelle
Tonruf-Ein/Aus-Schalter
Gummifuß
Hörerschnur
Telefonschnur
Draht
Konsolenunterteil
Austauschbares Etikett
Hörerschnurstecker
Diode
Draht
Telefonschnurstecker
Gabelumschalter
Rückstellfeder
Aussparung für Gabel
Schraube
Gabelarm
Unterlegscheibe

Der Stuhl

Der hier gezeigte auf traditionelle Weise gebaute Armlehnstuhl im Regency-Stil wird von genau passenden Schlitz-und-Zapfen-Verbindungen, Dübeln und Leim zusammengehalten. Die geschwungenen Armlehnen und die Rückenlehne wie auch die sich nach unten verjüngenden Beine sind aus abgelagertem, also trockenem Mahagoni hergestellt. Die Schlitze in den Hinterbeinen nehmen die Zapfen der Rückenlehne und der Querstrebe auf; die geschwungene Armlehne stößt stumpf auf das Hinterbein und wird zusätzlich verschraubt. Obwohl die verschiedenen Verbindungen so gut passen, daß sie auch von alleine einen stabilen Rahmen bilden würden, werden sie zur Verstärkung noch verschraubt und verleimt. Die bequeme, gepolsterte Sitzfläche besteht aus einem gemusterten Bezug, Nesselfutterstoff und Schaumstoffpolster, das feuerhemmend imprägniert ist. Das Polster wird von Gurtbändern getragen, die über einen Holzrahmen gespannt sind.

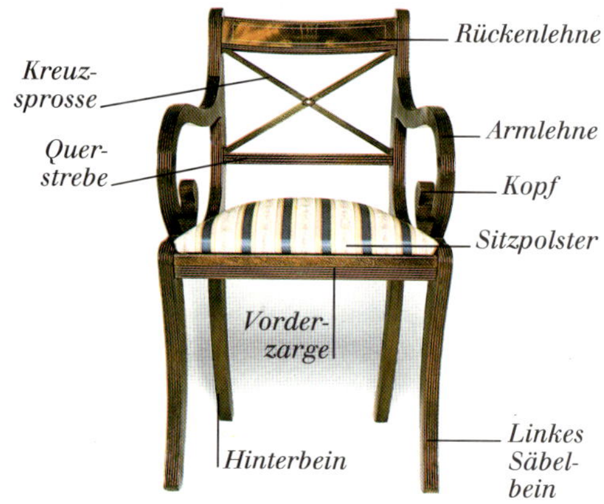

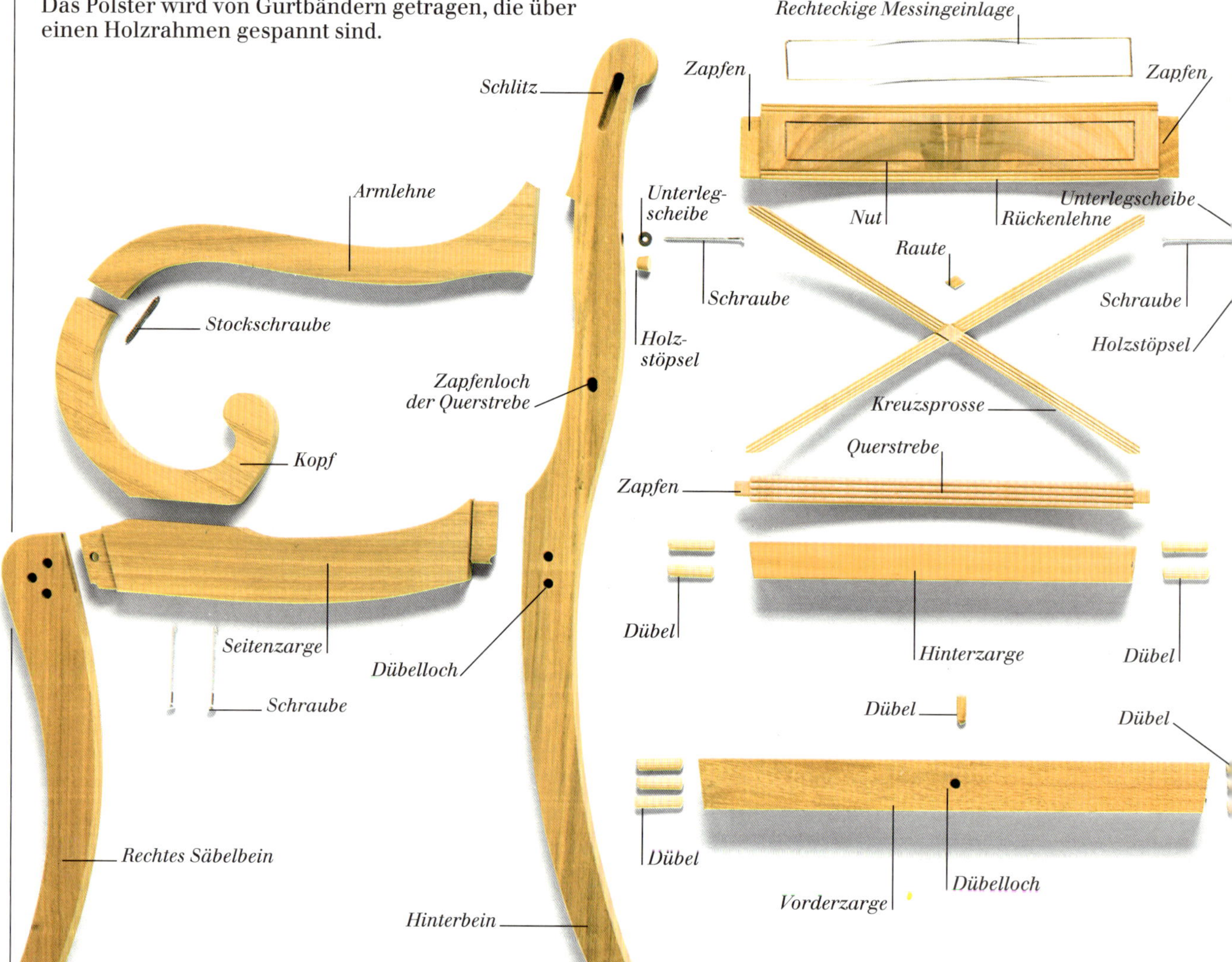

STUHLGESTELL

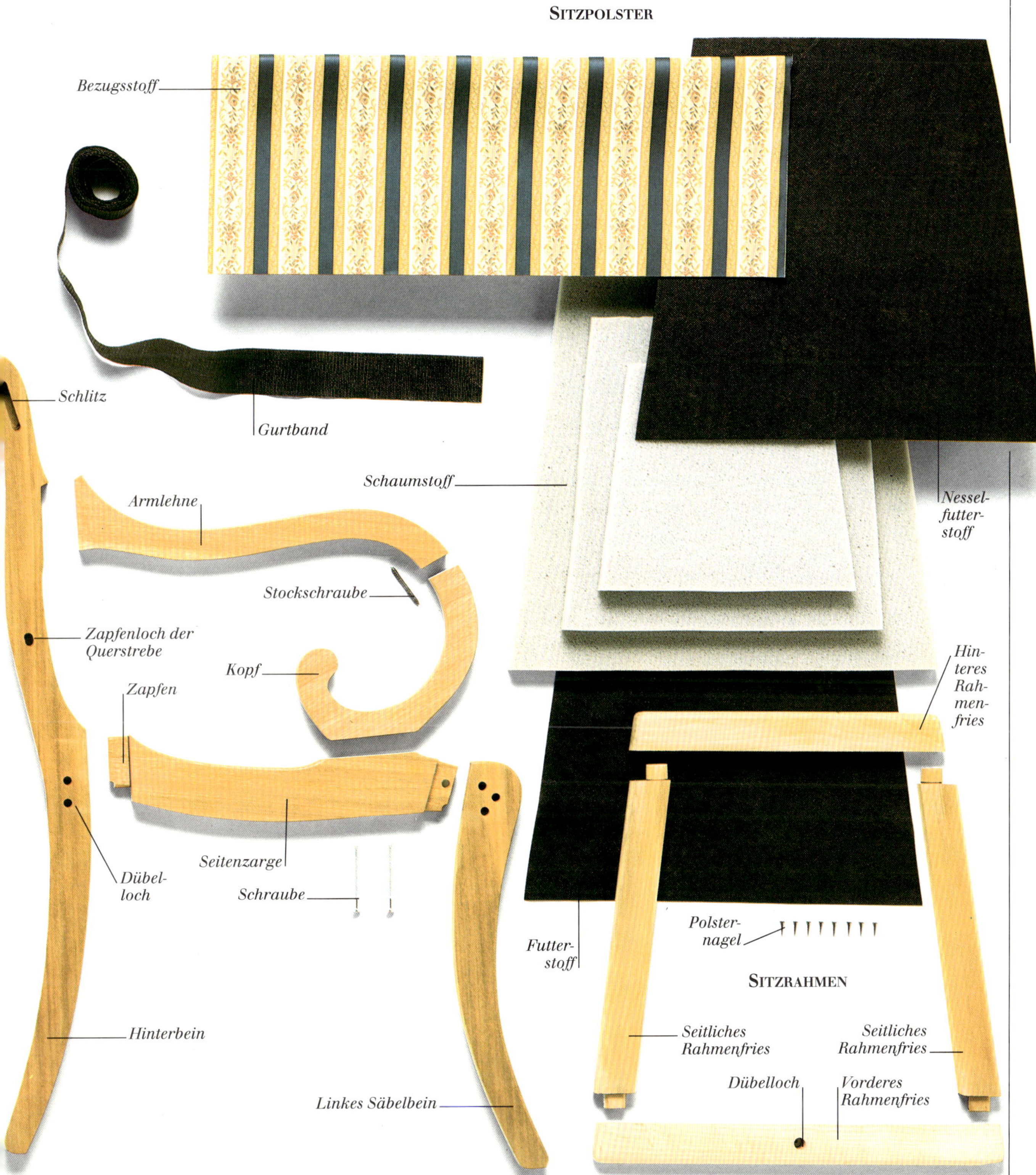

SITZPOLSTER
Bezugsstoff
Schlitz
Gurtband
Schaumstoff
Armlehne
Nessel-
futter-
stoff
Stockschraube
Zapfenloch der
Querstrebe
Kopf
Zapfen
Hin-
teres
Rah-
men-
fries
Seitenzarge
Dübel-
loch
Schraube
Polster-
nagel
Futter-
stoff
SITZRAHMEN
Hinterbein
Seitliches
Rahmenfries
Seitliches
Rahmenfries
Dübelloch
Vorderes
Rahmenfries
Linkes Säbelbein

Der Toaster

Die meisten elektrischen Toaster rösten nicht nur die Brotscheiben, sondern werfen sie auch aus, wenn sie fertig sind. Beim Toasten stehen die Brotscheiben auf einem unter Federdruck gehaltenen Gestell zwischen den elektrischen Heizelementen. Gleichzeitig erwärmt sich ein Bimetallstreifen und dehnt sich dabei aus. Durch ungleiches Ausdehnen der beiden unterschiedlichen Metalle verbiegt sich der Streifen. Dabei wird ein Kontakt hergestellt, der einen Elektromagneten aktiviert. Dieser Magnet zieht eine Sperrklinke an und löst dabei die Feder, die das Brotgestell unten hält. Die Heizelemente schalten sich ab, und die getoasteten Scheiben werden nach oben befördert.

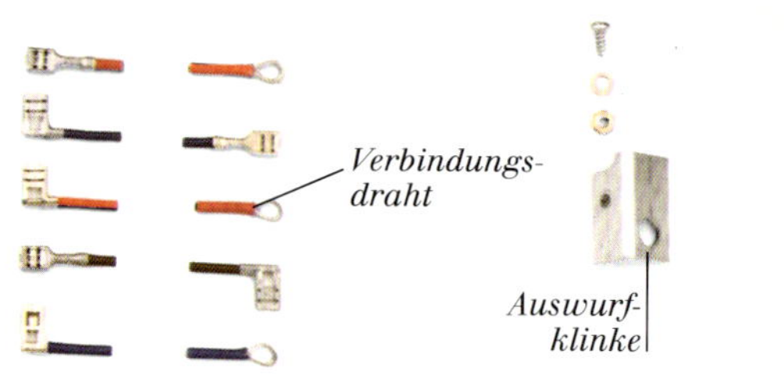

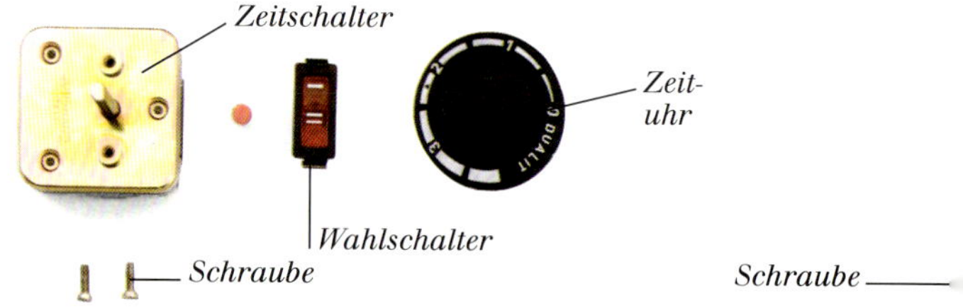

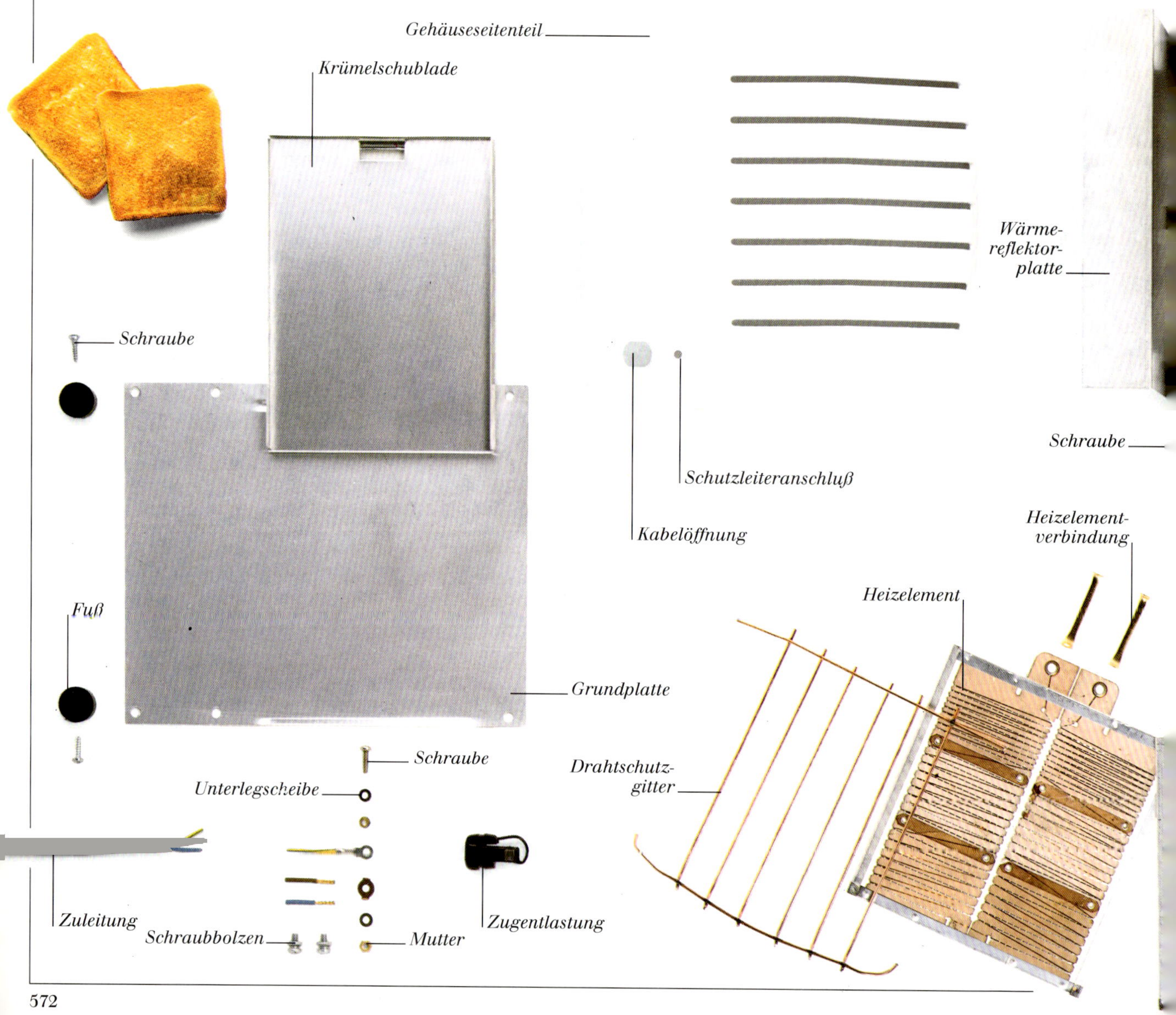

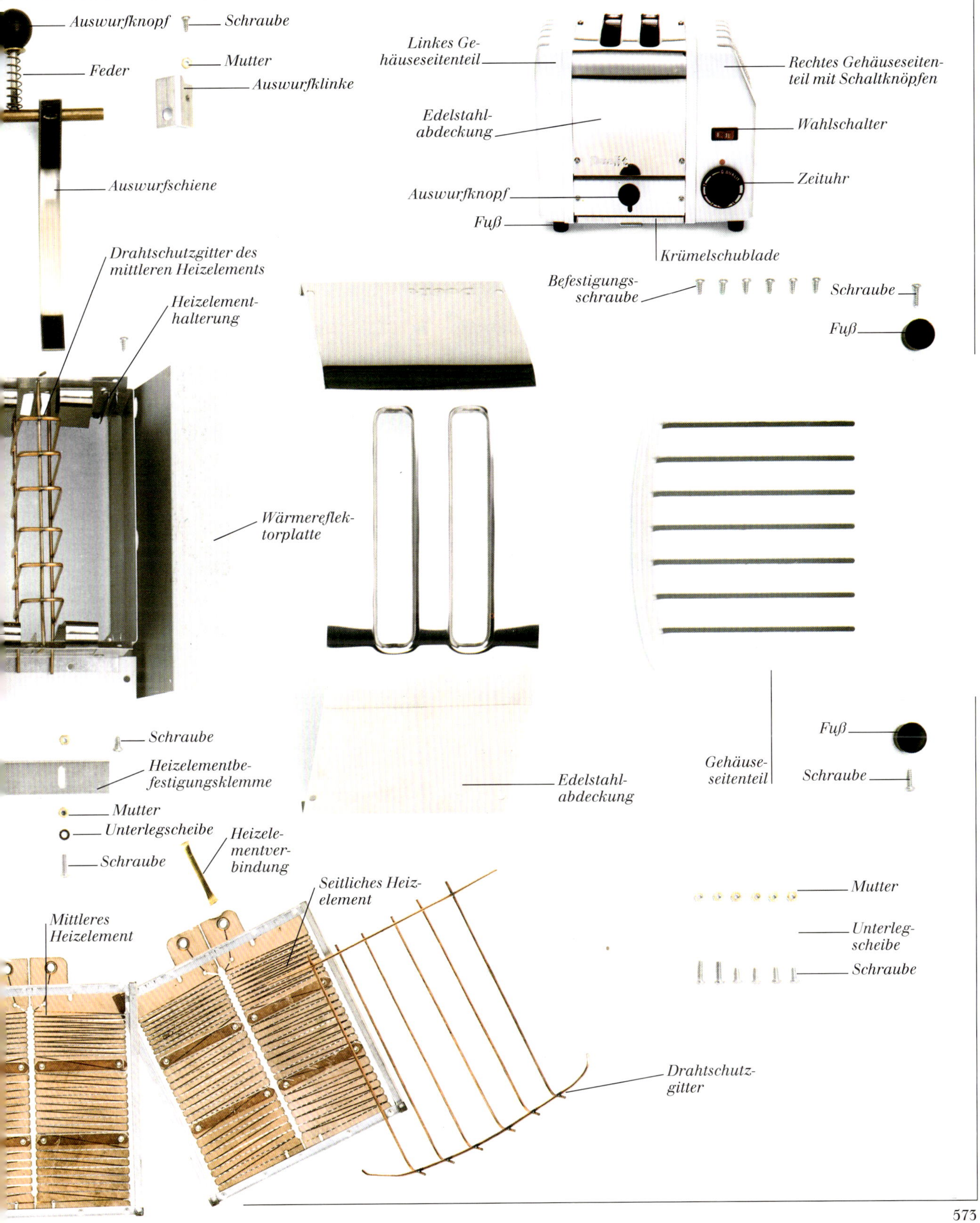
Auswurfknopf
Schraube
Feder
Mutter
Auswurfklinke
Auswurfschiene
Linkes Gehäuseseitenteil
Rechtes Gehäuseseitenteil mit Schaltknöpfen
Edelstahlabdeckung
Wahlschalter
Auswurfknopf
Zeituhr
Fuß
Krümelschublade
Drahtschutzgitter des mittleren Heizelements
Heizelementhalterung
Befestigungsschraube
Schraube
Fuß
Wärmereflektorplatte
Schraube
Heizelementbefestigungsklemme
Mutter
Unterlegscheibe
Schraube
Heizelementverbindung
Edelstahlabdeckung
Gehäuseseitenteil
Fuß
Schraube
Seitliches Heizelement
Mittleres Heizelement
Mutter
Unterlegscheibe
Schraube
Drahtschutzgitter

Der Rasenmäher

Die scharfen Messer eines Rasenmähers schneiden das Gras dicht über dem Boden ab. Es gibt Elektrorasenmäher, Benzinrasenmäher und Handrasenmäher. Das hier gezeigte Gerät wird von einem Benzinmotor angetrieben, der mit einer Batterie und einer Zündkerze elektrisch gezündet wird. Dieser Motor treibt ein waagerechtes rotierendes Messer an der Unterseite des Mähers an, welches das Gras gegen ein stehendes Messer schneidet. Ein Auffangbehälter hinter der Maschine sammelt das Schnittgut. Die Maschine treibt auch die Hinterräder an und läßt den Mäher dabei vorwärts fahren. Ein spezielles Getriebe sorgt dafür, daß sich das Messer schneller dreht als die Hinterräder. Ein schnell rotierendes scharfes Messer ist die Voraussetzung für einen sauberen Schnitt.

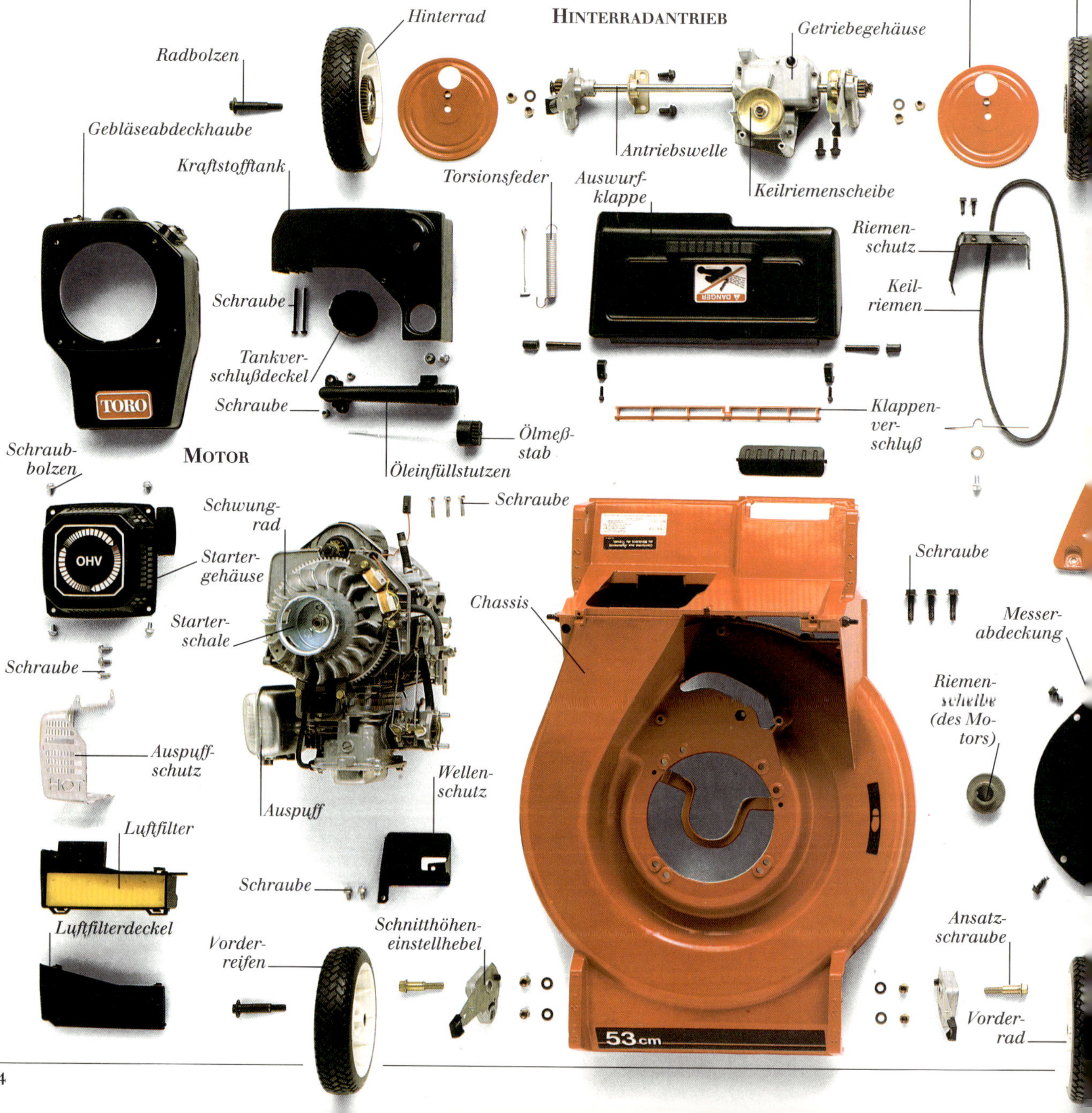

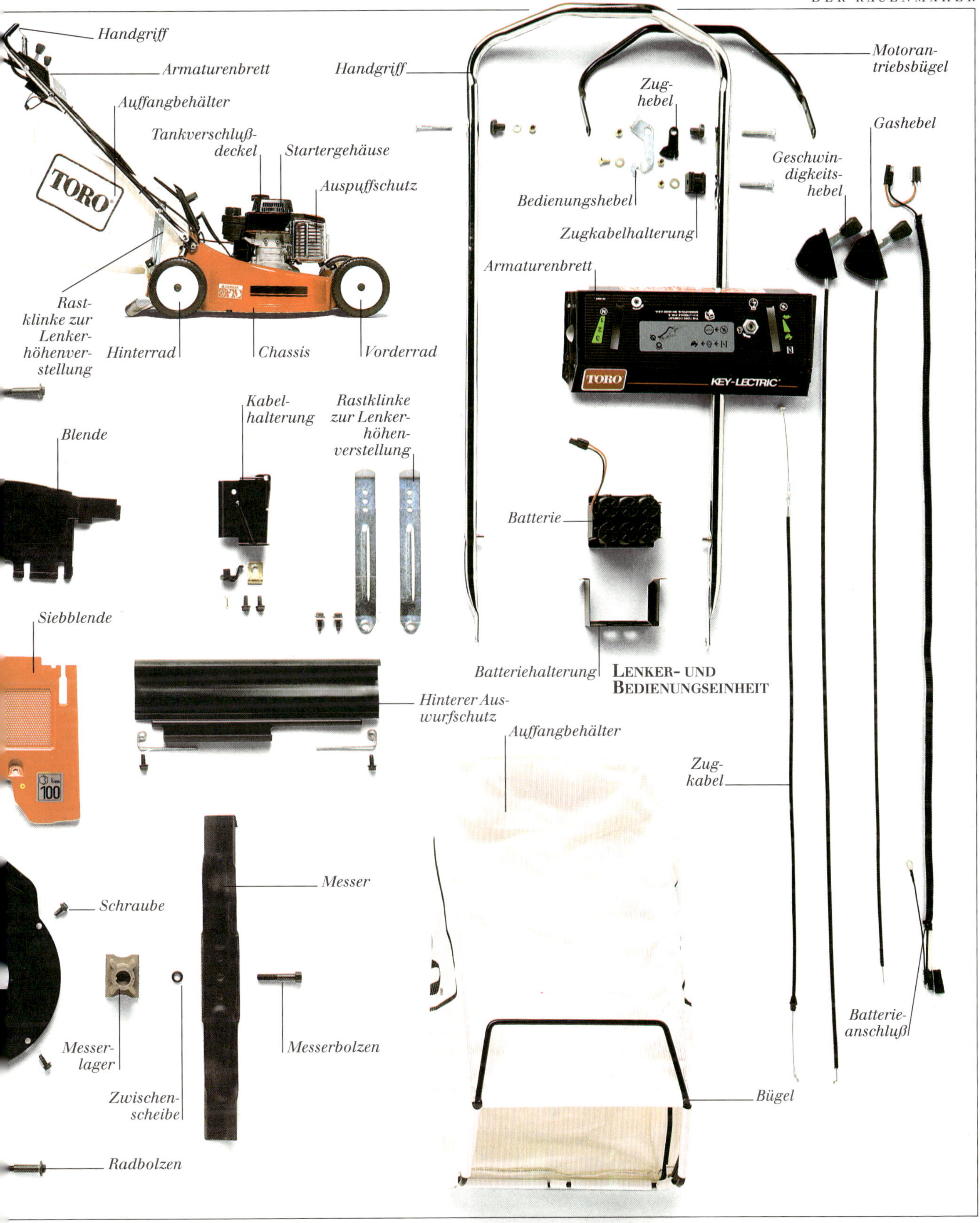

Lenker- und Bedienungseinheit

Sättel

Die ersten Reiter saßen auf dem bloßen Pferderücken und hielten sich an der Mähne des Pferdes fest. Später wurde dann eine Decke untergelegt. Der Ledersattel, vor etwa 2000 Jahren von den Kriegern der asiatischen Steppen erfunden, veränderte das Reiten von Grund auf. Er ermöglichte den Reitern, dem Feind entgegenzugaloppieren und Pfeile in alle Richtungen zu schießen, ohne dabei vom Pferd zu fallen. Bei modernen Sätteln unterscheidet man zwei Grundtypen: Der Westernsattel ist ein schwerer Arbeitssattel, der vor allem von den Rancharbeitern in den Vereinigten Staaten benutzt wird. Er hat vorne einen Sattelknopf aus Metall, an dem das Lasso befestigt wird, und einen hohen Hinterzwiesel, der den Reiter fest im Sattel hält. Der englische Sattel ist viel leichter gebaut und entspricht mehr sportlichen Anforderungen. Mit diesem Sattel kann das Pferd ungehindert galoppieren. Er bietet aber dem Reiter, der seine Beine fest an den Pferdekörper pressen muß, weniger Halt.

ENGLISCHER SATTEL

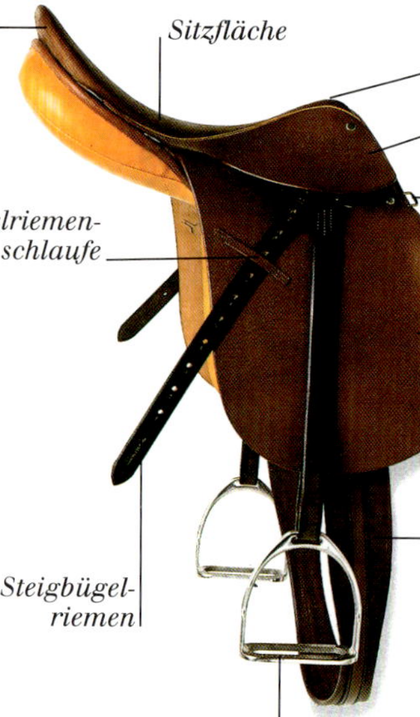

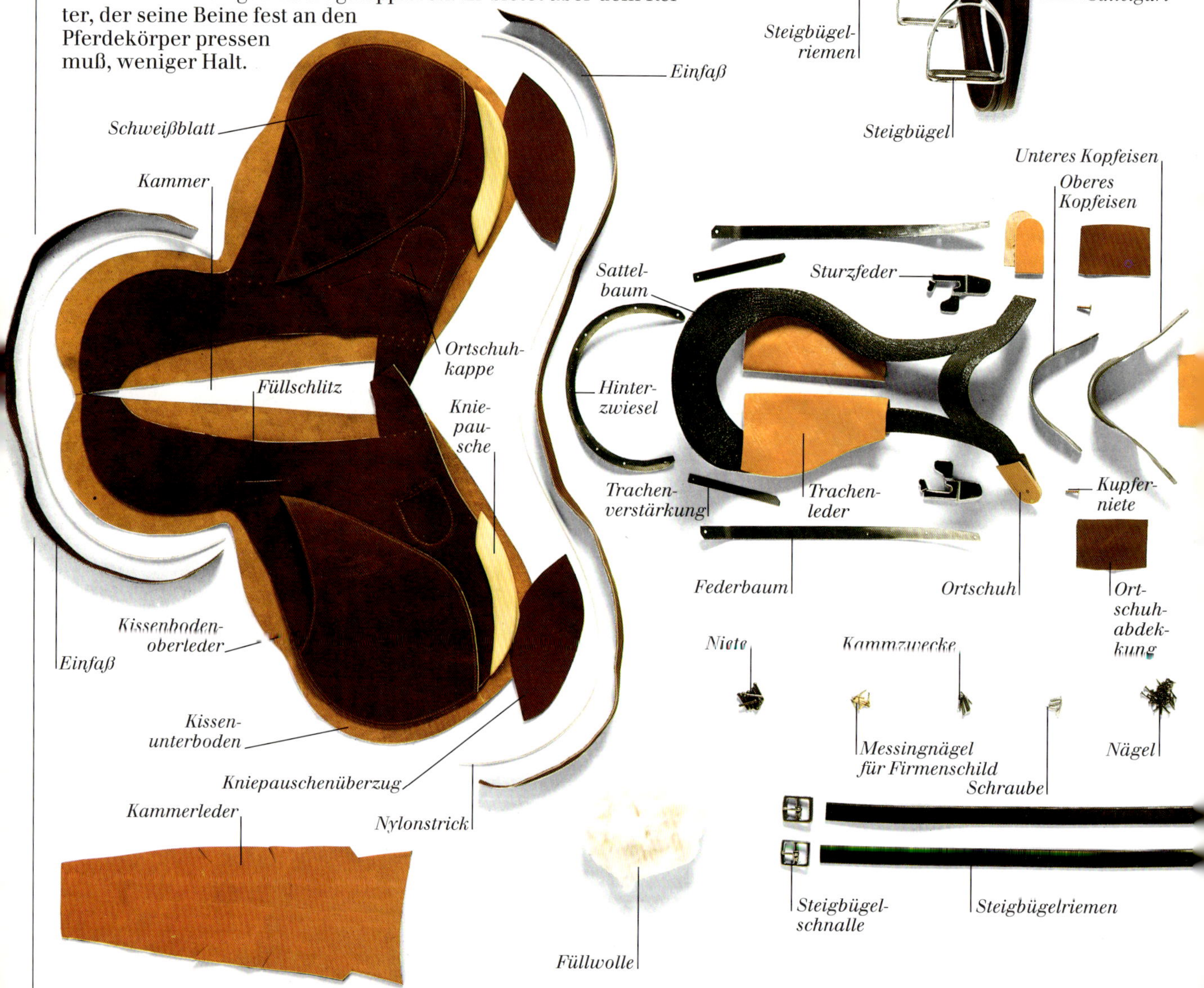

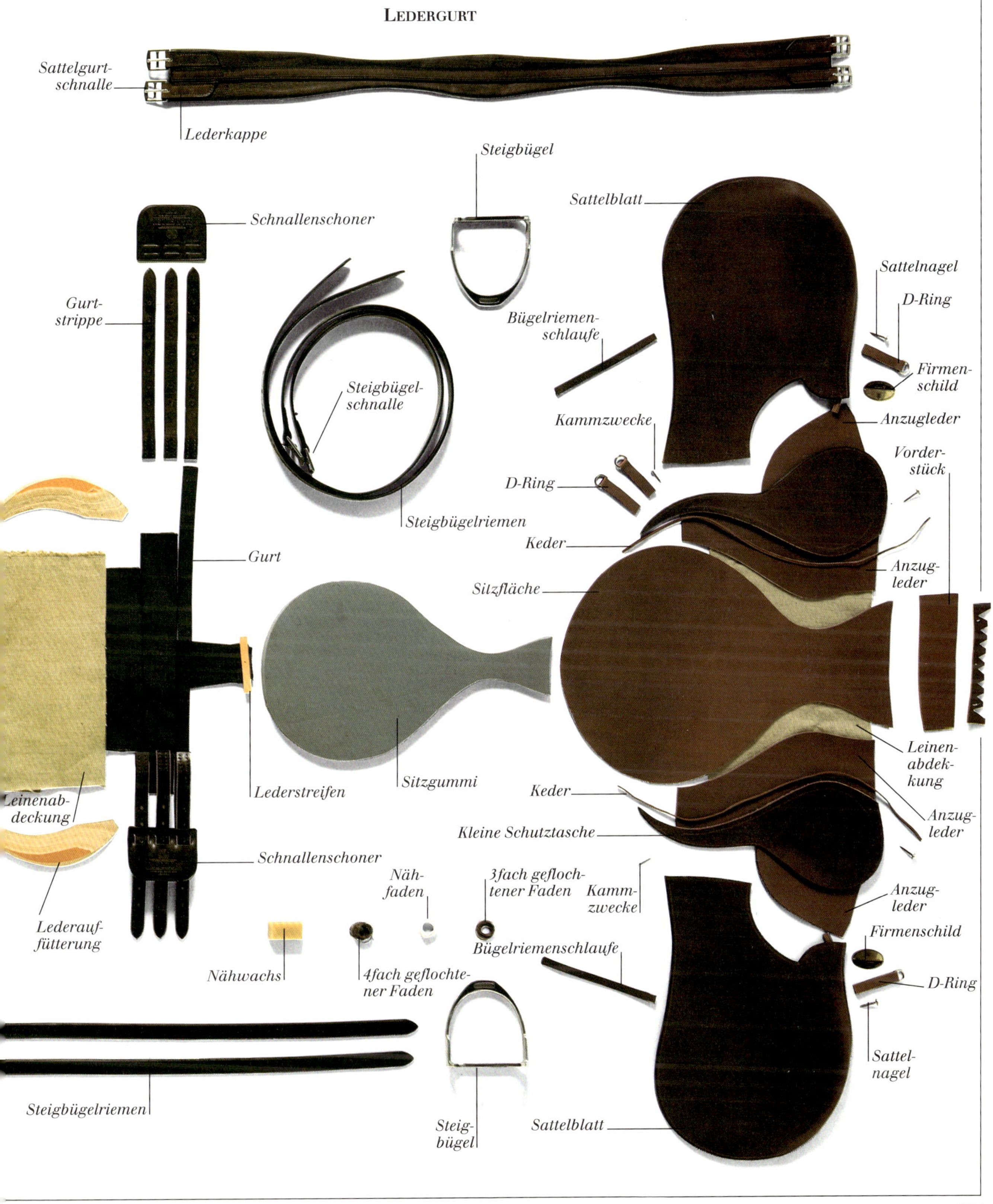
Ledergurt
Sattelgurt-schnalle
Lederkappe
Steigbügel
Sattelblatt
Schnallenschoner
Sattelnagel
D-Ring
Gurt-strippe
Bügelriemen-schlaufe
Firmen-schild
Steigbügel-schnalle
Anzugleder
Kammzwecke
Vorder-stück
D-Ring
Steigbügelriemen
Keder
Gurt
Anzug-leder
Sitzfläche
Leinen-abdek-kung
Leinenab-deckung
Lederstreifen
Sitzgummi
Keder
Anzug-leder
Kleine Schutztasche
Schnallenschoner
Näh-faden
3fach gefloch-tener Faden
Kamm-zwecke
Anzug-leder
Lederauf-fütterung
Firmenschild
Bügelriemenschlaufe
Nähwachs
4fach geflochte-ner Faden
D-Ring
Sattel-nagel
Steigbügelriemen
Steig-bügel
Sattelblatt

CD-ROM

Die CD-ROM ist eine Compact Disc (CD), auf der große Datenmengen gespeichert sind, die man per Computer abrufen kann. ROM ist die Abkürzung für „Read Only Memory“, d.h. die digital aufgenommenen, als Vertiefungen auf der Oberfläche der CD gespeicherten Daten können weder verändert noch ersetzt werden. Die CD wird in das CD-ROM-Laufwerk geladen, wo die Daten auf der rotierenden Scheibe von einem Laser gelesen werden. Anders als eine Schallplatte wird eine CD-ROM nicht entlang einer spiralförmigen Rille von außen nach innen gelesen, sondern jedes Bild oder jede Informationseinheit hat eine Koordinate auf der CD, und diese Koordinate wird vom Laser lokalisiert. Vom Laser gelesene Informationen werden zum Computer weitergeleitet, wo sie verarbeitet werden und als Text oder Bilder auf dem Bildschirm erscheinen. Die Informationen werden durch ein SCSI (Small Computer System Interface) übermittelt, das die elektronischen Impulse zwischen CD-Laufwerk und Computersystem verarbeitet. Der Benutzer kann sich im Programm bewegen, indem er Teile des Bildschirmes mit einer Maus (Handgerät mit Klickschalter, dessen Bewegungen auf dem Mouse Pad von einem Symbol auf dem Bildschirm dargestellt werden) anklickt. Das Bild im Ausschnitt (s. rechte Seite) kann durch Anklicken des aktiven Pfeiles verändert werden: das Rechteck über dem Übersichtsbild wird verschoben, und es erscheint der neu ausgewählte Ausschnitt auf dem großen Bild. Durch Anklicken des aktiven Textes kommen mehr Informationen auf den Bildschirm – als Texte, Bilder und/oder Ton.

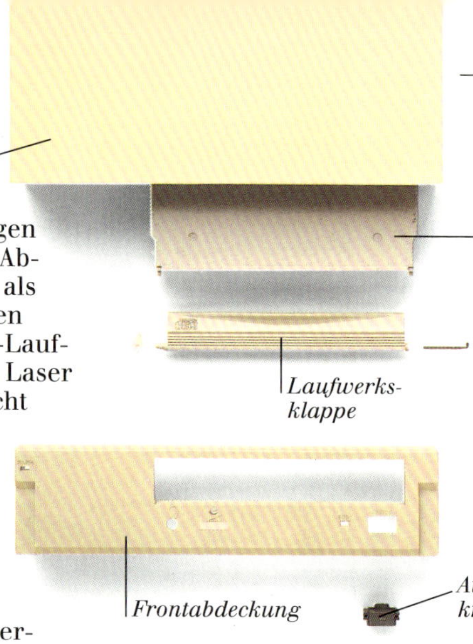

CD-ROM-Gehäuse

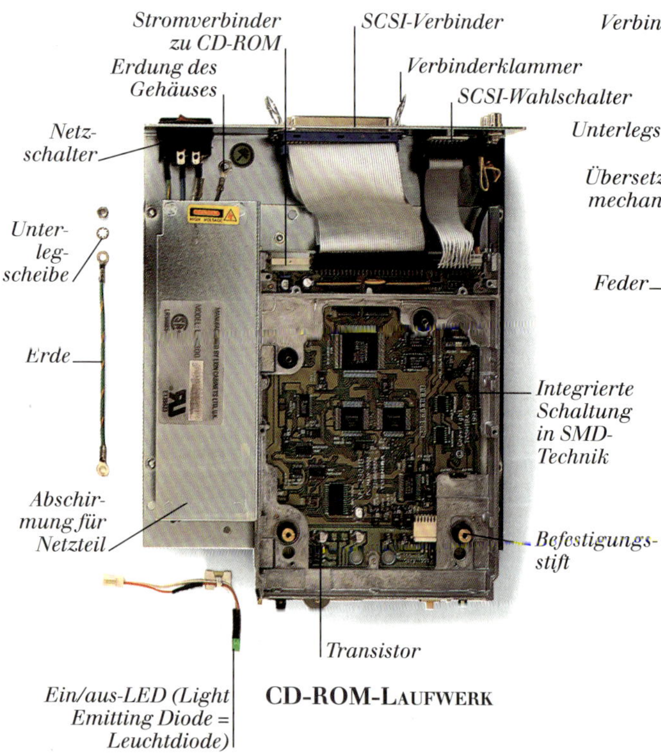

CD-ROM-Laufwerk

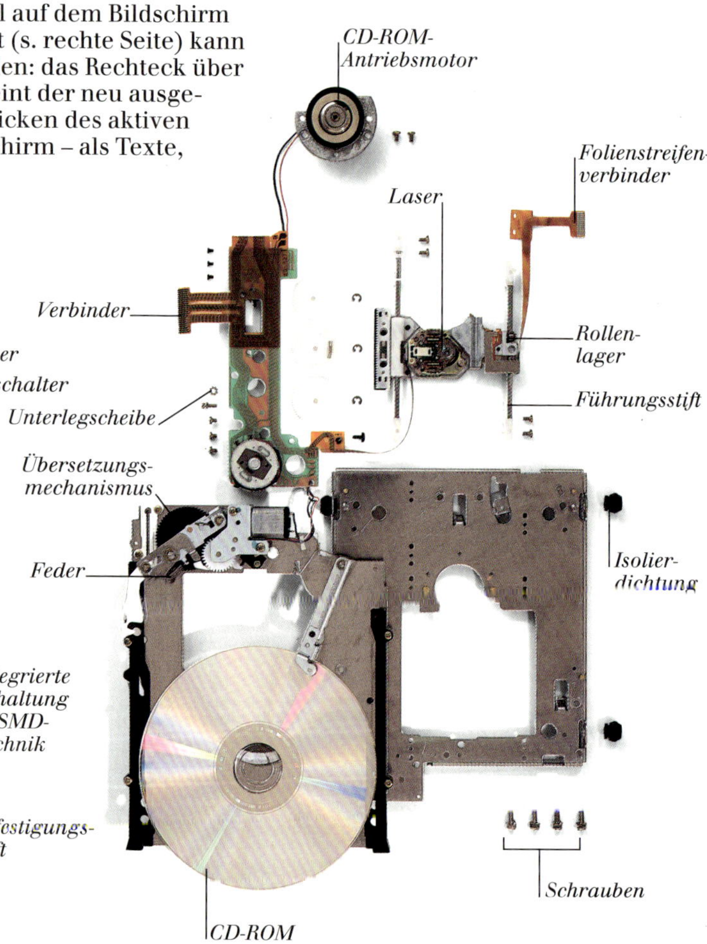

CD-ROM-Lademechanismus

Inhaltsverzeichnis

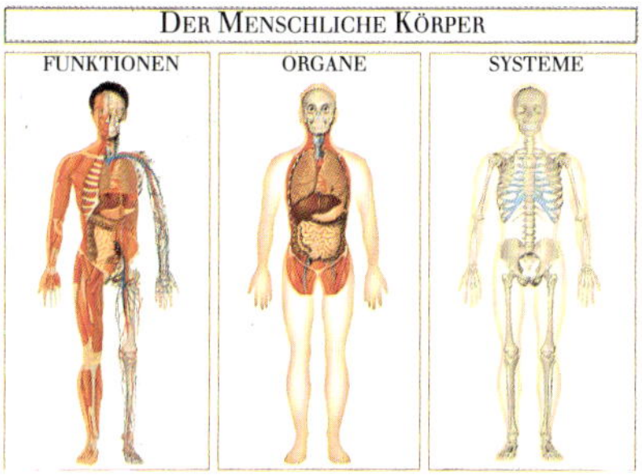

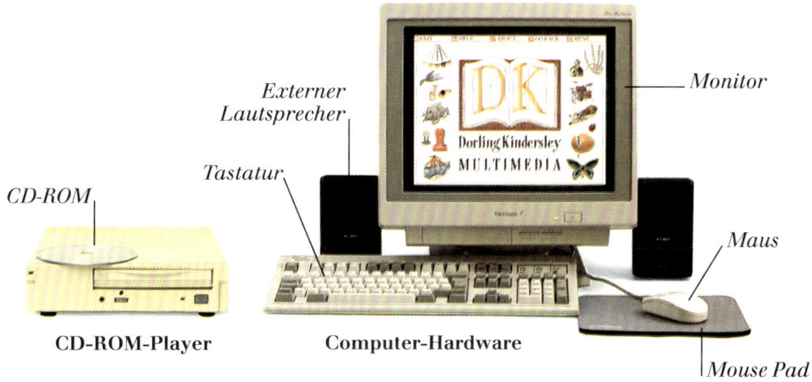

CD-ROM-Player

Computer-Hardware

Bildschirmseite eines CD-ROM-Programms

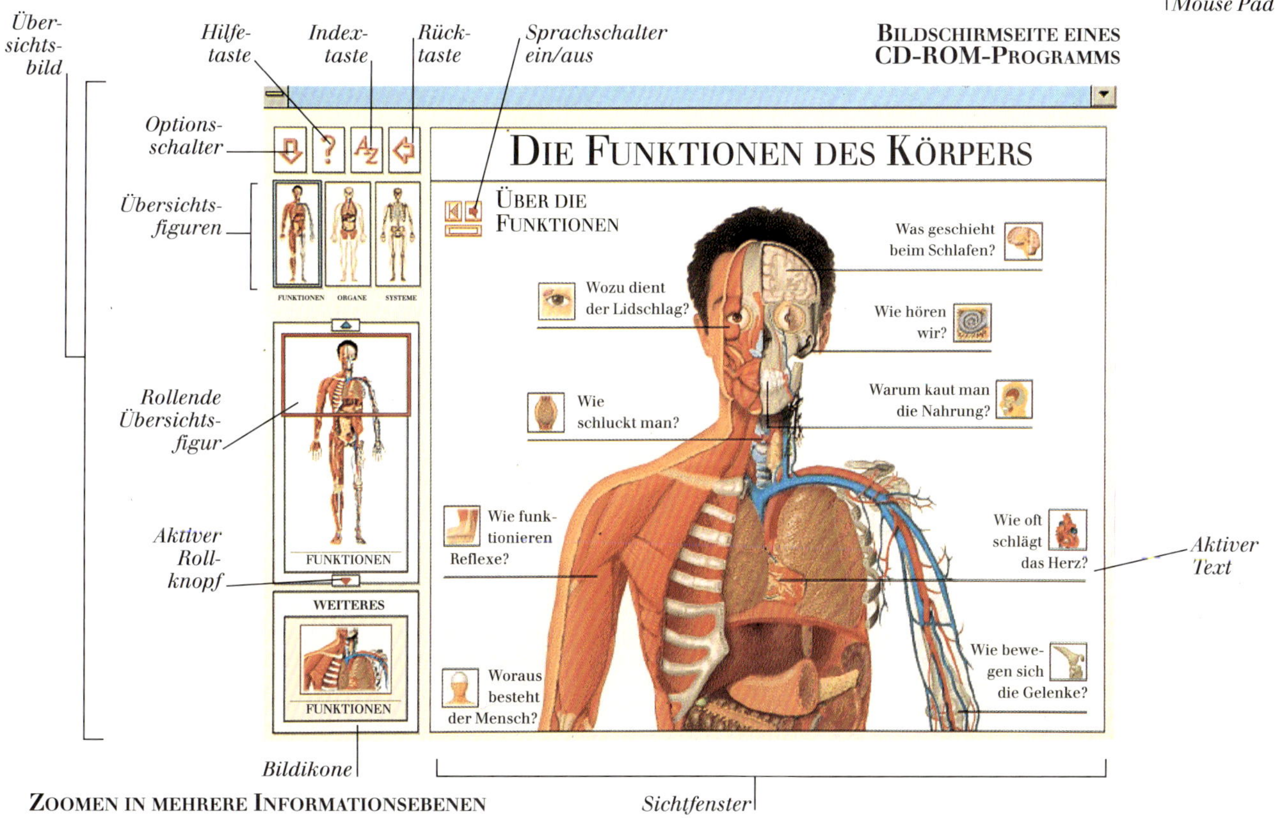

Zoomen in mehrere Informationsebenen

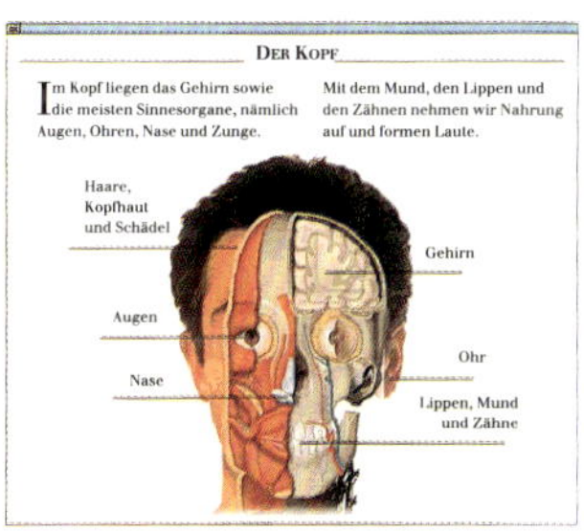

Bildschirmseite unter Menü „Organe“

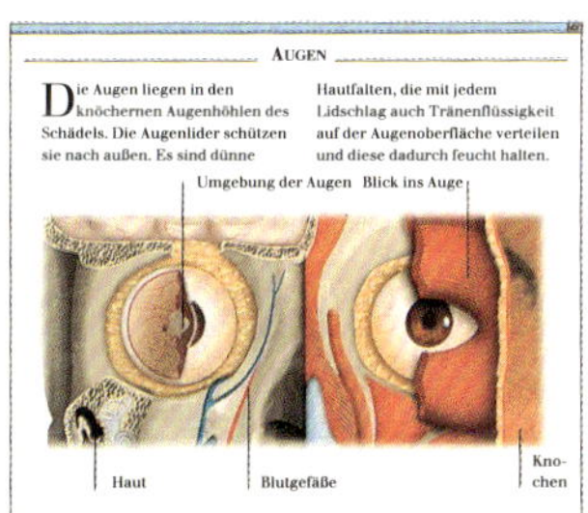

„Auge“ anklicken ruft weitere Informationen auf.

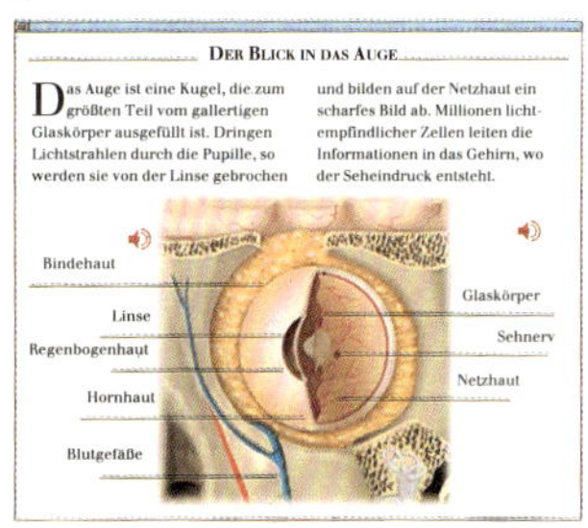

Jeder Anklickvorgang ruft eine neue Bildschirmseite auf.

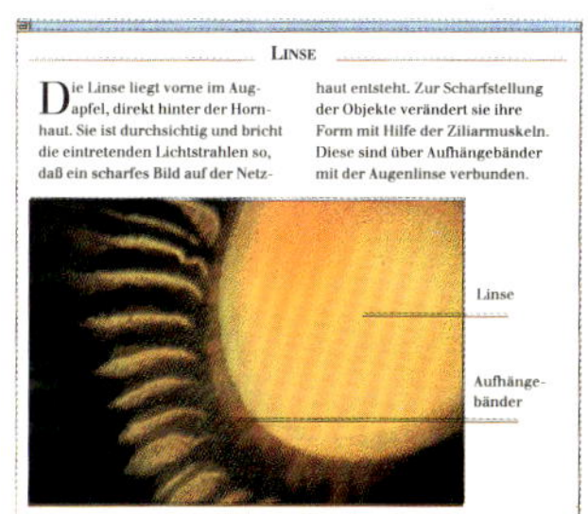

Letzte Bildschirmseite: mikroskopische Einzelheiten.

Der Walkman

Ein Walkman ist ein kleines, tragbares, batteriebetriebenes Kassettengerät. Die Kassette, in der das Band auf zwei Spulen aufgewickelt ist, wird so in das Gerät eingelegt, daß die Spulen auf zwei Achsen einrasten. Drückt man die Wiedergabetaste, drehen sich die Andruckrolle und der Antriebsriemen und führen das Magnetband am Tonkopf entlang, wobei eine Spule ab- und die andere aufgewickelt wird. Das bei der Aufnahme durch unterschiedliche Schallschwingungen verschieden stark magnetisierte Band induziert am Wiedergabekopf eine schwache elektrische Spannung. Diese Spannung, die entsprechend der Magnetfelder stärker oder schwächer ist, wird durch einen Verstärker und zu den Hörkapseln geleitet. In der Hörkapsel wird die elektrische Spannung in ein Magnetfeld umgewandelt, welches einen kleinen Konus in Schwingungen versetzt. Diese Schwingungen erzeugen wiederum Schallwellen. Der Stereoklang wird erzeugt, wenn zwei Magnetspuren – eine für das rechte und eine für das linke Ohr – aufgenommen werden.

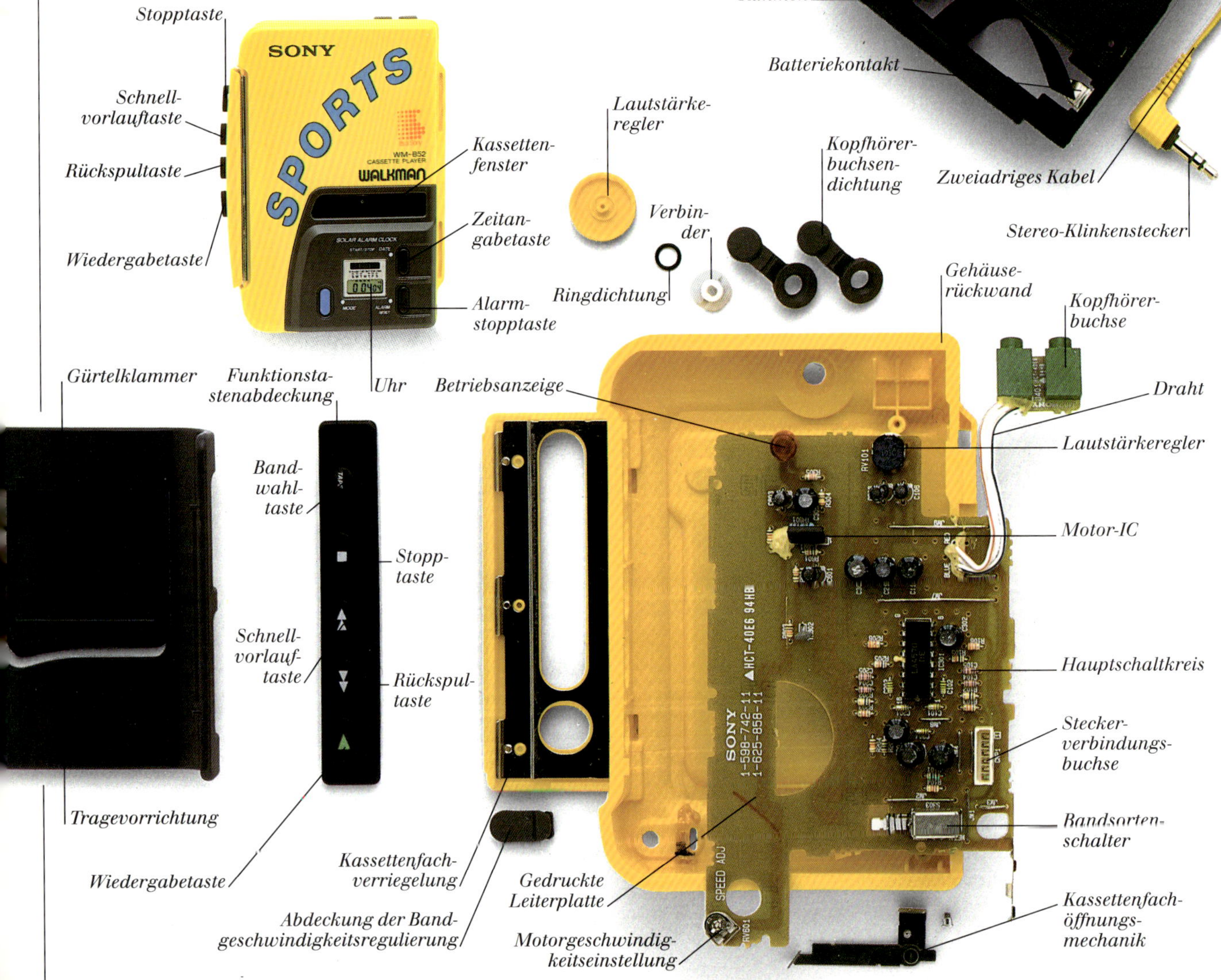

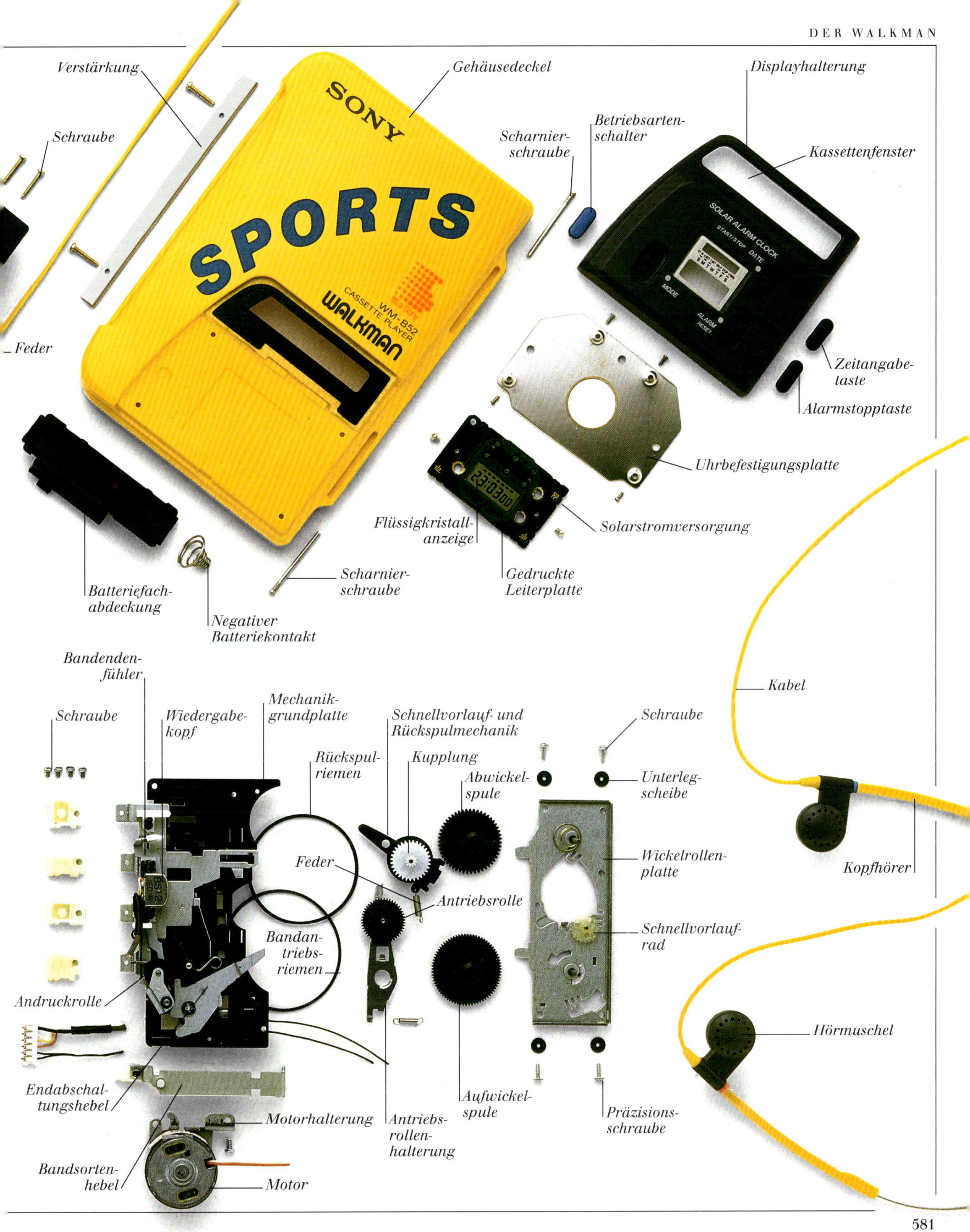
Verstärkung
Gehäusedeckel
Displayhalterung
Schraube
Betriebsarten-
schalter
Scharnier-
schraube
Kassettenfenster
SONY
SPORTS
WM-B52
CASSETTE PLAYER
WALKMAN
SOLAR ALARM CLOCK
START/STOP
DATE
MODE
ALARM
RESET
Feder
Zeitangabe-
taste
Alarmstopptaste
Uhrbefestigungsplatte
Flüssigkristall-
anzeige
Solarstromversorgung
Scharnier-
schraube
Gedruckte
Leiterplatte
Batteriefach-
abdeckung
Negativer
Batteriekontakt
Bandenden-
fühler
Schraube
Wiedergabe-
kopf
Mechanik-
grundplatte
Schnellvorlauf- und
Rückspulmechanik
Schraube
Kabel
Rückspul-
riemen
Kupplung
Abwickel-
spule
Unterleg-
scheibe
Feder
Wickelrollen-
platte
Kopfhörer
Antriebsrolle
Bandan-
triebs-
riemen
Schnellvorlauf-
rad
Andruckrolle
Hörmuschel
Endabschal-
tungshebel
Aufwickel-
spule
Präzisions-
schraube
Motorhalterung
Antriebs-
rollen-
halterung
Bandsorten-
hebel
Motor

Bücher

Das Buchbinden geht heutzutage weitgehend industriell vor sich. Trotzdem gibt es noch kleine Buchbindereien, die Einzelbücher oder Kleinstserien von Hand, d. h. mit einfachen Arbeitsmitteln und Maschinen herstellen. Die Seiten eines Buches werden auf große Papierbogen gedruckt, dann meist in Bogen zu 8, 16 oder 32 Seiten geschnitten und gefalzt. Diese Falzbogen sammelt der Buchbinder in der richtigen Reihenfolge und legt am Anfang und Ende ein Vorsatz dazu. Dann heftet er mit starkem Faden die Bogen zusammen und bestreicht den Rücken des so entstandenen Buchblocks mit Leim. Anschließend wird der Buchblock in eine Presse gespannt und der Rücken gerundet. Danach leimt der Buchbinder weitere Materialien zur Verstärkung auf den Buchrücken. Nach Fertigstellung der Buchdecke wird die Prägung aufgebracht und der Buchblock in die Decke eingeklebt.

HALBBAND

GANZLEDERBAND

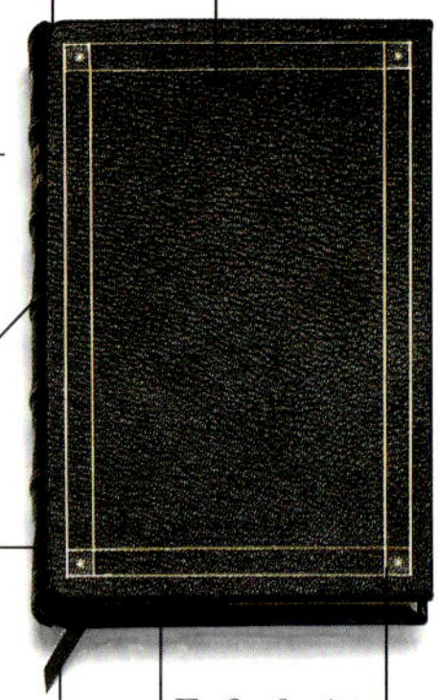

HALBBAND

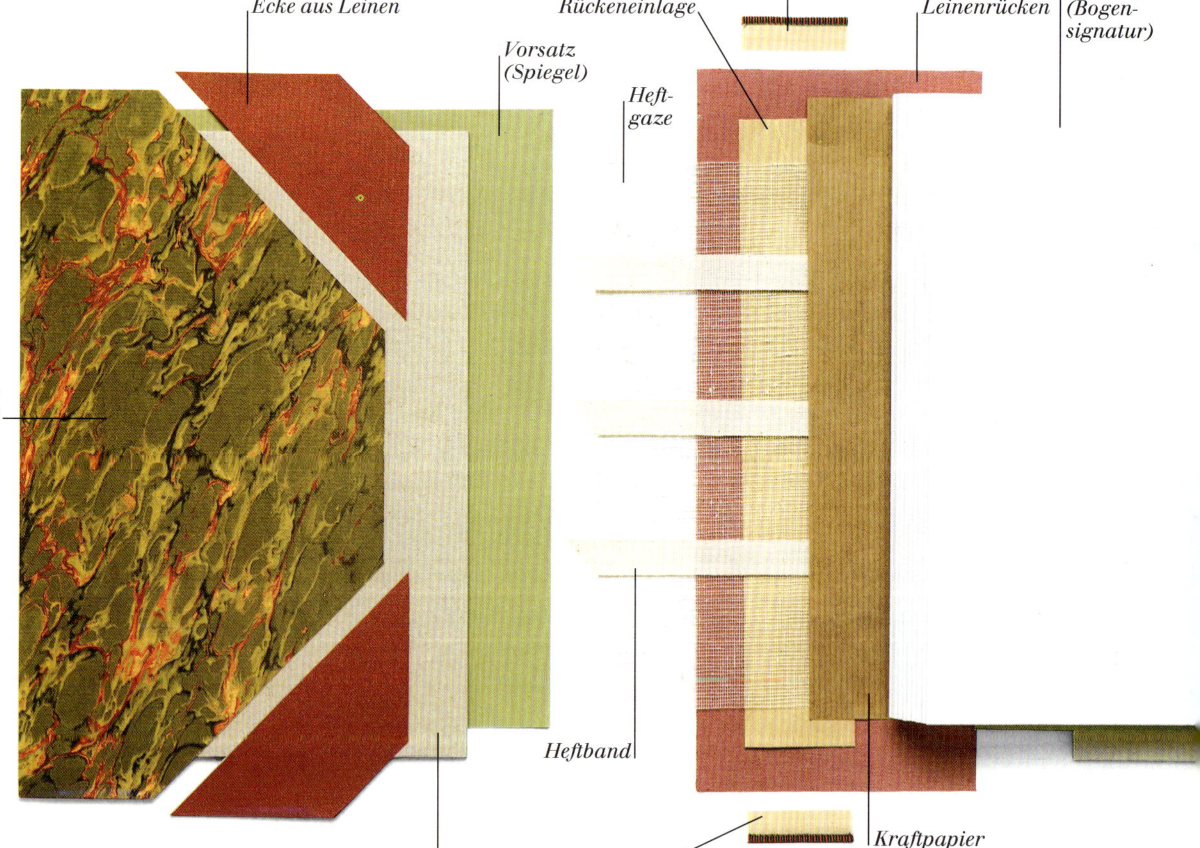

Ganzlederband

Ganzlederband

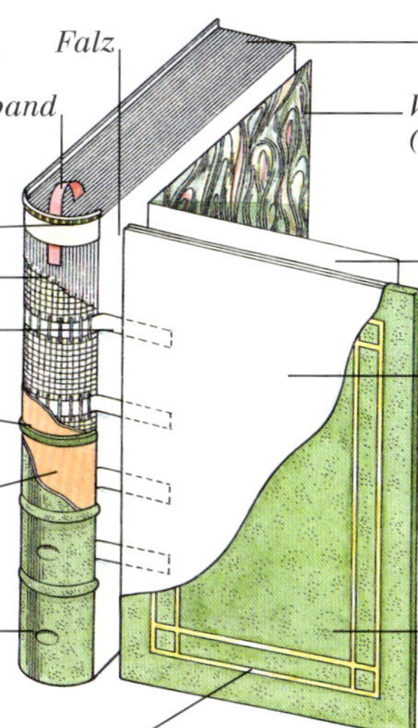

Die Kamera

Eine Kamera ist ein optisches Gerät, mit dessen Hilfe man einen Fotofilm belichten kann. Sie besteht aus einem lichtundurchlässigen Gehäuse mit einem Verschluß, dem Objektiv mit einer Blende und einem Okularsystem. Drückt man auf den Auslöseknopf, wird der Film vom Licht, das von dem zu fotografierenden Objekt reflektiert wird, belichtet. Durch das Einstellen der Verschlußzeit läßt sich die Zeit des Lichteinfalls regulieren. Durch Veränderung der Blendenöffnung kann der Wert der relativen Lichtstärke eingestellt werden. Die Lichtstärke des Objektivs, Blendenöffnung und Belichtungszeit steuern die Menge des einfallenden Lichts bei der Belichtung. Die Linse fokussiert das Licht auf den Film. Wenn das vorhandene Licht nicht zum Fotografieren ausreicht, kann zusätzlich ein Blitzgerät benutzt werden, um zur Verstärkung kurzzeitig ein helles, künstliches Licht zu erzeugen.

Kamerafront

Bauteile der Gehäusefront

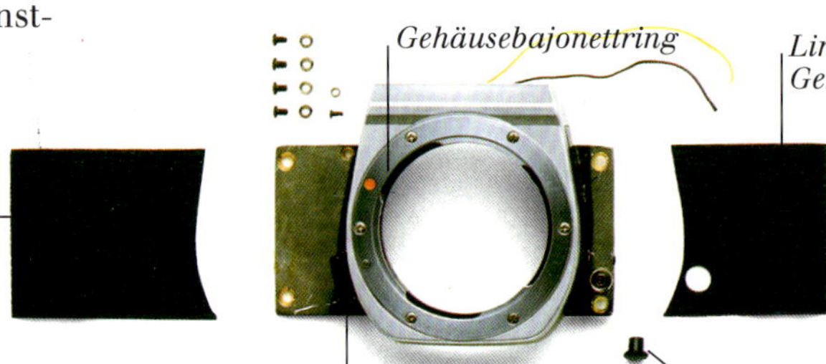

Bodenplatte

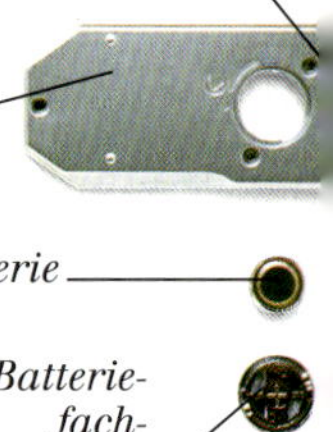

Die Kamera von hinten

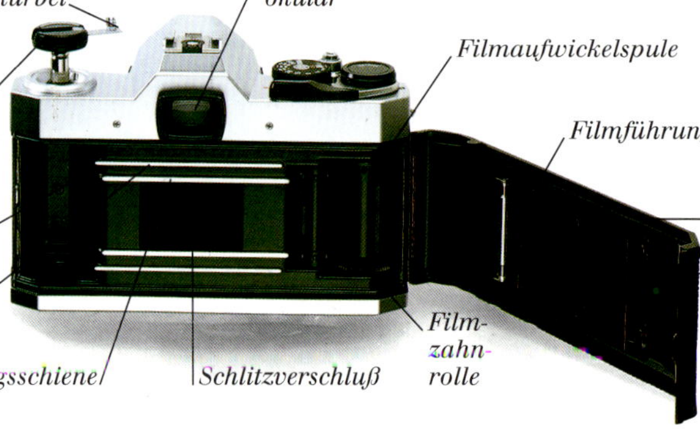

Aufbau des Objektivs

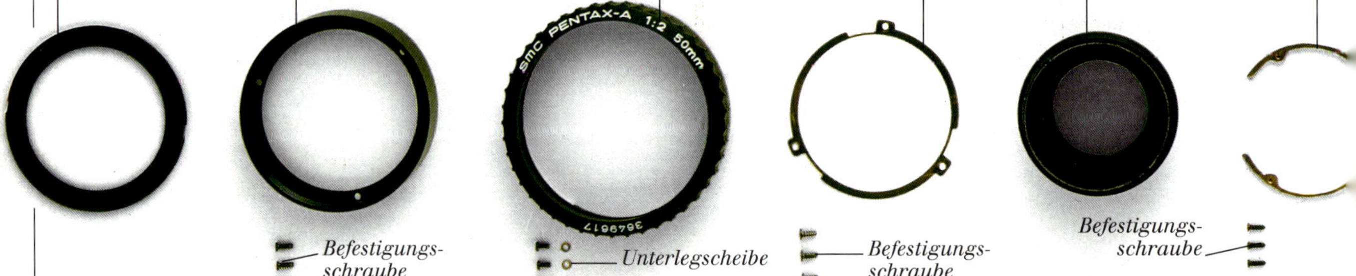

Aufbau des Gehäusedeckels

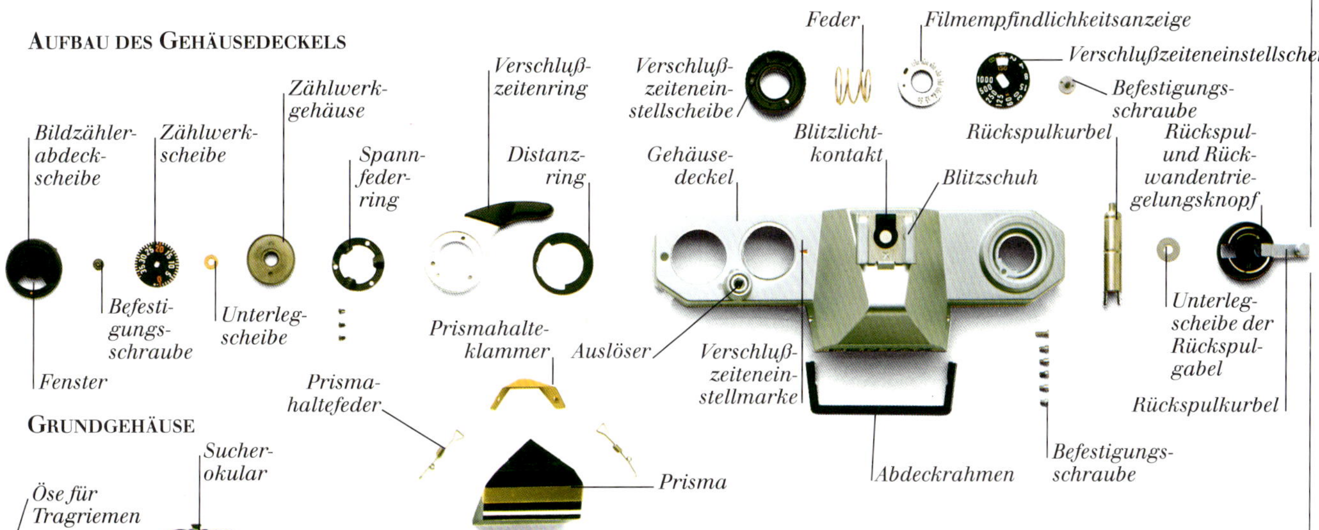

Grundgehäuse

Die Kamera von oben

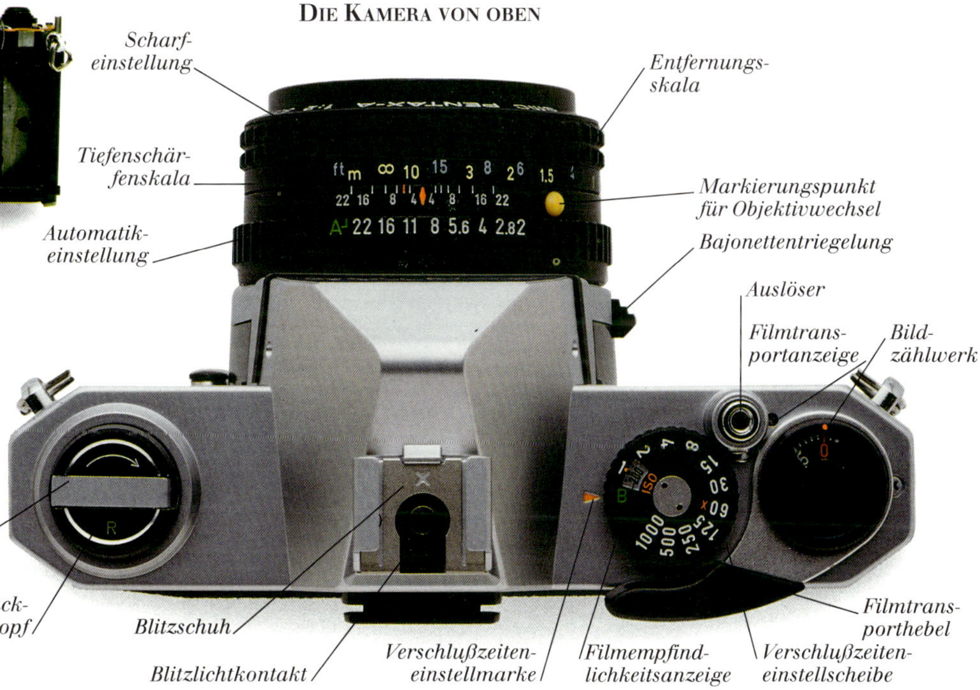

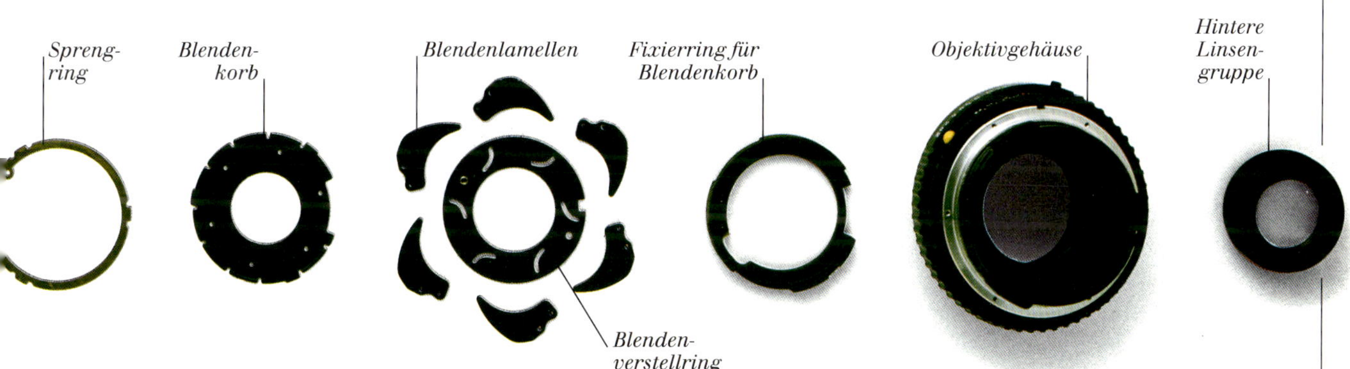

Das Fahrrad

Das Fahrrad gehört zu den beliebtesten Fahrzeugen der Erde. Das erste mit einer Tretkurbel angetriebene Fahrrad wurde 1839 in Schottland gebaut. Seither wurde diese Konstruktion ständig verbessert; es kamen die Kette, Mantelreifen und eine Gangschaltung hinzu. Die jüngste Entwicklung des Mountain- oder All-Terrain-Bikes ist eine interessante Neuerung. Mit dem hier gezeigten Mountainbike mit seinem starken, robusten Rahmen, breiten Reifen und 21 Gängen läßt sich steiles, bergiges und unebenes Gelände befahren, das früher für Fahrradfahrer völlig unzugänglich war.

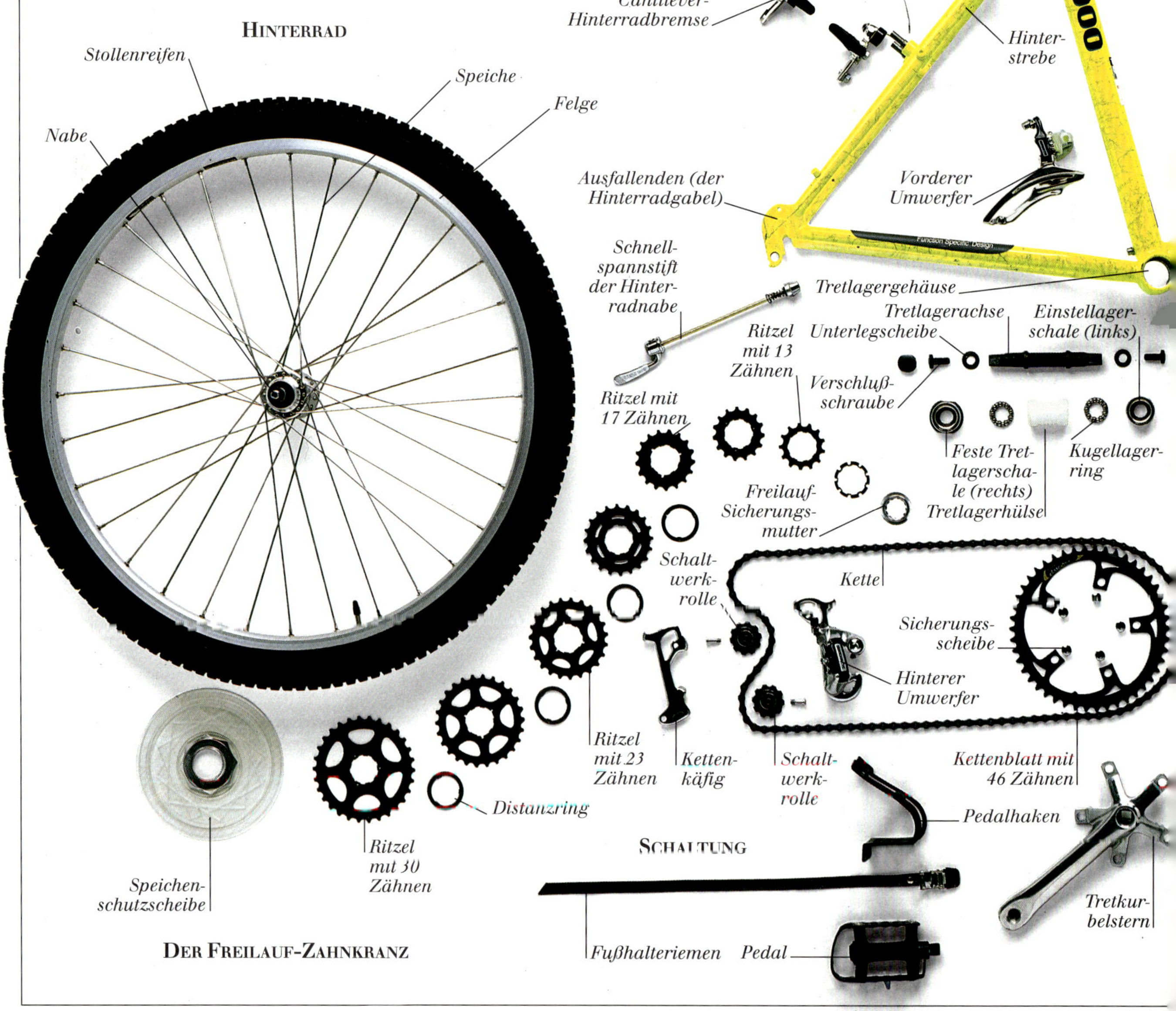

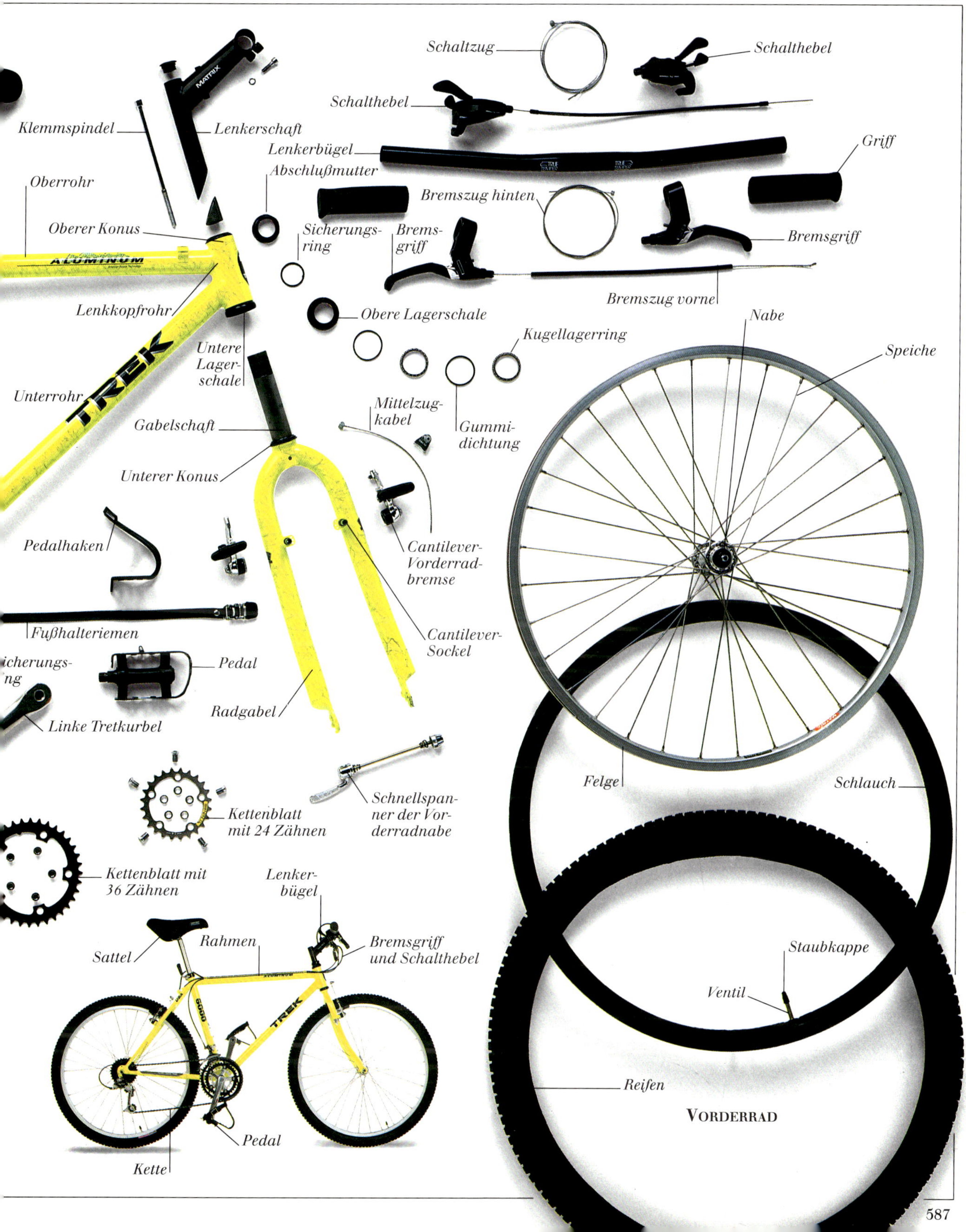
Schaltzug
Schalthebel
Schalthebel
Klemmspindel
Lenkerschaft
Lenkerbügel
Griff
Abschlußmutter
Oberrohr
Bremszug hinten
Oberer Konus
Sicherungs-
ring
Brems-
griff
Bremsgriff
Lenkkopfrohr
Bremszug vorne
Obere Lagerschale
Nabe
Kugellagerring
Untere
Lager-
schale
Speiche
Unterrohr
Mittelzug-
kabel
Gabelschaft
Gummi-
dichtung
Unterer Konus
Pedalhaken
Cantilever-
Vorderrad-
bremse
Fußhalteriemen
Cantilever-
Sockel
Pedal
Radgabel
Linke Tretkurbel
Felge
Schlauch
Schnellspan-
ner der Vor-
derradnabe
Kettenblatt
mit 24 Zähnen
Kettenblatt mit
36 Zähnen
Lenker-
bügel
Sattel
Rahmen
Bremsgriff
und Schalthebel
Staubkappe
Ventil
Reifen
Pedal
Kette

VORDERRAD

Anhang: Maße, Gewichte

MASSEINHEITEN

Einheit	entspricht
Längenmaße	
1 Zentimeter (cm)	10 Millimeter (mm)
1 Meter (m)	100 Zentimeter
1 Kilometer (km)	1000 Meter
1 Seemeile	1852 m
Massenmaße	
1 Kilogramm (kg)	1000 Gramm (g)
1 Tonne (t)	1000 Kilogramm
Zentner (Ztr.)	50 Kilogramm
Doppelzentner (dz)	100 Kilogramm
Pfund	0,5 Kilogramm
Karat (ct)	0,2 g (bei Edelsteinen)
Karat (ct)	1/24 Masseanteil Gold (24ct Gold ist rein)
Flächenmaße	
1 Quadratzentimeter (cm^2)	100 Quatratmillimeter(mm^2)
1 Quadratmeter (m^2)	10.000 cm^2
1 Ar (a)	100 m^2
1 Hektar (ha)	10.000 Quadratmeter
1 Quadratkilometer (km^2)	1.000.000 Quadratmeter
Raum- oder Volumenmaße	
1 Kubikzentimeter (cm^3)	1 Milliliter (ml)
1 Liter (l)	1000 Milliliter
1 Kubikmeter (m^3)	1000 Liter
Hohlmaße	
1 Zentiliter (cl)	10 Milliliter (ml)
1 Deziliter (dl)	10 Zentiliter
1 Liter (l)	10 Deziliter
1 Dekaliter (dal)	10 Liter
1 Hektoliter (hl)	10 Dekaliter
1 Kiloliter (kl)	10 Hektoliter

Engl./amerik. Einheit	entspricht
Längenmaße	
1 foot/Fuß (ft)	12 Zoll oder Inch (" oder in)
1 Yard (yd)	3 Fuß
1 mile/Meile (stat.mile)	1,760 Yards
Massenmaße (Handelsgewichte)	
1 dram (dr) ~ 1,77 g	27,34 grains (gr)
1 ounze/Unze (oz)	16 dr
1 pound/engl. Pfund (lb)	16 oz
1 hundredweight (cwt) (long)	112 lb
1 hundredweight (cwt) (short)	100 lb
1 ton (long)	2240 lb
1 ton (short)	2000 lb
Flächenmaße	
1 square foot (ft^2)	144 square inches (in^2)
1 square yard (yd^2)	9 square feet
1 acre	4840 square yards
1 square mile	640 acres
Raummaße	
1 cubic foot	1728 cubic inches
1 cubic yard	27 cubic feet
Hohlmaße	
1 fluidram (fl dr)	60 minims (min)
1 fluid ounze (fl oz)	8 fluidrams
1 gill (gi)	5 fluid ounzes
1 pint (pt)	4 gills
1 quart (qt)	2 pints
1 gallon (gal)	4 quarts
1 peck (pk)	2 gallons
1 bushel (bu)	4 pecks

TEMPERATURMASSE

Umwandlung von Celsius (C) in Fahrenheit (F): F = (C x 9:5)+32
Umwandlung von Fahrenheit in Celsius: C = (F - 32) x 5 : 9
Umwandlung von Celsius in Klevin (K): K = C + 273
Umwandlung von Kelvin in Celsius: C = K - 273

Celsius	-20	-10	0	10	20	30	40	50	60	70	80	90	100
Fahrenheit	-4	14	32	50	68	86	104	122	140	158	176	194	212
Kelvin	253	263	273	283	293	303	313	323	333	343	353	363	373

FLÄCHEN UND HOHLKÖRPER

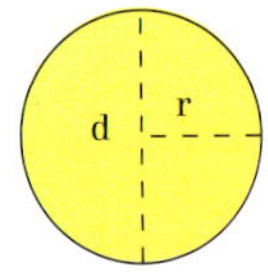

Radius r
Durchmesser
d= 2 × r

KREIS
Umfang = 2 × π × r
Fläche = D x r²
(π = 3,1416)

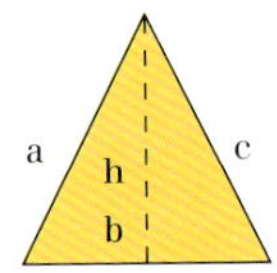

Höhe h
Seiten a, b, c

DREIECK
Umfang = a + b + c
Fläche: ½ × b × h

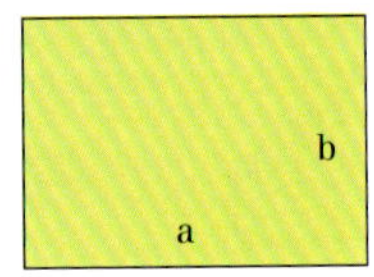

Seiten a, b

RECHTECK
Umfang = 2 × (a+b)
Fläche = a × b

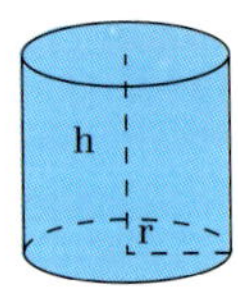

Höhe h
Radius r

ZYLINDER
Oberfläche: 2 × π × r x h
(ohne Kopfflächen)
Rauminhalt (Volumen) = π × r² × h

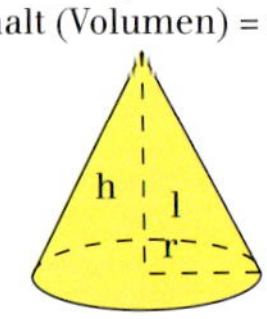

Höhe h
Radius r
Kantenlänge l

KEGEL
Oberfläche = π × r × l (ohne Fußfläche)
Rauminhalt = ⅓ π × r² × l

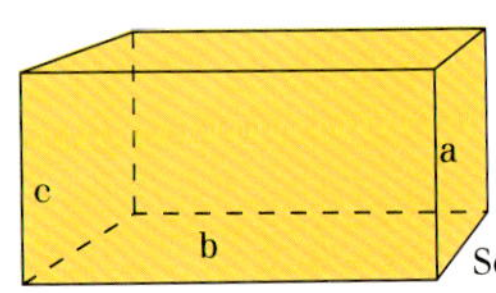

Seiten a, b, c

QUADER
Oberfläche = 2 × (a × b + b × c + a × c)
Rauminhalt: a × b × c

UMRECHNUNG: METRISCHE – ENGL./AMERIK. MASSE

Von	in	Malnehmen mit
Längenmaße		
Zentimeter	Zoll	0,3937
Meter	Fuß	3,281
Kilometer	Meilen	0,6214
Meter	Yard	1,094
Massenmaße		
Gramm	Ounzes	0,0352
Kilogramm	Pounds	2,205
Tonnen	long tons	0,9843
Tonnen	short tons	1,1023
Flächenmaße		
Quadratzentimeter	Quadratzoll	0,155
Quadratmeter	Quadratfuß	10,76
Hektar	Acres	2,471
Quadratkilometer	Quadratmeilen	0,3861
Quadratmeter	Quadratyaerds	1,196
Raummaße		
Kubikzentimeter	Kubikzoll	0,061
Kubikmeter	Kubikfuß	35,31
Hohlmaße (Flüssigkeitsmaße)		**Brit/USA**
Liter	Pints	1,76/2,114
Liter	Gallonen	0,22/0,264

UMRECHNUNG: ENGL./AMERIK. MASSE – METRISCHE

Von	in	Malnehmen mit
Längenmaße		
Zoll	Zentimeter	2,54
Fuß	Meter	0,3048
Meilen	Kilometer	1,609
Yards	Meter	0,9144
Massenmaße		
Ounces	Gramm	28,35
Pounds	Kilogramm	0,4536
Long tons	Tonnen	1,0160
Short tons	Tonnen	0,9070
Flächenmaße		
Quadratzoll	Quadratzentimeter	6,452
Quadratfuß	Quadratmeter	0,0929
Acres	Hektar	0,4047
Quadratmeilen	Quadratkilometer	2,59
Quadratyards	Quadratmeter	0,8361
Raummaße		
Kubikzoll	Kubikzentimeter	16,39
Kubikfuß	Kubikmeter	0,0283
Hohlmaße (Flüssigkeitsmaße)		**Brit/USA**
Pints	Liter	0,568/0,473
Gallonen	Liter	4,546/3,787

ZAHLENSYSTEME

Römisch	Arabisch
I	1
II	2
III	3
IV	4
V	5
VI	6
VII	7
VIII	8
IX	9
X	10
XI	11
XII	12
XIII	13
XIV	14
XV	15
XX	20
XXI	21
XXX	30
XL	40
L	50
LX	60
LXX	70
LXXX	80
XC	90
C	100
CI	101
CC	200
CCC	300
CD	400
D	500
DC	600
DCC	700
DCCC	800
CM	900
M	1000
MM	2000

PHYSIKALISCHE SYMBOLE

Symbol	Bedeutung
α	Alphateilchen
β	Betastrahl
γ	Gammastrahl; Photon
ε	Elektromotorische Kraft
η	Wirkungsgrad; Zähigkeit
λ	Wellenlänge
μ	Mikro-; Permeabilität
ν	Frequenz des Lichtes
ρ	Dichte; Widerstand
σ	Leitfähigkeit
c	Lichtgeschwindigkeit
e	Elementarladung

MATHEMATISCHE SYMBOLE

Symbol	Bedeutung
+	plus
–	minus
±	plus/minus
×	multipliziert mit (mal)
÷	geteilt (dividiert) durch
=	ist gleich
>	größer als
<	kleiner als
≥	größer oder gleich
≤	kleiner oder gleich
%	Prozent
√	Wurzel aus
π	pi (3,1416)
°	Grad
∞	unendlich
~	ungefähr gleich
/	Winkel
‖	parallel zu

CHEMISCHE SYMBOLE

Symbol	Bedeutung
+	plus; zusammen mit
→	reagiert zu
•	einzelnes, ungepaartes Elektron; „und" (bei Kristallwasser)
–	Einfachbindung
=	Doppelbindung
≡	Dreifachbindung
R	Restgruppe
X	Halogenatom
Z	Atomzahl

BIOLOGISCHE SYMBOLE

Symbol	Bedeutung
○	weibliches Individuum (in Stammbäumen)
□	männliches Individuum (in Stammbäumen)
♀	Weibchen/weiblich
♂	Männchen/männlich
×	gekreuzt mit; Hybrid
+	Wildtyp
F_1	Nachkommen der ersten Generation
F_2	Nachkommen der zweiten Generation

ZEHNERPOTENZEN (BEI WISS: MASSANGABEN)

Faktor	Name	Vorsilbe	Symbol
10^{18}	Trillion	Exa-	E
10^{15}	Billiarde	Peta-	P
10^{12}	Billion	Tera-	T
10^{9}	Milliarde	Giga-	G
10^{6}	Million	Mega-	M
10^{3}	Tausend	Kilo-	k
10^{2}	Hundert	Hekto-	h
10^{1}	Zehn	Deca-	da
10^{-1}	ein Zehntel	Dezi-	d
10^{-2}	ein Hundertstel	Centi-	c
10^{-3}	ein Tausendstel	Milli-	m
10^{-6}	ein Millionstel	Mikro-	m
10^{-9}	ein Milliardstel	Nano	n
10^{-12}	ein Billionstel	Pico	p
10^{-15}	ein Billiardstel	Femto-	f
10^{-18}	ein Trillionstel	Atto-	a

ANMERKUNG: In diesem Buch werden die deutschen Bezeichnungen für Zahlen über eine Million verwandt. Im englischen Sprachraum kennt man keine Milliarden und Billiarden, sondern zählt Billion, Trillion usw.

Register

A

A (Note) 506
A Bigger Splash 447
A-Rahmen 420
A-Saite 516
A-Säulenverkleidung 363
A-Turm 402
Aa-Lava 282
Aale 184
Abakus
 ägyptischer Tempel 463
 griechische Säulenkapitelle 464
 klassizistisches Gebäude 487
 mittelalterliche Kirche 473
Abdampfwassereinspritzung 335
Abdeckplatte TGV 339
Abdeckrahmen 585
Abdeckring 585
Abdeckung Rennwagennase 367
Abdomen *s. auch Hinterleib* 178
Abdruck 450
Aberdeen-Haken 554
Abfahrtslauf 544
Abfluß für Kühlmittel 336
Abflußrohr 419
Abgasdeflektor 59
Abgase 354
Abgasemission 354
Abgasrohr
 Hubschrauber 426
 Leichtflugzeug-Motor 429
Abgasrückführung 354
Abgassammelring
 Avro Biplane 411
 Lockheed Electra 412
Abgasstrahl 423
Abgaswärmetauscher 421
Abguß 458
Abies concolor 72
Ablagerungen
 Bodenschätze 290, 291
 Gletscher 296
 Sedimentgesteine 286–287
Ablaßschraube 349
Ablaufkanal 458, 459
Ablaufmast 416
Ablenkeinheit 566
Ablenkplatte 335
Ablenkspule 560, 561
Abluftöffnung 412, 413
Abomasum 204
Abrasionsplattform 305
Absatz 560, 561
Absatznagel 561
Abschiebung 66
Abschlag 538
Abschlepphaken 367
Abschlußgewebe
 s. Epidermis
Abschlußmutter 587
Absorptionslinien 22–23
Abspannöse 430
Absperrhahn 335
Absprung
 Dreisprung 535
 Hochsprung 535
 Stabhochsprung 535
 Weitsprung 535
Absprungbalken
 Dreisprung 534, 535
 Weitsprung 534, 535
Abstimmknopf 566
Abstimmplatine 566
Abstimmzahnrad 566
Abstoß 535
Abstoßung 326, 327
Abstufung 443
Abtastung
 horizontale 58
 vertikale 58
Abtragung 292, 296
Abtriebseil
 Avro Triplane 411
 Blackburn Monoplane 409
 Curtiss Model-D Pusher 407
Abtritt 388
Abtrittshäuschen 388
Abwärme 324, 325
Abwehr 533
Abwickelspule 581
Abwurf
 Diskus 535
 Hammer 535
 Speer 535
Abzug
 Gewehr 541
 Pistole 541
Abzugsbügel 541
Abzugsleine 553
Acadagnostus 70
Acamar 19
Acanthostachys strobilacea 118
Acanthostega 86
Acer platanoides 137
Acer pseudoplatanus 137
Acer sp. 133
Acetabularia sp. 122
Achaene 156
Achal-Tekkiner 206
Achatspitze (Polierstab) 436
Achernar 20
Achillessehne 242, 243
Achsantrieb VW 350
Achsantriebssystem
 Motorrad 374
Achse
 ARV Super 2 429
 Auto 348
 Avro Triplane 410
 Bus 343
 Dampflok 334
 Fahrwerk Blackburn Monoplane 408
 Generator 327
 Kraftverstärkung 330
 Lockheed Electra 412
 Motorrad 373, 376
 Pflanzen, fleischige 149, sekundäre 143
 Walkman 580
 Zugwagon 341
Achselarterie 263
Achselhaut 244
Achselhöhle 221
Achselknospe 133, 137
Achselvene 263
Achsenbohrung 373
Achsenbürste 338
Achsenebene (Falte) 66
Achseneinstellung 376
Achseneinstellvorrichtung 372
Achsenkörper (Pflanzen) 158
Achslager 348
Achslagerkasten
 Lok 337
 Tender 334
Achsschenkel 348
Achsschenkelbolzen 346, 348
Achsstand 368
Achsstutzen 428
Achswelle 348
Achtel(note) 506
Achter (Riemenboot) 553
Achterbrücke 403
Achterdeck 388
Achterdeckshaus
 Corbita 381
 Segelschiff (16.Jh.) 384
Achtergalerie 386, 387, 389
Achterkastell 383, 385
Achterleine 395
Achterpiek 400
Achterschornstein
 Raddampfer 400,
 Schlachtschiff 403
Achterspring 395
Achtersteven
 Corbita 381
 Galeere 380
 Karv 382
 Kriegs-Segelschiff (16.Jh.) 385, 386
 Sportboot 552
Achtknoten 397
Achtpaß 475
Acidalia Planitia 43
Acipenser sturio 186
Ackerbau 115
acre 589
Acromion 193
Acrosom 269
Acroteuthis 288
Acrux 21
Acrylfarben 447, 452
Acrylmalerei 446–447
Acryltechniken 447
Actinia equina 172
Actinium 320
Actinoide 320–321
Actinothoe sphyrodeta 172
Actio 331
Adamantoblast 257
Adams-Ring 50, 51
Adamsapfel 254, 255
Adduktormuskel 179
Adenin (DNA) 226
Aderhaut 250
Adern
 Mensch *s. Arterien und Venen*
 Pflanzen 132, 142, 144, 145
Aderstreifen 514, 515
ADF-Antenne 427
Adhara 18, 21
Ädikula
 Renaissancebau 480
 römisches Gebäude 467
Adler
 Architektur 483
 Sternbild (=Aquila) 19, 20
Admiralitätsanker 394
Adrastea 57
adventielles Bindegewebe 262
Aechmea miniata 168
AEG-Turbinenfabrik 499
Aegyptopithecus 81
Aero-Lenkstange 368, 369
Aerodynamik Auto 358, 366
aerodynamischer Radschutz
 Eurostar339
 TGV 339
Aeroquip 366
Aesculus hippocastanum 136
Aesculus parviflora 143
Affen 212–213
afferente Bahn 249
Afrika
 Erde (im Universum) 38–39
 Erdoberfläche/Landkarten 274–275
 erste Menschen 114
 im Jura 76
 im Karbon 72
 im Ordovizium 70
 im Pleistozän 82
 im Quartär 83
 im Tertiär 80, 81
 in der Kreide 78, 79
 in der Trias 74
 Ornithopoden 102
afrikanische Platte 38, 65
Afrikanischer Elefant 210, 211
After
 Delphin 215
 Elefant 210
 Entenmuschel 179
 Flußkrebs 179
 Hauskatze 201
 Kaninchen 202
 Knochenfisch 187
 Krake 182
 Kuh 204
 Mensch 259, 268, 271
 Schildkröte 193
 Schmetterling 175
 Schnecke 183
 Seeigel 181
 Seestern 180
Afterburner 422
Afterfurche 220
Afterfüße 178, 179
Afterkanal 259
Afterschließmuskel 259
ägäische Platte 65
Agglomerate 282
Aggregat eines Kolbentriebwerks 414
Aggregatdeckel des Drehkolbenmotors 356
Aggregatzustände 317
Ägina (Architektur) 465
Agnatha 184
Agra (Architektur) 493
Agropyron repens 119
Agulbasstrom 307
Ägypten
 altägyptische Architektur 462, 463
 Bauwerke des Islam 492, 493
 Spurweite Eisenbahn 341
Ahorn 133
Ahornholz (Geige) 514
Ähre 149, 168
Aino Planitia 36, 37
Air-Brush 446
Aisne (Architektur) 471
Akanthus 464
Akna Montes 37
Akropolis 464
Akroterion 465
Aktenklammer 434
aktive Galaxien 12
akustische Gitarren 516, 517
Al Nair 19, 20
al secco 438, 439
Alarmstopptaste (Walkman) 580, 581
Alba Fossae 43
Alba Patera 43
Albategnius 40
Albertosaurus 90
Albireo 20
Aldebara 18, 21
Alderamin 19
Aldrin, Edwin „Buzz“ 58
Alethopteris
 als Fossil 288
 im Karbon 73
Algedi 20
Algen
 Acetabularia 122
 Algen und Tange 122, 123
 Blasentang 123
 Braunalgen 122, 123
 Chlamydomonas 122
 Corallina officinalis 123
 Dilsea carnosa 123
 Enteromorpha linza 123
 Entwicklung 123
 Erdgeschichte 62
 Fingertang 122
 Fucus spiralis 122
 Fucus vesiculosus 123
 Grünalgen 118, 122, 123
 in Flechten 120
 Kieselalgen 122
 Laminaria digitata 122
 Micrasterias 118
 Pelvetia canaliculata 122
 Rinnentang 122
 Rotalgen 122, 123
 Spiraltang 122
 Spirogyra 123
 Symbiose mit Pilzen 120
 Thalassiosira 122
 Volvox 122
Algenfossilien 288
Algenib 19, 20
Algieba 18
Algol 19, 20
Alhambra 492
Alhena 18, 21
Alhidade 385
Alicante 454
Alioth 18–19
Alkalimetalle 320–321
Alkohol 323
Alkor 19
Alkyone 20
All-Terrain-Bike 586
Allah 492
Allantois 198
Allesfresser (Dinosaurier) 90
Alligator 192
Alligator mississippiensis 192
Allison-250-C20J-Turbinentriebwerk 427
Allium sp. 149
Allosaurus 76, 77, 91
Allradfahrzeug 364
Allroundreifen 369
Allzweckfahrrad 368
Almach 19, 20
Alnilam 18
Alnitak 20, 22
Alouatta seniculus 213
Alpen
 im Quartär 83
 im Tertiär 81
 Satellitenkarte 275
Alpenbergflachs 151
Alpha Centauri 21
Alpha Hydri 20
Alpha Mensae 20
Alpha Regio 36–37
Alpha-Ring 48
Alphard 18, 21
Alphecca 18, 21
Alpheratz 19, 20
Alphonsus 40
Alrami 21
Alstroemeria aurea 135
Alt(stimme) 506
Alt-Dämpfer 511
Altair 19, 20
Altar 474
Altarbild 437
Altarme
 Flußlandschaften 300
 Seenbildung 303
 Stadien der Flußentwicklung 299
Altocumulus-Wolken 312
Altostratus-Wolken 312
Altschlüssel 506
Altweltaffen 212, 213
Aludra 21
Alufelge 412
Aluminium 321
 Außenhaut Lockheed Electra 413
 Erdkruste 64
 Zusammensetzung der Erde 39
Aluminiumblech 420
Aluminiumflügel 411
Aluminiumgehäuse 374
Aluminiumguß 346
Aluminiumgußgehäuse 356
Aluminiumlegierungen 428

Aluminiumrohr 369
Aluminiumstrebe 418
Aluminiumtürrahmen 416
Aluverkleidung
Blackburn Monoplane 409
Hubschrauber 426, 427
Alveolararterie 257
Alveolarknochen 257
Alveolarvene 257
Alveolen 264
Amaryllis sp. 161
Amazonas 274
Amazonasbecken 39
Amazone (Architektur) 483
Amazonis Planitia 43
Amberbaum 82
Ambiens-Muskel
Albertosaurus 90
Iguanodon 103
Amboß (Gehörknöchelchen) 252
Amboßschröter 454
Ambulakralfurche 181
Ambulakralrinne 85
Ameisen 174
Ameisenigel 216
American Standardbred 547
Americium 321
amerikanische Maßeinheiten 598
Ammoniak
Atmosphäre Jupiter 45
Atmosphäre Saturn 47
Mantel Neptun 51
Mantel Uranus 49
Ammoniten
Aussterben 78
Fossilien 288–289
in Kalkstein 277
Ammoniumdichromat 322
Ammoniumschwefelwasserstoff
Atmospäre Jupiter 45
Atmosphäre Saturn 47
Ammophila arenaria 119
Amnion
Hühnerei 198
Reptilien 86
Amöbocyte (Schwamm) 172
Amorpher Kohlenstoff 321
Ampere (A) 326
Amphibia 188
Amphibien *s. auch Lurche*
Fossilien 288, 289
in der Erdgeschichte 62
urtümliche 74, 84, 86–87
Amphibolkristalle 285
Ampulle (Ohr) 253
Amun-Re (Architektur) 462, 463
Amun-Re-Tempel 462–463
Amur 275
Analfalte 210
Anatolische Platte 38
Anbetung der Könige, Die 435
Anchisaurus 94, 95
Anda 494, 495
Andalusier 207
Andamenti 455
Anden
Erde im Universum 38–39
im Jura 77
im Quartär 83
im Tertiär 81
in der Kreide 79
in der Trias 75
Weltkarte 274
Andesit 285
Andrehklauen 346
Andrehkurbel
Ford Modell T 348
Humber-Motor (1911) 353
Renault 1906 346, 347
Andrehkurbelklammer 347
Androeceum 146
Andromeda 18, 19, 20
Andruckrolle 581
Anemonia viridis 172
Anemophilie 150, *s. auch Windblütigkeit*
Angaberaum 537
Angaria 71
Angelhaken 554, 555
Angeln 554–555
Angelrute 554, 555
Angers (Architektur) 473
Angiospermae 132
Angiospermophyta 118
Anglerfisch 186
Anglo-Araber 206
Angoulême (Architektur) 473
Angreifer/in
Netball 533
Volleyball 532
Angriffslinie (Volleyball) 532
Angriffszone
Eishockey 542
Volleyball 532
Anhängervorrichtung 365
Anion 318
Anker
74-Kanonen-Schiff 387, 389
Corbita 380
Dreimastrahschiff 383
Dschunke 384
Fregatte 405
Generator 327
Kriegs-Segelschiff 385
Motor 558
römischer 380
Schiffanker, verschiedene 394
Schlachtschiff 403
Teeklipper 400
Uhr 562
Ankerarm 380, 388, 394
Ankerbeting 380
Ankerboje 387
Ankerbrücke (Uhr) 562
Ankerflügel 394
Ankerformen 394
Ankergleitfläche 394
Ankerhand 380, 388, 394
Ankerkette 403
Ankerknoten (Architektur) 496
Ankerkreuz 380, 394
Ankermutter (Auto) 367
Ankerring 380
Ankerschaft 380, 394
Ankerspill 388
Ankerspindel (Motor) 558
Ankerstock 380, 388
Ankerstockband 388
Ankertau 384, 388, 396
Ankerwelle (Uhr) 562
Ankerwinde
74-Kanonen-Schiff 387
Architektur 481
Festmachen und Ankern 394
Raddampfer 401
Anklickvorgang (Computer) 578, 579
Ankylosaurier/Ankylosauria 89, 98, 100, 101
Ankylosaurus 100
Anlasser
Auto 349, 350, 361
Flugzeug 415
Anlasserrad 415
Anlasserschalter 349
Anlasserzahnkranz 355
Anlaufbahn 534
Annahmespieler (Volleyball) 532
Annahmezone (Racquets) 537
Annes-Fleck 47
Annie mit Sonnenhut 451
Annulus 211
Anruf 568
Ansaugen (Motor) 356
Ansaugkanal 353, 355, 357
Ansaugkrümmer 353, 355, 361
Ansaugrohr 345, 375
Ansaugtakt 353
Ansaugventil 353
Anschaltknopf
Keybord 524
Tongenerator 525
Anschießen von Blattgold 436
Anschlagbändsel 392
Anschlußbuchse für Mikrophon 525
Anschlußdraht (Glühbirne) 564
Anschlüsse
Elektromotor 327
Generator 327
Anschlußkabel (Blas-Synthesizer) 525
Anschlußkasten (Generator) 327
Anschreiber/in
Basketball 530
Netball 533
Volleyball 532
Anschwingen (Hammer) 535
Ansetzer 404
Ansetzerhebel 404
Anspiel (Eishockey) 542
Anspielkreis (Eishockey) 542
Anspielpunkt
Eishockey 542
Netball 533
Anstellwinkelabnehmer (Tornado) 424
Anstellwinkelregelung Lockheed Electra 412
Anstellwinkelregler Concorde 423
Antarala 495
Antares 18, 21
Antarktika
Karbon 72
Quartär 82, 83
Tertiär 80
Antarktis
Erde im Universum 38
Jura 76
Kreide 78, 79
Tertiär 81
Trias 74
Weltkarte 274–275
antarktische Platte 38
antarktischer Zirkumpolarstrom 306
Antefix 465
Antenna (=Rah) 380, 381
Antenne
Auto 359, 367
Fregatte 405
Antennen (Fühler)
Insekten 174
Krebse 178, 179
Antennen (Weltraumforschung) 54–56, 58, 59
ausfahrbare 58
steuerbare 59
Antennenanschluß (Fernseher) 566
Antennenantriebseinheit 58
Antennenhalter (Fernseher) 567
Antennenmast
Empire State Building 498
U-Boot 405
Antennenrigg 405
Antennenverkleidung (Flugzeug) 418, 425
Antenpfeiler 465
Antheren 146, *s. auch Staubbeutel*
falsche (Rittersporn) 147
Antheridium
Braunalge 123
Farn 127
Moos 125
Antherozoid
Braunalge 123
Farn 127
Moos 125
Anthozoa 172–173
Anthrazit 290
Anthriscus sp. 141
Anthropoidea 212
Anthurium andreanum 149
Anti-U-Boot-Torpedorohr 405
Antieisluftströmkammer 422
Antihelix, oberes/unteres Kreuz (Ohr) 252
Antiklinale 66
Antiklinalfalle 290–291
Antiklinorium 67
Antikörper 263
Antimon 321
Antimonit 278
Antipode 153
Antiqua-Majuskeln 449
Antithetische Vertikalverschiebung 67
Antitragus 252
antizyklonischer Wirbelsturm 44–45, 47, 50
Antlia 18, 21
Antoniadi 41
antorbitale Öffnung *s. auch Schläfenfenster*
Baryonyx 89
Antrieb
Auto 357
Raddampfer 399
Antriebsband Granate 405
Antriebskette
Benz-Motorwagen 345
Motorrad 374, 376
Wright Flyer 406
Antriebskegelrad 348
Antriebslagerschild (Generator) 327
Antriebsmotor (CD-ROM) 578
Antriebsmutter (Klappengetriebe Flugzeug) 417
Antriebspaneel 420
Antriebsplatte 355
Antriebsrad
Auto 344
Bohrer 559
Dampflok 335
Strahltriebwerk-Getriebe 422
Antriebsriemen
Auto 345, 346, 361
Motorrad 370
Antriebsriemenabdeckung 427
Antriebsriemenscheibe (Auto) 345, 355
Antriebsritzel
Auto 345
Geschütz-Zielantrieb Fregatte 404
Antriebsrolle (Walkman) 581
Antriebsrollenhalterung 581
Antriebswelle
Auto 350, 361, 366
Hubschrauber 426, 427
Luftstrahltriebwerke 423
Mid-West-Wankelmotor 415
Rasenmäher 574
Anuli 464
Anura 188
Anzeigeleuchte (Lok) 337, 338
Anziehung
Magentismus und Elektrizität 326, 327
Anziehungskräfte
des Mondes und der Sonne 306–307
Teilchen 317
Anzugleder (Sattel) 577
Aorta, *s. auch Hauptschlagader*
Mensch 225, 260, 261, 262, 265, 266, 267
Delphin 215
Aorta descendens
Flußkrebs 179
Frosch 188
Aorta dorsalis
Hai 185
Knochenfisch 187
Aorta posterior
Flußkrebs 179
Aorta pulmonalis
Frosch 188
Aortenbogen (Mensch) 263
Apatosaurus 89
Apex
Buchstabe 449
Käfer 174
Schmetterling 175
Schnecke 183
Apfel 132, 154, 155
Apfelfrucht 155
Aphaiaheiligtum 465
Aphrodite Terra 36–37
Apollo 11 58
Apollo 16 59
Apollo-Raumfahrt 41, 57, 59
Apomixis 152
Apophyse 125
Apostel 439
Apothezium 120
Appalachen
Entstehung von Gebirgen 68
Karbon 73
Quartär 83
Tertiär 81
Trias 75
Weltkarte 274–275
Appendix 202
Apsis 469, 473, 485
APU 419
Aquädukt (Gehirn) 246
Aquarell 442, 443
Aquarelleffekt 447
Aquarellmalerei 442–443
Aquarellpapier 443, 445
Aquarius *s. Wassermann*
Äquator
Meeresströmungen 306–307
Quartär 82
Saturn 47
Weltkarte 274–275
Winde 310
äquatoriale Tiefdruckrinne 310
äquatorialer Gegenstrom 307
Aquifer 302
Aquifuge 302
Aquila *s. Adler*
Ar (a) 588
Ara ararauna 196
Araber 206
Arabeske
Barockgebäude 484
islamische Baukunst 492, 493
römischer Tempel 467
arabische Architektur 492
Arabische Halbinsel 76, 78
Arabische Platte 38
Arabische Wüste 274–275
Arachnida 176

Aralsee 274–275
Ararauna 196
Araucaria araucana 74
Arbeit (physikalische Definition) 324, 330
Arbeitsdeck 388
Arbeitskammer 404
Arbeitssattel 576
Arbeitsspiele (Motor) 353
Arbeitstakt beim Verbrennungsmotor 353, 356, 374
Arcadia Planitia 43
Archaeopteryx 63, 90, 91
Archegonium
 Farn 127
 Kiefer 128
 Moos 125
Archimedes 40
Architektur 462–503
Architrav
 ägyptischer Tempel 462
 Barock und Klassizismus 482, 483, 484, 485, 486
 französischer Tempel 489
 gotische Kirche 477
 griechischer Tempel 465
 Porta Nigra 469
 Renaissancebauten 480, 481
 römischer Tempel 467
Archivolte
 Barock und Klassizismus 483, 484, 485
 französischer Tempel 489
 gotische Kirche 475
 Renaissancebau 481
 romanischer Kirchturm 472
Arcturus 18, 21, 23
Ardenner 209
Arenakapelle 439
Areole 162, 166
Argentinien
 Spurweite 341
Argon 321
Argonvorkommen 35, 37, 39, 43
Argyre Planitia 43
Ariel 48
Aries *s. Widder*
Arillus (Eibe) 120
Aristarchus 40
Aristillus 40
Aristoteles 40
Arkab Prior 21
Arkade
 Barockkirche 483, 484, 485
 gotische Gebäude 474
 Kolosseum 468
 Midway Gardens 499
 mittelalterliche Kirche 473
Arm
 Anchisaurus 95
 Buchstabe 449
 Iguanodon 103
 Mensch 220
 Pachycephalosaurus 106
 Psittacosaurus 109
 Seestern 180
 Seesternfossil 85
 Stegoceras 107
 Tyrannosaurus 90
Armaturenbrett
 Rasenmäher 575
 Renault 1906 347
 Renault Clio 362, 363
Armaturenbrettlautsprecher 363
Armbeuger (Mensch) 236
Armbrust 540
Ärmelkanal, Flug über den 406, 408
Armfüßer 71
Armknochen (Mensch) 234
Armknospe (Mensch) 270
Armlehne
 Lockheed-Electra-Sitz 413
 Stuhl 570, 571
 TGV-Sitz 339
Armlehnstuhl 570–571
Armmuskel (*Gallimimus*) 92
Armöffnung 430
Armschutz (Bogenschießen) 540
Armschwingen 194, 197
Armstrecker (Mensch) 237
Armstrong, Neill 58
Arricio 438
Arsen 321
Arsia Mons 43
Arsinotherium 63, 81, 111
Art déco 498, 499
Artemon 380
Artenvielfalt 110
Arteria carotis Hai 185
Arterien (Mensch) 245, 262
Arteriolen (Mensch) 262, 267
artesische Quelle 302
artesischer Brunnen 302
Arthropoden 288
Artillerierad 344, 347
Artiodactyla 204
Arundinaria nitida 137
ARV Super 2 428–429
Arzachel 40
Aschenbecher 412
Aschenkegel (Vulkan) 283, 284
Aschenrutsche 403
Ascraeus Mons 43
Asiatischer Elefant 210, 211
Asien
 Entstehung des Himalaja 69
 Erde im Universum 38
 im Jura 76
 im Quartär 82, 83
 im Tertiär 80, 81
 in der Kreide 78, 79
 in der Trias 74
 Verbreitung Ornithopoden 102
 Verbreitung Thyreophora 98
 Weltkarte 274–275
Asparagus setaceous 70
Assimiliationsparenchym
 Nadel einer Bischofskiefer 130
 Schachtelhalm 126
 Yucca 132
Ast (Holzpflanzen) 136
Astat 321
Asterias rubens 181
Asterina gibbosa 181
Asteroiden 30, 52–53
Asteroxylon 84, 85
Asthenosphäre 64
Astragal 490
Astrolabium 384, 385
Astronaut 59
Ästuar 300, 304
asymmetrischer Hang 293
Atacama-Salzwüste 274
Atalanta Planitia 36
Atelierstaffelei 441
Atemhöhle (Christrose) 145
Atemöffnungen (Insekten) 175
Athen (Architektur) 464, 465
Athenatempel 464
Atlantischer Ozean
 Erde im Universum 38
 im Quartär 83
 im Tertiär 81
 Weltkarte 274–275
Atlas
 Barocksäule 486
 Gebirge 39, 81, 83, 275
 Halswirbel (Mensch) 232
 Halswirbel (Pferd) 205
 Mondkrater 40
Atlasbogen, vorderer/hinterer (Mensch) 232
Atlasgebirge
 Erde im Universum 39
 im Quartär 83
 im Tertiär 81
 Weltkarte 275
Atmosphäre
 Erde 38–39, 70, 84, 298, 310–311
 Jupiter 45
 Mars 43
 Merkur 34–35
 Neptun 51
 Pluto 51
 Saturn 47
 Uranus 49
 Venus 37
atmosphärischer Druck 36
Atmung
 Fische 186
 Mensch 246, 264, 265
Atmungsmechanismus (Mensch) 265
Atmungssystem (Mensch) 264–265
Atoll 308–309
Atom-U-Boot 404, 405
Atombau 320
Atomdurchmesser 318
Atome 316, 317, 318–319, 320–321
 chem. Eigenschaften 318, 319
 chem. Reaktionen 322, 323
 Periodensystem 320, 321
Atomhülle 318
Atomkern 318, 319, 320, 324
Atommasse 320
Atommasse, relative 320
Atomstruktur 320
ATP (Automatic Train Protection) 340
Atreus-Schatzhaus 465
Atrium 502
Attikageschoß
 St.-Paul's-Kathedrale 484, 491
 St. George in the East 485
 Tyringham House 487,
Ätzen (Kupferstich) 451
Auditorium 483
Auerbach 550, 551
Aufbaubefestigung 372
Aufbauspieler (Basketball) 530
Aufblasventil 553
Aufdoppelung (Schuh) 560, 561
Auffaltung (Gebirgsbildung) 69
Auffangbehälter (Rasenmäher) 574, 575
Aufgaberaum (Volleyball) 532
Aufgetucht 383, 384
Aufhängbänder (Auge) 579
Aufhängung
 Auto 361, 366
 Mid-West-Wankelmotor 415
 Motorrad 372, 376
Aufhängungsgelenk 370
Aufhängungssysteme 372
Aufklärer 424
Aufklärungsradar 424
Auflösungszeichen 506, 507
Aufnahmeknopf (Keybord) 524
Aufrechter Gang 114
Aufschiebung 66
Aufschlag (Volleyball) 532
Aufschläger
 Badminton 537
 Racquets 537
 Squash 537
 Tennis 536
 Volleyball 532
Aufschlagfeld
 Squash 537
 Tennis 536
Aufschlaglinie
 Badminton 537
 Squash 537
 Tennis 536
Aufschlagschiedsrichter (Tennis) 536
Aufschlagzone (Racquets) 537
Aufschwungphase (Stabhochsprung) 535
Aufsitzerpflanze 168
Aufsteckhülse (Leisten) 560
Auftakt (Kugelstoßen) 535
Auftragsarbeit 437
Auftrieb
 Wasserpflanzen 164
 Flugzeug 410
Auftriebseil
 Avro Biplane 411
 Avro Triplane 411
 Blackburn Monoplane 409
 Blériot XI 409
 Curtiss Model-D Pusher 407
Aufwickelspule (Walkman) 581
Aufziehschlüssel (Uhr) 562
Aufzug (Uhr) 562
Augapfel (Mensch) 250
Augbolzen
 Corbita 381
 Linienschiff 389
Auge 250–251, 579
 Allosaurus 91
 Anchisaurus 95
 Angelhaken 554
 Camarasaurus 97
 Corythosaurus 104
 Delphin 214
 Dhau 384
 Drachenkopf 382
 Echse 190
 Frosch 188
 Gallimimus 92
 Gorilla 213
 Herrerasaurus 92
 Hurrikan 313
 Iguanodon 103
 Insekten 174, 175
 Känguruh 217
 Kaninchen 202
 Krake 182
 Löwe 200
 Mensch 221, 222, 250–251, 270, 579
 Muschel 182
 Neunauge 184
 Pachycephalosaurus 106
 Pferd 205
 Psittacosaurus 109
 Ratte 202
 Rigg 390, 391
 Robbe 214
 Salamander 188
 Schiffsbemalung Galeere 380
 Schildkröte 193
 Schlange 190
 Schnecke 183
 Segel Corbita 380
 Spinnentiere 176
 Stegoceras 107
 Stegosaurus 98
 Takelung (Maus und ...) 387
 Tauwerk 396
 Triceratops 108
 Trilobit 84
 Tyrannosaurus 90,
 Vogel 194
 Westlothiana 87
Augenbraue
 Gorilla 213
 Mensch 222, 223, 250
Augenbrauenrunzler 238, 239
Augenfleck (*Chlamydomonas*) 122
Augenhöhle
 Acanthostega 86
 Ankylosaurus 100
 Archaeopteryx 91
 Arsinoitherium 110
 Bär 200
 Baryonyx 89
 Camarasaurus 97
 Diplodocus 96
 Echse 190
 Elefant 211
 Eryops 86
 Euoplocephalus 100
 Hyaenodon 113
 Iguanodon 102
 Knochenfisch 187
 Lambeosaurus 105
 Löwe 200
 Mensch 114, 230, 250, 579
 Opossum 112
 Pachycephalosaurus 106
 Pferd 205
 Plateosaurus 94
 Protoceratops 108
 Schimpanse 212
 Schlange 191
 Schnabeltier 216
 Smilodon 113
 Stegoceras 107
 Styracosaurus 108
 Toxodon 112
 Triceratops 109
 Tyrannosaurus 90
 Vogel 195
Augenhöhlendeckknochen 108
Augenhöhlenleiste
 Pachycephalosaurus 106
 Styracosaurus 108
Augenhöhlenrand (Mensch) 223
Augenkammer, vordere/hintere (Mensch) 251
Augenlid
 Krokodil 192
 Mensch 222, 223, 250, 579
Augenmuskeln (Mensch) 251, 579
Augenoberfläche 579
Augenring, verknöcherter (*Lambeosaurus*) 105
Augenringmuskel (Mensch) 236, 239
Augenwinkel (Mensch) 223
Augenwulst (Schimpanse) 212
Augplatte 390
Augspleiß 390
Augstropp 391
Augusta-Nationalgolfplatz 538
Auriga *s. Fuhrmann*
Auripigment 280, 281
Ausatmung (Mensch) 265
Ausbreitung des Lichts 328
Ausfallenden (Fahrrad) 586
Ausgangsbuchse (E-Gitarre) 517

Ausgangsleistung 368
Ausgleichsgewicht bei Automotoren 354, 355, 357
Ausgleichshorn, aerodynamisches 418, 419
Ausguck (Mast) 383
Ausguckerperiskop 404
Ausholbewegung
  Diskuswurf 535
  Hammerwurf 535
Ausholerleitblock 390
Auskupplungsklinke 399
Auslaßdiffusor 422
Auslaßkanal
  Automotoren 353, 356, 357
  Motorradmotor 375
Auslaßkonus 423
Auslaßschlitz 374
Auslaßventil 353, 354, 355
Auslaßverkleidung 423
Ausläufer
  Erdbeere 134
  Gundermann 160
Ausleger
  Ausleger (Architektur) 496, 502
  Bugspriet und Klüverbaum 390
  Curtiss Model-D Pusher 407
  Kriegs-Segelschiff 385
  Sportboot 552
  Triere 381
Auslegerspant 552
Auslöseknopf (Kamera) 584
Auslöser (Kamera) 585
Auspuff
  Auto 355, 360, 367
  Flugzeug 411, 412, 413, 431
  Motorrad 376
  Rasenmäher 574
Auspuffbefestigung 372
Auspuffdämpfer 427
Auspuffendrohr 350, 366
Auspuffflansch 415
Auspuffhitzeschild 355
Auspuffkrümmer 347, 355, 361
Auspufföffnung Diesellok 337
Auspufföffnungsrohr 336
Auspuffrohr
  Auto 346, 350, 352, 357, 360
  Fregatte 403
  Motorrad 370, 371, 372, 376, 377
Auspuffrohrschelle 370
Auspufftakt 353
Ausreitgurt (Segelboot) 553
Ausrückhebel 371, 377
Aussackungen, Darm (Mensch) 259
Ausschieben 356
Außenbordklappe 418
Außenbordspoiler 418
Außenhaut
  Flugzeug 409, 417, 420, 425
  Mensch 245
Außenhautnaht 417, 418, 419
Außenklüver 393
Außenklüverfall 393
Außenklüverhals 391
Außenklüverniederholer 393
Außenklüverschot 393
Außenklüverstag 390
Außenohr (Mensch) 252
Außenrichter (Judo) 548
Außenschale (Atome) 320, 321
Außenskelett *s. auch Exoskelett*
  Krebse 178
  Spinnen 177
  Trilobit 84
Außentreppe 502
Außenzugrohr Posaune 511
Außenzugstütze (Architektur) 501
Aussichtsplattform 491
Ausstellfenster 350, 351
Aussterben 72, 78, 82, 88
Ausstoßöffnung 414, 415
Ausstoßplatte 405
Ausstoßsammler 415
Ausstoßzusammenleitung 414
Austernseitling 120
Australien
  Architektur 503
  Beuteltiere 110
  Erde im Universum 38
  im Jura 76
  im Karbon 72
  im Ordovizium 70
  im Quartär 82, 83
  im Tertiär 80, 81
  in der Kreide 78, 79
  in der Trias 74
  Spurweite (Eisenbahn) 341
  Verbreitung Ornithopoden 102
  Weltkarte 274–275
Australopithecus 80, 83, 113, 114
Austriebsbereich (Ginkgo) 129
Austriebsnarbe
  Eberesche 137
  Roßkastanie 136
Austrittsdüse 422
Auswechselbank
  Eishockey 542
  Handball 533
Auswechselspieler (Basketball) 530
Auswuchtbohrung 357
Auswurfklappe (Rasenmäher) 574
Auswurfklinke (Toaster) 572, 573
Auswurfknopf
  CD-Player 578
  Toaster 573
Auswurfschiene (Toaster) 573
Auswurfschutz (Rasenmäher) 575
Auto 344–367
  im Energiekreislauf 325
Autogiro 426
Automatikeinstellung (Kamera) 585
Automatiktür 338, 339
Automobil s. Auto
Autopilot 416
Autotransportwagen 337
Autun (Architektur) 472
Avimimus 93
Avogadro 41
Avro Triplane IV 410, 411
Avro Tutor Biplane 411
Axialdrüse 181
Axialneigung der Planeten
  Erde 38
  Jupiter 44
  Mars 42
  Merkur 34
  Mond 40
  Neptun 50
  Pluto 51
  Saturn 46
  Uranus 48
  Venus 36
Axinitkristall 280
Axis (Halswirbel)
  Mensch 232
  Pferd 205
Axon 248, 249
Axonhügel 249
Axt
  schiefe Ebene 330
  Schiffbau 382
  Steinzeitwerkzeug 115
Aythya fuligula 194
Azetylenscheinwerfer 346, 347
Azimutalprojektion 275
Azogelb 446
Azolla sp. 164
Azurblau 438, 439
Azurit 316
  als Malpigment 438, 439

B

b (Tonerniedrigungszeichen) 506
Baby (Mensch) 256, 270, 271
  Entwicklung 270–271
Bach (Merkurkrater) 35
Bäche 296, 297, 302, 303
Backbord 552
Backbordbremsklappe 419
Backbordbuganker 385, 403
Backbordflügelspitze 428
Backbordfockmast 384
Backbordhauptfahrwerk 428
Backbordmotorverkleidung 429
Backbordquerruder 407, 428
Backbordtragflügel 42
Backbordtrimmtank 420
Backe
  Block 390, 391
  Bug 389
Backenstück 546, 547
Backentasche 104
Backenzahn, *s. auch Molar und Prämolar/Praemolar*
  Australopithecus 113
  Hyaenodon 113
  Iguanodon 102
  Mensch 114
  Moeritherium 111
  Pferd 111
  Phiomia 111
  Schimpanse 212
Backenzähne *s. auch Mahlzähne/Molaren und Vorbackenzähne/Prämolaren*
  Arsinoitherium 110, 111
  Mensch 256
  Pferd 111
Backstag 390
Backstein 496, 499
Backsteingewölbe 496
Backsteinmauerverband 496
Badehose 550
Badekappe 550
Badminton 536, 537
Badmintonnetz 537
Badmintonplatz 537
Badmintonschläger 537
BAE-146-Turbinenflugzeug 416, 418, 419
Baffin-Insel 274
Bagger (Volleyball) 532
Bagneux (Architektur) 473
Bahn, geradlinige (Trägheitsgesetz) 331
Bahn-Zeitnehmer (Schwimmen) 550
Bahnbegrenzung (Golf) 538
Bahnebenen der Planeten
  Merkur 34
  Venus 36
  Erde 38
  Mond 40
  Mars 42
  Jupiter 44
  Saturn 46
  Uranus 48
  Neptun 50
  Pluto 51
Bahnenlaufschuh 535
Baikalsee 275, 302
Bailly 40
Bairds Schnabelwal 215
Bajada 292
Bajonettentriegelung (Kamera) 584, 585
Bajonettverschluß 362
Bakterien 62
Balaenoptera musculus 215
Balanophyllia regia 173
Baldachin 476
Balg 156, 157
Balken
  Buchstabe 449
  Gehirn (Mensch) 246, 247
  Schiff 401
Balkon
  Barock und Klassizismus 482, 486
  islamisches Grabmal 493
  Renaissancegebäude 481
Ballast 385
Ballen 204
Ballenblume 474
Ballgrößen-Kennzahl 529
Ballhupe 348
Baltica 71
Baltikum 71
Baltimore-Trupial (Ei) 199
Baluster
  asiatisches Gebäude 494
  gotisches Gebäude 477
  klassizistisches Gebäude 487
Balustrade
  asiatisches Gebäude 494
  Barock und Klassizismus 482, 483, 484, 487
  Big Ben 497
  gotisches Gebäude 477
  Midway Gardens 499
  Renaissancegebäude 481
Balzac 35
Banane 152
Band (architektonische Struktur)
  asiatische Baukunst 494
  französischer Tempel 489
  islamische Bauwerke 492, 493
  Kuppeln 490
  Tyringham House 487
Band (Kassette) 580
Bandage (Springpferd) 546
Bandantriebsriemen (Walkman) 581
Bande (Eishockey) 542
Bandendenfühler (Walkman) 581
Bänder (Mensch) 234
Bandgeschwindigkeitsregulierung 580
Bandknopf (Gitarre) 516
Bandscheiben 222, 228, 233, 255, 269, 271
Bändsel 391, 392, 395
Bändselung 392, 396
Bandsortenhebel 581
Bandsortenschalter 580
Bandwahltaste 580
Bank (Globe Theatre) 481
Bank of England 486
Banner 383
Barbette 404
Bären 110, 112
Bärenhüter 18, 21
Bärenklau 157
Bärenschädel 200
Barium 320
Barkan 293
Barkasse 388
Bärlapp 70, 72, 126
Barnards Stern 23
Barock 482–487
Barosaurus 88
Barriere (Rennparcours) 547
Barriere-Riff 309
Barry, C. 497
Barsche 186
Bartenwale 214
Bartwuchs 222
Baryonyx 89, 90, 91
Baryt 280
Basalschicht 245
Basalt 282, 284–285
Basaltsäulen 284
Basilarmembran 255
Basilikuskathedrale 491
Basis (Handknochen) 240
Basislack 358
Basismembran 267
Basketball 530–531
Basketballschuh 531
Basketballtrikot 531
Baßbogen 515
Bass Drum 523
Baßgitarre 516, 517
Baßnote 519
Baßröhre 512
Bass-Schicht 287
Baßschlüssel 506
Baßsteg 518, 519
Baß(stimme) 506
Bastille 470
Baststrahl 140
Batholith 284–285
Batterie
  Auto 345, 352
  Elektrizität 326, 327
  Hubschrauber 426
  Kamera 584
  Motorrad 377
  Rasenmäher 574, 575
Batterieanschluß (Rasenmäher) 575
Batteriebefestigungsband 349
Batteriedeck 388
Batteriefach
  ARV Super 2 428
  Fernseher 566
  Kamera 584
  Lockheed Electra 413
Batteriefachabdeckung (Walkman) 581
Batteriehalterung 348
Batteriekasten 337
Batteriekontakt 580, 581
Bauch (Mensch) 221
Bauchaorta 225, 265
Bauchfell 259, 267
Bauchgording 380
Bauchgurt
  Pferdegeschirr 547
  Curtiss Model-D Pusher 406
Bauchhöhle (Mensch) 224, 225
Bauchmark
  Flußkrebs 179
  Insekten 175
Bauchmuskeln (Mensch) 236

Bauchnabel *s. Nabel*
Bauchpilz 120
Bauchrippen
Archaeopteryx 91
Struthiomimus 93
Bauchspeicheldrüse 224, 225, 258, 259
Bauhinsche Klappe 259
Baum
Energiekreislauf 325
Segel 388, 393
Segelboot 553
Baumborke 168
Bäume 72–73, 128–131, 136–137
Bedecktsamer 136–137
Nacktsamer 128–131
Baumfarne 74
Baummalve 137
Baumtoppnant 388
Baumwollbespannung 407
Bauteile eines Autos 360, 361
Bauxit 278
Bayeux, Teppich von 382
Becher
Blattsukkulente 163
Lebermoos 124
Schallbecher Klarinette 512
Sternbild 18, 21
Becherglas 322
Bechertrommel 522
Becken (Instrument) 508, 509, 520, 521
Becken (Knochen)
Elefant 211
Hase 203
Hauskatze 201
Känguruh 216
Knochenfisch 187
Pferd 205
Rhesusaffe 212
Robbe 214
Schildkröte 193
Schnabeltier 216
Vogel 195
weibliches (Mensch) 228, 268
Beckengürtel (*Ichthyostega*) 86
Beckenknochen (Dinosaurier) 88
Becketkapelle 471
Bedecktsamer 289
Bedford-Kordpolsterung 346
Bedienungseinheit (Rasenmäher) 575
Bedienungshebel (Rasenmäher) 575
Beeren 137, 154, 155
Beethoven (Merkurkrater) 35
Befestigungsauge 353
Befestigungsklammer 434
Befestigungsloch 374
Befestigungsnase 375
Befestigungsplatte 428
Befestigungsschelle 566
Befestigungsschraube 361
Befiederung (Pfeil) 540, 541
Befruchtung
Pflanzen 123, 125, 127, 128, 150, 152, 153
menschliche Eizelle 268
Befruchtungskanal (Braunalge) 123
Befruchtungstasche 183
Begattungstasche 175
Begleitautomatik 524
Begonia x tuberhybrida 135, 161
Begonie 135, 161
Begrenzung (Squash) 537
Begrenzungsleuchte/licht
Auto 356
Bus 342, 343
Motorrad 370
Beiboot 388
Beifahrer-Haltegriff 377
Beifahrertür 351
Bein
Druckerpresse 453
Mensch 220
Stuhl 570, 571
Tyrannosaurus 90
Westlothiana 87
Beine
Echsen 190, 191
Frösche 188, 189
Insekten 174, 175
Krebse 178, 179
Krokodile und Schildkröten 192, 193
Pferde 206, 207, 208, 209
Spinnentiere 176, 177
Beinhalfter 547
Beinknochen
Fledermaus 111
Mensch 234
Beinknospe 270
Beinschiene 543
Beinstellung *s. Gliedmaßenstellung*
Beinvenen (Mensch) 263
Beiwagen 370, 376
Beiwagen-Windschutzscheibe 377
Beiwagenschiff 370, 377
Bekehrung des hl. Paulus 484
Bekleidung 391, 396
Bekrönung 483, 492, 497
Belegnagel 390
Belemniten 77, 288–289
Belemnotheutis 77
Belichtung (Kamera) 584
Belichtungszeit 584
Bell 206 Jetranger 427
Bell 47G-3B1 426
Bell Regio 36–37
Bellatrix 18
Bello 35
Belüftung 365
Belüftungsklappe 364
Belüftungsschlitze 405
Belvedere 480, 486
Bemannte Raumfahrt 56–58
Benetnasch 18–19
Benguelastrom 307
Benz, Albert 344
Benz-Motorwagen 345
Benzin im Energiekreislauf 325
Benzin-Luft-Gemisch 353, 354, 356
Benzin-Öltank 406, 407
Benzinhahn 371
Benzinleitung 406
Benzinmotor 354
Rasenmäher 574
Wright Flyer 406
Benzinrasenmäher 574–575
Benzinschlauch 415
Benzintank 406, 410, 411, 424, 430
Beobachtung des Weltraums 54–55
Beobachtungsplattform 365
Beplankung 381, 382, 383, 385, 388, 400
Berardius bairdi 215
Berber 206
Berberis sp. 137
Berberitze 137
Bergahorn 156, 157
Berge 274–275, 277, 296, 297, 298, 299
Bergfried 470
Bergholz 381, 389
Bergquelle 298
Bergring 34
Bergsee 298
Bering 470
Beringmeer 274
Berkelium 321
Berlin (Architektur) 499
Bersey-Elektrowagen 352
Beryll 280
Beryllium 320
Besan-Gaffeltoppsegel 393
Besanbeting 389
Besanbramsegel 387
Besanlateinersegel 383
Besanmars 385, 386
Besanmarsrah 385, 387
Besanmarssegel 387
Besanmarsstenge 385, 386
Besanmarsstengepardune 386
Besanmarswant 386
Besanmast 383, 384, 385, 386, 400
Besanmastkoker 389
Besanpardune 386
Besanrah 384
Besanrute 385, 386
Besansegel 383, 384, 387, 393
Besanstag 386
Besanunterwant 386
Beschläge (Architektur) 486
Beschleunigung 329, 330, 331
Beschreibstoff 448
Besen (für Schlagzeug) 523
Bestäubung 128, 150, 152
Beta Hydri 20
Beta Mensae 20
Beta Pictoris 21
Beta-Ring 48
Betätigungsarm 373, 374
Beteigeuze 18, 21, 23
Beton 496, 503
Betonboden (Racquets) 537
Betonfries 499
Betonrahmen 500
Betonschiene 338
Betriebsanzeige 580
Betriebsartenschalter 581
Betriebszustände 360
Betula grossa 80
Betula lenta 82
Betulites 80
Beulenfalle 290
Beutelratte 216, 217
Beuteltiere 110, 216–217
Bewaffnung (eines Schiffes) 383, 400, 402, 404, 405
Bewegung
Energiekreislauf 325
Mechanik 330–331
Bewegungsenergie 324, 325
Bewegungskoordination 246, 247
Bewegungszustand 331
Bewußtsein 246
Bezugsstoff 571
Bhagirati Parbat 68
Bianco di San Giovanni 438, 439
Biathlon 540
Biathlon-Keinkalibergewehr 541
Biber 203
Bibliotheca Laurenziana 479
Bibliothek (Architektur) 487
Bibliotheksebene 500
Bienen 174
Bienenwachs für Segelmacher 392
Big Ben 497
Bijapur (Architektur) 492
Bild, bewegtes 566
Bildende Künste 432–459
Bilderverbot 492
Bildhauer (=Sculptor, Sternbild) 19, 20
Bildhauerei 456–459
Bildikone 579
Bildröhre 566
Bildröhrenabdeckung 566
Bildröhrenhals 566
Bildröhrenöffnung 567
Bildschirm
Fernseher 566
Computer 578, 579
Bildschirmseite (Computer) 579
Bildträger 445, 446, 447, 454
Bildzählerabdeckscheibe 585
Bildzählwerk 584, 585
Bildzentriermagnet 566
Bilgenförderpumpe 300
Billetornamet 497
Bimetall 572
Bimsstein 285
Bindebogen 506, 507
Bindegewebsband 241
Bindegewebspapillen 245
Bindegewebszellen 227
Bindehaut 251, 579
Bindemittel 436, 444
Binder (Architektur) 489, 496
Bindung, chemische 322
Bindungsachse 318
Binnenklüver 393
Binnenklüverfall 393
Binnenklüverhals 390
Binnenklüverniederholer 393
Binnenklüverschot 393
Binnenklüverstag 390
Binnenvorsteven 388
Binsen 141
Biolabor (Viking) 55
biomedizinischer Verschluß 57
Biotit-Schiefer 284
Birke 80, 82
Birma (Architektur) 494
Bismut (=Wismut) 321
Bitterling, Verwachsenblättriger 150
Bivalvia 182
Bizeps 236, 237
Blackburn Monoplane 408, 409
Blackburn, Robert 408
Blackfriar's 477
Blackstonia perforata 150
Bläschenfollikel 268
Blase *s. Harnblase*
Blase
Harnblase 187, 191, 193, 201, 202, 210, 212, 215, 224, 225, 266, 267, 268, 269, 271
synaptische 249
Bläser 508
Blasinstrumente 524
Blasloch 215
Blasrohr 335
Blatt
Architektur 495
Ruder) 552
Sattel 546, 547, 576, 577
Blatt/Blätter (Pflanzen) 142–143
Aechmaea 168
Bärenklau 135
Baummalve 137
Blattsukkulenten 163
Brassavola nodosa 168
Brombeere 136
Dikotyle 132, 133
dreieckiges 134
Eberesche 136
einfache 142
eingerollte 162
Energiekreislauf 325
Erdbeere 134
Fächerblattbaum 129
Farn 127
Fetthenne 135
Fettkraut 167
Gärtnerchrysantheme 135
gefingerte 142
Gundermann 160
Gutsmanie 169
Hanfpalme 136
Holunder 136
Kannenstrauch 167
Keimblatt 138
Knöterich 137
Kobrapflanze 166
Lein 135
Mahonie 136, 137
Maulbeere 136
Monokotyle 132, 133
Passionsblume 136
Pfirsich 137
Photosynthese 144
Platterbse 135
Rose 137
schraubig angeordnete 126
Seerose 165
Süßkartoffel 161
Traubeneiche 137
Venusfliegenfalle 166
Waldrebe 137
Wasserhyazinthe 164
Welwitschie 128
zusammengesetzte 142
zweilappige 128
Blattbasis/Blattbasen 129, 142, 143, 168, 169
Blattbefestigung (Hubschrauber) 426, 427
Blättchen 124, 125, 127, 129, 132, 134, 136
Blattdorn, dreizähliger 136, 137
Blätterkapitell 473
Blättermagen 204
Blätterpapillen 254
Blattfeder 334
Blattfläche, verkleinerte 162
Blattgegengewicht (Hubschrauber) 426
Blattgewebehöcker 127
Blattgold 436, 448, 449, 454, 455, 457
Blattgoldauflage 437
Blattgoldsmalten 455
Blattgrund 132, 133, 134, 135, 142, 158, 163, 164, 167
verdickter 158
Blattgrünkörper 118
Blattknospe 131
Blattlappen, oberer 164
Blattnarben 129, 134, 135, 136, 140
Blattnerv 132, 133, 137, 164, 165
Blattoberfläche, gesprenkelte 165
Blattorgane, gefiederte 157
Blattpaar, vereintes 163
Blattprimordium 140
Blattrand 142, 165
dorniger 168
dornig gezahnter 135
eingerollter 167
gesägter 143
gezähnter 135, 136
Blattreste 134
Blattrippe (Ruder) 552
Blattrosette 168
Blattscheide 119
monokotyle 133
Blattschraube 513
Blattspalte 163
Blattspindel 118, 127, 135, 136, 142, 143
Blattspitze 142, 143, 160, 161

Blattspreite 119, 133, 142, 160, 167
Blattspur 133
Blattspurstrang 125
Blattstiel 118, 119, 129, 132–137, 142, 143, 150, 159–162, 163, 165
Blattsukkulenten 162, 163
Blattverschiebung 65
Blattwerk 480
Blaualgen 84 *s. auch Cyanobakterien*
Blaue Linie 542
Blauer Überriese 23, 29
Blauwal 215
Blech(blas)instrumente 508, 509, 510–511
Blei 321
 in Mineralen 278, 291
Bleibende Zähne 256
Bleiblecheindeckung 491
Bleigelb 437
Bleigewicht 539
Bleiglanz 278
Bleiiodid 323
Bleinitrat 323
Bleistift 434
Bleistiftspitzer 434
Bleiweiß 437
Blendarkade 469
Blendbogen
 gotische Kathedrale 474, 475, 476
 indischer Tempel 495
 St.-Paul's-Kathedrale 488, 491
Blenddreipaß 477
Blende
 Brustwehr 385
 Kamera 584
 Rasenmäher 575
Blendenkorb 585
Blendenlamellen 585
Blendenverstellring 585
Blendfenster 492
Blendgiebel
 Renaissancegebäude 480
 klassizistisches Gebäude 482
Blendmaßwerk
 gotische Kirche 475
 Tower Bridge 497
Blendrahmen 441
Blendtür 482
Blendwand 470
Blendwerk 483
Blériot XI 409
Blériot, Louis 406, 408
Blinddarm
 Brachiosaurus 96
 Kaninchen 202
 Knochenfisch 187
 Krake 182
 Mensch 259
 Pferd 204
 Schimpanse 212
 Spinne 176
Blinde 387
Blinderah 387
Blindsack 195
Blindwühlen 188
Blink- und Bremsleuchteneinheit 362
Blinkleuchte 342, 351, 363, 365, 370, 371
Glühbirne 362
Blinklicht 343
Blitzgerät 584
Blitzkontaktkappe 585
Blitzlicht 584
Blitzlichtkontakt 585
Blitzschuh 585
Blitzventil 369
Block
 Rigg 390
 fester 402
Blockheizkraftwerk 324
Blouson 547
Blumenmuster 495
Blumenornament 492
Blut (Mensch) 258, 260, 261, 262, 263, 265, 266
Blutbecken, mütterliches 270
Blütchen 148
Blüten 146–149
 Bestäubung 150–151
 Blütenfarbe 146, 150–159
 Blütenknospe 133, 135, 137, 149, 150, 161, 163, 165, 168, 169
 Blütenstände 149
 Brassavola nodosa 168
 Bromelie 119
 Brustsproß 160, 161
 Cuscuta europaea 169
 Dicotyledonen 132–133, 145–147
 Duft 150
 Eibe 129
 Epiphyten 168–169
 Fetthenne 135
 Gärtnerchrysantheme 135
 Guzmania lingulata 169
 Inkalilie 135
 Knöterich 137
 Monocotyledonen 132, 146–147, 149
 Platterbse 135
 Rose 137
 Schmarotzerpflanzen 169
 Seerose 165
 Sommerwurz 169
 Ultraviolettes Licht 151
 Waldrebe 137
 Wasserpest 165
Blütenachse, fleischige 156
Blütenansatzstelle, Narbe 160
Blütenblatt (Architektur) 484
Blütenboden 133, 137, 140, 146, 147, 148, 152, 154–157
Blütenhüllblätter 149
Blütenpflanzen 63, 74, 76, 78, 132 ff
 holzige 136
 krautige 134
Blütenstand 119, 146, 154, 168, 169
 zusammengesetzter 137
 zymöser 135
Blütenstandachse 119
Blütenstandform 135
Blütenstandstiel 135, 137, 146, 148, 149, 150, 154, 156, 160, 161, 168
Blütenstaub 148, 151
Blütenstiel 119, 133, 137, 146, 147, 149, 152–157, 160, 165, 168
Blutgefäßdurchtrittsstelle 99
Blutgefäße
 Auge 579
 Delphin 215
 fetale 270
 Flußkrebs 179
 Frosch 188
 Katzenhai 185
 Knochenfisch 187
 Mensch 244, 259, 262, 266, 579
 mütterliche 270
 Schmetterling 175
 Spinne 176
Blutkörperchen
 rote 262, 263
 weiße 262, 263
Blutpfropf 263
Blutplasma *s. Plasma*
Blutplättchen 262, 263
Blutzellen 227
BMW R/60 370
Boden
 Geige 514
 Geschützturm 404
 Gitarre 516
 Squash 537
Bodenbalken 516
Bodenbretter Schiff 388
Bodendekoration (Mosaik) 454
Bodenfolgeradar 424
Bodenfreiheit 364, 376
Bodenklappe 562, 563
Bodenkontakt 329
Bodenkontaktsonde 59
Bodenmarkierung 550
Bodenplatte
 Schiff 400, 401
 VW 350
Bodenradar 424
Bodenschätze 290–291
Bodenverankerung 413
Bodenwrange 401
Bodenzapfen 294
Bogen 488, 489
 Angelhaken 554
 Architektur des 19.Jh.s 496
 asiatische Bauwerke 494
 Bogenschießen 540
 Buchstabe 449
 islamische Bauwerke 492, 493
 moderne Architektur 503
 Streicherbogen 514, 515
Bogendreieckskolben 356
Bogenformen 488
Bogengang (Architektur) 497
Bogengänge (menschliches Ohr) 252, 253
Bogenlaibung 473
Bogenrücken 488
Bogenschenkel 488
Bogenschießen 540, 541
Bogenschraube
 Baßbogen 515
 Geigenbogen 514
Bogenschützen 380
Bogensegment 489
Bogensignatur (Buch) 582, 583
Bogenstein
 Barock und Klassizismus 486, 487, 488,
 Bogen und Gewölbe 489
 Renaissancegebäude 478
 römische Gebäude 469
Bogenstreben 477
Bogentür 478, 479
Bohne 159
Bohrer
 Bohrmaschine 558–559
 Feuerbohrer 115
 Schiffsbau 382
Bohrfutter 558
Bohrfutterschlüssel 559
Bohrfutterschlüsselloch 559
Bohrholz 115
Bohrium 320
Bohrmaschine 558–559
Bohrmine 558
Bohrung 510, 511
Bohrwinde 558, 559
Boing 747-400 416
Bolson 292
Bolus(grund) 436, 437
Bolzen
 Anker 394
 Architektur 490, 503
 Armbrust 540
 Lampe 564
 Rigg 390
Bolzenauge 394
Bolzenbefestigung Avro Biplane 411
Bolzengelenk (Architektur) 502
Bolzenloch 373
Bombenschachttrennwand 425
Bomber 424
Bomberg, David 435
Bonell, Mary 452
Boötes *s. Bärenhüter*
Bootsbauer 382
Bootsbauerwerkzeug 382
Bootsbaum 403
Bootsladebaum 402
Bootswinsch 402
Bor 321
Bordcomputer 416
Bordino-Dampfwagen 344
Bordturbine 419, 421
Borealis Planitia 35
Borke 131, 136, 140
Borneo 275
Börse von Philadelphia 497
Borsten (Venusfliegenfalle) 166
Borte 346, 347
Bosse 479
Bothriolepis 71
Boudinage 66, 67
Bovenblinde 387
Bovist 120
Bowmansche Kapsel 266, 267
Boxen
 Autorennsport 366
 Kampfsport 548
Boxermotor 350, 370
Brachiosaurus 94, 97
Brachylophosaurus 104
Brachyopoden 288–289
Bramante 35
Bramstenge 403
Brand des Londoner Parlaments 443
Brandpilze 120
Brandsohle 560, 561
Brandungshöhle 305
Brandungstor 305
Brandungszone 304
Brasilianisches Bergland 274
Brasilien
 Schlachtschiff 402, 403
 Spurweite 341
Brasilstrom 306
Brassavola nodosa 168
Brassblock 381
Brasse 380, 385, 386
Brassica sp. 138
Bratsche(n) 507, 508, 509, 515
Braunalgen 122, 123
Braunkohle 290
Brechschere (Löwengebiß) 200
Brechscherenzahn (*Smilodon*) 113
Breitfußprofil 341
Breitfußschiene 341
Breitreifen 377
Breitspur 341
Brekzie 286–287
Bremsankerplatte 350
Bremsbacke 335, 337, 368, 373
Bremsband 348
Bremsbelag 360, 361, 373
Bremsbelüftung 366, 367
Bremse
 Angel 554
 Autos 344, 345, 360
 Fahrrad 586, 587
 Motorrad 372
 Straßenbahn 342
 Züge 335, 337, 340
Bremsflüssigkeit 373
Bremsflüssigkeitsausgleichsbehälter 373
Bremsgehäuse 555
Bremsgestänge 334, 335, 337, 347, 349
Bremsgriff 587
Bremshalterung 428
Bremshebel 352, 369, 371, 377
Bremskette 337
Bremsklappe 425, 430
Bremsklappenheber 425
Bremskraftverstärker 361
Bremsleitung
 Auto 361, 367
 Flugzeug 412, 413, 418, 428
Bremsmomentstrebe 372
Bremspedal
 Auto 344, 347, 360,
 Motorrad 371, 372, 376
Bremsplatte 373
Bremssattel
 ARV Super 2 428
 Eisenbahn 341
 Motorrad 371, 372, 373, 376, 377
Bremsscheibe
 ARV Super 2 428
 Auto 361
 Eisenbahn 341
Bremsschlauch 373, 377
Bremsslip 403
Bremssteuerungssystem 340
Bremsträger 360
Bremstrommel 349, 350, 352, 360
Bremsweg 341
Bremszahnbogen 345
Bremszange 361
Bremszug 368, 369, 587
Bremszylinder 337
Brennen (von Ton) 456, 458
Brennkammer 423
Brennkammergehäuse 422
Brennraum 401
Brennraumverbindungsöffnung 352
Brennspiritus 458
Brenntemperatur von Ton 459
Bright-Angel-Schiefer 287
Brille 190
British Automobile Association 346
British Rail 337
British Royal Automobile Club 346
Brockenlava 283
Brokatweste 549
Brom 321
Brombeere 136, 152
Bromeliaceen 168
Bromelie, aufsitzende 168, 169
Bronchialnerv 264
Bronchien 225, 264
Bronchiolen 264
Bronze(-Plastik) 458, 459
Bronzeguß 456, 458–459
Brot (als Malutensil) 444
Brotgestell (Toaster) 572
Bruch (Mineraleigenschaften) 280
Bruchfläche 66
Bruchsteinmauerwerk 467, 469
Brücke
 Architektur 471
 Golf 538
 Mensch 222, 246, 247
 Schiff 405
 Wasserhyazinthe 164
Brückenpfeiler 497
Brüllaffe 213
Brust
 Computertomographie 224
 Gorilla 213
 Insekten 174, 175
 Löwe 200
 Mensch 221, 225
 Pferd 205

Brustbein
  Elefant 211
  Hase 203
  Iguanodon 102
  Känguruh 216
  Mensch 221, 228
  Pferd 205
  Robbe 214
  Toxodon 112
  Triceratops 108,
  Vogel 195
Brustbohrer 382
Brusthöhle 265
Brustknopf (Bohrer) 559
Brustkorb 224
  Thermogramm 224
Brustmuskel
  großer 236
Brustnerven 248
Brustpaß
  Basketball 530
  Netball 533
Brustpolster 543
Brustschwimmen 550, 551
Brüstung
  Barock und Klassizismus 485, 487
  indischer Tempel 495
  islamisches Grabmal 493
  Kuppel der Sorbonnekirche 490
Brüstungsgeländer 487
Brüstungsmauer
  Barock und Klassizismus 482, 485
  Donjon 471
  gotische Kathedrale 475, 476
  Haus Savoye 498
  Tower Bridge 497
Brustwarze 221
Brustwehr 385, 470
Brustwirbel
  Hase 203
  Hauskatze 201
  Känguruh 216
  Krokodil 192
  Mensch 232
  Pferd 205
  Rhesusaffe 212
  Robbe 214
  Schnabeltier 216
Brutbecher 124
Brutblatt 160
Brutknospe 160
Brutkörper 120, 124
Brutsproß 160, 161
Bryce-Canyon 286
Bryophyta 124
Bryum sp. 118
Buch 582–583
Buchbinden 582–583
Buchblock 582
Buchdecke 582
Buche 120
Buchfink (Ei) 199
Buchmalerei 436, 448
Buchrücken 582, 583
Buchse
  Lampe 564
  Telefon 569
  Walkman 580
Bucht
  Fluß 301
  Küste 305
  Schifferknoten 396
Buckinghamshire (Architektur) 487
Buddhismus (Architektur) 494
Budh Planitia 35
Budjonny 207
Bug
  Linienschiff 389
  Römerschiff 380
  Sportboot 553
  Wikingerschiff 383
Buganker 387
Bugatti TYP 57 S 366
Bugbalken 389
Bugball 553
Bugbereich 400
Bügel
  Rasenmäher 575
  Rigg 391
Bügelgriff 346
Bügelriemenschlaufe 577
Bugfahrwerk 420, 421, 424, 428, 429
Bugfahrwerksaufhängung 429
Bugfahrwerksschacht 424
Bugflaggenstock 402, 405
Bugrad 406, 429, 430
Bugradbremse 406
Bugrandhalterung 430
Bugreling 389
Bugspriet 380, 384, 386, 387, 388, 390, 401
Bugsprietbacken 387
Bugverkleidung 430
Buhne 304
Bühne (Architektur) 481
Bulbille 160
Bulbus olfactorius 187
Bullauge
  Architektur 491
  Schiff 402, 405
Bullenkopfprofil 341
Bully 542
Bund 516
Bünde
  Buch 582, 583
  Gitarre 516
Bündelpfeiler 472, 473
Bundhose 549
Bundmarkierungen 517
Bundsäule 477
Bundstäbchen 517
Bundstreifen 516
Bunker (Golf) 538, 539
Buntglas 455
Buntglasfenster 474
Buntstift 434
Bunze (Buchstabe) 449
buon fresco 438
Burgen 470
Busch 136
Busen 221
Busgesellschaft 342, 343
bushel 588
Busse 342, 343
Butluv 388
Bütten, handgeschöpftes 449
Butterfly (Schwimmen) 550
Button (Bogen) 540

C

C (Note) 506, 507
C-Dur-Tonleiter 506
C-Säulenverkleidung 363
C-Schlüssel *s. Altschlüssel*
C-Takt *s. Viervierteltakt*
Cactaceae 162
Cadmium 321
Caecotrophie 202
Caelum 18
Caernarvon (Architektur) 470
Calcit *s. auch Kalziumkarbonat, Calciumcarbonat*
  Gesteine 287
  in Mineralen 279
  Mohs-Skala 281, 285
  Tropfsteinhöhlen 294, 295
Calcitplättchen 180
Calcium (=Kalzium) 320
  Erdkruste 64
  im Meerwasser 306
Calciumcarbonat 323
Calciumhydroxid 323
Caldera
  Erde 282, 285, 303
  Marskrater 42
Californium 321
Calliactis parasitica 172
Calorisbecken 34–35
Calypte helenae 199
Camarasaurus 97
Camellia japonica 143
Camelus ferus 205
Campbell 41
Camptosaurus 76, 103
Cancer *s. Krebs*
Candi (Architektur) 495
Canes Venatici *s. Jagdhunde*
Canis familiaris 301
Canis Major *s. Großer Hund*
Canis Minor *s. Kleiner Hund*
Cannondale SH600 (Hybridfahrrad) 369
Cannondale ST100 (Tourenrad) 369
Cañon 292, 293
Canopus 15
Cansonpapier 445
Cantilever-Hinterradbremse 586
Cantilever-Sockel 587
Cantilever-Vorderradbremse 587
Canyon 286, 287
Cape Royal 287
Capella 18, 21
Capricornus *s. Steinbock*
Carapax 178, 179
Carbonate (=Karbonate) 279
Carduus tenuiflorus 135
Carina
  Entenmuschel 179
  Sternzeichen *s. Schiffskiel*
Carinalhöhle 126
Carmelschicht 286
Carnallit 281
Carnivora (= Raubtiere) 200
carnivore
  Reptilien 192
  Saurier 76
Carpalia 189
Carpus 178, 179
Carraramarmor 457
Carwardine, George 564
Casa de las Conchas (Architektur) 480
Casa del Fascio (Architektur) 499
Cäsium 320
Cassinische Teilung 46–47
Castanea sativa 142, 150, 156
Casting 554
Castor 18, 21
Castor canadensis 203
Catena 380
Catharina 40
Cathaysia 71
Caudofemoral-Muskel 103
Cauliculus 464
Caulophryne jordani 186
Cavea 469
Cayley, George 406
CD-ROM 378–379
  Laufwerk 578
  Player 579
  Programm 578, 579
Cella 464, 465, 467, 489
Celli 507, 508, 509
Cello 515
Celsius 588
Cembalo 518, 525
Centaurium erythraea 150
Centaurus *s. Zentaur*
Centaurus A (Radiogalaxie) 13
Center (Basketball) 530
Centre Pompidou 500, 501
Centriole 227
Cephalaspis 71
Cephalopoda 182
Cephalothorax 178, 179
Cer 320
Cerapoda 89
Ceratopsia 89
Ceratopsiden 106, 109, 110
Ceratosauria 89
Ceraunius Tholus 43
Cercidyphyllum 78
Ceropegia woodii 163
Cerrusit 279
Cervus elaphus 205
Cetacea 214
Cetiosaurus 97
Cetorhinus maximus 185
Cetus *s. Walfisch*
Chaff-Dreifachraketenwerfer 405
Chalcedon 281
Charon 50
Chassis
  Auto 344, 347
  Rasenmäher 574, 575
Chassis-Aufhängung (Mondfahrzeug) 58
Chaya 493
Cheiracanthus 71
Cheirolepis 71
Chela 176
Cheliceren 176, 177
Chelonia 192
Chemie *s. Physik und Chemie*
Chemikalienbehandlung (Bronzeplastik) 459
chemische Eigenschaften 318
Chepreschkrone 462
Chert-Schicht 287
Cherub 476
Chi 1/2 Orionis 18
Chiastolith-Hornfels 285
Chiastolith-Kristall 285
Chicago (Architektur) 498, 499
Chihuahua-Wüste 274–275
Chile
  Spurweite 341
China
  Architektur 494
  im Devon 71,
  im Karbon 72, 73
  im Ordovizium 70
  Kalligraphie 448
  Marginocephaliervorkommen 106
  Ornithopodenvorkommen 102
  Spurweite der Eisenbahn 341
Chinaborstenpinsel 449
Chinacridonrot 446
Chinesischweiß 442
Chinle-Schicht 286
Chirostenotes 93
Chlamydomonas sp. 122
Chlor 321
Chlorid im Meerwasser 306
Chlorophyceae 122
Chlorophyll 122, 144, 145, 168
Chlorophyllkörper 122
  spiralig gewundener 123
Chloroplast 118, 144, 145, 168
Chloroplastenhülle 145
Choane 230
Choanocyte 172, *s. auch Kragengeißelzelle*
Choke 371
Chondrichthyes 184
Chong Ch'ol 35
Chons 462
Chor (Architektur) 473, 474, 476
Chorgestühl 474
Chorhaupt 473
Chorion 270
Chorionallantoismembran 198
Chrom 320
  Bodenschätze 291
  Auto 351, 357
Chrom-Zierleiste 351
Chromationen 322
Chromosphäre 32–33
Chromoxid 322
Chrompassivierung 358
Chromschicht 357
Chrysanthemum morifolium 135
Chryse Planitia 43
Chrysler Building 499
Chrysocyon brachyurus 201
Ciconia ciconia 194
Cierva, Juan de la 426
Cinabrese 437
Cirque Napoleon 483
Cirripedia 178
Cirrocumulus-Wolken 312
Cirrostratus-Wolken 312
Cirrus
  Entenmuschel 179
  Wolken 312, 313
Cis (Note) 507
Citrus limon 154
Cladonia floerkeana 120
Cladonia portentosa 120
Claves (Rumbastäbchen) 521
Clavius 40
Clavus 381
Cleithrolepis granulatus 75
Cleithrum 187
Clematis montana 136, 137
Clematis sp. 143
Cleomedes 40
Cleopatra Patera 37
Clitoris 268
Clubhaus
  Golf 538
  Rennparcours 547
Clypeaster 289
Cnidaria 172–173
Cnidocil 173
Cnidocyten 172
Cobalt 321
Coccosteus 71
Cockpit
  Flugzeug 411, 412, 425, 428, 429, 430
  Rennwagen 366
  Segelboot 553
  Space Shuttle 50
Cockpitklimaanlage 420
Cockpittürverkleidung 412
Cockpitwindschutzscheibe 413
Coconino-Sandstein 286
Cocos nucifera 141
Codiaeum variegatum 142
Coelodonta 83, 110
Coelomatisches Kanalsystem 180
Coelophysis 75
Coelurus 93
Coleoptera 174
Coleridge 35
Colette 37
Coleus sp. 140
Colon

Mensch *s. Krummdarm*
Verdauungssystem der Kuh 204
Colorado River 63, 287
Colorverglasung 343
Columba 18, 21
Coma Berenices 18, 21
Como (Architektur) 499
Compacta 234
Compsognathus 76
Compton 41
Computer
CD-ROM 578, 579
Musik 524, 525
Computer-Hardware 579
Computergraphik 420
Computersoftware (Musik) 524
Computersteuerung
People Mover 338
Zündsysteme 354
Computertomographie (CT) 224
Comtois 208
Concorde 420, 421
Condylactis 172
Condylus
Bärenschädel 200
Löwenschädel 200
Condylus occipitalis
Bärenschädel 200
Löwenschädel 200
Smilodon 113
Toxodon 112
Congas 522, 523
Coniferophyta 128
Conocephalum conicum 124
Conques (Architektur) 472
Constratum 381
Cooksonia 62
Cooksonia hemisphaerica 70
Copernicus 40
Copilotenplatz 420
Coprates Chasma 43
Cor Caroli 18, 21
Coracoid 195
Corallina officinalis 123
Corbita 380
Cordaites 73
Cordoba (Architektur) 488
Coriolis-Kraft 306–307, 310
Corniche 471
Corona 310
Corona Australis 19
Corona Borealis 18, 21
Cortisches Organ 253
Corvus *s. Rabe*
Corvus corone 199
Corynactis viridis 172
Corythosaurus 102, 104
Coucy-le-Château 471
Coulomb 326
Cowpersche Drüsen 269
Coxa
Insektenbein 174
Krebsbein 179
Skorpionbein 176
CQR-Anker 394
Craqueluren 437
Crash-Becken 522
Crashverhalten 358
Cremona (Architektur) 486
Crew 419
Crewmitgliedplatz 420
Crista sagittalis
Bärenschädel 200
Löwenschädel 200
Smilodon 113
Crocodilia 192
Crocodylus niloticus 192
Crossandra nilotica 151
Crown Gateway 2 452
Cruck-Frame 470
Crus commune 253
Crusafontia 62
Crustacea 178
Crux-Centaurus-Arm 14
cubic foot 588
cubic yard 588
Cucumis melo 155
Cugnot-Dampfwagen 344
Cumulonimbus-Wolken 312
Cumulus-Wolken 312
Cup-Dämpfer 511
Cupressus glabra 129
Cupula 156
Curium 321
Curtiss Model-D Pusher 406, 407
Curtiss, Glen 406
Cuscuta europaea 169
Cuticula 84, *s. auch Kutikula*
Cutty Sark 400
Cyanobakterien 62
Cyanotrichit-Kristalle 279
Cycadeen 289
Cycadophyta 128
Cycas 74, 129
Cycas revoluta 74, 129
Cyclostomata 184
Cygnus *s. Schwan*
Cyrillus 40
Cytoplasma 226, 227
Cytoplasmafortsätze 226
Cytosin (DNA) 226

D

D (Note) 506
D'Alembert 41
D'Ivry, P. Constant 482
d-Orbitale 318, 320–321
D-Ring 576, 577
D-Saite 516
Dachbalken 494
Dachboden 481, 483
Dachfenster 490, 497, 498
Dachgalerie Renault 1906 346
Dachgebälk 486
Dachgewölbe 503
Dachgiebel 497
Dachkante 496
Dachkehle 496
Dachlatte 468
Dachleiste 362
Dachlüfter 339
Dachluke 365
Dachpaßstück 412, 413
Dachpavillon 492, 493
Dachrahmen 429
Dachrinne 465, 466, 468, 481, 486, 490, 494, 496, 503
Dachschwelle 496
Dachträger 364, 365
Dachwölbung 342, 343
Dachzelt 364
Dachziegel 468, 486, 490
Dachzugang 365
Dacron
Bogensehne 540
Drachenbespannung 430
Segel 392
Dactylus 178, 179
Dagoba 494, 495
Daimler, Gottlieb 344
Daimler-Doppelscheibenmotor 353
Dakota-Sandstein 286
Dammarharz 440
Dämmtafel 501
Dampf
Aggregatzustand des Wassers 317
Dampfwagen 344, 352
Lok 334, 335
Dampfabzug 344
Dampfantrieb 403
Dampfbarkasse 402
Dampfblasen 317
Dampfboot 399
Dampfdom 335
Dampfdruckmesser 335
Dämpfer
Blasinstrumente 510, 511
Bugfahrwerk 429
Klavier 518
Motorrad 372
Schlagzeug 522
Squash 537
Dämpferarm 518
Dämpferfilz 518
Dämpferlager 418
Dämpferleiste 520
Dämpferpedal 520, 521
Dämpferpuppe 518
Dampferzeuger 324
Dampfgenerator 352
Dampfgräting 388
Dampfheizung 335
Dampfkessel
Dampfwagen 344
Schiff 400
Dampfkondensator 405
Dampfleitung
Dampfwagen 345
Schiff 405
Dampflokomotiven 334–335
Dampfmaschine
Dampfwagen 344
Schiff 398, 400
Dampfpfeife 400
Dampfverteilerventil 344
Dampfwagen 344, 352
Dampfzuführungsleitung 344
Dampfzylinder 398
Dan (Judo) 548
Dänemark (Architektur) 499
Danforth-Anker 394
Danilowa 36
Darlingtonia californica 166
Darm
Delphin 215
Echse 191
Elefant 210
Flußkrebs 179
Frosch 188
Gallimimus 92
Hauskatze 201
Katzenhai 185
Knochenfisch 187
Kuh 204
Schildkröte 193
Schimpanse 212
Schmetterling 175
Darmbein
Archaeopteryx 91
Arsinoitherium 111
Diplodocus 96
Eryops 87
Euoplocephalus 100
Gallimimus 92
Iguanodon 102, 103
Mensch 228
Parasaurolophus 104
Plateosaurus 94
Stegoceras 106, 107
Stegosaurier 99
Struthiomimus 93
Toxodon 113
Tyrannosaurus 90
Darmbeinarterien 263
Darmbeinkamm 234, 235
Darmbeinmuskel 235
Darmbeinschaufel 234
Darmbeinstachel 234
Darmzotten 258
Darstellung des Jesusknaben im Tempel 437
Darwin 43
Dateneingabe
Musikcomputer 525
Synthesizer 524
Daucus carota 134, 138
Dauerlaufschuh 535
Dauerlieger 394
Dauermagnet 327
Daumen
Mensch 221, 240, 241
Vogelflügel 197
Daumenabspreizer 241
Daumenanzieher 241
Daumenbeugemuskel 241
Daumendorn 102
Daumengegensteller 241
Daumenklaue
Apatosaurus 89
Baryonyx 89, 91
Massospondylus 89, 95
Plateosaurus 94
Daumenkralle
Anchisaurus 95
Iguanodon 103
Daumenloch (des Segelmacherhandschuhs) 392
Daumenraste 510
Daunenfedern 199
Davit 387, 403
De la Rue 40
Dear-Hopper-Trockenfliege 555
Dechsel 382
Deck 381
Deckblatt 119, 133, 135, 137, 149, 150
Decke (Geige) 514
Deckel
Konzertflügel 519
Öleinfüllstutzen 357
Pflanzen 119, 125, 167
Deckelreif (Uhr) 563
Deckenbalken (Gitarre) 517
Deckenbeleuchtung TGV 339
deckender Farbauftrag 447
Deckenpappe (Buch) 582, 583
Deckenträger (Architektur) 500
Deckfarben 448
Deckfedern 194, 197
Deckflügel 174
Deckgrund 451
Deckhaar 113
Decklappen 173
Decklaterne 400
Decksbalken 380, 388, 398, 401
Deckschichtstratum 293
Deckschuppe 128
Decksgeschütz 386
Decksohle 560, 561
Decksplanken 401
Decksreling 381
Decksrippe 389
Deckweiß 437, 442
Deckworp 389
Decorated Style 474
Deflationswanne 293
Degas 34
Degas, Edgar 445
Degen 548, 549
Degenfechter 549
Deimos 42
Deinonychus 78, 79
Deinotherium 83
Dekaliter (dal) 588
Dekla Tessera 37
Delphin
Schwimmen 550, 551
Sternbild (=Delphinus) 19, 20
Waltier 214–215
Wasserspringen 550, 551
Delphinium orientalis 147
Delphinium sp. 157
Delphinschwimmen 550, 551
Delphinus *s. Delphin (Sternbild)*
Delta (Fluß) 276, 277, 298, 299, 300, 301, 304
Delta Andromedae 19
Delta Crucis 21
Delta Hydri 20
Deltaband 242
Deltaflügel 420
Delta-Ring 48
Deltic 336
Demetrodon loomisi 73
Demonstrationsmelodien 524
Dendritenast 248
dendritische
Metalle 278
Stromgebietsform 298
Deneb 19, 20, 23
Deneb Algedi 19, 20
Deneb Kaitos 19, 20
Denebola 18, 21
Denken 246
Dentale
Bär 200
Elefant 211
Hase 203
Knochenfisch 187
Löwe 200
Robbe 214
Schimpanse 212
Smilodon 113
Deperdussin, Armand 408
Der verlorene Sohn 506
Derbyshire (Architektur) 477
Deslandres 40
Desoxyribonukleinsäure (DNS) 145, 226
Destillationsgerät 405
Deuteriumkern (Hauptreihensterne) 22
deutscher Barock 486
Deutscher Werkbund 499
Deutschland (Architektur) 469, 482, 488, 496, 499
Devon 62, 70, 71, 84, 86, 289
Devon-Elritze 555
dextrale Seitenverschiebung 67
Dezidualplatte 270
Deziliter (dl) 588
Dhau 384
Diabas-Gang 287
Diagonalabspannung 409
Diagonalstrebe 407
Diagonalstreben (Rennboot) 552
Diagonaltörn 396
Diamant 321
Eigenschaften 280
Minerale 278
Mohs-Skala 281
Diamantquader 479
Diamantwetzstein 456
Diaphragma 212
Diastema 112
Diastole 260
Diceros bicornis 205
Dichromation 322
Dichte (Wasser) 306
Dichtkolben 353
Dichtleiste 357
Dichtleistung 357
Dichtring
Mid-West-Wankelmotor 415
Pratt & Whitney Turbofan 423
Dichtrinne 415
Dichtstreifen 357
Dichtung
Auto 357
Mid-West-Wankelmotor 415
Dickdarm
absteigender 259
aufsteigender 259
Brachiosaurus 96
Euoplocephalus 100
Mensch 259
Dickkopfechsen *s. Pachycephalosaurier*

Dicksonia antarctica 76, 118
Dicodyledoneae 132
Dicoelosia bilobata 71
Dicyothris 288
Didelphis virginiana 217
Diebstahlsicherung 368
Diederspiegel 58
Dienst 472, 276
Dienstbündel 473
Diesel, Rudolf 336
Dieselantrieb 334
Dieselelektrischer Antrieb 336, 337
Dieselkraftstoff 336
Dieselloks 336–337
Dieselmotor
 Auto 352, 356
 Lok 336, 337
Differentialgehäuse 348
Diffusor 366
Diffusorröhre 423
Digiti *s. auch Fingerstrahl/Finger(knochen)/Zehen(knochen)*
 Delphin 214
 Känguruh 217
 Ratte 202
 Robbe 214
 Vogel 195
Dikotyledonenblüte 132
Dikotyledonenwurzel 133
Dikotylenblatt 132
Dikotylensproß, holziger 133
Dilsea carnosa 123
Dimetrodon loomisi 73
Dinosaurier 62, 63, 74–80, 86, 88–110, 289
Dinosaurierstammbaum 89
Diode 569
Dion, Albert 344
Dionae muscipula 166
Dione 46
Diopter-Zielvorrichtung 541
Diplodocus 76, 94, 96, 97
Diprotodon 82
Dirigent 508, 509
Dirigentenpult 509
Dirk 380, 385, 388
Discovery Rupes 35
Diskantnote 519
Diskantsteg 518
Diskettenlaufwerk 525
Diskordanz 296
Diskus 534
Diskusanlage 534
Diskusring 534
Diskuswerfen 534
Diskuswurf 535
Display 524, 525
Displayhalterung 581
Dissoziation 322
Distanzring
 Fahrrad 586
 Kamera 585
DNA *s. Desoxyribonukleinsäure*
Dobro-Resonator 517
Docht 364
Dodekaeder 471
Dogleg (Golf) 538
Dokumentenfach 413
Dolchzähne 91
Dolinen 294–295
Dollbord 553
Dollenstift 552
Dollenverschluß 552
Dolomedes fimbricatus 177
Dom von Florenz 479, 491
Donatello 457
Donjon 470, 471
Donpferd 207
Doppel (Rückschlagspiele) 536, 537
Doppel-B 506
Doppeldecker
 Bus 342
 Flugzeug 410–411, 412
Doppeldecker-Reisebus 343
Doppeldeckerbusse 342
Doppeldribbel (Basketball) 531
Doppelganze (Note) 506
Doppelkolbenmotor 352
Doppelkontrast-Röntgenbild 224
Doppelkreuz 506
Doppelpaddel 552
Doppelpilaster 480, 485, 487, 495
Doppelplanetensystem
 Erde 38
 Pluto 50
Doppelpoller 394, 395
Doppelrohrblatt 512
Doppelruder 380
Doppelturmtor 471
Doppelung (Segel) 392
Doppelverglasung 339
Doppelzentner (dz) 588
Doppelzweier (Skullboot) 553
Doppler 41
Dorado 21
dorische
 Halbsäule 468
 Ordnung 464
 Säule 464, 465
dorisches Gebälk 464
dorisches Kapitell 464
Dorn
 Nesselzelle 173
 Pflanzen 119, 122, 135, 137, 162
Dornfortsatz
 Brachiosaurus 96
 Euoplocephalus 101
 Iguanodon 102
 Knochenfisch 186
 Pachycephalosaurier 106
 Parasaurolophus 104
 Plateosaurus 95
 Stegoceras 107
 Stegosaurier 99
 Struthiomimus 93
 Triceratops 108
 Tyrannosaurus 91
Dosimeter 57
Dotter 198
Dottersack 198
down-Quark 319
Dox-Sandstein 287
Drache (=Draco, Sternbild) 19, 20
Drachen 430
Drachenkopf 382
Drachenkörperbeutel 430
Draco *s. Drache*
Draggenanker 384
Draht
 Bohrer 558
 Elektrizität 327
 Telefon 569
 Walkman 580
Drahtbekleidung 391
Drahtfächer 523
Drahtgeflecht für Gipsmodell) 458
Rennmaschine 377
Drahtplattbindselung 391
Drahtreifenrad 343
Drahtschutzgitter (Toaster) 572, 573
Drahtseile 390
Drahtseilstag 400
Drahtsiebkissen 352
Drahtspießen 391
Drahttalje 402
Drahtwicklung 327
dram (dr) 588
Dravidabekrönung 495
Dravidastil 494
Dreadnought 402
Drehachse (Astrolabium) 385
Drehanschlag 426, 427
Drehbewegung 352
Drehbolzen 36
Drehdolle 552
Drehgelenk
 Lampe 565
 Motorrad 373
Drehgestell Lok 335, 336, 337, 341
Drehgestellrahmen 337
Drehgriffschaltung 371
Drehklappen 521
Drehkolbenmotor 352, 356, *s. auch Wankelmotor*
Drehkreuz 368
Drehkurbelgriff 559
Drehmoment 426
Drehmomentabnehmer 423
Drehmomentausgleich 427
Drehmomentwandler 355
Drehpunkt 330, 331
Drehreep 385
Drehreep-Fall 382, 383
Drehstabfeder 360
Drehstabilisator 361
Drehstabstabilisator 360
Drehstromgenerator 336
Drehung 396
Drehwarnlicht
 Hubschrauber 426, 427
 Lockheed Electra 413
Drehzapfen 315
Drehzapfenlager 562
Dreibeinmast 402
Dreibeinstativ 459
Dreibinder 399
Dreidecker 410–411
Dreieck 492, 493, 588
Dreiecksgiebel 484
Dreifachraketenwerfer 405
Dreifuß
 Schlagzeugsynthesizer 524
 Staffelei 441
Dreikardeelig 395, 396
Dreimastrahschiff 383
Dreipaß
 Gebäude aus 19.Jh. 497
 gotische Kirche 475, 476
Dreipfünder-Kanone 403
Drei-Punkte-Linie 530
Dreiradgondel 431
Dreisprung 534, 535
Dreivierteltakt 506
Dreizehenmöwe 196
Dreizylinder-Anzani-Motor 409
Dreizylindermotor 429
Dribbeln (Volleyball, Netball, Handball) 532, 533
Dribbling (Basketball) 530
Drilling (Angelhaken) 554, 555
Drillingslanzettfenster 474, 475, 476
Drittel
 Eishockey 542
 Netball 533
Driver (Golf) 539
Dromiceiomimus 92
Drossel 194, 196
Drosselklappe 355
Drosselklappenpedal 431
Drosselklappenregler 429
Drosselspule (Fernseher) 567
Drossenklappenhebel 431
Druck
 Architektur 498
 Gasdruck 316
 Gebirgsentstehung 66, 68
 Gesteinsbildung 276, 284
 Gletscher 296
 Graphik 450–453
 Kohlebildung 290
 Schwimmen 550
 Vulkan 283
Druckablaßventil 57
Druckanzeige 364
Druckbetankungsventil 412
Druckbild 451
Drücker (Schiffsheck) 389
Druckerfarbe, fette 450
Druckerschwärze 450
Druckfeder (Perinetventil) 510
Druckform (Druckerpresse) 453
Druckfühler 422
Druckhalter 324
Druckhandschuh 57
Druckhelm 57
Druckkabine 412
Druckknopf (Trompete) 510
Druckleitung 422
Druckluftabzweigung 422, 423
Druckluftbremse 336
Druckluftdichtung 425
Druckluftschlauch 446
Druckmesser 335
Druckmeßgerät 335
Druckpapier 451
Druckplatte
 Bohrer 559
 Graphik 453
 Motorrad 374
Druckreglerschraube (Druckerpresse) 451
Druckschalter (Lampe) 564
Drucksieb 452
Druckstempel (Druckerpresse) 453
Drucktaste 343
Drucktisch 451
Druckverfahren 450–453
Druckwahltastatur 568
Druckzylinder 450
Drum pad 524
Drumlins 296
Drums 522
Drüse (Fleischfressende Pflanzen) 166
Drüsenmagen 195
Dryopteris filix-mas 126, 127
Dryosaurus 76
Dschunke 384
Dübel
 Architektur 503
 Plankenverbindung 381
 Stuhl 570
Dübelloch (Stuhl) 570, 571
Dubhe 18–19
Dubika 494
Dubnium 320
Ductus choledochus 262, *s. auch Gallengang*
Dunkeld-Naßfliege 555
Dunkelnebel 16
Dünndarm
 Brachiosaurus 96
 Euoplocephalus 100
 Mensch 224, 258, 259
Duodenum *s. auch Zwölffingerdarm*
 Elefant 210
 Frosch 188
 Kaninchen 202
 Kuh 204
 Schildkröte 193
 Vogel 195
Duplex-Zentralrohrrahmen 371
Duradon-Segeltuch 392
Durchdruck 450
Durchgang 488
Durchmesser
 Atome 318
 Erde 30
 Fluor-19-Isotop 319
 Fluor-Kern 319
 Jupiter 26, 44
 Jupitermode 44
 Kreis 588
 Mars 30
 Marsmonde 42
 Merkur 30
 Mond 40
 Neptun 31
 Neptunmonde 50
 Planeten 30–31
 Pluto 31
 Saturn 27, 46
 Saturnmonde 46
 Sonne 32
 Sterne 21–27
 Uranus 27, 48
 Uranusmonde 48
 Venus 30
Durchschneidung 489
Durchziehkurbel 453
Düsenjet 416
Dysprosium 321

E

E (Note) 506
E-Saite 516, 517
Earles-Gabel 370
Early English 474, 476
Ebenholz Griffbrett 514
Eberesche 137
Echidna nebulosa 186
Echinocactus grusonii 162
Echinodermata 180
Echinus (Architektur) 464
Echinus esculentus 181
Echolot 308
Echsen 190–191
Echsenbecken-(Dino) saurier *s. Saurischier*
Eckballradius (Fußball) 528
Eckbolzen 415
Ecke
 Buch 582
 Eishockey 542
Eckendichtung 357
Eckfahne 528
Eckkapitell 494
Eckstein 485, 496
Eckstrebepfeiler 497
Eckturm 474
Eckzahn/Eckzähne
 Hyaenodon 113
 Mensch 256
 Opossum 112
 Smilodon 113
 Toxodon 112
Ecphora quadricostata 81
Eddy Merck (Rennrad) 368
Edelgase 320–321
Edelkastanie 156
Edelmetall 321
Edelstahlabdeckung 573
Edelstahldichtung 417
Edmontonia 101
Efeu 156
 Gemeiner 143
 Kaukasischer 143
Effektgeräte 524
Effektregister 525
efferente Bahn 249
Effusivgestein 285
Ei (als Malmedium) 436
Ei-Samenleiter 183

Eiablage
Amphibien 84
Eiche 80
Eichel
Eichenfrucht, junge 137
Penis 269
Eichenbeplankeung 383
Eichhornia crassipes 164
Eidechse
(=Lacerta) Sternbild 19, 20
Tier 190
Eier
Froschlaich 198
Gespenstheuschrecke 198
Hühnerei 198
Katzenhai 198
Maiasaura 104
Reptilien 72, 84, 86
Stabheuschrecke 198
Titanosaurier 97
Vögel 194
Wachtel 198–199
Eierstab 464, 467
Eierstock *s. auch Ovar*
Gallimimus 92
Brachiosaurus 96
Mensch 268, 269
Eierstockband 269
Eierstöcke (Mensch) 268, 269
Eigelb 436
Eihäute 199
Eikapsel
Gespenstheuschrecke 198
Katzenhai 198
Eiklar 436
Eileiter 175, 179, *s. auch Ovidukt*
Brachiosaurus 96
Euoplocephalus 100
Mensch 268, 269, 271
Ein/Aus-Schalter (Bohrer) 558
Einatmung 265
Einätzen 450
Eindecker, frühe 408–409
Einengungszonen 65
Einer
-Kajak 552
-Rennboot 552
-Skullboot 553
Einfachrohrblatt 512, 513
Einfadenkugellampe 362
Einfallen (Verwerfung) 66
Einfallswinkel 329
Einfärbwalze 452
Einfaß (Sattel) 576
Eingangsbuchse 57
Eingeweidearterie 266, 255
Eingeweideknorpel 264
Eingeweidesack 183
Eingeweidevene, untere 263
Eingravieren 450
Einhängehaken 430
Einheiten 588, 599
Einhorn 18, 21
Einlaßkanal 356
Einlaßkonus 422
Einlaßöffnung 414
Einlaßsammelleitung 415
Einlaßventil 353, 355, 370
Einsatzsegment 357
Einschubbauweise 501
Einschubteil (Bohrer) 558
Einschwärzballen 450
Einspritzanlage 354
Einspritzventil 355
Einsteinium 321
Einstellagerschale (Fahrrad) 586
Einstellbremse (Angeln) 554
Einstellschraube (Sicherheitsbindung) 544
Einsturzdoline 294–295
Eintauchphase (Wasserspringen) 551
Einwurf (Eishockey) 542
Einzel (Rückschlagspiele) 536, 537
Einzelfrucht 154
Einzelradaufhängung 365
Einzelsaftfrucht 154
Einziehmechanik Fahrwerk 421
Einziehmechanikzapfen 418
Einzylinder-Viertakter-Motor 370
Einzylindermotor 345, 346, 370
Eis
Aggregatzustand des Wassers 317
Erde 292, 296–297, 303, 312
Eisbahn 542, 543
Eischale(n)
Hühnerei 198
Maiasaura 104
Titanosaurier 97
Wachtelei 198–199
Eisdecke (Erde im Quartär) 83
Eisen
Architektur 496, 497
Element 321
Erdkruste 64
Golf 539
Magnetismus 327
Eisenanker 400
Eisenbahn 334–343
Eisenbahngesellschaft 336
Eisenbahntechnik 340–341
Eisenbeton 498
Eisenhammer 456
Eisenkern 327
Eisenmeteoriten 52
Eisenoxid/Eisenoxyd als Pigment 434, 437
Gesteine 277, 287
Eisenplatten 400
Eisenrahmen 518
Eisenreifen 344
Eisenschiff 400, 401
Eisenschläger (Golf) 539
Eisenspäne 327
Eisenstein 287
Eisenvorkommen
Merkur 35
Venus 37
Erde 39
Eishockey 542–543
Eisila Regio (Venus) 36–37
Eiskappen
Erde 38, 83
Mars 42–43
Eiskristalle 39
Wetter 312
Eiswürfel 317
Eiszeiten 62, 63, 82
Eitempera 436
Eitemperamedium 436
Eiweiß 198
Eiweißdrüse 183
Eizahn 198
Eizelle
befruchtete (Pflanzen) 127
bei Pflanzen 125, 127, 128, 152, 153
Mensch 268, 270
Ekliptik 18–21, 31
Ekman-Spirale 306–307
Ektoderm Qualle 173
El Nath 18, 21
El-Ainyi-Moschee 492
Elastika 262
Elefant(en) 96, 110, 210–211, *s. auch Asiatischer E., Afrikanischer E.*
elektrische Anlage 500
elektrische Anschlüsse 366
elektrische Bauteile 367
elektrische Gitarren 516, 517
elektrische Leitungen 524
elektrische Signale
E.Gitarren 516
elektronische Instrumente 524
Telefon 568
elektrische Spannung 580
elektrisches Signal 568
Elektrizität 326–327
Loks 337
Auto 352
Elektroantrieb 334
Elektrode 316
Elektrogitarre *s. elektrische G.*
Elektroloks 338–339
Elektrolytkondensator 566
Elektromagnet
Fernseher 566
Physik 327
Telefon 568
Toaster 572
Elektromotor
Auto 352
Bohrer 558
Lok 336, 342
Physik 326, 327
Vibraphon 521
Elektronen
Chemie 316, 318, 320, 321
Physik 326, 329
Elektronenabgabe 318
Elektronenaufnahme 318
Elektronenaustausch 318
Elektronenfluß 326
Elektronenpaare 319
Elektronenschalen 319, 320
Elektronenstrahl 566
Elektronenstrahlkanone 566
Elektronische Instrumente 524–525
Elektronische Steuerung 501
Elektrostatische Anziehungskräfte 318
Elektrowagen 352
Element, chemisches 316, 318, 320, 321, 323
Elementarmagneten 326, 327
Elemente, chemische *s. Element*
Minerale 278
Periodensystem 320–321
Elementsymbole 320–321
Elephas maximus 210
Elevon 421, 425
Elevonantrieb 421
Elevonhebelverkleidung 420
Elfenbein-Schallstückzierring 512
Elfenbeinschwarz 444
Elfmeter 528
Elfmeterradius 528
Ellbogen
Anchisaurus 95
Corythosaurus 104
Diplodocus 96
Edmontia 101
Eryops 86
Gorilla 213
Iguanodon 103
Löwe 200
Mensch 220
Pferd 205
Psittacosaurus 109
Stegoceras 107
Stegosaurus 98
Triceratops 108
Tyrannosaurus 90
Ellbogengelenk
Brachiosaurus 97
Euoplocephalus 100
Mensch 228
Parasaurolophus 105
Plateosaurus 94
Stegoceras 107
Triceratops 108
Ellbogenpolster 543
Elle *s. auch Ulna*
Archaeopteryx 91
Arsinoitherium 110
Brachiosaurus 97
Diplodocus 96
Echse 190
Elefant 96
Eryops 86
Euoplocephalus 100
Gallimimus 92
Hase 203
Hauskatze 201
Iguanodon 102
Känguruh 216
Krokodil 192
Mensch 228, 240
Pachycephalosaurus 106
Parasaurolophus 105
Pareiasaurus 87
Pferd 205
Plateosaurus 94
Rhesusaffe 212
Robbe 214
Schildkröte 193
Schnabeltier 216
Stegoceras 107
Stegosaurier 99
Struthiomimus 93
Toxodon 112
Triceratops 108
Tyrannosaurus 90
Vogel 195, 197
Ellenarterie 241, 263
Ellenbeuge 221
Ellenkopf 241
Ellennerv 241, 248
ellenseitige Hauptvene 263
Ellerman Lines 334
Elliott-Achsschenkel 346
elliptische Umlaufbahn 30
Elodea canadensis 164
Elrathia 70
Eltanin 19
Elytren 174, *s. auch Deckflügel*
Email(le)
Architektur 492
Mosaikglas 454
Emailglasmosaik 454
Emblem 410, 411
Embolos 380
Embryo
Frosch 198
Katzenhai 198
Mensch 270
Pflanzen 158
Embryonalentwicklung im Ei 198
im Mutterleib 270, 271
Embryonalhülle 270
Embryosack 152, 153
Embryosackkern, sekundärer 153
Emissionsnebel 11
Emotionen 246
Empfänger 568
Empfangsetage 500
Empfangsteil 566
Empfindungen 247
Empire State Building 498
Empore 472
Enceladus 46
Encke 40
Enckesche Teilung 46–47
Endabschaltungshebel 581
Enddarm 258, *s. auch Rektum*
Endfieder 142
Endknospe 136, 140, 161
Endmoräne 296, 299
Endodermis
Hahnenfuß 133, 138
Kiefernwurzel 131
Mais 133
Orchideenluftwurzel 168
Schachtelhalm 126
Tannenwedel 141
Wasserhyazinthe 164
Wasserpest 165
Endokard 260
Endokarp 152, 154, 155
endoplasmatisches Reticulum (=ER)
glattes 226, 249
rauhes 227
Endopod 178
Endopodit 178
Endoskelett 184, 186
Endosperm, 152, 153
Endothel 262
Endplatte
Ankylosaurus 101
Leuchtstoffröhre 329
motorische 238
Endschalldämpfer 360
Endstufe (Rakete) 56
Energie
Auto 352
chemische 322, 324, 325
elektrische 324, 325
kinetische *s. Bewegungsenergie*
Licht 329
potentielle *s. Lageenergie*
energiearme Strahlung 22
Energieausstoß der Sonne 22
Energieformen 324, 325, 328
Energiekreislauf 325
Energieniveau 318, 320
energiereiche Strahlung 22
Energieumsatz 322
Energieumwandlung 324
England (Architektur) 474, 476, 477, 481, 491, 496, 499
englischer Barock 484, 485
englischer Sattel 576, 577
Englischhorn 508, 509, 512
Enif 19, 20
Enjoji (Architektur) 494
Entasis 465
Enten 194
Entenmuschel 178, 179
Entenschnabel-Dinosaurier *s. Hadrosaurier*
Enteromorpha linza 123
Entfernungsmeßeinrichtung 402, 404
Entfernungsmeßplattform 402
Entfernungsring Kamera 585
Entfernungsskala 585
Entladedocht, (elektro)statischer 412, 418, 421
Entladedochtbefestigung 418
Entladungsröhre 321
Entlastungsbogen 466, 469, 470, 471
Entlüfter 337, 367

Entlüftung 337, 339, 350
Entlüftungsleitung 360
Entlüftungsrohr 500
Entlüftungsschlauch 57
Entlüftungsschlitz 368, 376, 377
Entlüftungsstutzen 360
Entoderm 173
Entomophilie 150
Entriegelungsknopf 429
Entwicklungskosten 376
Entwicklungsnarbe 151
Enzyme (Pflanzen) 166, 167
Eozän 63
Epidermis
Bärlapp 126
Bedecktsamer 132–133
Farn 127
Ingwer 161
Laubmoos 125
Mensch 244
Nacktsamer 128–131
Orchideenluftwurzel 168
Photosynthese 145
Puffbohne 158
Schachtelhalm 126
Seerose 165
Sonnenblume 148
Sprosse 140, 141
Strandhafer 119
Wasserhyazinthe 164
Wasserpest 165
Wurzeln 138
Epidermisauswuchs 141
Epidot 279
Epikard 260
Epikotyl 158, 159
Epiphyt 168
Epithelschicht 264
Epizentrum 69
Epoche (Erdgeschichte) 63
Epsilon Centauri 21
Epsilon Crucis 21
Epsilon Hydri 20
Epsilon-Ring 48–49
Equisetatae 126
Equisetites 72
Equisetum arvense 76, 126
Equuleus *s. Füllen*
Erbium 321
Erbse 156
Erbsenbein 240
Erdalkalimetalle 320–321
Erdanziehungskraft 330
Erdbeben 38, 68, 69
Erdbebenherd 69
Erdbeere 156
Erde 38–39, 62–115, 274–313
CD-ROM (Strom) 578
Energieausstoß der Sonne 22
Objekte im Universum 11
Sonnenfinsternis 32
Stellung im Sonnensystem 30
und Mond 40, 41
Erden, seltene *s. Lanthanoide*
Erdfarben 438
Erdgas 290–291
Erdgasfalle 291
Erdgaslagerstätten 63, 291
Erdgeschichte 62–115
Erdkern 69
Erdkruste 62–63
Bewegungen 276, 290, 304
Gesteine 284
Meeresboden 308
Regionalmetamorphose 284
Vulkane 282
Erdkrustenplatten 68, 69
Erdnest 104
Erdneuzeit 80, 82
Erdöl 290–291
Erdölfallen 291
Erdöllagerstätten 63, 291
Erdrotation 274–275, 306, 310
Erdsproß 126, 127, 161
Erdumlaufbahn 309
Erdung 578
Ereignishorizont 28–29, 43
Ergonomik 362
Eridanus 19, 20
Eriesee 274
Erker 471, 481, 498
Erlenmeyerkolben 322, 323
Ernährung (Mensch) 258, 259, 270
Erosion 292–293, 294, 300–301, 304–305
Ersatzpitotrohr 420, 421
Ersatzreifen 349
Erstarren 317
Eryops 86–87
Erythrozyten *s. Blutkörperchen, rote*
Erzlagerstätten 291
Eselshaupt 386, 387, 390
Eselsrücken 492
Eßbarer Seeigel 181
Eßkastanie 142, 150
Eßzimmer 487
Estonioceras perforatum 71
Eta Centauri 21
Eta Mensae 20
Eta Orionis 18
Eta Sagittarii 21
Eta-Ring 48
Etikett 569
Euathlus emilia 176
Euoplocephalus 100
Eurasien 82
Eurasische Platte 38, 65, 68, 69
Europa 274–275
Erdgeschichte 70, 74, 76, 78, 79, 80, 81, 82, 98, 102
Erdkontinent 38–39
Jupitermond 44
Spurweiten 341
Europium 321
Eurostar 338, 339
Eustachische Röhre *s. Ohrtrompete*
Eustreptospondylus 91
Euthynterie 464
Eve 37
Evolution (der Erde) 63
Exoccipitale 189
Exocet-Raketenwerfer 405
Exodermis 168
Exokarp 152–155
Exopod 178
Exopodit 178
Exosphäre 310
Expansion 356
Expansionshebel 335
Explosion 352, 353, 356
Explosivgranate 404, 405
Expressionismus 499
Extensor-digitorum-communis-Muskel 90
Exuvie 177
Exzenter 400
Exzenterstange 399
Exzenterwelle 356, 357, 414

F

F (Note) 506
F-14 Tomcat 424
F-Ion 318
F-Loch 514, 515, 517
f-Orbitale 320–321
F-Schlüssel *s. Baßschlüssel*
F-Turm 402
Fabry 41
Fächerblattbaum 128, 129
Fächergewölbe 488, 489
Fächerkrümmer 366
Fächerlunge 176
Fachwerk 470, 471, 481
Fachwerkträger 501, 502
Fackel (Energieentladung der Sonne) 32–33
Faden
Algen 123
erhitzter 329
Farn 127
Moos 125
Pilze 120
Sattel 577
Fadengeflecht 120
Fadenpapillen 254
Faering 382, 383
Fagott(e) 507, 508, 509, 512
Fahne (des Linienrichters) 528
Fahnenstange 499
Fahrenheit 588
Fahrerkanzel 502
Fahrersitz 345
Fahrgestell
Lok 337
Straßenbahn 342
Fahrgestellrahmen 318
Fahrgestellschiene 370
Fahrleine 547
Fahrmotor 338
Fahrrad 368–369, 586–587
Energiekreislauf 325
mit Hilfmotor 370
Fahrräder 368, 369
Fahrradhelm 368
Fahrradsattel 368, 369, 370
Fahrradschloß 368
Fahrstuhl 501
Fahrstuhlturm 501
Fahrtwenderhebel 335
Fahrtzielanzeiger 342
Fahrwerksbein 421, 424, 428, 429
Fahrwerkschachtverkleidung 417
Fahrwerkseinstellschraube 409
Fahrwerksfeder 350
Fahrwerksgabel 413
Fahrwerksgelenkverkleidung 417
Fahrwerkshydraulik 421
Fahrwerksklappe 412, 413, 418, 420, 424, 425
Fahrwerksschacht 421
Fahrwerksstrebe 408, 409, 431
Fahrzeugentwicklung 366
Fahrzeuginnenraum 362
Fahrzeuginsassen 358, 362
Fairway (Golf) 538
Falco tinnunculus 195
Falklandstrom 306
Fall 380, 383, 384, 396
Falle (Fallgrubenpflanze) 166, 167
Fallen 390
Fallfenster 342
Fallgrubenpflanze 166, 167
Fallreepsleiter 404
Fallreepstreppe 402, 403
Fallrichtung (Hang) 66
Fallrohr (Architektur) 496
Fällungsreaktion 322
Fallwinkel (Hang, Falte) 66
Falten 66–67
Faltengebirge 68
Faltentypen 67
Falter (=Schmetterling) 174, 175
Faltung 66
Falz 582
Falzbogen 582, 583
Fan 422, 423
Fang (Hindernis) 546
Fangdrüse, gestielte 167
Fanger 518
Fanghand 542
Fanschaufelgehäuse 422
Farbbehälter 446
Farbe(n)
Acryl 446–447
Aquarell 442
Fresko 438
Minerale 280
Öl 440
Pastell 444
Siebdruck 452
Tempera 437
Farbkreis 443
Farbnäpfchen 442
Farbpigment 435, 437, 440, 446
Farbrolle 446, 447
Farbskala 438
Farbskizze 455
Farbübergänge 446
Farbwalze 453
Fardier (Cugnot-Dampfwagen) 344
Farn 126
Entwicklung 127
epiphytischer 118
Fossilien 72, 74, 76, 289
Farnblattspindel 127
Faserplatte 374
Fasertauwerk 391
Fassade
Centre Pompidou 501
Hongkong- und Shanghai-Bank 502
Kristallpalast 497
Schatzhaus des Atreus 465
St. Paul's-Kathedrale 484
Tyringham House 487
Fassadenwand 474
Fassung (Lampe) 564
Fassungshalterung 565
Faszia/Faszien
Barock und Klassizismus 483, 485, 486
Gewölbe 489
gotische Gebäude 476
Kuppel 490, 491
mittelalterliche Gebäude 473
Renaissancegebäude 480, 481
römische Gebäude 467, 468
Fäustel 456, 457
Faustkeil 115
Fayence 492
Fechtbahn 548, 549
Fechten 548, 549
Fechthandschuh 548, 549
Fechtkleidung 549
Fechtschuh 549
Fechtwaffen 548, 549
Feder
Abdruck 91
Bohrer 558
Kamera 585
Kupplung 374
Rotorwelle 357
Stoßdämpfer 373
Toaster 572, 573
Ventil 357
Vogel 195–197
Waage 330
Walkman 581
Zeichnen 434
Federabdruck (*Archaeopteryx*) 91
Federanlenkung 367
Federaufhängung (Lampe) 565
Federball 536, 537
Federbaum (Sattel) 576
Federbefestigungsbolzen (Lampe) 565
Federbein 350, 361
Federbeindomlager 350
Federbeinriegel 418
Federbreitenleiter (Buchstabe) 449
Federbügel 372
Federchen (Keimpflanze) 153
Federfahne (Vogelflügel) 197
Federhalter 448
Federhand 346, 352
Federhaus (Uhr) 562
Federkiel (Schreibgerät) 448
Federkrone (Federball) 537
Federn
Archaeopteryx 91
Vogel 194, 197
Federrahmen 347
Federring 357
Federsattel 348
Federschaft 197
Federscheibe (Bohrer) 559
Federspule (Vogelfeder) 197
Federung 337, 344, 360
Federwaage 330, 331
Federweg 376
Federwellenlager (Uhr) 562
Federzange (Sicherheitsbindung) 544
Federzeichnung 435
Fehhaarpinsel 442
Feige 143, 155
Feile (Bildhauerei) 456, 457
Feinmotorik 247
Feinstimmer 514, 515
Feld
elektrisches 328
oszillierendes 328
Schiffsschild 403
Felder
elektrische 328
magnetische 326, 327, 328
Felderbesprühung 426
Feldlinien 327
Feldpfeil 541
Feldspat 277, 284
Feldspatmatrix 279
Feldspielerschläger (Eishockey) 543
Feldulme 150
Feldwicklung (E.-Motor) 558
Felge
Auto 349
Avro Triplane 410
Fahrrad 368, 586, 587
Felgenband 398
Felgenbremse 340, 368, 369
Felgenhalter 347
Felldruckreifen 522
Felsendom 490
Felssäulen 305
Felswüste 292–293
Femorotibialis-Muskel 90
Femur *s. auch Oberschenkel(knochen)*
Albertosaurus 90
Insektenbein 174, 175
Krokodil 192
Rhesusaffe 212
Skorpionbein 176
Spinnenbein 177
Fender Jazzbass 517

Fender Stratocaster 517
Fenster
Ägptische Gebäude 463
Architektur des 19.Jh.s 496, 497
Architektur des 20.Jh.s 498, 499
asiatische Baukunst 494, 495
Auto 344, 346, 351, 358, 359
Barock und Klassizismus 482, 483, 485, 487
Busse 342, 343
Eisenbahn 335, 339
Gotik 476, 477, 478
Kamera 585
Kuppeln 490, 491
mittelalterliche Gebäude 470, 471
mittelalterliche Kirchen 472, 473
Moderne Architektur 504
ovales (Ohr) 253
Renaissance 479, 480, 481
römische Gebäude 469
Schiff 389
Telefon 568
Fensterband 498, 503
Fensterbank 486, 487
Fensterbogen 487
Fensterbrett 498
Fenstergitter 496
Fensterhebermotor 359
Fensterkurbel 351, 363
Fensterkurbelapparat 351, 359
Fensterpfosten 486, 487
Fensterriemen 346
Fensterscheibe 351
Fenstersprosse 503
Fenstersturz 485, 487
Fermium 321
Fernsehantenne 566
Fernseher 566–567
im Energiekreislauf 325
Fernsehkamera (Mondsonde) 58
Fernsprechnetz 568
Fernzüge 340
Ferrel-Zelle 310
Ferse
Block(Rigg) 390
Eishockeyschläger 542
Golfschläger 539
Mensch 220, 242
Rudersteven 400
Tyrannosaurus 90
Fersenautomatik 544
Fersenbein
Mensch 242
Pferd 205
Fersenstütze 543
Fertigteilbetonrippe 503
Fertigziegel 503
Fessel
Springpferd 546
Pferd 204, 205
Fesselgelenk (Springpferd) 546
Festigungsgewebe
Apfel 132
Farn 127
Photosynthese 145
Schachtelhalm 126
Sprosse 140, 141
Strandhafer 119
Wasserhyazinthe 164
Festigungszelle, kurze 165
Festlandsedimente 309
Festmacherknoten 395
Festmachertaue 394, 395
Festmacherwirbel 394
Festplattenlaufwerk 525
Festpunkt 317
Feststellbolzen 369
Feststellbremse 429
Feststellschraube 565
Feststoff 316, 317, 322
Feststoffraketen-Zusatztriebwerk 56
Festzahnrad 357
fetaler Kiefer 256
fetaler Schädel 230, 256
Fett (Haut) 244
Fettgewebe 225, 227, 245
Fetthenne, Ockergelbe 134
Fettkraut 166, 167
Fettkrautblatt 167
Fettkreide 450
Fettmedium 450
Fettusche 450
Fettzellen 227
Fetus (Mensch) 270, 271
Feuer (Energiekreislauf) 325
Feuerbohrer 115
Feuerbüchse 334, 335
Feuerkraft 384
Feuerleiter 501, 502
Feuerlilie 160
Feuerlöschöffnung 416
Feuerlöschsystem 416
Feueropal 280
Feuerschott 425
Feuerstein
Sedimentgesteine 287
Steinzeitwerkzeuge 115
Feuersteinbrechen 115
Feuersteinmesser 115
Feuersteinpfeilspitze 115
Feuersteinsplitter 115
Feuersteinwerkzeug 115
Feuertür 335
Feuerzeug 115
Fiale 474
Fiberglas
Armbrust 540
Rennbeiwagen 377
Fibrillen, elastische 264
Fibrinfäden 263
Fibula *s. auch Wadenbein*
Albertosaurus 90
Frosch 189
Fibulare Frosch 189
Ficus carica 154
Ficus sp. 143
Fid 391, 392
Fieder 119, 127, 129, 135, 142, 143
Fiederblatt 127, 129, 135, 136, 137, 142
Fiederblattstiel 142
Fiederchen 127, 143
Fiederspalte 66, 67
Fiederstile 143
Filament 146, *s. auch Staubfaden*
Filicatae 126
Filmandruckplatte 584
Filmaufwickelspule 584
Filmempfindlichkeitsanzeige 585
Filmführungsrolle 584
Filmkammer 584
Filmschiene 584
Filmtransportanzeige 585
Filmtransporthebel 585
Filmzahnrolle 584
Filter
Elektronische Instrumente 524
Fernseher 567
Kamera 585
Filtergewindering 585
Filterzierring 567
Filz
Druckerpresse 451
Filzstift 448
Klavierdämpfer 518
Saxophonklappenpolster 513
Trommelschlegel 520, 523
Filzschreiber 448
Filztuch (Druckerpresse) 451
Findling 296
Finger
Anchisaurus 95
Archaeopteryx 91
Baryonyx 91
Gorilla 213
Iguanodon 103
kleiner 240, 241
Mensch 221
Pachycephalosaurus 106
Pferdehuf 111
Psittacosaurus 109
Stegoceras 107
Tyrannosaurus 90
Fingerarterie 241, 263
Fingerbeugesehne 241
Fingerendgelenk 241
Fingerendglied 229, 240
Fingerförmige Drüse 183
Fingerglieder 240
Fingergrundgelenk 241
Fingergrundglied 229, 240
Fingerhülle 543
Fingerklaue (*Ornithomimus*) 89
Fingerknöchel 221
Fingerknochen
Arsinoitherium 110
Diplodocus 96
Fledermaus 111
Parasaurolophus 105
Plateosaurus 94
Stegoceras 106
Toxodon 112
Triceratops 109
Fingerkralle
Baryonyx 91
Gallimimus 92
Psittacosaurus 109
Stegoceras 107
Fingermittelgelenk 241
Fingermittelglied 229, 240
Fingernagel
Corythosaurus 104
Mensch 241
Fingernerv 241
Fingerplättchen 513
Fingerraste 510, 511
Fingerring 510
Fingerschutz (Bogenschießen) 540
Fingerstrahlen 195, 197
Fingerstreckersehne 241
Fingervenen 263
Finne (Flugzeug) 418, 420, 425, 427, 428
Finnenhinterkante 419
Finnenspitze 425, 428
Finnenwurzel 428
Finnland
Spurweite 341
Firmenlogo 419
Firmenzeichen 342
Firneis 297
Firnis 437, 440
Firnmulde 296–297
First 477, 496, 499, 503
Firstbohle 477
Firstsäule 468, 477, 483
Firstziegel 468
Fischaurier 77
Fischblase 476
Fischdavit 387
Fische 184–187, *s. auch Knochenfische, Hai, Kieferlose Fische*
Fossilien 289
im Karbon 71
in der Kreide 78
in der Trias 75
Sternbild (=Pisces) 19, 20
Fischfang
Angeln 554
Baryonyx 89
Fischgrätenmuster 492
Fischsaurier 63, 76, 78
Fischschädellurche 62
Fischschuppenziegel 480, 481, 490
Fischspeer 115
Fischung 389
Fissura orbitalis superior 231
Fittiche 197
Fixativ 434, 444
Fixierring 585
Fixierschraube 415
Fjorde 304–305
Fjordküste 305
Flachdach 487, 498, 499
Flachdruck 450
Fläche
Dreieck 588
Kreis 588
Rechteck 588
Flacheisen 453
Flächenmaße 588, 589
Flachglasscheibe 346
Flachkabel (Telefon) 569
Flachkopfniet 400
Flachkuppel 490, 491
Flachmeersedimente 309
Flachpinsel 436, 440, 442, 448,
Flachrelief 484, 495
Flachrennen 546
Flachsproß 135
Flachsspinnerei 496
Flachwagen 337
Flagellum
Antherozoidengeißel 125
Käfer 174
Schnecke 183
Flaggenknopf 386, 387, 388
Flaggenleine 388
Flaggenmast 403
Flaggenstock 404
Flamboyant-Stil 474, 476
Flamingo 194, 196
Flamingoblume 149
Flamme (chemische Reaktionen) 322, 323
Flammloch 335
Flammrohr 334, 335
Flammrohrkessel 344
Flamsteed 40
Flanke (Pferd) 204
Flankendorn
Edmontia 101
Flare *s. Fackel*
Flaschenzug 33
Flechten 120
Flechtenthallus 120
Flechtwerk
Architektur 468, 497
Wikingerschiff 382
Fleckenmuster 445
Fledermaus 111
Fleischfarben 437
Fleming 41
Flexor-digitorum-Muskel 90
Flexor-tibialis-internus-Muskel 90
Fliege, künstliche 554, 555
Fliegender Fisch (=Volans, Sternbild) 21
Fliegendes 583
Fliegenfischen 554, 555
Fliegenrute 554, 555
Fliesen 498
Fließband 348
Florenz (Architektur) 478, 479, 491
Florett 548, 549
Florettfechter 549
Floridastrom 308
Flosse
Delphin 214, 215
fossile Fische 86, 87
Katzenhai 185
Knochenfisch 186, 187
künstl. Fisch 555
Neunauge 184
Flossensaum 86
Flossenstrahl 186
Flossenträger 187
Flöten 507
Flottennummer 343
Fluchtpunkt 435, 437
Flugboote 412
Flügel
Ahornfrucht 137
Fagott 512
Flugzeug 411, 424, 425
Insekt 174
Kiefernsamen 128
Konzertflügel 518, 519
Schiffsschraube 398
Vogel 194–197
Wirbel (Mensch) 233
Flügeladern 174, 175
Flügelanlage Küken 198
Flügelbefestigung 429
Flügelbefestigungsklammer 428
Flügelfedern 91
Flügelhorn 511
Flügelleiste (Pflanzen) 119, 166
Flügelmutter (Lampe) 564, 565
Flügelnarbe (Pflanzen) 128
Flügelneigung (Schiffsschraube) 398
Flügelnuß (Frucht) 156
Flügelrippe (Flugzeuge) 409, 411
Flügelschienenverkleidung 411
Flügelschraube
Schlagzeug 523
Tastzirkel 456
Flügelschutzkufe 406
Flügelsignal 340
Flügelspanner 407
Flügelspieler 530
Flügelspitze des BAE-146-Turbinenflugzeug 419
Flügelstrebe 406, 407, 410, 428, 429
Flügeltank 413
Flügelverkleidung 429
Flügelwurzel 417, 424
Flügelwurzelverkleidung 425
Fluggeschwindigkeitsweltmeisterschaft 406
Fluginstrumente 429
Flugmaschinen 406–431
Flugphase
Wasserspringen 551
Weitsprung 535
Flugsaurier 76, 77
Flugzeugbau 406
Flugzeuge 406–431
Flugzeugname 431
Flugzeugpropeller 426
Fluor 318, 319, 321
Fluor-19-Atom 319
Fluoreszenz 328
Fluorit 279, 281
Fluorwasserstoff 318, 319
Flußanzapfung 298
Flußbett 298–301
ausgetrocknetes 293
Flüsse 298–301
Flußgebietsformen 298
flüssiger Wasserstoff
Jupiter 44–45
Saturn 46–47
Space-Shuttle 56
flüssiges Helium 45
Flüssigkeit 316, 317
Flüssigkeitsbehälter 354
Flüssigkeitsmaße 588, 589
Flüssigkeitsverband 317

Flüssigkristallanzeige 581
Flüssigsauerstoff 56
Flußkrebs 178–179
Flußlandschaften 300–301
Flußlauf 300
Flußmündung 300–301
Flußseeschwalbe (Ei) 199
Flußstadien 298–299
Flußsteilufer 299, 300
Flußtal 298, 299, 300
Flußterrasse 300–301
Flußufer 299, 300
Flüstergalerie 488
Flut 306–307
Fock 393
Fockbeting 388
Fockfall 388
Fockklaufall 393
Fockmast 383, 384, 387, 401
Fockmastkoker 388
Fockpiekfall 393
Fockrah 384, 387
Fockrahtoppnant 393
Focksegel 387
Fockwant 387
Focusregler 567
Fokker-Dreidecker 410
Folienstreifenverbinder 578
Follikel 268
Fön (Energiekreislauf) 325
Fond 349
Fondseitenfenster 358
Fontispiz 583
foot 588, 589
Foramen infraorbitale
 Mensch 231
 Opossum 112
Foramen supraorbitale 231
Foraminiferen 289
Ford, Henry 348
Ford-Cosworth-V6-12-Ventilmotor 354
Ford Model T 348–349
Ford-T-Modell 348
Ford-Turbo-Diesel-Motor 357
Förderplattform 325
Forellen 186
Form (Materie) 316, 317, 322
Formalhaut 19, 20
Formax *s. Ofen*
Formel-1-Rennwagen 366, 367
Formmantel 458, 459
Fortepedal 518, 519
Fortpflanzung
 Algen 122, 123
 Blütenpflanzen, geschlechtliche 146, 150, 154
 Blütenpflanzen, vegetative 160
 Farn 127
 Kiefer 128
 Mensch 224, 268–271
 Moos 125
 Pilze 121
Fortpflanzungskammer 122, 123
Fortpflanzungsorgan
 Pflanzen, männlich 127, 128, 150
 Pflanzen, weiblich 127, 128, 150, 154
 Mensch, weiblich 224
Fortpflanzungsstrukturen (Blütenpflanzen) 146
Fortpflanzungssystem (Mensch) 268–269
Fosbury-Flop 535
Fossile Brennstoffe 290–291
 Energie 324
Fossilien 70–115, 288–289
Foster, N. 500, 502
Fotoatelier Elvira 499
Fotofilm 584
Fotografieren 584
Fotokamera 584–585
Foul 531
Fovea costalis 233
Fowlerklappe 417, 418
Fra Mauro 40
Fracastorius 40
Fragaria x ananassa 134, 156
Fram Rupes 35
Francis-Turbine 324
Francium 320
Frankfurter Schwarz 437
Frankreich (Architektur) 470, 472, 473, 474, 476, 477, 480, 481, 482, 483, 486, 489, 490, 496, 497, 498, 500
Fransenbeutel 151
französischer Barock 486
Französischer Traber 207
Frau, sich den Hals trocknend 445
Fregatte 404–405
Freilauf 369
Freilauf-Sicherungsmutter 586
Freilauf-Zahnkranz 586
Freilaufzahnrad 368
Freileitungsmast 324
Freiraum (Volleyball) 532
Freistil 550
Freiwurf 530
Freiwurflinie
 Basketball 530
 Handball 533
Freiwurfzone (Basketball) 530
Freizone (Volleyball) 532
Fremdbestäubung 150
French Trotter 546
Frequenzanzeige 566
Freskenzyklus 439
Fresko 438–439
Freskofarben 438
Freskoschichten 438
Fries
 ägyptisches Gebäude 463
 Architektur des frühen 20.Jh.s 499
 Barock und Klassizismus 482, 483, 485, 486
 Bogen und Gewölbe 489
 Gotik 474
 griechische Gebäude 465
 Historismus 497
 mittelalterliche Gebäude 470, 473
 Renaissance 480
 römische Gebäude 467, 469
Fringilla coelebs 199
Frischdampf-Wassereinspritzungsregler 335
Fronstabilisator 541
Frontabdeckung (CD-ROM) 578
Frontale
 Knochenfisch 187
 Schimpanse 212
Fronthechel 555
Frontoparietale 189
Frontspoiler 356, 367
Fronttürlautsprecher 363
Frosch (Bogen) 514, 515
Frösche 188–189
Froscheier 198
Froschfossil 288
Froschkick (Schwimmen) 550
Frostgrenze 312
Frostsprengung 293, 296–297
Froude-Schraube 399
Frucht 134, 152, 154, 155
Fruchtblase (Mensch) 270
Fruchtblatt 146, 147, 150, 152, 153, 154, 157
Fruchtblattränder, verschmolzene 157
Früchtchen 152, 153
Fruchtfleisch 154
Fruchthülle 152–154
Fruchtknoten 132, 137, 146–153
 coenokarper 146
Fruchtknotenwand 152
Fruchtkörper 120
Fruchtkörpermündung 123
Fruchtstand 154
Fruchtstiel 154
Fruchtträger 157
Fruchtwand 137, 154–157
Fruchtwasser 270
Frühholz 140
Frühjahrsblattstiel 166
Frühstückszimmer 487
Frühzündungs-Zündkerze 356
Fuchs (=Vulpecula, Sternbild) 19
Fucoxanthin 122
Fucus spiralis 122
Fucus vesiculosus 122, 123
Fugenfüller 455
Fugenmörtel 454, 455
Fugenverbindung (Gitarre) 516
Fühlborste (Venusfliegenfalle) 166
Fühler *s. auch Antenne*
 Schnecke 183
Führersitz Lok 335, 337, 338
Führerstand 334, 335, 336, 337
Führerstandfenster 337, 339
Führerstandtür 336, 339
Fuhrmann (=Auriga, Sternbild) 18, 21
Führungsstange 335
Führungsstift (CD-ROM) 578
Füllen (=Equuleus, Sternbild) 19, 20
Füller 448
Füllfederhalter 448
Füllgewebe 126, 132, 142, 162, 163, 165
Füllgewebezellen 138
Füllhorn 484
Füllspant 389
Füllstandsanzeige 416
Füllung (Architektur) 491
Füllwagen 337
Füllwolle (Sattel) 576
Fumarolen 282–283
Funaria hygrometrica 125
Fundament (Architektur) 496
Fundamentplatte 500
Fünfeckstern 181
Fungia fungites 173
Funiculus 156
Funk (Rennwagen) 366
Funkantenne
 ARV Super 2 428
 Schlachtschiff 403
 Wostok 1 56
Funkbude 405
Funkgerät 57, 426
Funkrah 403
Funkstecker 429
Funktionalismus 500
Funktionshebel 363
Funktionstastenabdeckung 580
Funktionszeichnungen 423
Furche, äquatoriale 150
Furchenwale 214
Furkula 195, *s. auch Gabelbein*
Furnerius 40
Furud 21
Fuß
 Anchisaurus 95
 Buchstabe 449
 Corythosaurus 104
 Druckerpresse 453
 Fußballspiel 528
 Gorilla 213
 Harfe 515
 Herrerasaurus 92
 Hindernis 546
 Iguanodon 102
 Känguruh 217
 Maßeinheit 588, 589
 Mensch 220, 242, 243
 Pachycephalosaurus 106
 Schnecke 183
 Stegoceras 107
 Toaster 572, 573
 Westlothiana 87
Fußball 528–529
Fußballdress 529
Fußballen 242
Fußballherstellung 529
Fußballschuh 529
Fußballstiefel 529
Fußband
 Architektur 481
 menschlicher Körper 242
Fußbänder 242
Fußboden 496, 500
Fußbrett 345
Füßchen
 Seeigel 181
 Seestern 180, 181
Füßchenampull
 Seeigel 181
 Seestern 180
Füßchenkanal
 Seeigel 181
 Seestern 180
Fußdrüse Schnecke 183
Fußgängerbrücke 497
Fußgelenk 90
Fußhalteriemen 586, 587
Fußklammer 368
Fußliek 382
Fußmaschine 522
Fußpedal 371
Fußpferd 386, 387, 390, 393
Fußplatte (Apollo 16) 59
Fußraste
 Motorrad 371, 376, 377
 Sulky 547
Fußrastengehänge 372
Fußscheibe 173
Fußschnitt 582
Fußsohle 244
Fußsohlenarterie 263
Fußspann 221
Fußstück 512
Fußstütze
 Auto 365
 Curtiss Model-D Pusher 407
Fußtritt 518
Fußvene 263
Fußweg (Golfplatz) 538
 Echse 190
 Elefant 211
Fußwurzel
 Hase 203
 Hauskatze 201
 Känguruh 216
 Krokodil 192
 Pferd 205, 206
 Rhesusaffe 212
 Robbe 214
 Schnabeltier 216
Fußwurzelknochen
 Albertosaurus 90
 Gallimimus 93
 Iguanodon 103
 Mensch 229
Futter
 Bohrer 559
 Schuh 560
 Stuhl 571
Futterstoff (Stuhl) 571

G

G (Note) 506
G-Saite 516
G-Schlüssel *s. Violinschlüssel*
Gabbro 277, 284–285
Gabel
 Fahrrad 369, 586
 Telefon 569
Gabelarm (Telefon) 569
Gabelfederung 373
Gabelschaft 587
Gabelumschalter 569
Gabun (Architektur) 503
Gacrux 21
Gadolinium 321
Gaffel 388, 392, 393
Gagarin, Jurij 41, 56
galaktische Ebenen 14–15
galaktischer Kern 12–13
galaktisches Zentrum 14, 18, 20
Galaxien 10, 11, 12–13, 14, 15
Galaxienhaufen 10–11
Galeere 380
Galeocerdo cuvieri 185
Galerie
 Architektur 469, 471, 481, 483, 484, 491, 501
 Schiff 389
Galerieebene 500
galiläische Monde 44
Galion 384, 388
Galionsbalken 388
Galionsfigur 387, 388, 389
Galionsreling 387, 388, 389, 386
Galionsscheg 386
Galium aparine 156
Galle-Ring 50–51
Gallenblase
 Hauskatze 201
 Kaninchen 202
 Mensch 224, 262
 Schildkröte 193
Gallengang (Mensch) 258, 262
Gallengänge (Vogel) 195
Gallerthülle (Volvox) 122
Gallimimus 88, 92
Gallium 321
gallon (Gallone) 588, 589
Galois 11
Gametangienstand, weiblicher 124
Gametangium 125
Gameten
 Algen 122
 Farne 126
 Moose 124
 Nacktsamer 128
Gametophyt
 Farne 126
 Laubmoos 118
 Lebermoos 124
Gamma Centauri 21
Gamma Hydri 20
Gamma Mensae 20
Gamma Velorum 18, 21
Gamma-Ring 48
Gammastrahlen (Licht) 329
Gammastrahlung 10, 22, 328

Gänge
Fahrrad 586
Getriebe 374
Ganges 298
Ganges-Tiefebene 69
Ganglion 179
Gangschaltung (Fahrrad) 586
Gangspill 395
Gangspillwelle 395
Gangsystem 284
Gänsefeder (zum Schreiben) 448
Ganymed 44
ganze Note 506, 507
Ganzkörperwelle (Schwimmen) 550
Ganzlederband (Buch) 582, 583
Ganzmetalleindecker 408, 412
Garnele 85, 178
Garnierit 280
Garntrampen 397
Garudimimus 92
Gärung 323
Gas
Aggregatzustand 316, 317
chemische Reaktionen 322
Motorrad 371, 373
Gasaufnahme, direkte (Pflanzen) 164
Gasaustausch
Atmung Mensch 264
Pflanzen 136, 138, 140, 144, 162, 164
Gasbogen (Sonne) 32, 33
Gasdrehgriff 377
Gasdruckbehälter 56
Gasdruckfeder 358
Gase
Erdatmosphäre 70
Lichtquellen, künstliche 329
gasförmig 316, 317, 323
Gasgestänge 355
Gashebel
Avro Triplane 410
Curtiss Model-D Pusher 406
Ford Modell T 348
Motorrad 371, 373
Rasenmäher 575
Gashülle (Sterne) 16–17, 25
Gaskissen-Wiegenfederung 341
Gaspedal 347, 360
Gassendi 40
Gastbootsbaum 402
Gastralfilament 173
Gastralraum 173
Gastrocnemius-Muskel 90
Gastropoda 182
Gaswolken 10–11, 14, 16–17
Gaszug 360, 371, 376, 377
Gat 391
Gattungen (Säugetiere) 110
Gatwick-People-Mover 338
Gaumen 222, 230, 254, 255
Gaumenbogen 254
Gaumenmandel 222, 254, 255
Gaumenzäpfchen 222
Gavial 192
Gavialis gangeticus 192
Gebälk
Cirque Napoleon 483
französischer Tempel 489
Kuppeln 490, 491
Madeleine 482
New State Paper Press 486
Patheon (Rom) 466
Porta Nigra 469
Poseidontempel 464
St. George in the East 485
St.-Paul's-Kathedrale 484
Gebänderte Milchschlange 190
Gebärmutter *s. auch Uterus*
Mensch 268, 269, 271
Gebärmutterhals 268, 269, 271
Gebärmutterknontraktionen 236
Gebirge 62, 66
Gebirgsbildung 66, 67, 68, 69, 274, 284, 308
Gebirgsketten 65
Gebirgsrücken, unterseeische 64
Gebirgszüge 307
Gebiß (Mensch) 256
Gebißscheibe (Pferdegeschirr) 547
Gebläse 335
Gebläseabdeckhaube (Rasenmäher) 574
Gebläsemotor 361
Gebläsemotorhalter 361
Gebläseregler 335
Geburt (Mensch) 271
Gefälledach 490
Gefäßknäuel 266, 267, *s. auch Glomerulus*
Gefäßpflanzen 289
Gefechtskopf 402
Gefesselte Sklave, Der 457
Gefieder 194
Gefühle 247
Gegengerade 547
Gegengewicht
Architektur 502
Auto 350, 352, 353, 355, 357
Druckerpresse 453
Flugzeugpopeller 412
Höhenruder 419
Mid-West-Wankelmotor 415
Gegengewichthorn 418
Gegenwindung 252
Gehäuse
CD-ROM 578
Fernseher 566, 567
Kamera 584
Toaster 572, 573
Walkman 580, 581
Gehäusebajonettring 584
Gehäusedeckel 584, 585
Gehäuseplatte
Kamera 584
Mid-West-Wankelmotor 414, 415
Gehäuseschale (Bohrer) 559
Gehäuseschnecke 81
Gehäuseschraube
Motorrad 374
Bohrer 559
Gehen 534
Gehirn
Delphin 215
Echse 191
Elefant 210
Flußkrebs 179
Hauskatze 201
Kaninchen 202
Katzenhai 185
Knochenfisch 187
Krake 182
Mensch 114, 222, 230, 246–247, 248, 250, 252
Schimpanse 212
Vogel 195
Gehirnkapsel (*Pachycephalosaurus*) 106
Gehirnnerven 248, 254
Gehölz (Golfplatz) 538
Gehörgang 114
Gehörgan
äußerer (Mensch) 230, 252
Robbe 214
Schimpanse 212
Gehörkanal 252
Gehörknöchelchen 252
Gehörmuschel s. *Ohrmuschel*
Gehörschnecke *s. Schnecke*
Geige(n) 507, 508, 514
Geigenbogen 514
Geison
Barockkirche 482
Englischer Barock 485
griechischer Tempel 464
Klassizismus 484
römische Bauwerke 466, 467
Geißel
Algen 122, 123
Moosantherozoid 125
Samenzelle Mensch 269
Geißfuß 453
Geisteranemone 172
Geitau 380, 387
Gekrösearterie 263, 266, 267
Gekrösevene 262
Gel 447
Geländer
Globe Theater 481
Haus Savoye 498
Hongkong- und Shanghai-Bank 502
Kuppel der St.Paul's - Kathedrale 491
London Bridge 471
Raddampfer 399
Geländerbekrönung 494
Geländereifen
Auto 365
Fahrrad 369
Geländewagen 364, 365
Gelatinewalze (Druck) 451
Gelbe Karte 528
Gelber Fleck (Auge Mensch) 250, 251
Gelber Fluß 274–275
Gelbkörperchen 268
Gelege (*Maiasaura*) 104
Geleitzellen 138, 140
Gelenk
Flugzeugfahrwerk 418
Motorrad-Seitenwagen 370
Gelenkarm (Lampe) 564, 565
Gelenke
Dinosaurier 88
Mensch 234–235
Gelenkfläche (Pferdehuf) 111
Gelenkfortsatz (Mensch) 232, 233
Gelenkgabel 429
Gelenkhöcker (*Toxodon*) 112
Gelenkhöhle (Mensch) 235
Gelenkkopf
Baryonyx 91
Mensch 230, 232
Gelenkpfanne (*Eryops*) 87
Gelenkplatte (Lampe) 564, 565
Gelenkschmiere 234
Gelenkstück (Schuh) 560, 561
Gelenkverbindung (Lampe) 564
Gelenkzellen 119
Gelfüllung 369
Gemeiner Seestern 181
Gemini *s. Zwillinge*
Gemisch 353
Generallamellen 235
Generator
Automotor 354, 355
Diesellok 336, 337
Mid-West-Wankelmotor 414
Physik 324, 326, 327
Turbinenstrahltriebwerk 422
Generatorabteil 337
Generatorgehäuse 415
Generatorhalterung 423
Generatorhaus 324
Generatorkeilriemen 361
Generatorriemenscheibe 355
Genick (Pferd) 205
Genitalplatte 181
Genitalporus 180, 181
Geologie 62–63, 288–289
Gepäckablage 339
Gepäckraum 342
Gepäckraumtür 427
Gepäckträger 370
Geradführung 449
Gerandete Jagdspinne 177
Geranium pratense 150
Gerätemodul 56
Gerberette 501
Germanium 321
Geröllstrand 305
Geruchsnerven 222
Gerüst 456
Gerüsteisen 459
Gesäß 220
Gesäßfalte 220
Gesäßmuskeln 235, 237
Geschäftsadresse 343
Geschlechts- und Harnleiteröffnung beim Knochenfisch 187
Geschlechtsakt 268
Geschlechtsorgane
Mensch 268
Pflanzen , weibliche 123, 125, 127
Pflanzen, männliche 123, 125, 127
Geschmacksentwicklung 254
Geschmacksknospen 254
Geschmacksnerven 222
Geschmackssinn 254
Geschmackszonen der Zunge 254
Geschoß
Granate 404, 405
Kanonenkugel 386
Sportwaffe 541
Geschosse 541
Geschoßhülle 405
Geschoßkammer 404
Geschoßtransportvorrichtung 404
Geschütz 384, 402, 405
Geschützausguck 402
Geschützbatterie 403
Geschützkammer 404
Geschützlafette 385
Geschützpforte 384, *s. auch Stückpforte*
Geschützpfortendeckel 385
Geschützträger 426
Geschützturm 404, 405
Geschwindigkeit 330, 331
Geschwindigkeitshebel (Rasenmäher) 575
Gesicht (Mensch) 221
Gesichtsausdruck 238
Gesichtsmaske
Eishockey 542
Fechten 548, 549
Gesichtsschutz 543
Gesims
asiatische Bauwerke 495
Barock und Klassizismus 482, 483, 484, 485, 486, 487
Bauten des 19.Jh.s 497
Bauwerke des Islam 493
Bogen und Gewölbe 488, 489
Gotik 474, 476, 477
griech. Tempel 465
Kuppeln 490
mittelalterliche Gebäude 471, 473
Renaissance 478, 479, 480, 481
römische Gebäude 466, 467, 468, 469
Gespenstheuschrecke (Eier) 198
Gesso 436, 457
gesso (Gips-Kreide) 436
gesso grosso 436
gesso sotile 436
Gestein
Erde 66, 68, 276–277, 278, 282, 284–287, 288, 290–291, 292, 294, 302–303, 308
Merkur 34
Gesteine 66, 68
Gesteinsabdrücke 288
Gesteinskreislauf 276–277
Gesteinslippe 297
Gesteinsmatrix 279
Gesteinsmeteorit 52
Gesteinspartikel 276–277
Gesteinsplaneten 30–31, 34–40, 42–43
Gesteinsschichten 66, 286, 288–289, 294
Gesteinssockel 292–293
Gesteinstrümmer 305
Gesteinsverwitterung 292
Getreide 325
Getriebe
Auto 350, 361
Bohrer 558
Dieselloks 336
Flugzeugklappe 417
Motorrad 371, 372, 374
Propeller 429
Rasenmäher 574
Getriebeaufhängung 414, 417
Getriebebefestigungsbolzen 366
Getriebegehäuse
Auto 349
Rasenmäher 574
Getriebegewinde 415
Getriebeglocke 354
Getriebekasten
Bohrer 558
Flugzeug 414, 416
Getriebekastenantriebsrad 422
Getriebekastendeckel 559
Getriebemechanismus 559
Getriebeölrücklaufleitung 423
Getrieberitzel 414
Getriebesystem 374
Getriebezähne 415
Gewandfalten 459
Gewässer 86
Gewebe (Saurier) 91
Gewebe (Pflanzen)
ablösbares 124
meristematisches 160
photosynthetisierendes 119, 126, 130, 132, 140, 141, 145
schwammiges 162
teilungsfähiges 140, 141
Gewebescheide 130, 131
Gewehrschießen 540
Geweihhammer 115
Gewicht
Angel 554
Autokarosserie 358
Fahrrad 368
Einheiten 588, 589

Kraft und Bewegung 330
Posaune 510
Gewichte
Angeln 554
Einheiten 588, 589
Gewichtsverlagerung zur Steuerung von Flugdrachen 430
Gewinde
Mid-West-Wankelmotor 414, 415
Schraube (Kraft und Bewegung) 330
Gewindebohrung
Auto 356
Bohrer 558, 559
Gewindesockel (Glühbirne) 564
Gewindestange (Lampe) 565
Gewitterblitze 326
Gewölbe
Barock und Klassizismus 482, 488
Bauwerke des 19.Jh.s 496
Bogen und 489
Gehirn 246, 249
Gotik 474, 475
mittelalterlicher Kirchenbau 472, 473
Moderne Architektur 503
römische Gebäude 466
Gewölbefach 489
Gewölbeformen 489
Geysire 282–283, 284–285
Gezeiten 304, 305, 306–307, 308
Giambologna 458
Gibson les Paul 517
Giebel
Architektur des 19.Jh.s 496
asiatische Baukunst 494
Barock und Klassizismus 482, 485
Gotik 475, 476, 477
mittelalterliche Gebäude 471, 473
Renaissance 480
römische Gebäude 466, 468
Giebelfeld
griechische Architektur 464
Historismus 497
Klassizismus 484
römische Architektur 467
Gierdämpferzugang 419
Gießer (des Mörsers) 436
Giftdrüse
Spinne 176
Krake 182
Giftschlangen 190
Giftstachel (Skorpion) 176
Gig 403
gill 588
Gillung 389
Gillungsknie 389
Ginkgo 74, 78, 289
Ginkgo biloba 74, 129
Ginkgo pluripartita 78
Ginkgogewächse 128
Ginkgophyta 128
Giornate 439
Giotto 439
Gipfelkrater 42
Gips (Mohs-Skala) 281
Gipskreide 436
Gipsputz 468
Giraffa camelopardalis 205
Giraffe 205
Girlande 467, 480, 483, 491
Gitarre 514, 516,517
Gitter 58, 339
Gitterfenster 496
Gitterkräfte 317
Gitterlinien 449
Gitterschirmdach 499
Gitterträger 500
Gitterwerk 492, 493, 495
Glabella (Trilobit) 84
glacialer Detritus 309
Glacier Bay 296
Gladiole 160, 161
Gladiolus 160, 161
Glas
Chemie 316, 317, 323
Glasfaser 339
Lichtbrechung 329
natürliches 316
Glasfaser
TGV 339
(Ultra)leichtflugzeuge 429, 430, 431
Glasfaserhaut 431
Glasfasertank 429
Glasfassade 500
Glasfenster 497
Glaskolben 329
Glaskörper (Auge) 250, 579
Glasmosaik 455
Glasmosaiksteinchen 455
Glaspapier 445
Glasrohr 323
Glasröhre 329
Glasscheiben (farbige) 340
Glasstößel 444
Glasur 447
Glasvorhang 501
Glaswand 503
glatte Muskulatur 236, 238
Gleba 120, 121
Glechoma hederacea 160
Gleditsia triacanthos 143
Gleichgewicht 246, 247
Gleichgewichtsnerv 253
Gleichgewichtsorgan 252
Gleichstrom 338
Gleichstrombuchse (Fernseher) 566
Gleis 340
Gleisabschnitt 340, 341
Gleiten (Schwimmen) 550
Gleitexzenter 398
Gleitzone 167
Gletscher 72, 276, 277, 292, 293, 296–297, 299, 302, 303
Gletscherbach 297
Gletscherrückzug 296
Gletschersee 296–297
Gletscherspalten 297
Gletschersturz 297
Gletschertopf 296
Gletscherzunge 296, 299
Glied (Schotschäkel) 394
Gliederfuß
Eurypteride 85
Insekt 174, 175
Gliederfüße 174, 175
Gliedmaßenstellung
Dinosaurier 88
Säugetiere 110
Glimmer 280, 284
Globale Erwärmung 310–311
Globe Theatre 481
Globus 274
Glockenfels 292
Glockengalgen 388
Glockenkammer 497
Glockenspiel 508
Glockenturm 481, 485, 497
Glomerulus 266, 267
Gloriosa superba 149
Glossopteris 73
Glühbirne 564, *s. auch Glühlampe*
beim Trefferanzeigesystem 548
Glühfaden (Autolampe) 362
Glühlampe 326, 329
Glühwendel 564
Glukosemolekül (Photosyntese) 144
Gluon 319
Glyphe 464
Gnathostomata 184
Gneis 284
Gnetophyten 128
Gnome-7-Zylinder-Rotationsmotor 408
Gnomon 385
Gnomonzeiger 385
Gobi 274–275
Gogh, Vincent van 441
Gold
Bodenschätze 290–291
Buchmalerei 437
chemisches Element 321
Minerale 278
Prägung 582, 583
Goldblatt 437
Goldfarbige Seerose 172
Goldfisch 455
Goldkugelkaktus 162
Goldprägung (Buch) 582, 583
Goldregen 143
Golf (Sport) 538–539
Golf von Mexiko 274–275
Golfball 538
Golfplatz (18-Loch) 538
Golfstrom 306
Golfzubehör 539
Golgi-Apparat 227
Gomphoi 381
Gonade
Krake 182
Seeanemone 173
Seeigel 181
Seestern 180
Gondel (Ultraleichtflugzeug) 430, 431
Gondelaufhängung 431
Gondelaufhängungsverkleidung 431
Gondelverkleidung 431
Gondwana(land) 70, 71, 72, 73, 76, 77, 78
Gong 508, 520, *s. auch Tamtam*
Goniastrea aspera 173
Gopura 495
Gording 380
Gorilla 213
Göschstock 383, 387
Gotik 472, 474–477
gotische Schrift 449
Gouache 442
Goya 35
Graafscher Follikel *s. Bläschenfollikel*
Grab 492, 493
Grabanlage 463
Graben
Erdkruste 64
Verwerfung 67
Grabenbruch 302–303
Grabensee 303
Grabhügel 494
Gradeinteilung (Jakobstab) 384, 385
Gradskala (Jakobstab) 384, 385
Graffias 21
Gramm (g) 330, 588
Gran Chaco 274
Granada (Architektur) 492
Granat 277
Granat-Glimmer-Schiefer 277
Granate 405
Granatenkörper 405
Granatenpackung 405
Grand Canyon 63, 286–287
Grand Prix 376
Granit
Architektur 498, 503
Magmatische und metamorphe Gesteine 285
Granum 145
Graphit 278, 321, 434
Graphit-Ton-Mine 434
Graptolith 71
Grasbahn (Pferderennen) 547
Grasblütenstand 119
Grassteppe 80
Grat 488, 489
Gräting 389
Gratsparren 494
Graue Substanz 246, 247, 248
Grauhörnchen 203
Gravitation 26, 306–307
Green 538
Greep 387
Greifer
Apollo 57
Geschützturm 404
hydraulische 404
Greifklaue 92
Griechen, Schiffe der 380, 381
Griechenland (Architektur) 464, 465
griechisches Kreuz 493
Griff
Angelrute 555
Bogen 540
Fahrrad 587
Linienrichterfahne 528
Steinzeitwerkzeug 115
Tennisschläger 536
Griffbrett
Bratsche 515
Cello 515
Geige 514
Gitarre 517
Kontrabaß 515
Griffel (Pflanzen) 137, 146–150, 152, 153, 154
schirmförmiger 119
Griffelbein 204
Griffelfortsatz 230, 253
Griffelfortsatz-Zungenmuskel 254
Griffelseeigel 181
Griffloch 512
Griffmulde 416
Griffstück 398
Grille 174
Grimaldi 40
Grimmdarm (Mensch) 225, 259, 269
Grönland 70, 72, 274–275
Groß-Gaffeltoppsegel 393
Großbeting 389
Großbrampardune 386
Großbramrah 385, 387
Großbramsegel 387
Großbramstenge 385, 386
Großbramstengenstag 387
Großbramwant 386
Großbrasse 381
Großbritannien
Architektur 470, 484, 485, 486, 487, 488, 496, 497, *s. auch England*
Spurweite 341
Größe 322, 588, 589
Große Halle 500
Große Magellansche Wolke 15, 20–21
Große Moschee 488
Großer Bär 18–19
Großer Bärensee 274–275
Großer Dunkler Fleck 50–51
Großer Hund (=Canis Major, Sternbild) 18, 21
Großer Roter Fleck 44–45
Großer Wagen 19
Großer Zeh 243
Großfall 381
Großhirn 222, 246, 247, 248
Großhirnarterie 262
Großhirnhemisphärenkapsel 247
Großhirnseitenkammer 246, 247
Großhirnspalte 246, 247
Großkaliber 540, 541
Jagdwaffe 541
Sportpistole 541
Großmars 385, 386
Großmarsrah 385, 387
Großmarsreling 386
Großmarssegel 387
Großmarsstenge 385, 386
Großmarsstengeborgstag 387
Großmarsstengestag 385
Großmarswant 386
Großmast 383, 384, 385, 386, 400
Großmastkoker 389
Großmastspur 400
Großrah 384, 385, 387
Großraumgebäude 498
Großschot 381, 383, 388, 553
Großsegel 381, 383, 384, 387, 393
Großstag 387, 393
Großstagtakel 387
Großstengenmars 385
Großstengestag 387
Großtoppsegelfall 393
Großzehenbeugemuskel 243
Großzehenstreckermuskel 243
Großzehenstreckersehne 243
Groteske 480
Grube
kleine (Zunge) 254
ovale 261
Grummet 383, 392
Grün (Golf) 538, 539
Grünalgen 118, 122
Grundarterie 262
Grundbewegungen 247
Grundgewebe (Pflanzen) 127, 140
wasserspeicherndes 132
Grundierkalk 438
Grundierung
Aquarell 443
Autolack 358
Ölmalerei 441
Grundlinie
Basketball 530
Buchstabe 449
Netball 533
Tennis 536
Grundmatrix 278–279
Grundplatte
Sicherheitsbindung 544
Toaster 572
Grundschwelle 468
Grundsubstanz
Chloroplast 145
Minerale 278–279
Grundvigskirche 499
Grundwasser 302–303
Grüne Drüse 179
Grüne Erde 438
Grüne Wachsrose 172
Grüner Fluorit 279
Grüner Leguan 88
Grüner Marmor 285
Gruppe 7 (Architektur) 499
Gruppen (Periodensystem) 320
Grus *s. Kranich*

Gryptosaurus 102, 105
Guanin (DNA) 227
Gubernacula 381
Gubernator 381
Guinevere Planitia 36–37
Gujakholzlager 395
Gula Mons 37
Gummi arabicum 442, 444
Gummibandfederung 410, 411, 429
Gummibuchse 373
Gummidichtung
Auto 362
Fahrrad 587
Flugzeugklappe 417
Telefon 568
Gummifuß
Schlagzeug 523
Telefon 569
Gummiglocke 547
Gummigriff 528
Gummiharz 442
Gummilippe
Drucksieb 452
Gummispachtel 454
Gummilösung 452
Gummimatte 371
Gummirad
Eisenbahn 338
Flugzeugfahrwerk 410
Gummireifen
Auto 345
Flugzeugfahrwerk 413
Motorrad 373
Sulky 547
Gummirolle 453
Gummispachtel 454
Gummiwischer (Drucksieb) 452
Gundermann 160
Gurt
Flugzeug 413
Sattel 577
Gurtband (Stuhl) 571
Gurtbefestigung 429
Gurtbogen 489
Gürtel
Jupiter 44–45
Kieselalge 122
Saturn 46–47
Gürtelklammer (Walkman) 580
Gürtelreifen 373
Gurtentonne 472
Gurtschloß 429
Gurtstrippe (Sattel) 577
Guß mit verlorener Form 458–459
Gußeisen
Architektur 496
Schienenstuhl 341
Zylinderfuß 370
Gußkanal 459
Gußstopfen 395
Gutenberg-Diskontinuität 39
Güterverkehr 336
Güterwagen 337
Gutsmanie 169
Guyana (Bergland) 274
Guyot 308
Guzmania lingulata 169
Gymnophiona 188
Gymnospermae 128
Gynoeceum 146

H

H (Note) 506
H-Saite 516
Haarbalg 244, 245
Haarbalgmuskeln 245
Haare *s. auch Fell*
abwärtsgerichtete 119, 166
fleischige 146
ineinandergreifende 119
Mammut 113
Mensch 222, 244–245
Pflanzen 119, 132, 146, 148, 162, 166
steife 119
Haargel 316
Haarhaut 244
Haarkleid 110
Haarmark 244
Haarpapille 245
Haarpelz (Säugetiere) 110
Haarpinsel 436, 440, 442, 444
Haarrinde 244
Haarschaft 244, 245
Haarsterne 180
Haarwurzel 244
Haarzwiebel 245
Habitus (Minerale) 280–281
Hadar 21
Hadley-Zelle 310
Hadrosaurier 102, 104, 105
Hadrosaurus 102, 105
Haemalbogen 186
Haesium 321
Hafnium 320
Haftbeschichtung 537
Haftorgan
Algen 122, 123
Neunauge 184
Hagel 312
Hagia Sophia 491
Hahn (Pistole) 541
Hahnenfuß(gewächse) 133, 139
Haie 73, 184–185, 198
Haieier 198
Hakatai-Schiefer 287
Haken
Block 391
Schäkel 392
Hakenbein 240
Hakenriffler 458
Hakenschaft 391, 392
Hakenspitze 392
Halbaffen 212
Halbband 582
Halbe Note 506
Halbelliptikfeder 352
Halbkreis 495
Halbkugel (Erde) *s. Südhalbkugel und Nordhalbkugel*
Halbkugelkuppel 490, 491
Halbkuppel 488
Halbleiter 316
Halbmetalle 320–321
Halbmond (Fingernagel) 241
Halbparasit 168
Halbsäule 468, 472, 483
Halbsehnenmuskel 237
Halbstek, doppelter 397
Halbton 506
Halbtonerhöhung 507
Halle 503
Halleyscher Komet 52
Hallux
Anchisaurus 95
Archaeopteryx 91
Herrerasaurus 92
Tyrannosaurus 90
Halm 126, 137
assimilierender, unfruchtbarer 126
nicht assimilierender, fruchtbarer 126
Halmglied 126
Halo 14
Halogen 321
Halogenide 279
Halogenscheinwerfer 362
Hals
Angelhaken 554
Corythosaurus 104
Gitarre 516, 517
Golfschläger 539
Harfe 515
Iguanodon 103
Mensch 221
Pachycephalosaurus 106
Pferd 205, 206, 207, 208, 209
Ratte 202
Stegoceras 107
Stegosaurus 98
Streichinstrumente 514
Tennisschläger 536
Trommelschlegel 523
Hals-Kopf-Vene 263
Halskrause 106
Halslatz 548, 549
Halsmuskulatur
Euoplocephalus 100
Gallimimus 92
Halsnerven 248
Halsplatte
Stegosaurier 98, 99
Stegosaurus 98
Halsrippe
Iguanodon 102
Stegoceras 106, 107
Triceratops 109
Tyrannosaurus 90
Halsschlagader 225, 263
Halsschutz 542
Halswirbel
Arsinoitherium 110
Brachiosaurus 97
Echse 190
Elefant 211
Hase 203
Hauskatze 201
Iguanodon 102
Känguruh 216
Krokodil 192
Mensch 222, 232, 254
Parasaurolophus 105
Pferd 205
Plateosaurus 94
Rhesusaffe 213
Robbe 214
Schnabeltier 216
Stegoceras 107
Stegosaurier 99
Struthiomimus 93
Toxodon 112
Vogel 195
Haltebolzen 374
Haltegriff
Auto 365
Judo 548
Halteriemen 57
Halterung
für Elektromotoren 352
Generator 327
Haltezapfen 398
Hamal 19, 20
Hämatit 278
Hammada 292–293
Hammer
Architektur 489
Gehörknöchelchen 252
Geweihhammer 115
Hammerwerfen 534
Klavier 518
Segelmacher 392
Hämmerchen
für Schlaginstrumente 520
Klavier 519
Hammergriff
Geweihhammer 115
Segelmacherhammer 392
Hammerhai 185
Hammerklavier 518, 519
Hammerkopf
Geweihhammer 115
Segelmacherhammer 392
Hammer(ruhe)leiste 518
Hammerstiel 392
Hammerwerfen 534, 535
Hammerwurfsektor 534
Hampshire (Architektur) 486
Hand
Anchisaurus 95
Iguanodon 103
Mensch 220, 240–241
Pachycephalosaurus 106
Schimpanse 213
Stegoceras 107
Tyrannosaurus 90
Handarbeit 346
Handball 532, 533
Handballpaß (Basketball) 530
Handballschuh 533
Handballtechniken 533
Handbeuger 237
Handbohrer
Schiffsbau 382
Tischlerwerkzeug 558, 559
Handbohrgerät 558, 559
Handbremse
Auto 349, 350, 360
Fahrrad 369
Lok 334
Handbremsenzahnbogen 349
Handbremshebel 347, 369
Handbremsrad 341
Handel und Schiffahrt 380
Handelsschiff 380, 384
Handgasrad 352
Handgelenk
Archaeopteryx 91
Brachiosaurus 97
Corythosaurus 104
Diplodocus 96
Euoplocephalus 100
Iguanodon 103
Mensch 221, 228
Parasaurolophus 105
Plateosaurus 94
Stegoceras 106, 107
Stegosaurus 98
Triceratops 108
Tyrannosaurus 90
Handgelenksschelle 57
Handgepäckfächer 420
Handgriff
ARV Super 2 429
Bohrer 559
Metrobus 338
Motorrad 370, 371
Rasenmäher 575
Handinnenfläche 221
Handknochen (Mensch) 240
Handkurbel 349
Handkurbel 451
Handlauf
Architektur 481, 487
Tender 334
TGV 339
Handplatte 517
Handpresse (Druckerpresse) 453
Handpumpe 425
Handregistratur 518
Handschrift 449
Handschuh
Bogenschießen 540
Eishockey 543
Fußball 529
Racquetball 537
Raumanzug 57
Segelmacher 392
Segeln 552
Skisport 544
Handschuhfach 429
Handschutz
Slalom 545
Motocrossrad 376
Handschutzpolster 545
Handschwingen 194, 197
Handstand 551
Handstandsprung 550, 551
Handstrecker 237
Handstütze 512
Handteil (Telefon) 569
Handwinde (Geländefahrzeug) 364
Handwurzel
Elefant 211
Hase 203
Hauskatze 201
Känguruh 216
Mensch 241
Pferd 205
Rhesusaffe 212
Robbe 214
Schnabeltier 216
Handwurzelknochen
Diplodocus 96
Elefant 96
Mensch 228, 240
Hanfpalme 133
Hang 66
Hängelager 502
Hängesäule 477
Hängetal 296–297
Hapteron 122, 123
Hapunenspitze 115
Härchen 252
Hare Imbrium 40
Harfe 514, 515
Harley-Davidson FLHS Electra Glide 370, 371
Harmika 494, 495
Harmon, A.T. 498
Harnausführgang 268
Harnblase
Delphin 215
Echse 191
Elefant 210
Hauskatze 201
Kaninchen 202
Knochenfisch 187
Mensch 224, 225, 266, 267, 268, 269, 271
Schildkröte 193
Schimpanse 212
Harnblasendreieck 267
Harnleiter *s. auch Ureter*
Elefant 210
Hauskatze 201
Mensch 225, 266, 267, 268, 269
Schnecke 183
Harnleitermündung 267
Harnröhre
Euoplocephalus 101
Hauskatze 201
Kaninchen 202
Mensch 266, 267, 269, 271
Schimpanse 212
Harnröhrenmund 267
Harnröhrenöffnung 269
Harnröhrenschließmuskel 267
Harnröhrenschwellkörper 267
Harnsystem (Mensch) 224, 266–267
Härte (Minerale) 280–281
Hartgummi (Puck) 543
Härtlingslandschaft 292
Hartplatz (Netball) 533
Harz
Malerei 434, 440
Pflanzen 130, 131
Harzkanal 130, 131
Harzkristalle 440
Hase
Sternbild (=Lepus) 21
Tier 203
Hasentiere 202–203
Hathor 462
Hathor Mons 37
Haube
Auto 351
Mooskapsel 125
Tornado 424
Haubenentriegelungsgriff 351
Haupt (Architektur) 488
Haupt-Zeitnehmer (Schwimmen) 550
Hauptarterien 260, 262, 263, *s. auch Schlagadern*
Hauptaufzugskorb 404
Hauptbogen 488

Hauptbremszylinder 361, 372
Hauptbronchien 264
Hauptdampfversorgung 399
Hauptdeck
 Eisenschiff 401
 Rennboot 553
Hauptdecksbalken 401
Hauptdeckstringer 401
Hauptfahrwerk
 ARV Super 2 428
 Avro Biplane 411
 Blériot XI 40
 Concorde 421
 Curtiss Model-D Pusher 406, 407
 Lockheed Electra 412
 Tornado 424, 425
Hauptfahrwerksbein 413
Hauptfahrwerksgelenk 421
Hauptfahrwerksverkleidung 419
Hauptflügel
 Flugzeug 409
 Rennwagen 366, 367
Hauptflügelstrebe 409
Hauptgelenk 418
Hauptgruppenmetalle 320–321
Hauptholm 417
Hauptkurbelwange 398
Hauptlagerzapfen 357
Hauptluftleitung 421
Hauptmanual 518
Hauptmanualregister 518
Hauptmaschine 405
Hauptnabe 426
Hauptniedergang 388
Hauptrad 430
Hauptreihenstern 11, 22-23, 24, 26
Hauptring 44
Hauptrotor 427
Hauptrotornabe 427
Hauptrotorwelle 426
Hauptsaal 487
Hauptschalldämpfer 431
Hauptschalter 367
Hauptschaltkreis 380
Hauptschergang 401
Hauptschiff
 mittelalterliche Kirche 472, 473
 gotische Kirche 474
 Barockkirche 483
 St. Paul's-Kathedrale 488
Hauptschlagader 225
Hauptstämmchen 125
Hauptstimmspindel 523
Hauptstoßdämpferstrebe 59
Hauptstrebe 410
Haupttribüne 547
Haupttür 418
Hauptturbine 405
Hauptvenen 262, 263
Hauptwelle 371
Hauptwurzel 133, 134, 136
Hauptzylinder 371, 373
Haus
 Architektur 497, 498, 499
 Energiekreislauf 325
 Infrarotbild 328
Haus Robie 499
Haus Savoye 498
Haushalt (Energiekreislauf) 325
Hauskatze 201
Hausspinne 177
Haustorie 169
Haut
 Mensch 244–245
 Pflanzen 154, 162, 163
 Phiomia 111
 wachsige 162, 163
Hautfarben 437
Hautflügler 174
Hauthaar 245
Hautmuskel, breiter 239
Hautschnitt 245
Hautstrukturen 244
Häutung 177
Hautzellen 227
Haverscher Kanal 235
Haversches System 235
Hawksmoor, Nicholas 482, 485
Haworthia truncata 163
Hawthorne 35
Hebeglied (Klavier) 518,
 s. auch Wippe
Hebel
 Flügelsignal 340
 gleicharmige 331
 Kraftwirkung 330, 331
 Lok 334, 335
 ungleicharmige 331
Hebelarme 330
Hebelprinzip (Bohrwinde) 558
Hebelrastung 429
Hechtposition (Wasserspringen) 551
Heck
 74-Kanonen-Schiff 387
 Eisenschiff 400
 Flugzeug 406 ff
 Linienschiff 389
 Sportboot 552, 553
 Wikingerschiff 383
Heckabschlußblech 351
Heckanker 403
Heckausleger 427
Heckbalken 385, 388
Heckbereich 400
Heckbord 386
Heckbordreling 389
Heckflügel
 ARV Super 2 428
 Avro Biplane 411
 Avro Triplane 410, 411
 BAE 146 419
 Blackburn Monoplane 409
 Blériot XI 409
 Lockheed Electra 413
 Segelflugzeug 430
 Tornado 424
 Wright Flyer 407
Heckflügelbefestigung 419
Heckflügelspitze 413
Heckflügelverkleidung 419
Heckgalerie 403
Heckklappe (Renault Clio) 358, 359, 262
Heckklappenverkleidung 362
Heckkonus 421
Heckkufe 428
Hecklaterne 387
Heckmotor 350
Heckpropeller
 Wright Flyer 406, 407
 Ultraleichtflugzeug 430
Heckrad 409, 410, 413, 430
Heckradstrebe 409
Heckreling 381
Heckrotor 426, 427
Heckrundung 346
Heckscheibe 346, 358
Heckscheibendichtung 362
Heckscheibenheizung 358
Heckscheibenwaschdüse 358
Heckscheibenwischerarm 362
Heckscheibenwischerblatt 362
Heckspanten 400
Heckspiegel 384
Heckspoiler 366, 367
Hecksporn 408, 409, 411
Heckstütze 389
Hecktür 365
Heckverzierung 389
Heckzier 381
Hedera colchica 143
Hedera helix 137, 143
Hefe 323
Hefen 120
Heftband 582, 583
Heftfaden (Buch) 583
Heftgaze 582, 583
Heftklammer 441
Heiligenschein 437
Heine 35
Heinrich VIII., König von England 384
heißer Fleck 29
heißer Strom 423
Heißluftballon 406
Heißluftdüse 418
Heißwasserschlauch 335
Heizelement (Toaster) 572, 573
Heizelementhalterung 573
Heizen 324
Heizersitz 335
Heizkessel 336
Heizrohr 335
Heizung, atombetriebene 58
Heizungskasten 363
Heka 18
Hektar (ha) 588
Hektoliter (hl) 588
Helen Planitia 36
Helferzelle 153
Helianthus annulus 148
Heliconia peruviana 149
Helicoprion bessonowi 73
Helium
 Element 321
 Jupiter 44–45
 Merkur 35
 Pluto 51
 Saturn 46–47
 Sonne 32
 Sterne 22, 24–26
 Uranus 49
Heliumlinie 23
Helix (planetarischer Nebel) 17
Helleborus niger 145
Hellenische Platte 38
Helligkeitsanzeige 58
Helm
 Kobrapflanze 166
 Raumanzug 57
 Sport *s. Kopfschutz*
 Turm *s. Turmhelm*
Helmknauf 483, 484
Hemd (Wallmauer) 470
Hemicyclaspis 62
Hemisphären
 der Erde *s. Südhalbkugel, Nordhalbkugel*
 des Gehirns 246
Hemmungsrad (Uhr) 562
Henlesche Schleife 266
Hepaticae 124
Heracleum sp. 157
Heracleum sphondylium 135
herbivore Saurier 76, 94
Hercules 19, 20, 40
Heringe 186
Hermit-Schiefer 286
Herodotus 40
Herrerasauridae 89
Herrerasaurus 74, 92
Hertzsprung 41
Hertzsprung-Russell-Diagramm 22–23
Herz
 Delphin 215
 Echse 191
 Elefant 210
 Euoplocephalus 100
 Flußkrebs 179
 Frosch 188
 Gallimimus 92
 Hauskatze 201
 Kaninchen 202
 Knochenfisch 187
 Krake 182
 Mensch 224, 225, 260–261, 262, 265
 Säugetiere 110
 Schildkröte 193
 Schimpanse 212
 Schnecke 183
 Spinne 176
 Vogel 195
Herzarterien-Angiogramm 224
Herzbeutel 260
Herzkammer (Ventrikel) 224, 260, 261
Herzkausch 391
Herzkranzarterien 260, 261, 263
Herzkreislauf 262
Herzmuskel 236, 260
Herzmuskulatur 238
Herzscheidewand 260, 261
Herzschlagsequenz 260
Herzvene, große 260
Herzwand 260
Hestia Rupes 37
Heterocentrotus mammilatus 181
Heterodontosaurus 89
Heteropoda venatoria 177
Hexagonales System 280
Hexastylos 463
HF-Funkantenne 421
Hi-Hat 522
Hibiscus 132, 133
Hibiscus rosa-sinensis 132, 133
Hieroglyphen 463
Hifskessel 400
Hilbert 41
Hilfetaste (Computer) 579
Hilfsaggregatgetriebe 423
Hilfsräder 426
Hilfsrahmen 361, 372
Hillman-Gewicht 554
Hilversum (Architektur) 499
Himalaja
 Entstehung von Gebirgen 68, 69
 Erde im Universum 38
 Erdgeschichte 62, 63
 im Quartär 83
 im Tertiär 80, 81
 Weltkarte 274–275
Himbeere 155
Himeji (Architektur) 494
Himmelsäquator 18–21
Himmelskörper 384
Himmelskugel 18
Himmelspole 18
Himmelstempel 494
Himmelverkleidung 362
Hindernis-Parcours (Springreiten) 546
Hindernisse
 Leichtathletik 534
 Springreiten 546
Hinduismus (Architektur) 494
Hirnnerv 253
Hinterachsantriebsrad 374
Hinterachse
 doppelte 343
 Ford Modell T 348
Hinterbasissegment 264
Hinterbein
 Anchisaurus 95
 Corythosaurus 104
 Edmontia 101
 Iguanodon 102
 Pachycephalosaurus 106
 Psittacosaurus 109
 Stegoceras 107
 Stegosaurus 98
 Triceratops 108
Hinterfuß (*Stegosaurus*) 98
Hintergabelstrebe 368
Hintergrundstrahlung 10
Hinterhand (Pferd) 204, 206, 207, 208, 209, 546
Hinterhauptsgelenkshöcker *s. auch Condylus occipitalis*
 Opossum 112
Hinterhauptbein 230
Hinterhauptfortsatz
 Iguanodon 102
 Plateosaurus 94
Hinterhauptkamm 230
Hinterhauptlappen 246, 247
Hinterhauptloch 230
Hinterhauptrandknochen
 Styracosaurus 108
 Triceratops 108
Hinterhauptskamm
 s. auch Crista sagittalis oder Sagittalkamm
 Smilodon 113
Hinterindien (Architektur) 494
Hinterkappe (Schuh) 560
Hinterleib
 Eurypteride 85
 Insekt 174, 175
 Spinnentiere 176, 177
Hinterrad
 Fahrrad 369, 586
 Kraft und Bewegung 330
 Rasenmäher 574
Hinterradantrieb (Rasenmäher) 574
Hinterradaufhängung 350
Hinterradbremse 368
Hinterradgabel 368, 369
Hinterradnabe 586
Hinterradtasche 369
Hinterreifen 362
Hintersäule 233
Hintersegment 264
Hinterzwiesel 546, 547
Hinterzwiesel 576
Hippeastrum sp. 161
Hippocampus kuda 186
Hippophae rhamnoides 142
Hippopotamus amphibius 83
Hippuris vulgaris 141
Hirnanhangdrüse 246
Hirngefäß 247
Hirnhaut 247, 250
Hirnholzplatte (für Holzstich) 453
Hirnschädel *s. auch Hirnkapsel*
 Archaeopteryx 91
 Australopithecus 114
 Eryops 86
 Hyaenodon 113
 Menschen 114
 Moeritherium 111
 Fledermaus 111
 Opossum 112
 Toxodon 112
 Tyrannosaurus 90
Hirnsichelblutleiter 222, 247
Hirnstamm 246
Hirnwasserraum 247
Hirsche 110
Historismus 496, 497, 498
Hit 494
Hitchkick (Weitsprung) 535
Hitler, Adolf 350
Hittorff, Jacques-Ignace 483
Hitzeschild 423

HMS Warrior 400
Hobel Schiffsbau 382
Hochaltar 474
Hochblatt 149, 169
Hochdecker 428
Hochdruck
Druckverfahren 450, 453
Kompressor 422
Reifen 420
Wetter 310–313
Hochdruckgebiete 310–313
Hochdruckkompressor 422
Hochdruckpneu 420
Hochdruckpumpe 361
Hochdruckturbine 422, 423
Hochdruckzone 310
Hochdruckzylinder 352
Hochflanschnabe 369
Hochgeschwindigkeitsstrecken 340
Hochgeschwindigkeitszüge 338, 339
Hochglanzfarben 448
Hochhaus 498
Hochschollengebirge 68
Hochspannungskabel (Fernseher) 567
Hochspannungsleitung 324, 325
Hochspannungszündkabel 354
Hochsprung 534, 535
Hochsprungmatte 534
Höcker
Bärenzahn 112
Wirbel Mensch 232
Höckerchen
Corythosaurus 104
Pachycephalosaurus 106
Hockney, David 447
Hoden
Delphin 215
Entenmuschel 179
Hauskatze 201
Kaninchen 202
Mensch 268, 269
Hodenarterien 267
Hodenheber 269
Hodensack 221, 269
Hodenvenen 267
Höhe (Körper) 588, 589
Hohenbuehelia petaloides 121
Höhenregler (Synthesizer) 524
Höhenregulierung (des Modelliertischs) 459
Höhenruder
ARV Super 2 428
Avro Biplane 411
Avro Triplane 410, 411
Blackburn Monoplane 408, 409
Blériot XI 409
Concorde 420 ,421
Curtiss Model-D Pusher 406, 407
Segelflugzeug 430
Space-Shuttle 56
Tarnkappenbomber 425
Wright Flyer 406, 407
Höhenruderantrieb 428
Höhenrudergehäuse 419
Höhenruderhebel 429
Höhenruderscharnier 408, 419
Höhenruderseil 407
Höhenruderstange 428, 429
Höhenrudertrimmklappenregler 429
Höhenruderverstellarm 407, 409
Höhenruderverstellrad 407
Höhenruderzugseil 406, 407, 409, 411, 427
Höhenskala (Jakobstab) 385
Höhenstabilisator 427
Höhenverstellschraube 524
Höhenwinkel (Jakobstab) 384
Hohlbeitel 456, 457
Höhlen 294–295, 296, 304, 305
Höhlenbär 83
Hohlhandbogen 263
Hohlhandsehne 241
Hohlhandvenen 263
Hohlkehle 474, 476, 479, 481, 483
Hohlmaße 588, 589
Hohlmuskel 260
Hohlrad 356
Hohlscheibenrad 369
Hohlstopfen 323
Hohlvene 260
obere 225, 261, 262, 263, 265, 267
untere 225, 261, 262, 263, 267
Höhung (mit Deckweiß) 442
Holden 43
holende Part 390
holländischer Violinenblock 391
Holländisches Warmblut 207
Hölleflinta 285
Holm 419, 421, 431
Holmium 321
Holozän 63, 289
Holunder 146
Holz
Blasinstrumente 508–509, 512–513
Energiekreislauf 325
Golf 539
Spalten 330
Holz((blas)instrumente) 508, 509, 512–513
Holzbildhauerei 456
Holzblock, gravierter 453
Holzfaser 140
Holzgehäuse (Klavier) 518, 519
Holzklotz 454
Holzkopf (Maraca) 521
Holzkufe 410
Holznagel 395
Holzpfeil 115
Holzpflanzen
immergrüne 136
sommergrüne 136
Holzplastik 457
Holzpropeller 408, 409, 411
Holzrad 344
Holzrahmen
Dampfwagen 352
Bild 440, 441
Holzröhre 512
Holzschale (Kastagnette) 521
Holzschläger (Golf) 539
Holzschlegel 456
Holzschnitt 450, 453
Holzspeiche 344
Holzspeichenrad 349
Holzstich 450, 453
Holzstichdruck 453
Holztafel 436
Holzteil (Stamm) 127, 130, 140, 144, 145, 158, 164, 165, 168, 169
sekundärer 131, 140
Holzzylinder (Trommel) 523
Homalocephale 107
Homarus 79
Homeosaurus pulchellus 77
Hominiden 80, 81, 113, 114, 115
Hominoidea 212
Homo erectus 114
Homo habilis 114
Homo sapiens (sapiens) 63, 82, 114, 115
Honda CB750 370, 371
Honda VF750 372
Hondo 274–275
Hongkong-und-Shanghai-Bank 500, 501
Honigblatt 145
Honigwabenstruktur (Concorde-Elevon) 421
Hoover Factory 499
Hop (Dreisprung) 535
Hören 246
Hörer (Telefon) 568
Hörerschnur 569
Hörerschnurstecker 569
Horizontalfrequenzeinsteller (Fernseher) 567
Horizontalknie 389
Horizontalschuppe 120
Hörkapsel (Walkman) 580
Hörmuschel
Kopfhörer 581
Telefon) 568
Hörmuschelumwandler 568
Horn
Allosaurus 91
Arsinoitherium 110
Euoplocephalus 100
Halswirbel Mensch 233
Instrument 510, 511
Marginocephalier 106
Triceratops 108
Horn-Dinosaurier 106, 109, 110
Hörner (Instrumente) 507, 508, 509
Hornfels 284
Hornhaut (Mensch) 250, 251, 579
Hornkiefer (Schildkröten) 192, 193
Hornschicht 244, 245
Hornschuppen 190
Hornzähnchen 184
Hörorgan (Mensch) 252
Horsley (Architektur) 477
Horst 67
Horu-Geysir 282
Horus 462
Hot Spot 64, 308
Howe 36
Howea forsteriana 132
HPV (Human Powered Vehicle) 368, 369
Hti 494
Huangho 275
Huayangosauridae 98
Huayangosaurus 98, 99
Hubble-Weltraumteleskop 54
Hubrad 404
Hubraum
Auto 346
Motorrad 370, 374
Hubraumklassen 376
Hubschrauber 404, 414, 422, 426–427
Hubschrauberlandeplatz 502
Hudsonbai 274–275
Huf
Iguanodon 102, 103
Pferd 111,204, 205, 206, 207, 208, 209, 546, 547
Hufbein Pferd 204
Hufeisenbogen 488
Hufkrone (Pferd) 546
Hüftarterie 235, 263, 267
Hüftbeinloch, Membran 234
Hüftblutader 225
Hüfte
Anchisaurus 95
Löwe 201
Mensch 221, 234
Stegosaurus 98
Hüftfeger (Judo) 548
Hüftgeflecht 248
Hüftgelenk
Dinosaurier 88
Gallimimus 92
Mensch 228, 234
Parasaurolophus 104
Plateosurus 94, 96
Stegoceras 107
Struthiomimus 93
Tyrannosaurus 90
Hüftgelenk(s)pfanne
Dinosaurier 88
Mensch 235
Huftiere 204–209
Hüftlochkanal 234
Hüftschlagader 225
Hüftvene 225, 263, 267
Hughes, Patrick 452
Hühnerei 198
Hühnerstall 403
Hüllblätter
Blüten 148
Moosgametangium 125
Hülle (Kiefernsamen) 128
Hüllmembran 145
Hülse (Frucht) 156
humanistische Kursive 449
Humber-Motor 353
Humboldtstrom 306
Humerus *s. auch Oberarmknochen*
Rhesusaffe 212
Huminsäuren 294
Hummel 174
Hummelkolibri (Ei) 199
Hummer 79, 178
Hunde 110
Hundsfott 391
Hundspünt 392
Hundsrobben 214
Hunkin, Tessa 454, 455
Hunter-Killer-Atom-U-Boot 404–405
Hunter-Knoten 96
Hupe
Auto 347, 348, 349
Motorrad 371
Hupenball 349
Hürdenlauf 534
Huronsee 274
Hurrikan 312–313
Husqvara Motocross TC610 376
Hutablage 362
Hutalge 122
Hutmutter (Lampe) 564
Hüttendeck 81
Hyaenodon 80, 113
Hybridfahrrad 368, 369
Hydra *s. Wasserschlange*
Hydraulik Motorradbremse 373, 377
Hydraulikantriebbefestigung 417
Hydraulikleitungen 17
Hydrauliköl 373
Hydraulikölkammer 373
Hydrochoerus hydrochaeris 203
Hydrogenfluorid 318
Hydroxidionen 322
Hydroxyde 278
Hydrus *s. Wasserschlange*
Hygienetuch 339
Hymenoptera 174
Hypacrosaurus 105
Hypäthraltempel 464
Hyperesion 381
Hyphen 120, 121
Hypodermis (Gymnospermen) 131
Hypogymnia physodes 120
Hypokotyl 158, 159
Hypokotylhaken 159
Hypophyse 246
Hypostyl 462
Hypothalamus 246
Hypotrachelion 464
Hypozentrum 69
Hypsilophodon 78, 88
Hypuralia 186
Hystrix africaeaustralis 203

I

ICE (Intercity-Express) 338
Ichthyosaurier 76
Ichthyosaurus megacephalus 77
Ichthyostega 86
Icterus galbula 199
Identifikationscodesendeantenne 424
Identifikationsantenne 425
Iguana iguana 88
Iguanodon 78, 79, 102, 103
Iguanodontiden 102
Ileum *s. auch Dünndarm*
Kaninchen 202
Vogel 195
Iliofemoral(is)-Muskel
Allosaurus 90
Iguanodon 103
Iliofibular(is)-Muskel
Allosaurus 90
Iguanodon 103
Iliotibial(is)-Muskel
Allosaurus 90
Euoplocephalus 100
Iguanodon 103
Ilium *s. auch Darmbein*
Frosch 189
Tyrannosaurus 90
Vogel 195
Illuminierte Handschrift 449
ILS-Antenne 416, 424, 425
Imago 174
Impasto(-Technik) 440, 441
Inch 588, 589
Indextaste (Computer) 579
Indien
Architektur 492, 493, 494, 495
Devon 70
Entstehung von Gebirgen 68, 69
Jura 76
Karbon 72
Kreide 78, 79
Quartär 82, 83
Spurweite 341
Tertiär 80, 81
Thyreophora 102
Trias 74
indirektes Zuspiel
Handball 533
Netball 533
Indisch-australische Platte 65, 68, 69, *s. auch Indo-australische Platte*
Indischer Ozean
Erde im Universum 38
Keide 79
Quartär 83
Tertiär 81
Weltkarte 274–275
Indium 321
Indo-australische Platte 38
Indus 20
Indus-Tal 492
Industriebau 498
Industrielle Revolution 496
Infektionen 244
Infloreszenz 146
Infrarotaufklärungskamera 424
Infrarotbild 328

Infrarotkarte unserer Galaxis 15
Infrarotsensoren 424
Infrarotstrahlen 328
Infrarotstrahlung 22
Inger 184
Inglefieldanker 394
Ingrespapier 445
Initial(e) 436, 448, 449
Inkalilie 135
Inkompetente Schicht 67
Innenbasissegment 264
Innenbeleuchtung
  Renault Clio 363
Innenbord 553
Innenbordspoiler 417
Innenbrücke 502
Innenkuppel 488, 491
Innenmoräne 297
Innenohr 252, 253
Innenskelett
  Haie 184
  Knochenfische 186
Innenverzahnung 357
Innenzugrohr (Posaune) 511
Innere Kopfarterie 262
Inschriften 492
Insekt
  fossiles 79
  Materie 316
Insekten 174–175
Insektenblumen 150
Insektenfalle (Fleischfressende Pflanzen) 119
Insektenfossilien 289
Inselberg 293
Inseln 301, 304
Inspektionsluke 336
Inspektionsöffnung 413
Inspektionssockel 336
Instrument-Landesystem (ILS) 424
Instrumentalisten 508
Instrumentenbrett 430
Instrumentenkonsole
  ARV Super 2 429
  Hubschrauber 426
Instrumententräger 363
Intarsien 493
Integrierte Schaltung (IC) 569
Integument 152, 153
Intelligenz 246
Intercostalmuskel (*Brachiosaurus*) 97
Interkolumnium 408, 489
Internodium 126
Interzellulare 138
Interzellularraum 141
Intonaco 438
Introitus 268
Intrusionsgänge 284
Io 44
Iod 321
Ionen 318, 320, 323
Ionenbindung 318
ionische Halbsäule 468
ionische Ordnung 464
ionische Säule 465, 485, 487, 489
ionisches Kapitell 464, 465, 480, 485, 489
Iota Centauri 21
Iota Pegasi 19
Iota Sagittarii 21
Ipomea batatas 161
Iran
  Architektur 492
  Spurweite 341
Iridium 321
Iris
  Auge (Mensch) 223, 236, 251, 579
  Blume 143
Iris lazica 143
Irland
  Spurweite 341
Ischium *s. auch Sitzbein*
  Frosch 189
  Vogel 195
Ischium (Krebsfuß) 179
Ishtar Terra 36–37
Isistempel 463
islamische Architektur 492, 493
islamische Kunst 492, 493
Isokline 67
Isolation
  Concorde 420
  Elektrizität 326, 327
  Evolutionsfaktor 110
Isolator 324
Isolierdichtung (CD-ROM) 578
Isolierkissen 341
Isolierung (Lampe) 564
Isoseisten 69
Isotope 319, 320
Israel
  Totes Meer 303
  Architektur 491
Istanbul (Architektur) 491
Isthmus tubae 269
Italien (Architektur) 466–469, 477, 478, 479, 482, 486, 491, 499
Italienische Staatsbahnen 338
Itimad-ud-Daula 493

J

Jagdbogen 540
Jagdhorn 510
Jagdhunde (=Canes Venatici, Sternbild) 18, 21
Jägerspinne 177
Jaguar V12-Motor 353
Jahr 30–31
Jahresring (Baumstamm) 131
Jahreszeiten 78
Jakobsleiter 386
Jakobsstab 384, 385
Jali 492, 493
Jalousie
  Architektur 497, 502
  Renault 1906 346
Jalousieschweller 518
Jalousiezug (Renault 1906) 346, 347
Jami Masjid 492
Jangtsekiang 275
Japan
  Architektur 494, 500
  Spurweite 341
Japanisches Meer 275
Jardang 292
Jazz 510
Jazzbesen 523
Jerusalem (Architektur) 491
Jetstream 310
Joch (Architektur) 473
Jochbein
  Iguanodon 102
  Mensch 230, 231, 232
  Protoceratops 108
  Toxodon 112
  Triceratops 109
Jochbeinbogen (Mensch) 230
Jochbeinmuskel 238, 239
Jochbeinplatte (*Euoplecephalus*) 100
Jochbogen
  Bär 200
  Elefant 211
  Löwe 200
  Mensch 223
  Schimpanse 212
  Smilodon 113
Jockey 546, 547
Johanniskraut 151
Joliot 41
Joliotium 320
Jolle 552, 553
Jones, H. 497
Jordan 303
Joule (J) 324, 325, 328
Judo 548
Judoanzug 548
Judogi 548
Judoka 548
Judomatte 548
Judowürfe 548
Jugendstil 499
Juglans nigra 143
Julius Caesar 40
Jump (Dreisprung) 535
Juncus sp. 141
Jungfer 381, 385, 388, 390, 391
Jungfer im Grünen 156, 157
Jungfrau (=Virgo, Sternbild) 18, 21
Jungfrau Maria 437
Jupiter 30, 31, 44–45
Jura (Erdperiode) 63, 76, 77, 94, 289
Justicia aurea 150
Juwelenanemone 172

K

Kabardiner 206
Kabe 383
Kabel
  Bohrer 558, 558
  Lampe 565
  Pratt & Whitney Turbofan 423
  Telefon 569
  Walkman 580, 581
Kabelbaum
  Lunochod 1 58
  Pratt & Whitney Turbofan 422
Kabelführung (Fahrrad) 368, 586
Kabelhalterung (Rasenmäher) 575
Kabelöffnung (Toaster) 572
Kabelstek 395
Kabelstopper 403
Kabine
  ARV Super 2 428
  Auto 346, 347
  Lockheed Electra 412, 413
  Schiff 400, 401
Kabinendach (Nobelkarossen) 346, 347
Kabinendruckventil 417
Kabinenfenster 412
Kabinenheizung 428
Kabinenluftausstoß 418
Kabinenverkleidung 412
Kacheln 492
Kadmiumgelb 442
Kadmiumrot 440
Käfer 174
  Auto 350, 351
Käfig (Racquetball) 537
Kahnbein 240, 242
Kaibab-Kalkstein 286
Kaibab-Plateau 287
Kaiman 192
Kaimauer 394, 395
Kaiparowits-Plateau 287
Kaiparowits-Schicht 286
Kairo (Architektur) 492
Kaiserkronen in Kupfervase 441
Kajak 552
Kakteen 118, 162
Kakteensproß 162
Kalahari 275
Kalanchoe daigremontiana 160
Kalasha 493
Kalastroma 381
Kalb (Segelschiff) 386
Kalium
  chemisches Element 320
  Erdkruste 64
  Merkuratmosphäre 35
Kaliumchromat 322
Kaliumiodid 323
Kaliumionen 322
Kaliumnitrat 323
Kaliumpermanganat 316
Kalk
  Fresko 438
  gelöschter 438
  Höhlen 294
  Kalkstein 66, 84
  Kontaktmetamorphose 284
Kalknadeln (Schwämme) 172
Kalkplatten (Krebse) 178
Kalkputz 439
Kalkschlamm 277, 309
Kalkstein
  Architektur 498
  Entstehung 66, 84
  Höhlen 295
Kalkwasser 323
Kalligraphie 448–449
Kalligraphie-Papier 449
Kallisto 44
Kalorie 324
Kalos 380
Kältemittelleitung 354
Kälteperioden 80
Kaltluft
  Flugzeug 424
  Wetter 310, 312
Kaltlufteinlaß (Tornado) 424
Kalzit (=Kalziumkarbonat) 434, *s. auch Calcit*
Kalzium (Knochen) 234
Kalziumlinie 23
Kambium 141
Kambrium 62, 84, 239
Kame 296
Kamel 205
Kamelie 143
Kamera 584–585
Kameratasche 430
Kamesdelta 296
Kamesterrasse 296
Kamin
  Architektur 470, 471
  Kombüsenherd 388
Kamm
  74-Kanonen-Schiff 387
  Kaiman 193
  Leguan 190
Kammer des Rotors 414
Kammerdiastole 261
Kammerkontraktion 261
Kammerleder (Sattel) 576
Kammersystole 261
Kammerwasser 251
Kammerwinkel 251
Kammuschel 182
Kammuskel 236
Kammzwecke (Sattel) 576, 577
Kampfdeck 382
Kämpfer
  Architektur 469, 470, 473, 488, 492
  Judo 548
Kämpferpunkt 488, 489
Kampfflugzeuge 410, 424
Kampfgericht (Eishockey) 542
Kanada
  Spurweite 341
Kanäle (Mars) 42
Kanalis 464
Kanarienstrom 306
Kandelaber 480
Känguruh 216, 217
Kaninchen 202, 203
Kanister 364, 365
Kanisterhalterung 365
Kanne (Kannenstrauch) 167
Kannelüren
  französischer Tempel 489
  Madeleine 482
  Pantheon/Rom 466, 467
  Poseidontempel 405
  St George in the East 485
Kannenstrauch 166, 167
Kanone 386, 387, 402, 403
Kanonenbein 204, 205
Kanonenkugel 404
Känozoikum 63, 80
Kantenmeißel 456
Kantspant 389
Kanu 552, 553
Kanzelkuppel 424
Kapelle 483
Kapillaren 303
Kapillarennetzwerk 264
Kapillarschlingen 245
Kapitalband 582, 583
Kapitänskajüte (Hauptkajüte) 387, 389
Kapitänsplatz 420
Kapitänsunterstand 402
Kapitelhaus 476
Kapitell
  ägyptisches Pflanzen- 463
  asiatisches 495
  Blätter- 473
  dorisches 464, 465
  Eck- 494
  Glockenturm 481
  ionisches 464, 480, 489
  kanneliertes 485
  klassisches 491
  Komposit- 482
  korinthisches 464, 467
  mittelalterliches 471
  Papyrus- 462, 463
  Pilaster- 487
  polygonales 492
  romanisches 472
  toskanisches 469
Kappa Pegasi 19
Kappe
  Fernseher 567
  Lampe 564
  Rennfarben 547
  Schuh 560
  Skistiefel 544
Kappengewölbe 489
Kappenstein 499
Kapsel
  Frucht 156, 157
  Moos 125
Kapselhals 123
Kapselraum 267
Kapselzähne 123
Kapstachelbeere 155
Kar 303
Karat 588
Karbon 62, 63, 72, 73, 86
Kardanwelle 348, 349
Kardeele 396
Kardia
  Haimagen 185
  Seestern 180
Karibische Platte 38
Karibisches Meer 274–275
Karnak 462
Karnies 476
Karosserie 346, 359
Karosseriehalterung 348
Karosserieverkleidung 366
Karpaten 275
Karpell 146, 153, 154, 157
Karpellwand 154, 157
Karpfen 186
Karren (Druckerpresse) 453
Karstquelle 302
Kartenhaus 402
Kartoffel 134
Kartusche 462
Karv 382
Karweelbeplankung 384, 385, 399
Karyopse 119, 156

Kasachstan 71
Kasakstania 71
Kaspisches Meer 274–275
Kassette
Architektur 467, 489
Walkman 580, 581
Kassettenfachöffnungsmechanik 580
Kassettenfachverriegelung 580
Kassettenfenster (Walkman) 580, 581
Kassettengerät 580
Kassettengewölbe 489
Kassiopeia 19
Kastagnetten 508, 521
Kastanie
Pferdefuß 204
Baum 142, 150, 156
Kastell 382
Kastenkielschwein 401
Kastenprofil 372
Kasuare 194
Kasugadoschrein 494
Kasugastil 494
Katalysator 354, 360
Katamaran 552
Kataphorese 358
Kathedrale *s. auch Dom*
St. Paul's 484, 488, 496, 491
von Salisbury 474, 475
Kation 318
Katta 213
Kattblock 389
Kätzchen, männliches Eßkastanie 150
Katzen 110
Katzenhai 184, 198
Kaufläche (*Australopithecus*-Zahn) 113
Kaukasus 275
Kaulquappen 188, 189
Kaumuskel
Ceratopsiden 106
Mensch 239
Kaus Australis 19–21
Kaus Borealis 21
Kaus Meridionalis 21
Kausch 380, 392
Kawanahaus 500
Kayenta-Schicht 287
KdF-Wagen 350
Keder (Sattel) 577
Kedostris africana 119
Keeler 41
Kegel
Hohlkörper 588
Vulkan 68
Kegeldach 480, 481
Kegelprojektion 274–275
Kegelrad 345, 348
Kehlbalken 477
Kehldeckel 222, 254, 255, 258, 265
Kehle
Kleidkeule 396
Mensch 222
Kehlgratsparren 477
Kehlkopf
Elefant 210
Frosch 188
Mensch 224, 225, 254
Kehlkopfmuskel 239, 254, 255
Kehlkopfnerv 254
Kehlriemen 546
Kehlsack 190
Kehlung (Architektur) 484, 489
Keil 330
Keilbein (Mensch) 231, 242
Keilbein-Kahnbeinband 242
Keilbeinflügel 230
Keilbeinhöhle 222, 255
Keilnut 398
Keilrahmen 441
Keilriemen
Auto 354, 357
Rasenmäher 574
Keilriemenscheibe
Auto 357
Rasenmäher) 574
Keimblatt 128, 132, 138, 153–159
Dicotyledonen 132
Embryonalentwicklung 153
Entwicklung 138
epigäische Keimung 159
hypogäische Keimung 158
Kiefer 128
Monocotyledonen 132
Saftfruchtsame 154–155
Same 158–159
Trockenfruchtsamen 156–157
Wurzelentwicklung 138
Keimepithel (Mensch) 268
Keimfalte 150, 151
Keimling (Pflanze) 154–156
Keimöffnung 151
Keimpflanze 152, 153, 158
Keimschicht (Haut und Haare) 244
Keimstelle 150, 151
Keimung 127, 158, 159
Keimungssproß 158
Keimwurzel 153, 156, 158, 159
Keimzellen (Pflanzen) 122, 126
männliche 123, 125, 127, 128, 150, 152, 153
weibliche 123, 128, 152
Kelch (Pflanzen) 148, 149, 150, 155
Kelchblatt
Befruchtung 152–153
Bestäubung 150–151
Blüten 146, 147
Frucht 156
Perigon 132
Platterbse 135
Rose 137
Schlauchpflanze 119
Kelchblattquirl 155
Kelchhülle 147
Kelle
Eishockeyschläger 542
Mosaikwerkzeug 454
Keller 487
Kellerfenster 487
Kelvin 588
Kendo 548
Kennzeichen
Auto 348
Bus 342, 343
Flugzeuge 413, 422, 428
Space-Shuttle 56
Kennzeichenbeleuchtung 351
Kennzeichenleuchte 362
Kentiapalme 132
Kentrosaurus 99
Kepheus 19
Kepler 40
Keraia 380
Keramik-Isolator 329
Keratin (Haut und Haare) 244
Kerbel 141
Kerbtäler 298–300
Kerckringsche Falten 259
Kern
Atom 319
Erde 39
generativer 153
Pflanzen 136, 153
vegtativer 153
verholzter 136
Kerndurchmesser (Atom) 319
Kernenergie 324
Kernfusion 22, 24, 26, 32
Kernholz 131
Kernspinresonanztomographie 224, 240, 269
Kerntemperatur
Erde 39
Hauptreihensterne 24
Jupiter 45
Rote Riesen 25
Rote Überriesen 26
Saturn 47
Sonne 33
Uranus 49
Kernverschmelzung 325
Kerze 323
Kerzenlaterne 345
Kerzenwachs (chemische Reaktionen) 322, 323
Kessel
Dampflok 334, 335
Landschaft 303
Pauke 523
Kesseldruckmeßgerät 335
Kesselmundstück 510, 511
Kesselpauke(n) 508, 509, 523
Kesselsee 303
Kesseltrommel 522
Ketsch 392, 393
Kette
Anker 390
Fahrrad 368, 586, 587
Kraftübertragung 330
Motorrad 374
Kettenantrieb 374
Kettenblatt (Fahrrad) 586, 587
Kettenglied 394
Kettenkäfig (Fahrrad) 586
Kettenkasten 401
Kettenkranz 368, 369
Kettenmotiv 495
Kettenrad 374
Kettenring 390
Kettenschaltung 368
Kettenübertragung 407
Kettenwasserstag 390
Kettenwirbel 394
Kevlar
Segeltuch 392
Tauwerk 396
Keybord 524
Kick-Down (Schwimmen) 550
Kickstarter 371, 374
Kiefer (Baum) 78, 128, 130, 131
Kiefer
Allosaurus 91
Knochenfisch 187
Krake 182
Mensch 222, 256
Menschen 114
Kieferfuß 179
Kieferknochen
Iguanodon 102
Menschen 114, 257
Toxodon 112,
Kieferlose Fische 184–185
Kiefernnadel 130
Kiefernsämling 128
Kiefernsproß 131
Kiel 382, 383, 385, 386, 388, 400, 401
Kielaufsatz 552
Kielbein 195
Kielbogen
Big Ben 497
Gotik 476
islamische Bauwerke 493, 494
Kuppeln 490
Renaissance 479, 481
Kielbogenprofil 485
Kielboote 552
Kielgang 401
Kielkasten 421
Kielschwein 399, 552
Kiemen
Katzenhai 185
Knochenfische 186
Krake 182
Lurche 188, 189
Neunauge 184
Kiemenarterie 185
Kiemenblättchen 186
Kiemendeckel 186, 187
Kiemenspalte
Haie 184, 185
Neunauge 184
Knochenfische 186, 187
Kieselalge 122
Kieselsäurenadeln 172
Kieselschlamm 309
Kilogramm (kg) 330, 588, 589
Kiloliter (kl) 588
Kilometer (km) 588, 589
Kimberlit 285
Kimme 541
Kimmgang 401
Kimmkiel 403, 405
Kimmkielschwein 401
Kimmstringer 401
Kimono 548
Kinetische Plastiken 456
Kinn (Mensch) 221, 222
Kinn-Zungen-Muskel 255
Kinn-Zungenbein-Muskel 255
Kinngrube 205
Kinnhalter
Bratsche 515
Geige 514
Kinnloch 230, 231
Kinnmuskel 239
Kinnschutz 543, 545
Kipphebel
Dampfwagen 352
Velocette-Motor 375
Kirby BSA Reinbeiwagen 377
Kirchen 472, 474, 475, 481, 483, 484
Kirsche 154
Kissenboden (Sattel) 576
Kissenlava 308
Kitzler 268
Klammer
HPV-Rennrad 369
Lichtsignal 340
Zeichenutensil 434
Klampenschlitz 395
Klangauswahl (Synthesizer) 524
Klangfarben 524
Klangformübersicht 524
Klangplatte
Vibraphon 521
Xylophon 520
Klappbrücke 497
Klappdach 428
Klappe
aus Fruchtwand gebildete 157
Holzblasinstrumente 512, 513
Klappen (Holzblasinstrumente) 512, 513
Klappenantriebsschraube 417
Klappenbefestigung 417
Klappendeckel (Saxophon) 513
Klappengestänge 513
Klappenhebel 419, 429
Klappenscharnier 417, 419
Klappenschiene 417
Klappenschienenverkleidung 419
Klappenschutz 513
Klappensitz 418
Klappenstange 428, 513
Klappenträger 417
Klappenwelle 428
Klapperschlange 191
Klappfallenmechanismus 166
Klappstufe 336
Klarinette(n) 507, 508, 512
Klarlack
Auto 358
Kunst 444
Klarlackspray 444
Klasse-402-Lok 338
klassisch (Architektur) 491
Klassizismus 482–486, 497
Klaue
Dinosaurier 89, 90, 95
Spinne 176
Klaviatur 518, 519
Klaviaturboden 518
Klaviaturdeckel 519
Klavier 518, 519
Klebeband (Fernseher) 566
Klebemörtel 454
Klebkraut 156
Klebstoff (Fernseher) 567
Kleeblattbogen 477, 488
Kleiderschrank (Concorde) 420
Kleidkeule 391, 392, 396
Kleine Magellansche Wolke 15, 20
kleine Sterne 24–25
Kleiner Bär 20, 21
Kleiner Dunkler Fleck 50–51
Kleiner Finger (Mensch) 240, 241
Kleiner Hund (=Canis Minor, Sternbild) 18, 21
Kleiner Löwe (=Leo Minor, Sternbild) 18, 21
Kleinfingerabspreizer 241
Kleinfingergegensteller 241
Kleinhirn 222, 246, 247, 248
Kleinhirnsichel 247
Kleinkaliber 540, 541
Kleinzehenspreizmuskel 243
Klemmbacke
Bohrer 559
Lampe 565
Klemmschraube
Jakobstab 385
Lampe 565
Klettverschluß 544
Klima 62, 78, 306, 312
Klimaanlage
Auto 354
Flugzeug 420
Gebäude 501
Klimaanlagenkompressor 354
Klimaanlagenschacht 421
Klimaveränderungen 78, 82
Klimazonen 74
Klinge (Degen) 549
Klingeln (Telefon) 568
Klinkerbeplankung 382, 383
Klippen 286, 287, 299, 304–305
Klipper 380
Kloake
Brachiosaurus 96
Echse 191
Euoplocephalus 101
Frosch 188
Gallimimus 93
Katzenhai 185
Schildkröte 193
Spinne 176
Vogel 195
Kloakentiere 216–217
Klöpfel 456
Klotje 391

Klotzbremse 370
Klubfarben (Rudern) 552
Klumpblock 381
Klüse 384, 386, 389
Klüsrohr 401, 403
Klüver 387, 393
Klüverbaum 387, 389
Klüverfall 388, 393
Klüverhals 391
Klüverniederholer 393
Klüverschot 393
Knarre (Bohrer) 559
Kneifzange 454, 455
Knie
  Anchisaurus 95
  Corythosaurus 104
  Gorilla 213
  Hauskatze 201
  Iguanodon 102
  Känguruh 217
  Kaninchen 203
  Mensch 221
  Pachycephalosaurus 106
  Pferd 204
  Psittacosaurus 109
  Ruderboot 383
  Stegoceras 107
  Stegosaurus 98
  Tyrannosaurus 90
Kniegelenk
  Diplodocus 96
  Euoplocephalus 100
  Mensch 229
  Parasaurolophus 104
  Plateosaurus 94
  Stegoceras 107
  Struthiomimus 93
  Toxodon 113
  Triceratops 108
  Tyrannosaurus 90
Knieholz 389
Kniekehlarterie 263
Kniekehle (Mensch) 220
Kniepauschen 546, 576
Kniepauschenüberzug 576
Knierad (Judo) 548
Kniescheibe
  Hase 203
  Hauskatze 201
  Mensch 229
  Rhesusaffe 212
  Schnabeltier 216
Kniescheibenfläche 235
Knieschutzer
  Eishockey 543
  Volleyball 532
Knöchel
  Anchisaurus 95
  Corythosaurus 104
  Edmontia 101
  Herrerasaurus 92
  Iguanodon 102
  Mensch 221, 235
  Pachycephalosaurus 106
  Psittacosaurus 109
  Stegoceras 107
  Stegosaurus 98
  Triceratops 108
  Tyrannosaurus 90
Knöchelgelenk
  Brachiosaurus 96
  Parasaurolophus 104
  Plateosaurus 94
  Stegoceras 107
  Triceratops 108
Knochen
  Mensch 228–233
  Versteinerung 288
Knochenbildende Zellen 227
Knochenbildungsstelle 240
Knochenfische 79, 186–187
Knochenhaut 233, 247
Knochenhöcker
  Pachycephalosaurus 106
  Seestern 85
Knochenkamm
  Corythosaurus 104
  Lambeosaurus 105
Knochenleiste
  Marginocephalier 106, 107
Knochenmark 234, 235
Knochenmarkshöhle 234
Knochenpulver 434
Knochenzelle, inaktive 235
Knolle
  Ackerschachtelhalm 126
  Begonie 161
  Gladiole 160, 161
  Kartoffel 134
  Sommerwurz 169
  Süßkartoffel 161
  unterirdische 134
  vegetative Fortpflanzung 160, 161
Knopf
  Auto 358
  Bohrer 558, 559
  CD-Player 578
  Computer 579
  Degen 549
  Entriegelung 429
  Flagge 386, 387, 388
  Gitarre 516
  Kamera 584, 585
  Keybord 524
  Mast 380
  Minifernseher 566
  Sattel 576
  Toaster 573
  Tongenerator 525
  Trommelstock 523
  Trompete 510
  Turm 471, 475, 481, 490, 491, 497
  Walkman 580, 581
Knopfspitze 549
Knorpelfische 184–185
Knospen 125, 136, 140
  Achsel- 133, 137
  Arm- 270
  Bein- 270
  Blatt- 131
  Blüten- 133, 135, 137, 149, 150, 161, 163, 165, 168, 169
  Brut- 160
  End- 136, 140, 161
  Menschenembryo 270
  Schwanz- 270
  Seitenknospe 133, 135–137, 140, 160, 161
  Spitzen- 130, 131, 160, 161
  Zahn-256
Knospenschuppe 130, 131, 133
Knoten
  Pflanzen 119, 126, 133–137, 140, 160, 161, 164, 168
  Seemannsknoten 394, 395, 396, 397
  synaptischer 238, 249
Knöterich 137
Koala 217
Kobalt
  Farben 444, 446
  Minerale 291
Kobaltblau 444, 446
Kobrapflanze 166
Kochab 18
Kochausrüstung 364
Köcher 540
Kochtopf 364
Köder (Angeln) 555
Kofferfalte 67
Kofferraum 370
Kofferraumdeckel 350
Kofferraumhaube 351
Kofferraumhaubenscharnier 351
Kohle 334
  Bodenschätze 290–291
  Energie 324
  Organisches Sediment 286
  Zeichenmaterial 434
Kohlebürste (Bohrer) 558
Kohleflöze 67
Kohlekontakt (Telefon) 568
Kohlekraftwerk 324
Kohlendioxid
  Atmung 264, 265
  chemische Reaktionen 323
  Erdatmosphäre 39
  Fresko 439
  Kometenaufbau 53
  Kreislauf Mensch 262
  Marsatmosphäre 43
  Photosynthese 144
  Venusatmosphäre 37
  Wetter 310
Kohlendioxidabscheider 405
Kohlenhydate 325
  Photosynthese 144
Kohlenmonoxid
  Mars 43
  Venus 37
Kohlensandstein 67
Kohlenstoff
  Bodenschätze 290
  Chemie 321, 322, 323
  Minerale 278
  Sterne 24–25, 26
Kohlenstoffaser-Scheibenbremse 377
Kohlenstoffatom
  Chemie 320–321
  Photosynthese 144
Kohlenstoffgruppe 321
Kohlenstoffisotop 320
Kohlenwasserstoff 323
Kohlezeichnung 435
Koje 405
Kokos-Platte
  Erde 38
  Erdkruste 65
Kokospalme 141
Kolben
  Blütenstand 149
Kolben
  Automotoren 350, 352, 353, 354, 355, 356, 357
  Dampflok 334, 335
  Flugzeugmotor 414
  Gewehr, Pistole 541
  Motorradmotoren 373, 374, 375
Kolbenanordnung 355
Kolbenbolzen 355
Kolbendampfmaschine 398
Kolbenlager 414
Kolbenmotor (Flugzeug) 414, 428
Kolbenring 352
Kolbenringnut 355
Kolbenringzone 355
Kolbenschaft 355
Kolbenschieber 335
Kolbenschraube (Uhr) 563
Kolbenstange
  Automotor 334, 344
  Dampfschiff 398
  Motorradmotor 373
Kolbentriebwerke (Flugzeug) 414–415
Kolk 299, 301
Kollagen 234
Kollektor 558
Kollenchym 132, 139
kollidierende Galaxien 13
Kollision 358
Kolloide 316
Kolon *s. auch Colon und Dickdarm*
  Kaninchen 202
  Schmetterling 175
Kolosseum 468
Koma 52–53
Kombinationshebel 335
Kombizange (Hebelwirkung) 331
Kombüse 405, 420
Kombüsenherd 388
Kometen 30, 52–53
Kometenschweif 52–53
Komfort 362
Kommandoturm 402, 405
Kommunikationsanschluß 57
Kommutator
  Bohrer 558
  Generator 327
Kommutatorlagerschild 327
Kompaß 402
Kompaßhaus 386, 400
Kompaßplattform 402, 403
kompetente Schicht 67
Komplementärfarben 441
Komplexauge
  Insekten 174
  Krebse 178, 179
Kompositionen 525
Kompositkapitell 482
Kompositmodell 489
Kompositpilaster 482
Kompression 356
Kompressionsring 354, 357
Kompressor 423
Kompressoreinlaß 422
Kompressorkolben 354
Kompressorlager 422
Kompressorsaugkraft 423
Kompressorüberdruckventil 423
Konche 486, 492
Kondensatiion 317
Kondensationstopf 345
Kondensator
  Fernseher 567
  frühe Motoren 352
  Physik 324
  Telefon 569
Kongo 275
Kongobecken 39
Koniferen 74
Konkavbogen 503
Konsole
  Architektur 488, 495, 497
  Telefon 568
Kontakt
  Elektrizität 326, 329
  Fernseher 560
  Glühbirne (Auto) 362
  Heckscheibenheizung 358
  Lampe 564
  Telefon 568
Kontakthof 284
Kontaktmetamorphose 284
Kontinentaldrift 64
Kontinentalhang 306, 308
Kontinentalmeer 79, 81
Kontinentalplatten 69
Kontinentalschelf
  im Jura 77
  in der Trias 75
  Kreislauf der Gesteine 276
  Meeresboden 308
Kontinentalverschiebung 38
Kontinente *s. auch Afrika, Amerika, Antarktika, Asien, Australien, Europa, Gondwana, Pangaea*
  Devon 70
  Erdgeschichte 62
  Erdkruste 64
  Kreide 78
  Quartär 82
  Tertiär 80
  Weltkarte 274–275
Kontrabaß 515
Kontrabässe 507, 508, 509
Kontrafagott 508, 509
Kontrastfilter (Fernseher) 567
Kontrastregler (Tongenerator) 525
Kontraströntgenbild 224
Kontrastwirkung 445
Kontrollbehälter 336
Kontrollflaggen 544
Kontrolltür (Uhr) 563
Konturen (Kunst) 435, 442, 444, 447
Konturenmesser 453
Konturenstichel 453
Konus
  Fahrrad 587
  Leisten 560
  Walkman 580
Konvektionszelle 33
Konvektionszone 24, 33
Konvexbogen 503
Konzeptakeln 122, 123
Konzertflügel 519
Konzertgitarre 516
Koorbitale Monde 46
Koordinationszentrum 248
Kope 380, 381
Kopenhagen (Architektur) 499
Köperkabel (Fechten) 549
Kopf
  Allosaurus 91
  Frosch 188
  Gitarre 516, 517
  Golfschläger 539
  Insekten 174, 175
  Mensch 221, 222–223, 224, 240, 269
  Sicherheitsbindung 544
  Stegosaurus 98
  Stuhl 570, 571
  Tennisschläger 536
Kopfarterie, innere 262
Kopfband
  Architektur 481
  menschlicher Körper 234
Kopfbandgrube 234
Kopfbein 240
Kopfbruststück (Spinnentiere) 176, 177
Köpfchen (Blütenstand) 135
Kopfeisen (Sattel) 576
Kopfhaar 245
Kopfhaut 244, 246, 247
Kopfhörer
  Raumanzug 57
  Walkman 581
Kopfhörerbuchse
  Fernseher 566
  Walkman 580
Kopfhorn (Euoplocephalus) 100
Kopfkausch 392
Kopflehne 369
Kopfleisten (Marginocephalier) 106
Kopfliek 383
Kopflinie (Buchstabe) 449
Kopfschutz (Fechten) 548, 549
Kopfstütze
  ARV Super 2 429
  Auto 356, 359
  TGV 339
Kopfvene 182
Kopfwender 236, 237, 239
Kopfwurf (Judo) 548
Koppel (für Pferde) 547
Korallen 84, 172–173, 209
Korallenriff 308
Korb
  Cugnot-Dampfwagen 344
  Basketball 530
  Netball 533
Korbanlage
  Basketball 530
  Netball 533

Korbbogen 476, 488
Korbleger (Basketball) 530
Korbpfosten (Netball) 533
Korbring (Netball) 533
Kordilleren 73
Korditkammer 404
Korditkartusche 404
Korditzufuhreinrichtung 404
korinthische
Halbsäule 468
Ordnung 464, 466
Säule 467
korinthischer
Doppelpilaster 485
Pilaster 484
korinthisches
Gebälk 467
Kapitell 464, 465, 466, 467, 468, 483, 485
Kork
Abschlußgewebe 131, 140
Holzblasinstrumente 512, 513
Schuh 560, 561
Sproß 133
Korkgewebe 131
Korkschicht (Sproß) 133
Korkstück (Schuh) 560, 561
Korn (Schußwaffe) 541
Kornett 510, 511
Körnung (von Papier) 443, 445
Korolew 41
Korona 32–33
Körper
Hohlkörper 588
menschlicher 220–271, 579
Physik 326, 328, 331
Körperanhänge (Thyreophora) 98, 99
Körperbeutel (Flugdrachen) 430
Körpergeschirr 406
Körpergröße (Ornithopoden) 102
Körperorgane (Mensch) 224–225, 271, 579
Körperschutz (Eishockey) 543
Körpertemperatur
Mensch 244, 245
Säugetiere 110
Körperwärme (Thyreophora) 98
Körperwurf (Judo) 548
Körperzellen 226–227, 244, 262, 264, 579
Korpus
Instrument 513, 514, 515, 516
Kajak 552
Korund 281
Kosmische Hintergrundstrahlung 10
Kostalplatte 193
Kötenbehang 208, 209
Kotflügel
Auto 347, 348, 349, 351
Motorrad 370, 371, 372, 376, 377
Kotflügelhalterung 349, 370, 371
Kotflügelkeder 351
Kotflügelstrebe 347
Kovalente Bindung 318, 319
Krabbe
Architektur 475, 476
Krebs 178
Krabbenebel 28
Kraft (Physik) 318, 330–331
Kraftarm 330, 331
Kräfte, elektrostatische 326
Kraftfahrzeuge 342–367, 370–377
Definition 344, 348
Kraftmesser 330
Kraftpapier (Buch) 582
Kraftstoff *s. auch Treibstoff*
Auto 354
Kraftstoff-Luft-Ansaugrohr 347
Kraftstoffbehälter 336
Kraftstoffeinfüllstutzen
Auto 350, 367
Kraftstoffeinspritzventil 355
Kraftstoffhahn 374
Kraftstoffilter 349
Kraftstoffleitung 355
Kraftstoffniveaugeber 350
Kraftstoffpumpe
Auto 360
Diesellok 337
Kraftstoffspritzdüse 366
Kraftstofftank *s. auch Treibstofftank*
Auto 345, 350, 352, 360, 364
Rasenmäher 574
Kraftübersetzung 360
Kraftübertragung 374
Kraftwerk 338
Kragarm 500
Kragengeißelzelle 172
Kragstein
Barock und Klassizismus 482, 483, 486
Donjon 471
Kuppel 491
Renaissancegebäude 481
Tower Bridge 497
Krake 182, 183
Kralle(n)
Dinosaurier 91, 95, 101, 103
Echse 190
Insekten 174
Kaiman 193
Känguruh 217
Löwe 200
Vögel 194, 196, 199
Kranbalken 403
Kranbalkenkopf 388
Kranich (=Grus, Sternbild) 19, 20
Kranz (Architektur) 491
Kranzgesims 478, 479, 483
Kranzleiste 466, 479, 483, 485, 490
Kranznaht 230
Kranzstück 398
Krater
Kreislauf der Gesteine 276
Magmatische und metamorphe Gesteine 285
Mars 42
Merkur 35
Mond 40
Vulkane 68, 282–283
Kraulschwimmen 550, 551
Krebs
Flußkrebs 179
Sternbild (=Cancer) 18, 21
Krebsfossilien 289
Krebstiere 78
Kreditkarte (als Malhilfe) 446
Kreide
Erdperiode 62, 63, 78, 79, 80, 102
Malutensil 434, 438, 44
Kreidezeit 289
Kreis
Handball 533
mathematische Berechnung 588
Kreisläufer (Handball) 533
Kreislaufsystem (Mensch) 262–263
Krepidoma 465, 485
Kreppband 447
Kreuz
Architektur 476, 484, 490, 491, 493
Halbtonerhöhung 506, 507
Kreuzband 382
Kreuzbein
Echse 190
Elefant 211
Hase 203
Hauskatze 201
Känguruh 216
Krokodil 192
Mensch 228, 232, 233, 269, 271
Pferd 205
Rhesusaffe 21
Robbe 214
Kreuzbeinknochen 232
Kreuzbeinloch 233
Kreuzbeinwirbelkörper-Verschmelzungslinien 233
Kreuzblume 497
Kreuzgaffel 385
Kreuzgang 476
Kreuzgewölbe 472, 473, 488
Kreuzgratgewölbe 483, 488, 489
Kreuzknoten 396
doppelter 397
Kreuzmars 385
Kreuzmarsgaffel 385
Kreuzmarsstenge 385
Kreuzmast 385
Kreuznerven 248
Kreuzrippe (Architektur) 473
Kreuzrippengewölbe 488, 488
Kreuzsprosse (Stuhl) 570
Kriechtiere 88, 190–191, 192–193
Kriegs- und Handelsschiffe 384–385
Kriegsflotte 388
Kriegsschiff 384, 386, 400
brasilianisches 402–403
Kriegssegelschiff 384
Kristalle
Chemie 316, 317, 318, 321, 323
Kreislauf der Gesteine 276–277
magmatische und metamorphe Gesteine 284–285
Minerale 278–279, 280–281
Verwerfung 66
Kristallgitter 317
kristallin 316
Kristallpalast 497
Kristallsysteme 280
Kristallwasser 323
Krokodile 74, 79, 192
Krokodilklemme 326
Krokoit 281
Kronblätter 146–149, 151–153
Dicotyledonen 132–133
Farbe 146, 150–151
Inkalilie 135
Insektenbestäubung 152
Monocotyledonen 132
Platterbse 135
Rose 137
Seerose 165
Waldrebe 137
Krone
Blüte 149
Druckerpresse 453
Harfe 515
Pferdefuß 204
Kronenbein (*Iguanodon*) 102
Kronenfortsatz 230
Kronröhre 148
Kropf
Krake 182
Schmetterling 175
Schnecke 183
Vogel 195
Kröpfeisen 456
Kröten 188
Krümelschublade (Toaster) 572, 573
Krummdarm (Mensch) 236, 258, 259,
Krümmer (Auspuff) 431
Kruppe (Pferd) 204, 206, 207, 208, 209
Kruste
Erde 39, 274
Kometen 53
kontinentale 64–65, 68, 69
Mars 43
Merkur 35
Mond 41
ozeanische 64–65, 68, 69
Pulsare 28
Venus 37
Krustenflechten 120
Krypta 471
Kryptafenster 485
Krypton 321
Kuan Han-Ch'ing 35
Kübelsitz 369
Kubernetes 380
Kubikfuß 589
Kubikmeter 588, 589
Kubikzentimeter 588, 589
Kubikzoll 589
Kubismus 499
Kuchenzange (Hebelwirkung) 331
Kufe
frühe Eindecker 408
Hubschrauber 426, 427
Schlittschuh 542, 543
Kufenbein 427
Kufenstrebe 420
Kugel
Granate 405
Kugelstoßen 534
Kugelabschnitt 490
Kugelgelenk
Arsinoitherium 111
Mensch 234
Kugellager
Bohrer 559
Fahrrad 587
Kugellagerring 587
Kugelspinne 177
Kugelsternhaufen 12, 16, 21
Kugelstoßanlage 534
Kugelstoßen 534, 535
Kugelstoßring 534
Kuh
Energiekreislauf 325
Magen 204
Kühler
ARV Super 2 428
Auto 348, 366
Motorrad 372, 377
Kühlerdeckel 349
Kühlereinfüllstutzen 349
Kühlergebläse 336
Kühlergrill 365
Kühlerpumpe 414
Kühlerrippe 376
Kühlerrohr 372
Kühlerrücklauf 361
Kühlerschutz 349
Kühlerzulauf 361
Kühlgitter 371
Kühlleitung 414, 415
Kühlluftanlage 421
Kühllufteinlaß 367
Kühlluftpumpe 415
Kühlluftzufuhr 367
Kühlmittel
Eisenbahn 336
Kraftwerk 324
Kühlnetz 357
Kühlradiator 58
Kühlrippe
Mid-West-Wankelmotor 415
Motorrad 373, 374, 375
Kühlturm
Centre Pompidou 500, 501
Kraftwerk 324
Kühlventilator 431
Kühlwagen 337
Kühlwasserablaßschraube 356
Kühlwasseranschluß 352
Kühlwasseraustritt 355
Kühlwasserkanal 354, 356
Kühlwasserkreislauf 324
Kühlwasserrohr 353, 367
Kühlwasserschlauch 349
Kühlwasserzuführung 355
Küken 198, 199
Kunst 432–459
Kunsthaarpinsel 440, 442, 448
Kunstharz 446
Kunstspringen 550
Kunststoff
Chemie 316
Holzblasinstrumente 512
Radschutz 376
Kunststoffabdeckung (TGV) 339
Kunststoffglas 440
Kunststoffkanister 364
Kunststoffkotflügel 376
Kunststoffkuppe
Hubschrauber 426, 427
Leichtflugzeug 429
Kunststoffmantel 326, 327
Kunststoffnetzfilter 366
Kunststoffteile 362
Kunzit 281
Kupfer
Bodenschätze 290–291
Chemie 321, 322
Minerale 278
Kupferdraht
Lampe 564
elektrische Leitung 327
Kupferdruckpresse 451
Kupfererze 316
Kupferlasur *s. Azurit*
Kupferniete 376
Kupfernitrat 322
Kupferplatte (Kupferstich) 451
Kupferstich 450, 451
Kupfersulfat 323
Kupferverkleidung (Teeklipper) 400
Kupfervitriol 323
Kuppel
asiatische Bauwerke 494
Barockkirche 483, 484, 485
Bogen und Gewölbe 488, 489
Börse Philadelphia 497
Flugzeug 420, 129, 430
Hubschrauber 426, 427
islamische Bauwerke 493
Kuppelformen/Kuppelbau 490–491
mittelalterliche Gebäude 470, 471
Pantheon 466
Renaissancegebäude 480, 481
verschiedene 490–491
Westmister-Kathedrale 497
Kuppelschlauch 336

Kuppelstange 335
Kuppeltambour 479
Kuppelturm 497
Kuppelverriegelung 429
Kuppelverschalung 490
Kupplung
Auto 350
Eisenbahn 334, 336
Motorrad 374
Walkman 581
Kupplungsausrücklager 361
Kupplungsdruckplatte 361
Kupplungsgehäuse 357
Kupplungspedal 360
Kupplungsscheibe 361
Kupplungsseil 371
Kupplungstrommel 374
Kupplungszug 360, 373
Kurbel
Angelrute 554, 555
Bohrer 559
Eisenbahn 335
Raddampfer 399
Rennrad 368
Kurbelbolzen 368
Kurbelgehäuse
Auto 346, 352, 353, 354, 355
Eisenbahn 337
Mid-West-Wankelmotor 414
Motorrad 370, 375
Kurbelgehäuseentlüftungsschlauch 410
Kurbelstange 344
Kurbelwelle
Auto 345, 346, 350, 353, 354, 355
Mid-West-Wankelmotor 414
Motorrad 374, 375
Raddampfer 399, 400
Kurbelwellenhauptlager 354, 355
Kurbelwellenriemenscheibe 354
Kurbelzapfen 353
Kuroshio 307
Kurvengeschwindigkeit 366
Kurzstreckenlauf 534
Kurztrieb 130, 131
Kurztriebstrang 131
Kurzwelle 328
Küsten 304–305
Küstenablagerungen 304
Küstenfahrer 382
Küstenlinien 304–305, 308
Kutikula
Binse 141
Bischofskiefernadel 130
Christrosenblatt 145
Rose 141
Strandhafer 119
Trockenpflanzen 162
Yucca 132
Kymation 476, 479

L

L-Wellen 69
Labialpalpus 174
Labmagen 204
Labrum 174
Laburnum x watereri 143
Labyrinth (Ohr) 252, 253
Lacerta *s. Eidechse*
Lacertilia 190
Lachmöwe 195
Lachmuskel 239
Lachs
Knochenfisch 186
prähistorische Nahrung 115
Lackfirnis 440
Lackschicht 444
Lacrimale *s. auch Tränenbein*
Knochenfisch 187
Lada Terra 36–37
Ladebaum 400
Ladefläche 344
Ladekäfig 404
Ladeluke 384
Lademaß 340, 341
Lademechanismus (CD-ROM) 578
Laderaum 380, 400, 413
Ladungen
elektrische 326
negative 318, 320, 326, 329
positive 318, 320, 326
Ladungsausgleich 326
Lage des Sonnensystems 14
Lageenergie 324, 325
Lager
Getriebe 374
Lenksäule 369
Mid-West-Wankelmotor 414, 415
Lagerbauteil 429
Lagerbuchse 348
Lagerschale (Fahrrad) 587
Lagerstütze 383
Lagerung 67
Lagerzapfen 395
Lagomorpha 202
Lagopus lagopus 199
Lagostomus maximus 203
Lagunen 300–301, 304–305, 309
Lagunennebel 21
Laibung 473, 488
Laich 189, 198
Lakkolith 275, 284–285
Lakshmi Planum 37
Lamb, T. 498
Lambda Andromedae 19
Lambda Pegasi 19
Lambdanaht 230
Lambeosaurus 102, 104, 105
Lamellen
Knochen 235
Kupplung 372, 374
Pilze 120, 121
Lamellenknochen 235
Lamellenkupplung 372, 374
Lamina (=Blattspreite) 142
Laminaria digitata 122
Lamium sp. 141
Lampe 564–565
Auto 362
Lampenfassung
Die Lampe 564
Physik 326
Lampenschirm 564
Lampenschutz 340
Lampland 43
Lampropeltis ruthveni 190
Lampropeltis triangulum annulata 190
Landabtragung 292
Landauer 344
Landebahn 412
Landebein 59
Landeklappe 425, 429
Landeklappenhebel 429
Landekufe
Flugzeug 406, 407, 408, 409, 411
Hubschrauber 426, 427
Landelicht 413, 418, 419
Landeposition 412
Landescheinwerfer 426, 427, *s. auch Landelicht*
Landestufe (Mondkapsel) 59
Landetriebwerk 59
Landfauna 74
Landflugzeuge 412
Landkartenprojektionen 274–275
Landpflanzen 70, 84
primitive 126
Landschaftsmerkmale 300–301, 304
Landtiere 94
Landung
Dreisprung) 535
Hochsprung 535
Stabhochsprung 535
Weitsprung 535
Landwirbeltiere 70
Landzungen 302, 304
Langboot 388
Längenmaße 588, 589
Langhaus 476, 477
Langholzplatte (für Holzschnitt) 453
Langrenus 40
Langschiff 382
Längsdüne 297
Längsfurche (Zunge) 254
Längskanal (= Vallecularkanal) 126
Längsküste 305
Längslenker 370
Längslenkergabel 371
Längsmuskelbänder 259
Längsprofil (ARV Super 2) 428
Längsrippe (Architektur) 489
Langstreckenlauf 534
Längsverstellung 429
Langwelle 328
Lanthan 320
Lanthanoide (=Seltene Erden) 320–321
Lanzettbogen 477, 488
Lanzettfenster 474, 475, 476
Lapilli 282
Lapislazuli 437
Lappenbronchien 265
Larus marinus 199
Larus ridibundus 195
Larynx 254
Lasch 403
Lasche 352
Laser (CD-ROM) 578
Lasersteuerung 362
Laserstrahl 329
Lasso 576
Last 330, 331
Lastarm 330, 331
Lastverteilung (Architektur) 490
Lateinersegel 383, 392
Laterne
alte Autos 345, 346, 348, 349
Gebäude 482, 483, 484, 485, 490, 491, 498
Laternenhalter 346, 352
Latexbadekappe 550
Lathyrus latifolius 135
Lathyrus odoratus 134
Latrodectus mactans 177
Latte (Hochsprung) 535
laubäsende Säugetiere 80
Laubbäume, erste 78
Laubblatt 128–131, 158, 159, 161, 168
Laubflechten 120
Laubmoose 118, 120, 124, 125
Lauf
Geschützturm 405
Pistole 541
Laufbahn (Leichtathletik) 534
Laufbeine
Insekten 175
Spinnentiere 176, 177
Laufbüchse 354
Laufdisziplinen 534
Laufende Scheibe 540
laufender Block 391
Laufender Keiler 540
laufendes Gut 390, 393
Läufer (Architektur) 489, 496
Laufgang 501
Laufkatze 404
Laufplanke 385, 388
Laufrad 334, 335, 336
Laufrolle 523
Laufschiene 338
Laufschuhe (Leichtathletik) 535
Laufsohle (Schuh) 560, 561
Laufsprungtechnik (Weitsprung) 535
Laufwerksklappe (CD-ROM) 578
Laurasia 72, 76, 77, 78
Laurentia 71
Laurussia 73
Lautsprecher
Computer 579
Fernseher 567
E-Gitarre 516
elektronische Instrumente 524, 525
Lautstärkeregler
elektronische Instrumente 524, 525
Fernseher 567
Walkman 580
Lava 36, 40, 42, 44, 68, 276, 282–283, 284–285
Vulkane 68, 282–283
magmatische und metamorphe Gesteine 284–285
Aa 282
Brocken- 283
Kissen 308
Pahoehoe 282
Säulen- 282
Lavafluß 283
Lavatera arborea 137
Lavatypen 282, 283
Lavinia Planitia 36–37
Lawrencium 321
Le Corbusier 498
Le-Verrier-Ring 50–51
lebendgebärend 110
Lebenserhaltungssystem (Raumfahrt) 57
Lebensräume (Säugetiere) 110
Lebensretter 342
Lebensspanne (Ornithopoden) 102
Lebensspuren, erste 84, 85
Lebensweise (Ornithopoden) 102
Leber
Delphin 215
Echse 191
Euoplocephalus 100
Frosch 188
Gallimimus 92
Hauskatze 201
Kaninchen 202
Katzenhai 185
Knochenfisch 187
Mensch 224, 258, 270
Schildkröte 193
Schimpanse 212
Vogel 195
Leberband 258
Leberkreislaufsystem 262
Leberlappen 258
Lebermoose 118, 124
Lebervene 263
LED (=Light Emitting Diode) 578
Leda Planitia 36–37
Leder
Autodach 344
Bucheinband 582–583
Motorradsitz 370
Sattel 577
Saxophonklappenpolster 513
Schuh 560, 561
Trommelschlegelbezug 520
Lederdach 344
Ledereinband (Buch) 582
Ledergurt (Sattel) 577
Lederhaut 223, 244, 245, 250
Lederhülsenbaum 143
Lederkappe (Sattel) 577
Lederpolster 347
Lederschlaufe (Becken) 521
Lederschürze 347
Lederstreifen (Sattel) 577
Leerdarm 258
Leerlaufventil 354
Leesegelbaum 386
Leesegelrah 386
Leeseite 293
Leeseiten-Stratum 293
Legato (507)
Legel 392
Lehrercockpit 411
Lehrgerüst 489
Leibnitz 41
Leichtathletik 534–535
Leichtbau
Architektur 498, 502
Auspuffsystem 376
Leichtbauplatten 498
Leichtbaurahmen 368
Leichtflugzeuge 414, 428–429
Leichtgewichtrahmen 369
Leichtmetall 370
Leichtmetall-Pendelachse 376
Leichtmetallegierung 354
Leichtmetallgußrad 371
Leichtmetallrad
Auto 356, 360, 361
Motorrad 372, 373, 376, 377
Leichtmetallrahmen 372, 376
Leier (=Lyra, Sternbild) 19, 20
Leim 436, 440
Leine
Pferdegeschirr 547
Takelung 396
Leinen
Buch 582, 583
Malgrund 441
Sattel 577
synthetisches 392
Leinenabdeckung (Sattel) 577
Leinenauge (Pferdegeschirr) 547
Leinöl 440
Leinölfirnis 440
Leinsamen 440
Leinwand 440, 441, 446
Leinwandarten 441
Leinwandstütze 441
Leiste
Architektur 490, 494
menschlicher Körper 221
Leisten (Schuh) 560, 561
Leistenfeder 357
Leitast 136
Leitbündel
einkeimblättrige und zweikeimblättrige Pflanzen (Sproß) 132, 133
Farn 127
Frucht 155
Hahnenfuß 133
Kiefer 131
Mais 133
Sprosse 141
Wasserpestsproß 165
Wurzeln 138, 139
Leitbündelinitialen 140
Leitbündelstrang 157
Leitbündelzylinder 133, 138, 139

Leiter
Corbita 380, 381
elektrische 326, 327
Flügelsignal 340
Leiterplatte
Telefon 569
Walkman 580, 581
Leitflügel 420, 421
Leitgewebe
Aufsitzer 168
ein- und zweikeimblättrige Pflanzen 132–133
Erdsproß 161
Farn 127
fehlende 124
holzige Blütenpflanzen 136
Keimung 158
Nacktsamer 130–131
Schatelhalm 126
Schmarotzer 169
Sprosse 140
Strandhafer 119
Wasserpflanzen 164, 165
Leitgewebestrang, zentraler 125
Leitgewebesystem 128, 169
Leitgewebezylinder 162
Leitöse 391
Leitrad 338
Leitradarantenne 405
Leitring 388
Leitschaufeln 422
Leitstange 399
Leitung
elektrische (Flugzeug) 415, 418
Leitwerksbefestigung-Verkleidung 419
Lemercier, J. 490
Lemur catta 213
Lena (Fluß) 275
Lende
Mensch 220
Pferd 204
Lendenmuskel 235, 236, 267
Lendennerven 248
Lendenwirbel
Diplodocus 96
Echse 190
Elefant 211
Eryops 87
Hase 203
Hauskatze 201
Iguanodon 102
Känguruh 216
Krokodil 192
Mensch 232, 233
Parasaurolophus 104
Pferd 205
Plateosaurus 94
Schildkröte 193
Schnabeltier 216
Stegoceras 107
Lenkerbügel (Fahrrad) 587
Lenkereinheit (Rasenmäher) 575
Lenkerhöhenverstellung (Rasenmäher) 575
Lenkerneigung (Fahrrad) 369
Lenkerschaft (Fahrrad) 587
Lenkgestänge 345
Lenkgetriebe 349, 350
Lenkhebel 344, 345, 347, 348. 349
Lenkkopf 345
Lenkkopfrohr (Fahrrad) 587
Lenkrad
Auto 347, 348, 352, 360, 363
Seitenruder Curtiss 406
Lenkradsäule 351
Lenkradstern 346
Lenkraketen 424
Lenksäule 345, 349, 360, 369
Lenkschubstange 352
Lenkschwengel 347
Lenkspurstange 350
Lenkstange
Fahrrad 369
Motorrad 370, 376
Oldtimer 349
Lenkstangenschaft 369
Lenkstangenschaftwinkel 368
Lenkstockhebel 349, 352
Lenkung
Auto 360
Motorrad 372
Lenkungszahnstange 345
Lenkwaffenleitradar 405
Lenoir, Etienne 344
Lentizellen 136, 140
Leo *s. Löwe*
Leo Minor *s. Kleiner Löwe*
Leonaspsis 289
Leonid-Meteorschauer 52
Leontopithecus rosalia 213
Lepidodendron 72, 73
Lepidoptera 174
Lepidotes maximus 79
Leptoceratops 109
Lepus s. Hase
Leseband (Buch) 582, 583
Leselicht 339
Letronne 40
Leuchtdiode (CD-ROM) 578
Leuchtkraft (von Farben) 436, 441
Leuchtschrift 336
Leuchtschriftband 502
Leuchtspitze (Hubschrauberrotorblatt) 427
Leuchtstoff 329
Leuchtstoffröhre 329
Li+-Ion 318
Liang K'ai 35
Libelle 174
Kreidefossil 79
Libellulium longialatum 79
Libertyship 400
Libra *s. Waage*
Libreville (Architektur) 500, 502
Licht
blaues 328
Energie 324, 325
gelbes 328
grünes 328
kurzwelliges 328, 329
langwelliges 328
orangefarbenes 328
Physik 322, 324, 325, 328–329
rotes 328
sichtbares 329
ultraviolettes 150, 151
ultraviolettes 328, 329
violettes 328
weißes 328
Lichtbrechung 328, 329
Lichtenergie 324, 325
Lichter (Highlights/Kunst) 437, 441, 442
Lichtfarben 328
Lichtgaden 463, 476
Lichtjahr 14
Lichtmaschine 354, 355
Lichtmenge (Kamera) 584
Lichtquellen 329
Lichtschacht 491
Lichtschalter
Auto 349
Motorrad 371
Lichtstärke (Kamera) 584
Lichtstunde 14
Lichtzeichenanlagen 340
Liebesfuß 512
Liebespfeil 183
Liegesitz 342
Liek 382, 392
Liektau 380, 392
Lierne 473
Ligamenta tarsometatarsea dorsalia 242
Ligamentum
bifurcatum 242
calcaneonaviculare 242
cuneonaviculare 242
talonaviculare 242
Lilie, Wurzel der 139
Lilien 146, 161
Lilienthal, Otto 406
Lilium bulbiferum 160
Lilium sp. 139, 144, 146, 161
Limonit 278–279
Linaria sp. 135
Lineal 435
Linienführung 435
Linieninformationen 342
Liniennummer Bus 342, 343
Linienrichter
Badminton 537
Eishockey 542
Fußball 528
Tennis 536
Volleyball 532
Linienschiff 388
Linksaußen
Eishockey 542
Handball 533
Linksgewinde (Wantenspannschraube) 391
Linoleum 453
Linolschnitt 450
Linse
Auge 250, 251, 579
Kamera 584
Linsengruppe (Kamera) 585
Linsenkern 247
Linsenteleskop 54
Lippe
Mensch 222
Neunauge 184
Orchideenblüte 132
Lippenrotgrenze 223
Lippenschwingung 510
Lippenspannung 510
Liquidambar europaeum 82
Liquidambar styraciflua 82
Lisene
Barock und Klassizismus 484, 485
Gewölbe 489
Gotik 477
Kuppeln 490
Renaissance 480, 481
römisches Gebäude 469
Litchi chinensis 154
Liter (l) 588, 589
Lithifikation 276
Lithium 318, 320
Lithographie 452
Lithokreide 450, 452
Lithops bromfieldii 163
Lithops sp. 162
Lithosphäre 64
Lithostein 452
Lithostift 452
Litschi 154
Loch
Golf 538
Uhr 563
Lochkoralle 173
Lochmuster (Schuh) 560
Lochspiele (Golf) 538
Lockhead Electra 412, 413
Löffel (Golfschläger) 539
Loft (Golf) 539
Loge 481
Logo 342, 343, 358, 377, 411, 419
Lokomotiven 334–339
London (Architektur) 471, 476, 477, 481, 484, 486, 488, 491, 497, 499
London Bridge 471
Londoner Bus 342
Long Johns 552
Longitudinalwellen *s. P-Wellen*
Lopolith 284
Lorbeer (Architektur) 484
Lorbeergirlande 484
Lorenzetti, Ambrogio 437
Löschflugzeuge 414
Lösungen 316, 317, 322
Lot 480
Lötstelle (Telefon) 569
Lotus 463, 492, 493
Löwe
Raubtier 200
Sternbild (=Leo) 18, 21
Lowell 43
Löwenäffchen 213
Löwenkopf (Schiffschild) 403
Löwenzahn 156
Loxodonta africana 210
Luchs (=Lynx, Sternbild) 18, 21
Lufengosaurus 95
Luft (Wetter) 306, 310, 312–313
Luftansaugtrichter 366, 367
Luftauslaß
Bohrer 559
Ultraleichtflugzeug 431
Luftbeschleuniger 424
Luftbetankungsstutzen 425
Luftdatenabnehmer 424
Luftdruck
Turbinenflugzeug 416
Wetter 313
Luftdruckleitung 429
Luftdruckwelle 420
Lufteinlaß
Automotor 355
Bohrer 559
Busmotor 342, 343
Flugzeuge 412, 415, 420, 422, 423, 424, 425, 428
Hubschrauber 426
Lüfter 337, 354
Lüfterantriebswelle 355
Lüfterblatt 363
Lüfterbock 353
Lüfterflügel 355
Lüfterhutze 401
Luftfahrtpioniere 406–407
Luftfilter
(Ultra-)Leichtflugzeuge 429, 431
Auto 350, 361
Hubschrauber 426
Motorrad 371
Rasenmäher 574
Luftfiltergehäuse 355
Luftführung 415
Luftgewehr 540, 541
Lufthauch 324
Lufthutze 367
Luftkammer (Moosthallus) 124
Luftkämpfe 424
Luftkanal (*Lambeosaurus*) 105
Luftkühlung 373, 374
Luftmassen 306
Luftpistole 540, 541
Luftpumpe 399
Luftraum
Bärlappsproß 126
Moospflanze 125
Wasserhyazinthe 164
Wasserpest 165
Luftreifen 346
Luftröhre *s. auch Trachea*
Brachiosaurus 97
Gallimimus 92
Mensch 222, 225, 254, 255, 258, 264, 265
Luftsammler 354, 355
Luftsauerstoff 322
Luftsäule 510, 512
Luftschaufelrad 422
Luftschlitz
Eishockeyhelm 543
VW 351
Luftschwingungen (Blasinstrumente) 510, 512
Luftstarter 422
Luftstrahltriebwerke 423
Luftstromtrennung 422
Lufttaxi 426
Lufttemperatur 310
Lüftung
Dampflok 335
Hubschrauber 426, 427
Lüftungskanal 501
Lüftungsrohr 426
Luftventil 411
Luftwiderstand
Fahrrad 368
Flugzeug 412
Luftwurzel 168
Lugger 392, 393
Luggersegel 384, 392
Luggervorsegel 393
Lukarne 484, 490
Luke
Eisenschiff 401
Kajak 553
Mondkapsel 59
Lukendeckel 380
Lukensüll 389
Luna 9 58
Lunae Planum 43
Lunaria annua 157
Lünette 484
Lunge
Brachiosaurus 97
Delphin 215
Echse 191
Elefant 210
Euoplocephalus 100
Frosch 188, 189
Gallimimus 92
Hauskatze 201
Kaninchen 202
Mensch 224, 254, 260, 264, 265
Säugetiere 110
Schildkröte 193
Schimpanse 212
Schnecke 183
Vogel 195
Lungenarterie 260, 261, 263, 265
Lungenbläschen 264, 265
Lungenfische 86, 86
Lungenflügel 224, 225
Lungenkreislauf 262
Lungenlappen 264, 265
Lungenschlagaderstamm 261
Lungenvene 260, 261, 263
Lunochod I 54
Lupus *s. Wolf*
Lurch
fossiler 75
Lurche 188–189, *s. auch Amphibien*
Lutetium 321
Luvseite 293
Luxuswagen 346
Lycoming-6-Zylinder-Triebwerk 426
Lycopodiatae 126
Lycopodium 70, 126
Lymphozyten 263
Lynx
Hubschrauber 404
Sternbild *s. Luchs*
Lyra *s. Leier*
Lysosom 227

M

M22 (Kugelsternhaufen) 21
Mäander
  Architektur 465
  Flüsse 298–299, 300
Mach
  Mondkrater 41
  Schallgeschwindigkeit 420
Mach 1 420
Mach 2 420
Mackenzie 274
Macrobius 40
Madagaskar 106, 275
Madeleine 482
Madonna mit Kind 459
Madreporenplatte
  Seestern 180
  Seeigel 181
Maenianum summum 469
Magazin (Waffe) 541
Magellansche Wolke 15, 20
Magen
  Delphin 215
  Echse 191
  Elefant 210
  Frosch 188
  Hauskatze 201
  Kaninchen 202
  Katzenhai 185
  Knochenfisch 187
  Kuh 204
  Mensch 224, 258
  Qualle 173
  Schildkröte 193
  Schimpanse 212
  Schnecke 183
  Seestern 180
  Spinne 176
  Vogel 195
Magenarterie 262
Magenausgang 258
Mageneingang 258
Magenpförtner 259
Magenzellen 227
Maginus 40
Magma 64, 276, 282, 284, 308, 309
Magmakammer 283, 285
Magmatische Gesteine 276, 281–285
Magnesium
  Erdkruste 64
  Meerwasser 306
  Periodensystem 320
Magnesiumlinien 23
Magnetantrieb 375
Magnetband (Walkman) 580
Magneten 326
Magnetfeld
  Physik 326, 327
Magnetfeld
  Walkman 580
  oszillierendes 328
Magnetfeldlinie 25, 38
magnetische Achse 25
Magnetisierung 327
Magnetismus 326–327
Magnetkompaß 427
Magnetkräfte 327
Magnetosphäre der Erde 38
Magnetspuren (Walkman) 580
Magnetzündung 407
Magnolia 78
Magnolie 78
Magnolien, erste 63
Mahagoniholzrahmen 346
Mahlzahn *s. auch Molar*
  Mensch 256
  Schimpanse 212
Mähne (Pferd) 200, 205
Mähnenkamm 205
Mähnenwolf 201
Mahonia lomariifolia 136
Mahonie 136
Maiasaura 104
Mailänder Dom 477
Mais 133
Makrofibrillen 244
Makrospicula 33
Malachit (Farbpigment) 437
Malacostrace 178
Malaysia (Spurweite) 341
Malerband 447
Malgrund 436, 442, 444
Malkreide 444
Mallard 334
Malpighische Gefäße
  Insekten 175
  Spinnen 176
Malprobe 442
Malspachtel 440
Malus
  Apfel 132
  Römerschiff 381
Malus sp. 132
Malus sylvestris 155
Malutensilien (für Acrylmalerei) 446
Malvenfarbe 444
Mammut 81, 82, 83, 113
Mammutbaum 118
Mammutbäume 76
Mammuthus 82, 83, 110
Mammuthus primigenius 83
Manchester 342
Mandapa 49
Mandarinfisch 186
Mandibel
  Insekt 174
  Krebs 179
Mandrill 213
Mandrillus sphinx 213
Mangan 320
Manganknollen 309
Manilatrosse 397
Mannschaftsbank
  Basketball 530
  Volleyball 532
Mannschaftsbereich (Schiff) 400
Mannschaftsgrad 405
Mannschaftssportarten 528–529, 530–531, 532–533, 542–543, 550
Manövrierfähigkeit 408
Mansarde 480
Mansardendach 494
Mansardenfenster 499
Manschette 545
Mantel
  Erde 39, 64, 69
  Fahrradreifen 586
  Fahrwerksrad ARV Super 2 428, 429
  Lampe 564
  Mars 43
  Merkur 35
  Mond 41
  Muschel 182
  Neptun 51
  Pluto 51
  Schiffsschraube 399
  Schnecke 183
  Uranus 49
  Venus 37
Mantelfläche (Architektur) 490
Mantelhöhle
  Entenmuschel 179
  Krake 182
Mantelmöwe (Ei) 199
Mantelrand (Schnecke) 183
Mantelreifen (Fahrrad) 586
Mantelschraube 399
Mantelstrom (Luftstrahltriebwerk) 423
Mantelstromdüse 416
Mantelstromkammer 422
Manual 518
Manualtasten 518
Maquette 459
Maracas 508, 520, 521
Marchantia polymorpha 124
Marderhaarpinsel 436, 442, 448
Mare Crisium 40
Mare Fecunditatis 40
Mare Frigoris 40
Mare Humorum 40
Mare Ingenii 41
Mare Moscoviense 41
Mare Nectaris 40
Mare Nubium 40
Mare Orientale 41
Mare Serenitatis 40
Mare Smithii 41
Mare Tranquillitatis 40
Mare Vaporum 40
Mareotis Fossae 43
Margaritifer Sinus 43
Marginalplatte 193
Marginocephalier (=Marginocephalia) 89, 106, 107
Margo
  infraorbitale 231
  supraorbitalis 230, 231
Maria (Mondkrater, „Meere“) 40
Maria Magdalena 457
Marineflotten 386
Mariopteris 72
Mark
  Ahornsproß 133
  Kiefernsproß 131
  Orchideenluftwurzel 168
  Sonnenblumenblütenstandsstiel 148
  Sprosse 140–141
  verlängertes (=Medulla oblongata) 222, 246, 247
Markab 19, 20
Markeb 21
Markenzeichen 337, 371
Markhöhle
  Kerbel 141
  Schachtelhalm 126
Markierungsbrett (Leichtathletik) 534
Markierungsleine (Schwimmen) 550
Markkegel 266
Markschicht (Flechte) 120
Markstrahl (Bischofskiefer) 131
Marlschlag 396
Marlspieker 391, 397
Marmor
  Architektur 491, 493
  Bildhauerei 454, 457
  metamorphes Gestein 284
Marmorbildhauerei (Werkzeuge) 456
Marmorblock 457
Marmorbrechen 454
Marmorfurnier 466
Marmorpapier 582
Marmorplastik 456, 457
Marmorstaub 438
Marmortablett 438
Mars
  Planet 30, 42–43
  röm. Kriegsgott (Plastik) 458, 459
  Schiff 383
Mars 3 55
Marskastell 383
Marsupialia 216
Martellange, E. 483
Martingal 546
Mary Rose 384
Maschinen (Physik) 330
Maschinenbett 398
Maschinenraum
  Eisenbahn 336
  Gebäude 496
  U-Boot 405
Maschinenraumentlüftung 336
Maschinensteuerraum 405
Maschinentragwerk 405
Maskaron 491
Maske 404
Massa lateralis 232
Masse
  Atome und Moleküle 318, 319, 320
  Energie 325
  Einheiten 588, 589
  Mechanik 328, 330, 331
  Planeten 30–31
Maße 588, 589
  amerikanische 588, 589
  englische 588, 589
  metrische 588, 589
Maßeinheiten 319, 320, 588, 589
Massenaussterben 72, 78
Massenmaße 588, 589
Massenproduktion Autos 348, 349, 350, 351, 358
Massenverkehrsmittel 342
massereiche Sterne 26–27
Massospondylus 89, 95
Maßwerk
  Gotik 474, 475, 476, 477
  Big Ben 497
  Tower Bridge 497
Mast
  74-Kanonen-Schiff 386–387, 388,–389
  Architektur 502
  Corbita 380, 381
  Dhau 384
  Dreimastrahschiff 383
  Dschunke 384
  Flügelsignal 340
  Fregatte 405
  Galeere 380
  Kriegssegelschiff 384–385
  Rigg 390
  Wikingerschiff 382–383
Mastbacken 386
Mastband 390
Mastdarm (Mensch) 225, 259, 268, 271
Mastixharz 440
Mastknopf 380
Mastliek 392, 393
Mastreif 393
Mastrutscher 392
Mastspitze 381
Mastspur 400
Masttopp 383, 386
Masttoppstek 397
Matar 19
Match (Tennis) 536
Materie 316–317
Mato-Grosso-Hochland 274
Mattenrichter (Judo) 548
Mattfarben 448
Mauer (Hindernis) 546
Maul
  Camarasaurus 97
  Delphin 214
  Edmontia 101
  Elefant 210
  Frosch 188
  Känguruh 217
  Katzenhai 184
  Knochenfisch 187
  Kuh 204
  Pferd 205
  Ratte 202
  Wantenspannschraube 391
  Westlothiana 87
Maurischer Bogen 488
Maus
  Computer 525, 578, 579
  Säugetier 110
  Takelung 387
Mäuse 110
Mawsonites spriggi 71
Maxillare
  Bär 200
  Elefant 211
  Frosch 189
  Knochenfisch 187
  Löwe 200
  Schimpanse 212
Maxillipeden 179
Maxwell Montes (Venus) 36–37
Mazda RX-7 356
McFayden, Jock 451
MCW-Metrobus 342
Mechanik
  Auto 360, 361
  Gitarre 517
  Grundgleichung der 331
  Physik 331
mechanische Sedimente 286
Medaillon 480
Medianauge 176
Medinet Habu 463
Medullosa 72
Meduse 71
Meere 304–309
  Bodenschätze 291
  Delta 300, 301
  Flußmündungen 298–299
  Fossilien 288
  Küstenformen 304–305
  Meeresboden 308–309
  Mondkrater *s. Mare und Maria*
  Sedimentgesteine 286
  Wasserkreislauf 298
  Weltkarte 274–275
  Wetter 313
Meerenge 69
Meeresarme 305
Meeresboden 64, 65, 308–309
Meeresklippen 304–305
Meeresküsten 304–305
Meeresschildkröte 79
Meeressedimente 290
Meeresspiegel 72, 76
Meeresströmungen 306–307
Meerestemperatur 313
Meereswirbellose 71
Meereswürmer 84
Meersalz 306
Meerwasser 300, 306
Megasporen 128
Megazostrodon 110
Megrez 19
Mehrventilzylinderköpfe 354
Mehrzweckreifen 373
Meile 588, 589
Meiolania platyceps 83
Meißelkante (*Arsinoitherium*-Zahn) 110
Meißnersche Tastkörperchen 244, 245, 249
Meitnerium 321
Mekka 492
Mekong 275
Melaninkörnchen 244
Melanorosaurus 74, 94, 95
Melodiegitarre 516, 517
Melone
  Delphin 215
  Frucht 155
Membran
  präsynaptische 249
  Zelle 145, 226, 227
Membrana elastica externa 262
Membrane
  ARV Super 2 428
  Telefon 568

Membranstapel (Granum) 145
Memorykarteneingabe 524
Mendel (Mondkrater) 41
Mendelejew 41
Mendelevium 321
Menkalinan 21
Menkar 19, 20
Menkent 21
Mensa (Sternbild) *s. Tisch*
Mensch
im Energiekreislauf 324, 325
in der Erdgeschichte 63, 82, 80, 81, 114, 115
Körper 218–271, 579
Menschenaffen 212, 213
Merak 19
Merchant's Exchange/ Philadelphia 497
Merikarp 157
Merkelsche Tastscheiben 245, 249
Merkur 30, 34–35
Mersenius 40
Merus 178, 179
Merycoidodon culbertsonii 81
Mesenterium 173, 188
Mesogloea 172
Mesokarp 152, 153, 154
Mesophyll 119, 141
Mesopotamien (Architektur) 492
Mesosphäre 39, 310
Mesothorax 174
Mesozoikum 63, 74, 76, 88, 110, 289
Messe (Schiff) 405
Messer
Palettenmesser 446–447
Rasenmäher 574, 575
Messerabdeckung 574
Messerauftrag 447
Messerbolzen 575
Messerlager 575
Messing
Instrumente 510, 512, 521
Renault 1906 347
Schiffsschraube 398
Stuhl 570
Zündkabelgehäuse 353
Messingeinlage 570
Messingflügel 398
Messinggehäuse 353
Messingschräge 347
Messingzierrat 347
Meßstelle für statischen Luftdruck 416
Metacarpalia *s. auch Mittelhandknochen*
Echse 190
Frosch 189
Vogel 195
Metallabschirmblech (Fernseher) 566
Metalldeckung 490
Metalldrähte 326, 327
Metalle 320–321, 322
edle 322
unedle 322
Metallfeder 448
Metallgriffel 434
Metallguß 456
Metallhaut (Flugzeug) 412
Metallkanister 364
Metallkarosserie (Auto) 358
Metallkorpus (Instrumente) 513, 517
Metallnabe 431
Metallplättchen (Telefon) 568
Metallplatte
Druck 450
Klangplatte 521
Motorrad 374
Metallrahmen
Gong 520
Klavier 518, 519
Vibraphon 521
Metallreifen 334
Metallröhre
Querflöte 512
Röhrenglocken 520
Saxophon 513
Vibraphon 521
Xylophon 520
Metallscheibe (Gong) 520
Metallstab (Triangel) 521
Metallständer (Xylophon) 520
Metallverbundplatte 501
Metallverkleidung (Architektur) 500
Metamorphe Gesteine 276–277, 284–285
Metamorphose *s. auch Verwandlung*
Frosch 189
Insekten 174
Metatarsalia *s. auch Mittelfußknochen*
Frosch 189
Metatarsus
Skorpionbein 176
Spinnenbein 177
Metathorax (Insektenbrust) 174
Meteore 52
Meteoriden 10, 52–53
Meteoriten 311
Meter (m) 328, 588, 589
Meteroriten 34, 38, 41, 52
Meterorschauer 39, 52
Methan
Jupiter 45
Neptun 50
Pluto 51
Saturn 47
Uranus 48–49
Metis Regio 36
Metope 464
Metridium senile 172
Metro 338
Metrolink 342
Mexikanische Bergkönigsnatter 190
Mexiko
Spurweite 341
Mezzanin 471
Miaplacidus 21
Michelangelo
Künstler 457
Merkurkrater 35
Michigansee 274
Micrasterias sp. 118
Mid-West-Zweitakt-3-Zylinder-Wankelmotor 414
MIDI (Musical Instrument Digital Interface) 524, 525
Midway Gardens 499
Mihrab 492
Mikrofilament 227
Mikrofon (Telefon) 568, 569
Mikrometeoriten-Schutzanzug 57
Mikroorganismen 84
Mikrophonanschlußbuchse 525
Mikropyle
Befruchtung 153
Erdbeere 156
Keimung 159
Kiefer 128
Mikrosporen 128
Mikrotubulus 227
Mikrotubus 249
Mikrowellen
Licht 328
Universum 10
Mikrowellenherd 325
Mikrowellenstrahlung 10, 328
Milankowic 43
Milchquarz 278, 281
Milchstraße 14–15, 18, 20, 30
Milchzähne (Mensch) 256
mile 588, 589
Militärflugzeuge 424–425
Militärjeep 364
Milne 41
Milton 35
Milz
Elefant 210
Frosch 188
Hauskatze 201
Knochenfisch 187
Mensch 225, 259
Schimpanse 212
Milzarterie 263
Mimas 46
Mimikmuskeln 238
Mimosa 21
Mimulopsis solmsii 151
Minarett 492, 493
Minerale 278–281
kristallin 316
Mineralquelle 282–283
Mineralstoffaufnahme (Wasserpflanzen) 164
Mineralstoffe (Pflanzennahrung) 140, 166
Minerva 483
Minifernseher 366–367
Minmi 101
Mintaka 18
Minuspol (Fernseher) 566
Minuteneinteilung
Jakobstab 385
Uhr 563
Minutenkreiseinteilung 563
Minutenrad 563
Minutenradkolben 563
Minutenzeiger 562, 563
Minze 115
Miozän 63, 289
Mir 56
Mira 19, 20
Mirach 19, 20
Miranda 48
Mirfak 19, 20
Mirzam 18, 21
Mississippi 274
Delta 300–301
Mistel 168
Misteldrossel 196
Mitochondrium 227, 249, 269
Mitralklappe 261
Mittelalter (Architektur) 470, 471, 472, 473
Mittelarmnerv 248
Mittelatlantischer Rücken 38
Mitteldeck 388
Mittelfeldspieler (Fußball) 528
Mittelfinger 240, 241
Mittelfuß
Echse 190
Elefant 211
Hase 203
Hauskatze 201
Känguruh 216
Pferd 205
Rhesusaffe 212
Robbe 214
Schnabeltier 216
Tyrannosaurus 90
Mittelfuß-Würfelbein-Keilbein-Bänder 242
Mittelfußarterie 263
Mittelfußknochen
Albertosaurus 90
Archaeopteryx 91
Arsinoitherium 111
Brachiosaurus 96
Eryops 87
Euoplocephalus 100
Iguanodon 102, 103
Mensch 229, 242
Pachycephalosaurus 106
Parasaurosophus 104
Plateosaurus 94
Stegoceras 107
Struthiomimus 93
Toxodon 113
Triceratops 108
Mittelgang 339
Mittelhandgelenk (*Baryonyx*) 91
Mittelhand(knochen)
Archaeopteryx 91
Arsinoitherium 110
Baryonyx 91
Brachiosaurus 97
Diplodocus 96
Elefant 96, 211
Eryops 86
Euoplocephalus 100
Gallimimus 92
Hase 203
Hauskatze 201
Känguruh 216
Kuh 204
Mensch 228, 229, 240
Opossum 112
Parasaurolophus 105
Pferd 204
Plateosaurus 94
Rhesusaffe 212
Robbe 214
Schnabeltier 216
Stegoceras 106
Triceratops 109
Tyrannosaurus 90
Vogelflügel 197
Mittelhirn 246, 247
Mittelindischer Rücken 38
Mittelkielschwein 401
Mittelkonsole 363
Mittelkreis
Fußball 528
Netball 533
Mittellinie
Fechten 549
Fußball 528
Netball 533
Squash 537
Mittellinienfahne (Fußball) 528
Mittelmeer 80, 275
Mittelmoräne 296–297, 299
Mittelnaht (BAE-146-Heckflügel) 419
Mittelohr 252
Mittelozeanische Rücken 65, 308–309
Mittelozeanische Schwelle 64
Mittelprofilrohr 430, 431
Mittelrad (Uhr) 562
Mittelrippe (Blatt)
Blätter 142
Ein- und Zweikeimblättrige 132, 133
Fleischfressende Pflanzen 167
holzige Blütenpflanzen 137
krauige Blütenpflanzen 135
Moosthallus 124, 125
Spiraltangthallus 122
Wasserpflanzen 165
Mittelruder 382, 383
Mittelschiff (Ägyptischer Tempel) 463
Mittelstreckenlauf 534
Mittelstück (Holzblasinstrumente) 512
Mittelstürmer (Eishockey) 542
Mitteltank 417
Mittelwelle 328
Mittschiffsbereich 400
Mittschiffsspake 398
Mizar 19
Möbelstücke (für Plastiken) 456
Modellierholz 458
Modellierplatte (des Modelliertischs) 459
Modellierschlinge 458
Modelliertisch 459
Modellierwerkzeug 458
Moderator 324
Moderne Architektur 500
Modifikationen 321
Modillion 479, 482, 483
Moenave-Schicht 286
Moenkopi-Schicht 286
Moeritherium 110, 111
Mohammed (Islam. Architektur) 492
Mohnöl 440
Mohorovicic-Diskontinuität 39
Möhren 134, 138
Mohssche Härteskala 280–281
Molaren *s. auch Backenzähne/Mahlzähne*
Australopithecus 113
Bär 112, 200
Elefant 211
Hyaenodon 113
Mensch 256
Pferd 111
Molche 188
Moleküle 316, 317, 318–319, 322
Molekülorbitale 318
Mollusca 182
Molybdän 320
Molybdänglanz 281
Molybdänium-Oxide 279
Mond 40–41
Gezeiten 306–307
im Universum 11
und Sonne 32
Mondbein 240
Monde
Jupiter 44
Mars 42
Neptun 50
Saturn 46
Sonnensystem 30
Uranus 48
Monderkundungsfahrzeug 59
Mondkapsel 59
Mondlandeeinheit 59
Mondmission 59
Mondoberfläche 58, 59
Mondphasen 41
Mondüberschuh 57
Mondumlaufbahn 59
Mongolei 106
Monitor (Computer) 579
Monoceros *s. Einhorn*
Monocotyledoneae 132
Monodon monoceros 215
Monograptus convolutus 71
Monokline 67
Monokotyledonen *s. Einkeimblättrige (Pflanzen)*
Monokotyledonenblüte 132
Monokotyledonenwurzel 133
Monokotylenblatt 132
Monoque-Chassis 371
Monotremata 216
Montagehalterung (Fernseher) 566
Montes Appenninus 40
Montes Cordillera 41
Montes Jura 40
Montes Rook 41
Monteverdi 35
Montgolfier 406
Moore, Henry 459
Moorschneehuhn (Ei) 199
Moose 118, 124–125, 168
Mooskapsel 118
Moospflanze 124, 125
Moosspore 125
Moostierchen 289

Moränen 296–297, 302–303
Mörser 436
Mörtel 454
Mörtelschichten (Fresko) 438)
Morus nigra 136
Mosaik 454–455
islamische Mosaiken 492, 493
Mosaiktechnik 454–455
Mosaikhammer 454
Mosaiksteinchen 454, 455
Mosaikzubehör 454
Moschee 488, 492
Moscheemosaik 455
Moskau (Architektur) 491
Moskitonetz 364
Motocross-Rennen 376
Motocyclette Werner 370
Motoneuron 238
Motor *s. auch Motoren*
Auto 345, 346, 360, 361
Motorrad 370, 371, 374, 376, 377
Rasenmäher 574
Walkman 581
Wright Flyer 406
Motor-IC (Walkman) 580
Motor-Rettungsboot 405
Motorabdeckung 347, 374
Motoransaughutze 367
Motorantriebsbügel (Rasenmäher) 575
Motoraufhängeöse 357
Motoraufhängung
Flugzeug 414, 415, 429, 431
Motorrad 375
Motorbefestigungsplatte 372
Motorbefestigungsschraube 372
Motorblock 357
Motorbusse 342
Motordrachen 430
Motoren (A= Auto, E= Eisenbahn, F=Flugzeug, M=Motorrad)
Auto 352, 353, 354, 355, 356, 357
Benzinmotor (A) 354
Boxermotor(A) 350
Daimler Doppelscheibenmotor(A) 353
Dieselmotor (E) 336, 337, (A) 352, 356, 357
Doppelkolbenmotor (A) 352
Drehkolbenmotor(A) 352, 356
Dreizylinder-Anzani-Motor(F) 409
Dreizylindermotor(F) 429
Einzylinder-Viertakt-Motor(M) 370
Einzylindermotor (A) 345, 346, (M) 370
Elektromotor 336, 342, (A) 352
Ford-Cosworth-V6-12-Ventilmotor (A) 354
Ford-Turbo-Dieselmotor (A) 357
Gnome-7-Zylinder-Rotationsmotor (F) 408
Hilfsmotor (M) 370
Humber-Motor (A) 353
Jaguar-V12-Motor (A) 355
Kolbenmotor (F) 414, 428
Mid-West-Zweitakt-3-Zylinder-Wankelmotor (F) 414
Motorrad 374, 375
OHV-Motor (M) 377
Pratt & Whitney-9-Zylinder-Sternmotor (F) 412, 413
Reihenvierzylindermotor (M) 371
Salmson-9-Zylinder-Sternmotor (F) 406, 407
V-Motor (M) 370, 371, 372
Velocette-Motor (M) 375
Verbrennungsmotor (A) 344, 352, 354, (M) 374, 375
Viertaktmotor (A) 353; (F) 414
Vierzylinder-12-PS-Motor (F) 407
Vierzylinder-Benzin-Verbrennungsmotor (F) 406
Vierzylinder-Boxermotor (A) 350
Vierzylinder-Reihenmotor (A) 355
Vierzylinder-V-Motor (M) 372
Wankelmotor (A) 352, 356; (F) 414
Zweiblockmotor (A) 347
Zweitaktmotor (M) 374; (F) 414
Zweizylinder-Motor (F) 431
Zweizylinder-V-Motor (M) 371
Zwölfzylinder-V-Motor (A) 355
Motorflug 406
Motorgabel 409
Motorgehäuse
Bohrer 558
Mid-West-Wankelmotor 414
Motorgeschwindigkeitseinstellung 580
Motorhaube
Auto 346, 347, 349, 351, 359
Motorrad 371, 372
Motorhauben-Entriegelungsseilzug 359
Motorhaubenclip 349
Motorhaubengriff 346
Motorhaubenscharnier 359
Motorhaubenschloß 359
Motorhaubenstütze 347
Motorhaubenverriegelung 346
motorische Endplatte 238
Motorluftansaugstutzen 364
Motorlufteinlaß (Hubschrauber) 427
Motorplatte (Mid-West-Wankelmotor) 415
Motorräder 370–377
Motorradfahrer 370
Motorradrennen 376
Motorradtechnologie 370
Motorrahmen (Curtiss Model-D) 406
Motorschaltermechanismus (Bohrer) 558
Motorsteuerung 366
Motorträger 353
Motorverkleidung
Auto 366
Flugzeug 411, 413, 428, 431
Motorverkleidungsstück 413
Motte (Architektur) 470
Mount Everest 274
Mountainbike 368, 586–587
Mouse Pad 525, 578, 579
Muav-Kalksteine 287
Muccini (Pinsel) 438
Muezzin 492
Mühle 468
Mühlrad 468
Mulassier 208
Mulde 66, 67, 68
Muliphein 21
Mullion-Struktur 66, 67
Multi-Rolle (Angeln) 554
München (Architektur) 499
Mund
Echse 190
Entenmuschel 179
Flußkrebs 179
Gorilla 213
Kaninchen 202
Mensch 221, 222, 254–255, 258, 270
Mooskapseldeckel 125
Qualle 173
Seeigel 181
Mundhöhle
Delphin 215
Elefant 210
Hauskatze 201
Kaninchen 202
Mensch 258
Pachycephalosaurus 106
Schildkröte 193
Schimpanse 212
Vogel 195
Mundloch (Flöte) 512
Mundöffnung
Kobrapflanze 166
Seeanemone 173
Seestern 180, 181
Mundrohr (Holzblasinstrumente) 512
Mundscheibe 173
Mundsprühgerät 434
Mundstück
Blechblasinstrumente 510, 511
Feuerbohrer 115
Klarinette 513
Saxophon 513
Mündung (Geschützrohr) 403, 405
Mündungskranz 403
Mundwinkel 223
Mundwinkelheber 239
Mundwinkelherabzieher 238, 239
Munition 541
Murakozer 208
Musa 'acatan' 152
Muscari sp. 161
Muschel
Architektur 480
Tier 182–183, 288–289
Muschelform (Architektur) 491
Muschelfossilien 288–289
Muscheln 182–183
Muschelseitling, Trichterförmiger 119
Musci 124
Musik 504–525
Musikgalerie 481
Musiknotation 506–507
Muskelansatznarbe (Smilodon) 113
Muskelgewebetypen 238
Muskelkoordination 247
Muskelkraft 330
Muskelmagen
Brachiosaurus 97
Euoplocephalus 100
Gallimimus 92
Vogel 195
Muskelmantel (Krake) 182
Muskeln
Adduktormuskel 179
Albertosaurus 90
Ambiens-Muskel 103
Ambiens-Muskel 90
Armmuskel 92
Brachiosaurus 96
Caudofemoral-Muskel 103
Extensor-digitorum-communis-Muskel 90
Femorotibialis-Muskel 90
Flexor-digitorum-Muskel 90
Flexor-tibialis-internus-Muskel 90
Gallimimus 92, 93
Gastrocnemius-Muskel 90
Iliofemoral(is)-Muskel 90, 103
Iliofibular(is)-Muskel 90, 103
Iliotibial(is)-Muskel 90, 100, 103
Intercostalmuskel 97
Kaumuskeln 106
Mensch 236–239
Oberarmmuskel 97
Puboischiofemoral-Muskel 103
Retraktormuskel 173
Ringmuskel 173
Schienbeinmuskel 103
Schultermuskel 97
Tibialis-antierior-Muskel 90
Unterarmmuskel 92
Unterschenkelmuskel 93, 96
Wadenbeinbeugemuskel 103
Zehenbeuger 90
Zehenstreckmuskel 100, 103
Zwillingswadenmuskel 100, 103
Muskelseptum 182
Muskelwülste 260, 261
Muskowit 278–279
Mussaurus 74
Muttaburrasaurus 103
Mutter
Fahrrad 586, 587
Jungfernschäkel 391
Lampe 564, 565
Toaster 572, 573
Mutterkuchen 80, *s. auch Plazenta*
Muttermilch (Säugetiere) 110
Muttermund 269
Mutterpflanze 160
My Andromedae 19
My Orionis 19
My Pegasi 19
Myelin 249
Mykene 465
Mylar-Segeltuch 392
Myofibrille 238
Myokard 260, 261
Myzel 120, 121

N

Nabe
ARV-Super-2-Fahrwerk 428
Blackburne-Monoplane-Propeller 409
Fahrrad 586, 587
Schiffsschraube 398, 399
Nabel
Bauchnabel 221, 270
Samen 154, 155, 157–159
Nabelarterien 270
Nabelschnur 270, 271
Nabelvene 270
Nabenbolzen 348
Nabenflansch 423
Nabenplatte 398
Nabenträger 361
Nachbrenner 422
Nachbrennerschubdüse 425
Nachführleuchte 59
Nachrichtenübermittlung (Raumfahrt) 57
Nachschalldämpfer 431
Nachschiebebein 175
Nachtfalter-Orchidee 132
Nachweisreaktion 323
Nacken (Mensch) 220
Nackenplatte (Edmontia) 101
Nacktsamer 128
Nacktschnecken 182
Nadel
Nadelbaumblatt 128–131
Segelmacherwerkzeug 392
Sonnenuhr 385
Nadelbäume 63, 128, 289
Nadelgewächse 74, 76, 78
Nadelhölzer 128
Nadelknospe 131
Nadelplatte 392
Nadus 194
Nagel
Iguanodon-Fuß 102
Sattel 576
Nagelhaut 241
Nagelrochen 185
Nager *s. Nagetiere*
Nagetiere 110, 202–203
Nagezähne 202, 203
Nährgewebe (Samen) 158
Nährstoffe
Ferntransport (Leitgewebe) 140
Mensch 258, 260, 270
Photosynthese 145
Nahrung (Energiekreislauf) 324, 325
Nahrungsaufbereitung 258
Nahrungsreserve
Samen 153
Speicherorgane 161
Nahrungstransport (Mensch) 236
Naht
Eisenschiff 400
Samenschale 159
Nähte (beim Segel) 392
Nähwachs (Sattel) 577
Nair Al Zaurak 19, 20
Naismith, James 530
Namib 275
Nantes (Architektur) 486
Naos 465, 467
Nara 494
Narbe
ausgereifte 151
dreilappige 149
empfangsbereite 152
Fruchtknoten 132, 133, 146, 148–151
unreife 151
zweilappige 148
Narwal 215
Nasale *s. auch Nasenbein*
Bär 200
Löwe 200
Nase
Architektur 476, 492
Elefant 210
Flugzeug 412, 421
Kaninchen 202
Mensch 221, 222, 254–255
Pferd 205
Ratte 202
Rennwagen 367
Nasen-Lippen-Furche 223
Nasenbein
Mensch 230, 231
Panaplosaurus 100
Protoceratops 108
Toxodon 112
Nasenflügel 223

Nasengang
Elefant 210
Mensch 255
Nasengelenk 420
Nasenhöhle
Elefant 210
Kaninchen 202
Mensch 254, 255, 258
Schimpanse 212
Nasenhorn
Arsinoitherium 110
Triceratops 108
Nasenhornknochen
(Triceratops) 108, 109
Nasenklemme 550
Nasenkonus 422
Nasenloch *s. auch Nasenöffnung*
Arsinoitherium 110
Eryops 86
Gorilla 213
Hauskatze 201
Hyaenodon 113
Känguruh 217
Kaninchen 202
Löwe 200
Mensch 114
Mensch 223, 254
Moeritherium 111
Opossum 112
Robbe 214
Schlange 191
Smilodon 113
Tyrannosaurus 90
Vogel 194
Nasenmuschel 222, 230, 231, 251
Nasenmuskel 239
Nasenöffnung
Anchisaurus 95
Ankylosaurier 100
Brachiosaurus 97
Corythosaurus 104
Edmontia 101
hintere (Choane) 230
Horn-Dinosaurier 108, 109
Iguanodon 102, 103
Lambeosaurus 105
Plateosaurus 94
Stegoceras 106, 107
Stegosaurus 98
Tyrannosaurus 90
Nasenrachenraum 255
Nasenriemen 547
Nasenring (Flugzeug) 408, 411, 416
Nasenringteil 413
Nasenrücken 223
Nasenscheidewand 223, 231, 251
Nasenstachel 230, 231
Nasenstoßzahn (*Phiomia*) 111
Nasentasche (*Acanthostega*) 86
Nasenvorhof 222, 255
Nasenwurzel 223, 231
Nash 21
Naß-auf-Trocken-Technik 443
Naß-in-Naß-Technik 442, 443
Natrium
Erdkruste) 64
Meerwasser 306
Merkuratmosphäre 35
Periodensystem 320
Natriumhydroxid 322
Natriumlinien 23
Natronlauge 322
natürliche Satelliten 40
Naturschwamm 442
Naturtöne 510
Nautiloiden 71
Nautilus 75
Navajo-Mountain 287
Navajo-Sandstein 286
Navigation 384
Navigationsantenne 427, 428
Navigationsbrücke 402
Navigationshilfen 428
Navigationsinstrumente 428
Navigationskonsole 424
Navigationslicht 502
Navigationssender 424
Navigatorkanzel 424
Navka Planitia 37
Nazca-Platte 38, 65
Neandertaler 114
Nebel
Kolloid 316
Mars 42–43
Sternennebel 12–13, 14–15, 16–17, 24, 26
Nebelleuchte 342
Nebellicht 371
Nebelscheinwerfer 359, 363
Nebenaggregat 355
Nebenblatt 134–137, 158
Nebenbogen 488
Nebendarm 181
Nebenflüsse 298–299, 305
Nebenhoden (Mensch) 269
Nebenniere (Mensch) 225, 267
Nebennierenvene 267
Nefertiti Corona 37
Nehrung 304
Neigung und Rotation von Planeten
Erde 38
Jupiter 44
Mars 42
Mond 40
Neptun 50
Pluto 51
Saturn 46
Uranus 48
Venus 36
Nektar
Blütensaft 148, 150
Fleischfressende Pflanzen 166
Nektardrüse 166, 167
Nektarie 151
Nektarium 146, 147
Nektarwulst 166
Neodym 320
Neon
Merkur 35
Periodensystem 321
Nepenthes mirabilis 167
Nephron 266
Neptun 31, 50–51
Neptunium 321
Nerv
Seerosenblatt 165
Nervatur, parallele 132
Nervenenden 244, 245, 249
Nervenfasern 245, 252
Nervenkanal, zentraler 230, 248
Nervenknoten 248, 253
Nervenmark 249
Nervensystem (Mensch) 248–249
Nervenszintigramm 224
Nervenzellen 227, 246, 247
Nesselfaden 173
Nesselfutterstoff (Stuhl) 571
Nesseltiere 172–173
Nesselzelle 173
Netball 532, 533
Netballfeld 533
Netz
Badminton 537
Basketball 530
Eishockey 542
großes (Bauch) 224
Sternbild (=Reticulum) 20
Tennis 536
Volleyball 532
Netzhaut 250, 579
Netzhautarterie, zentrale 250
Netzhautblutgefäß 250, 251
Netzhautvene, zentrale 250
Netzmagen 204
Netznervatur 133
Netzpfosten (Tennis) 536
Netzschalter (CD-ROM) 578
Netzschiedsrichter (Tennis) 536
Netzteil (CD-ROM) 578
Neubarock 496, 497
neubyzantinisch 497
Neugeborenenkiefer 256
Neugotik 496
Neuguinea 275
Neunauge 184
Neuralbogen
Knochenfisch 186
Tyrannosaurus 91
Neuralplatte 193
Neurofilament 249
Neuronen 248
Neurotransmitter 249
Neuseeland
Spurweite 341
Vulkane 282
Weltkarte 275
Neutrale Zone (Eishockey) 542
Neutrino 22
Neutron/en
Atom 318, 319
Sterne 22, 28
Neutronensterne 26–29
Neuweltaffen 212, 213
New State Paper Office 486
New York (Architektur) 498, 499
New Yorker Bus 343
Newton (N) 330
Newton, Isaak 330
Newtonsche Gesetze 331
NGC 1566 (Seyfert-Galaxie) 13
NGC 2997 (Spiralgalaxie) 12
NGC 4406 (elliptische Galaxie) 11
NGC 4486 (elliptische Galaxie) 12
NGC 5236 (Spiralgalaxie) 11
NGC 5754 (kollidierende Galaxien) 13
NGC 6656 (Kugelsternhaufen) 21
Nichtmetalle 320–321
Nick- und Rollhebel 426
Nickel
Bodenschätze 291
Erde 39
Periodensystem 321
Venus 37
Nickeleisen 280
Nickhebel 427
Niederblatt 158
Niederdruckfan 422
Niederdruckturbine 422, 423
Niederdruckzylinder 352
Niedergang 388, 403
Niedergangstreppe 389, 400
Niederlande (Architektur) 482, 499
Niederländischer Kubismus 499
Niederländisches Kaltblut 208
Niederschlag
chemische Reaktionen 322, 323
Wetter 312
Niedrigwasser 306–307
Niere
Brachiosaurus 96
Delphin 215
Echse 191
Elefant 210
Frosch 188
Gallimimus 92
Hauskatze 201
Kaninchen 202
Katzenhai 185
Knochenfisch 187
Mensch 224, 225, 266, 267
Schildkröte 193
Vogel 195
Nierenarterie 266, 267
Nierenbecken 266
Nierenerz 278
Nierenkanälchen 266
Nierenkapsel 266
Nierenkelch 266
Nierenkörperchen 266
Nierenmark 266
Nierenpapillen 266
Nierenrinde 266
Nierenvenen 266, 267
Niete (Sattel) 576
Nietnagel (Wikingerschiff) 383
Nigella damascena 157
Nil 274–275
Nilkrokodil 192
Nimbostratus-Wolken 312
Nimbus-Wolken 312
Niob 320
Niobe Planitia 36, 37
Nipptide 306–307
Nische
römisches Gebäude 466
asiatische Bauwerke 495
Barockkirche 484
Domkuppel 491
gotische Gebäude 476
islamische Gebetsnische 492
klassizistisches Gebäude 486
mittelalterliches Gebäude 471
Renaissancegebäude 480
Nischenbogen 484
Nissl-Schollen 249
Nitrat (Pflanzennahrung) 166
Nitrationen 322
Niveauregulierung 354
Njassasee 275
Nobelium 321
Nobelkarossen 346–347
Nockbändsel 383
Nocke 373
Nocken 354
Nockenerhebung 354
Nockenwelle 353, 354, 355, 371, 374, 376
Nockenwellenantriebskette 353
Nockenwellenantriebsrad 354, 355
Nockenwellengehäuse 354
Nockenwellengehäusedeckel 355, 357, 366
Noctis Labyrinthus 42–43
Nonius 207
Nordafrika (Architektur) 492
Nordamerika
Erde im Universum 38
Gebirge 68
im Devon 70, 71
im Jura 76
im Karbon 72
im Quartär 82, 83
im Tertiär 80, 81
in der Kreide 78, 79
in der Trias 74
Marginocephalier 106
Ornithopoden 102
Thyreophora 98
Weltkarte 274
Nordamerikanische Kordilleren 77
Nordamerikanische Platte 38, 65
Nordäquatorialstrom 306–307
Nordatlantik 77, 79
Nordatlantischer Strom 306
Nordgalaktischer Ausläufer 15
Nordhalbkugel der Erde 306–307
Nördlicher Magnetpol 29
Nördliches Polarlicht 45
Nordmeerbucht 75
Nordostafrika 70
Nordostpassat 310
Nordostwind 313
Nordpazifischer Strom 306
Nordpol
Erde 38, 307, 310
Jupiter 44
magnetischer 327
Mars 42
Merkur 34
Mond 40
Neptun 50
Pluto 51
Pulsar 30
Saturn 46
Uranus 48
Venus 36
Nordschwedisches Pferd 208
Nordwestwind 313
Norfolk (Architektur) 477
Normalspur 340, 341
Normandie 382
Northrop B-2 (Tarnkappenbomber) 425
Not-Aus-Ventil 423
Notausgang
Bahn 339
Bus 342, 343
Notausstieg (Flugzeug) 412, 420, 421
Noten 506, 507
Notenlinien 506
Notenpult 518
Notenschlüssel 506
Notenschrift 506–507
Notenständerhalterung 510
Notentriegelung 424
Notenwerte 506
Nothosaurier 75
Nôtre-Dame 477
Notsauerstoffzylinder 421
Notsitz 347
Notstromunterbrecher 367
Notwasserung 412
NPT 301-Turbinenluftstrahltriebwerk 422
Nucellus 153
Nuchale 193
Nuctenea umbratica 177
Nullmeridian 274–275, 306
Nummernschild
Auto 351
Motorrad 370
Nummernverzeichnis 568
Nunki 19–21
Nuß (Frucht) 137, 156
Nüßchen 156
Nußgelenk 234
Nußknacker 331
Nußöl 440
Nüster 205
Nut
Auto 357
Bohrmine 558
Stuhl 570
und Feder 570
Nutzlastraum 56
Nutzleistung 374
Ny Andromedae 19
Ny Orionis 19
Nylon
Segeltuch 392
silikonisiertes 392
Taue 396

Nylonseil 396
Nymphaea sp. 165
Nyssa sylvatica 143

O

Oase 293
Ob und Irtysch 275
Oberarm
Arsinoitherium 110
Fledermausfossil 111
Gliedmaßenstellung 88
Gorilla 213
Mensch 220
Toxodon 112
Tyrannosaurus 90
Oberarmarterie 263
Oberarmknochen *s. auch Humerus*
Archaeopteryx 91
Brachiosaurus 97
Diplodocus 96
Echse 190
Elefant 211
Eryops 86
Euoplocephalus 100
Frosch 189
Gallimimus 92
Hase 203
Hauskatze 201
Iguanodon 102
Känguruh 216
Krokodil 192
Mensch 228
Parasaurolophus 105
Pferd 205
Plateosaurus 94
Rhesusaffe 212
Robbe 214
Schildkröte 193
Schnabeltier 216
Stegoceras 106
Stegosaurier 99
Struthiomimus 93
Triceratops 108
Vogel 195, 197
Oberarmmuskel
Brachiosaurus 97
zweiköpfiger *s. Bizeps*
Oberarmpolster (Fechten) 549
Oberarmspeichenmuskel 236
Oberblinderah 387
Oberdeck
Doppeldeckerbus 342, 343
Schiff 388
Oberdecksbalken 401
Oberdecksstütze 401
Oberdeckstringerplatte 401
Oberer See 274
Oberflächenschichten (Grundwasser, Gewässer) 303
Oberflächenströmungen (Meer) 306–307
Oberflächentemperatur
Erde 39
Hauptreihensterne 24
Mars 43
Merkur 35
Neptun 51
Rote Riesen 25
Rote Überriesen 26
Sonne 33
Sterne 22
Venus 37
Oberflächenwellen *s. L-Wellen*
Obergaden 483
Oberhaut 244, 245
Oberjura 102
Oberkiefer
Ankylosaurier 100
Arsinoitherium 110
Baryonyx 89
Camarasaurus 97
Eryops 86
Iguanodon 102
Mensch 222, 255, 256, 258
Moeritherium 111
Pachycephalosaurier 106
Toxodon 112
Oberkieferfenster (*Diplodocus*) 96
Oberkieferknochen (Mensch) 230, 231
Oberkreide 67, 98, 102, 106
Oberlänge (Buchstabe) 449
Oberleder (Sattel) 576
Oberleitung 338, 340, 342
Oberlicht 400, 401, 402
Oberlidheber 251
Oberlippenheber 239
Oberlippenrinne 223
Obermarssegelbrasse 393
Oberon 48
Oberrohr (Fahrrad) 587
Obersattel (Saitenistrumente) 514, 515
Oberschenkel
Gorilla 213
Hauskatze 201
Känguruh 217
Mensch 221, 234
Pferd 204
Oberschenkel(knochen) *s. auch Femur*
Albertosaurus 90
Anchisaurus 95
Archaeopteryx 91
Arsinoitherium 111
Brachiosaurus 96
Corythosaurus 104
Diplodocus 96
Echse 190
Elefant 211
Euoplocephalus 100
Frosch 189
Gallimimus 92
Giedmaßenstellung 88
Hase 203
Hauskatze 201
Ichthyostega 87
Iguanodon 102, 103
Känguruh 216
Mensch 229, 234, 235
Parasaurolophus 104
Pareiasaurus 87
Pferd 205
Plateosaurus 94
Psittacosaurus 109
Robbe 214
Schildkröte 193
Schnabeltier 216
Stegoceras 107
Stegosaurier 98, 99
Stegosaurus 98
Struthiomimus 93
Toxodon 113
Triceratops 108
Tyrannosaurus 90
Vogel 195
Oberschenkelarterie 235, 263
Oberschenkelhals 234, 235
Oberschenkelkopf 234, 235
Oberschenkelmuskulatur (*Gallimimus*) 92
Oberschenkelrollhügel 234, 235
Oberschenkelschaft 234, 235
Oberschenkelvene 263
Oberschlundganglion 179
Oberstück (Holzblasinstrumente) 512
Obertrias (=Obere Trias) 94
Oberwasser (Kraftwerk) 324
Obi 548
Objektiv (Kamera) 585
Objektivgehäuse 585
Objektivwechsel 585
Obmann 549
Oboe(n) 507, 508, 509, 512
Obsidian 285, 316
Occipitale 212
Oceanus Procellarum 40
Ocellus
Spinne 176, 177
Muschel 182
Ochsenauge (Architektur) 485, 491
Ocker, gelber 446
Oculus 380
Odontoblasten 257
Oerlikon-Geschützstellung 405
Oesophagus *s. auch Speiseröhre*
Delphin 215
Echse 191
Elefant 210
Hai 185
Hauskatze 201
Kaninchen 202
Kuh 204
Schildkröte 193
Schimpanse 212
Schmetterling 175
Schnecke 183
Spinne 176
Vogel 195
Ofen (=Formax, Sternbild) 19, 20
offener Sternhaufen 16
Offizierskabinen 388
Offizierskajüte 389
Offiziersmesse 389, 405
Öffnungsfrucht 156
Ohm (Ω) 326
Ohr
Buchstabe 449
Elefanten 210, 211
Känguruh 217
Mensch 220, 222, 252–253, 270
Muschelschale 182
Pferd 205
Ratte 202
Ohrecke 252
Ohrenrobben 214
Ohrhölzer 388
Ohrknorpel 252
Ohrläppchen 252
Ohrmuschel
Elefant 210, 211
Känguruh 217
Mensch 223, 252
Ratte 202
Ohröffnung
Camarasaurus 97
Stegoceras 107
Stegosaurus 98
Ohrstöpsel für Wassersport 550
Ohrtrompete 252, 253
Ohrwurm 174
OHV (Overhead-Valve)-Motor 377
Okklusionsfront 312–313
Oktastylos 466
Oktav 549
Oktavklappe 513
Oktogonal 485
Okularende (Jakobstab) 385
Okularsystem 584
Öl
Diesel 336
Energie 325
Laufmittel 374
Ölabstreifring 354, 357
Ölansaugstutzen 354
Ölbohrung 357
Old-St.-Paul's-Kathedrale 476
Öldichtring 357
Öldruckleitung 357
Öldrucksteuerventil 423
Öldrüse 154
Oldsmobile 346, 347
Öldüse 357
Öleinfüllklappe 416
Öleinfüllstutzen
Auto 356
Flugzeug 406
Motorrad 377
Rasenmäher 574
Olenellus 70
Ölfarben 440
Ölfilter
Auto 355, 357
Flugzeug 422, 423
Ölgemälde 441
Oligozän 63, 289
Olivgrün 444
Olivin
Gesteinskreislauf 277
Meteoritengestein 52
Minerale 279
Olivingabbro 285
Ölkanal 375
Ölkanne 335
Ölkontrollklappe 413
Ölkraftwerk 325
Ölkühler 357
Ölkühlerleitung 355
Ölkühlluftauslaß 419
Ölleitung
Auto 366
Flugzeug 423
Ölleitungsanschluß 355
Ölmalerei 440–441
Ölmeßstab
Auto 354, 356
Rasenmäher 574
Ölmeßtauchstab 354
Ölpastell 455
Ölpumpe
Auto 353
Bahn 337
Flugzeug 415
Motorrad 375, 377
Ölpumpenantrieb 356
Ölpumpengehäuse 415
Ölpumpenöffnung 415
Ölrücklauf 423
Ölstandskontrollfenster 372
Ölstrieme 157
Öltank
Auto 366
Flugzeug 412, 423
Hubschrauber 426
Motorrad 371
Öltankverschlußdeckel 371
Öltopfapparat 345
Ölversorgungsleitung 374, 375
Ölwanne
Automotoren 353, 354, 355, 357
Motorradmotor 375
Olympische Spiele 534, 546, 550
Olympus Mons 42–43
Ölzufuhrleitung 355
Omasum 204
Omega Centauri 23
Omikron 1/2 Canis Majoris 21
Omikron Andromedae 19
Omikron Orionis 18
Omikron Sagittarii 21
Ontariosee 274
Onyx 278
Oogonium 123
Oortsche Wolke 52
Oosphäre 123, 125, 127
Opaion 490
opake Farbe 440
Operculare 187
Operculum
Heuschreckenei 198
Knochenfische 186
Moos 125
Opernhaus von Sydney 500, 502
Ophidia 190
Ophiothix fragilis 181
Ophtalmos 380
Ophthalmoskopie der Netzhaut 251
Opisthodom 465
Opisthosoma 176, 177
Opossum 216, 217
Optionsschalter (Computer) 579
Optische Karte unserer Galaxis 14–15
Optisches Gerät 584
Opus incertum 467, 469
Opus quadratum 469
Opus Sectile 492, 493
Ora serrata 251
Orbit (Umlaufbahn) 58
Orbita *s. Augenhöhle*
Orbitale 318, 319, 320, 321
Orchester 508–509
Orchestermuschel 499
Orchidee 139
epiphytische 168
tropische 168
Orcinus orca 215
Ordnung
Biologie 89, 94
Elemente 320–321
Ordnungszahl 320–321
Ordovizium 62, 70, 289
Organellen
assimilierende 145
Körperzellen (Mensch) 226
Organische Sedimente 286
Orgel
Architektur 474
Instrument 507, 518
Orgelpfeifen 518
Orgelstimme 506
Originalmodel 458
Orion 18, 21, 24
Orion-Arm 14
Oriongürtel 15, 16, 18
Orionnebel 15, 17, 18
Orkan 312–313
Orlan D-Raumanzug 57
Ornamentglas 474
Ornithischia/er 88, 89, 98, 102, 106
Ornithomimosaurier 92
Ornithomimus 89, 90
Ornithopoda/en 89, 102–105
Ornithorhynchus anatinus 217
Orobanche sp. 169
Orogenese 68
Orthoklas 279, 281
Ortschuh (Sattel) 576
Ortschuhkappe 576
Os 296
Osculum 172
Öse
Kamera 584, 585
Schuh 560
Osmium 321
Ost-West-Entzerrungs-IC 566
Ostafrika
Grabenbruch 66
Spurweite 341
Ostafrikanischer Graben 66
Ostaustralstrom 307
Osteichthyes 186
Osteolaemus tetraspis 88
Österreich (Architektur) 486
Ostgrönlandstrom 306
Ostiolum 123
Ostium
Schwamm 172
Seeanemone 173
Spinne 176
Otto, Nikolaus 352
ounces 588, 589
Ouranosaurus 103
Oval (Saturn) 46–47
Ovale Grube 261
Ovales Fenster 253
Ovar(ium)
Echse 191
Entenmuschel 179
Flußkrebs 179
Katzenhai 185
Knochenfisch 187

Pflanzen 146, *s. auch Fruchtknoten*
Schildkröte 193
Schimpanse 212
Schmetterling 175
Spinne 176
Ovda Regio 36–37
Ovidukt *s. auch Eileiter*
Echse 191
Katzenhai 185
Schildkröte 193
Schmetterling 175
Spinne 176
Oxalis sp. 163
Oxide 278
Oyashio 307
Ozeane 38–39, 306–307, 311
Ozonschicht 39, 310
Ozonschild 70

P

p-Orbital 318, 319, 321
P-Turm (Schlachtschiff) 403
P-Wellen 69
Paarhufer 110, 204
Pacer 546
Pachyceaphalosaurus 106
Pachycephalosauria/er 89, 106, 107
Pachypleurosaurus 75
Pachypteris 74
Pachyrhinosaurus 109
Packeis 306
Paddel
Boot 552
Eurypteridenbein 85
Padma(kosa) 493
Padua 439
Pagode 494
Pahoehoe-Lava 282
Painted Desert 287
Pakistan (Spurweite) 341
Paläozoikum 62, 289
Palast von Westminster 496, 497
Palazzo Stanga 486
Palazzo Strozzi 478
Paleozän 63, 289
Palette
Malpalette 440
Uhr 562
Palettenmesser 440, 446
Palettenstecker 440
Palisadenparenchym 132, 145, 165
Palladium 321
Palmblatt (Architektur) 463
Palme 80
Palmette 464, 484
Palmfarne 78, 128
Palmoxylon 80
Palstek 396
spanischer 397
Pamir-Hochebene 275
Pampas 274
Panoplosaurus 100
Pan troglodytes 213
Panavia Tornado GR-1A 424
Paneel (Lockheed Electra) 412
Pangaea 72, 74, 75, 76
Pankreas *s. auch Bauchspeicheldrüse*
Frosch 188
Hauskatze 201
Kaninchen 202
Katzenhai 185
Knochenfisch 187
Schildkröte 193
Schimpanse 212
Vogel 195
Panoramafenster 343
Panoramakamera 58
Pansen 204
Panzerbeere 155
Panzerechsen 192
Panzergürtel 402
Panzerplatte 400, 401
Panzerung von Schlachtschiffen 403, 404
Papageienschnabel (Horndinosaurier) 106
Papier
als Mal- und Zeichengrund 434, 442, 443, 446
als Malutensil 444
Druckpapier 450
für Bücher 582
Papierbogen 582
Papierröllchen (als Malutensil) 444
Papillarmuskel 261
Papille
Lilie 146
Zunge 254
Papillengang 266
Pappe 446
Pappelstamm 457
Pappus 148
Papyrus (Architekturmotiv) 462, 463
Parabelbogen 483
Parabeldüne 293
Parabolantenne 55
Paraboldach 503
Paralleldach 496, 497
Parallele Dünen 293
Parallelogramm 493
Parana 274
Paraphysen 123
Parasaurosophus 104
Parasit (Pflanze) 168
Parasitärer Schlot 276, 282–283
Parasitärer Vulkan 285
Paraxeiresia 381
Pardune 388
Pardunenrüste 389
Pareiasaurus 87
Parenchym 126, 127, 132, 138, 141, 145, 165
wasserspeicherndes 162, 163
Parietale
Knochenfisch 187
Schimpanse 212
Paripteris 72
Paris (Architektur) 470, 477, 481, 482, 483, 490, 497, 500
Pariser Bus 343
Pariser Oper 497
Parthenon 465
partielle Sonnenfinsternis 32
Partitur 506, 509, 525
Passagiereingang (Flugzeug) 416
Passagierfenster 421
Passagierfensteraussparung 418
Passagierflugzeug 420
frühes 412–413
Passagierfußstütze (Ultraleichtflugzeug) 431
Passagierkabine 400, 420
Passagiersitz 413, 431
Passagiersteuerstange 431
Passagiertür
BAE-146 416
Concorde 421
Lockheed Electra 412
Passagierverkehr (Eisenbahn) 336
Passagierzugang 419
Passatwinde 310
Passen
Handball 532
Netball 532
Volleyball 532
Paßgang 547
Paßgänger (Rennpferd) 546, 547
Passiflora caerulea 136, 137
Passionsblume 136
Passive Einatmung 186
Paßstiftloch (Uhr) 562
Paßstiftöffnung (Mid-West-Wankelmotor) 414, 415
Paßstück 414
Paßwerk 493
Pastell 444
Pastellfarbkasten 444
Pastellkarton 445
geflockt 445
Pastellkreiden 444
Pastellmalerei 444–445
Pastellmalerei-Utensilien 444
Pastellstift 434, 444
Pasteur 41
pastos 447, 448
Patagonien 274
Patella
Skorpion 176
Spinne 177
Patentanker 394
Patentstrick (Skipullover) 545
Patera 463, 480, 484
Patina 459
Pattadakal 495
Pauke(n) 507, 520, 522, 523
Paukentreppe (Ohr) 253
Pausen (Musik) 506, 507
Pausenzeichen 506, 507
Pavillon 499
Pavlova 37
Pavlovia 288
Pavo 40
Pavonis Mons 43
Paxton, J. 497
Pazifik *s. auch Pazifischer Ozean*
im Jura 77
in der Kreide 79
in der Trias 75
Vulkane 282
Weltkarte 274–275
Pazifische Platte 38, 65
Pazifischer Ozean 38
Pazzikapelle 479
PC (Personal Computer) 524, 525, 578, 579
PC-System 525
PE 316, *s. auch Polyethen und Polyethylen*
Pechdraht (Schusterzwirn) 561
peck 588
Pecopteris 72
Pedal
Fahrrad 368, 369, 586, 587
Harfe 515
Mechanik 330
Motorrad 374
Orgelstimme 506
Röhrenglocken 520
Schlagzeug 522
Tasteninstrumente 518, 519
Pedalerie 350
Pedalhaken (Fahrrad) 586, 587
Pedalia 380
Pedalobertaste 518
Pedalregister 518
Pedaltasten 518
Pedaluntertaste 518
Pedicellus 174
Pedipalpus 176, 177
Pedunculus 146
Pegasus 19, 20
Pegasus-XL-SE-Ultraleichtflugzeug 430
Pegmatit 284
Peillineal 385
Peilstab 384
Peitsche 547
Peitschen-Funkantenne 56
Peking (Architektur) 494
Peloneustes philarcus 77
Pelvetia caniculata 122
Pendel (Uhr) 562
Pendelachse (Motorrad) 372, 376
Pendelachsendrehgelenk 372
Pendelaufhängung (Uhr) 562
Pendelfeder (Uhr) 562
Pendellinse (Uhr) 562
Pendentif 483, 488, 492
Pendentifkuppel 473
Penis
Delphin 215
Mensch 221, 268, 269
Schnecke 183
Penisschwellkörper 269
Penumbra 32
People Mover 338
Percheron 209
Pergament 434, 436
Pergamentimitat 449
Pergamentleim 435, 441
Pericardium fibrosum 260
Pericardium serosum 260
Perigonblatt
Inkalilie 135
Lilie 146
Nachtfalter-Orchidee 132
Ruhmeskrone 149
Perigonblatthülle 146
Perigonblattnarbe 146
Perihel 30–31
Perikardhöhle 260
Perikarp 152–157
Périnetventil 510, 511
Perineum 268
Periode
Erdgeschichte 63
kurze 321
lange 321
Periodensystem 320–321
Periodensystem 320–321
Peripheres Nervensystem 248
Peripteraltempel 464
Periskop 405
Perissodactyla 204
Peristyl 465
Perizykel 133, 138, 139
Perkussionsinstrumente *s. Schlaginstrumente*
Perlboot 75
Perlmutt
Architektur 493
Fingerplättchenbelag 513
Perm 63, 72, 73, 289
Permafrost 43
Peroxysom 227
Perpendicular Style 474
Perseus
Sternbild 19, 20
-Arm 14–15
Persimonenholz (Golfschläger) 539
Personalräume 498
Perspektivstudie 435
Peru (Spurweite) 341
Perustrom 306
Petavius 40
Petiolus 142
Petroleum-Rückleuchte 346
Petroleumlaterne 346, 347
Peuelstange (Schaufelradantrieb) 399
Peugeot, Armand 344
Pfalzkapelle Aachen 488
Pfannen 364
Pfannenband 242
Pfau (Sternbild) 20
Pfeil
Architektur 494
Sport 540
Sternbild (=Sagitta) 20
Pfeiler
Architektur des frühen 20.Jh.s 498, 499
asiatische Baukunst 494, 495
Barockkirche 484
Bogen und Gewölbe 488
Donjon 471
mittelalterliche Kirche 472
moderne Architektur 500
Renaissancegebäude 481
Uhr 562
Pfeilerloch (Uhr) 563
Pfeilspitzen 115
Pferde 80, 110, 111, 204–209
Achal-Tekkiner 206
American Standardbred 547
Andalusier 207
Anglo-Araber 206
Araber 206
Berber 206
Budjonny 207
Comtois 208
Donpferd 207
Französischer Traber (= French Trotter) 207
Holländisches Warmblut 207
Kabardiner 206
leichte 206–207
Mulassier 208
Murakozer 208
Niederländisches Kaltblut 208
Nonius 207
Nordschwedisches Pferd 208
Percheron 208–209
Potevin 208
Russisches Kaltblut 208
schwere 208–209
Selle Francais 207
Shagya-Araber 206
Springpferd 546
Tersker 207
Trakehner 207
Wladimirer Kaltblut 208
Pferdeaktinie 172
Pferdekopfnebel 16
Pferderennen 546, 547
Pferderücken 576
Pferdesport 546–547
Pfette 477
Pfirsich 154
Pflanzbeet 498, 499
Pflanzen 118–168
Bodenschätze 290
einkeimblättrige 132
embryonale 153
Energie 324
Evolution 62, 70, 72, 73, 74, 76, 80, 82, 104, 111
fleischfressende 166
Fossilien 288–289
krautige 132
Materie 316
zweikeimblättrige 132
Pflanzendecke 81, 83
Pflanzenfossilien 288–289
Pflanzenfresser 88, 90, 94, 102, 106, 200, *s. auch herbivor*
Pflanzenkapitell 463
Pflanzenkörper 124
Pflanzenpigment
braunes 122
grünes 122, 144
Pflaster 496
Pflugscharanker 394
Pflugscharbein 230, 231
Pfortenvene 262
Pförtner *s. Magenpförtner*

Pfosten
  Architektur 490, 503
  Doppelpoller 395
  Triere 381
Pfote 201
Pfund 588, 589
Phaeophyceae 122
Phacops 70
Phaet 21
Phalaenopsis sp. 132
Phalangen
  Echse 190
  Elefant 211
  Frosch 189
  Hase 203
  Hauskatze 201
  Känguruh 216
  Krokodil 192
  Kuh 204
  Pferd 204, 205
  Rhesusaffe 212
  Robbe 214
  Schnabeltier 216
Phallus impudicus 120
Phanerozoikum 289
Pharao 462, 463
Pharynx
  Frosch 187
  Katzenhai 185
  Knochenfisch 186
  Mensch 254
  Seeigel 181
Phascolarctos cinereus 217
Phaseolus sp. 159
Phekta 19
Phi Andromedae 19
Phidias 35
Philadelphia (Architektur) 497
Philae 463
Philippinenplatte (=Philippinische Platte) 65
Philippinische Platte(=Philippinenplatte) 38
Phillips, Horatio 410
Philoxenus 35
Phiomia 110, 111
Phloem *s. auch Leitgewebe*
  Strandhafer 119
  Farn 127
  Bischofskiefer 130, 131
  Wurzeln 133, 138–139
  Sprosse 140–141
  Glukosetransport 144
Phobos 42
Phoebe Regio 36
Phoenicopterus ruber 196
Phoenix 19, 20
Phorusrhacus 80
Phosphat-Zucker-Seitenstrang 226
Phosphate (Minerale) 279
Phosphor
  Bildschirm 566
  Erdoberfläche 274–275
  Peridodensystem 321
Phosphorbeschichtung (Bildschirm) 566
Phosphoreszenz 328
Photonen 328
Photosphäre 32–33
Photosynthese 38, 70, 84, 118, 122, 142, 144, 145, 163, 166, 168, 325
Aufsitzerpflanzen 166
Bedeutung für die Erdatmosphäre 38, 70, 84
Energiekreislauf 325
Fleischfressende Pflanzen 166
Mechanismus 144–145
Organelle 145
Photosyntheseorgan Blatt 140, 142–143
Phthalocyaninblau 446
Phthalocyaningrün 446
Physalis peruviana 155
Physeter catodon 215
Physik und Chemie 314–331
Pi 2/6 Orionis 18
Pi Canis Majoris 21
Pi Pegasi 19
Pi Sagittarii 21
Pi-Orbital (D-Orbital) 318
Pianino 518
Pianissimo 507
piano (Lautstärke) 507
Piano (Pianoforte, Klavier) 518, 519
Pianoforte *s. Piano*
Piano Nobile 478, 498
Piano, R. 500
Pianopedal 518, 519
Pier 471
Pietra-dura-Inkrustation 493
Pigmente
  alkaliresistente 438
  Farben 436, 437, 440, 444
Pikkoloflöte 508, 512
Pilaster
  Barockkirche 484–485
  Bogen und Gewölbe 488
  Domkuppel 491
  Klassizismus 482, 483, 487
  Kolosseum 468, 469
  Renaissancegebäude 480
Pilasterkapitell 487, 491
Pilgermuschel 288
Pilot (Flugzeug) 416, 430
Pilote 498
Pilotendraht (Klavier) 518
Pilotenfußstütze 431
Pilotenkanzel 424
Pilotensitz 406, 407, 410
Pilotensteuerstange 431
Pilzanker 394
Pilze 118, 120
Pilzfaden 120, 121
Pilzfalte 67
Pilzfelsen 292
Pilzkoralle 173
Pilzpapillen (Zunge) 254
Pinacosaurus 101
Pinakocyte 172
Pinguicula caudata 167
Pinguine 194
Pinienholz (Trierenrumpf) 381
Pinna (Robbe) 213
Pinne *s. Ruderpinne*
Pinnipedia 214
Pinole (Bohrer) 559
Pinozytosevesikel 227
Pinsel 434, 436, 438, 446, 448
Pinselablage 448
Pinselbau 442
Pinselstriche 441, 443, 449
pint 588
Pinus muricata 78, 130, 131
Pinus sylvestris 128
Pinzgauer Turbo D 364, 365
Pipe-Quelle 286
Pipette 322
Pisanosaurus 74
Pisces
  Sternbild *s. Fische*
  wiss. Tierreihenname 184
Piscis Austrinus *s. Südlicher Fisch*
Pistill 436
Pistole 540, 541
Pistolengriff
  Fechtwaffe 549
  Golfschläger 539
Pisum sativum 156
Pitatus 40
Pitching-Wedge (Golf) 539
Pitchmark-Reparaturstift 539
Pitotrohr (Flugzeug) 413, 416, 424, 426, 427, 429
Plagioklas 285
Planche (Fechtbahn) 548, 549
Planck 41
planetarische Umlaufbahnen 30–31
planetarischer Nebel 17, 24–25
Planeten 30–51
Planetenringe 44–51
Planke (Hindernis) 546
Plankengang (Schiff) 382, 401
Plankenlaschung 383
Planvernietung 412
Planzendecke 81
Plasma
  Blut 262
  heißes Gas 316
  Kometen 52–53
Plasmablitze 316
Plasmaschweif 52–53
Plastik 456, 457, 459
Platanenholz (Boot) 552
Platanus x acerifolia 140
Plateau
  Neptun 50–51
  Erde 286–287
Plateosaurus 74, 75
Platin 321
Platine
  Fernseher 567
  Uhr 562, 563
Plato 40
Plattbändselung 391, 397
Platten
  Dampflok 334
  Erdkruste 64, 65, 66, 70, 283
  Thyreophora 98
Plattenbewegungen (der Erdkruste) 64
Plattengrenzen (der Erdkruste) 283
Plattenschraube (Angeln) 554
Plattenstift (Klavier) 518, 519
Plattentektonik 64, 68, 70
Plattform
  modernes Gebäude 502
  Straßenbahn 342
Playa 293
Plaza 502
Plazenta
  Mensch 270, 271
  Pflanzen 154–157
  Säugetiere 80
Plazentale (=echte) Säugetiere 80
Plazentaseptum 270
Plazentatiere 110
Pleistozän 63, 82, 289
Plejaden 14, 16, 19, 20
Plektron 514, 516
Pleon 178
Pleopoden 178, 179
Plesiochelys latisculata 79
Plesiosaurier 76, 77
Pleuel
  Automotoren 350, 353, 354, 355
  Mid-West-Wankelmotor 414
  Motorradmotor 375
Pleuellager 345, 350, 352, 353, 354
Pleuelstange
  Dampfschiff 400
  Motorrad 374
Pleuren (Trilobit) 84
Pleurotus pulmonarius 120
Plicae semilunares 259
Plinthe
  Barock und Klassizismus 483, 484, 487
  Bogen und Gewölbe 489
  Empire State Building 498
  islamische Bauwerke 493
  Midway Gardens 499
  moderne Kirche 503
  Renaissancegebäude 480
Pliozän 63, 289
Plumula 128, 156, 158, 159
Pluspol (Fernseher) 566
Pluto 31, 50–51
Plutonium 321
Pneu 406, 413, 418
Podest 503
Podetium 120
Podium 467
Poissy (Architektur) 498
Pol
  negativer 326, *s. auch Minuspol*
  positiver 326, *s. auch Pluspol*
Polacanthus 101
Polarband 36
polare Ostwinde 310
Polarfront 312–313
Polarfront-Strahlstrom 310
Polaris 14, 18–19
Polarlicht 38, 311
Polarstern 14, 18
Pole (der Erde) 307, 310
Polierstab 436
Polierstahl 450
Polierwerkzeug 438, 450, 458
Polkappe 36
Polkern 153
Pollen 132, 150, 151
Pollenkern 152
Pollenkorn 128, 150, 152
  dreikeimfaltiges 151
Pollenkornkeimung 151
Pollenkornwand, äußere 150, 151
Pollensack 128
Pollensackwand 150
Pollenschlauch 128, 152, 153
Pollenschlauchkern 153
Poller 381, 388, 394, 395, 403, 405
Pollerhorn 395
Pollux 18, 21
Polonium 321
Polster
  Becken 521
  Saxophonklappe 513
Polsterkopf 413
Polsternagel 571
Polsterung
  Auto 346
  Avro Biplane 411
  Eishockeykleidung 543
  Skiausrüstung 545
Polstromwender 327
Polyester-Segeltuch 396
Polyethen 316
Polyethylen 316
Polygala chamaebuxus 150
Polygnotus 35
Polygonum baldschuanicum 137
Polypropylen-Segeltuch 396
Polystyrolpolsterung 368
Polytrichum commune 125
Poopdeck 389, 400
Poopreling 386, 389
Poopvorderreling 389
Popart-Acrylbild 447
Popchu-Sa (Architektur) 494
Popmusik 522
Porenzelle 172
Porifera 172
Porrima 21
Porsche, Ferdinand 350
Porta Nigra 469
Portal
  Barockkirche 484
  gotische Kathedrale 475
  Renaissancegebäude 480
Portalschwingachse 365
Portikus
  griechische Bauwerke 464
  Klassizismus 486, 487
  Renaissancegebäude 479
Porus (Schwamm) 172
Posaune(n) 508, 509, 510, 511
Poseidontempel 464, 465
Positionslicht
  Flugzeug 410, 411, 412, 418, 424, 425
  Hubschrauber 426
Positron 22
Postament
  Barockkirche 484, 485
  Cirque Napoleon 483
  französischer Tempel 489
  Renaissancebauten 480
Postmoderne 500
postorbitale Öffnung 89
Potevin 208
Pottwal 215
pound 588, 589
Power 524, 525
Power Pack 525
Pradakshina 495
Praedentale
  Iguanodon 102
  Protoceratops 108
  Triceratops 109
Praemaxillare
  Baryonyx 89
  Elefant 211
  Frosch 189
  Iguanodon 102
  Knochenfisch 187
  Lambeosaurus 105
  Schimpanse 212
Praemolaren *s. auch (Vor)backenzähne und Prämolaren*
  Bär 200
  Löwe 200
Praeoperculare 187
Praepubis (Dinosaurier) 88
Praesepe 18
Prägung
  Buch 582
  Heiligenschein 437
Präkambrium 62, 70, 71, 84, 289
Prallblech 354, 357
Prämolar(en) *s. auch (Vor)backenzähne und Praemolaren*
  Bär 112
  Mensch 256
  Pferd 111
Präriestil 499
Praseodym 320
präsynaptische Membran 249
präsynaptisches Axon 249
Pratt & Whitney Canada PW 120-Turboprop-Triebwerk 423
Pratt & Whitney PW 305 Turbofan 423
Pratt & Whitney-9-Zylinder-Sternmotor 412, 413
Praxiteles 35

Präzisionsschraube (Walkman) 581
Prenocephale 106, 107
Preßbengel 453
Preßdeckel 453
Presse
Buchbinden 582
Buchdruck *s. Druckerpresse*
Preßfundament 453
Pricker 391
Prim 549
Primamalerei 440
Primärantriebsrad 374
Primärblatt 127
Primärfarben 443
Primärwurzel 138, 139, 158, 159
Primaten 114, 212–213, 289
Primates 212
Prisma
Kamera 585
Lichtbrechung 328
Prismahaltefeder (Kamera) 585
Probactrosaurus 103
Probenbehälter 57
Proboscidea 210
Processus angularis
Bär 200
Löwe 200
Processus coronideus
Bär 200
Löwe 200
Toxodon 112
Procompsognatus 93
Procoptodon 82
Procoracoid 193
Procyon lotor 201
Produkte chemischer Reaktionen 322, 323
Produktionszeit 348
Profil (Avro Triplane) 411
Profileisen 401
Profilkante 417
Profilreifen 347
Profilrohr 430
Prokambiumstränge 140
Prokaryonten 84
Prokyon 18, 21
Promethium 321
Promontorium ossis sacralis 233
Pronaos 465
Prooticum 189
Propeller
Flugzeug 410, 422, 423, 429, 431
Schiff *s. Schiffsschraube*
Propeller-Turbinenluftstrahltreibwerk 422
Propellerantrieb 414
Propellerantriebsflansch 429
Propellerbolzenöffnung 414
Propellerdrehzahlmesser 423
Propellerdurchmesser 398
Propellerflansch 415, 429
Propellergetriebe 431
Propellernabe 408, 411
Propellerpaßbolzen 415
Propellerplatte 414
Propellerrahmen 406
Propellerscheibe 412
Propellerwelle 406, 407, 414
Propodus 178, 179
Propyläen 464
Prosauropoda/en 89, 93, 94
Prosimii 212
Prosoma 176, 177
Prostata *s. Vorsteherdrüse*
Protactinium 320
Proteinsynthese 145
Proteus 50
Prothallium 127
Protoceratops 106, 108, 109
Protoceratopsiden 106, 109, 110
Protogalaxien 10–11
Protokollant (Handball) 533
Protokollblatt (Golf) 539
Proton 22
Protonema 125
Protonen 318, 319, 320, 326
Protostern 24, 26
Prototyp
Diesellok „Deltic" 336
Motocyclette 370
Protozoikum 289
Protuberantia mentalis 231
Protuberanz 32–33
Provins (Architektur) 470
Proxima Centauri 18
Prunus persica 137
Psathyrella candolleana 121
pseudokorinthisch (Architektur) 480
Psi Sagittarii 21
Psittacosaurus 109
Pteraspis 71
Pterichthyodes 71
Pteridium aquilinum 127
Pterois volitans 186
Pteron 464, 467
Pterosaurier 76
Pterygoid 189
Ptolemaeus 40
Pubis *s. auch Schambein*
Vogel 195
Puboischiofemoral-Muskel (*Iguanodon*) 103
Puck 542, 543
Puck-Stopper 543
Puffbohne 158
Wurzelspitze 139
Puffer (Eisenbahn) 334, 335, 337, 338
Pufferkissen 338
Pufferträger 334
Pugin, A.W.N. 497
Pulmonalisklappe 261
Pulpaarterie 257
Pulpanerv 257
Pulpavene 257
Pulpazacke 257
Puls 260
Pulsar 30
Pultdach
gotische Kathedrale 474, 476
Kirche von Bagneux 473
Pagode 494
Pumpe
Auto 354
Kraftwerk 324
Raddampfer 399
Pumpenantrieb
Flugzeugmotor 414
Raddampfer 399
Pumpenantriebsrad 414
Pumpengehäuse 415
Pumpenkolben 399
Pumpensodloch 401
Pumpenwelle 415
Pumpventil 510, 511, *s auch Périnetventil*
Pumpvorrichtung (Sportschuh) 535
Punktiereisen 456, 457
Punktrichter (Fechten) 549
Punktschulterwurf (Judo) 548
Pupille 223, 236, 250, 250, 251
Pupillenschließer 251
Pupillenweiter 251
Puppe (Insekten) 174
Puppis *s. Schiffsheck*
Purkinje-Zellen 247
Purpurseeigel 181
Push-rod 367
Push-rod-Verstelleinrichtung 367
Putter (Golf) 539
Pütting 384, 386
Putting Green 538
Püttingeisen 390
Püttingsglied 390
Püttingwant 386
Putto 480
Putz 438, 439
Pygalplatte 193
Pygostyl 195
Pylorus 185
Pyramiden 462
Pyramidendach
Barockkirche 485
Big Ben 497
Kuppeln 490
Pyramidenstumpfdach 497
Pyrenäen 81, 83, 275
Pyrenoid 118, 122
Pyrit 85, 278, 280, 284–285
Pyrit-Tonschiefer 285
Pyromorphit 279
Pyroxen 52, 277
Pyxis 18

Q

Quader 588
Quadratfuß 589
Quadratkilometer (km^2) 588, 589
Quadratmeilen 589
Quadratmeter (m^2) 588, 589
Quadratmillimeter (mm^2) 588
Quadratojugale
Frosch 189
Heterodontosaurus 89
Quadratyards 589
Quadratzentimeter (cm^2) 588, 589
Quadratzoll 589
Quadratum 187
Qualitätsmaßstäbe 360
Quallen 62, 84, 172–173
Quallenfossilien 289
Quarks 319
Quart
Fecht-Trefferfläche 549
Maßeinheit 588
Quartär 63, 82, 83, 289
Quartier (Schuh) 560, 561
Quarz 277, 278, 281
Quasar 10–13
quasistellares Objekt 10–13
Quecksilber 321
Quecksilber-Atom 329
Quecksilberdampf 329
Quellen 302
Quellhorizont 302
Querbalken 468
Querbau 466
Querblattfeder 348
Quercus palustris 80
Quercus petraea 136
Querdickdarm 259
Querdüne 293
Querflöte(n) 508, 509, 512
Querfortsatz 233
Querfurche (Zunge) 254
quergestreifte Muskulatur 236
Querhaus 474, 476, 477
Querklampe 395
Querlager (Boot) 553
Querleine 395
Querlenker 350, 366, 367
Querrippe 489
Querruder 406, 408, 412, 418, 420, 421, 424, 430
Querruderausgleichsgewicht 428
Querrudergelenkstrebe 411
Querrudernase 411
Querruderscharnier 418
Querruderstange 406, 428
Querruderverstellarm 407
Querruderwelle 428
Querstab (Jakobstab) 385
Quersteg (Posaune) 510, 511
Querstrebe
Flugzeug 408, 411
Stuhl 570, 571
Querträger 349
Querwand (Pilzhyphe) 121
Quetschfuß 329
Quint 549
Quirl (Kelchblatt) 150

R

Rabe (=Corvus, Sternbild) 18, 21
Rabenkrähe (Ei) 199
Raben(schnabel)bein
s. auch Coracoid
Diplodocus 96
Euoplocephalus 100
Gallimimus 92
Triceratops 108
Tyrannosaurus 90
Rachen (Mensch) 222, 254–255
Rack 383, 384, 388
Racktalje 384
Racquetball 536, 537
Racquetballkäfig 537
Racquets 536
Rad/Räder
Auto 345, 348, 349, 350, 352, 356, 360, 361, 364
Druckerpresse 451
Eisenbahn 338, 341
Fahrrad 369, 586, 587
Flugzeug 414, 418
Kraftwirkung 330
Mondfahrzeug 58
Motorrad 370, 372
Rasenmäher 574, 575
Uhr 562
Radachsen 336
Radarabsorption 425
Radarerfassungsbereich 424
Radarkarte der Venus 36
Radarkuppel 416, 419, 421, 424
Radarwarner 425
Radbolzen (Rasenmäher) 574, 575
Radbremszylinder 360
Raddampfer 399
Räderwerk (Uhr) 562
Radfelge 58
Radgabel
Benz-Motorwagen 345
Fahrrad 587
Radialdiffusor 422
Radiale 197
Radialkanal 173
Radialmauer 469
Radiärkanal
Seestern 180
Seeigel 181
Radiärsymmetrie 180
Radiator 56
Radicula 158
Radieren 435
Radiergummi 434, 444
Radierstahl 450
Radierstift 452
Radii branchiostegi 187
Radio 363
radioaktives Metall 320
Radioantenne
Auto 365
Ultraleichtflugzeug 430
Radioemmission 15
Radiogalaxien 12–13
Radiokarte unserer Galaxis 15
Radioteleskop 54
Radiowellen 13, 30, 328
Radiowellen-Blase 13
Radium 320
Radius
Kreis 588
Unterarmknochen *s. auch Speiche*
Vogelflügel 197
Radius-Ulna (Frosch) 189
Radiusstrebe 411
Radkappe
Auto *s. Radzierkappe*
Flugzeug 408
Radkasten 377
Radkranz 399
Radlager 360, 361
Radlager-Einstellmutter 360, 361
Radnabe 344, 346, 361, 377, 418
Radnabenkappe 346, 349, 360
Radon 321
Radsatz 337
Radscheibe (Rasenmäher) 574
Radschutz
Eisenbahn 334, 338, 339
Sulky 547
Radula 182, 183
Radverkleidung (Ultraleichtflugzeug) 430, 431
Radzierblende 363, 377
Radzierkappe 360, 361, 363
Rah 380, 381, 383, 390, 392, 393, 400
Rahbändsel 380, 382
Rahhanger 385
Rahmen
Auto 344, 345
Eishockeytor 542
Fahrrad 368, 586, 587
falsche Scheidewand 157
Motorrad 372
Schläger 536, 537
Schuh 560, 561
(Ultra-)Leichtflugzeug 428, 430
Walkman 580
Rahmen-Einziehmechanismus 420
Rahmenfries (Stuhl) 571
Rahmenkopf 350
Rahmenquerträger 348
Rahmenrohr 368, 430
Rahmenstrebe 399, 407
Rahmenträger 365
Rahmentrommel 522
Rahmenwinkel 368
Rahnock 387
Rahsegel 382, 386, 392
Raja clavata 185
Rakete (Raumfahrt) 56
Raketenwerfer 405
Ramaria formosa 120
Rammbug 402
Rammkappe 352
Rammkopf 380
Rammsporn 380
Rampe 471, 498
Randkopfechsen *s. Marginoscephalier*

Randskelettplatten 85
Randsomholz 389
Ranke
 Architektur 484
 Kannenstrauch 167
 Platterbse 135
 Waldrebe 136
Rankenfüßer 178, 179
Ranunculus sp. 133, 138, 139
Ranvierscher Schnürring 238, 249
Ras Algethi 20
Ras Alhague 19, 20
Rasenball 538
Rasenmäher 374–375
Rasierschaum 316
Raspel (Bildhauerei) 456
Raspelzunge *s. Radula*
Rassel
 Klapperschlange 191
 Schlaginstrument 520
Raste (Bohrer) 558
Rasterplatte (Angelrute) 555
Raststütze 371
Rathaus Hilversum (Architektur) 499
Ratten 110
Räuber (Dinosaurier) 88
Raubsaurier 76, 90
Raubtiere (=Carnivora) 110, 200
Rauchglas 500, 503
Rauchkammer
 Dampflok 334, 335
 Schiff-Dampfmaschine 401
Rauchkammertür 335
Rauchquarz 278
Rauchrohr 401
Rauhe Linie 234
Raumanzüge 54
Raumfahrt 54–59
Raummaße 588, 589
Raumstationen 56
Raumstütze 401
Raupe (Schmetterling) 175
Raute
 Architektur 489
 Stuhl 570
Rautenmuskel 237
Rauwetter 292
Reaotio 331
Reagenzglas 323
Reaktanten 322, 323
Reaktionen
 chemische 322–323
 exotherme 322
 reversible 322
 umkehrbare 322
 reaktionsfreudig 320
Reaktionsgeschwindigkeit 322
Reaktionsgleichungen 322, 323
reaktionsträge 329
Reaktordruckbehälter 324
Reaktrorraum (Atom-U-Boot) 405
Rebenschwarz 437
Rechteck 588
Rechteckfenster 485, 494
Rechteckpfeiler 484
Rechteckverzierung 485
Rechtsaußen
 Eishockey 542
 Handball 533
Rechtsgewinde (Wantenspannschraube) 391
Reck (Taudehnung) 396
Redisfeder 448
Reduktionsgetriebe 423
Redwall-Kalkstein 287
Reffbändsel 393
Reflektor
 Autoscheinwerfer 349
 Lampe 564, 565
Reflektorschild 58
Reflexion 329
Reflexionsnebel 16
Regeln
 Basketball 530
 Fußball 528
Regelventil 335
Regen 312
Regenbogenhaut *s. Iris (Auge)*
Regency-Stil (Stuhl) 570
Regenrinne (Flugzeug) 416, 419
Regenwasserbeseitigung 424
Regenwurmmuskel 241
Regenzeit 303
Regie Autonome des Transports Parisien 338
Regionalmetamorphose 284
Register 518
Registrator (Judo) 548
Regler
 Dampflok 334, 335
 Bus 342
 Synthesizer 524
Reglerventil 335
Regolith (Staub- und Schuttschicht) 41
Regula 465
Regulierschraube (Uhr) 562
Regulus 18, 21
Reibeplatte 440
Reibetusche 452
Reibholz 386, 388
Reibstein 440
Reifen
 BMW R/60 370
 Bordino-Dampfwagen 344
 Bus 343
 Cugnot-Dampfwagen „Fardier“ 344
 Dampflok „Rocket“ 334
 Fahrrad 587
 Hybridrad 369
 Motorradreifen, verschiedene 373
 Pinzgauer Turbo D 365
 Rasenmäher 574
 Rennrad 368
 Suzuki RGV500 376, 377
 Übertragungsreifen
 Motocyclette 370
 VW Käfer 350
Reifenhaftung 366
Reifenmontierhebel 364
Reifenprofil 368, 373, 374
Reifenpumpe 364
Reifensicherungsbolzen 346
Reifenventil 349
Reifenwand 368
Reihenvierzylindermotor 371
Reiherente 194
Reisebus 342
Reispapier 449
Reißbrett 449
Reissnersche Membran 253
Reißverschluß
 Geländefahrzeug-Zeltaufbau 364
 Skihose 545
Reißzähne 200
Reiten 576
Reiter 546
Reithalfter 546
Reithose 546
Reitjacke 546
Reitstiefel 546
Rektaldivertikel 180
Rektaldrüse 185
Rektum
 Delphin 215
 Echse 191
 Elefant 210
 Frosch 188
 Kaninchen 202
 Katzenhai 185
 Kuh 204
 Mensch 258
 Schimpanse 212
 Schmetterling 175
 Vogel 195
Relaiskasten 340
Relief 450, 494
Reling 381, 400, 403
Relingskopf 387
Reliquienbehälter 494
Rempeln (Basketball) 531
Renaissance 478–481
Renault 1906 346, 347
Renault Clio 358, 359, 360, 361, 362, 363
Rendevous-Radar 59
Rennanzug (Skisport) 544
Rennbeiwagen 376
Rennboot 552
Renndroß 517
Rennfarben 546, 547
Rennkette 369
Rennmaschinen (Motorräder) 376–377
Rennrad 368
Rennreifen 373, 376
Rennsattel 547
Rennschuh 535
Rennwagen 366, 367
Renoir 35
Reptilia 190, 192
Reptilien
 Dinosaurier 88–109
 Erdgeschichte 63
 erste 84, 86, 87
 Fossilien 289
 Karbon 72, 73
Reptilienfossilien 289
Reserveanker 403
Reservemagazin (Gewehr) 541
Reserverad 364, 365
Reserverad-Befestigungsgurt 347
Reserveradhalterung 347
Reservereifen 347
Resonanzboden 517, 518, 519
Resonanzfell 522
Resonanzkasten 515
Resonanzkörper
 Pauke 523
 Streichinstrumente 514, 515
Resonanzplättchen 513
Resonator 517, 520
Restaurant 503
Restfahrrad 369
Reststern 17
Reticulum
 endoplasmatisches 226, 227, 249
 Netzmagen 204
 sarkoplasmatisches 238
 Sternbild *s. Netz*
Retinaculum flexorum 241
Retraktormuskel (Seeanemone) 173
Retroarticularfortsatz (*Baryonyx*) 89
Rettungsboot 402, 403
Rettungsbootdavit 403
Rettungsfloß 420
Rettungsgurt 553
Rettungshubschrauber 426
Rettungsinsel 405
Rettungsring 403
Reversierhebel 352
Reviere 106
Rezeptakel 122, 123
Rezeptor 249
Rhachis 142, *s. auch Blattspindel*
Rhamphodopsis 71
Rhamphorhynchus 77
Rhenium 320
Rhesusaffe 212
Rhizinen 120
Rhizodermis 138, 139
Rhizoide 124, 125, 127
Rhizom 126, 127, 134, 160
Rho 1 Sagittarii 21
Rhodium 321
Rhodophyceae 122
Rhombus 493
Rhynchosaurier 74, 75, 77
Rhyolith 284–285
Rhythmischer Wert 506
Rhythmus 506, 507
Rhythmusauswahl 524
Rhythmusbecken 523
Rhythmusinstrumente 520, 522
Ribosom
 Körperzellen 227
 Photosynthese 145
Richtantenne 58
Richtungsstange 418
Ride-Becken 523
Riechnervenenden 254
Riedel 294–295
Riemen
 Ruder 380, 381, 382, 383, 384, 388
 Segelmacherhandschuh 392
Riemenantrieb 374
Riemenboote 552, 553
Riemenscheibe
 Auto 354, 357
 Rasenmäher 574
Riemenschutz (Rasenmäher) 574
Riemenspanner 354
Riesen (Sterne) 22–23, 26
Riesenhai 185
Riesenplaneten 30–31, 44–45, 46–47, 50–51
Riesenslalom 544
Riesenslalomstart 544
Riesenslalomtor 544
Riesenstabheuschrecke (Eier) 198
Riffler 458
Riga (Pinsel) 438
Rigel 18, 21, 22
Rigg 386, 388, 390, 492, 400
Riggarten 393
Riggbalken 384
Riggbeschläge 390
Rinde
 Bärlappsproß 126
 Erdsproß 161
 Keimwurzel 158
 Kiefernsproß 131
 Kiefernwurzel 131
 Luftwurzel 168
 Moosstämmchen 125
 Seerosenblattstiel 165
 Sprosse 140–141
 Wasserhyazinthenwurzel 164
 Wasserpestwurzel 165
 Wurzeln 133, 138–139
Rindenzelle (Luftwurzel) 168
Rinder 110
Rindshaarpinsel 448
Rindsleder 547
Ring
 Anker 380, 388
 Basketball 530
 Farnsporenkapsel 127
 Pilzfruchtkörper 121
 Saturn (Ring A–G) 46–47
 Wantenspannschraube 391
Ringauge 300
Ringbolzen 349
Ringbrennkammer 422
Ringdichtung (Walkman) 580
Ringe (Schießsport) 540, 541
Ringfinger 240, 241
Ringgang 284
Ringkanal 180, 181
Ringknorpel 265
Ringknorpel-Luftröhren-Band 254
Ringmauer 470
Ringmuskel
 Mensch 238, 239, 255
 Seeanemone 173
Ringnerv 181
Rinne, radiale (Lebermooslappen) 124
Rinnensee 297
Rinnleiste 403
Riojasaurus 95
Rippe(n)
 Archaeopteryx 91
 Arsinoitherium 111
 Barockkirche 483
 Bogen und Gewölbe 488, 489
 Brachiosaurus 96
 Concordeflügel 421
 Diplodocus 96
 Echse 190
 Elefant 211
 Eryops 86
 Euoplocephalus 100
 Flugdrachen 431
 Gallimimus 92
 Hase 203
 Hauskatze 201
 Känguruh 216
 Knochenfisch 187
 Kuppeln 490–491
 Mensch 228
 mittelalterliche Kirche 473
 modernes Gebäude 503
 Muschelschale 182
 Parasaurolophus 105
 Pareiasaurus 87
 Pferd 205
 Plateosaurus 94
 Rennboot 552
 Rhesusaffe 212
 Robbe 214
 Schlange 191
 Schnabeltier 216
 Stegoceras 107
 Struthiomimus 93
 Toxodon 113
 Triceratops 108
 Tyrannosaurus 90
 Ultraleichtflugzeug 430
 Vogel 195
 Westlothiana 87
Rippenbogen 228
Rippenbogensegment 489
Rippengewölbe
 Gewölbe 489
 gotische Kirchen 474
 mittelalterliche Kirchen 473
 Renaissancegebäude 481
Rippenhalter 239
Rippenmuskeln 264
Rippenspanner 131
Rispe 137
Rissa tridactyla 196
Rißlippe (Schuh) 561
Ritchey 43
Rittersporn 156, 157
Ritzel
 Auto 348, 356
 Bohrer 559
 Fahrrad 586
Ritzelgehäuse 348
Robben 214–215
Robinia pseudoacacia 142
Robinie 142
Roboter 362
Roche 41
Rochen 184
Rocket 334
Rockmusik 522
Rocky Mountains
 Kreide 79
 Quartär 83

Tertiär 81
Weltkarte 274
Rodentia 202
Rogers, R. 500
Rohkarosserie 351, 358
Rohling (Golfschläger) 539
Rohr
Schallrohr 510, 511
Uhr 563
Rohrbalg 404
Röhrbein 206, 207, 208, 209
Rohrblattinstrumente 512, 513
Röhre (Schallröhre) 512
Röhren (Schlaginstrumente) 520
Röhrenblüten 135, 148, 151
Röhrenglocken 508, 520
Röhrenknochen 235
Röhrenlampe 362
Röhrentrachee 176
Rohrfeder 448
Rohrrahmen
Motorrad 372, 377
Oldtimer 345
Rokoko 482, 486, 487
Rolandosche Spalte 246, 247
Rolladen 501
Rollbahn (Boot) 553
Rollbewegungen 408
Rolle
Angel 554, 555
Flaschenzug 330
Motorrad 374
Rennboot 553
Saxophon 513
Stromabnehmer 342
Rollenauflage (Angelrute) 555
Rollenbahn 404
Rollenbahnstütze 404
Rollenbolzen 368
Rollenhalterung (Angelrute) 555
Rollenlager
CD-ROM 578
Eisenbahn 337
Flugzeug 414
Rollensperre (Angeln) 554
Rollenstromabnehmer 342
Rollhebel 427
Rollhügel 91
Rollicht 418, 424
Rollknopf 579
Rolls-Royce Mark-610-Turbinenluftstrahl-Triebwerk 421
Rollschweller 518
Rollsitz (Boot) 553
Rollspoilerscharnier 418
Rollstek 396
Rollstuhlzugang 343
Rolltreppe 501, 502
Rollwerk 480, 483, 489
Rom (Architektur) 466, 467, 468, 469, 482
Romanik 472, 496
Römer-Schiffe 380, 381
römische Ziffer 563, 589
Röntgenbild des Krabbennebels 28
Röntgenspektroskop 58
Röntgenstrahlen 329
Röntgenstrahlung 28, 328
Röntgenteleskop 59
Rosa sp. 136, 137, 141
Rose 136, 141
Roseneibisch 132. 133
Rosennerv 248
Rosenquarz 281
Rosette
Architektur 484
Gutsmanie 169
Pferdehalfter 547
Westerngitarre 517
Rosettennebel 13
Rosettenverbindung 501
Rossby-Welle 310
Roßhaar (Bogenbespannung) 514, 515
Rossin (Fahrrad) 369
Roßkastanie 136, 142
Rost 334
Roste (Pilze) 120
Rostrum
Belemnit 288
Delphin 214
Rotalgen 122, 123
Rotation der Planeten 30
Rotationsachsen der Planeten *s. einzelne Planeten*
Rotationssymmetrie 318
rote Blutkörperchen 262, 263
Rote Erde (Sinoper) 437, 438
Rote Karte 528
Rötel 434
Roter Fleck 44–45
Roter Riese 22–25
Roter Überriese 22–23, 26–27
Roter Zwerg 23
Rotfeuerfisch 186
Rothirsch 205
Rotmarder(haar)pinsel 440, 442
Rotor
Auto 357
Flugzeug 414, 415, 422
Hubschrauber 426
Kraftwerk 324
Rotorgehäuse
Auto 356
Flugzeug 414
Rotorgetriebe 427
Rotorkammer 414
Rotorkühlung 415
Rotorlager
Auto 357
Flugzeug 415
Rotorlagerzapfen 357
Rotornabe 427
Rotorschutz 427
Rotorseitendichtung 415
Rotorseitenfeder 415
Rotorspitzenfeder 415
Rotorstrebe 427
Rotorwelle 427
Rotringfeder 448
Rotunde 466, 486
Rouen (Architektur) 476
Rough (Golf) 538
Rover 364
Royal Airforce (RAF) 410, 411
Royal-Airforce-Flugschule 410
Rübe 134
Rubens 35
Rubidium 320
Rubus fruticosus 136, 152
Rubus idaeus 155
Rücken
Buch 582, 583
Buchstabe 449
Elefant 210, 211
Golfschläger 539
Löwe 201
Mensch 220
Pferd 204, 206, 207, 208, 209
Rückenansicht eines Menschen 220
Rückeneinlagepapier 583
Rückenhöcker (*Edmontia*) 101
Rückenlehne
Motorrad 370
Stuhl 570
Rückenmark
Delphin 215
Echse 191
Elefant 210
Hauskatze 201
Kaninchen 202
Katzenhai 185
Knochenfisch 187
Mensch 222, 227, 232, 233, 246, 248
Schimpanse 212
Vogel 195
Rückenmarkshaut 233
Rückenmarksspalte 233, 248
Rückenmuskel 237
Rückenpanzer (Schildkröte) 193
Rückenplatte
Edmontia 101
Kieferloser Fisch 84
Stegosaurier 98, 99
Rückenschild
Kieferloser Fisch 84
Krebse 178
Rückenschwimmen 550, 551
Rückenstachel (Kieferloser Fisch) 84
Rückholfeder 373
Rücklaufsperre (Angelrute) 554
Rücklehne (Lockheed Electra) 413
Rücklehnenrahmen 347
Rückleuchte 346, 347
Rückleuchteneinheit 351, 365
Rücklicht
Auto 350, 368
Zug 338, 339
Rückpositivmanual 518
Rückpositivregister 518
Rückreaktion 322
Rückschläger
Badminton 537
Racquets 537
Tennis 536
Rückschlagspiele 536–537
Rückschlagventil 375
rückschreitende Erosion 300
Rücksitz 349
Rücksitzbank 362
Rückspiegel 347, 363, 367
Rücksprung 490, 491, 498
Rückspulgabel (Kamera) 585
Rückspulknopf (Kamera) 584, 585
Rückspulkurbel (Kamera) 584, 585
Rückspulmechanik (Walkman) 581
Rückspulriemen (Walkman) 581
Rückspulstiftöffnung (Kamera) 585
Rückspultaste (Walkman) 580
Rückstellachse 349
Rückstellfeder (Telefon) 569
Rückstoßzylinder 404
Rückstrahler 347
Rückstrom 338
Rücktaste (Computer) 579
Rückversetzung 304
Rückwandentriegelungsknopf (Kamera) 584, 585
Rückwärtsganghebel 352
Rückwärtssprung (Wasserspringen) 550
Rudeljäger (Dinosaurier) 88
Ruder
74-Kanonen-Boot 386, 388
Eisenschiff 400
Flugzeug *s. Höhenruder, Querruder, Seitenruder*
Fregatte 404
Kriegs- und Handesl-schiffe 384, 385
Space-Shuttle 56
Schiffe der Griechen und Römer 380, 381
Schlachtschiff 403
Sportboot 552, 553
Ruderantrieb (Flugzeug) 421
Ruderantriebsverkleidung 421
Ruderausgleichsgewicht 428
Ruderbank 381, 388
Ruderblatt 381
Ruderboot 383
Ruderdolle 388
Ruderducht 383
Ruderer 381
Ruderflosse 404
Ruderhaken 383, 386
Ruderkeipe 383
Ruderkette 386
Ruderkopf 384
Ruderlager 382, 383
Rudermaschine 400
Rudern 552, 553
Ruderöse 386
Ruderpforte 383
Ruderpfosten 409
Ruderpinne 381, 382, 383, 384, 388, 398, 553
Ruderschaft 381
Ruderscharnier 409, 410
Ruderspannseil 407
Ruderspitze 428
Ruderstand 400
Ruderstange 410
Rudersteven 400
Ruderstrebe 497
Rudertalje 381
Ruderzugseil 407, 411
Ruellia grandiflora 151
Ruffini-Körperchen 245, 249
Ruhe (Mechanik) 331
Ruheperiode 158
Ruheraum 481, 487
Rumbastäbchen *s. Claves*
Rumen 204
Rumpf
Anchisaurus 95
Flugzeug 411, 430
Frosch 188
Mensch 224
Schiff 381
Rumpfbespannung 410
Rumpfheck 419
Rumpfklappenruder 56
Rumpfmitte 416
Rumpfnase 416
Rumpfplanke 381
Rumpfrahmen 409
Rumpfscheibe (Seesternfossil) 85
Rumpfspanten 386
Rumpfstück (Holzblasinstrumente) 512
Rumpfverankerung 429
Rumpfverkleidung 428
Rumpfwirbel
Arsinoitherium 111
Diplodocus 96
Euoplocephalus 100
Gallimimus 92
Iguanodon 102
Parasaurolophus 105
Plateosaurus 94
Stegoceras 107
Stegosaurier 99
Struthiomimus 93
Rumpler-Monoplane 408
Rundbogen
Barock und Klassizismus 483, 484
Bogen und Gewölbe 488, 489
Historismus 497
Kuppeln 490, 491
mittelalterliche Gebäude 471, 472, 473
Renaissancegebäude 478, 479, 482
römische Gebäude 468, 469
Rundbogenfenster 485, 490
Rundeisen 453
Runden (Golf) 538
Rundkausch 392
Rundkopfniet 400
Rundleiste 474, 483
Rundmäuler 184
Rundmeißel 456
Rundmuskel 237
Rundpfeiler 481
Rundstab 481
Rundtonne 489
Rundtörn 395, 397
Rundumverkleidung (Rennbeiwagen) 377
Rundung (Buchstabe) 449
Runge 337
Rupes 34–35, 37, 40
Rupes Altai 40
Ruß 321, 323
Rüssel
Elefant 210, 211
Mammut 113
Phiomia 111
Rüsselring Elefant 211
Rüsseltiere 110, 210
Russisches Kaltblut 208
Rußland
Architektur 491
Spurweite 341
Rüste 385, 386, 389
Rustika 478, 479, 483, 486, 487
Rutenger 386
Ruthenium 321
Rutherfordium 320

S

S-Band-Funkverkehr 59
s-Orbitale 318, 319, 320–321
S-Wellen 69
S. Maria della Salute 482
S. Maria della Vittoria 482
Saal 470, 471
Säbel 548, 549
Säbelbein (Stuhl) 570, 571
Säbelfechter 549
Sabik 20
Sacajewa 37
Sacculus 253
Sacralwirbel *s. auch Lendenwirbel*
Frosch 189
Safari-Fahrzeug 364
Saftfrucht 137, 152, 154
Saftmal 146, 147, 151
Saftraum (Vakuole) 122
Saftschlauch 154
Sagartia elegans 172
Sägekante (*Tyrannosaurus*-Zahn) 90
Sägemuskel 236
Sägeschnitte 459
Sägezahn (*Plateosaurus*) 94
Sagitta *s. Pfeil*
Sagittarius *s. Schütze*
Sagittarius-Arm 14
Sahara 38–39, 274–275
Saigergang 284
Saiph 18
Saite(n)
Gitarre 516, 517
Harfe 515
Klavier 518, 519
Schläger 536, 537
Streichinstrumente 514, 515

Saitenhalter 514, 515, 517
Saiteninstrumente 514–515, 516–517, 518, 519
Sakristei 474
Salamanca (Architektur) 480
Salamander 188
Saling 553
Salinge 386
Salisbury, Kathedrale von 474, 475
Salmson-9-Zylinder-Sternmotor 406, 407
Salon (Raddampfer) 400
Saltasaurus 78, 97
Salz
 Meer 306
 Seen 302, 303
Salzbildung 322
Salzsäure 322
Salzseen 302
Samarium 321
Sambucus nigra 136, 149
Same(n)
 Befruchtung 152
 Früchte 154–158
 Nacktsamer 128, 129
Samenanlage 128, 129, 152, 153, 157
Samenblase (Mensch) 269
Samenfarne 78
Samenfarnfossilien 289
Samenflügel 128
Samenhülle 152
Samenleiter
 Mensch 268, 269
 Hauskatze 201
Samenmantel 154
Samennarbe 128
Samenschale 138, 139, 153–159
Samenschuppe 128..130
Samenstiel 154
Samenstrangfaszie 269
Samenzelle (Mensch) 269
Sammelfrucht 154
Sammelnußfrucht 156
Sammelrohr 266
Sammelsteinfrucht 136, 153–155
Samotherium 80
San-Andreas-Verwerfung 64, 68, 69
Sand 84
Sand-Wedge (Golf) 539
Sandablagerungen 293, 308
Sandbahn (Pferderennen) 547
Sandbank 299, 301
Sanddorn 142
Sanddünen 277, 292–293
Sander 296–297
Sanderterrasse 206
Sandgrube (Golf) 538, 539
Sandkasten (Lok) 336, 337
Sandmatrix 287
Sandstein
 Baustoff 493
 Gesteine 286, 287
Sandstreuregler 335
Sandstreurohr 339
Sandwelle 309
Sappho Patera 37
Saratoga-Rennparcours 547
Sarcophilus harrisii 217
Sarkomere 238
sarkoplasmatisches Reticulum 238
Sarracenia purpurea 119
Satellit 54–55, 274
Satellitenbild der Erde 38
Satellitenkarte 274–275
Sattel
 englischer 576, 577
 Erdfalte 66, 67, 68
 Fahrrad 586, 587
 Gitarre 516, 517
 Reitsattel 376–377, 576, 577
Sattelbaum 576
Sattelblatt 576, 577
Satteldach
 Gebäude des 19.Jh.s 496
 Gebäude des frühen 20.Jh.s 499
 gotische Gebäude 475, 476
 mittelalterliche Gebäude 471
 Pantheon 466
 Renaissancegebäude 480, 481
Satteldecke 546
Sattelfalte (Erde) 66
Sattelfeststeller 368
Sattelfirst (Erdfalte) 66
Sattelflanke (Erdfalte) 66
Sattelgurt 546, 576
Sattelgurtschnalle 577
Sattelknopf
 Geige 514
 Reitsattel 576
Sattelnagel 577
Sattelscharnier (Erdfalte) 66
Sattelstütze (Fahrrad) 368, 586
Sattelstützenbolzen 368
Sattelstützrohr 368, 369
Sattelstützrohrwinkel 368
Saturn 31, 46–47
Satz
 Rückschlagspiele 536
 Volleyball 532
Sauerstoff
 Atmung (Mensch) 264, 265
 Blut 260, 261, 262
 Erdatmosphäre 84, 311
 Erde 39
 Erdkruste 60, 64
 Mars 43
 Merkur 35
 Nebel und Sternhaufen 17
 Periodensystem 321
 Photosynthese 144
 Sterne 26
 Versorgung des Embryos 270
Sauerstoffatom (Photosynthese) 144
Sauerstoffmolekül (Photosynthese) 144
Sauerstoff-Notzufuhr 57
Sauerstoffversorgung 367
Sauerstoffzuleitung (Raumanzug) 57
Säuger 78, *s. auch Säugetiere*
Säugerfossilien 289
Säugerordnungen 110
Säugetiere
 Dinosaurier und ...88, 89
 Erdgeschichte 62, 63
 frühe 110–115
 Jura 76
 Quartär 82, 83
 Tertiär 80, 81
Saugluftbehälter 334
Saugluftbremse 334, 335, 337
Saugmagen 176
Saugmund 184
Saugnapf 182
Saugrohr 324
Saugrüssel (=Proboscis) 175
Saugwurzel 168
Säulchen
 Architektur 478
 Mooskapsel 125
Säule
 Harfe 515
 Hindernis 546
 Phalaenopsis-Blüte 132
 ägyptischer Tempel 462, 463
 griechische Bauwerke 464, 465
 römische Bauwerke 466–469
 mittelalterliche Kirche 472, 473
 Barock und Klassizismus 483, 484, 485, 487
 Gewölbe 489
 Kuppeln 491
 Architektur des 19.Jh.s 497
 dorische 464, 465
 ionische 464, 465, 485, 487, 489
 korinthische 464, 467
Säulengalerie 469
Säulengang 466, 467, 488, 491
Säulengebälk 487
Säulenlava 302
Säulenordnungen 464, 465
Säulenschaft 463, 465, 467, 469, 482, 487, 489, 492, 497
Saumpilz, Lilablättriger 121
Saumriff 309
Säure 322
Säurelösung 452
Saurischia/er 88, 90, 94
Sauropoda/en 76, 89, 94
Sauropodomorpha/en 89, 94–95
Saxophon 508, 512, 513
Scala 380, 381
Scandium 320
Scapania undulata 124
Scaphonyx fischeri 75
Scapula *s. auch Schulterblatt*
 Schildkröte 193
Scapulocoracoid 187
Scelidosauridae 89
Scelidosaurier 98
Scelidosaurus 77
Schaber 446, 450
Schablone 450
Schachtelhalm 72, 76, 126
Schachtelhalmfossilien 289
Schädel
 Acanthostega 86
 Ankylosaurus 100
 Australopithecus 114
 Baryonyx 89
 Camarasaurus 97
 Dimetrodon 73
 Diplodocus 96
 Echse 190
 Elefant 211
 Euoplocephalus 100
 fetaler 252
 Hase 203
 Hauskatze 201
 Heterodontosaurus 89
 Höhlenbär 83
 Hyaenodon 113
 Iguanodon 102
 Känguruh 216
 Knochenfisch 187
 Krake 182
 Krokodil 192
 Lambeosaurus 105
 Löwe 200
 Mensch 114, 222, 228, 230–231, 232, 246, 247, 252
 Moeritherium 111
 Pachycephalosaurier 106
 Panoplosaurus 100
 Pferd 205
 Phiomia 111
 Plateosaurus 94
 Protoceratops 108
 Robbe 214
 Schildkröte 83, 193
 Schimpanse 212
 Schlange 191
 Schnabeltier 216
 Smilodon 113
 Styracosaurus 108
Schädeldach
 Ankylosaurier 100
 Camarasaurus 97
 Diplodocus 96
 Iguanodon 102
 Lambeosaurus 105
 Marginocephalier 108
 Mensch 230
 Pachycephalosaurus 106
 Plateosaurus 94
 Stegosaurier 99
 Struthiomimus 93
 Triceratops 109
Schädeldecke (Pachycephalosaurier) 106
Schädelformen (Pachycephalosaurier) 106
Schädelhöhle 230
Schäferhund 201
Schafshaut 86
Schaft
 Eishockeyschläger 543
 Paddel 552
Säule *s. Säulenschaft*
 Schuh 560
 Skistiefel 544
 Skull 552
Schaftrille (Feuersteinpfeil) 115
Schaftring 481
Schäkel 390, 394
Schäkelbolzen 390
Schale
 Elektronenschale 318, 320
 für Bolusgrund 436
 Muschel 182
 Schnecke 183
 Seeigel 181
 Skistiefel 544
Schalenklappen (Muschel) 182
Schalenstiefel 544
Schalenverwitterung 292
Schall
 Musik 524
 Physik 324, 325
 Walkman 580
Schallbecher 512, 513
Schalldämpfer
 Auto 360
 Motorrad 370, 371, 376, 377
Schalldämpferbefestigungsschelle 370
Schallenergie 324, 325
Schallgeschwindigkeit 420
Schalloch 516, 517
Schallrohr 512
Schallröhre 510
Schallstück 510, 511, 512, 513
Schalltrichter 510, 511, 512
Schallwellen
 Musik 516
 Ohr 252
 Telefon 568
 Walkman 580
Schaltanlage 324
Schalter
 Bohrer 558
 elektrischer 326
 Fernseher 567
Schaltergehäuse (Lampe) 564
Schaltgabel 374
Schalthebel
 Auto 347, 350, 360
 Fahrrad 369, 587
 Motorrad 374, 376
Schalthebelabdeckung 362
Schaltknöpfe (Toaster) 573
Schaltlamellen 235
Schaltraum 405
Schaltstange 361
Schaltung
 CD-ROM 578
 Telefon 568, 569
Schaltwelle 374
Schaltwerkrolle (Fahrrad) 586
Schaltzug (Fahrrad) 587
Scham 221
Schambein *s. auch Pubis*
 Archaeopteryx 91
 Arsinoitherium 111
 Brachiosaurus 96
 Dinosaurierbecken 88
 Eryops 87
 Gallimimus 92
 Iguanodon 102
 Mensch 228, 267, 269, 271
 Plateosaurus 94
 Stegosaurier 99
 Struthiomimus 93
 Tyrannosaurus 90
Schambein-Oberschenkelband 234
Schambeinfortsatz
 Iguanodon 102
 Parasaurolophus 104
 Stegoceras 106, 107
Schambeinfuge 268
Schambeinkörper 234
Schamlippen 268
Schamnerv 248
Schanzkleid 388, 401
Schanzkleidreling 401
Scharnier
 Flugzeugbauteile 416, 417, 418, 419, 429
 Mundsprühgerät 434
Scharniergabel 418
Scharniergelenk 234
Scharnierschraube (Walkman) 581
Schattendach 493
Schattenzone 69
Schaufel 364
 Eishockeystock 543
 Raddampfer 398, 399
 Trommelbremsenkühlung 373
 Turbine/Generator 324
Schaufelmuster 486, 491
Schaufelrad 398–399, 400
Schaufelraddampfer 400
Schaufelradkasten 399
Schaufelradwelle 399
Schaufelschaft 399
Schaumstoff (Stuhl) 571
Schaumstoffbett 444
Schaumstoffpolster 543
Scheat 19, 20
Scheibe (für die Kattgien) 388
Scheibenabdeckung 301
Scheibenblüte *s. auch Röhrenblüte*
 Gärtnerchrysantheme 135
Scheibenbremse
 Auto 366
 Eisenbahn 340, 341
 Flugzeugfahrwerk 413
 Motorrad 370, 371, 372, 373, 376
Scheibenbremse-Hauptzylinder 376
Scheibenventil 353
Scheibenwaschdüse 363
Scheibenwischer
 Auto 342, 351, 363
 Bus 338, 339
 Zug 336, 337
Scheibenwischerarm 363

Scheibenwischerblatt 363
Scheibenwischerhalterung 363
Scheibenwischermotor 350
Scheidbogen 473
Scheide (Mensch) 268, 269, 271
Scheidengewölbe 268
Scheidewand
Alveolen 264
falsche 154
Frucht 154, 157
Scheinfrucht 154
Scheintür 463
Scheinwerfer
Bahn 336, 338, 339
Bus 342, 343
moderne Autos 359, 363, 365
Motorrad 370, 371
Oldtimer 345, 346, 347, 348, 349
Scheinwerferabdeckung 402
Scheinwerfereinsatz 351
Scheinwerfergehäuse 349
Scheinwerferplattform 402, 403
Scheinwerferring 349
Scheinwerferschutz 365
Scheitel
Mensch 222
Architektur 488
Scheitelbein 230, 231
Scheitelbeinfenster (*Styracosaurus*) 108
Scheitelbeinkrause
Styracosaurus 108
Triceratops 108, 109
Scheitellappen 246, 247
Scheitelmeristem 140
Scheitelrippe 489
Scheitelrohr 368, 369
Schelf 292
Schenkel
Angelhaken 554
Kuchenzange 331
menschliches Bein 235, 236, 237
Zirkel 456
Schenkelanzieher 235, 236, 237
Schenkelbindenspanner 236
Schenkelmuskeln 235, 236, 237
Schenkelnerv 248
Scherbaum (Sulkygeschirr) 547
Schere
Architektur 477
Eurypteride 85
Flußkrebs 179
Pferdegeschirr 547
Scherenstromabnehmer 338
Scherfalte 67
Schergang 382, 383, 388, 401
Scherrichtung 67
Scheuerleiste 380
Schichtmalerei 440
Schichtstufe 293
Schichtvulkan 282
Schickard 40
Schiebedach
Avro Super 2 428
Dampflok „Mallard" 335
VW Käfer 351
Schiebefenster
Architektur 498
Bus 343
Flugzeug 412
Hubschrauber 426
Schiebekeile 374
Schieberkasten 344
Schieberschlitz 353
Schieberventil 352, 353
Schiebestecktür 420
Schiedsrichter
Badminton 537
Basketball 530
Eishockey 542
Fußball 528
Schwimmen 550
Tennis 536
Volleyball 532
Schiedsrichterausrüstung 528
Schiedsrichterzeichen (Basketball) 531
schiefe Falte 67
Schiefer 284
Schieferton 284, 287
Schiemannsgarn 391, 392, 396
Schienbein *s. auch Tibia*
Albertosaurus 90
Archaeopteryx 91
Arsinoitherium 111
Diplodocus 96
Echse 190
Elefant 211
Eryops 87
Gallimimus 92
Hase 203
Hauskatze 201
Herrerasaurus 92
Iguanodon 102, 103
Känguruh 216
Krokodil 192
Mensch 229, 242, 243
Parasaurolophus 104
Pferd 205
Plateosaurus 94
Robbe 214
Schildkröte 193
Schimpanse 212
Schnabeltier 216
Stegoceras 107
Stegosaurier 99
Struthiomimus 93
Toxodon 113
Triceratops 108
Tyrannosaurus 90
Schienbeinarterie 263
Schienbeinmuskel
Iguanodon 103
Mensch 236, 243
Schienbeinnerv 248
Schienbeinschutz 543
Schienbeinschützer
Fußball 529
Slalom 545
Schiene (Eisenbahn) 334, 341
Schiene und Straße 334–377
Schienenstrang 342
Schienenstuhl 334, 341
Schienenwagen 417
Schießpulver 405
Schießscharte 471
Schießsport 540–541
Schiffbau 382
Schiffe 380–405
Schifferknoten (Pinsel) 442
Schiffs-/Bootsrumpf 383
Schiffsboden 401
Schiffsheck (=Puppis, Sternbild) 18, 23
Schiffskanone 402
Schiffskategorien 386
Schiffskiel (=Carina, Sternbild) 23
Schiffsrumpf 400
Schiffsschild 402, 403
Schiffsschraube 398–399, 403, 404
Schiffssegel (=Vela, Sternbild) 23
Schiffszimmermann 382
Schiftsparren 477
Schild (=Scutum, Sternbild) 19
Schilddrüse (Mensch) 224, 225, 254, 255, 265
Schilddrüsenarterie 254
Schilddrüsenzellen 227
Schildknorpel 255, 265
Schildknorpel-Zungenbein-Membran 254
Schildknorpel-Zungenbein-Muskel 237, 254
Schildkröten 78, 79, 83, 192–193
Schildrippe 473, 483
Schildvulkan 42, 282
Schildzapfen 403
Schimmelpilze 120
Schimpanse 212, 213
Schirm (Lampe) 565
Schlachtordnung 386
Schlachtschiff 400, 402–403
Schlacke 282
Schläfenbein (Mensch) 230, 231, 252
Schläfen(bein)fenster
Baryonyx 89
Camarasaurus 97
Diplodocus 96
Heterodontosaurus 89
Lambeosaurus 105
Plateosaurus 94
Protoceratops 108
Triceratops 109
Schläfenlappen 247
Schläfenmuskel 236, 237, 239
Schlag 395, 396
halber 396
Schlagbohrmechanismus 558, 559
Schlagbohrumschalter 558, 559
Schlagbolzen (Pistole) 541
Schlageisen 456
Schläger 536, 537, 538, 539, 542, 543
Schlägerkopf 539
Schlagfell 522
Schlagfläche (Golfschläger) 539
Schlaginstrumente 520–521, 522, 523, 524
Schlagpolster 524
Schlagwurf 533
Schlagzeug 522–523
Schlagzeugsynthesizer 524
Schlamm 84
Schlammfluß 308
Schlammkrabbe 289
Schlämmkreide 444
Schlammsprudel 282–283
Schlangen 190–191
Schlangenhals (Wikingerschiff) 382
Schlangenhaupt (=Serpens Caput, Sternbild) 18, 21
Schlangenkopfverzierung 383
Schlangenschwanz (=Serpens Cauda, Sternbild) 19, 20
Schlangenschwanzverzierung 382
Schlangenstern 180, 181
Schlangenträger (Sternbild) 19, 20
Schlankmuskel 236, 237
Schlauch
Fahrrad 587
Fahrwerkrad Avro Super 2 428
Versuchsaufbau 323
Schlauchanschluß 366
Schlauchpflanze 119
Schlauchschelle 415
Schlegel 520, 522, 523
Schleicher-K23-Segelflugzeug 430
Schleier (Pilzfruchtkörper) 121
Schleifstein 456
Schleimdrüsen 264
Schleimhaut 258, 267
Schleimhautfalte 254, 258, 259
Schleimhautzotten 259
Schlemmkanal 251
Schleppkabelführung 403
Schleppkante 417
Schleppschraube 399
Schleudersitz 56
Schleudersitzluke 425
Schleuse (Kraftwerk) 324
Schlick 308
Schließfrucht 156
Schließmuskel 259, 267
Schließzelle 144, 145
Schlinge (Unterdecksversteifung) 388
Schlitten (Armbrust) 540
Schlittschuh 542, 543
Schlitz (Stuhl) 570, 571
Schlitz-Zapfen-Verbindung
Schiffsplanken 381
Stuhl 570
Schlitzfenster 499
Schlitzverschluß (Kamera) 584
Schloß
Bauwerk 480, 481, 486, 494
Fahrrad 368
Gewehr 541
Sicherheitsgurt 367
Schloß Blois 480
Schloß Chambord 480
Schloß Fontainebleau 480
Schloß Montal 480, 481
Schloß von Himeji 494
Schloß von Versailles 486
Schloßnagel 345
Schlucht 294–295, 300
Schlucken 254
Schlumbergera truncata 135
Schlundkopf 182
Schlundrohr 173
Schlüpfen
Maiasaura 104
Vogel 198–199
Schlüpfvorgang 198, 199
Schlüssel
Fahrradschloß 368
Uhr 562
Schlüsselbein
Eryops 86
Känguruh 216
Mensch 221, 228
Rhesusaffe 212
Schlüsselbeinarterie 261, 263
Schlüsselbeinnervensystem 248
Schlüsselbeinschlagader 225
Schlüsselbeinvene 263
Schlußlicht 370, 371
Schlußring, Samenzelle 269
Schlußstein
Barock und Klassizismus 482, 483, 485, 486
Bogen und Gewölbe 488, 489
Kolosseum 469
mittelalterliche Kirche 473
Porta Nigra 469
Renaissancegebäude 480, 481
Titusbogen 467
Schmarotzerpflanze 168
Schmarotzerrose 172
Schmarting 396
Schmelzen 317
Schmelzwasser 296, 297, 299
Schmelzwasserbach 296
Schmelzwassersee 296
Schmetterball (Volleyball) 532
Schmetterlinge 174, 175
Schmiedeeisen (Schiff) 400, 401
Schmierleitung 335
Schmuckband 466
Schmuckkästchen (Sternhaufen) 13
Schmuckleisten 484
Schmuckwerk 498
Schnabel
Ankylosaurier 100
Corythosaurus 104
Galeerenrammsporn 380
Gallimimus 92
Iguanodon 103
Mundstück (Instrument) 512
Protoceratops 108
Schnabeltier 216
Stegosaurus 98
Triceratops 109
Vögel 194, 195, 196, 199
Schnabelknochen
Protoceratops 108
Triceratops 109
Schnabelsieb (Flamingo) 196
Schnabeltier 216, 217
Schnallenschoner (Sattel) 577
Schnappbefestigung 57
Schnappmechanismus (Angeln) 554
Schnarrsaiten 522
Schnarrteppich 522
Schnauze
Anchisaurus 95
Herrerasaurus 92
Iguanodontiden 102
Kaiman 192
Kieferloser Fisch 84
Pachycephalosaurus 106
Ratte 202
Schnecke
Ohr 252, 253
Streichinstrumente 514, 515
Tier 81, 182–183
Uhr 562
Schneckenbremse (Uhr) 562
Schneckenfossilien 289
Schneckengang 253
Schneckenkette (Uhr) 562
Schneckenmotiv 495
Schneckennerv 253
Schneckenwellenlager (Uhr) 562
Schnee 296–297, 312
Schneeflocken 312
Schneidermuskel 236
Schneidezahn
Mensch 255, 256
Toxodon 112
Schnellfeuerpistole 540
Schnellöseriemen 368
Schnellspanner (Fahrrad) 586, 587
Schnellspannstift (Fahrrad) 586
Schnellspannverschluß 369
Schnellverschluß 366
Schnellvorlaufmechanik (Walkman) 581
Schnellvorlaufrad (Walkman) 581
Schnellvorlauftaste (Walkman) 580
Schnellzug 335, 338, 339
Schneuß 476
Schnitt
Buch 582, 583
Rasenmäher 574
Schnittfläche 320
Schnittgut 574
Schnitthöheneinstellhebel 574

Schnitzerei (Segelschiff) 386
Schnitzwerk 494
Schnorchel (U-Boot) 405
Schnörkelzier 383
Schnur
Angel 554
Geländefahrzeugausrüstung 364
Kastagnetten 521
Schnurfangbügel 554
Schnurführung (Angel) 554
Schnürsenkel 560, 561
Schnürsenkelstift 560
Schnurwicklung (Pinsel) 438
Schockwellen 69
Schollen 66, 67
Schollengebirge 68
Schollenmuskel 237, 243
Schoner 392
Schönschrift 448
Schornstein
Dampflok 334, 335
Schiff 400, 401, 402, 405
Schloß Fontainebleau 480
Tyringham House 487
Schornsteinstag 403
Schot 390, 396
Schote 156
Schothorn 381
Schotschäkel 394
Schotstek 395, 397
Schott (Sportboot) 552
Schotter 334
Schottische Berge 75
Schottverstärkung 401
schräge Verschiebung 67
Schräggeison 484, 485, *s. auch Geison*
Schräglenker 360
Schrägspannstrebe 410
Schratsegel 392
Schraubbolzen
Rasenmäher 574
Toaster 572
Schraube
Bohrer 558
CD-ROM 578
Druckerpresse 453
Fahrrad 586, 587
Fernseher 566
Gitarre 517
Kamera 585
Kraftwirkung 330
Lampe 564, 565
Mid-West-Wankelmotor 414
Rasenmäher 574, 575
Sattel 576
Schiffsschraube 398–399, 403, 404
selbstantreibende 399
Stuhl 570
Telefon 568, 569
Toaster 572, 573
Uhr 562
Velocette-Motor 375
Walkman 581
Wantspannschraube 391
Wasserspringen 550, 551
Schraubenfeder
Drehgestellrahmen 337
Stoßdämpfer 373
Schraubenfeder-Aufhängung 339
Schraubenkupplung 335
Schraubenlager (Uhr) 562
Schraubenloch 414
Schraubennabe 398
Schraubenwelle 403
Schraubenzieher 330
Schraubgewinde 329, 390, 394
Schraubhakenkupplung 338
Schraubklemme
Druckwerkzeug 450
Lampe 564
Schraubensprung 550, 551
Schraubloch 395
Schraubschäkel 394
Schreibfeder 448
Schrein 494, 495
Schreinkammer 495
Schreitfüße 178
Schriftarten 449
Schriftzeichen, chinesische 449
Schrittfehler (Basketball) 531
Schrödinger 41
Schrotkugeln (Maracafüllung) 521
Schub 423
Schubdüse 59, 425
Schubert 35
Schubkräfte (Architektur) 488
Schubkriechen (Reptilien) 88
Schublade (CD) 578
Schubstrebe 367, 373
Schubumkehrer 425
Schubvektorsteuerungssystem 56
Schuh 560–561
Basketball 531
Fußball 529
Golf 539
Laufen 535
Rennen 535
Segeln 553
Tennis 536
Schuhherstellung 560–561
Schuhmacher 560
Schülercockpit 411
Schulter
Anchisaurus 95
Block 390, 391
Corythosaurus 104
Gorilla 213
Iguanodon 103
Kaninchen 202
Mensch 220
Pferd 205, 206, 207, 208, 209
Stegoceras 107
Stegosaurus 98
Streichinstrumente 514, 515
Schulterblatt *s. auch Scapula*
Archaeopteryx 91
Arsinoitherium 110
Brachiosaurus 97
Diplodocus 96
Echse 190
Elefant 211
Eryops 86
Euoplocephalus 100
Gallimimus 92
Hase 203
Hauskatze 201
Iguanodon 102
Känguruh 216
Krokodil 192
Mensch 220, 228
Parasaurolophus 105
Pareiasaurus 87
Pferd 205
Plateosaurus 94
Rhesusaffe 212
Robbe 214
Schnabeltier 216
Stegoceras 107
Struthiomimus 93
Toxodon 112
Triceratops 108
Tyrannosaurus 90
Vogel 195
Schulterblatt-Zungenbein-Muskel 239
Schulterdorn
Edmontia 101
Euoplocephalus 100
Schultergelenk
Brachiosaurus 97
Eryops 86
Mensch 228
Parasaurolophus 105
Plateosaurus 94
Triceratops 108
Tyrannosaurus 90
Schultergurt 429
Schultergürtel (Eryops) 86
Schultermuskel
Brachiosaurus 97
Mensch 236, 237
Schulterpaß (Netball) 533
Schulterpolster
Drachenkörperbeutel 430
Eishockeydress 543
Schulterrad (Judo) 548
Schulterverkleidung 416
Schulterwürgen (Judo) 548
Schuppe(n)
Asteroxylon 85
braune 118
Echsen und Schlangen 190, 191
Haie 184
Knochenfische 186
Krokodile und Schildkröten 192
Pflanzen 129, 154
Schuppenblatt 126, 128, 129, 131, 158, 161, 168
Schuppenblattnarbe 130, 161
Schuppenhaare, braune 127
Schuppenhaut
Anchisaurus 95
Corythosaurus 104
Edmontia 101
Gallimimus 93
Ichthyostega 86
Iguanodon 103
Pachycephalosaurus 106
Psittacosaurus 109
Reptilien 72, 86
Stegoceras 107
Stegosaurus 98
Triceratops 108
Tyrannosaurus 90
Westlothiana 87,
Schürze
Auto 343, 349
Space-Shuttle 56
Schußpolster 542
Schusterzwirn 561
Schuttmaterial 292–293
Schuttquelle 302
Schutzanzug (Raumfahrt) 57
Schutzblech
Fahrrad 369
Lockheed Electra 412
Schutzbrille
Pferdesport 547
Rückschlagspiele 536
Schutzbügel 364
Schütze (=Sagittarius, Sternbild) 19–21
Schutzkufe 407
Schutzkuppel 488
Schutzlack
Flugzeug 417
Malerei *s. Fixativ*
Schutzleiste 364, 365
Schutzleiteranschluß (Toaster) 572
Schutzmuffe 426
Schutztasche (Sattel) 576, 577
Schutzterrasse 502
Schwamm
Druck 452
Malutensil 442
Tier 172–173, 289
Schwämme 172–173
Fossilien) 289
Schwammparenchym 132, 145
Schwammskelett 172
Schwan (=Cygnus, Sternbild) 19, 20
Schwanenhals
doppelter Palstek 396
Heckzier 381
Schwangerschaft 270
Schwannsche Zelle 238, 249
Schwanz
Anchisaurus 95
Corythosaurus 104
Delphin 215
Echse 191
Herrerasaurus 92
Iguanodon 102
Känguruh 216
Kaninchen 203
Klapperschlange 191
Löwe 201
Pachycephalosaurus 106
Pferd 204
Psittacosaurus 100
Ratte 202
Salamander 188
Schildkröte 193
Skorpion 176
Stegoceras 107
Stegosaurus 99
Triceratops 108
Tyrannosaurus 90
Westlothiana 87
Schwanzfedern
Archaeopteryx 91
Vögel 194
Schwanzflosse
Hai 185
Knochenfisch 187
Neunauge 184
Space-Shuttle 56
Schwanzkern (Gehirn) 247
Schwanzkeule (Ankylosaurier) 101
Schwanzknospe (menschl. Embryo) 270
Schwanzkonus 422
Schwanzmuskulatur
Brachiosaurus 96
Euoplocephalus 101
Gallimimus 93
Schwanzplatte (Stegosaurier) 98, 99
Schwanzschild (Trilobit) 84
Schwanzstachel
Garnele 85
Stegosaurier 98, 99
Schwanzstück (Samenzelle) 269
Schwanzwirbel
Ankylosaurier 101
Archaeopteryx 91
Arsinoitherium 111
Diplodocus 96
Echse 190
Elefant 211
Hase 203
Hauskatze 201
Iguanodon 102
Känguruh 216
Krokodil 192
Parasaurolophus 104
Pferd 205
Plateosaurus 95
Rhesusaffe 212
Robbe 214
Schnabeltier 216
Stegoceras 107
Stegosaurier 99
Struthiomimus 93
Tyrannosaurus 91
Schwärmer (Antherozoid) 125
Schwarzbär 201
Schwarze Löcher 12, 26–29
Schwarze Witwe 177
Schwarzer Zwerg 24–25
Schwarzgurt (Judo) 548
Schwarznußbaum 143
Schwarzweißbilder 566
Schwebefähigkeit (Wasserpflanzen) 156
Schwefel
Periodensystem 321
Minerale 278
Schwefeldioxid (Venus) 37
Schwefelgase (Vulkanismus) 283
Schwefelsäure (Venus) 36–37
Schwefelwasserstoff 51
Schweif (Pferd) 206, 208
Schweifansatz 546
Schweifriemen 547
Schweifrübe Pferd 204
Schweine 110
Schweineborstenpinsel 436, 438, 440, 448
Schweinerücken
Geländeform 293
Hindernis 546
Schweißband 536
Schweißdrüsen 244, 245
Schweißkanal 245
Schweißnaht (Eisenschiff) 400
Schweißpore 244, 245
Schweizer 300 C 427
Schwelle
Architektur 467
Eisenbahn 334, 340, 341
Schweller 518
Schwellholz 468, 503
Schwellmanual 518
Schwellmanualregister 518
Schwemmfächer 292
Schwemmkegel 294
schwere chemische Elemente 27
Schwerkraft 10
Schwerlastschäkel 365
Schwertwal 215
Schwimmanzug 550
Schwimmbahn 550
Schwimmbecken 550
Schwimmblase
Blasentang 123
Fische 184, 186, 187
Schwimmbrille 550
Schwimmen 550, 551
Schwimmer 550
Schwimmhäute
Dreizehenmöwe 196
Frosch 188
Schwimmlappen (Zwergtaucher) 196
Schwimmrahmenbremse 372, 373
Schwimmrichter 550
Schwimmweste 552, 553
Schwimmwettkämpfe 550
Schwingarmaufhängung 373
Schwingen (Vogelflügel) 194,197
Schwingung
Instrumente 522, 524
Telefon 568
Schwundlöcher 294–295
Schwunggewicht 400
Schwungrad
Auto 345, 346, 352, 353
Flugzeug 415
Rasenmäher 574
Schiff 399
Schwungradgewinde 415
Schwungscheibe 350, 357, 361
Sciurus carolinensis 203
Scleroderma citrinum 121
Scooter 50–51
Scorpiones 176
Scorpius *s. Skorpion*
SCSI (CD-ROM) 578
Sculptor *s. Bildhauer*
Scutellum 174
Scutum

Entenmuschel 179
Sternbild *s. Schild*
Scyphozoa 172
Sea Change 452
Seacat-Raketenwerfer 405
Seamounts 308
Seascape 454
Sechsachteltakt 506
Sechsblattblume 492
Sechseck (Architektur) 493
Sechzehntel(note) 506
Sedimentablagerungen 297, 304
Sedimentbank 300
Sedimente
Bodenschätze 290
Entstehung von Gebirgen 68, 69
Flüsse 298
Fossilien 288
Gletscher 296–297
Kreislauf der Gesteine 276–277
Küstenformen 304–305
Meeresboden 308–309
Sedimentgestein 286–287
Sedimentgestein 68, 69, 276–277, 284, 286–287
Sedna Planitia 36–37
Sedum rupestre 134
Sedum spectabile 135
See und Luft 380–431
See-Elefant 214
Seeanemonen 172–173
Seegangseigenschaften 398
Seegurken 180
Seehund 214
Seeigel 180–181
Seekreuzer 404
Seelöwen 214
Seemannsknoten 395, 396, 397
Seemeile 588
Seen
Flußlandschaften 300 301
Gletscher 296, 297
Kreislauf der Gesteine 276, 277
magmatische und metamorphe Gesteine 285
Seen und Grundwasser 302–303
Verwitterung und Erosion 293
Seenelke 172
Seepferdchen 186
Seepocken 178
Seeratten 184
Seerose 164, 165
Seesterne 85, 180–181
Segel (Schiffe) 380, 382, 392–393, *s. auch Bram-, Fock-, Groß-, Klüver, Lateiner-, Lugger, Rah-, Vor-*
Segelanordnungen 392
Segeleinholen 390
Segelflugzeug 406, 430
Segelfuß 392, 393
Segelgarn 392
Segelhaken 392
Segelklappe, dreizipfelige (Herz) 261
Segelkleidung 552
Segelkopf 392, 393
Segellatte 384
Segelmacherhammer 392
Segelmacherhandschuh 392
Segelmacherwerkzeuge 392
Segeln 552, 553
Segelregatten 552
Segelschiffahrt 386–387
Segelsetzen 390
Segeltrimmen 390
Segeltuch 392
Baumwolle 441, 447
Duradon 392
Kevlar 392
Mylar 392
Nylon 392
Polyester 396
Polypropylen 396
Segeltuchüberzug (Steibe-Seitenwagen) 370
Segelverstärkung 380, 381, 482
Segmentbogen 496
Segmentbronchus 265
Segmente 178
Segmentgiebel 466, 482
Segnosauria 89
Sehhügel 247, 248
Sehne
Bogen 540
Gallimimus 93
Sehnenfäden 261
Sehnenhaube 247
Sehnenstreifen 236
Sehnerv 250, 579
Sehnervenkreuzung 250
Sehnervpapille 250, 251
Sehorgan (Mensch) 250
Sehvermögen 247
Sehvorgang 579
Seide
Europäische 169
Malgrund 434
Seil
Flaschenzug 330
Gong 520
Seilfänger 373
Seilrack 381
seismische Aktivität 64
seismische Wellen 69
Seitenader 142
Seitenansicht unserer Galaxis 14
Seitenarme (von Flüssen) 300
Seitenast (Schachtelhalm) 126
Seitenband 418
Seitenbasissegment 264
Seitenbegrenzungsleuchte 359
Seitenbogen 488
Seitenfenster (Flugzeug) 416
Seitenfontanelle 230
Seitengaleriekappe 389
Seitengletscher 296–297
Seitengriff (Bohrer) 559
Seitenhorn (Ankylosaurier) 100
Seitenkanal (Zahn) 257
Seitenkielschwein 401
Seitenknospe 133, 135–137, 140, 160, 161
Seitenleitwerk 409, 413, 419, 427, 428
Seitenleitwerksspitze 419
Seitenlinie
Badminton 537
Basketball 530
Fußball 528
Handball 533
Knochenfisch 187
Netball 533
Tennis 536
Volleyball 532
Seitenplatte
Ankylosaurier 101
Auto 366, 367
Kieferloser Fisch 84
Seitenreflektor 370, 371
Seitenruder
Flugzeug 406, 407, 409, 410, 419, 420, 425, 428, 430
Schiff) 382, 383
Seitenruderzugseil 409, 428
Seitensäule (Halswirbel) 233
Seitenschale 370
Seitenschiff
Amun-Re-Tempel 462
gotische Kirche 473, 474, 476
mittelalterliche Kirche 472
St. Paul's-Kathedrale 488
Seitenschürze 349, 366
Seitensegment 264
Seitenspiegel 359, 365
Seitensproß, umgewandelter 162
Seitenverkleidung
Auto 367
Flugzeug 419, 428
Seitenwagen 370
Seitenwand
Racquetskäfig 537
Schwimmbecken 550
Squash 537
Seitenwandschutzleiste 362
Seitenwandverkeidung 362
Seitenwurzel 133, 134, 136, 139, 158, 159
Seitenzweig 125, 161
Seitvierer (Judo) 548
Sekond 549
Sekundärstoßdämpferstrebe 59
Sekretbläschen 226
Sekundärfarben 443
Sekundärkrater 34
Sekunde 331
Selaginella sp. 126
Selbstbestäubung 150
Selbstendladewagen 337
Selbstöler 335
Selbstzündermotor 336
Selen 321
Selenit 280
Selette 547
Selle Français 207
Sender 566
Sensoren 366
Sente 389
Septim 549
Septum (Herz) 260
Sequoiadendron affinis 76
Serienauto 354
Serpens Caput *s. Schlangenhaupt*
Serpens Cauda *s. Schlangenschwanz*
Serpentes 190
Servoklappe 418, 419
Servolenkung 361
Servolenkungspumpe 354, 361
Sesambein 204
Setzkopf 400
Setzstufe 481
Setzverfahren (Mosaik)
direktes 454, 455
indirektes 454, 455
Sevier-Graben 286
Sextans 21
Seyfert 41
Seyfert-Galaxien 12–13
Shagya-Araber 206
Sharpeysche Fasern 235
Shaula 19, 20
Shelley 35
Shinarump-Schicht 286
Shinumo-Quarzit 287
Shreve, R.H. 498
Shrewsbury (Architektur) 496
Shunosaurus 97
Sibirien 70, 78, 72, 73
Sichel (Architektur) 495
Sicheldüne 293
Sicherheit
Auto 362
Bahnverkehr 340
Sicherheitsbehälter (Kraftwerk) 324
Sicherheitsbindung (Ski) 544
Sicherheitsflächen (Judo) 548
Sicherheitsgurt
Auto 362, 363, 367
Flugzeug 410, 431
Sicherheitskette 365
Sicherheitsschloß 362
Sicherheitsventil 335
Sicherungsblech 361
Sicherungsscheibe (Fahrrad) 586
Sichtaussparung 408
Sichtfenster (CD-ROM) 579
Sidalcea malviflora 142
Siderit-Schicht 287
Sieb
Drucksieb 452
Rasenmäher 575
Siebblende (Rasenmäher) 575
Siebdruck 450, 452
Siebdruckfarben 452
Sieben Schwestern 14
Siebenkampf 534
Siebenmeterlinie (Handball) 533
Siebfortsätze (Fischkiemen) 186
Siebröhre 138
Siebteil *s. auch Leitgewebe, Phloem*
Bärlappsproß 126
Christrose 145
Farnblattspindel 127
Hahnenfuß 133, 138
Linde 140
Mais 133
Orchideenluftwurzel 168
Puffbohne 158
Strandhafer 119
Wasserhyazinthe 164
Wasserpest 165
Wirtspflanze 169
Siederohr 335
Siedetemperatur 317
Siena
Dom von 437
gebrannte 446
Terra di 436, 438
Sierra Madre 274
Sierra Nevada 63, 81
Sif Mons 37
Sigma Canis Majoris 21
Sigma-Orbital (s-Orbital) 318
Signal
elektrisches (Telefon) 568
Eisenbahn 340
Signalarm 340
Signaleinrichtung (Schlachtschiff) 403
Signalflaggenschapp 405
Signalhorn (Lok) 336, 337, 339
Signallicht (Flugzeug) 413
Signalpfeife 335
Signalscheinwerfer 405
Signalsystem 340
Signalwirkung (Blüten) 150
Signatur 441, 449
Signaturstempel 449
Sikorsky, Igor 426
Silber
Bodenschätze 290–291
chemisches Element 321, 322
Minerale 278
Silber(draht)spitze 434
Silberblatt 156
Silbernadeln 322
Silbernitrat 322
Silberstift 434, 435
Silberstiftzeichnung 434, 435
Silicium *s. auch Silizium*
chemisches Element 316, 321
Erdkruste 64
Silikatgestein 39
Silikatstaub 53
Silizium 26
Erdzusammensetzung 39
Silks 546
Silur 62, 289
Sims 491, 498
Sinfonieorchester 508, 509, 522
Singstimmen 506, 507
Singularität 29
sinistrale Seitenverschiebung 67
Sinkhebel 426
Sinnesgelenk (Venusfliegenfalle) 166
Sinneskamm 252
Sinnesorgane (Mensch) 244, 250, 252, 254
Sinnesrezeptoren 254
Sinneszellen (Mensch) 252, 253
Sinoper 437, 438, 439
Sinopie 438, 439
Sinteroberfläche 438
Sintervorhang 295
Sinus coronarius 260
Sinus Iridum 40
Sinus renalis 260
Siphonoglyphe 173
Sirius 15, 18, 21–23
Sirius A/B 23
Sitz
Boot 552
Dampfwagen 344
Honda CB750 371
Motorradfahrgestell 372
Renault Clio 362
TGV 339
Wesleke Speedway 377
Sitz-Auspuffeinheit 376
Sitzbank
Barkasse 388
Honda VF750 372
Husqvara Motocross 376
Vespa 371
Sitzbein (=Ischium)
Archaeopteryx 91
Dinosaurier 88
Diplodocus 96
Eryops 87
Euoplocephalus 100
Iguanodon 102
Mensch 228, 234
Parasaurolophus 104
Plateosaurus 94
Stegoceras 106, 107
Stegosaurier 99
Struthiomimus 93
Triceratops 108
Tyrannosaurus 90
Sitzbeinhöcker 234
Sitzbolzen 413
Sitzfläche (Sattel) 576, 577
Sitzgruppe (ARV Super 2) 429
Sitzkissen (Flugzeug) 413, 429
Sitzkonsole 350
Sitzlage (Sattel) 546
Sitzlehne (ARV-Super 2) 429
Sitzluke (Kajak) 552
Sitzpolster
Autositz 345, 347
Motorrad 376
Stuhl 570, 571
Sitzrahmen (Stuhl) 571
Sitzriemen 371
Sitzrohr (Fahrrad) 586
Sitzschale (Sulky) 547
Sitzschiene 420
Sitzstrebe 406
Sixt 549
Skala (Federwaage) 330
Skandinavien 70
Skandinavische Berge 75
Skarn 284
Skeet (Schießsport) 540
Skelett
Archaeopteryx 91
Arsinoitherium 110–111

Diplodocus 96,
Echse 190
Elefant 211
Eryops 86
Fledermaus 111
Frosch 189
Hase 203
Hauskatze 201
Hippopotamus 83
Iguanodon 102
Känguruh 216
Knochenfisch 187
Krokodil 192
Mensch 228–229
Parasaurolophus 104–105
Pferd 205
Plateosaurus 94–95
Rhesusaffe 212
Robbe 214
Schildkröte 193
Schlange 191
Schnabeltier 216
Stegoceras 106, 107
Stegosaurier 99
Struthiomimus 93
Toxodon 112–113
Triceratops 108–109
Tyrannosaurus 90–91
Vogel 195
Westlothiana 87
Skelettmuskeln 228, 236, 238
Skianzug 544, 545
Skibremse (Sicherheitsbindung) 544
Skibrille 544, 545
Skier 544, 545
Skiff 553
Skihandschuh 545
Skihose 545
Skilanglauf 540
Skip (Dreisprung) 535
Skipullover 545
Skisport (alpin) 544–545
Skistiefel 544, 545
Skistock 544
Skizze 434
Skizzenbuch 434
Sklavenfuß 457
Sklavenhandel 384
Sklavenkopf 457
Sklereide, sternförmige 165
Sklerenchym *s. auch Festigungsgewebe*
Christrosenblatt 145
Farn 127
Rose 141
Schachtelhalm 126
Strandhafer 119
Skorpion
fossiles Tier 288
Spinnentier 176
Sternbild (=Scorpio) 19–20
Skotie 467, 489
Skull 552
Skullboote 552, 553
Skulptur
Architektur 476, 480, 483, 485, 497, 499
Bildhauerei 456, 458, 459
Skylab 56
Slalom
Kanu 552
Ski 544, 545
Slalomausrüstung 545
Slalomhelm 545
Slalomski 545
Slalomskistock 545
Slalomstart 544
Slalomtor 544
Slick-Rennreifen
Auto 367
Motorrad 373, 377
Slipher 43
Smalten 454
SMD (CD-ROM) 578
Soane, J. 487
Sobkou Planitia 35
Sockel (Architektur)
ägyptischer Tempel 462
Barock und Klassizismus 482, 483, 484, 485, 488
Gewölbe 489
gotische Kirche 476
Kuppeln 490, 491
mittelalterliche Kirche 473
Renaissancegebäude 480
römische Bauwerke 466
Sockel (Harfe) 515
Sockelkontakt (Glühbirne) 329
Sodalith 279
Software (Musik) 525
Sohle
Golfschläger 539
Schuh 560, 561
Skisteifel 544
Solanum tuberosum 134
Solar-Wings-Pegasus-Quasar-Ultraleichtflugzeug 431
Solarantrieb 59
Solarium 498
Solarstromversorgung (Walkman) 581
Solarzellen
Japanisches Haus 500
Raumfahrzeug 54–55, 59
Solfatare 282–283
Sombrero 12
Somiten 85
Sommerblattstiel 166
Sommerwurz 169
Sonar 404, 405
Sonar-Dom 405
Sonar-Torpedoscheinziel 404
Sonarraum 405
Sonne 32–33
Asteroiden, Kometen und Meteoriden 52
Energie 324, 325
Gezeiten 306, 307, 311
im Universum 11
Licht 328
Milchstraße 14
Sonnensystem 30–31
Sterne 22–23
Sonnenblende
Auto 363
Hongkong-und Shanghai-Bank 502
Sonnenblume 146, 151
Sonnendach (Opernhaus Sydney) 503
Sonnenenergie
Atmosphäre 310–311
Energie(kreislauf) 324, 325
Photosynthese 144
Sonnenfinsternis 32
Sonnenflecken 32–33
Sonnensystem 30–31
Sonnentag 34
Sonnentau 166
Sonnenuhr 384, 385
Sonnenwind 32, 38
Sonora 274
Sophokles 35
Sopran(stimme) 506
Soralium 120
Sorbonne 490
Sorbus aucuparia 136
Soredien 120
Sorgleine 386
Sorus (Mz.:Sori) 126, 127
Sound 524
Sound-Modul 525
Soziusfußraste 371
Soziushaltegriff 370
Soziussitz 370
sp^3-Hybrid-Orbital 318
Space-Shuttle 56
Spachtel 440
Spake 398
Spakengat 395
Spakenkranz 395
Spaltbarkeit 280
Spaltbruch 67
Spalten 67, 294–295
Spaltenvulkan 282
Spaltfrucht 137, 156, 157
Spaltklappe 412
Spaltöffnungen 124, 130, 132, 144, 145, 162–164
Spaltstoff 324
Spandrille
Alhambra 492
Big Ben 497
indisches Grabmal 493
Klassizismus 486
Renaissancegebäude 478
Spanien
Architektur 480, 482, 488, 492
Spurweite 341
Spannbacken (Bohrer) 559
Spannbeton 498
Spanndraht (Tennisnetz) 536
Spannfeder (Uhr) 562
Spannfederring (Kamera) 585
Spanngewinde 523
Spannhebel (Pistole) 541
Spannkreuz 523
Spannmast 408, 409, 430, 431
Spannrahmen 523
Spannreifen 523
Spannriemen 365
Spannrolle 368
Spannschraube
Flugzeuge 406, 409, 420
Schiffstakelage 390, 391
Schlagzeug 522, 523
Skistiefel 544
Spannseil 408, 431
Spannstrebe 410
Spannung, elektrische
Eisenbahn 338
Physik 324, 326
Walkman 580
Spannweite
Bogen 488
Segelflugzeug 430
Spant 388, 389, 398, 401
Sparren 468, 477, 490, 496, 503
Spatha 149
Spätholz 140
Spätzündungs-Zündkerze 356
Speckschicht (Eiszeittiere) 82
Speedway-Rennen 376
Speedway-Motorrad 377
Speer 534
Speerrückführung (Speerwerfen) 535
Speerspitzen 115
Speerwerfen 534, 535
Speerwurfanlage 534
Speiche (Rad)
Avro-Triplane-Rad 410
Druckerpresse 451
Fahrrad 368, 369, 586, 587
Mondfahrzeug 58
Motorrad 376, 377
Oldtimer 344, 345
Schaufelrad 399
Speiche (Unterarmknochen) *s. auch Radius*
Archaeopteryx 91
Arsinoitherium 110
Brachiosaurus 97
Corythosaurus 105
Diplodocus 96
Echse 190
Elefant 211
Eryops 86
Euoplocephalus 100
Hase 203
Hauskatze 201
Iguanodon 102
Känguruh 216
Krokodil 192
Mensch 228, 240
Parasaurolophus 106
Pareiasaurus 87
Pferd 205
Plateosaurus 94
Rhesusaffe 212
Robbe 214
Schildkröte 193
Schnabeltier 216
Stegoceras 107
Struthiomimus 93
Toxodon 112
Triceratops 108
Vogel 195, 197
Speichel 254
Speicheldrüse 175, 183
Speicheldrüsen 254
Speichenarterie 241, 263
Speichenendglied 241
Speichennerv 248
Speichennippel 369
Speichenrad (Sulky) 547
Speichenschutzscheibe (Fahrrad) 586
speichenseitige Hauptvene 263
Speicherknopf 525
Speicherorgane (Pflanzen) 134, 161. 164–165
unterirdische 134
Speichersproß 164, 165
Speichertaste (Telefon) 568
Speicherwurzel 134
Speigatt 401
Speiseröhre *s. auch Oesophagus*
Brachiosaurus 97
Mensch 222, 225, 255, 258, 265
Spektralklassen 22–23
Spektrum 328
Spermatheka
Schmetterling 175
Schnecke 183
Spinne 176
Spermatophyta 128
Sperma(zelle)
Mensch 227, 268, 269
Pflanzen 153
Sperrdifferential 365
Sperrklinke
Toaster 572
Uhr 562
Sperrklinkenrad 344
Sperrklinkenschraube (Uhr) 562
Sperrschieber (Kolbendampfmaschine) 398
Sperrschieberstange 398
Speziallamellen 235
Sphenethmoid 189
Sphenopteris latiloba 78
Sphinktermuskel s. Schließmuskel
Sphyrna lewini 185
Spica 18, 21
Spicula 32–33
Spiculum 172
Spiegel
Auto 342, 343, 351
Buch 582, 583
Lichtreflexion 329
Mondfahrzeug 58, 59
Motorrad 370, 371
Raumanzug 57
Spiegelreflektor 346
Spiegelteleskop 54
Spiegelung 329
Spiegelwrangenstützen 389
Spielabschnitte (Basketball) 530
Spielbrett (Basketball) 530
Spieldauer (Basketball) 530
Spieler (Basketball) 531
Spielerwechsel (Basketball) 531
Spielfeldmarkierungen (Fußball) 528
Spielklasse (Basketball) 530
Spielkleidung (Volleyball) 532
Spielregeln
Fußball 528
Handball 532
Netball 532
Volleyball 532
Spielstäbchen 521
Spieltechniken (Basketball) 530
Spiere 386, 390
Spikes (Laufschuh) 535
Spillklampe 395
Spinalfortsatz
Arsinoitherium 110
Toxodon 112
Tyrannosaurus 91
Spinalganglion 233
Spinalnerven 248
Spindel (Bohrer) 559
Spindelstock 372
Spinett 518
Spinnangeln 554
Spinnen 176–177
Fossilien 289
Spinnentiere 176–177
Spinner
Angel 554, 555
Flugzeug 413, 428, 429
Spinnerverkleidung 413
Spinngewebshaut 247, 250
Spinnwarzen 176, 177
Spiralarm 12–14
Spiralfalte 185
Spiralfeder
Lampe 564, 565
Motorrad 372
Spiralgalaxie 10–11, 12–13, 14–15
Spiralrohr 352
Spiraltang 122
Spirituskocher 364
Spirituslampe 458
Spirogyra 123
Spitzbogen 471, 473, 474, 477
Spitzendichtung 415
Spitzenknospe 130, 131, 160, 161
Spitzenornament 497
Spitzensegment 264
Spitzenseil 430
Spitzkegel 284–285, 292–293
Spitzkuppel 490, 491
Spitzmaulnashorn 205
Spitzpinsel 448
Spitzturm 474, 497
Spitztürmchen 497
Spleiß 396
Splintholz 131
Spoiler
Auto 366
BAE-146-Turbinenflugzeug 418
Skistiefel 544
Spoilerschlitz 366
Spoilerstoßleiste 359
Spoilerverankerung 417
Spongin 172
Spongiosa 234
Spongocoel 172
Sponsorenlogo 377
Sporangien (Ez.:Sporangium)
Asteroxylon 85
Bärlapp 126
Farn 127
Schachtelhalm 126
Sporen
Moose und Farne 124–127
Pilze 121
Sporenbehälter
Asteroxylon 85
Farn 127
Sporenbildung 118, 120

Sporenblatt 126
Sporenkapsel 118, 126, 127
Sporenmuttergewebe 125
Sporenpflanze 124, 125–127
Sporenraum (Moos) 125
Sporenständer 121
Sporn (Pflanzen) 147, 167
Sporophyllstand 126
Sporophyt 118, 124–126
Sportfliegerei 428
Sportflugzeuge 428
Sportlenker 369
Sportpistole 540, 541
Sportrad 350, 368
Sportreifen 373
Sprache 246, 247
Sprachfähigkeit 114
Sprachschalter (Computer) 579
Sprechfunkanlage 428
Sprechmuschel (Telefon) 568
Spreizfeder (Uhr) 563
Spreizklappe 412
Spreizlatte 381
Sprengladung 405
Sprengring (Kamera) 585
Sprengwerk 474, 477
Spreuschuppen 118
Springgamaschen 546
Springpferd 546
Springreiten 546
Springsattel 546
Springtiden 306–307
Spritzgußverfahren 362
Spritzkanal (Mensch) 269
Spritzlappen 365
Spritzloch
  Acanthostega 86
  Hai 184
Spritzpistole 446
Spritzsack (Delphin) 215
Spritzwand 345, 347, 348
Spritzwandkühler 346
Sproß 140–141
  Bärlapp 126
  Brutsproß 160, –161
  Ein- und Zweikeimblättrige 132–135
  Epiphyten 168
  Erdsproß 161
  Farn 127
  holzige Blütenpflanzen 136–137
  Kedrostis africana 119
  Keimpflanze 153
  Keimung 158–159
  Nacktsamer 128–131
  Schachtelhalm 126
  Wasserpflanzen 164–165
Sproßausläufer 160
Sproßkambium 132, 140
Sproßknolle 134, 160
Sproßschmarotzer 169
Sproßsukkulenten 162–163
Sprühregen 312
Sprungball (Basketball) 531
Sprungbein
  Leichtathletik 535
  Knochen 242
Sprungbein-Kahnbein-Band 242
Sprunggelenk
  Mensch 229
  Pferd 201, 204, 546
Sprunggrube 534
Sprunghöhe (Hang) 66
Sprungstile (Wasserspringen) 550, 551
Sprungwurf
  Basketball 530
  Handball 533
Spule
  Angel 555
  Fechten 549
  Fernseher 567
  Kassette 580
Spulenschraube (Angeln) 555
Spund 552
Spurstange 344, 346, 347, 348, 349, 361, 367
Spurstangenkopf 361
Spurweite 340, 341
Squamata 190
Squamosum 189
square
  foot 588
  mile 588
  yard 588
Squash 536, 537
Squashball 536, 537
Squashcourt
  amerikanischer 537
  internationaler 537
Squashschläger 537
Sri Lanka (Architektur) 495
SST-Überschallflugzeug 420
St. Botolph 477
St. Eustache 481
St. Foi 472
St. George in the East 485
St. Lazare 472
St. Maclou 476
St. Madeleine 472
St. Paul - St. Louis 483
St. Paul's and the River 435
St.-Paul's-Kathedrale 484, 488, 490, 491
St. Pierre 500, 502
St. Serge 473
Stabheuschrecke (Eier) 198
Stabhochsprung 534, 535
Stabhochsprungmatte 534
Stabilisator(en)
  Auto 350
  Fregatte 405
  Waffen 540
Stabilisatorgewicht 426
Stabmagnet 327
Stabwerk 476, 477, 480
Stabzellen 250
Stachel
  Cello 515
  Dinosaurier 98–99
  Kontrabaß 515
  Pflanzen 136, 141, 153, 162
  Seeigel 180–181
  Seesterne 180–181
Stachelechsen 98
Stachelhäuter 180–181
  Fossilien 289
Stachelschwein 203
Stachelzellschicht 245
Stadion 534
Stadionrunde 534
Stadtbus 342
Staffelei
  Malerei 441
  Sternbild (=Pictor) 21
Staffellauf 534
Staffelstäbe 535
Staffelwettbewerbe (Schießsport) 540
Stag 392, 400
Stagfock 393
Stagfockfall 393
Stahl
  Architektur 496
  Schiff 400
Stahlbahn (Armbrust) 540
Stahlbeton 324, 498, 501
Stahlfeder 341, 448
Stahlfeuerschott 412
Stahlflügel 411
Stahlgehäuse (Elektromagnet) 327
Stahlgelenkstück (Schuh) 560
Stahlgitterträger 501
Stahlkante (Ski) 545
Stahlkarosserie 364
Stahlkelle 454
Stahlnabe 407
Stahlpfosten 498
Stahlrad 350, 360, 361
Stahlrahmen
  Fahrrad 368
  Motorrad 372
Stahlrohr
  Motorrad 372
  Signalmast 340
Stahlrohrachse 407
Stahlrohrfahrwerk 407
Stahlrohrrumpf 411
Stahlsäule 502
Stahlschiene(n) 340, 341
Stahlschloß 368
Stahlschraube 341
Stahlskelettbauweise 498, 501
Stahlstiel (Malspachtel) 440
Stahlstifte (Schuh) 561
Stahlstrebe 497
Stahlwelle 407
Stalagmiten 294–295
Stalagtiten 294–295
Stamen 146
Stamm 118
  holziger 129
Stämmchen 124, 125
Stammhirn 246
Stammsukkulente 162
Stampfstag 390, 391
Stampfstock 390
Stampfstockgei 390
Stanchion 381
Standardbred 546, 547
Standardpapier 449
Ständer (Schlaginstrumente) 522, 523
Standernummer 405
Ständerpilze 120
Standplatte (Ski) 545
Standzylinder 322
Stange
  Hindernis 546
  Instrumentenbogenstange 514
Stangenstromabnehmer 342
Stangentusche 448, 452
Stanzlöcher (Schuh) 560
Stärkeherd 118, 122
Stärkekern 122
Stärkekorn 139, 145
Start (Ski alpin) 544
Starter (Schwimmen) 550
Startergehäuse (Rasenmäher) 574, 575
Starterschnur 345
Startlinie
  Fechten 549
  Leichtathletik 534
Startnummer (Rennmotorräder) 372, 376, 377
Startrakete 56
Stationär-Rolle (Angel) 554
Stativanschluß (Kamera) 584
Stativklemme 323
Stativstange 323
Stator
  Generator 327
  Mid-West-Wankelmotor 414
  Turbinenstrahltriebwerk 422
Statue (Architektur) 483
Staubabscheider 364
Staubbahn 12, 13, 16, 48
Staubbeutel 132, 133, 146–153
Staubblatt 128, 132, 133, 137, 146–153
Staubfaden 132, 133, 146–153
Staubkappe (Fahrrad) 597
Staubkokon 24–26
Staubmanschette 350
Staubschutz (Telefon) 568
Staubschweif 52–53
Staubsturm 43
Staubwolke 11, 12, 14–15, 16–17, 42–43
Staubwolke (Vulkane) 282
Stauffer-Schmierbüchse 346, 349
Staukuppenvulkan 282
Staumoräne 296
Staurikosaurus 74, 75
Stealth-Bomber 424
Stechbeitel 456, 457
Steckdose (Hubschrauber) 426
Steckdübel 428
Stecker (Walkman) 580
Steckschwert (Segelboot) 553
Steckverbindung(en) 338, 367
Steeple Chase 546
Steg
  Bratsche 515
  Cello 515
  Geige 514
  Gitarre 516, 517
  Kontrabaß 515
  Konzertflügel 519
Stegoceras 106, 107
Stegosauria/er 76, 89, 98, 99
Stegosauridae 98
Stegosaurus 76, 77, 98, 99
Stegstift 516
stehende Part 390, 391, 395, 396, 397
stehendes Gut 390, 553
Stehkolben 317
Stehplatz (Globe-Theater) 481
Steibe-Seitenwagen 370
Steifkappe (Schuh) 560
Steigbügel
  Gehörknöchelchen 252
  Pferdesport 546, 547, 576, 577
Steigbügelriemen 576
Steigbügelschnalle 576
Steighebel 426
Steigphase (Hochsprung) 535
Steigung (Schiffsschraube) 398
Steilküste 305
Steilsprung 546
Steinanker 394
Steinband 493
Steinbock (=Capricornus, Sternbild) 19, 20
Steindruckpresse 450
Steinfrucht 137, 152–154
Steinfrüchtchen 153–155
Steingutfliese 492
Steinkanal 180, 181
Steinkern (Steinfrucht) 154, 155
Steinkohle 290
Steinkohleformationen 72
Steinkohlewälder 63
Steinmetzwerkzeug 489
Steinmetzzeichen 474
Steinplastik 456
Steinplatte 450
Steinsalz 279, 286–287
Steiß 201
Steißbein 232, 233
Steißbeinhorn 233
Steißbeinknochen 228, 232
Stek 396
Stele 463
stellares Schwarzes Loch 29
stellares Spektrum 22–23
Stellingstek 397
Stellschrauben (der Staffelei) 441
Stemmbrett 552
Stemmschritt (Speerwerfen) 535
Stempel
  Glühbirne 564
  Kalligraphensignatur 449
Stempelkissen 449
Stenge 386
Stengel (*Asteroxylon*) 85
Stengelglied 135, 136, 140, 160, 161, 164
Stengelorgan 123
Stephenson, Robert 334
Stereoklang (Walkman) 580
Stereoklinkenstecker (Walkman) 580
Sterna hirundo 199
Sternbilder 18–21
Sternbildung im Orion 24
Sterndüne 293
Sterne 14–15, 16, 22–23, 24–25, 26–27, 28–29, 32–33
  am Nordhimmel 18–19
  am Südhimmel 20–21
Sternenstaub 12, 14, 16–17, 30, 42–43, 52–53
Sternhaufen 11, 16
Sternkoralle 173
Sternmotiv 493
Sternparenchym 141
Sternschritt (Basketball) 530
Steueranschlag 429
Steuerbord 552
  Wortherkunft 382
Steuerbordbuganker 403
Steuerbordflügel 419
Steuerbordflügelteile 417
Steuerbordhauptfahrwerk 418, 428
Steuerbordhöhenruder 419
Steuerbordmotorverkleidung 429
Steuerbordpropeller 406
Steuerbordseite 382
Steuerbordtragflügel 429
Steuerbordtrimmtank 420
Steuerbordtür 419, 421
Steuerbordwand 412, 413
Steuergehäuse 353, 414
Steuerholm 429
Steuerhorn 406, 407, 429
Steuerhornöffnung 429
Steuerkammer 404
Steuerkette 355
Steuerkettenantriebsritzel 355
Steuerknüppel 369
Steuermann 380, 381, 384, 552, 553
Steuerplattform 398
Steuerpleuelstange 353
Steuerrad
  Flugzeug 407, 409
  Oldsmobile 346
  Schiff 386, 398, 402
Steuerruder 382
Steuerseil 431
Steuerstäbe (Kraftwerk) 324
Steuerstand 405
Steuerstange 409
Steuerstromkreis 338

Steuerung
  Flugzeug 428, 430
  Schiff 398
Steuerzylinder 420
Steven 382, 384, 389, 401
Stevenanlauf 401
Stevenkopf 384
Stichbalken 477
Stichroulette 450
Stickstoff
  Erdatmosphäre 311
  Helixnebel 17
  Marsatmosphäre 43
  Periodensystem 321
  Plutoatmosphäre 51
  Venusatmosphäre 37
Stickstoffgruppe 321
Stickstoffmonoxid 322
Stickstoffverbindungen (Fleischfressende Pflanzen) 166
Stiefel
  Fagott 512
  Segeln 552
  Ski- 544
Stiel
  Architektur 477
  Entenmuschel 179
  Pflanzen 118, 124, 125
Stielnarbe 129
Stier (=Taurus, Sternbild) 19, 20
Stift (Gangspill) 395
Stigma 146, *s. auch Narbe (Pflanzen)*
Stilettapparat 173
Stimmband 255
Stimme
  Singstimme 506–507
  Telefon 568
Stimmnagel 518, 519
Stimmnagelblock 519
Stimmpedal 523
Stimmstock 518
Stimmwirbel 514, 515
Stimmzug 510
Stinkmorchel 120
Stirn
  Delphin 214
  Elefant 211
  Mensch 221, 222
  Pferd 205, 210
Stirnband (Tennis) 536
Stirnbein (Mensch) 223, 230, 231
Stirnfontanelle 230
Stirnhautmuskel 239
Stirnhöhle 222, 255
Stirnhorn 108
Stirnhornknochen 109
Stirnlocke (Pferd) 205
Stirnriemen 546, 547
Stirnseite (Schwimmbecken) 550
Stirnverkleidung 502
Stirnwand (Racquets) 537
Stoa 464
Stock (Eishockeyschläger) 542, 543
Stockanker 394
stockloser Anker 394
Stockschraube (Stuhl) 570, 571
Stockschwelle 468
Stoff (chemischer) 316, 317
Stoffbespannung 408
Stoffgemische 316, 317
Stöfler 40
Stollen
  ausgetrockneter 294–295
  Fußballschuh 529
  Reifen 373, 376, 586
Stollenprofil (Geländereifen) 373, 376
Stollenreifen
  Fahrrad 586
  Motorrad 376
Stopfbuchse 398
Stopfbuchsendeckel 399
Stopfen (Versuchsaufbau) 323
Stoppsignal 340, 341
Stopptaste (Walkman) 580
Stoppuhr 528
Stöpsel
  Stuhl 570
  Uhr 562
Stör 186
Störklappe 418
Stoßauslage (Kugelstoßen) 535
Stoßdämpfer
  Auto 346, 348, 349, 350, 360
  Eisenbahn 339, 341
  Flugzeugfahrwerk 409, 427
  Funktionsprinzip 373
  Motorrad 371, 372, 373, 376
Stoßdämpferbefestigung 372, 376
Stoßdämpfereinsatz 350
Stoßdämpfergelenk 376
Stoßdämpferkörper 373
Stößelrohr 413
Stößelstange 375
Stoßfänger/Stoßstange
  Auto 351, 358, 359, 365
  Bus 342, 343
Stoßrad 421
Stoßwelle 27
Stoßzahn
  Elefant 210, 211
  Mammut 113
  Phiomia 111
Stoßzunge (Klavier) 518
Strafraum (Fußball) 528
Strahlen (Licht) 328
strahlenförmiger Krater 34
Strahlenkörper 251
Strahlenzone 251
Strahlrohrverbindung 423
Strahlstrom 310
Strahltriebwerke 414, 422–423
Strahlung 10, 12–13, 16, 22, 38, 54
  elektromagnetische 324, 325, 326, 327, 331
  ultraviolette 329
Strahlungszone
  Hauptreihensterne 24
  Sonne 33
Straight-Dämpfer 511
Strand 304–305
Strandhafer 119
Strandhorn 304
Strandversetzung 304–305
Straße von Turgai 77
Straßenbahnen 342, 343
Straßenbahnwagen 342
Straßenfußball 528
Straßennetz 342
Straßenrennen 376
Stratocumulus-Wolken 312
Stratosphäre
  Erde 39, 310–311
  Jupiter 45
  Mars 43
  Saturn 47
Stratum (Boden) 293
Strauch 128, 136
Strauchflechten 120
Strauß (Vogel) 194
Straußenei 199
Strebe
  Architektur 477, 483, 490, 494, 497
  Eisenbahn 334
  Fahrrad 586
  Schaufelrad 398
Strebebogen 470, 473, 475, 497
Strebepfeiler 474, 475, 482
Strebewerk 474
Strecke (Mechanik) 331
Streckennummer 338
Streckungzone 139
Streichen 66
Streicher 508
Streichinstrumente 514, 515
Streß 260
Streuschuppen 127
Strich (Minerale) 280–281
Strindberg 35
Strinlappen 246, 247
Strinmuskel 236, 238, 239
Strix aluco 196
Strohdach 481
Strom
  elektrischer 324, 326, 327
  Straßenbahn 342
  Wasser 298–299
Stromabnehmer
  Elektrolok 338, 340
  Straßenbahn 342
Stromabnehmerbock 342
Stromabnehmerkontakt 338
Stromabnehmerkopf 342
Stromabnehmerschuh 339
Stromanschluß (Mondfahrzeug) 58
Stromatolithen 84
Stromeinspeisung (Eisenbahn) 338
Stromerzeugung
  Eisenbahn 336
  Kraftwerk 324
Stromfluß 320
Stromgebietsformen 298
Stromgenerator 327
Stromkabel (Vibraphon) 521
Strömkammer 422
Stromkreis 326
Stromnetz 325
Stromrichtung, technische 326
Stromschiene 338
Stromschnellen 298, 300
Strömungsabriß-Warngerät 416
Strömungswirbel 306, 307
Stromverbinder (CD-ROM) 578
Strongylocentrotus purpuratus 181
Strontium 320
Stropp 381, 391
Struktur (Atome und Moleküle) 318
Struthio camelus 194, 199
Struthiolaria 289
Struthiomimus 90, 93
Stückpforte 385, 387, *s. auch Geschützpforte*
Stückpfortendeckel 389
Stückpfortensüll 389
Stufe(n) 499
  ARV Super 2 428
Stufenschalter (Bohrer) 558
Stuhl 370–371
Stulpe
  Fechthandschuh 549
  Skistiefel 544
Stumpfkrokodil 88
Stundenlinie (Sonnenuhr) 385
Stundenmarke 563
Stundenrad 563
Stundenzeiger 562, 563
Stupa 494, 495
Stupika 495
Stürme 312, 313
Stürmer (Fußball) 528
Sturz 305, 498
Sturzbügel 370, 371
Sturzfeder (Sattel) 576
Sturzhelm 544
Sturzkappe 546, 547
Stützbein (Druckerpresse) 453
Stützbrücke (Uhr) 563
Stützdraht (Glühbirne) 564
Stütze (Architektur) 496, 500
Stutzen (Mid-West-Wankolmotor) 115
Stützenhals 389
Stützpfeiler 476, 481, 483, 484, 485, 488, 490
Stützstab (Gitarre) 517
Stützstababdeckung 517
Stützstrebe 427
Stylobat 464
Stylum 146
Styracosaurus 108, 109
Subcutis *s. Unterhaut*
Subduktionszonen 64, 291
Subgenitalhöhle 173
Sublimation 321
Subneuralarterie 179
Suboperculare 187
Subtropen-Strahlstrohm 310
Sucherokular (Kamera) 584, 585
Suchscheinwerfer 402, 403
Südafrika
  Devon 70
  Spurweite 341
Südamerika
  Beuteltiere 110
  Devon 70
  Erde im Universum 38–39
  Jura 76
  Karbon 72
  Kreide 78, 79
  Ornithopoden 102
  Quartärr 82, 83
  Säugetiere 110
  Tertiär 80, 81
  Trias 74
  Weltkarte 274
Südamerikanische Platte 38, 65
Sudan (Spurweite) 341
Südäquatorialstrom 306–307
Südatlantik 79
Südchinesisches Meer 275
Südgalaktischer Pol 15
Südhalbkugel (der Erde) 306–307
Südkorea (Architektur) 494
Südlicher Fisch (=Piscis Austrinus, Sternbild) 19, 20
südlicher Magnetpol 29
südlicher Polarkreis 274–275, 307
Südliches Dreieck 21
Südostasien (Architektur) 494–495
Südostpassat 310
Südostwind 313
Südpol
  Erde 38, 307, 310
  Jupiter 44
  magnetischer 327
  Mars 42
  Merkur 34
  Mond 40
  Neptun 50
  Pluto 51
  Pulsar 28
  Saturn 48
  Uranus 48–49
  Venus 37
Südpolarregion 70
Südwind 313
Sukkulenten 162
Sulfat
  Meerwasser 306
  Minerale 279
Sulfide (Minerale) 278
Sulky 546, 547
Sulkyrennen 547
Sullivan, Arthur 506
Süllrand 552
Sumatra 275
Sümpfe 300–301, 303
Sumpfwälder 72
Supai-Gruppe 287
Super-G 544
Super-Granule 33
Superkontinent 70, 74
Supernova 16, 26–27, 29
Supernovaüberrest 14–15, 30
Superriesenslalom 544
supraflüssige Neutronen 30
Supraoccipital-Kamm (*Tyrannosaurus*) 90
Supraoccipitale 187
Suprascapula 189
Süßkartoffel 161
Süßwasserbucht 301
Sutura
  frontonasalis 231
  Schimpanse 212
  zygomatica 230
Suzuki RGV500 376, 377
Sydney (Architektur) 503
Syenit 285
Sylviussche Spalte 247
Symbiose 120, 139
Symbole
  biologische 589
  chemische 316–323, 589
  mathematische 589
  physikalische 324–331, 589
Symphyse *s. Schambeinfuge*
Synapsiden-Reptil 73
synaptische Blase 249
synaptischer Knoten 238, 249
Synchiropus splendidus 186
Synchron-Blitzkontakt (Kamera) 584
Synklinale 66
Synklinorium 67
Synsacrum 195
Synthesizer 524
synthetische Vertikalverschiebung 67
Syria Planum 42–43
Syrien (Architektur) 492, 493
Systole 261

T

T-Leitwerk 430
T-Profilträger (Architektur) 496
Tabletthalterung 412
Tacan-Antenne 424
Tachometer 370, 377
Tachometerantrieb 375
Tachybaptus ruficollis 196
Taenia (Architektur) 464
Tafel (Architektur) 491
Tafelberg
  Erde 275, 285, 287, 292
  Sternbild 21
  Temperamalerei 437
Tafelmalerei 436
Tafelung
  Barockkirche 484, 485
  Cirque Napoleon 483
  gotische Gebäude 477
  indischer Tempel 495
  islamischer Bogen 492
  Madeleine 482
  mittelalterliche Kirche 473
  St. Paul - St. Louis 483
  Tower Bridge 497

Tagewerk (Fresko) 438, 439
Taifun 312
Taileron 424, 425
Taille
 Bratsche 515
 Cello 515
 Geige 514
 Kontrabaß 515
 Mensch 220
Takelwerkzeuge 390
Takla-Makan 275
Taklerlehre 390
Takling 390, 392
Takt 506
Taktstrich 506
Taktwiederholung 506
Täler (Erde) 277, 287, 296–297, 298–299, 300, 304
Talgbeschichtung 387
Talgdrüsen 244, 245
Talgletscher 296
Talhang 299
Talje 381, 390
Taljereep 381, 390, 391
Talk 280–281
Talus 292–293
Talvertiefung 305
Tambour 490
Tambourfenster 490
Tamburin 508, 522
Tampen 391, 396, 397
Tampon 450
Tamtam 508, 520
Tandemflügel 410
Tang 122, 123
Tanganjikasee 275
Tangrose 172
Tank *s. auch Treibstofftank, Kraftstofftank, Öltank*
 Flugzeug 400, 417, 429
Tankablaßventil 413
Tankbefestigung 349
Tankbelüftung
 Hubschrauber 426
 Motorrad 377
Tankdeckel 350, 358, 364
Tankeinfüllstutzen 431
Tankverkleidung 429
Tankverschlußdeckel (Rasenmäher) 574, 575
Tankwartungsklappe 421
Tanne 72
Tannenwedel 141
Tantal 320
Tantalus Fossae 43
Tapeats-Sandstein 287
Tarantel 176, 177
Tarantelnebel 12, 26–27
Tarnkappenbomber 424
Tarsalia 189
Tarsometatarsus 195
Tarsus
 Insekten 174, 175
 Spinnentiere 176, 177
Tasche (Raumanzug) 57
Tas-de-charge 473
Taschenklappe 261
Tasmanischer Teufel 217
Tassenstößel 354, 355, 357
Tastatur
 Computer 525, 579
 Tasteninstrument 518
Tastaturmembrane 568
Taste
 Computer 525
 Keybord 524
 Klavier 518, 519
 Orgel 518
 Synthesizer 524
 Telefon 568
Tastendruck (Telefon) 568
Tasteninstrumente 518–519, 524
Tastenrahmen (Telefon) 568
Taster (Spinnentiere) 176, 177
Tastzirkel 456
Tau Orionis 18
Tau Sagittarii 21
Tau (Schiff) 390, 395
Taube (Geistsymbol) 439
Taubnessel 141
Taubohrung 394
Tauchfalte 67
Tauführung 381
Taukerbe 391
Taumelscheibe 354
Taurus
 Gebirge 83
 Sternbild *s. Stier*
Tauschnecke 390, 396, 397
Tausendgüldenkraut 151
Tauverzierung 403
Tauwerk 390, 396, 397
Tauwinde 430
Taxus baccata 76, 129
Teakverstärkung 401
Technetium 320
Technikdisziplinen (Leichtathletik) 534
Technosaurus 74, 75
Tee (Golf) 538, 539
Teeklipper 400
Teestift (Golf) 538, 539
Tegenaria gigantea 177
Teich (Golf) 538
Teilchen (Chemie) 316, 317, 318
Teilchenstrahlung 328
Teilfrucht 157
Teilkreis 398
Teilung (Manilatrosse) 397
Telefon 568–569
Telefonanschluß 568
Telefonhörer 568
Telefonkonsole 569
Telefonnummer 568
Telefonschnur 569
Telefonschnurstecker 569
Telegraphenrah 403
Telemetrie 367
Telemetrieantenne 56
Teleskope 54
Teleskopfederung 336, 339
Teleskopgabel 371, 372, 376, 377
Teleskopgabelarm 373
Teleskopstange 377
Teleskopstrebe 420, 421
Teller (Skistock) 544
Tellerrad 345, 348
Tellur 321
Tellus Regio (Venus) 36–37
Tellus Tessera 37
Telson
 Garnelenfossil 85
 Krebse 178
Tempe Fossae 43
Tempel
 ägyptischer 462, 463
 französischer 489
 griechiescher 464, 465
 indischer 495
 Popchu-Sa 494
 römischer 466
Tempelblöcke 520
Temperamalerei 436–437
Temperatur
 Chemie 316, 322
 Erde 290, 306, 310–311, 312–313
 Maße 588
 Physik 329
Temperaturanzeige (Auto) 366
Temperaturdifferenzen 292
Temperaturfühler 416, 422, 427, 429
Temperaturfühler-Sammelleitung 423
Temperaturregler 364
Temperaturveränderungen 292, 306, 311
Temple-Butte-Dolomite 287
Temple-Cap-Sandstein 286
Tempo (Musik) 506
Temporale 212
Tender 334
Tenderrad 334
Tennis 536
Tennisaufschlag (Volleyball) 532
Tennisball 536
Tennischuh 536
Tennishemd 536
Tennisnetz 536
Tennisplatz 536
Tennisrock 536
Tennisschläger 536
Tennissocke 536
Tennisspielerin 536
Tenor (Stimme) 506
Tenor-Dämpfer 511
Tenornote 519
Tenorsaxophon 513
Tentakel
 Krake 182
 Seeanemone 172, 173
Teppich von Bayeux 382
Terbium 321
Tergum 179
Terpentin 440
Terra di Siena 436, 438
Terra Verde 437
Terrakotta 459
Terrasse(n)
 Architektur des frühen 20.Jh.s 498, 499
 asiatische Bauwerke 494
 Landschaft 296
 moderne Architektur 501, 503
Terrassenbildung 296
Tersker 207
Tertiär 63, 80, 81, 289
Terz 549
Tesserae
 islamische Mosaiken 493
 Mosaiktechnik 454
Testa 138, 152, 154–159, *s. auch Samenschale*
Testfahrrad 368
Tetanurae 89
Tethis Regio 36
Tethys
 Meer 75, 77, 79, 80, 81
 Saturnmond 46
Teti 463
tetraedrisch 318
Tetralophodon 81, 110
Textilbespannung 409
Textilfarbe 452
TGV (Tain à Grande Vitesse) 338, 339
Thalamit 381
Thalassiosira sp. 122
Thalictrum delavayi 143
Thallium 321
Thallus 124
 blattartiger 122
 primärer, schuppiger 120
 sekundärer, strauchartiger 120
 unverzweigter, spiralig verdrehter 123
 verzweigter, derber 123
Thar 275
Tharsis Tholus 43
Thaumasia Fossae 43
Themis Regio 36
Theobroma cacao 154
Therapsiden 110
Thermosiphon 335
Thermosphäre
 Erde 39, 310
 Mars 43
 Venus 37
Thermostat 415
Theropoda/en 89, 90–93–94
Thesium alpinum 145
Theta 1 Sagattarii 21
Theta Andromedae 19
Theta Pegasi 19
Thetis Regio 36
Thorax
 Mensch 224
 Trilobit 84
Thorium 320
Thranit 381
Thulium 321
Thylakoid 145
Thylakoidmembran 145
Thymin (DNA) 226
Thyreophora 89, 98, 99
Thyristor-Stromrichter 338
Tibet 69
Tibia *s. auch Schienbein*
 Frosch 189
 Käfer 174
 Schmetterling 175
 Skorpion 176
 Spinne 177
Tibiale 189
Tibialis-antierior-Muskel (*Albertosaurus*) 90
Tibiotarsus 195
Tidenhub 307
Tiefdruck
 Druckverfahren 450
 Wetter 310–312
Tiefdruckgebiete 310, 311–312
Tiefeneffekt 437
Tiefengestein 284
 magmatisches 285
Tiefenruder 404, 405
Tiefenschärfeskala (Kamera) 585
Tiefenströmung 307
Tiefgangsmarken 387
Tiefgangsmarkierung 405
Tiefsee 75, 77
Tiefseebecken 308
Tiefseeboden 308
Tiefsee-Ebene 308
Tiefseegräben 64, 306, 309
Tiefseesedimente 309
Tiefseeton 309
Tiegel (Druckerpresse) 453
Tierceron 489
Tiere 170–217
 Energie 324
Tierkopf (Wikingerschiff) 382
Tigerhai 184, 185
Tilia sp. 140
Tilia x europaea 149
Tinatin Planitia 37
Tinte (Schreibstoff) 448
Tintenbeutel (Krake) 182
Tintenfaß 434
Tintenfische 182–183
Tintenreservoir 448
Tintenstein 448
Tisch
 Haus Savoye 498
 Sternbild (=Mensa) 20
Tischklemmvorrichtung (Lampe) 565
Titan 320
Titania 50
Titanohyrax 80
Titanosaurier 97
Titanweiß 446
Titusbogen 467
Tivoli 466
To-Feder 448
Toaster 372–373
Toastscheiben 572
Tochterknolle 160
Tochterkolonie 122
Tochterpflanze 160
Tochterzwiebel 160
Toilette
 Bus 342
 Tyringham House 487
Toleranzen 360
Tomtom 522, 523
ton
 long 588
 short 588
Tonabnehmer 516, 517
Tonart 506
Tonartvorzeichen 506
Tonauswahl 524
Tondo (Pinsel) 438
Töne 524
Ton(erde) 458, 459
Tonerhöhung 506
Tonerniedrigung 506
Tonfiguren 456
Tongenerator 524, 525
Tonhaltepedal 518, 519
Tonhöhe 506, 510, 512, 514, 520, 522
Tonkopf (Walkman) 580
Tonleiter 506
Tonmodell 459
Tonnage 388
Tonne (t) 588, 589
Tonnengewölbe
 Gewölbeformen 488, 489
 Kolosseum 468
 Kristallpalast 497
 mittelalterliche Kirche 472
 römischer Pantheon 467
 St.Paul-St. Louis 483
Tonnenwirbel (Angeln) 554
Tonplastiken 456
Tonregler 524, 525
Tonrufgeber (Telefon) 568, 569
Tonrufschalter 569
Tönung 445
Tonwiedergabe 525
Tonzeichenpapier 445, 449
Topas 281
Töpfe 364
Topographie der Erdkruste 38
Toppnant 384, 385, 386
Toppnantblock 381
Toppsegel 384
Toppsegelbrasse 393
Toppsegelschoner 393
Tor
 Eishockey 542
 Fußball 528
 Handball 532, 533
 indischer Tempel 495
 Skisport 544
Torauslinie (Fußball) 528
Torf 290
Torfrau (Netball) 533
Torhaus (London Bridge) 471
Torkreis (Netball) 533
Torlinie
 Eishockey 542
 Fußball 528
 Handball 533
Tornado (Flugzeug) 424
Tornetz (Handball) 533
Torosaurus 78
Toroweap-Schicht 286
Torpedo 402
Torpedokammer 405
Torpedonetz 403
Torpedonetzbaum 403
Torpedorohr 402, 405
Torpfosten (Handball) 533
Torraum
 Fußball 528
 Handball 533
Torraumlinie (Handball) 533
Torrichter (Eishockey) 542
Torschiedsrichter (Handball) 533
Torsionsfeder (Rasenmäher) 574
Torsionsstabfeder 350

Torturm (Porta Nigra) 469
Torus 467
Torverteidigerin (Netball) 533
Torwart
Eishockey 542
Fußball 528, 529
Handball 533
Torwarthelm (Eishockey) 543
Torwartlinie (Handball) 533
Torwartraum 542
Torwartschiene 542
Torwartschläger (Eishockey) 542, 543
Torwarttrikot (Fußball) 529
Torweg 499
toskanische Pilaster 469
Doppelpilaster 487
Tostoj 35
totale Sonnenfinsternis 32
Totalisator 547
Totes Meer 302–303
Totholz 389
Tour de César 470
Tourenrad 368, 369
Tower Bridge 496, 497
Tower von London 470, 488
Toxodon 82, 112
Trabekel 260, 261
Trachea *s. auch Luftröhre*
Delphin 215
Echse 191
Elefant 210
Hauskatze 201
Kaninchen 202
Mensch 254, 264
Schildkröte 193
Schimpanse 212
Vogel 195
Trachee (Leitbündel) 138
Tracheenglied 140
Trachenleder (Sattel) 576
Trachenverstärkung (Sattel) 576
Trachycarpus fortunei 133, 136
Traditionen 114
Tragbalken 497
Tragegurt (Köcher) 540
Tragevorrichtung (Walkman) 580
Tragfähigkeit 498
Tragfläche 430, 431
Tragflügel 408, 410, 424, 428
Traggabel 344
Trägheitsgesetz 331
Tragriemenöse (Kamera) 585
Tragus 252
Tragzapfen 340
Trajansforum 167
Trakehner 207
Tränenbein
Mensch 231
Protoceratops 108
Tränendrüsen 251
Tränenfilm 250
Tränennasengang 251
Tränenröhrchen 251
Tränensack 251
Tränenwärzchen 223
Transformator
Physik 324
Eisenbahn 338
Transistor (Telefon) 569
Transparentfarbe 440, 442
Transpiration (Pflanzen) 142
Transponderantenne 427
Transporthalterung 352
Transportsystem 342
Transversalbogen
mittelalterliche Kirche 472
gotische Kathedrale 473
St.Paul-St.Louis 483
Kreuzrippengewölbe 489
Transversalwellen *s. S-Wellen*
Trap (Schießsport) 540
Trapez
Architektur 497
Sterngruppe 17
Trapezmuskel 236, 237, 239
Traube
Blütenstand 135
Rachen 255, 258
Traubenhyazinthe 161
Traufbohle 494
Traufe 66
Traverse 502
Travertinarkaden 468
Trefferanzeigesystem, elektrisches 548, 549
Trefferzonen 548, 549
Trefflächen (Fechten) 549
Treibachse 339
Treibhauseffekt 36, 310–311
Treibhausgase 311
Treibrad 334
Treibstange 335
Treibstoff-Luft-Gemisch 422, 423
Treibstoff-Öl-Wärmetauscher 422
Treibstoffdruckleitung 421
Treibstoffdüse 422, 423
Treibstoffeinfüllstutzen 406, 417
Treibstoffilter 423
Treibstoffleitung 421, 422, 429
Treibstoffmengenanzeiger 417
Treibstoffpumpe
Flugzeug 420, 421
Hubschrauber 426
Treibstofftank *s. auch Kraftstofftank*
Flugzeug 421, 425
Hubschrauber 427
Motorrad 370, 371, 377
Treibstofftankdeckel 377
Treibstofftropfenfänger 415
Treibstoffverbrennung 416
Treibstoffzufuhr 423
Tremolo 521
Trennbodenebene 416, 417
Trennventil 335
Trennwand (ARV Super 2) 429
Trennwandverkleidung (Lockheed Electra) 413
Treppe
Bibliotheca Laurenziana 479
Bus 342
Donjon 470
gotische Kathedrale 474
indisches Grab 493
Opernhaus Sydney 503
Schloß Montal 481
St. Pierre/Libreville 503
Tyringham House 487
Treppenaufgang
Bibliotheca Laurenziana 479
Centre Pompidou 500
indischer Tempel 503
Schloß Montal 481
Tyringham House 487
Treppenstufen 503
Treppklampe 386, 389
Tretkurbel
Fahrrad 586, 587
Kraftwirkung 330
Tretkurbelstern (Fahrrad) 586
Tretlager 330
Tretlagerachse (Fahrrad) 586
Tretlagergehäuse (Fahrrad) 586
Trevithick, Richard 334
Trials-Reifen 373
Triangel 508, 521
Triangulum *s. Dreieck*
Triangulum Australe *s. Südliches Dreieck*
Trias 63, 74, 75, 90, 94, 110, 289
Tribüne 471
Triceratops 106, 108, 109
Trichome 162
Trichter
chemisches Gerät 323
Echse 191
Eileiter (Mensch) 268, 269
Krake 182, 183
Trieb (Uhr) 562
Triebwerke
Kolbentriebwerk 414–415
Raumfahrt 56
Turbinenluftstrahltriebwerk 422
Turbofan 416, 423
Turbojet 523
Turboprop 423
Triebwerklufteinlaß 424
Triebwerksaufhängung 422, 423
Triebwerkseinlaß 421
Triebwerksinstrumente 429
Triebwerksmast 416
Triebwerkssteuereinheit 422
Trier (Architektur) 469
Triere 380, 381
Trifidnebel 16
Triforium 473
Triglyphe 464
Trikot 542
Trikuspidalklappe 261
Trillerpfeife
Schiedsrichter 528
Schwimmweste 553
Trilobiten 62, 70, 84, 289
Trimala 495
Trimmklappe 413, 419, 428
Trimmwellenzugang 419
Trimtab 418
Trinitätskapelle 474
Triplebarren 546
Trireme 380, 381
Triton 50
Trittbrett
Eisenbahn 334, 336
Auto 347, 349, 351
Trittbretthalterung 348
Trittbrettstrebe 348
Trittstufe
Auto 344, 365
Flugzeug 427
Treppenaufgang
Schloß Montal 481
Trizeps 237
Trochanter
Insektenbein 174
Skropionbein 176
Spinnenbein 177
Trockenfrucht 119, 137, 156
Trockenpflanze 162
Trockental 293
Trockentechnik 443
Trockenzeit 303
Trogtal 297
Trojan-Zweitakt-Doppelkolbenmotor 352
Trommel
Bremse 372–373
Druckerpresse 453
Kuppel St. Paul's 485,
Kuppeln 490, 491, *s. auch Tambour*
Säule 464
Schlaginstrument 508, 509, 520, 522, 523
Trommelbremse 369, 370, 371, 372, 373
Trommelfell
Instrument 522, 523
Ohr (Frosch) 188
Ohr (Leguan) 190
Ohr (Mensch) 252, 253
Ohr (Wachtelküken) 199
Trommelfellspannung 522
Trommelkörper 523
Trommelschlegel 520
Trommelstock 522, 523
Trompe 470
Trompete(n)
festgesteckte 397
Instrument 507, 508, 510
Schifferknoten 397
Tropenvegetation 74
Tropeter 381
Tropfölschmierbehälter 346
Tropic-Schicht 286
Tropische Wirbelstürme 312
Tropischer Regenwald 38–39
Troposphäre
Erde 39, 310
Jupiter 45
Mars 43
Saturn 47
Venus 37
Trosse 394, 395, 396
Trossenführung 403, 405
Trossenstek 395
Truncus pulmonalis 263, 265
Tschattra 494, 495
Tschattravali 495
Tschechow 35
Tu-144 420
Tuba 508, 509, 511
Tuben-Aquarellfarbe 442
Tubenspritzeffekt 447
Tubus 54
distaler 267
proximaler 267
Tudorbogen 488
Tumbas 523
Tundra 38
Tunnel (Eisenbahn) 340
Tuojangosaurus 98
Tupelobaum 143
Tüpfeleffekt 446
Tupfer 441
Tür
Renault Clio 359
Tyringham House 487
Türanker (Flugzeug) 416
Türatrappe (Ford Modell T) 349
Turbine
Flugzeugmotor 423, 426
Kraftwerk 324
Turbinenabluft 427
Turbinendüse 419
Turbinenflugzeuge 416–417, 418, 419
Turbinengehäuse 423
Turbinenluftstrahltriebwerk 422
Turbinenrad (Turbo-Diesel-Motor) 357
Turbinenschaufelrad 422
Turbinenstrahldüse 416
Turbinentriebwerk 421
Turbinewelle 423
Turbofan 422, 423
Triebwerk 416
Turbojet 422, 423
Triebwerk 416, 422
Turbolader 337, 357, 366
Türdichtung (Auto) 362, 363
Turdus viscivorus 196
Türgriff (Auto) 358
Türkei
Architektur 491
Spurweite 341
Türkenbund 391
türkische Fliesen 493
türkischer Halbmond 492
türkisches Glas 493
Turm
Barock und Klassizismus, 484–485
Glockenturm 481
Gotik 474–477
Kuppeln 490–491
Minarett 493
mittelalterliche Gebäude 470–471
mittelalterliche Kirchen 472–473
Pagode 494
Turmalin 279
Türmchen
gotische Kirche 475, 476,
Kuppeln 490
Renaissancebauten 480, 481
Turmdachreling (Geschützturm) 403
Turmfalke 195
Turmgewölbe 473
Turmhelm
gotische Kirche 475, 476, 477
mittelalterliche Kirche 472
Turmknauf 485
Turmknopf 474, 475, 481, 490, 491, 497
Turmlagerrolle 404
Turmmittelbau 404
Turmspringen 550
Turner, William 443
Türöffner
Auto 351, 363
Flugzeug 416, 418
Türpfosten 482
Türscharnier (Auto) 359, 365
Türscheibe 358
Türschloß 358
Türschlüssel 358
Türschutzleiste 356, 363
Türschwellerverkleidung 363
Türspion 416
Türsturz 463
Türverankerung 416, 418
Türverkleidung 363
Türverriegelungsknopf 358
Türziehgriff 363
Tuschestift 448
Tuschfeder 452
Tyagaraja 35
Tycho 40
Tympanalhöhle
Bär 200
Löwe 200
Tyrannosaurus 78, 79, 90
Tyringham House 487

U

U-Boot 402, 404–405
U-Rohr 323
Überaugenwulst
Australopithecus 114
Homo sapiens 114
Überbrückung 488
Überfeder 448

Übergangsmetalle 320–321
Übergurtschlaufe (Sattel) 547
Überhang 491
Überhitzerrohr 335
überkippte Falte 67
Überkopfpaß (Basketball) 530
Überlagerung 445
Überlandreisen (Bus) 342
Überschallflugzeuge 420–421
Überschallknall 420
Überschiebung 67
Überschwemmung 300
Überschwemmungsebene 299, 300–301
Übersetzungsgetriebe 414
Übersichtsfiguren (CD-ROM-Programm) 579
Überspannungsschutz 324
Überströmkanal 352
Übertragungsreifen 370
Überwachungsradar 405
Überzug (Buch) 583
Übungsball (Golf) 539
Übungsgranaten 404
Uferwall 299, 300–301
UHF-Funkantenne 424
Uhr 562–563
Walkman 580
Uhrbefestigungsplatte (Walkman) 581
Uhrengehäuse 562
Ulme 156
Ulmus minor 150
Ulnare 197
Ultrakurzwelle (UKW) 328
Ultraleichtflugzeuge 414, 430–431
Ultraleichtmaterialien (Auto) 366
Ultramarin 437, 440
Ultraviolette Strahlung 310
Umbra
Farbpigment 438
gebranntes 446
Schattenbereich des Mondes 32
Umbriel 50
Umformer (Hubschrauber) 426
Umkehrbild 455
Umkehrhebel 344
Umlaufbahn
äußere Planeten 31
innere Planeten 30
Kometenschweife 52
Mond 41
Sterne am Nordhimmel 18
Sterne am Südhimmel 20
Umlaufblech 334
Umlaufgeschwindigkeit
Merkur 34
Sonnensystem 30–31
Umlenkrolle 330
Umrechnungstabelle (metrisch-englische Maße) 589
Umschlag (Segel) 392
Umsetzen (Kugelstoßen) 535
Umsprung (Diskuswurf) 535
Umsteuerrad 400
Umsteuerungswelle 335
Umwälzpumpe 324
Umwerfer (Fahrrad) 586
ungeladene Teilchen 318, 319
Ungula 204
Ungulaten 204
Union Pacific 336
unisono 507
Universalgriff (Campingausrüstung) 364
Universum 10–59
Unpaarhufer 110, 204
unregelmäßige Galaxis 10–11, 13
Unterarm
Gorilla 213
Mensch 220
Unterarmbeuger 236
Unterarmbewegung 237
Unterarme (Gliedmaßenstellung) 88
Unterarmmuskel (Gallimimus) 92
Unterarmmuskulatur
Brachiosaurus 97
Euoplocephalus 100
Unteraugenfenster
Hyaenodon 113
Opossum 112
Smilodon 113
Unterbodenleitung (Concorde) 420
Unterdeck
Doppeldeckerbus 342, 343
Schiff 401
Unterdecksbalken 401
Unterdecksstringer 401
Unterdruck 370
Unterfell (Mammut) 113
Untergestell 342
Untergrätenmuskel 237
Untergurt 502
Unterhandpaß (Netball) 533
Unterhaut 244
Unterhautbindegewebe 245
Unterhautgewebe 244
unterirdische Flüsse 294–295
Unterjura 94, 102
Unterkiefer
Acanthostega 86
Ankylosaurier 100
Arsinoitherium 110
Australopithecus 113
Bär 112
Baryonyx 89
Camarasaurus 97
Diplodocus 96
Fledermaus 111
Heterodontosaurus 89
Hyaenodon 113
Iguanodon 102
Lambeosaurus 105
Mensch 222, 230, 254, 255, 256, 258
Pachycephalosaurus 106
Plateosaurus 94
Protoceratops 108
Stegoceras 107
Styracosaurus 108
Triceratops 109
Tyrannosaurus 90
Unterkiefer-Zungenbein-Muskel 255
Unterkieferdrüse 255
Unterkieferknochen
Mensch 230, 231
Protoceratops 108
Smilodon 113
Unterkieferkopf 230
Unterkieferspeicheldrüse 254
Unterklotz (Gitarre) 516
Unterkreide 66
Unterlänge (Buchstabe) 449
Unterlegscheibe
Bohrer 558, 559
CD-ROM 578
Kamera 585
Lampe 565
Stuhl 570
Telefon 569
Toaster 572, 573
Walkman 581
Unterlinie (Buchstabe) 449
Unterlippenfurche 223
Unterlippenherabzieher 239
Untermarssegelbrasse 393
Untermarsssegelgeitau 393
Untermast 386, 400
Unterordnung 89, 94, 102
Unterrah 403
Unterrohr (Fahrrad) 368, 587
Unterschenkel
Gliedmaßenstellung 88
Gorilla 217
Mensch 221, 242
Pferd 546
Unterschenkelmuskel
Brachiosaurus 96
Gallimimus 93
unterseeischer Cañon 308
Untersegment 264
Untersetzungsgetriebe 414, 415
Untersicht 502
Unterströmung 307
Unterstück (Holzblasinstrument) 512
Unterwant 386
Unterwäsche, flüssigkeitsgekühlte 57
Unterwasser 324
Unterwasserberge 308
Unterwasserminen 402
Unterwasserpflanzen 164
Unterzug 468
Unterzungendrüse 254, 255
Unukalhai 21
up-Quark 319
Urachus 267
Ural(gebirge) 73, 75, 77, 79, 275
Uran 320
angereichertes 324
Uranius Tholus 41
Uranus 31, 48–49
Ureter
Echse 191
Kaninchen 202
Knochenfisch 187
Schnecke 183
Vogel 195
Urin 266
Urknall-Theorie 10–11
Urne
Barockkirche 485
Madeleine 482
St.-Paul's-Kathedrale 491
Tempel der Vesta 467
Urodelen 188
Urogenitalöffnung (Delphin) 215
Uropod 178
Urostyl 189
Ursa Major *s. Großer Bär*
Ursa Minor *s. Kleiner Bär*
Ursäugetiere 110
Urstrom 296
Urstromtal 296
Ursus americanus 201
Ursus spelaeus 83
Urvogel *s. Archaeopteryx*
USA
Architektur 497, 498, 499
Spurweite 341
Uterus *s. auch Gebärmutter*
Elefant 210
Schimpanse 212
Uterusfalte 270
Utriculus 253
Utzon, J. 503
UV-Strahlung 22, 70

V

V-Motor 371, 372
V 2-Motor 370
V-Stabilisator 540
Vagina *s. auch Scheide*
Elephant 210
Schimpanse 212
Schnecke 183
Vakuole
Körperzelle Mensch 226
pulsierende (Pflanzen) 122
Vakuum-Leistungsschalter 338
Valenzelektronen 320
Vallecularkanal 126
Valles Marineris 43
Valmiki 35
Van-Allen-Strahlungsgürtel 38
Van de Graaf 43
Van Eyck 35
Vanadium 320
Vas deferens 202
Vastitas Borealis 43
Vater-Pacinisches Lamellenkörperchen 244, 245, 249
Vega 15, 19, 20
Vegetation 76
Vegetationspunkt 159
Vegetationszone 75, 77, 79
Vela
Sternbild *s. Schiffssegel*
Supernovaüberrest 17
Velocette-Einzylinder-Viertaktmotor 375
Velum
Corbita 381
Kolosseum 468
Velum universale 121
Vena cava posterior 188
Vena gastroepiploica 263
Vena mediana cabit 263
Venae interloburares renis 266
Venedig (Architektur) 482
Venedlinus 40
Venen (Mensch) 245, 262, 263
Venenklappen 262
Venolen 262
Ventil
Blechblasinstrumente 510, 511
Fahrrad 587
Fußball 528
Verbrennungsmotor 346, 354, 373, 375
Ventilator
Automotor 354
Bohrer-Motor 558
Elektrizität 327
Ventilbogen 510, 511
Ventildeckel
Hubschrauber 426
Motorradmotor 375
Ventilfeder 353, 354, 357
Ventilgehäuse 354
Ventilkipphebel 354
Ventilregler 334
Ventilschaft 354
Ventilspiel-Einstellungsschraube 375
Ventilsteuerung 375
Ventilstößel
Motorradmotor 375
Blackburn Monoplane 408
ventral 100
Ventrikel 246, 247
Venturi 428
Venus 30, 36–37
Venusfliegenfalle 166
Venuskrater 36
Verbinder
CD-ROM 578
Walkman 580
Verbindung
chemische 316, 318, 323
organische 323
Verbindungsdraht (Toaster) 572
Verbindungsriegel 413
Verbindungsstange 344
Verblendplatte 500, 502
Verbreitung (Ornithopoden) 102
Verbrennung 322, 323, 324
Luftstrahltriebwerke 423
Verbrennungsmotoren 344, 352, 354, 374, 375
Verbrennungsraum 354, 375
Verbundglas 365
Verdaccio 437
Verdauung (Mensch) 224, 246, 258–259
Verdauungsdrüse (Fleischfressende Pflanzen) 166, 167
Verdauungsenzyme (Fleischfressende Pflanzen) 166
Verdauungsflüssigkeit (Fallgrubenpflanze) 167
Verdauungskanal (Mensch) 258–259
Verdauungssystem (Mensch) 258–259
Verdauungszone (Fleischfressende Pflanzen) 166, 167
Verdeck 349
Verdeckhülle 356
Verdeckrahmen 349
Verdichterrad 357
Verdichtung (Treibstoff-Luft-Gemisch) 353, 356
Verdichtungstakt 353
Verdunstung (Pflanzen) 142, 162
Verdunstungsschutz (Pflanzen) 119, 145, 162, 163
Vereinswappen (Fußball) 529
Vergaser
Autos 346, 349, 353
Leichtflugzeugmotor 429
Mid-West-Wankelmotor 415
Motorrad 374
Vergaserdeckel 377
Vergaserhalterung 374
Vergaserheißlufteinlaß 426
Verglasung
Architektur des frühen 20.Jh.s 498
moderne Architektur 500, 503, 504
Vergoldermesser 436
Vergoldung
Buchmalerei 436, 437
Holzplastik 457
Verhalten 247
Verkehrsbeobachtung 426
Verkehrsflugzeuge 416
Verkehrsgesellschaft 338
Verkleidung
Architektur 503
ARV Super 2 429
Auto 362
Lockheed Electra 412, 413
Motorrad(-Seitenwagen) 372, 377
Verkleidungsbefestigung 377

Verkleidungspaneel BAE-146 416, 419
verlängertes Rückenmark 222, 246, 247
Verletzungen 244
Vermehrung *s. auch Fortpflanzung*
ungeschlechtliche 160
Vermillion Cliffs 287
Verputz 438
Versalschrift 449
Versatz 65
Verschalung 503
Verschiebung 68
Verschluckungszonen 65
Verschlußblock 404
Verschlußkappe
Füllers 448
Lampe 564, 565
Verschlußrad 404
Verschlußregler 335
Verschlußzeit (Kamera) 584
Verschlußzeiteneinstellscheibe 585
Verschlußzeitenregler 584
Verschlußzeitenring 585
Verschraubung (Pratt & Whitney Turboprop) 423
Verstärker (elektronische Instrumente) 524
Verstärkung (Walkman) 581
Verstärkungsband 243
Versteifung (Schuh) 560
Versteifungsrohr 372
Versteinerungen 288–289, *s. auch Fossilien*
Versteinerungsprozeß 288
Verstelldüse (Concorde) 420, 421
Verstellfügel (Tornado) 424
Verstellhebel (Hubschrauber) 427
Verstellmotor (Concorde) 421
Verstellpropeller
Flugzeug 413
Schiffschraube 404
Verstellsperrhebel 404
Verteidiger/in
Eishockey 542
Fußball 528
Handball 533
Netball 533
Verteidigung (Thyreophora) 98
Verteidigungszone (Eishockey) 542
Verteilerantriebswelle 355
Vertex 499
Vertikallinie (Buchstabe) 449
Vertreiben (von Farben) 445
Vertreibung der Händler aus dem Tempel, Die 439
Verwaltungsebene (Centre Pompidou) 500
Verwandtschaft (Dinosaurier) 89
Verwehung 292
Verwerfung 66–67, 68, 290, 291, 298, 299
Verwerfungsfalle 291
Verwerfungsquelle 298
Verwerfungssee 299
Verwesung 288
Verwitterung 276–277, 285, 286, 290, 291, 292–293, 300–301, 302
Verwitterungsprofil 66
Verzahnung 374
Vespa Grand Sport 160 Mark 1 371
Vespa-Roller 370
Vesta Rupes 37
Vestatempel 466
Vestibül 473, 485, 487
Vestibularapparat 252
Vesuvian 280
Veverley (Architektur) 488
Vezelay (Architektur) 472
VHF-Antenne 59, 416
VHF-Funkantenne 419, 420, 421, 426, 427
VHF-I-Funkantenne 419
VHF-II-Funkantenne 419
Vibraphon 508, 520, 521
Vibrationsdämpfer 414, 415
Vibrato 520, 521
Vibratohebel 517
Vibrissen (Spürhaare)
Kaninchen 202
Löwe 200
Ratte 202
Robbe 214
Vicia faba 139, 158
Victoriasee 275
Viehwagen 337
Vieleckbein
großes 240
kleines 240
Vielsteckertürschloß 416
Vierblattblume (Architektur) 495
Vierdecker 410
Viereck (Architektur) 493
Vierer
mit Steuermann 553
ohne Steuermann 553
Vierkantstab 385
Vierpaß 476, 477
Viertakter 374
Viertaktmotor 353, 414
Viertaktverfahren 352
Viertel(note) 506, 507
Viertelstab
Klassizismusbauten 484
Kuppeln 490, 491
Palazzo Strozzi 479
Vierundsiebzig Kanonen-Schiff 386–389
Vierung 474
Vierungspfeiler 473, 474
Vierungsturm 472
Viervierteltakt 506
Vierzylinder-12-PS-Motor 407
Vierzylinder-Benzin-Verbrennungsmotor 406
Vierzylinder-Boxermotor 350
Vierzylinder-Reihenmotor 355
Vierzylinder-V-Motor 372
Vierzylindermaschinen 370
Viking 55
Villa Rotunda 479
Vincenza (Architektur) 479
Vinci, Leonardo da 435
Viola 515
Violen 508, 509
Violin(en)block 386, 391
Violine(n) 508, 514
Violinfamilie 514, 515
Violinschlüssel 506
Violoncelli 508, 509
Violoncello 515
Virginal 518
Virgo *s. Jungfrau*
Virupaksha-Tempel 494, 495
Visacha 203
Visier
Armbrust 540
Bogen 540
Concorde 420, 421
Torpedo 402
Wostok-Raumanzug 57
Visierhaube
Geschützturm 404
Schlachtschiff 402
Visiernadel 541
Visierring 541
Viskokupplung 354, 355
Vivaldi 35
Vögel 194–199
Archaeopteryx 90
Erdgeschichte 63
Fossilien 289
Vogelbecken-(Dino) saurier 102, *s. auch Ornithischier*
Vogelfuß-Dinosaurier *s. Ornithopoden*
Vogelfüße 196
Volans *s. Fliegender Fisch*
Volkmannscher Kanal 237
Volkmannsches Gefäß 235
Volkswagen 350, 351
Vollblutpferd 546
Vollelliptik-Lenkungsfeder 347
Vollelliptikfeder 344
Volleyball 532
Volleyballfeld 532
Volleyballtechniken 532
Vollgummibugrad 406
Vollgummirad (Flugzeug) 408, 409
Vollgummireifen 345
Volltafelhinterfüllung 498
Volt (V) 324, 326
Volumen 316, 317
konstantes 317
Volumenmaße 588, 589
Volute
antiker griechischer Bauwerkschmuck 465
ionisches Kapitell 464
islamische Bauwerke 492
Klassizismus 482, 483, 484, 485
Kuppeln 490
Renaissance 480, 481
Volva (=Pilzhüllenreste) 120, 121
Volvox sp. 122
Von Kármàn 41
Vorblatt 147, 149
Vorbramrah 387
Vorbramsegel 387
Vorbramstenge 387
Vorbramstengepardune 387
Vorbramstengestag 387
Vorderachse
Auto 346, 347, 348
Bus 343
Vorderachsstrebe 349
Vorderbacken (Sicherheitsbindung) 544
Vorderbasissegment 264
Vorderbein
Corythosaurus 104
Edmontia 101
Herrerasaurus 92
Stegosaurus 98
Triceratops 108
Vorderblatt (Schuh) 560
Vorderdeck 388, 553
vordere Kettenschaltung 368
Vorderfuß
Edmontia 101
Stegosaurus 98
Vorderkastell 383, 384
Vorderladerschießen 540
Vorderlicht 338, 368
Vorderrad (Fahrrad) 587
Vorderradbremse 369, 371
Vorderradnabe 587
Vorderradtasche 369
Vorderreifen 363
Vordersitz (Auto) 349, 363
Vordersitzrahmen 363
Vordersteven 383, 384, 388
Vorderwagen 345
Vorderwand (Squash) 537
Vorderzwiesel 546, 547, 576
Vorflügel 425
Vorhalle 474
Vorhang 339
Vorhangwand 500
Vorhangwandfassade 500, 502
Vorhaut 269
Vorhof (Herz)
linker 225, 260, 261
rechter 225, 260, 261
Vorhofdiastole 260
Vorhofnerv 253
Vorhofsystole 261
Vorhoftreppe (Herz) 253
Vorkeim 127
Vorleine 395
Vorlukentakel 387
Vormars 384, 387
Vormarspardune 387
Vormarsrah 384, 387
Vormarssegel 387
Vormarsstenge 384, 387
Vormarsstengeborgstag 387
Vormarsstengestag 387
Vormarswant 387
Vormast 380
Vorobermarssegel 393
Vorobermarssegeltoppnant 393
Vorpiek 401
Vorpostenboot 403
Vorroyalstag 391
Vorsatz (Buch) 582, 583
Vorschot-Umlenkrolle 553
Vorsegel 380, 383
Vorsignal 341
Vorsignalarm 340
Vorspannungsregler 373
Vorspring 395
Vorstag 380, 384, 387, 390
Vorstagfall 388
Vorstagsegel 387, 393
Vorstagsegelschot 393
Vorsteckstift (Uhr) 563
Vorsteherdrüse 267, 269
Vorstengestag 384
Vorstengestagsegel 387, 393
Vorstengestagsegelhals 390
Voruntermarssegel 393
Vorwärtssprung 550
Vorwindsegel 392
Vorzeichen 506, 507
Voyager 2 55
VS 300 426
Vulkan 68, 69
künstlicher 322
Vulkanasche 68
Vulkanaufbau 283
Vulkanausbrüche 78, 284
Vulkane
Erde 38, 282–283, 285, 291
Jupiter 44
Mars 42
Mond 40
Venus 36
Vulkangestein 316
Vulkaninseln 64, 309
vulkanische Aktivität 276, 290
vulkanische Asche 276, 282–283
vulkanische Gebirge 68
Vulkanismus 64
Vulkankegel 68, 282–283
Vulkankrater 68, 282
Vulkanseen 303
Vulkanstotzen 282–283, 284
Vulkanvorkommen 283
Vulpecula *s. Fuchs*
Vulva 210
VW-Käfer 350–351
Vyasa 35
Vyne (Architektur) 486

W

Waage
Federwaage 330
Sternbild (=Libra) 18, 21
Wachs (Guß in verlorener Form) 458
Wachsfiguren 456, 458
Wachsmodellierspatel 458
Wachstum (Säugetiere) 110
Wachstumslinie
Kieferloser Fisch 84
Schneckengehäuse 183
Wachstumsspitze (*Asteroxylon*) 85
Wachstumszone 139
Wachtelküken 198
Wade (Mensch) 220
Wadenbein *s. auch Fibula*
Albertosaurus 90
Arsinoitherium 111
Brachisaurus 96
Diplodocus 96
Echse 190
Elefant 210
Eryops 87
Euoplocephalus 100
Gallimimus 93
Hase 203
Hauskatze 201
Iguanodon 103
Känguruh 216
Krokodil 192
Mensch 229, 242, 243
Parasaurolophus 105
Pferd 205
Plateosaurus 94
Rhesusaffe 212
Robbe 214
Schildkröte 193
Schnabeltier 216
Stegoceras 107
Stegosaurier 99
Struthiomimus 93
Toxodon 113
Triceratops 108
Tyrannosaurus 90
Wadenbeinarterie 263
Wadenbeinbeugemuskel 103
Wadenbeinmuskeln 237, 243
Wadenbeinnerv 248
Wadenbeinsehne 243
Wadenmuskel 236, 237
Wadi 293
Waffelmuster 446
Waffenstativ 424, 425
Waffensysteme (Kampfbomber) 424
Wagen
Concorde-Fahrwerk 421
Mechanik 331
Wagenkasten 341
Waggon 334, 340
Wagner 35
Wähleinheit (Telefon) 568
integrierte 568

Wahlschalter
  CD-ROM 578
  Toaster 572, 573
Wählscheibe (Telefon) 568
Wahlwiederholungstaste 568
Wahweap-Sandstein 286
Waldhorn 511
Waldkauz 196
Waldrebe 137, 143
Wale 214–215
Walfisch (=Cetus, Sternbild) 19, 20
Walkman 380–381
Wallmauer 470, 471
Wallpapillen 254
Wallriff 309
Walm 499
Walmdach 480, 481
Walroß 214
Walter 40
Walze (Druckerpresse) 451
Wandbogen 488
Wanddekorationen 454, 492
Wandergitarre 516
Wandmalerei 438
Wandpfeiler
  asiatische Baukunst 494
  englischer Barock 485
  Kuppeln 490
  römische Bauwerke 467, 469
Wandsäulchen
  islamische Baukunst 492
  Klassizismus 483
Wandsäule
  Barock 484
  Gotik 477
  römische Bauwerke 469
Wandsinter 294–295
Wandstiel 468
Wandverankerung 413
Wange
  Mensch 222, 227
  Pferd 205
  Stegosaurus 98
Wangenhorn (*Psittacosaurus*) 109
Wangenmuskel 236, 237
Wankel, Felix 356
Wankelmotor *s. auch Drehkolbenmotor*
  Auto 356
  Flugzeug 414
Wannanosaurus 107
Want 381, 384, 388, 391, 400
Wanttalje 385
Wappen
  Architektur 492, 497
  Eisenbahn 336
  Schiff 380, 402
warmblütig (Säugetiere) 110
Warmblutpferd 546
Wärme
  Atmosphäre 310–311
  Physik 322, 325
Wärmeaustausch (Stegosaurier) 99
Wärmeaustauscher 350
Wärmeenergie 324, 325
Wärmereflektorplatte (Toaster) 572, 573
Wärmeregulation (Thyreophora) 98
Wärmeschutzschild 371
Wärmetauscher 324, 421
Wärmetauscherabluft 424
Wärmetauscherlufteinlaß 425
Wärmetisch 335
Wärmeverlust (Mensch) 222
Warmfront 312–313
Warmfrontokklusion 312
Warmluft
  Atmosphäre 310
  Wetter 312–313
Warmzeiten 82
Warnblinkleuchte 343
Warnflächen (Judo) 548
Warnlinie (Fechten) 549
Wartestellung 404
Wartungsklappe 411
Wartungskran (Architektur) 502
Warze (Sproß) 162
Warzenfortsatz 230, 232, 252
Wasatch-Schicht 286
Waschbär 201
Waschbehälter 365
Waschmaschine (Energiekreislauf) 325
Wasser
  Aggregatzustände 316–317
  Amphibien 86
  Aufnahme durch Pflanzen 138
  Bestäubung 150
  chemische Reaktionen 322
  chemischer Stoff 316, 317, 323
  Epiphyten 168
  Erde 38
  Keimung 158–159
  Kraftwerk 324
  Lokomotive 336
  Lösungen 316
  Mars 42
  Meer 306
  Molekül 144
  Photosynthese 144–145
  Säugetiere 110
  Speicherorgane 162–163
  Steindruck 450
  Transport in Pflanzen 138, 140, *s. auch Leitgewebe*
  Verdunstung (Blätter) 162
  Wasserkreislauf 298
Wasserabfluß (Flugzeug) 419, 428, 429
Wasseranschluß 366
Wasserbasis (Farben) 436, 452
Wasserbehälter 361
Wasserdampf
  Chemie 317, 322, 323
  Erde 39
  Jupiter 45
  Kraftwerk 324
  Mars 43
  Saturn 47
  Venus 37
  Vulkanismus 283
  Wasserkreislauf 298
  Wetter 313
Wasser-Dampf-Kreislauf 324
Wassereinlaß (Flugzeugkühler) 428
Wassereis
  Jupiter 45
  Kometen 53
  Mars 43
  Merkur 47
  Neptun 51
Wasserfälle 277, 296, 299, 300
Wasserfarben 442, 443
Wasserfarbenmalerei 442–443
Wasserfarbkasten 442
Wasserflasche 369
Wasserflaschenhalter 368
Wasserfüller 334
Wassergang 388, 389, 401
Wassergefäßsystem (Stachelhäuter) 180
Wassergraben
  Architektur 470
  Hindernislauf 534
Wasser-Hindernis (Golf) 538
Wasserhyazinthe 164
Wasserklappe (Blechblasinstrumente) 510, 511
Wasserkraft 324
Wasserkraftwerk 324
Wasserkreislauf 298
Wasserkühler
  Auto 348, 361, 367
  Motorrad 374
  Flugzeug 407
Wasserkühlung 374
Wasserlinie 386, 388
Wassermann 19, 20
Wassermantel 353, 357
Wassermolekül (Photosynthese) 144
Wassernachweis 323
Wasserpest 164
Wasserpflanze 164
Wasserpumpe 352, 355, 356, 361
Wasserpumpengehäuse 415
Wasserrohr
  Architektur 500, 501
  Auto 347
Wasserscheide 299
Wasserschlange (=Hydrus, Sternbild) 20
Wasserschräge 473, 476, 481
Wasserschwein 203
Wasserspeier 477
Wasserspringen 550, 551
Wassersport 552–553
Wasserstag 387
Wasserstandsanzeige 334
Wasserstandsglas 335
Wasserstoff
  Chemie 318, 319, 320, 322, 323
  Jupiter 45
  Kernfusion der Sonne 22
  kleine Sterne 24–25
  massereiche Sterne 26
  Merkur 35
  Nebel und Sternhaufen 16–17
  Neptun 51
  Saturn 47
  Sonne 32
  Uranus 49
Wasserstoffatom (Photosynthese) 144
Wasserstoffionen 322
Wasserstoffkern 22
Wasserstofflinien 23
Wassertank
  Architektur 501
  Auto 352
  Bus 344
  Eisenbahn 334
Wassertransport (Pflanzen) 140
Wassertröpfchen 45
Wasserverdunstung 84
Wasserverlust 86
Wasserverluste (Xerophyten) 162
Wasserversorgung (Schiff) 404
Watt (Meer) 305
Wawellit 279
WC
  BAE 146 416
  Concorde 420
WC-Ablaßklappe BAE 146 416
Webeleine 384, 387
Webeleinstek 396
Wechselstrom 338
Wechselstromzug 338
Wechselwirkungsgesetz 331
Wedel (Farn) 118, 119, 126, 127
Weg (Mechanik) 330, 331
Wegschnecken 182
Wegwerfpalette 446
Wehrturm 470
Weichkreide 444
Weichtiere 62, 182–183
Weidenkohle 434
Weihrauchfaß 492
Weinessig 438
Weisheitszähne 256
Weissche Bezirke 327
weiße Blutkörperchen 262, 263
Weiße Muräne 186
weiße Substanz (Gehirn) 246, 247, 248
weiße Zwerge 22–25
weißes Oval
  Jupiter 44–45
  Saturn 46
Weißkörper 268
Weißstorch 194
Weißtöne (Fresko) 438
Weitsprung 534, 535
Weizen 115, 156
Welle
  Gangspill 395
  Generator 324, 327
  Uhr 562
Wellen
  elektromagnetische 328
  Meer 304
  seismische 69
Wellenantrieb 374
Wellenbett 400
Wellenbohrung 398
Wellenbrecher 403, 405, 553
Wellenfeder 357
Wellenkappe 395
Wellenlager 414, 415
Wellenlänge 328
Wellenornament 494
Wellenschutz (Rasenmäher) 574
Wellentunnel 403
Weltall 310–311
Weltmeisterschaften 376
Weltraum 62
Welwitschia mirabilis 128
Welwitschie 128–129
Wendekampfrichter (Schwimmen) 550
Wendekreise 275, 307
Wendel (Glühlampe) 329
Wendeltreppenturm 480
Werbefläche 343
Werfen
  Handball 532
  Netball 532
  Volleyball 532
Werfer 402
Werkzeuge
  Bildhauerei 456, 458, 459
  Steinzeit 115
Werkzeugkasten
  Auto 345
  Motorrad 370
Werner, Gebrüder 370
Weslake Speedway 377
Westafrika
  Kreide 79
  Spurweite 341
Westaustralstrom 307
Westerngitarre 516, 517
Westernsattel 576
Westlothiana 73, 86, 87
Westlothiana lizziae 73
Westminster Abbey 488
Westminster-Kathedrale 497
Westwindzone 310
Wetter 312–313
Wetterfahne 475, 481
Wetterfront 312–313
Wetterhahn 490
Wetterkarte 313
Wetterradar (Flugzeug) 416, 420
Wettfischen 554
Wettkampfbogen 540
Wettkampfpiste 544
Wettkampfregeln
  Fechten 548
  Judo 548
Wetzstein 456
Wezen 18, 21
White-Dampfwagen 352
Wicke 134
Wickelrollenplatte (Walkman) 581
Wickelspule 566
Widder (=Aries, Sternbild) 19, 20
Widerhaken (Angelhaken) 554
Widerlager (Architektur) 488, 489
Widerrist (Pferd) 205, 206, 207, 208, 209
Widerstand
  Telefon 569
  elektrischer 326
Widerstandsfähigkeit 358
Wiedereintrittsmodul 56
Wiederaufstiegsstufe 59
Wiedergabeknopf
  Tongenerator 525
  Walkman 581
Wiedergabetaste (Walkman) 580
Wiegenaufhängung 337
Wiegestahl 450
Wien (Architektur) 486
Wiener 43
Wiesenraute 143
Wiesenstorchschnabel 150
Wikinger 382, 383, 386
Wikingerschiffe 382, 383
Wilhelm der Eroberer 382
Williams-Formel-1-Rennwagen 366, 367
Wind
  Atmosphäre 310
  Ekman-Spirale 307
  Erosion 292–293
  Kreislauf der Gesteine 276–277
  Meere 306–307
  Wasserkreislauf 298
  Wetter 312–313
  Windgeschwindigkeit 313
Windbestäubung 150
Windböendämpfer 425
Windcheetah SL Mark VI „Speedy“ (HPV-Rennrad) 369
Winde (Schiff) 380, 405
Windfahne 383
Windfang 502
Windgasse 292
Windgeschwindigkeiten 313
Windkraft 324
Windschutz 351
Windschutzscheibe
  Flugzeug 412, 416, 420, 421, 424
  Lok 336, 337, 339
  Bus 342, 343
  Auto 346, 347, 348, 349, 356, 359, 365
  Motorrad 370, 371, 377
Windschutzscheibendichtung 363
Windschutzscheibeneinstellung 371
Windschutzscheibengestell 348
Windschutzscheibenwaschbehälter 365
Windtätigkeiten 292
Windungen (Schraube) 330

Windverspannung 501
Windwerk 518
Winkel (Architektur) 489
Winkeldiskordanz 286
Winkelheber 417
Winkellineal 449
Winschspake 388
Winsorgrün 442
Wippe 518
Wirbel
  Angel 554, 555
  Archaeopteryx 91
  Arsinoitherium 111
  Brachiosaurus 96, 97
  Diplodocus 96
  Echse 190
  Elefant 211
  Eryops 86
  Euoplocephalus 101
  Frosch 189
  Gallimimus 92, 93
  Hase 203
  Hauskatze 201
  Känguruh 216
  Krokodil 192
  Lungenfisch 87
  Mensch 232, 271
  Muschelschale 182
  Parasaurolophus 104, 105
  Pferd 205
  Plateosaurus 94, 95
  Schäkel 394
  Schildkröte 193
  Schlange 191
  Schnabeltier 216
  Stegoceras 107
  Stegosaurier 99
  Stimmwirbel 514, 515
  Stuthiomimus 93
  Toxodon 112
  Triceratops 109–110
  Tyrannosaurus 90, 91
  Vogel 195
  Westlothiana 87
Wirbelarterie 233
Wirbelbogen (Mensch) 232, 233
Wirbelbogenfuß 233
Wirbelbrett 517
Wirbelfortsatz
  Eryops 87
  Euoplocephalus 101
  Gallimimus 93
  Iguanodon 102
  Parasaurolophus 104
  Plateosaurus 95
  Stegoceras 107
  Stegosaurier 99
  Triceratops 108
  Tyrannosaurus 91
Wirbelkasten 514, 515
Wirbelkörper (Mensch) 232, 233
Wirbelloch
  Geige 514
  Mensch 232, 233
Wirbellose 62, 71, 289
Wirbelquerfortsatz
  Mensch 232
  Plateosaurus 95
Wirbelsäule (Mensch) 228, 232–233, 248, 267, 270, 271
Wirbelschlagader 262
Wirbelschrauben 516, 517
Wirbeltiere 70, 289
Wirkungsgrad
  Dieselloks 336
  Verbrennungsmotor 354
Wirtspflanze 168, 169
Wischer
  Malutensil 444
  Scheibenwischer 336, 337, 338, 339, 342, 351, 363
Wischerarm 351
Wischerblatt 351
Wismut
  Bodenschätze 291
  Chemisches Element *s. Bismut*
Wladimirer Kaltblut 208
Wobbler 555
Wohnzimmer 498
Wolffscher Gang 185
Wolfram
  Bodenschätze 291
  Glühfaden 329
  Periodensystem 320
Wolframcarbid 454
Wolframdraht 329
Wolframfaden 329
Wolfshaarpinsel 448
Wolken
  Atmosphäre 311
  Erde 39
  Jupiter 44–45
  Mars 42–43
  Neptun 50–51
  Saturn 46–47
  Staub und Gas 11, 12–13, 14–15, 24, 26, 62
  Uranus 48–49
  Venus 36–37
  Wasserkreislauf 298
  Wetter 312–313
Wolkenkratzer 498
Wolkenschweif 45
Wollastonit 281
Wollnashorn 82
Wollsackverwitterung 292
Wollstrumpf (Fechten) 549
Wostok 1 57
Wostok-Raumanzug 57
Wren, Christopher 482, 484, 488, 491
Wright, F.L. 499
Wright Flyer (Doppeldecker) 406, 407, 414
Wright, Orville & Wilbur 406
Wuchtbohrung 415
Wuerhosaurus 99
Wuhling 384, 387
Wulst (Architektur) 490, 491
Wulstbug 402
Wulstreifen 346
Wunderstrauch 142
Wundverschluß 263
Wurfarm (Bogen) 540
Wurfauslage
  Diskuswurf 535
  Speerwerfen 535
Würfel (Architektur) 492
Würfelbein 242
Würfelkapitell 490
Wurfleine 397
Wurfleinenknoten 397
Wurftaubenschießen 540
Würgeschlangen 190
Würmer 62, 289
Wurmfarn 126, 127
Wurmfortsatz
  Mensch 259
  Schimpanse 212
Wurming 396
Wurmlinien (Architektur) 486
Wurzel
  Flugzeugflügel 417, 419
  Pflanzen 138–139, *s. auch Wurzeln*
  Zahn 257
Wurzelfilz 164
Wurzelhaar 127, 138
Wurzelhaube 139, 159
Wurzelhaut (Zahn) 257
Wurzelhautfasern (Zahn) 257
Wurzelkanal (Zahn) 257
Wurzelknöllchen 134
Wurzelknolle 160, 161, 163
Wurzeln (Pflanzen) 138–139
  Bärlapp 126
  Dikotyledone 133
  Farn 127
  Hahnenfuß 138, 139
  Kedrostis 119
  Keimwurzel 158–159
  Kiefernsämling 128
  Knolle 161
  Kohl 138
  krautige Blütenpflanzen 134–135
  Lilie 139
  Luftwurzel 168
  Möhre 138
  Monokotyledone 133
  Orchidee 139
  Primärwurzel 138, 139
  Puffbohne 139
  Schachtelhalm 126
  sproßbürtige Wurzel 118, 119, 127, 132, 134, 137, 161, 164, 168
  Symbiose mit Pilz 139
  Wasserpflanzen 164–165
  Wirtspflanze 169
  Wurzelsukkulenz 162–163
Wurzelrippe 417
Wurzelschmarotzer 169
Wurzelspitze 138, 139, 158
Wurzelstock 136
Wurzelsukkulenten 162, 163
Wurzelsystem 138
Wurzelträger 126
Wurzelverkleidung 420
Wurzelverwitterung 292
Wüste(n)
  Erdgeschichte 63
  Erdoberfläche 274–275
  Jura 77
  Kreide 79
  Kreislauf der Gesteine 276
  Quartär 83
  Trias 74, 75
  Verwitterung und Erosion 292–293
Wüstenklima 72
Wüstenrose 279

X

X-Linie (Buchstabe) 449
X-Turm 403
Xenon 321
xeromorphe Pflanzen *s. Xerophyten*
Xerophyten 162
Xi 2 Sagittarii 21
Xi Orionis 18
Xi Pegasi 19
Xylem *s. auch Holzteil*
  Ein- und Zeikeimlättrige 132, 133
  Farnblattspindel 127
  fehlende 124
  Nacktsamer 130, 131
  Photosynthese 144
  Sprosse 140, 141
  Strandhafer 119
  Wurzeln 138, 139
Xylophon 508, 520

Y

Y-Turm 403
Yangchuanosaurus 91
Yard 588, 589
Yorkshire (Architektur) 488
Ypsilon Sagittarii 21
Ytterbium 321
Yttrium 320
Yucca 132
Yucca sp. 132

Z

Zagrosgebirge 81
Zahlensysteme
  arabisch 589
  römisch 589
Zahlmeisterkajüte 389
Zählspiele (Golf) 538
Zählwerkscheibe (Kamera) 585
Zahn/Zähne
  Acanthostega 86
  Anchisaurus 95
  Ankylosaurier 100
  Australopithecus 114
  Bär 200
  Baryonyx 89
  Camarasaurus 97
  Diplodocus 96
  Drachenkopf 382
  Elefanten 212
  Fahrrad 586, 587
  Heterodontosaurus 89
  Homo sapiens 114
  Hasen und Nagetiere 202
  Horndinosaurier 108
  Krokodil 192
  Lambeosaurus 105
  Löwe 200
  Mammut 83
  Mensch 232, 256–257, 258
  Moeritherium 111
  Pachycephalosaurier 106
  Pferd 111
  Phiomia 111
  Tyrannosaurus 90
  Venusfliegenfalle 166
  Zahnrad 369, 374
Zahnbatterien 102
Zahnbein
  Iguanodon 102
  Mensch 257
  Protoceratops 108
Zahneisen 456, 457
Zahnfleisch 257
Zahnhals 257
Zahnknospen 256
Zahnkrone 257
Zahnpulpa 257
Zahnrad
  Fahrrad 369
  Mid-West-Wankelmotor 415
  Motorrad 374
Zahnschmelz 256, 257
Zahnschnitt(ornament)
  Barock und Klassizismus 482, 483, 485
  französischer Tempel 489
  Kuppel der St. Paul's-Kathedrale 491
  Renaissancebauten 479
  römische Bauwerke 466
Zahnspachtel 446, 454
Zahnwale 214
Zahnwurzel 257
Zahnzement 257
Zaire 275
Zapfen
  Auge 250
  Bischofskiefer 130
  Kiefer 128
  Lampe 565
  Rumpfplankenverbindung 381
  Stuhl 570
  Zypresse 129
Zapfenbildung 129
Zapfenfüße 175
Zapfenlager (Lampe) 565
Zapfenloch (Stuhl) 571
Zapfenstiel 128
Zapfenverbindung
  Architektur 490, 496
  Schiffsplanken 381
Zapfenzellen 250
Zarge
  Bratsche 515
  Cello 515
  Geige 514
  Gitarre 516
  Kontrabaß 515
  Stuhl 570, 571
Zea mays 133
Zeami 35
Zedernbaum-Lakkolith 284
Zeeman 41
Zehe(n)
  Albertosaurus 90
  Anchisaurus 95
  Corythosaurus 104
  Echse 190
  Eryops 86, 87
  Frosch 188
  Gorilla 213
  Iguanodon 102, 103
  Kaiman 192
  Löwe 200
  Mensch 221, 242, 243
  Pachycephalosaurus 106
  Pferd 111
  Psittacosaurus 109
  Salamander 188
  Schildkröte 193
  Stegoceras 107
  Toxodon 113
  Tyrannosaurus 90
  Vögel 194, 199
Zehenbeugemuskel *s. Zehenbeuger*
Zehenbeuger
  Albertosaurus 90
  Mensch 243
Zehenendgelenk 242
Zehenendglied 229, 242
Zehengrundgelenk 242
Zehengrundglied 229, 242
Zehenknochen
  Archaeopteryx 91
  Arsinoitherium 111
  Gallimimus 93
  Parasaurolophus 105
  Plateosaurus 94
  Stegoceras 106, 107
  Struthiomimus 93
  Triceratops 108
Zehenkralle
  Pachycephalosaurus 106
  Psittacosaurus 109
  Stegoceras 107
Zehenmittelglied 229, 242
Zehennagel
  Corythosaurus 104
  Elefant 96, 210
  Gorilla 213
  Iguanodon 103
  Mensch 243
  Stegosaurus 98
  Triceratops 108
Zehenstreckermuskel (Mensch) 243
Zehenstreckersehne 243
Zehenstreckmuskel
  Euoplocephalus 100
  Iguanodon 103
Zehenvene 263
Zehnkampf 534
Zeichenbrett 434, 448, 449
Zeichenfeder 434
Zeichenkarton 442, 443, 445
Zeichenmaterialien 434
Zeichenpapier 445
Zeichenwerkzeug 434
Zeichnen 434–435
Zeichnung 434, 435
Zeigefinger 240, 241
Zeiger
  Gnomon 383
  Uhr 562, 563
  Waage 330
Zeigermutter (Uhr) 563

Zeilentransformator (Fernseher) 567
Zeilleria frenzlii 72
Zeitalter (Erdgeschichte) 63
Zeitangabetaste (Walkman) 580, 581
Zeitnehmer/in
Basketball 530
Fechten 549
Handball 533
Judo 548
Netball 533
Zeitschalter (Toaster) 572
Zeittafel (Erdgeschichte) 62–63
Zeituhr (Toaster) 572, 573
Zelle
Algen 120–121
Bindegewebs- 227
Blut- 227
Ei- 125, 127, 128, 152, 153, 268, 270
Ferrel- 310
Festigungs- 165
Fett- 227
Geleit- 138, 140
Gelenk- 119
Hadley- 310
Haut- 227
Helfer- 153
Keim- 122, 126, 128
Knochen- 227, 235
Konvektions- 33
Körperzellen (Mensch) 226–227, 244
Kragengeißelzelle 172, 173
Lentizelle 136
Magen- 227
Nerven- 227, 246, 247
Nessel- 173
parenchymale 140
Poren- 172
Purkinje 247
Rinden- 168
Samen- 269
Schachtelhalm 126
Schildrüsen- 227
Schließ- 144, 145
Schwannsche 238, 249
Sinnes- 252, 253
Solar- 54, 55, 59, 500
Sperma- 153, 227, 268, 269
Stäbchen- 250
Zapfen- 250
zweigeißlige 122
zylindrische 123
Zelleib 248
Zellfäden 122, 124
sterile 123
Zellkern
Mensch 226, 227, 238, 249
Pflanzen 121, 122, 138, 145
Zellkernkörperchen 227, 249
Zellkernmembran 226
Zellkernmembranpore 227
Zellkernrest 244
Zellkolonien 122
Zellkontrollzentrum 226
Zellkörper 248
Zellmembran 226, 227
Zellplasma (Pflanzen) 122, 123, 138, 145
Zellring 127
Zellsaftraum (Photosynthese) 145
Zellschicht, äußere (Pflanzen) 119, 125–127, 130–133, 138, 139
Zellteilung (Pflanzen) 138, 139, 158
Zelltypen 226, 227
Zellwand 118, 122, 123, 138, 145
wellige 162
Zement 498
Zementation 322, 323
Zementdrüse 179
Zenitprisma 54
Zentaur (=Centaurus, Sternbild) 18, 21
Zentiliter (cl) 588
Zentimeter (cm) 588, 589
Zentner (Ztr.) 588
Zentralanschluß 367
Zentralasien 70
Zentralkanal 248
Zentralnervensystem (ZNS) 246, 248
Zentralrohrrahmen 364
Zentralscheibe (Seestern) 180
Zentralverschlußmutter 370
Zentralzylinder 13
Zentrifugaleffekt 307
Zentrifugalkompressor 422
Zerebralganglion 183
Zeta Sagittarii 21
Zeta Zentauri 21
Zickzackfalte (Erdfalte) 67
Zickzackmuster 493
Ziegenbart, Dreifarbiger 120
Ziegenhaarpinsel 442, 448
Zielantrieb 404
Zielfernrohr 541
Zielgerade (Pferderennen) 547
Ziellaser 424
Zielleinlaufpfosten 534
Ziellinie
Leichtathletik 534
Pferderennen 547
Ski alpin 544
Zielscheibe 540, 541
Zielschießen 540
Zielvorrichtungen (Schießssport) 540, 541
Zielzahnkranz 404
Zierband 484
Zierfenster 499
Zierleiste
Architektur 479, 481, 486, 489, 491
Fernseher 567
Zierschrift (Architektur) 492
Zierstreifen (Telefon) 568
Ziffer, römische 563
Zifferblatt
Uhr 563
Big Ben 497
Sonnenuhr 385
Zigarettenbildchen 402
Zikurrat (Stufenturm) 498
Ziliarkörper 251
Zingel 470
Zingiber officinale 161
Zink
Architektur 481
Bodenschätze 291
Chemie 321, 322
Zink-Phosphatierung 358
Zinkchlorid 322
Zinkspäne 322
Zinn
Bodenschätze 291
Periodensystem 321
Zinnen 470, 471, 48
Zinnflügel 406
Zinnober 437
Zinnoberrot 444
Ziokowski 41
Zion-Canyon 286
Zirbeldrüse 222, 246
Zirconium 320
Zirkel (Architektur) 489
Zirruswolken *s. auch Cirrus*
Neptun 50
Zitrone 154
zivile Luftfahrt 412
Zoll 588, 589
Zonenverteidigung (Basketball) 531
Zoomen (Computer) 579
Zosteres 380
Zosterophyllum llanoveranum 70
Zubenelgenubi 18, 21
Zubeneschamali 18, 21
Zubon 548
Zucker
Energiekreislauf 325
Gärung 323
Photosynthese 145
Zuckermelone 157
Zuckerverbindungen, energiereiche 144
Zug
Eisenbahn 334–341
Faltung/Verwerfung 66, 67
Stimmzug 510, 511
Zugang 343
Zuganker 496
Zugbalken 483, 490
Zugbrücke 497
Zügel 546
Zugentlastung (Toaster) 572
Zugfeder (Uhr) 562
Zugführer 340
Zughaken 430
Zughebel (Rasenmäher) 575
Zugkabel
Fahrrad 586, 587
Rasenmäher 575
Zugkabelhalterung (Rasenmäher) 575
Zugkraft
Lampe 564
Mechanik 330
Zugleine (Segelboot) 553
Zugnummer 336, 338
Zugon 381
Zugriemen 543
Zugseil 427, 428
Zugseitenskull 552
Zugstab 503
Zugstrebe 366
Zugstrecke (Mechanik) 330
Zugverkehr 340
Zulassung 342
Zuleitung
Glühlampe 329
Toaster 572
Zuluftklappe 429
Zünder
Granate 405
Strahltriebwerk 422
Zündkabe
Auto 353
Motorrad 375
Zündkabelrohr 347
Zündkanal 405
Zündkerze
Auto 352, 353, 356
Mid-West-Wankelmotor 414
Rasenmäher 574
Ultraleichtflugzeugmotor 431
Zündkerzendeckel 374
Zündkerzenstecker 353
Zündschalter 347
Zündschloß 370
Zündspulenkasten 343
Zündstecker 423
Zündsteuerung 370
Zündsteuerungsgerät 361
Zündsystem 354
Zündung
Auto 353, 356
Motorrad 374
Zündverstärker 355
Zündverstellhebel 34
Zündverteiler 354, 355, 36
Zunge
Allosaurus 91
Corythosaurus 104
Delphin 215
Elefant 210
Fallgrubenpflanze 166
Hauskatze 201
Iguanodon 103
Kaiman 192
Kaninchen 202
Kuh 204
Löwe 200
Mensch 222, 236, 254, 258
Schimpanse 212
Schlange 191
Schuh 560
Zungenbein (Mensch) 254, 255, 265
Zungenbein-Zungen-Muskel 254
Zungenblüte 135, 148, 149
Zungenhaken 345
Zungenlängsmuskel 255
Zungenmandel 255
Zungennerv 254
Zungenspitze 254, 255
Zupfinstrumente 514, 515, 516, 517
Zusatzflügel 366
Zuspielformen (Netball) 533
Zweiblockmotor 347
Zweier
mit Steuermann 553
ohne Steuermann 553
Zweig 126, 133, 136
unbeblätterter 126
Zweigspurstrang 131
Zweikämpfe (Marginocephalier) 106
Zweikreis-Turbinenluftstrahltriebwerk 422
Zweipunktsicherheitsgurt 362
Zweitakter 374
Zweitaktmotor
Flugzeug 414
Motorrad 374
Zweitaktverfahren 352
Zweiter Weltkrieg 350
Zweizylinder-Dampfmaschine 344
Zweizylinder-Harley-Davidson 370
Zweizylinder-Motor (Flugzeug) 431
Zweizylinder-V-Motor (45°) 371
Zwerchfell
Hauskatze 201
Mensch 224, 225, 264, 265
Zwergbuchs 150
Zwergtaucher 196
Zwiebel 160, 161
Zwiebelkuppel 490
mittelalterliche Gebäude 471
Basilikuskathdrale 491
Mihrab 492
Zwiebelturm 490
Zwillinge
Sternbild (=Gemini) 18
Ultraschallbild 224
Zwillingssäule 485, 491
Zwillingsvergaser 431
Zwillingswadenmuskel
Euoplocephalus 100
Iguanodon 103
Zwinge (eines Pinsels) 442
Zwirn (Segelmacher) 396
Zwischenboden (Eisenschiff) 401
Zwischendeckstreppe 401
Zwischeneiszeiten 82
Zwischenfrequenzspule 567
Zwischengeschoß 500
Zwischengruppe (Dinosaurierstammbaum) 89
Zwischenknochenband 242
Zwischenknochenmuskel 243
Zwischenordnung 94
Zwischenrad (Uhr) 562
Zwischenrippenmuskel 265
Zwischenwand 498
Zwischenwurzelzahnseptum 257
Zwischenzahnseptum 257
Zwischenzellraum 145
Zwitterdrüse 183
Zwittergang 183
Zwölffingerdarm *s. auch Duodenum*
Mensch 225, 258, 259
Zwölfzylinder-V-Motor 355
Zygit 381
Zygote (Pflanzen) 122–124, 126, 152
Zyklone 312
zyklonischer Sturm 39, 43, 50
Zylinder
Automotor 346, 352, 353
Dampflok 334, 335
Flugzeugmotor 412, 414
Hohlkörper 588
Motorradmotor 375
Raddampfer 400
Zylinder-Abflußhahn 335
Zylinderanordnung (Flugzeugmotor) 414
Zylinderblock
Auto 349, 366
Flugzeugmotor 414
Zylinderdeckel (Raddampfer) 399
Zylinderfuß 370
Zylinderkopf
Auto 346, 353, 354, 355, 366
Flugzeugmotor 414, 429
Lok 337
Motorrad 374, 375
Zylinderkühlrippe (Flugzeugmotor) 413
Zylinderprojektion 274
Zylinderschmiereinrichtung 352
Zylinderschraube (Lampe) 565
Zylinderwand 353
zylindrische Verwerfung 67

Danksagung

Der Verlag dankt:

Das Universum
(fachliche Beratung: Sue Becklake, Gevorkyan Tatyana Alekseyevna):
John Becklake; Kosmonautisches Museum, Moskau; Kosmos-Pavillon, Moskau; The United States Space and Rocket Centre, Alabama; Broadhurst, Clarkson & Fuller Ltd.; Susannah Massey.

Erdgeschichte
(fachliche Beratung: William Lindsay, Martyn Bramwell, Dr. Ralph E. Molnar, David Lambert):
Dr. Monty Reid, Andrew Neuman und den Mitarbeitern des Royal Tyrrell Museum of Palaeontology, Drumheller/Alberta; Dr. Angela Milner und den Mitarbeitern des Department of Palaeontology, Museum of Natural History, London; Professor Dr. W. Ziegler und den Mitarbeitern des Naturmuseums Senckenberg, Frankfurt, insbesondere Michael Loderstaedt; Dr. Alexander Liebau, Axel Hunghrebüller, Reiner Schoch und den Mitarbeitern des Instituts und Museums für Geologie und Paläontologie der Universität Tübingen; Rupert Wild, Institut für Paläontologie, Staatliches Museum für Naturkunde, Stuttgart; Dr. Schreiber, Stadtmuseum Nördlingen; Professor Dr. Dietrich Herm, Staatssammlung für Paläontologie und Historische Geologie, München; Dr. Michael Keith-Lucas, Department of Botany der University of Reading; Richard Walker; American Museum of Natural History, New York.

Pflanzen
(fachliche Beratung: Richard Walker):
Diana Miller; Lawrie Springate; Karen Sidwell; Chris Thody; Michelle Ende; Susan Barnes und Chris Jones, EMU Unit des Natural History Museum, London; Jenny Evans, Kew Gardens, London; Kate Biggs, Royal Horticultural Society Gardens, Wisley/Surrey; Spike Walker, Microworld Services; Neil Fletcher; John Bryant, Bedgebury Pinetum, Kent; Dean Franklin.

Tiere
(fachliche Beratung: Richard Walker):
David Manning's Animal Ark; Intellectual Animals; Howletts Zoo, Canterbury; John Dunlop; Alexander O'-Donnell; Sue Evans, Royal Veterinary College, London; Dr. Geoff Potts und Fred Frettsome, Marine Biological Association of the United Kingdom, Plymouth; Jeremy Adams, Booth Museum of Natural History, Brighton; Derek Telling, Department of Anatomy der University of Bristol; Natural History Museum, London; Andy Highfield, Tortoise Trust; Brian Harris, Aquarium des Londoner Zoos; Abt. Wirbellose des Londoner Zoos; Dr. Harold McClure, Yerkes Regional Primate Research Center der Emory University, Atlanta/Georgia; Nielson Lausen, Harvard Medical School, New England Regional Primates Research Centre, Southborough/Massachusetts; Dr. Paul Hopwood, Department of Veterinary Anatomy der University of Sydney; Dean Franklin.

Der menschliche Körper
(fachliche Beratung: Dr. Frances Williams, Dr. Fiona Payne, Richards Cummins FRCS):
Derek Edwards und Dr. Martin Collins, British School of Osteopathy; Dr. M.C.E. Hutchinson, Department of Anatomy der United Medical and Dental Schools of Guy's and St. Thomas' Hospitals, London.
Modelle: Barry O'Rorke (Bodyline Agency) und Pauline Swaine (MOT Model Agency)

Die Erde
(fachliche Beratung: Martyn Bramwell):
Dr. John Nudds vom Museum Manchester; Dr. Alan Wooley und Dr. Alan Clark vom Natural History Museum, London; Graham Bartlett, National Meteorological Library and Archive, Bracknell; Tony Drake, BP Explorations, Uxbridge; Jane Davies, Royal Society of Chemistry, Cambridge; Dr. Tony Waltham, Nottingham Trent University; Smithsonian Institute, Washington; National Geographic Society, Washington; Edward Lawrence Associates (Export Ltd.) Midhurst; John Farndon; David Lambert.

Schiene und Straße
***Schiene* (fachliche Beratung: John Coiley):**
Michael Ashworth, London Transport Museum.

***Straße* (fachliche Beratung: David Burgess-Wise, Hugo Wilson):**
The National Motor Museum, Beaulieu; Alf Newell, Renault UK Ltd.; David Suter, Cheltenham Cutaway Exhibits Ltd.; Francesca Riccini, Science Museum, London; Signore Armadelli, Museo dellÕ Automobile Carlo Biscaretti di Ruffia; Paul Bolton, Mazda MCL Group; Duncan Bradford, Reg Mills Wire Wheels; John und Leslie Brewster, Autocavan; David Burgess-Wise; Trevor Cass, Garrett Turbo Service; John Corbett, The Patrick Collection; Gary Crumpler, Williams Grand Prix Engineering Ltd.; Mollie Easterbrooke und Duncan Gough, Overland Ltd.; Arthur Fairley, Vauxhall Motor Company; Paul Foulkes-Halbard, Filching Manor Motor Museum; Frank Gilbert, I. Wilkinson & Son Ltd..; Paolo Gratton, Gratton Museum; Colvin Gunn, Gunn & Son; Judy Hogg, Ecurie Bertelli; Milton Holman, Dream Cars; Ian Matthews, IMAT Electronics; Eric Neal, Jaguar Cars Ltd.; Paul Niblett, Keith Davidson, MarkReumel & David Woolf, Michelin Tyre plc; Doug Nye; Kevin O'Keefe, O'Keefe Cars; Seat UK; Roger Smith; Jim Stirling, Ironbridge Gorge Museum, Staffordshire; John Taylor; Doug Thompson; Martyn Watkins, Ford Motor Company Ltd.; John Cattermole, Kundenberatung der London Northern Buses; F.W. Evans Cycles Ltd.; Trek UK Ltd. (Fahhrrad); Sam Grimmer.

Physik und Chemie
(fachliche Beratung: Jack Challoner)

See und Luft
***See* (fachliche Beratung: Geoff Hales und Harvey B. Loomis):**
David Spence, Gillian Hutchinson, David Topliss, Simon Stephens, Robert Baldwin, Jonathan Betts vom National Maritime Museum, London; Ian Friel; Simon Turnage, Captain O.M. Watts of London Ltd.; Davey & Company Ltd., Great Dunmow; Avon Inflatables Ltd., Llanelli; Musto Ltd., Benfleet; Peter Martin, Spencer Rigging Ltd., Southampton; Swiftech Ltd., Wallingford; Collin Scattergood, Barrow Boat Company Ltd., Colchester; Professor J.S. Morrison, Trireme Trust, Cambridge; The Cutty Sark Marine Trust; Adrian Daniels, Kelvin Hughes Marine Instruments, London; Arthur Credland, Hull City Council Museums and Art Galleries; The Hull Maritime Society; Gerald Clark; Peter Fitzgerald, Science Museum, London; Alec Michael, HMB Subwork Ltd., Great Yarmouth; Ray Ward, OSEL Group, Great Yarmouth; Richard Bird, UWI, Weybridge; Walker Marine Instruments, Birmingham; The International Sailing Craft Association; The Exeter Marine Museum; Jane Wilson, Trinity Lighthouse Company, London; The Imperial War Museum Collections; Thorn Security Ltd.; Michael Bach.

***Luft* (fachliche Beratung: Bill Gunston):**
Aeromega Helicopters, Stapleford; Aero Shopping, London; Avionics Mobile Services Ltd., Watford; Roy Barber und John Chapman, RAF Museum, Hendon; Mitch Barnes Aviation, London; Mike Beach; British Caledonian Flight Training Ltd.; Fred Coates, Helitech (Luton) Ltd.; Michael Cuttell & CSE Aviation Ltd., Oxford; Dowty Aerospace Landing Gear, Gloucester; Guy Hartcup, Airship Association; Anthony Hooley, Chris Walsh und David Cord, British Aerospace Regional Aircraft Ltd.; Ken Huntley, Mid-West Aero Engines Ltd.; Imperial War Museum, Duxford; The London Gliding Club, Dunstable; Musée des Ballons Calvados; Noel Penny Turbines Ltd.; Andy Pavea, Aviation Scotland Ltd.; Tony Pavey, Thermal Aircraft Developments, London; Kommandant und Flugpersonal der RAF Wittering; The Science Museum, London; Ross Sharp, Science Museum, Wroughton; The Shuttleworth Collection; Skysport Engineering; Mike Smith; Solar Wings Ltd., Marlborough; Julian Temple, Brooklands Museum Trust Ltd.; Kelvin Wilson, Flying Start.

Architektur
(fachliche Beratung: Alexandra Kennedy):
Stephen Cutler für Rat und Text; Gavin Morgan , Museum of London; Chris Zeuner, Weald and Downland Museum, Singleton/Sussex; Alan Hills und James Putnam, British Museum, London; Dr. Simon Penn und Michael Thomas, Avoncraft Museum of Buildings, Bromsgrove/Worcestershire; Christina Scull, Sir John Soane's Museum, London; Paul Kennedy und John Williamson, London Door Company; Lou Davis, The Original Box Sash Window Company, Windsor; Goddard & Gibbs Studios Ltd., London (Buntglasfenster); The Royal Courts of Justice, Strand, London; Charles Brooking und Peter Dalton (Türen und Fenster der

Charles Brooking Collection), University of Greenwich, Dartford/Kent; Clare O'Brian, Shakespeare Globe Trust, Shakespeare's Globe Museum, Bear Gardens, Southwark/London; Ken Teague, Horniman Museum, London; Canon Haliburton, Mike Payton, Kenn Stones und Antony Webb, St. Paul's Cathedral, London; Roy Spring, Salisbury Cathedral; Reverend Gillean Craig, Kirche St. George in the East, London; Science Museum, London; Dr. Neil Bingham; Lin Kennedy, Historic Royal Palaces; Katy Harris, Sir Norman Foster & Partners; Production Design, Thames Television plc, London (Modelle); Dominique Reynier, Le Centre Georges Pompidou, Paris; Denis Roche, Le Musée National des Monuments Français, Paris; Franck Gioria und Studenten von Les Compagnons du Devoir, Paris (Konstruktionsmodelle); Frank Folliot, Le Musée Carnavalet, Paris; Dr. Martina Harms, Hessisches Landesmuseum Darmstadt; Jefferson Chapman, University of Tennessee, Knoxville (Modell der Säulenhalle des Amun-Re-Tempels); Palazzo Strozzi, Florenz; Opernhaus Sydney; Empire State Building, New York; Nick Jackson; Ann Terrell.

Die bildenden Künste (fachliche Beratung: Pip Seymour):
Rosemary Simmons; Michael Taylor, Pauper Press, London; Tessa Hunkin und Emma Biggs, Mosaik Workshop London; John Tiranti und Jonathan Lyons, Alec Tiranti Ltd., London; Chris Hough; Dr. Ashok Roy; Satwinder Sehmi, Alphabet Soup, London; Phillip Poole, Cornelissens, London; George Weil & Sons Ltd., London; The National Gallery, London; Chris Webster, Tate Gallery, London; China Art Cultural Centre, London; London Graphic Centre; A. P. Fitzpatrick, London; Flowers Graphics, London; Intaglio Printmaker, London; Falkiner Papers, London; Edgar Udny & Co., London; John Green.

Musik (fachliche Beratung: Susan Sturrock):
Boosey & Hawkes Music Publishers Ltd., London, für die Genehmigung zum Abdruck des Auszugs aus Arthur Sullivans "Der Verlorene Sohn"; The Bass & Drum Cellar, London; Empire Drums & Percussion, London; Argents, World of Music, London; Bill Lewington Ltd., London; Frobenius-Orgel in der Pfarrkirche von Kinston/Surrey; Yamaha-Kemble Music (UK) Ltd., Tilbrook/Milton Keynes; Yamaha Atelier, London; Akai (UK) Ltd., Hounslow/Middlesex; Casio Electronics Co. Ltd., London; Roland (UK) Ltd., Fleet/Hampshire; Richard Schulman.

Sport
The Sports Council Information Centre, London; The British Olympic Games Committee; Brian Crenell, Black's Leisure Group (First Sport); Lillywhites, Piccadilly, London; Mitre Sports International Ltd., Huddersfield; David Bloomfield, Football Association; Denver Athletics Ltd., Norfolk; Wayne Patterson , Basketball Hall of Fame, Springfield/Connecticut; Brian Coleman, English Basketball Association; All American Imports, Northampton; George Bulman, English Volleyball Association; Julie Longdon, Mizuno Mallory (UK) Ltd; Juliet Stanford, All-England Netball Association; Jeff Rowland, British Handball Association; Cally Melin, Adidas UK Ltd.; Ian Lepage und Stephen Barlow, Hockey Association Milton Keynes; Les Bartnett und Jock Bentley, British Athletic Federation Ltd., Birmingham; Mike Gilks, Badminton Association of England; Gurinder Purewall für fachliche Beratung zum Thema Bogenschießen; Chris McCartney, US Archery Association; Geoff Doe, National Smallbore Rifle Association, Bisley/Surry, für Informationen und Material über Schießsport; Fagan Sports Goods Distributors, Surrey; Konrad Bartelski für fachliche Beratung zum Thema Skisport; The British Ski Federation, Edinburgh; Mike Barnett, Snow and Rock of London; Sally Spurway, Mast-Co.Ltd., Reading; Sarah Morgan für fachliche Beratung Reitsport; Steve Brown und der New York Racing Association Inc., New York; Danrho, London; Alan Skipp und James Chambers, Amateur Fencing Association, London; Carla Richards, US Fencing Association; Hamilton Bland und John Dryer, Amateur Swimming Association, Loughborough; Cotswold Camping Ltd., London; Tim Spalton, Glyn Locke Ltd., Chalgrove; Terry Friel, US Rowing Association; House of Hardy; Leeda Fishing Tackle.

Dinge des täglichen Lebens
City Clocks (Uhren); Christopher Cullen, Babber Electronics; Sony UK Ltd. (Mini-Fernseher); Black & Decker Ltd. (Bohrer); British Footwear Manufacturing Federation; Grenson Shoes Ltd. (Schuhe); The Folio Society; R S Bookbinders (Bücher); Pentax UK Ltd. (Kamera); F. E. Murdin, Decorative Lighting Association; Habitat (Lampe); Chingford Reproductions Ltd. (Stuhl); Dualit Ltd. (Toaster); J.B. Dove; Toro Wheelhorse UK Ltd. (Rasenmäher); Wandh Gidden Ltd. (Sattel)

FOTOS:
M. Alexander; Peter Anderson; Charles Brooks; Jane Burton; Peter Chadwick; Simon Clay; John Coiley; Andy Crawford; Geoff Dann; Philip Dowell; John Downs; Mike Dunning; Torla Evans; David Exton; Robert und Anthony Fretwell, Fretwell Photography Ltd.; Philip Gatward; Anna Hodgson; Gary Kevin; J. Heseltine; Cyril Laubscher; John Lepine; Lynton Gardiner (American Museum of Natural History New York); Steve Gorton; Michelangelo Gratton; Judith Harrington; Peter Hayman; Anna Hodgson; Colin Keates; Gary Kevin; Dave King; Bob Langrish; Brian D. Morgan; Nick Nicholls; Nick Parfitt; Tim Parmeter & Colin Keates (Natural History Museum London); Tim Ridley; Dave Rudkin; Philippe Sebert; James Stevenson; Clive Streeter; Harry Taylor; Matthew Ward; Jerry Young

FOTOASSISTENZ:
Kevin Zak; Gary Ombler

ILLUSTRATIONEN:
Julian Baum; Rick Blakesley; Kuo Kang Chen; Karen Cochrane; Simone End; Ian Fleming; Roy Flooks; Mark Franklin; David Gardner; Will Giles; Mick Gillah; David Hopkins; Selwyn Hutchinson; Mei Lim; Linden Artists; Nick Loates; Chris Lyon; Kathleen McDoughall; Coral Mula; Sandra Pond; Dave Pugh; Colin Rose; Graham Rosewarne; John Temperton; John Woodcock; Chris Woolmer

MODELLE:
Roby Braun; David Donkin; Morrison Frederick; Gordon Models; John Holmes; Graham High und Jeremy Hunt, Centaur Studios; Richard Kemp; Kelvin Thatcher; Paul Wilkinson

DESIGNASSISTENZ:
Stefan Morris; Ulysses Santos; Suchada Smith

LEKTORATSASSISTENZ:
Helen Castle, Colette Connoly; Camela Decaire; Nick Harris; Andrea Horth; Stewart McEwen; Damien Moore; Melanie Tham

BILDNACHWEIS

(o=oben, u=unten, r=rechts, l=links, m=Mitte)

Anglo Australian Telescope Board 11ml, 11mro, 11mro, 12or, 12um, 13ol, 13ul, 14ol, 16u, 17om, 17ul, 22ol/D.Malin 16ol, 26or, 27ol; Austin Brown and the Aviation Picture Library 430ol; Baptisterium, Florenz/Allison Harris 459r; Biophoto Associates 227mo, 227mro, 238mum, 238mum, 240or; Paul Brierley 321uro; British Aerospace/Anthony Hooley 417ol, 420ol; British Aerospace (Commercial Aircraft) Ltd 421ol; mit freundlicher Genehmigung der British Library 436ol, 449ul; British Museum 463ol, 463or, 464om, 464ou, 493u; BP Exploration 309; Duncan Brown 23ol; Midway Gardens (1914), ein Werk des amerikanischen Architekten Frank Lloyd Wright (1867–1959): Modell von Richard Tickner , Materialmix, 1987, 41,9x81,3x76,2 (Foto 1989) mit freundlicher Genehmigung des Art Institute of Chicago 499o; J.A.Coiley 341mr; Bruce Coleman Ltd/Andy Price 282ol; mit freundlicher Genehmigung des Victoria and Albert Museums, London 458–459u; European Passenger Services 339ol; ESA/PLV 11ul; Französische Eisenbahnen 339m; Geoscience Features 321mlo; Robert Harding Picture Library 68ol; Michael Holford/British Museum 380ul, Michael Holford 382or; Hutchinson Picture Library 66ml; The Image Bank/Edward Bower 316or; Jet Propulsion Laboratory 11mur, 30um, 31um, 31umr, 38ol, 42mru, 44mu, 44mur, 44um, 44ur, 46ol, 46mr, 46mu, 46um, 46ur, 50ol, 50mro, 50ml, 50m, 50mr, 50ur; KeyMed Ltd 258ul, 259ul, 259uml; Abteilung Druck und Zeichnung, Uffizi, Florenz/Philip Gatward 433om/Uffizi, Florenz/Philip Gatward 435ol; Dr. D.N. Landon (Institute of Neurology) 238ul, ur; Life Science Images /Ron Boardman 254ul, 254ur; Lund-Observatorium 15um; Brian Morrison 339ol; 339or; © The Henry Moore Foundation 459or; Musée d'Orsay, Paris/Philippe Sebert 441om, 443om; Musée du Louvre, Paris/Philippe Sebert 457ol, 457l, 457ur; NASA/AUI13or; NASA/JPL 11mur, 11ur, 30ol, 30ul, 30ur, 30um, 31 um, 31umr, 31ul, 34mr, 38ol, 40ol, 40mr, 42mr, 44ol, 44mu, 44mur, 44um, 44ur, 44mr, 46mru, 46ol, 46mr, 36mu, 46um, 46ur, 48ol, 48mro, 48umo, 48um, 48ur, 50ol, 50um, 5050mur, 50ur, 50mr, 52mr, National Maritime Museum 381ur, 400–401u; National Medical Slide Bank 227ur; Nature Photographs/Paul Sterry 296ol; Newage International 327ul; Oxford Scientific Films/Breck P.Kent 172ol; Planet Earth 284or; Quadrant 336or; Margaret Robinson 342ol; Giotto: Die Vertreibung der Händler aus dem Tempel, Scala 439om, 439ul, 439ur; Science Photo Library 10ul, 13or, 28or, 224umr, 224ul, 246or/Michael Abbey 235om/Agema Infrared Systems 328ol/AGFA 230ol/Biophoto Associates: 227mru/Dr.Jeremy Burgess/Science Photo Library 138or; Dr. Jeremy Burgess 245uml/ CNRI 224ol, 224ml, 224m, 224mr, 224ul, 224mlu, 224mru, 224ulm, 224ur, 227mu, 245umr, 248ol, 259umr, 263or, 263mro, 266ol; Science Photo Library/Earth Satellite Corporation 298ml, 303ur/Dr. Brian Eyden 248mur/Professor C. Ferlaud 255ul/Vaughan Fleming321ol/ Simon Fraser/U.S. Dept. of Energy 224uml, 276ol/Eric Grave 227ur/Hale Observatories32ur/Max Planck Institut für Radioastronomie 15ol/Jan Hinsch 235om/Jodrell Bank 11or, 13m/Manfred Kage 227m, 245ur, 247ur/ Dr. William C. Keel 13ur/Keith Kent 326ol/ Russ Lappa 320uro/Astrid & Hans-Frieder Michler 227or/DennisMilon 52ul/NASA 11mlo, 12ol, 15or, 30m, 31ur, 32ol, 35ol, 36ol, 36ml, 36mr, 36um, 42ur, 42or, 44ol, 52ol, 301or, 400ol/National Optical Astro Observatory 52or/NIBSC 263mru/Novosti Press Agency 42um/Omikron 254um/David Parker 69ul, 324–325, 318ur/Philippe Plailly 318ol, Rousell-UCLAF/CNRI 227om/Rev. Ronald Royer 32mr/Royal Observatory, Edinburg/D.Malin 11ol, 11mr, 12m, 16ml, 16mr, 17ur/David Scharf 345ul/Dr. Klaus Schiller 258uml, 258umr, 258ur/Secchi-Lecaque/Roussel-UCLAF/CNRI 263ur/H. Sochurek 224mu/ Stammers/Thompson 240ol/Sheila Terry 244ol/US Department of Energy 320um/U.S Geological Survey/Science Photo Library 8–9, 30umr, 42ul/Tom Van Sant/Geosphere Project, Santa Monica/Science Photo Library 283or, 291or, 306or, 307ol/Dr. Christopher B. Williams/(Saint Mark's Hospital) 259ur; Oxford Scientific Films/Animals Animals/Breck P. Kent 172ol; Pratt & Whitney Canada 422–423u, 423o; Science Museum 316ul, 316uml, 316umr, 334o, 336–337u, 340or, 341mo, 341mu; Sporting Pictures 528ol, 536mr; Tony Stone Worldwide 290ol; David Bomberg. St Paul's and the River 1945/Dinora Davies-Rees/Tate Gallery 435um; David Hockney: A Bigger Splash 1967/© David Hockney/Tate Gallery 447om; J.M.W. Turner: The Burning of the Houses of Parliament/Tate Gallery 443om; Vision 16om, 27m; Jerry Young 316ol; Dr. Robert Youngson 251mr; Zefa 227um/Janicek 286ol/H. Sochurek 220ol, 260ol, 264ol/G. Steenmans 302ol

---

Einige Seiten dieses Buches sind bereits erschienen in der Reihe *Visuelles Wissen* bei Ravensburger Buchverlag Otto Maier GmbH (Originalausgabe *Visual Dictionary* Series herausgegeben von Dorling Kindersley).

Abbildungen und Texte Seite 579 aus der CD-ROM: Meyer Multimedia *Das Wunder unseres Körpers* , © 1995 Bibliographisches Institut & F.A. Brockhaus AG, Mannheim, © 1994 Dorling Kindersley, London

An der Erstellung dieser Bücher waren u.a. beteiligt:

Bildredaktion:
Duncan Brown, Rosa George, Nicola Liddiard, Andrew Nash, Clare Shedden, Bryn Walls

Layout:
Lesley Betts, Paul Calver, Simone End, Ellen Woodward
ferner:
Sandra Archer, Christina Betts, Alexandra Brown, Nick Jackson, Susan Knight

Lektorat:
Fiona Courtney-Thompson, Paul Docherty, Tim Fraser, Stephanie Jackson, Mary Lindsay,

Lektoratsassistenz:
Emily Hill
Susan Bosanko, Edward Bunting, Candace Burch, Deirdre Clark, Jeanette Cossar, Danièle Guitton, Jacqui Hand, David Harding, Nicholas Jackson, Edwina Johnson, David Lambert, Gail Lawther, David Learmount, Paul Jackson, Christine Murdock, Bob Ogden, Cathy Rubin stein, Louise Tucker, Dr. Robert Youngson

Bildrecherchen:
Vere Dodds, Danièle Guitton, Anna Lord, Catherine O'Rourke, Christine Rista, Sandra Schneider, Vanessa Smith, Clive Webster

Serienredaktion:
Martyn Page

Seriengestaltung:
Paul Wilkinson

Layout und Gestaltung:
Philip Gilderdale, Steve Knowlden
Chez Pictall

Redaktion:
Ruth Midgley

Herstellung:
Jayne Simpson